제 5 판

CRIMINAL LAW

형법강론

이 상 돈

박영사

제 5 판 머 리 말

형법강론을 독자친화적인 형태로 거듭나게 한 제4판이 출간된 지 1년 여가 지났다. 독자들로부터 기대 이상의 사랑을 받았다. 지난 1년 여 동안 쌓인 새로운 판례들과 법령의 변화를 빠르게 반영하는 보완작업을 하였다. 이 작업의 결과물을 놓고 보니 질과 양에서 예상치를 넘는 변화가 느껴졌다. 그래서 이번 개정작업을 부득이하게 제 5 판의 이름으로 세상에 내보이게 되었다. 다소 빠른 개정 주기이기에 독자들의 넓은 이해와 아량을 부탁드리며, 앞으로도 계속된 사랑을 기대하고 싶다.

2024. 7. 여름

고려대 법학전문대학원 연구실에서

이 상 돈

제 4 판 머 리 말

형법강론(2015)의 초판은 형법학계의 수많은 이론과 중요판례를 빠짐없이 다루고, 그에 대한 나의 자세한 비판과 분석 그리고 대안적인 법리구성까지 담고 있었다. 그러다보니 책의 분량이 거대한 판형으로도 1,638쪽이나 되었다. 이후 판례를 보완하면서도 내용을 간소화 하는 개정을 통해 책의 볼륨이 계속 줄었다. 하지만 이 책의 주요 독자인 MZ세대에게는 여전히 부담스런 상태로 보였다. 오늘날 MZ세대가 살아가는 세계는 복잡하고, 전문적이고, 다원적이지만, 역설적이게도 미니멀한(minimal) 것을 덕목으로 삼는다. 이러한 시대의 덕목에 부응하기 위해 형법강론 제 4 판은 다음의 세 가지 점에서 근본적인 체제의 변화를 주었다.

- 첫째, 관념적인 학설들의 상세한 소개와 문헌인용을 버리고, 판례와 통설을 중심으로 설명하였다. 이로써 형법강론은 국가시험 대비에 최적화된 교재가 될 수 있을 것이다.
- 둘째, 2022년 말까지의 중요판례를 참조하여 만든 1,432개의 사례문제들을 본문의 법리설명에 정밀하게 해당하는 부분의 각주로 옮겼다. 이로써 본문의 추상적인 형법규범과 법리를 '집약적으로' 학습하면서도 개인적인 학습상황에 따라 그때그때 각주의 판례사례문제를 학습함으로써 형법규범과 법리의 구체화된 이해와 응용력을 향상시킬 수 있을 것이다.
- 학제적 형법학과 형법이론의 관점에서 법리분석을 하는 나의 私見(및 評釋)들은 판례를 변화시키고, 새로운 법리를 만드는 창조적인 법사고와 AI 법로봇(ChatGPT) 시대에도 지속가능한 법률가의 역량을 키우는 데 도움을 줄 수 있을 것이다. 다만 이 책의 교과서적 성격을 해치지 않기 위해 私見은 필요최소한의 범위로만 덧붙였다. 독자의 필요에 따라 사견 부분을 생략하고 읽어도 무방할 것이다.

이 세 가지 변화를 통해 이 책의 분량은 한 손에 잡히는 작은 판형으로 830쪽(초판의 45% 분량)까지 미니멀해졌다. 이렇게 새로워진 형법강론이 아무쪼록 독자들의 학습효율성을 극대화하고, 많은 사랑을 받게 되기를 기원해본다. 초판부터 이번 제 4 판에 이르기까지 형법강론을 늘 아름다운 모습으로 출간해준 박영사에 감사드린다. 아울러 교정작업에 참여해준 고려대학교 대학원 박사과정의 조문주 양과 한민지 양에게도 고마운 마음을 전한다.

2023년 새해를 맞이하며
고려대 법학전문대학원 연구실에서
이 상 돈

머 리 말

고려대학교에서 형사법을 강의한 지 벌써 25년이 흘렀다. 강의를 할 때면 언제나 학생들을 위한 형법교재를 펴내야겠다는 생각이 들었다. 그러나 나의 연구가 형사법 이외에도 기초법학과 경영법, 의료법 같은 전문법 분야에 뻗쳐 있고, 그간 약 50여 종에 이르는 연구단행본을 펴내다 보니 형법교재를 펴낼 여력이 없었다. 나의 강의를 들은 학생들에게 미안한 마음이 그지없었다. 그처럼 미안한 마음을 덜기 위해 2013년에 『형법강의』라는 책을 펴내었다. 그러나 당시 『형법강의』는 '일반적 귀속론' 만을 다룬 것이었다. 이 책 『형법강론』(刑法講論)은 한편으로는 『형법강의』의 일반적 귀속론을 간략하게 다시 정리하여 수용하고, 다른 한편으로 범죄론과 형벌론, 그리고 형법각론을 새롭게 추가하여 하나의 표준적인 교과서로 거듭났다. 이 책의 특징을 몇 가지 요약하면 다음과 같다.

— **핵심이론(학설)의 간결한 정리**　학설을 가능한 간략하게 정리하되, 형법해석의 중요쟁점들은 많은 형법학자들의 주요논문을 참고하여 심도 있게 논의하였다.

— **중요판례의 정리와 사례문제화**　중요판례를 빠짐없이 정리하였고, 그 판례들로 만든 약 1,230여 개의 사례문제들은 판례에 대한 정확한 이해와 적용능력을 키워줄 것이다.

— **사　견**　나의 형법이론적, 형법정책적 관점이 반영된 사견(私見)을 쟁점마다 덧붙였다. 각종 국가시험에 대비하는 수험생이라면 사견부분은 생략하고 읽어도 무방하다.

대부분의 형법교과서는 형법강의나 형법학이라는 이름을 갖고 있다.

하지만 '형법해석학'(Strafrechtsdogmatik)을 강의한다는 의미에서 이 책은 형법'강론'(講論)이라는 이름을 달았다.

끝으로 이 책의 교정작업을 성실하게 해준 고려대학교 대학원 석·박사통합과정 권지혜 양과 석사과정 최샘, 박은빈, 옥윤주 양에게 고마움을 전하고 싶다. 아울러 이 책을 만든 박영사 사람들에게도 깊은 감사의 마음을 전한다.

2015년 초여름
豊士室에서
이 상 돈

목 차

제1편 형법총론

제1장 형법의 기초

제2장 구성요건론

제2편 형법각론

제9장 생명과 신체에 관한 죄

제11장 명예에 관한 죄

제12장 사생활의 평온에 관한 죄

제13장 재산에 관한 죄

제14장 공공의 안전과 평온에 관한 죄

제16장 공공의 신용에 관한 죄

제18장 국가의 존립과 권위에 관한 죄

제19장 국가의 기능에 관한 죄

제 1 편

형법총론

§1. 형법의 의의

Ⅰ. 형법의 개념, 성격, 유형

형법(Strafrecht, criminal law)은 범죄와 형벌(또는 보안처분)을 정하는 법규범이다. 형법은 국가와 범죄자 사이의 실체적 관계를 규율하는 실체법이다. 형법은 넓은 의미에서 공법(公法)이면서, 좁게는 공법, 사법과 더불어 독자적인 법분과이다. 형법은 개인의 행위에 형사제재를 부과할 것인지를 판단하는 평가규범이면서, 법원이 사용하는 재판규범이다. 형법은 개인의 의사결정규범이면서 행위규범이다. 형법은 형법전(刑法典)(1953년 공포·시행), 특별형법(예: 「폭력행위처벌법」, 「특정범죄가중법」, 「성폭력범죄처벌법」)과 개별형법(부수형법)(예: 「도로교통법」, 「의료법」)으로 분류된다. 이 유형들은 같은 행위영역에 경합적으로 적용되며, 이를 통해 다양한 사회적 하부체계가 관할하는 영역마다 고유한 전문형법(예: 의료형법, 경제형법)이 형성된다.[1]

Ⅱ. 형법의 임무

형법은 법익을 보호하는 임무를 지닌다(법익보호원칙). 다만 형법은 그 추구하는 목적과 수단 사이의 비례성을 유지하여야 하고(비례성원칙), 의회에서 제정하는 법률에 의하지 아니하고는 범죄를 인정하거나 제재를 부과해서도 아니 된다(죄형법정주의).

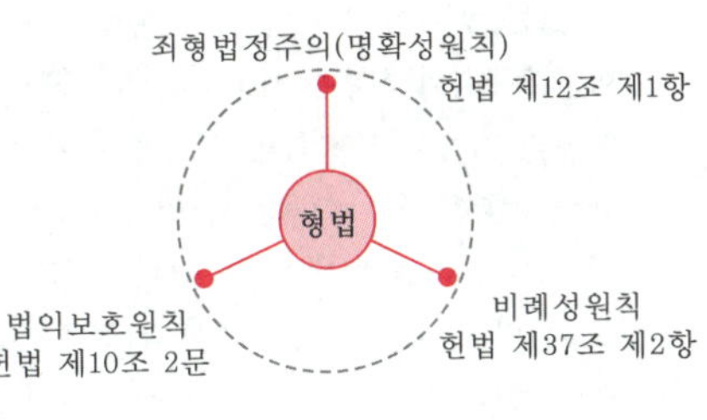

1 이상돈, "전문법 — 이성의 지역화된 실천", 고려법학, 제39호, 2002, 113~151쪽.

1. 법익의 보호

헌법 제10조 모든 국민은 인간으로서의 존엄과 가치를 가지며, 행복을 추구할 권리를 가진다. 국가는 개인이 가지는 불가침의 기본적 인권을 확인하고 이를 보장할 의무를 진다.

형법의 임무는 법익을 보호하는 데에 있다. 이 임무는 헌법 제10조 2문이 규정하는 국가의 인권보장의무에서 비롯된다.

(1) **법익현실** 법익은 개인이 다른 사람들과 법공동체에서 함께 공존하기 위한 이익의 총체를 가리킨다. 그런 조건은 전통사회에서는 주로 **윤리**였지만, 근대(시민)사회에서는 **개인의 권리**(예: 생명, 신체, 명예, 재산, 사생활 등)로 정형화되었으며, 현대사회에서는 **사회적 하부체계의 기능**(예: 자본시장의 기능)과 같은 보편적 법익으로 확장되었다.

	① 전근대형법	② 근대형법	③ 탈근대형법
정당성기초·법익	형이상학적 윤리	개인의 권리	사회체계의 기능
책임귀속의 거점	느낌·직관	(행위가능성) 인식	(위험분배) 정책
사회문제해결	최고수단	최후수단	유일한 수단

[형법패러다임의 변화] 형법의 패러다임 변화는 도표처럼 요약할 수 있다.[2] ① 전근대형법의 패러다임은 현대사회에서도 부분적으로 유지되거나 재생산되고 있다. 예컨대 음화제조·반포나 배아생성죄(생명윤리안전법 제66조 제1항 제2호)에서 형법은 법익보호가 아니라 윤리를 보호하는 제도이다. 이런 형법은 개인의 기본권을 과도하게 제한한다. 윤리형법은 책임귀속도 느낌과 직관에 의존하기 쉽고, 여론이나 법감정에 좌우되기 쉽다. 형법은 사회문제를 해결하는 **최고수단**(prima ratio)으로 이해된다. ② 근대형법은 모든 개인이 자유를 공평하게 누릴 수 있게 하는 권리의 체계를 구축하는 제도이다. 책임도 개인적으로 귀속시킬 수 있는 행위에 의해 권리의 실질인 자유를 남용한 것으로 이해된다. 이런 형법은 사회문제해결의 **최후수단**(ultima ratio)으로 자리 잡는다. ③ 탈근대적인 현대형법은 사회체계의 기능을 보호하는 역할을 떠맡는다. 형법은 재화의 생산과 분배를 수행하는 다양하게 분화된 사회체계의 기능에 대한 위험을 예방하고 분배하는 정책의 수단으로 변화한다. 이런 형법이 통제하는 범죄는 대개 '추상적 위험범'(abstrakte Gefährdungsdelikt)의 형태를 취하며, 형법전의 미수범 규정이나 공범 규정이 거의 작동할 여지가 없다. 이러한 형법은 현대사회의 문제를 해결하기 위해서는 어쩔 수 없이 필요한 **유일한 수단**(sola ratio)으로 이해된다.

2 이 패러다임 변화에 대해 이상돈, 형법의 근대성과 대화이론, 홍문사, 1994 참조.

(2) 법익이론

1) 인격적 법익론 민주적 법치국가에서 형법은 선(善)에 대한 개인이나 특정 집단의 양심적 판단, 즉 **윤리에 대해서는 중립성**을 유지해야 한다. 형법이 수용할 수 있는 윤리는 좁은 의미의 윤리, 즉 **도덕**(Moral)에 국한된다. 도덕이란[3] 모든 사람들이 공유할 수 있는 '올바름에 대한 공적인 견해'이다.[4] 근대화 이후 그런 도덕은 모든 사람들이 서로 인정하고, 공평하게 향유하는 권리, 즉 헌법의 기본권목록(헌법 제2장)으로 구체화된 **주관적 권리의 체계로 제도화**되어 있다. 근대형법의 임무는 개인들이 자유이익을 공평하게 향유하게 하는 데에 있다. 자유이익의 공평한 향유는 권리의 정교한 체계 속에서 가능하며, 형법은 그런 권리체계를 보장하는 법이다. 형법은 사회적 법익(예: 통화, 공공의 안녕)이나 국가적 법익이 개인의 권리실현을 간접적으로 매개하는 한에서만 그것들을 보호한다. 이를 **인격적 법익이론**(personale Rechtsgutslehre)이라고 한다.

2) 기능적 법익론과 상호주관적 법익론 현대사회에서 형법은 새로운 보편적 법익(예: 자본시장의 기능, 의료보장체계의 기능, 환경이라는 생태적 법익)도 보호한다. ① 형법이 사회체계의 기능을 보호하게 되면 형법은 법익보호를 넘어 **위험예방의 법**으로 변질된다. 과거의 법익침해행위를 진압하는 형법과 미래의 위험을 예방하는 **경찰법 사이의 경계가 희미**해진다. ② 형법에 의한 법익보호는 동시에 사람들이 타당성을 상호승인하는 '규범'을 올바르게 구성하는 것이어야 한다. 그러나 새로운 보편적 법익의 보호는 그렇지 못하다. 새로운 보편적 법익이 보호될 필요가 있는 사회영역에는 문화적으로 전승된 규범이 존재하지 않는다(규범공백의 사회현실 normfreie Sozialität). 따라서 그런 형법은 '생활세계의 정당한 질서'라는 형법의 정체성을 유지하기 어렵고, 정책적 목표(예: 사회체계의 기능유지와 향상)를 달성하는 수단

---

3 자세히는 이상돈, 법의 깊이, 법문사, 2018, 336쪽 아래.

4 [사회윤리적 심정가치] Welzel은 형법의 임무를 '기초적인 사회윤리적 심정(행위)가치'(elementare sozialethische Gesinnungswerte)의 보호라고 보는데(Welzel, Das deutsche Strafrecht, 11. Auflage, Walter de Gruyter, 1969, S. 4.), 이는 개인의 권리를 평등하게 보호하는 도덕(moral)의 배후에 침전된 시민사회의 사회윤리를 지켜 나치로부터 형법의 정치적 악용을 막기 위함이었다.

으로 전락하기 쉽다. ③ 형법은 그런 영역에서도 사람들이 **상호이해가 가능한 사회적 관계**를 형성(예: 정책결정, 윤리형성)하는 데 필요한 소통조건을 보호하고, 그런 가운데 상호이해가 가능한 행위규범이 형성될 때 비로소 그것을 형법규범으로 수용하는 것이 바람직하다. 이런 입장을 **상호주관적 법익이론**[5]이라고 부를 수 있다.

2. 비례성의 실현

헌법 제37조 ② 국민의 모든 자유와 권리는 국가안전보장, 질서유지 또는 공공복리를 위하여 필요한 경우에 한하여 법률로써 제한할 수 있으며, 제한하는 경우에도 자유와 권리의 본질적인 내용을 침해할 수 없다.

(1) **비례성원칙의 의미** 형법은 수많은 사회통제(social control)의 수단 가운데 단지 하나이지만, 가장 강력한 수단이다. 형법이 오·남용되면 보호할 법익보다 더 큰 법익을 침해할 수 있다. 그러므로 형법이 추구하는 목적과 사용하는 수단은 비례성(Verhältnismäßigkeit)을 가져야 한다. 공법상 비례성원칙(헌법 제37조 제2항)은 수단이 목적의 달성에 ① 적합하고(적합성) ② 필요하며(최소침해) ③ 과잉되지 않아야(균형성) 함을 의미한다. 이 원칙을 형법에 적용해보면, 형법은 ① 그것이 추구하는 목적(법익보호)을 달성하기에 적합한 수단이어야 하고(적합성), ② 보호하려는 법익 이외의 다른 법익을 필요최소한으로 제한하는 것이어야 하며(필요성; 최소침해성), ③ 또한 자신이 추구하는 목적과 사용하는 수단이 서로 (법익)균형을 이루게 해야 한다(균형성).[6] 형법의 비례성이 지켜질 때 형법은 범죄인뿐만 아니

5 이상돈, 형법의 근대성과 대화이론, 홍문사, 1994, 71쪽.

6 [헌재의 비례성원칙] "법치국가의 개념은 범죄에 대한 법정형을 정함에 있어 죄질과 그에 따른 행위자의 책임 사이에 적절한 비례관계가 지켜질 것을 요구하는 실질적 법치국가의 이념을 포함하고 있다. 따라서 어떤 행위를 범죄로 규정하고 어떠한 형벌을 과할 것인가에 대한 입법자의 **입법형성권**이 무제한으로 인정될 수는 없다. 즉, 법정형의 종류와 범위를 정할 때는 형벌의 위협으로부터 인간의 존엄과 가치를 존중하고 보호하여야 한다는 헌법 제10조의 요구에 따라야 하고, 헌법 제37조 제2항이 규정하고 있는 **과잉입법금지**의 정신에 따라 **형벌개별화 원칙**이 적용될 수 있는 범위의 법정형을 설정하여 실질적 법치국가의 원리를 구현하도록 하여야 하며, **형벌이 죄질과 책임에 상응하도록** 적절한 비례성을 지켜야 한다"(헌재결 2003헌가12: (구)「폭력행위처벌법」 제3조 제2항("야간에 제1항의 죄를 범한 자는 5년 이상의 유기징역에 처한다")는 범죄의 죄질과 행위의 태양 및 그 위험성이 다른 점을 외면하고 일률적으로 5년 이상의 유기징역을 정한 점에서 "죄형법정주의의 취지에 어긋날 뿐만 아니라 … 과잉금지의 원칙 내지는 비례의 원칙에도 어긋난다"는 점에서 위헌이 된다).

라 일반시민의 자유와 권리도 자의적으로 침해하지 않을 수 있으며, 더 나아가 형법의 정당성도 확보될 수 있다. 형법의 비례성요청은 서구사회의 **자유주의적 정치문화**(국가이해)의 전통에 서 있는 것이다. 그러나 우리나라의 형법현실은 이런 전통과 거리가 있다.

(2) 형법의 법익보호 적합성 형법은 법익을 보호하는 데 적합한 수단이어야 한다. 형법의 수단이 보호하려는 법익을 실제로 보호할 수 없다면 형법은 범죄인의 법익을 침해하기만 하면서도 그 법익에 대한 국가의 보호기능을 가장함으로써 정치적 지지를 얻는 **상징**(상징형법)으로만 기능하기 쉽다. 게다가 형법이 예측하지 못한 부정적인 결과까지 초래하는 **반생산성**을 보이면 합리성을 잃어버린 법이 된다. 가령 마약의 단순복용자까지 엄벌해온 마약류관리법은 수십년 동안 마약중독자의 치료를 어렵게 하고 마약의 확산에 오히려 기여하였다. 그렇기에 연성마약사용에 대한 형사처벌은 폐지·완화될 필요가 있다.

(3) 형법의 필요성(최소침해원칙) 형법에 의한 법익보호는 필요최소한에 그쳐야 한다. ① 형법은 그 외의 법이나 사회의 자율규제기제가 충분하지 않은 경우, 즉 사회통제의 최후수단(ultima ratio)으로서 기능하고(형법의 보충성), 법익의 보호가 필요한 현실영역의 일부(단편)만을 규율하는 **'단편적 성격'**(fragmentarischer Charakter)을 띠어야 한다. ② 형법이 법익을 침해·위태화한 자를 처벌할 때 그 제재의 대상은 그 행위자의 인격이 아니라 그의 범행이다. 이를 **행위형법**(Tatstrafrecht)이라 부른다. 물론 행위책임에 상응하는 형벌(예: 처단형)을 상한선으로 삼고, 특정 행위자의 고유한 요소를 고려하여 양형을 하는 것(형법 제51조 및 제59조~제65조 등)은 행위형법의 틀을 깨는 것은 아니다. **보안처분**(예: 「치료감호법」의 치료감호)은 사회방위를 위해 행위자의 인격을 제재의 대상으로 삼는 **행위자형법**(Täterstrafrecht)에 속한다. 그렇기에 보안처분은 비례성원칙에 엄격하게 구속되어야 한다.

(4) 형법의 균형성 형법이 법익의 보호에 필요한 최소한의 통제이어도 그 목적과 수단은 균형을 이루어야 한다. ① 형법은 범죄행위의 중

대성과 그에 부과되는 제재의 가혹성 사이에 균형을 이루어야 한다. 헌법상 **과잉금지원칙**[7]은 이러한 균형을 요구하며, 대법원의 법률적용단계(특히 헌법해석)에서 이 원칙은 **죄형균형원칙**(대판 2012도14788)이라고 불리고 있다. 물론 과잉금지원칙에 위배되지 않는 한 입법자는 형벌의 종류와 범위를 정할 자유(입법재량권)를 갖고 있다. 어떤 범죄구성요건이 과잉금지원칙에 위반하는지에 대한 판단에서는 어떤 기본권(예: 직업의 자유)을 얼마나 제한하는지가 중요하다. ② 형법의 수단은 다른 법과 비교할 때 매우 가혹하다. 그렇기 때문에 형법의 목적과 수단이 균형을 이루려면 법익을 침해(위태화)하였다는 객관적인 사실 이외에 추가적 요건으로 '행위자에게 그의 능력에 비추어 볼 때 행위 당시에 범죄를 하지 않을 수 있는 가능성'(**개인적 귀속가능성=책임**)이 있었던 경우에만 형벌을 부과해야 한다. 이론적으로는 형법상 책임은 그것을 상쇄시키는 형벌을 요구하는 것이지만, 실무적으로는 형벌이 책임의 존재를 전제할 것이 요구된다. 즉 '**책임 없이는 형벌도 없다**'(Keine Strafe ohne Schuld)는 **책임원칙**[8]이 성립한다. 책임원칙은 범죄인이 국가의 목적(예: 범죄예방) 달성을 위한 권력작용에 한계를 그어준다. ③ 형법이 이제까지 설명한 비례성원칙을 충족하여 정당성을 확보할 수 있을지가 의문시되면 형법에 의한 통제는 포기되고, 시민의 자유 또는 시민사회의 자율적인 규제메커니즘을 우선해야 한다. 이를 '**의심스러울 때에는 시민의 자유이익으로**'(in dubio pro liberatate)원칙(=**시민자유우선원칙**)이라고 한다. 이는 형법적 규율의 비례성이 의심스러운 경우에 일단 비범죄화실험을 하고 그 결과 형법통제가 불가피하다고 판명되면 범죄화실험을 하라는 요구이다.

---

7 [과잉금지원칙] 예컨대 업무상 과실로 사람을 차로 치고 피해자를 도로 밖으로 끌어낸 다음 도망가는 뺑소니죄(구 「특정범죄가중법」 제5조의3 제2항 1호)에 대해 살인죄의 법정형보다 높은 법정형을 부과하는 것은 과잉금지원칙에 위배된다(헌재결 90헌바24).

8 [책임원칙의 헌법적 근거] "형벌은 범죄에 대한 제재로서 그 본질은 법질서에 의해 부정적으로 평가된 **행위에 대한 비난**이다. 만약 법질서가 부정적으로 평가한 결과가 발생하였다고 하더라도 그러한 결과의 발생이 어느 누구의 잘못에 의한 것도 아니라면, 부정적인 결과가 발생하였다는 이유만으로 누군가에게 형벌을 가할 수는 없다. 이와 같이 '책임 없는 자에게 형벌을 부과할 수 없다'는 형벌에 관한 책임주의는 **형사법의 기본원리**로서, **헌법상 법치국가의 원리에 내재하는 원리인 동시에, 헌법 제10조의 취지로부터 도출되는 원리**이다"(헌재결 2008헌가10[전원재판부]).

§2.

죄형법정주의

헌법 제12조 제1항 2문 누구든지 법률에 의하지 아니하고는 체포·구속·압수·수색 또는 심문을 받지 아니하며, 법률과 적법한 절차에 의하지 아니하고는 처벌·보안처분 또는 강제노역을 받지 아니한다.

헌법 제13조 ① 모든 국민은 행위 시의 법률에 의하여 범죄를 구성하지 아니하는 행위로 소추되지 아니하며, 동일한 범죄에 대하여 거듭 처벌받지 아니한다.

형법 제1조 ① 범죄의 성립과 처벌은 행위 시의 법률에 따른다.

Ⅰ. 죄형법정주의의 의의

죄형법정주의(헌법 제12조 제1항, 제13조 제1항, 형법 제1조 제1항)는 **'범죄와 형벌은 법률로 정한다'**(=법률이 없으면 범죄도 없고, 형벌도 없다 nullum crimen, nulla poena sine lege)는 형법원칙을 말한다. 아무리 사회적으로 비난받아야 할 행위라도 의회가 민주적 절차로 제정한 법률에 의해 범죄로 정하지 않는 한 범죄가 되지 않으며, 또한 벌할 수도 없다. 국가형벌권의 행사에 의회가 민주적 절차로 제정한 법률을 요구하는 것은 형법의 **민주적 정당화와 권력분립**을 위한 것이다. 죄형법정주의는 공법상 법률유보(Gesetzesvorbehalt) 원칙의 형법적 표현이며, 강제처분법정주의로 연장된다. 죄형법정주의는 법령공포제도와 (현대사회에서) 법정보화메커니즘(예: 인터넷종합법률정보, 보도, 연수)과 결합하여 시민들에게 범죄와 형벌을 **예측**할 수 있게 해준다. 죄형법정주의를 통해 시민은 언제 형사처벌을 받을지도 모른다는 불안감에서 벗어날 수 있고 **자유와 권리를 최대한 누릴 수 있게** 된다.

[죄형법정주의의 연혁과 사상] 영국의 마그나카르타(Magna Charta 1215)는 17, 18세기 유럽의 자연법사상, 특히 계몽의 정치철학과 결합되어 영국에서는 적정절차(due process of law)로, 대륙에서는 죄형법정주의로 발전했다. 대표적인 입법의 예로는 1776년 미국의 버지니아 권리선언, 1787년의 미연방 헌법, 1789년 프랑스 인권선언, 1791년 미연방 수정헌법, 1794년 프로이센 일반란트법, 1810년 나폴레옹 형법을 들 수 있다. 계몽의 정치철학을 제공한 사상으로는 '법률을 일반의지의 표현'으로 본 루소(Rousseau)의 민주주의이론, 로크(Locke)와 몽테스키외(Montesquieu)

의 권력분립이론 그리고 자유주의 형법학자인 포이에르바하(Feuerbach)의 심리강제설(Theorie des psychologischen Zwangs)[1]을 들 수 있다.

죄형법정주의는 ① 법률주의 또는 관습형법금지원칙, ② 소급효금지원칙, ③ 명확성원칙, 그리고 ④ 유추금지원칙으로 구성된다.

과거에는 ① 법률주의와 ④ 유추금지는 법관을 구속하는 원칙이고, ② 소급효금지와 ③ 명확성원칙은 입법자를 구속하는 원칙으로 이원화하여 이해하였다. 그러나 ② 소급효금지는 판례변경불소급원칙(판례변경예고제)으로 기능하며, ③ 명확성원칙은 법관에게 형법언어의 사용규칙을 설정하고 대화적으로 변경해 나아가라는 요청으로 기능한다. ① 관습형법의 금지는 법률주의로 재해석되고, 법률주의는 입법자에게 포괄적 위임금지원칙으로 기능할 수 있다. ④ 유추금지가 '근거지어진' 형법의 적용으로 재해석되면, 입법자도 입법에서 형사불법으로 근거지을 수 있는 행위만을 금지해야 한다.

	입법자 구속	법관 구속
① 법률주의	• 포괄적 위임금지	·관습형법의 금지
② 소급효금지원칙	• 소급입법의 금지	·판례변경불소급원칙
③ 명확성원칙	• 일반인의 이해가능성 (← 결정프로그램 제시)	·형법언어사용의 규칙성
④ 유추금지원칙	전형적인 형사불법이 아닌 불법에 형벌규정을 달지 않을 입법자의 의무	·법규정의 가능한 의미(← 私見: 근거지음 없는 형법적용의 금지)

적정성원칙

Ⅱ. 법률주의

범죄와 형벌은 국회에서 제정한 성문의 법률(=형식적 의미의 법률)에 의해 정해져야 하고(법률주의 Gesetzlichkeitsprinzip), 명령이나 규칙 또는 조례,[2] 회사(예: 새마을금고)의 정관 등에 의해 정해서는 안 된다. 이는 법률의 집행을 위해 법률의 내용을 단지 구체화하는 법규, 즉 **집행규범인 보충규범**

1 심리강제설이란 법률에 정해진 형벌을 보고 범죄로 얻어질 쾌락과 체포되어 처벌될 경우 받게 될 고통을 비교형량하여 범죄로 인한 고통이 클 경우 범죄를 하지 않게 된다는 가설을 말한다.

2 [조례형법의 위헌성] 서울특별시 공무원 甲은 서울특별시의회의 증언요청을 거부하였다. 당시의 「지방자치법」 제15조 단서는 "법률에 위임이 있으면" 조례로 벌칙을 정할 수 있다고 규정하였고, 서울특별시의회는 공무원의 증언거부, 허위진술·감정을 3개월 이하 징역 또는 10만 원 이하의 벌금에 처하도록 하는 조례(「증인·감정 등에 관한 조례」)를 제정하였었다. ① (대판 93추83) 위 조례는 "죄형법정주의를 선언한 헌법 제12조 제1항에도 위반된다." ② (評釋) 헌법상 지위를 갖는 죄형법정주의(헌법 제12조 제1항)는 법률에 의해서 뿐만 아니라 헌법 제117조 제1항 후단이 인정하는 조례제정권에 의해서도 제한될 수 없다.

(예: 행정부령, 고시,[3] 대법원규칙)의 제정이나 법원의 법률해석(을 통한 구체적 법규범의 형성)을 금지하는 것은 아니다.

(1) **위임입법** 의회가 '구체적 범위를 정해 위임한' 사항에 대해서는 형법도 법률이 아닌 **위임입법**(헌법 제75조[대통령령], 제95조[총리령·부령], 제108조[대법원규칙])의 형식으로 제정할 수 있다. 헌법상 위임입법의 형식은 대통령(법시행령), 총리령, 각부령(법시행규칙), 대법원규칙(예: 형사소송규칙)이다.[4] 위임입법 가운데 범죄구성요건의 일부가 다른 법령이나 행정처분에 의해 보충되어야 하는 형법을 **백지형법**(Blankettstrafgesetz)이라고 한다. 중립명령위반죄(제11조)를 들 수 있다. 위임입법은 현실의 복잡화와 입법의 전문화 요구에 대응하고, 사안의 고유한 특성에 적합한 정의(사안정의 Fallgerechtigkeit)를 실현하는 제도이다. 그러나 **위임이 포괄적으로 이루어지면**[5] 권력분립원칙과 형법의 민주적 정당성이 무너진다는 점에서 **법률주의에**

---

3 [고시와 위임입법] 한전㈜의 직원 甲은 회사와 납품계약을 체결한 H㈜ 대표 乙로부터 5천만 원을 뇌물로 받았다. 공공기관의 운영에 관한 법률 제53조는 공공기관 직원을 수뢰죄 등의 적용에서 공무원으로 보고(제53조), 공공기관 지정권한을 기획재정부장관에게 주었다(제4조, 제5조). 甲이 乙로부터 돈을 받기 이전에 기재부장관의 고시로 한전㈜는 시장형 공기업으로 지정되었다. ① (대판 2013도1685) 위 법률이 "구체적인 공기업의 지정에 관하여는 그 하위규범인 **기획재정부장관의 고시**에 의하도록 규정하였다 하더라도 죄형법정주의에 위반되거나 위임입법의 한계를 일탈한 것으로 볼 수 없다." ② (評釋) 공무원 의제규정은 수뢰죄의 구성요건을 형성하는 형법이고, 그 내용은 대통령령으로 위임되었고, 대통령령의 규범은 다시 고시에 의해 구체화되었다. 고시는 위임입법은 아니지만, 법률과 위임입법을 구체화하는 보충규범으로서 기능한다. 위 위임입법은 대통령령에서 이미 상당한 정도로 구체화되어 있으므로 고시에 의한 보충은 법률주의에 위배된다고 볼 수 없다.

4 [정관형법의 위헌성] 1985년 새마을금고 이사장 甲은 "금고의 여유자금을 보장금리가 없는 주식운용상품을 매입해서는 안 된다"는 정관에 위반하여 보장금리가 없는 상품의 주식을 매입하여 금고에 손해를 끼쳤다. 당시 (구) 「새마을금고법」은 "이 법과 이 법에 의한 명령 또는 정관에 위반하는 행위를 함으로써 금고 또는 연합회에 손해를 끼치는 행위를 5년 이하의 징역 또는 500만 원 이하의 벌금에 처한다"고 규정하였다. ① (헌재결 99헌바112) 금고의 정관은 헌법이 규정한 위임입법의 종류가 아니며, 따라서 **새마을금고의 정관에 사실상 형법의 제정을 위임하는 것은 헌법상 법률주의에 반한다.** ② (評釋) 물론 같은 내용이 「새마을금고법시행령」에 규정된다면 甲은 (구) 「새마을금고법」 위반으로 처벌될 수 있다(대판 99도582).

5 [포괄적 위임입법] H㈜ 노조 조합원 甲은 조합원들이 노사 간 합의로 계속 해오던 연장근로와 휴일근로를 거부함으로써 단체협약의 평화조항("회사와 조합은 이 협약에서 정하는 단체교섭의 협의에서 해결되지 아니하는 경우 이외에는 쟁의행위를 하지 않는다")을 위반하였다. 甲은 (구) 「노동조합법」 제46조의3("제34조 제1항에 의하여 체결된 단체협약에 … 위반한 자는 1천만 원 이하의 벌금에 처한다") 위반죄로 처벌될 수 있나? ① (헌재결 96헌가20) 이 조항은 포괄적 위임입법으로서 죄형법정주의에 반하는 위헌법률이다. ② (評釋) 포괄적 위임입법인지 여부는 '국가생활의 모든 분야에 걸쳐 **공동생활에 필요한 본질적인 사항에 관한 기본결정**'(wesentliche Grundent-scheidung)이 법률에 있는지에 따라 판단된다(BVerfGE 8, 28(37); 9, 291(302)). 단체협약위반죄는 노사자치실현이라는 명확한 프로그램이 있어서 법률주의에 반하지 않는다.

위배된다. 법률에서 위임받은 사항에 관하여 대강을 정하고 그 중의 특정사항을 범위를 정하여 하위법령에 다시 위임하는 **재위임**도 허용된다(대판 2012도16383). 법률의 시행령이 형사처벌에 관한 사항을 규정하면서 법률의 명시적인 위임범위를 벗어나 **처벌의 대상을 확장**[6]하는 것은 위임입법의 한계를 벗어난 것으로서 무효이다(대판 2015도16014).

[판례: 형법의 위임입법] "사회현상의 복잡다기화와 국회의 전문적·기술적 능력의 한계 및 시간경과에 대한 적응능력의 한계로 인하여 형사처벌에 관련된 모든 법규를 예외 없이 형식적 의미의 법률에 의하여 규정한다는 것은 사실상 불가능할 뿐만 아니라 실제에 적합하지도 아니하기 때문에, 입법자의 상세한 규율이 불가능하거나 **상황의 변화에 탄력적으로 대응할 필요성**이 강하게 요구되는 경우에는 위임법률이 구성요건의 점에서는 처벌대상인 행위가 어떠한 것인지 이를 예측할 수 있을 정도로 구체적으로 정하고, 형벌의 점에서는 형벌의 종류 및 그 상한과 폭을 명확히 규정하는 것을 전제로 위임입법이 허용된다"(대판 2005도7474; 2009도8537).

[위임입법의 한계] 「석유사업법」은 유사석유제품을 생산·판매하는 행위 등을 금지하고(제26조), 그 유사석유제품의 내용은 석유사업법시행령에서 정하도록 하고 있다. ① (대판 2001도2950) 이 시행령은 ㉠ 긴급한 필요가 있거나 미리 법률로서 자세히 정할 수 없는 부득이한 사정이 있는 경우로서(**위임입법의 불가피성**), ㉡ 수권법률이 구성요건의 점에서는 처벌대상인 행위가 어떠한 것인지를 예측할 수 있을 정도로 구체적으로 정하고(**범죄요건의 예측가능성**), ㉢ 형벌의 점에서는 형벌의 종류 및 그 상한과 폭을 명확히 규정(**형벌의 특정성**)하고 있다는 점(대판 2000도1007)에서 죄형법정주의에 위반하지 않는다(대판 2002도6931).

(2) **관습형법금지** 법률주의는 관습형법을 금지한다. 이는 법, 윤리, 풍속이 하나의 전체사회적 에토스(gesamtgesellschaftliches Ethos)를 형성했던 전근대사회의 법형식을 폐기하여야만 의회가 제정한 형법에 법관을 구속시킬 수 있기 때문이었다. 그러나 관습이 '**사실적 관행**'의 의미라

---

6 [위임입법의 처벌확장금지] (구) 「의료법」 제90조는 "각종 병원에는 응급환자와 입원환자의 진료 등에 필요한 당직의료인을 두어야 한다"는 제41조를 위반한 사람을 처벌하였다. 의료법시행령 제18조 제1항은 "법 제41조에 따라 각종 병원에 두어야 하는 당직의료인의 수는 입원환자 200명까지는 의사·치과의사 또는 한의사의 경우에는 1명, 간호사의 경우에는 2명을 두되, 입원환자 200명을 초과하는 200명마다 의사·치과의사 또는 한의사의 경우에는 1명, 간호사의 경우에는 2명을 추가한 인원수로 한다"고 정하였다. ① (대판 2015도16014) "시행령 조항은 당직의료인의 수와 자격 등 배치기준을 규정"함으로써 "형사처벌의 대상을 신설 또는 확장하였다. 그러므로 시행령 조항은 위임입법의 한계를 벗어난 것으로서 무효이다."

면 관습은 의회가 제정한 법률을 해석·적용하는 과정에 피고인에 대한 유·불리를 불문하고 고려될 수 있다(**보충적 관습법**). 사실적 관행은 형법 해석에 사용되는 — 예컨대 제20조의 "사회상규" 개념 속으로 들어오는 — 윤리 또는 **사회규범**[7]이거나 일정영역이나 집단의 **하부문화**(subculture)로 재해석할 수 있다.

[사회규범·하부문화] 예를 들어 동거남녀 사이에 위기상황에서 생명을 구해줄 법적 의무(작위의무)를 인정하는 부작위범(제18조)의 해석은 사회규범에 의해 인정될 수 있다. 형법의 해석·적용에 고려되는 하부문화는 세 가지이다. ① **합리성을 띤 업무관행**(예: 임상의료지침)은 과실판단, 특히 주의의무의 범위를 설정할 때 고려될 수 있다. ② 합리성을 일반적으로 인정하기 어려운 하부문화는 형법적 판단에 고려되지 않아야 한다. 예컨대 폭주족 사회는 과속·난폭운전이 과실이 아니라 미덕으로 인정되는 문화를 갖고 있지만 폭주족의 폭주행위는 과실이나 고의행위로 평가될 수 있다. ③ 이 둘의 중간에 있는 하부문화, 예컨대 유흥지대의 밤거리에서 집단적으로 노래부르기는 「경범죄 처벌법」 제3조 제1항 21호(인근소란 등)로 규제한다.

Ⅲ. 소급효금지원칙

형법은 시행 이전의 행위에 대해 소급하여 적용되어서는 안 된다.

(1) 행위시법주의 다른 법분과에서는 (재판시의) 신법이 (행위 시의) 구법보다 우선하지만(신법우선원칙), 형사처벌은 행위 시의 형법에 의하여야 한다(행위시법주의). 재판시점에서는 신법이 — 그 신법이 기존의 법을 반성하면서 의회의 민주적 입법절차로 제정된 것이므로 — 더 합리적이고 더 정의로운 것일지라도 행위 시의 형법을 적용해야 한다.[8] 형법의 변화가 형사처벌의 예측가능성을 보장하고 '소급입법에 의해 형사처벌 받지 않는다는 개인의 신뢰'를 (입법과 해석·적용에서) 보호하면서 이루어져야 하

7 사회규범(Sozialnorm)이란 한 공동체 내에 도덕적으로 선한 행동에 관한 공통된 직관을 가리킨다. 공중도덕은 그 대표적인 예이다. 사회규범은 법과 같이 보편성과 타율성(외양성)이란 특징을 갖는 점에서 개인과 집단에 따라 차이가 나는 당파성(비보편성)과 자율성(내면성)을 특징으로 하는 윤리와 구별된다. 하지만 사회규범은 법과 달리 지역적으로 차이날 수 있다는 점에서 지역성을 띠며 규범의 내용도 법과 달리 비정형적이라는 특징을 갖고 있다.

8 행위시법의 위헌결정은 '한글화, 어려운 법률 용어의 순화, 한글맞춤법 등의 자구수정' 등(대판 2014도5433) 그 의미의 동일성이 유지된 채 개정된 신법에도 그 효력이 미친다.

는 것은 **형법의 도덕률**이기 때문이다.

[소급효금지와 정의이념의 이익형량] 소급입법으로 처벌되지 않는다는 신뢰를 형법의 도덕률로 자리매김하지 않고, 범죄자 개인의 신뢰(주관적 의미의 신뢰)나 국가형벌권의 자의적 행사를 제한한다는 의미의 신뢰(객관적 의미의 신뢰)로 이해하고, 예측가능성을 법적 안정성의 이념으로 보면, **신뢰나 예측가능성은 정의의 이념(공익)과 비교형량**될 수 있다. 그런 비교형량에서 정의에 무게를 두면 소급효금지원칙은 폐기될 수 있다. 정의는 추상적이어서 시대상황이나 정치적 요청에 따라 변할 수 있기 때문이다. 「5.18 민주화운동 등에 관한 특별법」 제2조에 대한 합헌결정(헌재결 96헌가2, 96헌바7, 96헌바13[병합])은 이를 잘 보여준다.

(2) **적용범위** 소급효금지원칙은 행위자에게 **불리한 형법의 변경**에 대해 적용된다. 따라서 행위 시에는 범죄였으나 "범죄 후 법률의 변경에 의하여 그 행위가 범죄를 구성하지 아니하거나 형이 구법보다 경한 때에는 신법", 즉 재판시법을 적용한다(제1조 제2항). 소급효금지는 행위 후에 새로운 범죄구성요건을 만드는 형법제정이거나 기존의 범죄구성요건에 새로운 행위유형을 더하고 형벌[9]을 가중하고 새로운 형을 병과하는 등의 형법개정에도 적용된다. 이 때 형법의 범위가 어디까지인지가 문제된다.

1) 보안처분 **보안처분**은 과거의 범죄'행위'에 대한 책임을 상쇄시키는 제재가 아니라 행위자의 장래의 위험성을 이유로 삼고 사회방위를 목적으로 하는 제재이므로 재판시의 법률에 의해 부과될 수 있다(대판 97도703). 독일형법 제2조 제6항도 이를 규정한다. 다른 한편 보안처분은 형벌 이상의 자유제한 효과가 있고 형벌과 함께 형법적 제재의 이원(二元)을 구성한다는 점에서 소급효금지원칙이 적용되어야 한다. 판례는 보안처분에 소급효를 인정[10]하기도 하고 부정[11]하기도 한다.

---

9 형벌은 형법 제41조(형의 종류)를 가리킨다. 범죄 후에 제정된 「벌금등임시조치법」(단기 4291년)에 의해 벌금을 가중하는 것도 소급효금지원칙에 위반된다(대판 4293형상445).

10 [보안처분의 소급효 인정 판례] ① 1995년에 개정된 형법 제62조의2 제1항(보호관찰)을 1993년에 범죄를 범한 피고인에게도 적용하여 **보호관찰**을 명하는 것(재판시법적용)은 형벌불소급의 원칙 내지 죄형법정주의에 위배되지 않는다(대판 97도703). ② (2005년 이중처벌의 위헌성을 이유로 폐지된) 「사회보호법」 자체는 죄형법정주의나 평등원칙에 반하지 않으며(대판 86도1626), **「사회보호법」상의 보호감호**는 동법의 시행 전에 이루어진 전과사실을 근거로 부과되더라도, 그것이 사회보호법 시행 이후에 동종 유사한 죄를 저지른 때를 전제로 하는 한, 법률불소급원칙의 위반은 없다(대판 81도2897).

2) 소 송 법 **소송법**은 형벌권의 존부를 구체적 사안에서 밝히는 절차를 규율하는 법이다. 형법의 실현은 소송법에 따라 좌우된다. 판례(대판 96도3376)는 형사소송법이나 행형법에는 사후법의 소급효를 인정한다. 다만 "공소시효를 정지·연장·배제하는 내용의 특례조항[12]을 신설하면서 소급적용에 관한 명시적인 경과규정을 두지 아니한 경우에 그 조항을 소급하여 적용할 수 있다고 볼 것인지에 관하여는 적법절차원칙과 소급금지원칙을 천명한 헌법 제12조 제1항과 제13조 제1항의 정신을 바탕으로 하여 법적 안정성과 신뢰보호원칙을 포함한 법치주의 이념을 훼손하지 아니하도록 신중히 판단하여야 한다"(대판 2015도1362)고 본다.[13] 私見으로 죄형법정주의는 형법적 사회통제의 명확성을 실현하는 제도로 재해석되고, 형사소송법은 형법적 사회통제를 구성하는 세 요소(**규범-절차-제재**) 가운데 하나이므로, 소급효금지원칙은 형사소송법에도 원칙적으로 적용되어야 한다. 다만 합목적성이 지배하는 순수한 절차규정까지 소급효금지를 적용할 필요는 없다. 따라서 **형벌권의 존부나 유·무죄의 판단**

---

11 [보안처분의 소급효 부정 판례] ①「가정폭력범죄의 처벌 등에 관한 특례법」상 **사회봉사명령**(대결 2008어4), ②「성폭력범죄의 처벌 등에 관한 특례법」상 **수강명령** 또는 **성폭력 치료**프로그램의 이수명령의 병과규정(대판 2013도1525) 등의 소급적용은 불허되며, ③ 이미 유죄판결이 확정된 아동·청소년 대상 성폭력범죄는「성폭력범죄의 처벌 등에 관한 특례법」 부칙의 소급적인 **공개명령** 및 **고지명령**의 대상이 되지 않는다(대결 2014모1166). ④ **전자장치 부착법상 부착기간 하한**을 2배로 가중하는 규정의 소급적용은 명시적인 경과규정을 두지 않고 있으므로 그 조항의 소급적용을 부정하는 것이 형법 제1조 제1항의 행위시법적용원칙 또는 죄형법정주의에 부합한다(대판 2013도6220; 2013도6181).

12 [5·18사건 소급입법] 甲은 1980. 5. 18. 내란목적의 살인을 하고 쿠데타를 성공시킨 후 대통령 乙을 1980. 8. 26. 하야시켰고, 1981. 1. 23. 계엄을 해제하였다. 甲은 1996. 1. 22. 내란목적살인죄로 기소되었고, 甲의 행위에 관해 공소시효를 정지시키는「5. 18 민주화운동에 관한 특별법」과 내란, 집단살해행위 등에 대해 공소시효의 적용을 배제하는「헌정질서파괴범죄의 공소시효 등에 관한 특례법」이 1995. 12. 21. 제정되었다. ① 甲의 범죄 당시 공소시효는 15년(형사소송법 제249조 제1항 1호)이고, 공소시효가 진행되는 "범죄행위의 종료"(제252조 제1항)는 내란목적살인죄의 목적("국헌을 문란할 목적"[형법 제88조] = "헌법에 의하여 설치된 국가기관을 강압에 의하여 전복 또는 그 권능행사를 불가능하게 하는 것"[제91조 1호])이 달성된 때, 즉 乙이 하야한 1980. 8. 26.이다. 甲은 공소시효가 완성된 상태에서 기소된 것이고, 소급효금지원칙을 적용하면 甲은 면소판결을 받는다.

13 [공소시효배제의 소급효] 甲은 2006. 5.경 장애인 준강간을 범하였고, 2014. 1.에 기소되었다. 행위 당시의 성폭력처벌법 제8조의 법정형은 3년 이상의 유기징역이고, 당시 공소시효는 7년(형사소송법 제249조 제1항 제3호)이었다. 2011. 11. 17. 개정·시행된 성폭력처벌법은 13세 미만의 여자 및 신체 또는 정신 장애가 있는 여자에 대한 (준)강간·강제추행죄의 공소시효를 배제하는 제20조 제3항을 신설하였고, 경과규정은 두지 않았다. ① (대판 2015도1362) 제20조 제3항은 소급되지 않는다. 甲은 면소판결을 받는다.

에 중요한 영향을 미치는 형사소송법(예: 공소시효,[14] 방어권·인신구속 관련규정)에는 소급효금지를 적용하여야 한다.

3) 구체적 형법규범 의회에서 추상적·일반적 언어로 제정된 형사법률은 사법부가 그 법률을 사안에 적용하거나 행정부가 (법률주의에 반하지 않는 범위 내에서) 그 법률을 시행하는 법규(명령, 고시 등), 즉 보충규범을 제정함으로써 비로소 '**구체적인 형법규범**'이 된다. 소급효금지의 취지는 구체적 형법규범의 형성에도 당연히 미친다. ① 판례는 법률텍스트의 사용규칙을 정하는 한에서는 구체적인 형법규범임에도 **대법원의 판례변경에 대해 소급효**를 허용한다.[15] 그러나 판례변경의 소급효를 허용하면 행위자의 (변경이전의 판례에 대한) 신뢰 보호는 (불법은 인정하고 책임을 부정하는) 법률의 착오(제16조), 특히 포섭의 착오에 의할 수밖에 없게 된다. 판례에 대한 신뢰의 보호는 죄형법정주의에 의하는 것이 더 효과적이다. 피고인에게 불리한 판례의 변경은 적어도 당해 사건 이후의 사건에 대해서만 적용하는 **판례변경예고제**가 타당하다.

○ 소급효금지원칙 위반 없음 × 소급효금지원칙 위반	판례	이론
[법해석적 판례변경] 1인회사의 대표이사가 회사의 돈을 무단으로 쓴 행위는 배임죄 고의가 인정 안 된다는 판례에서 배임죄 고의도 인정하는 판례로 변경(대판 83도2330)	○	×
[법해석적 판례변경] 건설회사 현장소장이 APT지하주차장 시공방법을 변경하여 그 APT가 준공 후 기울어지게 한 행위에 건축법 양벌규정을 적용할 때 건축주만을 처벌하는 해석에서 종업원인 소장도 처벌하는 해석으로 변경(대판 95도2870)	○	×
[법창조적 판례변경] 위조한 위임장의 복사본을 제3자에게 제시·사용한 행위에서 복사본을 문서로 보지 않은 판례에서 문서로 보는 판례로 변경(대판 87도506)	○	×

② 행정부가 제정하는 법규는 백지형법을 충전시키는 위임입법이거

14 ① 2015. 7. 31. 시행 형사소송법 부칙 제2조는 살인죄 공소시효를 배제하는 제253조의2는 시행당시 "아직 공소시효가 완성되지 아니한 범죄에 대하여도 적용한다"는 **부진정소급효**를 규정한다. ② 부진정소급효는 '공소시효의 정지와 효력'을 규정한 아동학대범죄의 처벌 등에 관한 특례법 제34조 제1항은 완성되지 아니한 공소시효의 진행을 피해아동이 성년에 달할 때까지 장래를 향하여 정지시키는 반면, 위 규정 시행일 당시 피해아동이 이미 성년에 달한 경우에는 공소시효의 진행이 정지되지 않는다는 판례(대판 2020도8444)에서도 채택되고 있다.

15 "형사처벌의 근거가 되는 것은 법률이지 판례가 아니고, 형법 조항에 관한 판례의 변경은 그 법률조항의 내용을 확인하는 것에 지나지 아니하여 이로써 그 법률조항 자체가 변경된 것이라고 볼 수는 없으므로, 행위 당시의 판례에 의하면 처벌대상이 되지 아니하는 것으로 해석되었던 행위를 판례의 변경에 따라 확인된 내용의 형법 조항에 근거하여 처벌한다고 하여 그것이 헌법상 평등의 원칙과 형벌불소급의 원칙에 반한다고 할 수는 없다"(대판 97도3349).

나 형법을 해석으로 구체화하는 집행규범[16]의 성격을 띤다. 그런 행정법규를 **보충규범**, 특히 위임입법의 경우에는 **충전규범**(Ausfüllungsnorm)이라고 부를 수 있다. 행위자에게 불리하게 변경되거나 새롭게 제정된 보충규범은 형법 제1조 제1항의 법률에 해당하고, 따라서 소급효가 금지된다. 이에 관해 판례는 긍·부정의 엇갈린 태도를 보인다.[17]

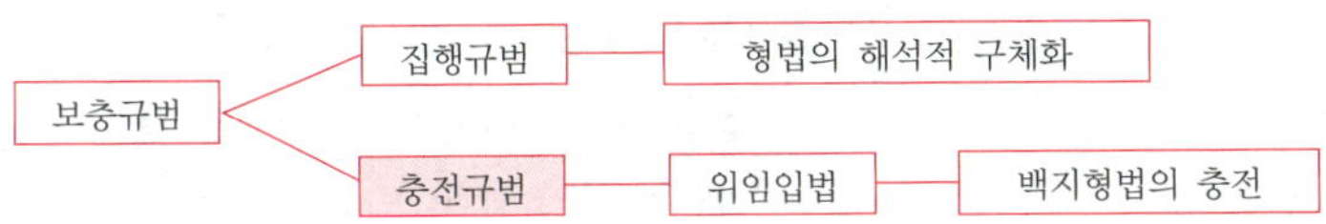

Ⅳ. 명확성원칙

(1) **의 의** ① 형법은 범죄의 요건과 형벌의 내용을 명확하게 규정하여야 한다. 형법텍스트가 불명확하면 국가기관들이 형벌권을 자의적으로 행사할 위험이 높아지고, 개인의 자유와 권리는 보장할 수 없게 된다. 형법의 명확성은 형법텍스트의 **언어적 명확성**[18]만으로는 달성될 수 없다. 언어의 **명확성은 사용의 규칙**(Gebrauchsregeln)을 통해서도 확보된다.[19] ② 다른 한편 현대사회의 형법은 어느 정도 불명확할 필요가 있다. 사회현실은 매우 복잡하고 빠르게 변하고 그런 변화에 형법이 탄력적으로 적응하지 않는다면 형법은 큰 흠결을 보이거나 형평성을 상실할 수

16 [집행규범변경의 소급효] 甲은 1965. 5. 도지사의 허가 없이 B리에 있는 준용하천에 돌과 흙으로 제방을 쌓아 논에 물을 끌어들이는 보를 만들었다. 甲의 행위 당시의 「하천법」 제69조 4호는 관리청의 허가(제26조) 없이 하천을 점용한 자를 1년 이하의 징역 또는 5만환 이하의 벌금에 처하고 있었고, 준용하천에 대해 적용될 「하천법」의 범위를 정한 동법 시행령 제8조는 제69조를 포함하지 않고 있었다. 이후 1966. 5 개정된 동법 시행령 제8조는 제69조를 준용규정으로 추가하였다. ① (대판 66도1176) 甲의 처벌은 법률주의에 반하지 않는다. ② (評釋) 하천법 시행령은 위임입법이 아니라 '집행규범'이고 소급효가 금지된다.

17 [위임입법의 불소급효] 甲은 2007. 1. 19. ~ 2007. 4. 6. 온라인을 통해 게임베팅, 게임머니 환전과 재매입 영업을 하였다. 2007. 1. 19. 신설된 「게임산업진흥에 관한 법률」 제32조 제1항 7호는 게임머니 환전을 업으로 하는 행위를 금지하면서 거래가 금지되는 게임머니의 종류 및 내용은 대통령령에 위임하였고, 甲의 행위를 게임머니로 보는 시행령은 2007. 5. 16.에 공포되어 시행되었다. ① (대판 2008도11017) 2007. 5. 16. 신설된 "법 시행령 제18조의3의 시행일 이전에 위 시행령 조항 각 호에 규정된 게임머니를 환전, 알선, 재매입한 영업행위를 처벌하는 것은 형벌법규의 소급효금지 원칙에 위배된다."

18 [법률언어의 유형] 법언어는 서술적 개념, 규범적 개념, 가치충전필요개념, 일반조항 그리고 백지형법 순으로 명확성은 줄어들고, 탄력성은 늘어난다.

있다. 즉, **형법의 탄력성**(Flexivilität)을 완전히 배제한 형법은 명확할 수는 있어도 정당할 수는 없다. 이와 같이 형법의 정당화요소로서 형법의 탄력성은 형법텍스트의 얼마간 불명확성을 전제한다. ③ 현대형법에서 명확성원칙은 형법의 언어적 명확성에 지향하면서도 형법의 탄력적 적용 가능성을 열어 놓고 아울러 형법의 민주적 정당성을 위해 의회의 **형법적 규율기획을 법률텍스트에 정립**해놓으라는 요청으로 재해석된다.

[판례: 명확성원칙의 의미] ① "죄형법정주의의 원칙에서 파생되는 명확성의 원칙은 법률이 처벌하고자 하는 행위가 무엇이며 그에 대한 형벌이 어떠한 것인지를 ⓐ **누구나 예견할 수 있고,** 그에 따라 자신의 행위를 결정할 수 있도록 구성요건을 명확하게 규정하는 것을 의미한다. 그러나 처벌법규의 구성요건이 명확하여야 한다고 하여 모든 구성요건을 단순한 서술적 개념으로 규정하여야 하는 것은 아니고, 다소 광범위하여 법관의 보충적인 해석을 필요로 하는 개념을 사용하였다고 하더라도 통상의 해석방법에 의하여 **건전한 상식과 통상적인 법감정을 가진 사람이면 당해 처벌법규의 보호법익과 금지된 행위 및 처벌의 종류와 정도를 알 수 있도록 규정**하였다면 처벌법규의 명확성에 배치되는 것이 아니다. ⓑ 또한 어떠한 법규범이 명확한지 여부는 그 법규범이 **수범자에게** 법규의 의미내용을 알 수 있도록 **공정한 고지를 하여** 예측가능성을 주고 있는지 여부 및 ⓒ 그 법규범이 **법을 해석·집행하는 기관에게 충분한 의미내용을 규율하여** 자의적인 법해석이나 법집행이 배제되는지 여부, 다시 말하면 예측가능성 및 자의적 법집행 배제가 확보되는지 여부에 따라 이를 판단할 수 있다. ⓓ 그런데 법규범의 의미내용은 그 문언뿐만 아니라 입법 목적이나 입법 취지, 입법 연혁, 그리고 법규범의 체계적 구조 등을 **종합적으로 고려하는 해석방법**에 의하여 구체

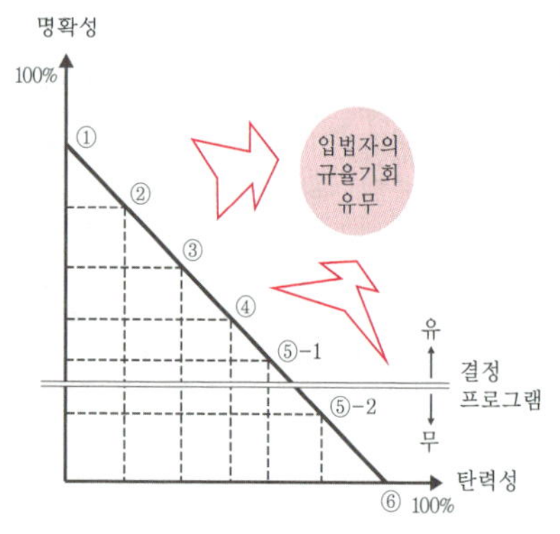

① 숫자개념: 100%의 세밀성(예: 14세)
② 서술적 개념: 정서적-평가적 요소가 포함되지 않은 개념(예: 사람, 건조물 또는 배우자, 직계존속 등의 관계개념)
③ 규범적 개념: 정서적-평가적 요소가 포함되어있는 개념(예: 문서, 위험한 물건)
④ 가치충전필요개념: 경험적 고찰방식이 무력하며 법률적용자의 정서적-규범적 평가로써 그 내용이 채워지게 되는 개념(예: 개전의 정, 음란한)
⑤ 일반조항: 단지 일반원칙만 제시됨으로써 그것을 구체화하는 기준(규범)을 법률적용자가 만들어야만 적용이 가능한 규정
⑥ 백지형법

19 이런 인식의 법이론적 해명으로 이상돈, 법이론, 박영사, 1996, 180~181쪽.

화하게 되므로, 결국 법규범이 명확성 원칙에 위반되는지 여부는 위와 같은 해석방법에 의하여 **그 의미내용을 합리적으로 파악할 수 있는 해석기준을 얻을 수 있는지 여부**에 달려 있다"(대판 2013도12939). ② (評釋) ⓐ는 보호법익의 구체성과 일반적 인식가능성, ⓑ는 형법의 정보화가능성, ⓒ는 의회의 형법적 규율기획을 법텍스트에 담는 것, ⓓ는 방법다원주의(Methodensynronismus)를 표현하고 있다.

(2) 범죄구성요건의 명확성 형법은 범죄의 실질이 되는 불법의 내용을 분명히 하여야 한다. 이 명확성은 보호법익의 구체성과 일반적 인식가능성으로 구현된다. 누구나 "당해 처벌법규의 보호법익과 금지된 행위 및 처벌의 종류와 정도를 알 수 있도록 규정"(대판 2013도12939)하여야 한다. **보호법익의 구체성**은 기본권을 구체화한 이익이나 그것과 연관되어 있음을 해석해낼 수 있을 때에 인정된다.

[보호법익의 구체성 판단] 이 점을 아래 판결사례를 예로 분석해본다.

명확성 불인정	명확성 인정
㉠ 우리나라 「외국환관리법」 제17조 제1항 및 시행령 제26조 제1항을 구체화하는 고시인 외국환관리규정(재정경제원고시 제1996-13호) 제6-15조의4 2호 (나)목 소정의 "도박 기타 범죄 등 선량한 풍속 및 사회질서에 반하는 행위"에서 선량한 풍속이나 사회질서는 구체화된 법익이라고 할 수 없다는 점에서 명확성원칙에 반한다(대판 97도2231 참조). ㉡ 독일 나치형법 제2조의 "건전한 국민감정의 유지" ㉢ "공공의 질서에 반하는 자"(wer öffentliche Ordnundung verstößt)를 처벌하는 규정이 명확성원칙에 반한다는 독일 바이에른 헌법재판소 판결(BayGVBl. 1952, 8)	㉣ "현저히 사회적 불안을 야기시킬 우려가 있는 집회 또는 시위"를 주관하거나 개최한 자를 처벌하는 규정(1989. 3. 29. 전문개정 전의 「집회 및 시위에 관한 법률」 제3조 제1항 4호, 제14조 제1항)은 '공공의 안녕과 질서에 직접적인 위협을 가할 것이 명백한 경우에 적용된다'는 전제에서 명확성원칙에 반하지 않는다(헌재결 89헌가8).

㉡은 명확성원칙에 명확하게 위배되는 예이다. ㉠, ㉢, ㉣은 ㉡보다는 언어적 명확성이 좀 더 있다. 이 사례들은 모두 「법원조직법」 제57조 제1항의 재판비공개사유, "국가의 안전보장·안녕질서·선량한 풍속"과 언어적 명확성이 비슷하다. ㉠, ㉡, ㉢이 명확성원칙에 위배되는 반면 ㉣이 위배되지 않는 이유는 언어기호의 차이에 있지 않고, 집회시위 **상황의 맥락을 고려하면 보호법익이 구체화될 수 있고, 입법자의 규율기획도 확인**될 수 있기 때문이다.

보호법익을 침해·위태화 하는 행위유형이 **일반적으로 인식가능한지**(Allgemeinverständlichkeit)는 명확성의 또 다른 판단기준이다. 이 일반적 인식가능성은 **일반시민을 기준으로** 판단한다. 형법규범을 내면화해야 할 사람은 시민들이기 때문이다. 하지만 일반인은 어떤 행위가 범죄요건을 충족하는지를 정확하게 판단할 수가 없다. 현대사회 현실의 복잡성으로 인해 형법은 전문화되고, 형법의 적용은 전문적인 법률해석학에 의해 관리될 수밖에 없기 때문이다. 그렇기에 다양한 해석방법을 "**종합적으로 고려하는 해석방법**"으로써 "**그 의미내용을 합리적으로 파악할 수 있는 해석기준을 얻을 수 있는지**"(대판 2013도12939), 즉 **법관의 합리적 해석가능성 여부**에 따라 명확성여부를 판단한다.[20]

	판례에서 일반적 이해가능성으로서 명확성
판단 기준	•"통상의 판단능력을 가진 사람"(헌재결 89헌가104) •"사물의 변별능력을 제대로 갖춘 일반인"(대판 2002도1855) •"우리말의 보통의 표현방법"(대결 94모32의 소수의견) •"관용적인 용례"(대판 96도1167) •"대강의 예측가능성"(대판 2000도1007; 헌재결 2001헌가6)
명확성 판단의 논증례	• 밀수품을 "감정"하는 행위를 처벌하는 (구) 「관세법」 제186조 제1항에서 감정의 의미는 건전한 상식과 통상적인 법감정을 가진 일반사람이라면 전문적 지식이나 특정한 장비의 유무에 관계없이 물품(밀수품)의 진부와 품질을 판단하는 것이라고 이해할 수 있으므로 명확성원칙에 반하지 않는다(헌재결 97헌마194). •「석유사업법」 제33조 3호, 제26조(동법 시행령 제30조)에서 석유유사제품은 통상 "석유제품에 유사한 것", 따라서 "정품이 아닌 가짜 석유제품"(예: 솔벤트와 톨루엔 용제를 옥내 혼합용 탱크로 뽑아 올려 각 5 : 5의 비율로 혼합하는 방법으로 만든 소부코트신나)으로 넉넉히 파악될 수 있고, 대통령령에 규정될 내용의 대강도 예측할 수 있다는 점에서 명확성원칙에 반하지 않는다(헌재결 2001헌가6).

그러므로 '법전문가공동체'가 일반인의 다양한 의견을 민주적으로 수렴하면서 어떤 범죄구성요건이 금지하는 행위(유형)를 구체적으로 확정지을 수 있는지[21] 그리고 그렇게 확정되는 구체적인 형법규범(금지행위의 유형)이 기술적인 법정보화메커니즘(예: 인터넷판례제공, 미디어의 보도, 각종 연수교육)을 통하여 사람들에게 인지되고 있는지(판례: "공정한 고지")를 기준으로 명확성 여부를 판단해야 한다.

(3) 형법적 제재의 명확성 형법은 특정한 범죄에 대하여 어떤 제재

20 **[해석을 통한 명확성]** 甲은 북한의 지시에 따라 H 총련 간부들의 신원과 동향, 내부갈등 등을 파악하고 향후 민중운동에 미칠 악영향을 종합 분석하여 북한에 보고하였다. 甲에게는 적용되는 「국가보안법」 제4조 제1항 2호 (나)목의 "국가기밀"(國家機密)이란 문언은 명확한가? ① (대판 2013도2511) 국가기밀이란 문언을 합리적으로 이해하는 해석기준(대판 97도985)에 의해 그 일반적 의미를 제한적으로 해석할 수 있으므로 위 규정은 명확성원칙에 반하지 않는다. ② (評釋) 이로써 법관이 구체적 형법규범을 정하는 권력(definition power)을 독점하게 되고, 형법의 민주적 정당성은 약화된다.

21 "불가피하게 비민주적인 민주적 법적통제의 패러독스"(Podlech, Die juristische Fachsprache und die Umgangssprache, Fachsprache－Umgangssprache, 1975, 180쪽)는 불가피하다.

를 부과할 것인지도 명확히 하여야 한다. 이 명확성은 지나치게 높아서도, 지나치게 낮아서도 안 된다. ① **절대적 형벌**(예: 제93조[여적] "적국과 합세하여 대한민국에 항적한 자는 사형에 처한다")은 명확하지만 사안의 특성(양형책임)에 적합한 형벌을 부과할 수 없어서 비례성과 평등원칙(합리적 차별의 요청)에 위배된다. 따라서 형벌의 종류(형법 제41조)와 범위가 특정되는 것만으로도 충분히 명확하다. ② 형의 종류와 범위가 전혀 특정되지 않은 **절대적 부정기형**(예: 사람의 신체를 상해한 자는 형벌에 처한다)은 과도하게 불명확하여 죄형법정주의에 위배된다. 행위자의 재범 위험성이 계속되는 한 보안처분의 필요성도 계속 인정된다고 하여 기한을 전혀 두지 않는 (구 치료감호법의) 치료감호는 명확성원칙에 위배된다. 최대기한(「치료감호법」 제16조 제2항: 성폭력범죄자는 최대 15년, 마약사범은 최대 2년)을 설정하고 상대적 부정기처분을 하는 것은 명확성원칙에 위배되지 않는다. ③ **소년형**은 형의 종류와 형의 상한·하한이 특정되어 있는 **상대적 부정기형**이다.[22] 이는 교육형의 목적을 위해 불가피한 것으로 인정된다. ④ **정상참작감경**(제53조)은 성인범에 대한 형벌의 부과에서 법관의 자의에 의해 형벌의 범위를 지나치게 유연하게 만든다. 하지만 법정형이 전반적으로 높게 설정된 현행 형법의 상황에서 정상참작감경은 형벌의 비례성을 실현해주는 효과가 있다.

Ⅴ. 유추금지원칙

(1) 형법의 자의적 적용과 흠결보충의 금지 형법이 의회에서 민주적 절차로 제정되고, 명확성까지 갖춘 법률일지라도 본래의 규율영역을 벗어난 사건에 적용된다면 죄형법정주의의 기능(권력분립, 민주적 정당화, 법적 안정성, 자유의 보장)은 사라지게 된다. 여기서 ① 첫째, "개인의 자유와 권

22 소년법 제60조(부정기형) ① 소년이 법정형으로 장기 2년 이상의 유기형(有期刑)에 해당하는 죄를 범한 경우에는 그 형의 범위에서 장기와 단기를 정하여 선고한다. 다만, 장기는 10년, 단기는 5년을 초과하지 못한다.

리를 보호하기 위하여 형벌법규의 해석은 엄격하여야 하고,[23] 명문의 형벌법규의 의미를 피고인에게 **불리한 방향으로 지나치게 확장해석**(예: 담배제조죄를 담배제조시설 제공행위에 적용[대판 2019도16782])**하거나 유추해석**[24]하는 것은 죄형법정주의의 원칙에 어긋"난다(대판 2011도7725). 이때 유추(Analogie)란 **형법의 자의적 적용**을 가리킨다. ② 둘째, 법논리적으로 유추란 사안(a)에 적용할 법규범(A)이 흠결되어 있을 때 그 사안과 가장 유사한 사안들(b_1~b_n)을 규율하는 법규범(B)을 적용하여, 그 흠결을 보충하는 추론방법을 가리킨다. **민법의 흠결은 유추에 의해 보충**하여야 하는 반면, 형법의 흠결은 유추에 의해 보충하여서는 안 된다. 즉 형법에서 법관에 의한 **보충적 법형성을 금지**하는 것이 유추금지이다.

[유추금지원칙 위반 대표사례] ① 19세기 말 전기가 발명되었을 때 타인의 전기를 훔친 행위에 절도죄를 적용하면 유추금지원칙에 위배되었었다. 전기는 절도죄의 객체인 "타인의 **재물**"의 物에 해당하지 않기 때문이다. 따라서 '관리할 수 있는 동력'을 재물로 간주하는 (형법의 흠결을 메우는) 입법[25]이 된 후에야 전기절취는 절도죄로 처벌되었다.[26] ② 판례는 "횡령죄에 있어서의 불법영득의 의사라 함은 타인의 재물을 보관하는 자가 자기 또는 제3자의 이익을 꾀할 목적으로 업무상의 임무에 위배하여 보관하는 타인의 재물을 자기의 소유인 경우와 같이 사실상 또는 법률상 처분하는 의사를 의미하고, 반드시 자기 스스로 영득하여야만 하는 것은 아니다"(대판 2000도4005)라고 하여 **제3자 횡령**을 인정하는 듯 보인다. 그런 해석은 법문언에 반하는

23 [형벌법규의 엄격해석] 甲은 선물거래시장과 실시간으로 연동되는 사설선물거래 사이트를 개설하고 가입회원들이 甲의 계좌로 돈을 입금하여 거래를 할 때마다 수수료를 공제하고, 그 환전을 요구받으면 회원이 미리 선택해놓은 적용비율에 따라 현금으로 환산하여 송금해 주는 사이트를 운영하였다. ① (대판 2012도4230) 甲은 "회원들이 선물거래를 할 수 있게 한 것이 아니라 선물지수를 기준으로 **모의 투자**를 할 수 있는 서비스를 제공하고 거래 결과에 따라 환전을 해준 것에 불과하여 甲이 회원들을 상대로 직접 매도·매수 등의 행위를 하였다고 볼 수 없"으므로 甲의 행위를 "무인가 금융투자업 영위에 의한 자본시장법 위반죄(제444조 제1호)로 처벌하는 것은 유추해석으로서 죄형법정주의에 반"한다.

24 [해석과 유추의 동질성] 한 범죄구성요건이 적용되는 수많은 사건들은 각기 다양하고 서로 다른 데이터를 갖고 있지만, 가족들의 얼굴에 나타나는 가족유사성(Familienähnlichkeit)처럼 공통된 데이터를 갖고 있다(Wittgenstein의 개념을 법률해석에 응용한 이상돈, 법이론, 박영사, 1996, 174쪽). 법률해석은 그 법률이 의심 없이 적용되는 사안(보통사안)과 문제사안의 유사성에 대한 판단, 즉 유추이다. 법이론적으로 유추는 금지될 수 없다.

25 독일 형법 §248c와 이에 해당하는 우리나라 형법 제346조(동력) 참조.

26 비슷하게 1995년 형법개정 이전, 타인이 작성한 컴퓨터파일의 내용을 변경한 행위에다 문서변조죄를 적용하면 유추금지원칙에 위배된다. 특수매체기록을 문서로 보는 규정(형법 제232조의2 등)이 입법되고 나서야 파일변조는 문서죄로 처벌된다.

(contra legem) **법률수정적 법형성**으로서 유추금지원칙에 위배된다. 횡령죄(제355조 제1항)는 사기죄, 배임죄 등의 규정과 독일형법의 횡령죄(제246조 제1항)[27]상의 "제3자로 하여금"이란 문언이 없기 때문이다.

(2) 해석의 한계 유추금지원칙은 법관이 '합리적 해석'을 통해 포섭될 수 있는 사안에 형법을 적용하는 것까지 금지하지는 않는다. ① 판례에 의하면 **'법규정의 가능한 의미'**(der mögliche Wortsinn)를 넘어선 해석은 법창조이고, 유추금지원칙에 위배된다. **'법규정의 가능한 의미'란 법'문언'의 의미적 한계를 말하고**, 이는 법관의 해석활동에 **외재하는 기준**이다. 해석이 실질적 타당성이 있어도 법규정의 가능한 의미를 넘어서면 유추금지원칙에 위반하게 된다.[28] ② 그러나 법언어의 가능한 의미라는 기준은 어떤 형법해석의 유추 여부에 대해 상반된 견해들도 각자 자기편으로 원용할 수 있을 만큼 매우 불확실하다.[29] '법언어의 가능한 의미'는 종종 법관이 자신의 형법해석을 근거지우는 부담을 회피하고, 판결의 타당성을 창

27 StGB § 246① "타인의 재물을 횡령하거나 제3자에게 영득하게 한 자"(Wer eine fremde bewegliche Sache sich oder einem Dritten rechtswidrig zueignet)와 한국 형법 제355조 제1항의 법문언("타인의 재물을~횡령하거나 그 반환을 거부한 때")은 명확한 차이가 있다.

28 [해석한계로서 국어학적 의미] K 항공 부사장 甲은 승무원 乙이 땅콩을 봉지 채 가져다주자 객실사무장 丙에게 '乙은 데리고 갈 수 없으니 기장에게 비행기를 세우라고 연락하라'고 고함치면서 객실서비스 설명서로 丙의 손등을 때리고 乙에게 던져 가슴에 맞혔다. 이에 기장 丁은 계류장의 항공기를 유도로로 옮기다가 통제소 승인을 받고 다시 탑승구 쪽으로 이동시켰다. 甲은 설명서를 읽고 乙이 옳았음을 알고, 나무라 소리치며 丙을 비행기에서 내리게 하였다. 항공보안법 제42조는 항공기항로변경죄("위계 또는 위력으로써 운항 중인 항공기의 항로를 변경하게 하여 정상 운항을 방해한 사람은 1년 이상 10년 이하의 징역에 처한다.")를 정하고, 제2조 제1호는 '운항 중'을 '승객이 탑승한 후 항공기의 모든 문이 닫힌 때로부터 내리기 위하여 문을 열 때까지'라고 정하지만 '항로'는 정의하지 않는다. ① (대판 2015도8335) "법령에서 쓰인 용어에 관해 정의규정이 없는 경우에는 원칙적으로 사전적인 정의 등 일반적으로 받아들여진 의미에 따라야" 하고, 표준국어대사전이 정의하는 "국어학적 의미에서 항로는 공중의 개념을 내포하고 있"으므로 지상의 항공기 이동을 "항로로 해석하는 것은 문언의 가능한 의미를 벗어난다." ② (評釋) 판례는 테러방지 목적에서 해석한 목적론적 해석이다. 지상의 비행기 길을 항로에 포함시켜 甲에게 항공기항로변경죄를 인정하여도 유추금지원칙에 위배되지 않는다.

29 [실화죄규정의 유추] 甲은 乙 소유의 과수원에서 바람이 센 날 마른 풀을 모아 놓고 성냥불을 켜 담뱃불을 붙인 뒤, 불이 완전히 꺼졌는지를 확인하지 않고 자리를 떴고, 남은 불씨가 주변 풀과 잔디에 옮겨 붙고 乙, 丙, 丁 소유의 사과나무에 옮겨 붙어 사과나무 200그루를 소훼시켰다. ① (대결 94모32) 실화죄(제170조 제2항: "과실로 인하여 자기의 소유에 속하는 제166조 또는 제167조에 기재한 물건을 소훼하여 공공의 위험을 발생하게 한 자도 전항의 형과 같다")에서 **자기의 소유는 제166조만 수식하고 제167조(일반물건)에는 수식하지 않으므로** 타인소유의 물건인 나뭇가지도 이에 해당한다는 해석은 "**법규정의 가능한 의미를 벗어나 법형성이나 법창조행위에 이른 것이라고는 할 수 없**"다. 반면 이런 해석은 '법문의 가능한 의미'의 범위를 넘어서 법흠결을 보충한 것이라고 보는 견해도 있다.

출하는 수사학적 도구로 오·남용된다.[30] ③ 이론적으로 해석의 한계는 법언어의 가능한 의미처럼 해석에 외재하는(extern) 것이 아니라 해석에 내재하는(intern) 것이다. 법률해석이 본질상 유추라고 본다면, 법률해석의 한계는 해석의 근거지음(Begründung)[31]이 끝나는 데서 시작한다.

[판례: 법문의 가능한 의미] ① "자기 또는 다른 사람의 성적 욕망을 유발하거나 만족시킬 목적으로 전화, 우편, 컴퓨터, 그 밖의 통신매체를 통하여 성적 수치심이나 혐오감을 일으키는 말, 음향, 글, 그림, 영상 또는 물건을 상대방에게 도달하게 한 사람은 2년 이하의 징역 또는 500만 원 이하의 벌금에 처한다"(성폭력처벌법 제13조)를 "통신매체를 이용하지 아니한 채 '직접' 상대방에게 말, 글, 물건 등을 도달하게 하는 행위까지 포함하여 처벌할 수 있다고 보는 것은 **법문의 가능한 의미의 범위를 벗어난**"다(대판 2015도17847). ② 성폭력처벌법 제13조의 보호법익은 "성적 자기결정권과 일반적 인격권의 보호, 사회의 건전한 성풍속 확립"이며, "'**성적 욕망**'에는 성행위나 성관계를 직접적인 목적이나 전제로 하는 욕망뿐만 아니라, 상대방을 성적으로 비하하거나 조롱하는 등 상대방에게 성적 수치심을 줌으로써 자신의 **심리적 만족을 얻고자 하는 욕망**도 포함된다"(대판 2018도9775). 따라서 애인이 성관계후 성기크기를 다른 남자와 비교하는 말에 분노하여 그 말이 생각날 때마다 그녀에게 성기가 더

30 [문언의 통상적 의미의 사이비 정당화] 甲은 H 신용정보㈜ 홈페이지에 乙의 명의로 접속하여 부정발급 받은 乙 명의의 S 카드의 카드번호와 비밀번호 등을 입력하고 그 사용료 2천만 원을 지급하도록 정보처리를 하였다. ① (대판 2002도2363) 甲의 행위, 즉 '**권한 없이 정보를 입력하는 행위**'가 명령을 '**부정한 명령을 입력하는 행위**'(제347조의2)에 포함된다고 해석하는 것은 그 문언의 통상적인 의미를 벗어나는 것이 아니다. ② (評釋) 이 사건 이후 형법 제347조의2가 개정되어 '권한 없이 정보를 입력·변경하여'가 추가되었는데, 이는 판례의 해석이 제347조의2의 신설 당시 입법자가 입력한 결정프로그램을 벗어나서 유추금지원칙에 위배된 것임을 말해준다.

31 [해석의 근거지음(이론)] ① 법관의 해석은 형법문언의 통상적 의미를 출발점으로 입법자가 형법텍스트에 입력한 결정프로그램을 확인(재구성)하는 방식으로 이루어져야 한다. 이는 법관의 법률구속이라는 헌법상 요청(헌법 제103조)에서 나오는 의무이다. ② 법관은 입법자의 결정프로그램을 해석한 결과와 그 근거를 (판결이유에서) 논증(Argumentation)해야 한다. 이러한 논증을 생략하는 것은 그 자체로서 유추금지원칙에 위배된다. ③ 형법언어의 의미는 그 언어기호의 속성이 아니라 법관이 그 사용규칙(Gebrauchregeln)을 확립(구성적 참여)함으로써 구체화된다. 따라서 법관은 법률언어사용규칙의 내용과 그 근거를 제시하여야 한다. ④ 법관의 법률해석은 법률전문가사회(형법해석공동체)의 (전문가) 공론영역에서 '경쟁력'(공론경쟁력)을 갖는 것이어야 한다. 더 경쟁력 있는 해석이 있어도 법관의 해석이 나름의 상당한 경쟁력을 갖는 것인 한 유추금지원칙에 위배된다는 평결을 내릴 수는 없다. ⑤ 하지만 법관은 법률해석의 합리적 논거를 제시하여 모든 사람들에게 그 타당성을 설득시키는 말행위(논증)를 하여야 한다. 해석의 타당성에 대한 평결권은 궁극적으로는 법(해석)공동체에 있기 때문이다. ⑥ 이러한 논증의무는 법관으로 하여금 자신의 해석과 다른 해석 가운데 어떤 것이 '더 나은 논거'로 뒷받침되고 있는지를 되돌아보고, 자율적으로 자신의 견해를 수정해 나아갈 성찰의무를 부과한다. 이 성찰의무의 위반에 대한 제재는 의회의 입법(형법제정 또는 개정)이나 헌법재판소가 법원의 법률해석을 제한하는 변형결정(한정위헌결정, 한정합헌결정)으로 나타난다. ⑦ 이 성찰에서 법관은 자신의 형법해석이 법익보호원칙이나 비례성원칙에 부합하는지를 심사숙고해야 한다. 자세히는 Sangdon Yi, Wortlautgrenze, Intersubjektivität und Kontexteinbettung, Ffm. 1992 참조.

럽다, 수술 받으라는 문자를 반복하여 보낸 행위는 이 죄가 성립한다.

(3) 유추금지의 적용범위 유추금지원칙은 피고인에게 **유리한 유추**(analogie in bonam partem)까지 금지하지 않는다. ① 구성요건을 축소해석하거나 범죄성립조각사유, 형의 감경이나 면제에 관한 규정, 경합범규정(대판 2003도7124), 형사보상청구권(대결 2004코1)에 관한 규정을 확장하는 유추적용은 허용된다. ② 피고인에게 **불리한 축소해석**[32]은 금지되지만 **유리한 축소해석**도 '부당하게[33]' 형벌권의 정당한 행사를 위축시키고, 입법권을 찬탈한다면 허용되지 않는다. 따라서 피고인에게 유리한 유추도 합리적 논거에 의한 근거지음이 뒷받침되어야 한다.[34] ③ 유추금지원칙은 범죄의 성립(예: 위법성 및 책임의 조각사유)과 형벌(예: 소추조건, 형면제사유) 및 보안처분(예: 보호관찰,[35] 사회봉사명령)에 적용된다. ④ "위법성 및 책임의 조각사

---

32 [자수의 제한적 유추] 甲은 「공직선거법」을 위반한 자신의 범행이 발각되고 지명 수배된 뒤 경찰에 자진출두를 하였다. ① (대판 96도1167) "자수라는 단어가 통상 관용적으로 사용되는 용례에서 갖는 개념 외에 '**범행발각 전**' 개념을 추가하는 것은 '언어의 가능한 의미'를 넘어서는 것이며 이는 단순한 목적론적 축소해석에 그치는 것이 아니라, 형면제 사유에 대한 **제한적 유추**를 통하여 처벌범위를 실정법 이상으로 확대한 것으로서" 유추금지원칙에 위반된다.

33 [부당한 축소해석] 비의료인 甲은 乙로부터 A병원의 부지와 건물을 증여받아 B의료법인과 의료기관을 설립해 이사장이 되었고, 병원운영에 주도적으로 관여하며 고액 연봉을 수령하였다. ① (대판 2017도1807) 비의료인의 의료기관 개설·운영죄는 의료인 명의 개설과 달리 의료법인 개설·운영의 경우에는 주도적 관여(예: 법인 산하 요양병원 체불임금지급 위한 자금출연 및 법인 인수[대판 2020도6492], 친인척을 이사장으로 선임하고 본인은 의료법인 회장으로 운영함[대판 2023도1875]) 등을 넘어서 의료법인을 탈법적 의료기관 개설·운영을 적법한 것으로 가장하기 위한 수단으로 사용하여(예: 비의료인의 재산출연이 없음, 2의료법인의 재산 부당유출) 의료법인의 공공성, 비영리성을 일탈한 경우에만 성립하고 이는 죄의 성립범위를 "**부당하게** 좁히는 것이 아니다." ② (評釋) 甲에게 유리하여도 부당한 축소해석은 죄형법정주의에 반한다.

34 [근거 없는 목적론적 축소] 甲은 한국조폐공사 감사로서 업무시간 중에 Y 정당 후보자 선거사무실 개소식에 참석하여 '조폐공사 감사'라고 인사한 후 회사로 복귀했다. ① (대판 2005도2690) (구) 「공직선거법」이 금지하는 공무원의 "선거기간 중 정상적 업무외의 출장을 하는 행위"를 '**업무관련성'이 없는 출장**에 대해 적용하는 것은 유추금지에 위배된다. ② (評釋) 甲의 행위를 단지 도의적으로만 비난하는 것은 부족하다. 공무원의 선거영향 배제는 업무관련성이 없더라도 '업무시간 중'의 정치적 행사 참여를 금지하지 않으면 달성될 수 없다. 판례는 피고인에게 유리한 해석이지만 근거가 박약하므로 입법권을 찬탈한다.

35 [보호관찰과 사회봉사의 병과] 법관 甲은 乙의 유죄를 인정하고 형의 집행유예를 선고하면서 보호관찰과 20시간의 사회봉사명령을 함께 선고하였다. ① (대판 98도98) 형법 제62조의2 제1항("형의 집행을 유예하는 경우에는 보호관찰을 받을 것을 명**하거나** 사회봉사 **또는** 수강을 명할 수 있다")의 ㉠ 문리에 따르면, 보호관찰과 사회봉사는 각각 독립하여 명할 수 있다는 것이지, **반드시 그 양자를 동시에 명할 수 없다는 취지로 해석되지는 아니할** 뿐더러, ㉡ 성폭력처벌법 등에는 보호관찰과 사회봉사를 동시에 명할 수 있다고 명시적으로 규정하고 있는 바, 일반 형법에 의하여 보호관찰과 사회봉사를 명하는 경우 **특별히 달리 취급할 만한 이유가 없으며,** ㉢ 범죄자에 대한 **사회복귀를 촉진하고 효율적인 범죄예방을 위하여 양자를 병과할 필요성**이 있는 점 등을 종합하여 볼 때 보호관찰과 사회봉사 또는 수강을 동시에 명할 수 있다. ② (評釋) 'A이거나 B'는 문법적으

유나 소추조건(대판 2017도14749) 또는 처벌조각사유인 형면제 사유에 관하여 범위를 제한적으로 유추적용하면 행위자의 가벌성의 범위가 확대되어 행위자에게 불리하고, 이는 가능한 문언의 의미를 넘어 범죄구성요건을 유추적용하는 것과 같은 결과를 초래하므로(대판 2021도17733)" 유추해석금지원칙에 반한다.[36] ⑤ **형벌권의 존부나 유·무죄의 판단에 중요한 영향을 미치는 소송법**(예: 피고인의 방어권·인신구속규정)은 피고인에게 '불리하게'[37] 유추적용 되어서는 안 된다. 피고인에게 유리한[38] 소송법의 유추적용은 허용된다. 유리한 유추도 근거가 있어야 한다.

[죄형법정주의의 현대적 의의] 형법의 내용이 불법('법률적 불법')인지에 무관심한 죄형법정주의는 국민의 자유를 보장하기보다 침해하는 공식이 될 수도 있다. 그래서 형법의 내용도 실질적 정의이어야 한다는 요청을 죄형법정주의의 한 내용으로 삼고, 이를 **실질적 죄형법정주의**(또는 적정성원칙)라고 부른다. 이는 자연법사상의 연장으로서 독재사회에서 유효하다. 그러나 한 사회의 민주적 법치국가 체제가 터 잡고 발전하면, 민주적 입법기제가 작동하므로 법관이 자연법을 원용하여 형법을 해석·적용할 필요가 없고, 법률에 대한 시민불복종운동(civil disobedience)[39]을 고려하여 재판하면 충분하다. 私見으로 형식적 의미의 죄형법정주의는 사회현실의 복잡화와 형법의 전문화, 형법규범의 홍수사태로 인해 형법적 사회통제의 명확성(예측가능성)을

로 택일적 관계를 표현하므로 위 해석은 '법규정의 가능한 의미'를 넘어선다. 그러나 이 해석은 합리적 논거와 설득력을 갖고 있고 논증도 자세하므로 유추금지에 위배되지 않는다.

36 "헌법과 형사소송법이 구현하고자 하는 적법절차와 영장주의의 정신에 비추어 볼 때, 법관이 압수·수색영장을 발부하면서 '**압수할 물건**'을 특정하기 위하여 기재한 문언은 엄격하게 해석하여야 하고, 함부로 피압수자 등에게 불리한 내용으로 확장 또는 유추 해석하여서는 안 된다. 따라서 압수·수색영장에서 압수할 물건을 '압수장소에 보관중인 물건'이라고 기재하고 있는 것을 '압수장소에 현존하는 물건'으로 해석할 수는 없다"(대판 2008도763).

37 [피고인에 불리한 소송법 유추] 甲은 보석허가를 받았으나 보석취소결정이 내려지자 도망쳤다. 이후 甲은 유죄판결이 선고되고 확정되었다. 그 뒤 다른 법원이 보석보증금몰수결정을 내렸다. 甲의 보증금은 몰수되었다. ① (대결 2001모53) 형사소송법 제103조("보석된 자가 형의 선고를 받고 그 판결이 확정된 후 집행하기 위한 소환을 받고 정당한 이유 없이 출석하지 아니하거나 도망한 때에는 직권 또는 검사의 청구에 의하여 결정으로 보증금의 전부 또는 일부를 몰수하여야 한다")에서 규정하는 '**보석된 자**'란 보석허가결정에 의하여 **석방된 사람 모두를 가리키는 것**이지, 판결확정 전에 그 보석이 취소되었으나 도망하여 재구금이 되지 않은 사람을 제외할 이유가 없다. ② (評釋) 이는 보석취소제도의 합리적인 운영을 위한 '**근거지워진 해석**'이다.

38 [피고인에 유리한 소송법 유추] 피고인 甲은 소송기록접수통지를 받았으나 변호인이 없는 상태에서 법정기간 내에 항소이유서를 작성·제출하지 못하였다. 甲은 그 기간이 도과하기 전에 국선변호인선정을 청구하였으나 그에 관한 결정을 받지 못한 상태에서 사선변호인 乙을 선임하였다. 乙은 항소이유서를 뒤늦게 제출하였다. ① (대판 2000도4694) 乙에게 **형사소송규칙 제156조의2를 유추·적용하여** 소송기록접수통지를 함으로써 "통지를 받은 날로부터 기산하여 소정의 기간 내에 항소이유서를 작성·제출할 수 있는 기회를 주어야 한다."

39 이상돈, 시민운동론, 세창출판사, 2005, [3] 단락 참조.

충분히 실현하지 못하는 한계가 있다. 적정성원칙은 형법의 정법을 실현하라는 원칙이 아니라 형법규범이 법익보호원칙과 비례성원칙(책임원칙)에 부합하는지를 성찰하라는 원칙으로 재해석할 수 있다. ② 적정성원칙은 형법의 제정에서보다는 형법의 적용단계에서 의미를 가질 수 있다. **입법단계**에서는 법익보호원칙이나 비례성원칙에 기초한 논거가 형법규범의 형성에 직접 작용할 수 있기 때문이다. 즉, 적정성원칙의 예로 흔히 드는 형벌법규의 필요성(예: 간통죄의 필요성 불인정[40])은 법익보호원칙(헌법 제10조 2문)에 해당하고, 죄형의 균형이나 과잉금지원칙은 비례성원칙(헌법 제37조 제2항)에 해당한다. 이 원칙들은 죄형법정주의와는 별개의 독자적인 원칙이다. 형사입법이 이런 원칙을 위반하는지가 불분명한 경우에 입법자는 형사법률을 제정해서는 안 된다. 이를 의심스러울 때에는 시민의 자유이익으로(in dubio pro libertate) – 원칙(**시민자유우선원칙**)이라 부른다. 이 원칙들은 헌법재판에서는 핵심적인 법원칙으로 사용되지만,[41] 법원의 형사재판에서는 즐겨 사용되지는 않으며, 그 위반을 인정하는 사례도 매우 드물다. 이에 비해 **법관이 형법을 적용하는 단계**에서는 형법의 민주적 정당성이 일단 추정되므로, 유추적용이나 소급적용에 대해서만 경계할 뿐 법익보호원칙이나 비례성원칙에 대한 위반 여부는 거의 생각하지 않는다. 그러나 죄형법정주의의 기획, 즉 법관의 법률구속을 실현하려면, 법관이 형법텍스트에 의존하는 것만으로는 부족하고, 자신의 형법해석이 비례성원칙과 법익보호원칙에 위배되지 않는지를 성찰한 후 그 예상된 결과를 형법해석에 다시 반영하는 피드백의 해석·적용을 하여야 한다. 이는 죄형법정주의의 기획을 실현하는 것이기도 하다.

40 간통죄에 대한 위헌결정(헌재결 2009헌바17등[병합]).
41 자세한 분석으로 이상돈, 헌법재판과 형법정책, 고려대학교출판부, 2005 참조.

§3. 형법의 적용범위

Ⅰ. 국내법으로서 형법의 적용범위

제2조(국내범) 본법은 대한민국 영역 내에서 죄를 범한 내국인과 외국인에게 적용한다.

제3조(내국인의 국외범) 본법은 대한민국 영역 외에서 죄를 범한 내국인에게 적용한다.

제4조(국외에 있는 내국선박 등에서 외국인이 범한 죄) 본법은 대한민국 영역 외에 있는 대한민국의 선박 또는 항공기 내에서 죄를 범한 외국인에게 적용한다.

제5조(외국인의 국외범) 본법은 대한민국 영역 외에서 다음에 기재한 죄를 범한 외국인에게 적용한다. 1. 내란의 죄 2. 외환의 죄 3. 국기에 관한 죄 4. 통화에 관한 죄 5. 유가증권, 우표와 인지에 관한 죄 6. 문서에 관한 죄중 제225조 내지 제230조 7. 인장에 관한 죄중 제238조

제6조(대한민국과 대한민국 국민에 대한 국외범) 본법은 대한민국 영역 외에서 대한민국 또는 대한민국 국민에 대하여 전조에 기재한 이외의 죄를 범한 외국인에게 적용한다. 단 행위지의 법률에 의하여 범죄를 구성하지 아니하거나 소추 또는 형의 집행을 면제할 경우에는 예외로 한다.

제7조(외국에서 받은 형의 집행) 죄를 지어 외국에서 형의 전부 또는 일부가 집행된 사람에 대해서는 그 집행된 형의 전부 또는 일부를 선고하는 형에 산입한다.

1. 형법적용의 원칙

(1) 속인·속지·보호주의 현행 형법은 국내법(national criminal law)이다. 국내법으로서 형법은 국제형법과 달리 대한민국에서만 효력이 있다. 근대형법이 전제하는 국가는 영토, 국민, 주권이라는 3대요소로 구성된다. 각 요소에 대응하여 다음과 같은 형법의 적용범위에 관한 원칙이 확립되어 있다. 형법의 효력은 원칙적으로 대한민국 영토에서 일어난 모든 범죄에 적용되고(제2조 속지주의, 제4조 기국주의), 대한민국의 모든 국민에게 적용되며(제3조 속인주의), 대한민국의 주권을 침해하는 (외국에서 일어난 외국인의) 범죄에 대해서 적용된다(제5조, 제6조 보호주의).

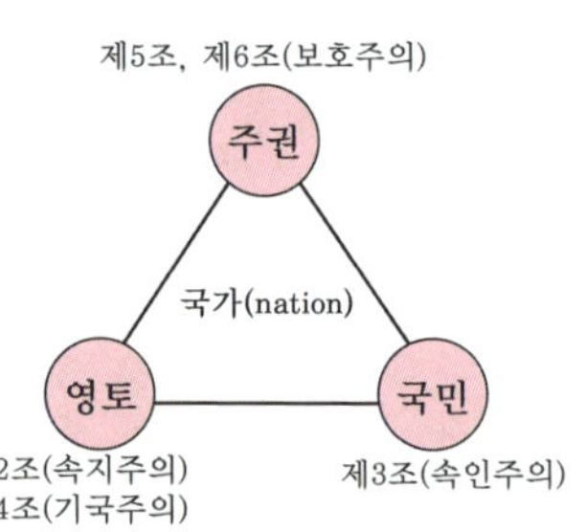

(2) 예 외 ① 국내형법에 의거한 재판은 그 나라에서만 효력이 있

으므로 외국에서 처벌받은 한국인은 국내형법으로 다시 처벌될 수 있다. 이는 이중처벌금지(헌법 제13조 제1항)에 위배되지 않는다. 하지만 형법 제7조("죄를 지어 외국에서 형의 전부 또는 일부가 집행된 사람에 대해서는 그 집행된 형의 전부 또는 일부를 선고하는 형에 산입한다")는 **형의 필요적 감면**을 규정한다. 이는 **외국에서 집행된 형**을 산입하여 신체의 자유를 덜 침해할 수 있음에도 이를 하지 않으면 과잉금지원칙에 위배되기 때문이다(헌재결 2013헌바129). 외국의 미결구금은 유죄판결을 전제로 한 것이 아니고, 국내의 공소목적을 달성하기 위한 강제처분이 아니며, 국내의 미결구금과 그 내용이 같지 않을 수 있고, 양형요소(제51조)로서 정상참작감경(제53조)을 적용하여 그 실질적 불이익을 해소할 수 있다는 점에서 제7조의 형이나 제57조 제1항의 "구금일수"에 해당하지 않는다(대판 2017도5977). ② 제296조의2(**세계주의**)는 대한민국 영역 밖에서 약취, 유인 및 인신매매의 죄(제287조~제292조, 제294조)를 범한 외국인에게 적용한다. 하지만 외국인의 국외범이 국내에 있을 경우에 그 범죄인을 인도하지 않고 국내형법을 적용하여 처벌하는 **대리사법**(독일 형법 제7조 제2항)은 허용하지 않는다. 예컨대 미국에서 미국인을 살해한 독일인이 한국에 왔을 때 한국형법을 적용하여 그 독일인을 처벌할 수 없다.

2. 영토적 효력

(1) 속지주의의 원칙 국내형법은 대한민국 영역 내에서 범한 죄라면, 내국인이 했건 외국인이 했건 가리지 않고 적용된다(제2조: 속지주의 Territorialitätsprinzip). ① 대한민국 **영토**는 한반도와 그 부속도서(헌법 제3조) 및 영해이다. ② 영토는 대한민국의 **선박과 항공기**에 확장된다. 대한민국의 선박 또는 항공기 내에서 외국인이 죄를 범하였다면 그 선박 또는 항공기가 공해나 외국의 영해 또는 영공에 있던 경우라도 국내형법이 적용된다(제4조: 기국주의 Flaggenprinzip). ③ 대한민국 영역 내에서 범한 죄란 **행위 또는 결과가 대한민국의 영토 내에서** 일어난 경우를 가리킨다.[1]

---

1 독일형법 제9조 제1항은 범행지로 "**행위자의 계획상 발생할 예정이었던 장소**"를 포함한다.

[판례: 범죄지] "외국인이 대한민국 공무원에게 알선한다는 명목으로 금품을 수수하는 행위가 대한민국 영역 내에서 이루어진 이상 금품수수의 명목이 된 알선행위를 하는 장소가 대한민국 영역 외라 하더라도 대한민국 영역 내에서 죄를 범한 것이"다(대판 99도3403). 공모공동정범의 공모지도 범죄지가 된다(대판 98도2734).

(2) 속지주의의 예외 ① 한국인의 경우 북한지역은 국내이므로 국내형법을 적용하고(대판 4290형상228), 외국인의 경우 북한지역이 대한민국의 통치권이 실제로 미치지 않고 있다는 점을 고려하여 외국으로 취급한다.[2] ② 치외법권(extrateritoriality)은 한 국가의 영토 안에 있으면서도 마치 그 영토 밖에 있는 것처럼 그 국가의 법을 적용받지 않는 권리를 말한다. 이는 식민지시대의 국제법의 유산으로 지금은 청산된 개념이며, 현재는 외교관만 면책특권을 누린다.

3. 대인적 효력

국내형법은 **대한민국 국민이 범한 죄**라면 그 장소가 대한민국 영토 안이든 밖이든 상관없이 적용된다(제3조: 속인주의 Personalitätsprinzip). 하지만 **대통령**은 내란 또는 외환의 죄를 범한 경우를 제외하고는 재직 중 형사상 소추를 받지 않는다(헌법 제84조).[3] **국회의원**은 국회에서 직무상 행한 발언과 표결에 관하여 국회 외에서 책임을 지지 아니한다(헌법 제45조). **국제법상 외국의 원수, 외교관 및 가족**에게는 국내형법이 적용되지 않는다.

4. 주권적 효력

외국인이 대한민국의 영토 밖에서 행한 범죄일지라도 대한민국의 주권을 침해하는 경우라면 대한민국의 형법이 적용된다. 이를 **보호주의**(Schutzprinzip)라고 한다. **주권을 침해하는 범죄**로는 "1. 내란의 죄, 2. 외환의 죄, 3. 국기에 관한 죄, 4. 통화에 관한 죄, 5. 유가증권·우표와 인지

2 [북한에서 외국인 범죄] 일본인 甲은 북한의 지령을 받고 일본에서 출발하여 러시아를 거쳐 북한으로 들어갔다. ① (대판 76도720) 북한은 대한민국의 영토이므로 甲은 국가보안법상 "반국가단체의 지배하에 있는 지역으로 탈출한 자", 즉 **외국인의 국내범**이지만 대한민국의 통치권이 미치지 못함을 고려할 때 **외국인의 국외범**이 되고, 국가보안법은 적용되지 않는다.

3 대통령의 퇴직이나 탄핵 후 소추가능성을 대비한 임의수사는 허용되고 강제수사는 금지된다.

에 관한 죄, 6. 문서에 관한 죄 중 제225조 내지 제230조(공문서에 관한 죄), 7. 인장에 관한 죄중 제238조"(형법 제5조)가 있다. 이 범죄조항들은 **외국인의 국외범에게도 적용**된다. ② 국가의 주권에 대한 침해는 그 국민의 법익을 침해함으로써 간접적으로 이루어지기도 한다. **자국민보호**를 위해 국내형법을 외국인의 국외범에게 적용하면서도, **상호주의**의 관점에서 "행위지의 법률에 의하여 범죄를 구성하지 아니하거나 소추 또는 형의 집행을 면제할 경우"에는 예외로 한다(제6조).[4]

Ⅱ. 형법의 변경과 적용

제1조(범죄의 성립과 처벌) ① 범죄의 성립과 처벌은 행위 시의 법률에 따른다. ② 범죄 후 법률이 변경되어 그 행위가 범죄를 구성하지 아니하게 되거나 형이 구법보다 가벼워진 경우에는 신법에 따른다. ③ 재판이 확정된 후 법률이 변경되어 그 행위가 범죄를 구성하지 아니하게 된 경우에는 형의 집행을 면제한다.

1. 신법우선원칙과 소급효금지원칙

형법은 늘 변화한다. 처벌법규가 없던 행위가 새롭게 범죄가 되기도 하고, 있던 처벌법규가 폐지되기도 하며, 처벌법규의 형이 더 무겁게 또는 가볍게 변경되기도 한다. 이때 재판시의 형법을 적용하면 행위 후에 형성된 형법에 '소급효'(遡及效)를 인정하는 셈이 되며(신법우선원칙, 재판시법주의), 행위 시의 형법을 적용하면 행위 후의 형법변경에도 불구하고 행위시의 형법에 '추급효'(追及效)를 인정하는 셈이 된다(소급효금지원칙, 행위시법주의).

(1) 신법우선원칙과 재판시법주의 행위 후 재판 전에 이루어진 형법의 변경이 행위자에게 유리한 것이면 그 새로운 형법이 적용된다. ① **재**

4 **[인터넷사회와 국내형법의 한계]** 독일계 호주인 甲은 호주 서버에 설치된 자신의 웹페이지에, 2차 대전당시 아우슈비츠 유대인학살을 축소왜곡, 부인하는 글들을 영문으로 게재하고 다른 기관홈페이지에서 링크시켜서, 당해 기관회원들과 독일사람들이 그 글을 쉽게 읽을 수 있게 하였다. ① 독일연방법원은 외국인이 외국에서 컴퓨터를 이용한 범행에 대해 호주에서 처벌되지 않는 생존유대인모욕죄와 사자유대인명예훼손, 대중선동죄(Volksverhetzung)를 적용하였다. 외국인의 국외범 甲을 외국인의 국내범으로 본 것은 **인터넷상 글은 독일에서 수신할 수 있다**는 점에서 독일을 甲의 **행위의 결과가 발생한 장소**(§3, §9 I)로 보았기 때문이다. ② (評釋) 이로써 인터넷을 사용하는 모든 국가가 인터넷상 범죄의 발생지가 되고 각 국가는 전 세계에 대해 영토고권을 갖게 되며 각국은 다른 국가의 법제를 고려하지 않는 문제점이 발생한다.

판확정 전 "**범죄 후 법률의 변경**(또는 위헌결정[5])에 의하여 그 행위가 범죄를 구성하지 아니하거나 형이 구법보다 가벼워진 경우에는 신법에 따른다"(제1조 제2항). 대법원은 과거의 동기설[6]에 거리를 두고 현재는 종전 법령(법률과 위임입법)의 변경이 처벌의 부당성이나 과형의 과중에 대한 **반성적 고려에 따른 것인지 여부를 따지지 않고 원칙적으로** 형법 제1조 제2항을 적용한다.[7] 또한 양벌규정에 면책규정[8]이 추가된 경우(대판 2011도11264), 징역형만 규정하던 조항(강요죄)에 벌금형이 선택형으로 추가된 경우(대판 2016도836) 등도 이에 해당한다. ② "**재판확정 후 법률의 변경**에 의하여 그 행위가 범죄를 구성하지 아니하는 때에는 형의 집행을 면제한다"(제1조 제3항). ③ **재판확정 후 형집행** 중에 형이 더 가볍게 변경된 경우는 명문규정이 없지만 그런 법정형의 변화가 선고형에 주었을 영향을 가석방 결정에 고려할 수 있다. ④ 행위시법이 두 번 변경되어 제1심의 재판시법과 항소심의 재판시법의 형이 다른 경우(**재판시법의 경합**) 재판시법주의는 제1심과 항소심의 재판시법 중 피고인에게 가장 경한 법을 적용한다(대판 68도914). 항소심 때의 재판시법보다 제1심 때의 재판시법이 더 경하면 제1심 당시의 재판시법인 중간시법(Zwischengesetz)을 적용한다.

(2) 죄형법정주의에 따른 행위시법주의(구형법의 적용) 죄형법정주의에 의하면 형법이 행위자에게 불리하게 변경된 경우에는 행위시법을 적용

5 [위헌결정과 무죄판결] 위헌결정이 선고된 형벌에 관한 법률조항은 **소급하여 효력을 상실**하고 그 조항을 적용하여 공소가 제기된 피고사건은 범죄로 되지 않은 때(형사소송법 제325조 전단)에 해당하여 **무죄를 선고**한다(대판 2015도17936; 2022도14694).

6 "형법 제1조 제2항의 규정은 형벌법령 제정의 이유가 된 법률이념의 변천에 따라 과거에 범죄로 보던 행위에 대하여 그 평가가 달라져 이를 범죄로 인정하고 처벌한 그 자체가 부당하였다거나 또는 과형이 과중하였다는 반성적 고려에서 법령을 개폐하였을 경우에 적용하여야 할 것이고 다른 사정의 변천에 따라 그때그때의 특수한 필요에 대처하기 위하여 법령을 개폐하는 경우에는 …그에 대한 형이 폐지된 것이라고는 할 수 없다"(대판 97도2682).

7 [법령변경의 반성적 고려 불문] 음주운전 전과가 있는 甲은 술 취한 상태로 전동킥보드를 운전하여, 음주운전죄(제148조의2)로 기소되었으나, 개인형 이동장치를 자전거 등에 포함시켜 음주운전죄의 대상에서 제외하는 법률개정이 있었다. ① (대판 2020도16420; 2022도6643) "종전 법령이 반성적 고려에 따라 변경된 것인지를 따지지 않고 형법 제1조 제2항에 따라 음주운전죄로는 처벌할 수 없고, 신법인 도로교통법 제156조 제11호, 제44조 제1항으로 처벌할 수 있다.

8 예를 들어 "법인이 그 대리인 등의 위반행위를 방지하기 위하여 해당 업무에 관하여 상당한 주의와 감독을 게을리 하지 아니한 경우에는 법인을 처벌하지 아니한다."

해야 한다(행위시법주의). 행위 후 그 행위를 처벌하는 법규가 (제·개정으로) 신설되거나 형이 더 무겁게 변경된 경우 행위시의 형법을 적용한다(제1조 제1항). 형법의 변경은 있으나 형의 경중에 변화가 전혀 없을 때에는 조문 체계로 볼 때 제1조 제1항을 적용하여 구 형법을 적용한다.

2. 행위시점, 형법개념, 형의 경중

신법우선원칙과 소급효금지원칙의 적용에서 언제가 행위시점인지, 신법과 구법에서 말하는 형법의 개념은 무엇인지, 그리고 어떤 형(법)의 변경이 가벼운 또는 무거운 변경인지를 판단하는 기준은 열려져 있다.

(1) 행위시점의 결정 "범죄 후 법률의 변경"이라고 할 때 범죄 후는 '행위'가 종료한 시점을 말하고 행위의 '결과'가 발생한 시점을 말하지 않는다. 따라서 작위범은 실행행위 시점, 부작위범은 요구되는 작위를 해야 하는 시점, 공범은 정범자의 행위가 아니라 공범자 자신의 행위시점을 기준으로 판단한다. 상습범이나 포괄일죄는 그 일련의 행위가 종료한 최후시점을 가리킨다(대판 86도1012).[9] 포괄일죄의 중간에 변경된 새로운 형법은 행위시법이 된다.[10]

(2) 법률의 변경 제1조 제2항의 "법률의 변경"에 법률을 구체화하는 규범, 특히 보충규범과 한시법이 포함되는지가 논란이 된다.

1) 보충규범의 변경 행위 시에는 보충규범(예: 대통령, 부령, 형법구체화 규범인 고시)에 의해 범죄였던 행위가 재판 시에 그 보충규범의 변경으로 범죄가 성립하지 않게 된 경우에 제1조 제2항을 적용할 것인지가 문제된다. ① 대법원은 과거에는 보충규범의 개폐가 **법률이념**(처벌의 부당성이나 과형의 과중함)**에 대한 반성적 고찰에 따른 변화인 경우**에만 법률의 변경

---

9 [포괄일죄와 행위시법] 甲은 특정경제범죄법 제3조 제1항 3호가 공포·시행된 1984. 1. 1. 이전 2개의 사기행위를, 그 이후 2개의 사기행위를 범하였고, 이들은 포괄일죄를 구성하고 이득액은 뒤의 2개 사기의 합계만으로는 위 법률이 적용되는 이득액의 하한을 못 넘지만 4개 사기의 합계로는 넘는다. ① (대판 86도1012) **포괄일죄**인 4개의 사기행위가 **모두 끝난 최종시점**을 기준으로 보면 특경법은 행위시법이 되어 甲의 행위에 적용된다. ② (評釋) 포괄일죄는 피고인에게 양형에서 뿐만 아니라 **소송법적용에서도 유리하게 운영**되어야 한다. 포괄일죄가 분할이 가능하면 신법은 그 법이 제정된 이후 범행에만 적용되어야 한다. 甲은 상습사기죄(제351조)만 성립한다.

10 StGB §2 Ⅱ(행위중 법정형이 변경된 때에는 행위가 종료된 시점에서 유효한 법률을 적용한다).

에 해당한다고 보았으나(동기설 動機說), 현재는 그런 경우**인지 여부를 따지지 않고 원칙적으로** 형법 제1조 제2항"을 적용한다(대판 2022도7536). 다만 보충규범이 아니라 **별개의 다른 법령의 개정**으로 범죄를 구성하지 아니하게 된 경우[11]에는 법령의 변경에 해당하지 않는다고 본다. ② 私見으로 **대통령령**(~법시행령)과 **각 부령**(~법시행규칙) 등의 위임입법뿐만 아니라 **고시**도 형법을 구체화하는 규범으로서 법률상 실질적 구성요건을 이루는 보충규범(대판 2023도2836)이 될 수 있다. 따라서 고시가 행위자에게 유리하게 개폐되면 그 재판 당시의 고시가 소급 적용된다. 또한 상호간의 견제와 보완을 통해 형법(규범체계)을 형성하는 법률들이면 설령 **별개의 법률이더라도 서로에 대한 보충규범**으로 볼 수 있다.[12]

2) 한 시 법 한시법(Zeitgesetz)은 법률의 효력이 한정되어 있는 법을 말한다. ① **협의의 한시법**은 유효기간이 명시되어 있는 형벌법규[13]를 말하고, **광의의 한시법**은 법령의 내용과 목적에 비추어 볼 때 일정한 상황이 제거되면 효력이 종료될 수밖에 없는 형벌법규(=임시법)를 말한다. 판례는 위임입법이나 고시 또는 '지정'(예: 특정외래품판매금지법상 특정외래품지정[대판 74도2318])과 같은 행정처분에 의해서 법률의 한시적 효력이 설정되는 것은 아니라고 보지만, 위임입법(시행령,[14] 시행규칙)이나 고시의 변경

11 [보충규범의 의미] 법무사 甲은 개인파산·회생사건 법률사무를 취급하다 변호사법 제109조 제1호 위반으로 기소되었지만 그 후 법무사법 제2조 제1항 제6호에 '개인의 파산사건 및 개인회생사건 신청의 대리'가 법무사의 업무로 추가되었다. ① (대판 2022도4610) 법무사법 개정은 甲 사건의 형벌법규인 변호사법 제109조 제1호로부터 수권·위임을 받은 법령이 아닌 별개의 다른 법령의 개정에 불과하고, 법무사법 제2조는 변호사법 제109조 제1호 위반죄의 보충규범으로 기능하지 않으므로 법무사법 개정은 형사법적 관점의 변화를 주된 근거로 하는 법령의 변경에 해당하지 않는다. ② (評釋) 법무사법 제2조와 변호사법 제109조는 상호 보충규범으로 기능한다.

12 [별개 법률의 변경] 甲은 음주상태에서 전동퀵보드를 타고 가다 행인을 치서 상해를 입혔다. 이 사건 후 도로교통법 제2조가 개정되어 전동퀵보드는 "자동차 등"(제21호)이 아닌 "자전거 등"(제21호의2)에 해당하게 되었다. ① (대판 2022도13430) 도로교통법 제2조의 변경은 형법 제1조 제2항의 법률의 변경에 해당하지 않으므로 甲은 위험(자동차등)운전치상죄(특정범죄가중법 제15조의11 제1항)가 성립한다. ② (評釋) 위험운전치상죄는 특정범죄가중법 제15조의11 제1항과 도로교통법 제2조의 상호작용을 통해 구성되므로 甲은 위험운전치상죄가 성립하지 않는다.

13 1982. 4. 3.에 시행된 「부동산소유권 이전등기 등에 관한 특별조치법」은 부칙(유효기간)에 "이 법은 1984년 12월 31일까지 효력을 가진다"고 규정하고 있었다.

14 [시행령 개정과 한시법] 甲은 토지를 매도할 때 국토계획법에 의해 개발허가를 받을 수 없음을 알고도 乙에게 펜션을 지을 수 있는 토지라고 속이고 매각하였다. 이후 이 법의 시행령이 개정되어 펜션을 지을 수 있게 되었다. ① (대판 2006도1715) "**법률 시행령 규정이 개정된 것이 형법 제1조 제2항에서 정한 '범죄 후 법률의 변경에 의하여 그 행위가 범죄를 구성하지 아니하는 때'에 해당한다**

에 의해서 실질적으로 법률의 효력은 한정될 수 있다. ② **한시법이 실효한 뒤**에도 제1조 제2항 적용의 예외로 (독일형법 제2조 제4항처럼) **추급효**(追及效)를 인정하여 실효 이전에 범한 위반행위를 처벌할 수 있는지가 문제된다. 과거 **판례**(**추급효 긍정설**)는 한시법의 실효가 법률이념(또는 법적 견해)의 반성적 고찰에 따른 변경에 기인한 경우에는 추급효를 인정하지 않았지만(동기설), 현재 판례는 한시법의 실효는 애초의 법령이 변경된 경우(제1조 제2항)가 아니고, 형사처벌에 관한 규범적 가치판단의 변경에 근거한 경우도 아니며, 유효기간 중 법령의 규범력과 실효성 확보를 위해서는 특별한 사정이 없는 한 추급효를 인정해야 한다고 본다(대판 2020도16420). 그러나 **私見**(**추급효 부정설**)으로 한시법은 도덕과 경제와 착종되어 있는 다양한 정책을 수행하고, 그 유효기간의 종료가 가까워지면 위반행위에 대한 처벌필요성과 비난도 감소하며, 실효 이후에 처벌되지 않는다는 시민들의 예측과 신뢰의 보호는 '형법적 사회통제의 명확성'을 보장하려는 죄형법정주의의 핵심내용이 된다는 점에서 한시법도 제1조 제2항의 적용을 받으며 추급효도 인정할 수 없다.

(3) 형의 경중 판단 구법과 신법의 형 가운데 어느 형이 더 중한 것인지를 비교판단하지 않고는 신법우선원칙이나 소급효금지원칙을 적용할 수 없다. 형의 경중 판단에서 피고인에게 중요한 것은 물론 선고형이지만, 신·구 형법 중 적용할 형법의 선택은 양형과정의 이전단계에 있다. 그러므로 형의 경중은 원칙적으로 법정형을 기준으로 해야 하지만, 가중·감경할 형이 있으면 그 가중·감경한 형을 비교해야 하고(대판 4293형상664), 주형뿐만 아니라 부가형도 비교하고, 법정형에 병과형이나 선택형이 있는 경우는 가장 무거운 형을 기준으로 비교한다.

고 할 수 없다." ② (評釋) 시행령의 변경으로 국토계획법의 당해 규제는 한시법처럼 소멸하였고, 이에 제1조 제2항을 적용하면 甲의 "기망"요소의 충족이 소급적으로 사라지고, 실행수단의 착오에 따른 사기죄의 불능미수가 남게 된다.

§4. 범죄의 기본개념

Ⅰ. 범죄의 의의

민주적 법치국가에서 범죄란 의회에서 제정한 (형식적 의미의) 법률이 형벌을 부과하기 위해 정해놓은 법적 요건을 충족하는 행위이다. 의회가 범죄로 삼는 행위는 형벌부과가 마땅한 행위(당벌성 Strafwürdigkeit)로서 형벌부과가 필요한 행위(형벌필요성 Strafbedürftikeit), 즉 **법익을 침해함으로써 사회적 유해성**(Sozialschädlichkeit)이 있는 행위이어야 한다. 형법은 역사적으로 기본권을 내용으로 하는 권리를 보호하거나 보편적 이익(예: 자본시장)을 보호하며, 그 보호와 관련한 일정한 목표(예: 행정명령의 이행담보, 사회적 하부체계의 기능 위태화의 예방)의 달성을 위한 의무를 부과한다.

Ⅱ. 범죄의 성립조건 · 처벌조건 · 소추조건

한 개인이 형사처벌을 받으려면 그의 행위가 범죄로 성립하기 위한 조건(범죄 성립조건)과 형벌권의 발생에 필요한 조건(처벌조건), 형사재판을 받는 데 필요한 조건(소추조건, 소송조건)을 모두 충족하여야 한다.

1. 범죄의 성립조건

범죄가 성립하려면 **불법**(Unrecht), 즉 '구성요건에 해당하는 위법한 행위'가 있어야 한다. 범죄는 어떤 사람의 행위이어야 한다. 사람의 **행위**는 형법각칙의 어떤 규정(예: 제250조 제1항)에 해당하여야 한다(구성요건해당성 Tatbestandsmäßigkeit). 형법각칙의 각 규정들은 불법(구성요건)을 내용에 담고 있고, **구성요건해당성**은 그 불법구성요건의 실현을 의미한다. 불법구성요건은 각칙규정 외의 불법요소(예: 부작위범의 보증인의무)를 포함하기도 한다. 구성요건에 해당하는 행위는 위법성조각사유(=정당화사유)가 없으면

위법성(Rechtswidrigkeit)이 추정된다. 위법성조각사유로는 정당행위(제20조), 정당방위(제21조), 긴급피난(제22조), 자구행위(제23조), 피해자승낙(제24조)이 있다. **책임**(Schuld)이란 흔히 '행위자에 대한 윤리적 비난가능성'이라고 정의된다. 이 개념은 입증 불가능한 (불법을 범하지 않을) '의사의 자유'를 전제한다. 私見으로 책임은 행위자 '개인의 특수한 사정을 기초로 그의 범행에 대해 법공동체가 관용을 베풀 수 있는 사유(=책임조각사유)가 없는 상태'를 말한다. 그런 사유로는 책임무능력(제9조~제11조), 강요된 행위(제12조), 법률의 착오(제16조), 야간과잉방위(제21조 제3항) 등이 있다.

2. 처벌조건

(1) 의 의 처벌조건(Strafbarkeitsbedingung)은 국가형벌권이 발동되기 위한 실체법상의 조건을 말한다. 인적처벌조각사유(의 부존재)와 객관적 처벌조건(의 충족)이 있다. **객관적 처벌조건**은 구성요건의 부속물(Tatbestandsannex)로서 불법의 한 요소이다. 파산죄의 "파산선고가 확정"된 때(채무자회생법 제650조~제652조)나 사전수뢰죄(제129조 제2항)의 "공무원 또는 중재인이 된 사실"이 여기에 해당한다. **인적처벌조각사유**(주관적 처벌조건)는 범죄는 성립했으나 행위자의 특수한 신분관계로 인해 형벌권이 발동하지 않는 사유를 가리킨다. 중지미수자(제26조), 친족상도례(제328조 제1항: 헌법불합치[헌재결 2020헌마468]), 국회의원의 면책특권(헌법 제45조) 등이 있다.

	처 벌 조 건		
	객관적 처벌조건	주관적 처벌조건(인적처벌조각사유)	
	행위관련적 불법구성요소	비신분적	신분적
구성요건	• 사전수뢰(제129조 제2항) •「채무자 회생 및 파산에 관한 법률」의 파산범 (제650조 내지 제652조)	• 중지미수 (제26조) • 자수 (제52조 제1항)	• 직계혈족, 배우자, 동거친족, 동거가족 또는 그 배우자간의 권리행사방해죄 (제328조 제1항) 등 • 국회의원면책특권(헌법 제45조) • 난민(난민의 지위에 관한 협약 제31조)
법텍스트 예시	**제129조 제2항(사전수뢰)** 공무원 또는 중재인이 될 자가 그 담당할 직무에 관하여 청탁을 받고 뇌물을 수수, 요구 또는 약속한 후 공무원 또는 중재인이 된 때에는 3년 이하의 징역 또는 7년 이하의 자격정지에 처한다.	**제26조(중지범)** 범인이 자의로 실행에 착수한 행위를 중지하거나 그 행위로 인한 결과의 발생을 방지한 때에는 형을 감경 또는 면제한다.	**제328조(친족간의 범행과 고소)** ① 직계혈족, 배우자, 동거친족, 동거가족 또는 그 배우자간의 제323조의 죄는 그 형을 면제한다. ② 제1항 이외의 친족간에 제323조의 죄를 범한 때에는 고소가 있어야 공소를 제기할 수 있다. ③ 전2항의 공범에 대하여는 전2항을 적용하지 아니한다.

(2) **법적 효과** **객관적 처벌조건**은 불법의 한 요소이므로, 그 조건의 인식은 고의의 내용이 되고, 그것이 충족되지 않으면 미수범이 되며, 그 범죄에 대해 공범도 성립할 수 없고, 정당방위도 인정될 수 없다. 이에 반해 **인적처벌조각사유**가 있는 행위는 범죄성립 이후의 처벌조건이므로 그 사유의 부존재에 대한 인식은 고의의 내용이 아니며, 그에 대한 착오도 범죄의 성립에 영향이 없으며, 그 범죄에 대해 공범도 성립할 수 있고, 정당방위도 인정될 수 있다. 객관적 처벌조건이 충족되지 않으면 무죄판결(형사소송법 제325조)을 하고, 인적처벌조각사유가 있는 때에는 형의 면제판결(제322조)을 한다.[1]

3. 소추조건과 소송조건

범죄가 성립하고 형벌권이 발생한 경우라도 형사소송을 통해 형벌을 부과 받으려면 소송조건(Prozeßvoraussetzung)을 충족하여야 한다.

(1) **소송조건의 개념** 소송조건이 흠결되면 유·무죄판결을 하지 않고, 공소기각(형사소송법 제327조, 제328조)이나 면소판결(제326조)과 같은 형식재판으로 절차를 종결한다. 소송조건은 검사가 공소를 제기할 때 이미 충족해야 하는 소추조건이 되기도 한다. 소송조건은 형사사법이 형벌권을 실현하는 기능의 조건이지 형벌권의 발생을 좌우하는 조건은 아니라는 점에서 범죄성립요건이나 처벌조건과 구별된다.

(2) **친고죄와 반의사불벌죄** 소추조건 가운데 친고죄와 반의사불벌죄는 형법에 규정되어 있다. **친고죄**(親告罪 Antragdelikte)는 피해자와 기타 고소권자의 고소가 있을 때에만 수사, 공소제기 그리고 심판이 가능한 범죄를 말한다. **반의사불벌죄**(反意思不罰罪)는 일단 피해자의 의사와 상관없이 수사, 공소제기 및 심판을 할 수는 있으나 피해자가 (제1심 판결선고 전까지) 처벌을 원하지 않은 의사를 표현하면, 그 의사에 반하여 수사, 공

1 **[난민의 형면제]** 난민 甲은 한국에 입국 후 난민신청을 할 계획이었지만 사업목적으로 초청된 것처럼 가장하여 사증을 발급받아 입국하였다. ① (대판 2021도3652) 난민에 대하여 형벌을 과하지 아니할 것을 직접 요구하는 난민협약 제31조 1호는 출입국관리법 제94조 3호와 위계공무집행방해죄(형법 제137조)의 형을 면제하는 근거조항이다.

소제기, 심판을 할 수 없는 범죄를 말한다. 친고죄가 정지조건부(소추가능) 범죄라면 반의사불벌죄는 해제조건부(소추가능)범죄가 된다.

친고죄	반의사불벌죄
【형법전】 • 사자명예훼손죄(제308조) • 모욕죄(제311조) • 비밀침해죄(제316조) • 업무상 비밀침해죄(제317조) • 직계혈족, 배우자, 동거친족, 동거가족 또는 그 배우자 이외의 친족 사이의 권리행사방해죄(제323조), 절도죄(제329조), 야간주거침입절도(제330조), 특수절도죄(제331조), 자동차등불법사용죄(제331조의2) 및 그 상습범(제332조)	【형법전】 • 외국원수폭행 · 협박 · 모욕죄(제107조) • 외국사절폭행 · 협박 · 모욕죄(제108조) • 폭행죄 · 존속폭행죄(제260조) • 협박죄 · 존속협박죄(제283조) • 과실치상죄(제266조) • 명예훼손죄(제307조) • 출판물 등에 의한 명예훼손죄(제309조)

[전속고발제와 친고죄] ① 조세범처벌법, 관세법, 공정거래법 등은 관할당국의 고발이 있을 때에만 검사가 소추할 수 있게 한다. 이런 고발을 전속고발이라 부른다. 이처럼 전속고발은 친고죄와 같이 소추조건 또는 소송조건이 된다. ② 그러나 고발은 사회체계(예: 공정거래질서)와 법체계, 또는 경제적 합리성과 법적 정의 사이의 균열을 메우고, 사회체계들 사이의 통합을 수행하는 기제(**체계간원칙** intersystemic principle)[2]이다. ③ 따라서 합리적인 비범죄화의 개혁을 하더라도 전속고발제도는 폐지해서는 안 된다. 중대한 조세범죄나 관세범죄에서도 해당 사회체계와 형법체계 사이의 통합의 기제로서 전속고발제도가 요구되기 때문이다. ④ 전속고발제의 채택여부는 법정책적 사항인데, 법률이 규율하는 사회체계영역의 합리성과 법적 정의 사이의 간극이 클수록 강력한 전속고발제(예: 조세범처벌법 제21조)가 필요하고, 좁을수록 필요하지 않으며(예: 마약류관리법), 중간 정도이면 전속고발제를 채택하되, 중대·명백한 범죄임을 전제로 검찰이 요구하면 전속고발 당국에 고발의무를 부여하는 권한분배방식(예: 공정거래법 제71조)이 적절하다.

Ⅲ. 범죄의 종류

1. 보호법익에 따른 분류

범죄는 보호법익을 기준으로 개인적 법익, 사회적 법익, 국가적 법익에 대한 죄로 분류된다. 개인적 법익의 죄는 형법각칙 제250조(살인죄)부터 제370조(경계침범죄), 사회적 법익의 죄는 형법각칙 제158조(장례식방해죄)부터 제248조(복표발매죄), 국가적 법익의 죄는 형법각칙 제87조(내란죄)

2 이상돈, 경영판단원칙과 형법, 박영사, 2015, 52~53쪽.

부터 제156조(무고죄)까지 규정된 범죄이다. 사회적 법익과 국가적 법익의 범죄는 보편적 법익(Universalrechtsgüter)의 범죄이다. 보편적 법익의 범죄로는 사회체계의 기능유용성을 유지·관리하기 위한 형벌조항(부수형법)들도 속한다.

2. 범죄의 경중에 따른 분류

우리나라 형법전은 범죄의 경중에 따른 분류가 없고, 범죄라는 단일한 명칭을 사용한다. 하지만 「경범죄 처벌법」은 즉결심판이라는 특수한 형사재판을 받는 경범죄를 10만 원 이하의 벌금, 구류 또는 과료의 형으로 벌한다(동법 제3조). 또한 「법원조직법」에 의해 사형, 무기, 단기 1년 이상의 징역이나 금고에 해당하는 사건은 합의부가 관할하고, 그렇지 않은 경미한 사건은 단독판사가 관할한다(제32조 제1항 제3호).

[독일과 프랑스의 범죄분류] 독일에서는 범죄를 중죄(Verbrechen)·경죄(Vergehen)로 분류한다. 중죄는 1년 이상의 자유형에 해당하는 범죄이고 경죄는 그보다 가벼운 자유형이나 벌금형에 의해 처벌되는 범죄를 말한다(독일 형법 제12조 참조). 프랑스에서는 중죄·경죄·위경죄(違輕罪)로 분류된다(프랑스 형법 제111-1조). 중죄는 5년 이상의 자유형, 경죄는 2개월 이상 5년 미만의 구금이나 1,000프랑 이상의 벌금, 위경죄는 2개월 미만의 구금이나 1,000프랑 미만의 벌금의 죄이다. 독일과 프랑스의 분류에 상응하여 다음과 같이 범죄의 경중에 따른 분류를 할 수 있다. 이 분류는 수사권, 간이공판, 행형 등의 형법정책에 의미 있는 구분이 될 수 있다.

범죄	형벌의 내용	실 체 법	절 차 법
중 죄	사형, 무기, 단기 1년 이상의 징역 또는 금고	형법상 범죄	합의부사건
경 죄	중죄보다 경한 징역·금고 위경죄보다 중한 벌금형	형법상 범죄	단독판사사건
위경죄	10만 원 이하의 벌금, 구류 또는 과료	경범죄처벌법	경범죄 처벌법

3. 구성요건의 유형에 따른 분류

(1) **결과범과 형식범** **결과범**(실질범)은 구성요건이 일정한 결과의 발생을 요건으로 하는 범죄이다. 침해범(예: 살인죄)과 구체적 위험범(예: 일반물건방화죄)이 이에 속한다. **형식범**(거동범 Tätigungsdelikte)은 구성요건에 규정된 행위를 하는 것만으로 성립하는 범죄이다. 주거침입죄(제319조), 무고죄(제156

조), 위증죄(제152조) 등이 이에 속한다.

(2) **침해범과 위험범**　　보호법익의 침해 정도에 따라 범죄는 침해범과 위험범으로, 위험범은 다시 구체적 위험범과 추상적 위험범으로 나눌 수 있다. **침해범**은 구성요건이 보호하는 법익을 현실적으로 침해했을 때에만 기수가 성립하는 범죄이다. 살인죄, 상해죄, 절도죄 등이 그 예이다. **위험범**은 보호법익에 대한 침해의 위험을 초래한 것만으로 성립하는 범죄이다. 구체적 위험범은 법익침해의 현실적 가능성을 발생시킬 때 기수가 되고, 추상적 위험범은 법익침해의 매우 낮은 가능성(형법전의 위험범) 또는 관념적 가능성(부수형법의 위험범)으로 기수가 인정된다.

[구체적 위험범과 추상적 위험범의 구별]　　구체적 위험범과 추상적 위험범은 흔히 구성요건의 문언(text)에 "위험"이라는 개념이 사용되는지를 기준으로 구별한다. 예컨대 자기소유건조물방화죄(제166조 제2항)는 공공의 위험이란 문언이 있어서 구체적 위험범이고 타인소유건조물방화죄(제166조 제1항)는 그런 문언이 없어 추상적 위험범이 된다. 그러나 私見으로 **보호법익을 실제로 얼마나 위태롭게 하는지**를 고려하여 어떤 정도의 위험발생 단계에서 기수를 인정할지를 결정하고, 그에 따라 구체적 위험범과 추상적 위험범을 구별하여야 한다. 예컨대 일반건조물방화의 위험성이 일반물건에 비해 매우 높다고 보고 일반건조물방화죄를 추상적 위험범으로 해석하여 불길이 타오르기 시작할 때 기수를 인정하거나, 일반건조물방화의 위험성이 사람이 있는 현주건조물 방화에 비해 낮다고 보고 둘 다 구체적 위험범으로 해석하여 불이 타올라 '번지게' 될 때 기수를 인정할 수 있다.

구체적 위험범	추상적 위험범
제166조 제2항(자기소유 일반건조물방화) 자기 소유에 속하는 제1항의 물건을 소훼하여 **공공의 위험**을 발생하게 한 자는 7년 이하의 징역 또는 1천만 원 이하의 벌금에 처한다.	제166조 제1항(타인소유 건조물방화죄) 불을 놓아 전2조에 기재한 이외의 건조물, 기차, 전차, 자동차, 선박, 항공기 또는 지하채굴시설을 소훼한 자는 2년 이상의 유기징역에 처한다.

또한 침해범과 위험범의 유형구분은 **보호법익의 보호정도를 차등화하는 입법기술**이다. 어떤 법익을 형법으로 보호할 때 강력하게 보호하려면 범죄형식을 침해범보다는 위험범으로, 구체적 위험범보다는 추상적 위험범으로 규정한다. 미수와 예비·음모도 법익의 보호정도를 차등화하는 입법기술이다. 침해범도 미수를 처벌하면 사실상 구체적 위험범의 수준으로,

그리고 예비·음모까지 처벌(예: 살인예비·음모죄)하면 추상적 위험범의 수준으로 법익을 보호할 수 있다.

[추상적 위험과 입법자의 동기] ① 통설은 형법전의 추상적 위험을 흔히 입법자의 동기라고 바라보고 **추상적 위험을 고의의 인식대상에서 제외한다.** ② 그러나 현대사회의 형법에서 추상적 위험은 위해(危害)로서 위험(danger, Gefahr)과 위해의 통계적 개연성에 불과한 위험(risk, Risiko)으로 구분된다.[3] **형법전의 추상적 위험범**에서 위해는 불법의 요소이고, 고의의 인식대상이 된다.[4] 위험형법인 **부수형법의 추상적 위험범**의 위험은 개인에게 귀속가능한 실제적 위험이 아니라 입법자의 '동기'일 뿐이다. 이는 불법의 요소가 아니며, 그것에 대한 인식도 고의의 내용으로 요구되지 않는다.[5] 개인들이 이런 추상적 위험범을 범할수록 보편적 법익(예: 환경)이 침해될 개연성은 높아진다. 이런 개연성을 법익침해의 '적성', 그런 추상적 위험범을 **적성범**(Eignungsdelikt)이라고 부른다. 적성범의 보편적 법익 훼손은 위태화행위를 하는 사람들에게 '집단적으로만(collectively)' 귀속가능하다는 문제점이 있다.

(3) 계속범과 상태범 구성요건을 실현하는 행위가 일정 시간 계속될 것을 요하는 범죄가 **계속범**(Dauerdelikte)이며, 그렇지 않은 범죄가 **상태범** 또는 "즉시범"(대판 4293형상57)이다. 예컨대 체포감금죄(제276조)는 기수가 성립하려면 체포감금상태가 일정 시간 계속되어야 하는 계속범이다. 이에 비해 살인죄는 구성요건을 실현하는 행위가 구성요건의 모든 요소를 충족하면 곧바로 기수가 성립하는 상태범이다.

1) 상태범과 계속범의 구분 상태범과 계속범의 구분은 시간적 계속성이 **구성요건요소**인지에 따른 구분이지, 실행행위의 소요시간에 따른

---

3 부수형법의 추상적 위험범과 구별하기 위해 형법전의 추상적 위험범은 추상적 위해범(Gefährdungsdelikt)으로 표현하는 것이 적절하다.

4 [추상적 위해범] 甲은 아버지 乙이 집에 없을 때 그 집의 커튼에 불을 놓았다. 그 집은 넓은 공터 한복판에 있고, 인근 주택은 1백 미터 떨어져 있으며, 소방서는 1km 이내에 있다. 甲이 방화하자 소방차가 출동하여 불을 진화하였다. 집은 벽이 그을렸을 뿐이다. ① 통설에 의하면 甲은 현주건조물방화죄가 성립한다. 그러나 추상적 위험은 법익침해의 매우 낮은 가능성이며, 고의의 대상이다. 집의 위치와 제반상황을 고려하면 甲은 공공의 안녕을 해칠 위험을 인식하지 못했고, 방화고의를 인정할 수 없다. 甲은 손괴죄(제366조)만 성립한다.

5 [추상적 위험범] 비료제조업자 甲은 도지사의 허가를 받지 않고 배출시설을 이용하는 대기환경보전법(제23조, 제89조 1호) 위반의 조업을 하였다. ① 甲은 그와 같은 조업행위가 많아지고 장기화될수록 대기가 오염될 **개연성이 높아진다는 정도의 일반적인 인식**을 가질 뿐, 자신의 조업행위가 대기에 가져오는 **실제적 위험을 인식할 수는 없다.** 그런데도 甲의 행위는 대기환경보전법 제89조 1호 위반죄에 해당한다.

구분이 아니다. 예컨대 상태범인 절도범의 절취행위가 시간적으로 상당히 지속할 수 있고, 계속범인 퇴거불응자의 불응행위도 절도죄의 실행행위보다도 훨씬 짧을 수 있다. 어떤 범죄구성요건이 상태범인지 계속범인지는 해석상 다툼이 있을 수 있다. 구성요건의 불법유형이 상태범인지 계속범인지가 불분명한 경우는 짧은 시간적 계속성에 따른 범죄성립 여부, 공소시효의 기산, 사후공범의 성립가능성의 문제별로 시민자유우선(in dubio pro libertate)원칙에 따라 피고인에게 유리하게 판단을 내리는 것이 타당하다.[6]

계속범(판례)	상태범(판례)
• 체포감금죄(서울중앙지법 2006노1060 판결) • 주거침입죄(서울북부지법 2008노777 판결) • 직무유기죄(대판 97도675) • 무허가업자 건축폐기물처리(대판 2008도8607) • 부정취득한 신용카드 정보보유(대판 2008도2099) • 주무관청승인 없는 공익법익의 수익사업(대판 2004도4751) • 부설주차장 용도변경 사용(대판 2005도7283) • 건축물의 용도변경행위(대판 2000도2530) • 건축물유지 · 관리의무위반(대판 96도2719)	• 강간죄(대판 88도1240) • 학대죄(대판 84도2922) • 도주죄(대판 91도1656) • 「군형법」상의 군무이탈죄(대판 83도2450) • 「폭력행위처벌법」상 범죄단체 구성 및 가입죄(대판 2008도1857) • 유사수신행위(대판 2009도5075) • 무허가 위험물제조소 변경(대판 2008도11572) • 토지형질변경(대판 98도364) • 무허가 법인분묘부지조성죄(대판 2017도7937)

2) 법적 효과의 차이 공소시효는 기수시점이 아니라 그 행위로 인한 위법상태가 "종료"(형사소송법 제252조)된 때부터 진행한다. **상태범**은 구성요건의 모든 표지를 충족하고 나면 기수가 성립하고, 동시에 범죄도 종료하며 공소시효도 진행한다.[7] **목적범**(예: 내란목적살인죄)은 그 목적이 달성된 때(예: 내란목적살인죄에서 대통령의 하야) 범죄가 종료하며 공소시효도 진행한다. **계속범**은 구성요건실현행위가 일정 시간 계속되면 기수가 성립하지만 위법상태가 끝날 때 범죄가 종료하며 공소시효도 진행한다.[8] 계

6 **[계속범 우선원칙]** 병장 甲은 허가 없이 근무장소를 4시간 이탈하였다가 귀대하였다. ① (대판 83도2450) 무단이탈은 "허가 없이 근무장소 또는 지정장소를 **일시 이탈함과 동시에 완성되고** 그 후의 사정인 이탈기간의 장단 등은 무단이탈죄의 성립에 아무런 영향이 없"다. ② (評釋) 4시간이 무단이탈죄 성립에 충분한 시간인지 의문이 있으므로 시민자유우선원칙에 따라 계속범으로 해석하고, 4시간만으로는 무단이탈죄고의를 인정하지 않을 수 있다.

7 **[계속범의 종료]** 甲은 2019. 5.경 아동·청소년성착취물을 복제·저장하고 2020. 8. 11.까지 소지하였다. 청소년성보호법 제11조 제5항(성착취물소지죄)은 2020. 6. 2. 시행되었다. ① (대판 2022도15319) 성착취물소지죄는 계속범이고, 실행행위가 종료되는 시점의 동 조항이 적용된다.

8 **[계속범·상태범의 공소시효기산]** 甲은 2001. 1.경 자신의 농지에 잡석을 깔았고, 2003. 1.경 그 농지

속범은 기수에 도달한 이후에도 행위가 계속되는 한 공범이 성립[9]할 수 있는 반면, 상태범은 기수가 된 이후에는 공범이 성립할 수 없다.[10] 범죄가 기수에 이른 후 비로소 신설된 처벌법규는 상태범에는 소급적용할 수 없지만, 계속범에는 종료 전까지는 소급적용할 수 있다.[11]

(4) 일반범과 신분범 및 자수범 정범이 될 수 있는 행위자의 범위를 기준으로 범죄는 일반범과 신분범 및 자수범으로 나눌 수 있다. **일반범**은 살인죄처럼 누구나 정범이 될 수 있고, 다른 사람을 이용하여서도 범할 수 있는 범죄를 가리킨다. **신분범**(身分犯)은 행위자에게 일정한 신분이 있어야만 범할 수 있는 범죄이다. 신분자만 범죄가 성립하는 진정신분범(구성적 신분)과 비신분자도 범죄는 성립하지만 신분자에게는 형이 가중되거나 감경되는 부진정신분범(가감적 신분)이 있다. **자수범**(自手犯 eigenhändige Delikte)은 다른 사람을 이용해서는 (단독·공동·간접)정범이 될 수 없고, 자신이 직접 실행을 해야만 정범이 될 수 있는 범죄(예: 위증죄[제152조])를 말한다.

진정신분범(구성적 신분범)	부진정신분범(가감적 신분범)
• 위증죄(제152조) • 직무유기죄(제122조) • 수뢰죄(제129조) • 횡령죄(제355조)	• 존속살인죄(제250조 제2항) • 업무상 횡령죄(제356조)

에 폐차를 쌓아 놓았다. 당시 농지전용죄 공소시효는 3년이고 甲에 대한 기소는 2004. 2. 이루어졌다. ① (대판 2007도6703) **농지의 형질을 변경시키는 행위에 의한 농지전용죄**는 "행위가 종료됨으로써 즉시 성립하고 그와 동시에 완성되는 **즉시범**"이고, 농지를 **농업 외의 목적으로 사용하는 행위에 의한 농지전용죄는 계속범**이다. 잡석을 깐 행위는 공소시효가 완성되었고, 폐차적치는 계속범으로서 공소시효가 진행되지 않았다.

9 [계속범의 사후공범] 乙은 丙을 10일간 감금했다. 甲은 2일이 지난 시점에 망을 보는 등 乙의 감금을 도왔다. ① 乙의 감금죄는 2일이 지난 때 기수에 도달했지만, 종료되지 않았으므로 **기수 이후 종료(공소시효 기산) 이전**이므로 甲은 乙의 감금죄의 **사후종범**이 된다. 甲의 행위가 감금의 계속에 필수적 요소였다면 甲은 **(승계적) 공동정범**이 된다.

10 [상태범의 사후종범 불가능성] 乙은 丙을 총으로 쏴서 살해했다. 甲은 乙로부터 범행 후에 얘기를 듣고 乙이 丙의 시체를 버리는 일을 도왔다. ① 甲은 乙의 살인죄 공범이 될 수 없고, 甲은 乙과 사체영득죄(제161조 제1항)의 공동정범이 될 뿐이다.

11 [계속범에서 소급효적용] 甲은 건설폐기물처리허가를 받지 아니한 乙에게 건설폐기물처리 도급을 주었다. 甲과 乙이 도급계약을 체결하고 이행 중 허가받지 않은 자와 폐기물처리위탁계약 체결을 처벌하는 조항이 건설폐기물법에 신설되었다. 甲과 乙의 계약은 현재도 이행 중에 있다. ① (대판 2008도8607) 이 처벌규정은 계속범이며, 甲은 동법위반죄가 성립한다. ② (評釋) 이 계속범은 일죄이지만 분할이 가능하므로 처벌조항신설 이후의 폐기물처리만 甲이 (양형)책임을 져야 한다. 다만 가분적이지 않다고 본다면 처벌조항 신설 이전의 폐기물처리행위도 양형에 고려된다.

§5. 행 위 론

Ⅰ. 행위론의 의의

범죄는 의회에서 정한 범죄구성요건에 해당하고, 위법하며, 유책한 행위이다. 이때 '**행위의 본질이 무엇인지를 법철학적으로 해명하는 정신과학**(Geisteswissenschaft)'[1]을 **행위론**이라고 부른다. 하지만 오늘날 형법학은 사회과학적 형법학을 지나 총체적인 '학제적 형법학'으로 발전하고 있다.[2] 행위론에 기대할 수 있는 실제기능은 **인간의 행위**(menschliche Handlung)**와 단순한 우연**(Zufall)의 구별이다. 인간의 행위로 평가되지 않아 가벌성 검토가 진행되지 않는 경우, 즉 우연에 속하는 범위는 매우 좁다. 무의식적 행위(예: 악몽 중에 침상용 시계를 파괴), 절대적 힘의 지배를 받은 행위(예: 누군가 갑자기 떠밀어 타인의 비싼 진열장을 파괴), 외부자극에 대한 신체반사행위(예: 갑작스런 키스에 놀라 상대를 밀쳐, 철조망에 찔려 다치게 함)[3] 등이 그 예일 뿐이다.

[행위론의 이론적 기능] W. Maihofer는 행위론의 기능을 범죄의 근본요소, 결합요소, 한계요소로 분류하였다. 첫째, 행위 개념은 고의범, 과실범, 부작위범 등 모든 범죄유형에 적용될 수 있는 **통일적인 개념**이어야 한다. 행위는 모든 범죄의 **근본요소**(Grundelement)인 것이다. 둘째, 행위 개념은 구성요건에 해당하고, 위법하고, 유책한 행위라는 범죄 개념에서 보듯 범죄의 모든 성립요소(구성요건, 위법, 책임)가 술어로서 귀속되는 주어가 될 수 있어야 한다. 즉, 행위는 구성요건해당성, 위법성, 책

---

1 행위론은 20세기 중반 독일 '정신과학적 형법학'의 발현이다(Hassemer, 형법정책, 세창출판사, 1998, 12쪽). 하지만 행위론은 범죄체계론의 초석이 되고 있음은 간과할 수 없다.

2 이상돈, 기초법학, 법문사, 2010, 655쪽.

3 [일반심리학적 행동] ① 기존의 행위론과 달리 일반심리학적 행동개념을 형법상의 행위개념으로 받아들이는 견해에 의하면 '인간의 중추신경에 의해 조종되어진, (인간의) 신체적인 외부적 작용 또는 반작용'을 가리킨다. 이 작용 또는 반작용은 움직이는 것이든 아니든, 언어적으로 표현하는 것이든 아니든, 또한 단순히 작용 하나만으로 나타난 것이든 작용과 반작용들이 서로 함께 결합되어 나타난 것이든, 그리고 소극적인 것이든 적극적인 것이든 상관없다. ② 따라서 기존의 행위론이 행위성을 인정하지 않았던 '무의식적 반사행위', 예컨대, 원자력발전소에 근무하는 자가 졸고 있는 무의식적 상태에서 꿈꾸다 놀라는 바람에 반사적으로 조작스위치를 잘못 눌러 원전사고가 일어나 사람이 죽은 경우에도 형법상 행위를 인정해야 한다.

임을 하나의 범죄 개념 안으로 결합시켜 넣는 **결합요소**(Verbindungselement)가 되어야 한다. 셋째, 행위는 가벌성 검토에 들어가기에 앞서 인간의 행위와 비행위(우연)를 구별하는 요소, 즉 **한계요소**(Grenzelement)가 되어야 한다.

Ⅱ. 행위론의 내용

행위론은 인과적, 목적적, 사회적, 인격적 행위론으로 발전해왔다.

(1) 인과적 행위론 인과적 행위론은 자연과학의 실증주의적 인식모델로 행위를 파악한다. 가령 행위는 '외부세계에 대한 의사활동'(v. Liszt)으로 개념화된다. 여기서 인간의 행위는 유의성(有意性 Willkürlichkeit)과 거동성(擧動性 Körperlichkeit)으로 구성된다. **유의성**은 의미를 좇는 의사활동뿐만 아니라 가령 뇌파검사기로 측정될 수 있는 모든 종류의 의사활동을 가리키고, **거동성**은 외부세계의 변화를 가져오는 모든 종류의 신체적 활동을 가리킨다.

(2) 목적적 행위론 목적적 행위론은 인간행위의 사물논리구조(sachlogische Struktur)를 파악하여 '인간의 행위는 목적활동의 수행이다'(H. Welzel)라고 정의한다. 행위는 목표 설정 — 수단 선택 — 부수적 결과의 고려, 그리고 실행에 옮김이라는 구조를 띤다. 다시 말해 행위는 행위자가 일정한 목표를 지향하는 **목적성**(Finalität)과 목표달성을 위해 외부세계의 인과적 과정을 조종하는 **인과성**(Kausalität)으로 구성된다.

(3) 사회적 행위론 사회적 행위론은 행위 개념을 '사회적 의미내용'에 의해 파악한다. 예컨대 행위는 '객관적으로 예견가능한 사회적 결과를 지향하는 객관적으로 지배가능한 일체의 행태'(W. Maihofer)이다. 판례도 사회적 행위론을 취한다.[4]

(4) 인격적 행위론 인격적 행위론은 인간의 행위를 **인격의 표현**으

4 [부작위의 행위성] 판례는 뒤늦게 사회적 행위론의 입장에서 부작위의 행위성을 인정한다: "자연적 의미에서의 부작위는 거동성이 있는 작위와 본질적으로 구별되는 무(無)에 지나지 아니하지만 부작위는 **법적 기대**라는 규범적 가치판단 요소에 의하여 **사회적 중요성을 가지는 사람의 행태**가 되어 법적 의미에서 작위와 함께 행위의 기본 형태를 이"룬다(대판 2015도6809).

로 이해한다. '인격의 객관화'(A. Kaufmann), '인격의 발현으로서 심리적·정신적 활동중심체인 인간의 인격에 귀속되는 모든 것'(C. Roxin)이 대표적인 인격적 행위 개념이다.

[행위론의 평가] ① **인과적 행위론**은 거동성을 요구하므로 부작위를 행위로 볼 수 없고, 살인자를 임신·출산하는 행위도 형법상 행위로 보게 된다. **목적적 행위론**은 목적성을 요구하므로 과실을 행위로 볼 수 없고, 인과성이 행위개념에 내재해있다는 점에서 부작위도 행위로 볼 수 없다. **사회적 행위론**은 행위개념을 실천성이 없는 개념으로 만든다. **인격적 행위론**은 인격의 객관화라는 것도 결국엔 그 객관화의 사회적 의미내용에 따라 행위로서 의미를 갖게 되므로 사회적 행위론으로 귀결된다. ② 하지만 각 행위론은 형법사에서 나름의 기여를 하였다. **인과적 행위론**은 법적 책임을 귀속시키는 거점으로서 인간의 행위를 자연과학에 의해 인과성 해명이 가능한 영역에 국한시키는 합리성을 실현하였다. **목적적 행위론**은 나치와 같은 전체주의적 정치에 의해 도구화되지 않도록 행위 개념을 존재론적 본질구조 속에 자리 잡게 하였다. **사회적 행위론**은 후기산업사회의 성장과 위험사회의 도래 속에서 점차 증대하고 중요해진 부작위범이나 과실범의 행위성격을 근거지었다. **인격적 행위론**은 탈인격화, 기능화되는 현대사회에서도 개인의 인격이 사회와 국가(법)의 기초임을 강조하는 미래적 기획을 행위개념 속에 집어넣었다.

(5) **상호인격적 행위** 각 행위론의 장점과 단점, 그리고 위험사회, 과학기술사회, 정보화사회라는 현대사회의 특성을 고려할 때, 형법에서 형법적 행위란 '**인격의 상호승인과 상호존중을 외면한 인격의 발현**'으로 정의하는 것이 가장 적절하다. 하지만 행위론은 오늘날 더 이상 형법학적 중요성을 갖지 않는다.

Ⅲ. 행위론과 범죄체계론

(1) **범죄체계론** 범죄체계론은 범죄의 성립요건을 이루는 구성요소들 사이의 체계적인 연관관계를 정립하는 이론이다. 범죄의 성립여부를 판단하는 것을 어떤 행위자 개인에게 형사책임을 부과한다는 의미에서 **개인적 귀속**(individuelle Zurechnung)이라고 부른다면, 범죄체계론은 **일반적 귀속론**(allgemeine Zurechnungslehre)이라고 부를 수 있다. 범죄체계론은 범죄

성립판단을 체계적으로 단계화(예: 행위→구성요건해당성→위법성→책임→인적처벌조각사유, 소송조건)하고, 형사법률에 규정되거나 법률해석학이 개발하는 결정기준들의 상호관계를 체계적으로 정돈하며, 이를 통해 법관의 형법적용이 균등성과 정합성을 띠게 만든다.

(2) **행위론에 구축된 범죄체계론** **범죄체계론의 발전은 행위론의 발전과 역사를 같이 한다.** 행위론은 각각의 행위 개념 위에서 구축되는 범죄 개념을 독자적인 모습의 체계로 구성하였다. 인과적 행위론은 고전적 범죄체계, 목적적 행위론은 목적적 범죄체계, 사회적 행위론은 신고전적 범죄체계를 발전시켰고, 신고전적 범죄체계와 목적적 범죄체계가 합일하여 오늘날 지배적인 범죄체계(합일태적 범죄체계, 신고전적·목적적 범죄체계)가 되었다.

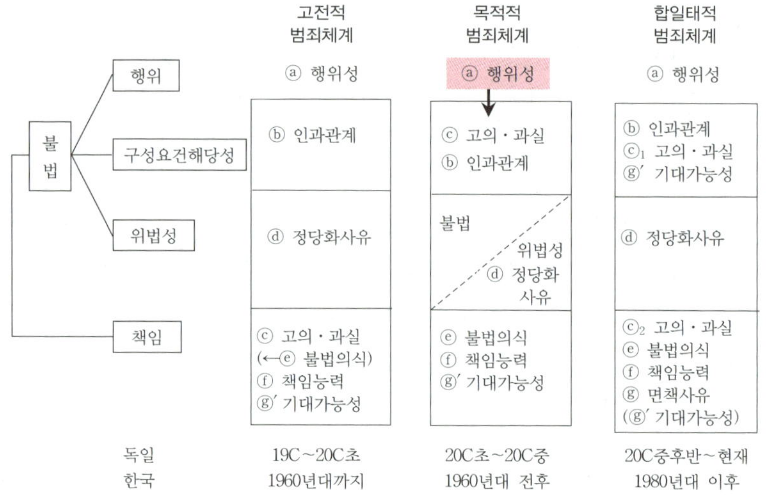

1) 고전적 범죄체계 인과적 행위론은 범죄행위를 '한 개인의 의사활동에 따라 신체적 활동을 하여 외부세계의 일정한 변화(예: 법익침해)를 초래하는 것'으로 본다. 이 실증주의적 인과적 사고는 범죄체계에서도 외부적·객관적인 것은 불법영역에, 내면적·주관적인 것은 책임영역에 배열시켰다. 이를 고전적 범죄체계라고 부른다. 이 체계는 ① 고의·과실

을 책임에, 인과관계는 불법구성요건에 위치시켰다. ② 책임에 배열된 고의·과실은 법익침해와 관련한 모종의 심리적 상태로 이해되었다(심리적 책임론). ③ 19세기 말~20세기 초 범죄는 자연범이 중심을 이루었으므로 고의는 불법의식을 포함한다고 이해되었다. ④ 고전적 범죄체계가 발전하여 일정 부분 그 내부가 절도죄에 요구되는 불법영득의사와 같은 '**특수한 주관적 요소**'라든가 '재물의 타인성'과 같은 규범적 요소가 발굴되어 구성요건론에 수용되었고, **기대가능성이론의 발전을 통해** 신고전적 범죄체계가 성장하였다.

2) 목적적 범죄체계 목적적 행위론은 ① 행위자의 목적적 의사활동(고의)의 내용에 따라 불법(구성요건)의 내용과 종류를 결정하는 '**인적 불법론**'(personale Unrechtslehre)을 만들었다. ② 고의가 행위요소로 편입된 반면, 불법의식은 고의에서 떨어져 나와 독자적인 책임요소의 하나로 남았다. ③ 목적적 범죄체계에서 책임은 책임능력, 불법의식 그리고 기대가능성으로 구성된다. 이로써 책임은 심리적 상태가 아니라 행위자가 회피가능한 불법을 실현한 점에 대한 규범적 '비난가능성'이 되었다(**순수한 규범적 책임론**).

3) 합일태적 범죄체계 목적적 행위론 이후 범죄체계론은, 특히 사회적 행위론의 발전을 계기로 목적적 범죄체계와 신고전적 범죄체계가 합일태를 이루게 되었다. ① 불법을 **결과반가치**(Erfolgsunwert)와 **행위반가치**(Handlungsunwert)로 나누는 이론이 발전하였다. 고의·과실은 행위반가치를 구성하고 법익침해·위태화는 결과반가치를 구성한다. 고의·과실이 불법의 요소이면서 동시에 책임의 요소로도 배열된다(**이중적 지위**). ② 책임영역의 고의는 불법의식과 분리된 채 **심정반가치**(Gesinnungsunwert)를 구성하는 요소가 된다. 면책적 긴급피난(제21조 제2항)이나 과잉(정당)방위(제21조 제3항), 법률의 정당한 착오(제16조) 등과 같은 면책사유가 발전하였고, **기대가능성**은 책임조각사유와 **불법의 요소가 되는 이중적 지위를 갖게 되었다.**

§6. 구성요건의 기초이론

Ⅰ. 구성요건의 의의

범죄가 성립하려면 인간의 행위가 구성요건에 해당하고, 위법하며 책임이 있어야 한다. 구성요건(Tatbestand)은 **형벌을 부과하기 위한 법적 요건**을 정해놓은 규정을 말한다. 구성요건은 형식적으로는 **의회의 민주적 입법**으로 만들어지고 실질적으로는 형사처벌 받는 **불법유형**(Unrechtstypus) 즉, 일탈행위의 유형(행위반가치)과 그 행위로 침해·위태화되는 보호법익(결과반가치)을 정형화 하여야 한다.

(1) **형법전과 개별법의 텍스트차이** 구성요건이 불법유형을 정형화하는 방식은 판덱텐 시스템(Pandektensystem)의 형법전과 개별법의 부수형법에서 차이가 있다.

> **형법 제347조 제1항** 사람을 기망하여 재물의 교부를 받거나 재산상의 이익을 취득한 자는 10년 이하의 징역 또는 2천만 원 이하의 벌금에 처한다.
> **개별법(예: 여신전문금융업법 제70조 제3항 2호)** 물품의 판매 또는 용역의 제공 등을 가장하거나 실제 매출금액을 초과하여 신용카드에 의한 거래를 하거나 신용카드에 의한 거래를 대행시키고 자금을 융통하여 준 자 또는 이를 중개·알선한 자는 3년 이하의 징역 또는 2천만 원 이하의 벌금에 처한다.

형법전의 구성요건은 **분석적**이고 **추상적**인 언어로 기술한다. 분석적인 언어는 불법유형을 재산, 업무, 사생활의 비밀 등과 같이 쪼개고(형법의 단편적 성격), 그 불법유형들이 정연한 체계를 이루게 하고, 추상적인 언어는 구성요건이 가능한 많은 사안들을 포섭할 수 있도록 한다. 개별법(예: 위의 여신전문금융업법)에 규정된 형벌법규는 하나의 생활사태(사안)를 하나의 구성요건에 의해 규율하는 입법형식을 취한다. 그 결과 형법전에 비해 상대적으로 구성요건이 **종합적**이며, **구체적인** 언어로 서술된다.

(2) **구성요건의 경합** 하나의 행위에는 형법전의 여러 구성요건이 경합적으로 적용될 수 있고, 형법전의 구성요건과 개별법의 구성요건(예: 여신전문금융업법 제70조 제3항 2호)도 경합적으로 적용될 수 있다. 형법 제37

조~제40조의 **죄수론**은 이와 같은 경합의 문제를 해결한다.

(3) **구성요건, 구성요건해당성, 구성요건충족** 구성요건(Tatbestand)이 형벌부과의 법적 요건을 정형화해 놓은 것이라면 **구성요건해당성**(Tatbestandsmäßigkeit)은 어떤 사람의 행위가 어떤 구성요건에 포섭될 수 있는 상태를 말하고, **구성요건충족**(Tatbestandserfüllung)은 구성요건의 모든 표지를 만족시킨 상태를 가리킨다. 예컨대 사람을 칼로 찔렀으나 죽지는 않은 경우에 그 행위(미수)는 살인죄의 구성요건에는 해당하지만 충족시킨 것은 아니다.

Ⅱ. 구성요건이론

(1) **구성요건론의 생성** 구성요건 개념은 18세기말 클라인(Klein)이 로마법상의 죄체(corpus delicti)를 번역한 독일어 Tatbestand에서 유래된다. 이 개념은 넓은 의미의 죄(책)를 뜻한다. **벨링**(E. Beling)의 범죄론(Lehre vom Verbrechen, 1906)에서 구성요건은 위법성이나 책임과 구별되면서 동시에 그것들과 함께 범죄를 구성하는 독자적인 체계요소로 발전하였다. 벨링의 구성요건론을 요약하면 다음과 같다. ① 구성요건은 '**범죄유형의 윤곽**'(Umriß des Verbrechenstypus)이다. ② 구성요건해당성은 행위주체의 의사와 상관없이, 오로지 정형화된 범죄유형을 객관적으로 충족시키기만 하면 인정된다. 구성요건해당성 판단은 **몰가치적이며**(wertfrei), **객관적이며, 서술적**(敍述的)이다. ③ 구성요건적 행위는 일반적으로 규범이 금지하는 것이므로 **위법성의 징표**(Indiz), 즉 위법성의 '추정'으로 기능한다. 따라서 예외적으로 위법성조각사유가 존재해도 구성요건이 부정되는 것은 아니고, 구성요건충족의 위법성만 부정된다.

(2) **구성요건 개념론** 구성요건론은 벨링 이후 다양하게 발전하였다. 오랜 세월에 걸쳐 독일의 학설사적 발전을 종합해보면 구성요건 개념은 '형벌에 의해 제재됨이 마땅한 불법유형을 정형화해 놓은 것'으로 이해할 수 있다. 구성요건 개념의 외연(범위)은 네 가지가 있다. **불법구성요건**은

형법각칙이나 개별법의 형벌법규에 의해 형법이 보호하는 법익에 대한 침해·위태화의 내용을 가리킨다. 이 개념은 가벌적 행위를 선별하고, 수범자의 행위방향을 지시한다. **범죄구성요건**은 불법구성요건과 구성요건의 부속물인 객관적 처벌조건, 불법의 가중감경요소(예: 존속살인)나 특수한 책임표지 등을 포괄한다. 이는 구성요건해당성(Tatbestandmäßigkeit)이 전제하는 구성요건 개념이다. **총체적 불법구성요건**은 범죄구성요건과 소극적인 구성요건(위법성조각사유)을 포괄한다. 이는 불법과 책임이라는 2단계의 범죄체계를 가져온다. **보장구성요건**은 범죄구성요건(광의의 불법구성요건), 정당화사유, 책임요소, 그 밖의 모든 가벌성조건을 모두 포괄하는 개념이다.

이 개념들의 외연의 크기를 기준으로 순서를 정해보면 불법구성요건 < 범죄구성요건 < 총체적 불법구성요건 < 보장구성요건 순이 된다.

(3) 구성요건과 구성요건해당성의 성격 구성요건은 주관적 요소를 포함하며 그 해당성 판단은 규범적 가치판단이다. ① 구성요건은 '몰가치적 사실'의 요소만으로 이루어지지 않고, 마이어(M.E. Mayer)가 발견했듯이 '규범적 요소'(예: 재물의 타인성)나 가치충전필요개념(예: '음란한')의 요소도 포함한다. 어떤 행위가 구성요건에 해당하는가는 그 구성요건의 표지가 몰가치적인 것처럼 보여도 **규범적 가치판단**의 성격을 띤다. ② 구성요건은 객관적 사실만을 포함하는 것이 아니라 주관적 사실도 포함한다. 절도죄의 "불법영득의사"(자우어 Sauer)와 같은 '특수한' 주관적 요소뿐만 아니라 고의와 같은 '일반적인' 주관적 요소(벨첼 Welzel)는 구성요건의 요소가 된다. 어떤 행위가 객관적 표지에 해당하는지에 대한 판단도 **주관적인 판단**의 성격을 띤다. 예컨대 건조물(제164조 등)은 객관적·사실적 표지이지만 작은 컨테이너박스가 건조물인지에 대한 판단은 주관적인 가치판단이다. ③ 구성요건은 벨링의 이론처럼 규범적 요소나 주관적 요소가 배제된 객관적인 요소들의 폐쇄된 체계가 아니라 언제나 사안과 시간에 개방되어 있다. **구성요건의 개방성**은 규범적 요소나 주관적 요소 때문만이 아니라 구성요건의 언어가 갖는 개방성에서 비롯된다.[1]

[구성요건과 위법성의 관계] ① 구성요건은 위법성을 징표(Indiz)할 뿐이므로, 위법성조각사유가 있는 경우에도 구성요건해당성은 남는다. 이때 구성요건은 위법성의 인식근거일 뿐이며, 범죄체계는 구성요건해당성, 위법성, 책임의 3단계 구조를 띠게 된다. ② 구성요건은 불법을 근거지우는 적극적 요소이고, 위법성조각사유는 불법을 배제하는 소극적 요소가 된다(Engisch, Kaufmann의 소극적 구성요건이론). 구성요건은 위법성의 존재근거가 되며, 구성요건과 위법성조각사유(의 부존재)는 넓은 의미의 구성요건(총체적 불법구성요건)을 이룬다. 이때 범죄체계는 불법(또는 총체적 불법구성요건)과 책임의 2단계 구조를 띠게 된다. ③ 범죄체계는 법문화의 전통과 법체계의 기능을 종합한다. 영미법에서 위법성조각사유(Justification)와 책임조각사유(Excuse)가 엄격하게 구분되지 않듯이,[2] 한국의 **법문화 전통**에서는 구성요건과 위법성이 구분되지 않기도 한다. 이런 법문화는 근대형법의 법치국가적 전통에 어긋나는 것도 아니다. 하지만 한국의 현대사회에서 범죄체계는 **구성요건과 위법성을 구별**할 필요가 있다. 예컨대 형법은 의사의 설명의무 이행을 강화하고 환자의 자기결정권을 보호하기 위해 가령 수술행위를 상해죄 구성요건에 해당하지만 피해자의 승낙에 의해 비로소 정당화된다고 말하는 것이다.

Ⅲ. 구성요건의 체계와 구조

(1) 기본구성요건과 파생구성요건 형법각칙(제2편)의 구성요건들은 생명, 신체, 자유, 명예, 재산 등과 같이 체계적으로 분류된 법익을 중심으로 42개의 범죄군을 설정하고, 각각 하나의 장을 할당받고 있다.

제1장 내란의 죄	제15장 교통방해의 죄	제29장 체포와 감금의 죄
제2장 외환의 죄	제16장 먹는 물에 관한 죄	제30장 협박의 죄
제3장 국기에 관한 죄	제17장 아편에 관한 죄	제31장 약취, 유인 및 인신매매의 죄
제4장 국교에 관한 죄	제18장 통화에 관한 죄	제32장 강간과 추행의 죄
제5장 공안을 해하는 죄	제19장 유가증권, 우표와 인지에 관한 죄	제33장 명예에 관한 죄
제6장 폭발물에 관한 죄	제20장 문서에 관한 죄	제34장 신용, 업무와 경매에 관한 죄
제7장 공무원의 직무에 관한 죄	제21장 인장에 관한 죄	제35장 비밀침해의 죄
제8장 공무방해에 관한 죄	제22장 성풍속에 관한 죄	제36장 주거침입의 죄
제9장 도주와 범인은닉의 죄	제23장 도박과 복표에 관한 죄	제37장 권리행사를 방해하는 죄
제10장 위증과 증거인멸의 죄	제24장 살인의 죄	제38장 절도와 강도의 죄
제11장 무고의 죄	제25장 상해와 폭행의 죄	제39장 사기와 공갈의 죄
제12장 신앙에 관한 죄	제26장 과실치사상의 죄	제40장 횡령과 배임의 죄
제13장 방화와 실화의 죄	제27장 낙태의 죄	제41장 장물에 관한 죄
제14장 일수와 수리에 관한 죄	제28장 유기와 학대의 죄	제42장 손괴의 죄

1 [개방적 구성요건과 봉쇄적 구성요건] 구성요건의 개방성을 처음 발견한 벨첼(Welzel)은 구성요건에서 불법요소가 완전하게 도출되는 봉쇄적 구성요건(예: 살인죄)과 구성요건에서 불법요소를 완전히 끌어낼 수가 없고, 구성요건 밖에 존재하는 별도의 적극적인 불법요소가 더해질 때 완전해지는 개방적 구성요건(예: 강요죄, 공갈죄)을 구분하였다.

2 Fletcher, Rethinking Criminal Law, Oxford University Press, 1978, Ⅹ장.

각 장은 기본범죄와 이를 변형시켜 만든 파생범죄(파생구성요건)들의 체계로 짜여있다.[3] 파생구성요건은 독자적 변형구성요건과 비독자적 변형구성요건으로 나뉜다. ① **독자적 변형구성요건**은 기본구성요건의 표지(개별요소)들 가운데 일부를 완전히 다른 표지로 교체하여 생성한 구성요건이다. 예컨대 사기죄(제347조 제1항)에서 "기망"의 표지를 "미성년자의 지려천박 또는 사람의 심신장애를 이용하여"로 교체해 넣으면 준사기죄(제348조)가 만들어진다. 독자적 변형구성요건의 "실행의 착수"(제25조 제1항) 시기는 기본구성요건의 경우와는 별개로 정해진다. ② **비독자적 변형구성요건**은 기본구성요건의 표지에다 다른 표지를 추가하여 형을 **가중·감경하는 구성요건**이다. 예컨대 살인죄(제250조 제1항)에서 "사람"에 "자기 또는 배우자의 직계존속"을 추가하여 존속살인죄(제250조 제2항)가, "촉탁 또는 승낙을 받아"를 추가하여 촉탁·승낙살인죄(제252조 제1항)가 만들어진다. 가중·감경구성요건에서 실행의 착수시기는 기본범죄와 같다.

(2) 구성요건의 내부체계 모든 구성요건들은 최소한의 공통 구조를 갖고 있다. 각칙의 구성요건은 행위주체(예: 者), 행위객체(예: 사람을, 타인의 재물), 실행행위(예: 기망하여), 결과(예: 살해한, 재물의 교부를 받음)의 요소로 구성된다. 총칙에 규정된 고의(제13조, 제15조 제1항)·과실(제14조), 부작위범(제18조)의 보증인의무(위험방지의무), 인과관계(제17조)도 구성요건의 공통요소이다. 모든 구성요건은 객관적 구성요건요소(objektive Tatbestandsmerkmale)와 주관적 구성요건요소(subjektive Tatbestandsmerkmale)로 이루어진다. 전자는 각칙의 구성요건에서 개별적으로 규정되고 후자(고의·과실)는 총칙에서 규정된다. 개별범죄에 특수한 주관적 요소(예: 목적)는 각칙의 구성요건에

3 [블록쌓기체계] ① 형법전의 구성요건들은 다른 장의 범죄들 사이에도 체계적 생성관계를 갖고 있다. 구성요건을 이루는 개별개념들(구성요건표지)은 레고의 블록에 비유할 수 있다. 동일한 레고의 블록을 다양한 방식으로 조합하면 다양한 구성요건이 만들어진다. 예컨대 폭행 또는 협박은 다른 표지들과 조합되어 폭행죄와 협박죄 이외에 강도죄, 공갈죄, 강간죄, 강요죄, 소요죄 등을 만들어 낸다. ② 블록쌓기체계로부터 상이한 범죄유형들 간에도 체계적 연관이 생길 수 있다. 예컨대 폭행은 강요죄의 수단이 되고, 강요행위는 다시 공갈죄의 수단이 되는 체계성이 생긴다. 블록의 체계적 해석은 상이한 범죄구성요건들의 불법유형을 올바르게 파악하는 데에도 기여한다. 예컨대 폭행의 네 가지 유형화를 통하여 서로 다른 장에 속하지만 구조적 동일성을 보이는 강도죄(제38장 제333조)와 공갈죄(제39장 제350조)의 불법유형은 실질적으로 구별할 수 있다.

규정된다. 모든 구성요건은 언어의 불명확성으로 인하여 해석에 의한 구체화가 필요하다. 규범적 구성요건요소(예: 재물의 타인성[제329조]), 가치충전을 필요로 하는 구성요건요소(예: 음란성[제245조]), 서술적 구성요건요소(예: 사람, 재물) 모두 마찬가지이다. 입법자가 범죄요건을 법률에 명시적으로 표현하지 않았지만 해석에 의해 인정되는 '서술되지 아니한 구성요건요소'(예: 사기죄의 손해)도 있다.

(3) 결과반가치와 행위반가치 구성요건에 유형화된 불법은 결과반가치와 행위반가치로 구조화할 수 있다. 결과반가치(Erfolgsunwert)는 법익을 침해하거나 위태화시키는 점, 행위반가치(Handlungsunwert)는 구성요건에 정립된 행위규범이 위반되는 점을 가리킨다.

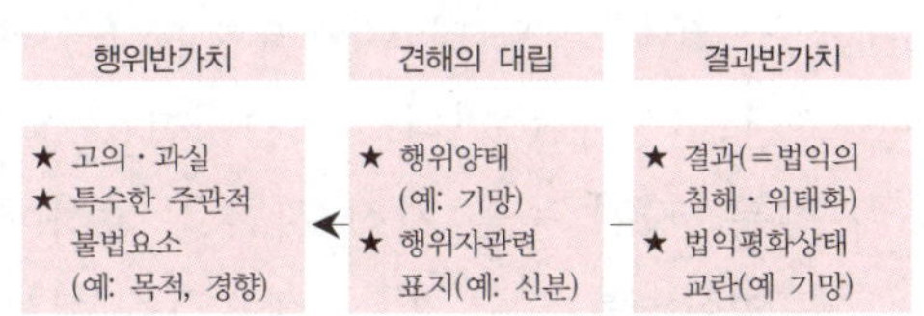

[구성요건요소의 분류] ① 흔히 고의·과실, 특수한 주관적 불법요소는 행위반가치에, 법익의 침해나 위태화 또는 (불능미수의) 법익평화상태 교란 등은 결과반가치에 배속시킨다. 행위양태(예: 기망)와 행위자관련표지(예: 신분)는 의견이 갈린다. ② 결과반가치와 행위반가치는 불법을 구조화하는 개념일 뿐이므로 구성요건의 개별표지들을 그 어느 한 쪽에 배열시킬 수 없다. 예컨대 고의 개념에는 행위자가 그 실현을 지향하는 결과의 요소가 내재하는 반면 결과 개념도 행위자의 목적수행적 활동과 연관짓지 않고는 그냥 외부세계의 사태변화일 뿐이므로 구성요건해당성을 이루는 한 요소가 되지 않는다. 따라서 위의 분류는 일종의 이념형에 의한 편의적인 분류이며, 어떤 구성요건요소를 결과반가치와 행위반가치 중 전적으로 어느 하나에 배열할 수는 없다.

§7. 행위주체

Ⅰ. 행위주체의 범죄능력

(1) **구성요건의 실현주체** 구성요건은 언제나 그것을 실현하는 주체를 전제한다. ① **형법전**(**근대형법**)은 개인만을 범죄의 주체로 인정한다. 개인들의 범죄단체 조직을 처벌(제114조)하거나 여러 명의 개인이 하나의 범죄에 참가하는 현상을 규율하지만(제30조~제34조) 단체 자체를 범죄의 주체로 상정하지는 않는다. ② **현대형법**(**위험형법**)은 개인들이 모여서 형성한 단체나 조직이 범죄를 범하는 현상들을 다루기도 한다. **조직범죄**에 관한 조약(예: 「국제조직범죄에 대한 UN조약」)이나 각종 부수형법의 **양벌규정**은 그런 현상에 속한다. ③ 일정한 구성요건들은 행위주체로 특정한 의무, 신분, 지위 등을 가진 사람을 상정하기도 한다.

(2) **범죄능력** 범죄구성요건을 실현하는 행위의 주체는 원칙적으로 범죄능력이 있는 모든 인간이 될 수 있다. 범죄능력은 행위능력, 책임능력, 수형능력을 포함하는 개념이다. 수형능력은 책임능력을, 책임능력은 행위능력을 논리적으로 전제한다. 유아는 **행위능력**이 없으므로, 범죄의 주체가 될 수 없다. (14세 미만의) 아동은 행위능력은 있으나 **책임능력**이 없다. 따라서 불법을 실현하는 주체는 되지만, 그 실현불법이 귀속되는 주체는 될 수 없다. 현저히 생명을 해하거나 보전할 수 없을 염려가 있으면(형사소송법 제470조, 제471조) 책임능력이 있어도 **수형능력**은 없다고 보고 형집행이 정지된다.

(3) **법인의 범죄능력** 법인은 법인격이 있지만 범죄능력이 있는지, 즉 범죄의 주체가 되는지는 문제이다. ① "법인은 다만 사법상의 의무주체가 될 뿐 범죄능력이 없는 것이며 그 타인의 사무는 법인을 대표하는 자연인인 대표기관의 의사결정에 따른 대표행위에 의하여 실현될 수밖에 없어 그 대표기관은 마땅히 법인이 타인에 대하여 부담하고 있는 의

무내용대로 사무를 처리할 의무가 있다 할 것이므로 법인이 처리할 의무를 지는 타인의 사무에 관하여는 **법인이 배임죄의 주체가 될 수 없고,** 그 법인을 대표하여 사무를 처리하는 자연인인 대표기관이 배임죄의 주체가 되는 것이"다(대판 93도1483). ② 私見으로 환경, 경제, 보건체계와 같은 보편적 법익의 형법적 보호에 대해 비판적인 입장은 대체로 법인의 범죄능력을 인정하지 않는 반면 그런 보편적 법익의 형법적 보호를 찬성하는 입장은 법인의 범죄능력을 인정한다. 환경, 경제 등의 영역에서 법인의 일탈행위에 대한 제재로는 공법, 사법, 형법의 중간영역에 존재하는 과징금이나 징벌적 손해배상과 같은 **중간법**(middle law의) 제재가 적합하다. 대표기관은 법인의 의사형성과 행위를 대표하여 범죄를 실현하고, 법인은 법적인 권리·의무의 주체로 그 대표기관의 범죄행위에 기여하는 **분업적 관계, 즉 공동정범**의 관계에 있지만 법인은 범죄능력이 없으므로 대표기관인 자연인만 (공동)정범으로 처벌되는 것이다.[1]

Ⅱ. 양벌규정

현행법상 법인은 양벌규정에 의해 벌금형으로 처벌되기도 한다. 현행 부수형법들의 양벌규정은 법인 외에 사용자 등에도 적용된다.

(1) 법인과 자연인에 대한 양벌 ① 부수형법(행정형법)에 있는 양벌규정은 법인의 대표기관 또는 법인에 소속된 종업원이 그 법에서 정한 범죄를 범한 경우에 그 행위자(자연인)를 처벌하는 이외에 **법인을 벌금형으로 처벌하는 규정**을 말한다.[2] 판례는 지방자치단체도 그 고유사무를 처리

1 [법인의 범죄능력] 甲은 S㈜ 대표로 취임한 후 전임 대표 乙이 丙에게 분양하고 대금을 완납 받은 회사소유의 건물을 알면서도 丁에게 다시 분양하고 소유권이전등기절차도 마쳤다. ① (대판 82도2595) 법인은 사법상의 권리의무주체가 될 뿐 **범죄능력은 없고,** 그 대표기관인 자연인 甲만 배임죄의 주체가 된다. ② (評釋) 甲은 업무상배임죄의 공동정범이지만 범죄능력이 있는 자연인만 처벌된다.

2 [내부자거래와 양벌규정] 상장회사인 H㈜의 이사 甲은 중요정보인 신기술개발사실을 직무상 알게 된 후 그 정보가 시장에 공개되지 않은 상태에서 주식을 거래하여 큰 시세차익을 남겼다. 자본시장법에 의하면 甲은 10년 이하의 징역 또는 5억 원 이하의 벌금에 처하고(제443조 제1항), H㈜는 **같은 금액의 벌금에 처할 수 있다**(제448조).

하는 한에서는 양벌규정의 법인으로 본다.[3] 법인격 없는 사단(예: 자가용유상운송사업자 단체[대판 94도3325])이나 "법인격 없는 중앙행정기관 또는 그 소속기관"(예: 경찰청[4])은 양벌규정상의 법인이 아니다. ② 현행법상 양벌규정의 개념은 행위자(예: 대리인, 사용인, 종업원[대판 2004도2651]) 이외에 법인의 대표자 또는 (법인이 아닌 사업체의) 사업주 개인, 사업에 사용되는 중요재물(예: 선박)의 소유자인 미성년자나 책임무능력자의 법정대리인을 처벌하는 규정에 대해서도 사용된다. 이는 '**자연인에 대한 양벌규정**'이다.

(2) 양벌규정의 책임원칙 준수 위반행위자 이외에 법인 등에게 처벌을 확대하는 양벌규정은 헌법상 비례성원칙이나 형법상 책임원칙에 위반될 수 있다. 현행법상 양벌규정은 무과실책임(A)과 귀책주의 및 과실추정의 양벌규정으로 나뉜다. 대법원은 무과실책임 형식의 양벌규정을 때로는 무과실책임으로 때로는 실질적으로 과실책임의 양벌규정으로 운영한다. 헌법재판소는 무과실책임의 형식을 띤 양벌규정에 대해 위헌결정을 지속적으로 내고 있다.

1) 법인에 대한 양벌규정 형법정책적 관점에서 법인에 대한 양벌규정은 중간법적 제재로 대체되는 것이 바람직하다. 무과실책임이나 과실추정형식의 양벌규정은 위헌적이다. 따라서 모든 양벌규정들은 과실책임으로 해석·적용되어야 한다. ① 대표자 등의 범죄행위는 "객관적으로 **법인의 업무를 위하여** 하는 것으로 인정할 수 있는 행위가 있어야 하고, 주관적으로 피용자 등이 법인의 업무를 위하여 한다는 의사를 가지고 행위"하여야 한다(대판 96도2699).[5] ② 법인이 행위자를 선임하였다면 — 행위

---

3 **[지방자치단체의 법인성과 양벌규정]** B시 공무원 甲은 청소차를 운행하던 중 제3축에 제한축중 10t보다 2t을 초과 적재하여 도로법을 위반하였다. ① (대판 2004도2657) **지방자치단체**가 국가의 사무를 위임받아 처리하는 경우가 아니라 "그 **고유의 자치사무를 처리하는 경우**에는 지방자치단체는 국가기관의 일부가 아니라 국가기관과는 별도의 독립한 공법인이므로" 소속 공무원의 범죄행위가 있으면 양벌규정에 따라 처벌되는 법인이 된다. 따라서 B시에 벌금을 부과할 수 있다. ② 지방자치단체장에게 형사소추 면책특권이 없고, 지방자치단체도 과태료부과대상이 되는 점 등도 이를 뒷받침해준다.

4 **[법인격 없는 공공기관의 양벌규정 미적용]** M경찰서 소속 공무원 甲은 개인정보보호법이 정한 이용범위를 초과하여 개인정보 이용의 범죄를 범하였다. 甲이 이용한 개인정보의 개인정보처리자는 경찰청이다. ① (대판 2020도1942) 경찰청으로서 **법인격 없는 중앙행정기관 또는 그 소속기관**에 해당하고, 양벌규정에 의하여 처벌되는 개인정보처리자에 포함된다고 볼 수 없다.

자가 법인 대표인 경우에는 이사회나 감사위원회의, 행위자가 종업원인 경우에는 법인 대표의—**감독상의 과실**은 사실상 추정될 수는 있으나 거증책임이 전환되는 것은 아니다. ③ **법인합병**에서 피합병법인의 양벌규정상 형사책임은 행정법적 제재나 손해배상책임과 달리 합병법인에게 승계되지 않는다(대판 2005도4471).

2) 자연인에 대한 양벌규정 양벌규정에 의해 행위자 이외의 자연인(예: 사업주, 영업주)을 처벌하려면 세 요건을 충족해야 한다. ① 자연인은 행위자의 **사업주·영업주** 등의 지위를 갖고 있어야 한다. 예컨대 다단계판매업자와 상위의 다단계판매원,[6] 민법상 조합의 대표자(대판 2003도3984), 청소년유해업소의 업주로부터 위임을 받은 종업원(대판 2005도6455), 다른 약사의 명의로 약국을 개설한 약국경영자(대판 2000도3570) 등은 사업주에 해당한다. ② 종업원의 범죄행위는 **사업주 등의 업무에 관하여** 행해진 것이어야 한다. ③ 사업주·영업주는 종업원의 위반행위에 대하여 **선임감독의무를 위반**했어야 한다.[7] 양벌규정에 의한 처벌은 영업주의 "종업원에 대한 선임감독상의 과실로 인하여 처벌되는 것이므로 종업원의 범죄성립이나 처벌이 영업주 처벌의 전제조건이 될 필요는 없다"(대판 2005도7673). 이 위반의 실질은 종범과 유사하다.

(3) 양벌규정의 효과

1) 해당 조문의 벌금형 ① 양벌규정은 법인이나 사업주를 그 대표

5 [양벌규정과 업무관련성] 보세구역에서 출입화물을 장치하는 X㈜의 직원 甲은 휴가 중 여자친구 乙의 간청으로 그 회사에서 근무 중이던 직원들의 눈을 피해 적법한 통관절차를 거치지 않고 밍크코트를 보세장치장 밖으로 반출하여 乙에게 주었다. ① (대판 96도2699) 甲의 행위는 X 회사의 '**업무에 관하여**' 행한 것으로 볼 수 없으므로 양벌규정에 의하여 X㈜를 처벌할 수 없다.

6 [양벌규정위반의 주체] 甲은 다단계판매업자 乙의 판매원이다. 甲은 하위판매원 丙 등을 모집·후원을 할 때 방문판매법이 금지하는 부담지우는 행위를 하도록 교육시켰다. ① (대판 2003도4966) "乙이 상품의 판매 또는 용역의 제공에 의한 이익의 귀속주체가 된다고 할 것이므로, 甲은 乙의 통제·감독을 받으면서 乙의 업무를 직접 또는 간접으로 수행하는 자로서 양벌규정의 적용에 있어서는 **다단계판매업자의 사용인의 지위**에 있다."

7 [양벌규정의 감독의무] 음식점 종업원 乙은 영업주 甲이 교통사고로 입원하였을 때 유흥주점영업을 함으로써 식품위생법을 위반하였다. 「식품위생법」 제79조(양벌규정)는 이 위반에 대해 "그 행위자를 벌하는 외에 그 법인이나 개인에 대하여도 해당각조의 벌금형을 과한다." ① (대판 2007도7920) 이 양벌규정은 "식품영업주의 그 **종업원 등에 대한 감독태만**을 처벌하려는 규정"이고 교통사고입원으로 감독태만에 대한 책임을 면할 수는 없다. ② (評釋) 사업주 甲은 약한 보증인의무가 있고, 그 위반은 양벌규정으로 처벌할 수 있다.

자, 대리인 또는 종업원 등의 위반행위가 해당하는 죄의 벌금형에 과할 수 있게 한다. ② 선임감독의무를 위반한 법인이나 사업주를 법규를 위반한 대표자나 종업원의 고의행위와 똑같은 벌금형에 처하는 것은 종범을 정범으로 처벌하는 것에 가까워 책임원칙에 위배된다.[8] 벌금형이 징역형의 선택형으로 되어 있다면 법관은 직접 위반행위를 한 자를 법인이나 사업주보다 무겁게(예: 징역형을 선택, 더 많은 벌금형) 처벌함으로써 책임원칙을 형식적으로는 준수할 수 있다.

2) 종업원에 대한 양벌규정의 유추적 확장 ① 판례(긍정설)는 양벌규정이 법인 또는 법인대표자, 사업주 등의 처벌 이외에 업무의 실제 집행자인 종업원(예: 건설 현장소장[9])까지 처벌하는 근거규정이 된다고 본다. ② 私見으로 종업원에 대한 양벌규정의 유추적 확장은 독일 형법 제14조("타인을 위한 행위")[10]와 같은 규정의 흠결을 보충하는 해석이므로 유추금지원칙에 위배된다(부정설).

3) 양벌규정과 고소 "양벌규정은 당해 위법행위와 별개의 범죄를 규정한 것이라고는 할 수 없으므로, 친고죄의 경우에도 행위자의 범죄에 대한 고소가 있으면 족하고 양벌규정에 의하여 처벌받는 자에 대하여 별도의 고소를 요"하지 않는다(대판 94도2423).[11] 私見으로 무과실형식의 양벌

8 "과실밖에 없는 법인을 고의의 본범과 동일한 법정형으로 처벌하는 것은 각자의 책임에 비례하는 형벌의 부과라고 보기 어려우므로 결국 헌법에 위반된다"(헌재결 2008헌가17).

9 [양벌규정의 유추] H㈜의 아파트공사 현장소장 甲은 그 회사 대표 乙로부터 포괄적 위임을 받은 시공전반의 지휘감독을 잘못하였고, 아파트는 기울어졌다. (구) 「건축법」 제54조는 행위주체로 "건축주(법인인 경우에는 그 대표자)"만을 처벌하였고, 제57조(양벌규정)는 "제54조에 해당하는 행위(예: 건축물높이제한위반)를 하였을 때에는 행위자를 벌하는 외에 그 법인에 대하여도 각 본조의 벌금형을 과한다"고 규정한다. ① (대판 95도2870) 제54조 처벌규정의 실효성을 위해 제57조의 "**양벌규정은 벌칙규정의 실효성을 확보하기 위하여** 그 적용대상자를 **당해 업무를 실제로 집행하는 자에게까지 확장함으로써** 그러한 자가 당해 업무집행과 관련하여 위 벌칙규정의 위반행위를 한 경우 위 양벌규정에 의하여 처벌할 수 있도록 한 행위자의 처벌규정임과 동시에 그 위반행위의 이익귀속주체인 업무주에 대한 처벌규정"이다. ② (評釋) 이 판례는 유추이다.

10 StBG § 14(Handeln für einen anderen) ① Handelt jemand (1. 2. 생략) 3. als **gesetzlicher Vertreter eines anderen,** so ist ein Gesetz, nach dem besondere persönliche Eigenschaften, Verhältnisse oder Umstände (besondere persönliche Merkmale) die Strafbarkeit begründen, auch auf den Vertreter anzuwenden, wenn diese Merkmale zwar nicht bei ihm, aber bei dem Vertretenen vorliegen.

11 [양벌규정과 고소] X 법인의 대표 甲은 乙에게 저작권이 있는 S 총서의 내용을 가져다 "A 조세총서"를 간행하였다. 乙은 1991. 8. 6. 甲을 저작권침해죄로 고소하였고, 1992. 9. 30. 저작권침해죄

규정도 책임주의에 맞게 해석·적용되어야 하고 종업원의 범죄와 법인의 범죄는 별개이므로 고소도 별개로 하여야 한다.

4) 양벌에 따른 행정법적 제재 자연인이 사업주로서 양벌규정에 의해 처벌받았더라도 대인적 처분의 행정법적 제재(예: 면허정지)는 허용되지 않는다.[12]

의 양벌규정을 근거로 X 법인에 대하여도 고소를 제기하였다. ① (대판 94도2423) X 법인에 대한 공소제기는 유효하다. ② (評釋) 甲의 범죄행위와 X 법인의 범죄행위는 **별개의 범죄주체에 의한 별개의 범죄행위**이므로 X에 대한 고소는 甲과 별개로 친고죄 고소기간 6개월 이내에 하여야 한다. X에 대한 공소제기는 기각되어야 한다.

12 [양벌과 행정처분] 신경외과전문의 甲이 운영하는 X 의원 원무과장 乙은 甲이 모르게 그 병원에 온 환자의 MRI촬영을 Y 병원에 소개해주고 소개료를 받았다. ① (대판 2004두824) 甲은 양벌규정(의료법 제91조)에 따라 유죄의 판결을 받을 수는 있지만 이로써 의사면허자격정지처분사유가 인정되지는 않는다. ② (評釋) 대인처분인 의료면허자격정지처분과 달리 식품위생법상 영업허가는 해당시설과 영업자 보조인력이 합해져 하나의 영업단위를 형성하므로 그 보조인력의 식품위생법 위반으로 영업자가 양벌규정에 의해 처벌되면 영업자에 대한 행정법적 제재가 가능하다.

§8. 고 의

제13조(고의) 죄의 성립요소인 사실을 인식하지 못한 행위는 벌하지 아니한다. 다만, 법률에 특별한 규정이 있는 경우에는 예외로 한다.

제15조(사실의 착오) ① 특별히 무거운 죄가 되는 사실을 인식하지 못한 행위는 무거운 죄로 벌하지 아니한다.

Ⅰ. 고의의 의의

범죄가 성립하기 위해서는 고의(犯意)가 있어야 한다(형법 제13조). 고의가 없는 경우에는 과실이 있고 그 과실을 처벌하는 구성요건이 있을 때 범죄가 성립한다(제14조).

(1) 고의 개념의 기능 ① 고의행위(예: 살인)는 같은 결과를 실현한 과실행위(예: 과실치사)보다 **불법과 책임이 무겁다.** 이는 고의범은 **형법규범을 부정**하고(Negation der Norm) 과실범은 형법규범에 주의를 기울이지 않았다는 내적 태도의 차등에 근거한다. 고의범이 사회에 다시 통합되려면 형법규범에 대한 '태도전환'을 하여야 하지만, 과실범은 규범에 대해 주의를 기울이고, 위험예방을 위한 노력을 하는 것으로 충분하다. ② 과실범도 막대한 법익침해(예: 재난사고)를 가져올 수 있지만 행위상황의 다른 모든 조건이 같다고 전제하면(ceteris paribus) 고의행위가 더 **큰 법익침해의 위험**을 갖고 있어서 고의범은 과실범보다 무겁게 처벌한다.

(2) 행위반가치와 심정반가치 불법요소로서 고의는 불법의 실현에 대한 인식과 의욕으로서 불법의 행위반가치를 구성하고, 책임조건으로서 고의는 불법실현에 이른 행위자의 의사결정이 법적으로 비난받을 만한 심정, 즉 심정반가치를 구성한다.

(3) 심정반가치로서 고의의 의미제한 '심정형법'이라는 비판을 받았던 나치형법의 역사를 고려해보면 심정반가치(Gesinnungsunwert)의 의미는 다음 세 가지에 의해 제한되어야 한다. 첫째, 고의는 행위자의 **동기**와 구

분되어야 한다. 동기의 고려는 도덕적 판단에서 요구될 뿐,[1] 나쁜 동기를 가졌어도 고의는 인정되지 않을 수 있다. 둘째, **책임고의**는 가벌성을 심사하는 독자적인 요소가 되지 않고 불법고의에 의해 추정된다. 행위자가 정당한 이유로 자기행위의 불법성을 인식하지 못한 경우(제16조)에는 추정이 배제된다. 셋째, 책임고의와 달리 책임과실은 주관적인 주의의무위반으로 개념화되는 한, 불법과실 이외에 가벌성심사의 독자적인 요소가 된다.

Ⅱ. 고의 개념의 구조

고의는 '죄의 성립요소인 사실을 인식하고 그 실현을 의욕하는 의식상태'이다.

1. 고의의 개념구조

고의 개념은 〈① 불법실현의 위험상황→② 위험상황의 인식→③ 위험실현의 의욕〉이라는 세 단계의 구조를 갖는다. ① 고의는 행위자가 일정한 행위를 하여 형사불법이 실현될 위험이 발생한 상황(=구성요건에 '해당하게 될 수 있는' 행위임)을 전제한다. 구성요건에 '해당하는' 행위라는 점은 위법성인식의 대상이지 고의의 대상이 아니다. ② 고의는 행위자가 그런 위험상황을 인식하여야 한다(고의의 지적 요소). ③ 위험상황의 발생과 인식은 과실에도 있을 수 있으며, 고의는 행위자가 그 위험의 실현을 의욕했을 때 비로소 인정된다(고의의 의지적 요소).[2] 여기서 의욕이란 행위자가 자신의 행위에

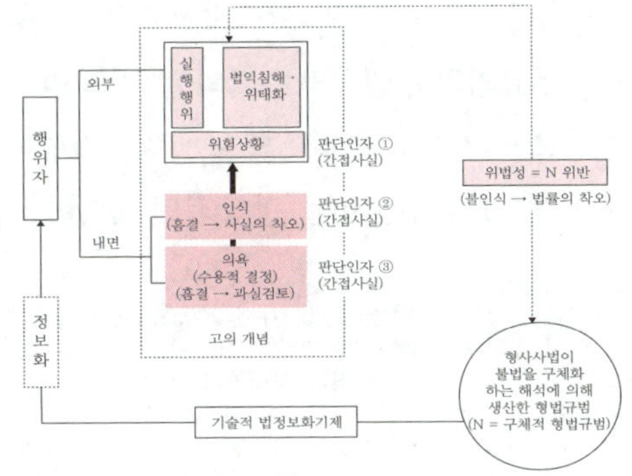

1 민법상 중요한 동기의 착오는 형법과 달리 일정한 법적 효과(민법 제109조)가 있다.

2 **[살인고의에서 의지요소의 배제]** 甲은 乙에게 사업관계로 다투는 丙이 평생 후회하면서 살도록 허벅지를 찔러 병신으로 만들라고 하였다. 乙은 丙의 허벅지 부위 등을 칼로 20여 회 찔렀고, 丙은 과

의해 실현될 불법을 '자기 것(자기의 작품)으로 삼는 수용결정'(persönliche Aneignung)을 가리킨다.

2. 고의의 판단구조

(1) 내심의 의사 고의는 행위자의 내심의 의사(성향개념 Dispositionsbegriff)[3]를 표현한다. 고의의 유무는 간접증거(정황증거)와 간접증거가 입증하는 개별사실(간접사실)에 의한 추론에 의해 판단하고, 간접사실에 의한 고의의 추론은 논리와 경험칙에 의한 합리적 판단이어야 한다.[4] 이 추론이 논리와 경험칙에 반하여 불합리한 경우[5]에는 법위반의 상소이유(형사소송법 제361조의5, 제383조 제1호)를 인정할 수 있다.

(2) 고의귀속의 간접사실 고의의 판단인자는 다음 세 가지 유형으로 나눌 수 있다.

- **판단인자 ①** 법익침해 또는 법익위태화의 위험상황에 관련된 간접사실(예: 폭발물의 파괴력, 폭발물과 피해자의 거리, 목 조른 시간, 칼로 찌른 부위 등)
- **판단인자 ②** 위험상황에 대한 행위자의 인식과 관련된 간접사실(예: 위험상황을 행위자가 볼 수 있었는지, 마약 복용여부, 위험상황을 지각할 전문지식 등)
- **판단인자 ③** 위험의 실현을 의욕하는 결정과 관련된 간접사실(예: 위험회피행동, 경제적 궁핍상태, 과거 유사상황에서 행동, 행위자와 피해자의 관계 등)

(3) 고의의 증명 고의는 범죄의 핵심요소이므로 소송법상 엄격한 증명으로 한다(대판 2004도7359). 이 증명에서 "무엇이 관련성이 있는 간접사실에 해당하는지는 정상적인 경험칙에 바탕을 두고 치밀한 관찰력이

다실혈로 사망하였다. ① (대판 2002도4089) "살해의 계획적인 의도나 사망을 희망하거나 목적함이 없어도 사망의 결과가 발생할 가능성에 대한 인식, 즉 사망의 위험에 대한 인식만으로 인정될 수 있다." 乙은 살인죄가 성립한다. ② (評釋) 사망의 발생을 용인하지 않았다면 乙은 상해치사죄, 甲은 상해치사죄의 교사범이 된다.

3 Hassemer, Einführung in die Grundlagen des Strafrechts, Beck, 1990, 183쪽.

4 "범죄의 주관적 요소로 되는 사실은 사물의 성질상 고의와 상당한 관련성이 있는 **간접사실 또는 정황사실을 증명하는 방법**에 의하여 이를 입증할 수밖에 없고, 이때 무엇이 상당한 관련성이 있는 **간접사실 또는 정황사실에 해당하는가는 정상적인 경험칙에 바탕을 두고 치밀한 관찰력이나 분석력에 의하여 사실의 연결상태를 합리적으로 판단하는 방법**에 의하여 판단"한다(대판 2009도5075).

5 가령 어음발행 당시의 변제 무능력이었다는 (판단인자 ③의 하나인) 간접사실 하나만으로 — 쌍방이 자금부족을 알면서 서로 동액의 융통어음을 발행하여 교환한 경우는 제외하고(대판 2001도6570) — 사기고의를 귀속시키는 판례(대판 84도1461; 2007도10416)는 대표적인 예이다.

나 분석력으로 사실의 연결상태를 합리적으로 판단하는 방법에 의하여 판단하여야 한다"(대판 2016도15470). "피고인이 고의적으로 범행한 것이라고 보기에 의심스러운 사정이 병존하고 증거관계 및 경험법칙상 고의적 범행이 아닐 여지를 확실하게 배제할 수 없다면 유죄로 인정할 수 없다. 피고인은 무죄로 추정된다는 것이 헌법상의 원칙이고, 그 추정의 번복은 직접증거가 존재할 경우에 버금가는 정도가 되어야 한다"(대판 2017도1549).[6]

Ⅲ. 고의의 인식적 요소

행위자는 자신의 행위로 불법이 실현되는 위험상황을 '인식'하여야 한다(제13조).

1. 인식사실의 범위

행위자가 인식해야 할 "죄의 성립요소인 사실"(제13조)이란 범죄의 성립요소인 구성요건해당성, 위법성, 책임에 속하는 사실을 가리킨다.

범죄의 성립요소인	사실을	인식	고의(제13조)
㉠ 구성요건	행위주체, 행위객체, 결과, 행위양태	인식 · 의욕	구성요건적 고의(㉠)
㉡ 위법성	정당화상황이 아니라는 사실	인식	불법고의=(㉠+㉡)
㉢ 책임	면책상황이 아니라는 사실	인식	책임고의(㉢)

(1) 구성요건적 고의 구성요건적 고의(Tatbestandsvorsatz)는 객관적 구성요건요소(㉠)에 대한 인식만으로 인정된다. 이 고의 개념은 과실범처벌 규정이 없는 형사정책적 결함을 메우려는 목적, 특히 정당방위상황으로 착각하고 (과실범처벌규정이 없는) 범죄로 정당방위를 한 자(오상방위자)를 고

6 [살인고의 증명] 경제적으로 매우 힘든 甲은 부인 乙을 피보험자로 자신을 수익자로 하는 생명보험에 가입하였다. 甲은 고속도로 주행 중 갓길에 있던 화물차의 후미좌측 부분에 자신의 차 전면 우측 부분을 추돌시켰고 함께 탔던 乙은 사망하였다. 졸음운전사고가 아니고 고의사고라는 확신을 주는 간접증거는 충분하지 않았다. ① (대판 2017도1549) "증오 등 인간관계의 갈등이나 치정 등 乙을 살해할 금전 외적인 이유가 있어서 금전적 이득은 오히려 부차적이거나 적어도 금전 외적인 이유가 금전적 이득에 버금갈 정도라고 인정될 만한" 또는 "가정생활의 기반이 무너지는 것을 감내하고라도 살인을 감행할 만큼 강렬한" 범행유발 동기에 관한 간접사실이 충분하지 않다면 甲에게 살인고의를 인정할 수 없다.

의범으로 취급할 수 있게 한다. 그러나 이는 "죄의 성립요소인 사실"을 피고인에게 불리하게 축소하는 해석(teleologische Reduktion)이다.

(2) 불법고의 고의 개념의 기능(책임의 차등화, 법익보호)이 제대로 발휘되려면 고의범으로 처벌되는 행위자는 불법의 성립요소인 사실, 즉, 구성요건적 사실뿐만 아니라 자신의 행위상황이 (위법성조각사유에 해당하는) '정당화상황이 아니라는 사실'(=정당화상황의 부존재 사실)을 인식하여야 한다. 이를 불법고의라고 부를 수 있다. 오상방위자는 형법규범을 부정한 것이 아니라 사실을 착오하여 실수를 저지른 과실행위자일 뿐이다.

(3) 책임고의 책임요소인 사실, 즉 책임조각사유에 해당하는 상황(예: 강요된 행위상황)이 아니라는 사실에 대한 인식은 심정반가치(Gesinnungs-unwert)를 구성하는 '책임고의'의 내용이다. 책임고의는 없더라도 불법고의가 있는 한 고의범으로 취급된다.

(4) 처벌조건이 되는 사실 처벌조건은 "죄의 성립요소인 사실"이 아니다. **인적처벌조각사유**(예: 제328조의 친족상도례), 소추조건(예: 공소시효 미완성, 친고죄의 고소), 소송조건에 속하는 사실의 인식은 고의의 성립에 필요하지 않다. 예컨대 아버지의 돈을 훔칠 때 그 돈의 주인이 아버지가 아니라는 점에 대한 인식은 절도고의의 내용으로 요구되지 않는다. **객관적 처벌조건**은 불법구성요건을 실질적으로 구성하는 요소이므로 그에 속하는 사실에 대한 인식은 고의의 내용이 된다. 예컨대 뇌물을 받으면서 자신이 "공무원 또는 중재인이 될" 것이라는 미래의 사실에 대한 인식이 있어야 사전수뢰죄(제129조 제2항)의 고의가 인정된다. 실제로 그가 공무원이 되느냐는 처벌을 좌우하는 객관적인 조건일 뿐이다.

2. 인식사실의 구체적 내용

(1) 구성요건요소인 사실 고의는 객관적 구성요건요소인 사실 모두를 인식해야 한다. 행위의 주체(예: 공무원), 행위의 객체(예: 사람, 재물), 구성요건적 결과(예: 사망, 공공의 위험), 행위의 양태(樣態)(예: 기망, 위계)가 이에 해

당한다. 고의는 구체적인 객체에 대해 특정한 방법으로 그 법익을 침해 또는 위태화시키는 의사이므로 실현된 사실이 **행위자의 범죄계획 범위 안에** 있는 것일 때에만 행위자에게 고의를 인정할 수 있다(Roxin의 **행위계획설** Tatplantheorie).

[사실의 착오] 행위자의 인식과 실현된 사실 사이의 불일치를 **사실의 착오**라고 한다. 사실의 착오는 객체의 착오와 방법의 착오, 의도한 범죄와 실현된 범죄가 동가치의 구성요건에 속하는 착오(구체적 착오)와 이질의 구성요건에 속하는 착오(추상적 착오)로 구분된다.

착오	구성요건	사례 ＼ 학설	추상적 부합설	법정적 부합설	구체적 부합설
방법의 착오	추상적 착오 異價値錯誤	[추상적 방법의 착오] 甲이 乙을 향해 총을 쏘았지만 총알이 빗나가 옆에 있던 乙의 개를 즉사시켰다.	살인미수와 재물손괴죄의 상상적 경합	살인미수 (상상적 경합의 과실손괴는 불가벌)	살인미수
객체의 착오		[추상적 객체의 착오] 甲은 乙이 집 문을 열고 나오는 듯하자 乙을 향해 총을 쏘았는데, 乙의 개가 죽었다.	살인미수와 재물손괴죄의 상상적 경합	살인미수 (상상적 경합의 과실손괴 불가벌)	살인미수
방법의 착오	구체적 착오 同價値錯誤	[구체적 방법의 착오] 甲이 乙을 죽이려 乙을 향해 총을 쏘았지만 총알이 빗나가 옆에 있던 丙이 맞아 죽었다.	(丙에 대한) 살인기수	(丙에 대한) 살인기수	살인미수와 과실치사의 상상적 경합
객체의 착오		[구체적 객체의 착오] 甲이 乙을 죽이려고 乙의 등 뒤에서 칼로 내리 찔렀는데, 죽은 사람은 丙이었다.	(丙에 대한) 살인기수	(丙에 대한) 살인기수	살인기수 ▶ 살인미수와 과실치사의 상상적 경합
		[구체적 객체의 착오] 甲은 丙의 돈을 乙의 돈인줄 알고 훔쳤다.	(丙에 대한) 절도기수	(丙에 대한) 절도기수	(丙에 대한) 절도기수

① **추상적 부합설**은 행위자의 인식이 발생한 사실에 추상적으로 부합해도 발생한 사실의 고의기수범을 인정한다. 범죄를 반사회성의 표현으로 보는 주관주의 범죄론의 입장이다. 예컨대 의도한 구성요건과 실현된 구성요건이 질적으로 다른 가치를 가진 경우에도 실현된 (기수)범죄에 대해서도 고의의 재물손괴죄를 귀속시킨다. ② **법정적 부합설**은 행위자의 인식과 발생한 사실이 ― 구체적인 행위객체나 방법은 일치하지 않아도 ― 동일한 구성요건(구성요건부합설) 또는 동일한 죄질(죄질부합설)에 속하면 발생한 사실의 고의기수범을 인정한다. 이를 법정적 부합설이라 부른다.[7] 법정

7 [죄질부합설] 죄질부합설에 의하면 타인 소유의 물건으로 알고 훔쳤으나 점유이탈물이었던 경우처럼 서로 다른 구성요건 사이의 착오에서도 고의와 절도기수를 인정하는 반면, 구성요건부합설에 의하면 절도미수(와 불가벌적인 과실 점유이탈물횡령죄의 상상적 경합)로만 처벌할 수 있다.

적 부합설은 고의를 '구성요건의 불법유형 일반에 대한 것'으로 이해하므로 이(異)가치(추상적) 착오의 유형에서는 실현된 기수범죄에 대해 고의를 인정할 수 없다. 하지만 실현된 기수범죄에 과실범을 인정하고 의도한 범죄의 미수와 — 그 미수범을 처벌하는 규정이 있을 때 — 상상적 경합을 인정한다. 법정적 부합설은 의도한 범죄와 실현된 범죄가 동(同)가치의 구성요건에 속하기만 하면, 의도한 범죄의 객체나 방법과 실현된 범죄의 객체나 방법이 구체적으로 다르더라도 고의기수범을 인정한다. ③ **구체적 부합설**은 고의를 인정하기 위해서는 구성요건의 실현을 추상적으로 인식하는 것(예: 누군가를 죽인다는 인식)으로는 부족하고 구체적인 객체에 대해 구체적인 방법으로 실행행위를 하고 있다는 인식이 필요하다는 입장이다. 이를 구체화설(Konkretisierungstheorie)이라고 부르기도 한다. 구체적 부합설은 고의의 대상을 특정한 구성요건이 아니라 '구체적으로 특정된 객체'로 보기 때문에 범행의 객체로 삼은 그 피해자에게 방법의 착오, 즉 실행의 실패로 결과가 발생하지 않은 경우 고의 미수범만 인정하며, 실현된 결과에 대한 과실범과 상상적 경합을 인정한다. 다만 객체의 착오는 고의의 요소가 아닌 동기의 착오에 불과하므로, 고의귀속에 지장이 없다. ④ **행위계획설**에 의하면 객체의 착오(동기의 착오)에서 범행객체를 잘못 선정하는 과오가 고의의 형성에 개입하고 있기 때문에 적어도 피해법익이 고도로 인격적인 법익(예: 생명, 신체, 자유)인 경우에는 방법의 착오와 똑같이 취급해야 한다.

가중구성요건이나 감경구성요건의 고의는 가중적 또는 감경적 구성요건요소인 사실도 인식해야 한다. 예컨대 존속살인죄(제250조 제2항)의 고의가 인정되려면 행위객체가 자신의 존속임을 인식해야 한다.

1) 가중구성요건요소의 착오 ① 가중구성요건요소인 사실에 대한 착오는 객체의 착오와 방법의 착오, 소극적 착오와 적극적 착오를 결합하면 4가지 유형이 발생한다. 제15조 제1항의 법문언은 가중구성요건요소인 사실을 인식하지 못한 경우를 규율한다. 그 밖의 세 가지 유형은 제13조와 제15조 제1항의 해석을 통해 고의를 귀속시킬 수 있다.

② **감경구성요건요소**(예: 촉탁승낙살인)**의 착오**는 제15조 제1항을 유추적용할 수 있지만, 행위계획설에 의한 고의 귀속이 되는지가 문제된다. 이와 반대의 경우도 마찬가지이다.

이 점에서 죄질부합설은 추상적 부합설에 근접해 있다.

8 甲이 丙이 맞을 가능성을 인식했다면 보통살인의 미필적 고의가 인정되어 존속살인미수와 보통살인기수의 상상적 경합이 성립한다.

착오	유형	학설 / 사례	추상적 부합설	법정적 부합설	구체적 부합설
객체	소극	[가중표지 소극적 객체착오] 甲은 아버지 丙을 친구 乙인줄 알고, 乙의 등 뒤에서 총을 쏘아 죽였다.	보통살인죄와 과실치사의 상상적 경합	**제15조 제1항** 살인죄	**제15조 제1항** 살인죄
	적극	[가중표지 적극적 객체착오] 甲은 친구 丙을 아버지 乙인줄 알고, 등 뒤에서 총을 쏘아 죽였다.	존속살인기수	살인 기수	살인기수 ▶ 존속살인미수와 과실치사의 상상적 경합
방법	소극	[가중표지 소극적 방법착오] 甲은 친구 乙을 죽이려 총을 쏘았는데 그 옆에 있던 부친 丙이 맞아죽었다.	살인기수와 과실치사의 상상적 경합	살인 기수	살인미수와 과실치사의 상상적 경합
	적극	[가중표지 적극적 객체착오] 甲은 아버지 乙을 죽이려 총을 쏘았는데 그 옆에 있던 친구 丙이 맞아 죽었다.	존속살인미수와 살인의 상상적 경합(제15조 제1항 규율반전)	살인 기수	존속살인미수와 과실치사의 상상적 경합[8]

2) 감경구성요건요소의 착오　**감경구성요건요소**(예: 촉탁승낙살인)**의 착오**는 제15조 제1항을 유추적용할 수 있지만, 행위계획설에 의한 고의귀속되는지가 문제된다. 이와 반대의 경우도 마찬가지이다.

[감경구성요건착오]　① 첫째, 甲이 乙이 자신을 죽여달라고 촉탁한 것으로 오인하고 살해하였으나 촉탁한 사실이 없었던 경우에 제15조 제1항을 **유추적용**하면, 甲에게는 보통살인죄가 아니라 촉탁·승낙살인죄가 성립한다. 그러나 **행위계획설**에 의하면 (제13조와 제27조를 유기적으로 해석적용하여) 甲은 촉탁·승낙살인죄의 (불능)미수와 과실치사죄의 상상적 경합범이 된다. ② 둘째, 甲이 乙이 甲에게 자기를 살해해달라는 촉탁을 해놓은 것을 모른 채 乙을 살해하였다. 제15조 제1항을 **유추적용**하면 甲에게는 보통살인죄가 아니라 촉탁·승낙살인죄기수와 살인죄의 불능미수의 상상적 경합이 된다. 그러나 **행위계획설**에 의하면 보통살인죄의 불능미수와 과실치사죄의 상상적 경합이 된다.

(2) **인과관계**　결과범의 경우에 고의를 인정하기 위해서는 행위와 결과 사이의 '과학적으로 엄밀한 인과관계'를 인식할 필요는 없지만 **일상지식으로 파악할 수 있는 인과성**(일상적 인과성)은 인식하여야 한다.

1) 인과과정의 착오　행위자가 예견한 인과과정과 실제로 발생한 인과과정이 서로 어긋난 경우(인과관계의 착오 Kausalitätsirrtum)는 그 어긋남이 '**본질적인 것**'이 아닌 한,[9] 즉 일상생활의 경험과 지식에 비추어 실제로

진행된 인과과정이 그 행위가 초래할 수 있는 사태의 범위 안에 있는 한, 고의는 인정될 수 있다. 물론 인과과정의 어긋남이 고의의 인정에는 영향이 없더라도, **인과관계는** 합법칙적 조건관계('과학적 인과성')와 **객관적 귀속론에 의해 별도로 판단**된다.[10]

2) 개괄적 고의　　개괄적 고의(dolus generalis)는 행위자가 어떤 행위(제1행위)로써 결과를 실현하려고 하였으나 그의 인식과는 달리 그 행위에 연속된 다른 행위(제2행위)로 결과가 실현된 경우이다. 개괄적 고의사례는 **행위가 하나가 아니라 둘 이상**이라는 점에서 인과과정의 착오와 구분된다. 개괄적 고의는 **행위책임원칙과의 조화**가 문제이다.

	판 례	私見
[개괄적 고의와 귀속불가] 甲이 살해하려고 乙을 구타(행위1)하여 죽었다고 생각하고 죄적인멸의 목적으로 매장을 하였는데(행위2) 乙이 그 매장행위에 의해 사망하였다.	살인기수 (대판 88도650) =개괄적 고의설	살인미수+사체유기불능미수+과실치사의 상상적 경합범
[개괄적 고의와 귀속가능] 甲이 乙을 살해하려고 도끼로 몸을 찍어(행위1) 乙의 몸에서 피가 터지자 甲이 피의 광기(Blutrausch)에 빠져 책임무능력상태로 정신없이 乙의 머리를 도끼로 내리찍어(행위2) 乙이 사망하였다	BGHSt7, 325 (살인기수)	살인기수
[개괄적 과실[11]과 결과적가중범] 甲이 乙을 때려 상해하였고, 乙은 실신하였다. 甲은 乙이 죽은 줄 알고 乙을 13m높이의 베란다 밖으로 던졌고 乙은 바닥에 머리를 부딪쳐 즉사하였다.	상해치사 (대판 94도2361) → 포괄일죄설	사체유기불능미수범(+과실치사죄의 상상적 경합)과 상해죄의 경합범

판례(대판 88도650)는 "전 과정을 개괄적으로 보면 피해자의 살해라는 처음에 예견된 사실이 결국 실현된 것으로서 피고인들은 살인죄의 죄책을 면할 수 없다"고 본다(개괄적 고의설). 그러나 私見으로 행위자가 일상적

9 [비본질적 인과과정착오와 고의] 甲이 乙을 익사시키려 乙을 다리 밑으로 떠밀었으나 乙은 교각에 머리가 부딪혀 뇌출혈로 사망하였다. 인과과정의 상위는 비본질적인 것이므로 살인고의가 인정된다. 인과관계도 인정되므로 甲은 살인기수범이 된다.

10 [인과관계착오와 객관적 귀속] 甲이 乙의 머리를 도끼로 때렸는데 乙이 두개골파열로 죽지 않고 주치의 丙의 과실로 발생한 상처의 감염으로 사망하였다. 인과과정의 상위가 비본질적이므로 살인고의가 인정된다. 丙의 의료과실이 개입되었기 때문에 乙의 사망은 甲의 행위에 귀속될 수 없다. 甲은 살인미수범이 된다.

11 [개괄적 과실] 개괄적 고의는 제1행위에 이미 제2행위에 의해 초래된 결과를 발생시킬 수 있는 일반적 적합성이 있는 경우이지만 이 사례에서는 그런 **적합성**이 없기 때문에 개괄적 고의가 될 수 없고, **개괄적 과실**이라고 부를 수 있을 뿐이다. 판례는 '두 개의 행위는 포괄하여 단일의 상해치사죄에 해당한다'고 본다(대판 94도2361).

인 인과성을 인식했다면 (제2행위의 결과에 대한) 고의는 인정될 수 있고, **제2행위가 독자적으로 다른 범죄**(예: 과실범 또는 제1행위와 다른 고의범)를 구성한다면 그 결과는 제1행위의 고의의 영향범위 안에 있다는 점에서 **평가상 '행위단일성'**이 인정되어 제1행위와 제2행위는 상상적 경합범이 된다.

(3) **정당화상황이 아니라는 사실** 형법규범을 부정하는 고의범이 되려면 구성요건적 사실이 실현될 위험상황을 인식할 뿐만 아니라 정당화상황(예: 정당방위상황)이 아니라는 사실을 인식해야 한다(불법고의). 오상방위자(예: 상대방이 자신을 죽이는 줄로 착각하고 상대방을 살해)는 제13조의 "죄의 성립요소인 사실을 인식하지 못한 행위"에 해당하여 고의가 인정될 수 없고 과실범(예: 과실치사죄)으로만 처벌되어야 한다. 정당방위로 사람을 죽이는 자는 형법(제21조 제1항)이 인정하는 권리(**정당방위권**)를 행사하는 것이지 사람을 죽이지 말라는 형법규범을 부정하고 있는 것이 아니기 때문이다.[12]

3. 사실 인식의 의미

고의의 인식대상은 사실이지 규범이 아니다. 사실은 서술적 구성요건요소인 사실뿐만 아니라 규범적 구성요건요소인 사실도 포함한다. 사실의 인식은 **사실을 경험적으로 지각**하는 것뿐만 아니라 그 사실의 **사회적 의미내용을 이해**하는 것도 포함한다.

가령 현주건조물방화죄(제164조 제1항)에서 불을 놓을 건조물을 경험적으로 지각할 뿐만 아니라 그 건조물이 주거에 사용된다는 점을 이해해야 한다. 절도죄(제329조)에서는 재물을 경험적으로 인지하고, 타인의 소유라는 사실을 이해해야 한다.

① 사회적 의미내용의 이해는 행위자가 인식하고 실현하는 사실에 대한 **법적 평가가 아니라** 구성요건적 사실이 **보통사람들의 일상소통에서 갖는 의미**("문외한으로서의 소박한 가치평가"[13])를 가리킨다. 현대사회에서 그런

---

12 [정당화상황 존재사실의 착오] 甲은 원한이 많은 乙을 칼로 찔러 죽였는데, 그 순간 乙은 甲을 총으로 쏘아 죽이려고 했었다. ① 정당화상황 존재의 불인식을 규율하는 명문규정은 없다. ② 甲의 살인고의는 불법고의로서 완전하지만 허용구성요건이 충족되어 불법이 실현되지 못했으므로 제27조(불능미수)를 유추적용하여 형을 감경·면제할 수 있다.

13 독일학계의 영향으로 의미의 인식이란 "문외한으로서의 소박한 가치평가"라고 보기도 하는데(이재상, 형법총론, 박영사, 2008, § 12-12), 다소 비하적인 수사법이어서 적절하지 않다.

의미는 불확실하고 하부문화에 따라 다양할 수 있다.[14] ② 물론 행위자는 자신이 인식하고 실현하는 사실에 대해 법적 평가를 나름대로 가질 수는 있지만 그것은 고의의 내용이 아니라 **위법성의 인식**(불법의식)이다. 행위자가 내린 법적 평가는 법원의 법률해석과 다를 수 있는데, 이는 법률의 착오(제16조)가 될 뿐 고의를 조각시키지 않는다.

Ⅳ. 고의의 의지적 요소

죄의 성립요소인 사실에 대한 인식은 고의의 필요조건이지만 충분조건은 아니다. 고의가 성립하려면 불법의 실현을 **의욕**했어야 한다. 이는 고의의 충분조건이 된다.[15] 여기서 의욕은 의도와 용인을 가리킨다.

(1) 의 도 의도(Absicht)는 불법실현이 행위자가 설정한 행위의 직접적인 목표가 되는 경우(예: 복수살해)를 말한다. 의도를 가진 고의를 **의도적 고의**(intent)라고 부른다. 의도는 행위의 목표로서 개별구성요건에 분명하게 특정한 내용, 즉 목적(범)으로 표현되기도 한다. 예컨대 공문서위조·변조죄(제225조)의 '행사할 목적'은 위·변조행위의 **내부적 목표**로서 **사실상 위·변조고의와 분리되지 않는다**.

[초과주관적 요소로서 목적] 그러나 ① 진정한 의미의 목적범에서 목적은 실행행위를 구성하는 내부적 요소가 아니라 실행행위를 추구하는 그 **행위 밖의 목적**, 즉 초과주관적 요소[16]를 말한다. 예컨대 내란목적살인죄(제88조)에서 국헌문란의 목적은 **살해고의와 별개의 외부적 목적**이다. ② 또한 보통의 고의를 초과하는 고의의 특수한 주관적 내용

---

14 [도주차량죄 고의의 사실인식] 甲은 차를 후진하다 乙을 치었다. 甲은 곧바로 119 신고를 하여 乙을 후송하게 했지만 병원에서 사망했고, 출동한 경찰관들에게 자신이 최초 발견자라고 하면서 현장설명을 하고 자신의 인적사항을 알려준 후 귀가하였다. ① 甲에게 도주차량죄(특정범죄가중법 5조의3 제1항 1호)가 적용되려면 甲은 자신이 사고발생시 조치의무(「도로교통법」 제54조 제1항)를 하지 않고 도주한다는 고의가 있어야 하고, 이 조치의무의 의미에는 사상자구호에 필요한 조치(법 제54조 제1항 제1호) 외에 "피해자나 경찰관 등 교통사고와 관계있는 사람에게 사고 운전자의 신원을 밝히는 것"(대판 2008도8627)(제2호)이 포함되지만 자기부죄금지원칙상 형사사건에서 끝까지 자신이 사고운전자임을 인정하지 않았더라도 甲은 도주고의가 인정될 수 없다(대판 2013도9124).

15 [고의의 본질: 의지설과 인식설] 독일 학계에서 오래전에는 고의의 본질에 관해 의사설(Willenstheorie)과 인식설(Vorstellungstheorie)이 대립했다. 의사설은 행위자가 불법을 실현하려는 의지의 측면에 고의의 본질이 있다고 본 반면, 인식설은 자신이 불법을 실현한다는 행위자의 인식의 측면에 고의의 본질이 있다고 본다.

16 "목적범에서의 목적은 범죄 성립을 위한 초과주관적 위법요소"(대판 2010도1189)이다.

이지만 목적범처럼 구성요건에 명시되어 있지 않은 경우도 있다. 예컨대 절도죄(제329조)의 객관적 구성요건은 타인의 재물을 취거(=점유의 배제와 점유의 취득)해가는 것인데, 절도죄의 고의는 이에 대한 인식과 의욕뿐만 아니라, 해석상 그 재물에 대한 '소유권자의 지위를 지속적으로 배제하고 절취자가 소유권자의 지위를 누린다'(=不法領得)는 인식과 의욕, 즉 **불법영득의사**가 있어야 한다. 배임죄 등의 이득범에서는 재물이 아니라 재산상 이익의 불법적 취득의사가 있어야 하며, 이를 **불법이득의사**라고 부른다.

(2) **용 인** 고의의 의지적 요소로서 의도에는 못 미치지만 규범부정적 태도가 고의범으로 취급할 필요가 있는 의식상태를 **미필적 고의**(dolus eventualis)라고 부른다. 미필적 고의는 인식 있는 과실 개념과 구별짓는 과정에서 개념화되었다. 미필적 고의는 불법실현에 대한 용인(innerlich billigt), 무관심(Gleichgültigkeit), 감수(Abfingung) 회피의사(Vermeidungswille)의 흠결상태를 말한다. 판례는 용인설, 감수설, 회피설, 가능성설, 위험설 등 다양한 미필적 고의를 인정한다.

학 설	대 표 판 례
㉠ 용인설	• 범죄구성요건의 주관적 요소로서의 미필적 고의는 범죄사실의 발생 가능성에 대한 인식이 있고 나아가 범죄사실이 **발생할 위험을 용인하는 내심의 의사**가 있어야 하며, 그 행위자가 범죄사실이 발생할 가능성을 용인하고 있었는지의 여부는 구체적인 사정을 기초로 하여 일반인이라면 당해 범죄사실이 발생할 가능성을 어떻게 평가할 것인가를 고려하면서 행위자의 입장에서 그 심리상태를 추인하여야 한다(대판 2007도1214; 2009도5075).
㉡ 감수설	• 허위사실공표죄(「공직선거법」 제250조 제2항)에서는 공표되어진 사실이 허위라는 것이 구성요건의 내용을 이루는 것이기 때문에, 행위자의 고의의 내용으로서 그 사항이 허위라는 것의 인식이 필요하나 어떠한 소문을 듣고 그 진실성에 강한 **의문을 품고서도 감히** 공표한 경우에는 적어도 미필적 고의가 인정될 수 있다(대결 2001모193).
㉢ 회피설	• 사람들의 겉모습이나 차림새 등에서 청소년이라고 의심할 만한 사정이 있는 때에도 신분증이나 다른 확실한 방법으로 청소년인지 여부를 **확인하지 않고** 혼숙을 허용한 여관업자에게는 이성혼숙(청소년 보호법 위반)에 대한 미필적 고의가 있다(대판 2002도4282; 2001도3295).
㉣ 가능성설	• 살인죄의 고의는 자기의 행위로 인하여 피해자가 **사망할 수도 있다는 사실을 인식, 예견하는 것으로 족하지** 피해자의 사망을 희망하거나 목적으로 할 필요는 없고, 확정적인 고의가 아닌 미필적 고의로도 족한 것이다(대판 2002도4089).
㉤ 위험설	• 살인죄에 있어서의 고의는 타인의 사망의 **결과를 발생시킬 만한 가능 또는 위험이 있음을 인식**하거나 예견하면 족한 것이다(대판 98도980). 따라서 피해자가 피고인을 할퀴고, 피고인의 고환을 잡고 늘어지는 등 피고인을 폭행하자 무술교관출신으로서 급소를 잘 알고 있는 피고인이 무술의 방법으로 피해자의 울대(성대)를 가격하여 피해자를 사망하게 한 경우에 살인의 미필적 고의가 인정된다(대판 2000도2231).

私見으로 가능성이나 위험성에 대한 인식만으로는 미필적 고의를 (인식 있는) 과실과 구별할 수 없고, 회피의사는 결과회피의무를 행위자에게

부과함을 전제하는데, 이는 부진정부작위범(제18조)에게나 요구할 수 있다. 따라서 미필적 고의의 '의미'(Semantik)로는 단지 정서적 의미의 차이가 있을 뿐인 용인설, 감수설, 무관심설이 타당하고 충분하다. 중요한 것은 용인 개념이 어떤 조건 아래서 사용되는가 하는 화용론(Pragmatik)의 차원, 즉 소송에서 어떤 간접사실이 수집되고, 평가되고, 고의 귀속에 사용되는가에 있다. 판례도 "피고인이 범행에 이르게 된 경위, 범행의 동기, 준비된 흉기의 유무·종류·용법, 공격의 부위와 반복성, 사망의 결과발생가능성 정도, 범행 후에 있어서의 결과회피행동의 유무 등 범행 전후의 객관적인 사정을 종합하여 판단"(대판 2000도2231)한다.

[경영판단원칙과 고의] ① 판례에 따르면 "경영상의 판단과 관련하여 기업의 경영자에게 배임의 고의가 있었는지 여부를 판단함에 있어서 **기업의 경영에는** 원천적으로 **위험이 내재**하여 있어서 **경영자가 아무런 개인적인 이익을 취할 의도 없이 선의에 기하여 가능한 범위 내에서 수집된 정보를 바탕으로 기업의 이익에 합치된다는 믿음을 가지고 신중하게 결정**을 내렸다 하더라도 그 예측이 빗나가 기업에 손해가 발생하는 경우가 있을 수 있는바, 이러한 경우에까지 고의에 관한 해석기준을 완화하여 업무상 배임죄의 형사책임을 묻고자 한다면 이는 죄형법정주의의 원칙에 위배되는 것임은 물론이고 정책적인 차원에서 볼 때에도 영업이익의 원천인 기업가 정신을 위축시키는 결과를 낳게 되어 당해 기업뿐만 아니라 사회적으로도 큰 손실이 될 것이므로 … 제반 사정에 비추어 자기 또는 제3자가 재산상 이익을 취득한다는 인식과 본인에게 손해를 가한다는 인식(미필적 인식을 포함)하의 **의도적 행위**임이 인정되는 경우에 한하여 배임죄의 고의를 인정하는 엄격한 해석기준은 유지되어야"(대판 2002도4229)한다. ② 私見으로 경영판단원칙(business judgement rule)은 경영자가 '선의'(in good faith)와 '상당한 주의'(due care)로, 경영판단과 관련한 법률을 위반하지 않고(합법경영 또는 윤리경영의 요청) 그리고 충분한 정보수집과 합리적 근거에 의한 판단(판단합리성의 요청)[17]으로 거래를 하였다면 그로 인해 회사에 손해가 발생하였어도 그에

17 [경영판단과 배임고의] E 보험㈜ 대표 甲은 영업지침에 위배되지만, 다양한 이유로 사업전망이 있다고 판단되었기에, D㈜ 대표 乙이 연대보증한 H㈜의 기술개발융자금에 대한 지급보증을 하였다. 그러나 그 회사는 부도처리 되었고 E㈜는 지급보증액 상당의 손해를 입었다. 지급보증 당시 E㈜의 실무자들은 반대하지 않았고, 甲도 개인적 이익을 얻으려 한 것이 아니었다. ① (대판 2002도4229) 경영판단원칙이 적용되므로 甲은 업무상 배임고의가 인정되지 않는다. ② (評釋) 甲의 경영판단은 영업지침에 위반된 점에서는 절차하자형에, 투자전망의 실패라는 점에선 리스크오류형에 속한다. 절차하자부분인 영업지침 위반은 위법은 아니고, 경영판단원칙의 적용을 배제할 만한 정도가 되지 않는다.

대한 책임을 경영자에게 귀속시킬 수 없다는 것이다. 경영판단원칙은 법적 정의와 경영의 합리성을 서로 소통시키는 **체계간 원칙**(intersystemic principle)으로 기능한다. 경영판단원칙에 의하면 경영자의 배임고의는 미필적 고의로 부족하고 **의도적 고의**가 있어야 한다. 위험발생을 감수하지 않고는 기업의 수익을 창출할 수 없고, 그런 경영결정은 법적으로는 미필적 고의의 내적 의사와 중첩되기 때문이다. 또한 비자금을 조성한 것만으로 횡령죄를 인정하지 않는 판례에 의하고 경영판단원칙을 횡령죄에도 적용한다면[18] 비자금조성 후 (합리적 경영판단에 따라) 그 비자금을 회사를 위하여 사용한 경우에는 (실무상 사용횡령죄의) 횡령고의가 배제된다고 할 수 있다. 경영판단원칙의 또 다른 전제조건으로 '경영자 또는 제3자의 이익이 아니라 **회사의 이익을 위하여** 행해질 것'을 요구하기도 한다.[19] 그러나 경영자 자신의 이익을 위한다는 것은 배임고의의 한 내용인 불법이득의사이므로 전제조건이 되어서는 안 된다.

(3) 체 념 용인보다 낮은 단계의 의지요소로는 체념(Designation)이 있다. 판례는 환자보호자의 의학적 충고에 반한 폭력적인 퇴원요구에 하는 수 없이 응한(D.A.M.A.) 의사는 환자의 사망을 용인한 것이 아닌데도, 살인방조고의를 인정하는(대판 2002도995)[20] 반면 택시회사의 재정위기에서 최저임금법을 위반한 사용자에게 고의를 인정하지 않기도 한다.[21] 체념은 고의의 의지적 요소로서 충분하지 않다.

18 이상돈, 경영판단원칙과 형법, 박영사, 2015, 115쪽.

19 사법연수원, 경제범죄론, 2002, 216쪽.

20 [청소년보호 체념과 고의] 유흥주점업주 甲은 乙을 종업원으로 고용할 때 18세인 乙이 자기 것이라고 제시한 丁의 건강진단결과서에 피검자로 기재되어 있는 주민등록번호를 확인하였다. 乙과 같이 온 성년 丙도 '乙이 丁인 것이 맞다'고 말했다. 甲은 乙이 취업가능연령이라고 판단하고 乙을 고용하였다. ① (대판 2002도2425) 甲의 「청소년보호법」상의 청소년고용죄(제50조 2호)에 관하여 "대상자가 성인이라는 말만 믿고 타인의 건강진단결과서만을 확인한 채 청소년을 청소년유해업소에 고용한 업주에게는 적어도 청소년 고용에 관한 미필적 고의가 있다." ② (評釋) 甲의 연령확인노력을 보면 甲은 乙이 청소년일 가능성을 용인한 것은 아니며 — 만일 그렇지 않았다면 건강진단결과서를 확인하거나 丙의 말을 들어보는 노력도 굳이 하지는 않았을 것임 — 단지 더 많은 노력을 하여 끝까지 乙의 진짜 주민번호를 확인하는 것을 '**체념**'한 것으로 볼 수 있다. 甲은 청소년고용죄고의가 없다.

21 [판례: 최저임금법위반의 고의] 정액사납금제에서 고정급이 최저임금에 미달함을 회피할 의도로 택시회사의 사용자가 노조와 실제 근무형태나 운행시간의 변경 없이 소정근로시간만을 단축하기로 맺은 단체협약은 무효이지만 기존 소정근로시간을 기준으로 계산한 결과 사후적으로 사용자가 최저임금액보다 적은 임금을 지급한 것이 인정된다고 하여 곧바로 사용자에게 최저임금법 위반죄의 고의가 있었다고 단정해서는 안 된다(대판 2015도676).

Ⅴ. 고의의 유형

(1) **의도적 고의 · 직접고의 · 미필적 고의** 고의는 의도적 고의(1급), 직접고의(2급), 미필적 고의(3급)로 분류된다. **의도적 고의**는 고의의 가장 강한 의지적 요소인 의도가 있는 경우에 불법실현의 위험에 대한 인식의 정도는 묻지 않고 인정되는 고의이다. **직접고의**는 불법실현이 '확실함'을 인식한 경우(예: 도끼로 머리를 세게 가격함)에 불법실현의 의지를 묻지 않고 인정하는 고의다.[22] **미필적 고의**는 인식적 요소와 의지적 요소가 모두 약한 형태로, 즉 충분한 가능성(개연성)의 인식과 용인의 의사 형태로 존재하는 고의이다.

私見으로 고의의 3유형론처럼 고의를 등급화하여 양형책임을 차등화한다면 책임원칙을 더 충실하게 실현할 수 있다. 그러나 이론적으로 의도적 고의는 인식의 요소를, 그리고 직접고의는 의지의 요소를 고의의 개념에서 제거한다는 문제점이 있다. 이는 의미론의 차원과 화용론의 차원을 구별하지 못한 데서 비롯된다. 가령 결과발생의 확실성 '인식'은 행위자에게 불법실현의 '의지'가 있음을 추정케 한다.

(2) **확정적 고의와 불확정적 고의** 고의는 확정적 고의(dolus determinatus)와 불확정적 고의(dolus indeterminatus)로 이원화하기도 한다.

확정적 고의	사례	해설
	[확정적 고의] 甲은 나란히 걸어가는 乙, 丙을 향해 두 사람 가운데 누가 맞아도 좋다고 생각하고 총을 쏘았고, 그 중 한 명이 맞아 죽었다.	甲은 택일적 고의가 아니라 乙, 丙 모두에 대해 확정적인 살해 고의를 갖은 것이고, 단지 그 결과의 실현을 우연에 내맡긴 선택을 한 것에 불과하다. 인과관계의 착오에 해당하지 않는다.
	[보충적 고의] 甲은 乙을 살해하거나 중상을 가하기 위해서 총을 쏘았는데, 乙은 중상해를 입었다.	甲은 확정적인 살인고의와 중상해고의를 동시에 갖고 있지만 살인죄와 중상해죄는 보충적인(subsidiär) 관계에 있다. 甲은 살인미수와 중상해의 상상적 경합범이다.

확정적 고의는 불법의 실현을 행위자가 확실히 예견하고 의욕한 경우를 가리킨다. **불확정적 고의**는 불법실현에 대한 인식 또는 예견이 불확실한 경우로서 미필적 고의, 개괄적 고의(dolus generalis), 택일적 고의

22 [지정고의] 지정고의(知情故意)는 구성요건에 "그 情을 알면서"(Wissentlichkeit)라는 표현이 있는 구성요건들 — 증뢰물지정수령죄(제133조 제2항), 위조통화취득후지정행사죄(제210조), 국가보안법상 금품수수죄(제5조 제2항), 회합통신죄(제8조) 등 — 에서 미필적 고의로는 고의범이 될 수 없고, 의도적 고의나 직접고의로만 고의범이 될 수 있다는 이론이다.

(dolus eventualis)가 속한다. **택일적 고의**란 행위자가 특정한 행위를 할 의사를 갖고는 있으나 그 행위를 통해 서로 배타적인 두 개의 구성요건 가운데 어느 하나를 실현하는지를 알지 못한 경우에 인정되는 고의를 말한다. 행위자가 자기의 행위가 외부세계에 초래할 인과적 과정을 완전하게 지배·조종하지 못해 발생하는 인식의 '불확정성'은 고의의 성립을 배제하지 않는다.[23]

	학설 / 사례	私見
택일적 고의	**[택일적 고의1]** 甲은 乙의 휘발유를 사용하면서 그것이 乙의 것인지 아니면 점유이탈물인지를 알지 못했다.	절도죄(제329조) 기수와 점유이탈물횡령죄(제360조 제1항) 미수의 상상적 경합→후자는 불가벌이므로 결국 절도죄가 처단형으로 성립
	[택일적 고의2] 甲은 점유이탈물인 휘발유를 사용하면서 乙의 것인지 아니면 점유이탈물인지를 알지 못했다.	절도죄 미수(제329조, 제342조)와 점유이탈물횡령죄의 상상적 경합

23 확정적 고의와 불확정적 고의의 유형론은 지나치게 인식적 요소의 차원에 편중한다. 이 편중으로 인해 택일적, 개괄적 고의는 의지 요소에서 1급의 강한 고의가 될 수 있는 반면 미필적 고의는 3급의 약한 고의임에도 불확정적 고의라는 한 유형에 묶이게 된다.

§9. 과 실

제14조(과실) 정상적으로 기울여야 할 주의를 게을리하여 죄의 성립요소인 사실을 인식하지 못한 행위는 법률에 특별한 규정이 있는 경우에만 처벌한다.

Ⅰ. 서 론

(1) 개 념 과실이란 "정상적으로 기울여야 할 주의의무를 게을리하여" 구성요건을 실현하는 것(제14조)이다.[1] 과실행위자는 고의범과 달리 구성요건을 실현하려는 '의사'와 형법규범을 부정하는 내적 태도를 갖고 있지 않다는 점에서 법률에 특별한 규정이 있는 경우에만 예외적으로 (고의범보다 가볍게) 처벌된다. 형법상 과실범은 다음과 같다.

	과실범	업무상 과실범	중과실범
침해범	과실치상죄(제266조)	업무상과실치상죄(제268조)	중과실치상죄(제268조)
	과실치사죄(제267조)	업무상과실치사죄(제268조)	중과실치사죄(제268조)
		업무상과실장물죄(제364조)	중과실장물죄(제364조)
위험범	실화죄(제170조)	업무상실화죄(제171조)	중실화죄(제171조)
	과실폭발성물건파열죄(제173조의2 제1항)	업무상과실폭발성물건파열죄(제173조의2 제2항)	중과실폭발성물건파열죄(제173조의2 제2항)
	과실일수죄(제181조)		
	과실교통방해죄(제189조)	업무상과실교통방해죄(제189조)	중과실교통방해죄(제189조)

(2) 과실의 종류 ① **인식 있는 과실**(bewußte Fahrlässigkeit)은 행위자가 주의의무를 위반할 때 구성요건의 실현가능성을 인식한 경우이고, **인식 없는 과실**(unbewußte Fahrlässigkeit)은 인식하지 못한 경우이다. 형법 제14조는 인식 없는 과실만을 규정하지만 인식 있는 과실도 포함한다.[2] 과실의 본질은 **주의의무위반**에 있으므로 위험상황에 대한 인식의 유무는 불법

1 흔히 과실을 주의의무를 위반함으로써 구성요건적 결과가 발생하는 경우로 정의하는데, 이 정의는 구성요건적 결과가 없는 과실위험범에 대해서는 부적절한 개념이다.

2 [판례: 인식 있는 과실과 인식 없는 과실] "과실범에 있어서의 비난가능성의 지적 요소란 결과발생의 가능성에 대한 인식으로서 인식 있는 과실에는 이와 같은 인식이 있고, 인식 없는 과실에는 이에 대한 인식 자체도 없는 경우이나, 전자에 있어서 책임이 발생함은 물론, 후자에 있어서도 그 결과발생을 인식하지 못하였다는 데에 대한 부주의, 즉 규범적 실재로서의 과실책임이 있다"(대판 83도3007).

과 책임의 차이를 가져오지 않는다. 불인식이 더 중한 부주의의 결과일 수도 있고, 더 큰 비난을 받을 수도 있기 때문이다. 위험상황에 대한 인식의 유무는 행위자관련적 양형요소가 아니라 행위관련적 양형요소이며 양형요소로서도 중요한 의미를 지니지 않는다. ② 과실은 **보통의 과실**과 업무상 과실·중과실로 구별되며, 후자가 전자보다 무겁게 처벌된다. **업무상 과실**은 '사람이 사회생활에서 가지는 지위로서 계속적으로 종사하는 사무'에서 요구되는 주의의무를 위반하여 구성요건을 실현한 경우를 말한다. 업무상 과실이 과실보다 무겁게 처벌되는 것은 업무자의 주의능력과 예견가능성, 더 중한 주의의무를 부과할 필요성 등을 종합·고려한 결과이다. **중과실**(Leichtfertigkeit)은 약간의 주의를 기울였더라면 요구되는 주의의무를 위반하지 않았을 경우에 인정된다. 주의의무의 경중은 중과실의 기준이 아니다. ③ 과실은 작위뿐만 아니라 부작위에 의해서도 범할 수 있다. **과실부작위범**에는 좌석안전띠를 매지 않은 채 고속도로를 운행하는 행위(「도로교통법」 제156조 6호)와 같은 과실진정부작위범과 술에 취해 차량진입차단기를 내리지 않아 기차사고를 내어 승객을 다치게 한 행위와 같은 과실부진정부작위범, 즉 망각범(忘却犯)이 있다.

Ⅱ. 과실범의 불법구성요건

과실범의 구성요건에 해당하려면 일반적인 주의의무의 위반이 있고, 구성요건적 결과(법익침해·위태화)가 발생하고, 이 둘 사이에 인과관계(객관적 귀속)가 있어야 한다.

1. 주의의무 위반

(1) 주의의무 과실은 "정상적으로 기울여야 할 주의"(의무)를 게을리 하는(제14조) 것이다. 판례(대판 2008도11921)는 "**결과 발생에 대한 예견 및 회피가능성을 기준으로 삼아 그 결과 발생을 방지하여야 할 주의의무를 인정**"한다. 즉, 과실은 결과예견의무와 결과회피의무의 위반이 된다. 私

見으로 위험사회에서 위험의 발생과 실현은 구조적으로 예측하기 어렵고, 결과발생이 없는 과실범(과실거동범)도 있음을 고려할 때 **과실은 법공동체가**—비록 준수하더라도 결과의 발생이 방지될지는 확실히 알 수는 없지만—**사회구성원 모두에게 지켜줄 것을 기대하는 주의를 게을리 한 것**을 말한다. 이로써 주의의무는 개인의 자유로운 행동의 일반적 한계를 설정하는 기준이 된다.

1) 주의의무의 근거 정상적으로 기울여야 할 주의(의무)는 자동차를 운전할 때 음주해서는 안 되는 의무[3]처럼 각종 **법령**[4](예: 「도로교통법」 제44조 법시행령, 법률시행규칙[5])에 의해 정해진다. 주의의무는 법원이 사회영역에서 사람들이 서로 준수할 것을 신뢰하는 행위규범(사회규범 social norm)을 확인하는 방법에 의해서도 정해진다. 이때 행위규범은 도덕,[6] 윤리와 구분되는 **사회규범**을 가리키며, 전문화된 직업영역에서는 '과학기술적' 행위규범(예: 임상진료지침, 회계감사기준)으로 표현된다. 판례의 "**조리상의 의무**"(대판 2006도3493)는 사회규범의 다른 표현이다.[7] 오늘날 사회규범은 하부문화에 따라 (지역적·직업적으로) 다원화[8]되고 있다. 하부문화인 사회규범

3 주의의무를 설정하는 행위규범은 사회체계(social subsystem)의 기능을 보호하기 위해 권리가 맞대응되어 있지 않은 의무를 부과하는 의무구성요건(Pflichttatbestände)이 대부분이다.

4 [법률상 주의의무] 甲은 일반도로에서 주행 중 우회전할 지점을 지나치자 시간절약을 위해 후진하다가 택시를 잡으려 도로로 불쑥 들어 온 행인 乙과 부딪혔다. 乙은 전치 6주의 상해를 입었고, 甲은 乙을 구호하는 조치를 취하였다. ① 甲은 「도로교통법」 제18조 제1항의 후진금지의무를 위반하여 업무상과실치상죄(제268조)가 성립한다. ② (대판 2010도3436) 일반도로에서 후진은 공소제기가 가능한 과실(교통사고처리법 제3조 제2항 단서 2호 후단: 제62조(횡단 등의 금지)를 위반하여 횡단, 유턴 또는 후진한 경우)에 포함되지 않는다.

5 [시행규칙상 주의의무] 甲은 정지선과 횡단보도 없는 교차로에서 신호등이 황색으로 바뀌자 교차로로 진입하여 乙의 견인차량을 들이받아 乙에게 상해를 입혔다. ① 도로교통법시행규칙 제6조 제2항 [별표 2]는 교차로에 진입하기 전에 황색의 등화로 바뀐 경우 정지선이나 '교차로의 직전'에 차량을 정지할 의무를 둔다. ② (대판 2018도14262) 이 의무는 정지선이나 횡단보도가 없는 경우에도 인정된다. 甲은 교통사고처리법 제3조 제1항이 성립한다.

6 이상돈, 법의 깊이, 법문사, 2018, 336쪽.

7 행정법규의 해석에 따른 주의의무를 사회규범에 따른 주의의무보다 우선시키는 것, 예컨대 "선박충돌에서 법규상 의무인 항행유지선의 발광장치신호의무를 피항선의 피항주의의무보다 무조건 우선하고 중시하여 업무상 과실을 인정하는" 판례(대판 83도2746)는 관헌국가적 사고이다.

8 [지역화된 사회규범] ① 예컨대 수혈을 의사가 첫 혈액봉지만 직접 하고, 두 번째부터 간호사가 하다가 혈액봉지가 바뀌어 환자가 사망한 사건에서 그것이 **병원의 관행이었더라도 과실을 인정하는**(대판 97도2812) 반면, 제왕절개수술 시 산모의 헤모글로빈 수치가 10 이하가 아닐 때에는 충분한 혈액을 준비하지 않는 **관행을 고려하여** 산모의 산후과다출혈 사망사건에서 **과실을 인정하지 않는다**(대판 96도3082). ② 이 상반된 과실판단은 법정책적 결정이다. 이 결정은 환자의 "안전성

은 형사책임의 귀속에서 고려되어야 하지만 보편성의 결핍으로 인해 위법성이나 책임 또는 양형의 단계에서 고려할 수 있다.

2) 주의의무의 표준　과실범의 구성요건요소로서 주의의무위반은 **'사회생활에서 일반적으로 요구되는 주의**(die im Verkehr erforderliche Sorgfalt)**를 게을리'** 하는 것, 즉 **객관적 주의의무위반**이다. 객관적 주의의무위반은 그 사회생활영역에서 '통찰력 있는 사람'(예: 신중한 운전자)이나 **'평균적인 전문인'**(예: 의사, 건축사 등)을 기준으로 판단한다.[9] 어떤 행위자가 갖고 있는 **특수지식**은 과실 판단에 고려한다.[10] 보통의 신중한 운전자가 피할 수 없었던 사고이면, 행위자가 카레이서였더라도 과실이 인정되지는 않는다. 행위자가 평균인의 능력을 갖추지 못한 경우에도 객관적 주의의무위반은 인정된다. 이 주의의무의 위반여부는 엄격한 증명으로 합리적 의심을 남기지 않는 정도로 증명되어야 한다.[11]

(2) **허용된 위험**　위험사회에서는 허용된 위험(erlaubtes Risiko) 법리가 통용된다. 허용된 위험이란 '**사회활동에 수반되는 법익침해의 위험으로서**

을 담보할 수 있는 의료체계를 먼저 갖추"게 하는 목표와 '의료소비자후생의 최대화'라는 법경제학적 목표 및 의료인의 직능을 훼손하고 의료서비스를 위축시키는 형벌의 역기능을 모두 고려하여야 한다.

9 ① 일반적 평균인 "임차인이 … 휴즈콕크를 아무런 조치 없이 제거하고 이사를 간 후 … 주밸브가 열려져 가스가 유입되어 폭발사고가 발생한 경우 … 휴즈콕크를 제거하면 … 대형사고의 가능성이 있다는 것은 **평균인의 관점에서 객관적으로 볼 때 충분히 예견할 수 있다**"(대판 99도5086). ② 평균적 전문인 "의료사고 … 과실의 유무를 판단함에는 **같은 업무와 직무에 종사하는 일반적 보통인의 주의 정도**를 표준으로 … 하며 … 사고 **당시의 일반적인 의학의 수준**과 의료환경 및 조건, 의료행위의 특수성 등이 고려되어야 한다"(대판 2001도3292).

10 [과실판단에서 특수지식] 교사 甲은 학생 乙이 丙을 가해하려하자 乙의 뺨을 때렸고, 乙은 혈우병으로 인해 6주의 상해를 입었다. 甲은 이전에 乙의 엄마로부터 乙이 혈우병 환자임을 들었지만 따귀를 때릴 당시 기억을 하지 못했다. ① (BGHSt 14, 52) 혈우병에 대한 **특수지식을 행위 시점에 인식하지 못했다**는 점에서 甲은 乙의 상해에 대한 과실이 없다. ② (評釋) 甲의 특수지식으로부터 乙이 **혈우병환자임을 행위 당시 기억할 의무**를 인정할 수 있고, 폭행치상죄의 고의와 과실을 인정할 수 있다. 甲이 행위 당시 乙의 혈우병을 기억하지 못한 점은 책임과실(주관적 과실)을 배제한다. 다만 상해는 뺨 때리는 행위에 수반되는 전형적 위험이 아니므로 인과관계(결과적 가중범의 가중적 결과의 직접성)가 부인되고, 甲의 폭행행위는 정당방위이거나 정당행위(교사의 징계권 행사)로서 위법성이 조각된다.

11 [의료과실의 증명] 의사 甲은 乙의 어깨에 주사하였는데, 그 부위에 황색포도상구균이 감염되고 乙은 전치 4주의 상해를 입었다. 甲이 알코올 솜의 미사용·재사용, 오염 주사기 사용 등 비위생적 조치를 했는지에 대해서는 합리적 의심이 남아 있다. ① (대판 2022도11163) 의료과실은 "같은 업무·직무에 종사하는 **일반적 평균인**의 주의 정도를 표준으로 하여 사고 당시의 일반적 의학의 수준과 의료 환경 및 조건, 의료행위의 특수성 등을 고려하여" 판단하고, "엄격한 증명에 따라 합리적 의심의 여지가 없을 정도로 증명이 이루어져야 한다."

사회적으로 승인된 것'[12]을 가리킨다. 허용된 위험의 법리가 없다면, 과학기술을 이용하는 현대적 삶은 가능하지 않다. 그렇기에 허용된 위험을 감수하는 행위는 사회적 상당성(soziale Adäquanz)이 있는 행위로서 **과실행위에서 배제**된다. 이 배제의 과정은 세 단계로 진행된다. ① 주의의무를 '합리적'으로 설정하기 위해 어떤 행위가 창출하는 위험들을 귀납적 방법에 의해[13] '과학적'으로 분석하고, 어떤 위험을 사회적으로 허용된 위험으로 볼 지를 '정책적'으로 결정한다. ② 피고인의 행위가 실현한 구성요건적 결과가 허용된 위험의 범위 안에 있는지를 판단한다. ③ 이 판단에 따라 행위의 주의의무위반 여부를 판단한다.[14]

(3) **신뢰원칙**　신뢰원칙(Vertrauensprinzip)은 사회적 교류에서 요구되는 행위규범을 준수하는 한, 그 교류의 **상대방도 준수한다고 신뢰**하고 상대방의 **행위규범위반에 대한 방어조치를 취할 주의의무가 없으며,** 과실여부도 이를 전제로 판단된다는 것이다. 신뢰원칙은 개인에게 준수할 것을 (법공동체가) 기대하는 **주의의무를 제한**하는 기능을 한다. 신뢰원칙은 허용된 위험 법리의 구체화이면서, 주의의무의 대칭적 분배와 그 준수의 상호적 기대라는 법의 도덕률이다.

[신뢰원칙의 연혁]　신뢰원칙은 도로교통에서 차가 많아지고, 사고가 빈번해지고, 교

---

12 [허용된 위험의 법리에 대한 오해]　예컨대 **임상진료지침**에 적합하게 수술하였지만 환자가 이례적으로 사망하는 경우 그 사망은 허용된 위험의 결과이다. 그런데 허용된 위험을 '**주의의무를 준수함에도 발생하는 법익침해의 위험**'이라고 정의하면, 그처럼 임상진료지침을 준수했어도 행위자가 준수하지 못한 더 높은 수준의 (최선진료) 주의의무를 말함으로써 과실을 인정할 수 있게 된다. 이는 허용된 위험 법리의 취지에 반한다.

13 허용된 위험을 결정하는 방법은 귀납적이다. ① 일단 개인에게 준수를 일반적으로 기대할 수 있는 의무를 가설적으로 정하고, ② 그런 의무를 준수하지 않을 경우에 구성요건적 결과가 발생할 확률을 통계학적으로 산출해낸 다음, ③ 그런 의무의 준수에 드는 개인적·사회적 총비용과 그 행위가 초래할 것으로 예측되는 결과(법익침해)의 총가치를 비교형량하는 방법(법경제학적 방법)이다.

14 [허용된 위험의 결정]　산부인과 전문의 甲은 乙의 난소종양수술에 앞서 소변 간기능검사를 하고, 이상이 없자 혈청 간기능검사를 하지 않은 채 간기능에 이상이 없다고 판단하고, 할로테인 전신마취를 하였다. 乙은 그 부작용으로 인한 간 급성혼수로 사망하였다. ① (대판 90도694) 甲의 과실은 인정되지만 인과관계가 증명되지 않았다. ② (評釋) 성과 없는 혈청검사결과에 보험수가가 인정되지 않았던 당시에 무조건인 혈청검사에 대한 기대가능성, 간기능이상 시 할로테인으로 인한 간 급성혼수의 통계적 확률(예: 0.0015%), 혈청간기능검사를 의무화할 경우 증가되는 환자와 병원의 비용부담, 할로테인 대체 마취제의 비용부담과 다른 부작용 등을 비교형량해보면, 甲의 행위가 초래한 위험은 허용된 위험으로 볼 수 있고, 따라서 甲에게 과실을 인정할 수 없다.

통의 안전과 원활을 도모하는 교통인프라도 구축되고 교통법규의 준수에 대한 기대도 커짐에 따라 확립되었다. 독일에서는 1935년(RGSt 70, 71)부터, 한국에서는 1970년(효시가 된 대판 70도176)[15]부터 인정되기 시작했다. 오늘날 신뢰원칙의 적용영역은 의료영역에 확대되고 있다.

1) 도로교통과 신뢰원칙 교통규칙을 준수하는 운전자는 다른 교통참여자가 교통규칙을 준수할 것으로 신뢰해도 되고, 교통규칙을 위반하여 행동할 것에 대비한 조치를 취할 의무가 없다. 판례는 자동차와 자동차 사이, 자동차와 자전거 사이, 그리고 자동차와 보행자 사이의 교통사고에 대하여 신뢰원칙을 차등적으로 적용해왔지만 현재는 지속적으로 그 적용범위를 넓혀 차등을 줄이고 있다. ① 운전자 신뢰원칙을 원용할 수 있기 위해서 **스스로 교통법규를 준수**하여야 한다. 예컨대 중앙선을 침범하여 운행하다 사고를 낸 운전자는 그 사고피해자가 과속하지 않았다면 사고가 나지 않았다고 하여 무과실을 주장할 수 없다. **운전자가** 법규를 위반하면 신뢰원칙은 배제되지만, 그 배제는 **법규위반과 관련한 사고에 국한된다.**[16] 이를 **신뢰원칙의 사항적 배제**라고 한다. ② 일반적으로는 신뢰원칙이 적용되는 영역이지만 다음과 같은 특별한 사정이 있는 때에는 **신뢰원칙이 예외적으로 배제**된다.

- 첫째, 다른 교통참여자의 **교통규칙 위반을 이미 인식한 운전자**는 그 다른 교통참여자의 적법행위를 신뢰해서는 안 된다.[17] 하지만 타인의 교통법규위반을 인식한 것이 아니라 '인식을 기대할 수 있었던 때'에도 신뢰원칙이 배제된다고 보아서는 안 된다. 그렇게 되면 '주의의무의 대칭적 분배와 그 준수의 상호적 기대'라는 도덕률이 깨지고, 신뢰원칙과 책임원칙도 위태로워질 수 있기 때문이다.

---

15 "같은 방향으로 달려오는 후방차량이 교통법규를 준수하여 진행할 것이라고 신뢰하며 우측전방에 진행 중인 손수레를 피하여 자동차를 진행하는 운전수로서는 위 손수레를 피하기 위하여 중앙선을 약간 침범하였다 하더라도 … 후방에서 오는 차량의 동정을 살펴 그 차량이 무모하게 추월함으로써 야기될지도 모르는 사고를 미연에 방지하여야 할 주의의무까지 있다고는 볼 수 없다."

16 [법규위반과 신뢰원칙배제] 甲이 시내도로에서 시속 100km로 운전하다가 중앙선을 넘어 오는 乙의 차량과 추돌하여 乙을 사망하게 하였다. 중앙선을 침범한 乙의 사망에 대해 甲은 과실이 인정되지 않는다. 甲은 과속운전을 하였어도 중앙선 준수에 관해서는 다른 교통자를 여전히 신뢰할 수 있다.

17 예컨대 다른 운전자가 중앙선을 넘어오는 것을 본 운전자는 더 이상 그 운전자가 중앙선을 넘어오지 않을 것이라고 신뢰할 수 없다. 따라서 중앙선을 침범해 운전하고 있다는 것을 염두에 두고 사고방지를 위한 조치를 취해야 하고, 그렇지 않으면 과실이 인정된다.

- 둘째, 다른 교통참여자가 교통법규를 알 수 있는 능력이 없거나 법규준수를 기대할 수 없는 **특수사정**이 있는 경우 신뢰원칙은 배제된다. **노약자**(유아, 노인, 술 취한 사람, 신체장애자 등)의 교통법규준수를 신뢰해서는 안 된다. 따라서 초등학교 앞을 지날 때 운전자는 무조건 서행해야 한다. ② **축제행렬참가자**나 **버스정류장이용자**도 그 행위상황의 특수성(예: 격정)으로 인해 교통법규를 준수할 것으로 신뢰해서는 안 된다. ③ **사고다발지역**으로 표시된 곳에서도 신뢰원칙이 배제된다.

2) 신뢰원칙과 의료분업 오늘날 고도로 발달된 의료는 분업적으로 이루어지며 이에 따라 주의의무의 분배와 그 준수에 대한 상호적 신뢰를 필요로 한다.[18] 그런 신뢰가 없다면, 현대의 전문화된 첨단의료는 거의 불가능하기 때문이다. 분업은 두 가지로 분류된다.

- **수평적 의료분업**(horizontale Arbeitsteilung) 마취전문의가 마취하고 신경외과전문의가 뇌수술을 하는 바와 같은 '전문의와 전문의' 사이의 분업
- **수직적 의료분업**(vertikale Arbeitsteilung) 외과전문의가 수술하고 수련의가 봉합하는 것처럼 '전문의와 수련의' 그리고 수술 후 환자를 살피는 수련의가 간호사에게 야간 활력체크를 하게 하는 것처럼 '의사와 간호(조무)사' 사이의 분업[19]

판례는 수평적 의료분업에 신뢰원칙을 적용하는 반면 수직적 의료분업에는 제한적으로 적용한다.[20]

① **수평적 의료분업**에서 신뢰원칙은 **의료업무의 분할과 주의의무의 분할**을 가져온다. 마취과전문의는 마취업무와 그에 필요한 주의를 다할 의무를 지고, 외과전문의는 수술업무와 그에 필요한 주의를 다할 의무를

18 [약화사고와 신뢰원칙] 약사 甲은 H 제약사로부터 제산제를 구입하여 그 표시 포장에 검인이 있고 유효기간 내임도 확인한 후 감기환자 乙에게 주었다. 이를 복용한 乙은 제산제(탄산칼슘)에 포함된 극약성분(탄산바륨) 때문에 사망하였다. ① (대판 74도2046) 甲은 그 "제품에 의한 사고가 발생한 것이 널리 알려져 의약품의 사용을 피할 수 있었던 특별한 사정이 없는 한 효능시험까지 해야 할 주의의무는 없는 것으로 **그 표시를 신뢰하고 약을 사용한 점에 과실이 있다고 할 수 없다.**" ② H는 「제조물 책임법」에 의해 면책사유(제4조)를 입증하지 못하는 한 손해배상책임을 진다(제3조).

19 [협업과 신뢰원칙] 의료분업과 구별되는 **협업**, 즉 의료인과 이웃직역의 비의료인(예: 이비인후과전문의와 음성치료사, 신경정신과전문의와 심리상담사, 피부과전문의와 피부관리사) 사이의 협동적 업무수행이 합법화된다면 신뢰원칙도 함께 적용될 것이다.

20 [간호사의 활력체크위임과 의사의 주의의무] 간호사 甲은 급성장염과 심근경색으로 입원한 乙에게 임의로 진통제와 신경안정제를 투여하였고, 당직의 丙이 乙의 상태를 확인한 뒤 04:20경부터 07:00경까지 乙의 몸에 반점이 생기고 심장박동수가 계속 떨어지는 데도 丙에게 알리지 않았다. 乙은 07:10경 사망하였다. ① (대판 2006도294) 甲은 업무상 과실치사죄가 성립하고, 丙은 과실이 없다. 이는 신뢰원칙을 적용한 결과이다.

진다. 그러므로 주의의무의 분할을 통해 사고가 일어난 업무영역의 의료인에게만 과실이 인정되고, 다른 업무를 담당한 의료인은 그 업무에 필요한 주의를 다하는 한 과실이 인정되지 않는다.

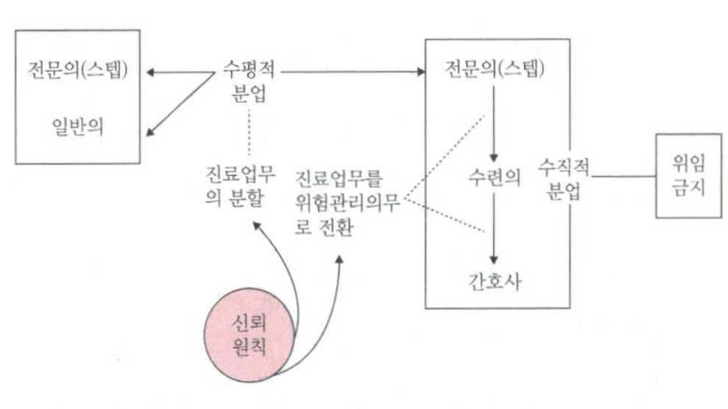

② **수직적 의료분업**에서 신뢰원칙은 **의료업무와 주의의무를 분할하되 위임자의 주의의무를 위험관리의무**로 전환시킨다. 위험관리의무는 수임자(하급의료인)의 업무수행자격(예: 간호사 자격) 확인의무, 그 구체적인 업무수행능력(예: 과로상태여부) 심사의무, 수직적 분업이 금지된 의료위임인지(예: 간호사의 수혈[21])에 대한 숙고의무, 하급의료인의 업무에 대한 감독의무를 포함한다. 예컨대 입원환자에 대한 조제·투약을 간호사에게 위임하는 의사는 "구체적이고 즉각적인 지휘·감독"(대판 2006도4418) 의무가 있다.

수직적 의료분업에서 안전관리의무를 지는 의료인은 **안전보증인**이 되고, 수임의료인이 **보호보증인**이 된다. 감독의무위반은 수임의료인의 업무상 과실범에 대한 종범이 되지만,[22] 감독의무위반이 과실에 의한 경우라면 처벌가치가 없어 종범이 성립하지 않는다.

21 [수혈위임금지] 인턴 甲은 수련의 乙을 보좌하여 환자 X에 대한 수혈업무를 맡았다. 甲은 첫 혈액봉지만 하고 두 번째 봉지부터 간호사 丙에게 맡기고 밖으로 나갔다. 丙은 혈액봉지라벨을 확인하지 않고 Y를 위한 A형의 혈액봉지를 B형인 X에게 수혈하였다. X는 급성용혈성 수혈부작용으로 사망하였다. ① (대판 97도2812) "의사가 **간호사를 지도·감독할 주의의무를 소홀히 한 채** 만연히 간호사를 신뢰하여 간호사에게 당해 의료행위를 일임"하였다면 **과실책임**을 면할 수 없다. ② (評釋) 甲이 위반한 것은 감독의무가 아니라 수혈위임금지이다. 이 금지가 임상현실의 필요성에 의해 굴절되어서는 안 된다는 주장도 있으나 임상현실에서 준수가 일반적으로 기대가능한 의무가 아니므로 신뢰원칙을 적용해야 한다.

22 [간호사감독의무 위반의 종범] 수련의 甲은 갑상선암전절제술을 받고 부종과 호흡곤란이 있는 X에 대해 간호사 乙에게 22:30부터 2시간마다 활력체크를 하고, X의 상태가 나빠지면 즉시 자신에게 연락하라고 지시하고 당직실에서 잠을 잤다. 乙은 활력체크를 3:00에 1회 하였고 甲이 7:00 乙에게 전화했을 때도 이상이 없다고 말했으며 6:00 및 7:30 환자보호자의 요청에도 그냥 퇴근하였다. 7:30 乙과 교대한 간호사 丙도 X를 활력체크 하지 않았고 8:30 환자보호자의 요청에도 甲을 부르지 않았다. 9:00 X는 복도로 뛰쳐나와 쓰러졌고 甲이 급히 기도삽관을 하였으나 식물인간이 되었다. ① (대판 93도3030) 甲, 乙, 丙은 업무상 과실치상의 공동정범이다. ② (評釋) 7시 乙에게 한 차례 전화를 걸었어도 甲이 감독의무를 위반했다고 본다면, 甲은 乙과 丙의 업무상 과실치상죄에 대한 편면적 종범이지만 과실에 '의한' 방조라는 점에서 처벌가치가 없다.

2. 결과발생과 인과관계

과실범의 구성요건이 충족되려면 과실로 인하여 법익이 침해되었거나 침해의 위험이 구체적으로 발생하였어야 한다. ① 판례에 따르면 과실과 구성요건적 결과발생 사이에 **상당인과관계**가 있어야 한다.[23] 상당인과관계는 객관적 예견 및 회피가능성을 내용으로 한다. 판례는 과실개념도 결과발생의 예견 및 회피의무의 위반으로 보므로, 객관적 예견가능성의 판단은 과실 판단과 객관적 귀속(객관적 지배가능성) 판단을 동시에 수행한다. ② 그러나 위험사회에서 예견가능성 중심의 과실범논증은 과실을 인정하는 실질적인 근거를 은폐하기 쉽게 만들고, 예견가능성이 없어 '과실이 없다'고 하거나 '인과관계가 없다'고 하는 식으로 과실범판단의 논증장소도 자의적으로 선택할 수 있게 만든다. 인과관계는 합법칙적 조건관계와 객관적 귀속이론으로 판단하는 것이 현대사회의 복잡성에 더 적절하다. **합법칙적 조건관계**는 과실행위가 구성요건적 결과를 발생시켰다는 점이 과학적인 경험법칙에 의해 확인되는 경우에 인정된다. 그러나 합법칙적 조건관계의 유무가 확실하게 밝혀지지 않는 경우[24] 과실행위가 결과발생의 위험을 과학적·통계적으로 어느 정도 증가시키는지, 또한 어느 정도 증가시켜야 인과관계를 인정할 수 있는가 하는 문제, 즉 주의의무위반관련성의 문제로 이어진다. 이 **합법칙적 조건관계의 과학적 엄밀성** 요구는 **전문형법마다 차등화**시킬 수도 있다. 가령 주의의무를 준

---

23 [상당인과관계의 실무] 상당인과관계는 행위와 결과 사이의 상당한 연관성을 판단하는 것이지만, 발생의 조건들 가운데 **상당한 조건**(**'결정적 원인'**, **'중요한 원인'**)을 선별하기도 한다. 예컨대 버스가 주행하던 산악도로의 가장자리가 주저앉으면서 언덕 아래로 떨어져 승객이 사상을 입은 경우, 수사는 결과로부터 인과관계를 거꾸로, 즉 <사망→버스전복→도로침하→버스의 도로가장자리 주행→버스 운행>의 과정으로 올라가면서 가장 중요한 사실, 즉 도로침하를 선택하고 이를 초래한 원인들, 도로관리부실, 버스의 적재인원초과에 의한 과하중, 게릴라성 폭우 등 가운데 가장 유력한 원인을 선택하여 결과를 그 원인을 가져온 행위에 귀속시킨다.

24 [과실행위의 합법칙성] 乙은 양쪽 뒷바퀴에 받침돌만 고여 삼륜차를 경사진 포장도로에 세워두었고, 甲이 한쪽 뒷바퀴를 구둣발로 찼는데, 삼륜차가 후진하여 丙을 사망하게 하였다. ① (대판 70도1526) 甲의 행위와 丙의 사망 사이에는 상당한 인과관계가 없다. ② (評釋) 甲의 행위가 삼륜차를 후진시킨다는 것이 보편적인 법칙적 경험임이 입증되면, 丙의 사망은 乙의 과실에만 귀속된다. 乙의 주차행위와 甲의 행위가 결합하여 삼륜차가 후진했다는 점이 확실하게 밝혀진다면, 甲과 乙은 업무상 과실치사의 공동정범이 된다. 甲의 행위로 인해 후진할 가능성이 증가한 경우에는 위험증대설에 의해 사망을 甲의 행위에 귀속할 수 있다.

수하는 행위(적법한 대체행위)를 하였더라도 마찬가지로 결과가 발생하였을지 여부가 '불확실'한 적법한 대체행위[25]의 사례군 가운데 질병의 치료라는 선을 행하다 빚어진 의료사고는 무죄추정설에 따라 인과관계를 부인하고,[26] 산업안전보건이 중요한 노동영역사고는 위험증대설에 따라 인과관계를 긍정하는 것이다. 또한 발생결과는 행위자가 법적으로 허용되지 않는 위험을 창출하고 그 위험은 (제3자의 책임영역[27]이 아니라) 규범의 보호범위 안에서[28] 실현된 것이어야 한다.

Ⅲ. 과실범의 위법성과 책임

1. 과실범의 위법성

과실범도 구성요건이 실현되면 위법성은 추정되고, 정당행위, 정당방위, 긴급피난, 피해자승낙, 자구행위의 위법성조각사유가 존재하면 위법성 추정이 깨지고 과실행위가 정당화되는 것은 고의범과 같다. 그러나 고의범과 달리 과실범의 위법성조각에는 (주관적) **'정당화의사'가 요구되지 않는다.** 과실범은 **정당화의사로 상쇄되어야 할 고의**(규범을 부정하는 내적 의사)**가 없기** 때문이다. 따라서 과실범의 경우는 '객관적으로 정당화상황'(=위법성조각사유의 전제사실들)이 존재하면 과실범의 행위불법은 최종적으

25 [적법한 대체행위] 사업주 甲은 종업원 乙에게 법정소독을 하지 않은 중국산 염소털로 의류제조작업을 하게 하였는데, 乙이 털에 있던 비탈저균에 감염되어 사망하였다. ① (RGSt 63, 211) 甲이 **적법한 행위를 하였어도 결과가 발생하였을 가능성**이 있는 한 인과관계는 인정할 수 없다.

26 이상돈, 의료형법, 법문사, 1998, 145쪽.

27 [제3자의 책임영역에서 결과발생] 운전수 甲은 시동을 끄고 자동차 키를 꽂아둔 채로 하차하였는데, 그 사이 조수 乙이 자동차를 몰다가 丙을 사망하게 하였다. ① (대판 71도1082) 甲의 행위와 丙의 사망 사이에는 상당인과관계가 없다. ② 甲에게는 자동차 키를 제대로 관리하지 못한 과실이 인정되나 乙이 야기한 상해는 乙이 甲의 키를 사용하여 차를 모는 순간부터 乙(제3자)의 책임영역(Verantwortungsbereich)에 들어갔기 때문에 乙의 과실로만 귀속된다.

28 [보호목적 의 안과 밖] 甲은 운전학원을 이틀 다닌 乙에게 차가 드문 국도에서 운전해보라고 하였고, 乙은 차를 몰다 행인 丙을 사망하게 하였다. ① 甲은 乙의 업무상 과실치사죄와 무면허운전죄(도로교통법 제152조 제1항 1호)에 대해 공동정범이 된다. 丙의 사망은 무면허운전금지규정(제43조)의 **보호목적 안**에서 발생한 결과이므로 甲의 과실에도 귀속될 수 있기 때문이다. ② 이에 반해 乙이 무면허이지만 운전을 잘했고, 乙이 甲과의 약속을 어기고 술을 마시고 운전을 하다가 丙을 사망하게 한 경우라면 甲은 제33조의 "신분관계가 없는 자"에 '소극적 신분'도 포함된다고 보면 무면허운전죄의 공동정범이 되지만 병의 사망은 무면허운전금지규정의 **보호목적 밖**, 즉 乙의 음주운전에 의해 발생하였기 때문에 甲의 과실에 귀속시킬 수 없다.

로 제거된다. 정당화상황의 존재여부는 과실범에게는 우연적인 것이므로 과실범의 위법성 조각은 **처벌의 당위성**을 탈락하는 것이 아니라 **형벌의 필요성**(Strafbedürftigkeit)을 탈락시킬 뿐이다.[29]

[과실범의 정당행위] 경찰관 甲은 자동차를 몰다 오토바이와 충돌하여 乙을 다치게 하여 응급후송시켰는데, 乙이 수배중인 살인피의자임을 알고 병원에서 체포하였다.

[과실범의 정당방위] 운동화 끈을 묶느라 몸을 굽힌 甲을 乙이 뒤에서 강제로 안으려는 순간 甲이 몸을 갑자기 일으켜 머리로 乙의 코뼈를 부러뜨렸다.

[과실범의 긴급피난] 심장마비 증세의 아버지 乙을 응급후송하려고 아들 甲이 과속으로 자동차를 몰다 丙의 자동차를 들이받아 丙에게 상해를 입혔다.

정당화상황 속에서 고의로 구성요건을 실현하였지만, 정당화되지 않는 과잉행위가 과실로 이루어진 경우(예: 강간을 모면하려고 칼로 팔을 찔렀으나 가슴을 찔러 사망하게 함)는 과실범이 아니라 결과적 가중범(예: 상해치사죄)의 위법성조각이 문제된다.

2. 책 임

과실범의 책임은 책임능력과 불법의식과 (다수설에 의하면) 기대가능성, 그리고 책임과실을 필요로 한다. 다만 과실범의 불법의식은 현실적인 것이 아니라 잠재적인 것이다. 과실범이 성립하려면 구성요건적 과실 이외에 **책임과실**이 필요하다(과실의 이중적 지위). 책임과실인 **주관적인 주의의무 위반**은 주관적 주의의무가 객관적으로 확정된 다음, 행위자가 그 의무를 위반했는가를 판단하는 것이 아니라, 행위자가 이행하지 않았지만 행위자가 그의 능력을 고려할 때 행위 당시 이행했을 것이 기대되는 주의의무를 어떻게 설정하느냐에 좌우된다. 따라서 책임과실은 '**행위자 개인에게 준수할 것을 기대할 수 있는 주의**(individuelle Sorgfalt)**를 게을리** 한 것이 된다.[30]

29 과실범죄에서 정당화상황이 존재하는 때란 애당초 법률이 주의의무를 부과할 수 없는 경우이고 그 행위에 의해 발생한 결과는 '허용된 위험'이라고 보는 이정원, "과실범과 위법성조각사유", 고시계, 8월호, 2002, 29쪽. 그러나 이는 과실범규정의 경고기능이 약화시킬 수 있다.

30 예컨대 야근으로 인한 피로로 주의력이 떨어진 채 자기 집의 무너진 담장을 쌓다가 부주의로 벽돌담을 넘어뜨려 지나가던 행인을 다치게 한 경우, 주관적 주의의무위반이 없으므로 형법상 과실치상죄는 성립하지 않지만, 민법상 불법행위책임은 객관적 주의의무위반만으로 성립한다.

다만 일정한 사회영역(예: 운전, 의료)에 참여함으로써 이익을 얻는 경우에는 그 참여에 필요한 평균적인 능력을 갖출 것이 요구된다. 이를 **인수책임**(Übernahmeverschulden)이라고 한다. 따라서 그런 능력을 갖추지 못하여 주관적 과실이 없다고 말할 수 있는 경우에도 책임과실은 인정된다. 가령 운전면허 소지자는 운전미숙을 이유로 무과실이나 면책을 주장할 수 없고, 성형수술사고를 낸 일반의는 전문의의 능력이 없다는 이유로 무과실이나 면책을 주장할 수 없다.

Ⅳ. 과실범의 미수와 공범

과실범의 미수는 일반적으로 인정되지 않는다. 결과발생은 과실범의 객관적 처벌조건이 아니라 불법을 구성하는 필수요소이기 때문이다. 다만 과실미수범은 매우 예외적인 경우(특히 많은 사람의 생명과 직결되는 위험영역)에 '정책적'으로 입법될 수는 있다. **과실에 의한 공동정범**은 성립가능하다(판례). 통설은 과실에 의한 공범(교사범, 종범)은 불가능하다고 보지만 **과실에 의한 교사범**은 이론적으로 성립할 수 있고, **과실에 의한 종범**은 처벌가치가 없다는 점에서 인정할 수 없다.

§10. 결과적 가중범

제15조(사실의 착오) ② 결과 때문에 형이 무거워지는 죄의 경우에 그 결과의 발생을 예견할 수 없었을 때에는 무거운 죄로 벌하지 아니한다.

Ⅰ. 서 론

1. 결과적 가중범의 의의

결과적 가중범(erfolgsqualisierte Delikte)은 고의의 기본범죄에 의하여 행위자가 **기획하지 않았던 결과**가 발생하여 기본범죄에 비해 형이 가중되는 범죄이다. 기획하지 않은 결과란 기본범죄의 기획에 포함되지 않은 결과로서 기본범죄의 고의와는 별개의 귀책사유(고의·과실)에 의해 실현되는 결과이다.

(1) 진정결과적 가중범과 부진정결과적 가중범 ① 폭행을 기획했는데, 실수로 급소를 때려 폭행피해자가 사망한 경우와 같이 기획된 범죄(기본범죄)는 고의범인데 과실로 새로운 법익침해(또는 위태화)가 일어난 경우를 **진정결과적 가중범**이라고 한다. ② 사람을 살해할 의사로 주택에 불을 놓아, 그 안에 있던 사람이 타 죽은 경우처럼 가중적 결과가 고의에 의해 실현된 경우를 **부진정결과적 가중범**이라고 한다.[3]

진정결과적 가중범	부진정결과적 가중범
• 상해치사죄(제259조)	• 특수공무방해치사상죄(제144조 제2항)
• 폭행치사상죄(제262조)	• 현주건조물방화치사상죄(제164조제2항)
• 낙태치상죄(제269조 제3항) • 낙태치사죄(제270조 제3항)	• 교통방해치사상죄(제188조)
• 유기치사·상죄(제275조)	• 현주건조물일수치상죄(제177조 제2항)
• 체포감금치사상죄(제281조)	**위험결과적 가중범**
• 강간치상죄(제301조) • 강간치사죄(제301조의2)[1]	• 중상해죄(제258조)[2] • 중유기죄(제271조 제3, 4항) • 중권리행사방해죄(제326조) • 중손괴죄(제368조)
• 인질치상죄(제324조의3) • 인질치사죄(제324조의4)	
• 강도치상죄(제337조) • 강도치사죄(제338조)	

1 1995년 형법개정으로 강간상해죄(제301조)와 강간살인죄(제301조의2)가 신설되기 이전 판례는 강간치사죄를 부진정결과적 가중범으로 해석한 바 있다(대판 90도670).

2 중상해죄를 결과적 가중범이 아니라고 보기도 하지만 중상해죄는 결과책임이 아니고 미수범규정이 없는 점에서 결과적 가중범으로 본다.

3 현주건조물방화죄는 건조물에 어떤 사람이 존재할 가능성이 높으므로 미필적 살인고의가 인정되기 쉽고 그렇다면 현주건조물방화치사죄가 빈번하게 적용되면 현주건조물방화죄의 독자성이 상실

"기본범죄를 통하여 고의로 중한 결과를 발생하게 한 경우에 가중 처벌하는 부진정 결과적 가중범에 있어서, 고의로 중한 결과를 발생하게 한 행위가 별도의 구성요건에 해당하고 그 고의범에 대하여 결과적가중범에 정한 형보다 더 무겁게 처벌하는 규정이 있는 경우에는 그 고의범과 결과적가중범이 상상적 경합관계에 있다고 보아야 할 것이지만(대판 94도2842), 고의범에 대하여 더 무겁게 처벌하는 규정이 없는 경우에는 결과적가중범이 고의범에 대하여 특별관계에 있다고 해석되므로 결과적가중범만 성립하고 이와 법조경합의 관계에 있는 고의범에 대하여는 별도로 죄를 구성한다고 볼 수 없다"(대판 2008도7311).

그러나 '치사상', '상해 또는 사망에 이르게 한 때'라는 문언에서 부진정결과적 가중범을 인정하는 해석은 **문언수정적**(contra legem) **법형성**이므로 처단형의 불합리를 제거하는 데 불가피한 범위 내에서만[4] 법원의 해석권[5]에 속할 수 있다.

(2) **가중적 결과** 결과적 가중범의 **가중적 결과**란 기본범죄에 비하여 죄와 형을 무겁게 만드는 결과이다. ① 가중적 결과는 **기본범죄의 불법과 합해서 기본범죄보다 더 무거운 결과**가 된다는 의미이다. 예컨대 강간치상죄에서 상해는 강간보다 가중적인 결과가 아니지만 강간치상은 강간보다 가중적인 결과이다. 기본범죄가 추가적으로 발생시킨 결과가 **가중되는 형에 비하여 너무 경미한 결과**[6]는 책임원칙의 관점에서 가중적 결과에 해당하지 않는다고 본다. 이는 '가중'(加重)이라는 개념에 내재된

될 우려가 있다. 따라서 부진정결과적 가중범으로서 현주건조물방화치사죄는 행위자가 방화시 사람이 현존함을 확인하여 **확정적인 살인고의**를 가졌던 경우에 국한할 필요가 있다.

4 [부진정결과적가중범의 제한] 甲은 경찰의 적법한 진압에 대항하여 경찰관 乙이 사망할 수 있다고 알았지만 화염병을 던져 乙이 사망하게 하였다. ① (대판 90도765) 특수공무방해치사상죄는 "예견가능한 결과를 예견하지 못한 경우뿐만 아니라 그 결과를 예견하거나 고의가 있는 경우까지도 포함"한다. ② (評釋) 특수공무방해치사죄의 법정형(무기 또는 5년 이상의 징역)을 고려할 때 甲을 **특수공무방해죄와 살인죄의 상상적 경합범**으로 보는 것으로 충분하다.

5 [부진정결과적가중범과 고의범] 甲은 술을 조금 마시고 운전을 하다 단속경찰관 乙을 자신의 승용차 범퍼로 슬쩍 들이받고 도망갔다. 乙은 땅바닥에 넘어지며 상해를 입었다. ① (대판 2008도7311) 특수공무집행방해치상죄(제144조 제2항)는 부진정결과적 가중범이므로 甲은 특수공무집행방해치상죄가 성립하고, 특수상해죄는 성립하지 않는다. ② (評釋) 고의범인 특수상해죄(제258조의2 제1항)와 특수공무집행방해죄(제144조 제1항)의 상상적 경합범의 형이 특수공무집행방해치상죄의 형보다 가벼운 점에서 판례의 해석은 타당하다.

6 [결과적 가중범의 경미한 결과] 강간죄의 법정형(3년 이상의 징역)에 비해 강간치상죄의 법정형(무기 또는 5년 이상의 징역)은 매우 높고, 다른 법률상 감경사유가 없으면 집행유예가 허용되지 않는 큰 차이가 있다. 그러므로 강간행위로 인해 발생한 전치 1주의 회음부 찰과상과 같이 경미한 상해는 강간치상죄의 상해에서 제외되어야 한다(대판 2003도4606 참조).

요청이기도 하다. ② 가중적 결과는 가중적 **법익침해와 그 구체적 위험**을 말한다. 폭행을 휘둘러 간음을 하는 과정에서 피해여성에게 상해를 입혔다면 성적 자기결정권의 침해 이외에 신체까지 침해한 셈이 된다. 이렇게 법익침해가 많아져서 형이 무거워진다. 중상해죄는 신체의 침해 이외에 생명에 대한 **구체적 위험**이 더해졌다는 이유로 형이 가중된다. 이를 '**위험결과적 가중범**'(gefahrenerfolgsqualifizierte Delikte)이라고 한다. 이런 범죄가 성립하려면 위험발생에 대한 고의도 있어야 한다.

2. 결과적 가중범과 책임원칙

행위자가 기획한 (기본)범죄(예: 폭행, 현주건조물방화)로부터 초래되는 가중적 결과(예: 상해, 사망)는 행위자의 기획에서 멀리 나아갈 수 있다. 그러나 범죄기획으로 멀리 떨어져 있는 모든 결과에 대해 형사책임을 묻는 것은 **결과책임**(versari in re illicita)이 되고, 책임원칙(헌법 제37조 제2항)에 위배된다. 즉, 기본범죄와 조건관계에 있는 모든 결과에 대해 형사책임을 묻는 것[7]은 위헌적이다.

	기본범죄	가중적 결과 ①: **상해**	가중적 결과 ②: **사망**
[귀속불가능한 가중적 결과] 甲은 乙의 얼굴만 가볍게 폭행하려 했는데, 乙의 혈압이 항진되어 뇌출혈이 일어났다(가중적 결과①). 乙은 뇌출혈로 응급후송되었지만 병원에서 사망하였다(가중적 결과②).	2년 이하의 징역, 500만 원 이하의 벌금, 구류, 과료 (제260조 제1항)	7년 이하의 징역, 10년 이하의 자격정지 또는 1천만 원 이하의 벌금 • 甲의 폭행에 귀속 가능함	3년 이상의 유기징역(제262조, 제259조 제1항) • 甲의 폭행에 **귀속 불가능**함
[귀속가능한 가중적 결과] 甲은 乙의 집 안을 살펴 乙과 가족이 외출했음을 확신하고, 방화하였다. 그러나 그 집에 있던 乙의 부인 丙이 화상을 입었고(가중적 결과①) 치료를 받다 사망하였다(가중적 결과②).	무기 또는 3년 이상의 징역(제164조 제1항)	무기 또는 5년 이상의 징역(제164조 제2항 1문) • 甲의 방화에 귀속 가능함	사형, 무기 또는 7년 이상의 징역(제164조 제2항 2문) • 甲의 방화에 귀속 가능함

따라서 결과적 가중범에서 책임원칙의 실현을 위해 기본범죄에서 **너무 멀리 떨어져 있는**(too remote) 결과는 — 상당인과관계론(판례)이나 객관적 귀속론에 따라 — 기본범죄행위와의 인과관계를 인정하지 않아야 하

7 이런 입장의 BGHSt 1, 332; 7, 112; 日最判 1971. 6. 17[刑集 25-4, 567]).

고, 가중적 결과에 대해 "**적어도 과실**"[8] 이상의 귀책사유가 있어야 한다. "결과의 발생을 예견할 수 없었을 때에는 무거운 죄로 벌하지 아니한다"(형법 제15조 제2항)에서 예견가능성은 과실(주의의무위반)과 인과관계(직접성 Unmittelbarkeit)를 포함한다.

Ⅱ. 결과적 가중범의 구성요건

결과적 가중범은 기본범죄와 그로 인하여 초래된(인과관계) 가중적 결과가 적어도 과실 이상의 귀책사유에 의하여 발생한 것이어야 한다.

1. 기본범죄

결과적 가중범은 **고의의 기본범죄**와 가중적 결과에 대한 과실의 결합(Vorsatz-Fahrläßigkeitskombination)으로 성립한다. 독일 형법의 실화치사죄(제309조)와 과실일수치사죄(제314조), 우리나라의 도주차량죄는 **과실의 기본범죄**와 과실이 결합된 결과적 가중범이다.

[도주차량죄] 운전하다 실수로 행인을 치어 상해를 입힌 뒤 도주하였고, 그 뒤 피해자가 사망한 경우에 적용되는 「특정범죄가중법」 제5조의3 제1항 1호는 업무상 과실치상과 과실치사가 결합된 **과실의** 결과적 가중범이다.

2. 가중적 결과의 인과관계

판례는 가중적 결과(무거운 범죄결과)에 요구되는 인과관계를 **상당인과관계**로 보고, 그 판단은 결과발생의 **객관적인 예견가능성**으로 한다. 판례는 예견가능성을 **상당인과관계와 과실을 판단하는 논증**으로 사용한다. 私見으로 인과관계는 합법칙적 조건관계와 객관적 귀속론에 따라 판단하여야 하고, 과실은 개별사안의 다양한 요소들을 적절하게 고려하여 부과하는 주의의무의 위반이 있는지 여부에 따라 판단하여야 한다.

---

8 독일 형법 제18조는 "적어도 과실"(wenigstens Fahrlässigkeit)이라는 명문을 두고 있다.

사 례	판 례(요지)	인과성	과실
[가중결과의 상당성] 甲은 평소 고혈압 증세가 있는 乙을 때려 땅바닥에 넘어뜨렸고, 乙은 뇌출혈로 사망했다.	"폭행행위로 지면에 전도할 때의 자극에 의하여 뇌출혈을 일으켜서 사망하였을 때에는" 상당인과관계가 있다"(대판 68도419).	○	
[가중결과의 상당성 흠결] 교사 甲은 학생 乙을 징계코자 뺨을 때렸고, 0.5mm 두개골과 뇌수송을 가진 乙은 급성뇌압상승으로 사망하였다.	甲의 행위와 乙의 사망 간에는 "이른바 인과관계가 없는 경우에 해당한다"(대판 78도1961).	×	
[가중결과의 상당성에 영향 없는 특수사정] 甲은 乙의 머리를 시멘트벽에 부딪치게 하여 뇌손상을 입혔고 사망에 이르게 하였다. 乙은 당시 고혈압과 좌측전고동맥류증세가 있었다.	甲이 乙을 폭행할 당시에 이미 폭행과 그 결과에 대한 예견가능성이 있었다 할 것이고 그로 인하여 치사의 결과가 발생하였다면 결과적 가중범의 죄책을 면할 수 없다(대판 82도697).	○	○
[특수사정과 가중결과의 상당성 탈락] 甲은 관상동맥경화의 특수체질 노인 乙을 떠밀어 엉덩방아를 찧게 하였는데, 乙은 심장마비로 사망하였다.	甲에게 사망의 결과에 대한 **예견가능성이 있었다고**"볼 수 없다(대판 85도303).		×
[가중결과의 상당성과 과실 불명확성] 甲은 성매매한 乙과 봉고차를 타고 가면서 乙의 유방을 만지고 구둣발로 허벅지를 문질렀다. 乙은 욕설을 퍼붓고 차에서 뛰어내려 사망하였다	甲이 丙의 행동과 사망을 예견할 수 없으므로 "비록 그 행위와 결과사이에 **인과관계가 있다 하더라도 무거운 죄로 벌할 수 없는 것**으로 풀이된다"(대판 88도178).		×
[가중결과의 과실 불인정] 甲이 乙에게 말다툼 중 삿대질을 하자, 乙은 이를 피하려고 두 걸음 뒤로 물러서다 스빙기계 철받침대에 걸려 넘어져 머리를 부딪쳐 두개골절로 사망하였다.	甲에게는 乙이 뒷걸음질 치다 넘어질 수 있다는 것까지는 예견할 수 있었다고 하더라도 머리를 바닥에 부딪쳐 두개골절로 사망한다는 것은 **일반인이 예견하기 어려운 결과**이다(대판 90도1596).		×

결과적 가중범의 인과성 판단은 주로 **직접성**(Unmittelbarkeit)의 판단이다. 직접성이란 가중적 결과는 기본범죄에 내재된 전형적인 위험이 실현된 것이면서 규범의 보호목적 범위 내에서 발생한 것임을 뜻한다. 이는 가중적 결과와 기본범죄의 **행위 사이에서**(예: 甲이 乙을 폭행을 하였는데 그로 인해 乙의 턱뼈가 부러짐) 또는 가중적 결과와 기본범죄의 **결과 사이에서**(예: 甲은 乙의 머리를 때려 뇌출혈을 일으켰는데, 그 뇌출혈로 사망함) 인정될 수 있다.

(1) 위험실현에서 직접성 예컨대 손발을 오래 묶어 두는 행위에는 혈전이 생겨 폐동맥을 막을 위험이 전형적으로 발생하는 것이지만, 삿대질을 피하려 뒤로 물러서다 머리가 바닥에 부딪쳐 두개골절로 사망할 위험은 삿대질행위에 내재된 전형적 위험은 아니다.

	전형적 위험 → 인과관계 인정	비전형적 위험 → 인과관계 불인정
위험의 실현	㉠ 머리를 시멘트에 부딪치게 하여 뇌출혈로 사망에 이른 경우(대판 82도697) ㉡ 탈진 상태의 정신병자의 손과 발을 17시간 이상 묶어 두고 좁은 차량 속에서 감금하여 묶인 부위의 혈액 순환장애로 혈전이 형성되고 그 혈전이 폐동맥을 막아 사망한 경우(대판 2002도4315) ㉢ 고혈압증세가 있는 피해자를 땅바닥에 넘어뜨리자 뇌출혈로 사망한 경우(대판 68도419)	㉣ 따귀를 때렸는데, 혈압항진 등으로 사망한 경우(대판 78도1961) ㉤ 피해자를 밀쳐 피해자가 땅바닥에 엉덩방아를 찧고 주저앉았는데, 심장마비로 사망한 경우(대판 85도303) ㉥ 피고인의 삿대질을 피하려고 피해자가 두 걸음 뒷걸음치다 회전 중이던 스빙기계 철받침대에 걸려 넘어지며 머리를 부딪쳐 두개골절로 사망한 경우(대판 90도1596)

(2) **규범 보호영역에서 직접성** '피해자의 자기위태화(Selbstgefährdung)에 과실로 관여'한 기본범죄가 **피해자의 자기위태화를 가져오는 전형적인 위험을 내포하지 않았다면,**[9] 그 가중적 결과는 기본범죄에 귀속될 수 없는 반면 기본범죄가 **피해자의 자기위태화를 가져오는 전형적 위험을 내포하였다면,** 그 가중적 결과는 기본범죄에 귀속시킬 수 있다. 판례는 이런 피해자의 자기위태화를 "통상 예견할 수 있는 것"(대판 93도3612)이라고 표현한다.

	전형적 위험	비전형적 위험
형법규범의 보호영역	㉦ 피고인이 애인을 폭행하고, 애인이 도로를 건너 도망가기를 세 차례 반복한 상황에서 애인이 다시 도로를 건너 도주하다 차량에 치여 사망함(대판 96도529) ㉧ 승용차에 여자를 태우고 질주하자 여자가 차에서 나오려 문을 열다 떨어져 사망한 경우(대판 99도5286) ㉨ 호텔에 감금한 채 강간하려던 피고인이 전화하는 사이에 여자가 객실창문을 통해 탈출하다 추락하여 사망함(대판 95도425: **강간치사 성립하기 어려움**)	㉩ 성매매대금을 받으러 봉고차에 같이 탄 피고인이 강제추행하자 여자가 차에서 뛰어내려 사망(대판 88도178) ㉪ 강간을 모면하려 여관방 창문을 넘어 뛰어내려 상해를 입음 (대판 92도3229)

3. 가중적 결과에 대한 귀책사유

(1) **과 실** ① 판례는 과실을 가중적 결과 발생의 예견과 회피의무로 보기 때문에 결과적 가중범에서 과실 판단은 사실상 **객관적 예견가**

---

9 [결과적 가중범의 직접성] 甲은 고속도로 2차로에서 1차로를 급하게 끼어들어 乙의 차량 앞에서 정차하였다. 乙의 차량이 급제동하였고, 그 뒤 안전거리를 확보하지 않고 따라오던 丙의 차량이 앞의 차량들을 연쇄추돌하여 丙이 사망하였다. ① (대판 2014도6206) 甲은 고속도로를 주행하는 운전자들이 "**안전거리 확보 등의 주의의무를 완전하게 다하지 않을 수도 있다는 점을 알았거나 충분히 알 수 있었으므로**" 甲의 행위와 사상 사이에 "**상당인과관계가 있고, 사상의 결과 발생에 대한 예견가능성**"도 인정되어, 일반교통방해치사상죄(제188조)가 성립한다. ② (評釋) 甲의 행위는 **자기위태화를 가져올 전형적인 위험을 내포하지 않는다.** 일반교통방해죄(제185조)만 성립한다.

능성에 의해 좌우된다. 그러나 私見으로 가중적 결과에 대해서도 **구성요건적 과실과 책임과실**이 모두 있어야 한다. 고의로 기본범죄를 범할 때에는 피해자에게 **추가적인 법익침해가 발생하지 않도록 할 주의의무**가 있고, 가중적 결과가 발생하면 그에 대한 구성요건적 과실이 인정되므로 결과적 가중범의 성립을 제한하는 과실은 주로 책임과실(주관적 주의의무위반)이다. 특히 행위자가 이행할 것을 기대하기 어려운 주의의무의 위반으로는 결과적 가중범이 성립하지 않는다. ② 가중적 결과에 대한 **과실은 기본범죄의 실행 시에 인정**될 수 있어야 한다. 가중적 결과가 기본범죄 이후 별도의 과실로 발생하면 결과적 가중범이 성립하지 않는다. 예컨대 감금하여 강간한 후에 풀어준다는 것을 잊고 피해자를 오랫동안 방치하여 사망에 이르게 하였으면 강간죄와 과실치사죄가 성립할 뿐이다.

[개괄적 과실] 통상의 결과적 가중범과 달리 가중적 결과가 기본범죄의 실행행위나 그 결과로부터 발생한 것이 아니라, (결과발생에 대한 착오로 인하여) 그 실행행위에 바로 뒤따르는 별개의 과실행위에 의해 발생한 경우를 개괄적 과실이라고 부른다. 판례는 고의의 기본범죄와 별개의 과실범죄가 **포괄하여 개괄적 일죄**를 구성한다[10]고 보지만, 이는 책임원칙에 반하고 양자의 경합범으로 다루는 것이 타당하다.

(2) 가중된 귀책사유 부진정결과적 가중범(예: 현주건조물방화치사죄)에서 **고의**는 결과적 가중범의 성립요건인 가중적 결과에 대한 귀책사유로 인정된다.[11] 또한 형의 가중이 큰 범죄(예: 강간치상죄)에서는 책임원칙을 더욱 엄격하게 관철하기 위해 예외적으로 가중적 결과에 대해 **중과실**

10 [개괄적 과실] 甲은 호텔에서 乙을 때리고 머리를 벽에 부딪쳐 상해를 입혔다. 乙이 쓰러지자 죽었다고 착각하고 乙을 베란다에서 13미터 아래로 떨어뜨렸다. 乙은 바닥에 머리가 부딪혀 뇌손상으로 사망하였다. ① (대판 94도2361) 甲은 **상해행위와 베란다에 던진 과실치사행위를 "포괄하여 단일의 상해치사죄"**가 성립한다. ② 이는 "직접 결과를 야기한 제2의 과실행위와 결과적 가중범의 요건상 요구되는 과실을 개괄적으로 통합하여 기본행위로부터 결과로 이어지는 **개괄적 과실**을 인정하여 결과적 가중범인 상해치사죄로 의율한 것"이다. ③ (評釋) 甲은 상해죄와 별도로 사체유기죄미수와 과실치사죄의 상상적 경합범이 된다.

11 [결과적 가중범의 귀책사유] 甲은 집에서 잠자던 아버지 乙과 동생 丙을 살해하려고 두루마리 화장지를 말아 장롱구멍 안으로 집어넣은 다음, 라이터로 화장지에 불을 붙여 불이 장롱으로 번지자 그 집을 나왔고, 乙과 丙은 연기로 질식사하였다. ① (대판 82도2341) 현주건조물방화치사상죄(제164조 제2항 후단)는 사망에 대해 고의가 있는 경우도 포함하므로 **사람을 살해할 목적으로 현주건조물에 방화하여 사망에 이르게 한 경우에는 현주건조물방화치사죄**가 성립한다. ② (대판 96도485) **존속살인죄와 현주건조물방화치사죄는 상상적 경합관계**에 있고 법정형이 중한 존속살인죄로 처단한다. ③ (評釋) 乙과 丙에 대한 甲의 행위는 하나이므로 甲은 결국 존속살인죄로 처단된다.

(Leichtfertigkeit)을 요구하는 해석을 할 수 있다.

Ⅲ. 결과적 가중범의 위법성과 책임

1. 결과적 가중범의 위법성

결과적 가중범의 구성요건이 실현되면 원칙적으로 위법성은 추정되고, 위법성조각사유(정당행위,[12] 정당방위,[13] 긴급피난,[14] 피해자승낙,[15] 자구행위)가 존재하면 예외적으로 그 추정이 깨지고 정당화된다. ① 결과적 가중범의 정당화를 위해서는 **기본범죄에 대해서는 주관적 정당화요소**가 요구되지만, **과실부분**과 관련해서는 (과실범의 경우와 마찬가지로) **정당화상황**이 존재하면 된다. 판례에 의하면 결과적 가중범의 정당화행위에서 상당성은 정당화행위를 할 때 과실행위를 하지 않을 가능성, 과실행위로 발생한 결과와 혐의범죄의 중대성, 행위수단 등을 종합·고려하고, 고의행위의 정당화요건보다는 완화된 요건으로 판단한다.[16] ② 私見으로 **기본범죄**(예: 폭행)**의 위법성이 조각되면**, 기본범죄에 수반되는 **과실의 통상적인 가중적**

12 [결과적 가중범의 정당행위] 경찰관 甲은 칼부림하는 강도 乙을 잡으려고 경찰진압봉으로 위협하다 乙의 머리를 때려 다치게 하였다. 甲의 진압봉사용과 체포는 정당행위이지만, 실수로 머리를 다치게 한 행위는 그 행위의 목적, 혐의범죄의 중대성 등을 종합 고려할 때 **사회적 상당성**이 인정된다. 따라서 폭행치상죄는 위법성이 조각된다.

13 [결과적 가중범의 정당방위] 甲은 乙로부터 강간을 모면하기 위해 칼로 乙의 팔을 찌르는 순간 乙이 예상치 못하게 움직이는 바람에 甲의 칼은 乙의 가슴을 찔렀고, 乙은 사망하였다. 실수로 가슴을 찌르는 행위상황의 전 과정에 **정당방위상황이 지속되고** 있으므로 (법익의 불균형에도) 상해치사죄의 정당방위가 인정된다.

14 [결과적 가중범의 긴급피난] 의사 甲은 30주의 태아로 여성 乙의 생명이 위험해지자 乙을 구하려고 임신중절하다가 乙의 자궁에 구멍을 냈다. 임신중절의 긴박성이 크고 자궁천공도 그런 상황에서 비롯된다면 甲의 의사낙태치상(제270조 제3항)은 긴급피난이 인정된다.

15 [결과적 가중범의 피해자승낙] 甲은 乙과 권투를 하다 실수로 얼굴이 아닌 머리 뒤통수를 가격하였고, 乙은 뇌출혈로 사망하였다. 권투에서 안면가격에 대한 동의가 있고, 권투경기의 특성상 안면가격이 뒤통수 가격으로 이어질 가능성이 높으므로 甲의 폭행치사행위는 피해자승낙으로 위법성이 조각된다.

16 [결과적 가중범의 상당성] 살인피의자 丙이 범행을 부인하자 검찰서기 甲은 검사 乙의 지시에 따라 丙에게 원산폭격을 시키고, 수갑을 찬 채 드러눕게 한 후 몸에 올라타고 걷어차는 가혹행위를 계속하였다. 丙이 이상증상을 보임에도 그대로 내버려두었고 丙이 호흡곤란을 일으키자 응급실로 후송하였으나 사망하였다. ① (대판 2005도945) 甲과 乙은 가혹행위치사죄(특정범죄가중법 제4조의2 제2항[체포감금등의 가중처벌])의 공동정범이 되고, "**당시의 상황, 동기, 수단과 방법 등 제반 정황에 비추어 직권을 남용한 과도한 물리력의 행사로 평가함**이 상당하고, 사회통념상 용인될 수 있는 정당행위에 해당한다고 볼 수 없다."

결과도 함께 그 위법성이 조각된다. 다만 가중적 결과가 **이례적으로 중한 결과**인 경우에는 기본범죄와 가중적 결과를 낳은 과실행위의 **위법성을 각각 판단**하여야 한다. 그에 따라 고의의 기본범죄는 정당화되지만, 그에 수반된 과실과 가중적 결과(예: 상해)는 정당화되지 않아서 결과적 가중범(예: 폭행치상죄)이 아니라 과실범(예: 과실치상죄)으로 다루어질 수 있다.[17]

2. 결과적 가중범의 책임

결과적 가중범은 고의범처럼 책임능력과 불법의식, 심정반가치로서 책임고의가 있어야 하고, 이에 더하여 가중적 결과에 대한 **책임과실**이 있어야 한다. 이 책임과실은 구성요건적 과실로 추정되지 않고 **별도로 심사**하여야 한다. 이 주관적 주의의무위반은 행위자가 자신이 실행하는 기본범죄의 방법과 양태, 피해자의 연령이나 건강상태 등 범행의 구체적인 다양한 사정을 적절하게 고려하여[18] 기본범죄를 범하더라도 가중적 결과를 발생하지 않게 할 주의의무를 다하지 않은 것을 말한다.

Ⅳ. 결과적 가중범의 미수와 공범

1. 결과적 가중범의 미수

(1) 진정결과적 가중범의 미수 진정결과적 가중범의 **기본범죄가 미수에 그쳤지만 가중적 결과**가 발생한 경우에 판례는 **결과적 가중범의 기수**를 인정한다. 가령 강간하려고 얼굴을 주먹으로 가격하였다가 체포되었지만 피해자의 턱뼈가 부러진 경우 판례는 강간치상죄를 인정한다.

私見으로 강간치상의 불법은 **폭행+간음+상해**로 구성되는데 강간이 미수에 그친 경우

17 [결과적 가중범의 위법성조각과 과실범전환] 교사 甲은 학생 乙이 다른 학생 丙을 가해하려하자 乙의 빰을 때렸고, 乙은 혈우병으로 인해 전치 10주의 상해를 입었다. 甲은 이전에 乙의 엄마로부터 乙이 혈우병 환자임을 들어서 알고 있었다. ① (BGHSt 14, 52) 甲은 혈우병에 대한 **특수지식을 행위 시점에 인식하지 못했다**는 점에서 과실이 없다. ② 甲의 폭행은 丙을 위한 정당방위나 정당행위로 위법성이 조각되지만, 상해 부분은 과실치상죄로 남는다.

18 [결과적 가중범의 책임과실 판단] 건강한 25세의 청년과 말다툼을 하다 얼굴을 때려 땅바닥에 넘어뜨렸지만 청년의 혈압이 갑자기 항진되어 사망한 경우에 책임과실을 인정하기 어려운 반면 피해자가 75세였다면 주관적인 주의의무위반(책임과실)을 인정할 수 있다.

에 강간치상죄의 **구성요건요소를 모두 충족하지 못했으므로 강간치상죄는 미수**로 판단해야 한다. 자신이 범한 불법의 범위를 넘어서 형사책임을 지는 것은 책임원칙에 위반되기 때문이다. 따라서 결과적 가중범의 미수규정이 있으면 그것을 적용하고, 없는 경우(예: 강간치상죄)에는 기수를 인정하되 정상참작감경(제53조)을 한다.[19]

	결과적 가중범	미 수 범
인질죄	인질치상죄(제324조의3 본문 후단)	**제324조의5** "제324조 내지 제324조의4의 미수범은 처벌한다"
	인질치사죄(제324조의4 2문)	
강도죄	강도치상죄(제337조 본문 후단)	**제342조** "제329조 내지 제341조의 미수범은 처벌한다"
	강도치사죄(제338조 2문)	
	해상강도치상죄(제340조 제2항)	
	해상강도치사죄(제340조 제3항)	

(2) 부진정결과적 가중범의 미수 ① 부진정결과적 가중범(예: 현주건조물방화살해)의 기본범죄가 기수에 도달했고, 가중적 결과만 발생하지 않은 경우에 미수처벌규정이 없는 범죄에서는 기본범죄(예: 현주건조물방화죄)의 기수와 (가중적 결과에 대한) 고의미수죄(예: 살인미수)의 상상적 경합관계가 성립한다.[20] ② 부진정결과적 가중범의 기본범죄가 미수에 그쳤지만 가중적 결과가 발생한 경우에 판례는 **부진정결과적 가중범의 기수**를 인정한다. 그러나 私見으로 미수범처벌규정이 있으면 미수를 인정하고, 없으면 미수인 점을 부진정결과적 가중범의 양형에서 고려해야 한다.[21]

---

19 [특수강간치상죄의 미수] 甲은 乙을 강간하려고 잭나이프로 위협을 하였고, 말을 안 듣자 乙의 얼굴을 주먹으로 때렸다. 甲은 경찰에 의해 체포되었고, 乙은 전치 2주의 상해를 입었다. ① 甲은 "흉기를 휴대한" 특수강간(성폭력처벌법 제4조 제1항)의 미수범이 상해에 이르게 했으므로 현행법상 특수강간치상죄(제8조 제1항)가 성립한다. ② (評釋) 甲이 간음의 표지를 충족시키지 못했는데도 살인죄보다 더 중한 "무기징역 또는 10년 이상의 징역형"으로 처벌되는 것은 책임원칙에 위배된다. 정상참작감경을 적용하여야 한다.

20 [부진정결과적 가중범의 미수] 甲은 乙을 불에 태워 죽이기로 결심하고, 乙의 집에 불을 놓았다. 불길은 치솟아 올랐지만 소방대가 와서 진화하였고 乙도 무사했다. ① 甲은 현주건조물방화치사죄(제164조 제2항)의 미수가 성립하지만 처벌규정이 없으므로, 현주건조물방화죄(제164조 제1항)의 기수를 적용하여야 한다. ② (評釋) 甲이 실현한 불법은 **현주건조물방화죄**보다 많은 **살인고의를 가졌던 점에서 살인미수가 상상적 경합범**으로 추가된다.

21 [부진정결과적 가중범의 미수] 甲은 노모 부양문제로 처 乙과 갈등을 빚어오다 "집을 불태워 버리고 같이 죽어 버리겠다"며 집 창고에 있던 플라스틱 휘발유통을 들고 나와 乙과 자녀 2명이 있는 자신의 집 주위에 휘발유를 뿌리고, 라이터로 불을 놓았으나 불길은 집으로 번지지 못했고, 甲을 만류하던 이웃 丙이 전치 4주 화상을 입었다. ① (대판 2001도6641) 甲은 현주건조물방화치상죄의 실행에 착수한 것이며 현주건조물방화치상죄가 성립한다. ② (評釋) 현주건조물방화치상미수가 성립하지만 처벌규정이 없어 기수를 인정하되 정상참작감경을 한다.

2. 결과적 가중범의 공범

(1) **공동정범** 판례에 의하면 기본범죄의 공동정범은 가중적 결과를 공동으로 할 의사는 필요 없고, 다른 공동정범의 범행으로 가중적 결과가 발생할 것을 **예견할 수 없는 때가 아닌 한** 결과적 가중범의 죄책을 면할 수 없다(대판 93도1674). 다만 결과적 가중범의 공모공동정범은 공모가 기본범죄에 대한 본질적 기여를 통한 기능적 범행지배에 해당하고, 가중적 결과의 발생을 예견할 수 있었던 한에서 성립한다.[22]

私見으로는 기본범죄를 공동으로 범하고, 그 공동의 범행과 가중적 결과를 발생케 한 행위가 기능적으로 분리될 수 없고, 기본범죄의 공동실행이 가중적 결과의 발생에 인과적으로 불가결하며,[23] 가중적 결과를 실현한 행위자가 아닌 다른 공동정범이 이런 사실을 인식하였거나 할 수 있었어야 한다.

(2) **교사범과 종범** 기본범죄를 교사 또는 방조한 자에게 가중적 결과발생에 대해 과실이 있고, 그 과실과 가중적 결과 사이에 인과관계가 있다면 그 교사 또는 방조자는 결과적 가중범의 교사범 또는 종범이 된다.

---

22 [결과적 가중범의 공모공동정범] 甲은 조합원 乙 등을 부추겨 불법집회를 개최하면서 조합원들이 죽봉을 구비해두는 것을 알았지만 죽봉을 수거하지 않고 오히려 격렬한 투쟁을 고취시키는 연설을 하였다. 경찰이 집회를 진압하자 乙은 죽봉으로 경찰관 丙을 찔러 전치 6주의 상해를 입게 하였다. ① (대판 2010도11381) 甲은 "특수공무집행방해치상이나 특수공용물건손상의 범행에 대하여 **암묵적 공모와 본질적 기여를 통한 기능적 행위지배**를 한 것"으로 볼 수 있고, 상해의 결과발생도 예견할 수 있었으므로 공모공동정범이 성립한다.

23 [공범에게 귀속가능한 결과] 乙은 甲의 제안으로 甲의 여동생을 강간한 丙을 혼내주기로 했다. 甲은 부엌칼로 丙을 위협하고 乙과 함께 丙을 때려 상해를 입혔다. 丙이 도망치자 乙과 甲은 추격했고 甲이 부엌칼을 떨어뜨리자, 乙이 주워 甲에 의해 붙잡힌 丙의 좌측흉부를 1회 찔러 사망에 이르게 하였다. ① (대판 96도2570) "丙의 사망의 결과를 예견할 수 없는 때가 아닌 한" 甲은 상해치사죄의 공동정범이 된다. ② (評釋) 甲은 상해의 공동실행으로 丙을 붙잡고 있음으로써 乙의 살해와 기능적으로 분리되지 않고 사망 발생에 인과적으로 제거할 수 없는 기여를 하므로 乙은 살인죄, 甲은 상해치사의 공동정범이 된다.

§11.
인과관계

제17조(인과관계) 어떤 행위라도 죄의 요소되는 위험발생에 연결되지 아니한 때에는 그 결과로 인하여 벌하지 아니한다.

Ⅰ. 서 론

1. 인과관계의 의의

형법에서 인과관계는 행위와 (구성요건적) 결과(법익침해, 구체적 위험발생) 사이에 **형사책임의 귀속을 정당화하는 연관관계**가 존재하는 것을 말한다. 형식범(거동범) 또는 추상적 위험범의 경우에는 인과관계의 문제가 일어나지 않는다. 인과관계는 발생한 결과를 행위자에게 귀속시킬 수 있게 하는 요소들 가운데 하나이다(**개인적 귀속가능성**). 이처럼 인과관계가 매개하는 형사책임의 귀속이 올바르지 않다면, 형법은 **사회적 통합**을 수행할 수 없다. 인과관계의 패러다임은 역사적으로 변화한다.

[인과관계이론의 역사적 발전] 인과관계이론의 발전은 세 단계로 나눌 수 있다. ① 서구사회의 근대형법이 형성·발전한 19세기 중반 이후 **자연과학적 인과성** 개념이 지배하였다. 독일에서는 1863년 v. Buri가 인과관계를 범죄의 일반적인 표지로 제창한 이후 1871년 Bar와 1872년 Binding이 인과적 행위론을 기초로 구성한 조건설과 1930년대 이후 합법칙적 조건설이 그 대표적인 예이다. ② 20세기 들어서 중후반까지는 생활세계 속의 보편적 경험에 기초를 둔 **생활세계적 인과성** 개념이 성장하였다. 독일에서 Kries, Rümelin, Träger 등이 발전시키고, 1980년대 초반까지 우리나라 학계를 지배했으며, 현재도 판례가 따르는 상당인과관계설(Adäquanztheorie)이 그것이다. Mezger가 제창한 중요설도 이에 속한다. ③ 위험사회로 특징되는 20세기 후반부터 인과성 개념은 위험에 대한 관할과 책임의 문제로 이해된다. **객관적 귀속론**(objektive Zurechnungslehre)은 그런 인과성 개념을 대표한다. ④ 조건설, 원인설, 합법칙적 조건설이 인과관계의 유무를 판단하는 이론이라면, 상당인과관계설, 중요성설, 객관적 귀속론은 인과관계의 범위(결과의 규범적 귀속범위)를 정하는 이론이다.

2. 형법 제17조의 이해

제17조는 ① 첫째, "어떤 행위라도 죄의 요소되는 결과발생에 조건관계(판례: 상당한 조건)가 성립되지 아니한 때에는 그 결과로 인하여 벌하지 아니한다"로 이해된다. 이는 **경험법칙에 부합하는 조건관계**(합법칙적 조건관계)를 뜻한다. 이로써 인과관계는 근대형사사법의 이념인 경험과학적 합리성을 실현한다. ② 둘째, 위험사회에서 제17조의 "위험"은 결과 귀속의 파라미터로서 **위험을**, "발생"은 (위험의) **창출**을, 그리고 "연결"은 그 위험이 발생한 **결과에 실현**된 것을 의미한다. 즉 제17조는 '죄의 요소인 위험을 창출하고 그 위험이 발생한 결과에 실현되지 아니한 때 그 결과로 인하여 벌하지 아니 한다'라고 읽을 수 있다. 이런 **객관적 귀속론**은 결과를 행위자의 작품으로 돌리는 것이 정당한지를 검토하는 점에서 규범과학적·가치론적 합리성을 추구한다.

	형법 제17조	해석(텍스트읽기)	판례와 학설
1954년 경의 사회	어떤 행위라도 **죄의 요소되는 위험발생에 연결되지 아니한 때**에는 그 결과로 인하여 벌하지 아니한다.	어떤 행위라도 **죄의 요소되는 결과발생에 조건관계가 성립되지 아니한 때**에는 그 결과로 인하여 벌하지 아니한다.	판례: 상당조건 학설: 합법칙적 조건
21세기 위험 사회		어떤 행위라도 **죄의 요소인 위험을 창출하고 그 위험이 발생한 결과에 실현되지 아니한 때**에는 그 결과로 인하여 벌하지 아니한다.	판례: 상당조건 학설: 객관적 귀속

제1단계(합법칙적 조건관계)가 인과관계의 **유무**를 판단한다면 제2단계(객관적 귀속론)는 결과의 귀속가능성을 판단하여 인과관계의 **범위**를 정해준다.

Ⅱ. 인과관계의 유무

형법상 인과관계는 구성요건을 실현하는 행위(선행사태)와 그 뒤에 발생한 결과(후행사태) 사이에 조건관계(아래 1.)가 있고, 그 조건관계는 합법칙적 연관(아래 2.), 즉 '경험과학적인' 법칙적 연관을 갖고 있어야 한다.

1. 조건관계

인과관계는 '행위자의 범행(조건)이 없었다면 구성요건적 결과도 발생하지 않았을 것'이라는 **절대적 제약관계**(conditio sine qua non), 즉 조건관계가 있어야 성립한다. 이 이론(Bedingungstheorie)은 1858년 Julius Glaser[1]가 처음 주창한 후, v. Buri에 의해 발전되었고, 독일제국법원(RGSt 1, 373; 44, 137)[2]과 연방법원에 수용·계승되었다. 이는 실제의 범행을 마치 없었던 것처럼 전제한 점에서는 **'가정적인' 제거절차**[3]이지만, 그렇게 전제할 때 결과가 발생하지 않았다는 점은 '현실적인' 과정이어야 한다. 따라서 그 범행이 없었어도 결과가 실제로 발생했을 경우(예: 甲은 乙이 비행기 탑승할 때 칼로 찔러 죽였다. 그 비행기는 이후 추락하여 탑승객 전원이 사망함)는 인과관계가 부정된다. 조건관계의 성립여부는 다음과 같이 유형화된다.

	유 형	사 례	조건설	합법칙적 조건설	
㉠	추월적 인과관계	甲은 부인 乙에게 독약을 먹인 후 약효가 발생하기 전에 乙의 애인 丙이 乙을 총으로 쏴 죽였다.	×	×	
㉡	가설적 인과관계	甲은 비행기 이륙 전 탑승객 乙을 칼로 찔러 죽였는데 이후 비행기는 추락하여 탑승객전원이 사망하였다.	×	○	인과관계 인정필요
㉢	이중적 인과관계	甲과 乙이 각각 丙의 음식에 치사량의 독약을 넣었고, 丙은 이를 먹고 사망하였다.	×	○	
㉣	중첩적 인과관계	甲과 乙이 단독으로는 치사량에 미달하나 합치면 치사량이 되는 독약을 丙에게 먹여서 丙이 사망하였다.	○	○	인과관계 제한필요
㉤	유발적 인과관계	甲이 乙에게 총을 쏘아 乙이 고통스럽게 죽어가는 모습을 안쓰러워하여 丙이 乙을 총 쏘아 즉사시켰다.	○	○	

1 "만약 이른바 행위자를 사건의 전체로부터 완전히 제거해 놓고 생각해 보는 데도 불구하고 결과가 발생하고, 중간원인들의 연쇄도 그대로 남아 있다면, 행위와 그 결과는 행위자의 작용으로 돌릴 수 없음이 분명하다. 이에 반해 그 행위자를 사건의 무대로부터 한 번 제거해 놓고 생각해 볼 때 그 결과가 발생하지 않거나 또는 완전히 다른 모습으로 발생하였을 경우가 있다. 이 경우에 우리가 그 결과를 행위자의 활동의 작용으로 설명하는 것은 전적으로 정당하다"(Glaser, Abhandlungen aus dem österreichschen Strafrecht, Bd. Ⅰ. 1858, 298쪽).

2 [조건설] 甲은 乙의 왼쪽 얼굴을 손바닥으로 세게 때렸다. 乙은 뇌진탕을 일으켰고 이후 뇌막의 정맥이 파열되면서 사망하였다. ① (BGHSt 1, 332) 甲의 가격행위를 제거해 놓고 보면 사망이 탈락하므로 인과관계가 인정된다.

3 [가정적 제거절차의 현실성] 나치경찰 甲은 유태인 乙을 보호구금(Schutzhaft)청구를 통해 집단수용소에 수용시켜 사망하게 하였다. 甲은 자신이 아니었어도 다른 사람의 고발로 乙은 집단수용소에 끌려가 죽었을 것이라고 주장하였다. ① (BGHSt 2, 24) "甲의 행위가 없었어도 다른 사람이 똑같은 결과를 초래하는 행위를 하였을 것이라는 가능성이 존재하여도" 그 고발은 '실제로' 있었던 것이 아니라 단지 가상이기 때문에 인과관계가 인정된다.

	유 형	사 례	조건설	합법칙적 조건설
ㅂ	비유형적 인과관계	甲은 乙의 팔을 칼로 찔렀는데 乙의 혈우병으로 인해 피가 멈추지 않아 사망하였다.	○	○
ㅅ	중단된 인과관계 (불인정)	甲은 乙을 죽이려 칼로 찔렀으나 乙이 죽지 않았고, 병원으로 가던 도중 병원에서 치료받다 의사의 과실로 또는 乙이 의사의 지시를 안 지킨 과실로[4] 사망하였다.	○	○
ㅇ	위험감소 인과관계	甲이 차에 치일 직전의 아이 乙을 떠 밀쳐 바닥에 쓰러뜨렸고, 그로 인해 乙은 어깨뼈가 부러졌다.	○	○
ㅈ	일반적 인과관계	자동차 회사 대표 甲은 급발진사고원인을 조사했으나 밝히지 못한 채 동일한 변속기의 생산장착을 지시했고, 그 뒤 乙이 같은 차종을 운행하다 급발진사고로 크게 다쳤다.	○	▲

○: 인과관계 인정, ×: 인과관계 불인정

조건설은 자연과학적 인과개념을 단지 모델링한 **사유적인 인과개념**이다.[5] 조건설은 (표의 ㄹ, ㅁ, ㅂ, ㅅ에서) **인과관계를 과도하게 확대**시킬 수 있다.[6] 살인자를 출산한 어머니의 출산행위를 살인의 원인으로 보는 반면, 정의감정상 행위자에게 귀속되어야 할 결과의 인과관계를 인정하지 못하는 경우(표의 ㄴ, ㄷ)도 있다.

[원인설] 조건설의 과도한 결과 귀속을 제한하기 위해 원인설(Verursachungs-theorie)은 결과발생과 절대적 제약관계에 있는 개별 조건들을 결과발생에 대한 실질적 영향력에 따라 '중요한 조건'과 '단순 조건'으로 구별하고 중요한 조건(=원인)에만 인과관계를 인정한다. 원인의 기준[7]으로는 최후로 영향을 준 조건(Ortmann 최종조건설), 필연적인 조건(Stübel 필연조건설), 가장 유력한 작용을 한 조건(Birkmeyer

4 독일연방법원은 조건설의 입장에서 술에 취한 사람에게 오토바이 경주를 권하고 경주 도중 그 사람의 잘못으로 사망한 경우에도 인과관계를 인정한다(BGHSt 1, 332). 대법원도 "범인의 낫에 찔리는 등의 공격을 받아 급성신부전증이 발생한 피해자가 의사의 지시를 어기고 콜라와 김밥을 먹다 합병증으로 패혈증이 생겨 사망한 경우"에도 인과관계를 인정한다(대판 93도3612).

5 [조건설의 이론적 결함] 조건설은 인과관계의 확정에 실제로는 아무런 기능도 할 수 없다. 가령 임산부용 수면제를 복용한 임산부가 기형아를 출산한 경우 그 약을 복용하지 않았더라면 기형아가 태어나지 않았을 것이라는 조건관계로 인과관계를 인정하는 것은 **아직 알지 못하는 사실**(= 약의 특정 성분과 기형아출산 사이의 자연과학적 인과관계가 있다는 사실)을 전제로 한다. 그러므로 조건설에 의해 인과관계의 유무를 알려고 하는 자는 이미 그 인과관계를 알고 있어야만 하는 **순환논법**(petitio principii)에 빠진다.

6 조건설이 인과관계를 정의감정에 맞게 제한하지 못하는 점은 곧바로 근대형법의 결함으로 이어지는 것은 아니다. 왜냐하면 조건설의 과도한 결과귀속은 범죄론체계상의 위법성이나 책임의 단계에서 교정될 여지가 있기 때문이다. 예컨대 인과관계중단이나 비유형적 인과관계에서는 책임과실을 배제하여 발생한 결과에 대한 형사책임을 제거할 수 있고, 위험감소의 인과관계에서는 긴급피난이나 사회상규에 어긋나지 않는 정당행위로 보아 위법성을 조각시킬 수 있다.

7 [원인설] 甲이 술 마시고 차를 출발하다 길을 건너던 丁을 좌측 백미러 부분으로 추돌하여 丁이 옆으로 넘어졌고, 丁은 마침 노란색 신호에 교차로를 건너오던 乙의 차량에 치어 중상을 입었다. 丁은 응급 후송되었고 의사 丙의 과실이 겹쳐 사망하였다. 최종조건설은 의사 丙의 행위, 최유력조건설과 결정적조건설은 乙의 행위, 필연조건설이나 동적조건설은 甲의 행위가 丁의 사망에 대해 인과관계가 있다고 본다.

최유력조건설),[8] 원동력인 조건(Kohler 동적조건설), 결정적 원동력을 준 조건(Nagler 결정적 조건설) 등이 있다. 자연과학적 사고를 도입하려는 본래의 목표와 달리 원인설은 조건들을 자연과학적으로 분별한 것이 아니라 근거제시 없이 조건들을 가치평가하는 이론이 됨으로써 상당인과관계론의 전 단계에 위치하게 되었다.

2. 합법칙적 관계

조건관계는 구체적인 사태의 진행 속에서 행위와 결과 사이에 **자연법칙에 합치하는**(naturgesetzmäßig) **결합**이어야 한다. 이러한 합법칙적 조건설(die Lehre von der gesetzmäßigen Bedingung)은 1931년 엥귀쉬(K. Engisch)가 주창한 이래 현재 인과관계의 유무를 판단하는 이론이 되었다.

[조건설과 합법칙적 조건설의 차이] ① 합법칙적 조건설은 가설적인 제거절차가 아니라 행위가 결과를 초래하는지를 **실제적으로 판단**한다. 따라서 가설적 인과관계나 이중적 인과관계의 경우에도 인과관계를 인정한다. ② 합법칙적 조건설은 논리적인 조건관계가 아니라 행위의 결과야기가 **자연법칙에 부합(=합법칙성)**하는지를 판단한다. 따라서 자동차급발진사고에서도 자동차생산과 급발진사고 사이의 연관성을 근거짓는 자연법칙적 지식의 존재를 묻는다. ③ 합법칙적 조건설은 조건설과 달리 **부작위행위**와 결과발생 사이에 자연법칙적 지식에 의하여 확증이 되는 연관관계가 확인되면 인과관계를 인정한다.

이때 자연법칙이란 일상적 경험법칙, 즉 누구나 상식적으로 이해하는 합법칙성, 사회적 경험법칙,[9] 당대 최고 수준의 과학적 지식인 (검증된 verified) **전문적인 자연법칙**을 포함하는 개념이다. 다만 과학세계에서 아직 논란이 되고 있는 과학지식만으로 인과관계를 인정해서는 안 된다.

[일반적 인과관계] 합법칙적 조건설도 자연법칙적 지식이 완전하고 충분하지 않은

---

8 [최유력조건설] 甲은 乙의 복부를 강타하여 장을 파열시켰다. 丙은 병원에 응급 후송되었고, 의사의 수술지연이 공동원인이 되어 乙은 복막염으로 사망하였다. ① (대판 84도831) "의사의 수술지연이 피해자의 사망의 공동원인이 되었더라도 甲의 행위가 사망의 결과에 대한 **유력한 원인**이 된 이상" 인과관계가 인정된다. ② (評釋) 이는 중첩적 인과관계이다.

9 [사회적 경험법칙] S은행 甲은 후순위채권 투자자 모집을 위해 재무제표를 허위로 작성·공시하였고, BIS 비율, 당기순익 등을 허위로 기재한 경영지표를 공시하였다. 乙은 이 공시를 보고 후순위채권을 매입하였다. ① (대판 2012도10629) 허위 재무제표를 이용하는 기망의 고의와 그 기망행위와 乙의 후순위채권 매입 사이에 인과관계가 인정되어 사기죄가 성립한다. ② (評釋) 乙의 매입은 재무제표 이외에도 다양한 투자요소를 종합 고려하고 리스크 판단을 거쳐 이루어진다는 점에서 기망행위와 합법칙적 조건관계를 인정하기 어렵다. 甲은 자본시장법상 사기적 부정거래죄(제178조 제1항 2호, 제443조 제1항 8호)와 외부감사법상 분식회계죄가 성립할 뿐이다. 甲의 행위는 **시장에 대한 사기**(fraud on the market)이지, 개인에 대한 사기가 아니다.

영역(예: 일반적 인과관계[유형 ㉢])에서는 인과관계를 판단하는 데에 한계가 있다. **일반적 인과관계**(generelle Kausalität)[10]는 일정한 행위준칙(예: 생산표준)의 위반, 위반행위에 시간적으로 뒤이은 결과의 발생, 위반행위와 결과발생 사이의 통계적 상관관계, 결과발생에 작용한 다른 조건이 발견되지 않음이라는 네 가지 요건을 충족하면 인정된다. 이때 합법칙적 연관은 '**통계적 상관관계**'로 약화된다. 일반적 인과관계는 소송법학에서는 역학이론에 의해 포착되고 있는 사례군이다. 제조물책임,[11] 환경책임[12]의 사례들이 이에 속한다. 일반적 인과관계는 구체적 인과관계를 마치 블랙박스(Black-box)[13]에 밀봉시킴으로써 **책임원칙을 위축**시킨다. 통계적 상관관계나 비우연성가설은 반증도, 확증도 할 수 없고, 결과를 초래한 원인요소를 완전하게 알지 못하는 한, 다른 원인의 개입가능성도 확실하게 배제할 수 없기 때문이다. 일반적 인과관계의 승인여부는 작은 형법을 지향하거나 비대한 형법을 지향하느냐에 관한 형법정책의 문제로 남는다.

Ⅲ. 인과관계의 범위

형법상 인과관계는 합법칙적 조건관계 외에 결과가 책임원칙의 관점에서 행위자에게 (규범적으로) 귀속될 수 있을 때 인정된다.

1. 상당인과관계론

상당인과관계설(Adäquanztheorie)은 어떤 조건이 결과를 발생시키는 것이 경험칙상 **상당한 조건**(adäquate Bedingung)만 결과귀속의 근거가 된다는 이론이다. 19세기 후반 독일의 크리스(Kries)가 제창하였는데, 현재까지 우리나라 판례가 취하고 있다. 상당성의 의미는 **개연성**과 **통상성**이다.

---

10 Kuhlen, Fragen einer strafrechtlichen Produkthaftung, C. F. Müller, 1989, 63쪽.

11 [제조물책임 인과관계] S(주) 대표 甲은 소비자들로부터 스프레이 사용 후 호흡장애의 부작용을 신고 받고, 원인조사를 시켰지만 밝혀지지 않았고, 추정되는 원인인 실리콘 액의 양을 줄여 제조하게 하였으나 같은 피해신고가 들어왔다. 甲은 다시 조사를 시켰으나 역시 규명하지 못하자 주의경고문만 상품에 표시하게 하였다. 이후 피해사고는 계속되었다. ① (BGHSt 37, 19) "생산물에 건강훼손을 유발하는 물질이나 물질들의 결합을 자연과학적으로 정확하게 확인하는 것은 늘 불가능하다. 생산물의 내용이 **손해를 야기하는 속성**이 확인되면 자연과학적으로 무엇이 **궁극의 원인이었는지를 확정할 필요는 없다.** 물론 **다른 모든 손해원인들이 배제**될 수 있어야 한다."

12 [인과관계의 법률상 추정] 환경범죄단속법 제11조에 의하면 일반적 인과관계가 인정되면 구체적 인과관계를 추정하는데, 피고인이 구체적 인과관계의 부존재를 입증하기는 거의 불가능하므로 형법상 인과관계를 일반적 인과관계로 변질시킨다. ③ 이런 법률상 추정은 여러 문제점을 갖고 있다. 법률상 추정은 **무죄추정원칙에 위배**되고, 추정요건을 세밀하게 할수록 그 활용이 낮아진다.

13 Hassemer, Produktverantwortung im modernen Strafrecht, C.F. Müller, 1994, 33쪽.

즉, 일반적 생활경험에서 '**구성요건적 결과발생이 개연적인 것**'(예견가능성)이거나 '**구성요건적 결과를 초래할 일반적 경향**'[14]을 뜻한다.[15] ① 상당성을 결과발생의 **개연성**으로 판단할 때 고려하는 **기초사정의 범위**에 관해 다음 세 견해가 대립한다.

학설		개연성 예측에 고려하는 기초사정의 범위	대표학자
주관적	상당인과관계설	행위자가 인식하였거나 인식할 수 있었던 사정	Kries
객관적		행위 당시에 존재한 모든 사정을 사후에 객관적으로 종합하여 판단	Rümelin
절충적		행위자 및 통찰력 있는 사람이 인식할 수 있었던 사정	Träger

상당인과관계는 행위자의 사회적인 교류영역에서 통찰력 있는 사람의 인지내용과 행위자의 특별한 인지내용을 바탕으로 하여, 법관이 자신을 행위를 앞에 둔 시점(ex ante)과 객관적인 관찰자의 입장에 위치시켜서 결과발생의 예견가능성(개연성) 여부를 소송에서 사후적으로(ex post) 판단하는 것이다. ② 상당성을 **통상성**으로 판단할 때에는 가치판단적 요소가 들어간다. 상당성의 판단에 개입하는 가치판단적 요소를 분석해내긴 어렵지만 상당성 판단에 개입되는 가치요소를 다음 도표처럼 유형화할 수 있다.

		유형	사안	상당성설	객관적 귀속론
㉠	위험의 실현	비유형적 인과관계	교사 甲은 학생 乙을 빰을 때렸는데, 乙은 두개골이 얇은 뇌수종을 앓던 터라 사망하였다.	× 대판 78도1961	×
㉡		비유형적 인과관계	甲은 고혈압이 있는 乙을 폭행하였고 乙은 넘어질 때 자극으로 뇌출혈로 사망하였다.	○ 대판 67도45	×
㉢		객관적 지배가능성 흠결	60세 乙이 쌓아 놓은 모래더미에 걸려 자전거에서 넘어진 甲이 乙의 어깨를 잡고 7미터 끌고가자 乙은 뇌실질내 혈종을 입었다.	×	×
㉣		인과관계의 중단	甲은 도로를 횡단하던 乙을 충격하여 반대차로 1차선에 넘어뜨렸고, 乙은 반대차선을 과속으로 운행하던 자동차에 치어 사망하였다.	○ 대판 88도928	×

14 상당인과관계설의 창시자인 J. Kries, "Über den Begriff der Wahrscheinlichkeit und Möglichkeit und ihre Bedeutung im Strafrecht", ZStW, 1889, 528쪽.

15 [상당성의 의미: 개연성과 통상성] **개연성**의 예를 들면 겁주려고 칼로 다리를 살짝 긁는 상해행위를 하였는데, 피해자가 죽는 것은 **개연적이지 않으므로** 설령 혈우병 환자라 피가 멈추지 않아 죽었어도 인과관계가 인정되지 않는다. **통상성**의 예를 들면 "피해자의 머리를 탁하고 쳤더니 억하고 죽었다"라고 말할 때, 그 말에는 탁하고 치면 억하고 죽는 것이 **통상적이지 않다**는 점, 바꿔 말해 탁하고 치는 행위에 억하고 죽는 결과를 귀속시키는 것은 언어규범(Sprachnorm)에 반한다는 점을 통해 인과관계가 없음을 근거짓는 것이다.

		유형	사안	상당성설	객관적 귀속론
㉤		위험증대	甲은 환자 乙을 할로테인 전신마취 하면서 소변검사로만 간기능이상여부를 판단하고 마취한 결과 간기능이 악화되어 사망하였다.	× 대판 90도694	△
㉥	규범의 보호범위	주의규범의 보호목적	甲이 열차건널목을 멈춤 없이 차를 몰고 건너다 열차 좌측모서리를 들이 받아 20m 열차진행방향으로 끌려가 튕겨나갔고, 행인 乙이 이 광경을 보고 놀라 넘어지면서 상해를 입었다.	○ 대판 89도866	×
㉦		고의적인 자기위태화 관여	甲에게 낫으로 찔린 乙은 급성신부전증에 걸렸고, 의사의 지시를 어기고 콜라와 김밥을 먹고 합병증으로 패혈증이 생겨 사망하였다.	○ 대판 93도3612	×
㉧		제3자의 책임영역	甲은 丙의 복부를 1회 강타하여 장파열을 일으켰다. 丙을 치료하던 의사 乙이 수술을 지연시키다가 丙이 복막염으로 사망하였다.	○ 대판 84도831	×

판례의 상당인과관계설에 의하면 비유형적 인과과정, 객관적 지배가능성의 흠결, 단순 위험증대의 경우에 인과관계를 배제시키고 나머지 경우에는 인과관계를 여전히 넓게 인정하는 한계[16]를 보인다. 특히 상당인과관계설은 (정범의 또는 교사범[17]의) **인과관계의 중단**(단절[18]), 즉, 행위자가

16 [중요성설과 목적설] ① **중요(성)설**은 독일의 Mezger에 의해 주창되고 Blei 등에 의해 지지된 이론이다. 중요설은 조건설에 의해 (논리적) 인과관계가 인정되고 나면, 그 구체적인 결과발생이 법적 중요성(rechtliche Relevanz), 즉 구체적인 범죄구성요건의 의의와 목적 기타 구성요건이론의 일반원칙을 고려하여 중요성이 있는지에 따라 결과귀속의 범위를 결정한다. 중요성은 상당성과 마찬가지로 불명확하며 세분화된 귀속의 기준을 제시하지 못한다. ② **목적설**(유기천, 개고 형법학, 일조각, 1971, 136쪽)에 의하면 인과관계는 기수범과 미수범을 구별하여 미수범의 책임을 감경하는 기준을 제공하는 목적을 실현하는 데에 있고, 따라서 행위로부터 결과가 발생하는 과정이 '우연'인지 여부를 인과관계의 판단에서 중요시해야 한다는 것이다. 다만 목적설은 심층심리학적으로 고의범의 모든 결과는 단순히 우연이 아니라 무의식적 동기의 실현인 점을 고려하여, 행위가 초래한 결과가 치명상인 때에는 기수, 경상(輕傷)인 때에는 미수의 책임을 묻는 반면, 과실범과 결과적 가중범에서는 객관적 상당인과관계설을 적용함이 옳다고 본다.

17 [교사범의 인과관계 단절] 의사 甲은 乙이 자신의 아이를 임신한 사실을 알게 되자 乙에게 낙태를 권유하였고, 乙은 출산과 결혼이 甲의 장래에 방해가 되지 않도록 최선을 다하겠으니 아이를 낳겠다고 말했다. 甲은 출산여부와 상관없이 결혼하지 않을 것이며, 아이에 대한 친권도 가질 의사가 없다고 하면서 乙에게 낙태할 병원을 물색해주었다. 乙은 甲의 마음을 확인하고는 甲에게 알리지 아니한 채 자신이 알아 본 병원에서 낙태시술을 받았다. ① (대판 2012도2744) "甲은 乙에게 낙태를 교사하였고, 乙은 이로 인하여 낙태를 결의·실행하게 되었고, 乙이 당초 아이를 낳을 것처럼 말한 사실이 있다 하더라도 그러한 사정만으로 甲의 낙태 교사행위와 乙의 낙태 결의 사이에 **인과관계가 단절**되었다고 볼 것은 아니다". 甲은 (헌법불합치결정을 받은) 자기낙태죄(제269조 제1항)의 교사범이 된다. ② (評釋) 乙이 낙태를 결의한 것은 甲의 낙태권유 때문이 아니라 甲의 마음을 확인하였기 때문이다. 甲의 낙태교사의 인과관계는 중단되어 '실패한 교사'(제31조 제3항)가 되어 예비·음모로 취급하지만 낙태예비·음모죄가 없으므로 甲은 불가벌이 된다.

18 "피해자가 다른 병원으로 전원할 당시 이미 후복막에 농양이 광범위하게 형성되어 있었고 췌장이나 십이지장과 같은 후복막 내 장기 등 조직의 괴사가 진행되어 이미 회복하기 어려운 상태에 빠져 있었다면, 피해자가 다른 병원으로 전원하여 진료를 받던 중 사망하였다는 사실 때문에 피

설정한 인과과정이 결과발생에 이르기 전에 다른 사람의 행위가 설정한 인과과정에 의해 독자적으로 결과가 발생한 경우에도 인정한다.

[상당인과관계이론의 결함] 이는 상당성 개념이 여전히 불명확하고, 법관의 직관적 정의관념에 의존하기 쉽다는 데에서 비롯된다. 그로 인해 비슷한 사례(유형 ㉡, ㉢)에서도 뚜렷한 근거 없이 인과관계의 판단이 일관되지 못하고, 위험사회의 형법에 요구되는 세분화된 결과의 귀속규칙을 제공해주지도 못한다. 또한 상당인과관계설은 인과관계를 구성요건의 단계에 위치시키지 못하고, 위법성이나 책임의 단계로 넘기기도 한다. 왜냐하면 상당성은 위법성조각사유(예: 사회상규[제20조])와 중첩되며, 책임의 요소인 기대가능성의 내용을 형성하기도 하기 때문이다. 법적인 인과관계는 규범적으로 타당한 결과귀속을 할 수 있어야 하는데, 상당인과관계설은 객관적 귀속론의 규범보호목적이론과 같은 상세한 기준을 전혀 제공하지 못한다.

2. 객관적 귀속론

객관적 귀속론(Objektive Zurechnungslehre)은 인과관계(합법칙적 조건관계)가 인정되는 결과를 행위자의 작품(Werk)으로, 즉 그가 행한 범행의 탓으로 귀속시킬 수 있는지를 판단하는 이론이다. 객관적 귀속론에 의하면 구성요건적 결과는 행위자가 **법적으로 허용되지 않은 위험을 창출**하고, 그 위험이 발생한 **결과에 실현**된 것이며, 그 결과가 **법규범의 보호영역 안에서 발생**한 것일 때 행위자의 작품으로 귀속된다.

(1) **위험의 창출** 행위자는 구성요건적 결과에 실현된 위험을 법적으로 허용되지 않는 방식으로 창출하여야 한다. ① 법규범이 정하고 있는 의무를 위반하지 않은 행위(예: 법규준수운전, 의료법칙준수수술)로부터 창출되는 위험은 **허용된 위험**(erlaubtes Risiko)으로 인정되어 형법상 인과관계가 부인된다. ② 의무위반행위가 창출하는 위험이 기존의 위험을 방지하고 그보다는 상대적으로 경미한 결과를 초래한 위험인 경우(위험감소)[19]에도 결과

고인의 진료상의 과실과 피해자의 사망과의 사이의 인과관계가 **단절**된다고 볼 수는 없다"(대판 95도245). ③ 복강격 위장관 유착박리 수술 후 복막염에 대한 진단과 처치를 지연한 의사의 과실로 환자가 제때 필요한 조치를 받지 못하였다면 환자의 사망과 그 의사의 과실 사이에는 인과관계가 인정되고, 환자가 의사의 지시를 일부 따르지 않거나 퇴원조건을 갖추지 못했는데도 퇴원한 적이 있더라도, 그러한 사정만으로는 인과관계가 단절되지 않는다(대판 2018도2844).

19 [위험감소] 벽돌이 乙의 머리위로 떨어지고 있는 순간 甲이 자신의 가방을 乙의 머리를 향해 던져서 벽돌이 乙의 팔에 떨어져 다친 경우 그 상해는 甲의 행위에 귀속될 수 없다.

의 귀속이 배제된다. ③ 사회적으로 상당한 **최소위험**(sozialadäquate Minimalrisiken)[20]을 창출한 의무위반행위는 법적으로 허용되지 않는 위험창출행위가 아니다.

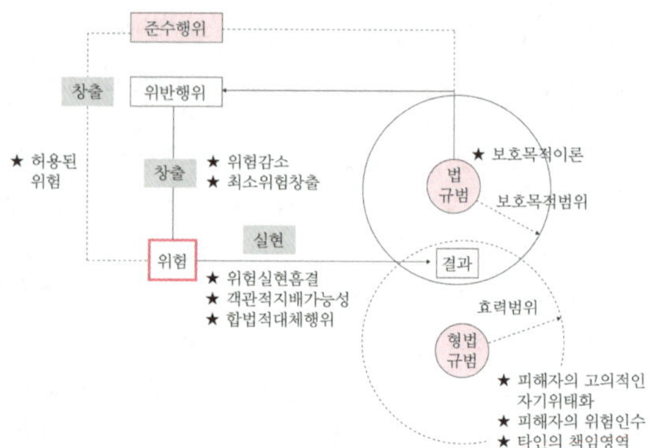

(2) **위험의 실현**

법적으로 허용되지 않은 위험을 창출하였어도 다음처럼 그 위험이 결과에 실현되지 않은 경우에 결과는 귀속되지 않는다. ① 행위가 창출한 위험이 발생결과와 단지 **우연적인 관계**만을 맺는 경우는 결과를 위험창출행위에 귀속시킬 수 없는 반면, 행위가 창출한 위험이 발생결과에 **'법적으로 유의미한 방식으로' 직접** 실현된 경우는 결과를 위험창출행위에 귀속시킬 수 있다(직접성 원칙). 이러한 위험의 실현여부 판단은 과학적 조사[21]가 필요할 수도 있다.

우 연 성	(법적으로 유의미한 방식의 위험실현) 직 접 성
• 甲은 乙을 살해하려고 칼로 찔렀으나 乙은 병원에서 치료받던 도중 병원의 화재에 의해 사망한 경우 (**인과관계의 중단**)	• 甲은 乙을 익사시키려고 다리 위에서 강물 아래로 내던졌으나 乙이 교각에 머리를 부딪쳐 사망한 경우(**인과과정의 비본질적 불일치**). • 甲은 乙을 밧줄로 목 졸랐으나 질식사하지 않고, 목 조르는 행위로 인해 입은 상처의 감염으로 죽은 경우(RGSt 7, 258). • 甲은 乙을 죽이려고 해머로 내리쳤으나 죽지 않았고 甲은 乙이 흘린 피를 보고는 광기에 빠져들어 책임무능력상태에서 乙을 다시 밧줄로 목 졸라 죽인 경우(BGHSt 7, 325: 살인미수 **개괄적 고의**)
귀속 안 됨	乙의 사망은 甲의 행위에 귀속됨[22]

② 위법하게 창출된 위험은 그 위험으로부터 발생할 구성요건적 결

20 **[최소위험]** 집주인이 일꾼을 벼락이 칠 때 밖에서 일하게 하였는데 그 일꾼이 벼락 맞아 죽은 경우, 상속인인 조카가 피상속인인 아저씨를 살해하기 위해 안전도가 낮은 전세비행기를 타고 여행하도록 권하였는데 마침 비행기추락사고로 아저씨가 사망한 경우가 이에 해당한다.

21 **[위험실현의 과학적 문제]** 乙은 약사 甲이 잘못 복약지도를 한 비타민을 먹고 비타민중독에 걸려 병원에 입원한 후 병원이 책임질 수 없는 독감에 걸려 사망하였다(OLG Köln NJW, 1956, 1848). ① 乙의 사망을 甲의 복약지도행위에 귀속시키려면, 그 행위가 창출한 **위험이 사망의 결과에 직접 실현**된 것, 즉 乙의 독감감염과 사망이 비타민중독에 의한 체질약화의 결과이어야 한다. 이런 관련성이 엄밀한 과학적 역학조사로 밝혀지지 않으면 인과관계는 부정된다.

22 甲의 위험창출행위는 결과에 실현된 위험(교각에 부딪힘 등)을 법적으로 의미 있는 방식으로 증

과를 **객관적으로 예견 및 회피**할 수 있는 경우[23]에 그 결과에 실현된 것이다. ③ 의무준수행위(합법적 대체행위 rechtsmäßiges Alternativverhalten)를 하였더라도 결과가 발생하였을 경우에 행위자의 의무위반행위가 창출한 위험은 발생결과에 실현되지 않은 것이다. 다만 이때 **의무준수행위의 결과회피율**, 역으로 말해 **의무위반행위의 결과발생율**(위험증대율)에 관해서는 견해가 대립한다.

- **위험증대설**(Risikoerhöhungstheorie) 또는 **상당위험증대설**은 의무위반행위의 결과유발률이 가능성(5% 이상의 위험증대율) 또는 개연성(50% 이상의 위험증대율) 수준이면 결과의 귀속을 인정한다.
- **무죄추정설**(in dubio pro reo) — 정확히는 **시민자유우선설**(in dubio pro libertate)[24] — 은 위험증가율이 확실성의 수준(**90% 이상**)일 때에만 결과의 귀속을 인정하고, 의무준수시의 결과발생이 가능성의 수준(10% 이상)이면 결과의 귀속을 배제한다.

판례의 상당인과관계설은 대체로 상당위험증대설에 가까우나, 상당성의 불명확성으로 인해 사안에 따라 위험증대설[25]과 무죄추정설[26] 사이에

대시켰다는 점에서 인과과정의 상위에도 발생결과는 원래의 위험창출행위에 귀속시킬 수 있다.

23 [객관적 지배가능성] 예컨대 교사가 학생을 징계하고자 뺨을 때렸는데, 두개골이 얇은 학생이 즉사한 경우에 그 사망은 일반적으로 예견가능하지 않으므로 폭행행위가 창출한 신체침해의 위험은 피해자의 사망에 실현되었다고 볼 수 없다.

24 ① 무죄추정은 소송법상의 원칙인 '의심스러울 때 피고인에게 유리하게'(in dubio pro reo) 원칙을 말한다. 이는 요증사실의 증명이 없거나 불분명한 경우에 피고인에게 유리한 방향으로 사실을 인정해야 한다는 원칙이다. ② 의무위반행위의 결과실현율이 확실하지 않으면 형사처벌하지 않는다는 것은 규범적 원칙이다. 그러므로 이런 결론은 '형사처벌의 적정성이 의문일 경우에는 시민자유우선'(in dubio pro libertate) 원칙에 의존할 수밖에 없다.

25 [위험증대설의 판례] 산부인과의사 甲은 분만 중 태반조기박리를 보이는 乙에게 응급 제왕절개수술을 하여 태아를 정상 분만시켰고, 지혈조치를 하였지만 乙이 출혈을 계속하고 혈압이 내려가자 乙을 종합병원으로 후송시켰다. 乙은 응급조치를 받았지만 범발성 혈액응고장애로 바로 사망하였다. 甲은 당시 개원의 산부인과의 통상적인 수혈대비용량인 혈액 3봉지만 비축했었다. ① (대판 99도3621) 甲에게 "수술 도중이나 수술 후에라도 **가능한 빠른 시기에 혈액을 공급받기 위한 조치를 전혀 취하지 아니한 과실**"을 인정하고, 제왕절개수술을 결정할 때 인근 혈액원으로 신속하게 혈액을 공급받을 수 있도록 조치를 취하여 "**수혈조치를 하였다면 乙이 실혈사하지 않았을 것**"으로 보고 상당인과관계도 인정하였다. ② (評釋) 판례는 위험증대설에 가깝다.

26 [무죄추정설의 판례] 乙은 승합차를 70km/h로 중앙선을 침범하여 반대편 편도 2차도로의 1차로로 오던 丙의 화물차 전면부분을 승합차 우측 뒷부분으로 들이받았다. 丙의 화물차 30m 뒤에서 70km/h로 승용차를 운행하던 甲은 전방주시를 게을리 하다 乙과 丙의 차량추돌 직후 丙의 화물차 뒷부분을 승용차 앞범퍼로 들이받았다. 丙은 연쇄충돌로 즉사했으나 원인이 甲과 乙과의 충돌 중 어느 것 때문인지는 밝혀지지 않았다. ① (대판 2005도8822) "후행 교통사고를 일으킨 甲의 과실과 乙의 사망 사이에 인과관계가 인정되기 위해서는 甲이 **주의의무를 게을리 하지 않았다면 피해자가 사망에 이르지 않았을 것이라는 사실이 증명되어야**"하므로 甲은 무죄이다. ② (評釋) **판례는 무죄추정설에 가깝다.** 그러나 甲과 乙은 공동의 주의의무를 공동으로 위반하였고, 각자의 의무위반이 함께 축적되어 丙의 사망을 초래한 것이 확실하므로 위험증대설을 적용하여 업무상과실

서 오락가락 한다.

私見으로 사회적 행위영역의 특성을 고려하여 **의료행위**는 선을 행하는 행위이므로 그런 행위영역에서는 **무죄추정설**(시민자유우선설)을 적용하고, **도로교통**에서는 하나의 교통사고발생에 수인이 각자의 과실행위(교통법규위반행위)로 관여하는 경우에도 공동의 주의의무를 인정하고, 인과적 기여도가 각기 **상당위험증대** 수준이면 분업의 원리에 따라 과실범의 공동정범을 인정함이 바람직하다.

(3) 규범의 보호영역 법적으로 허용되지 않는 방식의 행위로 위험을 창출하고 그 위험이 결과에 실현된 경우에도 그 결과가 법규범의 보호영역(규범영역 Normbereich) 안에서 발생한 경우에만 그 결과는 최종적으로 위험창출행위에 귀속시킬 수 있다. ① 위험창출행위에 의하여 발생한 결과의 방지가 그 행위의 의무위반성을 근거짓는 **법규범**(주의규범)**의 보호목적**[27]에 속하는 경우에만 그 결과는 위험창출행위에 귀속시킬 수 있다. 결과의 방지가 **주의의무의 반사적인 보호이익**(Schutzreflex)에 불과할 때에는 귀속시킬 수 없다. ② 다음 세 가지 경우에 발생한 결과는 형법상 (업무상) 과실치사상죄(제266조 등)의 효력영역(또는 보호목적)에서 발생한 것이 아니다.

보호목적(규범영역)	
개별법(예: 도로교통법, 의료법)의 **주의규범**	**형법의 효력영역** (예: 업무상과실치사상죄)
주의규범의 보호목적	자기위태화관여 피해자의 위험인수 제3자의 책임영역

- 피해자의 자기위태화행위의 결과는 그런 행위의 위험을 창출한 사람의 행위에 귀속되지 않는다(**자기 위태화행위**).[28]
- 피해자가 자신이 위태화될 것임을 인식함에도 불구하고 타인으로 하여금 자신을

치사죄의 공동정범이 된다고 볼 수 있다.

27 **[주의규범 보호목적]** 甲이 일단멈춤 없이 열차건널목을 차를 몰아 건너다 열차 좌측 모서리를 들이 받고 20미터 열차방향으로 튕겨나갔다. 乙이 이를 보고 놀라 자전거에서 넘어지며 다쳤다. ① (대판 89도866) "자동차와 乙이 직접 충돌하지는 아니하였더라도" 甲의 과실과 乙의 상해는 상당인과관계가 있다. ② (評釋) 도로교통법의 일단멈춤규정은 열차충돌방지목적을 추구할 뿐이고 통행인의 부상방지목적은 추구하지는 않으므로 객관적 귀속이 인정되지 않는다.

28 **[자기위태화관여]** 乙은 일가족과 연탄가스중독으로 병원에 응급후송되어 하루 치료를 받고 퇴원하면서 의사 甲에게 병명을 문의했지만 대답을 받지 못했고, 다시 사고가 난 방에서 잠을 자다 상해를 입었다. ① (대판 90도2547) 甲은 업무상과실치상죄가 성립한다. ② 재중독의 방지가 제22조의 보호목적에 속하지 않는다면 乙의 상해는 甲의 **요양방법지도의무(의료법 제22조) 위반**의 과실에 귀속될 수 없다. ③ (評釋) 중독성 질병의 생활 및 작업환경적 요인 지적은 요양방법지도의무에 속하지만 乙의 상해는 고의적인 자손행위의 결과이므로 그에 과실로 관여한 甲의 위반행위에 귀속시킬 수 없다.

위태화하도록 한 경우에 그 위태화의 결과는 그 타인의 피해자에 대한 위험창출행위에 귀속시킬 수 없다(**피해자의 위험인수**).[29]

● 결과발생의 위험을 창출한 행위일지라도 그 결과발생이 타인(법익의 주체 또는 제3자)의 고유한 책임영역에서 이루어진 경우에는 그 결과를 위험창출행위에 귀속시킬 수 없다(**제3자 책임영역**).[30]

Ⅳ. 인과관계의 법적 효과

1. 인과관계 흠결의 효과

제17조의 "그 결과로 인하여 벌하지 아니한다"는 것은 기수범으로 벌하지 않음을 의미한다. ① 고의범은 미수처벌규정이 있는 한 **미수범**으로 처벌되고, 과실행위는 제263조에 해당하지 않는 한 현행법상 불가벌이다. ② 다만 "동시 또는 이시의 **독립행위**가 경합한 경우에 그 결과발생의 원인된 행위가 판명되지 아니한 때에는 **각 행위를 미수범**으로 처벌한다(제19조)." 이 규정은 공동정범이 되지 않는 2인 이상의 행위자들이 동일한 행위객체에 대하여 — 시간과 장소가 같거나 또는 달리 하거나를 불문하고 — 실행행위를 하여 결과를 발생시켰지만, 누구의 행위가 원인인지가 판명되지 않은 경우에 모든 독립행위자들을 미수범으로 처벌한다는 것이다. 이는 **무죄추정원칙**을 적용한 결과이다. 이로써 인과관계가 없는 행위자에게 책임을 묻게 될 위험이 차단된다. 하지만 독립행위자들 가운데 누군가 한 명은 그의 책임을 지지 않게 된다. 이는 '책임은 형벌을 요구한다'는 책임원칙의 적극적 측면을 외면한다.

29 [피해자의 위험인수] 폭풍우가 오는 날 보트운전자 甲은 메멜강을 건너자고 요구한 乙에게 승선의 위험을 말하고 거절하였으나 乙이 계속 간청하자 甲은 보트를 몰았다. 보트는 좌초되어 승객이 사망하였다. ① (RGSt 57, 172) 乙의 사망은 보트운전자 甲의 행위에 귀속시킬 수 없다. 이는 피해자의 위험인수이론에 의해 정당화된다.

30 [타인책임영역과 결과귀속] 경찰관 乙은 후광등이 고장난 화물차를 몰고 가던 甲을 세워서 빨간 손전등을 차도 위에 세워 놓고 검문한 후 甲에게 바로 다음 주유소까지 차를 몰고 갈 것을 지시하였다. 甲이 출발하기 직전 乙은 손전등을 도로로부터 치웠고 다른 화물차가 甲의 화물차를 인식하지 못하고 충돌하였고 乙의 조수 丙이 죽었다. ① (BGHSt 4, 360) 甲은 업무상 과실치사가 성립한다. ② 乙이 단속한 이후에는 乙의 고유한 책임영역에서 발생하였기 때문에 丙의 사망은 甲의 행위에 귀속시킬 수 없다.

2. 인과관계 없는 결과의 귀속

자신의 행위가 결과를 발생시키는 원인이 되지 않아도 그 결과에 대해 책임을 지는 두 경우가 있다. ① **공동정범**이 성립하면 제19조(독립행위의 경합)는 적용되지 않는다. 예컨대 甲과 乙이 丙을 살해하기로 하고, 甲이 丙을 목 졸라 죽이고, 乙은 丙을 구하려는 丁을 막았다. 乙의 행위는 丙의 사망을 가져온 원인은 아니지만, 乙은 丙 사망에 대해 책임을 진다. 공동정범(제30조)은 **분업의 원리**에 따라 발생결과를 분업에 참여한 모두에게 그 결과를 공동으로 귀속시키기 때문이다. ② "**독립행위가 경합하여 상해의 결과를 발생**하게 한 경우에 있어서 원인된 행위가 판명되지 아니한 때에는 공동정범의 예에 의한다"(제263조). 이는 무죄추정원칙에 거스르면서 **인과관계를 의제**함으로써 책임원칙을 배제시킨다. 그럼에도 판례는 제263조를 폭행치상과 치사 및 폭력행위처벌법 제2조에도 유추적용한다. 이는 책임원칙과 무죄추정원칙, 유추금지원칙에 위반하는 것이다.

부작위범

제18조(부작위범) 위험의 발생을 방지할 의무가 있거나 자기의 행위로 인하여 위험발생의 원인을 야기한 자가 그 위험발생을 방지하지 아니한 때에는 그 발생된 결과에 의하여 처벌한다.

Ⅰ. 서　　론

범죄는 적극적인 작위뿐만 아니라 부작위(Unterlassung)에 의해서도 실현된다. 제18조는 작위구조의 범죄를 부작위에 의해 범할 수 있는 요건을 규정한다. 작위는 금지규범(Verbotsnorm)을 위반하는 행위이고 부작위는 **요구규범**(Gebotsnorm)을 위반하는 행위이다. 요구규범도 행위규범이며 평가규범이다. 제18조는 **일반조항**의 **형식**(예: "위험의 발생을 방지할 의무")을 띠고 있어 판례가 그 내용을 재량으로 채우기 때문에 **법률주의를 약화**시킨다. 또한 부작위의 인과성을 밝히기 어렵고, 작위의무의 부과기준이 모호하며, 결과발생이 조직이나 기구의 분업적 실행에 의한 경우에 작위의무의 귀속과 분배 기준이 명확하지 않기 때문에 **책임주의도 약화**된다. 그렇기에 제18조는 매우 엄격하게 해석·적용하여야 한다.

[부작위범의 증가와 제18조 적용의 위축] 현대사회는 부작위범이 급증한다. 형법은 사회적 생존배려를 위하여 또는 새로운 가족문화(예: 대안가족, 동거)의 안정화를 위하여 다양한 요구규범(Pflichtstatbestand)을 설정하고 그 위반을 불법으로 삼기 때문이다. 하지만 우리나라 법원은 형법의 해석·적용에서 부작위범 논증을 즐겨 하지 않는다. 고의작위범이나 과실작위범 형태의 책임귀속이 더 쉽고, 처벌할 필요가 많은 대부분의 부작위들이 부수형법(개별법률의 형벌조항)에 의해 처벌되고 있기 때문이다.

(1) **부진정부작위범과 진정부작위범** 부작위범은 진정부작위범과 부진정부작위범으로 나뉘고, 제18조는 후자에 적용된다. 판례(**형식설**)에 의하면 구성요건이 "~**하지 아니한 자**"라는 문언이면 **진정부작위범**이고, "~**한 자**"라는 문언이면 **부진정부작위범**, 즉 부작위에 의한 작위범(Begehungsdelikt durch Unterlassung)이다(대판 2010도11631).

① 형식설은 진정부작위범은 **요구규범**의 위반행위이고 부진정부작위범(작위범)은 **금**

지규범의 위반행위로 본다. ② 규범논리적으로는 금지규범과 요구규범은 호환적이다. 예컨대 살인죄는 살인하지 말라는 금지규범의 위반인 동시에 타인의 생명을 존중하라는 요구규범의 위반이기도 하다. ③ 집합명령위반죄(제145조)처럼 실행행위는 부작위(예: 구금된 자가 집합하지 아니한 때)인데, 문언의 형식은 작위범(예: 집합명령에 위반한 때)으로 규정되어 있는 경우 형식설은 두 종류의 부작위범을 구별할 수 없다.

진정부작위범	부작위범·작위범 모두 있는 범죄
• 전시군수계약불이행(제103조 제1항) • 다중불해산죄(제116조) • 전시공수계약불이행죄(제117조 제1항) • 퇴거불응죄(제319조 제2항)	• 인권옹호직무방해죄(제139조) • 직무유기죄(제122조) • 도주원조죄(제148조)
제116조(다중불해산) 폭행, 협박 또는 손괴의 행위를 할 목적으로 다중이 집합하여 그를 단속할 권한이 있는 공무원으로부터 3회 이상의 해산명령을 받고 해산하지 **아니한 자**는 2년 이하의 징역이나 금고 또는 300만 원 이하의 벌금에 처한다.	**제139조(인권옹호직무방해)** 경찰의 직무를 행하는 자 또는 이를 보조하는 자가 인권옹호에 관한 검사의 **직무집행을 방해하거나** 그 명령을 준수하지 **아니한 때**에는 5년 이하의 징역 또는 10년 이하의 자격정지에 처한다.

私見으로 두 부작위범의 구별은 1차적으로는 판례처럼 구성요건의 언어형식을 고려하되, 법익침해 또는 그 위험의 발생에 이어지는 행위인지를 판단하고, 부진정부작위범으로 취급할 필요성 등을 종합적으로 고려·결정하여야 한다(도표 참조).[1]

	부진정부작위범(제18조 적용)	진정부작위범
규범논리 언어형식	• 금지규범(Verbotsnorm)의 위반 (문언: "~한 자")	• 요구규범(Gebotsnorm)의 위반 (문언: "~아니한 자")
결과 관련성	• 법익침해 또는 법익위태화라는 결과의 발생이 있는 경우 그리고 그러한 시점에 기수가 성립	• 법익침해 또는 법익위태화라는 결과발생이 없고, 그것과 무관하게 기수성립[2] • 私見: 진정부작위범도 일정한 결과와 관련이 가능함(예: 응급의료법상 응급의료의무위반죄)
보증인 의무	• 보증인의무 있는 사람만이 행위주체가 됨	• 모든 사람(모든 신분범의 경우에는 모든 신분자)이 부작위범의 행위주체가 됨
동가치성	• 부작위와 작위의 동가치성 필요	• 동가치성문제 일어나지 않음

(2) **작위행위와 부작위행위의 구분** 제18조는 부작위행위에만 적용되므로 작위와 부작위를 구분하는 명확한 기준이 필요하다. 작위와 부작위

1 [진정·부진정부작위범의 구별] H 아파트입주자대표회의 회장 甲은 아파트관리소장 乙이 부자격자이니 2개월 내에 자격이 있는 자로 보하고 그 결과를 보고하라는 행정지시를 받았으나 이를 이행하지 아니하였다. ① (대판 93도1731) (구) 주택건설촉진법(제48조, 제52조 제1항 7호)상 시정명령불이행죄는 "행정청의 지시를 이행하지 않았다는 것을 구성요건으로 하는 범죄는 이른바 **진정부작위범으로서 그 의무이행기간의 경과에 의하여 범행이 기수**에 이"른다.

2 **부수형법에는 수많은 진정부작위범**이 있다. 한 예로 주권상장법인의 주식등 대량보유·변동 보고의 무위반죄(자본시장법 제147조 제1항, 제445조 제20호)도 진정부작위범이다(대판 2021도11110).

는 원칙적으로 **물리적 동력인**(動力因)의 유무, 예컨대 신체의 힘을 작용하여 외부세계를 변화시켰는지 여부가 기준이 된다. 그러나 과학기술사회에서 행위는 작위와 부작위의 측면을 모두 갖는 **이중적 행위**(예: 치료중단)이거나 **설명가치 있는 행동**(schlüßiges Verhalten), 즉 명시적인 작위행위의 의사는 드러나지 않으나 그러한 의사를 읽어낼 수 있는 행동의 경우(예: 저당권을 고지 않은 부동산매매)에 작위인지 부작위인지를 구별하기 어렵다. ① 판례는 부작위는 작위가 인정되지 않을 때 보충적으로 인정되어야 한다고 본다(작위추정설). **작위추정설**에 의하면 가벌성판단은 고의작위범 → 과실작위범 → 고의부작위범 → 과실부작위범의 순서로 진행한다.

[판례: 작위추정원칙] "어떠한 범죄가 적극적 작위에 의하여 이루어질 수 있음은 물론 결과의 발생을 방지하지 아니하는 소극적 부작위에 의하여도 실현될 수 있는 경우에, 행위자가 자신의 신체적 활동이나 물리적·화학적 작용을 통하여 적극적으로 타인의 법익 상황을 악화시킴으로써 결국 그 타인의 법익을 침해하기에 이르렀다면, 이는 **작위에 의한 범죄로 봄이 원칙**이"다(대판 2002도995).

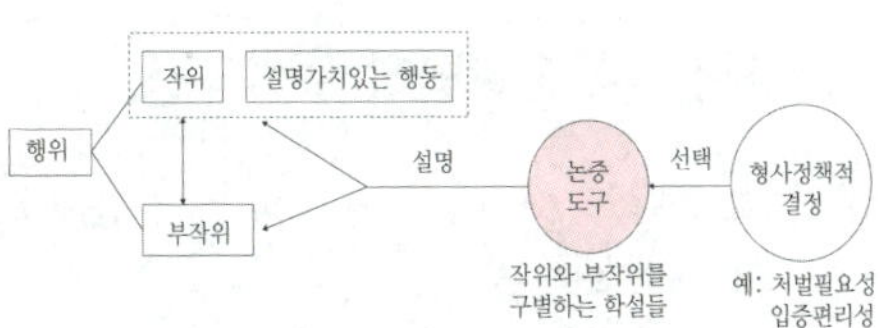

② 私見으로 '이중적 의미의 행위'의 작위 또는 부작위를 판단해줄 수 있는 실체적 기준은 없다. **비난가능성**[3]이나 **작위추정원칙** 등은 이미 (해석)정책적으로 결정된 결과를 근거짓는 논증의 도구일 뿐이다. 민주적 법치국가에서는 작위와 부작위의 선택에 대한 법원의 결정은 그 사안에 대판 판결의 정당성에 대한 의문이 클수록 그 행위를 부작위범으로 보고(in dubio pro omissio－원칙) 논증해야 한다. 부작위범은 더 많은 근거지음의 부담(예: 보증인의무, 부작위의 작위와의 동가치성요구)을 지기 때문이다. 하나의 행위가 각기 다른 구성요건에 해당하는 작위와 부작위의 측면을 갖고 있는 경우는 작위와 부작위의 선택결정보다는 그 범

3 [독일판례: 비난가능성] 작위와 부작위 가운데 비난가능성의 중점(Schwerpunkt der Vorwerfbarkeit)이 어디에 있는지에 따라 결정한다(BGHSt 6, 59). 그러나 비난가능성은 작위와 부작위를 구별하는 기준이 아니라 '이미' 이루어진 구별의 결과를 동어반복(Tautologie)으로(Sieber, "Die Abgrenzung von Tun und Unterlassen bei der passiven Gesprächsteilnahme", JZ, 1983, 433쪽) 표현할 뿐이다.

죄들을 어떤 **죄수관계**(예: 보충관계[4])로 보느냐가 더 중요하다.

[작위와 부작위범의 논증부담 차이] 의사가 생존가능성을 이유로 만류하였지만 뇌수술환자의 보호자의 강력하고 반복된 퇴원요구에 체념하여 응하였고, 환자는 귀가 후 곧바로 사망한 사건(**보라매병원사건**)에서 법원이 내린 작위범과 부작위범 구분은 논증부담의 차이를 보여준다. 私見으로 의심스러울 땐 부작위범으로-원칙을 적용하여 의사의 치료중단은 부작위행위로 판단되어야 한다. 미국에서 의학적 충고에 반한 퇴원(discharge against medical advice)이 합법화되고 있다는 점, 한국에서도 오랜 세월 관행이었던 점을 고려할 때, '퇴원요구에 따라 퇴원시키는 행위'가 왜 '칼로 찔러 살해하는' 살인행위나 '칼을 구해다주는' 살인방조행위와 똑같이 취급되어야 하는지에 관한 의문이 — 부진정부작위범의 보증인의무, 동가치성의 심사를 통해서 — 진지하게 다루어져야 하기 때문이다.

책임귀속의 관점 \ 논증대상		고의	인과관계	보증인의무	동가치성
제1심판결	살인죄-부작위범	○	○	○	○
검사입장	살인죄-작위범	○	○	×	×
제2, 3심판결	살인방조죄-작위범	△ 방조고의	×	×	×

Ⅱ. 부진정부작위범의 구성요건

[판례: 부작위범의 요건] "형법이 금지하고 있는 법익침해의 결과발생을 방지할 **법적인 작위의무를 지고 있는 자**가 그 **의무를 이행함으로써 결과발생을 쉽게 방지할 수 있었음**에도 불구하고 그 결과의 발생을 용인하고 이를 방관한 채 그 **의무를 이행하지 아니한** 경우에, 그 부작위가 **작위에 의한 법익침해와 동등한 형법적 가치**가 있는 것이어서 그 범죄의 실행행위로 평가될 만한 것이라면, 작위에 의한 실행행위와 동일하게 부작위범으로 처벌할 수 있다"(대판 2003도4128).

부진정부작위범이 성립하려면 작위의무(보증인의무와 보증인지위)가 있는 자(아래 1.)가 개별적 행위가능성과 기대가능성이 있는(2.) 작위를 하지 않는 부작위행위로 인하여 구성요건적 결과가 발생하고(3.), 그 부작위가

4 [작위범과 보충관계의 부작위범] 경찰서 방범과장 甲은 부하 乙이 오락실을 단속하여 압수하여 보관 중인 증거물인 오락기 변조기판을 수사계에 인계하고 검찰에 송치하는 조치를 취하지 않고, 乙로 하여금 오락실 업주에게 돌려주게 하였다. ① (대판 2005도3909[전원합의체]) "**직무위배의 위법상태가 증거인멸행위 속에 포함**되어 있는 것으로 보아 **작위범인 증거인멸죄만이 성립하고 부작위범인 직무유기죄는 따로 성립하지 아니한다.**" ② (評釋) 증거인멸죄와 직무유기죄는 별개의 불법유형을 갖고 있고, 후자는 전자에 대해 **보충관계**에 놓인다.

작위범과 동가치성이 있어야 한다(4.).

1. 보증인의무와 보증인지위

부작위가 형법상 구성요건을 실현하는 행위가 되려면 그 행위자에게 구성요건적 결과의 발생을 방지해야 할 의무와 지위가 있어야 한다.

(1) **보증인의무의 의의** 제18조가 규정하는 '위험방지의무'는 1980년대 이후 독일 학계의 영향 아래 현재는 보증인의무(Garantenpflicht)라고 부른다. ① 제18조는 "위험발생을 방지하지 아니한 때에는 그 발생한 결과에 의하여 처벌"하므로 보증인의무는 **결과방지의무**(Erfogsabwendungs-pflicht)이다. 법에서 정하는 모든 작위의무가 아니라 어떤 부작위를 범죄구성요건을 실현하는 행위로 만드는 작위의무, 즉 **형법적 작위의무**[5]만이 보증인의무가 된다. 이는 형법의 보충성에서 비롯된다.

② 보증인의무는 그 존부만이 아니라 **강약**도 문제된다. 부작위행위가 (정범의) 작위행위와 동등한 형법적 가치를 지니지는 못하지만, 작위에 의한 **종범과 동등한 형법적 가치**를 가질 수 있다. **부작위종범**이 되는 법적 지위는 일정한 조직에서 다른 사람(정범)을 지휘·감독하는 지위를 근거로 한다. 가령 은행지점 대리에 대한 지점장,[6] 집행관합동사무소 직원에 대한 법원경매계 공무원[7]의 지위가 그러하다. 이때 보증인의무는 **감독의무**가 된다. 판례(대판 2003도4128)는 인터넷 포털 사이트 내 오락채널 총괄팀

5 **[작위의무와 보증인의무의 차별]** 종합병원 응급실 당직의 甲은 교통사고환자 乙을 후송해온 가해자 丙이 자신이 가입한 보험에 의해 비용처리가 되는지를 묻자 '안 된다'고 하면서 'S 병원으로 가보라'고 말했다. 丙이 乙을 S 병원으로 이송하는 도중에 乙은 사망하였다. ① (대판 93도1970) 甲은 의료법상 진료거부죄와 응급조치불이행죄(응급의료법 제6조 제2항)가 성립한다. ② (評釋) 응급의료의무는 응급의료의 미제공(부작위)을 응급의료의무위반죄의 실행행위로 만들 뿐, 그 응급환자의 사망에 대한 업무상과실치사죄를 지우지 않는다. 계약으로 진료인수를 한 의사만 환자의 사망·상해를 방지할 보증인의무를 진다.

6 **[보증인의무위반과 종범]** 은행지점장 甲은 대리 乙의 배임행위를 발견하고도 손해의 보전에 필요한 조치를 취하지 아니하였다. 甲은 乙과 이익을 나눠 갖지는 않았다. ① (대판 84도1906) 甲의 부작위는 업무상 배임죄의 방조행위에 해당한다.

7 **[보증인의무위반과 종범]** 법원경매계 공무원 甲은 자신이 맡고 있는 입찰사건에서 집행관합동사무소 직원 乙이 입찰보증금을 빼 쓰고 다시 채워 넣는 횡령사실을 알았으나 배당불능사태를 염려하여 내버려뒀다. ① (대판 95도2551) 甲은 "乙의 횡령행위를 방지해야 할 법적인 작위의무를 지"고, "자신의 **작위의무**를 이행함으로써 결과 발생을 쉽게 방지할 수 있"는데도 乙의 "새로운 횡령범행을 **방조 용인**한 것은 작위에 의한 법익 침해와 동등한 형법적 가치가 있"다. 甲은 업무상 횡령의 종범이 된다.

장[8]과 그 소속직원들에게 "콘텐츠제공업체들이 게재하는 음란만화의 삭제를 요구할 조리상의 의무를 부과하고 그 위반에 대하여 방조죄를 인정한다.

(2) **보증인의무의 발생** 보증인의무는 법령, 계약, 조리(條理),[9] 선행행위[10]라는 **형식적 근거**가 있고(형식설), 동시에 일상적 사회생활의 본질적 구조를 형성하는 결과방지활동에 대한 상호적 기대와 신뢰라는 **실질적 근거**가 있을 때(기능설) 인정된다.[11] 보증인의무가 계약 또는 법률에 발생근거를 갖고 있지만 결과방지에 대한 사회적 상호기대와 신뢰가 없거나,[12] 거꾸로 결과방지에 대한 사회적 상호기대와 신뢰가 있지만 형식적

---

8 [포털사이트 팀장의 보증인의무] 인터넷 포털의 오락채널을 총괄하고, 만화사업을 책임지고 운영하는 甲은 이 사이트에 乙이 음란물인 'M의 사랑'을 연재하도록 성인만화방에 게재해 놓고, 가입회원 3만 명에게 1권당 500원을 받고 이 만화를 보게 하였다. ① (대판 2003도4128) "甲에게 **콘텐츠제공업체들이 게재하는 음란만화의 삭제를 요구할 조리상의 의무**가 있"으므로 甲은 乙의 정보통신망법 위반죄(제74조 제1항 2호)의 **종범**이 된다.

9 [조리의 보증인의무] 판례는 "작위의무는 법적인 의무이어야 하므로 단순한 도덕상 또는 종교상의 의무는 포함되지 않으나 작위의무가 법적인 의무인 한, 성문법이건 불문법이건 상관이 없고 또 공법이건 사법이건 불문하므로 법령, 법률행위, 선행행위로 인한 경우는 물론이고 기타 신의성실의 원칙이나 사회상규 혹은 **조리상 작위의무**가 기대되는 경우에도 법적인 작위의무는 있다"(대판 95도2551)고 본다. 私見으로 조리는 윤리(ethics), (핵심)도덕(moral), 사회규범(social norm)을 구별할 때 핵심도덕과 지역화된 보편성이 있는 사회규범(예: 산악동호회 회원들 간의 구조의무)을 가리킨다. 그러나 의회의 민주적 입법 없이 법관에 의해 판단된 도덕과 사회규범을 무분별하게 보증인의무의 근거로 사용하면 부작위범은 금지된 유추에 다가선다. **묵시적 계약이나 법령의 확장해석을 통해 수용 가능한 범위에서만** 보증인의무를 인정해야 한다. 이는 보증인의무에 관한 합법성(legality)의 요청이다.

10 [선행행위와 보증인의무] 산부인과전문의 甲은 임신녀 乙의 부탁으로 32주 태아 丙에게 임신중절시술을 하였으나 丙이 살아 태어났고, 시술한 약제의 작용 때문에 곧 사망한다고 보고 乙의 양해를 받아 종합병원에 전원시키지 않고 丙에게 보온조치와 설탕물만을 먹였다. 丙은 38시간 만에 호흡곤란으로 사망하였다. 甲은 丙에게 옷을 입히고 보낭으로 싼 후 비닐봉지에 넣어 적출물처리업자에게 수거해가고 화장하도록 하였다. ① (대판 2001도2254) 甲은 헌법불합치결정을 받은 업무상 동의낙태죄(제270조 제1항)와 사체영득죄(제161조)가 성립한다. ② (評釋) 甲은 낙태(선행행위)로 丙의 죽음을 방지할 보증인의무를 지며 전원조치 부작위는 살인죄가 된다. 다만 선행행위에 의한 보증인의무의 인정은 형식설이 아니라 **기능설**에 의해서 더 잘 설명된다. 선행행위는 **법적 의무를 발생시키는 법원(法源)이 아니고** 피해자의 보호기능이 가해자에게 기대되는 사회적인 행위상황 때문에 보증인의무가 발생하기 때문이다.

11 [보증인의무의 형식적 근거와 실질적 근거] 甲은 남편 乙이 목매달아 자살하는 것을 발견하고도 그냥 방치하였고, 乙은 사망하였다. **형식설**에 의하면 민법 제974조 1호에 의해, **기능설**에 의하면 부부 사이에는 상대방의 자살을 서로 중단시킬 사회적 기대와 신뢰가 보편적이라는 점에서 보증인의무가 인정된다. 甲은 부작위 자살방조죄(제252조 제2항)가 성립한다. 다만 甲이 별거상태였다면 생명을 구하는 작위행위에 대한 사회적 상호기대와 신뢰가 있다고 볼 수 없으므로 甲은 부작위에 의한 자살방조죄가 성립하지 않는다(BGHSt 7, 271).

12 [보증인의무의 실질근거] H회사 대표 甲은 乙과 건물엘리베이터설치 도급계약을 체결하였고, 안전팀장 丙은 행인의 접근을 막는 차단설비를 하지 않았다. 丁이 공사장 안에 들어가 추락사하였다. ① 형식적 근거로는 **계약상 주체**인 甲은 (乙과 함께) 업무상 과실치사죄의 (공동)정범이 될 수 있지만, **실질적으로** 행인의 **추락사 방지에 대한 사회적 기대와 신뢰**는 안전팀장 丙에게 있으므로 甲은 업무상과실치사죄가 성립하지 않는다.

발생근거가 없는[13] 경우는 보증인의무가 발생하지 않는다. 여기서 사회적 상호기대와 신뢰에 의한 보증인의무는 보호를 내용으로 하는 사회적 관계(예: 가족)로부터 발생하는 **보호의무**(Obhutsgarantenpflichten)와 위험원에 대한 관리책무로부터 발생하는 **안전의무**(Sicherrungsgarantenpflichten)로 구성된다. 보호의무의 주체는 **보호보증인**, 안전의무의 주체는 **감독보증인**이라 부른다. 보증인의무는 여러 개가 동시에 발생할 수 있다(**보증인의무의 경합**).[14]

이상의 법률, 계약, 선행행위와 보호의무, 안전의무를 조합함으로써 보증인의무는 유형화할 수 있다.

	보호의무 (→ 보호보증인)	안전의무 (→ 감독보증인)
법률	㉠ **가족(자연적 결합관계)의 보호의무** • 부모와 자식은 서로 생명·신체를 보호할 의무가 있고, 부모는 미성년 자식의 재산관리의무도 있다. • 별거나 이혼 중이 아닌 부부는 서로 생명·신체를 보호할 의무가 있지만 범죄방지의무는 없다. • 법률상 보호감독의무가 있는 자(예: 미성년자부모, 의무교육기관 교사)가 피보호감독인(예: 미성년 자녀, 학생)의 범죄를 방지할 방지의무가 있다.[15]	㉦ **공무원의 직무상 의무** 국가공무원은 기밀누설 등의 국가법익 침해를 방지할 작위의무가 있다. 단 경찰의 범죄방지의무가 곧 보증인의무가 되는 것은 아니다.[16] ㉧ **위험원 관리의무** 위험한 물건을 지배하는 자는 그 물건으로부터 타인의 법익이 침해되지 않게 방지할 의무가 있다(예: 차주는 무면허운행을 방지해야 한다).
계약	㉡ **보호기능의 인수** 계약에 의해 보호기능을 떠맡은 사람(예: 보육교사)은 그 민법적 계약의 유효한 존속이 끝나도 보호기능이 유지된다는 신뢰가 있으면 계속된다. 보호기능의 인수는 계약이 아니라 일방행위·사무관리에 의한 경우도 포함한다.	㉨ **업무상 타인을 조종하는 지위** 타인을 조종할 지위에 있는 사람(예: 은행지점장)은 그 타인(예: 대리)의 행동으로 발생하는 위험을 방지할 정범으로서의 의무는 없으나 종범으로서의 의무는 있다.

13 [보증인의무의 형식적 근거] 의사 甲은 의학적 유용성이 10%로 진단된 환자 乙에 대한 치료를 가족의 요구에 따라 중단하였고, 乙은 곧 사망하였다. ① **치료중단과 퇴원은 진료계약의 종료를 의미하므로 보증인의무를 인정할 계약적 근거는 없고,** 응급의료법 제6조 제2항의 응급의료의무는 환자의 사망 자체를 방지할 의무가 아니라 단지 진료인수 후 진료의 실효성을 확보하는 임시조치의무이므로 법률적 근거도 없다. 조리를 근거로 인정한다면 법과 윤리의 간극이 지나치게 사라진다. 甲은 업무상 과실치사나 살인방조죄가 성립하지 않는다.

14 [보증인의무의 경합] ① 甲은 조카 乙을 살해하기로 마음먹고 저수지로 데리고 가서 미끄러지기 쉬운 제방 쪽으로 유인하여 함께 걸었다. 乙이 미끄러져 물에 빠지자 甲은 乙을 구호하지 않고 그대로 익사하게 하였다. "乙의 숙부로서 익사의 위험에 대처할 보호능력이 없는 나이 어린 乙을 익사의 위험이 있는 저수지로 데리고 갔던 甲으로서는 乙이 물에 빠져 익사할 위험을 방지하고 乙이 물에 빠지는 경우 구호하여 주어야 할 **법적인 작위의무**가 있다. 甲이 살해의 고의를 가지고 乙이 익사하는 것을 용인하고 방관한 행위(부작위)는 甲이 乙을 직접 물에 빠뜨려 익사시키는 행위와 다름없다고 형법상 평가될 만한 살인의 실행행위"(대판 91도2951)이다. 여기서 甲의 보증인의무(저수지에 빠져 죽을 위험을 방지할 안전의무)는 乙에 대한 보호기능을 인수한 묵시적 계약과 저수지의 제방 쪽으로 데려간 선행행위를 근거로도 인정된다. ② 甲은 신호를 위반하여 차를 몰다 행인 乙을 치었다. 甲은 부상당한 乙을 그대로 방치한 채 달아났고, 乙은 사망하였다. 교통사고의 선행행위 또는 도로교통법 제54조 제1항에 의해 甲은 乙의 사망을 방지할 보증인의무를 지고, 그 의무를 고의 또는 과실로 이행하지 않아 성립하는 업무상과실치상죄와 살인죄의 경합범 또는 업무상과실치상의 결과적 가중범은 특정범죄가중법 제5조의3 제1항에 해당한다.

	㉢ **긴밀한 공동관계** 탐험대나 등반대 구성원들은 서로 그 활동 중에 발생하는 위험을 제거하여 생명·신체를 보호해줄 의무가 있다(공동재난자, 공동마약복용자집단 사이에는 의무가 인정 안 됨). ㉣ **유사가족간의 보호의무** 동거인들은 서로 생명을 보호할 의무가 있다. ㉤ **큰 조직에 대한 보호의무 배제** 은행, 국가 등에게 개인은 불리한 사실을 알릴 의무가 없다.[17]	
선행행위	㉥ **위법한 선행행위에 의한 보통의 생활위험을 넘어서는 위험의 창출** 위법한 선행행위로 인해 피해자가 보통의 생활위험[18]을 넘어서는 위험에 빠지게 되면 그 위험의 결과실현을 방지할 의무가 있다(예: 감금자의 피해자 사망을 방지할 의무). [판례] 미성년자를 유인하여 포박 감금한 후 그 감금상태가 계속된 어느 시점에서 살해의 고의가 생겨 피감금자에 대한 위험발생을 방지함이 없이 포박감금상태에 있던 **피감금자를 그대로 방치함으로써 사망**케 하였다면 **부작위는 살인죄**가 성립(대판 82도2024).	㉦ **위법한 선행행위에 의한 보통의 생활위험을 넘는 위험원의 창출** 위법한 선행행위가 보통의 생활위험을 넘어서는 위험원을 만들면 그 위험의 결과실현을 방지할 의무가 있다(예: 실화자의 진화의무). [판례] 폭약을 호송하는 자가 화차에서 촛불을 켜놓고 잠자다가 폭약상자에 불이 붙는 것을 보았다면 상자를 뒤집는 등의 방법으로 진화를 할 의무가 있고, 도주해서는 안 된다(대판 78도1996).

(3) **보증인지위** 부진정부작위범의 주체가 되려면 보증인의무 이외에도 보증인지위(Garantenstellung)가 있어야 한다. 보증인지위는 **보증인의무를 낳는 행위상황**(Umstände, die jene Rechtspflicht ergeben)과 그 상황에서 결과발생의 사태를 지배하고 있는 상태를 의미한다. 작위범(예: 칼로 찔러 살인)에서 금지명령(예: 사람을 죽이지 말라)에 따른 법적 의무가 구성요건에 내재된 불법유형의 핵심을 이루는 것처럼, 보증인의무도 요구명령에 따른 법적 의무로서 구성요건에 내재된 불법유형의 핵심을 이룬다. 따라서 보증인지위도 보증인의무와 같이 **구성요건요소**가 된다. 물론 보증인의무의 위반은 위법성을 구성하고(BGHSt 16, 157), 보증인의무(성)의 착오[19]는 법률

15 어린아이의 범죄에 대한 부모의 보증인의무는 사회적 지위관계에서 나오는 것이 아니라 부모의 양육권행사를 통한 위험(양육의 실패로서 어린아이의 범죄행위)의 인수에서 나온다.

16 예컨대 기업의 환경형법에 위반되는 폐수방출을 알고도 아무런 조치를 취하지 않는 경찰관은 그 환경범죄의 부작위범이 되는 것은 아니다.

17 [반대경향의 판례] "특정 질병을 앓고 있는 사람이 보험회사가 정한 약관에 그 질병에 대한 고지의무를 규정하고 있음을 알면서도 이를 고지하지 아니한 채 그 사실을 모르는 보험회사와 그 질병을 담보하는 보험계약을 체결한 다음 바로 그 질병의 발병을 사유로 하여 보험금을 청구하였다면 특별한 사정이 없는 한 사기죄에 있어서의 기망행위 내지 편취의 고의를 인정할 수 있"다(대판 2007도967).

18 [보통의 생활위험] 교통법규에 맞게 운행하던 중 찻길로 휘청거리며 들어온 술 취한 사람을 친 경우 부작위살인죄는 성립하지 않으며, 술 판매의 영업으로 인해 술집주인은 손님의 술로 인한 부상을 방지할 의무를 발생시키지 않는다. 보통의 생활위험을 창출하고 있기 때문이다.

19 [보증인의무의 착오] 甲은 부인 乙의 전남편 자식 丙이 간질발작을 일으키며 쓰러져 있는 것을 보았으나, 생계를 같이 하는 丙이 사라져 주었으면 하는 마음에서 丙이 그냥 죽기를 바라면서 구조

의 착오가 된다.

[판례: 보증인지위 개념의 부정합] "부작위행위자가 그러한 보호적 지위에서 ⓐ **법익침해를 일으키는 사태를 지배하고 있어** ⓑ 작위의무의 이행으로 결과발생을 **쉽게 방지할 수 있어야** ⓒ 부작위로 인한 법익침해가 작위에 의한 법익침해와 동등한 형법적 가치가 있는 것으로서 범죄의 실행행위로 평가될 수 있다"(대판 2015도6809). 이 판례에서 ⓐ 결과발생사태의 지배와 ⓑ 결과발생방지의 용이성의 관계가 "~**있어**~"라는 인과관계의 구문으로 짜여있고, 이 두 요소(ⓐ→ⓑ)와 ⓒ 부작위범의 동가치성의 관계는 "~할 수 있어야 ~평가될 수 있다"는 조건관계의 구문으로 짜여 있다. 그러나 ⓐ (결과발생)사태의 지배란 ⓑ **결과발생방지의 용이성(=개별적 행위가능성과 기대가능성)과 '보증인의무를 낳는 행위상황의 요소'가 함께 있을 때** 인정되는 것이다. 즉 "있어"라는 연결어로 인해 보증인지위의 개념에 결함이 생긴 셈이다.

2. 개별적 행위가능성과 기대가능성

(1) **개별적 행위가능성** 부작위범이 성립하려면 개별적 행위가능성(individuelle Handlungsmöglichkeit)이 있어야 한다.[20] 이는 행위자가 자신의 **개인적 능력**을 고려하고 행위 시점에 **사전적 판단**(ex ante)을 할 때 결과발생을 방지하는 작위행위를 할 수 있는 가능성을 말한다. 판례(대판 91도2951)도 "그 의무를 이행함으로써 결과발생을 쉽게 방지할 수 있었음에도 불구하고"라고 함으로써 개별적 행위가능성[21]을 요구한다.

(2) **기대가능성** 부작위범이 결과를 방지하는 작위행위를 할 개별

하지 않았다. 甲은 자신이 친부가 아니므로 丙을 구조할 의무가 없다고 생각했다. 甲은 법률상 부양의무(민법 제974조 3호)를 지며, 甲의 부작위는 살해행위에 해당한다. 甲은 자신이 제18조의 "위험의 발생을 방지할 의무가 있는 자"에 해당함을 인식하지 못한 **포섭착오**를 하여 제16조가 적용되지만, 정당한 이유를 인정하기 어렵다.

20 [일반적 및 개별적 행위가능성의 구별] 해운대에서 생방송에 잡힌 아들의 익사를 지켜보는 서울의 아버지는 일반적 행위가능성이 없고, 아들의 익사를 바로 옆 가까이서 지켜보지만 수영할 줄 모르는 아버지 경우는 개별적 행위가능성이 없다. 일반적 행위가능성은 부작위범의 행위성을 구성하고, 개별적 행위가능성은 구성요건해당성을 구성한다.

21 [개인적 행위가능성] 甲은 H 모텔에서 담뱃불이 남아있는 재떨이에 휴지를 버리고 잠을 자다 휴지에 불이 붙고 침대시트에 옮겨 붙고 방안에 불이 타오르기 시작할 때 잠에서 깼다. 甲은 모텔 주인이나 투숙객들에게 알리지 않고 황급히 모텔을 빠져나왔다. 이 불로 乙은 전치 5주 상해를 입었다. ① (대판 2009도12109) "중대한 과실 있는 선행행위로 甲에게 이 사건 화재를 소화할 법률상 의무는 있다. 甲이 모텔을 빠져나오면서도 모텔 주인이나 다른 투숙객들에게 이를 알리지 아니하였다는 사정만으로는 甲이 이 사건 **화재를 용이하게 소화할 수 있었다고 보기 어렵**"다. 현주건조물방화치상죄(제164조 제2항)는 성립하지 않는다. ② (評釋) 甲은 중실화죄(제171조)와 중과실치상죄(제268조)의 상상적 경합범이 된다.

적 가능성이 있어도 그것을 기대할 수 없는 경우에는 구성요건해당성이 부인될 수 있다. **부작위범의 이익이 피해자의 이익보다 우월한 경우**[22]에는 부작위범에게 보증인의무 이행을 기대할 수 없다. 작위행위의 기대불가능성은 구성요건요소이고, 부진정부작위범의 지나친 확장을 제한한다. 이에 반해 피해자의 법익이 부작위범의 이익보다 우월하지만 부작위범의 **개인적 사정을 고려하여** 작위행위를 기대하기 어려운 경우[23]에는 구성요건해당성은 인정되지만 책임이 감경 또는 면제될 수 있다.

3. 인과관계와 객관적 귀속

부작위와 발생결과 사이에 인과관계(합법칙적 조건관계와 객관적 귀속)가 있어야 한다. ① 부작위범이 보증인의무를 이행하였다면 결과가 발생하지 않았을 것이라는 점이 경험법칙에 부합해야 한다. 이 합법칙적 조건관계는 사후적으로(ex post) 판단할 때 작위행위를 했다면 결과가 발생하지 않았다는 것을 가리킨다(**사후적 결과방지가능성**[24]). ② 객관적 귀속은 부작위범도 작위범의 경우와 동일하다. 다만 **위험감소**, 예컨대 환자에게 제

---

22 [작위행위의 기대가능성] 甲은 미성년아들 乙이 丙의 이빨을 부러뜨리는 상해를 가하겠다는 말을 듣고 만류하였지만 乙은 아랑곳하지 않고 실행을 하였고, 甲은 경찰에 신고하지 않았다. ① 법률상 보호감독자 甲은 乙의 범죄를 방지할 (종범의) 보증인의무를 위반한 것이지만, 자식 乙에 대한 사랑과 부자유친의 이익이 丙이 침해받는 이익(예: 신체의 완전성)보다 훨씬 중요하기 때문에, 乙을 경찰에 신고하는 등의 작위행위는 기대할 수 없다. 甲은 상해죄의 정범은 물론 종범도 되지 않는다.

23 [면책요소로서 기대불가능성] 甲은 남편 乙이 전남편과 낳은 미성년 딸 丙을 오랜 세월 성폭행해왔음에도 乙이 전직경찰이고, 자신은 교육수준도 낮고 가정주부로만 살아왔으며, 乙로부터 폭행당할 두려움 때문에 乙을 경찰에 신고하지 않고 방관하였다. ① 甲의 안전보다 丙의 성적 자기결정권과 양육권이 더 우월적인 법익임을 고려하면 甲에게 신고 등의 작위행위는 기대할 수 있어 甲의 부작위는 강간방조죄에 해당한다(BGHSt 7, 271: "부인이 자살충동이 있고 아이를 살해할 위험이 있음에도 부인과의 불화와 이혼하기 쉬운 별거에 돌입한 남편이 경찰에 보호요청 신고를 하지 않은 것"은 과실치사죄가 된다). 경찰신고가 기대불가능하거나 약하다는 점은 甲에게 면책 또는 책임감경의 요소가 된다.

24 [사후적 결과방지(불)가능성] S은행장 甲은 Y㈜가 도산위기에 처했음에도 은행보증회사채를 상환시키지 않아 Y가 도산함에 따라 S는 막대한 손해를 입었다. 당시 Y는 대출금 상환여력이 전혀 없었고, 甲도 이 점을 알고 있었다. ① (대판 82도2873) "Y가 그 당시 은행보증회사채의 채무를 자체자금으로 상환할 수 있는 능력이 있었다는 사실이 전제되지 않는 이상 그러한 **조치는 불가능하거나 실효성이 없는 것으로**" 甲은 업무상배임죄가 성립하지 않는다. ② (評釋) 인과관계는 없지만 배임고의가 있고, 상환조치할 보증인의무를 위반하여 배임죄의 구성요건에도 해당하므로 甲은 업무상 배임죄의 미수범(제359조)이 된다. 다만 甲의 부작위가 리스크판단 오류로 인한 경우라면 경영판단원칙에 의해 고의가 부정될 수 있다.

때 수술을 하였다면 환자가 죽지 않았을 거라는 점은 확실치 않으나 적어도 하루 혹은 얼마간 더 살 수 있었다고 인정되는 경우에 **인과관계를 인정**하여 부작위 살인죄를 인정하는 것은 **시민자유우선원칙**에 위배된다.

4. 부작위의 동가치성

부진정부작위범은 "부작위가 작위에 의한 법익침해와 **동등한 형법적 가치**가 있는 것이어서 그 범죄의 실행행위로 평가될 만한 것"(대판 2003도4128)이어야 한다.[25]

판례는 이처럼 법익침해의 동등가치를 강조하지만, 실제로는 보증인의무를 동가치성의 근거로 보기도 하고,[26] 부진정부작위범 성립요건이 모두 충족된 상태를 나타내는 동어반복적 술어의 인상을 주기도 한다. 넓은 의미에서 동가치성은 ① 부작위범에게 보증인의무가 있을 것을 요구함으로써 그 기초가 마련되고, ② 보증인의무를 정범와 종범에서 차등화함으로써 좀 더 세밀하게 실현되며, ③ 결과발생방지의 용이성(**사전적 결과방지가능성**), ④ 실행행위의 특정한 양태(예: 기망, 폭행)에 해당하는 것(行爲定型의 동가치성)에 의해서도 실현된다.

그러나 私見으로 부작위범의 동가치성의 고유한 내용은 부작위가 '존재론적으로' 작위범과 다름에도 불구하고 **불법비난**(Unrechtsvorwurf)**의 강도가 동등**한 것을 가리킨다. 불법비난의 동등성은 부작위에 대한 사회(윤리)적 비난의 정도가 작위에 의한 경우와 동등한 것을 말한다. 동가치성은

---

25 [부작위의 동가치성] 백화점 상품관리직원 甲은 J매장에 가짜상표가 새겨진 상품이 진열·판매되는 점을 발견하였으나 점주 乙에게 시정을 요구하거나 자신의 상급자에게 보고하지 않았다. ① (대판 96도1639) 甲은 가짜상표 상품의 진열판매를 "시정하도록 할 **근로계약상·조리상의 의무**가 있다고 할 것임에도 불구하고 방치한 것은 **작위에 의하여 점주의 상표법위반 및 부정경쟁방지법위반 행위의 실행을 용이하게 하는 경우와 동등한 형법적 가치가 있**"다. 甲은 乙의 상표법(제93조)위반 및 부정경쟁방지법위반에 대한 종범이 된다. ② (評釋) 甲의 보증인의무는 정도가 약하고, 상표법 및 부정경쟁방지법위반이 "상표관련업무에 종사하는 사람만이 정범이 될 수 있는 일신전속적 범죄"이어서 甲에게 그 범죄의 **정범적격**이 없어서 甲은 종범만 될 수 있다. 불법비난의 정도도 작위의 종범과 차이가 없다.

26 [보증인의무에 의한 동가치성 인정] ① 법무사가 아닌 사람이 법무사로 소개되거나 호칭되는 데에도 자신이 법무사가 아니라는 사실을 밝히지 않은 채 법무사 행세를 계속하면서 근저당권설정계약서를 작성한(법무사법 제3조 제2항 위반) 자는 "법무사가 아님을 밝힐 계약상 또는 조리상의 법적인 작위의무가 있다고 할 것임에도, 이를 밝히지 아니한 채 … 법무사 행세를 하면서 등기위임장 및 근저당권설정계약서를 작성함으로써 자신이 법무사로 호칭되도록 계속 방치한 것은 작위에 의하여 법무사의 명칭을 사용한 경우와 동등한 형법적 가치가 있는 것으로 볼 수 있다"(대판 2007도9354). ② 그러나 법무사법상의 법무사행세죄가 **진정부작위범인데도 부진정부작위범과 같이 동가치성 문제**를 다룬 점이 특이하다. 법무사행세죄가 응급의료의무위반죄처럼 일정한 결과관련성을 갖는다면, 제18조가 이와 같이 적용될 수 있긴 하다.

주로 행위의 특정한 수단과 방법(기망, 폭행, 위력[27])을 정해놓은 **양태범**에서 문제되지만, 결과발생의 방법·수단을 제한하지 않은 단순 **결과범**(예: 살인죄,[28] 방화죄)에서도 그 불법비난의 동등성[29]을 검토할 수 있다. **자수범**(自手犯)은 손수 실행할 때에만 정범이 될 수 있는 범죄(예: 위증죄[30])로서 부작위범이 성립할 수 없다고 보기도 하지만 사안에 따라서는 부작위가 불법을 손수 실행하는 행위로 평가[31]될 수도 있다.

5. 고의와 과실

부진정부작위범이 성립하려면 고의 또는 과실이 있어야 한다.

(1) **고 의** 부진정부작위범의 고의는 보증인의무와 지위, 개별적인 행위가능성과 기대가능성, 인과관계, 부작위와 작위의 동가치성을 인식하면서도 구성요건적 결과의 발생을 의욕한 경우(미필적 고의 포함[32])에

---

27 [양태범의 동가치성] 甲은 乙과 창고신축용 형틀공사계약을 하고, 공사를 완료하였지만 乙이 공사대금을 주지 않자 乙의 토지에 쌓아둔 건축자재를 치우지 않음으로써 乙의 창고신축 공사를 방해하였다. ① (대판 2017도13211) 甲의 부작위는 "위력으로 乙의 추가 공사업무를 방해하는 업무방해죄의 실행행위로서 乙의 업무에 대하여 하는 적극적인 방해행위와 동등한 형법적 가치를 가진다고 볼 수 없다." ② (評釋) 위력의 측면에서 건축자재 방치는 불도저로 땅을 점령하는 작위행위와 불법비난의 동등성이 없다.

28 [결과범의 동가치성] 甲은 경제적인 부담 때문에 뇌수술 직후의 남편 丙을 의사 乙의 강력한 만류에도 퇴원시켰다. 乙은 집으로 후송되어 호흡기를 뗀 지 5분 만에 사망하였다. ① 甲의 치료중단은 부작위이지만 작위에 의한 살해와 동가치성을 지닌다. ② 의사 乙의 퇴원허락과 치료중단의 부작위는 판례(대판 2002도995)의 입장과 달리 작위의 살인방조(예: 환자에게 자살조언)와 같은 정도의 불법비난을 할 수 없다.

29 [불법비난의 동가치성 흠결] 甲은 자신이 낳은 영아 乙이 심각한 뇌 손상을 입고, 1.4kg의 체중으로 태어나자, 乙의 정신적·육체적인 지속적 고통과 장애를 고려해 乙을 인큐베이터에서 꺼내어 乙이 사망에 이르게 하였다. ① 甲은 치료계속의무가 있지만, 그 부작위의 동기에 대한 사회윤리적 비난은 훨씬 낮아 작위범과 동가치성이 없다.

30 [부작위 자수범] 증언선서를 한 甲은 결정적인 목격증언을 거부하였다. 검사 丙은 유도성 반대신문을 마치 甲이 할 증언내용인 양 자세하게 내용으로 구성하였다. 甲은 자신이 계속 침묵하면 법원이 피고인에게 유죄 심증을 갖게 될 거라고 생각했다. 그러나 계속 침묵하였고, 결국 乙에겐 유죄판결이 내려졌다. ① (評釋) 甲은 **위증죄의 부작위범**으로서 작위의 위증과 그 비난의 강도가 거의 동가치적이라고 볼 수 있다. 하지만 형사소송법상 중요한 권리인 증언거부권의 보장을 위해서 위증죄를 적용할 수 없다.

31 [부작위의 자수범] 의사 甲은 간호사 乙이 환자 丙의 병력을 친구들한테 전화로 말하는 것을 알고도 방치하였다. ① 甲은 업무상비밀누설죄가 성립한다.

32 [미필적 고의 부작위범] S호 선장 甲은 배가 좌현으로 기울어져 멈춘 후 안내방송을 믿고 선내에 대기 중인 탑승객 476명을 퇴선하면 구조될 수 있는 상황에서 배가 더 기울어지면 밖으로 나오지 못해 익사한다는 점을 알았지만 아무 조치를 하지 않고 S호에서 먼저 퇴선하였다. S호는 침몰하여 295명이 익사하였다. ① (대판 2015도6809) "**부진정 부작위범의 고의는 작위의무자의 예견 또는 인식 등은 확정적인 경우는 물론 불확정적인 경우이더라도 미필적 고의로 인정**될 수 있다." ② 甲은 「해사안전법」 제10조, 제11조에 의해 승객구조조치의무가 있고, 퇴선명령을 방송으로 내보낼

인정된다. **부작위범의 착오**는 보증인의무나 보증인지위를 인식하지 못하는 것이다. 私見으로 보증인 지위(결과방지의무를 낳는 행위상황)나 보증인의무는 부진정부작위범의 불법을 이루는 핵심요소이고 모두 고의의 인식대상이 된다. 보증인의무의 인식은 "위험의 발생을 방지할 의무가 있거나 자기의 행위로 인하여 위험발생의 원인을 야기한 자"의 **일상적인 의미**를 이해하는 것이며, 보증인지위의 인식으로 추정된다. 보증인지위는 **행위상황**(Umstände)을 가리키므로 그것을 **인식하지 못하면** "죄의 성립요소인 사실"(제13조)을 인식하지 못한 경우이므로 **고의가 탈락**하는 반면, 자신이 **보증인의무가 있는 자임을 인식하지 못하면** 고의는 인정되고(BGHSt 2, 150 등), **법률의 착오**(포섭착오)로 면책될 수 있다.[33]

(2) 과 실 과실로 결과방지행위를 하지 않은 경우에는 과실범을 처벌하는 명문규정이 있으면 과실의 부작위범(망각범)[34]이 성립한다. 과실부작위범에서는 과실의 판단과 부작위의 구성요건해당성 판단이 하나로 수렴된다. 즉, 보증인의무의 위반은 주의의무의 위반이 된다. 과실부작위범이 침해한 법익이 사소하면, 불가벌적인 행위로 본다.

Ⅲ. 부진정부작위범의 위법성과 책임

1. 위 법 성

부작위범도 일반적인 위법성조각사유가 인정된다. 두 개의 작위의무

수 있었고(개별적 작위행위가능성), 그렇게 했다면 익사자 295명 중 상당수를 구할 수 있었으며(인과관계), 선장이 먼저 퇴선하여 불법비난이 작위의 살인행위와 동등한 수준이다.

33 [부작위범의 고의와 착오] 甲은 친구 乙과 함께 술을 마시다 여자 丙과 우연히 합석하였다. 乙의 제안으로 甲은 乙과 丙을 태우고 숲속으로 갔다. 그 때 乙은 丙을 칼로 위협하여 강간하였다. 丙은 살려달라고 소리쳤고 甲은 이 소리를 들었지만 자신이 강간을 막을 의무는 없다고 생각했다. ① (BGHSt 16, 155) 甲이 차를 몬 선행행위로부터 乙의 특수강간(성폭력처벌법 제6조 제1항)을 방조하지 않을 작위의무가 발생한다. 甲은 乙의 행위를 저지할 의무가 발생하는 행위상황(보증인지위)은 인식하였으나 그런 의무가 있다는 점은 인식하지 못하였다. 이분설에 의하면 甲은 금지착오를 한 것이다. ② (評釋) 甲의 보증인지위 인식으로부터 일상적인 의미의 보증인의무 인식 및 고의를 추정할 수 있지만 甲은 자신이 제18조에 해당함을 인식하지 못한 포섭착오 형태의 법률의 착오(제16조)를 한 것이다.

34 [망각범] 전철수 甲은 술을 마신 나머지 차단기 올리는 일을 못함으로써 열차충돌사고를 일어나게 하였고, 승객 乙이 사망하였다. 甲은 망각범인 부작위의 업무상 과실치사죄가 성립한다.

가 충돌하지만 행위자가 하나만 이행하고, 다른 하나는 이행할 수 없는 경우에, 이행한 의무가 **높거나 같은 가치일 경우**엔 위법성이 조각되고(정당화적 의무충돌), 더 낮은 경우엔 책임이 감소 또는 면제될 수 있다(면책적 의무충돌). 충돌법익이 같은 가치인 경우엔 **침해의 위험도**[35]나 **의무이행의 사회적 효용성**[36]에 의해 위법성조각여부가 결정될 수 있다.

2. 책 임

부작위범도 책임조각사유가 인정된다. ① 부작위범이 스스로 자신을 책임무능력 상태로 빠뜨려 보증인의무를 이행하지 않은 경우(omissio libera in causa)에도 부작위범이 인정된다. ② 피해자의 법익이 부작위범의 이익보다 우월하지만 부작위범의 개인적 사정을 고려하여 작위행위를 기대하기 어려운 경우에는 구성요건해당성이 부인되는 것이 아니라[37] 단지 면책될 수 있을 뿐이다.

Ⅳ. 부진정부작위범의 미수와 공범

(1) 미 수 부작위범의 미수는 행위의무의 발생시점인 위험발생시점에서 구성요건적 결과의 발생 사이에, 즉 결과발생이 가능한 최후시점, 결과발생이 가능한 최초시점, 위험발생을 인식하고 결과방지가능성도 있음을 알았지만 계속 부작위로 나아감으로써 위험이 증대하기 시작한 시점에 인정될 수 있다.

[부작위범 진행단계] 삼촌 甲은 조카 乙과 저수지 둑길을 함께 걷고 있었다. 乙이

35 [작위의무충돌] H병원 응급실에 심장마비 환자 乙과 丙이 동시에 들어왔다. 응급실에는 심폐소생기가 1대 뿐이었다. 응급의료전문의 甲은 증세가 심한 乙에게 심폐소생술을 실시했고, 그 사이 丙은 심장마비로 사망하였다. 甲의 부작위는 침해의 위험도를 고려할 때 위법성이 조각된다.

36 [작위의무충돌] 코로나바이러스에 감염된 폐렴 환자 乙(80세)과 丙(40세)이 동시에 입원하였고, 인공호흡기는 1대 뿐이었다. 의사 甲은 80세 환자의 치명률이 40%대인 반면 40세대 환자의 치명율이 3%대임을 고려하여 丙에게 인공호흡기를 사용하였고, 乙은 1주일 지나 사망하였다. ① 甲의 부작위는 의학적 효용성을 고려할 때 위법성이 조각된다. 하지만 甲의 행위는 윤리적으로 정당화되지 않는다. 이처럼 법과 윤리 사이에는 간극이 생길 수 있다.

37 BGHSt 7, 271: 부인이 자살충동이 있고 아이를 살해할 위험이 있는데도 부인과의 불화 속에서 별거에 돌입하면서 경찰에 보호요청의 신고를 하지 않은 남편의 부작위는 과실치사죄가 성립한다.

그 둑길의 미끄러운 가장자리 길을 걸을 때 **위험은 발생**하며, 乙이 미끄러져 저수지에 빠졌을 때가 **결과방지가 가능한 최초시점**이며, 乙이 허우적거리며 물속과 위를 오락가락할 때가 **위험이** (현저히) **증가된 때**가 된다. 좀 더 시간이 흘러 乙이 힘에 부쳐 허우적거림이 둔화되어 익사 **위험이 현저히 증가할 때가 결과방지의 최후시점**이 된다. 甲의 작위의무는 乙이 둑길 가장자리를 걸을 때 이미 발생했으며, 乙이 저수지에 빠져 허우적거림을 보고도 그냥 놔두기로 결단할 때—이때는 대개 익사의 위험이 증대된 시점이 된다—실행의 착수에 이른 것이 된다. 만일 지나가던 다른 행인 丙이 물에 뛰어 들어 乙을 구했다면 甲은 부작위에 의한 살인미수죄가 된다.

(2) **공 범** 진정부작위범[38] 뿐만 아니라 부진정부작위범도 공범이 성립할 수 있다. ① **부작위범에 대한 공범**(교사범·종범)은 보증인의무가 필요하지 않다. ② **부작위범의 공동정범**은 다수의 정범이 보증인의무를 공동으로 지고 있고, 공동의 결의로 그 의무를 같이 이행하지 않을 때 성립한다. 예컨대 산모가 아이에게 젖을 주지 않아 굶겨 죽이는 것을 애아빠와 협의하여 할 경우에 아빠는 엄마의 부작위에 의한 살인죄의 공동정범이 된다. ③ **부작위에 의한 종범**은 정범이 될 보증인의무보다는 약한[39] 보증인의무가 있으면 가능하다. ④ 부작위는 정범이 실현하는 불법을 그 부작위범에게 귀속할 만큼 정범의 범행에 대해 규정적인 영향력(예: 고의유발)을 가질 수 없으므로 **부작위에 의한 교사범**은 불가능하다.

V. 부진정부작위범의 처벌

형법은 부진정부작위범의 처벌에 관해 특별한 규정을 두고 있지 않다. 따라서 현행법상으로는 통상적인 **작위범처럼 처벌**된다. 하지만 부진

38 [진정부작위범의 공동정범] H대 학장 甲은 총무처장 乙과 협의하여 신고 없이 그 대학 기숙사를 객실과 세미나실(조찬포함)로 제공하고 1천만 원을 받았다. H대는 H 학교법인(이사장은 甲의 남편인 丙)에 의해 설립되었다. ① (대판 2008도9476) "**부작위범 사이의 공동정범은 다수의 부작위범에게 공통된 의무가 부여되어 있고 그 의무를 공통으로 이행할 수 있을 때**에만 성립한다." 신고의무의 주체인 '영업을 하는 자'(H법인)는 "영업으로 인한 권리의무의 귀속주체가 되는 자를 의미하므로, 영업자의 직원(甲)이나 보조자(乙)의 경우에는 영업을 하는 자에 포함되지 않는다". 甲과 乙은 신고의무위반죄의 공동정범이 될 수 없다. ② (評釋) 甲과 丙이 위 운영에 관해 논의했다면 비신분자 甲과 乙은 제33조 본문에 의해 丙과 신고의무위반죄의 공동정범이 된다.

39 [부작위의 방조범] ① 부하은행직원 乙의 배임을 방관한 은행지점장 甲에게 부작위에 의한 배임방조죄가 성립(대판 88도1247)하는 데 반해, ② 자신의 애인 乙이 남편 丙을 살해하는 것을 방치한 부인 甲은 부작위의 살인죄가 성립한다.

정부작위범은 언제나 유추적용의 위험이 높고, 작위범과의 **동가치성에 대한 회의**가 완전하게 제거되기 어렵다. 그렇기에 부작위범의 불법은 일반적으로 **작위범의 불법보다 가볍다**. 독일 형법 제13조 제2항[40]이 부작위범에 대해 **임의적 감경사유**를 인정하는 이유이다. 그러므로 부진정부작위범의 동가치성이 의심되는 경우는 정상참작감경(제53조)을 하는 것이 책임원칙에 부합한다. 물론 의도적·계획적 부작위범죄처럼 동가치성이 분명한 경우는 정상참작감경을 적용하지 않는다.

40 StGB § 13 (2) Die Strafe kann nach §49 Abs. 1 gemildert werden.

§13. 위법성의 기초이론

Ⅰ. 위법성의 의의

(1) 불법의 소극적 구성요소 위법성은 구성요건에 해당하는 행위가 전체 법질서(의 차원에서 내려지는 가치평가)에 위배되는 것을 말한다. 구성요건해당성과 위법성이 합해질 때 불법이 실현된 것이다. 구성요건해당성은 불법을 적극적으로 구성하는 요소이고 위법성은 **불법을 소극적으로 구성**하는 요소이다.[1] 위법성의 판단은 위법성조각사유의 부존재에 대한 판단(이중부정의 판단)으로 이루어진다. 위법성조각사유로는 정당행위(제20조), 정당방위(제21조), 긴급피난(제22조), 자구행위(제23조), 피해자승낙(제24조)이 있다. 위법성은 피고인이 위법성조각사유를 주장하지 않으면 구성요건실현에 의해 **추정**된다. 구성요건실현행위는 위법성을 징표하기 때문이다. 구성요건이 일정한 작위를 금지하거나 작위를 요구하는 명령규범(금지규범과 요구규범)인 데 반해 위법조각사유는 **허용규범**이다. 예컨대 살인죄(제250조 제1항)는 살해행위를 금지하지만, 정당방위(제21조 제1항)는 살해행위를 허용한다. 그렇기에 위법성조각사유는 허용구성요건(Erlaubnistatbestände)이라고 부른다.

(2) 행위의 일반적 가치판단 '행위자'에 대한 '개별적인 가치판단'(인격판단)인 책임과 달리 위법성은 구성요건을 실현하는 '행위'에 대한 '일반적 가치판단'이다. 이 판단의 대상은 불법의 실현뿐만 아니라 고의나 과실과 같은 주관적 요소도 포함된다. ① 책임은 행위자마다 개별적으로 내리는 가치판단이다. 공범의 책임도 공범마다 따로 판단하고 한 공범의

1 [불법과 위법성] 위법성은 범죄체계론적으로는 구성요건과 함께 불법을 구성하는 요소이지만, 불법의 속성을 뜻하는 개념으로도 사용된다. 즉, 불법은 구성요건해당행위에 의해 실현되는 반가치(Unwert)이고, 위법성은 그런 반가치의 속성을 가리킨다. Welzel은 불법을 금지의 실질(Materie des Verbots), 위법성을 실질의 금지성(Verbotsein der Materie)이라 부른다.

책임여부는 다른 공범의 책임에 영향을 미치지 않는다. 이에 비해 위법성 판단은 공범 모두에게 공통하여 이루어진다. 예컨대 위법하지 않은 행위에 대해서는 공범이 성립할 수 없다. ② 또한 위법하지만 책임이 조각되는 행위에 대해서는 정당방위를 할 수 있는 반면, 위법성이 조각되는 행위에 대해서는 정당방위를 할 수 없다. 예컨대 책임무능력자인 甲이 乙을 상해하려는 상황에서 乙은 정당방위를 할 수 있고, 甲은 수인할 의무를 진다.

[위법성의 본질론] 위법성의 본질에 관한 종래(19C 말~20C 중반)의 이론을 살펴본다. ① **형식적 위법성론**(formelle Rechtswidrigkeit)은 위법성의 본질이 국가에서 생산한 법규범에 규정된 의무의 위반에 있다고 본다. **실질적 위법성론**(materielle Rechtswidrigkeit)은 위법성의 본질이 어떤 초실정법적인 가치(예: 권리, 법익, 사회규범)의 침해에 있다고 본다. 私見으로 실질적 위법성론 가운데 권리나 법익은 불법을 구성하는 요소이지만, 사회상규는 불법을 구성하는 요소가 아니라 실현된 불법에 대한 사회적 가치평가의 척도이다. 이런 척도는 사회문화 속에 있고, 그런 점에서 전(前)법률적(前국가적)이며, 자연법적 성격을 띤다. 그런 점에서 형식적 위법성론은 법실증주의적으로 이해된 위법성이다. 위법성은 이 두 위법성의 측면을 모두 갖는다. ② **객관적 위법성론**(objektive Rechtswidrigkeit)은 법의 의사결정규범(행위규범) 측면을 책임에 위치시키고, 법의 객관적 평가규범(당위규범) 측면만 위'법'성에 위치시킨다. 위법성조각사유에 해당하는 사실이 존재하는 한 행위자에게 주관적 정당화요소(예: 방위의사)가 없었어도 위법성은 조각된다. **주관적 위법성론**(subjektive Rechtswirdrigkeit)은 위법성을 의사결정규범 위반으로 본다. 따라서 책임능력 있는 자의 규범위반에만 위법성이 인정된다. 오늘날 위법성은 양자를 종합한 것으로 이해된다. 사람을 살해한 행위가 위법한 것은 단지 인간생명의 침해를 금지하는 **객관적 평가규범에 위반**했기 때문만이 아니라, 정당방위 등의 사유 없이 살해의사를 형성해서는 안 된다는 **의사결정규범에도 반하는 것**이기 때문이다. 이 두 규범은 모두 같은 조항(예: 제250조 제1항)에서 나온다. 불법은 인적 불법(personales Unrecht)이므로 위법성이 조각되려면 — 객관적 위법성론과는 달리 — 정당화상황(예: 정당방위상황) 외에도 **주관적 정당화요소**(예: 정당방위의사)가 필요하다. 반면 **책임무능력자**도 법이 정하는 행위규범에 위배되는 의사를 형성할 수 있고, 그런 의사결정에 따라 객관적 평가규범에 반하여 실행행위를 할 수 있다. 책임능력은 그런 의사결정과 의사활동이 위법하다는 점에 대한 통찰능력으로서 의사결정능력과는 구별된다.

Ⅱ. 위법성의 통일성과 고유성

현대사회에서는 법질서의 통일성 이념은 약화되고, 상대적 자율성을 지닌 다양한 법질서가 분화·발전한다. 형법의 위법성도 전체 법질서를 고려하되, 어느 정도는 고유한 것이 되어야 한다.

(1) **불법의 차별화와 통일적 위법성** 통설은 불법과 위법성을 구분하고, 불법은 형법에 고유한 것임을 인정하지만 위법성은 전체 법질서에 통일적인 것이라고 본다. **불법은** 위법성과 달리 형사불법, 민사불법, 행정법적 불법과 같이 **법분과마다 세분화**된다. 예컨대 계약위반은 민사불법이지만 형사불법(예: 사기죄)은 아니다. 형사불법은 다른 법분과의 불법보다 가중된 불법이다. 형벌은 다른 법분과의 제재보다 훨씬 중하기 때문이다. 이는 형법의 보충성을 가져온다. 하지만 위법성은 흔히 모든 법분과를 넘어서 **법질서 전체에서 내려지는 판단**('통일적 위법성')이라고 이해된다. 예컨대 과실에 의한 재물손괴행위에 대해서 인정되는 민법상 정당방위(제761조)도 형법상 정당방위(제21조)와 본질이 다르지 않다.

(2) **형법적 위법성** 그러나 형법적 위법성은 법질서 전체를 아우르지 않고 형법에만 고유한 개념이 될 수도 있다. ① 첫째, 형법적 위법성 개념은 위법성조각사유의 확장해석을 통해 만들어진다. 범죄구성요건은 가중된 불법을 요구하고, 위법성조각사유는 반대로 완화하는 해석(위법성조각사유의 확장해석)에 의해 형법의 보충성원칙을 실현한다. ② 둘째, 형법적 위법성 개념은 민법상 위법성조각사유로 규정되어 있지 않은 정당행위조항(제20조)에 의해서도 만들어진다. 다른 위법성조각사유가 권리(예: 긴급권) 중심으로 구성된 반면, 정당행위조항은 사회규범이나 사회윤리의 성격을 지닌 사회상규라는 일반조항으로 구성되어 있다. 이 일반조항은 전통사회에서 전승된 윤리규범을 근거로 근대형법의 권리(법익) 중심 책임원리를 변형시키는 부작용이 있지만, 현대사회에서는 다양하게 분화

된 사회영역의 하부문화나 업무관행 등을 위법성 판단에 고려할 수 있게 하는 순기능이 있다.

Ⅲ. 위법성조각의 체계

(1) **위법성조각의 일반원리** 위법성조각사유의 기초가 되는 기본원리로는 다음과 같다.

- 목적설 구성요건실현행위가 국가공동생활에 있어 정당한 목적을 위한 상당한 수단인 때에는 위법하지 않다.
- 이익교량설 구성요건실현행위는 그것으로 실현하는 이익과 침해하는 반대이익을 교량하여 실현이익이 침해이익보다 우월한 이익일 때에는 위법하지 않다.
- 이익흠결의 원리 구성요건을 실현하는 행위가 있더라도 보호해야 할 이익이 존재하지 않는 때에는 위법하지 않다.
- 사회적 상당성의 원리 사회질서 전체의 입장에서 상당하다고 인정되는 행위는 법질서의 입장에서도 적법한 것이다.

목적설은 '주로' 정당방위(제21조), 이익교량설은 긴급피난(제22조)이나 자구행위(제23조), 이익흠결의 원리는 피해자 승낙(제24조), 사회적 상당성은 정당행위(제20조)의 원리로 기능한다. 여기서 '주로'라고 한 것은 어떤 이론도 혼자 위법성조각사유의 원리를 남김없이 해명하지 못하기 때문이다. 예컨대 정당방위에서 위법한 침해의 방위목적은 방어이익과 침해이익의 불균형을 정당화하지만 심한 불균형은 그렇지 못하다. 그런 한에서 정당방위에도 이익교량원리가 작동한다.

(2) **위법성조각사유의 체계** 이에 관해 두 근본입장이 대립한다.

– 근본입장 1 정당행위 가운데 **사회상규**를 상위의 위법성조각사유(원리)로 보고, 나머지는 이를 실현하는 하위의 개별적인 위법성조각사유로 본다.

– 근본입장 2 정당행위는 명확성원칙에 반하므로 폐지하고, 피해자 승낙은 주로 상해죄의 위법성조각사유로 이전하면, 총칙상의 위법성조각사유는 정당방위, 긴급피난, 자구행위가 남게 된다.

국가에 의해 법익이 보호되지 않는 긴급한 상황에서 인정되는 권리의 하나로 개인이 국가권력(경찰작용, 사법작용 등)을 예외적으로 대신할 수 있게 한 것이 **근대형법의 위법성조각사유**이고, 정당방위, 긴급피난, 자구행위만이 이에 해당한다. 근본입장 2는 이런 근대형법관을 보여준다. 근본입장 1은 **전근대적 형법관**을 연장하기 쉽다. 사회상규란 '전승된 사회규범이나 사회윤리'의 성격을 띠기 때문이다. 하지만 포스트모던 사회에서 **사회상규**는 다양하게 분화된 사회영역의 하부문화나 업무관행 등을 기초로 하여 위법성을 조각시키는 기능을 수행할 수 있어서 정당방위, 긴급피난, 자구행위와 **병렬적인 독자적인 위법성조각사유**로 기능할 수 있다. 피해자승낙의 대부분은 주로 상해죄의 위법성조각사유로 기능한다는 점에서 입법론적으로는 각칙으로 옮겨도 무방하다.

(3) **주관적 정당화요소** 위법성조각사유에 해당하는 사실(정당화상황 rechtsfertigende Umstände)이 존재하고, 그와 같은 정당화상황을 인식하고 자기 또는 타인의 법익을 보호한다는 의사(예: 정당방위의사), 즉 **주관적 정당화요소**(subjektive Rechtfertigungselement)가 존재할 때 비로소 위법성이 조각된다. 그것이 없다면 불법을 구성하는 결과반가치와 행위반가치 가운데 행위반가치의 요소인 **고의를 상쇄**시킬 수 없기 때문이다. 고의를 상쇄시키는 주관적 정당화요소는 고의의 구조와 마찬가지로 **인식적 요소**와 **의지적 요소**가 필요하다. (법질서수호의) '목적'이나 (공평한 손해의 분담과 같은) '동기'는 필요하지 않다. 피해자의 승낙에서는 정당화적인 법익보호의사는 필요 없지만 피해자승낙이 그의 법익을 침해하는 의사(고의)의 형성에 동인(動因)으로 작용했어야 한다. 정당행위에서는 한 걸음 더 나아가 주관적 정당화 의사 자체가 필요하지 않다.

정당방위

제21조(정당방위) ① 현재의 부당한 침해로부터 자기 또는 타인의 법익을 방위하기 위하여 한 행위는 상당한 이유가 있는 경우에는 벌하지 아니한다. ② 방위행위가 그 정도를 초과한 경우에는 정황에 따라 그 형을 감경하거나 면제할 수 있다. ③ 제2항의 경우에 야간이나 그 밖의 불안한 상태에서 공포를 느끼거나 경악하거나 흥분하거나 당황하였기 때문에 그 행위를 하였을 때에는 벌하지 아니한다.

Ⅰ. 정당방위 제도의 의의

정당방위는 현재의 위법한 침해로부터 자기 또는 타인의 법익을 방위하기 위한 상당한 이유가 있는 행위(제21조)를 말한다. 정당방위는 긴급피난과 자구행위와 함께 행위자에게 긴급(행위)권을 부여한다는 점에서 정당행위나 피해자승낙과 구별된다. 또한 위법한 공격에 대해서만 인정되는 점에서 적법한 위난에 대해서 인정되는 긴급피난과 구별된다. 정당방위를 '不正 對 正'이라고 한다면 긴급피난은 '正 對 正'이다. 정당방위는 자기보호와 법질서수호의 목적을 추구한다.

- **자기보호원칙**(Selbstschutzsprinzip) 정당방위는 타인의 위법한 침해로부터 스스로를 방위하는 것으로 인간의 자연권을 구현한다.
- **법질서수호원칙**(Rechtsbewährungsprinzip) 정당방위는 법질서를 수호하는 목적으로 정당화된다("법은 불법에 양보하지 않는다").

私見으로 ① **자기보호원칙**은 시·공간적인 한계(긴급성) 때문에 국가가 개인의 법익을 보호해주지 못하는 상황에서 개인에게 자기방어를 허용함으로써 형법의 **법익보호기능**을 관철하는 것이다. 자기보호권은 (국가와 법을 창설하는) 사회계약 이전의 자연권[1]이 아니라, 사회계약에서 이미 예정된 권리이다. 이 권리는 국가적·사회적 법익의 보호를 위해서는 허용되지 않는다. ② **법질서수호원칙**은 '법은 불법에 양보할 필요가 없다'는

1 자위권은 고대사회에서 확립된 자연법상의 원칙이고, 로마시대에도 자연법상의 권리(또는 만민법상의 보편적 법리)로 인정되었다(조규창, 로마형법, 고려대학교 출판부, 1988, 70쪽).

동어반복적 명제를 가리키는 것이 아니라 개인만이 법을 사실상 관철할 수 있는 긴급상황에서 국가가 독점하던 형사사법권을 일시적으로 개인에게 이양하는 것이다. 즉 정당방위는 **형사사법[2]의 사인수탁**에 해당한다.

[권리로서 정당방위와 사회윤리로서 정당방위] 근대형법에서 정당방위는 권리이고, 그 상당성은 권리관철에의 **필요성**에 의해 판단된다. 이는 법익보호원칙으로 재해석된 자기보호원칙의 결론이기도 하다. 물론 정당방위권도 권리인 이상 **권리남용의 법리**가 적용된다. 따라서 이익형량원칙에서 보면 보호법익과 침해법익의 법익불균형이 심각한 경우에는 정당방위가 인정되지 않는다. 이는 형사사법의 사인수탁으로 재해석된 법질서수호원칙의 결론이기도 하다. 이에 반해 판례처럼 **정당방위를 사회윤리적 관점에서 해석**하면[3] 정당방위권은 처음부터 사회윤리적인 판단에 의해 구성된다. 정당방위의 필요성은 법에토스로 대체되고, 비례성은 모종의 윤리적 관점이 지배되는 가치형량으로 변질된다.

Ⅱ. 정당방위의 성립요건

정당방위의 요건은 정당방위상황("현재의 부당한 침해로부터 자기 또는 타인의 법익"), 방위행위("방위하기 위하여 한 행위"), 상당한 이유로 구성된다.

1. 정당방위상황

정당방위상황은 자기 또는 타인의 법익에 대한, 현재의 부당한 침해, 긴급성(국가권력에 의한 방위 불가능)의 요건으로 구성된다.

(1) 현재의 부당한 침해 정당방위는 자기 또는 타인의 법익에 대한 '현재의 부당한 침해'가 있어야 한다.

---

2 [공무의 사인수탁] 정당방위는 엄밀히는 형사사법보다 더 넓은 공무의 사인수탁 제도이다. 정당방위는 **현행법상 범죄인 경우에 국한되지 않고, 이를테면 초상권 침해와 같은 민법상 불법행위에 대해서도** 인정되기 때문이다. 그러나 정당방위자에게 수탁되는 공무가 널리 司法이라고 볼 수도 없다. 범죄영역과 매우 이웃해있고, 정책적 결단에 따라 범죄화될 수도 있는 일탈행위에 대한 국가의 통제가 수탁되는 것이고, 긴급상황에서는 현재의 공격이 범죄적인 것인지 민법상 불법행위에 그치는 것인지를 정밀하게 판단할 수도 없기 때문이다.

3 [정당방위의 사회윤리적 구성] 乙이 사람들이 있는 상황에서 아버지 甲에게 인륜상 용납 안 되는 폭언을 하고 폭행까지 하려는 순간 甲이 乙을 1회 때렸고 乙은 땅에 넘어져 머리에 상처를 입고 사망하였다. ① (대판 73도2401) 甲의 폭행치사는 "아버지로서의 신분에 대한 현재의 부당한 침해를 방위하기 위한 상당한 이유가 있는 행위로서 정당방위에 해당한다." ② (評釋) 판례는 甲의 폭행치사행위를 상당한 인륜수호행위로 해석한다. 권리로서 정당방위권은 甲의 명예를 지키기 위한 폭행행위까지만 미치고, 치사부분에는 미치지 않는다. 甲은 과실치사죄가 성립한다.

1) 현 재 현재의 부당한 침해이어야 하고, 과거나 장래의 침해는 제외된다. 현재란 법익침해가 발생하여 지속하고 있거나 법익침해가 급박한 상태를 말한다. 현재성은 침해가 **예비·음모**[4]일 때도 인정할 수 있다. **기수 이후** 법익침해가 계속되는 상태에 있으면 현재성이 인정될 수 있다.[5] 침해가 있은 뒤 다시 있을 것으로 예상되는 침해의 위험을 방위하기 위한 **예방적 정당방위**(Präventivnotwehr)[6]는 인정되지 않는다. 그것은 국가의 임무이기 때문이다. 다만 예외가 있다. 간음의 시점에는 가벼운 폭행만 가해졌지만 이전에 계속 남편한테 폭행을 받아옴으로써 여성이 무기력한 심리상태에 빠졌다면 그 상태를 폭행으로 인정할 수 있다. 이를 **'매 맞는 여성 증후군'**(battered women's syndrome)의 누적폭행개념이라고 한다. **계속위험**[7]을 긴급피난의 위난으로 보기도 하지만, 그 위험이 위법한 공격으로 인한 경우라면 긴급피난을 적용할 수 없다. 현재는 침해시점을 기준으로 판단하는 것이지 방어행위시점을 기준으로 판단하는 것이 아니다. 장래의 침해를 예상하고 그것을 방지하기 위한 방어조치의 효과가 위법한 침해가 이루어지는 장래의 그 시점에 발생하는 경우(예: 도둑을 막

---

4 [예비·음모에 대한 정당방위] 乙과 丙이 한 모텔에 투숙한 후 그 모텔의 주인 甲에게서 현금을 강취하자는 모의를 하였다. 甲이 乙과 丙의 이 대화를 우연히 엿듣고는 방을 잠그고 경찰을 불러 체포하였다. ① 乙과 丙은 강도예비음모죄(제343조)의 현행범이므로 甲의 감금행위는 형사소송법 제212조에 의한 정당행위이며 강도예비에 대한 정당방위가 된다.

5 [침해의 현재성] 회사 대표 乙이 출입구를 막고 앉아 있던 농성 근로자 丙의 옆구리를 1회 걷어차고, 근로자 丁의 어깨를 손으로 밀다가 丁과 뒤엉켜 뒤로 넘어지면서 丁을 깔고 앉게 되자, 근로자 甲은 乙의 어깨 쪽 옷을 잡고 흔들었다. ① (대판 2020도6874) 침해의 현재성은 기수에 이르렀어도 "침해상황이 중단되지 아니하거나 일시 중단되더라도 추가 침해가 곧바로 발생할 객관적인 사유가 있는 경우에는 그중 일부 행위가 범죄의 기수에 이르렀더라도 전체적으로 침해상황이 종료되지 않은 것"이며, 적극적 반격(방어반격)로서 상당성도 인정될 여지가 있다.

6 [예방적 정당방위] 甲과 乙은 서로 싸움을 하였다. 乙이 싸움에서 지자 일단 도망하였다. 甲은 乙이 전열을 가다듬어 더 큰 싸움을 해올 것으로 예상하고 乙을 쫓아가 乙이 소지하였던 식도를 빼앗아 乙을 찔러 죽여 버렸다. ① 乙의 미래공격은 甲이 주관적으로 예측한 것일 뿐이므로 정당방위상황은 존재하지 않는다(대판 4291형상556). 甲은 오상방위를 한 것이다.

7 [계속위험과 예방적 정당방위] 甲은 의붓아버지 丙에게 13세 때부터 강간을 당하였다. 엄마 乙은 전직경찰 丙을 제지할 수도 경찰에 신고할 수도 없었다. 甲은 대학 입학 후에 폭행에 대한 두려움과 학비·생활비 염려 때문에 폭행을 당하지 않았어도 성관계를 갖기도 하였다. 甲은 丁과 사랑에 빠져 이중적인 성관계로 고민하다가 丁에게 모든 걸 털어 놓았다. 甲은 丙이 잠자는 방으로 丁을 안내하고, 방 바깥에서 감시하였고, 丁은 잠자던 丙의 심장에 식칼을 꽂아 살해하였다. ① (대판 92도2540) "甲이 심장을 찔러 살해한 행위는 **사회통념상 상당성을 결여하여 정당방위가 성립하지 아니한다.**" ② (評釋) 丙이 잠자던 순간에도 위법한 공격은 진행형이므로, 甲은 정당방위상황에 있고, 丙이 가정폭군(Familientyrannen)이라면 기대불가능성으로 면책될 수 있다.

으려 전기장치를 설치)라면 정당방위가 될 수 있다.

2) 부 당 함 현재의 침해는 부당한 것이어야 한다. '부당한'이란 문언은 명백한 입법오류[8]이며 **위법**으로 이해하여야 한다. 정당방위는 공격행위가 빚어내는 사회적 갈등에 대해 공격자가 혼자 그 갈등해소의 부담을 짊어지게 하는 제도이고, 이런 부담은 공격자가 먼저 **위법하게 공격**했다는 점에 근거를 두고 있기 때문이다. 따라서 형법 이외의 법에 위반[9](예: 동의없이 사진촬영) 되어도 부당한(위법한) 공격이 되고, 유책(有責)한 침해일 필요가 없으며(예: 심신상실자나 유아의 공격행위), 공격자에게 귀책사유(고의 또는 과실)가 없어도, 공격행위가 실현한 결과가 위법하면 된다. 정당방위는 위법한 공격에 대해서만 인정되므로, 정당방위·긴급피난에 대해서는 인정되지 않고, **위법한 상태**에[10] 대해서도 인정되지 않는다. 반면 위법한 공격행위자는 정당방위에 의한 **법익침해를 수인할 법적 의무**(Duldungspflicht)를 진다. 유아, 정신병자 등의 위법한 공격행위에 대한 정당방위행위는 공격자의 입장에서는 책임원칙에 어긋난 제재를 받는 셈이 된다. 이런 경우에는 방어적 긴급피난(defensiver Notstand)만 인정된다.

3) 침 해 정당방위상황이 인정되려면 침해가 있어야 한다. 침해는 법이 보호하는 이익에 대한 **인간의 공격**을 가리킨다. 침해는 인간의 행위이어야 한다. 행위성이 없는 무의식적·반사행위는 침해에 해당하지 않는다. 침해는 작위뿐만 아니라 부작위에 의해서도 가능하다.

---

8 편집오류(Redaktionsfehre)이지만, 당시에는 전통규범을 고려하기 위한 것일 수 있다.

9 [경찰의 강제연행 저항사건] 甲이 乙에게 단순폭행을 한 지 40분이 지나 출동한 경찰관 丙은 甲을 현행범으로 인정하고 경찰서로 강제연행하였다. 甲은 연행에서 벗어나기 위해 몸부림을 치다 丙의 머리를 발로 차 전치 2주의 상해를 입혔다. ① (대판 91도1314) 丙의 연행행위는 40분이 경과하여 "범죄의 실행행위를 종료한 직후"가 아니므로 결과적으로 위법한 체포·구금이고, 甲의 공무집행방해행위는 정당방위가 된다.

10 [위법공격과 위법상태] 甲은 부인 乙과 음주운전 단속을 피해 도망가다 결국 경찰관 丙에게 검거되었다. 丙은 乙의 항의에도 甲을 지구대로 데려가 보호조치를 하고 음주측정을 요구하였지만 甲은 거부하였고, 10분 뒤 경찰관 丁의 음주측정 요구도 재차 거부하면서 丁을 때려 전치 2주의 복부좌상을 입혔다. ① (대판 2012도11162) "경찰관들이 甲에게 실력을 행사하는 등의 **침해행위를 하지 않았고" 단지** 甲이 **위법한 체포상태에 있다고 하여** 甲의 상해행위가 정당방위에 해당하지는 않는다. ② (評釋) 가령 위법한 공격이 있는 경우, "경찰관의 불심검문을 받아 운전면허증을 교부한 후 경찰관에게 큰 소리로 욕설을 하였는데, 경찰관이 甲을 모욕죄의 현행범으로 체포하려고 하자 甲이 반항하면서 경찰관에게 상해를 가한 행위는 정당방위에 해당한다"(대판 2011도3682).

[싸움과 정당방위] ① 판례에 의하면 "싸움과 같은 일련의 상호투쟁 중에 이루어진 구타행위는 서로 상대방의 폭력행위를 유발한 것이므로, 어느 한편의 행위만을 침해라고 하고 다른 한편의 행위를 방어라고 단정할 수 없으며, 결과적으로 **싸움은 현재의 부당한 '침해'가 아니**"며(대판 83도3020), 싸움은 공격의사와 방어의사가 교차하므로 방위의사가 없는 것이고, 그런 점에서 '방위하기 위한 행위'를 인정할 수 없다(2003도4934). 따라서 싸움은 정당방위도 과잉방위행위도 될 수 없다. 다만 예컨대 상대방이 당연히 **예상할 수 있는 정도를 초과하여 가해행위**를 해오는 경우(예: 격투하던 중 한 사람이 살인흉기를 사용하려는 경우)에 소극적 방어는 정당방위가 된다고 본다(대판 68도370). 또한 일방이 싸움을 **중지하였는데 다시 별개의 가해행위**를 해오면 정당방위를 할 수 있다(대판 4290형상18). ② 私見으로 싸움일지라도 어느 일방이 **'먼저' 위법한 침해**를 해오면 상대방은 정당방위를 할 수 있다. 물론 싸움은 대개 **'도발된 공격'**에 대한 방위이기 때문에 그 방위행위의 범위는 **소극적 방어**(보호방위)에 국한된다. 소극적 방어를 넘어 적극적 방어(공격방위)를 하면, 그 부분만큼은 과잉방위가 되고, 원래의 공격자(또는 그를 위해 방위하는 제3자)는 그 과잉부분이 '현재의 부당한 공격'이므로 그에 대항하여 소극적 방어의 정당방위를 할 수 있다.[11] 만일 싸움의 당사자가 서로 공격과 소극적 방어를 주고받는다면, 그 싸움은 정당방위로 위법성이 조각되고, 형법이 개입할 필요가 없는 개인적 갈등(대개는 폭행·상해 사건)으로 남는다.

(2) **자기 또는 타인의 법익** 정당방위는 모든 **개인적 법익**을 보호할 수 있다. 생명·신체·명예·재산 등의 형법상 법익뿐만 아니라 형법 이외의 법이 보호하는 이익도 포함한다. 동의없이 사진을 찍는 초상권침해와 같은 **민사법상의 법익** 침해에 대해서도 형법상의 정당방위가 허용된다. 정당방위상황의 긴급성과 국가에 의한 보호불가능성을 고려할 때 민사상 법익침해에 대한 정당방위도 형법의 보충성을 훼손하지 않기 때문이다. **국가적·사회적 법익**에[12] 대한 정당방위는 허용되지 않는다. 정당방

11 [싸움과 정당방위] 甲은 임신여성 乙과 말싸움을 벌이다 乙이 먼저 컵에 든 물을 끼얹고 머리채를 잡아 흔들자 乙의 뺨을 1대 때리고 어깨를 잡고 밀고 당겼다. 이를 보던 乙의 남편 丙은 甲의 얼굴을 주먹으로 때려 제압한 후 乙을 데려갔다. ① (대판 2003도4934) 甲의 행위는 "乙의 부당한 공격에 대한 소극적인 방어의 한도를 넘어 적극적인 반격으로서 공격행위의 성격을 가지는 것이고", 丙의 "가해행위는 방어행위인 동시에 공격행위의 성격을 가지므로 정당방위라고 볼 수 없다"(대판 2000도228). ② (評釋) 甲의 방어행위는 乙이 위법한 공격에 대한 방위행위이지만, 乙이 임신 중이고, 자신과의 말싸움이 乙의 공격을 도발시킨 점을 고려할 때 과잉정당방위가 된다. 丙은 乙을 위한 정당방위를 할 수 있고, 乙을 지키기 위한 소극적 방어 안에 머물렀으므로 정당방위가 된다.

12 [국가적·사회적 법익의 정당방위] 음란영화 상영을 막으려 영화관에 질식탄을 터트리는 업무방해행위는 정당방위가 되지 않는다(BGHSt 5, 245). 의료면허가 없는 자의 진료를 방해하는 행위도 정

위는 자기의 법익뿐만 아니라 **타인의 법익도 보호**할 수 있다. 타인을 위한 정당방위를 **긴급구조**(Notstandshilfe)[13]라고 한다. 이때 타인은 법인이나 개인적 법익의 주체로서 국가(예: 국가기물 손괴를 막는 행위)도 될 수 있다.

경찰관이 직무수행 중에는 「경찰관 직무집행법」(제10조의4 제1항의 요건 충족)에 따른 무기사용[14] 이외에는 정당방위를 할 수 없다. 그러나 판례에 의하면 **직무집행 방해의 정도를 넘어 경찰관 개인의 생명, 신체에 대한 위법한 공격**이 있는 경우에는 경찰관도 정당방위를 할 수 있다.[15] 물론 경찰관도 제3자(시민)를 위해서 또는 사복차림으로 비번인 상황에는 (강도를 만난 경우) 자기를 위해서도 정당방위권을 행사할 수 있다.

(3) 긴급성(긴박성) 정당방위상황은 개인에 의한 긴급행위가 불가피한 상황이어야 한다. 이 요청은 명시되지는 않았지만 정당방위의 본질에서 나온다. 긴급성이란 범죄구성요건의 실현(방위행위)에 의하지 않고는 현재의 위법한 침해를 방어할 수 없는 상황과 국가(경찰)가 그 침해를 사실상 방어해줄 수 없는 상황을 포함한다.[16]

당방위가 되지 않는다. 무면허의료행위죄의 보호법익이 의료인면허제도라는 **국가적 법익**이기 때문이다. 무면허의료죄의 보호법익은 '사람의 생명·신체'를 포함(헌재결 2003헌바15)하므로 무면허자가 의료법칙에 반하여 특정 개인에게 하는 성형수술을 저지하는 행위는 정당방위가 된다.

13 [국가를 위한 긴급구조] 극비의 국가기밀문서를 가지고 **국경을 넘으려 하는 간첩을 개인이 체포**하는 것, 즉 국가를 위한 긴급구조(Staatsnotwehrhilfe)는 정당방위에 해당한다고 보기도 하지만, 정당방위는 개인적 법익에 국한되므로 이런 방위행위는 소송법상 현행범체포(형사소송법 제212조)로서 정당행위(제20조)에 해당하여 위법성이 조각될 뿐이다.

14 따라서 「경찰관 직무집행법」 제10조의4 제1항 단서 가운데 "형법에 규정한 정당방위와 긴급피난에 해당하는 때 또는"은 삭제하는 것이 법논리적으로 더 타당하다.

15 [경찰관의 자기방어] 경찰관 甲은 경찰관 乙과 꽃집에서 난동을 부린 丙을 체포하는 과정에서 丙이 乙을 넘어뜨려 몸 위에 올라타자 공포탄 1발을 발사하였으나 丙이 계속 乙을 누르자 권총을 丙의 다리로 발사하였다. 총알은 丙의 흉부를 관통하였고 丙은 사망하였다. ① (대판 2003도3842) 甲의 업무상 과실치사행위는 정당방위에 해당한다. ② (評釋) 경찰관의 직무집행에 정당방위는 적용되지 않고, 「경찰관 직무집행법」 제10조의4 제1항이 허용하는 무기 사용의 범위를 벗어났으므로 甲에게는 상해치사죄가 성립한다.

16 [정당방위의 긴박성] 甲은 乙이 자신의 과수원에서 밤 18개를 푸대에 주워 담는 것을 보고, 푸대를 뺏으려다가 반항하는 그녀의 뺨을 때려 상처를 입혔다. ① (대판 84도1611) 甲의 상해는 "위법한 법익침해행위가 있다고 하더라도 **긴박성이 결여되거나 또는 방위행위가 상당성을 결여한 때**에는 정당방위의 요건을 갖추었다고 볼 수 없"다. ② (評釋) 긴급성이 없으므로 정당방위상황이 인정되지 않고, 甲은 과잉방위마저 인정되지 않는다.

2. 방위행위

정당방위자의 가해행위는 방위의사를 갖고, 부당한 침해를 하는 자에 대하여, 허용되는 방위의 유형적 범위 내에서 하여야 한다.

(1) **방위의사** 구성요건을 실현하는 행위가 정당방위가 되려면 그 행위에 주관적 정당화요소인 방위의사(Verteidigungswille)가 있어야 한다. 제21조가 "방위하는 행위"가 아니라 "방위하기 위한 행위"라고 한 것은 방위의사를 요구하는 것이다. 방위의사는 구성요건을 실현하는 고의를 상쇄시킬 수 있어야 하므로 **정당방위상황의 인식과 정당방위의 실현의사**가 있어야 한다. 정당방위실현의사는 **미필적 방위의사**, 즉 법익의 보존이나 방위에 대한 인용으로 충분하다.

(2) **방위행위의 대상** 방위행위는 **공격행위자의 법익**을 침해하는 것이어야 하고 제3자의 법익을 침해해서는 안 된다. 이는 적법한 원인에서 발생하는 법익침해의 위험 부담을 조정하기 때문에 위난과 무관한 제3자에 대해서도 허용되는 긴급피난과 다른 점이다.

(3) **보호방위와 공격방위** 보호방위(Schutzwehr)는 침해에 대한 방어적인 방위(판례: "**소극적 방어**")를 가리키고, 공격방위(Trotzwehr)는 침해에 대해 적극적인 반대공격에 의한 방위("**반격방어**")를 가리킨다. 예외적으로 **정당방위권이 제한**되는 경우(예: 도발된 공격, 책임무능력자, 부부 등)에 방위행위자는 **보호방위**만을 해야 하고, 공격방위를 해서는 안 된다.

3. 상당한 이유

방위행위는 상당한 이유가 있어야 그 위법성이 조각된다.

(1) **상당성과 필요성** ① "정당방위가 성립하려면 침해행위에 의하여 침해되는 법익의 종류, 정도, 침해의 방법, 침해행위의 완급과 방위행위에 의하여 침해될 법익의 종류, 정도 등 일체의 구체적 사정들을 참작하여 방위행위가 **사회적으로 상당한 것**이어야 한다"(대판 2017도15226)는 판례의 입장은 **사회상규 위배여부에 대한 판단과 실질적으로 일치**하기 쉽

고, 상당성의 판단을 지나치게 법관의 주관적이며 윤리적인 판단에 내맡겨 놓는다. ② 그러나 私見으로 정당방위는 긴급권의 하나이고, 상당성은 원칙적으로 방위행위가 현재의 위법한 침해를 방위하는데 **필요한 것**(Erforderlichkeit)이었는지[17]에 따라 판단하여야 한다. 필요성 판단에서는 그 방위행위가 침해를 즉각적으로 막을 수 있다고 기대된 것, 즉 '**침해의 즉각적인 배제 개연성**'[18]이 중요하다. 다른 방어방법이 없어야 하거나(**불필요한 보충성**[19]), 침해된 법익과 방위된 법익의 가치가 균형을 이루어야 할 필요는 없다(**불필요한 법익균형성**). 방위상황에서 개인은 국가처럼 보충성이나 균형성을 세심하게 고려하여 행동할 수 없기 때문이다. 다만 정당방위권은 남용되어서는 안 되므로 **법익간 극단적 불균형**이 있는 경우는 상당성이 인정되지 않는다.

상 당 성 인 정	상 당 성 불 인 정
• **욕설 및 눈찌르기, 얼굴박치기, 멱살·구타 vs 멱살 잡고 흔들기** 甲은 乙이 집 마루에 신을 신고 올라와 밤나무절취를 고소하게 하였다는 감정으로 욕설을 하고 손가락으로 눈을 찌르고, 얼굴을 3회 박치기하여 4주간의 치아파절상을 입히고, 계속 멱살을 잡고 구타하려는 것을 피하기 위해 乙의 멱살을 잡고 흔들어 경부찰과상을 입혔다(대판 82도2098). • **폭언/손가락 물기 vs 두 어깨 누르기** 甲이 乙에게 다가와 乙의 간을 씹어먹고 싶다고 폭언을 하면서 乙의 손가락을 물어뜯자, 乙이 이를 피하기 위해 두 손으로 甲의 두 어깨를 눌렀다.(대판 84도242). • **차량강제승차, 바지춤 당겨 찢기 vs 3분간 누름** 乙은 甲이 운전하는 차량 앞에 뛰어 들어 함부로 타려고 하고, 이에 항의하는 甲의 바지춤을 잡아 당겨 찢고 甲을 끌고 가려다가 넘어졌다. 甲이 乙의 양 손목을 경찰관이 도착할 때까지 3분간 잡아 눌렀다(대판 88도943).	• **변태적 성행위 강요 vs 상해치사** 甲은 이혼소송 중에 있던 남편 乙이 자신을 가위로 폭행하고 변태적 성행위를 강요하자 격분하여 칼로 乙의 복부를 찔러 상해하려다 乙을 사망에 이르게 하였다. 甲의 행위는 방위행위로서의 한도를 넘어선 것으로 사회통념상 용인될 수 없다는 이유로 정당방위나 과잉방위에 해당하지 않는다(대판 2001도1089).

17 [상당성과 배제개연성] 乙과 丙이 심야에 귀가중인 甲(女)에게 뒤에서 느닷없이 달려 들어 어두운 골목길로 끌고 가 담벼락에 쓰러뜨린 후 乙이 음부를 만지며 甲의 옆구리를 차고 키스를 하자 甲이 乙의 혀를 깨물어 잘랐다. ① (대판 89도358) 甲의 중상해 범행은 강제키스를 면하는데 '필요한' 행위였으므로 정당방위가 인정된다. ② (評釋) 이 판례와 여자의 강제키스에 대해 혀를 2cm 절단한 남자의 방어행위는 여자의 몸을 밀쳐내는 방법 등으로 제지할 수 있고, 남자의 법익이 여자의 법익보다 우월하지 않으므로 상당한 이유가 없다는 판례(대판 2014도17023)는 남녀를 차별하는 것이지만, 남녀의 차이(difference)를 존중하는 것이다. 이런 차이의 존중이 포스트모던 법의 새로운 평등의 지평에 속한다.

18 '확실성'이 아닌 것은 필요한 방위행위를 했어도 방위가 성공하지 못할 수도 있기 때문이다.

19 [상당성과 보충성] 甲은 마을 주민들이 자신을 비난하자 차에서 내리면서 '왜 나보고 그러냐'고 항의했고, 이에 주민들이 돌을 던지고 그 중 乙이 자신의 얼굴을 때려 상처를 입자, 순간 분개하여 乙의 우측유방을 칼로 찔러 자상을 입혔다. ① (대판 66도63) 甲은 연속적 공격방위의 투쟁행위를 예견하면서 이를 피하지 않고, 수많은 부락민에게 마치 대항이라도 할 듯이 차에서 내린 끝에 봉변을 당하고 일시 분개하여 칼을 휘둘렀기 때문에 **상당한 행위**를 한 것이 아니다. ② (評釋) 甲의 행위는 **보충성은 없으나 필요성은 인정되는** 정당방위이다.

(2) 정당방위권의 제한 개인의 권리로 인정되는 정당방위권은 (독일 학계의 영향으로) 사회윤리적 관점에서 제한되고 있지만, 이는 윤리를 법의 우위에 놓는 문제가 있다. 다음 네 가지 경우에 정당방위가 형사사법의 일시적인 사인수탁임을 고려하여 정당방위권은 **형사사법이 존중해야 할 법원칙들**(예: 권리남용이론, 비례성, 사회적 연대성, 기대가능성)에 의해 제한되어야 한다.

- 공격자가 **책임무능력자**[20]인 경우(←책임원칙의 존중)
- 공격자가 배우자[21]나 동거인 또는 부모·자식인 경우(←**긴밀한 사적 관계영역**에 대한 비범죄화정책)
- 방위행위자가 (예: 조롱과 같이) 위법은 아니지만 "사회윤리적으로 비난받는 선행행위"(BGHSt 27, 336)를 하여 상대방의 위법한 침해를 도발시키고, 그에 대해 정당방위를 하는 경우[22](←**도발된 침해**의 권리남용을 고려)
- 현재의 **위법한 침해가 극히 경미**한 경우[23](←사소법익침해원칙 Geringfügigkeits-

20 **[한정책임능력자와 정당방위]** 甲은 부인 丙의 머리채를 잡은 만취한 처남 乙과 싸우게 되었다. 85kg의 乙이 62kg의 甲을 침대 위에 넘어뜨리고 가슴 위에 올라타 목을 눌러 호흡을 곤란하게 만들자, 甲은 안간힘을 쓰며 허둥대다가 침대 위에 있던 과도로 乙의 왼쪽 허벅지를 1회 찔러 전치 2주 상해를 입혔다. ① (대판 2000도228) 甲은 싸움을 한 것이고 **싸움의 경우 가해행위는 방어행위인 동시에 공격행위의 성격을 가지므로 정당방위 또는 과잉방위행위라고 볼 수 없다.** ② (評釋) 乙이 한정책임능력자이고 甲이 乙에게 싸움을 도발한 측면도 고려하면 甲의 정당방위권은 소극적 방위로 제한되지만 甲의 공격방위는 乙의 공격을 막는데 불가피하므로 상당하다.

21 **[부부간의 정당방위]** 甲은 이혼소송 중 남편 乙이 이혼하면 죽여 버리겠다며 폭행하고 변태적 성행위도 계속하자 격분한 나머지, 乙이 담배 피며 쉬는 동안에, 침대 밑에 숨겨놓은 부엌칼로 乙의 복부를 찔러 사망에 이르게 하였다. ① (대판 2001도1089) 甲의 상해가 방위행위의 한도를 넘어선 것으로 사회통념상 용인될 수 없어 정당방위나 과잉방위에 해당하지 않는다. ② (評釋) 甲이 칼로 찌를 때 乙의 공격이 곧 다시 재개될 위험(법익침해의 위험)이 높고, 그 위험이 과거로부터 '계속'되는 현재의 위험이란 점에서 위법한 공격의 현재성이 인정된다. 사회윤리에 의해 정당방위의 상당성을 균형성으로 해석하면 甲의 행위는 과잉방위가 되지만, 이혼소송 중에는 정당방위권은 제한되지 않아야 하고 제한되더라도 甲의 행위는 乙의 공격차단에 필요하므로 정당방위가 인정된다.

22 **[목적에 의한 도발과 유책한 도발]** 도발된 침해는 처음부터 위법한 침해의 도발을 유발하여 자신의 범죄행위를 정당방위로 만들려고 한 경우(**목적에 의한 도발**)와 그러한 목적은 없었지만 그런 침해를 유발하는데 (위법하지 않은) '사회윤리적' 책임이 있는 경우(**유책한 도발**)로 나뉜다. 목적에 의한 도발은 자기보호원리가 적용될 수 없고, 법수호목적도 없는 권리남용이라고 보기도 하지만 私見으로 도발된 공격에도 자기보호는 필요하고, 도발의사와 방위의사는 다른 것이며, 도발행위가 상대방에게 정당방위권을 부여하는 위법의 문턱을 넘지 않고 사회윤리적으로 비난할 만한 행위에 그친 것인 한 그로써 유발된 위법한 침해에 대한 법질서의 수호도 여전히 필요하다.

23 **[경미한 침해와 정당방위]** 乙이 빚을 갚지 못한 甲에게 빚 독촉을 하면서 甲의 가슴을 가볍게 쳤다. 甲은 乙의 얼굴을 주먹으로 때렸다. ① 乙의 행위는 사소법익침해원칙을 구성요건해당성조각사유로 인정하면 폭행죄에 해당하지 않거나 권리행사에 수반하여 사회상규에 위배되지 않는다는 점에서 정당방위상황이 인정되지 않는다. 乙의 행위를 위법한 폭행으로 보는 경우에도 정당방위권의 사회윤리적 제한 법리에 의해 甲은 과잉방위자가 된다.

prinzip 고려)

제한의 내용은 정당방위권 자체를 부인하는 것이 아니라 **보호방위**(소극적 방어)**만 허용**하고 공격방위(적극적 방위)는 허용하지 않는 것이다. 다만 방어할 수 있는 다른 방법이 없는 경우에는(보충성요건 충족) 공격방위(적극적 방위)도 허용된다. 판례는 정당방위의 제한을 넘어선 방위에 대하여 **정당방위는 물론 과잉방위도 인정하지 않지만**(별개요건설)[24] 과잉방위(제21조 제2항)로 취급함이 타당하다. 이로써 상당한 이유는 방위행위의 필요성과 방위권의 제한을 포함하는 셈이 된다('포함설').

Ⅲ. 정당방위의 법적 효과

(1) 위법성의 조각과 수인의무 구성요건을 실현하는 행위가 정당방위로 인정되면 그 위법성이 조각된다(제20조 제1항). 방위행위는 적법한 행위이므로 상대방은 방위행위를 수인할 법적 의무를 진다.

(2) 과잉방위 과잉방위(Notwehrexzess)는 **정당방위상황이 존재**하고, 방위의사를 갖고 한 방위행위이지만 방위행위가 **상당성의 정도를 넘은 경우**를 가리킨다. 과잉방위는 상당성을 초과하는 부분에 대해 고의가 있는 경우와 과실만 있는 경우를 모두 포함한다. 과잉방위행위자가 초과된 방위행위가 상당한 이유에 해당한다고 인식했다면 **허용포섭착오**[25]가 인정된다.

[과잉방위의 법적 성격] 정당방위상황과 방위의사의 존재는 불법을 감소시키는 요소이긴 하지만 **위법성을 탈락시키는 것은 아니고**, 단지 (책임은 불법에 상응해야 한다는 책임원칙에 따라) **책임을 감소**시킬 뿐이다. 과잉방위에서 초과부분은 (양적으로) 방

---

24 이 경우 정상참작감경(제53조)을 적용할 수 있지만 형의 면제(제21조 제2항)는 불가능하다.

25 [과잉방위와 허용포섭착오] 甲은 乙이 자신의 얼굴을 때리자 乙의 팔을 꺾고 골절을 입힘으로써 乙의 공격을 제압했는데도 乙의 팔을 한 번 더 힘껏 꺾어 팔이 부러지고 불구가 되게 하였다. ① 甲이 乙의 팔이 부러짐을 인식하였다면 상당성 초과부분에 고의를, 인식하지 못하였다면 과실을 인정한다. 후자는 과실범이 성립한다고 보기도 하지만, 두 경우 모두 구성요건을 고의로 실현한 고의범이고, 양형에서 고의에 의한 과잉방위는 형의 감경만을, 과실에 의한 과잉방위는 형의 면제도 가능한 것으로 볼 수 있다. 甲이 乙의 팔을 부러뜨려도 상당한 이유가 인정된다고 생각했다면 허용포섭착오(제16조)에 해당한다.

위권이 없을 뿐만 아니라 법질서를 수호하는 의미도 없기 때문이다. 하지만 과잉방위는 **책임을 소멸시키지는 않는다.** 책임이 소멸한다고 보면 무죄판결을 받아야 하는데, 이는 '형의 감경 또는 면제'(제21조 제2항)가 유죄판결이라는 점과 모순되기 때문이다.

과잉방위자에 대해서는 정황에 따라 그 **형을 감경 또는 면제**할 수 있다(제21조 제2항). 방위행위자가 방위행위의 과잉부분을 인식한 경우에는 단지 형을 감경하기만 하고, 과잉부분을 인식하지 못한 경우(과실에 의한 과잉방위)에는 형을 감경하거나 면제시킬 수도 있다고 해석함이 타당하다. 다만 과잉부분을 인식한 경우에도 "**야간이나 그 밖의 불안한 상태에서 공포를 느끼거나 경악하거나 흥분하거나 당황하였기 때문에 그 행위를 하였을 때**"에는 제21조 제3항에 의해 벌하지 아니한다. 상당한 방위행위의 기대가능성이 없어 **책임이 조각**되기 때문이다.

(3) 정당방위와 착오

1) 오상방위 ① 오상방위(Putativnotwehr)는 정당방위상황이 존재하지 않는데도, 존재한다고 오신(적극적 착오)하고 방위행위를 한 경우이다. 오상방위는 구성요건실현을 허용하는 위법성조각사유에 해당하는 **'사실'의 착오**이므로 **허용구성요건착오**라고 부른다. ② 과잉방위는 정당방위상황에서 한 방위로서 다만 상당성범위를 초과한 것이므로 **양적으로 하자**가 있는 방위행위인 반면 오상방위는 정당방위상황이 없으므로 **질적으로 하자**가 있는 방위행위이다. 따라서 과잉방위규정(제21조 제2, 3항)은 오상방위에 유추적용할 수 없다.[26]

[오상방위효과에 관한 학설] 구성요건적 사실에 관한 착오가 아니면 모두 금지의 착오로 보면, 오상방위자는 고의범으로 처벌하고 정당한 이유(제16조)에 따라 면책될 수 있을 뿐이다(**엄격책임설**). ② 오상방위자는 고의범으로 보되 책임은 과실범으로 보면 책임과실의 유무와 정도에 따라 면책될 수 있을 뿐이다(**법효과제한적 책임설**). ③

26 [오상과잉방위] 오상방위와 과잉방위가 겹치는 오상과잉방위(Putativnotwehrexzess)는 오상방위로 다루자는 견해, 오상방위로 다루되, 오상에 대하여 과실이 없는 경우에는 과잉방위규정(제21조 제2, 3항)을 적용하자는 견해, 과잉성을 인식한 오상과잉방위는 과잉방위로, 과잉성을 인식하지 못한 오상과잉방위는 오상방위로 다루자는 견해가 대립한다. 私見으로 오상과잉방위에서 과잉방위부분은 오상방위자에게 제13조를 적용하여 고의를 부정하고, 과실범 검토에서 과실을 판단하는 요소이면서 양형요소로 고려할 수 있다.

고의에 위법성의 인식이 포함된다고 보면 오상방위자는 고의범이 되지 않고 발생한 결과에 대한 과실범으로만 처벌될 수 있다(**고의설**). ④ 제13조(범의)를 유추적용하는 견해(제한적 책임설의 일종)에 의하면 오상방위자는 고의범이 아니라 발생한 결과에 대한 과실범으로만 처벌된다(**제13조 유추적용설**).[27]

판례는 "현재의 급박하고도 부당한 침해가 있을 것으로 오인하는 데 대한 정당한 사유가 있는 경우에 해당된다"(대판 68도370)라고 하여 **엄격책임설**을 따르거나 사회상규(제20조)에 의해 위법성 판단을 한다. 私見으로 오상방위자는 "죄의 성립요소인 사실"을 인식하지 못한 자이므로 고의가 없고(제13조의 직접 적용), 과실범이 될 뿐이며, 과실의 정도와 행태 등에 따라 사회상규(제20조)로 위법성이 조각될 수도 있다.[28]

2) 정당화상황의 불인식 오상방위의 반전(反轉)된 경우, 즉 정당방위상황은 존재하였는데 행위자가 이를 인식하지 못한 채 구성요건을 실현한 경우는 구성요건적 결과가 실제로 발생한 이상 결과반가치를 부정할 수 없어 기수범으로 다루자는 견해(기수설)가 있지만, **구성요건적 결과는 정당화상황이 부존재할 때에야 비로소 불법을 구성하는 결과반가치**가 되고, 제27조의 "대상의 착오로 인하여 결과의 발생이 불가능"한 경우를 '**불법의 완전한 실현이 불가능한 경우**'로 본다면 불능미수로 다룰 수 있다.

---

27 [오상방위] 초병 甲은 교대시간에 나온 乙의 얼굴을 주먹으로 때려 코피를 터뜨렸다. 乙은 격분하면서 "월남에서는 사람 죽이는 건 파리 죽이는 것과 같았다. 너 하나 못 죽일 줄 아느냐" 하면서 겁주려고 甲에게 총알이 없는 카빙소총을 겨누고 장전 동작을 하였다. 甲은 乙이 자신을 죽이려 한다고 믿고 먼저 카빙소총으로 쏘아 살해하였다. ① (대판 68도370) 甲의 오인은 정당한 이유가 있으므로 정당방위가 인정된다. ② 甲은 정당방위상황이라고 착오하였고, 이 착오는 乙의 말과 소총장전행위를 고려할 때 과실이 아니며, 정당한 이유를 갖고 있다. 이런 경우 엄격책임설, 법효과제한적 책임설은 甲에게 살인고의범의 불법은 인정하되 **책임을 조각**시킨다. 반면 고의설, 제13조의 직접(소극적 구성요건이론) 또는 유추적용설(제한적 책임설의 일종)은 甲에게 살인고의를 귀속시키지 않고, 과실치사죄의 성립도 부인하게 된다.

28 [오상방위와 사회상규] 乙은 등록취소문제로 복싱클럽 관장 丙과 언쟁 중 丙이 자신을 넘어뜨려 목을 조르자 주머니에 넣어 작은 물건(녹음기)을 꺼내 손에 움켜쥐었다. 코치 甲은 흉기일 것을 염려하여 乙의 주먹을 강제로 펴게 하다 乙에게 손가락 골절상을 입혔다. ① (대판 2023도10768) 사회상규의 긴급성, 보충성요건은 일체의 법률적인 적합한 수단이 존재하지 않을 것을 의미하지 않고 甲이 정당성에 대한 인식하에 행위를 한 것임을 고려하면 甲은 죄가 되지 않는 것으로 오인한 것에 대해 '정당한 이유'가 있다. ② (評釋) 甲은 제3자를 위한 오상방위를 하였고, 과실치상죄가 적용되지만, 사회상규조항(판단은 판례와 같음)으로 위법성이 조각될 수 있다.

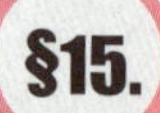

긴급피난

제22조(긴급피난) ① 자기 또는 타인의 법익에 대한 현재의 위난을 피하기 위한 행위는 상당한 이유가 있는 때에는 벌하지 아니한다. ② 위난을 피하지 못할 책임이 있는 자에 대하여는 전항의 규정을 적용하지 아니한다. ③ 전조 제2항과 제3항의 규정은 본조에 준용한다.

Ⅰ. 긴급피난 제도의 의의

긴급피난이란 "자기 또는 타인의 현재의 위난을 피하기 위한 상당한 이유 있는 행위"(형법 제22조)를 말한다. 위난의 원인이 위법한 것이 아니므로 긴급피난은 '**正 對 正**'이라고 표현되고, '不正 對 正'의 관계인 정당방위나 자구행위와 구분된다.[1] 긴급피난에 의한 침해에 대해서 상대방은 정당방위를 할 수 없고, 다시[2] 긴급피난을 할 수 있다. 긴급피난(제22조 제1항)은 **위법성조각사유**이다. 국가가 개인의 법익을 보호하지 못하는 긴급상황에서 하는 피난행위를 두고 (국가)법이 위법하다고 평가하는 것은 국가법의 자기모순이기 때문이다.[3] 긴급피난이 정당화사유가 되는 근거는 다음 두 가지이다.

- **목적설** 긴급피난이란 정당한 목적, 국가에 의해 보호되지 못하는 개인적 법익의 보호라는 목적을 위한 수단이라는 점에서 정당화된다.
- **이익교량원칙(우월적 법익원리)설** 긴급피난은 상대적으로 더 가치 있는(우월적) 법익을 보호하기 위한 유일한 수단이 된다는 점에서 정당화된다.

1 [정당방위와 긴급피난의 구분] 甲은 잠자는 乙을 강간하려고 손을 뻗었고, 乙이 소리치자 왼손으로 입을 막고 오른손으로 음부를 더듬었다. 乙은 甲의 손가락을 깨 물었고, 甲이 손가락을 비틀며 잡아 뽑을 때 乙의 우측하악측절치가 빠졌다. ① (대판 94도2781) 乙에게 상해를 입힌 행위는 甲이 스스로 야기한 범행의 와중에서 이루진 행위이므로 **법에 의해 용인되는 피난행위라 할 수 없다.** ② (評釋) 乙의 깨물기는 정당방위이고, 甲은 이 방위행위를 수인할 법적 의무가 있으므로 긴급피난이 적용되지 않는다.

2 [긴급피난자에 대한 긴급피난] 甲, 乙, 丙은 배의 난파로 표류하다가 1인용 구명보트 2대를 발견하고, 甲과 丙이 보트에 올라탔다. 乙은 甲을 떠밀어 보트를 차지했고, 甲은 丙을 밀어내고 보트를 차지하였다. 乙의 행위는 긴급피난으로서 적법하므로 甲은 정당방위권이 없고, 다만 乙, 丙 중 선택하여 밀어내고 보트를 차지하는 긴급피난을 할 수 있다.

3 [도덕으로부터 자유로운 영역] 침해법익이 인간의 생명·신체이거나 동가치의 법익을 보호하기 위한 피난행위도 도덕적으로 평가할 수 없고, 사회계약이론은 그런 행위도 면책하는 것이 아니라 합법화한다. 즉, 긴급피난은 **도덕으로부터 자유로운 영역**이지 **법으로부터 자유로운 영역**(rechtsfreier Raum)은 **아니다.**

私見으로 목적설과 이익교량설은 피난행위의 구조적 특성을 설명할 뿐, 그런 특성이 왜 피난행위를 정당화하는지를 해명하지 못한다. 긴급피난은 경찰이 (위법하지 않은) 위난을 제거해줄 수 없는 상황에서 위난자에게 자연권을 회복시켜주는 것이 아니라 **경찰의 위험예방임무를 개인에게 위탁**하는 제도이다. 따라서 긴급피난행위자는 경찰작용을 구속하는 **법원칙**(예: 비례성원칙)에 구속을 받지만 상황의 긴급성으로 인해 그 구속의 정도가 다음과 같이 완화된다.

● 긴급피난은 피난행위로 보호되는 이익이 침해되는 이익보다 **우월하거나 동등**해야 한다(법익균형원칙).[4]

● 긴급피난행위는 위난에 처하지 않은 **제3자가 타인을 위하여 하는 긴급위난구조**(Notstandshilfe)도 인정된다. 다만 이 경우 제3자가 위난자와 피난상대방의 법익을 저울질 한다는 점에서 피해자의 **인격적 자율성**을 본질적으로 훼손하는 경우[5]에는 위법성이 조각되지 않는다(**자율성원칙** Autonomieprinzip).

● 피난행위자나 그 상대방은 모두 위법한 행위를 한 자가 아니며 위난으로 인한 피해를 부담해야 할 법적 의무도 없다. 따라서 위난으로 인한 피해의 부담은 **형평성**이 있어야 한다. 이를 위해 (일상언어에 침전된) **생활세계의 귀속규칙**(lebensweltliche Zurechungsregeln)이 고려되어야 한다.

[생활세계귀속규칙으로서 결자해지] 예컨대 결자해지(結者解之 "매듭을 묶은 자가 그 매듭을 풀어야 한다)에 따르면 자초한 위난[6]에서 동등한 가치의 비인격적 법익(예: 재산 대 재산)이 충돌하는 경우에는 본인이 손해를 부담하여야 하고 긴급피난은 허

---

4 위난에 처했지만 국가에 의해 구호되지 못하는 개인은 누구나 피난행위를 통해 자신의 이익을 지킬 수 있고, 그 피난행위를 합법적인 것으로 간주하는 합의가 사회계약에 포함되어 있다고 볼 수 있다. 보호되는 이익이 피해이익보다 우월하든 동등하든 중요하지 않다. 어느 경우이든 피난행위의 피해자는 까닭 없이 피해를 입지만, 그것은 사회계약의 내용에 포함되어 있는 것이다.

5 [자율성원칙과 강제채혈] 의사 甲은 응급환자 乙의 생명을 살리기 위해 수혈이 필요한 상황에서 혈액원에서 피를 가져오기에는 시간이 촉박하여, 다른 입원 환자 丙의 혈액을 강제로 채취하여 乙에게 수혈시켰다. 甲의 행위는 법익균형원칙(또한 우월적 이익의 원리)을 충족하고 최후수단이었지만 강제채혈이 인간존엄에 반하므로 위법성이 조각되지 않는다.

6 [자초위난의 형평성] 甲은 허가 없이 乙의 피조개양식장 30미터 부근의 수면 위에 G호의 닻줄 5샤클(125m)로 정박시켰다. 태풍이 갑자기 불자 선박의 안전을 위하여 선박의 양쪽에 두 개의 닻줄을 내리고, 한쪽 닻줄의 길이를 7샤클(175m)로 늘렸다. 이로써 乙의 피조개양식장이 피해를 입었다. ① (대판 85도221) 재물손괴의 미필적 고의가 인정되지만 "위급한 상황에서 선박과 선원들의 안전을 위하여 사회통념상 가장 적절하고 필요불가결하다고 인정되는 조치를 취하였다면 형법상 긴급피난"이 인정되고 "**미리 선박을 이동시켜 놓아야 할 책임을 다하지 아니함으로써, 위와 같은 긴급한 위난을 당하였다는 점만으로는 긴급피난을 인정하는 데 아무런 방해가 되지 아니한다.**" ② (評釋) **자초 위난**이므로, 선원이 타고 있지 않았다면 긴급피난이 성립할 수 없다.

용되지 않는 반면, 자초한 위난이 자신의 생명에 대한 것일 때에 타인의 신체나 재산을 침해하는 피난행위가 정당화될 수 있다.

Ⅱ. 긴급피난의 성립요건

긴급피난은 긴급피난상황(자기 또는 타인의 법익에 대한 현재의 위난), 위난을 피하기 위한 행위일 것, 상당한 이유라는 요건으로 구성된다.

1. 긴급피난상황

자기 또는 타인의 법익에 대한 현재의 위난이 있어야 한다.

(1) 자기 또는 타인의 법익 긴급피난으로 구하는 법익은 **개인적 법익**이다. 국가[7]나 사회 그 자체를 보호하기 위한 긴급피난은 인정할 수 없다. 국가나 사회 자체를 위해 개인의 법익을 희생시킬 수 있다면 전체주의 형법의 위험이 발생하기 때문이다. 국가 자체의 이익과 개인의 이익 간의 충돌을 조정하는 것은 국가의 임무일 뿐 개인의 권리가 될 수 없다. 경찰권력에 의한 위험예방의 사각지대에서 형법상 보호법익을 침해하면서까지 국가 자체를 보호할 수 있는 경우란 사실상 저항권(Widerstandsrecht) 행사나 혁명을 제외하고는 생각할 수 없다. 민주적 법치국가에서 **시민불복종**(civil disobedience)[8]도 긴급피난이 되기 어렵다. 피난행위가 국가·사회적 법익에 대한 범죄이더라도 그런 법익의 보호에 포함되어 있는 개인의 법익이 위난에 처한 경우[9]는 긴급피난이 가능하다. 민사법상의 법익도

7 [국가를 위한 긴급피난] 1980년 5·18사태 때 쿠데타를 위해 병력을 동원한 甲은 내란중요임무종사죄로 기소되었으나 자신의 병력동원을 긴급피난이라고 주장하였다. ① (대판 96도3376) 甲은 긴급피난의사가 없으므로 긴급피난이 인정되지 않는다. ② (評釋) 국가를 위한 긴급피난은 인정되지 않는다.

8 [시민불복종과 긴급피난] 총선연대 甲은 선거운동기간 전에 특정 후보 낙선지지의 서명을 받는 등 공직선거법의 선거운동제한규정을 위반하였다. 甲은 공직선거법을 입법절차로는 개정할 가망성이 없다고 판단하고 공개적으로 법을 위반하였다. ① (대판 2002도315) 甲의 낙선운동은 "**시민불복종 운동으로서** 헌법상의 기본권 행사 범위 내에 속하는 정당행위이거나 형법상 사회상규에 위반되지 아니하는 **정당행위 또는 긴급피난의 요건을 갖춘 행위로 볼 수는 없다.**" ② 민주적 법치국가에서 시민불복종은 양형에 고려된다.

9 [국가적 법익과 긴급피난] 乙이 P대통령을 시해하자 대통령비서실장 甲은 계엄을 선포하였지만 내란중요임무종사미수죄로 기소되었다. 甲은 계엄선포행위가 국민과 군경에 대한 생명의 위난을 피하기 위한 행위라고 주장하였다. ① (대판 96도3376) 甲은 **긴급피난의사가 없으므로** 긴급피난이

긴급피난의 적격이 있는 법익이다. 경제적 손실을 방지하기 위한 긴급피난도 가능하다. 타인의 법익을 보호하는 긴급피난을 긴급구조(Notstandshilfe)라고 한다.

[위난을 피하지 못하는 자] 긴급피난권은 "군인, 경찰, 소방관, 의사 등 위난을 피하지 못할 책임이 있는 자"에게는 제한된다. ① **군인, 경찰, 소방관**은 개인들이 처하는 위험을 방지할 국가의 임무를 수행하는 자로서 직무수행에서는 그들의 생명·신체 등에 어느 정도의 위험이 발생해도 긴급피난이 허용되지 않는다(제22조 제2항). 하지만 생명의 위험이 고도로 높아진 경우에는 이 직업군도 긴급피난을 할 수 있으며, 비번인 상황에서 위난에 처한 경우에는 제한 없이 긴급피난을 할 수 있다. ② 제22조 제2항에는 **의사**도 포함되어 있지만 국가의 위험예방임무를 수행하는 직업이 아니므로 긴급피난권의 제한은 군인, 경찰관, 소방관보다 약하다. 의사가 감수해야 하는 직무상 위험의 범위는 「의료법」상 의사가 거부하지 못하는 '진료의무'(제16조)의 범위 또는 「응급의료법」상 의사가 거부하지 못하는 '응급의료의무'(제6조 제2항)의 범위와 일치한다. 가령 HIV보균자에 대해 감염을 이유로 응급의료를 거부하는 피난행위는 응급의료거부의 위법성을 조각시키지 못한다.

(2) 현재의 위난 현재의 위난이 있어야 한다. ① **위난**이란 일정한 사태의 진전을 그대로 방치하면 법익침해가 즉시 또는 곧 발생할 것이 확실하거나 개연적인 상태를 말한다. 충돌하는 법익들을 형평 있게 조정하려면 법익침해의 추상적 위험(또는 극히 낮은 정도의 위험)[10]으로는 부족하고 **구체적 위험**이 있어야 한다.[11] ② **현재**의 위난만 긴급피난이 허용되고 과거나 미래의 위난은 긴급피난이 허용되지 않는다. 위난의 현재성[12]은 **법익침해가 시작되기 직전부터 법익침해가 종료된 시점까지**를 말한다. 위

인정되지 않는다.

10 [추상적 경영난과 긴급피난] 사용자 甲은 경영부진으로 자금압박을 받아 근로자 乙의 임금을 지급하지 않고 있다. ① (대판 2002도649) '경영부진 등의 자금압박'은 임금체불행위로써 피난행위를 할 수 있는 현재의 위난요건(긴급피난상황)에 해당하지 않는다.

11 [추상적 이익과 긴급피난] 甲은 관리처분계획의 인가·고시에 따라 아파트를 분양받을 조합원이 된 무허가주택의 사실상 소유자 乙로부터 그 주택을 양수하였다. 甲은 「토지보상법」이 정한 절차에 의하지 않고 그 주택을 철거하였다. ① (대판 2004도434) 甲의 행위는 조합원 전체의 이익을 위한 것일지라도 그 **이익이 구체적으로 침해될 위험 하에 행해진 것이 아니기 때문이다.**

12 [위난의 현재성] 甲은 빚이 없는 乙에게 자기가 발행한 어음을 잠깐 빌려주자 乙은 丙에게 배서양도하였다. 이를 안 甲은 丙이 소지한 어음을 찢었다. ① (대판 74도3559) 丙의 어음소구는 장래의 위난이므로 甲의 손괴행위는 긴급피난·자구행위가 되지 않는다.

난이 과거에 발생하였고 현실의 위난으로 바뀔 가능성은 불확실하게 상존하는 경우, 즉 **계속위난**(Dauergefahr)은 현재의 위난이다. 위난의 존재여부는 구체적 상황을 고려하여 행위자가 속한 사회의 **이성적 관찰자**(평균적 전문가)의 입장에서 긴급피난행위에 바로 **앞선 시점**(ex ante)을 기준으로 객관적으로 판단한다. 이 판단에는 보편적 과학지식뿐만 아니라 일반적 생활경험과 행위자가 행위 당시 갖고 있었던 특수지식도 고려된다. ③ **위난의 원인**은 자연현상, 사람, 동물의 행위 등 제한이 없다. 통설은 위난의 원인이 **적법한 것이든 위법한 것**(예: 테러에 대한 예방적 무력사용)이든 묻지 않는다. 그러나 위난의 원인이 **위법한 경우**[13]**에는 정당방위만** 적용함이 옳다. 피난자가 위난의 발생에 (법적 책임이 아니라 사회적, 윤리적) 책임이 있는 경우를 **자초위난**(自招危難)이라고 부른다. 자초위난의 경우 긴급피난이 불허된다고 보기도 하지만 피난상황에 대한 책임유무는 긴급피난의 요건이 아니다. 긴급피난은 손해부담의 형평 조정이나 가치재배분 기능을 수행하는 것이므로 자초위난의 피난행위권은 다만 제한되고, 그 제한을 넘어선 피난은 과잉피난(제22조 제3항)이 된다.[14]

2. 피난행위

피난행위는 피난의사가 있고, 피난의 유형적 허용범위를 넘지 않아야 한다. 긴급피난이 되려면 주관적 정당화요소인 **피난의사**(Rettungswille)가 있어야 한다. 피난의사는 긴급피난상황을 인식하고, 긴급피난을 실현한다는 의사를 필요로 한다. 피난의사는 구성요건을 실현하는 고의를 상쇄시키는 것이어야 하기 때문이다. 피난의사에 수반되는 동기나 목적은 피난의사의 정당화기능에는 영향이 없다. 긴급피난은 적법한 원인에서

---

13 [위난의 원인] 甲은 K대의 요청에 따라 경찰이 집회를 위한 출입을 저지하자, 사전승낙 없이 Y대로 장소를 옮겨 집회를 하였다. ① (대판 90도870) 甲의 행위는 집시법에 위반하고 경찰의 저지는 경찰관 직무집행법 제6조의 사전제지조치이고 Y대로 옮긴 집회는 **급박한 현재의 위난을 피하기 위한 부득이한 것이 아니므로** 긴급피난에 해당하지 않는다. ② (評釋) **구체적 위험의 위난도 없다.**

14 [자초위난] 甲은 전방에 사람들이 걸어가고 반대편에서 손수레가 있어 차를 좌로 돌려 손수레 우측을 지나가는 순간 乙이 손수레 뒤에서 갑자기 나와 급히 좌로 돌렸지만 그 뒤에 오던 丙과 충돌, 사망에 이르게 했다. ① 甲이 丙을 친 행위는 자초위난인 乙의 생명위험을 피하는 긴급피난이지만 甲의 행위는 전체적으로 업무상 과실치사죄를 구성한다.

발생하는 법익침해의 위험부담을 조정하므로, 정당방위와 달리 **위난과 무관한 제3자의 법익을 침해**하는 **공격적 긴급피난**(Agressiver Notstand)이 허용된다. 단 자초위난은 공격적 긴급피난이 금지되어야 한다. 위난의 발생에 사회적·윤리적 책임이 있는 자의 법익을 침해하는 **방어적 긴급피난**(Defensivnotstand)[15]은 피난의 상당성이 완화된다.

3. 상당한 이유

[판례: 긴급피난의 상당성] "상당한 이유"(형법 제22조 제1항)가 인정되려면 "① 피난행위는 위난에 처한 법익을 보호하기 위한 **유일한 수단**이어야 하고, 피해자에게 **가장 경미한 손해를 주는 방법**을 택하여야 하며, ② 피난행위에 의하여 보전되는 이익은 이로 인하여 침해되는 이익보다 **우월**해야 하고, ③ 피난행위는 그 자체가 **사회윤리나 법질서 전체의 정신에 비추어 적합한 수단**일 것을 요하는 등의 요건을 갖추어야 한다"(대판 2005도9396). ①은 보충성, ②는 균형성, ③은 적합성을 말한다.

(1) 보충성 긴급피난은 피난행위에 의하지 않고는 위난을 피할 수 없는 것일 때에만 인정된다. 이는 보충성(Subsidiarität 최후수단, 상대적 최소피난)의 요청이다.[16] 피난행위는 위난을 피하기 위한 **최후수단**[17]이어야 한다. 이는 피난행위가 위난의 발생에 법적 책임이 없는 타인의 법익을 침해하는 행위라는 점을 고려한 결과이다. 이 점은 방위행위가 방위에 필요하면 충분하고, 최후수단일 것을 요구하지 않는 정당방위(필요성원칙 Erforderlichkeit)와 현저하게 다른 점이다. 보충성은 위난을 피하기 위한 **기**

---

15 [방어적 긴급피난] 甲은 이혼소송 중인 폭력남편 乙이 24시경 집에 찾아와 폭력을 휘두르고 담배를 피며 쉬자, 침대 밑에 준비해두었던 부엌칼로 乙의 복부를 찔러 사망하게 하였다. ① 甲의 상해치사행위를 장래의 위난을 예상한 방어적 긴급피난으로 보기도 하지만 乙은 위법한 공격자이므로 甲의 상해행위는 정당방위이고, 치사부분은 과실치사죄가 성립한다.

16 [긴급피난의 보충성으로서 부득이한 조치] "낙태시술을 하게 된 이유는 임신의 지속이 모체의 건강을 해칠 우려가 현저할 뿐더러 기형아 내지는 불구아를 출산할 가능성마저도 없지 않다고 판단한 아래 **부득이 취하게 된 조치**로 인정되는 경우에는 이는 정당행위 내지 긴급피난에 해당되어 그 위법성이 없는 경우에 해당된다"(대판 75도1205).

17 [긴급피난의 보충성] 아파트 입주자대표 甲은 K방송의 시험방송 송출로 하여 그 아파트에 위성방송이 수신될 수 없게 되자마자 K방송에 송출 중단을 요청해보지 않고 시험방송 송출 1시간 30분 만에 K방송의 안테나를 절단하였다. ① (대판 2005도9396) 甲의 업무방해행위는 긴급피난이나 정당행위를 인정할 수 없다. ② (評釋) 방송 송출의 중단을 요구하지 않은 점에서 보충성을 충족하지 못했다.

존의 법적 절차를 선행[18]시킬 것을 요구한다. 또한 피난행위가 불가피한 경우에도 피난방법은 피해자에게 **가장 경미한 방법**으로 선택되어야 한다. 이 상대적 최소피난원칙(Grundsatz des relative mindesten Mittels)[19]은 손해부담의 형평성을 위한 것이다.

(2) **균 형 성**　　피난행위로 보호되는 법익과 침해되는 법익은 균형을 이루어야 한다. 판례는 “피난행위에 의하여 보전되는 이익은 이로 인하여 **침해되는 이익보다 우월**해야” 한다고 본다. 그러나 私見으로 균형성은 **동등한 이익**인 경우에도 인정되어야 한다. 긴급피난은 윤리의 고양이 아니라 국가가 보호해주지 못하는 법익의 형평 있는 보호에 목적이 있기 때문이다. 또한 법익의 ‘일반적 가치’에 기초를 둔 법익들 간의 상대적 우열·동등관계 이외에 침해위험의 정도, 삶의 구체적인 상황에서 그 법익을 보호할 실질적 가치 등을 종합·고려하여 **구체적인 법익균형**을 이루는지를 판단하여야 한다.

신체는 재산보다 일반적으로 더 높은 가치의 법익이지만, 고가의 문화재 도자기가 떨어져 깨지는 것을 방지하기 위해 사람을 떠 밀쳐 경미한 상해를 입히는 행위 또는 가족을 괴롭히는 정신병자의 행위를 막기 위해 그를 일시적으로 감금하는 행위는 피난행위로서 상당한 이유가 인정된다(BGHSt 13, 197).

(3) **적 합 성**　　피난행위는 “사회윤리나 법질서 전체의 정신에 비추어 적합한 수단”이어야 한다. 판례는 도덕적 적합성과 사회윤리적 적합성을 모두 고려한다. 피난행위는 보편적인 **도덕에 적합한 수단**이어야 한다. **자율성원칙**(Autonomieprinzip)은 그 대표적인 예이다. 예컨대 의사의 강제채혈은 긴급피난행위일지라도 상당한 이유가 인정될 수 없고, 면책될 수 있을 뿐이다. 피난으로 위반한 규범에 대한 시민들의 평균적인 준수

18 [긴급피난의 선행절차] 甲은 국회 외교통상위 회의장 앞에서 해머로 봉쇄된 출입문을 쳐서 떼어내고, 乙은 바리케이드로 쌓여있던 집기들을 밀쳐 부셨다. ① (대판 2010도13609) 국회의 토론 등 **“합법적 절차를 외면한 채 곧바로 폭력적 행동으로 나아간 행위는 그 방법이나 수단에 있어서도 상당성의 요건을 갖추지 못하였다.”** 甲은 공무집행방해(제136조 제1항), 공용물건손상(제141조 제1항), 국회회의장소동(국회법 제166조 제1항)의 죄가 성립한다.

19 [최소피난원칙] 산부인과전문의 甲은 임신상태로 생명이 위태롭게 된 임신 29주의 乙을 구하기 위해 태아를 조기 출산시킬 수 있었음에도 임신중절을 하였다. ① 甲의 행위는 최소피난원칙에 위배되므로 과잉피난이 된다.

태도, 즉 **법에토스**[20]는 판단기준이 된다. 반면 판례가 고려하는 "사회윤리"[21]는 세계관·종교관이나 현대적인 하부문화에 따라서도 다르므로 상당한 이유를 구성한다고 보기 어렵다.

Ⅲ. 긴급피난의 법적 효과

(1) **위법성의 조각** 구성요건을 실현하는 행위가 긴급피난으로 인정되면 그 위법성이 조각된다(제20조 제1항). 피난행위에 의한 법익침해는 정당화되고, 그 행위의 불법도 최종적으로 탈락한다. 피난행위에 대하여 **상대방은 정당방위를 할 수 없고, 다시 긴급피난**을 할 수 있을 뿐이다. **과잉피난**(Notstandsexzess)은 긴급피난상황이 존재하고, 피난의사를 갖고 있는 피난행위이지만 피난행위가 상당성의 정도를 넘은 경우를 가리킨다. 과잉피난자에 대해서는 **정황에 따라 형을 감경 또는 면제**할 수 있다(제22조 제3항). 해석상 고의의 과잉피난행위자는 형을 감경하고, 과실의 과잉피난행위자는 형을 감경하거나 면제시킬 수도 있다. 고의의 과잉피난이 "야간이나 그 밖의 불안한 상태에서 공포를 느끼거나 경악하거나 흥분하거나 당황하였기 때문에 그 행위를 하였을 때에는" 제22조 제3항에 의해 벌하지 아니한다. 이는 기대가능성이 없어 책임이 조각되기 때문이다. 피난행위를 한 자가 자신의 행위가 상당한 이유에 해당한다고 주관적으로 인식한 경우(허용포섭착오)에는 제22조 제3항 이외에 제16조가 적용된다. 착오에 정당한 이유가 있으면 면책될 수 있다.

(2) **긴급피난과 착오** ① **오상피난**(Putativnotstand)은 긴급피난상황이

---

20 [법준수의 에토스와 피난행위의 적합성] 甲은 범인이 아님에도 기소되자 乙에게 위증을 교사하였다. 甲에 대한 유죄판결이 확정된 후 진범이 잡혔고 甲은 재심에 의해 석방되었다. ① 甲의 위증교사가 제1심에서였다면 긴급피난의 보충성요건을 충족하지 못하므로 위법한 반면, 항소심 변론종결 직전에 원심판결이 파기될 가능성이 거의 없는 상황에서였다면 긴급피난의 보충성요건을 충족한다. 이 경우 위증의 만연현상을 고려하면 더욱 더 甲이 위증교사를 하지 않을 것을 "법질서 전체의 정신"으로 요구하기 어렵다.

21 [피난행위의 사회윤리적 적합성] 의사 甲은 여호와의 증인 乙의 딸 丙(8세)이 수혈 없이는 살아날 수 없다고 설명하였으나 동의를 받지 못하였다. 丙도 乙에게 물어서 하라고 말했다. 甲은 丙에게 수혈치료를 하였고, 丙은 살아났다. ① 甲의 수혈은 윤리적 적합성이 없는 행위이지만, 丙의 생명을 구한다는 점에서 도덕적인 긴급피난이 된다.

존재하지 않는데도, 존재한다고 오신하고 피난행위를 한 경우를 말한다. 긴급피난상황을 적극적으로 잘못 인정한 경우인 오상피난은 구성요건실현을 허용하는 위법성조각사유의 요건(허용구성요건)이 되는 '**사실**(정당화상황)'**에 관한 착오**이므로 허용구성요건착오에 속한다. 오상피난에 대한 명문규정이 없고, 다양한 학설(엄격책임설, 법효과제한적 책임설, 고의설, 제13조 유추적용설)이 전개되고 있지만, **제13조의 "죄의 성립요소인 사실"**은 구성요건에 해당하는 사실뿐만 아니라 **정당화상황이 존재하지 않는다는 사실을 포함**하므로 오상피난에 대해서도 제13조가 직접 적용되어 고의가 탈락하고, 과실범으로 처벌할 가능성만 남는다. ② 오상피난이 반전된 **허용구성요건착오**의 경우, 즉 긴급피난상황은 존재하였는데 행위자가 이를 인식하지 못한 채 구성요건을 실현한 경우에는 **불능미수범**이 성립한다고 해석한다. 불법은 주관적으로 뿐만 아니라 객관적으로도 위법성조각사유에 해당하는 사실(정당화상황)이 존재하지 않을 때 완전한 것이고, 제27조의 "대상의 착오로 인하여 결과의 발생이 불가능"에서 대상의 착오는 정당화상황의 존재여부에 대한 착오를, 그리고 결과의 발생은 불법의 완전한 실현을 의미하기 때문이다.

Ⅳ. 의무의 충돌

의무의 충돌은 둘 이상의 (작위 또는 부작위[22]의) 법적 의무가 서로 실질적으로 충돌하고 그 중 어느 하나를 선택하여 이행할 수밖에 없는 상황에서 다른 의무는 이행하지 못하여 구성요건을 실현하는 행위(예: 익사하는 두 아들 중 한 명만 구함)로서 상당한 이유가 있는 행위를 말한다.

● **의무충돌상황**　둘 이상의 **법적 의무들이 실질적으로 충돌**하는 상황이어야 하므로 **윤리적 의무**와 법적 의무의 충돌[23]이나 **논리적 충돌**[24]은 배제된다.

---

22 [부작위의무와 작위의무의 충돌] 예를 들어 환자를 살리기 위해 뇌사환자에게서 장기적출을 하는 경우이다. 의사는 장기이식법상 동의없이 장기를 적출하는 긴급피난권을 갖고 있지 않지만 의사가 생명을 구할 의무와 장기적출금지의무의 선택강제는 불법과 책임에 고려되어야 한다.

23 [윤리적 의무와 법적 의무의 충돌] 여호와의 증인인 부모가 자기 아이의 수혈치료를 거부하여 아이

● **선택적 의무이행** 의무의 충돌은 어느 하나의 선택적 이행 외에는 해소될 수 없어야 한다.[25] 선택의 사적 동기는 중요하지 않다.

● **상당한 이유** 의무의 선택적 이행 이외의 다른 방법이 없어야 하고(**보충성**), 선택 이행하는 의무가 그렇지 않은 의무보다 우월하거나 적어도 동등한 것이야 하며(**균형성**), 동의없이 뇌사자의 장기를 적출하여 다른 환자에게 이식한 의사의 행위처럼 도덕적 적합성(**자율성원칙**)에 위반한 경우가 아니어야 한다.

의무충돌행위는 법이 행위자에게 의무의 우선순위에 관한 보편적인 기준을 제시할 수 없고, 그 구조가 **긴급피난과 매우 유사**하다는 점에서 제22조 제1항을 유추적용하여 **위법성을 조각**시킬 수 있다. 다만 긴급피난은 의무가 아니라 권리인 반면, 의무의 충돌은 권리가 아니라 의무라는 차이가 있다. 의무의 충돌에는 일반적으로 제22조 제3항이 적용될 수 없지만, 다음 두 경우에는 예외적으로 제22조 제3항이 적용된다.

● 우월하거나 동등한 가치의 의무를 선택 이행하였지만, 그런 **의무의 충돌이 의무자에 의해 (사회적, 윤리적 책임으로) 초래된 경우**에 긴급피난권은 제한되므로, '동등한' 가치의 의무 하나를 선택 이행하였다면 과잉피난이 된다.

● 작위의무와 부작위의무가 충돌하는 경우(예: 동의없이 뇌사자의 장기를 적출하여 다른 환자에게 이식한 경우)는 **적합성(자율성원칙)을 충족하지 못하여 상당한 이유가 결여된 의무충돌**로서 과잉피난이 된다.

가 죽게 되었을 경우에 그 부모는 종교윤리적 의무와 아이의 생명을 구할 법적 의무가 충돌하는 상황에 있었던 것이지만, 이는 의무의 충돌이 아니다. 부모는 살인죄가 성립한다.

24 [의무의 논리적 충돌] 의사는 마약환자를 당국에 신고할 의무와 환자의 질병에 대해 비밀을 유지할 형법상의 의무가 충돌하는 상황에 놓인다. 신고의무는 비밀유지의무의 예외적 특칙으로 이해하면 두 의무의 충돌은 법논리적 충돌이지 실질적 충돌이 아니다. 당국에 대한 신고의무가 없는 국가(예: 독일, 네덜란드)에서 그런 신고의무는 마약확산을 막기 위한 윤리적 의무가 되고 따라서 의무의 충돌도 없는 셈이 된다.

25 독일 일부 학설처럼 비교형량할 수 있는 '해결할 수 있는 충돌'(lüsbare Kollision)과 그것이 불가능한 '해결할 수 없는 충돌'(unlösbare Kollision)을 구분하는 것은 의미가 없다.

§16. 자구행위

제23조(자구행위) ① 법률에서 정한 절차에 따라서는 청구권을 보전할 수 없는 경우에 그 청구권의 실행이 불가능해지거나 현저히 곤란해지는 상황을 피하기 위하여 한 행위는 상당한 이유가 있는 때에는 벌하지 아니한다. ② 제1항의 행위가 그 정도를 초과한 경우에는 정황에 따라 그 형을 감경하거나 면제할 수 있다.

Ⅰ. 자구행위 제도의 의의

자구행위(Selbsthilfe)는 권리를 침해받은 자가 공권력에 의한 구제가 불가능한 긴급상황에서 자력에 의해 자신의 권리를 구제·실현하는 행위를 말한다. 자구행위(제23조 제1항)는 정당방위(제21조), 긴급피난(제22조)과 함께 긴급행위로서 **위법성을 조각**시킨다. 자구행위는 청구권에 대한 불법한 침해에 대항하는 자기보전행위라는 점에서 '不正 對 正'의 구조를 띠고 있는 정당방위와 같고, '正 對 正'의 구조를 갖는 긴급피난과 다르다. 정당방위와 긴급피난이 현재의 침해나 위난에 대한 사전적 긴급행위인 반면, 자구행위는 이미 침해된 청구권을 구제하기 위한 **사후적 긴급행위**이다.[1] 정당방위와 긴급피난은 타인을 위해서도 허용되지만(긴급구조), 자구행위는 **오직 자신의 청구권을 구제**하기 위해서만 인정된다. 또한 자구행위는 정당방위나 긴급피난과 마찬가지로 자연법적 권리가 아니며 '국가의 간섭으로부터 자유로운 영역'(staatsfreie Sphäre)도 아니다. 私見으로 자구행위는 법적 절차에 의한 청구권실현이 불가능한 상황에서 국가의 사법작용(민사사법)을 예외적으로 개인에게 대리이행하게 하는 제도, 즉 **민사사법의 사인수탁**이다.

1 절도범을 뒤쫓아 재물을 탈환하는 행위는 ① 법익침해가 현장에서 계속되는 상태로 보면 정당방위, ② **기수 후라는 과거 침해**에 대해 소유물반환청구권의 보전·실행불능을 피하는 자구행위, ③ 현행범(형소법 제212조)인 실행직후의 절도범 체포에 탈환행위가 포함된 것으로 보아 정당행위(제20조)가 성립할 수 있다.

Ⅱ. 자구행위의 요건

자구행위는 법률에서 정한 절차에 따라서는 청구권을 보전할 수 없는 경우에 그 청구권의 실행이 불가능해지거나 현저히 곤란해지는 상황을 피하기 위한 상당한 이유가 있는 행위를 말한다.

1. 자구행위상황

자구행위는 청구권에 대한 불법한 침해가 있고, 법률에서 정한 절차에 따라서는 청구권을 보전하는 것이 불가능하며, 그 청구권의 실행이 불가능하거나 현저히 곤란한 경우이어야 한다.

(1) **청구권에 대한 불법한 침해** 자구행위로 보전할 수 있는 권리는 채권, 물권, 무체재산권을 포함하는 **청구권**이다.[2] 친족·상속권 자체는 자구행위의 대상이 되지는 않으나 그것을 발생권원(權原)으로 하는 개별적인 청구권들(예: 동거청구권)은 포함된다. 자구행위는 **보전이 가능한** 청구권에 국한된다. 생명·신체, 인격권, 사생활의 평온과 자유[3] 등 일단 침해되면 원상회복이 불가능한 권리는 정당방위의 대상이 될 뿐이다. 다만 그 권리침해로 발생하는 손해배상청구권[4]은 자구행위의 대상이다. 자구행위는 **자기의 청구권**에 대해서만 허용된다. 물론 청구권자가 자구행위의 실행을 위임하면 그 수임인은 자구행위를 할 수 있다.[5] 자구하려는 청구

---

2 예컨대 채권자가 가옥명도강제집행에 의해 적법하게 그 가옥을 점유하게 된 상태에서 채무자의 무단침입행위는 채무자에게 아무런 청구권도 없기 때문에 자구행위가 될 수 없다(대판 62도93).

3 [강제퇴거 자구행위] 甲은 乙에게 자기 집에서 나가달라고 몇 차례나 요구했는데도 나가지 않자 乙을 무력으로 집에서 끌어냈다. ① 乙의 퇴거불응(제319조 제2항) 부작위는 정당방위의 "현재의 부당한 침해"에 해당하고 甲의 강제퇴거행위(강요죄)는 정당방위이다. 사생활의 평온과 자유는 자구행위의 대상권리가 아니다.

4 [자구손해배상] 甲은 乙이 공공연히 자신의 전과사실을 폭로하자 乙을 구타하고 100만 원의 손해배상도 청구하였지만 乙이 외국으로 도망하려고 비행기를 타려고 할 때 乙을 체포하고 가방을 뒤져 100만 원을 꺼내 가졌다. ① (대판 69도2138) 乙이 "**명예를 훼손**하기 때문에 乙을 구타하였다 하더라도 그 소행은 **자구행위에 해당한다고 할 수 없다**." ② (評釋) 甲의 체포는 손해배상청구권을 보전하는 자구행위이지만, 돈을 꺼내가진 행위는 청구권실행이며 절도죄가 된다.

5 [자구행위 위임] 채권자 乙은 채무자 丙이 외국으로 도주하려 하자, 甲에게 채권을 받아달라고 부탁했다. 甲은 丙에게 "내 부하가 여럿 있는데, 빚을 속히 갚지 않으면 해를 당할 것이다"고 말했다. 甲의 공갈미수는 자구행위이다.

권(의 발생권원[예: 소유권])은 **불법적으로 이미 침해**되었어야 한다. 청구권 침해의 **과거 여부는 그 침해행위의 기수시점을 기준**으로 정한다. 청구권의 침해는 불법한 것으로 상대방은 **청구권을 행사할 수 있어야** 한다.[6]

(2) **법률이 정한 절차에 따라 청구권을 보전할 수 없는 경우** 자구행위는 법률이 정한 절차에 따라서는 청구권을 보전할 수 없는 경우이어야 한다. 이는 자구행위의 긴급성을 구성한다. 청구권을 보전하는 법정절차는 대표적으로는 「민사소송법」상의 가압류·가처분 등의 **보전절차**를 가리키지만 넓은 의미의 사법체계를 형성하는 기관에 의한 **구제절차,** 예컨대 경찰이나 기타 국가기관에 의한 보전절차를 포함한다. 자구행위는 침해가 중대한 것일지라도 법정절차에 따라 **청구권을 보전할 수 없는 경우**에만 허용된다. 시간·공간적 제약으로 사법적 구제를 강구할 여유가 없고, 상황을 방치할 경우 미래에 사법적 구제가 실효를 거둘 수 없는 긴급한 상황이어야 한다.

예컨대 침해자의 (일시적 도주가 아닌 출국과 같은) **도주**는 청구권보전이 불가능한 경우이다. 반면에 **부동산 명도**나 토지반환의 청구권은 사법적 구제를 강구할 여유가 있으므로 자구행위의 대상이 안 된다. 다만 점유권이 침탈되고 민법상 점유탈환권(민법 제209조 제2항)이 인정되는 범위에서는 자구행위를 할 수 있다. 부동산 점유자는 **침탈 후 즉시**[7] 가해자를 배제하여 이를 (자력탈환권의 남용이 아닌 범위 내에서) 자력탈환[8]을 할 수 있고

6 **[불법원인급여 자구]** 乙이 甲에게 함께 사기도박을 하자고 제안하자 甲은 乙에게 1천만 원을 빌려주었다. 乙은 종적을 감췄다가 몇 달 뒤 귀가했고, 甲은 乙을 잡으려고 그의 집에 무단으로 침입하였다. ① 甲의 금전제공은 불법원인급여(민법 제746조)로서 반환청구권 자체는 소멸하지 않지만 **그 권리행사(반환청구)가 금지**되므로 甲의 주거침입은 자구행위가 되지 않는다.

7 **[점유탈환과 자구행위]** B사찰 주지 甲은 그 절의 대지를 점유해왔다. 乙은 전 주지 丙으로부터 그 대지를 매수하여 소유권이전등기를 마친 후 B 사찰에 들어가 담장을 쌓으려고 20m의 깊이 1m 너비 1m의 호를 팠고 甲은 절에 출입을 할 수 없게 되었다. 甲은 그 호를 흙과 돌로 메웠다. ① (대판 70도996) "甲의 점유배제 청구권을 보존할 수 있는 법정절차가 없다거나 그와 같은 방법이 있다고 하더라도 그 방법에 의하여 그 청구권을 보존할 수 없는 경우에 해당"하지 않으므로 자구행위에 해당하지 않는다. ② (評釋) 甲의 부동산 점유탈환이 **호를 판 그 날 즉각** 이루어졌다면 민법 제209조 제2항의 자구행위가 인정된다.

8 **[부동산 점유탈환]** 甲은 채권자 乙이 집행관 丙으로부터 아파트를 인도받고 출입문 잠금 장치를 교체하였는데도 그 장치를 뜯고 아파트에 들어가 점유를 탈환하였다. ① (대판 2017도9999) 乙의 "점유가 확립된 상태여서 점유권 침해의 현장성 내지 추적가능성이 있다고 보기 어"렵고 甲의 손괴와 주거침입행위는 **자력탈환권의 남용**에 해당하므로 민법상 부동산 자력구제(제209조 제2항 전

동산 점유자는 **현장에서 또는 추적하여** 가해자로부터 이를 탈환할 수 있다. 소송 중인 건조물의 자물쇠를 쇠톱으로 절단하고 침입한 행위(대판 85도707), 연체차임청구권을 실행하기 위한[9] **임대인의 단전·단수조치**(위력업무방해)도 자구행위에 해당하지 않는다.[10]

(3) **청구권이 실행불가능해지거나 현저히 곤란해지는 상황** 청구권의 실행이 불가능해지거나 현저히 곤란해지는 상황은 법적 절차에 의한 청구권 보전이 **사실상 실효성을 거두기 어려운 경우**[11]를 가리킨다.[12] 법적 절차에 의한 청구권의 보전은 가능하지 않지만 청구권을 사실상 실행할 수 있는 **다른 수단**[13]이 있는 경우에는 자구행위가 인정되지 않는다.

2. 자구행위

자구행위는 자구의사를 갖고 청구권을 보전하는 행위이다.

(1) **자구의사** 자구행위자는 청구권의 보전·실행불능 등을 인식하고, 이를 피하기 위한 의사를 갖고 있어야 한다. 자구의사는 주관적 정당화요소이다. 예컨대 훗날 제기할 소송의 입증곤란을 피하려는 의사만으로는 자구의사가 인정될 수 없다.

(2) **자구행위내용** 자구행위는 **보전행위에 국한**되고, 이행수단이 되어서는 안 된다. 즉, 실행불능이나 현저한 실행곤란을 피하는 행위(예: 체포, 주거침입, 업무방해)까지만 인정되고, 청구권을 **종국적으로 만족**시키는

단)는 인정되지 않는다.

9 집합건물관리규약 및 상가관리기구 이사회결의에 의한 경우는 정당행위임(대판 2003도4732).

10 Karlsruhe MDR 59, 233; Hamm NJW 83, 1505; Köln NJW 96, 472; BGH wistra 87, 212. 단전단수조치가 업무방해죄에 해당한다고 본 우리나라 판례로 대판 83도179.

11 [법적 보전불가능성] 甲은 자기 땅에 인접한 乙 소유의 건물이 건축법 위반으로 허가를 못 받자 그 토지에 철주를 세우고 철망을 설치하고 아스팔트를 걷어냈다. 乙은 그의 건물에 통행할 수 없게 되었다. ① (대판 2007도7717) "법정절차에 의하여 이 사건 토지의 소유권을 방해하는 사람들에 대한 방해배제 등 청구권을 보전하는 것이 불가능하였거나 현저하게 곤란하였다고 볼 수 없"으므로 甲의 일반교통방해는 자구행위가 성립하지 않는다.

12 ① "토지소유권자가 피해자가 운영하는 회사에 대하여 그 토지의 인도 등을 구할 권리가 있다는 이유만으로 위 회사로 들어가는 진입로를 폐쇄한 것은 정당한 행위 또는 자력구제에 해당하지 않는다"(대판 2006도4328). ② "주민들이 농기계 등으로 그 주변의 농경지나 임야에 통행하기 위해 이용하는 자신 소유의 도로에 깊이 1m 정도의 구덩이를 판 행위는 일반교통방해죄에 해당하고 자구행위나 정당행위에 해당하지 않는다"(대판 2006도9418).

13 [청구권 실현의 다른 수단] 가령 외국으로 도주하려는 채무자를 체포하려는 순간 그의 친구가 자발적으로 채무를 대신 변제를 해주겠다고 하는 경우에는 자구행위가 허용되지 않는다.

행위는 자구행위가 아니라 **자구이행행위**로서 허용되지 않는다. 청구권의 종국적 만족이란 **권리향유의 이익 취득**, **강제적 채권추심**(채무자 재산의 절도,[14] 강도, 임의처분) 등을 의미한다. 다만 협박의 정도가 약하여 **공갈에 해당하는 추심행위**[15]는 자구행위로서 허용된다. 협박 자체는 보전행위로서 자구행위에 해당하고, 채무자의 채무이행행위는 취소 가능하지만 유효한 법률행위이기 때문이다. 소유권자가 점유를 탈환하는 것은 비록 소유자의 반환청구권을 종국적으로 이행하는 것이긴 하지만 민법 제209조(자력구제)에 의해 허용될 수 있다. 부동산의 점유탈환은 "침탈 후 직시"(예: 부동산점유침탈 후 5일은 해당 안함[대판 91다14116]), 동산의 점유탈환은 "현장에서 또는 추적하여"(제209조 제2항) 이루어져야 한다. 청구권을 종국적으로 만족시키는 행위는 (상당성 요건만 충족하지 못한) 과잉자구행위(제23조 제2항)로도 인정되지 않는다(대판 2005도8081).[16]

3. 상당한 이유

자구행위는 청구권보전(민사사법의 대리이행)의 정당한 목적에 상당한 수단이어야 한다. ① 자구행위의 상당성은 **권리의 남용에 해당하지 않거나 사회상규에 위배되지 않는 경우**를 가리킨다고 보기도 하지만, 권리남용은 (이익교량원칙보다) 너무 추상적이고, 자구행위를 민사법의 제도로 바라보는 경향을 높인다는 점, 사회윤리의 위배여부는 자구행위와 정당행위의 구분을 어렵게 만든다는 점에서 타당하지 않다. ② 자구행위의 상당성은 이익교량에 의해 판단되는 **법익균형성**을 뜻한다.[17] 이는 보전이

---

14 [절도자구] 甲은 인접토지 소유자 乙이 그의 땅에서 채취한 토석을 자신의 땅에 적치하여 토지이용을 방해받자 乙이 적치한 토석뿐만 아니라 그 토지로부터 상당량의 토석을 파내어 채취하였다. ① (대판 95도1497) 甲의 방해배제청구권은 법적 보전이 가능하고, 乙이 "토지로부터 상당량의 토석을 파내어 채취하기까지 한 사실이 인정되므로" 甲의 절도는 자구행위가 되지 않는다.

15 [채권추심과 자구행위] 乙은 유일한 자산인 가옥을 매각하고 대금을 받는 즉시 시골로 떠나려 하였다. 이를 안 乙의 채권자 甲은 乙이 가옥대금을 받는 현장에서 대금을 강제로 빼앗아 가졌다. ① (대판 66도469) 甲의 채권추심행위는 자구행위가 아니다. ② (評釋) 자구행위상황은 인정되고, 甲이 체포·협박만 하였는데, 乙이 겁먹고 대금을 넘겨주었다면 자구행위가 인정된다.

16 [강제적 채권추심] 채권자 甲은 채무자 乙이 부도내고 도피하자 다른 채권자들이 乙의 가구점에서 가구를 가져갈 것이라 보고, 가구점 종업원 丙이 있는데도 가구점의 잠금장치를 쇠톱으로 절단하고 들어가서 가구를 가져갔다. ① (대판 2005도8081) 청구권이 보전불가능하지 않고, 보전을 넘는 채권추심행위를 하였으므로 甲의 특수절도는 (과잉)자구행위가 될 수 없다.

익이 침해이익보다 우월하거나 동등할 때 인정되지만 다소 열등한 경우(느슨한 법익균형)에도 인정될 수 있다. 자구행위는 긴급피난과는 달리 불법한 침해상태에 대한 긴급행위이기 때문이다. 반면 정당방위와는 달리 **법익간의 불균형이** (극단적이지는 않고) **상당한 정도**[18]이면 이미 위법하다.

Ⅲ. 자구행위의 법적 효과

구성요건을 실현하는 행위가 자구행위로 인정되면 그 **위법성이 조각된다**(제23조 제1항). 자구행위의 상대방은 정당방위를 할 수 없고, 긴급피난을 할 수 있을 뿐이다. 자구행위상황은 존재하지만 자구행위가 그 상당성의 정도를 넘은 **과잉자구행위**(Selbsthilfeexzess)는 정황에 따라 형을 **감경 또는 면제**할 수 있다(제23조 제2항). 해석상 고의의 과잉자구행위자는 형을 감경하고, 과실의 과잉자구행위자는 형을 감경하거나 면제시킬 수 있다. 야간 기타 불안스러운 상태 하에서 공포, 경악, 흥분 또는 당황으로 인한 때의 면책규정(제21조 제3항)은 없다. **오상자구행위**는 자구행위상황이 존재하지 않는데도, 존재한다고 오신하고 자구행위를 한 경우로서 오상방위에 관한 법리와 똑같은 법리가 적용된다.

---

17 법익균형성은 긴급피난에서와 같이 법익들 간의 일반적인 가치 우열관계, 해당 법익에 대한 '침해위험의 정도', 그리고 삶의 구체적인 상황에서 그 법익을 보호할 실질적 가치 등을 종합 고려하여 판단한다.

18 [과잉자구행위] 택시운전수 甲은 승객 乙이 택시운임을 지불하지 않고 도망가려 하자, 乙을 체포하고 운임을 내라고 칼을 휘두르며 협박했다. ① 甲은 채권을 강제로 만족시키려고 특수강도를 했으므로 법익불균형이 극심하다. 말로 협박했다면 자구행위가 되고, 폭행해서 운임을 받았다면 (공갈) 과잉자구행위가 된다.

피해자 승낙

제24조(피해자의 승낙) 처분할 수 있는 자의 승낙에 의하여 그 법익을 훼손한 행위는 법률에 특별한 규정이 없는 한 벌하지 아니한다

Ⅰ. 피해자 승낙의 의의

피해자 승낙은 처분할 수 있는 법익의 주체의 동의 하에 그 법익을 훼손한 행위의 위법성을 조각시키는 것이다(제24조). 피해자 승낙과 구별되는 **양해**는 구성요건해당성이 인정되지 않는다.

[양해와 승낙의 구별] 피해자의 승낙(Einwilligung)과 양해(Einverständnis)는 개인적 법익의 주체의 법익침해에 대한 동의이지만 차이가 있다. ① 양해는 피해자의 의사에 반할 때에만 비로소 **불법의 실질**이 실현되는 범죄인데 비해, 승낙은 피해자의 의사에 반하지 않아도 불법의 실질이 실현될 수 있는 범죄이다. 예컨대 상해죄·폭행죄는 승낙의 대상이 되는 반면, 절도죄나 주거침입죄는 양해의 대상이 된다. ② 양해의 구성요건은 법익의 처분권을 그 법익의 주체에게 완전히 넘겨줄 수 있을 만큼, 법익침해가 **법익의 처분권에 대한 침해로 환원**될 수 있는 경우이지만 승낙의 구성요건은 그 보호법익의 침해를 금지하는 일반적 행위규범(예: 상해금지)의 효력을 유지할 필요와 가치가 있는 경우이다. ③ 그렇기에 양해는 구성요건해당성부터 탈락시키는 반면, 승낙은 구성요건해당성은 인정되고, 위법성만 조각시킨다. ④ 일반적 금지규범의 예외적 해제인 승낙은 양해보다 더 엄격한 요건이 설정된다. 가령 양해능력은 자연적 의사능력이지만, 승낙능력은 그보다 더 고도의 지적능력(행위능력과 판단능력)이어야 한다.

	피해자의 양해	피해자의 승낙
불법의 실질	법익침해는 피해자의 의사에 반해서만 형사불법을 형성함(예: 주거침입죄)	법익침해는 피해자의 의사와는 무관하게 형사불법을 형성함(예: 절도죄)
동의능력	자연적 의사능력	지적인 행위능력과 판단능력
동의 표시	내적 동의로 충분. 표시될 필요 없음	동의의사의 표시 또는 외부적 표현 필요함
동의 인식	행위자는 피해자의 동의를 인식할 필요 없음(주관적 정당화요소 불필요)	행위자는 피해자의 동의를 인식하고 법익침해의사를 형성함(주관적 정당화요소 필요)
법적 효과	구성요건해당성 미발생	위법성 조각

피해자 승낙이 위법성을 조각하는 근거로는 법익주체의 이익포기로 보호객체가 흠결되고, 법익보호의 사회적 이익보다 **법익처분의 개인적 자유**를 우위에 놓을 필요가 있으며, 승낙은 행위자에게 법익침해의 권리

를 부여한다는 점을 들 수 있다. 피해자 승낙은 정당방위, 긴급피난, 자구행위와 같은 **긴급행위가 아니라는 점**에서[1] 정당행위와 같다. 피해자 승낙은 사회윤리가 아니라 개인의 자기결정권에 기초한다는 점에서는 정당행위와 다르고, 긴급행위와 유사하다. 하지만 긴급행위의 정당화효과가 자기보전권에 기초한다면, 피해자 승낙의 정당화효과는 피해자의 **자기처분권**(행사의 반사효과)에 기초한다.

私見으로 피해자의 승낙은 법익 개념 속으로 일반화되고, 형사절차에서 주변화된 피해자의 지위를 얼마간 복원시키는 **피해자지향**(Opferorientierrung)[2] 현상에 속한다. 피해자의 승낙에 의해 그의 법익에 대한 형법적 보호의 필요성도 사라지므로 승낙제도는 형법의 **보충성**(비례성)을 확대 실현하는 것이기도 하지만 국가의 형벌권을 사적 처분에 맡김으로써 사적 자치를 실현하기도 한다. 이 점에서 **형법의 민사화**(Privatisierrung des Strafrechts)를 말하기도 한다. 승낙 제도는 구성요건의 불법유형이 형사불법과 민사불법의 경계영역에 있는 경우에 기능하게 하는 것이 필요하다. 특히 **형벌권의 실현과 민사상 피해자 손해배상을 하나의 사법절차에서 해결하게 하는 시스템**(one-stop service)인 형사조정(범죄피해자보호법 제41조)은 그 대표적인 예이다.

Ⅱ. 피해자 승낙의 요건

피해자의 승낙은 개인이 처분가능한 법익의 주체가 그 법익의 침해에 대해 유효한 승낙의 의사표시가 있을 때 성립한다.

1. 법익주체의 승낙

승낙의 주체는 **법익의 주체**를 말하며 행위객체의 점유자나 소지자를 말하지 않는다. **피해자의 법정대리인**은 홀로 그 피해자의 법익에 대한 침해를 승낙할 수 없다.[3] 다만 **부모도 법익의 주체인 구성요건**(예: 미성년자 약취

1 [특별한 위법성조각사유로서 승낙] 독일 형법은 총칙 편에서 피해자 승낙을 규정하지 않고 각칙의 상해죄(독일 형법 제228조)에서 규정한다. Uipianus의 "누구든지 상대방의 사기를 알았거나 또는 이에 동의한 경우 사기죄는 성립하지 않으며 또한 피해자가 상대방의 침해에 동의한 경우 인격침해죄는 성립하지 않는다"는 명제에서 보듯 로마법에서도 피해자의 승낙은 위법성조각사유였지만, 특별법이나 개별 사건에서만 작용했었다(조규창, 로마형법, 고려대학교 출판부, 1998, 65쪽).

2 이상돈, "형사사법의 세 가지 지층과 피해자의 지위", 피해자학연구, 제17권 제1호, 2009, 33쪽.

3 예컨대 16세의 미성년자가 종교적 이유로 수혈을 거부하는데, 부모의 동의만으로 수혈할 경우에 수혈치료의 위법성은 조각되지 않는다. 반면에 미성년자는 수혈에 동의하는데, 부모가 수혈을 거

유인죄)에서 부모의 동의가 없는[4] 구성요건실현은 위법성이 조각되지 않는다. 타인(피해자)을 위한 승낙은 인정되지 않는다. 제3자는 피해자의 승낙의사를 표시·전달하는 기관이 될 수 있을 뿐이다. 다만 법익의 주체로부터 **법익처분권을 위임받은 사람**은 예외적으로 승낙의 주체가 될 수 있다.[5]

2. 처분가능한 법익

승낙은 법익의 주체가 처분권을 가질 수 있는 **개인적 법익의 범죄**에 대해서만 가능하다. 국가적·사회적 법익에 대한 죄는 승낙이 있어도 위법성이 조각되지 않는다.[6] 개인적 법익이어도 처분이 금지되는 경우가 있다. ① **인간생명**은 개인적 법익이어서 개인적 처분의 대상이 되지만(예: 자살은 범죄가 아님), 사람을 살해하지 말라는 행위규범은 개인적 처분의 예외로 인정되지 않는다(예: 촉탁·승낙살인죄[제252조]). 그밖의 인간적 생명체(배아·태아)의 경우 그 생명체는 승낙 또는 반대의 의사를 가질 수 없지만, 부모가 승낙한다고 해도 그 생명체에 대한 침해는 금지된다(예: 동의낙태죄[제269조 제2항], 「생명윤리법」 제64조~제69조[배아이용범죄]). 촉탁·승낙살인은 긴급피난상황, 동의낙태와 배아이용은 긴급피난과 유사한 상황에서만 허용될 뿐이고, 피해자의 승낙만으로는 허용되지 않는다. ② **신체의 침해**는 일반적으로 승낙의 대상이 되지만 상해가 **사회상규에 반할 때에는 위법하다**(독일 형법 제228조). 이는 제24조에다 "상당한 이유가 있을 것"을 추가하는 제한해석이다. 사회상규에 반하지 않아야 하는 것은 승낙의 동기[7]나 목적이 아니라 승낙에 의한 신체침해행위 자체[8]이다. 승낙

부하는 경우에 수혈치료는 위법성이 조각된다.

4 미성년자의 동의를 받아 집에서 가출시킨 후 전국을 데리고 다녔다면 부모의 동의가 없는 한 미성년자 약취유인행위가 성립한다(대판 98도1036).

5 [피해자승낙의 위임] 노인이 자신의 심장병 수술여부에 대한 판단결정을 의사인 자식에게 위임해 준 경우에 그 자식의 동의를 받아 수술을 하는 의료행위는 상해죄의 위법성이 조각된다.

6 [국가적 법익의 승낙] 자신을 체포하던 경찰관을 구타하는 피의자의 공무집행방해행위는 경찰관이 체포하는 과정에서 한번 붙어보자는 식으로 승낙하였어도 그 위법성이 조각되지 않는다.

7 [승낙의 동기] 乙은 병역기피를 위해 의사 甲에게 조영제를 혈관에 넣어달라고 했고 甲은 해주었다. ① 승낙의 동기인 병역기피는 사회상규에 반하지만 의료시술 자체는 상해죄가 성립하지 않고 甲은 병역기피죄의 공범일 뿐이다.

8 [신체침해행위의 반사회상규성] 甲은 암환자 乙의 동의를 받아 안수기도를 하겠다며 乙의 뺨을 때리고 배와 가슴을 밟아 乙이 상해를 입었다. ① 승낙의 동기는 치료의 목적이지만 치료방법이 사회

에 의해 상해 또는 폭행을 하였는데, 승낙자가 사망한 경우에 승낙의 효력은 사망의 결과에 미치지 않는다. 판례(대판 89도201)는 이 경우에 전체로서 **폭행치사죄**를 인정한다. 그러나 私見으로 상해 또는 폭행의 승낙은 여전히 유효하고 **과실치사죄**만 성립한다.[9] 판례는 위법성이 조각되는 피해자의 승낙은 "윤리적, 도덕적으로 사회상규에 반하는 것이 아니어야 한다"(대판 85도1892)고 본다. 그러나 승낙의 반윤리적 목적은 승낙의 효력을 탈락시키지 못하고, **위법한 목적**[10]만 그와 관련한 법에 의해 통제되어야 한다.

3. 승낙의 의사표시

피해자의 승낙은 승낙능력이 있는 자의 자유로운 의사결정으로 범행 이전에 표시되고 범죄종료 시까지 지속되어야 한다.

(1) **승낙능력** 피해자의 승낙은 그의 승낙능력을 전제한다. 승낙능력은 승낙의 (사회적, 실존적) 의미를 통찰하고 동의여부를 합리적으로 판단하고 책임 있게 결정하고 행동할 수 있는 능력을 말한다. 이는 피해자 양해의 자연적 의사능력(naturliche Einsichts- und Urteilfähigkeit)이나 민법상 행위능력과 구별된다. 승낙은 고의범뿐만 아니라 과실범에 대해서도 가능하다. 승낙능력은 개별구성요건에 의해 법정되기도 한다. 소아간음·추행죄(제305조)에서 13세 미만의 여자, 아동혹사죄(제274조)에서 16세 미만의 자는 승낙능력이 인정되지 않는다.

(2) **자유로운 의사결정** 승낙은 자유로운 의사결정에 의한 것이어야 한

상규에 위배되므로 甲은 상해죄가 성립한다.

9 [승낙되지 않은 가중결과] 신체 건장한 甲은 부대 상황실에서 자기보다 체격이 작은 하급자 乙과 장난권투를 1분 동안 하였다. 甲은 乙로부터 반격을 받는 상황에서 乙의 가슴과 배를 때렸고 乙은 쇼크사 하였다. ① (대판 89도201) 甲의 "**폭행이 장난권투로서** 피해자의 승낙에 의한 사회상규에 어긋나"므로 폭행치사죄(제262조)가 성립한다. ② (評釋) 장난권투의 통상적 범위를 넘어서지 않는 한 폭행은 승낙으로 위법성이 조각되고, 甲은 장난권투에서 과실로 乙을 사망하게 한 것이며, 이에는 승낙의 효력이 미치지 않으므로 과실치사죄가 성립한다.

10 [승낙의 위법한 목적] 甲은 乙과 공모하여 교통사고를 가장하여 보험금을 타낼 목적으로 乙에게 상해를 가하였다. ① (대판 2008도9606) 피해자의 승낙은 위법한 목적에 이용하기 위한 것이라는 점에서 그 승낙은 **윤리적·도덕적으로 사회상규에 반한다.** 甲은 상해죄가 성립한다. ② (評釋) 승낙의 목적인 보험사기는 사기죄에 의해 통제되므로 상해에 대한 승낙의 효력에는 영향이 없다.

다. 승낙의 의사가 **하자 있는 의사**인 경우 승낙은 유효하지 않다. 예컨대 승낙이 상대방의 기망이나 강제 또는 승낙대상의 착오에 의한 경우 승낙은 유효하지 않다. 환자의 승낙은 의사의 설명의무의 이행을 전제하는 **정보화된 승낙**(informed consent)으로만 유효하다.[11] 승낙을 하게 된 동기의 착오는 승낙의 효력을 제거시키지 않지만 '동기' 형성에서 착오한 부분이 승낙의 의사결정에 '중대한' 요소였던 경우 승낙은 유효하지 않다.[12]

(3) 승낙의사의 표시와 시기 승낙의 의사는 외부에 표시될 필요가 없다는 견해(의사방향설)와 승낙의 의사는 행위자에게 직접 표시되어야 한다는 견해(의사표시설)가 있다. 의사방향설은 피해자의 양해에 타당하고, 의사표시설은 촉탁·승낙살인죄와 같이 특별한 경우에 타당하다. 일반적으로 승낙의 의사는 **외부에서 인식할 수 있도록 표시**되면 충분하다(절충설). 승낙은 행위자가 구성요건을 실행하기 이전에 표시되어야 하고, 범죄가 **종료할 때까지 지속**[13]되어야 한다. 실행한 이후의 승낙(사후승낙)은 양형요소일 뿐이다. 실행 전에 승낙의사를 표시하였어도 범죄가 종료하기 전까지 "승낙은 언제든지 **자유롭게 철회**[14]할 수 있"고(대판 2005도8074), "그

11 [승낙의 유효범위] 산부인과 수련의 甲은 정밀진단을 하지 않고 시진과 촉진으로 乙의 자궁외 임신을 자궁근종으로 오진하고 乙에게 자궁적출술의 불가피성을 설명하여 동의를 받고 시행하였다. ① (대판 92도2345) 승낙은 유효하지 않고 甲은 상해죄가 성립한다.

12 [승낙동기의 착오] 甲은 乙에게 두부모발이식술을 설명하고 동의 받아 시행하였으나 이식술의 통상적 후유증인 양대퇴부의 색소이상 및 피부반흔은 설명하지 않았고, 그 후유증은 예상대로 발생하였다. ① 乙의 승낙의 중요동기는 대머리치료에 있고, 후유증을 설명들었어도 이식술을 받았을 개연성이 높으므로 乙의 승낙은 유효한 승낙이고 이식수술행위의 위법성을 조각시킨다(대판 86다카1136은 설명의무위반을 의료과실로 인정하고 치료의무의 불완전이행과 거의 동등한 손해배상책임을 인정한 바 있다).

13 [승낙의 지속] 군대를 제대한 甲은 아버지 乙이 뇌암말기로 여명이 두 달 남았고, 너무나 고통스러워 죽여 달라는 부탁을 거듭하였다는 말을 누나와 엄마로부터 들었다. 甲은 고민 끝에 의식이 오락가락 하는 乙의 목을 졸라 살해하였다. ① 乙은 살해될 때 심신상실의 상태였고 승낙의사는 지속되고 있지 않았으므로 甲은 존속살인죄가 성립하고, 乙의 승낙의사가 계속 유지되고 있다는 착오를 했다면 제15조 제1항이 적용되어 촉탁·승낙살인죄가 성립한다.

14 [피해자승낙의 철회] 甲은 乙의 상가 1층을 임차하면서 잔금 지급기일 전 인테리어 공사를 승낙 받았다. 인테리어 공사는 했지만 잔금을 지급하지 못하자 乙은 甲에게 임대차계약해지를 내용증명 우편으로 발송하였다. 甲은 내용증명 우편을 받고 화가 나 도끼로 1층 유리창을 깨버렸다. 그 유리창은 인테리어 공사 할 때 철거될 예정이었다. ① (대판 2010도9962) 乙의 내용증명 의사표시로 "甲에게 한 시설물 철거에 대한 동의를 철회하였다고 봄이 상당하"므로 甲은 손괴죄가 성립한다. ② (評釋) 甲은 오상피해자승낙를 했었을 수도 있지만 '정당화적인 법익보호의사'가 없기 때문에 고의를 조각시키지 못한다.

철회의 방법에는 아무런 제한이 없다"(대판 2010도9962). 승낙 철회 의사표시의 효력은 발신주의에 따른다.

4. 주관적 정당화요소

행위자는 피해자의 승낙이 있었다는 사실을 인식하였어야 한다. 제24조는 명문으로 "**승낙에 의하여 그 법익을 침해**"했을 것을 요구하기 때문에 피해자승낙을 인식하였을 뿐만 아니라 피해자의 **승낙이 행위자의 법익침해의사**(고의)**의 형성**에 작용을 했어야 한다. 피해자의 승낙에 의한 행위자는 방위의사·피난의사·자구의사와 같은 **정당화적인 법익보호의사**(정당화의사)**가 없다**.

Ⅲ. 피해자 승낙의 효과

피해자의 승낙은 긴급행위와 달리 행위자에게 법익침해의 권리를 부여하는 것이 아니라, **피해자의 자기처분권 행사로 인한 반사적 효과**로서 구성요건실현행위의 **위법성을 조각**시킨다. 피해자의 승낙에 의한 법익침해행위는 과잉긴급행위(제21조 제2항, 제22조 제3항, 제23조 제2항)가 인정되지 않는다. 사회상규에 반하는 승낙은 그 전체로서 무효가 되고, 승낙은 법률상 '형의 감경' 사유(제55조)가 아니라 불법과 책임을 감소시키는 양형요소(제51조 2, 3호)가 된다.

승낙에 관한 착오도 위법성조각에 영향을 미치지 않는다. 첫째, 피해자가 승낙하지 않았음에도 불구하고 행위자가 승낙이 있는 것으로 오인한 경우(**오상피해자승낙**[15])는 오상긴급행위와 달리 **정당화적 법익보호의사가 없기 때문에** 제13조를 적용하여 고의를 조각시킬 수 없고, 또한 사실에

15 **[승낙의 착오]** 乙은 '조합 사업의 시행으로서 그 구역 내 건축물 철거에 응할 의무'를 규정한 재건축조합의 정관에 동의한다는 동의서를 조합에 가입하면서 제출하였고, 그 후 분양신청, 동·호수 추첨, 분양계약에 참여하였으나 조합의 건축물철거를 위한 명도를 거부하였다. 조합대표 甲은 조합원 이익을 위하여 乙의 아파트를 철거하였다. ① (대판 2007도5207) 乙의 동의서는 조합의 건축물 철거를 위한 명도의무를 부담하겠다는 의사일 뿐 그 의무의 불이행시 **조합의 자력 철거에 동의한 것이 아니므로** 피해자의 승낙에 의해 甲의 손괴행위는 위법성이 조각되지 않는다. ② (評釋) 甲의 오상피해자승낙행위는 아무런 법적 효과가 없다.

관한 착오이므로 제16조(법률의 착오)를 적용할 수도 없어 기수범이 된다. 다만 **추정적 승낙**으로 취급될 가능성은 남는다. 둘째, 정반대로 피해자가 **승낙하였으나 행위자가 이를 알지 못하고 행위를 한 경우**에도 기수범이 된다. 승낙의사가 외부에 표시되지 않은 경우에는 유효한 승낙이 없는 것이어서 정당화상황도 존재하지 않는 것이고, 승낙의사가 표시된 경우에도 불법의 실질을 상쇄시키는 긴급행위권이 행위자에게 있지 않기 때문이다.

Ⅳ. 피해자의 양해

1. 피해자 양해의 의의

피해자의 양해는 **피해자의 의사에 반할 때에만 불법**(의 실질 materie des Unrechts)**이 실현될 수 있는 범죄**[16](예: 절도, 주거침입, 강간)에서 피해자가 그 법익의 침해에 동의하면 일단 성립했던 구성요건해당성이 다시 조각되는 것(예: 사탕 한 개를 훔치면 절도죄에 해당하지만 사소법익침해원칙에 따라 구성요건해당성이 조각됨)이 아니라 **처음부터 구성요건에 해당하지 않는다.** 양해구성요건들의 불법유형은 친고죄, 손해배상에 의한 형벌의 대체(비범죄화), ADR의 적용 등을 고려할 만한 것이다.

[양해구성요건] ① 소유권자의 동의를 받아 그의 재물을 가져가면, 그 행위는 "타인의 재물을 절취"한 것에 해당하지 않는다.[17] ② 여자의 동의를 받아 성교하면, 그것이 폭행을 수반한 변태적인 성교라도 승낙에 의해 위법성이 조각된다. 그러나 강간 피해여성의 동의는 양해가 아니라 승낙으로 보고, **비동의간음죄**가 입법된다면, 그 경우에 피해여성의 동의는 구성요건해당성을 탈락시키는 양해가 된다. ③ 집주인의 동의를 받아 들어가면 주거침입죄에 처음부터 해당하지 않게 된다. ④ 사문서의 위·변조죄의 경우에 사문서를 작성·수정함에 있어 그 명의자의 명시적이거나 묵시적인

16 [피해자의 위험인수와 양해의 구별] 피해자의 위험인수 이론에 의하면 피해자가 자신이 위태화 될 것을 인식함에도 불구하고 동의를 한 경우에 그 위태화의 결과는 그 타인의 위험창출행위에 객관적으로 귀속시킬 수 없다. 그러나 업무상 과실치사죄의 불법은 **피해자의 의사에 반하는 것**을 본질적인 내용으로 삼지 않는 점에서 피해자 양해와 다르다.

17 "동거중인 피해자의 지갑에서 현금을 꺼내가는 것을 피해자가 현장에서 목격하고도 만류하지 아니하였다면 피해자가 이를 허용하는 묵시적 의사가 있었다고 봄이 상당하여 이는 절도죄를 구성하지 않는다"(대판 85도1487).

승낙이 있었다면 사문서의 위·변조죄에 해당하지 않는다(대판 2007도9987).

2. 양해의 유효요건

피해자의 양해는 다음의 두 요건을 충족하여야 한다.

(1) **양해능력** 양해가 유효하기 위해서는 양해의 의사표시를 하는 피해자에게 의사능력이 있어야 한다. 구성요건에 따라서는 — 예컨대 주거침입의 — 양해는 피해자에게 행위능력과 판단능력이 있어야 유효하다고 보기도 한다. 그러나 일반적 금지규범을 예외적으로 해제시키는 승낙보다 양해는 좀 더 완화된 요건 하에서 인정될 수 있어야 한다는 점에서 **자연적 의사능력**만으로 충분하다.

(2) **양해의 표시와 인식의 불필요성** 양해가 적용되는 구성요건의 불법의 실질은 피해자가 법익침해에 (명시적 또는 묵시적[18]으로) 동의했다는 점만으로 구성요건해당성을 인정할 필요가 없는 성격의 것이다. 따라서 양해는 '정당화사유'가 아니며, 행위자가 **주관적 정당화의사를 갖고 있을 필요도 없다.** 이런 양해의사의 인식불필요성은 양해의사가 행위자에게 표시[19]되거나 적어도 외부에서 인식될 수 있어야 할 이유도 없게 된다. 양해의 외부적 표시가 반드시 필요하고, 행위자도 그것을 인식해야 하는 구성요건(예: 배임죄)이 있을 수 있지만, 그런 구성요건은 **승낙의 대상**이 된다.

V. 추정적 승낙

1. 의 의

추정적 승낙(mutmaßliche Einwilligung)이란 피해자의 승낙이 실제로 존재

---

18 [묵시적 양해의사] "피고인이 동거중인 피해자의 지갑에서 현금을 꺼내가는 것을 피해자가 현장에서 목격하고도 만류하지 아니하였다면 피해자가 이를 허용하는 **묵시적 의사**가 있었다고 봄이 상당하여 이는 절도죄를 구성하지 않는다"(대판 85도1487).

19 [양해의사의 표시불요] 甲은 동거녀 乙의 지갑에서 6만 원을 꺼내갔다. 乙은 이를 목격하였으나 내버려 두었다. 甲은 6만 원을 꺼내가면서 乙을 쳐다보지 않고 그냥 가버렸다. ① 乙의 반응은 乙이 甲의 절취에 대해 양해의 의사를 갖고 있고 외부에(甲에게) 표시되지 않은 점은 양해의 효력발생에 영향을 미치지 않는다. 甲은 乙의 양해의사를 인식하였을 필요도 없다. 甲의 행위는 '절취'에 해당하지 않는다.

하지는 않지만 행위자가 자신의 법익침해행위를 피해자가 승낙할 것이라고 신뢰하고 행위한 경우에 (주거침입죄와 같은 양해구성요건에서도) 그 행위의 위법성을 조각시키는 이론을 말한다. '피해자가 모든 상황을 인식하고 승낙 여부를 숙고하였다면 확실히 승낙했었을 것이라는 가정사실에 대한 행위자의 신뢰'는 합리적인 추정을 바탕으로 하여야 하고(**신뢰의 합리성**), 법적으로 보호할 가치(**신뢰의 보호가치성**)가 있어야 한다.

추정적 승낙의 행위는 사무관리형과 사회상규형으로 나뉜다. **사무관리형**(긴급피난형)은 행위자가 피해자의 이익을 위하여 법익침해행위를 하여 더 높은 가치의 이익을 구조하기 때문에 피해자의 승낙이 합리적으로 추정되는 경우(예: 의식 잃은 응급환자의 보호자 없는 수술)이다. **사회상규형**은 행위자가 **자신의 이익을 위하여** 피해자의 법익을 침해하였지만 사회상규에 합치한다는 점에서 피해자도 승낙했을 것으로 추정되는 경우(예: 집주인이 버리려 내놓은 옷가지들을 가정부가 공익단체에 기증)이다.

2. 추정적 승낙의 요건

(1) 적극적 요건 침해되는 법익은 그 주체가 처분가능한 **개인적 법익**이어야 하고, 행위자는 가정적 승낙의 존재를 인식하였어야 하지만 피해자의 승낙의사는 실제로 존재하지 않고, 또한 피해자의 **승낙을 바로 얻을 수도 없어야** 한다. 추정적 승낙의 행위는 '승낙주체의 법익에 대한 **현재의 위난을 피하기 위한 상당한 이유**가 있거나', '승낙주체를 위하여 사무를 그 성질에 좇아 **가장 본인에게 이익이 되는 방법으로 관리**하는' 행위이어야 한다. 하지만 추정적 승낙이 긴급피난이나 사무관리로서 부족한 점[20]을 고려할 때, **사회상규의 판단기준**(동기·목적의 정당성, 수단·방법의 상당성, 법익균형성, 긴급성, 보충성)에 상당한 정도 부합하여야 한다(대판 2005도8081).

---

20 긴급피난은 침해되는 법익의 주체와 보호되는 법익의 주체가 다르지만 추정적 승낙에서는 같다는 점, 그리고 사무관리에서는 승낙주체의 법익에 대한 침해가 없는 경우(예: 길 잃은 아이에게 음식을 줌)가 있다는 점 등에서 추정적 승낙의 경우와 구조적 차이가 있다.

(2) **소극적 요건** 추정적 승낙으로 위법성을 조각시키는 효과를 부여하려면 첫째, 행위자의 승낙에 대한 판단은 **인식가능한 피해자의 의사**[21]에 반하여서는 안 된다.[22] 둘째, 피해자의 **이익에 현저히 반하면서** 그의 승낙의사라고 추정해서도 안 되며, 셋째, 추정적 승낙의사에 대한 신뢰는 모든 상황의 신중하고 성실한 심사(**양심적 정밀심사** gewissenhafte Prüfung)[23]를 전제한다.

---

21 [분쟁 주거침입] 乙이 점유 관리하는 가옥의 등기부상 명의인 甲은 乙과 이 가옥의 소유권을 두고 분쟁을 벌이던 중 乙의 허락 없이 그 가옥에 들어갔다. ① (대판 89도889) 乙의 추정적 승낙이 있었다거나 사회상규에 위배되지 아니한다고 볼 수 없다. ② (評釋) 乙의 반대의사는 인식가능한 것이기 때문이다.

22 [해고근로자 회사출입] 해고근로자 甲은 회사와 복직협의를 하기 위해 방문객용 출입명패를 이용하여 회사 구내에 출입하였다. 회사 공장이 근로자들에 의해 불법점거되고 관리직 사원들의 출입도 봉쇄된 상황에서 甲은 무단으로 조립부품팀 사무실에 들어갔다. ① (대판 93도120) "甲의 출입행위는 관리자인 회사 측의 의사 내지 추정적 의사에 반하는 것이라 아니 할 수 없고, 또 甲이 그와 같은 승낙이 있다고 믿었음에 정당한 이유가 있다고 보기 어려운 것이"다.

23 [양심적 정밀심사] S대교 안전점검업무를 수행하던 S시 시설계장 甲은 얕은 친분관계의 乙에게 간단 점검만을 부탁하고 수당을 지급할 터이니 도장을 달라고 하였다. 乙은 불쾌했으나 도장을 주었다. 甲은 乙의 승낙을 받지 않고 그 도장을 이용하여 乙 명의의 안전점검결과통보서를 만들어 사용하였다. ① (대판 97도1741) 乙의 추정적 승낙이 있다고 볼 수 없다. ② (評釋) 안전점검결과통보서 작성에 대한 승낙의사추정은 乙이 도장을 준 점에서 乙의 인식가능한 의사에 반하지 않고, 당시 乙의 이익과 추정적 승낙의사가 크게 분리되지도 않았으나 甲이 '**양심에 따른 정밀심사**'를 하지 않은 점에서 추정적 승낙이 인정될 수 없다.

§18. 정당행위

제20조(정당행위) 법령에 의한 행위 또는 업무로 인한 행위, 기타 사회상규에 위배되지 아니하는 행위는 벌하지 아니한다.

정당행위는 법령에 의한 행위 또는 업무로 인한 행위, 기타 사회상규에 위배되지 아니하는 행위를 말한다. 이들은 **각기 다른 위법성조각원리**에 기초해 있다.

Ⅰ. 법령에 의한 행위

법령에 의한 행위란 **법령이 부여한 권한과 절차에 따른 행위**를 말한다. 공무원의 직무집행행위, 학교장의 징계행위, 현행범 체포 등을 예로 들 수 있다. 법령에 의한 행위가 위법성이 조각되는 이유는 합법성 때문이다. **합법성**(Legalität)이란 입법을 통해 제정되는 실정법(실증성 Positivität)이 그 절차와 과정이 민주적임으로써 얻게 되는 정당성(Legitimität)을 가리킨다.[1] 법령에 의한 행위는 전체 법질서에서 **적극적으로 합법적인 행위**가 되고 법질서의 통일성 요구에 따라 형법적으로도 합법적인 행위가 된다. 법이론적으로 합법적 행위는 형법적으로는 구성요건해당성부터 인정하지 않는 것이 타당하지만 제20조는 구성요건해당성은 인정하고 위법성만을 조각시킨다.[2] 따라서 법령에 의한 행위는 합법성의 조건을 지켜야 한다. 법령에 의한 행위가 위법성을 조각하려면 **법령이 정한 요건**을 충족해야 하고, 그 요건의 **해석은 합리적**이어야 하며, 이를 위해 해석은 각 **법분과에 고유한 법원칙**(예: 경찰법 비례성원칙)에 근거를 둔 합리적 논거로

1 J. Habermas, "Wie ist Legitimität durch Legalität möglich?" Kritische Jutiz, 1986, 1쪽.

2 이처럼 위법성조각사유로 위치시키면 예컨대 공무원이 법령상의 권한을 초월하고 절차를 위반했다는 공무집행방해자(피고인)의 주장은 위법성조각사유에 관한 주장이므로 법원은 구성요건해당성 조각사유에 대한 주장(범행부인)과는 달리 판결이유에 그 주장을 배척하는 사실과 이유를 명시하여야 하는 부담을 진다(형사소송법 제323조 제2항).

써 근거지을 수 있어야 한다.

1. 공무원의 직무집행행위

공무원의 직무집행행위는 법령에 직접 근거를 두거나 법령에 근거를 둔 상급 공무원의 명령에 의하여 이루어진다.

(1) **법령에 의한 직무집행행위** 법령에 직접 근거를 둔 공무원의 직무집행행위로는 형사소송법에 근거를 둔 검사 또는 사법경찰관의 수사처분, 세법상의 강제처분, 형법에 근거를 둔 사형, 징역형, 노역장유치와 같은 형벌집행행위, 「민사집행법」에 근거를 둔 집행관의 강제집행, 「경찰관 직무집행법」에 근거를 둔 경찰관의 불심검문 등이 있다.

[경찰관의 무기사용의 정당행위성] ① 예컨대 불심검문을 하는 경찰관이 영장 없이 자동차의 트렁크를 뒤지는 행위는 「경찰관 직무집행법」 제3조의 합리적 해석에 의해 정해지는 불심검문의 범위를 초과한 것으로서[3] 위법성이 조각되지 않는다. 이에 비해 달아나는 강도 현행범을 경찰관이 체포하기 위해 다른 방법이 없이 경찰봉으로 등을 내리쳤으나 강도범이 그로 인해 다친 경우에 경찰관의 상해행위는 「경찰관 직무집행법」 제10조의2(경찰장구의 사용)의 합리적 해석에 의해 허용되는 행위가 된다. 하지만 경찰봉이 아니라 총을 쏴서 사망하게 하였다면 제10조의4(무기의 사용)의 "다른 수단이 없다고 인정되는 상당한 이유"의 합리적 해석에 의해 허용되는 행위가 되지 않는다. ② 법령의 해석에 의해 허용되는 경우를 형식적 정당행위라고 하고, 경찰관의 총기사용과 같은 긴급한 정당행위는 '형식적 정당행위' 이외에 긴급성, 기대가능성 등을 종합 고려할 때 실질적인 위법성조각의 근거를 갖고 있는 정당행위라고 보기도 하지만 그와 같은 실질적 판단은 「경찰관 직무집행법」의 합리적 해석결과를 구체적 사안에 적용하는 것과 동일하다.

(2) **상관의 명령에 의한 행위** 상관의 법령에 따른 공무원의 직무집행행위는 그 **명령이 적법**한 것일 때에는 위법성이 조각된다. 법령이 지닌 합법성은 상관의 명령을 매개로 그 명령을 집행하는 부하의 행위에도 연장되기 때문이다. 따라서 **위법한 명령**에 따른 직무집행행위[4]는 위법성

3 이상돈, 사례연습 형사소송법, 법문사, 2004, 50쪽.

4 [위법한 명령과 정당행위] 안기부 직원 甲은 상관 乙의 명령에 따라 대선을 앞두고 특정후보를 반대하는 여론을 조성하기 위해 허위사실을 담은 책자를 발간·배포하거나 기사를 게재하였다. ① (대판 99도636) "명백히 위법한 명령인 때에는 직무상의 지시명령이라 할 수 없으므로 이에 따라야 할 의무가 없"고 강요된 행위로서 적법행위에 대한 기대가능성도 있다.

이 조각되지 않는다. 공무원의 복종의무(「국가공무원법」 제57조)는 적법한 직무명령에만 인정되기 때문이다. 다만 상관의 위법한 명령이 사실상 절대적 구속력을 가진 경우에는 기대불가능성 또는 강요된 행위(제12조) 등의 법리에 의해 책임이 조각될 여지가 있다. 고문치사[5]처럼 인권침해적인 위법한 명령의 집행은 책임도 조각되지 않는다. 상관의 명령이 위법한 것인데도 그 명령의 수행이 자신의 임무범위 내에 있다고 오인한 경우[6](허용포섭착오)에는 법률의 착오(제16조)가 적용된다.

2. 징계행위

(1) 법령상 징계행위 학교장의 징계행위(「고등교육법」 제13조, 「초·중등교육법」 제18조) 또는 소년원장 및 소년분류심사원장(「소년원법」 제15조)의 징계행위(훈계, 근선, 교정성적 감점)는 신체나 의사결정·행동의 자유 등을 침해한다.

● **부모의 징계권**(폐지된 민법 제915조)은 법률에 의해서 비로소 부여되는 것이 아니라 긴밀한 가정공동체를 형성한 관계의 역사 속에서 — 국가법과 구별되는 시민법(civic law)[7]으로서 — 스스로 발생하므로 부모의 징계행위는 사회상규에 의해 위법성이 조각된다.

● "**교사는 학교장의 위임**을 받아 교육상 필요하다고 인정할 때에는 징계를 할 수 있"다(대판 2001도5380). 私見으로 이는 교장의 징계위임 없이 학생을 징계하는 교육현실에 부합하지 않는다. 교육적 징계에 대한 신뢰는 교사의 직분을 구성하는 불가결한 요소이므로 업무로 인한 행위가 되어야 하지만 징계의 교육적 성격에 대한 시민들의 신뢰가 약한 현실에서서 그렇게 보기 어렵다.

(2) 징계행위의 한계 징계는 객관적으로 징계목적(교육, 군기확립)을 달성하기 위해 필요최소한의 범위에서 적정한 절차와 수단에 의해 이루

---

5 **[고문명령복종과 정당행위]** 대공수사단 甲은 상관 乙의 명령에 따라 피해자 丙의 머리를 잡아 욕조의 물속으로 눌러 사망에 이르게 하였다. ① (대판 87도2358) "중대하고도 명백한 위법명령에 따른 행위(고문치사)가 정당한 행위에 해당하거나 강요된 행위로서 적법행위에 대한 기대가능성이 없는 경우에 해당"할 수 없다.

6 **[명령의 위법성 불인식]** 중대장의 명령에 따라 영외 중대장 관사에 머물면서 집안일을 돕고 처 乙의 심부름도 하는 당번병 甲은 자기 일로 생각하고 乙의 지시에 따라 24:00 관사에서 1km 떨어진 곳에 우산을 들고 마중나갔다. ① (대판 86도1406) 甲의 무단이탈죄(군형법 제79조)는 "당번병의 임무범위내에 속하는 일로 오인하고 한 행위로서 그 오인에 정당한 이유가 있어 위법성이 없다."

7 시민사회에서 문화적으로 재생산되는 시민법(civic law)을 국가법과 구별하는 이상돈, 헌법재판과 형법정책, 고려대학교 출판부, 2005, 26쪽.

어져야 하며(상당한 방법), 주관적으로 징계목적을 달성하려는 의사(징계의사)에 의한 것이어야 한다.

[징계의 한계] ① (**징계목적 흠결**) "스스로의 감정을 이기지 못하고 야구방망이로 때릴 듯이 피해자에게 '죽여 버린다'고 말하여 협박하는 것은 그 자체로 피해자의 인격성장에 장애를 가져올 우려가 커서 이를 교양권의 행사라고 보기도 어렵다"(대판 2001도6468). ② (**적정절차·수단 흠결**) "교사가 피해자인 학생이 자기에게 욕설을 한 것으로 오인하고 그 진상을 확인하지도 아니한 채 구타하여 상해를 입혔다면 이는 징계권의 범위를 일탈하였다"(대판 80도762). ③ (**징계의사흠결**) 소년원 위탁 소녀의 옷을 벗기고 채찍질하는 것은 성적 욕망의 실현을 목적으로 하는 것이다(BGHSt 13, 138).

체벌은 정당한 징계목적을 위한 것이더라도 인간의 존엄과 가치를 훼손하므로 원칙적으로 금지되고 극히 **예외적인 경우에만** 허용될 수 있다.

● 「초·중등교육법」 제18조 제1항은 "기타의 방법"에 의한 징계를 인정하지만, 학생과 대면교육을 하지 않는 학교장에게 체벌권을 인정하는 것은 인권침해의 소지가 크다. 동법시행령 제31조 제8항도 **학교장의 체벌을 금지**하고 있다. **교사의 체벌**은 정당방위나 긴급피난과 같은 다른 위법성조각사유에 해당하지 않는 한, 원칙적으로 허용할 수 없지만, **극히 예외적인 경우**, 즉 ① 징계행위의 적법요건을 갖추고, ② 다른 교육적 수단으로는 교정이 불가능한 상황에서, ③ 학생의 인격을 존중하면서 ④ 학생이 체벌의 교육적 의미를 이해하도록 학생과의 소통을 노력하는 방식으로 이루어진 경우 **사회상규**에 위배되지 않을 여지가 있다.

● **군대 상관의 부하 체벌**은 군인복무기본법 제26조(사적 제재 및 직권남용의 금지)에 의해 금지된다. 과거 판례도 감금과 구타(대판 84도799), 상해(대판 84도603)를 일으킨 체벌의 위법성이 조각되지 않는다고 보았다. 제26조가 "어떠한 경우에도" 금지하는 체벌은 **사적 제재**(예: 모욕적 빰때리기)이므로, 명령과 복종의 **군기 확립에 불가피하고 적정한 공적 제재**(예: 체력단련형 체벌)인 경우는 **사회상규**에 위배되지 않는 행위로서 그 위법성이 조각될 여지가 남아 있다.

3. 노동쟁의행위

헌법(제33조)과 「노동조합법」이 보장하는 쟁의행위는 업무방해죄(제314조 제1항)에 해당하더라도 법령에 의한 행위로 위법성이 조각될 수 있다.[8]

8 「노동조합법」 제4조 형법 제20조(정당행위)의 규정은 노동조합이 단체교섭·쟁의행위 기타의 행위로서 제1조의 목적을 달성하기 위하여 한 정당한 행위에 대하여 적용된다. 다만 어떠한 경우에도

[쟁의행위의 적법요건] "근로자의 쟁의행위가 형법상 정당행위가 되기 위하여는 ① 그 **주체**가 단체교섭의 주체로 될 수 있는 자이어야 하고, ② 그 **목적**이 근로조건의 향상을 위한 노사 간의 자치적 교섭을 조성하는 데에 있어야 하며, ③ 사용자가 근로자의 근로조건개선에 관한 구체적인 요구에 대하여 단체교섭을 거부하였을 때 개시하되 특별한 사정이 없는 한 조합원의 찬성결정 및 노동쟁의 발생신고 등 **절차**를 거쳐야 하는 한편, ④ 그 **수단과 방법**이 사용자의 재산권과 조화를 이루어야 함은 물론 폭력의 행사에 해당되지" 않아야 한다(대판 2003도687).

	적 법	위 법
① 주체	• 수급인 소속근로자(예: 청소미화원)가 도급인을 위한 대체근로를 저지하는 상당한 정도의 실력행사(대판 2015도1927)	• 일부 조합원 집단이 노동조합의 승인 없이 또는 지시에 반하여 쟁의행위를 하는 경우(대판 95도748; 95도1959) • 노동조합 집행부의 정상근무결정에도 지부대의원들이 잔업을 거부하고 근로자들을 선동함(대판 2004도8530)
② 목적	• 단체협약체결(대판 2004도4641) • 문상이나 야유회와 같은 자유권의 내재적 한계 내에 있는 경우(대판 90도2771)	• 과학기술원 시설부문 민영화계획저지(대판 2001도3380) • 공장이전반대를 위한 경우(대판 2003도687) • 외국인 조종사의 채용 및 관리, 운항규정심의위원회구성 등에 관한 보충협약 체결을 위한 쟁의행위(대판 2004도746) • 전국철도노동조합원의 한국철도공사의 신규사업 외주화 계획의 철회를 목적으로 한 쟁의행위(대판 2006도9478) • 사업조직 통폐합에 반대하는 쟁의행위(대판 2002도5577) • 정리해고 못받아들인다는 취지의 관철(대판 99도4892) • 구속자 석방을 요구하는 집단적 작업거부(대판 90도2771)
③ 절차	• 노동위원회 조정결정 전의 쟁의행위(대판 2001도1863) • 근무시간 중 쟁의행위투표(대판 99도4837)	• 조합원의 직접·비밀·무기명 투표에 의한 찬반결정을 거쳐야 한다는 규정(「노동조합 및 노동관계조정법」 제41조 제1항)에 위반하여 찬반투표절차를 거치지 아니한 채 쟁의행위를 하는 경우(대판 99도4837[전원합의체])
④ 방법	• 병원의 점심시간을 이용하여 현관로비에서 이루어진 쟁의행위(대판 92도1645) • 집단적 노무제공 거부가 사용자가 예측할 수 없는 시기에 전격적으로 이루어져 사용자의 사업운영에 심대한 혼란 내지 막대한 손해를 초래하는 경우(대판 2007도482).	• 피케팅하며 태업에 가담하지 않은 자에 대한 폭행·협박 또는 위력에 의한 실력저지나 물리적 강제(대판 90도1431) • 통근버스운행방해, 탈의실 농성점거(대판 90도755) • 근무시간 중 사무실 내 집기를 부수고 적색 페인트로 사무실 벽 등에 '노동해방' 등의 낙서를 함(대판 90도357) • 사업장 시설을 점거하여 조합원 이외의 자의 출입을 저지하고 사용자의 관리지배를 배제한 경우(대판 91도383) • 9시 이전에 출근하여 업무준비를 하게 함(대판 96도419) • 통상적인 연장근로의 집단적 거부(대판 95도2970)

4. 기타 법령에 의한 행위

이 밖에도 다양한 법령에 의해 위법성이 조각될 수 있다. 가령 ① 시민이 현행범인을 체포하는 행위는 체포·감금죄(제276조)에 해당하지만 「형사소송법」 제212조에 의하여 위법성이 조각된다. 현행범 체포를 위해 타인의 주거에 침입하거나 상해하는 것은 허용되지 않는다. ② 정신질환자의 강제입원조치는 체포·감금죄에 해당하지만 「정신보건법」 제24조

폭력이나 파괴행위는 정당한 행위로 해석되어서는 아니 된다.

이하에 의해 위법성이 조각된다. ③ 각종 복권의 발행행위도 형법상 복표발매죄(제248조)에 해당하고, 카지노 개설도 도박개장죄(제247조)에 해당하지만 관련 개별법(「복권 및 복권기금법」)에 근거를 둔 경우에만 위법성이 조각된다. ④ 임신중절은 낙태죄에 해당하지만 「모자보건법」 제14조 제1항 각호의 사유가 있으면 그 위법성이 조각된다.

Ⅱ. 업무로 인한 행위

제20조는 업무[9]로 인한 행위도 위법성을 조각시킨다. 업무로 인한 행위는 "법률이나 공무의무(Amtspflicht) 혹은 직업의무(Berufspflicht)가 명하는 행위"를 위법성조각사유로 규정하는 스위스 형법 제32조를 계수한 것으로 보인다. 위법성을 조각시키는 직업의무란 **고도의 전문지식**으로 훈련되고, **고도의 직업윤리**로 무장되어 있으며, **공익지향적인 직업활동**을 하는 직업군의 자율적인 직무규범에서 나온다. 예컨대 의사의 치료행위, 변호사의 법정변론, 성직자의 종교적 직무수행에서 불가피하게 이루어지는 법익침해행위는 그 위법성이 조각된다. 이는 그 직역과 직무의 전문성, 윤리성과 공익성에 대한 시민사회의 신뢰를 전제한다.

그렇기에 "**재건축조합의 조합장**이 이사회에서 회의진행의 질서유지를 위해 필요한 조치로서 전임조합장의 명예를 훼손하는 발언을 한 행위를 **업무로 인한 행위**"로 본 판례(대판 89도1467)는 재건축조합장의 직무가 고도의 전문성, 윤리성 및 공익성을 갖춘 직무가 아님을 간과한다.

---

9 [형법상 업무 개념의 3유형] ① 제20조의 업무는 "사회생활에 있어서 계속, 반복의 의사로서 행하는 사무"라고 정의되고, 반드시 경제적이거나, 영리적이거나 면허 또는 허가를 취득한 사무일 필요도 없고, 심지어 1회성을 갖는 것이라도 계속성을 갖는 본래의 임무수행의 일환으로 행해지면 족한 것으로 이해된다. 그러나 이런 업무 개념은 현대사회생활의 거의 모든 사무와 일에 해당할 수 있고(예: 운전), **가중적 신분요소**로서 기능한다. ② 형법상 업무는 그밖에도 **보호법익**이 되기도 한다(예: 업무방해죄). 보호법익으로서 업무는 가장 일반적인 업무 이외에도 다양한 공무(예: 선거업무, 법원의 재판)와 특화된 사적 업무(예: 장례식, 진화, 교통, 경매업무)로 나뉠 수 있다. ③ 제20조의 업무는 이 두 가지 유형의 업무와는 별개로 **위법성을 조각시키는 사유**가 되는 개념이다. 의사, 변호사, 성직자의 업무가 이에 속한다.

1. 의사의 의료행위

의사의 의료행위(질병의 치료, 예방, 보건)는 신체를 침해(또는 침습(浸濕))하는 경우에도 — 의료사고에 해당하지 않는 한 — 형법상 불법을 실현한 것은 아니다. 판례는 그 근거로 **업무로 인한 행위**[10] 또는 **피해자승낙**[11]을 든다. 私見으로 의료행위의 불법배제는 환자주권과 의료소비자의 권리, 의사의 직업적 자율성과 의료인에 대한 시민사회의 신뢰, 그리고 의료의 유형과 특징을 감안하여 세 가지 유형으로 분류할 수 있다.

● 의료관계의 패러다임이 윤리적 후견관계에서 계약관계로 발전하고, 환자의 소비자주권 또는 자기결정권을 보호하기 위하여 의료행위는 원칙적으로 **환자의 승낙에 의해 위법성이 조각**되는 것으로 볼 수 있다. 특히 성형외과 수술이나 선택 가능한 치료방법이 여러 가지 있는 경우에 그 선택은 의사와 환자 사이의 대화를 거친 환자의 최종적인 승낙결정에 의해 이루어져야 한다. 이때 환자의 승낙은 의사에 의해 충분히 정보화된 동의(informed consent)이어야 한다. 가령 심폐소생술을 거부하는 환자의 의사(DNR−Order[12])에 반한 심폐소생술 시행은 상해죄가 성립하고 긴급피난과 유사한 이익형량으로 책임이 감면될 수 있을 뿐이다.

● 응급의료는 환자 및 환자보호자의 동의가 있지 않아도 응급의료종사자가 법률상(「응급의료법」 제6조 제1항) 행하여야 할 의무이다. 고도의 전문성과 윤리성 및 공익성에 기초해 있는 의무이므로 이 의무를 수행하는 의료행위(응급의료)는 상해죄의 **구성요건해당성 자체가 없다.**

● **업무로 인한 행위**로서 위법성이 조각될 수 있는 의료행위는 넓은 의미의 안락사이다. 판례에 의하면 "의학적으로 무의미한 신체 침해 행위에 해당하는 **연명치료"의 중단**은 허용되는데(대판 2009다17417), 치료중단은 연명의료결정법이 정한 요건과 절차에 따라 이루어져야 한다. 또한 전문성, 윤리성 및 공익성이 상당하고, 피해자의 승낙을 받아낼 수 없고, 승낙의사의 추정도 매우 불확실할 수밖에 없는 **식물인간환자**

---

10 "의사가 인공분만기인 샥숀을 사용하면 통상 약간의 상해정도가 있을 수 있으므로 그 상해가 있다 하여 샥숀을 거칠고 험하게 사용한 결과라고는 보기 어려워 의사의 정당업무의 범위를 넘은 위법행위라고 할 수 없다"(대판 78도2388).

11 "의사가 병명을 자궁근종으로 오진하고 자궁적출술의 불가피성만을 강조하였을 뿐 진단상의 과오가 없었으면 당연히 설명받았을 자궁외임신에 관한 내용을 설명받지 못한 피해자로부터 수술승낙을 받았다면 위 승낙은 부정확 또는 불충분한 설명을 근거로 이루어진 것으로서 수술의 위법성을 조각할 유효한 승낙이라고 볼 수 없다"(대판 92도2345).

12 Do Not Resuscitate-Order의 약어. 이상돈, "환자 측의 진료거부와 의사의 의무", 대한법의학회지, 제22권 제2호, 1998, 99쪽.

의 계속 치료는 (보호자의 치료중단요구에도 불구하고) 업무로 인한 행위로서 그 위법성이 조각된다. ② 불치의 병으로 죽음이 임박한 환자의 고통을 완화·제거하기 위해 부득이 진통제를 사용하다가 예상했던 부작용으로 환자가 죽게 되는 사안(**간접적 안락사**)에서 진통제투약은 업무로 인한 행위로서 그 위법성이 조각된다. ③ 불치의 병으로 죽음이 임박하였으나 고통이 극심한 환자의 진지하고 명료한 요구에 의해 편안한 죽음을 맞게 하는 **존엄사**도 촉탁·승낙살인죄에 해당하지만 업무로 인한 행위로 그 위법성이 조각될 수 있다.

2. 변호사의 변호활동

변호사들의 직업활동은 고도의 전문성(변호사법 제3조), 윤리성(제1조 제1항), 공익성(제2조)이 요구되는 업무이므로 제20조 "업무로 인한 행위"에 해당한다. 예컨대 변호업무를 처리하면서 알게 된 다른 사람의 비밀을 법정에서 누설하더라도 업무로 인한 행위로서 명예훼손죄(제307조)나 업무상비밀누설죄(제317조)의 위법성이 조각된다. 그러나 변호사의 활동이 **헌법과 법률이 정하는 정당한 활동의 범위**를 넘어서면 업무로 인한 행위가 되지 않는다. 예컨대 형사변호를 위해 위증을 교사하거나 언론에 진범을 추정하여 발언하는 행위, 직무상 알게 된 의뢰인의 비밀을 누설하는 행위(제26조[비밀유지의무]) 등은 그 위법성이 조각되지 않는다.

3. 성직자의 종교활동

성직자의 직무는 전문성과 고도의 윤리성 및 공익성이 있는 업무로서 제20조 "업무로 인한 행위"에 해당한다. 예컨대 고해성사에서 알게 된 범죄사실을 알고도 신고하지 않고 범인을 위로해 주는 행위, 성당에 난입한 불법시위대에게 생존에 필요한 편의를 제공해주는 행위는 위법성이 조각되는 범인은닉행위가 된다. 성직활동의 위법성조각효과는 **법질서에 수용 가능한 직업윤리의 범위 안**에서만 발생한다. 범인의 **은신처 제공**[13]과 같은 적극적인 비호행위는 위법성이 조각되지 않으며 책임이

13 [은신처제공] "성직자의 직무상 행위가 사회상규에 반하지 아니한다하여 그에 적법성이 부여되는 것은 그것이 성직자의 행위이기 때문이 아니라 그 직무로 인한 행위에 정당, 적법성을 인정하기 때문이다. 죄지은 자를 맞아 회개하도록 인도하고 그 갈 길을 이르는 것은 사제로서의 소임이라

조각되거나 감경될 수 있을 뿐이다.

4. 학자의 학문활동

학자가 학문적 논의맥락에서 타인의 저작물을 사용하거나 성희롱 등의 표현을 강의내용으로 사용하는 행위는 업무로 인한 행위로서 그 위법성이 조각된다. 가령 판례를 비판하기 위하여 음란물로 판단된 사진을 논문이나 책에 게재하는 행위는 위법성이 조각된다. 다만 학문적인 논증의 맥락 없이 개인 홈페이지의 단순한 게재는 위법성이 조각되지 않는다.[14] 그 한에서 학술적 표현의 자유는 예술적 표현의 자유보다는 제한적으로 허용된다.

Ⅲ. 기타 사회상규에 위배되지 않는 행위

(1) **사회상규의 의의** 제20조의 사회상규는 판례에 의하면 "국가법질서가 추구하는 사회의 목적가치에 비추어 이를 실현하기 위하여 사회적 상당성이 있는 수단으로 행하여졌다는 평가가 가능한 경우"를 가리킨다. 이런 사회상규는 아직 **실정법화되지 않은 도덕적 행위규범**[15]과 다양한 하부문화나 특수한 직업문화의 영역 안에서 일반화되어 있는 행위규범(**하부문화적 사회규범** subcultural social norm)을 가리킬 수 있다. ② 사회상규는 **초법규적**(또는 자연법적) 위법성조각사유이며 법령에 의한 행위와 업무로 인한 행위와 같은 정당행위뿐만 아니라 제21조 내지 제24조의 위법성조각사유도 포괄하는 **포괄적 위법성조각사유**라고 이해된다. 그러나 私見으로 사회상규(제20조)는 제21조 내지 제24조에 대해 **보충적으로** 적용

할 것이나 **적극적으로 은신처를 마련하여 주고 도피자금을 제공하는 따위의 일은 이미 그 정당한 직무의 범위를 넘는 것**이며 이를 가리켜 사회상규에 반하지 아니하여 위법성이 조각되는 정당행위라고 할 수 없다. 사제가 죄지은 자를 능동적으로 고발하지 않는 것은 종교적 계율에 따라 그 정당성이 용인되어야 한다"(대판 82도3248).

14 이상돈, 예술형법, 박영사, 2014, 14쪽.

15 [네티켓과 사회상규] 甲은 乙의 Daum 블로그에 있던 丙 작곡, 丁 제작의 뮤직비디오를 변형 없이 자신의 블로그에 게재하였다. ① 甲의 행위는 저작인접권자 丁의 전송권(저작권법 제81조)을 침해하는 저작권침해죄(제136조 제1항)에 해당하지만 "저작물의 공정한 이용"(제1조)에 해당하거나 네티즌들의 자율규범(Netiquette)을 준수한 행위(펌)로서 사회상규에 위배되지 않는다.

되는 **실정법적 위법성조각사유**이면서, 제21조 내지 제24조와 병렬적인 **개별적 위법성조각사유**로서 현대의 포스트모던 사회에서 **새로운 위법성 조각사유를 발굴하는 장치**로 기능한다.

[판례의 사회상규 개념] "행위가 법규정의 문언상 일응 범죄구성요건에 해당한다고 보이는 경우에도 그것이 극히 ② **정상적인 생활형태의 하나로서 역사적으로 생성된 사회생활질서의 범위 안**에 있는 것이라고 생각되는 경우에 한하여 그 위법성이 조각되어 처벌할 수 없게 되는 것으로서 ① 어떤 법규정이 처벌대상으로 하는 행위가 사회발전에 따라 전혀 위법하지 않다고 인식되고 그 **처벌이 무가치할 뿐만 아니라 사회정의에 위반**된다고 생각될 정도에 이른다거나 ③ 국가법질서가 추구하는 **사회의 목적가치에 비추어** 이를 실현하기 위하여서 **사회적 상당성이 있는 수단**으로 행하여졌다는 평가가 가능한 경우에 한하여 이를 사회상규에 위배되지 아니한다"(대판 82도357). 이 판례에서 ① "어떤 법규정이 처벌대상으로 하는 행위가 사회발전에 따라 전혀 위법하지 않다고 인식되고 그 처벌이 무가치할 뿐만 아니라 사회정의에 위반된다고 생각될 정도에 이른"(①부분)[16] 것이라는 의미의 사회상규는 **형사입법의 기초**로 기능하는 것이다. 입법은 사회윤리적 가치구조만으로 좌우되는 것이 아니라 매우 다양한 정치적 요소에 의해 좌우되므로 사회상규 개념은 실천적 의미가 별로 없다. ② "정상적인 생활형태의 하나로서 역사적으로 생성된 사회생활질서의 범위 안에 있는 것"(②부분)은 **사회적 상당성**(soziale Adäquanz) 개념, 즉 "역사적으로 생성된 사회윤리적 공동생활의 범위 안에 있는 행위"(Welzel)나 "법질서 전체의 정신이나 배후에 있는 사회윤리 내지 사회통념에 비추어 용인되는 것"(대판 2000도1696)에 해당하는데, 이는 위법성 조각사유가 아니라 구성요건해당성의 판단기준이 된다.[17] 사회적 상당성은 예컨대 풍속에 관한 범죄(공연음란죄, 도박개장죄 등)에서 **사회윤리적 가치구조**로서, 신뢰원칙, 허용된 위험, 사소법익침해원칙 등과 같은 **귀속이론들의 배후**로 기능한다.[18]

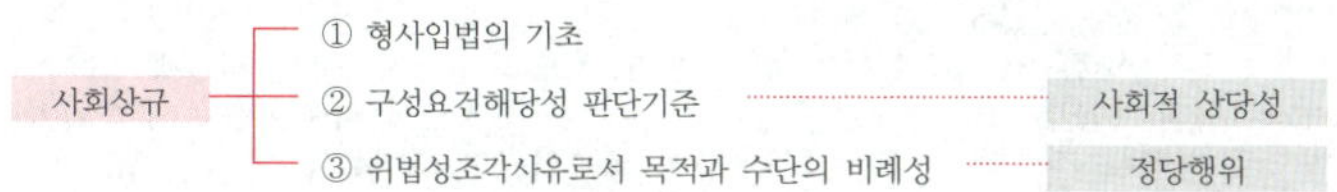

16 "국가질서의 존엄성을 기초로 한 국민일반의 건전한 도의감"으로 풀이하는 것(대판 4289형상42)과 마찬가지로 형사입법의 기초로서 사회상규를 가리킨다.

17 Welzel은 초기의 사회적 상당성 개념("역사적으로 생성된 사회윤리적 공동생활의 범위 안에 있는 행위")을 나중에(Das deutsche Strafrecht, 제4판, 1954부터) 관습법적인 정당화사유로 전환시켰고 그 후(제11판, 1969) 다시 사회적 상당성을 일반적인 해석원칙으로 회복시켰다.

18 [가벌적 위법성] 전매서장 甲은 홍삼판매할당량을 이행하기 위해 위법하게 지정판매인 이외의 자에게 판매하고 법령상 허용된 절차와 부합하도록 허위의 공문서인 매도신청서와 영수증을 작성케 하였다. ① (대판 82도357) 甲의 행위는 "정상적인 행위라고 하거나 그 **목적과 수단의 관계에서 보아 사회적 상당성**이 있다고 단정할 수는 없고, 그 법익침해 정도가 경미하여 **가벌적 위법성**

(2) **사회상규 위배여부의 판단** ① 판례에 의하면 사회상규에 위배되지 않으려면 "첫째, 그 행위의 동기나 목적의 정당성, 둘째, 행위의 수단이나 방법의 상당성, 셋째, 보호이익과 침해이익과의 법익균형성, 넷째, 긴급성, 다섯째, 그 행위 외에 다른 수단이나 방법이 없다는 보충성 등의 요건을 갖추어야" 한다(대판 2007도4378). 이 가운데 "긴급성이나 보충성의 정도는 개별 사안에 따라 다"를 수 있지만(대판 2020도16527), 긴급성과 보충성은 수단의 상당성을 판단할 때 고려요소의 하나로 참작될 뿐 이를 넘어 독립적인 요건으로 요구되지는 않는다. 즉, '목적·동기', '수단', '법익균형', '긴급성', '보충성'은 **불가분적으로 연관되어 하나의 행위를 이루는 요소들로 종합적으로 평가**되어야 한다(대판 2017도2760).[19] ② 私見으로 다섯 요소들은 긴급행위들(정당방위·긴급피난·자구행위)의 상당성 판단의 요소들과 많이 중첩된다. 이는 사회상규에 위배되지 않는 행위는 어떤 개별 긴급행위 요건도 **완전하게 충족하지는 못하지만 개별 긴급행위의 요건을 부분적으로 두루 충족시키는 행위**에 대해 인정되는 것임을 말해준다. 그렇기에 법원의 사회상규 판단은 사실상 **직관에 의존하는 도덕적 종합판단**[20]이라고 볼 수 있다.

이 없다고 할 수도 없다." ② (評釋) 가벌적 위법성론은 사회상규조항이 없는 일본형법 제35조("법령 또는 정당한 업무로 인하여 행한 행위는 이를 벌하지 아니한다")에 필요할 뿐이다.

19 [사회상규의 종합판단] H대학교 총학생회 간부 甲은 부정입학 금품수수로 구속되었다가 H대학교 총장으로 선임된 乙과의 면담을 요구하면서 교무위원회 회의실에 들어가 총장의 사퇴를 요구하며, 이를 막는 학교 교직원들과 실랑이를 벌였다. ① (대판 2017도2760) 甲의 업무방해행위는 설령 긴급성·보충성이 별도로 갖추어지지 않았다고 보더라도 긴급성·보충성은 수단의 상당성을 판단할 때 고려요소의 하나로 참작할 뿐 독립적인 요건으로 요구하는 것은 아니다.

20 [소비자불매운동] 甲과 乙은 촛불시위에 관하여 불공정 왜곡보도를 했다고 생각한 J 신문사의 광고주 S㈜에게 광고 중단을 요구하면서 이 요구가 수용되지 않으면 S의 물품에 대해 소비자불매운동을 하겠다고 말했고, S㈜는 이에 응하였다. ① (대판 2010도13774) 소비자불매운동은 "**사회적 상당성**을 갖추지 못한 것으로서 그 행위 자체가 강요죄나 공갈죄에서 말하는 협박의 개념에 포섭될 수 있"고, "위력을 행사하여 광고주들의 영업활동의 자유를 침해하는 정도에 이르렀다는 점에서 **수단이나 방법의 상당성, 법익균형성, 긴급성, 보충성의 요건을 충족시키지 못한다.**" ② (評釋) 甲의 소비자불매운동은 헌법 제124조의 본래목적(예: 공정가격 등)의 소비자보호운동이 아니라, 정치적 목적의 운동이기에 사회상규에 위배되며, 공동강요죄가 성립한다.

책임이론

Ⅰ. 책임의 의의

(1) **책임의 의미**　범죄성립요소로서 책임은 **불법을 실현하는 행위를 그 행위자에게 귀속**시킬 수 있는 것을 말한다. 이 귀속가능성은 책임능력, 책임고의·과실, 불법의식, 적법행위의 기대가능성 등을 판단하여 결정한다. 민사책임의 성립과 달리 불법의 행위자에 대한 귀속가능성이라는 책임이 범죄의 성립에 필요한 이유는 **비례성원칙** 때문이다. 형벌은 손해배상책임보다 더 가중된 요건인 책임을 필요로 한다. 불법을 행위자에게 그의 작품으로 귀속시킬 수 있으려면 **불법을 저지르지 않을 가능성**(Anders−handeln−können), 즉 자유의사가 전제된다.

	자유의사(Willensfreiheit)와 책임에 관한 19C 말의 학파들 입장	
	도의적 책임론	사회적 책임론
의사의 자유	인간은 의사의 자유(Willensfreiheit)가 있고(非決定論), 책임은 자유의사에 의해 적법한 행위를 할 수 있었는데도 위법한 행위를 한 점에서 행위자에게 가해지는 **윤리적 비난**이다.	인간은 의사의 자유는 없고(決定論), 범죄는 행위자의 소질과 환경에 의해 결정되는 것이며, 책임은 **행위자의 반사회적 성격**을 근거로 사회방위의 목적을 위해 부과되는 것이다.
책임능력	자유의사가 없는 자는 책임무능력자가 된다(책임능력=범죄능력=자유의사).	책임무능력자도 반사회적 성격이 있는 한 사회방위의 보안처분을 받아야 하고, 따라서 **책임능력이란 단지 형벌능력**일 뿐이다.
형벌과 보안처분	형벌은 도의적 비난에 근거한 응보와 사회방위를 위해 부과되는 보안처분은 질적으로 다르다.	형벌과 보안처분은 모두 사회방위의 목적을 실현하는 수단으로서 단지 양적인 차이만 있다.
책임판단 대상	책임은 행위에 포함된 불법에 대해서만 판단한다(도덕적 행위책임원칙 지배).	책임은 행위자의 반사회적 성격에 대해서 판단한다(성격책임의 행위자책임원칙이 지배).
학파	고전학파(구파)	근대학파(신파)

인간의 의사의 자유는 완전히 부정할 수도 없고, 완전히 긍정할 수도 없다. 인간의 결정에는 자유의사를 제약하는 소질이나 환경이 작용하는 반면 소질이나 환경과 투쟁하는 과정에서 형성되는 인격을 바탕으로 내린 자율적 결정의 요소도 있다. 형법상 책임은 의사의 자유의 긍정과 부정 사이에 위치하는 인격적 결단(persönliche Entscheidung)이다.[1]

1 [예방적 책임론] 인격적 결단이라는 책임의 개념의 대척점에 있는 이론으로 야콥스(Jakobs)의 예

[규범적 책임론의 성립] 인격적 결단이라는 책임 개념의 이론적 발전은 다음과 같다. 19C 말 실증주의 시대에 팽배한 인과적 행위론 위에 구축된 고전적 범죄체계에서 개인의 책임은 '불법을 실현하는 점에 인과적 연관이 있는 모종의 심리'(**심리적 책임론**[2])로 이해되었다. 이후 책임을 심리적 상태 자체가 아니라, 그러한 심리상태의 형성과정에 대한 비난가능성으로 바라보는 **규범적 책임론**이 성장하였다. 프랑크(Frank)는 책임을 '행위자에게 비난을 가할 수 있는 의무위반의 의사형성'이라고 정의하였다. 벨첼(Welzel)이 주창한 목적적 범죄체계에서 고의와 과실은 평가의 객체(Wertung des Objekts)로서 불법에 전속하고 책임은 그러한 객체에 대한 평가(Objekt der Wertung), 즉 **비난가능성**(구성요소: **책임능력**, 고의·과실로부터 분리된 **위법성의 인식**, **기대가능성**)이라는 속성으로 이해되었다. **현재의 지배적인 책임론**은 목적적 책임개념의 전통을 이어받지만, 세 가지 점이 수정·보완된 모습이다. ① **책임고의는 심정반가치의 표현**이라는 점에서 행위반가치를 구성하는 불법고의(또는 구성요건적 고의)와 구별되는 반면, 책임과실은 불법과실(구성요건적 과실)과 마찬가지로 행위반가치를 구성하는데, 주관적 과실(주의의무위반)이라는 점에서 객관적 과실인 불법과실과 구별된다. ② 면

방적 책임론(G. Jakobs, Schuld und Prävention, 1976)을 들 수 있다. 루만(Luhmann)의 체계이론에 영향을 받은 야콥스에게서 형법의 목적은 특정한 질서의 안정화이고, 형벌은 질서를 구성하는 행위규범을 유지하는 수단이 된다. 즉 형벌은 범인의 사회화(특별예방) 또는 타인에 대한 위하(소극적 일반예방)보다는 질서 및 그것을 구성하는 행위규범이 유지될 것이라는 '**질서신뢰의 안정화**'(**통합예방**)를 목적으로 한다. 책임도 적극적 일반예방에 의해 근거 지워지고 양정된다. 즉 책임은 범죄를 통하여 발생한 갈등(규범유지에 대한 기대의 실추와 규범안정화의 파괴)이 형벌에 의하지 아니하고 다른 방법으로도 해소될 수 없어서 발생하는 부과이다. 규범위반행위는 행위규범이 작용하는 사회적 행위의 동기화가 결여된 것이기 때문에 형법상 행위는 '회피를 위한 지배적인 동기 속에서 회피가능한 결과야기'(소극적 행위개념)이며 책임은 '**규범을 통한 지배적인 동기하에서 회피할 수 있었던 것**'으로 개념화된다. 이 책임 개념에 의하면 누범은 책임을 증가시키는 요소이지 감소시키는 요소가 아니다. 누범에 있어서 중요한 것은 그가 규범에 규정된 것의 정당성을 명백히 부인하였으며, 그 점에서 그처럼 결핍된 법충실이 가져오는 규범의 불안정화는 바로 그 행위자가 책임져야 할 사항이기 때문이다. 책임 개념이 형이상학적 자유 관념을 전제로 비난가능성으로 이해되는 것은 옳지 않다. **범죄의 구조적 원인을 모두 행위자 개인의 탓으로 전가**시킬 위험이 있기 때문이다. 다른 한편 책임 개념을 폐기하거나 야콥스(Jakobs)의 예방적 책임론에처럼 예방목적에 의해 일방적으로 규정하게 되면 **책임의 형벌제한기능**이 위축될 수 있다. ② 록신(Roxin)은 규범적 책임론과 예방적 책임론의 사이 이론을 전개한다(C. Roxin, Strafrecht, AT, Band Ⅰ, C.H. Beck, 2006, §19). 즉, 형법상 책임은 **벌책성**(Verantwortlichkeit)이어야 하는데, 이는 (협의의) 책임(Schuld)과 (예방목적상의 필요성으로 판단되는) 면책사유의 부존재로 구성된다. 이때 (협의의) 책임은 행위자가 구체적인 상황 속에서 아직도 자신의 행동을 조종할 능력, 즉 규범적으로 감응할 수 있었는데도(Normative Ansprechbarkeit) 불구하고 고의나 과실로 불법을 실현하는 것이라 한다. 이러한 책임이 인정되어도, 일반예방적, 특별예방적 처벌필요성이 없는 경우에는 면책사유가 인정되고 넓은 의미에서 책임이 성립하지 않게 된다. 이러한 이원적 구성으로 인해 책임조각사유도 책임능력이 없거나 정당한 이유에 의해 불법의식이 흠결해 있는 경우에 인정되는 책임배제사유와 기타 면책사유로 나뉘게 된다.

2 [심리적 책임론] 심리적 책임론에서는 고의와 과실을 '책임형식'이라 하고, 책임능력은 범행에 대한 심리적 관계가 아니므로 '책임조건'이라고 구분하였다. 심리적 책임론은 모든 객관적·외적 요소는 위법성에 속하고 주관적 내적 요소는 책임에 속하게 한 고전적 범죄체계가 구축되었다. 심리적 책임론은 ① 고의나 과실이 있더라도 책임이 조각되는 경우(예: 강요된 행위[제12조])나 행위결과에 대한 심리적 관계가 없는 인식 없는 과실범을 설명할 수 없다.

책사유는 우리 형법상 책임무능력(제9조, 제10조)과 금지착오(제16조)라는 **책임배제사유**와 과잉방위(제21조 제2, 3항), 과잉피난(제22조 제3항), 면책적 긴급피난(제22조), 강요된 행위(제12조)라는 **책임조각사유**(=협의의 면책사유)로 나뉜다. ③ **기대가능성**은 단지 책임조각사유만이 아니라 불법조각사유(예: 부작위범의 구성요건해당성 요소)가 되기도 한다. 기대가능성은 규범적 원칙이 아니라 **규제적 원칙**으로 기능한다.[3]

(2) 책임의 판단 책임판단의 대상은 불법을 실현한 행위이다(**행위책임원칙**). 그러나 행위자가 예외적으로 책임판단의 대상이 되기도 한다(**행위자책임**). 가령 누범가중(제35조)과 양형조건(특히 제51조 제1호: 범인의 연령, 성행, 지능과 환경)은 행위자 요소를 고려하고 있다. 행위자책임은 **행위책임의 범위 안에서 책임의 정도를 정하는** 데에는 유용한 기능을 발휘할 수 있다. 행위자의 장래 위험성에 근거한 보안처분도 넓게는 행위자책임의 하나이며, 비례성원칙이 책임원칙 대신에 직접 지배한다.

[생활영위책임론과 성격책임론] 행위자책임의 배후이론으로 생활영위책임론과 성격책임론이 있다. ① 메쯔거(Mezger)는 행위자에 대한 책임비난을 행위자가 범행에 이르게 되는 **생활영위**(Lebensführung)를 계속 해왔다는 점에서 찾았다.[4] 생활영위책임(行狀責任)론은 왜 행위자에게 불법의식이 결여되었는지, 왜 인식 없는 과실로 범행을 하게 되었는지를 설명하는 데 장점이 있다. 그러나 범죄적 생활영위 이외에 다른 삶이 가능하였는지가 해명되어야 일정한 생활영위를 책임이라고 말할 수 있다. ② 엥귀쉬(Engisch)는 행위자의 **인격적 성질**(persönliche Qualität)에서 책임비난의 준거점을 찾았다.[5] 행위란 행위자의 성격의 증인이며 성격의 반영물에 불과하다는 것이다. 성격책임(Charakterschuld)은 성격이 인격성의 표현이며, 형벌의 예방목적과 상관관계를 갖는 행위자의 특성에 관계한다는 점에서 행위자책임에 속한다.

---

3 [비난 없는 책임] 하쎄머에 의하면 책임은 '타인으로부터 혹은 의무의 객관적인 위반', 즉 채권법상의 채무(obligatio)라는 개념과 같이 "형법도 개개의 법동료들에 대하여 근거 있게 요구되며 법률에 의해 기술되고 제재할 가치가 있는 일종의 청구(Anspruch)로부터 나온다. 이 청구는 자신을 타인과 경계지워진 자유영역 안에 머무르게 하고 법적으로 보호되는 타인의 이익을 침해하지 않는 행동에 관계된 것이다"(Ellscheid/Hassemer, "Strafe ohne Vorwurf", Abweichendes Verhalten, Bd. Ⅱ, 1975, 279쪽).

4 Mezger, "Die Straftat als Ganzes", ZStW, 57, 1938.

5 K. Engisch, Die Lehre von der Willensfreiheit in der strafrechtsphilosophischen Doktrin der Gegenwart, 2. Auflage, 1965, 25쪽.

Ⅱ. 책임원칙

책임 개념은 불법을 포괄하고, 양형의 근거들을 아우르는 광의의 개념으로도 사용된다. 책임원칙의 책임 개념이 그 예이다.

(1) **책임원칙의 의의** 책임원칙이란 '**책임 없이는 형벌도 없다**'(nulla poena sine culpa)는 법원칙을 말한다.[6] 이 원칙은 결과에 대하여 무조건적인 책임을 지는 불법행태책임(versari in re illicita: 결과책임과 우연책임의 포괄개념)이 배제하고, 법치국가 전통의 핵심형법을 행위자의 일반적인 위험성(Gefährlichkeit)을 근거로 처벌하는 위험형법과 구분짓게 한다. 실정헌법이나 형법전은 책임원칙에 관한 명문규정을 두고 있지 않지만 인간의 존엄과 가치조항(헌법 제10조)과 법치국가원리로부터 도출되는 원칙이다.

(2) **책임원칙의 내용** 책임은 형벌근거책임과 양형책임으로 나뉜다.

1) 주관적 귀속 책임은 구성요건해당성과 위법성의 단계를 지나서 자리 잡고 있는 또 하나의 필수적인 범죄성립요건으로서 불법을 행위자 개인에게 그의 작품으로 귀속(주관적 귀속 subjektive Zurechnung)시킬 수 있기 위한 요소들의 총체를 뜻한다. 행위자의 고의·과실과 같은 책임구성요건, 책임능력, 위법성의 인식, 기대가능성과 같은 적극적 책임표지와 책임무능력, 금지착오, 기대불가능성 등과 같은 소극적 책임표지를 아우러서 **형벌근거책임**(Strafbegründungsschuld)이라 부른다. 이로써 책임원칙은 '**책임 없이는 범죄도 없다**'는 원칙이 된다.

형법은 형사미성년자(제9조), 심신장애자(제10조), 청각 및 언어장애인(제11조), 강요된 행위(제12조), 법률의 착오(제16조) 등의 규정으로 이러한 형벌근거책임을 구현하고 있다. 이로서 이러한 책임이 없는 경우, 검사는 범죄불성립을 이유로 불기소처분을 하여야 하고, 감호청구절차를 개시할 수 있을 뿐이다(「치료감호법」 제2조 제1항 1호, 제4조).

---

6 [책임원칙의 양면성] A. Kaufmann(Das Schuldprinizip, 2. Auflage, 1976, 202쪽)의 존재론적 책임론에 의하면 책임원칙은 '책임 없이는 형벌 없다'는 소극적 원칙 외에 '책임은 그에 상응하는 형벌을 요구한다'는 적극적 측면을 갖는다(책임원칙의 양면성 Zweiseitigkeit des Schuldprinzips).

2) 책임과 형벌의 상응 넓은 의미의 책임개념은 구체적인 사안에 있어서 형벌의 범위를 정하는 데 의미 있는 요소들의 총체를 뜻한다. 그러한 요소들로는 특히 사건에 대한 귀책사유의 정도(고의와 과실의 차별취급), 불법의 정도(법익의 중요성과 침해의 정도, 그 밖의 행위반가치) 등을 예로 들 수 있다. 이러한 책임을 **양형책임**(Strafzumessungsschuld)이라 부르며, 이로써 책임원칙은 '**형벌은 행위자의 책임에 상응하여야 한다**'는 원칙이 된다.

형법 제51조는 범행의 동기, 수단과 결과라는 요소 이외에 범행과 직접관련이 없는 범인의 연령, 성행, 지능과 환경, 피해자에 대한 관계, 범행 후의 정황 등을 양형책임의 구성요소로 인정한다. 양형책임이 사소한 경우 검사는 기소유예처분(형사소송법 제247조 제1항)을, 법원은 선고유예(형법 제59조)나 집행유예(형법 제62조)를 할 수 있다.

3) 불법과 책임의 일치 범죄성립요소로서의 책임개념에서 말하는 면책사유는 통설에 의하면 범죄성립자체를 부인하지 않고 단지 형을 감경하는 근거(예: 회피가능한 금지착오)로만 작용할 수 있다. 이는 행위자 개인의 책임이 실현된 불법에 못 미치는 경우가 있기 때문이다. 이 경우 범죄성립요소로서의 책임은 양형책임의 일부내용을 구성하여야 한다. 즉 형벌의 범위는 실현된 불법에 못 미치는 책임의 양에 따라 정하여야 하며, 이것은 책임원칙의 한 내용이 된다. 이때의 책임원칙은 (양형의 기초가 되는) 행위자의 '**책임은 실현된 불법과 일치하는 것이어야 한다**'라는 법원칙으로 표현할 수 있다.

[책임원칙의 실정법적 이해] 책임원칙을 실정법제도로 설명해본다. ① **법정형**(도표 c)은 불법의 실현에 따른 형사책임의 양을 표현한다. 예컨대 살인행위는 '사형, 무기, 징역 5년 이상'의 형사책임을 진다. ② 행위자가 범행 당시 심신이 미약했다면 그 행위자에게 귀속될 수 있는 형사책임은 객관적으로 실현된 불법에 못 미친다. 즉, 책임은 불법에 상

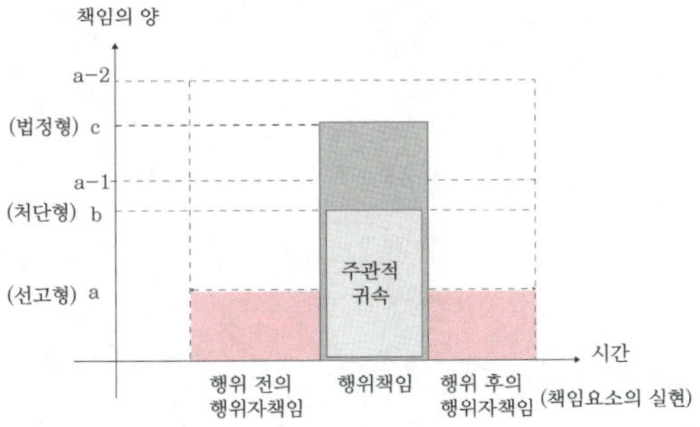

응하지 못한다. 이때 형벌은 주관적 귀속이 가능한 부분(b)에 대해서만 부과되어야 한다. 예컨대 심신미약을 인정하면, 형을 감경할 수 있는데(제10조 제2항), 이 감경은 형법 제55조 제1항에 따라 — 법관이 징역형을 선택할 경우에는 형벌의 범위는 2년 6월에서 30년(가중 시 50년)이다. 이를 처단형이라고 한다. 이 경우 **처단형**은 행위자에게 주관적으로 귀속이 가능한 불법실현에 대한 책임의 양을 표현한다. ③ 행위 이전이나 행위 이후에 행위자에 관계되는 양형조건(제51조)을 고려하여 그 행위자에게 적절한 형벌을 정하는데 이를 **선고형**이라고 한다. 선고형의 기초가 되는 책임이 양형책임이다. 불법실현의 책임과 행위자에게 주관적으로 귀속가능한 책임은 행위책임인 반면, 양형책임은 행위자책임이다. 양형책임이 처단형으로 표현된 행위책임(a-1)보다 더 많거나 법정형으로 표현된 불법실현책임(a-2)보다 더 큰 경우에도 형벌은 주관적으로 귀속가능한 책임의 양(b)에 상응하여야 한다. 반대로 양형책임이 주관적으로 귀속가능한 책임보다 적은 경우에 형벌은 그 양형책임(a)에 상응하도록 부과된다.

(3) 책임원칙의 예외 책임이 전제되지 않은 형벌이라는 비판을 받아 온 문제들(예: 인식 없는 과실, 과실결과범의 우연성, 미수 감경, 원인자유행위, 결과적 가중범, 객관적 처벌조건)은 책임원칙에 맞는 해석이 요구된다. 형법 제35조의 **누범**과 각칙상 **상습범**의 형 가중은 책임원칙과 불일치한다. 행위자가 가진 남다른 범죄적 충동과 에너지는 오히려 행위자로 하여금 범죄와는 "다른 행동을 할 가능성"을 축소시키기 때문이다.

책임능력

제9조(형사미성년자) 14세 되지 아니한 자의 행위는 벌하지 아니한다.

제10조(심신장애인) ① 심신장애로 인하여 사물을 변별할 능력이 없거나 의사를 결정할 능력이 없는 자의 행위는 벌하지 아니한다. ② 심신장애로 인하여 전항의 능력이 미약한 자의 행위는 형을 감경할 수 있다. ③ 위험의 발생을 예견하고 자의로 심신장애를 야기한 자의 행위에는 전 2항의 규정을 적용하지 아니한다.

제11조(청각 및 언어 장애인) 듣거나 말하는 데 모두 장애가 있는 사람의 행위에 대해서는 형을 감경한다.

Ⅰ. 책임능력의 의의

책임능력(Schuldfähigkeit)이란 불법을 범하지 않고, 적법하게 행위할 수 있는 지적 능력, 즉 '사물을 변별하고 의사를 결정할 수 있는 능력'을 말한다(제10조 제1항). 책임능력이 없는 경우에는 **불법을 실현하는 행위에 대하여 비난**을 가할 수 없다. 책임무능력자는 자신의 행위가 상대방에게 어떤 고통을 주는지를 통찰할 수 없고, 그런 행위를 하지 않도록 자신을 동기화할 수도 없기 때문이다.[1] 따라서 책임능력은 **불법을 실현한 행위를 행위자에게 그의 작품으로 귀속**(주관적 귀속 subjektive Zurechnung)시키기 위한 필수요소이다.[2]

[책임론과 책임능력] ① 과거 독일형법학계의 구파(舊派)가 취한 **도의적 책임론**은 책임능력을 **의사의 자유**에 기초를 둔 행위능력 또는 범죄능력이라고 규정한다. 이에 반해 신파(新派)가 취한 **사회적 책임론**은 행위자의 **사회적 위험성**이 있는 한 책임을 인정한다. 따라서 책임능력은 예외적으로 일정한 자에게 형벌을 부과하고 집행하지 않는 조건인 **형벌적응능력** 또는 **수형능력**이라고 정의된다. 이 사회적 책임론은 의사

1 책임귀속은 행위자를 비롯한 모든 사람이 그 행위가 침해한 권리(또는 규범)에 대하여 갖는 관점을 서로 교환할 수 있어야 한다는 이상돈, 형법의 근대성과 대화이론, 홍문사, 1994, 78쪽.

2 [범죄능력·행위능력·소송능력·책임능력] **범죄능력**은 범죄행위의 주체가 될 수 있는 능력이다. 범죄능력은 주로 법인이 문제된다. **행위능력**은 범죄행위를 할 수 있는 능력이다. 유아나 몽유병 상태의 사람은 행위능력이 없다. 행위능력이 없으면 행위성이 부정되어 구성요건해당성 검토에 나아가지도 않는다. 그러나 책임무능력자인 심신장애인도 행위능력은 인정될 수 있다. **소송능력**은 소송에서 유효하게 소송행위를 할 수 있는 의사능력(형사소송법 제306조)을 의미한다. 피고인이 소송능력을 잃어버리면 공판절차가 정지된다. **수형능력**은 형집행을 받을 수 있는 신체적·정신적 상태를 가리킨다. 수형능력이 없으면 형집행정지사유(형사소송법 제470조)가 인정될 수 있다.

의 자유를 부정하는 결정론에 의해 뒷받침되기 쉽다. ② 형법은 제9조 내지 제11조의 책임능력조항을 통해서 형벌에 관해서는 도의적 책임론을 따르고 있고, 치료가 필요하고 재범의 위험성이 있는 자에게 감호처분을 부과하는 「치료감호법」(제1조)은 사회적 책임론에 입각해 있다. 현재 지배적 견해는 형벌과 보안처분을 구분하고(이원적 구조), 책임능력은 환경과 생래적 기질에서 비롯되는 범죄충동을 통제하고, 법적 가치와 법적 행위규범을 수용하여 의사를 결정할 수 있는 능력이라는 **상대적 비결정론**(relativer Indeterminismus)이다.

'불법을 하지 않을 자유'가 행위자에게 있었는지가 확인할 수 없고, 그런 자유는 사회체계의 구조적 왜곡으로 인해 현실이 되기도 어렵다. 하지만 인간에게 범죄를 하지 않을 자유가 없는데도 책임을 인정한다면, 그런 책임은 귀속되는 것이 아니라 전가(Zuschreibung)되는 것이다. 그래서 형법에서 책임능력은 **추정과 의제**의 구조를 띨 수밖에 없다. 즉, 책임능력은 있는 것으로 소송법상 추정하되, 피고인이 책임능력의 부존재를 주장하면 이 추정은 깨지고, 형법 제9조~제11조에 해당하는 사유(책임능력 배제사유)가 있는지를 심리하며, 그 사유의 존재가 증명되지 않는 경우에는 책임능력을 의제하는 것이다.

Ⅱ. 책임능력의 판단과 원인자유행위

1. 책임능력의 규정과 판단

(1) 책임능력 규정의 방법 책임능력을 형법에 규정하는 방법으로는 심리학적 방법, 생물학적 방법, 그리고 그 둘의 혼합적 방법이 있다.

[심리학적 방법과 생물학적 방법] ① **심리학적 방법**은 행위자에게 생물학적 비정상 상태가 있었는가는 묻지 않고, 사물변별능력 또는 의사결정능력의 유무에 의해서만 책임능력의 유무를 판단하는 방법이다. 스위스 형법 제19조와 영미법의 M'Naghten Rule[3]이 그 예이다. 이 방법은 의학적 판단의 불확실성이나 책임능력을 감정하는 과학자의 주관적 판단에 의한 폐해를 방지할 수 있다. 그러나 책임능력의 판단을 정신

3 [M'Naghten Rule] 1843년 영국수상 Robert Peel에 대한 저격사건(비서가 사살됨)에서 형성된 M'Naghten Rule은 정신적 질병이 이성의 결함을 초래함으로써 행위자가 자신이 하는 행위의 의미와 성질을 알 수 없었거나(did not know the nature and quality of the act he was doing), 알았지만 자신이 무슨 악을 하고 있는지를 알지 못한 경우에(did not know what he was doing was wrong) 책임능력을 부정한다.

현상의 과학적 분석능력이 없는 법관에게 전적으로 맡기는 것은 불합리하고, 책임능력 판단도 실제로 법관마다 매우 달라질 수 있는 심리적 현상이어서 객관적 입증도 어렵다. ② **생물학적 방법**은 인체의 생물학적 비정상이나 정신병리학적 비정상요인의 유무에 의하여 책임능력의 유무를 판단하는 방법이다. 예컨대 프랑스 형법 제122−1조, 미국의 Durham Rule[4]은 생물학적 방법을 취한다. 이 방법은 법관의 자의적인 판단을 제약하고, 책임능력의 판단에 풍부한 과학적 정보를 제공해주는 장점이 있다. 그러나 규범적 책임론을 취하는 한 책임의 의미가 단지 생물학적 또는 정신병리학적 정상성으로 환원되는 것이 아니라는 점에 그 근본적인 문제가 있다. 또한 의학적 진단이 불확실하고 주관적일 수 있음에도 감정인에게 유무죄 결정을 내맡기게 되는 문제도 있다.

우리나라 형법 제10조는 독일 형법 제20조,[5] 미국의 모범형법전(MPC) §4.01(1) 등과 같이 생물학적 방법과 심리학적 방법을 함께 사용하는 **혼합적 방법**을 취한다. 즉, (과학자가) 생물학적 방법에 의해 책임능력 판단의 과학적 요소를 확정하고, (법관이) 그 요소가 행위자의 사물변별능력과 의사결정능력에 어느 정도 영향을 미쳤는가를 검토함으로써 책임능력을 판단하는 방법이다.

[책임능력 판단에서 번역의 문제] 현재의 의과학의 수준이나 법관 판단의 주관성 등을 고려할 때 이 방안이 가장 합리적이다. 의과학적 판단과 법관의 책임능력에 대한 판단(법적 판단) 사이에는 번역의 문제가 남아 있다. 예컨대 의학자가 피고인의 정신분열증상을 의학적으로 진단해도 그것이 법적인 책임능력 개념(심신상실, 심신미약)에 해당하는 것인지를 알지 못하고,[6] 법관도 의학적으로 진단된 어떤 정신분열증상에 대해 책임무능력을 인정할 수 있는지를 알지 못한다. 또한 회고적, 책임응보적,

---

4 [Durham Rule] 1954년 District of Columbia 항소법원은 Durham v. U.S., 214 F.2d 862 (D.C. Cir. 1954) 사건에서 ① '피고인이 만약 자신의 범죄행위가 정신질환(disease)이나 정신결함(defect)의 결과였음을 입증한다면 책임을 면제받을 수 있다'는 Durham Rule을 도입하였다. 즉 M'Naghten Rule은 '인지적 능력'을 기준으로 책임능력의 유무를 판단하는 반면, Durham Rule은 정신병으로 인한 '억누를 수 없는 충동이라는 기준'(irresistible impulse test)으로 판단한다. ② 정신질환이나 정신결함과 범죄행위 사이의 인과관계는 거의 모든 정신적 질병(예: 알콜중독자 등)에 대해서 인정될 수 있어서 책임능력을 지나치게 배제하는 부작용을 낳았다. 이러한 문제점으로 인해 이 기준은 오직 한 주에서만 입법되었다(Steven L. Emanuel, *Criminal law*, Aspen, 2003, 70쪽).

5 StGB §20(Schuldunfähigkeit wegen seelischer Störungen): Ohne Schuld handelt, wer bei Begehung der Tat wegen einer krankhaften seelischen Störung, wegen einer tiefgreifenden Bewußtseinsstörung oder wegen Schwachsinns oder einer schweren anderen seelischen Abartigkeit unfähig ist, das Unrecht der Tat einzusehen oder nach dieser Einsicht zu handeln.

6 의사가 정신병학적 장애 감정서에 '~피고인은 책임능력이 없다'는 판정을 기재하거나 법관이 감정인 의사에게 법적 책임능력 유무에 대해 명시적 판단을 요구하는 것은 부적절하다.

일반예방적인 관점에 서는 법관과 전망적, 특별교육적, 특별예방적인 관점을 서는 정신의학자의 관점차이도 그런 소통을 어렵게 하는 요인이 된다.

(2) **책임능력의 감정과 법관의 판단** 책임능력에 대한 정신의학적 감정이 필요한 경우에 그 감정은 반드시 책임능력의 판단에 앞서 행해져야 한다. 책임능력의 판단은 과학적 감정결과를 가능한 한 존중한 가운데 이루어져야 한다. 그러나 법관은 전문가의 감정결과에 구속되지 않고 독자적으로 판단한다.[7] 책임능력의 인정문제는 최종적으로는 **불법을 행위자에게 귀속시킬 수 있는 근거가 되는 인격적 결정의 역량**이 있는지를 판단하는 규범적, 귀속론적 문제이기 때문이다. 특히 감정인이 행위자에게 정신병학적 장애가 없다고 판정한 경우에도 법관은 그 점에 대하여 의심이 있는 때에는 무죄추정원칙(in dubio pro reo)에 따라 책임능력이 없는 것으로 판단해야 한다. 물론 책임능력에 대한 **감정은 임의적**이다.[8] 그러나 **심신장애 여부를 의심하게 만드는 진지한 사정**이 인정되는 경우에 전문가 **감정은 의무적인 것이 된다.** 스위스 형법 제20조[9]는 이를 명문으로 규정한다. 판례도 법관이 이와 같은 감정의무를 위반하면 심리미진의 위법을 인정한다.[10]

2. 원인자유행위

(1) **행위시점의 책임능력의 예외** 책임능력의 유무는 **행위시점**(범행 당시)을 기준으로 판단해야 한다. 예컨대 간질병이 있어도 범행 당시 발작하지 않았다면 책임능력을 인정할 수 있다.[11] 또한 책임능력은 **개별 범죄**

7 [책임능력 판단] "형법 제10조 제1항, 제2항에 규정된 심신장애의 유무 및 정도의 판단은 법률적 판단으로서 반드시 전문감정인의 의견에 기속되어야 하는 것은 아니고, 정신분열증의 종류와 정도, 범행의 동기, 경위, 수단과 태양, 범행 전후의 피고인의 행동, 반성의 정도 등 여러 사정을 종합하여 **법원이 독자적으로 판단**할 수 있다"(대판 98도3812).

8 "심신장애자의 행위인지 여부는 반드시 전문가의 감정에 의해서만 결정할 수 있는 것이 아니고 피고인의 공판정에서의 진술, 그 행위의 전후사정이나 목격자의 증언 및 기타 기록에 나타난 제반자료, 더 나아가 반성의 정도 등을 참작하여 책임능력의 유무와 정도를 결정할 수 있다"(대판 81도1344).

9 Schweizerisches Strafgesetzbuch Art. 20: Besteht ernsthafter Anlaß, an der Schuldfähigkeit des Täters zu zweifeln, so ordnet die Untersuchungsbehörde oder das Gericht die sachverständige begutachtung durch einen Sachverständigen an.

10 [책임능력 감정의무] 어떤 심신장애의 상태가 있었던 것은 아닌가 하는 의심이 드는데도 전문가에게 피고인의 정신상태를 감정시키는 등의 방법으로 심신장애 여부를 심리하지 아니한 판결은 **심리미진**과 심신장애에 관한 법리오해의 위법이 있다(대판 2002도5109).

와 관련을 맺은 채 판단되어야 하고, 일반적인 능력으로 판단되어서는 안 된다. 따라서 경합범 가운데에서 일부 범죄에 관련해서만 책임능력이 인정되고 다른 범죄에는 인정되지 않을 수도 있다. 하지만 행위자 스스로 고의 또는 과실로 자기 자신을 책임무능력 상태에 빠뜨리고 그러한 상태에서 불법구성요건을 실현한 경우에는 책임무능력자로 취급하지 않는다(제10조 제3항). 이를 "**원인**에 있어서 **자유**로운 **행위**"(actio libera in causa)라고 부른다.[12] 원인자유행위를 한 사람을 형사처벌하는 것은 독일의 관습법[13]으로 발전해온 원칙이다. 이 관습법은 행위책임원칙의 요청에서 나오는 '**행위와 책임의 동시존재원칙**'(행위자는 행위 시에 책임능력이 있어야 한다)의 예외이므로 책임원칙과 조화되도록 그 근거를 밝히고 적용범위를 제한하는 해석이 요구된다.[14]

(2) **원인자유행위 처벌의 근거** 원인자유행위의 처벌이 책임원칙에 위배되지 않는 근거에 관한 두 가지[15] 이론이 있다. ① **예외모델**(Ausnahmemodell)에 따르면 원인자유행위는 '**자신을** (책임능력이 없는) **도구로 이용하는 간접정범**'에 해당한다고 볼 수 있고, 따라서 원인행위가 바로 실

---

11 [책임능력의 기준시점] 정신적 장애가 있는 자라고 하여도 **범행 당시** 정상적인 사물판별능력이나 행위통제능력이 있었다면 심신장애로 볼 수 없음은 물론이나, 정신적 장애가 정신분열증과 같은 고정적 정신질환의 경우에는 범행의 충동을 느끼고 범행에 이르게 된 과정에서의 범인의 의식상태가 정상인과 같아 보이는 경우에도 범행의 충동을 억제하지 못한 것이 정신질환과 연관이 있는 경우가 흔히 있고, 이러한 경우에는 정신질환으로 말미암아 행위통제능력이 저하된 것이어서 심신미약이라고 볼 여지가 있다(대판 2005도7342).

12 [원인자유행위] 甲은 乙을 살해하기로 마음먹고, 대마초를 흡연하여 심신미약 상태에서 乙을 살해하였다. ① (대판 96도857) "대마초 흡연시에 이미 범행을 예견하고도 자의로 위와 같은 심신장애를 야기한 경우에 해당하므로, 형법 제10조 제3항에 의하여 심신장애로 인한 감경 등을 할 수 없다."

13 Hrutschka, "Der Begriff der actio libera in causa und die Begründung ihrer Strafbarkeit", JuS, 1968, 554쪽.

14 [원인자유행위의 적용제외] 성폭력처벌법 제20조는 "음주 또는 약물로 인한 심신장애 상태에서 성폭력범죄(제2조 제1항 제1호의 죄는 제외)를 범한 때에는 형법 제10조 제1항·제2항 및 제11조를 적용하지 아니할 수 있다"고 하여 원인자유행위의 적용요건 검토를 생략할 수 있는 것처럼 규정한다. 그러나 이는 책임원칙에 위배된다.

15 [반무의식상태이론] 제3의 이론으로 현대심리학이 밝힌 반(半)무의식상태(penumbra situation)이론을 적용하면 원인자유행위는 원인행위인 예비단계로부터 실행행위의 단계로 돌입하는 것이 반무의식적 상태에서 이루어지고 원인행위와 결과 사이에 연관성을 인정할 수 있으며, 반무의식적 실현이 있을 때에 범죄의 실행행위는 시작되고, 아울러 실행행위시에 반무의식적 상태였는 한 주관적 요소도 인정할 수 있다. 그러나 반무의식상태를 한정책임능력으로 본다면 모든 원인자유행위에 책임능력을 인정하게 되며 이는 제10조 제3항의 취지에 반하게 된다.

행행위 또는 실행의 착수행위이므로 그 원인행위가 책임능력(자유)의 상태에서 이루어진 이상 처벌할 수 있다. 이 견해는 얼핏 보면 '행위와 책임의 동시존재의 원칙'을 관철하는 것처럼 보이지만, 원인(설정)행위는 범죄가 아닌데도[16] 원인행위를 처벌하는 것은 관습법이나 사회규범을 근거로 가벌성을 확장하는 것이다. 이는 죄형법정주의(관습형법금지)와 책임원칙에 반한다.[17] ② **구성요건모델**(Tatbestandsmodell)에 따르면 원인행위는 실행행위나 실행의 착수행위가 될 수 없지만 책임능력 없는 상태에서 한 실행행위와 '**비난할 만한 불가분적 연관관계**'를 갖는다는 점에서 책임비난을 할 수 있다. 원인행위는 단순한 일상적 행위가 아니라 법적으로 허용되지 않는 **범죄실행의 위험을 창출**하는 행위인 것이다. 이는 통상의 고의범이나 과실범의 구성요건실현과 다르지 않다.[18] 제10조 제3항이 "위험의 발생을 예견하고"라고 한 것은 범행을 할 위험이 원인행위에 의해 창출되는 점을 표현하고 있다. 책임비난을 가능케 하는 불가분적 연관관계는 **이중의 책임관련성**(Doppelte Schuldbeziehung), 즉 이중의 고의 또는 이중의 과실을 뜻하고, 권리남용을 필요하지는 않는다.

(3) 원인자유행위의 유형 원인자유행위는 원인(설정)행위와 실행행위를 각각 고의와 과실을 기준으로 네 가지로 유형화된다. ① **고의의 원인자유행위**는 책임능력결함상태의 야기행위(원인행위)와 구성요건에 해당하는 행위의 실행(실행행위)에 대하여 고의를 원인설정행위 시점에 이미 갖고 있는 경우[19]가 있다. 예컨대 '타인을 상해할 목적으로 일부러 술을

16 [원인설정행위가 범죄가 아닌 이유] ① 실행행위가 되기 위해서는 구성요건의 정형성을 갖추어야 하는데, 원인설정행위(예: 음주행위)는 이와 같은 구성요건의 정형성을 결하고 있다. ② 간접정범은 본래 그 도구가 반드시 책임능력의 결함과 관련될 필요가 없는 것이지만 원인에 있어서 자유로운 행위는 그 도구가 반드시 책임능력의 결함과 관련되어 있어야 하며, ③ 한정책임능력자를 도구로 사용해서는 간접정범은 성립하지 않으며, ④ 원인에 있어서 자유로운 행위는 자수범에 대해서도 가능하다는 점 등에서 원인자유행위와 간접정범은 그 이론구성이 동일하지 않다.

17 우리나라에서 이 견해를 Neumann의 용어례를 따라서 구성요건모델(Tatbetstandsmodell)이라고 부르는 것은 잘못이며, 정반대로 독일에서 예외모델(Ausnahmemodell)에 해당한다.

18 이런 점에서 불가분적 연관관계에서 처벌근거를 찾는 견해는 우리나라에서 흔히 잘못 이해하는 것처럼 예외모델(Ausnahmemodell)이 아니라 구성요건모델(Tatbestandsmodell)에 속한다.

19 [고의의 원인자유행위] 甲과 乙은 丙의 살해를 공모하고, 대마초를 흡연하여 심신미약 상태에 빠진 후 丙을 살해하였고, 丙을 찾던 丁을 丙의 거처에 데려다 준다고 속여 丙을 죽인 장소로 유인한 후 처참하게 살해하였다. ① (대판 96도857) 甲과 乙이 심신미약상태에 있었음은 인정되나 甲이

원인 자유행위 (a.l.i.c)		실행행위	
		고의	과실
원인행위	고의	고의의 a.l.i.c	고의·과실의 a.l.i.c
	과실	과실·고의의 a.l.i.c	과실의 a.l.i.c

먹고 상해를 가한 경우'(작위 고의의 원인자유행위)와 '전철수가 기차를 충돌시키려고 일부러 술을 먹고 잠들어 버림으로써 기차가 충돌하여 사상자를 낸 경우'(부작위 고의의 원인자유행위)가 이에 해당한다. 이 경우 비난받을 만한 불가분적 연관은 **이중의 고의**에 의해 형성된다. 이때 특정 범죄에 대한 고의내용과 실현된 범죄는 본질적인 부분에서 일치하는 것이어야 한다. ② **과실의 원인자유행위**는 행위자가 자신을 과실로 책임무능력(한정책임능력) 상태에 빠뜨리고, 그 상태에서 자신이 구성요건적 행위를 실현할지도 모른다는 예견가능성이 있었던 경우를 가리킨다. 행위자가 자신을 책임무능력 상태에 빠뜨린 원인행위의 과실에 이미 책임무능력 상태에서 행할 특정 (과실)범죄를 일으키지 않기 위해 준수해야 할 주의의무위반(과실)이 내재해 있고,[20] 이는 원인행위와 실행행위 사이의 비난할만한 불가분적 연관관계를 창설한다. ③ **고의·과실의 원인자유행위**는 고의원인행위(술마시는 행위)에 의해 창출된 위험이 과실범죄의 결과로 실현되는 경우[21]로서 그 둘 사이에는 불가분의 연관관계는 인정된다. 다만 고의미수죄와 과실범의 상상적 경합범이 성립한다. ④ **과실·고의의 원인자유행위**는 행위자가 자신을 부주의하게 책임무능력(한정책임능력) 상태에 빠뜨리고, 그 상태에서 고의로 구성요건적 행위를 한 경우[22]이다. 과실원인행위가 없었다면 고의의 범죄

"**대마초 흡연시에 이미 범행을 예견하고도** 자의로 위와 같은 심신장애를 야기한 경우에 해당하므로 형법 제10조 제3항에 의하여 심신장애로 인한 감경 등을 할 수 없다."

20 [과실의 원인자유행위] 甲은 일정량 이상의 음주를 한 채 운전을 하면 교통사고를 일으킬 위험성이 높다는 것을 알고도 무슨 일이 없겠지 하면서 술을 마신 후 차를 몰던 중 乙을 치었다. 甲은 의식을 잃고 쓰러져 있는 乙을 길 옆 하수구에 옮겨 놓고 도주하였고 乙은 과다출혈로 사망하였다. ① (대판 92도999) 형법 제10조 제3항은 "**과실에 의한 원인에 있어서 자유로운 행위까지도 포함**하는 것으로서 위험의 발생을 예견할 수 있었는데도 자의로 심신장애를 야기한 경우도 그 적용대상이 된다." ② (評釋) 위험발생을 예견했는데도 술을 마신 것은 업무상 과실치상행위와 불가분의 관계를 맺는 과실의 원인행위에 해당한다.

21 [고의원인행위 — 과실실행행위] 甲은 乙의 펫 X를 마음 편히 죽이려고 만취한 상태에서 乙이 끌고 가던 X를 향해 큰 돌을 던졌으나, 乙이 그 돌에 맞아 사망하였다. ① 고의의 원인행위에서 기획된 것은 고의손괴죄였으나 과실치사죄가 실현되었으므로 불법은 손괴미수죄와 과실치사죄의 상상적 경합범에 해당한다. 중한 형을 정한 손괴미수죄로 처단하면서 과실범이 상상적 경합인 점을 손괴미수의 양형에 고려하는 것은 양형요소이중평가금지에 위배된다.

22 [과실원인행위—고의실행행위] 甲은 술을 마시면 정신을 잃어버리고 행패를 부리는 자신의 습성을

도 일어나지 않았고, 또한 그 행위시점에 고의의 범죄발생의 위험을 예견할 수 있었던 경우에 책임비난의 불가분적 연관이 인정된다. 불법실현이 (책임능력과 구별되는) 고의에 의해 이루어진 이상 고의범으로 처벌해야 하지만 그 책임비난은 과실범의 정도로 보고 그 점을 양형에서 고려하는 것이 적절하다. 이는 '책임은 불법에 상응하여야 한다'는 책임원칙을 적용한 결과이다.

(4) 원인자유행위의 적용요건 제10조 제3항의 원인자유행위가 되려면 행위자가 위험의 발생을 예견하고, 자의로 심신장애를 야기하여, 범죄행위를 하였어야 한다. ① 여기서 "**자의로**"는 중지미수(제26조)에서도 보듯 '**자유로운 의사결정에 따라**'를 뜻한다. 이런 자기결정은 고의의 원인행위뿐만 아니라 과실의 원인행위에 대해서도 말할 수 있다. 과실도 자기결정의 한 표현이기 때문이다. ② "**위험의 발생을 예견**하"였다는 것은 심신장애의 상태에 빠지게 되면 **특정한 범죄**[23]**를 저지르게 될 개연성을 인식**하는 것이다. 이 예견을 예견'가능성'으로 확장해석하면 이 요건은 원인자유행위를 고의범이나 인식 있는 과실범뿐만 아니라 인식 없는 과실범에도 적용할 수 있게 된다. ③ 책임능력결함 상태에서 하는 **범죄행위**로는 고의범, 과실범, 작위범, 부작위범 모두 가능하다. 또한 이 범죄행위는 특정한 구성요건에 해당하고 위법한 행위임을 전제로 한다.

잘 알면서도 음식점에서 술을 많이 마신 상태에서 종업원 乙의 어깨에 손을 올리고 얼굴을 乙의 얼굴에 들이댔다. 乙이 거절하자 甲은 乙을 칼로 찔러 살해하였다. ① (日最判 1951. 1. 17 [형집 5−1, 20]) 심신상실상태에서 살인할 때 甲은 음주에 대한 주의의무를 태만히 한 것이므로 과실치사의 책임을 면할 수 없다. ② (評釋) 乙의 살해는 책임무능력에도 불구하고 고의살인에 해당하고, 과실의 원인행위는 양형에 고려될 수 있다.

23 [원인자유행위 형감경] 甲은 술자리에 가서 고민한 끝에 음주운전 할 것을 무릅쓰고 술을 마셨다. 甲은 음주운전을 하고 가다 乙을 치어 상해를 입혔고 乙을 길가로 옮겨 놓고 도주하였고, 乙은 사망하였다. ① (대판 92도999) "**위험의 발생을 예견할 수 있었는데도 자의로 심신장애를 야기한 경우도 그 적용 대상이 된다**고 할 것이어서" 심신장애로 인한 감경 등을 할 수 없다. ② (評釋) 술 마시는 결정에는 유기고의가 기획되어 있지 않으며, 음주라는 과실요소에 유기치사의 과실이 내재되어 있지도 않아서, 즉 **책임비난의 불가분적 연관이 없으므로** 甲의 유기치사부분은 **형감경의 사유**가 인정된다. 甲의 행위를 **도주차량죄**(특정범죄가중법 제5조의3 제2항 1호)에 해당하는 것으로 보고, 형감경을 하거나(처단형: 2년 6월 이상의 징역), 업무상 과실치상을 범하고 도주한 부분까지 「교통사고처리법」 제3조 제1항을 적용하고, 도주에서 사망에 이르는 부분은 유기치사죄(제275조)를 적용하되 심신미약의 형감경을 하고, 두 죄를 **경합범**으로 본다(처단형: 2년 3월 이상의 징역).

[원인자유행위 실행의 착수] 원인자유행위의 실행의 착수시기에 관하여 **원인행위시설, 결과실현행위시설**이 대립하지만 전자는 원인행위가 구성요건 실행행위의 정형성을 갖고 있지 않아 가벌성을 무리하게 확장시키고, 후자는 원인행위의 불법유형을 너무 축소시킨다. 원인행위는 범죄의 정형성이 없지만, 범죄가 기획되므로 미수론의 개별적 객관설을 적용하여 **중간시점(책임능력흠결 상태에서 실행행위를 향한 진행의 결정적 개시시점)**이 착수시점이 된다.

Ⅲ. 책임무능력자 및 한정책임능력자

형법상 책임무능력자는 형사미성년자(제9조)와 심신상실자(제10조 제1항)처럼 책임능력이 완전히 없는 자(절대적 책임무능력자)와 심신미약자(제10조 제2항)와 청각 및 언어장애인(제11조)처럼 책임능력이 부분적으로만 없는 자(상대적 또는 한정적 책임능력자)로 나뉜다.

1. 형사미성년자

형법은 "14세 되지 아니한 자의 행위는 벌하지 아니한다"(제9조).[24] 14세란 '행위당시를 기준으로 역수에 의해 계산할 때'(대판 91도2478) 만 14세를 의미하며, 주민등록상의 연령이 아닌 실제 연령을 가리킨다. 14세 되지 아니한 자는 개인적인 육체적·정신적 성숙도를 고려하지 않고, 일률적으로 책임무능력자로 간주된다. 형사미성년자는 형벌과 보안처분을 받을 수 없고, 소년법상의 보호처분을 받는다. 발육상태에 대한 법관의 주관적 판단을 배제하기 위한 것이지만 책임능력이 존재하는 아이들의 경우에는 정의에 반할 수 있다. 과거보다 발육과 성숙이 빠른 오늘날의 아이들에게는 더욱 그러하다. 따라서 예컨대 「소년법」상 촉법소년 연령인 10세 이상 14세 미만의 자에 대해서는 법관이 책임능력을 개별적으

---

24 [책임연령제의 합헌성] 형법 제9조는, 육체적·정신적으로 미성숙한 소년의 경우 사물의 변별능력과 그 변별에 따른 행동통제능력이 없기 때문에 그 행위에 대한 비난가능성이 없고 … 형사정책적으로 어린아이들은 교육적 조치에 의한 개선가능성이 있다는 점에서 형벌 이외의 수단에 의존하는 것이 적당하다는 고려에 입각한 것이다 … 정신적 성숙의 정도와 사물의 변별능력이나 행동통제능력의 존부·정도를 각 개인마다 판단·추정하는 것은 곤란하고 … 일정한 연령을 기준으로 하여 일률적으로 형사책임연령을 정한 것은 합리적인 방법으로 보인다(헌재결 2002헌마533).

로 판단할 수 있게 하는 입법을 고려해볼 만하다.

형사미성년자들은 소년법의 특별한 규율을 받는다. ① 「소년법」에서는 형벌법령에 저촉되는 행위를 한 **10세 이상 14세 미만의 촉법소년**(觸法少年)(제4조 제1항 2호)과 그러한 행위를 할 우려가 있는 **우범소년**(虞犯少年)(제4조 제1항 3호)에 대하여 보호처분을 할 수 있게 한다. 이처럼 범죄를 범할 우려가 있다고 하여 보호처분을 부과하는 것은, 비록 그 취지가 소년의 건전한 성장(제1조)에 있다고 하여도 실제로는 형벌의 성격이 강하기 때문에 위헌이라고 본다. ② **14세 이상의 자**에게는 책임능력이 인정되어, 형벌이나 보안처분이 부과될 수 있다. 하지만 「소년법」에 의하면 14세 이상 19세 미만인 자가 장기 2년 이상의 유기형에 해당하는 범죄를 저질렀을 때에는 그 법정형의 범위 내에서 장기(최대 10년)와 단기(최대 5년)를 정하여 **부정기형**을 선고할 수 있고(제60조 제1항), 소년의 특성에 비추어 상당하다고 인정되는 때에는 형을 감경할 수 있다(제60조 제2항), ③ 피고인이 제1심 판결 선고 당시 소년이어서 부정기형을 선고받았지만 피고인만이 항소한 항소심에 이르러 성년이 된 경우 형사소송법 제368조가 금지되는 불이익변경(ne bis in dem)은 부정기형의 장기와 단기의 중간형보다 불리한 변경을 말한다(대판 2020도4140). 형의 집행유예, 형의 선고유예를 선고할 때에는 정기형을 선고하도록 하고(제60조 제3항), 18세 미만의 자가 사형 또는 무기형으로 처형될 범죄를 범한 때에는 15년의 유기징역을 부과하여야 한다(제59조).

2. 심신장애인

심신상실자(제10조 제1항)는 심신장애로 인하여 사물을 변별할 능력이 없거나 의사를 결정할 능력이 없는 자로서 절대적 책임무능력자이다. 이에 비해 **심신미약자**(제10조 제2항)는 심신장애로 인하여 사물을 변별할 능력이나 의사를 결정할 능력이 미약한 자로서 한정적 책임능력자이다. 심신장애인이 되려면 '심신장애'라는 생물학적 요건과 사물변별능력과 의사결정능력이라는 심리적 요건을 충족하여야 한다.

(1) **생물학적 요인(심신장애)** 심신장애의 생물학적 요인으로는 정신병, 정신박약·지체, 심한 의식장애, 기타 중대한 심신장애적 이상(schwereseelische Abartigkeit)이 있다.

	정신병[25]	정신 박약지체	심한 의식장애[26]	기타 중대한 심신장애적 이상
심신장애 긍정	• 정신분열증: 미분화형(대판 98도3812), 긴장형(대판 98도549), 망상형(대판 92도1425), 경계형(대판 85도696) • 정신분열증세 방화충동 (대판 83도3007) • 정신병 우울증 (대판 99도693) • 간질의 편집성 (대판 84도1510)	• IQ 71 정신 박약증 (대판 86도765)	• 만취상태 (대판 89도2364) • 과음과 열등의식, 충동적 행동경향과 사회 및 일반인에 대한 적개심이 복합작용(대판 83도2785)	• 결핵성뇌막염의 후유증인 정신신경증(대판 86도2030) • 마약복용으로 인한 명정상태 (BGHSt 14, 30)
심신장애 부정	• 우울성 인격장애 (대판 84도76)		• 혈중알콜농도 0.25% 상태 음주 (대판 98도159)	• 적개심 절망감의 고도흥분상태 (대판 97도1142) • 관음증(대판94도3163) • 생리불안(대판 2002도1541) • 불확실한 양극성 정동장애 (대판 2006도5360) • 소아성애자(대판 2006도7900) • 경계선지능(대판 2006도734) • 사이코패스(대판 2006도7900)[27]

① **인격장애**는 심신장애가 아니다. 예컨대 도박벽과 같은 습벽, 생리기간 중의 도벽 등과 같이 감정(예: 고도의 적개심과 흥분)이나 의지(예: 충동조절장애[28]) 또는 성격(예: 우울성 인격장애[29])에 특이성이 있는 경우는 심신장애

25 ① 내인성정신병(정신분열증, 치매, 조울증, 간질)은 개인이 가진 소질에 기인한 정신병이고, ② 외인성정신병(창상성 뇌손상, 알코올마약류 중독)은 후천적으로 신체(특히 뇌)에 가해진 영향으로 발생하는 정신병이며, ③ 심인성정신병은 정신적·심리적 원인을 지닌 정신병을 말한다.

26 심한 의식장애는 자기의식과 외계의식 사이의 정상적인 연관이 단절된 상태를 말한다.

27 [사이코패스] 사이코패스(psychopath)는 연쇄살인범에서 보듯 극단적인 **반사회적 성격장애인**을 가리킨다. 사이코패스는 생물학적으로 도덕적 판단능력이 결여되어 있는 자, "사물변별능력"은 있으나 "의사결정능력"에 결함이 있는 자이다. 정신병자와 달리 자기의 행위가 위법함을 알면서도 그것을 하지 않을 자기억제력이 상실되어 범행을 하며, 그렇기에 재범위험성이 매우 높다. 私見으로 불법을 통찰하고도 그 통찰을 의사결정에 반영할 억제력을 기질적으로 갖지 못한 사이코패스는 중증의 경우는 심신상실자, 경증의 경우는 심신미약자이다.

28 [충동조절장애] 원칙적으로 충동조절장애와 같은 성격적 결함은 형의 감면사유인 심신장애에 해당하지 아니한다고 봄이 상당하지만, 그 이상으로 사물을 변별할 수 있는 능력에 장애를 가져오는 원래의 의미의 정신병이 도벽의 원인이라거나 혹은 도벽의 원인이 충동조절장애와 같은 성격적 결함이라 할지라도 그것이 매우 심각하여 원래의 의미의 정신병을 가진 사람과 동등하다고 평

에 해당하지 않는다. ② 다만 **다중인격장애**[30]를 지닌 자의 한 인격이 저지른 범죄를 다른 인격에게 귀속시키는 것은 '책임귀속은 인격적 자기결정에 기초해야 한다'는 책임원칙을 완화시킨다. 주인격과 타인격의 구분도 모호하고, 주인격이 타인격의 범행상황을 인식·판단할 수 있는 경우란 엄밀하게는 거의 없다. 따라서 다중인격장애의 발발 이전의 인격과 연장선에 있는 인격이 범행을 하였거나, 다른 인격이 범죄를 범할 가능성을 알면서 그런 인격의 출현을 방지하는 치료노력을 하지 않은 경우에는 원인자유행위와 유사하게 책임비난이 가능하고, 그 외에는 책임능력이 없다고 본다. ③ **생리 중의 도벽증상**이 매우 심각하여 "정신병을 가진 사람과 동등하게 평가할 수 있는 경우"(대판 2002도1541)에는 심신장애가 된다. 정신의학적으로 병('精神病疾'), 의학용어로는 **병적 도벽**(Kleptomania)이기 때문이다. ④ 심신장애요인들의 정도가 **중대한 경우는 심신상실**(제10조 제1항), **그 밖의 경우는 심신미약의 생물학적 요건**(제10조 제2항)을 충족한다. 이 둘의 구별은 심신장애가 심리학적 요소(사물변별능력과 의사결정능력)를 흠결시키는는지 아니면 감퇴시키는지에 관한 것이다.

심신상실과 심신미약의 구별기준

"형법 제10조의 심신장애로 인하여 사물을 변별할 능력이 없거나 의사를 결정할 능력이 없는 자 및 이와 같은 능력이 미약한 자라 함은 어느 것이나 심신장애의 상태에 있는 사람을 말하고, 이 **양자는 단순히 그 장애정도의 강약의 차이가 있을** 뿐 정신장애로 인하여 사물의 시비 또는 선악을 변별할 능력이 없거나 그 변별한 바에 따라 행동할 능력이 없는 경우와, 정신장애가 위와 같은 능력을 결여하는 정도에는 이르지 않았으나 그 능력이 현저하게 감퇴된 상태를 말한다"(대판 83도3007).

가할 수 있는 경우에 … 심신장애로 인한 범행으로 보아야 한다(대판 2008도9867).

29 [우울성 인격장애] "피해자들이 과거에 피고인이 자살미수한 일을 화제로 삼자 피고인을 비웃는 것 같고 창피한 생각이 들어 살해할 것을 결심하고 피해자들이 잠든 사이에 과도로 찌르고 난 후 과도가 발견되면 의심을 받을 것 같아 굴뚝에다 버리고 나서 기절한 것처럼 가장하였다 … 피고인의 우울성 인격장애는 병적인 것이 아니라 성격적 결함을 말하는 것이라는 정신감정결과에 비추어 보면 피고인은 범행당시 심신장애상태에 있지 않았다고 봄이 상당하다"(대판 84도76).

30 [다중인격장애자] 해리성 정체감장애(Dissociative Identity Disorder)로 불리는 다중인격장애(Multiple Personality Disorder)는 한 개인에게 반복적으로 그의 활동을 조절하는 다수의 정체감이나 인격이 존재하는 경우이다. 형사책임은 어떤 인격에 귀속하는 것이 아니라 누구에 의한 것인지를 판단하는 것이므로 형사책임을 인정할 수 있는 입장과 다중인격에서 주인격(host personality)과 타인격(alter personality)을 구별하여, 주인격이 행위 당시의 상황을 인식·판단할 수 없고, 설사 인식할 수 있더라도 타인격의 행동으로서 통제가 불가능하였다면, 형사면책이 가능하다는 입장(United States v. Denny Shaffer, 2 F. 3d 999 (10th Cir. 1993))이 대립한다.

심신상실	심신미약
• 만성형 정신분열증에 따른 망상으로 말미암아 아무런 관계도 없는 생면부지 행인들의 머리를 도끼로 내리쳐 상해함(대판 91도636) • 간질병 발작이 심화되어 편집성 정신병을 갖게 되고, 피해망상에 사로잡힌 상태에서 자기 말을 잘 듣지 않는 아들을 가문의 역적이니 죽여야 된다는 심한 망상 속에서 살해함(대판 84도1510) • 결혼도 못한 채 어렵게 사는 자신의 처지를 비관하고 산상기도를 하다가 교회의 목사를 죽여야만 자신이 천당에 갈 수 있다고 생각하고, 신도들 앞에서 식도로 목사를 찔러 살해함(대판 90도1328) • 정신분열증으로 피해자가 사상적으로 불순하고 자신의 종교생활을 방해하며 방사선으로 고문할 것이라는 피해망상에 사로잡혀 정당방위한다는 자폐증적 사고로 살해를 시도함(대판 70도1358)	• 정신분열증세와 방화충동으로 6일간 8차례 연속 방화한 경우(대판 83도3007) • 피해망상증으로 술잔에 농약을 넣은 후 이혼한 전 남편이 마시게 함(대판 94도581) • 13세 피해자가 욕하고, 피해자 어머니는 돈을 빌려주지 않자 앙심을 품고 과도로 위 피해자와 동생을 수회 찔러 살해함(대판 85도50).

(2) **심리학적 요인** 심신장애가 확인되면 그로 인하여 사물을 변별할 능력이나 의사를 결정할 능력이 없는지를 판단한다. ① **사물변별능력**이란 행위의 '불법을 인식할 수 있는 **인지적 능력**(cognitive capacity)'이다. 이 능력은 불법과 합법의 판단에 관한 것이지 **도덕적인 선악의 판단에 관한 것이 아니다**. 예컨대 확신범·양심범에서 보듯 행위의 불법성은 인지했지만, 도덕적으로는 악이 아니라 오히려 선(good)을 행한다고 생각할 수도 있다. 영미법상 M'Naghten Rule이나 일부의 우리나라 판례는 "사물의 시비선악을 변식할 능력"(대판 85도361)이 없는 경우도 책임능력을 부정하기도 하지만, **선악을 변식하지 못한 것은 법률의 착오**에 해당할 뿐이다. 다른 한편 사물변별능력은 사실의 의미가 아니라 사실 자체를 머리 속에 정보로 저장해두는 **기억능력**과 구별된다. 정신박약자도 상당한 기억능력을 가질 수 있다. 따라서 "범행을 기억하고 있지 않다는 사실만으로 바로 범행당시 심신상실 상태에 있었다고 단정할 수는 없다"(대판 85도361). 하지만 "피고인이 범행 당시의 일을 비교적 자세하게 진술하고 참고인의 진술도 이에 일치하면 피고인이 범행 시 심신상실상태에 있었다고 볼 수 없다"(대판 75도2782). ② **의사결정능력**이란 '불법의 통찰에 따라 행동할 수 있는 **의지적 능력**(volitional capacity)'을 뜻한다. 미국모범형법전(Model Penal Code) § 4.01(1)의 '자신의 행위를 법의 요구에 합치시킬 수 있는 능력'(capacity to conform his conduct to the requirement of the law)도 같은 개념이다.

3. 청각 및 언어 장애인

청각 및 언어 장애인은 선천이든 후천이든 청각기관과 발성기관 모두에 장애가 있는 자를 가리킨다. 통상 정신발육이 불충분하다는 이유에서 현행 형법은 청각 및 언어 장애인을 한정적 책임능력자로 보아 책임을 감경한다(필요적 감경). 장애인교육의 발달로 청각 및 언어 장애인도 점차 정상인과 같은 사회생활을 할 수 있게 된 상황을 고려한다면 입법론적으로 제11조를 삭제하는 것이 타당하다. 해석론으로는 사물변별능력과 의사결정능력이 모두 미약한 경우에만 청각 및 언어 장애인을 한정적 책임능력자로 인정하는 것이 타당하다.

Ⅳ. 책임무능력의 법적 효과

1. 책임의 배제 또는 책임의 감경

절대적 책임무능력(형사미성년자, 심신상실자)은 책임을 배제시킨다. 처음부터 책임 자체가 성립하지 않는다는 의미에서 책임무능력은 책임배제사유(Schuldausschliessungsgründe)가 된다. 일단 성립한 책임에 대하여 적법행위의 기대가능성이 없다는 이유로 책임을 조각시키는 면책사유(Entschuldigungsgründe)와 구분된다. **한정적 책임능력자**는 책임을 단지 감경할 수 있다. 이 **임의적 감경**[31]은 법률상 감경이므로 제55조 제1항 3호 및 제42조가 적용되고 그 결과 처단형이 대폭 하향된다. 이는 심신미약이 책임을 현저히 감경시킨다는 것을 뜻한다. 따라서 심신미약을 가져온 심신장애의 정도는 심신상실을 가져온 심신장애에 근접한 경우에만 제10조 제2항을 적용함이 타당하다.

---

31 [심신미약의 임의적 형감경] 살인행위자가 범행당시 심신미약자이었다면 법원은 제250조 제1항의 소정형 중 유기 징역형(5년 이상)을 선택하고, 제10조 제2항에 의해 형을 법률상 감경할 수 있다. 이 감경은 제55조 제1항 3호에 따라 자유형의 형기(장기와 단기 포함)를 2분의 1로 해야 한다. 따라서 심신미약의 살인범은 단기 2년 6월, 장기 15년의 범위에서 처단형이 정해질 수 있다(대판 83도2370).

2. 보안처분

심신상실을 이유로 무죄판결을 받거나 심신미약을 이유로 형을 감경받은 심신장애인으로서 금고 이상의 형에 해당하는 죄를 범한 자에 대해서는 '**재범의 위험성**'[32]이 있다고 인정되는 경우 「치료감호법」 제2조 제1항 1호의 치료감호처분을 부과할 수 있다. 재범의 위험성은 미래에 대한 가정적 판단에 의한다. 또한 치료감호로 인한 자유제한은 범죄행위의 중대성과 재범의 위험성에 대해 **비례적인 것**이어야 한다.

수사절차에서 검사는 피의자가 치료감호의 대상자인 경우 **치료감호영장**을 청구할 수 있고(「치료감호법」 제6조), 절대적 책임무능력자라서 불기소처분을 하는 경우에도 치료감호를 청구할 수 있다(「치료감호법」 제7조 1호). 형사미성년자인 촉법소년(「소년법」 제4조 제1항 2호)은 「소년법」상 보호처분을 내릴 수 있다(「소년법」 제32조, 제33조).

---

32 [치료감호와 재범위험성] 甲은 상해를 범하고 심신상실을 이유로 무죄판결을 받았다. 판결 당시에는 정신질환이 완전히 치유되었고, 재발되지 않을 것으로 예상되었다. ① (대판 82감도142) 재범의 위험성이 없으므로 甲에 대한 치료감호청구는 기각되어야 한다.

§21. 위법성의 인식과 법률의 착오

형법 제16조(법률의 착오) 자기의 행위가 법령에 의하여 죄가 되지 아니하는 것으로 오인한 행위는 그 오인에 정당한 이유가 있는 때에 한하여 벌하지 아니한다.

Ⅰ. 위법성 인식의 의의

(1) **책임의 필수요건** 행위자가 자신이 실현한 행위가 위법함을 인식하는 것은 책임의 필수적인 성립요건이 된다. 위법성을 인식할 때에만 행위자에게 자신이 기획한 행위를 포기하고 적법한 행위를 선택할 가능성이 주어지며, 그런 가능성이 있는 경우에만 행위자가 실현한 불법은 그의 작품으로 귀속시킬 수 있기 때문이다. 즉 위법성의 인식은 **불법을 행위자에게 귀속시키기 위한 전제조건**, 곧 책임비난(Schuldvorwurf)의 전제조건이다.[1] 이처럼 위법성의 인식이 없었다면 책임은 성립하지 않는다는 것은 **책임원칙의 요청**이다. 하지만 법공동체의 구성원이라면 사회적 통합의 기초인 **형법규범을 알 의무**를 지닌다. 그렇기 때문에 형법 제16조는 위법성의 불인식을 이유로 책임을 배제시키기 위해서는 행위자에게 정당한 이유가 있었을 것을 요구한다.

(2) **범죄체계적 위치** 위법성의 인식은 불법을 지나 책임에 위치하는 범죄성립요소이다. 위법성의 인식과 고의의 관계에 관하여 고의설과 책임설이 대립한다.

1) 고 의 설 위법성의 인식은 고의의 한 요소라고 보는 견해를 고의설(엄격고의설 strenge Vorsatztheorie)이라 한다. 인과적 범죄체계론의 입장이다. 이에 따르면 위법성의 불인식은 고의를 조각시키고, 사실의 착오와 법률의 착오는 구별되지 않는다. 위법성의 인식이 없었던 행위자는

1 독일 형법은 이를 '행위의 불법성에 대한 통찰'이라고 규정하고 있는데, 이는 책임능력 개념과 위법성 인식 개념이 부분적으로 포개짐을 보여준다. 즉 책임능력은 위법성의 인식능력이 되고, 책임능력이 있는 자는 자신의 행위의 위법성을 인식할 수 있는 능력을 갖는다고 보는 것이다.

과실범으로만 처벌할 수 있고 과실범처벌규정이 없으면 **형사정책적 결함**이 생길 수 있다. 이를 해결하기 위해 위법성의 인식이 없었어도 인식 가능성이나 법무관심성(Rechtsblindheit), 법배반성(Rechtsfeindschaft)이 있으면 고의를 인정하기도 한다(제한적 고의설 eingeschränkte Vorsatztheorie).

[판례: 포섭착오와 고의설] ① 민사소송법 기타 공법의 해석을 잘못하여 압류물의 효력이 없어진 것으로 착오하였거나 또는 봉인 등을 손상 또는 효력을 해할 권리가 있다고 오신한 경우에는 **형벌법규의 부지와 구별되어 고의를 조각한다**(대판 70도1206). ② 이 판례는 자신의 행위가 공무상비밀표시무효죄(제140조 제1항)에 해당함을 인식하지 못한 착오(포섭착오)에서 엄격고의설의 입장을 보여준다.

2) 책 임 설 위법성의 인식을 고의와는 별개의 책임요소로 보는 견해를 책임설이라 한다. 고의는 구성요건실현의 인식과 의사이고, 위법성의 인식은 고의에 의한 구성요건실현이 위법하다는 점에 대한 인식이 된다.[2] ① 책임설은 벨첼(Welzel)이 창안한 목적적 범죄체계에서 만들어졌다. 그에 의하면 고의는 오로지 구성요건에만 위치하고(구성요건적 고의), 책임에는 책임능력, 위법성의 인식, 기대가능성만 남는다. 벨첼은 오상방위처럼 정당화상황(위법성조각사유의 전제사실)에 관한 착오도 금지착오(법률의 착오)로 본다. 오상방위자는 고의범이 되고, 그 착오의 회피가능성에 따라 책임이 감면될 뿐이다(엄격책임설 strenge Schuldtheorie). ② 그러나 오늘날 지배적인 이론은 고의는 구성요건요소이며 동시에 위법성의 인식과 별개의 책임요소가 된다. 오상방위와 같은 정당화 상황에 대한 착오는 '위법성의 영역'에서 일어난 것이지만, 사실에 관한 착오라는 점을 고려하여 **과실범으로** 다루거나(아래 ⓐ 허용구성요건이론 ⓑ 소극적 구성요건이론) **고의범으로 다루되 책임은 과실범에 준하는 것**(아래 ⓒ 법효과제한적 책임설)으

2 "위법성의 인식이란 행위자가 자신이 하는 것이 법적으로 허용되어 있지 않고 금지되어 있음을 아는 것을 의미한다. 위법성에 대한 착오는 구성요건적 행위가 금지되어 있다는 점에 대한 착오이다. 구성요건에 해당하고 위법한 행위임을 알고도 의도적으로 실현하는 것은 그가 그런 구성요건실현의 불법성을 알았거나 그에게 기대가능한 양심의 긴장을 하였더라면 알 수 있었는데도 자유의사에 의해 범행을 결심한 경우에 비로소 그 행위자의 책임으로 귀속할 수 있다. 금지착오는 행위자가 극복할 수 없었던 경우에는 책임을 배제하고, 극복 가능한 것이었던 경우에는 책임을 감경할 뿐 고의를 제거하지는 않는다"(BGHSt 2, 194).

로 본다(제한적 책임설 eingeschränkte Schuldtheorie).

ⓐ **허용구성요건이론**은 위법성조각사유의 요건을 허용구성요건이라고 부르고 — 제13조를 유추적용하여 — 정당화상황에 대한 착오의 경우에는 고의를 조각시키고 과실범으로만 처벌한다. ⓑ **소극적 구성요건이론**은 구성요건을 불법의 적극적 요건이며, 위법성조각사유를 불법을 제거하는 소극적 요건으로 보고, 정당화상황에 대한 착오의 경우에는 '정당화상황의 부존재'라는 사실을 인식하지 못한 점에서 불법고의(Unrechtsvorsatz)를 인정하지 않고 과실범으로 다룬다. ⓒ **법효과제한적 책임설**은 정당화상황에 대한 착오의 경우에 구성요건적 고의는 인정하여 고의범으로 다루되, 책임고의는 없고, 과실범에 준한 책임만을 인정한다.

3) 제13조 직접적용설 불법실현의 인식과 의욕이라는 고의와 그렇게 인식·의욕한 법익침해가 위법함을 인식하는 것은 구별되어야 한다. 고의가 개인심리적 현상이지만, 위법성의 인식은 개인심리적 현상이면서 사회적 차원을 갖는다. 법이 실천이성으로 통찰할 수 있는 도덕규범의 수준을 넘어서버린 현대사회에서 위법성의 인식은 형법규범에 대한 기술적 정보화기제들에 의해 좌우되기 때문이다. 하지만 제13조의 "죄의 성립요소인 사실"은 구성요건적 사실 외에 정당화상황(의 부존재 사실)도 포함하므로 오상방위는 제13조의 직접적용에 의해 고의를 탈락시키고 과실범으로 처벌될 가능성만을 남긴다.[3]

Ⅱ. 위법성 인식의 내용

1. 위법성의 의미

(1) 위'법'의 의미 위법성에서 법의 의미에 관하여는 ① 행위가 위반한 법을 형법에 국한하는 견해(**형법적 위법성설**)와 전체 법질서(사법 포함)라고 보는 견해(**통일적 위법성설**)가 대립한다.[4] 사법에 위반한다는 인식만으로도

3 위법성의 인식이 없는 경우에 고의를 인정하는 범위는 ⓐ **엄격고의설** → ⓑ **제한적 고의설** → ⓒ **제한적 책임설**[ⓒ-1 **제13조 직접 적용설** → ⓒ-2 **제13조 유추적용설** → ⓒ-3 **법효과제한적 책임설**] → ⓓ **엄격책임설의 순**으로 커진다.

4 [위법성 개념] 甲은 乙과 丙이 사적인 대화를 하는 것을 녹음하면서 사생활침해라는 생각은 들었지만 범죄(「통신비밀보호법」 제14조)라는 생각은 하지 않았다. ① 사생활침해라는 생각은 사법상 위법하다는 인식을 의미하고, 범죄가 되지 않는다는 생각은 형법위반을 인식하지 못함을 의미한다. **통일적 위법성설**에 의하면 甲은 위법성 인식이 있지만 **형법적 위법성설**에 의하면 없다.

행위자는 그 행위를 중지할 동기를 가질 수는 있지만, 형법규범에 위반하지 않는다면 사법위반의 불이익(예: 손해배상책임)을 감수하고 자신이 원하는 이익을 선택할 자유도 관용(Tolerance)할 수 있어야 하고, 이런 관용은 형법의 도덕적 요소의 하나가 된다는 점에서 형법적 위법성설이 타당하다. ② 위법성의 인식은 자신의 행위가 법규범에 위반한다는 인식이고, 법이 아닌 **윤리나 사회규범에 위반된다는 인식은 포함하지 않는다**. 민주적 법치국가에서는 법이 (종교적, 형이상학적) 윤리에 중립성을 유지해야 하기 때문이다. 따라서 행위자가 자신의 행위를 윤리적, 종교적,[5] 정치적 확신으로 옳다고 보거나, 양심에 비추어 필요하다고 보는 경우에도 위법성의 인식은 인정될 수 있다.

(2) **위법의 형태** ① 위법성의 인식에서 행위자 자신의 행위가 위반함을 알아야 하는 법은 의회에서 제정된 형식적 의미의 '**법률**'이다. **위임입법**의 경우에는 대통령령에 정한 규범내용(예: 「석유사업법 제26조의 유사석유제품을 정한 그 법시행령 제30조의 내용)도 인식의 대상이 된다. 법규의 성격을 갖는 각종 고시 등의 **보충규범**도 마찬가지이다. 대법원이 형사법률을 해석하여 형성하는 **구체적인 형법규범**도 위법성의 인식에서 말하는 법에 포함된다. 법다원주의의 시대에 법생산권한은 부분적으로 민간에게 이양되기도 한다. 예컨대 한국공인회계사회에서 정하는 회계감사기준의 위반은 부실감사죄에서 위법성 인식을 구성하는 요소가 된다. ② 법은 어떤 행위를 금지하는 금지규범(Verbotsnorm)이거나 어떤 행위를 요구하는 요구규범(Gebotsnorm)이다. 따라서 위법성의 인식은 행위자가 자신의 작위행위가 법규범에 의해 금지되어 있다는 점을 알거나 법규범이 자신에게 일정한 작위행위를 하라고 요구하고 있음을 아는 것이다.[6]

---

5 **[종교적 확신범]** 여호와의 증인 甲은 딸 乙(11세)이 수혈 없이 목숨을 구할 수 없는 상황에서 수혈을 거부하여 사망에 이르게 방치하였다. ① 甲의 행위는 위법성의 인식이 인정되고, 유기치사죄의 책임이 인정된다(대판 79도1387).

6 **[금지착오와 법률의 착오]** 작위범은 금지된 작위행위를 하는 것이면서 요구된 부작위행위를 하지 않는 것이며 부작위범은 금지된 부작위행위를 하는 것이면서 요구된 작위행위를 하지 않는 것이다. 따라서 법률의 착오(제16조)를 독일형법 제17조처럼 금지착오(Verbotsirrtum)라고 불러도 되지만 요구착오(Gebotsirrtum)라고 부를 수도 있다. 하지만 금지착오는 Welzel의 목적적 범죄체계

2. 인식의 의미

(1) **인식의 특정성** 위법성의 인식은 막연하게 위법한 행위를 한다는 의식이 아니라 개별 범죄구성요건의 특정한 불법내용에 대한 인식을 의미한다. 행위자가 하나의 행위로써 여러 구성요건을 실현하는 경우, 위법성의 인식은 각각의 구성요건의 실질적 불법내용에 대하여 존재해야 한다. 즉, 위법성의 인식은 구성요건별로 분리될 수 있다.

(2) **인식의 형태** 위법성 인식은 확정적－미필적, 현실적－잠재적인 형태가 있다. **확정적 위법성 인식**은 행위자가 행위 시에 행위의 위법성을 분명하고도 확실하게 인식한 경우를 뜻한다. **미필적 위법성 인식**은 행위자가 행위 시에 자신의 행위가 **위법일 수 있는 가능성을 인식하면서도 이를 감수**하는 경우를 뜻한다. 예컨대 행위자가 자신의 행위에 의해 위반한 법률이 여러 가지 의미를 가질 수 있어서 행위의 위법성에 관한 의문을 완전히 불식시킬 수 없었던 때에도 위법성의 인식은 인정될 수 있다. **현재적 위법성 인식**은 행위자가 자신의 행위의 위법성을 실제로 인식하는 경우를 뜻하고, **잠재적 위법성 인식**은 행위자가 위법성을 현실로 인식하지는 않았지만 그가 행위 당시 자신의 인식능력을 동원했더라면 위법성을 인식하였을 것으로 기대할 수 있는 경우를 말한다.

(3) **인식의 정도** 위법성의 인식은 자신의 행위가 형식적으로 위법하다는 점에 대한 인식만으로는 부족하고, **사회유해적 법익침해**(또는 위태화)**의 인식**(실질적 위법성의 인식)이 있어야 한다. 하지만 구체적인 법규정의 인식[7]은 필요하지 않다. 위법성의 인식은 **비전문가의 소박한 평가와 지식**

에서 창안된 개념인데, 그에게서 금지착오는 책임의 단계에서만 발생하는 것이어서 정당화상황에 대한 착오(예: 오상방위)처럼 사실의 착오도 금지착오로 다루어진다는 문제가 있다. 그렇기에 금지착오보다는 법률의 착오, 더 정확히는 법규범의 착오라는 표현이 더 적절하다.

7 [위법성 인식] 면사무소 호병계장 甲은 동거녀 乙과 출생시킨 丙을 자신의 처 丁과 출생시킨 것처럼 호적부에 허위 기재를 한 후 그 사실을 모르는 면장 戊로 하여금 날인하게 하였다. ① (대판 86도2673) "위법성의 인식은 그 범죄사실이 **사회정의와 조리에 어긋난다는 것**을 인식하는 것으로서 족하고 **구체적인 해당 법조문까지 인식을 요하는 것은 아니므로** 설사 형법상의 허위공문서작성죄에 해당되는 것을 몰랐다고 가정하더라도 그와 같은 사유만으로는 위법성의 인식이 없었다고 할 수 없다." 甲은 허위공문서작성죄(간접정범)가 성립한다. ② (評釋) 甲이 윤리에 반하지만 위법은 아니라고 생각했다면 법률의 착오에 해당한다.

수준에서 가능한 위법성의 인식이다. 이때 비전문가란 단순히 '자연인'이 아니라, 미디어,[8] 교육프로그램, 인터넷 등과 같은 기술적 법정보화메커니즘에 의해 **정보화된 일반인**을 가리킨다. **전문직업인**(예: 의사)은 직업활동과 관련한 **위법성을 인식할 의무**가 있고, 그 의무를 다하지 않는 한 법률의 착오를 주장할 수 없다. 이를 **인수책임**(Übernahmeverschulden)이라고 부르며, 그 책임의 정도는 전문직업인의 평균을 기준으로 정한다.[9]

Ⅲ. 위법성 인식의 흠결과 법적 효과

1. 법률의 착오의 의의와 유형

법률의 착오란 위법한 행위를 하는 행위자가 그 행위의 위법성을 인식하지 못한 경우를 뜻한다. 위법성의 착오 또는 금지의 착오라고도 부른다. 법률의 착오는 존재하는 위법성을 인식하지 못한 **소극적 착오**로서, 이의 반전(反轉)된 형태인 **환각범**, 즉 금지되어 있지 않은데도 자신의 행위가 위법한 행위라고 인식하는 **적극적 착오**와 구별된다. 법률의 착오는 불법구성요건에 해당하는 사실을 실현한다는 점은 알고 있지만 법에 위반된다는 점을 인식하지 못한 **규범의 착오**이다. 이는 불법구성요건에 해당하는 사실을 인식하지 못한 **사실의 착오**와 구분[10]된다. 법률의 착오는 위법성 인식의 이면(裏面)이고, 사실의 착오는 고의의 이면이다.

---

8 가령 교통사고 후 동승자와 자리를 바꿔 앉는 행위가 '도주'에 해당한다는 판례의 언론보도는 같은 행위를 하는 일반인들에게 가능한 위법성의 인식이다.

9 예컨대 공인회계사는 직업사회화과정(교육, 시험, 연수)에서 습득을 기대할 수 있는 회계감사에서의 중요한 사항에 관한 판례지식과 회계학지식 및 기업 회계감사기준 지식을 전제로 자신의 감사행위의 위법성을 인식할 의무가 있다.

10 [착오의 구별] 주부 甲은 H 보험 지점장 乙과 3년 만기 저축성보험계약을 체결하고, 乙로부터 H사 규정에 정한 이자를 초과하여 추가로 금원을 지급받았다. 甲은 그런 지급이 '저축을 하는 자가 금융기관의 임·직원으로부터 당해 저축에 관하여 금융기관 규정에 의한 이자 등 외에 명목여하를 불문하고 금품 기타 이익을 수수하는 것을 특정경제범죄법 제9조 제1항(저축관련부당행위죄)에 위반함을 알지 못했다. ① (대판 99도5026) 甲의 부지는 자신의 행위가 특히 법령에 의하여 허용된 행위로서 죄가 되지 않는다고 그릇 인식한 경우가 아니라 '단순한 법률의 부지'에 해당하고 제16조가 적용되지 않는다. ② (評釋) 甲이 규정에 어긋남을 몰랐다면 사실의 착오로 甲의 고의는 탈락한다. 甲이 규정에 어긋난 것은 알았지만, 법에 위반된 것을 몰랐다면 법률의 착오로서, 소비자기본법의 정신을 고려할 때 乙이 합법적인 보험계약이라는 설명을 하였다면 정당한 이유도 인정된다.

(1) 직접적 법률의 착오

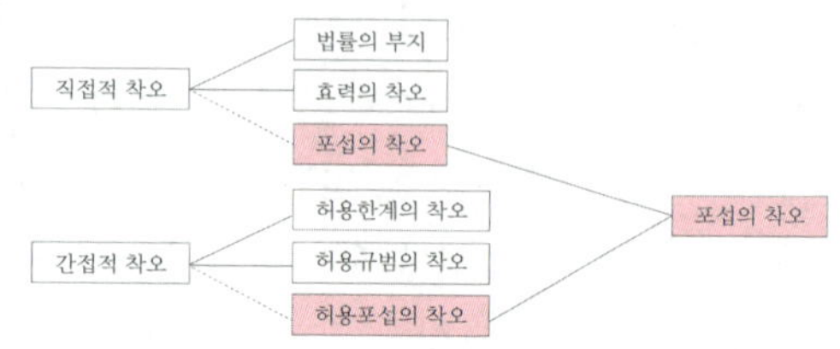

직접적 법률의 착오는 행위자가 자신의 행위를 범죄로 만드는 형법규범의 존재를 알지 못한 경우이다. ① 행위자가 자신의 행위를 범죄로 만드는 **법규의 존재를 인식하지 못한 법률의 부지**를 판례는 법률의 착오로 인정하지 않지만(아래 판례 ㉠) 때로는 제16조를 적용하되 정당한 이유가 인정되지 않는다고 하거나(판례 ㉡), 그 죄의 성립에 영향이 없다(판례 ㉢)고 판시하기도 한다. 이는 '법률의 부지(ignorantia iuris)는 용서되지 않는다'는 로마법의 전통을 잇는 것이고, 일본형법 제38조("법률의 부지가 고의에 영향을 미치지 않는다")에 따라 내린 조선고등법원의 판례를 계승한 것이다.

㉠ 제16조 적용 안 함	형법 제16조는 단순한 법률의 부지를 말하는 것이 아니고, 일반적으로 범죄가 되는 경우이지만 자기의 특수한 경우에는 법령에 의하여 허용된 행위로서 죄가 되지 아니한다고 그릇 인식하고, 그와 같이 그릇 인식함에 정당한 이유가 있는 경우에는 벌하지 않는다는 취지이다(대판 2006도631).
㉡ 제16조 적용하되 정당한 이유를 부정함	긴급명령상 "비밀보장의무의 내용에 관하여 확립된 규정이나 판례나 금융관행이 확립되어 있지 아니하였다는 사정은 단순한 법률의 부지에 불과하며 그 위반행위가 형사재판 변호인들의 자료 요청에서 기인하였다고 하더라도 변호인들에게 구체적으로 긴급명령위반 여부에 관하여 자문을 받은 것은 아닌데다가, 해당 은행에서는 긴급명령상의 비밀보장에 관하여 상당한 교육을 시행하였"으므로 죄가 되지 않는다고 믿은 데에 정당한 이유가 있는 경우가 아니다(대판 95도1964).[11]
㉢ 죄의 성립에 영향 없음	공직선거및선거부정방지법 의 "선거비용지출죄는 회계책임자가 아닌 자가 선거비용을 지출한 경우에 성립되는 죄인바, 후보자가 그와 같은 행위가 죄가 되는지 몰랐다고 하더라도 회계책임자가 아닌 후보자가 선거비용을 지출한 이상 그 죄의 성립에 영향이 없"다(대판 99도3335).

그러나 私見으로 법률의 부지는 법정보화의 실패이고, 그에 대한 책임을 개인에게만 전가하는 것은 권위적 합법주의의 모습이다. "법령에 의하여 죄가 되지 아니하는 것으로 오인"(제16조)이라는 문언을 법률의 부지에 대해 적용하는 것은 유추가 아니다. 특히 법률의 부지가 문제되는 형법규정[12]은 주로 행정형법들이어서 면책가능성을 인정하지 않는[13]

11 이 판례에서 법률의 부지는 정당한 이유를 인정하지 않은 근거의 하나이고, 그밖에 변호사에게 자문을 구하지 않은 것, 즉 법정보화의무 위반도 그 근거가 되고 있다.

12 [행정형법부지] 乙은 丙의 토지 위에 주택을 짓던 중, 丙으로부터 원상복구하라는 내용증명우편을

것은 과잉금지원칙에 위배된다. ② **효력의 착오**는 행위자가 **형법규정의 존재 자체는 알았으나, 그 규정이 전체 또는 일부**[14] **효력이 없다고 오인**한 경우이다. 효력의 착오는 법규정의 **외연적 적용범위**에 관한 착오로서 내포적 적용범위에 관한 착오인 포섭의 착오와 구분된다.

(2) **간접적 법률의 착오** 행위자가 자신의 행위를 범죄로 만드는 형법규범의 존재는 알았지만, 자신의 행위에 대해 **정당화사유가 인정되는 것으로 오인**한 경우를 간접적 법률의 착오라고 한다. 이에는 ① 형법이 정하지 않은 위법성조각사유(허용규범의 존재)를 잘못 인정함으로써 자신의 행위가 위법하지 않다고 인식하는 **허용규범**(Erlaubnisnorm)**의 착오와** ② 위법성조각사유의 법적 요건(또는 적용한계)을 잘못 앎으로 인하여 자신의 행위가 위법함을 인식하지 못하는 **허용한계의 착오**가 속한다.

[허용규범의 착오와 허용한계의 착오] 가령 계속 치료가 필요하고 의학적으로 치료가 유용하다는 충고를 하였지만 환자보호자의 계속된 요구에 따라 부득이 퇴원시키는 것, 즉 D.A.M.A.(Discharge Against Medical Advice)를 위법성조각사유의 하나라고 판단하고, 치료를 중단한 의사는 **허용규범의 착오**를 한 것이고, 오랜 세월 성폭행을 해온 의붓아버지가 잠든 사이에 그를 살해하면서 정당방위가 **과거의 침해**에 대해서도 인정된다고 생각한 살인자는 **허용한계의 착오**를 한 것이다.

(3) **포섭착오** 자신의 행위가 형법규범에 해당함을 모르는 착오도 법률의 착오이다. ① 자신의 행위를 범죄로 만드는 형법규범의 존재 자체는 알았으나, 이를 잘못 해석하여 자신의 행위가 그 형법규범에 해당

받고 사라졌다. 이를 아는 丙의 오빠 甲이 그 주택을 완성하였지만 2년 뒤 무허가건축으로 고발당했고 건축사 丁에게 양성화절차를 의뢰하여 건축허가와 사용승인을 받았다. ① (대판 2010도15260) 甲은 乙의 무허가건축물 철거요구를 알았고 건축허가대상임을 토지이용계획확인원 등을 통하여 알 수 있었던 점 등을 고려하면 甲이 그 건축이 건축법상 허가대상인 줄 몰랐더라도 이는 **단순한 법률의 부지에 불과하여 건축법 위반죄의 성립에 아무런 영향을 미치지 못한다.**

13 로마법도 '법정형사범죄에서 특정인(예: 여성, 미성년자, 문맹자, 군인)에 대한 예외적인 면책사유'를 인정한 취지로 보면 법률의 부지도 면책이나 임의적 감경의 가능성을 인정할 수 있어야 한다.

14 [효력의 착오] 600세대 아파트의 관리주체 甲은 관리사무소장에 주택관리사보 乙을 채용하여 관리업무를 수행하게 하였다. 「주택건설촉진법」은 주택관리사(보) 자격이 없는 자의 아파트 관리사무소장의 업무수행을 처벌하며, 공동주택관리령은 500세대 이상의 아파트 관리는 주택관리사만이 수행할 수 있다고 규정한다. 甲은 乙을 채용하면서 관할구청의 담당공무원에게 乙의 자격에 대한 질의를 하였으나 답변도 듣지 못한 채 乙의 채용이 법에 위반되지 않는다고 생각하였다. ① (대판 2003도451) 甲은 **효력의 착오**를 하였고 제16조가 적용된다.

함을 모르는 경우를 **포섭착오**(Subsumtionsirrtum 법규정의 내포적 적용범위 착오)[15]라 한다. ② 자신의 행위가 금지규범이나 요구규범에 위반되기는 하지만, 형법상 위법성조각사유에 해당한다고 잘못 생각한 경우(예: 폭행범을 2시간 뒤 현행범으로 체포)를 **허용포섭착오**(Erlaubnissubsumtionsirrtum)[16]라고 한다.

[처벌조건착오와 정당화상황착오] 객관적 처벌조건은 형법적인 불법성을 구성하는 것이 아니므로 **객관적 처벌조건에 관한 착오** 속에서 범죄를 범한 행위자는 위법성의 인식을 갖고 행위를 한 셈이 된다. 행위자가 정당화사유가 적용될 수 있는 요건사실(정당화상황)이 존재하지 않음에도 불구하고 존재한다고 생각한 경우(예: 오상방위, 오상피난, 오상자구행위 등)는 위법성의 영역에서 일어난 사실의 착오로서 규범의 착오인 법률의 착오에 속하지 않는다. 따라서 제13조를 적용해야 한다.

2. 정당한 이유

판례는 법률의 착오의 정당한 이유를 과거에는 독일 형법처럼 "회피가능성"(Vermeidbarkeit)[17]과 유사한 '과실의 유무 또는 기대가능성'[18]으로 바

---

15 [규범적 구성요건의 착오와 포섭착오] 규범적 구성요건요소에 대한 사실의 착오는 포섭착오와 구분하기가 쉽지 않다. 가령 甲이 乙과 맺은 매매계약서의 내용을 변조하면서 그 매매계약서가 갖는 사회적 의미, 즉 법공동체 안에서 '제도화된 기능'은 알았지만, 형법 제231조의 사문서변조죄의 "사문서"는 공증된 사문서만을 가리킨다고 착오한 경우에는 구성요건요소에 대한 착오가 아니라 금지착오가 된다는 견해가 있다. 법공동체에서 '제도화된 기능'이란 일종의 사회학적 사실에 속하며, 그에 대한 착오는 사실의 착오(제13조)가 된다.

16 [허용포섭착오] M 카페지기 甲은 노동부가 H 노조설립신고를 반려하자, 카페 회원들과 기타치고 노래 부르는 플래시 몹(flash mob) 규탄대회를 열고 선두에서 "청년들도 일하고 싶다. 청년실업 해결하라"는 구호를 외쳤다. 甲은 이 행사가 집시법 제15조의 예술 또는 오락에 관한 집회에 해당한다고 보고 사전신고를 하지 않았다. ① (대판 2011도2393) 甲의 집회는 "신고의무의 적용이 배제되는 오락 또는 예술 등에 관한 집회"가 아니고 정치적, 사회적 성격의 옥외집회로서 사전신고 대상이다. 甲은 옥외집회신고의무위반죄(제22조 제2항)가 성립한다. ② (評釋) 제15조(적용의 배제)는 **구성요건해당성조각사유로서 일종의 허용구성요건**이다. 甲은 허용포섭착오를 한 것이며 정당한 이유를 인정할 수 있다.

17 [회피가능성의 이론] 우리나라 학계의 통설은 독일 형법 제17조처럼 위법성 불인식의 **회피가능성**(Vermeidbarkeit)의 유무와 그 정도에 따라 책임배제여부와 책임감경여부를 결정한다. 이는 (Welzel에서 비롯되는) 규범적 책임론의 논리적 결론이다. 독일의 지배설(지적인식능력설)에 의하면 행위자가 지적 인식능력을 다하였음에도 불구하고 위법성을 인식하지 못한 경우는 회피 불가능한 착오가 된다. 그러나 이와 같은 개인심리적 능력에 대한 판단은 실제로는 거의 불가능하다. 또한 회피 가능한 착오로 판단된 행위자는 '**잠재적 위법성 인식**'을 한 것으로 간주된다. 그러나 잠재적 인식이란 위법성 인식의 특수한 형태가 아니라 위법성의 불인식이며 책임비난의 근거가 될 수 없다.

18 [양심긴장설] 독일법원(BGHSt 21, 18)의 양심긴장설에 의하면 행위자가 그에게 기대가능한 양심의 긴장을 다하였음에도 불구하고 위법성을 인식하지 못한 경우가 회피 불가능한 착오가 된다. 기대가능성이 회피가능성의 판단요소가 되는 점은 대법원판례와 같으나 양심긴장 수준을 행위자 개인에게 맞추는 점이 다르다. 일반인 기준의 기대가능성 판단보다는 행위자에게 유리하다.

라보았지만,[19] 지금은 다음과 같은 **귀속론**으로 발전하였다.

[판례: 정당한 이유] 제16조의 "정당한 이유가 있는지 여부는 행위자에게 자기 행위의 **위법의 가능성에 대해 심사숙고하거나 조회할 수 있는 계기**가 있어 자신의 지적능력을 다하여 이를 회피하기 위한 **진지한 노력을 다하였더라면 스스로의 행위에 대하여 위법성을 인식할 수 있는 가능성**이 있었음에도 이를 다하지 못한 결과 자기 행위의 위법성을 인식하지 못한 것인지 여부에 따라 판단하여야 할 것이고, 이러한 위법성의 인식에 **필요한 노력의 정도는 구체적인 행위정황과 행위자 개인의 인식능력 그리고 행위자가 속한 사회집단에 따라 달리 평가**되어야 한다"(대판 2008도5526).

즉, 법률의 착오에도 불구하고 불법을 행위자에게 귀속시킬 수 있으려면 ① 행위자가 자기 행위의 **적법성을 심사할 필요성**을 느끼는 계기를 가졌었고, ② 그러한 심사가 행위자에게 **기대가능한 것**이었으며, ③ 심사를 하였더라면 행위자는 자신의 행위가 위법함을 **인식할 수 있었어야** 한다.

(1) 적법성 심사 계기 ① 행위자 자신이 **스스로 자기 행위의 적법성을 의심**하거나 ② 자신의 행위가 **사회윤리나 사회규범에 어긋남**을 알거나[20] ③ (신뢰할 만한 법정보원에 의해서도) **위법여부가 불확실한 상태**인 경우에 자기 행위의 적법성을 심사할 계기가 인정된다. 만일 이와 같은 적법성 심사의 계기가 없었다면 형법규범의 정보화 실패는 행위자에게 귀속시킬 수 없다.

[판례: 적법성심사계기] ① 학원법 제5조 제1항에 따라 등록하지 않아 처벌을 받은 무도학원을 인수하는 자는 등록절차에 관한 의문을 갖게 되고(대판 94도1134), ② 외국인과 재외국민(예: 재일교포)은 자신의 관세 미신고가 적법한지를 심사할 계기를 갖는다(대판 2006도1993). ③ 업무표장권 침해로 고소되고, 재기수사명령이 내려졌지만 업무표장을 계속 사용하는 자는 적법성을 심사할 계기를 갖고(대판 94도1793), ④ 탈법방법에 의한 문서배부금지(구 공직선거법 제93조 제1항)가 중앙선관위 발간 책자에 안내되었음에도 시민단체의 낙천운동 대상자로 선정된 국회의원

19 [법률착오의 과실, 기대가능성] "자기의 행위가 법령에 의하여 죄가 되지 않는 것으로 오인하였고 또 그렇게 오인함에 어떠한 **과실이 있음을 가려낼 수 없"는 경우**(대판 81도2763) 또는 "누구에게도 **위법의 인식을 기대할 수 없"는 경우**(대판 72도64).

20 [적법성심사계기] 임차인 乙이 차임을 연체하자 임대업자 甲은 乙과의 임대차계약상의 특약에 따라 임대차기간과 보증금이 남아 있는 상태에서 단전·단수조치를 취하였다. 甲은 자신의 행위는 정당하고 위법하지 않다고 판단하였다. ① 대판 2006도9157은 논증 없이 甲의 "오인에는 정당한 이유가 있다고 볼 수는 없다"고 판시 ② (評釋) 인권침해적인 단전·단수조치는 사회윤리에 어긋나므로 적법성심사계기가 있었기에 甲의 허용포섭착오는 정당한 이유가 없다.

이 이에 대한 반론 보도를 게재한 의정보고서를 제작·배부한 경우(대판 2005도3717)에도 적법성심사의 계기를 갖는다.

(2) **법정보화 실패와 귀속원칙** 법률의 착오에서 정당한 이유의 판단은 **법정보화 실패의 위험**을 행위자 또는 국가에 분배하는 기능을 수행한다. 헌법상 **비례성원칙**은 **합리적으로 이행을 기대할 수 있는 범위**에서만 시민에게 형법을 정보화할 의무를 부과한다. 그런 범위를 넘어서는 형법규범의 정보화 실패는 개인의 책임으로 귀속시킬 수 없다. 자기위험부담원칙과 신뢰보호원칙이 위험분배의 지침이 될 수 있다.

1) 자기위험부담 원칙 행위자 자신이 적법성을 (개인적인 법해석이나 판례검색으로) 판단한 경우에는 그 실패(법정보화의 오류)의 책임도 스스로 짊어져야 한다. 이를 **자기위험부담**(auf eingene Gefahr)원칙[21]이라고 부른다. 신뢰 가능한 법정보기구로부터 법정보를 획득하였더라도 행위자가 **개인적으로 그 법정보의 의미를 자신에게 유리하게 잘못 해석한 경우**[22]도 자기위험부담원칙이 적용된다. 이러한 위험부담을 지지 않으려면 행위자는 법전문가에게 자신이 하려는 행위에 관련한 법규범의 내용을 알아보는 **문의의무**(Erkundigungspflicht)를 지게 된다. 그런 문의의무의 위반이 법률착오에서 책임비난의 근거가 된다.

2) 신뢰보호원칙 행위자가 다른 법전문가로부터 형법정보를 얻음으로써 자기의 행위가 적법하다고 신뢰하였고, 그 신뢰가 보호가치 있는 것일 때에는 법률의 착오에 정당한 이유를 인정한다. 이를 **신뢰보호원칙**이라고 부른다. 이에 관한 주요판례는 도표와 같다.

21 [법정보화의 자기위험부담] 도의회의원 입후보자 甲은 기부행위금지기간 중 노인대학을 개설하여 관광을 실시하면서 자신의 행위는 '의례적인 것'으로서 「공직선거법」상의 사전선거운동에 해당하지 않는다고 믿었다. ① (대판 96도620) "공직선거법에 관하여 비전문가인 스스로의 사고에 의하여 甲의 행위들이 의례적인 행위로서 합법적이라고 잘못 판단하였다는" 사정만으로는 甲의 오인에 정당한 이유가 있다고 볼 수 없다.

22 [판례: 신뢰법정보의 오해] (구) 「건설폐기물법」 제27조 제1항에 따라 건설폐기물 재활용을 하기 위해 건설공사현장에 직접 설치·운영하는 **건설폐기물처리시설의 범위에 관한 관할관청의 질의회신을 자기에게 유리하게 잘못 해석하여** 법 제16조 제1항의 자가처리의 범위를 잘못 판단한 경우에는 정당한 이유가 있는 법률의 착오에 해당하지 않는다(대판 2008도8607).

	정당한 이유를 인정한 경우			정당한 이유를 부정한 경우
	법조인	행정관청	기 타	
법률의 부지				• 근로자파견사업 허가 없는 러시아 무용수입국허용관례 (대판 2000도3051)
효력의 착오				• 구청공무원 무답변 (대판 2003도451) • 부동산중개인협회자문 (대판 2000도2943) • 민간자격관리자의 대체의학자격증 수여(대판 2003도939)
허용 규범의 착오			• 중대장의 지시 (대판 86도1406)	• 유사사안에 대한 선거관리위원회 회신(대판 2000도1696) • 운전교습용 비디오카메라 특허권자에게 대가를 지불하고 사용승낙 받음(대판 2005도8873)
허용 한계의 착오		• 제주시장 (대판 91도2525) • 건축허가공무원 (대판 93도1888)		
포섭 착오	• 검찰의 무혐의처분 (대판 95도717)	• 서울시 또는 구청의 공문 (대판 81도646) • 교통부장관 허가 (대판 81도646)	• 변리사의 회답 (대판 81도646)	• 정부의 공인사항(대판 2000도2807) • 한국보장구협회 업무사항(대판 95도2188) • 정부의 통계항목(대판 94도780) • 경찰의 유흥업소 단속지침 • 변리사의 회신과 감정결과 및 특허청의 출원 수용(대판 97도3337) • 환경부홈페이지Q&A(대판2006도631) • 한국간행물윤리위원회 판정 (대판 2003도41) • 영업신고 마친 점 (대판 2005도4592)
허용 포섭 착오		• 구청문화관광과 행정지도 (대판 2001도4077)	• 경남교육위원회지시 (대판72도64)	• 군납품 관련 관례(대판 94도1017) • 임대차계약(사례 ⓕ 참조)

일반적으로 사법기관,[23] 주무행정관청 담당공무원의 법정보제공에 대한 신뢰는 보호가치가 인정되고, 법률전문가(예: 변리사[24])의 경우에는 개

23 **[경찰의 단속지침과 착오]** 클럽업주 甲은 경찰에 청소년유해업소 출입단속대상자 기준에 대해 질의하였으나 대답을 얻지 못하던 중 하급경찰서에 시달된 18세 미만자를 단속하라는 경찰청의 공문을 알고는 18세 청소년 10명을 업소에 입장시켰다. ① (대판 85도25) 甲의 착오는 경찰당국의 단속지침을 믿었다는 점은 정당한 이유에 해당하지 않는다. ② (評釋) 甲이 경찰당국으로부터 직접 행정지도를 받았다면—비디오방 청소년 출입연령에 대한 행정지도를 신뢰한 사건(대판 2001도4077)처럼—정당한 이유가 인정되지만, 주류판매업자는 미성년자에 대한 사회윤리적 보호의무로 인해 관련법에 관하여 더 **적극적으로 정보화했어야 한다.**

24 **[변리사의 회답]** 甲은 변리사 丙에게 자신의 상표사용이 乙의 상표권을 침해하는지를 문의하여 침해하지 않는다는 답을 받았다. 특허청은 甲의 상표출원을 받아들였다. 甲은 상표권침해죄로 고소되었으나 무혐의처분을 받았고, 乙의 재항고로 재기수사명령이 내려져 다시 수사 받고 기소되었다. ① (대판 97도3337) 甲의 법률착오는 정당한 이유가 인정되지 않는다. ② (評釋) 변리사는 상표법전문가이므로 그의 회답 신뢰는 보호가치가 있고, 정당한 이유가 인정된다.

별사안마다 판단이 다를 수 있다. 법원의 판결이 심급마다 다른 경우는 최상급법원의 판결에 대한 신뢰만 보호가치가 인정된다.

3) 인수책임　　행위자의 직업생활영역이나 법적으로 특별하게 규율되고 있는 생활영역에서 행위자는 **인수책임**(Übernahmeverschulden)을 진다. 예컨대 차를 몰고 교통에 참여하는 자는 교통법규를 알 의무가 있고, 그 의무의 위반에 대해 면책을 주장할 수 없다.[25]

3. 법률의 착오의 효과

제16조는 법률의 착오가 정당한 이유가 있는 때에는 **벌하지 아니한다**(제16조)고 규정한다. 여기서 "벌하지 않는다"는 것은 면책이 아니라 **책임의 배제**를 뜻한다. 정당한 이유가 없는 법률의 착오도 책임원칙에 따르면 필요적 감경이 마땅하지만, 법률의 착오의 입증 불확실성을 고려할 때 **임의적 감경**이 적절하다. 이는 **법률상 감경사유**(제55조)**의 흠결을 보충하는 법형성**이다.

---

25 [착오와 인수책임] H사회복지법인 대표 甲은 보건복지부장관의 허가를 받지 않고 기본재산인 토지 일부를 처분한 보상금의 용도를 지원사업으로 변경하였다. 甲은 보상금이 H법인의 기본재산인 점임을 알지 못했다. 甲은 「사회복지사업법」상 기본재산용도변경죄를 범하였다. ① (대판 2005도5511) "보상금이 기본재산인 점에 대하여 인식하지 못하였다는 사정은" 법률의 착오에 해당하지 않는다. ② (評釋) 토지가 기본재산인 점을 몰랐다면 사실의 착오로 고의가 탈락하고, 기본재산용도변경죄를 몰랐다면 법률의 착오이지만 인수책임이 인정된다.

§22. 면책사유

Ⅰ. 면책사유의 일반이론

면책사유(또는 책임조각사유)는 행위자가 책임능력이 있고 자기 행위의 위법성을 인식하여 책임이 일단 성립하지만 그에 대한 **책임**(비난)**을 소멸 또는 감소시키는 사유**를 말한다. 면책사유는 애당초 책임이 성립하지 않는 책임배제사유(책임무능력, 불법의식결여)와 구별된다. 면책사유는 정당방위 등의 정당화사유처럼 행위를 합법적인 것으로 만들지 못한다. 따라서 면책사유가 있는 행위자에 대하여는 정당방위가 가능하고, 공범도 성립할 수 있다.

[현행법상 면책사유]　① **총칙상 면책사유**로는 강요된 행위(제12조), 과잉방위(제21조 제2, 3항), 과잉피난(제22조 제3항), 과잉자구행위(제23조 제2항)가 있다. 면책적 긴급피난(제22조 제1항)과 중지미수에서 형의 감면사유(제26조) 등이 있다. ② 친족간의 범인은닉(제151조 제2항), 증거인멸(제155조 제4항), 단순도주죄(제145조)가 방조적 성격의 도주원조죄(제147조)보다 가볍게 처벌되는 것, 위조통화취득후 지정행사죄(제210조)가 보통행사죄(제207조 제4항)보다 가볍게 처벌되는 것 등은 **형법각칙에 구현된 기대가능성**의 예라고 본다. 그러나 이 규정들은 기대가능성외에 다른 요소들(예: 범죄발생빈도, 예방필요성, 피해자보호필요성)도 함께 입법에 작용한 결과이지, 책임조각사유는 아니다. 따라서 친족의 범인은닉죄에 대해서도 기대가능성을 검토할 수 있다. ③ 면책사유가 책임을 소멸시키는 경우 혹은 기대가능성이 전혀 존재하지 않는 경우(**절대적 면책사유**)는 범죄가 불성립하므로, 무죄판결(형사소송법 제325조)을 내린다. 면책사유가 책임을 소멸시키지 않고 단지 감소시키는 경우(**상대적 면책사유**)는 형을 감경(제54조, 제55조)하거나 면제하는 판결(제322조)을 한다.

Ⅱ. 기대가능성

[기대가능성이론의 연혁]　고전적 범죄체계의 심리적 책임론은 책임을 '위법한 결과에 대한 행위자의 심리적 관계'로 이해하였기 때문에 기대가능성을 책임요소로 파악하지 못했다. 그러나 19세기 말 주인의 명령에 반하여 발길질을 하는 악습이 있는 말

1 "지구 원주민으로서 탈출치 못한 자가 동 지구에서의 불온단체에 가입하였다하여 이를 곧 고의에

을 몰고 가다가 통행인에게 상해를 입힌 마부에게 해고의 위험을 무릅쓰고 말 몰기를 거부할 것을 기대할 수 없다는 이유로 무죄를 선고한 독일제국법원의 판결(RGSt 30, 35)을 계기로 독일 학계는 도표와 같은 이론을 발전시켰다. 책임의 본질을 불법에 대한 비난가능성으로 보는 규범적 책임론에 의해 적법행위의 기대가능성은 (초법규적인) 책임요소가 되었다.

Frank	고의, 과실 이외에 비난가능성, 즉 "행위 당시 부수사정의 정상성"도 책임요소가 된다.
Freu-denthal	기대가능성을 고의와 과실의 구성요소로 바라봄으로써 기대불가능성은 고의와 과실의 성립을 배제한다.[1]
Gold-schmidt	책임은 의무규범의 위반이며, 기대가능성은 그 의무규범의 내재적 제한이므로 기대불가능성은 책임을 조각한다.
Schmidt	적법한 행위를 기대할 수 없는 경우 책임비난의 가능성이 없어지는 "일반적인 초법규적 책임조각사유"이다.

(1) **기대가능성의 의의** 기대가능성(Zumutbarkeit)이란 행위 시의 구체적 사정으로 보아 행위자가 범죄행위를 하지 않고 적법행위로 나아갈 것을 기대할 수 있는 것을 말한다. 기대가능성은 초법규적 원칙이 아니라 과잉금지원칙(헌법 제37조 제2항)에서 도출되는 실정법적 원칙이지만 초'법률'적(übergesetzlich) 법원칙이며, 그 성격에 관해 두 이론이 있다.

- **규범적 원칙설**(normatives Prinzip)은 기대가능성을 책임귀속의 개별적 기준들을 도출해내는 일반적인 원리로 이해한다. 판례는 "행위 당시의 구체적인 사정에 비추어 행위자에게 그 범죄행위를 그만둘 것을 기대하기 어려울 때에는 그 행위자를 비난할 수 없어 그 **책임이 조각**된다"(대판 95도2551)고 보고, 기대가능성을 "헌법이 정한 형사상 **자기책임원칙을 실현하는 책임요건**"(대판 2009도5945)이라고 본다. 판례에서 기대가능성은 때때로 비난가능성과 동의어로 사용된다(대판 99도2309). 이에 따르면 '기대불가능성'은 불법조각사유가 되지 않는다.
- **규제적 원칙설**(regulatives Prinzip)은 독일의 지배설로서 기대가능성을 특정한 개별사례의 구체적 사정에 따라 불법(예: 주의의무, 보증인의무)과 책임을 한계지우는 원칙으로 바라본다.

私見으로 규범적 원칙설은 **면책사유에 관한 형법의 흠결을 메워주고**(초법률적 책임조각사유) 규제적 원칙설은 **형사불법의 법치국가적 한계를 설정**하는 기여를 한다. 이 둘을 종합하면, 기대가능성은 **책임조각사유**(책임귀속원리)로 기능하면서도, 과실범의 주의의무[2]나 부작위범의 보증인의

의한 행위라 할 수 없"다는 대판 4288형상392는 Freudenthal의 견해와 유사하다.

2 [기대가능성의 주의의무구성] 甲은 乙과 2차선 도로를 무단횡단하려 도로 중앙선에 서 있다가, 차량이 오는 것을 확인하지 않고, 술에 취해 양손을 주머니에 넣고 고개를 숙이고 있던 乙의 팔을 갑자

무[3]를 제한적으로 구성하는 **불법요소**(불법귀속원리)로 작용한다. 기대가능성이 불법요소일 경우는 검사가 입증부담과 입증책임을 모두 지는 반면, 책임조각사유일 경우는 피고인이 기대불가능성을 주장하고, 기대가능성에 대해 의문이 들 정도로 입증활동을 할 부담(입증부담)을 지지만 입증책임은 검사에게 있다.

(2) 기대가능성의 판단기준 판례에 의하면 "적법행위를 기대할 가능성이 있는지 여부를 판단하기 위해서는 **행위 당시의 구체적인 상황 하에 행위자 대신에 사회적 평균인을 두고 이 평균인의 관점**에서 그 기대가능성 유무를 판단하여야 한다"(대판 2005도10101). 그러나 기대가능성에 대한 결정 자체는 국가표준설 또는 행위자표준설에 따른 듯한 판례들도 있고, 세 학설들은 때로는 같은 결론에 수렴[4]되기도 한다.

표준	판례(적법행위 기대가능성 인정 ○, 불인정 ×)	
국가표준설 적법행위를 기대하고 있는 국가가 법질서 내지 현실을 지배하는 국가이념에 따라 판단한다.	○	• 불법건축물로 영업신고접수가 거부되었는데 영업을 함(대판 2008도6829). • 보험회사의 수가 삭감을 예상한 의료기관의 허위 · 과다청구(대판 2006도5945). • 통일원장관의 접촉 승인 없이 북한 주민과 접촉한 행위(대판 2001도6484). • 전교조의 모든 집회가 부당하게 금지된 상황에서의 집회신고(대판 92도1246).
	×	• 납북된 자가 귀국이 불확실한 상태에서 북한을 찬양 고무함(대판 71도1657).
평균인표준설 사회의 평균인 또는 일반인을 행위자의 구체적 행위상황에 두고 판단한다.	○	• 직장 상사의 지시로 그 부하가 범법행위에 가담한 경우(대판 2008도11921).[5] • A&D 성사에 필요한 전환사채 상환문제 해결을 위해 금품수수(대판 2003도4320). • 전문가의 도움을 받아 성수대교에 대한 안전점검을 철저히 함(대판 97도1741).
	×	• 34명 중 1인만 미성년자인 대학생들 모두의 증명서를 확인(대판 86도874).

기 잡아끌어 도로를 횡단하다가 丙의 승용차에 부딪혔고 乙은 사망하였다. ① (대판 2002도2800) 甲이 乙의 안전을 위하여 차량의 통행 및 횡단 가능 여부를 확인할 주의의무가 있고 甲도 丙의 차량에 부딪혔다 하여 무단횡단에 앞서서 차량을 확인하거나 그 횡단 가능 여부를 판단할 수 있는 기대가능성이 없었다고 할 수 없다.

3 [종범의 기대가능성] 법원 경매계 甲은 부동산경매 입찰보증금의 입·출금 업무를 맡던 乙이 입찰보증금 45억 원을 횡령하고 나중에 실시한 입찰사건의 입찰보증금으로 보전하고 있는 사실을 알았지만, 배당불능의 사태를 막기 위해 이를 묵인했다. ① (대판 95도2551) "**행위자에게 그 범죄행위를 그만둘 것을 기대하기 어려울 때에는 그 행위자를 비난할 수 없어 그 책임이 조각된다.**" 甲은 乙의 횡령행위를 방조하지 않을 것에 대한 기대가능성이 없다.

4 [기대가능성 학설수렴] 甲은 어려서부터 부모의 영향 아래 여호와의 증인 신자로서 신앙생활을 해왔고, 그 교리를 좇아 인격이 형성되었다. 그 결과 현역병 입영을 거부하였다. ① (대판 2004도2965) "甲이 적법행위로 나아가는 것이 실제로 전혀 불가능하다고 할 수는 없다. 법규범은 개인으로 하여금 자기의 양심의 실현이 헌법에 합치하는 법률에 반하는 매우 드문 경우에는 뒤로 물러나야 한다는 것을 원칙적으로 요구하기 때문이다." ② (評釋) 판례는 행위자표준설을 취했으나 국가표준설에 의해서도 같은 결론에 이른다.

표준	판례(적법행위 기대가능성 인정 ○, 불인정 ×)	
행위자표준설 행위당시 행위자의 구체적 사정을 표준으로 하여 판단한다.	×	• 시험문제를 우연히 안 수험생이 답을 암기한 후 답안지에 기재함(대판 65도1164).

私見으로 기대가능성이 **불법영역**에서 귀속기준(예: 과실범 주의의무나 부작위범 보증인의무)으로 기능하는 경우에는 **평균인표준설**이 타당하다. 행위자의 개인적 특수성은 책임판단에서와 달리 불법판단에서는 고려하지 않기 때문이다. 기대가능성이 **책임영역**에서 귀속기준으로 기능하는 경우에는 **책임원칙의 이념에 따라 행위자표준설**이 타당하다. 행위자표준설을 따르더라도 가령 확신범의 경우도 준법에 대한 기대, 준법이 행위자에게 법치국가적 한계를 넘어서는 희생의 강요인지에 대한 가치결정을 통해 기대가능성을 판단한다.[6] 또한 현대사회에서는 전문영역의 특수성을 고려하여 기대가능성 판단은 차별화[7]될 수 있다.

(3) 기대가능성에 대한 착오 기대가능성에 대한 착오로는 ① **기대가능성의 존재와 한계에 관한 착오**(예: 상사의 위법한 명령을 따르더라도 적법행위의 기대불가능성으로 책임이 조각된다고 생각)와 ② **기대가능성의 기초가 되는 상황에 대한 착오**(예: 방어할 방법이 없는 생명에 대한 협박이 없는데도 있다고 착각)가 있다. 후자에 대해서는 법률의 착오(제16조)를 유추적용하자는 견해도 있으나 기대가능성 착오는 책임귀속요소의 착오라는 점에서 **양형요소**로만 고려함이 합리적이다.

---

5 대판 87도2358은 대공수사부서처럼 절대복종이 불문율인 경우에도 기대가능성을 인정한다.

6 의붓아버지의 강간행위에 의하여 정조를 유린당한 후 계속적으로 성관계를 강요받아 온 피고인이 상피고인과 공모하여 의붓아버지가 잠든 상태에서 식칼로 심장을 찔러 살해한 행위는 (행위자표준설에 의하더라도) 살인하지 않을 기대가능성이 인정된다(대판 92도2540).

7 [전문영역별 기대가능성] 소형건설업자 甲과 乙은 경쟁입찰을 할 때 미리 공모하여 정해놓은 가격으로 입찰에 응하여 甲이 낙찰되었다. 이 담합은 무모한 출혈경쟁을 방지하기 위한 부득이한 방편이었고 낙찰된 가격은 시장가격에 부합했고, 입찰자의 적정이윤도 실현되었다. ① (대판 94도2131) 甲에겐 입찰방해를 하지 않을 기대가능성이 인정된다. ② (評釋) 기대가능성 판단에서 중소건설업시장은 '**시장가격설**'에 의해 행위자표준설을 구현하는 반면, 대형건설업시장은 '**경쟁가격설**'에 의해 평균인표준설을 구현할 수 있다.

Ⅲ. 강요된 행위

형법 제12조(강요된 행위) 저항할 수 없는 폭력이나 자기 또는 친족의 생명, 신체에 대한 위해를 방어할 방법이 없는 협박에 의하여 강요된 행위는 벌하지 아니한다.

(1) **의 의** 강요된 행위란 "저항할 수 없는 폭력이나 자기 또는 친족의 생명, 신체에 대한 위해를 방어할 방법이 없는 협박"으로 인하여 범죄를 실현하는 행위이다. 강요된 행위는 **기대가능성**뿐만 아니라 **비난가능성, 기타 정책적 요소**(예: 친족보호)를 종합 고려한 책임조각사유다.

형법 제12조의 연원인 (구) 독일형법 제52조(Nötigungsstand)가 총칙규정으로 부적절하다는 비판을 받아 삭제되고 현행 제35조(면책적 긴급피난)로 통합된 점을 고려하면 강요된 행위는 면책적 긴급피난의 측면도 있다. 그러나 **면책적 긴급피난과 강요된 행위의 차이**를 고려할 때 양자는 각기 **독립된 면책사유**라고 보아야 한다.

	강요된 행위	면책적 긴급피난
원인	폭행, 협박 등 불법한 원인	현재의 **위난**
상당성 필요여부	상당한 이유의 유무에 관계없이 성립	충돌하는 이익 사이의 상당성이 요구됨
실정성	법률상 책임조각사유	**초법규적** 책임조각사유

(2) **강요된 행위의 성립요건** 강요된 행위는 "저항할 수 없는 폭력이나 자기 또는 친족의 생명·신체에 대한 위해를 방어할 방법이 없는 협박에 의"한 것이어야 한다.

1) **저항할 수 없는 폭력** 폭력이란 '상대방의 저항을 억압하기 위한 유형력('물리적 힘')의 행사'라는 형법상 폭행만이 아니라 일상적 의미의 폭력, 즉 「폭력행위처벌법」이나 「가정폭력처벌법」에 규정된 **다양한 유형의 폭력들**(예: 상해, 폭행, 학대, 체포, 감금, 강요, 손괴)을 포함한다. 판례(대판 2007도3306)에 의하면 제12조의 폭력은 "심리적인 의미에 있어서 육체적으로 어떤 행위를 **절대적으로** 하지 아니할 수 없게 하는 경우와 **윤리적 의미에 있어서 강압된** 경우를 포함"한다. 그러나 私見으로 절대적 폭력(vis absoluta)은 책임이 아니라 행위성 자체를 탈락시키므로 강요된 행위의 폭력은 **강제적 폭력**(vis compulsiva),[8] 즉 의사결정의 자유를 박탈하는 정도의 힘

8 **[강제적 폭력]** 乙은 부인 甲이 丙과 간통을 했다고 오인하고 甲을 구타하여 丙으로부터 간통사실을

	절대적 폭력	강제적 폭력
개념	육체적으로 어떤 행위를 절대적으로 하게 하거나 하지 못하게 하는 유형력의 행사	타인의 의사형성에 영향을 미쳐 범죄행위를 하도록 만드는 유형력의 행사
예시	사람의 손을 붙들어 문서에 날인하게 하는 행위	감금한 상태에서 상대방이 문서에 서명하게 하는 행위
법적 효과	절대적 폭력으로 강요된 행위는 인간의 인격발현이 아니므로 **행위성이 부정됨**	형법상 위법한 행위이지만 **책임이 조각됨**

을 행사하는 것을 뜻한다. 이러한 힘의 행사로 상대는 '저항할 수 없'어야 한다. 이는 피강요자가 물리적으로 **대항할 수 없는 경우**뿐만 아니라 비록 폭력을 제거할 힘은 있더라도 '**거부할 수 없는 처지**'[9]에 놓인 경우를 포함한다. 이에 대한 판단은 폭력 그 자체의 물리적 강도와 성질, 폭력의 수단·방법, 폭력자와 피강요자의 관계 등 모든 사정을 종합 고려하여 강요된 행위자를 기준으로 결정해야 한다.

2) 자기 또는 친족의 생명·신체에 대한 위해를 방어할 방법이 없는 협박 강요된 행위의 **협박**은 상대방으로 하여금 공포심을 일으키게 할 만한 위해를 가할 것을 고지하는 것이다. 협박은 자연적인 길흉화복의 도래를 알리는 단순한 경고나 위해를 그 자체로서 내포하고 있는 폭력과 구분된다. "강요된 행위가 되려면 반드시 유형적인 협박을 받는 것을 요건으로 하지 아니한다"(대판 68도1815). 따라서 협박은 언어적 표현이 아닌 거동에 의해서도 가능하다. 협박자에게 협박의 내용을 실현할 의사가 없거나 또는 그 실현이 불가능한 경우라 하더라도, 협박이 진지하다는 점을 상대방에게 일깨워주는 한 협박이 성립한다. 협박은 **자기 또는 친족의 생명·신체에 대한 위해에 관한 것**이어야 한다. 따라서 생명·신체 이외의 법익(예: 재산, 명예, 프라이버시, 비밀)에 대한 위해가 협박의 내용인 경우는 제12조에 포섭되지 않고 기대가능성만이 검토된다. 친족은 민법규정(민법 제777조)에 따라 결정한다. 다만 사실상의 부부나 사생아도 친족에 포함됨

폭로하겠다는 협박으로 돈을 주었다는 내용의 확인서와 고소장을 쓰라고 강요했고 甲은 경찰에 丙에 대한 고소장을 작성·제출하였다. ① (대판 2007도3306) 甲의 무고는 강요된 행위이다.

9 [저항불가] 甲은 일본에 가면 취직할 수 있다는 친척의 감언을 따라서 일본으로 밀항하였고, 조총련에게 인계된 이후 감시와 감금 하에 교육을 받았으며 강요에 못 이겨 공산주의자가 되어 북송선을 타려가다 자수하였다. ① (대판 71도1178) "18세의 소년에 대하여 지리나 인정 등이 생소한 일본국에서 이루어"진 점에서 甲의 밀항단속법 위반은 **거부할 수 없는 처지에서 한** 강요된 행위이다.

은 물론이며, 현대사회의 다양한 대안가족관계(예: 동성애, 이혼녀들의 결합)도 포함시키는 해석이 바람직하다. **위해를 방어할 방법이 없다**[10]는 것은 피강요자의 범죄행위가 위해를 피하기 위한 **최후의 유일한 수단**이어야[11] 함을 뜻한다. 협박의 강도나 성질뿐만 아니라 구체적 행위상황의 모든 사정을 종합 고려하여 판단한다.

3) 자초한 강요된 행위 판례에 의하면 행위자가 **행위의 강제상태를 자초한 경우**에 그의 행위는 강요된 행위가 되지 않는다. 강제상태를 스스로 자초하였다면 행위자를 비난할 수 있고 그 행위를 하지 않을 것을 기대할 수도 있기 때문이다. 그러나 私見으로 강제상태에서 한 **강요된 행위**(의 결과)**를 강제상태를 자초한 행위에 귀속**시킬 수 있는 경우라면 제12조를 적용할 수 없지만 그런 귀속이 불가능한 경우[12]라면 제12조를 적용하여야 한다.

예컨대 자진하여 북한항구에 외항선을 타고 공공연히 입항한 자의 「국가보안법」 위반은 강요된 행위가 되지 않지만(대판 72도2585), 고기잡이하다 실수로 북한지역으로 넘어가 납북된 후 어쩔 수 없이 한 「국가보안법」 위반은 강요된 행위가 된다.

4) 강요된 행위 강요된 행위는 피강요자가 폭력이나 협박에 의하여 의사결정 또는 행동의 자유가 침해된 상태에서 강요자가 요구하는 일정한 범죄행위를 하는 것을 말한다(대판 2007도3306). 강요된 행위는 구성요

10 [판례: 방어방법이 없는 협박] 북괴치하에 거주하는 자의 부역행위(대판 4287형상49)나 「국가보안법」 위반행위(대판 4288형상392), 북괴에 납북된 어부의 피랍상태에서 한 「국가보안법」 위반행위(대판 75도414)는 강요된 행위이다.

11 [강요된 행위와 기대가능성] 지방선거에 출마하려는 甲은 지방신문사 대표 乙과 편집국장 丙이 지역여론을 조사할 터이니 그 비용을 대달라고 하자, 신문사에 밉보이면 좋을 게 없다는 생각으로 받아들였다. ① (대판 2010도10451) 여론조사비의 요구는 '저항할 수 없는 폭력이나 자기 또는 친족의 생명·신체에 대한 위해를 방어할 방법이 없는 협박'에 해당하지 않고 甲의 수락은 공직선거법상 **신문·방송불법이용**(제97조 제1항)에 해당하고 적법행위 기대가능성도 인정된다.

12 [자초 강요된 행위] 甲과 乙은 군사분계선 이남에서 어군을 따라 배를 몰다가 북한지역으로 넘어 들어간다는 의심을 하면서 은연중 그 지역으로 들어가게 되었다. 甲과 乙은 북한에 납치되었고 자신들의 생명·신체에 예측할 수 없는 위해가 가해질지도 모르는 상황에서 북한을 찬양하고, 대한민국의 기밀 사항을 북한에게 알려주었고 북한의 지령을 받거나 물건을 수수하였다. ① (대판 69도1771) 甲과 乙의 국가보안법 위반은 저항할 수 없는 폭력이나 자기의 생명·신체에 대한 방어할 방법이 없는 위해에 의한 것이지만 甲과 乙이 **자초하였거나 예기하였다는 점에서 강요된 행위라고 할 수 없다.** ② (評釋) 甲과 乙의 강요된 행위들이 북한지역으로 넘어간 잘못에 귀속시킬 수 없고 제12조를 적용할 수 있다.

건에 해당하고 위법한 행위이어야 하고, 폭력이나 협박과 인과관계가 있어야 한다. 강요된 행위일지라도 그 행위가 고문[13]과 같이 중대하고 **인권침해적 범죄**인 경우에는 강요된 행위(제12조)로 인정될 수 없다. 또한 **강요란** 구체적인 범죄행위의 결단과 실행에 대한 것이지 행위자의 **인격형성에 대한 것은 아니다.**[14] 私見으로 다만 인격형성이 행위자에게 비난할 수 없는 강요된 왜곡된 과정의 결과라면 강요된 인격의 형성에 대해서도 비난을 할 수가 없으므로 기대불가능성에 의해 책임을 조각 또는 감경할 수 있다.

(3) 강요된 행위의 법적 효과 강요된 행위는 제12조에 의하여 책임이 조각된다. 이에 대한 정당방위는 허용된다. 강요자는 피강요자를 우월한 의사로써 지배하게 되므로, 강요자에게는 강요된 행위의 간접정범이 성립할 수 있다.

Ⅳ. 기타 면책사유

1. 위법한 명령에 따른 행위

상관의 명령이 사실상 구속력이 있지만 명백하게 위법한 명령인 경우에는 이미 **직무상의 명령**이라 할 수 없으므로 이에 복종해야 할 의무가 없으며, 절대복종이 조직의 불문율이었더라도 중대하고 명백한 위법명령에 따른 행위는 강요된 행위가 될 수 없고, 기대불가능성을 이유로 개별사안에 따라 책임이 조각될 가능성은 있다. 고문치사처럼 인권침

13 [고문과 강요된 행위] 명령절대복종의 불문율이 있는 대공수사단 직원 甲은 상관 乙의 명령에 따라 피해자 丙의 머리를 욕조의 물속으로 눌러 사망에 이르게 하였다. ① (대판 87도2358) "불문율이 있다는 것만으로는 **고문치사와 같이 중대하고도 명백한 위법명령에 따른 행위**가 정당한 행위에 해당하거나 강요된 행위로서 적법행위에 대한 기대가능성이 없는 경우"로 볼 수 없다.

14 [범행강요와 인격형성의 구별] 甲은 북한에서 출생하고 격리된 공간에서 7년 8개월 동안 김일성 충성을 고취하는 사상교육을 받고 대남공작원이 되어 KAL기 폭파지령을 받았다. 甲은 그 명령을 거절, 회피한다는 것은 도저히 있을 수 없는 일이라고 생각하여 실행에 옮겼다. ① (대판 89도1670) 강요된 행위는 "**성장교육과정을 통하여 형성된 내재적인 관념 내지 확신으로 인하여** 행위자 스스로의 의사결정이 사실상 강제되는 결과를 낳게 하는 경우까지 의미한다고 볼 수는 없"다. 甲의 「국가보안법」, 「항공법」, 「항공기운항안전법」 위반행위는 강요된 행위가 아니다. ② (評釋) 이는 Engisch의 성격책임론을 배제한 것이기도 하다.

해범죄나 정치사찰행위[15]와 같은 민주적 법치국가의 중요한 인프라를 침해하는 위법한 명령의 집행은 기대불가능성도 인정될 수 없다.

2. 면책적 위법성조각사유

(1) 면책적 과잉방위 과잉방위(Notwehrexzess)는 정당방위상황이 존재하고, 방위의사를 갖고 한 방위행위이지만 상당성의 정도를 넘은 경우를 가리킨다. 과잉방위에서 **책임은 감소**되지만 소멸하지는 않는다. 제21조 제2항은 형의 감경과 면제를 규정하는데, 형의 면제는 유죄판결의 일종이고 책임이 소멸하였다면 범죄불성립으로 무죄판결이 선고되어야 하기 때문이다. 과잉방위를 "야간이나 그 밖의 불안한 상태에서 공포를 느끼거나 경악하거나 흥분하거나 당황하였기 때문에" 하였을 때에는 제21조 제3항에 의해 벌하지 아니한다. 여기서 벌하지 않는 것은 그런 상황에서는 상당한 방위행위에 대한 기대가능성이 없어 **책임이 소멸됨**을 의미한다.

(2) 면책적 과잉피난 과잉피난(Notstandexzess)은 긴급피난상황이 존재하고, 피난의사를 갖고 한 피난행위이지만 상당성의 정도를 넘은 경우를 가리킨다. 과잉피난에는 상당성을 초과하는 부분에 대해 고의가 있는 경우뿐만 아니라 과실이 있는 경우도 포함한다. 과잉피난자에 대해서는 정황에 의하여 형을 감경 또는 면제할 수 있다(제22조 제3항). 해석상 고의의 과잉피난행위자는 형을 감경하고, 과실의 과잉피난행위자는 형을 감경하거나 면제시킬 수 있다. 이는 **책임이 감소**된 결과이다. 고의의 과잉피난행위자의 경우에도 예외적으로 "야간이나 그 밖의 불안한 상태에서 공포를 느끼거나 경악하거나 흥분하거나 당황하였기 때문"인 경우에는 제22조 제3항에 의해 벌하지 아니한다. 이는 **책임이 소멸**된 결과이다.

---

15 **[위법한 명령]** 국가안전기획부장 乙은 특정 대선후보에 대한 반대여론을 조성하기 위해 비서실장 甲에게 허위사실을 담은 책자를 발간·배포하거나 기사를 게재하도록 명령했고, 甲은 이를 수행하였다. ① (대판 99도636) 공무원인 "상관은 하관에 대하여 범죄행위 등 위법한 행위를 하도록 명령할 직권이 없고 하관은 단지 소속상관의 **적법한 명령에 대해서만 복종의무가 있으므로**" 乙의 명령을 甲은 따라야 할 의무가 없다. 甲의 「국가안전기획부법」 위반, 출판물 명예훼손의 죄는 강요된 행위로서 적법행위에 대한 기대가능성이 없다고 볼 수 없다.

(3) **과잉자구행위** 과잉자구행위(Selbsthilfeexzess)는 자구행위상황이 존재하고, 자구의사도 있었지만, 자구행위가 상당성의 정도를 넘은 경우이다. 과잉자구행위자는 정황에 따라 형을 감경 또는 면제할 수 있다(제23조 제2항). 해석상 고의범은 형을 감경하고, 과실범은 형을 감경하거나 면제시킬 수 있다. 이는 **책임이 감소**된 결과이다. 자구행위에는 제21조 제3항, 제22조 제3항과 같은 규정이 없으므로, "야간이나 그 밖의 불안한 상태에서 공포를 느끼거나 경악(驚愕)하거나 흥분하거나 당황하였기 때문에 그 행위를 하였을 때"에도 책임이 감소될 뿐, 소멸되지 않는다. 기대불가능성을 이유로만 책임이 소멸될 수 있을 뿐이다.

§23. 미수범의 일반이론

Ⅰ. 범죄실현의 단계와 제재의 단계

1. 범죄실현의 단계와 형벌의 비례성

범죄란 범죄의사가 범죄의 완성에 이르는 외부화(Äußerung)의 과정이며, 이 과정은 많은 행위들의 연속적 과정으로 이해할 수 있다.

(1) **법익보호의 강도를 정하는 입법기술** 범죄를 실현하는 행위가 미수의 단계에 이르면 법익을 침해할 구체적 위험성이, 예비·음모의 단계에 이르면 법익을 침해할 추상적 위험성이 발생하였다고 볼 수 있다.[1] 따라서 기수범만 처벌하지 않고 미수범도 처벌하는 것은 법익을 더 강력하게 보호하는 것이며, 예비·음모까지 처벌하는 것은 더욱 더 강력하게 보호하는 것이다. 즉, [**기수 → 미수 → 예비·음모**]의 처벌규정은 법익을 보호하는 정도를 차등화하는 법기술적 장치이다. 가령 살인죄는 예비·음모도 처벌하고, 상해죄는 미수까지만 처벌하며, 폭행죄는 기수만 처벌한다. 이런 법기술적 장치의 또 다른 예로 [**침해범 → 구체적 위험범 → 추상적 위험범**]이라는 구성요건의 형식을 들 수 있다. 사람이 주거에 사용하는 건조물 등에 방화하는 행위(제164조 제1항)는 공공의 안녕과 질서를 해하는 추상적 위험만으로 처벌하는 데 비해, 일반물건에 방화하는 행위(제167조 제1항)는 구체적 위험이 발생했을 때에만 기수범으로 처벌한다. 앞의 법기술적 장치는 주로 개인적 법익의 범죄영역에서, 뒤의 법기술적 장치는 주로 보편적 법익의 범죄영역에서 사용된다. 두 장치가 한 종류의 범죄에 모두 사용되기도 한다. 현주건조물방화죄는 추상적 위험범이면서 그 미수와 예비·음모도 처벌한다. 이럴 경우 법익보호의 정도는 가장 강해진다.

1 이에 관해 이경렬, 미수범에 있어서의 위험개념에 관한 연구, 성균관대 박사학위논문, 1994.

(2) **현행법의 4단계 구조** 　현행 형법은 [**예비·음모 → 미수 → 기수 → 종료**]의 4단계에 따라 형법적 제재의 강도를 차등화한다. 이는 비례성원칙의 요청이다.

예시사례	범죄실현단계			성립시점	법익침해	보호강도	법적 효과
⑥ 乙은 甲의 뺑소니사고 목격자 丙이 甲 피고사건에 증언하지 못하게 도록 丙을 살해함[2]	범죄의 완성	외부화·객관화	Ⅳ. 종료	• 목적달성(목적범) • 법익침해행위의 종료(계속범)	법익침해의 종료	관련 없음	• 공소시효 진행(형사소송법 제252조)
⑤ 乙이 丙을 칼로 찔러 죽임 (乙: 살인죄기수, 甲: 살인교사죄)			Ⅲ. 기수	• 구성요건의 실현 (거동범: 실행종료시) (결과범: 결과발생시)	법익침해의 시작	보통 (예: 폭행죄)	• 법정형 적용 • 공범성립의 가능성
④ 乙이 丙을 칼로 찌르다 체포됨 (乙: 살인미수 甲: 살인교사미수)	범죄의 미완성		Ⅱ. 미수	• 실행에 착수한 시점	법익침해의 구체적 위험성	강함 (예: 상해죄)	• 예외적 처벌 • 형의 감경·면제
③ 甲이 丙을 살해하려고 乙을 고용하면서 대가지급 (甲: 살인예비죄, 乙: 살인음모죄)			Ⅰ. 예비음모	• 범죄실현에 실질적으로 기여하는 외적 준비행위나 비밀의 모의행위	법익침해의 추상적 위험성	매우 강함 (예: 살인죄)	• 독립구성요건(예: 살인예비죄)
② 甲이 乙을 청부살인으로 죽이겠다 결심	범죄의사		범죄결의	• 구체적인 범죄를 실현하려는 결심	없음	처벌 안함	없음
① 甲이 乙을 죽이고 싶다고 생각함			범죄구상	• 범죄의사의 형성	없음	처벌 안함	없음

범죄의 기수와 종료 이후에도 '**범죄의 완료**'라는 범죄실현의 (Ⅴ.의) 단계가 있다고 보는 판례(대판 67도334; 대판 84도1398)가 있다. 예컨대 강도가 기수와 **종료의 단계를 지나 어느 정도의 시간이 흐르기 이전**에 살인행위를 하면 강도살인죄(제338조)가 성립하고, 그 시간이 지난 이후에는 강도죄와 살인죄의 경합범이 된다고 보고, 그 구분시점을 범죄의 완료라고 개념화한다. 私見으로 범죄의 완성은 단지 결합범의 해석문제일 뿐이다. 특히 **결합범**(예: 강도살인죄[사형, 무기징역])**의 불법이 경합범의 불법**(예: 강도죄와 살인죄의 경합범[→가중하면 사형, 무기징역, 7년 6월 이상의 징역])보다 더 중한 경우에는 범죄의 완료 개념을 사용을 제한하여야[3] 한다. 그렇지 않으

2 사례 ⑥에서 乙의 살인죄는 丙을 죽인 때 기수가 되고, 종료시점은 丙이 甲의 피고사건에 증인으로 소환이 불가능해진 때(검사가 丙을 증인으로 신청하고, 소재탐지수사도 펼쳤으나 丙이 뒤늦게 살해되어 소환이 불가능해진 때) 乙의 보복목적살인죄의 공소시효가 진행된다.

3 [범죄의 완료] 甲은 乙의 집에서 돈을 훔친 후 10분이 지나 乙의 집에서 200m 떨어진 정류장에 있

면 형벌의 과잉금지원칙에 위반되기 때문이다.

(3) **범죄의사의 불처벌** 형법적 제재가 가해지는 불법은 결과반가치와 행위반가치, 객관적 요소와 주관적 요소로 구성된다. 범죄의 전형적인 실현은 주관적 요소(고의)의 형성에 의해 시작된다. 즉, 범죄를 하려는 의지가 생성되고, 이 의지는 특정한 범죄를 범하겠다는 의사(고의)로 구체화된다. 그런 범죄의사의 형성에 머무른 경우에 형법은 어떤 제재도 가하지 않는다. 이는 양심의 자유와 인격적 자율성을 보호하기 위함이다. 외부화·객관화되지 않은 의사의 범죄적 성격을 밝혀내는 국가권력 작용은 정신의 해부이며, 인간의 존엄성을 훼손하기 때문이다.

2. 범죄의 완성: 기수와 종료

형사처벌은 범죄의사가 범죄를 완성(완수[대판 97도957])하는 단계에까지 외부화되어야 한다. 범죄가 완성된 모습의 기본형은 **기수**이다. 이는 **구성요건(의 모든 요소들)을 실현한 경우**에 인정된다. 즉, 거동범에서는 실행행위가 종료한 때, 결과범에서는 실행행위에 의해 결과가 발생한 때에 기수가 인정된다. **상태범**(예: 살인죄)의 기수는 그 구성요건이 보호하는 법익이 침해되기 시작하는 시점이면서 동시에 끝나는 시점이다. 즉 기수와 종료는 같은 시점에 인정된다. 이에 반해 **계속범**(예: 감금죄)은 법익침해의 상태가 일정한 시간 경과하면 기수가 되지만 **법익침해의 상태가 끝난 때**(예: 피감금자 석방)에야 비로소 종료된다. **목적범**(예: 내란목적살인죄)은 목적 이외의 구성요건이 충족되면 기수가 되지만, **목적이 달성**(예: 국헌문란)된 때에야 비로소 **종료**된다. 이처럼 기수보다 종료의 상태에 이르렀을 때 법익침해는 더 누적·추가되며, 피해는 증가·확대된다. 공소시효는 범죄행위가 종료한 때로부터 진행한다(형사소송법 제252조).

었다. 乙이 뒤쫓아 와 甲을 붙잡아 자신의 집으로 돌아왔다. 이때 甲이 乙을 폭행하였다. ① (대판 98도3321) 준강도죄에서 절도의 "폭행 또는 협박은 절도의 실행에 착수하여 그 실행중이거나 그 실행 직후 또는 실행의 고의를 포기한 직후로서 **사회통념상 범죄행위가 완료되지 아니하였다고 인정될 만한 단계**에서 행하여짐을 요한다"(대판 67도334). 甲의 폭행은 절도범행이 이미 **완료**된 이후이므로 준강도죄가 성립할 수 없다. ② (評釋) 甲은 절도죄와 폭행죄의 경합범이다.

3. 범죄의 미완성: 미수와 예비·음모

범죄의사가 처벌가치가 있을 정도로 외부화되었지만 범죄의 완성에 이르지 못한(범죄의 미완성) 경우가 미수와 예비·음모이다.

(1) **미수와 예비·음모** **미수**는 구성요건의 실현에 착수는 했지만 구성요건의 실현을 완성하지 못한 경우를 가리킨다. **예비**는 범죄의 실현에 실질적으로 기여할 수 있는 외적 준비행위[4](예비)이고, **음모**는 범죄의 실현에 실질적으로 기여하는 비밀의 통모이다. 음모는 "어떤 범죄를 실행하기로 막연하게 합의한 경우나 특정한 범죄와 관련하여 단순히 의견을 교환한 경우"를 넘어서 "범죄의 실행을 위한 합의라는 것이 명백히 인정되고, 그러한 **합의에 실질적인 위험성**"이 있는 경우에 성립한다(대판 2014도10978).

(2) **법적 효과** 미수와 예비·음모는 법률에 특별한 규정이 있는 때에만 처벌된다. 미수범은 **감경구성요건**이지만 예비·음모죄는 **독립구성요건**이다. 예비·음모죄는 실행행위(예: 칼 구입)가 기본범죄의 실행행위(예: 살해)와 다르고 법정형도 기수범의 형을 감면하는 미수범과 달리 독자적으로 정하고 있기 때문이다.

미수의 입법형식 예시	예비·음모의 입법형식 예시
제254조(미수범) 전4조의 미수범은 처벌한다. → 처벌은 전4조(살인, 촉탁·승낙에 의한 살인 등, 위계 등에 의한 촉탁살인)의 법정형을 따르되 총칙 제25조 내지 제27조에 따라 형을 감경 또는 면제할 수 있다.	제255조(예비, 음모) 제250조와 제253조의 죄를 범할 목적으로[5] 예비 또는 음모한 자는 10년 이하의 징역에 처한다.

미수범은 "각칙의 해당 죄에서 정"(제29조)한 기수범의 법정형을 장애

4 [살인예비음모] 甲은 丙을 살해하려고 乙을 고용하면서 살인의 대가지급을 약속하였고, 乙도 이를 수락하였다. ① (대판 2009도7150) 살인예비죄는 "**살인죄를 범할 목적** 외에도 **살인의 준비에 관한 고의**가 있어야 하며, 실행의 착수까지에는 이르지 아니하는 **살인죄의 실현을 위한 준비행위**", 즉 "**객관적으로 보아서 살인죄의 실현에 실질적으로 기여할 수 있는 외적 행위**를 필요로 한다." 甲은 살인예비죄가 성립한다. ② (評釋) 甲은 칼 구입 등 준비를 할 때 살인예비죄가 성립하고, 그 전에는 살인모의죄가 성립한다. 乙이 살인을 승낙하고 살해준비행위도 하지 않았다면 甲은 효과 없는 교사(제31조 제2항)로 살인예비죄가 성립한다.

5 예비·음모죄규정에서 "~할 목적으로"의 문언은 목적범(예: 내란목적 살인죄)의 객관적 구성요건 실현 밖의 독자적 목표가 아니라 주관적 요소로서 '의도'(~할 의사로)를 가리킨다.

미수의 경우에는 임의적 감경(제25조)을 하고, 중지미수의 경우에는 필요적 감면(감경 또는 면제)(제26조)을, 그리고 불능미수의 경우에는 임의적 감면(제27조)을 하여 처벌한다. 예비·음모죄의 독자적인 법정형은 그 실질이 미수범보다 가벼운 형이 선고될 수 있도록 기본범죄에 비해 대폭 낮추어야 한다. 중지미수나 불능미수는 **형의 면제**도 가능하므로 예비·음모죄가 미수범보다 더 무겁게 처벌되지 않도록 양형[6]을 하여야 한다.

[미수범의 처벌근거] 현행 형법의 미수규정들은 20세기 초까지 독일학계에서 대립한 객관설과 주관설이 함께 혼합된 입법이라 할 수 있고, 또한 객관설과 주관설을 어떤 방식으로든 혼합함으로써만 올바르게 해석될 수 있다.

	객 관 설	주 관 설
처벌근거	• 보호법익에 대한 (기수보다 작고, 예비보다 큰) 객관적 위험의 야기	• 실행행위에 의해 표현된 행위자의 반사회적 위험성(주관적 위험성) 또는 법적대적 의사
형법과의 차이점	• 미수의 가벌성을 기수에 대해 제한적으로 인정해야 함. 따라서 제25조의 임의적 감경은 필요적 감경이 되어야 함 • 불능범은 객관적 위험이 없으므로 처벌해서는 안 됨. 따라서 제27조가 불능미수범을 인정하는 것은 타당하지 않음	• 주관적 위험성은 예비, 미수, 기수가 모두 같으므로 형벌의 차등을 둘 수 없음. 따라서 제25조~제27조의 감경 또는 면제는 타당하지 않음 • 불능범도 주관적 위험성이 있으므로 처벌해야 함. 따라서 제27조가 불능미수범을 인정하는 것은 타당하지만 제25조와 달리 형 면제를 인정하는 것은 타당하지 않음 • 중지범은 주관적 위험성이 사라진 것이므로 벌할 수 없음. 따라서 제26조가 필요적 형면제 이외에 형감경도 가능케 한 점은 타당하지 않음
형법과의 정합성	• 미수는 기수보다 형을 감경함 • 미수의 처벌을 각칙의 해당 죄에서 정한 경우에만 외적으로 처벌함(제29조)	• 미수범을 기수범과 동일형으로 처벌할 가능성을 인정함(제25조, 제27조) • 중지미수를 반드시 기수범보다 감경처벌 또는 형면제를 하게 함(제26조) • 불능미수를 인정함(제27조)

미수는 객관적 요소(법익위태화)와 주관적 요소(법적대적 범죄의사)가 분리 불가능한 형태로 혼합되어 있다. 즉, 미수는 행위자가 범죄의지를 갖고 일정한 범행계획 아래서 구성요건의 실현에 착수하여 한편으로는 법익침해의 구체적 위험성을 발생시키고, 다른 한편으로는 그의 법적대적 범죄의사를 외부화시킨다.

6 [미수와 예비·음모의 비례적 양형] 예컨대 살해하려고 피해자의 음료수에 독약을 탔으나 곧 후회하고 마시지 못하게 한 경우에 형의 면제도 가능하지만, 독약을 사서 살인을 준비하는 행위는 10년 이하의 징역에 정상참작감경(제53조)을 적용해도 5년 이하의 징역에 처하게 된다. 이런 형벌의 불균형성과 불비례성은 예비·음모죄가 법형식상 독자적인 범죄구성요건이라고 하여 정당화되지는 않는다. 현재로서는 양형과정에서 범죄실현단계에 비례적인 형을 정할 수밖에 없다.

Ⅱ. 미수범의 체계

1. 미수범 요건의 구조분석

미수범의 불법은 세 가지 유형으로 나뉜다. **장애미수**(제25조)는 미수행위가 일반적으로는 구성요건실현을 완수할 수도 있지만 '우연히' 등장한 개별적인 장애요인으로 완수하지 못한 경우이다. 기수의 불법보다 단지 결과반가치가 적을 뿐, 행위반가치(법적대적 범죄의사)는 차이가 없다. **불능미수**는 미수행위가 "실행의 수단 또는 대상의 착오"로 인하여 '일반적으로' 구성요건실현을 완성할 수 없는 경우이다. 불능미수는 일반적으로 법익침해가 불가능하다는 점에서 개별적인 장애요인으로 불가능한 장애미수보다 객관적 측면의 불법(결과반가치)이 적다. 행위자의 법적대적 범죄의지(행위반가치)는 장애미수범과 같다. 범죄완성의 불능상태도 객관적으로는 필연적이어도 주관적으로는 우연적인 것이다.

<table>
<tr><th colspan="2"></th><th>제25조 장애미수</th><th>제26조 중지미수</th><th>제27조 불능미수</th></tr>
<tr><td rowspan="2">주관적 요건</td><td>공통</td><td colspan="3">① 범행결의(고의)</td></tr>
<tr><td>개별</td><td></td><td>④ 자의로(自意로)</td><td></td></tr>
<tr><td rowspan="2">객관적 요건</td><td>공통</td><td colspan="3">② 실행의 착수
③ 범죄의 미완성</td></tr>
<tr><td>개별</td><td></td><td>⑤ 중지행위: 실행행위중지(착수미수)
결과방지행위(실행미수)
⑥ 결과미발생: 중지행위와 인과관계</td><td>⑦ 실행수단·대상의 착오로
결과발생 불가능
⑧ 위험성</td></tr>
<tr><td colspan="2">요건</td><td>①②③</td><td>①②③+④⑤⑥</td><td>①②③+⑦⑧</td></tr>
<tr><td colspan="2">효과</td><td>임의적 감경</td><td>필요적 감경·면제</td><td>임의적 감경·면제</td></tr>
</table>

중지미수는 자율적인 의사결정으로 실행에 착수한 범행을 그만두고, 그때까지 한 실행행위로 결과가 발생하지 않게 한 경우이다. 결과발생을 차단한 것은 중지미수범의 중지행위에 귀속될 수 있는 것에 한하므로 중지미수범의 객관적 측면의 불법은 제로에 가깝다. 행위자의 법적대적 범죄의사도 현저히 줄어들지만 범죄의사가 제로가 되는 것은 아니다. 같은 범죄의사를 다시 형성할 수도 있기 때문이다. 이렇게 볼 때 장애미수에

서 **임의적 감경**을, 중지미수에서 **필요적 감경·면제**, 그리고 불능미수에서 **임의적 감경·면제**를 규정한 형법의 처벌정책은 미수범 불법의 유형적 차등을 정확하게 반영한 것이다.

2. 미수범의 경합

하나의 미수행위에는 세 가지 미수형태가 도표사례처럼 경합적으로 적용할 수 있다.

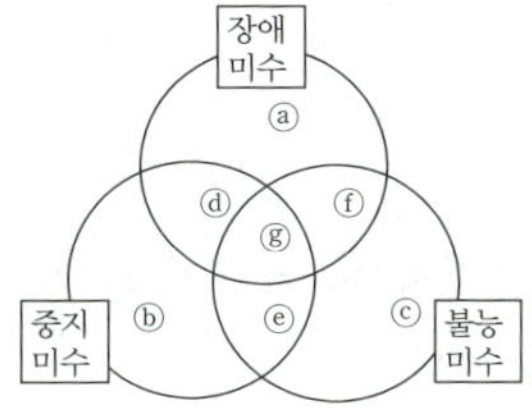

	예 시 사 례	이론	판례
ⓐ	히로뽕을 만드는 과정에서 경찰에 체포됨.	장애미수	장애미수
ⓑ	히로뽕을 만들려고 그 제조원료인 염산에페트린을 생성시키다가 후회하고 그만둠.	중지미수	중지미수
ⓒ	히로뽕 원료인 염산에페트린을 생성시킬 수 없는 기술적 방법으로 에페트린과 빙초산 등 화공약품을 혼합하였으나 염산메칠에페트린 생성됨.	불능미수	불능미수
ⓓ	경찰이 자신을 체포하려는 순간임을 모르고 히로뽕 제조를 반성하고 그만둠.	중지미수	장애미수
ⓔ	히로뽕 원료인 염산에페트린을 생성시킬 수 없는 기술적 방법으로 에페트린과 빙초산 등 화공약품을 혼합하다 범행을 반성하고 그만둠.	중지미수	불능미수
ⓕ	히로뽕 원료인 염산에페트린을 생성시킬 수 없는 기술적 방법으로 에페트린과 빙초산 등 화공약품을 혼합하다가 경찰에 체포됨.	불능미수	장애미수
ⓖ	히로뽕 원료인 염산에페트린을 생성시킬 수 없는 기술적 방법으로 에페트린과 빙초산 등 화공약품을 혼합하다가 경찰이 체포직전임을 모른 채 범행을 반성하고 그만둠.	중지미수	장애미수

이처럼 미수행위에 적용될 법률조항들(제25조~제27조)이 경합할 때 ① 판례는 미수범이 자율적 의사결정으로 범행을 중단해도, 당시에 **외부적 장애가 존재**한 경우[7]에는 중지미수를 불인정하고 장애미수를 인정한다. ② 私見으로 이는 각 미수형태의 **존재론적 구조**를 분석하고, 그 필연적 구성요소나 배제요소를 설정하여 결정하는 방법을 취한 것이다. 이럴 경우 중지

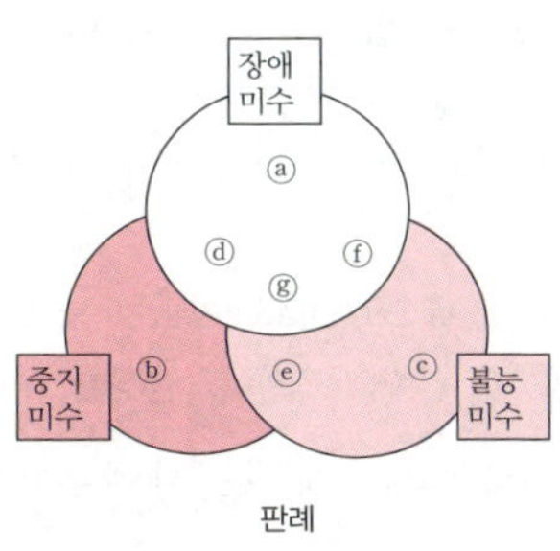

판례

7 **[장애미수와 중지미수의 경합]** 甲은 乙을 강간하려고 팬티를 강제로 벗기고 음부를 만지던 중 乙이 수술한 지 얼마 안 되어 배가 아프다면서 애원하는 바람에 그만두었다. ① (대판 92도917) "간음행위를 중단한 것은 피해자를 불쌍히 여겨서가 아니라 피해자의 신체조건상 강간을 하기에 지장이 있다고 본 데에 기인한 것이므로, 이는 일반의 경험상 강간행위를 수행함에 장애가 되는 **외부적 사정에 의하여** 범행을 중지한 것에 지나지 않는 것으로서 중지범의 요건인 **자의성을 결여**하였다." ② (評釋) 甲의 강간중지는 자율적 의사결정에 기초한 것이며, 시민자유우선원칙에 따라 중지미수를 장애미수보다 우선 적용해야 한다.

미수는《윤리적 반성에 의한 범행중지∧외부적 장애의 부존재》라는 존재론적 구조(요소)를 갖게 된다. 그러나 미수범 형태의 결정은 **양형의 한 과정**(임의적 또는 필요적인 형의 감경과 면제에 따라 처단형을 정함)이므로 비례성원칙, 특히 **시민자유우선**(in dubio pro libertate)－원칙을 준수하여야 한다. 즉, 행위자에게 가장 유리하게 [중지미수(필요적 감경·면제) → 불능미수(임의적 감경·면제) → 장애미수(임의적 감경)]의 순으로 미수범의 형태를 결정해야 한다.

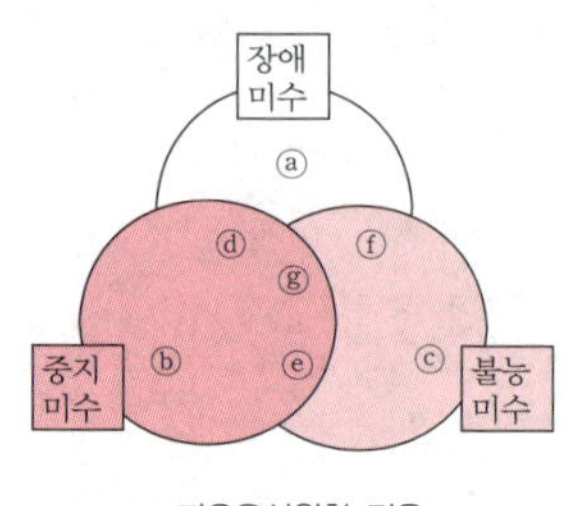

자유우선원칙 적용

Ⅲ. 실행의 착수

미수와 예비·음모를 가르는 실행의 착수는 행위자의 범행계획에서 볼 때 구성요건을 실현(행위)하는 행위를 시작하는 것을 의미한다.

1. 실행의 착수시기

실행의 착수를 판단하는 기준에 관해 다음 4개의 학설이 대립된다.

- **객관설(형식적 객관설)**　구성요건에 해당하는 행위 또는 그런 행위의 일부분을 한 때에 실행의 착수를 인정한다.
- **실질적 객관설**　구성요건적 행위의 직접적 "전단계행위" 또는 법익침해에 "**밀접한 행위**"가 있을 때에 실행의 착수를 인정한다.
  [Frank공식] 자연적인 생활의 관점에서(nach der natürlichen Lebensauffassung) 구성요건적 행위와 필연적으로 결합되어 있는 행위가 있을 때 실행의 착수를 인정한다.
- **주 관 설**　어떤 행위든 간에 범죄실행의사를 외부화하는 행위가 있은 때에 실행의 착수를 인정한다.
- **주관적 객관설(개별적 객관설)**　행위자의 개별적 행위계획(주관적 요소)에 비추어 구성요건실현을 직접적으로 개시(객관적 요소)한 때에 실행의 착수를 인정한다(독일 형법 제22조[8]). 판례의 **물색행위설**도 주관적 객관설이지만,[9] 구체적인 행위객체

8 StGB § 22: Eine Straftat versucht, wer nach seiner Vorstellung von der Tat **zur Verwirklichung des Tatbestandes unmittelbar ansetzt.**

9 [판례: 실행의 착수에 관한 주관적 객관설] "사기도박에 있어서도 사기적인 방법으로 도금을 편취하

가 정해지지 않은 단계에서도 실행의 착수를 인정하는 점에서 다소 차이가 있다.

① 판례는 절도죄, 야간주거침입절도죄, 주거침입죄 등에서 실질적 객관설(**밀접행위설**)과 주관적 객관설(물색설), 때로는 객관설을 따른다.

	실행의 착수 인정	실행의 착수 불인정
주관적 객관설	• 양복상의 호주머니에 손을 뻗쳐 그 겉을 더듬은 때(대판 84도2524). • 마당에 들어가 구리를 찾기 위하여 담에 붙어 걸어가다가 잡혔다면 **물색행위**가 인정됨(대판 89도1153).	• 소를 흥정하고 있는 피해자의 뒤에 접근하여 돈이 들어 있던 그 사람의 왼쪽 주머니를 자신이 들고 있던 가방으로 스치면서 지나가는 경우(대판 86도1109).
실질적 객관설 (판례: 밀접 행위설)	• 자동차 안에 들어 있는 밍크코트를 절취하려고 차 앞문손잡이를 잡아당기다가 피해자에게 발각되었다면 절취와 **밀접한 행위**가 개시된 것임(대판 86도2256). • 11시경 피해자의 집에 들어가 응접실 책상 위에 놓여 있던 라디오 1대를 훔치려고 라디오 선을 건드리는 행위는 **밀접한 행위**라 할 수 있음(대판 66도383).	• 노상 자동차의 유리창을 통하여 그 내부를 손전등으로 비추어 본 것은 면장갑을 끼고 있었고 칼을 소지하고 있었다 하더라도 **밀접한 행위**를 한 것이 아님(대판 85도464). • 필로폰을 매수하려는 자에게서 필로폰을 구해 달라는 부탁과 함께 돈을 지급받은 것은 필로폰 매매 실행의 착수에 이른 것이라고 볼 수 없음(대판 2014도16920). • 야간에 다세대주택의 물건을 절취하기 위하여 가스배관을 타고 오르다가 경찰관에게 발각되어 그냥 뛰어내림(대판 2008도917). • 건축자재를 훔치려고 아파트공사장 안으로 들어간 후 창문을 통하여 그 아파트의 지하실 안쪽을 살핀 행위(대판 2009도14554).
객관설	• 아파트의 베란다 철제난간에 올라가 유리창문을 열려고 시도한 때(대판 2003도4417). • 야간에 타인의 재물을 절취할 목적으로 사람의 주거에 침입한 경우(대판 2006도2824).	• 집 부엌문의 잠금고리의 장식을 뿌라이야로 뜯은 행위(대판 88도1165). • 집의 초인종을 누른 행위만으로는 주거침입의 현실적(객관적) 위험성을 포함하는 행위를 시작한 것이 아님(대판 2008도1464).

소송사기에서도 판례는 주관적 객관설,[10] 실질적 객관설,[11] 객관설[12]

려고 하는 자가 상대방에게 도박에 참가할 것을 권유하는 등 기망행위를 개시한 때에 실행의 착수가 있는 것으로 보아야 한다"(대판 2010도9330).

10 [소송사기와 주관적 객관설] 지급명령신청에 대해 상대방이 이의신청을 하면 지급명령은 이의의 범위 안에서 그 효력을 잃게 되고 지급명령을 신청한 때에 소를 제기한 것으로 보게 되는 것이지만 이로써 이미 실행에 착수한 사기의 범행이 없어지는 것은 아니다(대판 2002도4151).

11 [소송사기와 실질적 객관설] 법원에 조작된 증거를 제출하면서 종전에 주장하던 특정 권원과 별개의 허위의 권원을 추가로 주장하는 경우에 … 만약 종전의 특정 권원이 배척될 때에는 조작된 증거에 의하여 법원을 기망하여 추가된 허위의 권원을 인정받아 승소판결을 받을 가능성이 있으므로 나중에 법원이 종전의 권원을 인정하여 피고인에게 승소판결을 선고하였다고 하더라도 소송사기의 실행의 착수에 해당된다(대판 2003도7124).

12 [소송사기와 객관설] 乙㈜는 丙㈜으로부터 빌라공사를 4억 원에 도급받아 丁㈜에 하도급을 주었다. 丁은 세 달 만에 공사를 중단하였고 그때까지 공사비용은 2억 원이다. 丙은 乙에게 도급계약

의 입장을 모두 보여준다. 이에 비해 **간첩죄에서는 주관설**[13]을, 강간죄나 미성년자약취유인죄는 주관적 객관설[14]을, **조세포탈죄에서는 객관설**[15]의 입장을 보이기도 한다.

② 私見으로 주관설은 지나치게 미수를 확장하고, 객관설은 지나치게 좁힌다. 그 둘 사이에 있는 주관(적 객관)설과 (실질적)객관설은 종합되어야 하고, 판례[16]도 그런 경향을 보여주기도 한다. 실질적 객관설은 직접적 위험이나 밀접행위를 **일반인의 관점**(Frank의 자연적 생활의 관점)에서 판단하는 반면, 주관적 객관설은 **행위자의 범행계획의 관점**에서 판단한다. 여기서 행위자의 범행계획은 판단의 대상이고, 일반인의 관점은 판단의 방법이므로 그 둘은 양립 불가한 것이 아니다. 그러므로 실행의 착수는 **행위자의 범행계획을 놓고 일반인의 생활경험에서 볼 때 보호법익에 대한 직접적 위험을 야기한 때**에 인정될 수 있다.

을 해제하였고, 甲은 丁으로부터 乙에 대한 하도급공사대금 채권을 양수한 다음 공사대금을 5억 원으로 부풀리고 乙과 丁의 하도금계약서를 날짜를 소급하여 새로 만들었다. 甲은 '乙은 甲에게 5억 원 및 지연손해금 1억 원을 지급하라'는 내용의 지급명령을 받아 이를 근거로 경매개시결정을 받았다. ① (대판 2012도9603) 유치권자가 피담보채권을 "**허위로 크게 부풀려 유치권에 의한 경매를 신청할 경우** 정당한 채권액에 의하여 경매를 신청한 경우보다 더 많은 배당금을 받을 수도 있으므로, 이는 법원을 기망하여 배당이라는 법원의 처분행위에 의하여 재산상 이익을 취득하려는 행위로서 **소송사기죄의 실행의 착수**에 해당한다." ② (評釋) 이는 객관설의 입장이다. 주관적 객관설에 따르면 지급명령 신청 시 실행의 착수가 인정된다.

13 [간첩죄미수와 주관설] 국가기밀을 탐지 수집하기 위해 **대한민국 지배지역 내에 잠입한 때에는 간첩죄의 실행의 착수**가 인정된다(대판 69도1606).

14 [강간미수와 주관적 객관설] 강간하려고 4시에 여자가 방문을 열어 주지 않으면 부수고 들어갈 듯한 기세로 방문을 두드리고 피해자가 창문에 걸터앉아 가까이 오면 뛰어 내리겠다고 하는데도 베란다를 통하여 창문으로 침입하려고 한 때 실행의 착수가 인정되고(대판 91도288), 보호자의 주거에서 장소적 이전을 전제로 하지 아니한 채 폭행 또는 협박이 이루어진 경우에는 미성년자를 기존의 생활관계 및 보호관계로부터 이탈시킬 의도가 없는 경우에는 실행의 착수를 인정하기 어렵다(대판 2007도8485).

15 [조세포탈죄미수와 객관설] 조세포탈죄의 실행의 착수는 고의로 조세 부과징수를 현저히 곤란하게 하는 부정한 적극적인 행위를 한 때이다(대판 2007도4310).

16 [판례의 종합설 경향] ① "주거침입죄의 실행의 착수는 건조물 등에 들어가는 행위, 즉 구성요건의 일부를 실현하는 행위까지 요구하는 것은 아니고 범죄구성요건의 실현에 이르는 **현실적 위험성을 포함하는 행위**를 개시하는 것으로 족하다고 할 것이나 침입 대상인 아파트에 사람이 있는지를 확인하기 위해 그 집의 초인종을 누른 행위만으로는 침입의 현실적 위험성을 포함하는 행위를 시작하였다거나, 주거의 사실상의 평온을 침해할 **객관적인 위험성을 포함하는 행위**를 한 것으로 볼 수 없다"(대판 2008도1464). ② (評釋) 이 판례에서 현실적 위험성을 포함하는 행위를 시작함이란 '주관적 객관설'을, 주거의 사실상의 평온을 침해할 객관적인 위험성을 포함하는 행위란 '실질적 객관설'에 해당하는 논증이다.

2. 특수한 범죄유형에서 실행의 착수

(1) **결 합 범** 결합범은 두 개 이상의 범죄구성요건을 결합하여 만든 독자적인 범죄구성요건이다. 예컨대 강도살인죄(제338조)는 강도죄와 살인죄의 결합범이고, 야간주거침입절도죄(제330조)는 (야간)주거침입죄와 절도죄의 결합범이 된다. 결합범에서는 결합된 수 개의 범죄행위 가운데 **최초의 구성요건실현행위**(예: 야간주거침입[17])가 직접적으로 개시된 시점이 실행의 착수시점이 된다.

(2) **부진정부작위범** 부진정부작위범은 위험이 발생하고, 행위자가 그것을 인식하고, 또한 결과방지가능성도 자신에게 주어져 있음을 알았음에도 계속 부작위로 나아가는 결정을 내릴 때에 비로소 미수범의 불법이 실질적으로 형성되며, 그 때에 실행의 착수가 인정되어야 한다. 이 시점은 **위험이 증대하기 시작한** 때[18]와 대체로 일치한다.

(3) **원인자유행위에서 실행의 착수** 원인자유행위는 원인행위와 실행행위가 시간적으로 간격이 있다. 이 간격을 두고 실행의 착수시기를 언제로 볼 것인지에 관해 원인행위시설(주관설), 결과실현행위시설(객관설), 중간시설(예: 책임능력흠결 상태에 빠진 행위자가 실행행위를 향해 진행을 결정적으로 개시한 시점)이 대립한다. 원인행위시의 주관적 기획에 비추어 실행행위에 대한 직접적 개시를 인정할 수 있는 시점, 즉 중간시설처럼 '**책임능력흠결 상태에 빠진 채 행위자가 실행행위를 향해 진행을 개시한 시점**'이 실행의 착수시기가 된다.

---

17 판례는 야간주거침입절도죄에서는 최초의 구성요건실현행위를 기준으로 실행의 착수시기를 정하되, 객관설에 가까운 입장에서, 즉 야간주거침입이 실제로 행해진 시점에서야 실행의 착수를 인정하는 경향을 보여준다.

18 [부작위범에서 실행의 착수] 가령 삼촌 甲은 조카 乙과 저수지 둑길을 함께 걷고 있었다. 乙이 ① 그 둑길의 미끄러운 가장자리 길을 걸을 때가 **위험이 발생한 시점**이며, ② 乙이 미끄러져 저수지에 빠졌을 때가 **결과방지가 가능한 최초시점**이며, ③ 乙이 허우적거리며 물속과 위를 오락가락할 때가 **위험이 증가된 시점**이 된다. ④ 그리고 乙이 힘에 부쳐 허우적거림이 둔화되어 익사 위험이 현저히 증가할 때가 **결과방지의 최후시점**이 된다. 甲의 작위의무(乙을 안전한 길로 걷게 할 보호의무)는 乙이 둑길 가장자리를 걸을 때 이미 발생하며, 乙이 저수지에 빠져 허우적거림을 보고도 그냥 놔두기로 결단할 때(**결과방지가능성 인식시점**) — 익사의 위험이 증대된 때 — 실행의 착수에 이른 것이 된다.

(4) 간접정범에서 실행의 착수 간접정범의 미수도 공범의 미수와 마찬가지로 "공범의 예에 의하여 처벌한다"(제34조 제1항). 간접정범의 실행의 착수는 **피이용자를 이용하는 행위를 개시하는 시점**이다. 그러나 "교사 또는 방조하여 범죄행위의 결과를 발생하게 한 자"만 간접정범이 되므로, 피이용자가 범죄를 승낙하고 실행의 착수에 이르지 아니하거나(제31조 제2항) 승낙하지 아니한 때(제31조 제3항)에는 간접정범의 미수도 성립하지 않는다. 이때 결과는 법익침해뿐만 아니라 **범익침해의 구체적 위험**이 발생한 경우도 포함한다.

(5) 공동정범에서 실행의 착수 공동정범에서 실행의 착수는 공동정범자의 전체행위를 기초로 판단해야 한다. ① 판례는 실행에 착수하고 범행 일부를 같이 실행한 후 이탈하였지만 다른 공동정범자가 나머지 범행을 한 경우에 그 범행에 대해서도 공동정범의 죄책을 부담지운다(대판 2001도513). 다른 공모자의 실행착수 이후에는 공모관계의 이탈을 인정하지 않는 셈이다. ② 그러나 私見으로 공모관계에서 이탈하는 경우에는 그때부터 행해지는 범행에 대하여 기능적 범행지배를 하지 않는다는 점에서 공동정범이 될 수 없고, 단지 공동정범의 미수범이 될 수 있을 뿐이다. 이는 이탈자의 행위가 공모한 범행계획을 실현하는 실행의 착수단계에 들어간 경우에 국한된다. 이탈자가 직접 실행의 착수에 들어간 것이 아닌 경우[19]에는 예비·음모(예: 살인예비·음모죄)나 교사·방조범의 책임을 진다.

(6) 협의의 공범 ① **교사범에서 실행의 착수**는 정범이 교사한 범죄의 실행에 착수한 때에 인정된다. 즉, 정범이 미수에 그치면 교사범도 미

---

19 [실행의 착수 후 공모관계이탈] 甲은 乙, 丙과 강도 모의를 하고, 범행 대상을 물색하다가 乙, 丙이 강도의 대상으로 丁을 지목하고 뒤쫓아 가자 "어?"라고만 하고 비대한 체격 때문에 뒤따라가지 못하고 범행현장에서 200m 떨어진 곳에 앉아 있었다. 乙과 丙은 丁을 쫓아가 강도상해하였다. ① (대판 2008도1274) "강도상해죄의 공모관계에 있고, 다른 공모자가 강도상해죄의 실행에 착수하기까지 범행을 만류하는 등으로 그 공모관계에서 이탈하였다고 볼 수 없으므로 강도상해죄의 공동정범으로서의 죄책을 진다." ② (評釋) 甲은 이탈을 안 했어도 乙과 丙의 강도상해에 대해 어떤 역할분담도 수행하지 않아 공동정범의 기수범이 될 수 없고, 강도의 대상을 구체적으로 정하는 행위를 함께 한 것도 아니므로 강도죄 공동정범의 미수범도 될 수 없고 강도예비·음모죄로 처벌될 뿐이다. 주관설이나 물색행위설에 의하면 강도상해미수가 성립할 수 있다.

수범(교사미수범)이 된다. 교사를 하였지만 피교사자가 범행결의를 하지 않았거나 이미 결의를 하고 있었던 경우(실패한 교사), 피교사자가 범행결의를 하고 실행에 착수하지 않거나 교사된 범죄의 예비·음모에 그친 경우, 실행에 착수하였지만 불가벌적 미수(불능범)인 경우에 교사자는 교사된 범죄의 미수범이 아니라 (실행의 착수가 인정되지 않고) 예비·음모로 처벌된다. ② **종범의 미수**는 정범이 실행에 착수하여 범죄를 완성하지 못한 경우에 인정된다. 즉, 종범의 실행의 착수는 정범이 실행에 착수한 시점에 인정된다.

(7) 격 리 범 실행행위와 결과발생 사이에 시간적 간격이 큰 범죄 또는 장소적 간격이 큰 범죄인 격리범(隔時犯)의 실행의 착수는 예컨대 테러범이 5시간 후에 터지는 폭탄을 장착한 경우에 폭탄장착행위의 직접적 개시시점인 시한폭탄을 장착한 장소를 특정하고 장착장비의 짐을 풀어 놓는 때에 인정된다.

§24. 장애미수

제25조(미수범) ① 범죄의 실행에 착수하여 행위를 종료하지 못하였거나 결과가 발생하지 아니한 때에는 미수범으로 처벌한다. ② 미수범의 형은 기수범보다 감경할 수 있다.

Ⅰ. 장애미수의 의의

형법 제25조는 미수범을 "범죄의 실행에 착수하여 행위를 종료하지 못하였거나 결과가 발생하지 아니한 때"라고 규정한다. 이를 장애미수라고 한다. 미수범은 실행에 착수한 점에서 예비·음모와 구별되고, 범죄를 완성하지 못한 점에서 기수범과 구별된다. 미수범의 처벌규정은 예비·음모보다는 더 많은 반면, 미수를 처벌하지 않는 형법각칙의 각 본조도 있고, 형도 기수범보다 감경할 수 있다는 점에서 처벌가치는 예비·음모와 기수의 중간정도이다. 제25조의 표제는 '미수범'으로 되어 있는데, 이는 장애미수가 **미수범의 기본형**이기 때문이다.

Ⅱ. 장애미수의 성립요건

장애미수가 성립하려면 주관적으로 범죄결의가 있고, 객관적으로 범죄의 실행에 착수하였으나 범죄를 완성하지 못했어야 한다.

1. 고의와 특수한 주관적 요소

미수범도 기수범에 요구되는 구성요건적 **고의**(기수의 고의)**와 특수한 주관적 구성요건요소** 등을 갖추어야 한다. 예컨대 재산죄의 미수는 불법영득의사나 불법이득의사[1]를, 내란목적살인죄의 미수는 내란목적이 있어

1 **[불법이득의사와 미수]** 甲은 乙의 부탁으로 丙의 아파트에 대해 허위의 소유권보존등기말소청구소송을 제기하였다가 법원의 촉탁으로 예고등기가 경료되자 가격하락을 예상하여 소를 취하했고, 그 사이 乙은 그 아파트를 싸게 낙찰 받았다. ① (대판 2005도9858) 허위의 소유권보존등기말소소송에서 승소확정판결을 받는다면 '**그 소유명의를 얻을 수 있는 지위**'**라는 재산상 이익을 취득**한 것이다. 소송사기의 실행의 착수는 소제기한 때 기수는 **판결이 확정된 때** 성립한다. 甲은 사기미수범이 된다. ② (評釋) **불확실한 미래의 사실**인 경매가격 하락을 조건으로 삼은 甲의 소취하 의사는 **불법**

야 한다. 미수범은 범죄결의가 있어야 하므로 과실범의 미수는 불가능하다. 또한 미수범으로 처벌되기 위한 범죄결의는 기수범과 달리 **무조건적 행위의사**(unbedingter Handlungswille)[2]가 있어야 한다. 즉, 행위자의 범죄결의가 그가 지배할 수 없는 일정한 조건의 성취에 좌우되어 있다면 미수범이 될 수 없다.

[자의적 중지의사의 부존재] 판례(대판 92도917)는 자율적 의사결정으로 범행을 중지하였어도 외부적 장애요인이 있었다면 장애미수를 적용한다. 그러나 私見으로 외부적 장애요인이 존재하였어도 행위자가 그 점을 모르고 범행을 자의로 중지하였거나 행위자가 장애상황을 알면서도 자신의 범행에 대한 반성에서 중지하였다면 시민자유우선원칙에 따라 장애미수가 아니라 중지미수를 인정하여야 한다. 따라서 자의적 중지의사의 부존재는 장애미수의 주관적 요건이 된다.

2. 실행의 착수와 범죄의 미완성

장애미수는 범죄의 실행에 착수하고 장애로 인해 범죄를 완성하지 못한 경우이어야 한다. 실행의 착수는 **행위자의 범행계획을 놓고 일반인의 생활경험에서 판단할 때 보호법익에 대한 직접적 위험을 야기한 때**이다. 범죄의 미완성은 착수한 실행행위를 종료하지 못하거나(**착수미수**[3]) 실행행위는 종료하였으나 예상했던 구성요건적 결과가 발생하지 않은 경

이득의사를 인정할 수 없게 하고, 확정적 행위의사가 없는 점은 사기미수범도 성립할 수 없게 한다. "당사자의 허위 주장 및 증거 제출에도 불구하고 진실을 밝혀야 하는" 법원의 책무(대판 96도312)로 인해 위계공무방해죄도 성립하지 않고 입찰경매방해죄만 성립한다.

2 [확정적 행위의사] 甲은 부인 乙의 丙에 대한 채무를 변제하려고 자신의 무허가건물을 丙에게 양도하고 중도금까지 받은 뒤, 그 건물을 乙의 채권자 丁에게 이중양도하고 중도금을 받았다. 甲은 무허가건물의 이중양도가 죄가 되는 것이라면 양도를 하지 않을 생각이었다. ① (대판 2005도5713) "무허가건물의 양수인은 양도인으로부터 무허가건물을 인도받아 점유함으로써 **소유권에 준하는 사용·수익 처분의 포괄적인 권능**을 가지게 되므로" 중도금까지 받고 무허가건물을 이중 양도한 행위는 丙에 대한 **배임죄의 실행을 착수한 것이고, 丁으로부터 잔금을 수령하고 무허가건물을 인도한 때에** 기수에 도달한다. 甲은 배임미수범이다. ② (評釋) 甲의 **이중양도의사는 등기건물과 달리 무허가건물의 경우 배임죄가 되지 않는다는 조건**에서 이루어졌고, 그런 **조건의 성취여부는 甲이 지배하지 못하므로** 甲에게는 **확정적 행위의사의 흠결로 미수범의 범죄결의가 인정되지 않는다.**

3 [착수미수] 甲은 乙을 강간하려고 乙의 집 담벼락에 발을 딛고 창문을 열고 안으로 얼굴을 들이밀었다. ① (대판 2003도4417) "주거로 들어가는 **문의 시정장치를 부수거나 문을 여는 등** 침입을 위한 구체적 행위를 시작하였다면 **주거침입죄의 실행의 착수**는 있고, 신체의 극히 일부분이 주거 안으로 들어갔지만 사실상 **주거의 평온을 해하는 정도에 이르지 아니하였다면** 주거침입죄의 미수에 그친다." ② (評釋) **주관설**에 의하면 얼굴들이 밀기로 甲은 주거침입강간죄(성폭력처벌법 제3조 제1항)의 실행에 착수한 것이므로 그 미수범이 성립한다.

우 또는 결과는 발생하였지만 실행행위와 결과 사이에 인과관계가 인정되지 않는 경우(**실행미수**)로 나눌 수 있다. 결과범에서는 착수미수와 실행미수가 모두 가능하지만 거동범(예: 집합명령위반죄, 주거침입죄)에서는 착수미수만이 가능하다. 장애미수는 범죄의 미완성이 범죄를 완성할 수 없게 하는 (외부적) 장애로 인한 것이어야 한다. 판례는 장애요인을 "**사회통념상 범죄를 완수함에 장애가 되는 사정**"으로 개념화하고, 범행을 수행하는 과정에 행위자가 갖는 처벌의 두려움[4]과 같은 **내적 장애요인**도 이에 속한다고 본다. 그러나 두려움은 자율적인 의사결정에 이르는 정신현상의 일부이며, 이는 범죄미완성의 장애요소가 아니다.

3. 행위의 종료 및 결과발생의 현실적 가능성

장애미수는 구성요건의 실현(행위의 종료와 결과의 발생)이 일반적으로 가능한 경우이어야 하고, 그렇지 않은 경우는 불능미수가 성립한다.

Ⅲ. 장애미수의 법적 효과

장애미수는 기수범의 **각칙의 해당 죄에서 정한**(제29조) 경우에 한하여 **예외적으로 처벌**한다. 장애미수는 법익침해의 구체적 위험성을 발생시키고, 행위자의 법적대적 범죄의사를 상당히 외부화시켰다는 점에서 처벌가치가 있다. 장애미수의 형감경은 **법원의 재량사항**이다. 이는 형의 감면이 의무인 중지미수와 다르고, 형의 임의적 '면제'를 허용하는 불능미수와 다른 점이다. 장애미수규정으로 형을 감경하고, 똑같은 이유(예: 결과미발생)로 다시 정상참작감경을 하는 것은 양형사유의 **이중평가금지원칙**에 위배된다.

---

4 [장애의 개념] 甲은 아버지 乙이 용돈을 주지 않자 홧김에 乙의 집 안방의 장롱에 불을 놓았으나 옷가지에 불이 붙고 불길이 치솟아 오르자, 겁이 나서 물을 가져다 껐다. ① (대판 97도957) 불길에 놀라는 등에 "**두려움을 느끼는 것은 일반 사회통념상 범죄를 완수함에 장애가 되는 사정에 해당**"하고 이를 자의에 의한 중지미수라고 볼 수 없다. ② (評釋) 두려움은 심리학적 관점에서 "자율적인 동기에 기인"하는 것이므로 甲은 현주건조물방화죄의 중지미수범이 된다.

중지미수

제26조(중지범) 범인이 실행에 착수한 행위를 자의(自意)로 중지하거나 그 행위로 인한 결과의 발생을 자의로 방지한 경우에는 형을 감경하거나 면제한다.

Ⅰ. 중지미수의 의의

중지미수(제26조)는 범죄의 실행에 착수한 행위를 자의로 중지하거나 결과의 발생을 자의로 방지한 경우를 말한다. 중지미수범의 형은 반드시 감경 또는 면제한다('**필요적 감면**'). 중지미수는 **범죄의 미완성이 중지범에게 귀속**될 수 있는 사태(행위자의 작품)인 점에서 장애·불능미수와 다르고, 그 점에서 가장 유리한 법적 효과가 인정된다. 중지미수의 필요적 감면은 범인에게 범죄로부터 되돌아가는 '황금의 다리'를 놓아주기 위해[1] 범행중지의 공적을 '보상'해주는 것이며, 그에 따라 중지한 범죄자의 처벌은 형벌의 목적(일반예방, 특별예방) 달성에 불필요한 것이 된다. 중지미수는 실행에 착수한 행위 후의 사유이므로 범죄성립요소 밖에 위치하고, 책임을 상쇄시키는 행형의 단계 앞에 위치하는 **인적처벌조각사유** 또는 양형사유(제51조)가 된다.

Ⅱ. 중지미수의 성립요건

1. 주관적 요건

장애미수의 주관적 요건인 (기수의) **고의**와 **확정적 행위의사**가 실행에 착수할 당시 있었어야 하고, 실행에 착수한 이후 범행의 중지가 **자의로** 한 것이어야 한다. 판례는 자의성의 의미를 주로 절충설의 입장을 취하지만 객관설, 주관설, 규범설의 입장도 보여준다.

1 독일 형법 제24조 제1항은 "중지범을 미수범으로 처벌하지 않는다"("Wegen Versuchs wird nicht bestraft")고 규정한다.

● **객관설** 외부적 사정에 의해 범죄가 완성되지 않은 경우는 장애미수인 반면, 내부적 동기에 의해 범죄가 중지된 경우는 중지미수가 된다.

● **주관설** 자의성은 윤리적 반성에 의한 중단이다.

● **절충설** ① 자율적 동기에 의하여 범행을 중지한 경우에 자의성이 인정되며, 범인의 의사와 관계없이 사태를 현저하게 불리하게 만든 장애사유 때문에 타율적으로 중지한 경우에는 자의성이 인정되지 않는다. ② 범행을 계속 '할 수 있으나 하고 싶지 않아서'(Ich will nicht zum Ziele kommen, selbst wenn ich könnte) 그만 둔 경우는 자의성을 인정하고, '하고는 싶으나 할 수가 없어서'(Ich kann nicht zum Ziele kommen, selbst wenn ich wollte) 그만 둔 경우는 자의성을 부인하는 프랑크(Frank)의 공식은 절충설과 같은 입장이다.[2]

● **규범설** 범행을 중지하게 된 행위자의 내심상태를 평가하여 '합법성으로의 회귀'(Roxin) 또는 '법의 궤도로의 회귀'(Ulsenheimer)가 있을 때에 비로소 자의성을 인정한다.

평가	자의성을 부인한 판례	자의성을 긍정한 판례
객관설	㉠ 강도를 하다가 피해자를 강간하려고 팬티를 강제로 벗기고 음부를 만지던 중 피해자가 수술한 지 얼마 안 되어 **배가 아프다고 애원**하여 중지함(대판 92도917) ㉡ 원료불량, 제품의 판로문제, 범행탄로시의 처벌공포, 공범의 포악성 등으로 인하여 히로뽕 제조를 단념하였다고 하였지만 염산에페트린으로 메스암페타민합성 중간제품을 만드는 과정에서 그 **범행이 발각되고 검거**되어 제조의 목적을 이루지 못한 경우(대판 85도2002)	
주관설	㉢ 강도가 강간하려고 하였으나 잠자던 피해자의 어린 딸이 잠에서 깨어 우는 바람에 도주하였고, 또 피해자가 시장에 간 **남편이 곧 돌아온다고 하면서 임신 중이라고 말하자** 도주한 경우(대판 93도347)	㉦ 공범이 피해자 사무실의 열린 출입문을 통하여 안으로 들어가 물건을 물색하고 있는 동안 부근 포장마차에 있다가 자신의 전과를 생각하여 **가책**을 느끼고 피해자에게 공범의 침입을 알려 같이 공범을 체포함(대판 85도2831)
절충설	㉣ 대한민국 기밀을 탐지 수집하던 중 경찰관이 피고인의 행적을 **탐문하고 갔다는 말을 전해 듣고** 지령사항 수행을 보류함(대판 84도1381) ㉤ 세관직원들이 잠복근무하는 것을 알고 범행발각이 두려워 실행하지 못함(대판 85도2339)	㉧ 피해자를 강간하려다가 피해자가 다음 번에 만나 친해지면 응해 주겠다는 **간곡한 부탁**으로 인해 피해자를 자신의 차에 태워 집까지 데려다 준 경우(대판 93도1851)
규범	㉥ 피해자의 목과 왼쪽 가슴 부위를 칼로 수회 찔렀으나 많은 **피가 흘러나오는 것을 발견하고**	

2 통설은 프랑크공식을 절충설과 다른 학설로 소개하지만 Frank, Das Strafgesetzbuch für das Deutsche Reich, 제18판, 1931, 97쪽(§46Ⅱ)은 자신의 견해가 절충설임을 선언하고 있다.

평가	자의성을 부인한 판례	자의성을 긍정한 판례
설	**겁을 먹고** 범행을 그만 둔 경우(대판 99도640) ⓢ 장롱 안 옷가지에 불을 놓았으나 **불길이 치솟는 것을 보고 겁이 나** 물을 부어 끔(대판 97도957)	

私見으로 자의성은 '**자율적 의사결정**'을 의미한다(절충설, 프랑크공식). 자율적 의사결정은 객관적 장애요소가 있다고 해서 불가능한 것이 아닐 뿐만 아니라(객관설의 배제), 윤리적 반성이 없다고 해서 불가능한 것도 아니다(주관설의 배제). 또한 자율적 의사결정이란 심리적 현상과 관련된 것이지 그 심리적 현상의 법적 평가('합법성에로의 회귀')에 관련된 것이 아니다(규범설의 배제). 자율적 의사결정이라는 심리현상이 있었는지 여부는 **다양한 간접사실을 수집하여 그것들을 균형 있게 형량**하여 판단하여야 한다. 예컨대 구체적 사정에 의한 처벌의 두려움뿐만 아니라 피해여성에 대한 부끄러움이 있는 경우에 자의성을 부인한다면, 그런 결론은 부끄러움보다 처벌의 두려움이 더 결정적(ausschlaggebend)이었다는 **형량적 판단결정**의 결과이다(BGHSt 9, 53). 또한 '합리적 의심'이 남아 있으면 피고인에게 유리하게(in dubio pro reo) 자의성을 인정하여야 한다. 판례처럼 강제적 장애사유[3]가 존재하면, 다른 간접사실들을 고려하지 않은 채, 무조건 자의성을 부인하는 도식적 판단은 옳지 않다.

간접사실	간접사실의 예
윤리적 동기	양심의 가책, 후회, 반성, 연민의 정, 부끄러움
윤리외적 동기	두려움, 쇼크, 용기상실, 심리적 동요
외부적 장애	강간피해여성의 신체상태(복통, 생리), 조루사정, 마약제조기술
행위자 신변위험	신변안전에 대한 위해상황, 범행발각, 체포처벌 개연성
제3자 영향력	강요, 협박, 제3자의 권유, 애원, 간곡한 부탁, 공범의 포악성
완수가능성	강제적 장애사유의 부존재

3 [발각 두려움과 중지범] 甲은 乙에게 긴급자금 1억 원을 대여해달라고 부탁했으나 乙은 사업에 회의를 보였다. 甲은 丙도 이미 50억 원을 투자했다며 위조한 주식인수계약서와 통장사본을 보여주고는 이를 확인시켜준다면서 乙을 데리고 은행에 갔으나 은행 입구에서 차용을 포기하고 돌아가 버렸다. ① (대판 2011도10539) 甲은 "범행이 발각될 것이 두려워 범행을 중지한 것으로서 **일반 사회통념상 범죄를 완수함에 장애**"가 있었으므로 사기죄의 장애미수가 성립한다. ② (評釋) 두려움은 자의의 중지를 낳을 수 있어 사기죄의 중지미수, 사문서위조 및 행사죄가 성립한다.

2. 객관적 요건

중지미수는 **실행의 착수 이후**부터 **기수에 이르기 전에**[4] 실행을 중지하거나 결과의 발생을 방지하여야 성립한다. 실행행위를 중지한 경우를 **착수미수**(미종료미수), 결과발생을 방지한 경우를 **실행미수**(종료미수)라고 부른다. 양자는 효과에서 차이는 없지만, 요건에서 차이가 있다. 착수미수는 더 이상의 행위를 하지 않는 부작위로 성립하지만 **실행미수는 적극적으로 결과발생을 방지하는 행위**를 하여야만 성립한다.

[예비의 중지] 예비죄의 중지는 예비행위를 한 사람이 자의로 실행의 착수를 포기하는 것과 예비행위를 하다가 자의로 중지하는 것이다. **예비죄의 법정형**이 실행에 착수한 후 중지미수범의 감면된 형보다 무거울 수 있는 경우(사례㉡) 형벌의 비례성과 책임원칙을 구현하기 위해 제26조를 유추적용할지가 논란이 된다.

	예비죄의 법정형	중지미수의 처단형	책임원칙 부합여부
㉠ 강도죄(제333조: 3년 이상의 징역)	7년 이하의 징역(제343조)	1년 6월 이상 15년 이하의 징역 또는 면제	• 부합함(형면제 제외) (예비죄 < 중지범)
㉡ 일반이적죄(제99조 무기, 3년 이상의 징역)	2년 이상 30년 이하의 징역(제101조 제1항 본문)	1년 6월 이상 15년 이하의 징역 또는 면제	• 위배됨 (예비죄 > 중지범)

판례는 "중지범은 범죄의 실행에 착수한 후 자의로 그 행위를 중지한 때를 말하는 것이고 실행의 착수가 있기 전인 예비음모의 행위를 처벌하는 경우에 있어서 중지범의 관념은 인정할 수 없"다(대판 66도152)고 본다. 학설은 도표와 같이 대립한다.

학 설	형면제 배제설	자수 유추적용설	제한적 유추적용설	유추적용설
내 용	예비죄를 둔 범죄의 중지미수에 대해서 형면제를 인정하지 않는다.	예비의 중지에 대해 (각칙상의) 자수의 필요적 감면규정[5]을 유추적용한다.	예비죄의 법정형이 중지미수의 형보다 무거운 경우(유형 ㉡)에만 중지미수규정을유추적용한다.	예비의 중지범에 대해서는 중지미수규정을 유추적용한다.
㉠ 강도예비(제343조)중지범	7년 이하의 징역	7년 이하의 징역 임의적 감면가능	7년 이하의 징역	3년 6월 이하의 징역 또는 면제(←제26조)
㉡ 일반이적예비(제101조 제1항) 중지범	2년 이상 30년 이하의 징역	1년 이상 15년 이하의 징역 또는 면제 (←제101조 제1항 단서)	1년 이상 15년 이하의 징역 또는 면제 (←제26조)	1년 이상 15년 이하의 징역 또는 면제 (←제26조)

---

4 [중지미수와 기수] 甲은 사내망에 乙의 아이디와 패스워드로 접속하여 영업비밀도면을 자신의 업무용 컴퓨터에 다운로드한 후 곧 후회하고 파일들을 모두 삭제하였다. ① (대판 2008도9169) 甲은 "**영업비밀을 자신의 지배영역 내로 옮겨와** 자신의 것으로 사용할 수 있게 되었으므로 당해 **영업비밀을 취득**"한 영업비밀부정취득사용죄(부정경쟁방지법 제18조) 기수가 된다.

私見으로 예비죄도 미수범과 함께 본죄의 **기수를 향해 발전해가는 과정**을 구성한다는 점에서 책임원칙에 의하면 예비의 중지가 중지미수보다 무겁게 처벌되어서는 안 된다. 예비의 중지미수는 개념상 불가능해도 예비'**죄**'는 미수와 달리 법논리적으로 **독자구성요건**이므로 그 '죄'의 중지범이 가능하다.[6]

(1) **착수미수의 객관적 요건** 착수미수는 행위자가 계획했던 실행행위를 더 이상 계속하지 않는 것, 즉 행위계속의 포기(부작위)에 의해 성립한다. 독일형법은 중지범을 아예 처벌하지 않으므로 이때 포기는 종국적 포기이어야 한다. 그러나 형의 감경에 그칠 수도 있는 우리나라 형법에서는 **계획된 실행행위의 포기**만으로 중지미수가 성립한다.[7] 이처럼 착수미수에 적극적인 결과방지행위의 의무를 부과하지 않는 까닭은 중지할 때까지의 행위가 **결과를 발생시킬 개연성을 가져오지 않은 경우**이기 때문이다. 따라서 중지한 행위가 범행의 포기에도 불구하고 객관적으로 결과발생의 개연성을 초래한 경우는 실행미수가 된다.

[착수미수와 실행미수의 구별] 착수미수와 실행미수의 구별에 관해 다음 견해가 대립한다. ① **주관설**(독일 판례) 실행의 착수 시 행위자가 세운 실행행위의 계획을 다했는지(행위계획설 Tatplantheorie) 또는 최종행위 후 (또는 중지시점에) 행위자가 구성요건적 결과의 발생이 가능하다고 판단했는지(전체고찰설 Gesamtbetrachtungslehre)에 따라 착수중지와 실행중지를 구별한다. 주관설은 중지범의 형감면이 합법성의 세계로 돌아온 점에 대한 보상임을 중시한 견해이다. ② **객관설** 객관적으로 결과를 발생시킬 수 있는 행위가 종료된 경우에 실행미수를 인정하고, 그런 행위의 종료 이전에는 착수미수를 인정한다. ③ **절충설** 행위자의 범행계획과 중지행위 당시의 객관적 사정을 모두 고려하여 결과발생에 필요한 행위가 끝났으면 실행행위가 종료된 것으로 본다. 행위자가 계획한 행위들(A, B) 가운데 이미 한 행위(A)와 더 할 수 있

5 예를 들어 제90조, 제101조, 제120조, 제153조, 제157조, 제175조, 제213조.

6 [예비죄의 중지범] 甲은 중국회사와 녹두 1,100톤의 수입계약을 체결하면서 계약서는 1,000톤 수입으로 작성하여 과세가격 사전심사를 신청·제출하였다. 330톤이 수입 통관된 때 甲은 관세포탈을 포기하고 관세신고를 자진하기로 결심하였는데, 곧 체포되었다. ① (대판 99도424) "과세가격 사전심사서를 미리 받아 두는 행위는 관세포탈죄의 실현을 위한 외부적인 준비행위"로서 관세포탈예비죄(「관세법」 제271조 제3항, 「특정범죄가중법」 제6조 제7항)에 해당한다. ② (評釋) 甲에게 부과될 형(무기, 5년 이상의 징역)은 그 중지미수의 형(무기, 2년 6월 이상의 징역)보다 무거우므로 제26조를 유추하여 예비죄 중지범으로 본다.

7 甲은 동아리실에서 후배 乙을 강간하려고 乙의 반항을 제압하다가 불길한 예감이 들면서 다음에 하기로 마음을 먹고 중지하였다. 범행의 종국적 포기를 요구하는 독일형법에서 甲은 장애미수가 되지만, 한국형법에서는 중지미수가 성립한다.

는 행위(B)가 같은 종류이면 착수미수를, 다른 종류이면 실행미수를 인정한다.[8]

(2) **실행미수의 객관적 요건** 계획한 실행행위를 마친 자는 그 행위에 의해 결과가 발생하는 것을 **적극적으로 방지하는 행위**를 스스로 하거나 또는 제3자가 하게 하고, 결과는 발생하지 않았어야 하며,[9] 그 **결과의 미발생은 그 방지행위에 귀속될 수 있어야** 한다. 행위자가 적극적으로 결과방지행위를 하였지만, 결과의 실제 방지가 제3자에 의해 이루어진 경우 그 결과의 미발생은 중지행위자에게 귀속될 수 없다. 중지범에 요구되는 결과방지행위와 결과의 미발생 사이의 관계는 엄격한 인과관계가 아니라 **중지범으로 취급시키는 것이 적절할 수 있는 귀속연관성**을 의미한다. 따라서 결과의 미발생이 중지자의 행위와 무관한 경우[10]에는 장애미수를 인정하고 미발생에 일정한 정도 기여한 경우[11]에도 중지미수를 인정한다. 적극적인 결과방지행위를 하였지만 **책임있는 제3자의 고의·과실로 결과가 발생**한 경우[12]에는 여전히 중지미수가 인정될 수 있다. 또한 판례(대판 68도1676)는 "**다른 공범의 범행을 중지하게 하지 아니한 이상** 자기만의 고의를 철회, 포기하여도 **중지미수로" 인정하지 않는다.** 다수인이 참가한 범행의 중지와 단독범의 중지를 차별화하지 않는 셈이다.

---

8 [착수미수와 실행미수] 甲은 쇠공구로 의붓딸 乙의 머리를 뒤에서 한 차례 가격했지만 乙은 쓰러졌을 뿐 죽지 않았다. 甲은 이를 알고도 더 가격하지 않았고, 乙을 그대로 방치하였다. ① **주관설**(BGHSt 22, 176)은 甲이 횟수를 정하지 않고 쇠공구로 때려죽이려다 중단하였으므로 착수미수를 인정한다. ② **절충설**은 甲이 이미 한 행위와 더 할 수 있는 행위가 같으므로 착수미수가 된다. ③ **객관설**은 사회생활상 경험상 쇠공구로 뒷머리를 가격하면 사망할 개연성이 있으므로 甲은 실행미수범이고, 사망방지노력을 하지 않았으므로 장애미수가 된다.

9 [불능미수와 중지미수의 경합] 결과발생이 **처음부터 불가능하였지만 행위자가 이를 모르고 결과방지행위를 적극적으로 한 경우**에, 결과의 미발생이 행위자의 방지행위에서 비롯된 것이 아니므로 불능미수를 인정해야 한다는 **불능미수설**과 결과방지노력을 했고 게다가 결과발생이 일반적으로 불가능하여 위험성이 적다면 결과발생이 일반적으로는 가능한 통상의 중지미수보다 더 행위자에게 유리한 법적 효과가 부여되어야 하므로 중지미수를 인정해야 한다는 **중지미수설**이 대립한다. 미수형태를 결정하는 사유가 경합할 때에는 시민자유우선(in dubio pro libertate)원칙에 따라 제27조(불능미수)보다 제26조(중지미수)를 우선 적용하여야 한다.

10 [귀속연관 없는 결과미발생] 甲은 乙을 죽이려 칼로 찔렀고, 곧 후회하여 乙에게 인공호흡을 하였다. 그러나 乙의 사망은 지나가던 응급구조대의 응급처치와 후송에 의해 방지되었다.

11 [귀속연관 있는 결과미발생] 甲은 자신의 당구장에 보험금을 타려고 불을 지르고 나왔으나 곧 후회하고 소방대원들의 진화작업을 힘껏 도왔고, 불은 마룻바닥에 넓게 타오르지 않은 채서 진화되었다.

12 예컨대 살인의 의사로 칼로 찌른 후, 곧 후회하고 피해자를 병원으로 후송했지만 통상적으로 쉽게 회복 가능한 상태임에도 불구하고 의사의 중대한 과실로 사망한 경우에 그 중지행위자는 살인죄의 기수범이 아니라 중지미수범이 된다.

그러나 私見으로 책임원칙을 충실하게 실현하려면 다른 공범을 설득하는 노력을 전혀 하지 않고 그냥 자신만 범행을 포기한 공범[13]은 다른 공범이 실현한 결과에 대해 부작위에 의한 정범이 되는 반면, **다른 공범에게 중지하도록 진지하고 충분히 설득**을 시도하고 중지한 공범[14]은 **공범책임의 개별화 요청**에 의해 중지미수범이 되고, 아울러 실행에 함께 착수한 선행행위로부터 다른 공범이 범행을 완성하지 못하게 할 보증인의무(종범)를 지게 되므로 **중지미수와 부작위 종범의 경합범**이 된다.

Ⅲ. 중지미수의 법적 효과

중지미수범은 기수범의 법정형을 **반드시 감경 또는 면제**하여야 한다. 중지미수범의 형감경뿐만 아니라 형면제도 **유죄**에 해당한다. 무죄는 "벌하지 아니한다"로 표현하여야 하기 때문이다. 중지미수의 필요적 감면은 범죄성립을 조각시키는 사유가 아니라 **인적처벌조각사유**이다. 공범 중 한 사람에게 중지미수가 성립하더라도 다른 공범에게는 장애미수가 성립한다.[15]

[중지미수효과의 범위] ① 중지미수가 인정되어도 그것과 경합관계에 놓이는 다른 범죄에 대해서는 중지미수의 법적 효과가 미치지 않는다. ② 상상적 경합범은 "가장 무거운 죄에 대하여 형으로 처벌"(제40조)해야 한다. 이때 "가장 무거운 죄"란 각 본조의 죄(법정형)를 가리킨다. 하지만 중지미수는 반드시 형을 감경 또는 면제해야 하므로 ① 중지미수된 죄의 법정형과 기수범의 법정형을 비교하여 중한 형이 중지미수

13 [공범의 중지미수] 甲과 乙은 丙을 함께 강간하기로 하고, 乙은 텐트 안에서 丙을 때려 1회 간음하고, 甲은 텐트 밖에서 망을 보았다. 甲이 텐트 안으로 들어가 丙을 강간하려 하자 丙이 반항하며 강간을 하지 말아 달라고 사정을 해서 그만두었다. ① (대판 2004도8259) 甲, 乙 모두 합동강간죄(「성폭력처벌법」 제4조 제1항)의 기수범이 된다. ② (評釋) 甲은 **현장에서 분업적 범행실행**을 하여 乙의 강간에 기여했으므로 乙의 간음은 甲에게도 귀속되고, 합동강간범이 된다.

14 [공범의 중지미수범와 부작위범] 甲과 乙은 丙을 함께 강간하기로 하고, 甲은 텐트 밖에서 망을 보다가 텐트 안에서 乙이 丙을 폭행하여 성교를 하려는 순간 후회하며 乙에게 그만 두자고 설득했지만 乙이 甲을 폭행하며 꺼지라고 하자 甲은 텐트를 나와버렸다. 乙은 丙을 강간하였다. ① (대판 2004도8259) 甲은 乙과 함께 합동강간죄가 성립한다. ② (評釋) 甲은 합동강간죄의 중지미수범이 되고, 합동강간 착수라는 선행행위로 발생하는 강간방지의 보증인의무를 하지 않은 부작위는 乙의 합동강간죄의 종범이 된다. 징역형을 선택한다면 제56조에 따라 법률상 감경(제55조 제1항 3호)을 하고(3년 6월 이상의 징역형), 경합범가중(제38조 제1항 2호)을 하면 5년 3월 이상의 징역형에 처단된다.

15 [인적처벌조각사유인 중지미수] 甲과 乙은 공모하여 丙을 살해하려고 함께 칼로 찔렀다. 乙은 丙이 죽을 것으로 보고 가버렸으나 甲은 피 흘리는 丙의 모습을 보고 후회하여 丙을 병원에 응급후송하여 살아나게 하였다. ① 甲은 살인죄의 중지범이 되지만 그 효력은 乙에게 미치지 않으므로 乙은 장애미수범이 된다.

된 죄의 법정형인 경우에만 제26조의 감경을 하자는 견해보다는 **먼저 중지미수범의 형을 감경한 다음 그 형과 상상적 경합관계에 있는 다른 죄의 법정형을 비교하여 중한 형을 정**하자는 견해가 더 타당하다.[16] 이는 제56조(가중감경의 순서)의 해석으로도 가능하다. ③ 또한 중지미수범(예: 살인미수)에 다른 기수범(예: 상해기수)이 포함되어 있는 경우[17]에는 법조경합으로 우선되는 범죄의 중지미수범으로 처벌한다. 다만 이때 중지미수범의 형은 면제될 수는 없고 감경될 수만 있다.

16 [중지미수와 상상적 경합범] 甲은 경찰관 乙의 적법한 체포를 방해하려고 칼을 휘두르며 상해를 시도하다가 자의로 그만두었다. ① (評釋) 특수공무집행방해치상죄(제144조 제2항)를 부진정결과적 가중범으로 보면(대판 94도2842) 甲은 특수공무집행방해치사죄의 중지미수범이지만 처벌규정이 없어서 특수상해(제258조의2: 1년 이상 10년 이하의 징역)의 중지미수와 특수공무집행방해죄(제144조 제1항: 7년 6월 이하의 징역)의 상상적 경합범이 된다. 법정형을 기준으로 더 중한 형을 특수상해죄로 보고, 중지미수감경을 하면 처단형은 6월 이상 5년 이하의 징역이지만 특수상해죄의 중지미수 감경을 먼저 하고, 특수공무집행방해죄와 비교하여 중한 형을 정하면 (형의 하한은 특수상해중지미수의) 6월 이상 (형의 상한은 특수공무집행방해의) 7년 6월 이하의 징역형이 처단형이 된다.

17 [중지미수와 법조경합] 甲은 乙을 죽이려고 칼로 찔러 상해를 입혔으나 곧 후회하고 범행을 중지하였다. ① 상해죄의 기수범은 살인중지미수에 포함(흡수관계)되지만 그 자체로는 형이 감경되거나 면제되지 않는데 반해, 살인죄의 중지미수는 면제까지 될 수도 있는 점이 문제이다. ② 독일 형법은 중지범을 아예 처벌하지 않지만, 우리 형법은 중지범을 단지 감경처벌할 수도 있다.

§26. 불능미수

제27조(불능범) 실행의 수단 또는 대상의 착오로 인하여 결과의 발생이 불가능하더라도 위험성이 있는 때에는 처벌한다. 단 형을 감경 또는 면제할 수 있다.

Ⅰ. 불능미수의 의의

불능미수는 범죄의 실행에 착수하였으나 실행의 수단 또는 대상의 착오로 인하여 결과의 발생이 불가능하지만 위험성이 있는 경우를 말한다. 그런 위험성이 없는 경우는 불능범(不能犯)이라고 부른다.[1] 제27조는 표제가 불능범(untauglicher Versuch)이지만 제3의 미수형태인 불능미수를 규정한다. 불능미수는 범죄의 미완성이 미수범에게 귀속되는 결과가 아니므로 중지미수와 달리 형의 **감면이 임의적**이지만, 우연적 요소가 아니라 실행의 수단이나 대상의 착오로 필연적으로 범죄가 완성되지 못한다는 점에서 장애미수와 달리 **형의 감경 외에 면제**도 가능하다. 장애미수와 불능미수가 경합하는 경우[2]에는 행위자에게 더 유리한 불능미수를 적용하여야 한다.

Ⅱ. 불능미수의 성립요건

1. 주관적 성립요건

불능미수범도 기수의 고의, 즉 **범죄의 완성을 의욕**해야 한다. 결과가 발생할 수 없음을 알면서 행위를 하였다면, 즉 **미수의 고의**가 있는 경우 불능미수도 성립하지 않는다. 또한 불능미수범은 기수범의 고의와 달리

---

1 [구성요건흠결이론] 독일학계에는 구성요건요소 가운데 주체, 객체, 행위태양이 흠결되면 불능범이 되고, 인과관계가 흠결된 경우에만 불능미수가 된다는 **구성요건흠결이론**이 있었다.

2 [장애미수와 불능미수의 경합] 甲은 친구 남편 乙에게 부작용으로 사망할 수도 있는 초우뿌리와 부자달인 물을 마시게 하였다. 乙은 마시자마자 이를 토해버렸다. ① (대판 2007도3687) "불능범은 범죄행위의 성질상 결과발생 또는 법익침해의 가능성이 **절대로 있을 수 없는 경우**를 말하"는데, 초우뿌리는 일정량 이상을 먹으면 사람이 사망에 이를 수도 있기 때문에 甲은 살인죄의 불능미수이다. ② (評釋) 시민자유우선원칙에 의해 장애미수보다 불능미수를 인정한다.

확정적인 행위의사(unbedingter Handlungswille)의 형태를 띠어야만 한다. 행위자의 범죄결의가 그가 지배할 수 없는 일정한 조건의 성취에 좌우되어 있다면 미수범이 될 수 없다. 또한 결과의 발생이 불가능함을 알지 못하고 범행을 자의로 중지하였다면 시민자유우선원칙에 따라 피고인에게 유리하게 불능미수가 아니라 중지미수[3]를 우선 적용한다.

다만 불능미수범이 결과가 발생하지 않을 것을 알지 못한 경우도 형을 **면제**해줄 수 있기 위해서는 독일 형법 제23조 제3항처럼 행위자가 **현저한 무지로 결과발생의 불가능성**을 알지 못했어야 한다. 이는 제27조의 문언이 형의 감면을 본문이 아니라 단서조항("단 형을 감경 또는 면제할 수 있다")에 규정하고 있어서, 형의 감면이 본래적인 법적 효과가 아닐 수 있다는 점에 근거한 것이다.

2. 객관적 성립요건

불능미수범도 실행의 착수를 해야 성립한다. 행위자의 범행계획을 놓고 일반인의 생활경험에서 판단할 때 보호법익에 대한 직접적 위험을 야기한 때이다. 불능미수범도 **외형상 실행의 착수**가 있어야 한다. 형법이 금지하지 않은 행위를 금지하고 있다고 오인하는 환각범은 외형상 실행에도 착수한 것이 아니다.

(1) 결과발생의 불가능 불능미수가 성립하려면 "실행의 수단"(예: 치사량 미달의 독약으로 독살 시도) 또는 "대상의 착오"(예: 이미 죽은 자를 산 줄 알고 칼로 찌름)로 인해 결과발생이 불가능해야 한다. 사실의 착오가 존재하는 구성요건적 사실을 인식하지 못한 소극적 착오임에 반하여, 불능미수범은 존재하지 않는 사실을 존재한다고 인식한 적극적 착오이다. 불능미수는 사실의 착오가 뒤집힌(反轉된) 경우이다. **주체의 착오**, 가령 신분 없는

---

3 [소송사기 불능범] 甲은 乙과의 부동산매매계약서를 위조하여 소유권이전등기청구소송을 제기하였다. 재판에서 乙이 계약날짜에 이미 사망자였음을 알고 피고표시를 상속인 丙으로 바꾸어 소송을 진행하다가 소를 취하하였다. ① (대판 97도632) 甲의 소송이 사망한 자를 상대로 한 것이므로 "**판결은 그 내용에 따른 효력이 생기지 아니하여 상속인에게 그 효력이 미치지 아니하므로, 사기죄를 구성할 수 없다.**" ② (評釋) 死者에 대한 판결은 효력이 생기지 않으므로 법원의 재산처분행위는 실현불가능하다. 객관설, 구체적 위험설을 적용하면 甲은 불능범, 추상적 위험설을 적용하면 사기죄의 불능미수가 성립한다. 甲이 소송제기 전부터 乙의 사망을 알았다면 추상적 위험설을 적용해도 불능범이 된다.

자가 신분이 있는 것으로 착오하고 진정신분범을 저지른 경우(예: 공무원임용무효를 모르고 자신이 공무원인 줄 알고 수뢰함)도 제27조에 포함된다고 보는 견해와 불능미수 인정은 죄형법정주의에 위배되므로 불능범이 된다는 견해가 대립한다. 私見으로 신분이 없는 자가 자신을 신분자로 착오하여 한 행위는 신분집단 밖의 자로서 그 신분집단의 업무를 방해할 수 있을 뿐이고, 그런 방해행위는 **다른 구성요건**(예: 공무원자격사칭죄(제118조) 등)에 의해 통제되는 것이 타당하지만, 그런 구성요건이 없는 경우에는 "대상의 착오"에 신분의 착오를 포함시키는 해석도 유추금지에 위배되지는 않는다.

(2) **위 험 성**　　불능미수가 성립하려면 결과발생이 불가능하지만 위험성이 인정되어야 하고, 그 판단기준으로 네 가지 견해가 있다.

● **객관설**　결과의 발생이 개념적으로 불가능한 경우를 **절대적 불능**[4]이라고 하여 위험성을 인정하지 않고, 개념적으로는 가능하지만 구체적인 특수한 경우에 불가능한 것을 **상대적 불능**이라고 하여 위험성을 인정한다.[5] 이런 위험성은 일종의 **물리적 위험성**이다.

● **구체적 위험설**　위험성이란 일반인이 인식할 수 있었던 사정과 행위당시에 행위자가 인식한 사실을 기초로 일반적 경험법칙에 따라 객관적·사후적으로 예측할 때 결과발생의 가능성(구체적 위험)이 인정되는 경우[6]이다. 예측의 주체는 '통찰력 있는 인간'(과학적 일반인)으로 설정된다. 이런 위험성은 **과학적 위험성**이다.

---

4 [절대적 불능] 甲은 살인하려고 우물에 치사량 미달의 농약 스미치온을 넣었다. 이 농약은 악취가 심하고 물에 타면 혼탁해져서 강제로 먹이지 않는 한 사람이 스스로 마실 수 없다. 아무도 그 우물물을 마시지 않았다. ① (대판 73도354) "농약의 혼입으로 살인의 결과가 발생할 위험성이 **절대로 없다고 단정할 수는 없는 바**" 甲은 살인불능미수범이 된다. ② (評釋) 구체적 위험설과 추상적 위험설, 주관설, 객관설에 의하더라도 위험성이 없다.

5 [법률적 불능과 사실적 불능] 프랑스 학자들이 주장한 법률적 불능과 사실적 불능에서 법률적 불능은 독일학자들이 말하는 절대적 불능이나 구성요건의 흠결을 가리키고, 사실적 불능은 상대적 불능이나 사실상 범죄요건의 흠결을 가리킨다.

6 [구체적 위험설] 甲은 에페트린과 빙초산을 배합하여 90°C로 가열하여 히로뽕을 만들려고 하였으나 염산'메칠'에페트린 1.5kg이 생성되었다. 전문가들은 甲의 방법으로는 히로뽕 제조원료인 염산에페트린이 생성될 수 없고, 염산'메칠'에페트린에서 화학작용을 일으켜 메칠기를 뺄 이론적 가능성만 있다고 한다. ① (대판 85도206) 甲이 **행위당시에 인식한 사정**, 즉 "에페트린에 빙초산을 혼합하여 90°C로 가열하는 사정을 놓고 이것이 객관적으로 제약방법을 아는 **일반인(과학적 일반인)의 판단**으로 보아 결과발생의 가능성이 있느냐를 따"진다면 결과발생의 위험성이 있다. 甲은 습관성 의약품 제조미수범"이 된다. ② (評釋) 구체적 위험설이 아니라 추상적 위험설을 적용할 때 위험성이 인정된다.

● **추상적 위험설** 위험성이란 행위당시에 행위자가 인식한 사실을 기초로 하여 행위자가 생각한 대로의 사정(예: 결과발생가능성의 주관적 예측판단)이 존재하였다고 가정하고, 일반인(평균적 일반인)의 관점에서 사전적으로 예측할 때[7] 결과발생의 가능성(추상적 위험)이 인정되는 경우이다.[8] 이 위험성은 **사회적 위험성**이다.

● **주관설** 위험성이란 행위자가 인식한 사정을 기초로 하여 행위자의 관점에서 판단하여 결과발생가능성이 인정되는 경우이다. 이 위험성은 **심리적 위험성**이다.

[인상설] 독일의 인상설(Eindruckstheorie)에 의하면 위험성은 법적대적인 행위자의 의사 실행이 법적 평온을 교란시킴으로써 법질서에 대한 일반의 신뢰를 저해시키는 법동요의 인상으로 이해된다. 이에 대해서는 심정형법의 위험이 지적되기도 한다. 또한 인상설의 내용은 주관설뿐만 아니라 추상적 위험설 더 나아가 구체적 위험설과도 같아질 수 있는 불명확성이 있다. 이 이론은 독일 형법 제23조 제3항의 해석으로나 타당할 뿐이다.

	사 례	객관설		주관설		
		객관설	구체적 위험설	추상적 위험설	주관설	
㉠	치사량에 미달하는 독약으로 살해를 시도한 경우	○	○	○	○	불능미수 인정○ 불인정×
㉠	창에 비친 그림자가 사람인 줄 알고 총을 쐈으나 아무도 없었음	○	○	○	○	
㉡	누구나 회임한 것으로 보기 쉬운 부녀를 낙태함	×	○	○	○	
㉡	깡통에 다이나마이트를 넣고 뇌관, 도화선을 결합한 폭탄을 투척함	×	○	○	○	
㉡	금품이 들어 있지 않은 피해자 주머니에 손을 넣음(대판 86도2090)	×	○	○	○	
㉡	만취여성을 강간하였지만 성교 직전에 여성이 죽음	×	○	○	○	
㉢	누구나 착탄거리 밖이라고 보이는 사람을 착각하여 저격함	×	×	○	○	
㉢	독약으로 착각하고 설탕을 먹임	×	×	○	○	
㉣	설탕에 살인력이 있는 줄 알고 설탕을 먹인 경우	×	×	×	○	
㉣	두통약으로 낙태시킬 수 있다고 알고 그 약을 먹임(RG 17, 158)	×	×	×	○	
㉣	사체에 대한 살해행위(RG 1, 451)	×	×	×	○	

7 [주관설] 甲은 자신과 소송했던 乙로부터 소송비용명목으로 1백만 원을 받고도 乙에게 소송비용지급의 소를 제기하였다. 담당 판사는 소송비용은 소송비용액 확정절차를 통하여 하라는 권유를 하였고, 甲은 소를 취하했다. ① (대판 2005도8105) "위험성 판단은 甲이 **행위 당시에 인식한 사정을 놓고 이것이 객관적으로 일반인의 판단으로 보아** 결과 발생의 가능성이 있느냐를 따져야 하고", 소송비용 청구는 소송비용액 확정절차에 의하는 것이므로 甲의 소제기는 실행 수단의 착오로 인하여 결과 발생이 불가능할 뿐만 아니라 위험성도 없다. ② (評釋) 판례처럼 주관적 위험설이 아니라 주관설에 의하면 甲은 불능미수범이 된다.

8 [주관적 위험설] 甲은 처와 乙과 함께 술을 마시다 처가 먼저 잠이 들고 乙도 안방으로 들어가자, 乙의 옆에 누워 애무하였는데, 乙은 별로 취하지 않아 곧 깨어났고, 소리쳤지만 甲은 乙과 1회 간음하였다. ① (대판 2018도16002) 甲은 객체의 착오로 인한 준강간죄의 결과의 발생이 불가능하나 "甲이 행위 당시에 인식한 사정을 놓고 일반인이 객관적으로 판단"할 때 위험성이 인정되므로 甲은 준강간죄의 불능미수가 인정된다.

위험성은 객관설(사례 ㉠)→ 구체적 위험설(사례 ㉠+㉡)→ 추상적 위험설(사례 ㉠+㉡+㉢)→ 주관설(사례 ㉠+㉡+㉢+㉣) 순으로 더 넓게 인정한다. 私見으로 어떤 학설도 위험성을 인정하는 사례군(㉠)은 형감면을 하지 말고, 구체적 위험설에 의해 비로소 인정되는 사례군(㉡)은 형감경을, 구체적 위험설에 의해서는 인정되지 않고 추상적 위험설에 의해 비로소 인정되는 사례군(㉢)에서는 감경과 면제 모두 허용하며,[9] 주관설만 위험성이 인정하는 사례군(㉣)은 불능범으로 다루는 것이 합리적이다.

Ⅲ. 불능미수의 처벌

불능미수는 형을 감경 또는 면제할 수 있다.

---

9 [구체적 위험설과 추상적 위험설] 부인 甲은 남편 乙을 살해하려고 배춧국에 종자소독약 유제3호 8ml을 타서 乙에게 주었으나 乙은 국을 먹다가 토했다. 이 농약은 60kg인 사람은 95.4mg 정도를 먹어야 죽을 수 있다. ① (대판 83도2967) 살인의 결과가 발생할 위험성이 **절대로 없다고 단정할 수 없는 한**, 위험성을 인정되므로 甲은 살인불능미수범이 된다. ② (評釋) 구체적 위험설에 의하면 불능범이 되고, **추상적 위험설에 의하면** 위험성이 인정된다.

§27. 공범이론

Ⅰ. 공범체계

형법은 다수인이 한 범죄에 참여하는 현상으로 교사범(제31조)과 종범(제32조), 공동정범(제30조)과 간접정범(제34조 제1항)을 정하고 있다. 앞의 둘을 협의의 공범이라고 부른다. 뒤의 둘은 본질은 정범이지만 앞의 둘과 함께 광의의 공범에 속한다. 협의의 공범인 교사범은 간접정범과, 종범은 공동정범과 각각 외형에서 유사한 모습을 보인다. 형법은 신분범에 대한 비신분자의 범행참여를 규율하는 규정(제33조)을 두고 있다. 이 규정은 교사범과 종범, 공동정범에 적용될 뿐 간접정범에는 적용되지 않는다.

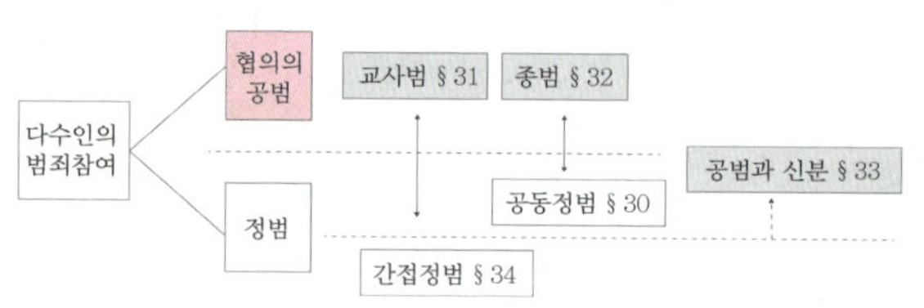

[필요적 공범과 공범규정 적용제외] ① 필요적 공범이란 구성요건 자체가 반드시 2인 이상이 참가해야만 실행할 수 있는 범죄이다. 집합범(예: 소요죄, 내란죄)과 대향범(예: 도박죄, 수뢰죄와 증뢰죄, 배임수재죄와 배임증재죄, 도주죄와 도주원조죄, 마약류범죄 불법수익은닉가장죄[1] 등)이 이에 속한다. ② **필요적 공범은** 각자가 정범이므로 **임의적 공범을 전제로 하는 총칙상의 공범규정이 적용되지 않는다.** 예컨대 "금품 등의 수수와 같이 2인 이상의 서로 **대향된 행위**의 존재를 필요로 하는 관계에 있어서는 공범이나 방조범에 관한 형법총칙 규정의 적용이 있을 수 없다. 따라서 금품 등을 **공여한 자에게 따로 처벌규정이 없는 이상,** 그 공여행위는 그와 대향적 행위의 존재를 필요로 하는 상대방의 범행에 대하여 **공범관계가 성립되지 아니하고,**[2] 그 공여행위를

1 [대향범의 공범] 甲은 乙에게 마약에게 대마를 매수하면서 매매대금을 乙의 대포통장에 입금하였다. 乙은 마약류관리법상 마약판매죄 외에 마약거래방지법 제7조(불법수기 등의 은닉 및 가장)가 성립한다. ① (대판 2020도7866) 甲이 乙의 마약거래방지법 위반에 **적극 가담한 것이 아니고,** 乙의 **대향적 행위**이므로 甲은 마약거래방지법 위반죄가 성립하지 않는다.

2 종합금융회사에관한법률위반의 점은 대출을 하는 자와 대출을 받는 자의 **대향적 행위**의 존재를 필요로 하는 대립적 범죄로서 위 각 조문의 규정형식상 대출을 한 자만을 처벌하고, 대출 받은 자에 대하여 처벌규정이 없는 점에 비추어, 대출 받은 자의 행위는 형법총칙의 공범규정이 적용되지 않는다(대판 2002도1696).

교사하거나 방조한 행위도 상대방의 범행에 대하여 공범관계가 성립되지 아니한다"(대판 2013도6969). ③ 형사소송법 제253조 제2항("공범의 1인에 대한 전항의 시효정지는 다른 공범자에 대하여 효력이 미치고 당해 사건의 재판이 확정된 때로부터 진행한다")도 대향범에는 적용되지 않는다(대판 2012도4842).

Ⅱ. 정범과 공범의 구별

1. 정범의 개념

(1) 범행지배로서 정범 정범과 공범의 구별은 범행의 실현에 여러 사람이 관여할 때 범죄실현에 기여한 정도에 비례한 형사책임을 묻기 위함이다. 정범과 공범의 구별에 관해 다음의 네 가지 견해가 대립했지만, 지금은 범행지배의 유무에 따른다.

주관적 요소 범죄에 대한 내적 태도	객관적 요소 범행실현 기여도
ⓐ 범행을 **자기의 작품으로 여기는 의사** ⓑ 범행결과로부터 **이익취득**	ⓒ **구성요건의 직접 실현** ⓓ 결과실현의 **인과적 기여도**

ⓐ **주관설**은 자기의 범죄를 실현한다는 의사(animus)를 가진 자를 정범으로 본다. '범행을 자기의 작품으로 여기는 의사'를 중시한다. ⓑ **목적설**은 범행의 결과가 자기의 이익(목적)을 위한 것이라고 생각하는 자를 정범으로 본다. '범행결과로부터의 이익취득'을 중시한다. ⓒ **형식적 객관설**은 직접 구성요건에 해당하는 행위를 하는 자를 정범으로 본다. '구성요건의 직접 실현여부'를 중시한다. ⓓ **실질적 객관설**은 결과발생에 주된 원인(Feuerbach)이나 결정적 조건(Liepmann)을 제공한 자를 정범으로 본다. 결과실현의 인과적 기여도를 중시한다.[3]

범행지배를 하는 자란 **'구성요건이 실현되는 사태의 핵심형상'**, 즉 **범행의 주인이 되는 자**이다. 범행지배의 이상적인 모습은 위의 네 요소를 모두 구비한 경우이지만 현실에서는 네 요소가 완벽하게 구비되는 경우가 드물다. 따라서 어떤 범행참여자가 범행의 주인(정범)인지 여부는 네 요소들에 대한 **이익형량적 가치평가**에 따라 달라진다. 이 이익형량적 결

3 **[제한적 정범개념과 확장적 정범개념]** 형식적 객관설은 정범의 범위를 가장 좁게 설정하는 점에서 제한적 정범개념(restriktiver Täterbegriff)이라 부르고, 주관설은 행위의 객관적인 측면에서 볼 때 범죄구성요건의 실현에 어떤 식으로든 기여를 한 자를 모두 정범이라고 봄으로써 정범의 범위를 가장 넓게 설정하는 점에서 확장적 정범개념(extensiver Täterbegriff)이라고 부른다.

정은 오로지 규범적이거나 심리적인[4] 판단이 되어서는 안 되고, 그 결정을 설명하는 논증[5]이 그 결정을 왜곡해서도 안 된다.

(2) 과실범에서 정범과 공범의 구별 과실행위도 타인의 과실과 함께 범죄실현에 기능적으로 불가분적으로 엮일 수 있기 때문에 **공동정범**이 될 수 있다. 이론적으로는 과실교사범도 가능하다. 즉 **과실교사범**은 일상적으로는 교사했다고 말할 수도 있는 자에게 법적 의미의 교사고의가 귀속될 수 없거나[6] 일정한 행위가 교사고의를 실현하는 활동으로 보기는 어렵지만 교사의 결과를 초래한 경우[7]에 성립할 수 있다. 다만 **과실종범**은 처벌가치가 적어 질서위반범으로 인정함이 적절하다.

[과실범의 유일정범설] 과실행위는 타인의 범행에 대하여 의사지배를 인정하기 어렵기 때문에 간접정범이 될 수 없다는 견해에 의하면 범행지배이론은 과실범에서 정범과 공범을 구별하는 기능을 갖지 못한다. 그 결과 **과실범은 공범이 성립하지 않는 유일정범개념**이 되고 모든 형태의 주의의무 위반행위는 과실정범이 된다.

(3) 부작위범에서 정범과 공범 부진정부작위범에서도 정범과 공범(종범)은 구별된다. ① (부진정)**부작위의 정범**은 법적으로 보증인의무를 지닌 자가 '그 보증인의무를 낳는 행위상황 속에서, 결과발생사태를 지배

4 [심리적 규범적 범행지배] 공무원 甲은 부인 乙에게 말하여 丙으로부터 현금 1천만 원을 수령하게 하였다. 乙은 뇌물임을 알고 있었다. ① 甲이 혼자서 범행지배(의사지배)를 하고, 乙이 '신분 없는 고의 있는 도구'로서 무죄가 된다고 본다면, 이는 '심리적 규범적 범행지배' 또는 사회적 범행지배에 의거한 것이다. 乙이 통상의 판단능력을 갖고 있고, 뇌물수령의 이익을 함께 향유할 생각이었다면 乙은 제33조에 의해 신분자 甲과 수뢰죄의 범행지배를 한 셈이다.

5 [정범성 판단의 이익형량적 결정과 논증] 이익형량적 '결정'(Entscheidung) 내용의 합리적 근거를 언어로 설명하는 **논증**(Argumentieren)은 모든 주관적 요소(ⓐⓑ)와 객관적 요소(ⓒⓓ)를 균형 있게 사용함이 바람직하다. 실무는 정범성을 결정한 기준을 모두 드러내지 않고, 어느 한 기준만을 논증도구로 사용한다. 예를 들어 독일 제국법원은 사생아의 생모로부터 청부를 받아 그녀의 영아를 목욕탕에 빠뜨려 익사시킨 자는 '공범의 의사로 행위를 하였으므로 종범이고' 정범이 생모라고 보았다(RG 74, 85). 이 판결은 정범성 논증에서 주관설을 보여주었지만 생모가 청부살인자와 자신의 아이 살해를 함께 결의하고 그에게 집안에 들어와 욕조를 사용하도록 허락한 점은 살인죄의 공동정범이 될 만한 실행의 기능적 분담에 해당한다고 보았다.

6 [과실교사범] 甲은 부하 乙에게 "丙을 혼 좀 내줘라"라고 말했다. 乙은 甲의 말을 잘못 이해하고 丙을 상해하였다. 甲은 상해 과실교사범이다.

7 [과실교사범과 과실종범] 甲은 애인 丙이 丁과 사랑에 빠지자 丙을 죽일 의사로 丙의 전남편 乙에게 丙과 丁의 성관계장소를 알려주었다. 乙은 丙과 丁의 정사현장을 목격하고 丙을 살해하였다. ① 甲은 丙에게 살해교사고의를 갖고 있지만 정보제공행위는 살인교사고의를 유발하는 교사행위가 되지 못한다. 甲은 살인죄의 과실교사범이 된다. ② 甲이 살인의사가 없이 丙을 곤란하게 만들 생각이었다면 甲은 살인 과실방조를 한 것인데 과실방조는 처벌가치가 없다.

하고 있을 때', 즉 보증인지위에 있을 때 성립한다. 이때 정범성은 보증인지위에서 작위(결과방지행위)를 하였더라면 결과가 발생하지 않았을 것이라는 합법칙적 판단에 의해 인정된다. 부작위에 의한 정범은 공동정범, 심지어 간접정범(예: 10살 난 아들이 남의 자동차에 돌을 던지는 것을 보고 방치한 부모)으로도 성립할 수 있다. ② **부작위 종범**은 보증인의무를 지녔지만 해당 범죄의 중대성, 범죄방지의 기대가능성, 정범과의 공생관계여부, 범죄발생의 구조적 원인 등을 종합적으로 고려하여 **보증인의무가 약한 경우**와 보증인의무의 위반(부작위)은 있으나 (형법외적 특별의무를 침해하는 자만이 정범이 되는) **의무범의 정범표지가 흠결**되어 있는 경우(의무범설)에 성립할 수 있다.[8]

2. 범행지배의 구조적 유형

(1) 범행지배의 유형 범행지배로는 실행지배, 의사지배, 기능적 범행지배가 있다.[9] **실행지배**(Handlungsherrschaft)는 행위자가 모든 불법구성요건요소를 자신의 능력과 판단 그리고 자신의 행위에 의해 실현하는 경우(예: 사람을 칼로 찔러 사망하게 함)에 인정되며, 단독정범이 된다. **의사지배**(Willensherrschaft)는 강요나 기망 등으로 타인의 의사를 지배하여 그를 범행의 도구로 삼아 불법구성요건을 실현한 경우(예: 甲이 과대망상증 환자 乙을 충동하여 사람 丙을 상해하게 함)에 인정되며, 간접정범(제34조 제1항)이 된다. **기능적 범행지배**(funktionelle Tatherrschaft)란 2인 이상이 구성요건을 분업적으로 실현하는 경우, 즉 범죄실현에서 역할을 분담하고, 각자의 역할수행

---

8 [의무범의 종범] 백화점 매장관리직원 甲은 입점매장 주인 乙이 DKNY, D&G 상표를 새긴 혁대를 판매함을 알고도 상급자에게 보고하거나 乙에게 판매중단을 촉구하지도 않았다. ① (대판 96도1639) 甲의 부작위는 乙의 "부정경쟁방지법위반 행위의 실행을 용이하게 하는 경우와 동등한 형법적 가치가 있는 것으로 볼 수 있으므로" 乙의 부정경쟁방지법 위반죄의 종범이 된다. ② (評釋) **원칙적 종범설**(부작위범은 종범이 원칙이다)에 의하면 乙은 작위의 정범이고 甲은 부작위 방조범이 되고, **의무범설**에 의하면 甲은 부정경쟁방지법상 상표권침해의 의무가 없으므로 종범이 된다. **동가치성설**에 의하면 범죄의 중대성, 직원의 지위, 乙의 상표권침해로 이익을 얻지 않은 점 등을 고려할 때 甲은 종범이 된다. 원칙적 종범설은 부작위범의 범행지배의 특수성을, 의무범설은 상표권침해가 일신전속적 범죄가 아니라는 점을 간과한다.

9 Roxin, Täterschaft und Tatherrschaft, Gruyter, 1963에서 주장된 이론임.

이 범죄의 실현에 불가결한 요소로 기능한 경우(예: 甲과 乙이 강도를 결의하고 甲은 丙을 폭행하고 乙은 丙의 돈지갑을 빼앗음)에 인정되며, 공동정범(제30조 제1항)이 된다.

(2) **조직적 범행지배** 범행이 아니라 조직의 지배로 정범이 되는지가 논란이다. 범죄계획을 수립하고 공범들 사이의 역할을 분배하고 조정한 배후인물이 실행지배, 의사지배, 기능적 범행지배 중 어느 것도 하지 않은 경우가 있다. 그런 배후인물은 다른 공범들의 범죄에 대한 교사범이 될 뿐이다. 그런 배후인물을 정범으로 구성하는 이론을 **정범 뒤의 정범**(Täter hinter dem Täter) 이론이라고 한다. 정범 뒤의 정범은 현대범죄에서는 대개 **조직지배**(Organisationsherrschaft)를 통한 범죄지배의 형태(BGHSt 40, 236)로 등장한다. 경제범죄[10]나 환경범죄 등 다양한 조직범죄(organized crime)의 영역에서 조직적 범행지배는 새로운 정범성의 표지가 될 만하다. 하지만 범행이 아니라 조직의 지배를 이유로 정범을 인정하는 것은 **행위책임원칙에 반**하고 **단체책임**을 인정하는 셈이 된다. 또한 어떤 형태의 조직(예: 마피아조직, 기업내 경영조직)을 어느 정도 지배할 때 정범이 되는지도 극도로 불명확하여 **명확성원칙에도 위반**되기 쉽다. 현행법상 배후인물이 지배한 조직이 범죄적일 경우에는 **범죄단체구성의 죄**(예: 범죄단체조직(제114조), 폭력행위처벌법상의 폭력범죄단체구성죄(제4조 제1항 제1호))로 처벌하고, **제34조 제2항**을 확장적용하면 정범 배후의 조직지배자를 정범의 형을 2분의 1까지 가중하여 처벌할 수 있다.

10 [조직적 범행지배] 회장 甲은 재무이사 乙에게 주가조작을 해서라도 그 기업의 주가를 높이라고 지시하였다. 乙은 구체적인 계획을 짜고, 경리부장 丙과 함께 그 계획을 실현하였다. ① 甲은 주가조작의 실행을 직접 하거나 乙, 丙과 분담하지 않았으며, 乙과 丙은 거부하기는 어렵지만 자유의사로 주가조작의 범죄를 실현한 점에서 의사지배한 것도 아니고, 경영핵심조직을 장악했을 뿐이다.

Ⅲ. 공범의 종속과 그 형식

1. 공범의 종속성

교사범은 타인을 교사하여 죄를 범하게 한 자(제31조 제1항), 종범은 타인의 범죄를 방조한 자(제32조 제1항)이다. 교사범과 종범은 정범의 성립을 전제한다(**공범의 종속성**).

[공범독립성설과 공범종속성설] 공범의 본질에 관해 20C 초까지 주관주의범죄이론(공범독립성설)과 객관주의범죄이론(공범종속성설)이 대립하였다.

	공범종속성설	공범독립성설
본질	• 공범은 타인의 범죄에 가담하는 것, 공범의 불법은 정범의 불법에서 나온다(객관주의범죄론).	• 범죄는 반사회적 성격의 징표이므로 교사범과 종범은 정범의 성립과 상관없이 독립하여 성립한다(주관주의범죄론).
공범과 미수	• 정범이 실행에 착수하지 않은 경우(공범의 미수) 공범은 불성립 • 정범이 실행에 착수하였으나 미수에 그친 경우에 공범은 미수의 공범	• 공범의 미수는 성립할 수 있음 • 미수의 공범은 미수범으로 처벌됨
공범과 정범의 구별	• 교사범과 간접정범, 종범과 공동정범은 구별됨	• 공범도 단독정범의 일종이고, 교사범과 간접정범, 종범과 공동정범은 구별되지 않음

2. 공범의 불법

공범의 불법이 정범의 불법에서 비롯된다는 것은 공범의 사물논리적 구조이다. 예컨대 살인범이 전제되지 않은 살인교사범은 없는 것이다. 공범의 불법은 정범의 불법에서 **차용**해온 것이라고도 표현한다. 그러므로 공범은 **정범의 행위가 구성요건에 해당하고 위법함을 전제**한다(제한적 종속형식). 피교사자가 범죄실행을 승낙하지 않거나 승낙한 후 실행에 착수하지 않으면(기도된 교사) 교사자는 교사범이 될 수 없는데도, 형법은 "기도된 교사를 예비·음모에 준하여 처벌한다"(제31조 제2, 3항). 이 규정은 처벌한다는 점에서는 공범독립성설을 따른 것이지만, 교사된 범죄의 교사범이 아니라는 점에서는 공범종속성설을 따른 것이다. 이런 사정은 교사행위 자체에 정범으로부터 **차용한 불법을 얼마간 초과하는 모종의 불**

법요소가 내재해 있음을 말해준다.

[공범의 종속형식] 공범이 성립하기 위해서는 정범이 범죄성립의 어느 단계까지 나아가야만 하는지에 관하여 ① 정범의 행위가 구성요건에 해당하면 되고, 위법, 유책할 필요도 없다는 **최소종속형식설**, ② 정범의 행위가 유책할 필요는 없으나 구성요건에 해당하고 위법해야 한다는 **제한적 종속형식설**, ③ 정범의 행위가 구성요건에 해당하고, 위법하고 유책해야 한다는 **극단적 종속형식설**, ④ 정범의 행위가 모든 가벌성의 조건을 충족해야 한다는 **확장적 종속형식설**이 대립하였다.

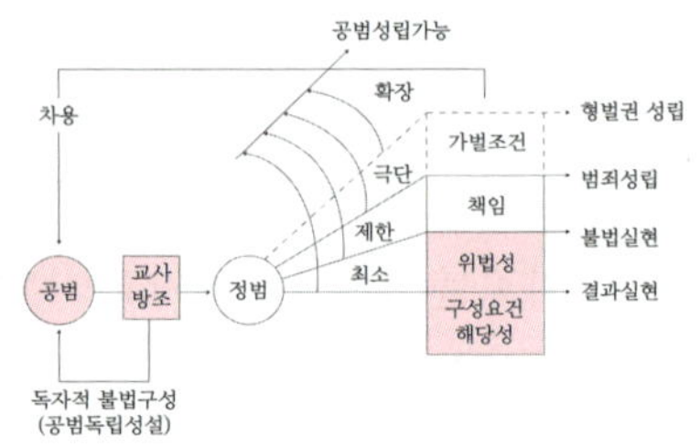

3. 공범의 책임의 개별화

공범의 정범 종속성은 책임의 차원에서는 인정되지 않는다. 공범의 책임은 정범과는 구별되어 개별적으로 판단된다(**개인책임원칙**). 책임은 본래부터 행위'자'의 특수한 사정을 이유로 그의 불법에 대해 법공동체가 관용할 가능성을 검토하는 제도이기 때문이다.

Ⅳ. 정범의 우위성

타인을 교사 또는 방조한 자가 정범(간접정범, 공동정범)인지 공범(교사범, 종범)인지는 정범성(범행지배)의 표지에 따라 독자적으로 정해진다. 이를 '정범 개념의 우위성'[11]이라고 한다. 공범의 성립가능성이 없다고 해서 교사 또는 방조한 자가 곧바로 정범(간접정범 또는 공동정범)이 되지도 않고, 공범의 성립가능성이 있다고 해서 직접 실행한 자를 교사 또는 방조한 자가 언제나 공범이 되는 것도 아니다. 공범종속성은 공범성립의 필요조건이고, 범행지배를 하지 않는 것은 공범성립의 충분조건이 된다.

11 [정범의 우위성] 甲은 13세의 乙을 부추겨 방화를 하게 하였다. ① **극단적 종속성설**에 의하면 甲은 방화죄의 교사범이 될 수 없지만, 甲이 乙에 대해 '의사지배'를 한 경우에만 비로소 간접정범이 된다. 乙이 상당한 이성을 갖고 있다면(RG 61, 265), 甲은 간접정범이 되지 않는다. **제한적 종속성설**에 의하면 甲은 乙을 의사지배 하였다면 간접정범이, 그렇지 않다면 교사범이 된다.

간접정범

제34조(간접정범, 특수한 교사, 방조에 대한 형의 가중) ① 어느 행위로 인하여 처벌되지 아니하는 자 또는 과실범으로 처벌되는 자를 교사 또는 방조하여 범죄행위의 결과를 발생하게 한 자는 교사 또는 방조의 예에 의하여 처벌한다. ② 자기의 지휘, 감독을 받는 자를 교사 또는 방조하여 전항의 결과를 발생하게 한 자는 교사인 때에는 정범에 정한 형의 장기 또는 다액에 그 2분의 1까지 가중하고 방조인 때에는 정범의 형으로 처벌한다.

Ⅰ. 간접정범의 의의

1. 간접정범의 개념

간접정범은 타인(피이용자)의 의사를 지배하여, 그로 하여금 범행을 하게 만든 자이다. 제34조 제1항은 의사지배(Willensherrschaft) 형태의 정범을 규정한다(정범설). 법문의 "교사 또는 방조"는 교사범의 교사(제31조 제1항) 또는 종범의 방조(제32조 제1항)가 아니라 널리 이용행위를 가리키며, 범죄행위의 결과는 교사 또는 방조한 자의 작품, 즉 **조종의사의 산물**(Werk der steuernden Wille)로 인정된다. 의사지배를 당하여 직접 범죄를 실행한 자는 **간접정범의 범행매개자**(Tatmittler)이며, 의사지배자의 범죄기획을 실현하는 데 사용되는 "생명 있는 도구"(대판 99도883)이다. '도구'가 된 사람은 그가 실현한 범행에 대해 책임을 지지 않는다('자기귀책성의 부존재'). 직접정범은 범행매개자가 없다.

[간접정범의 공범설] ① 형법사적 관점에서 간접정범(제34조 제1항)의 본질을 협의의 공범으로 보는 공범설에 의하면 제34조 제1항은 협의의 공범규정으로 처벌할 수 없는 "교사 또는 방조"행위를 처벌하기 위한 것이다. ② 그러나 제34조 제1항의 표제가 간접 '정범'인데 이를 두고 협의의 공범으로 보는 것은 법문언에 너무 어긋난 역사적 해석이다. 다만 제34조 제2항의 특수교사·방조를 특수 간접정범 외에[1] 특수교사범을 포함한 규정으로 보고 정범 뒤의 정범(조직적 범행지배)을 특수교사범으로 처벌하는 해석은 합리적이다.

---

1 제34조 제2항은 제1항을 전제하는 규정임을 고려하면(체계적 해석) 그 표제("특수한 교사, 방조에 대한 형의 가중")에도 불구하고 '의사지배' 형태의 간접정범을 포함한다.

2. 간접정범의 법적 근거

형법 제34조 제1항의 요건부분("어느 행위로 인하여 처벌되지 아니하는 자 또는 과실범으로 처벌되는 자를 교사 또는 방조하여 범죄행위의 결과를 발생케 한 자")은 정범의 불법이 성립하지 않는 유형에서 간접정범을 인정하므로 공범종속성설을 전제한다. 제34조 제1항의 효과부분("교사 또는 방조의 예에 의하여 처벌한다")은 간접정범은 공범의 불법과 독립된 것임(공범독립성설)을 보여준다. 이렇듯 제34조 제1항의 (공범종속성설을 따른) 요건과 (공범독립성설을 따른) 효과는 서로 정합적이지 못하다. 제34조 제1항의 법적 효과를 정범으로 처벌하자는 입법론은 타당하다. 하지만 교사범도 현행법은 "죄를 실행한 자와 동일한 형으로 처벌하"(제31조 제1항)므로 제34조 제1항은 간접정범을 실질적으로 정범으로 취급하고 있는 셈이다.

Ⅱ. 간접정범의 성립요건

형법 제34조 제1항의 간접정범이 성립하려면 1. 간접정범의 정범적격을 가진 자가 2. 어느 행위로 인하여 처벌되지 아니하는 자 또는 과실범으로 처벌되는 자를 3. 교사 또는 방조하여 범죄행위의 결과를 발생케 하였어야 한다.

1. 이 용 자

타인을 자기 범죄의 도구로 사용할 수 있는 자의 자격(간접정범의 정범적격(Tätereigenschaft))에는 제한이 없으나 신분범과 자수범의 경우는 예외적으로 제한된다.

(1) 신 분 범 제33조는 비신분자가 신분자와 '함께' 정범(공동정범)[2]이 되거나, 교사범 또는 종범이 되는 경우에만 적용되고, **비신분자가 신**

2 [비신분자의 공동정범] 공무원 乙은 농작물피해조사대장에 농민 甲이 허위신고임을 알면서도 그의 비닐하우스 지번을 기재하도록 하였다. ① (대판 2006도1663) 공무원이 아닌 자가 허위의 공문서위조의 간접정범이 되는 때에는 동법 제228조의 경우 이외에는 이를 처벌하지 아니한다(대판 4292형상645). 그러므로 비공무원(甲)은 乙의 허위공문서작성죄 공동정범이 된다.

분자를 도구로 이용하는 경우[3]에는 적용되지 않는다. 비신분자는 단독으로는 정범적격이 없기 때문이다. 그러나 '**작성권자를 보조하는 직무에 종사하는 비신분자인 공무원**이 허위공문서를 기안'하고, 이를 모르고 작성권자인 공무원이 허위공문서를 작성한 경우[4] 비신분자인 공무원은 간접정범이 될 수 있다. **신분자가 비신분자를 이용하는 경우는 의사지배**하지 않는 한 정범이 될 수 없고, 비신분자가 기능적 범행지배를 하는 경우에 공동정범[5]이 된다.

(2) 간접정범이 불가능한 자수범 자수범(eigenhändige Delikte)이란 정범 자신이 손수 실행해야 불법이 실현되는 범죄를 말한다. 자수범은 간접정범이 성립할 수 없다. 어떤 범죄가 자수범인지는 논란이 많지만 대체로 세 가지로 유형화할 수 있다.

- **고도인격적 범죄** 실행행위가 '고도로 인격적인 요소'를 포함하고 있는 경우: 업무상 비밀누설죄(제317조), 공연음란죄(제245조)
- **특수한 의무** '특수한 의무'를 부담하는 신분자만을 행위의 주체로 삼고 있는 경우: 위증죄(제152조), 허위감정죄(제154조)
- **특정한 반도덕적 신체활동** '특정한 신체활동'(거동성)이 불법에 기술된 도덕적 반가치의 행위양태를 근거짓는 경우: 계간(鷄姦)(2013. 6. 19. 개정 전 군형법 제92조의5[6])

---

3 [신분범의 간접정범] 구청 발주 공원지하주차장 공사의 설계만 수주했던 H㈜ 대표 甲은 보수공사 전체를 수주한 것처럼 실적증명서의 사업명을 '공원 내 지하주차장 보수공사'라고 기재하고, 이를 모르는 구청 담당직원 乙에게 제출하여 구청장 직인을 날인 받아냈다. ① (대판 92도1342) 甲을 허위공문서작성죄(제227조)의 간접정범으로 처벌하게 되면, 甲의 범행보다 더 중한 범행인 공정증서원본부실기재(제228조)보다도 더 중하게 처벌되는 양형상 불합리가 발생한다. ② (評釋) 甲은 간접정범이 될 수 있는 정범적격이 없다.

4 [비신분공무원의 간접정범] B군청 농지계 토목기사보 甲은 군내 수리시설 준공검사를 담당하던 중 수해복구공사비를 허위로 기재하여 공사준공검사조서 1통을 기안하여 군수 乙로 하여금 결재토록 하였다. ① (대판 89도1816) 甲은 허위공문서작성죄의 간접정범이 된다. ② (評釋) 보조공무원은 작성권자의 직무영역 내에서 활동하면서 그 직무수행의 공정성이나 진실성을 함께 담보할 의무가 있으므로 허위공문서작성죄의 주체로 삼는 확장해석이 가능하고 타당하다.

5 [신분자와 비신분자의 공동정범] 공무원 甲은 부인 乙을 시켜 뇌물을 수령하게 하였다. 乙은 뇌물수령임을 알고도 자신도 이익을 누릴 것이라는 생각에서 甲이 시키는 대로 하였다. ① 甲과 乙은 수뢰죄의 공동정범이다.

6 [군인간 합의추행] 군인 甲은 자신의 독신자 숙소에서 군인 乙과 서로 키스, 구강성교나 항문성교를 하였다. ① (대판 2019도3047) **군형법 제92조의6(추행)**은 계간(사내끼리 성교하듯이 하는 짓)에 국한되지 않고, '군이라는 공동사회의 건전한 생활과 군기'와 함께 **군인의 성적 자기결정권**을 보호한다. 동성 군인간 합의에 의한 성행위는 "항문성교나 그 밖의 추행"에 해당하지 않는다.

자수범이면 간접정범이 성립할 수 없지만, 간접정범이 성립할 수 없다고 자수범이 되는 것은 아니다. 자수범이 아닌 신분범도 간접정범이 성립할 수 없기도 한다.[7]

2. 피이용자의 범위

[판례: 피이용자] "형법 제34조 제1항은 책임무능력자, 범죄사실의 인식이 없는 자, 의사의 자유를 억압당하고 있는 자, 목적범, 신분범인 경우 그 목적 또는 신분이 없는 자, 위법성이 조각되는 자 등을 마치 도구나 손발과 같이 이용하여 간접으로 죄의 구성요소를 실행한 자를 간접정범으로 처벌하는 것"이다(대판 83도515).

(1) **구성요건해당성이 없는 행위를 하는 자** 간접정범은 피이용자와 피해자가 동일인인 경우, 피이용자의 행위가 **구성요건에 해당하지 않는 경우**(예: 자살, 자상[8])에 성립한다. 가령 착오에 빠지게 하거나 강요에 의해 자살하게 하는 경우에는 자살관여죄(제252조 제2항)가 성립하지 않고 살인죄의 간접정범이 성립한다. 또한 피이용자가 고의 없이 구성요건을 실현하는 경우에 피이용자는 **고의 없는 도구**[9](때로는 동시에 행위객체[10])가 되고, 이용자는 간접정범[11]이 된다. 고의 없이 범한 범죄는 신분범도 무방하고,

---

7 [비자수범인 신분범] 레미콘 제조업자 甲은 한국산업규격(KS F4009)을 위반한 레미콘을 생산하여 이를 모르는 건설업자 乙에게 공급하여 사용하게 하였다. 甲이 제조·공급한 레미콘은 부순 골재나 순환골재를 사용하지 않았다. 건설기술관리법에 의하면 레미콘 제조업자는 '부순 골재'나 재활용한 '순환골재'를 사용하는 경우에만 건설자재·부재 품질확보의무 위반죄(법 제42조 2호)로 처벌되고, 건설업자는 한국산업규격에 위반한 레미콘을 사용하여 건설공사를 한 경우에 (신분범인) 건설자재·부재품질확보의무 위반죄(법 제42조 2호)가 성립한다. ① (대판 2010도4183) 乙은 건설자재·부재품질확보의무위반죄의 고의가 없으며 甲은 "간접정범의 형태로 건설업자라는 일정한 신분을 요하는 건설자재·부재품질확보의무위반죄를 범할 수도 없"다. ② (評釋) 건설자재·부재품질확보의무 위반죄는 비자수범이면서 간접정범이 불가능한 신분범이다.

8 甲이 乙을 강요하여 乙 자신을 상해하게 하였다. 甲은 강요죄의 직접정범이 아니라 상해죄의 간접정범이 된다.

9 [고의 없는 도구] 음주운전 적발업무 담당경찰관 甲은 乙의 음주운전을 눈감아주려고 乙에 대한 음주운전 적발보고서를 찢어버리고, 부하 丙으로 하여금 일련번호가 같은 허위음주운전적발보고서에 丁을 기재케 하여 이를 모르는 경찰관 戊로 하여금 음주측정처리부에 丁의 음주운전을 기재하게 하였다. ① (대판 95도1706) 甲은 戊를 고의 없는 도구로 이용한 허위공문서작성 및 동행사죄의 간접정범이다.

10 [위조문서행사의 간접정범] 甲은 A의 전문건설업등록증, 공장등록증명서의 이미지 파일을 위조하여 공사발주업체 직원 乙의 이메일로 송부하였고, 이를 모르고 乙은 전송받은 각 이미지 파일을 출력하였다. ① (대판 2011도14441) "**간접정범을 통한 위조문서행사범행에 있어 도구로 이용된 자라고 하더라고 문서가 위조된 것임을 알지 못하는 자에게 행사한 경우에는 위조문서행사죄가 성립한다.**" 甲은 사문서위조와 행사죄의 경합범이다. ② (評釋) 甲은 乙에게 메일을 보낸 행위로써 행사죄의 직접정범이 되지만, 행사는 위조죄의 불가벌적 사후행위다.

고의 없는 도구에게 과실 여부[12]를 불문한다. **신분 또는 목적 없는 고의 있는 도구**[13]도 간접정범을 성립시키는 피이용자가 된다.

(2) 구성요건에 해당하지만 위법성이나 책임이 없는 자 피이용자의 행위가 구성요건에 해당하지만 위법성이 조각[14]되는 경우도 간접정범이 성립할 수[15] 있다. 사물의 변별능력이 없는 책임무능력자(예: 7살 아이)에게 위법한 행위(예: 절취)를 교사하는 자,[16] 정당한 이유가 인정되는 법률의 착오에 빠진 자(책임 없는 도구)임을 알고 그를 이용하는 자, 강요된 행위(제12조)를 하는 자(자유 없는 도구)임을 알고 그를 이용하는 자는 간접정범이 될 수 있다.

(3) 인적처벌조각사유로 처벌되지 않는 자 구성요건에 해당하고, 위

11 [간접정범의 공동정범] 甲과 乙은 소고기수입협상에 항의하는 촛불시위를 불공정하게 보도한다고 생각하는 J신문사의 광고주 S㈜에게 광고중단을 요구하였다. 甲과 乙은 S를 압박하려고 홈페이지 회원들에게 S에 광고중단 요구의 전화걸기를 독려하였다. ① (대판 2010도410) 업무방해의사 없이 "광고중단 압박운동에 참여한 사람들을 자신들의 위력 행사에 이용한" **'간접정범 형태의 범행에 대하여도 공모와 기능적 행위지배가 인정되는' 이상** 甲과 乙은 이 부분 범행의 실행에 대하여도 공동정범이 된다. ② (評釋) 간접정범이면서 공동정범일 수는 없고, "간접정범 형태의 범행"은 사회적 의미로 丙을 이용함을 뜻할 뿐이다.

12 [이행보조자 간접정범] 의사 甲이 독약을 넣은 주사제를 이를 모르는 간호조무사 乙로 하여금 환자 丙에게 주사를 하게 하여 丙을 사망시켰다. ① 甲은 "과실범으로 처벌되는 자" 乙을 이용한 살인죄의 간접정범이다(이재상, 형법총론, 박영사, 2008, §32-11). ② (評釋) 이행보조자인 乙의 주사행위는 甲의 행위가 되므로 甲은 살인죄의 직접정범이 된다.

13 [신분 없는 고의 있는 도구] 공무원 甲이 부인 乙을 시켜 丙으로부터 뇌물을 받게 하였다. 乙도 그것이 뇌물임을 알고 받았다. ① 乙에게는 수뢰죄의 고의가 인정되지만 공무원(신분)이 없다. 신분 없는 고의 있는 도구를 이용한 때에는 의사지배가 없으므로 **교사범**이 성립한다는 견해, 의사지배를 규범적 심리적 지배(normative psychologische Tatherrschaft)나 '사회적 범행지배'로 옮게 변형하여 **간접정범**을 인정하는 견해, 비의무범적 신분범은 고의 있는 도구에 대한 의사지배가 없이는 간접정범이 성립하지 않지만, **의무범적 신분범**은 의사지배와 관계없이 특수한 의무위반으로 **정범**을 인정할 수 있다는 견해가 있다. ② (評釋) 의사지배가 없으므로 간접정범은 될 수 없고, 기능적 범행지배가 있는 경우에 제33조 본문에 의하여 신분범(수뢰죄)의 **공동정범**이 된다. 乙이 매 맞는 아내 증후군이라면 의사지배를 인정하여 甲은 간접정범이 된다.

14 [정당방위의 간접정범] 甲이 乙을 살해하려고 乙을 부추겨 丙을 공격하게 하였고, 丙이 정당방위로 乙을 살해하였다. ① 甲은 乙에 대한 살인죄의 간접정범이라고 보기도 하지만(오영근, 형법총론, 박영사, 2009, §35-17) 이는 乙이 위법한 공격을 하도록 의사지배해야 하고, 丙의 방위행위 여부와 범위도 의사지배했어야 한다. 현실적으로는 甲은 乙의 교사범이 될 뿐이다.

15 [소송사기의 간접정범] 甲이 약정이자를 부가하여 위조한 乙 명의의 차용증을 바탕으로 乙에 대한 차용금채권을 丙에게 양도하고, 이를 모르는 丙으로 하여금 乙을 상대로 양수금 청구소송을 제기하게 하였고 승소하였다. ① (대판 2006도3591) 甲은 丙을 도구로 이용한 **소송사기죄의 간접정범**이다. ② (評釋) 甲은 丙과 법관을 연쇄적으로 도구로 삼아 乙에게 사기를 범하려면 법관을 의사지배, 즉 법관이 **입증책임 분배규칙**에 따라 승소판결을 내리는 경우이어야 한다.

16 [책임무능력이용] 甲이 6살 乙에게 아버지 丙의 지갑을 가져오면 초콜릿을 준다고 하자 乙은 丙의 지갑을 甲에게 갖다 주었다. 甲은 절도죄의 간접정범이다.

법, 유책하지만 인적처벌조각사유로 처벌되지 않는 자의 범행을 이용한 자는 공범이 될 뿐, 간접정범이 되지 않는다. 피이용자는 정범이고, 의사지배 당하기도 어렵기 때문이다.[17]

3. 이용행위

간접정범의 행위인 "교사 또는 방조"는 교사범의 "교사" 또는 종범의 "방조"가 아니라 **의사지배적인 사주**(使嗾)나 **이용**을 뜻한다. 의사지배는 **착오**를 이용하는 경우처럼 인식을 지배하거나 피이용자를 **강압**하여 범죄를 하게 하는 경우(예: 강요된 행위)처럼 의지를 지배하는 것이다. 그러므로 피이용자의 행위가 **자유의사의 발현**[18]으로 볼 수 있다면, 이용자는 간접정범이 될 수 없다. 의사지배를 실현하는 사주 또는 이용의 양상은 매우 다양할 수 있다. 의사지배적인 방조는 부작위로도 할 수 있다. 간접정범에서 교사 또는 방조의 의미는 매우 **개방적**인 것이다.

4. 결과의 발생

제34조 제1항의 "범죄행위의 결과를 발생케 한 때"란 간접정범이 의도한 구성요건이 실현되는 것을 말한다. 결과범의 경우에 법익침해의 결과 또는 구체적 위험이 실제로 발생하여야 하고,[19] 결과가 발생하지 않은

17 [처벌조각사유와 간접정범] 甲은 친구 乙을 부추겨 乙의 아버지 丙에게서 지갑을 훔쳐오게 하였다. ① 乙은 절도죄가 성립하나 형이 면제된다(제344조). 甲은 乙을 의사지배할 수 없으므로 절도죄의 교사범이 될 뿐이다.

18 [간접정범의 이용] S㈜ 대표 甲은 국회의원 乙의 주선으로 S시장과 간담회를 가지고 도시계획변경에 관하여 S시장의 협조를 구했다. 그 보답으로 甲은 乙에게 후원금을 제공하기 위해 S㈜의 전국 직원들에게 乙을 소개하며 후원금 기부를 권고하고 후원한 직원들의 명단까지 파악하는 등 후원을 적극 유도하였다. 그 결과 542명이 2주 동안 총 5천 만 원의 후원금을 기부하였다. 후원회 계좌는 乙의 보좌관이 맡아 관리했고 乙은 수시로 보고받았으며 甲에게 감사의 인사말도 하였다. ① (대판 2007도7204) 甲은 "내막을 몰라서여 청탁·알선관련정치자금법 위반죄를 구성하지 않는 직원들의 기부행위를 **유발하고 이를 이용하여 자신의 범죄를 실현한 것이어서 간접정범**"이 된다. 간접정범의 이용행위는 "**타인의 의사를 부당하게 억압하여야만 간접정범에 해당하게 되는 것은 아니다.**" ② (評釋) 甲은 직원들을 의사지배하지 않았고 교사범도 될 수 없다.

19 [간접정범의 피해액] 甲은 丙에게 금융감독원직원을 사칭하면서 乙의 계좌에 1천만 원을 입금하라고 하고, 乙에게도 같은 취지로 거짓말하였다. 이에 속은 乙은 丙이 자신의 계좌에 입금한 1천만 원과 자기 돈 5백만 원을 甲에게 전달하였다. ① (대판 2017도3894) "乙은 간접정범의 의사를 실현하는 수단으로서의 지위를 가"지는 한에서는 그 피해자(丙)에 대한 사기죄가 별도로 성립하지 않는다. 丙의 피해액은 1천만 원, 乙의 피해액은 15백만 원이 아니라 5백만 원이다.

때에는 간접정범의 미수범이 성립한다. 추상적 위험범의 경우에 구성요건요소를 모두 충족하기만 하면 기수가 된다.

Ⅲ. 간접정범의 처벌

1. 교사 또는 방조의 처벌

형법 제34조 제1항은 간접정범을 교사 또는 방조의 예에 의하여 처벌하고 있다. 교사범은 정범과 동일한 형으로 처벌하므로(제31조 제1항), 양형의 측면에서는 간접정범의 본질에 어긋나지는 않으나 종범은 정범의 형을 감경하므로(제32조 제2항) 간접정범의 본질에 어긋난다. 다만 간접정범이 (부진정)부작위범이고, 보증인의무가 정범의 경우보다 약한 경우에는 정범보다 가볍게 종범으로 처벌하는 것이 합리적일 수 있다.

2. 특수교사, 특수방조의 가중처벌

제34조 제2항은 "자기의 지휘, 감독을 받는 자를 교사 또는 방조하여 전항의 결과를 발생하게 한 자는 교사인 때에는 정범에 정한 형의 장기 또는 다액에 그 2분의 1까지 가중하고 방조인 때에는 정범의 형으로 처벌한다"고 규정한다. 이 규정의 성격에 관해 특수공범(특수교사범 및 특수종범)설과 특수간접정범설이 대립한다. 그러나 제34조 제2항의 형가중은 특수간접정범만이 아니라 특수교사범·특수방조범에게도 적용된다. 특수교사범·특수방조범은 조직적 범행지배를 하고 있어서 가중처벌할 필요가 있는 범죄에 대해서 인정할 수 있다.

3. 간접정범의 미수

간접정범의 미수도 "교사 또는 방조의 예에 의하여 처벌한다"(제34조 제1항). 간접정범의 실행의 착수는 **피이용자를 이용하는 행위를 개시하는 시점**에 인정된다. "교사 또는 방조하여 범죄행위의 결과를 발생하게 한 자"만 간접정범이 되므로, 피이용자가 범죄를 승낙하고 실행의 착수에 이르지 아니하거나(제31조 제2항) 승낙하지 아니한 때(제31조 제3항)에는 간접정범의 미수가 성립할 수 없고, 예비음모죄가 성립할 수 있다.

[실행의 착수시기] 간접정범의 미수시점에 관해 피이용자의 **실행행위시점**, (제34조 제1항을 공범으로 보는 전제에서) 이용자의 **이용행위시점**, 고의 없는 **선의의 도구**(과실범)를 이용하는 경우에는 **이용행위시점**인 반면 **악의의 도구**(고의범)를 이용하는 경우에는 피용자의 **실행행위시점**이라는 견해가 대립한다. 그러나 이 견해대립은 피이용자의 행위가 구체적 위험을 발생시키지 않은 단계에 머무른 경우에만 차이가 있기 때문에 실제적 의미가 거의 없다.[20]

사례유형 / 학 설	과실의 실행행위	고의의 실행행위
	甲은 乙의 점포를 방화하려고 乙이 평소 담뱃불을 부주의하게 취급함을 알고는 乙의 점포에 시너를 뿌렸고 乙은 담뱃불을 바닥에 던져 점포가 타버렸다.	甲은 乙에게 丙을 중상해하지 않으면 乙의 아들 丁을 살해하겠다고 협박하였다. 乙은 할 수 없이 며칠 뒤 丙을 상해하였다.
① 이용행위 시	甲이 시너를 뿌린 시점	甲이 乙을 협박하는 시점
② 실행행위 시	乙이 담뱃불을 던진 시점	乙이 丙을 상해하는 시점
③ 선의와 악의 구분	甲이 시너를 뿌린 시점	乙이 丙을 상해하는 시점

20 [간접정범미수시기] 간호사 乙은 업무관행에 따라 입원 환자들에게 링거주사액을 주사해왔다. 의사 甲은 환자 丙을 살해할 의사로 乙이 丙에게 주사할 링거액에 독을 넣었다. ① 乙이 이를 모르고 丙에게 주사하였고, 丙은 생명의 위험에 빠졌지만 다행히 늦지 않게 **해독제를 맞고 소생한 경우** 甲은 丙에 대한 살인미수범이 된다. 실행의 착수시기는 **링거액에 독을 넣은 시점**이다. ② 乙이 링거액의 이상함을 발견하여 **주사에 착수하지 않은 경우** 甲은 살인미수죄가 성립하지 않고 **살인예비죄**(제255조)만 성립한다. ③ 乙이 그 해당 링거액을 평소 하지 않던 **실수로 폐기해버린 경우** 甲의 이용행위는 법익침해의 구체적 위험이 발생한 단계에 이르렀다고 평가할 수 있고, 실행의 착수 단계도 이미 지났으므로 **살인미수죄**가 성립한다. ④ 이 결론은 **이용행위개시시점**을 실행의 착수시점으로 보든 "이용자 자신에 의해 개시된 행위가 더 이상의 간섭 없이도 피이용자를 통하여 직접 구성요건실현으로 이어지는 것이 확실하다고 보일 때"라고 보든 또는 피이용자의 실행행위시점으로 보든 동일하다. 乙이 링거액을 만지기 시작한 때는 이미 실행의 착수시점을 지난 경우이기 때문이다.

공동정범

제30조(공동정범) 2인 이상이 공동하여 죄를 범한 때에는 각자를 그 죄의 정범으로 처벌한다.

Ⅰ. 공동정범의 의의

형법은 "2인 이상이 공동하여 죄를 범"하는 경우 "각자를 그 죄의 정범으로 처벌한다"(제30조). 첫째, "공동하여 죄를 범"한다는 것은 분업적으로 죄를 범하는 것이다(**분업의 원리**). 둘째, "각자를 그 죄의 정범으로 처벌한다"는 것은 **공동으로 범한 범죄 전체에 대한** 책임을 범죄참여자 모두에게 귀속시킨다는 것이다(**공동책임귀속의 원리**). 이는 '책임원칙'에 반하지 않는다. 기능적 분업으로 실현된 범죄는 그 분업의 기획에 참여한 모두의 작품이 되기 때문이다.

[공범 본질론]	행위공동설	범죄공동설
20C 초까지의 공범에 관한 본질론: 행위공동설, 범죄공동성	죄의 의미를 자연적 의미의, 전 법률적 의미의 행위로 보는 주관주의 범죄이론[1]	죄의 의미를 범죄(특정한 구성요건사실)로 보는 객관주의 범죄이론
① 범죄에 참여하는 다수인이 **각자 다른 또는 수 개의 범죄구성요건**(예: 甲과 乙이 공모하여 甲은 丙을, 乙은 丁을 상해)**을 실현**	○ (긍정)	× (부정)
② **이미** 실행 중인 범죄에 참여함(예: 甲이 丙을 때려 혼절시킨 상황에 乙이 가세하여 재물을 함께 취거)(**승계적 공동정범**)	○ (긍정)	× (부정)
③ 수인이 고의의 내용을 서로 달리 하거나(**부분적 공동정범**), 모두 과실로 범죄에 참여하거나(**과실범의 공동정범**), 일부는 고의, 다른 사람은 과실로 범죄에 참여한 경우	○ (긍정)	× (부정)
서로 접근하는 학설의 재해석 ⇒	자연적 의미의 행위를 '구성요건에 해당하는 행위를 공동하는 것'이라고 재해석	구성요건이 중첩되는 부분의 공동정범 인정. 승계적 공동정범, 과실범의 공동정범도 인정

1 [판례: 행위공동설] "제30조의 공동하여 죄를 범한 때라 함은 **행위를 공동으로 하는 의사로써 죄를 범한 것**"(대판 62도57)이다.

Ⅱ. 공동정범의 성립요건

[판례: 공동정범의 성립요건] 공동정범이 성립하기 위하여는 주관적 요건인 **공동가공의 의사**와 객관적 요건으로서 그 공동의사에 기한 **기능적 행위지배를 통하여 범죄를 실행**하였을 것이 필요하고, 여기서 공동가공의 의사란 타인의 범행을 인식하면서도 이를 제지함이 없이 용인하는 것만으로는 부족하고 공동의 의사로 특정한 범죄행위를 하기 위하여 일체가 되어 서로 다른 사람의 행위를 이용하여 자기의 의사를 실행에 옮기는 것을 내용으로 하는 것이어야 한다(대판 2002도7477).[2]

2인 이상이 공동하여 죄를 범한다고 할 때 공동(共同)은 다수인의 기능적 범행지배, 즉 주관적으로는 범죄실현에 대한 **내적 참여**(고의 또는 과실)**의 공동**과 객관적으로는 **범죄의 분업적 실행**을 의미한다.

1. 주관적 요건

(1) **공동의 의사**(공동의 내적 참여) 공동정범은 주관적으로는 공동의 의사[3]를 필요로 한다. 범죄 공동의 의사는 사전모의 없이 행위 도중에도(대판 84도1373) 가능하고, 묵시적[4] 또는 릴레이식(순차적)의 의사연락(대판

2 [공동정범과 종범] 乙과 丙은 신용카드위조·사용을 공모하고, 乙은 범행자금을 마련하려고 甲에게 신용카드정보 구입비용을 대주면 대가로 명품 가방을 주겠다고 하였고 甲은 이에 응하였다. 甲은 乙이 명품을 어떻게 마련하는 지에는 관심이 없었고 싸게 부인에게 줄 선물의 마련에만 관심이 있었다. 乙은 신용카드 위조장비를 구입하고 丙은 그 장비로 신용카드를 위조하였다. 乙은 5백만 원의 담배를 신용카드로 구입하였다. ① (대판 2012도12732) 甲은 乙과 "**공동의 의사**로 신용카드 위조·사용 등 범행을 위한 범죄공동체를 형성하였다거나, 乙이 위 범행에 이르는 **사태의 핵심적 경과를 조종하거나 저지·촉진하는 등으로 지배하여 자신의 의사를 실행에 옮기는 정도**에 이르렀다고 인정하기에 부족하고" 乙과 丙(의 여신전문금융업법 위반죄와 사기죄)의 종범이다. ② (評釋) 乙과 丙이 甲 없이 신용카드정보 구입비를 조달할 수가 없었다면 甲은 乙과 丙과 기능적 범행지배를 한 셈이 된다.

3 [판례: 배임죄의 공동의사] 업무상 배임으로 인하여 이익을 얻는 수익자 또는 그와 밀접한 관련이 있는 제3자를 배임의 실행행위자와 공동정범으로 인정하기 위하여는 실행행위자의 행위가 피해자 본인에 대한 배임행위에 해당한다는 것을 알면서도 **소극적으로 그 배임행위에 편승하여 이익을 취득**한 것만으로는 부족하고, 실행행위자의 배임행위를 교사하거나 배임행위의 전 과정에 관여하는 등 **배임행위에 적극 가담**할 것을 필요로 한다(대판 2007도1033).

4 [판례: 묵시적 의사연락] ① 甲과 乙은 丙을 가해하기로 결의했다. X 장소에서 乙과 丙이 시비를 벌이다 乙이 丙의 좌우대퇴부를 3회 가량 찌르자, 甲은 준비해 온 각목으로 丙의 머리와 어깨 등을 2회씩 내리쳐서 사망하게 하였다. 甲과 乙에게는 미필적 살인고의가 있고, 그 점에 대한 묵시의 의사연락이 있어 살인의 공동정범이 된다(대판 85도2421). ② 甲이 乙에게 일본에서 보석류 등을 밀수해우면 사주겠다고 하고, 乙이 보석류를 밀수입해 와서 甲에게 인도하고 대금을 교부받은 경우 甲은 밀수행위의 공모의사를 표시한 것으로는 볼 수 없다(대판 80도629).

2017도14322)도 무방하며, 공범자 사이의 면식도 필요 없다. 공동의 의사는 정확히는 '범죄실현에 대한 내적 참여'의 공동을 말한다.[5] 즉 고의범에는 **공동의 범행결의**가, 과실범에는 **공동의 주의의무위반**을 가리킨다. '분업적 실행의 기획'은 이 공동의 범행결의에는 현실로 포함되어 있고, 공동의 주의의무위반에 단지 '잠재'되어 있다. 공동의 의사(내적 참여의 공동) 없이 2인 이상이 같은 범죄를 범하면 **동시범**이 되고, 각자는 단독정범이 되며, "결과발생의 원인된 행위가 판명되지 아니한 때에는 각 행위를 미수범으로 처벌한다"(제19조). 2인 이상의 범죄참여자 중 한 쪽만 범죄를 공동으로 할 의사를 가진 경우(einseitige Mittäterschaft), 즉 **편면적 공동정범**은 공동정범이 아니다.

(2) 승계적 공동정범 범죄를 공동실행할 의사가 범죄의 실행의 착수 이후 기수 이전에[6] 성립하는 공동정범을 승계적 공동정범(sukzessive Mittäterschaft)이라고 한다. 포괄일죄나 계속범은 기수와 범죄행위의 종료 사이에도 승계적 공동정범('사후공동정범')이 성립한다. 공동의사의 형성시기가 뒤늦은 점 외에는 공동정범의 요건을 구비해야 한다. **승계적 공동정범의 책임범위**에 관하여 "포괄일죄의 일부에 공동정범으로 가담한 자는 비록 그가 그때에 이미 이루어진 종전의 범행을 알았다 하여도 그 가담 이후의 범행에 대해서만 공동정범으로서 책임을 진다"(대판 82도884). 私見으로 이미 행해진 범죄와 함께 행하는 범죄가 **분할이 가능**[7]하면(예: 포괄일죄, 연속범) 후행자는 함께 실행을 분담한 범죄에 대해서만 책임을 지고, **분할이 불가능**[8]하면(예: 단순일죄의 결합범) 범죄의 전체계획에 동의했다

5 공동가공의 의사라고 할 때 '의사'라는 표현은 과실범의 공동정범을 인정하기에 부적절하다. 과실행위에서도 모종의 의사활동이 확인되지만, 그 의사 자체가 법적으로 중요한 것이 아니라 그 의사활동이 주의의무위반으로 평가된다는 점이 중요하다. 그러므로 공동의 의사란 **자연적 의미에서 파악할 때에만** 과실범의 공동정범에도 적절한 것이 된다.

6 [승계적 공동정범] 乙은 丙을 기망하여 양도계약을 체결하였는데, 丙이 착오에 빠진 상황에서 甲에게 乙의 기망내용이 사실이냐고 묻자 甲은 알면서도 그렇다고 말했다. ① (대판 84도1373) 甲은 乙의 승계적 공동정범이다.

7 [가분승계공동정범] 乙은 2002. 1.초부터 히로뽕 제조를 계속하던 중 2003. 2. 9. 甲이 이를 알고 가담하여 함께 히로뽕을 제조하였다. ① (대판 82도884) 甲은 **가담 이후 범행에만 공동정범으로 책임을** 진다.

8 [불가분승계공동정범] 乙은 강도의사로 丙을 폭행하여 저항할 수 없게 한 상태에서 우연히 지나가

는 점을 중시하여 범죄 전체에 대해 책임을 진다.

(3) 과실범의 공동정범 판례에 의하면 ① 공동정범의 주관적 요건인 공동의 의사는 고의 행위이고 과실 행위이고 간에 그 **행위를 공동으로 할 의사**[9]이면 족하고, "2인 이상이 어떠한 **과실 행위를 서로의 의사연락 아래 하여 범죄되는 결과를 발생케 한 경우에는** 과실범의 공동정범이 성립된다"(대판 4294형상598). 그러나 私見으로 제30조의 "공동하여 죄를 범한 때"에서 "죄"는 고의범과 과실범을 포함하고, "공동하여"는 공동의 의사 없이도 과실범의 실현에 대한 내적 참여의 공동(과실의 공동)으로도 충족된다. ② 私見으로 과실범의 공동정범은 주의의무를 함께 부담하는 자들이(**주의의무의 공동**) 모두 그 의무를 위반하고(**위반의 공동**),[10] 각자의 의무위반 중 어느 하나라도 없었다면, 결과가 발생하지 않았을 경우이거나 각자의 의무위반이 단독으로는 아니더라도 함께 작용하여(즉 필요조건으로[11]) 결과를 초래한 것이 확실한 경우(**결과발생의 기능적 상호연관성**)[12]에 성립한다. 이

던 甲에게 폭행사실을 말하고 甲과 함께 丙의 재물을 빼앗아 가졌다. ① 甲은 乙과 특수강도죄(제334조 제2항)의 승계적 공동정범이 된다. 乙의 폭행과 재물탈취는 불가분적으로 甲은 특수강도죄의 공동정범이다.

9 [판례: 과실범의 공동정범] 차주 甲과 운전사 乙은 반출증 없이 트럭에 장작을 싣고 나가다가 23시경 검문소에서 검문경찰관 丙의 정차신호에 乙이 서행하면서 정지조치를 취하려고 하였으나 甲이 '그대로 가자'고 하여, 乙은 급속력으로 차를 몰아 달렸다. 丙은 차에 메어둔 담요자락을 잡고 매달려 가다가 추락하여 그 차에 치어 사망하였다. ② (대판 4294형상598) 甲과 乙은 업무상 과실치사죄의 공동정범이다.

10 [주의의무의 공동과 위반의 공동] 甲은 지중선사업의 터널시공을 하다 철로를 무너뜨려 기차를 궤도에서 이탈하게 하였고, 승객 A가 사망하였다. 甲은 지중선사업 전반을 관리감독하는 H공사 지소장 乙의 설계변경허가에서 부과한 안전조건을 지키지 않았고, 乙은 이를 감독하지 않았다. ① (대판 94도660) 甲과 乙은 업무상 과실치사죄의 공동정범이다. ② (評釋) 甲은 작위범이고 乙은 부작위범이다. 乙의 행정상 감독의무는 甲의 주의의무와 다르기에 공동의 주의의무가 될 수 없고, 방조범의 보증인의무는 될 수 있으나 과실범에 대한 과실방조는 처벌되지 않는다. ③ 주의의무의 공동을 인정해도 가령 乙의 업무보조 부소장 丙이 설계변경의 위험성을 이유로 변경을 불허해야 한다고 주장하였지만 乙이 이를 무시한 경우라면, **위반의 공동**이 없으므로 丙은 甲(및 乙)과 공동정범이 되지는 않는다.

11 [공동의 필요조건인 과실] 甲과 乙은 불씨를 확인하지 않고 분리수거장 방향으로 담배꽁초를 던지고 현장을 떠났고, 화재가 발생하였다. 그러나 누구의 담배꽁초로 인하여 화재가 발생하였는지는 입증되지 않았다. ① (대판 2022도16120) 공동의 과실이 경합되고 있고, 각 과실이 화재의 발생에 대하여 **하나의 조건이 된 이상**은 그 공동적 원인을 제공한 사람들은 각자 실화죄의 책임을 진다. ② (評釋) 단지 하나의 조건이 아니라 하나의 필요조건이어야 한다.

12 [결과발생 기능적 상호연관] 부기관사 甲은 정기관사 乙에게 한 곡각지점에서 기차의 퇴행이 필요하다는 잘못된 판단을 말했고 乙은 이에 동의하였다. 열차는 퇴행하다 자동차와 충돌하였고 기차 승객 丙이 죽었다. ① (대판 82도781) 甲과 乙은 업무상 과실치사죄의 공동정범이다. ② (評釋) 甲과 乙은 함께 부담하는 안전운행의무를 함께 위반하였으며 한 명의 의무준수로 결과발생을 회

요건들의 어느 하나라도 충족되지 않으면 공동정범이 아니라 과실범의 **동시범**[13]이 성립하며 각자의 과실과 결과 사이의 인과관계가 밝혀지지 않고 제263조(동시범특례조항)도 적용되지 않는 경우에는 제19조(독립행위의 경합)에 따라 과실미수로서 처벌할 수 없다. 부작위범의 공동정범도 이와 같은 구조를 띤다.

[판례: 부작위범의 공동정범] "부작위범 사이의 공동정범은 다수의 부작위범에게 공통된 의무가 부여되어 있고 그 의무를 공통으로 이행할 수 있을 때에만 성립한다" (대판 2008도89). 즉, 부작위범의 공동정범은 1) 작위의무(보증인의무)의 공동, 2) 작위의무위반의 공동을 필요로 한다. 그러나 이에 더하여 3) 각자의 작위의무위반 중 어느 하나라도 없었다면 결과가 발생하지 않았어야 한다는 요건(결과발생의 기능적 상호연관성)이 추가되어야 한다.

2. 객관적 요건

(1) **분업적 실행(공동가공의 사실)** 공동정범은 객관적으로도 "죄를 공동으로 범해야" 한다. 이는 **범죄의 분업적 완성**을 뜻한다. 분업은 **역할과 실행의 분담**을 전제하며 그 내용은 범죄의 공동결의(범행의 전체계획)에서 정해진다. 과실범의 경우에는 주의의무위반의 공동에 그런 분담의 기획이 잠재해있다고 볼 수 있다. 실행의 분담은—예컨대 甲은 丙을 폭행하고 乙은 丙을 간음하는 경우처럼— 각자가 **일부를 협동적으로 실행**하여 전체의 범죄를 완성하는 모습이 전형적이다. 범죄의 전체계획 아래서 한 사람만 구성요건을 직접 실현하고 다른 사람은 구성요건의 직접 실현은 아니지만 **구성요건실현에 없어서는 안 될 역할을 수행**하는 경우에도 공동실행은 인정될 수 있다. 실행의 분담이 공모를 통해 단지 범행자를 심

피될 수 있었다.

13 [과실의 공동정범과 동시범] 甲과 乙이 함께 사냥을 나가 곰을 향해 둘이 동시에 발포하였는데, 乙의 탄환은 빗나갔고, 甲의 탄환이 명중하였다. 그러나 총에 맞은 것은 사람 丙이었다. ① 甲과 乙은 사냥에서 사람을 쏘지 않을 주의의무를 공동으로 지고 있고, 그 의무를 공동으로 위반하였지만, 乙의 의무위반이 없었어도 甲의 의무위반에 의해 丙이 사망할 수 있었을 것이므로 결과발생의 기능적 상호연관성은 없다. 甲은 과실치사죄 정범이고, 乙은 과실치사미수로 처벌되지 않는다. ② 만일 甲과 乙이 서로 모르고 각자 사냥을 나왔다면 甲과 乙은 과실범의 동시범이다. 甲의 총에 丙이 사망한 경우는 甲만 과실치사죄를 부담하고 누구의 총에 사망하였는지가 밝혀지지 않으면 甲과 乙은 과실치사의 미수가 되어 처벌받지 않는다.

리적으로 부추기거나 뒷받침한 것에 불과하고 실행자가 구성요건을 실현하는 전과정을 두고 판단할 때 그 실행의 성공에 불가결한 역할[14]을 수행하지 않은 경우[15]에는 공동실행이 인정될 수 없다. 하지만 실행의 분담은 반드시 **범죄현장**에서 이루어져야 하는 것은 아니다.[16] 이 점에서 공동정범은 현장성이 요구되는 합동범과 구별된다.

(2) 공모공동정범 공모공동정범은 다수인이 범죄를 공모하고 그 공모자 가운데 일부만 공모한 범죄를 실행한 경우에도 공동정범을 인정하는 이론이다.

1) 기능적 범행지배로서 공모 판례는 **공동의사주체**[17]가 형성된 경우나 서로가 다른 사람의 행위를 이용하여 각자 자기의 의사를 실행에 옮기는 경우(**간접정범유사설**[18])에 공모공동정범을 인정해왔다. 그러나 私見

---

14 [판례: 공동정범의 공동실행] ① 甲과 乙이 공모하여 甲은 창고에 침입하여 물건을 절취하고 乙은 절취한 물건을 운반하여 양여 또는 보관한 경우 乙의 소위는 甲과 같이 야간 건조물 칩입절도의 죄책을 져야 할 것이지 장물죄로 문죄할 수 없다(대판 61도374). ② 수인과 공모하여 피고인은 밖에서 망을 보고 나머지가 피해자의 방에 들어가 강도하였다면 피고인도 특수강도죄의 공동정범에 해당한다(대판 71도311). ③ 甲과 乙이 강도강간을 결의하고, 甲이 丙의 집에 들어가 丙을 강간하는 동안 乙이 丙의 자녀들을 감시하고 있었다면 甲과 乙은 강도강간죄의 공동정범이 된다(대판 85도2411).

15 [기능적 범행지배의 흠결] 甲, 乙, 丙은 자동차를 절취하여 여행하기로 모의했다. 甲과 乙은 丙에게 절취를 맡기고, 丙이 차를 훔쳐오자 함께 차에 올라타고 영행을 하다가 차가 고장나자 차를 버렸다. ① (BGHSt 16, 12) 甲과 乙은 절취물을 자기의 것으로 삼고 범행을 함께 모의한 점에서 丙과 절도죄의 공동정범이 된다. ② (評釋) 甲과 乙은 절도죄의 교사범과 장물취득죄의 공동정범이 된다.

16 [비현장 기능적 범행지배] 甲, 乙, 丙은 H박물관 안의 보물을 훔치기로 하였다. 乙과 丙은 절취를 담당하고, 甲은 범행장소가 아닌 곳에서 乙, 丙을 무선통신장치로 지휘하였다. ① 판례는 甲에게 합동절도의 공동정범을 인정하지만 甲은 절도죄의 공동정범이 된다.

17 [판례: 공동의사주체설] "공범자 전원이 범죄의 실행행위에 가담할 필요는 없고, 실행행위를 분담하지 않더라도 상호간에 고의의 연락이 있고 그 일부의 자가 범죄의 실행을 함으로써 **공동의사주체가 형성된 경우**에는 스스로 직접 실행행위를 분담하지 아니한 자도 그 범죄전체에 관하여 공동정범의 책임을 져야 한다"(대판 82도3248); "2인 이상이 공모하여 어느 범죄에 **공동 가공하여 그 범죄를 실현하려는 의사의 결합**만 있으면 되는 것이고 … 수인 사이에 순차적으로 또는 암묵적으로 상통하여 그 의사의 결합이 이루어지면 공모관계가 성립하고, 이러한 공모가 이루어진 이상 실행행위에 직접 관여하지 아니한 자라도 다른 공모자의 행위에 대하여 공동정범으로서의 형사책임을 지는 것이다"(대판 2008도198).

18 [판례: 간접정범유사설] "공모는 두 사람 이상이 공동의 의사로 특정한 범죄행위를 하기 위하여 일체가 되어 서로가 **다른 사람의 행위를 이용하여 각자 자기의 의사를 실행에 옮기는 것**을 내용으로 하여야 한다"(대판 87도2368); "공모공동정범의 성립 여부는 범죄 실행의 전 과정을 통하여 각자의 지위와 역할, 공범에 대한 권유내용 등을 구체적으로 검토하고 이를 종합하여 위와 같은 상호이용의 관계가 합리적인 의심을 할 여지가 없을 정도로 증명되어야 하고, 그와 같은 증명이 없다면 … 피고인의 이익으로 판단할 수밖에 없다"(대판 2018도7658).

으로 실행의 분담을 전혀 하지 않은 공모자는 공동실행을 한 것이 아니므로 공모공동정범의 개념 자체가 모순이다. 하지만 **공모 자체가 실질적으로 실행의 전 과정에 걸쳐 범죄실현의 성패에 영향을 미치는 기능**을 수행하는 경우,[19] 다시 말해 공모가 실행의 '지휘'를 넘어서 **실행의 구체적 내용**(예: 범행대상, 방법의 선정, 장애대처방안, 범행 후 행동강령)**을 정하고**, 실행자는 그것을 단지 집행한 것에 불과한 정도인 경우는 '실행의 기능적 분담'이 될 수 있다. 판례[20]도 공모공동정범에서 공모의 의미를 점차 기능적 범행지배로 해석하는 경향을 보여주지만 다소 **심리적, 규범적 범행지배**의 개념에 근접해 있다.

2) 공모관계이탈 공모자는 공모를 한 후 공모관계에서 이탈할 수도 있다. ① 판례에 의하면 다른 공모자가 **실행에 착수하기 전에 이탈**하면[21] 공모관계의 이탈자에게 공동정범이 인정되지 않는 반면, 다른 공모자가 **실행에 착수한 이후**[22]에 이탈하면 공동정범이 인정된다. ② 私見으로는 1) **실행의 착수 이전 공모관계 이탈**로 공동정범이 될 가능성은 완전

19 [범행지배적 공모] 甲은 乙에게 6촌 형 丙의 금고 위치와 잠금해제방법, 丙이 자리를 비우는 시각 등 절취의 성공에 필요한 상세한 정보를 제공하였다. 乙은 甲이 시키는 대로 하여 丙의 금고를 털 수 있었다. ① 甲은 절도죄의 공동정범이다.

20 [판례: 공모의 기능적 범행지배화] ① 공모공동정범으로서의 죄책을 지려면 "전체 범죄에서 그가 차지하는 지위, 역할이나 범죄 경과에 대한 지배 내지 장악력 등을 종합해 볼 때, **단순한 공모자에 그치는 것이 아니라 범죄에 대한 본질적 기여를 통한 기능적 행위지배가 존재하는 것으로 인정되는 경우**여야 한다"(대판 2009도2994). ② 예컨대 "타인의 시세조종을 통한 주가조작 범행과 관련하여, 자기 명의의 증권계좌와 자금을 교부하였을 뿐만 아니라 적극적으로 **투자자 등을 유치·관리한 사람**에게 「(구) 증권거래법」 제188조의4 위반죄의 공모공동정범의 죄책"이 인정된다(대판 2008도6551). 국가정보원 심리전 팀장과 소속직원들이 대선에서 야권 후보를 낙선시킬 목적으로 인터넷 게시글과 댓글, 트윗과 리트윗 활동을 한 경우 그 팀장과 **공모한 국가정보원장**은 공직선거법상 공무원의 직위이용선거개입죄의 공모공동정범에 해당한다(대판 2017도14322).

21 [착수전공모이탈] 甲은 乙, 丙과 모의하여 丁을 함께 때렸다. 丁이 상해를 입고 약국으로 가자 甲은 후회하고 乙과 丙이 다시 丁을 때리려는 것을 막고 丁을 데리고 약국으로 가서 응급처치를 받게 한 후 귀가하였다. 그 뒤 乙과 丙은 丁을 또 때려 살해하였다. ① (대판 71도2277) "공모자 중의 1인이 **다른 공모자가 실행행위에 이르기 전에 그 공모관계에서 이탈한 때**에는 그 이후의 다른 공모자의 행위에 관하여는 **공동정범으로서의 책임은 지지 않는다.**" 甲은 乙과 丙의 살인죄의 공동정범이 되지 않는다. ② (評釋) 공동상해죄가 성립하지만 상해모의는 甲이 이탈한 뒤 乙과 丙의 살인죄 실행의 기능적 분담이 아니므로 살인죄의 공동정범은 될 수 없다.

22 [착수후공모이탈과 공동정범] 甲과 乙은 U신용조합의 이사로서 공모하여 피해자 4명을 기망하여 투자금 2억 원을 편취하였다. 甲은 이후 이사직에서 사임하였고, 乙은 피해자들의 같은 착오가 계속된 상황에서 투자금 잔액 3억 원도 수수하였다. ① (대판 2001도513) 甲과 乙이 함께 한 투자금편취와 甲 사직 이후 乙의 투자금편취는 "포괄일죄의 관계에 있으므로", 甲은 5억 원 투자금편취 공동정범이다.

히 사라지고, **교사범·종범**[23]이 될 가능성만 남는다. 실행의 착수 이전의 공모관계이탈로 예비·음모의 불법도 제거되므로 이탈자는 예비·음모죄의 책임도 지지 않는다. 2) **실행의 착수에 함께 들어갔다가 범행을 중지**한 자(공모관계이탈자)는—특히 불법이 많이 가중되는 합동범죄(합동절도, 합동강도, 합동강간)의 경우에는—**공동정범의 중지미수**가 되고, 범행중지한 이후에 다른 공범의 범행을 방지하지 못한 부작위의 종범과 경합범이 된다.[24] 3) 직접 **실행의 착수에 들어가지 않은 자**가 다른 공범이 **실행에 착수한 이후에 이탈**[25]하면 예비·음모죄와 교사·방조범의 책임을 진다.

Ⅲ. 공동정범의 처벌

1. 책임의 공동귀속

공동정범은 각자를 그 죄의 정범으로 처벌한다(제30조 제1항). 각자는 자신이 직접 행한 결과를 넘어서서 책임을 지는 것이다(책임의 공동귀속).

(1) 공동의 범죄기획과 개인책임원리 이는 단체책임이 아니라 개인

---

23 [착수전공모이탈과 종범] 甲은 乙, 丙과 丁을 살인하기로 모의하였지만 곧 자신은 빠지겠다고 했다. 이후 乙과 丙은 丁의 팔, 다리를 묶어 저수지 안으로 던져서 살해하였다. ① 甲은 乙, 丙과 살인죄의 공동정범이 되지 않지만 범행에서 그냥 빠지기만 했으므로 **정신적 방조가 남아 있다면 살인죄의 종범**이 될 수 있고, 공모관계이탈로 처벌가치가 현저히 줄어 살인예비·음모의 책임은 지지 않는다.

24 [착수후공모이탈과 책임원칙] 甲과 乙은 丙을 강간하기로 하고, 甲은 텐트 밖에서 망을 보고 乙은 텐트 안에서 丙을 때리고 성교를 하려 했다. 甲은 후회하며 乙에게 그만두자고 설득했으나 乙이 甲을 폭행하고 꺼지라고 하자, 텐트를 나와 버렸다. 乙은 丙의 반항을 제압하고 성교를 하였다. ① (대판 2004도8259) 甲은 乙과 합동강간죄가 인정된다. ② (評釋) 甲은 합동강간죄의 중지미수범이 되어야 하지만, 공범의 강간을 방지하지 못한 점에서 중지미수가 성립하기 어렵다. 이 부분을 부작위에 의한 합동강간죄 종범으로 평가한다면, 甲의 행위는 합동강간중지미수와 강간종범의 경합범이라는 불법의 실질을 갖는다. 책임주의에 충실하려면 甲에게 징역형을 선택하는 경우 법률상 감경(제55조 제1항 3호)을 한 3년 6월에다 다시 경합범가중(제38조 제1항 2호)을 적용하여 5년 3월 이상의 징역형으로 처벌되어야 한다. 이를 인정하지 않는다면 정상참작감경을 하여 5년 3월 이상의 징역에 처한다.

25 [착수후공모이탈과 예비·음모] 甲은 乙, 丙과 강도 모의를 주도하고 乙, 丙이 강도의 대상으로 丁을 지목하고 뒤쫓아 가자 단지 "어?"라고만 하고 비대한 체격 때문에 뒤따라가지 못한 채 범행현장에서 200m 떨어진 곳에 앉아 있었다. 乙과 丙은 丁을 쫓아가 강도상해를 하였다. ① (대판 2008도1274) 甲은 "다른 공모자가 강도상해죄의 **실행에 착수하기까지 범행을 만류하는 등으로 그 공모관계에서 이탈하였다고 볼 수 없으므로 강도상해죄의 공동정범**"이 된다. ② (評釋) 甲은 乙과 丙의 강도상해에 어떤 기여도 하지 않아 강도상해범이 될 수 없고, 범행대상을 직접 물색하지도 않아 미수범도 아니며 단지 강도예비·음모죄(제343조)만 성립한다.

책임에 속한다. 직접 실현하지 않은 결과도 공동의 범죄기획과 그 기획을 실현하기 위한 기능적 역할분담의 수행을 통해 실현된 것인 한, 그 기획과 역할분담에 참여한 각 개인의 작품으로 귀속될 수 있기 때문이다. 그러므로 **공동의 범죄기획**[26]을 넘어서는 부분에 대해서는 공동정범이 아니라 단독정범이 된다. 판례의 "**공동가공의 의사에 기한 상호 이용의 관계**"(대판 2015도5355)[27]도 이와 같은 취지이다. 공동정범에게 **공동으로 귀속되는 것은 불법**뿐이고 공동정범의 책임과 처벌은 각자의 책임조각사유, 처벌조각사유 및 양형사유에 따라 개별화된다.

(2) 결과적 가중범의 공동정범 판례에 의하면 기본범죄를 공동으로 범하는 경우에 가중적 결과를 공동으로 할 의사는 필요 없고 다른 공동정범의 범행으로 가중적 결과가 발생할 것을 '**예견할 수 없는 때가 아닌 한**' 그 결과적 가중범의 죄책을 면할 수 없다. 그러나 私見으로 '예견가능성'만으로 결과적 가중범의 공동정범을 인정하는 것은 결과책임에 머무르는 것이다. 책임주의를 실현하려면 기본범죄를 공동으로 범하고, 그 공동의 범행과 **가중적 결과를 발생케 한 행위**(고의 또는 과실행위)**가 기능적으로 분리될 수 없고**, 기본범죄의 공동실행이 **가중적 결과의 발생에 인과적으로 불가결한 요소**이며,[28] 가중적 결과를 실현한 행위자가 아닌 다른 공동정범이 이런 사실을 인식하였거나 할 수 있었을 경우에만 결과적 가

---

26 흔히 이를 공동의사의 범위라고 표현하지만 이 표현은 과실범의 경우를 포괄하지 못한다.

27 [공동기획] 병장 甲, 乙, 丙이 함께 1개월 동안 일병 丁에게 폭행과 가혹행위를 해오던 어느 날 甲이 丁을 수십 차례 때렸고 乙은 망만 보았고, 丙은 丁의 뺨을 3회 때렸다. 丁이 오줌을 싸며 정신을 잃고 쓰러지자 乙과 丙은 만류하였는데도 甲은 丁의 복부를 강하게 걷어찼다. 丁은 응급후송되고 과다출혈로 사망하였다. 甲의 폭행은 乙과 丙의 폭행에 비해 압도적으로 많았다. ① (대판 2015도5355) "**공동가공의 의사는** 타인의 범행을 인식, 용인하는 것만으로는 부족하고, 공동의 의사로 특정한 범죄행위를 하기 위해 일체가 되어 **서로 다른 사람의 행위를 이용하여 자기의 의사를 실행에 옮기는 것**을 내용으로" 한다. 甲은 미필적 고의의 살인죄, 乙과 丙은 상해치사죄의 공동정범이다. 살인은 공동의 범죄기획을 넘어서기 때문이다.

28 [결과적 가중범의 공동정범] 乙은 甲과 공모하여 甲의 여동생을 강간한 丙을 함께 때려 상해를 입혔다. 丙이 도망치자 丙을 추격했고, 추격도중 甲이 소지했던 부엌칼을 떨어뜨리자 乙이 주워 甲이 붙잡고 있는 丙의 흉부를 1회 찔렀고 丙이 사망하였다. ① (대판 93도1674) 甲은 乙의 살해가능성을 예상할 수 있으므로 상해치사죄의 공동정범이다. ② (評釋) 상해의 공동실행인 甲의 붙잡기는 乙의 살해행위와 기능적으로 분리되지 않고, 사망에 인과적으로 제거할 수 없는 기여를 하며, 甲은 이를 인식할 수 있었다. 乙은 살인죄, 甲은 상해치사의 공동정범이 성립한다.

중범의 공동정범을 인정하여야 한다.

2. 공동정범과 신분

(1) 구성적 신분의 공동정범 신분요소가 구성요건의 행위주체로 국한되어 있는 경우(진정신분범)에는 공동정범도 그런 신분을 가지고 있어야 한다. 범죄를 공동으로 범한 자들 가운데 일부가 신분자이며, 다른 일부는 비신분자라도 제33조 본문("신분이 있어야 성립되는 범죄에 신분 없는 사람이 가담한 경우에는 그 신분 없는 사람에게도 제30조부터 제32조까지의 규정을 적용한다")에 따라 그 진정신분범의 공동정범이 될 수 있다. 범죄구성요건의 신분이 특수한 의무를 규정하여 자수범이 되는 경우(예: 위증죄)에는 그 범행에 기능적 범행지배의 형태로 가담한 비신분자에게는 제33조 본문의 적용이 배제되어 공동정범이 되지 않는다.

(2) 가감적 신분의 공동정범 기본구성요건은 (비)신분범(예: 살인죄, 배임죄)이고 파생구성요건만 (가감적)신분범(예: 존속살인죄, 업무상배임죄)인 경우에 (비)신분자와 (가감적)신분자가 공동으로 파생구성요건을 실현했을 때에는 (가감적)신분자는 파생구성요건의 공동정범이 되고, (비)신분자는 판례에 의하면 파생구성요건(예: 존속살인죄, 업무상배임죄)의 공동정범이 되지만 제33조 단서에 따라 기본구성요건(예: 살인죄, 배임죄)으로 처단된다. 그러나 私見으로 비신분자는 처음부터 기본구성요건(예: 살인죄, 배임죄)의 공동정범이 될 뿐이다.[29]

(3) 해체적 신분 신분관계로 인하여 성립하지 않는 범죄(예: 무면허의료죄)를 신분자가 비신분자와 함께 실현하면[30] 신분자는 비신분자와 함께

29 [가감적 신분의 공동정범] 건설업자 甲은 S아파트 하자보수추진위원회 총무 乙과 공모하여 동 위원회가 건설업자 丙과 하자보수계약을 체결하면서 1억 원의 공사대금을 2억 원으로 기재하고, 1억 원을 나눠 가졌다. ① (대판 99도883) "업무상 배임죄는 단순배임죄에 대한 가중규정으로서 그러한 신분관계가 없는 자(甲)에 대하여는 형법 **제33조 단서에 의하여 단순배임죄에 정한 형으로 처단**하여야" 한다. ② (評釋) 乙은 업무상 배임죄, 甲은 배임죄의 공동정범이다.

30 [의사와 비의료인의 공동정범] 피부과 전문의 甲은 丙에게 크리스탈필링을 처방하고 피부관리사 乙로 하여금 크리스탈필링을 하게 하였다. ① (대판 2003도2903) 甲과 乙은 무면허료죄(「보건범죄 단속법」 제5조)의 공동정범이다. ② (評釋) 피부과의사와 피부관리사 사이의 협업은 의료분업처럼 합법화할 필요가 있다(이상돈, "피부치료의 미용과 피부미용의 치료성", 대한피부과학회지, 제42권 제2호, 2004, 131쪽).

공동정범이 된다.[31]

3. 공동정범과 착오

공동정범들이 공모한 범죄와 다른 범죄를 실현한 경우[32]에는 '분업의 원리'와 '공동책임의 원리'에 의해 귀속 가능한 범위 내에서만 공동정범의 책임을 진다.[33] 이런 귀속판단은 개별 구성요건의 해석문제를 수반한다. 공동정범의 한 사람이 구성요건적 착오(객체의 착오와 방법의 착오)를 일으키면 단독정범의 구성요건적 착오에 관한 이론이 적용된다.

Ⅳ. 합동범과 공동범

1. 합동범과 공동범의 의의

형법총칙의 공범규율(형법 제30조~제34조)은 개인이 혼자 행하는 범죄행위를 원형으로 삼고 그런 개인들 사이의 범죄적 협업관계를 규율하지만 형법각칙과 「성폭력처벌법」, 「폭력행위처벌법」은 조직화된 범죄현상으로서 합동범과 공동범을 규정한다. 어떤 범죄구성요건이 합동범이면서 공동범인 경우는 없다. **2인 이상이 합동 또는 공동**하여 범행을 하면 **'법익침해가 증폭될 위험'**이 발생하기 때문에 합동범과 공동범은 기본범죄보다 무겁게 처벌한다. 그러나 합동 또는 공동으로 발생하는 법익침해의 증가된 위험은 그 합동 또는 공동의 범행에 참여한 각 개인에게 그의 의사와 능력 및 행위수행에 비추어 귀속 가능한 범위에서만 책임을 져야 한다(책임원칙의 관철).

---

31 [해체적 신분의 공동정범] 의료기관의 개설은 의료인이나 의료법인이 아닌 자가 할 때에만 범죄구성요건(「의료법」 제66조 3호)에 해당한다. 의료인이 비의료인과 함께 의료기관을 개설하면 의료기관개설죄의 공동정범이 된다(대판 2001도2015).

32 [공모와 다른 공동정범] 甲은 망보고 乙이 丙을 칼로 살해하기로 공모하였지만 甲이 망을 보는 동안 乙은 丙의 재물을 강취하였다. ① 乙은 살인예비·음모죄의 공동정범과 강도죄의 경합범, 甲은 살인예비·음모죄의 공동정범과 乙의 강도를 예상하고 이를 용인하겠다는 의사가 있으면 강도죄의 공동정범이 된다.

33 [공모보다 축소된 공동정범] 甲이 망보고 乙이 丙을 칼로 살해하기로 공모하였지만 甲이 망을 보는 동안 乙은 丙을 주먹으로 때려 상해하였다. ① 살해고의는 상해고의를 포함하므로 甲과 乙은 살인예비·음모죄와 상해죄의 공동정범이다.

<table>
<tr><th colspan="2">합동범</th><th colspan="2">공동범</th></tr>
<tr><td></td><td>특수절도죄(제331조 제2항)[34]</td><td>상해죄(제257조 제1항)</td><td rowspan="8">폭력행위처벌법 제2조 제2항

"2명 이상이 공동하여 제1항 각 호에 규정된 죄를 범하였을 때에는 형법 각 해당 조항에서 정한 형의 2분의 1까지 가중한다."</td></tr>
<tr><td></td><td>특수강도죄(제334조 제2항)</td><td>(존속)폭행죄(제260조)</td></tr>
<tr><td></td><td>특수도주죄(제146조)</td><td>(존속)체포감금죄(제276조),</td></tr>
<tr><td>성폭력처벌법 제4조</td><td>강간죄(제297조)</td><td>(존속)협박죄(제283조)</td></tr>
<tr><td colspan="2" rowspan="4">예: "2명 이상이 합동하여 형법 제297조(강간)의 죄를 범한 사람은 무기 또는 5년 이상의 징역에 처한다."</td><td>주거침입·퇴거불응죄(제319조)</td></tr>
<tr><td>강요죄(제324조)</td></tr>
<tr><td>공갈죄(제350조)</td></tr>
<tr><td>손괴죄(제366조)</td></tr>
</table>

2. 합동범과 공동범의 요건

공동정범, 공동범, 합동범은 모두 주관적 요건인 '**범죄의 공동결의**'와 객관적 요건인 범죄실행에 대한 일정한 **공동의 기여**가 필요하다고 이해된다. 이때 기여도는 다음 다섯 가지의 유형으로 나눌 수 있다.

- **단순공모(유형 ㉠)** 범죄결의를 공동으로 하였을 뿐 실행에는 일체의 기여를 하지 않은 경우(예: 甲과 乙이 丙의 강간을 결의하고 甲이 乙이 모르게 혼자 강간)
- **비실행적 범행주도(유형 ㉡)** 현장에 있지도 않고 구성요건을 분업적으로 실현하지도 않지만 범행을 기획하고 실현하는 과정에서 주도적인 역할을 한 경우(예: 丙의 강간을 공모하였지만, 甲은 구체적인 실행계획과 방법을 세우고 실행은 乙이 함)
- **현장 밖의 기능적 범행지배(유형 ㉢)** 현장에 있지 않지만 구성요건실현의 성패를 직접 좌우하는 업무를 분담하는 경우(예: 甲은 乙은 범행장소에서 멀리 떨어진 곳에서 전자장비를 이용하여 乙의 절도가 성공하는 데에 불가결한 도움을 줌)
- **현장에서 기능적 범행지배(유형 ㉣)** 범행현장에서 구성요건실현의 성패를 직접 좌우하는 업무를 분담하는 경우(예: 乙은 丙을 폭행하여 재물을 강취하고, 甲은 乙의 강도 성공에 필수적인 '망보는 행위'를 함)
- **직접 공동실행(유형 ㉤)** 범행현장에서 구성요건(의 전부 또는 일부)을 직접 그리고 함께 실현하는 경우(예: 甲과 乙은 함께 丙을 폭행하고, 乙이 丙과 성교를 하고 甲은 乙이 성교할 때 망을 봄)

이때 합동의 의미는 도표가 보여주듯 5가지(㉠~㉤)이다.

---

34 「특정범죄가중법」 제5조의4 제2항의 "5명 이상이 공동하여" 범한 **공동절도**는 공동이라는 문언에도 불구하고 합동절도범이다. 5인 이상의 공동절도는 '떼 절도'를 말하는데, '떼'란 '목적이나 행동을 같이 하는 무리'이므로 합동의 개념과 같기 때문이다.

● = 합동범 인정 × = 합동범 인정 안함 △ = 불분명함			적음 ◀◀◁◁◁▷▷▷▶▶ 많음				
		범죄실행에 대한 객관적 기여도	단순 공모	비실행적 범행주도	현장밖의 기능적 범행지배	현장에서 기능적 범행지배	직접 공동 실행
	학설	유형 / 합동의 의미	㉠	㉡	㉢	㉣	㉤
넓음 ▲	공모공동정범설	공모	●	●	●	●	●
	가중공동정범설	공동정범과 같은 수준의 실행분담	×	△	●	●	●
▼	현장적공동정범설	범죄현장에서 기능적 범행지배를 함	×	×	×	●	●
좁음	현장설	같은 때와 장소에서 상호협력하여 범행	×	×	×	△사례ⓢ	●

① 판례의 **현장설**에 의하면 합동절도는 "주관적 요건으로서의 공모 외에 객관적 요건으로서의 실행행위의 분담이 있어야 할 것이고 그 **실행행위에 있어서는 시간적으로나 장소적으로 협동관계**[35]가 있"어야 한다(대판 67도1117). 또한 시간적·장소적 협동이 공모자 모두에게 필요하지 않고, 2인 이상의 공범자 사이에만 있으면 현장에 있지 않은 채 기능적 범행지배를 하는 공모자도 합동범이 된다고 본다. 즉 **합동범의 공동정범**[36]을 인정하는 것이다. ② 또한 폭력행위처벌법의 **공동폭력범죄**는 흔히 보통의 공동정범이지만 형사정책적으로 법정형이 **'가중된 공동정범'**으로 이해된다. 따라서 공동범이 되려면 수인 사이에 공범관계가 존재하고, 수인이 동일 장소에서 동일 기회에 상호 다른 자의 범행을 인식하고 이를 이용하여 폭행의 범행을 한 경우이어야 한다(대판 2023도6355). 이에 따

35 **[현장설]** 甲은 乙과 丙의 집에 들어가 乙이 안방에서 수표를 훔치는 동안 다른 방에 있다가 丙의 집을 먼저 나와 차량을 대기시키고 乙이 나오자 함께 타고 갔다. ① (대판 96도313) 甲은 합동절도범이다. ② (評釋) 유형 ㉣에 해당하는데 절취행위자와 차량대기자의 물리적 거리가 어느 정도까지인지는 불분명하다.

36 **[합동범의 공동정범]** 삐끼주점 지배인 甲은 손님 丁이 제시한 신용카드를 받고 丁이 주점에 계속 머무르도록 이야기로 시간을 끌었고, 그 동안 삐끼 乙과 丙은 甲과 공모한 바대로 그 카드로 ATM기에서 현금을 인출하였다. ① (대판 98도321) 3인 이상이 공모한 후 "**적어도 2인 이상의 범인이 범행현장에서 시간적, 장소적으로 협동관계**를 이루어 절도의 실행행위를 분담하여 절도범행을 한 경우에는 … 공모에는 참여하였으나 현장에서 절도의 실행행위를 직접 분담하지 아니한 다른 범인"이 "**현장에서 절도 범행을 실행한 위 2인 이상의 범인의 행위를 자기 의사의 수단으로 하여 합동절도의 범행을 하였다고 평가할 수 있는 정범성의 표지를 갖추고 있**"는 한, 그는 합동절도의 공동정범이다. ② (評釋) 이는 합동절도가 절도죄의 **독자변형구성요건임을 전제하지만** 합동절도는 **비독자적 가중구성요건**이다. 甲은 乙, 丙과 주점운영의 결사체를 이루지만 현장에 없었기에 절도죄의 공동정범이 된다.

라 공동범의 공모공동정범은 인정될 수 없다.

3. 합동범과 공동범의 새로운 이해

공동범과 합동범은 보통의 공동정범에 비해 **주체**와 **행위**(수행방식)의 **차원**에서 가중요소가 추가된 경우이고, 객체와 결과의 차원에서 공동정범의 일반적인 불법구조와 다르지 않다. 주체와 행위의 차원에서 불법이 가중되는 단계는 법익침해의 위험도를 기준으로 보면 도표와 같이 각각 4단계로 유형화 해볼 수 있다. 각 단계(1~4)는 뒤에서 불법지수를 구성하는 요소의 점수를 나타낸다.

	주체의 차원	행위방식의 차원
1	범행결의	단독실행
2	공동의 범행결의	분업적 실행
3	결사체형성	협동적 실행
4	범죄단체형성	공동실행

(1) 합동범의 불법 첫째, 합동범은 공동정범이 되는 공동의 범행결의(제30조)에 의해 형성되는 인적 결합보다는 단단하지만 아직 범죄단체조직죄(제114조)의 단체와 같은 정도의 인적 결합보다는 무른 인적 결합을 주체로 삼는다. 합동범이 되는 인적 결합은 한 차례의 범행에 그쳤다고 할지라도 '기회가 닿으면 범죄를 같이 계속할 수도 있'는 의향으로 뭉친 인적 결합(**결사체**)으로서[37] 프로젝트 음반을 내는 밴드그룹의 인적 결합에 비유할 수 있다. 일상언어로 '~범죄 행각(行脚)을 벌인다'고 말할 때의 인적 결합을 말한다. 이런 결사체의 형성은 범행의 공동결의(공동의 고의형성)를 초과하는 주관적 요소이다. 둘째, 합동범은 공동정범의 **분업적 실행**보다는 한 단계 더 불법을 가중시키는 행위수행방식으로 공범들이 함께 현장에 나아가 분업적인 실행을 할 때 성립한다. 이를 **협동적 실행**이라고 부른다. 협동적 실행은 피해자가 현장에서 맞부딪치는 상대(가해자)가 다수가 되면 피해자의 저항의지와 힘이 반비례적으로 약화되며, 피해의 크기도 더 커질 개연성이 높기 때문에 분업적 실행보다는 행위반가치가 더 크다. 따라서 합동범은 공동정범의 표지를 모두 충족하면서 주체의 차원에서 '결사체' 성격을 띠고, 행위의 차원에서 '공동실행'[38] 또는 '협동적

---

37 독일 형법 제244조의 '협동하여'의 성격에 관한 Samson, Systematischer Kommentar zum StGB, 1988, §244-27은 합동범을 일종의 가감적 신분으로 보는 점에서 나의 견해와 같다.

38 [합동강간범] 甲과 乙은 강간을 공모하고 함께 丙을 폭행한 다음 丙의 항거불능상태를 이용하여 甲만 丙과 성교를 하였다. ① 甲과 乙은 합동강간범이다.

실행'(같이 현장에서 기능적 범행지배)[39]을 한 경우에 성립한다.

(2) 공동범의 불법 **공동**(폭력)**범**은 협동적 실행보다 한 단계 더 큰 행위반가치를 지닌 실행방식, 즉 수인이 범죄현장에서 **모두가 구성요건의 전부 또는 일부를 각자 직접 실현하는 경우**이어야 한다. 이를 **공동실행**이라 부른다. 공동실행은 각자의 실행이 누적되어 한 사람에 의한 실행의 효과와 동일한 효과를 내는 경우(누적적 공동실행), 각자의 실행이 그 효과측면에서 볼 때 의도한 범죄의 구성요건을 실현하기에 충분하지만 다른 사람의 실행과 함께 이루어짐으로써 서로 '상승효과'를 발휘하는 경우(상호적 공동실행)로 단계화할 수 있다. 하지만 폭력범죄의 공동범은 주관적으로는 **공동범행의 결의를 필요로 하지 않는다.**[40] 오직 폭력범죄를 범하는 2인 이상의 다수인이 하는 실행행위가 서로 상승효과를 가져오고 있는가(**상호적 공동실행**)가 중요할 뿐이다. 따라서 단독범이면서도 공동범일 수가 있다.

---

39 [합동강도범] 유흥비 마련 강도를 공모하고 乙이 강도를 하러 丙의 집에 들어갔을 때 甲은 대문 밖에서 망을 보았고, 乙은 甲과 공모한 대로 丙에게 칼을 휘둘러 재물을 빼앗았다(대판 98도356 변형). ① 甲은 乙의 강도실행에 대해 기능적 범행지배를 '현장에서' 하고 있다. 甲은 乙과 함께 합동강도범이다.

40 [공동범과 공동정범] 甲의 집에서 순경 丁이 영장 없이 甲의 부친 戊를 체포하려 하자, 甲은 어머니 乙, 동생 丙과 함께 丁과 시비를 벌였다. 피해자 己(女)가 제지하자, 甲은 당신이 왜 참견이냐고 소리쳤다. 이에 힘을 얻은 丙이 己의 앞가슴을 밀어 붙였고, 乙은 己의 머리채를 잡아 넘어뜨려 머리를 방바닥에 부딪치게 하였다. ① 乙과 丙은 己에 대해 공동폭행죄가 성립한다. ② 甲은 乙과 丙의 폭행과 상승작용을 일으키는 폭행을 하지 않았으므로 공동폭행죄가 아니라 폭행죄의 공동정범이 된다.

§30 교 사 범

제31조(교사범) ① 타인을 교사하여 죄를 범하게 한 자는 죄를 실행한 자와 동일한 형으로 처벌한다. ② 교사를 받은 자가 범죄의 실행을 승낙하고 실행의 착수에 이르지 아니한 때에는 교사자와 피교사자를 음모 또는 예비에 준하여 처벌한다. ③ 교사를 받은 자가 범죄의 실행을 승낙하지 아니한 때에도 교사자에 대하여는 전항과 같다.

Ⅰ. 교사범의 의의

교사범(Anstiftung), 즉 "타인을 교사하여 죄를 범하게 한 자는 죄를 실행한 자와 동일한 형으로 처벌한다"(제31조 제1항). 교사범은 범죄를 직접 실행하거나, 피교사자와 실행을 분담하지 않으며, 피교사자의 의사를 지배하지도 않는다는 점에서 정범(정범, 공동정범, 간접정범)과 다르다. 하지만 교사자는 피교사자가 실현한 범죄의 불법을 그에게 귀속시킬 수 있을 정도로 피교사자의 범죄실현에 대해 **규정적인 역할**을 한다. 이 역할은 교사를 통하여 **보호법익에 대한 침해위험**을 추상적인 수준을 넘어[1] **구체적으로 증가**시키는 것을 말한다. 그 점에서 교사범은 종범과 구별되며, 교사된 범죄의 **창시자**라고 불린다.

Ⅱ. 교사범의 성립요건

교사범의 성립요건은 교사자의 교사행위, 피교사자의 실행행위, 교사와 범죄 사이의 귀속연관성으로 나눌 수 있다.

1. 교사자의 교사행위

교사범이 되려면 정범의 범죄실현에 대해 규정적인 역할을 해야 한다. 이를 위해서는 교사의 의사(기획[2])와 교사행위가 있어야 한다.

---

1 추상적인 증가만으로도 규정적 기능을 인정하면(Klaus Laubenthal, NStZ, 1998, 348쪽; "보호법익에 대한 증가된 위태화") 교사범의 범위는 연쇄교사도 교사범으로 볼 정도로 확장된다.

2 기획이란 표현은 이론적으로 과실교사범을 포함하기 위해 '의사'를 대체하는 개념이다.

(1) **교사의 의사** 교사범은 주관적으로 타인을 부추겨 범죄를 범하게 할 의사를 갖고 있어야 한다. 교사고의는 특정한 사람(피교사자)에게 특정한 범죄를 범하도록 부추기는 의사와 그 타인이 정범으로서 행하는 범죄의 구성요건적 고의를 함께 갖고 있을 때 인정된다(**이중의 고의**). 교사고의는 **피교사자가 특정**되어 있어야 하며 불특정 다수인에 대한 교사고의는 인정되지 않는다. 피교사자의 인적사항은 몰라도 상관없다. 또한 교사고의는 피교사자가 행할 **범죄를 특정**하고 있어야 한다. 교사자는 정범이 실현하는 범죄의 모든 불법요소(예: 신분, 불법영득 등)를 인식하고 그 실현을 의욕하여야 한다.

교사자의 고의가 피교사자로 하여금 범죄를 착수하게는 하되 범죄의 완성을 의욕하지 않은 경우를 **미수의 교사**라고 한다. 함정수사(agent provocateur 아쟝 프로보카퇴르[3])는 그 대표적인 예이다. 미수의 교사(예: 함정수사)는 원칙적으로 불가벌이다. 다만 피교사자가 미수범으로 처벌되는 경우에 교사자는 미수범의 교사자[4]로 처벌될 수 있다. 교사자에게 귀속시켜야 할 정범의 불법(미수범죄)이 존재하며, '정범의 고의형성에서 특정되는 범죄가 교사자의 내면의식 속에 이미 세워져 있으면' 미수의 교사범에게도 교사고의가 인정되기 때문이다. 미수를 교사했으나 정범이 기수에 도달한 경우에 교사자는 교사고의에 결함이 있기 때문에 교사범(이나 방조범)은 될 수 없고, 그 전체의 과정은 과실범으로 평가할 수 있다.

[과실교사범] 과실교사는 **교사가 과실(범)이 되는 경우**(과실로서 교사)[5]와 **과실이 교**

3 대판 92도1377: 함정수사란 본래 고의를 가지지 아니한 자에 대하여 수사기관이 사술이나 계략 등을 써서 고의를 유발케 하여 범죄인을 검거하는 수사방법을 말한다. 고의를 가진 자에 대하여 범행의 기회를 주거나 범행을 용이하게 한 것에 불과한 경우에는 함정수사라고 말할 수 없다.

4 [미수교사범] 甲이 丙의 금고에 돈이 없음을 알면서 乙에게 그 돈을 훔치라고 교사했다. ① 乙이 절도불능미수범이 되는 한 甲은 절도교사고의가 인정된다.

5 **교사가 과실범**이 되는 경우로는 ① 미수의 교사에서 피교사자가 교사자의 의도와는 달리 기수범이 되었을 때에 교사자의 **교사행위는 과실행위로 평가**되고, 과실처벌규정이 있는 경우와 ② 다수인이 주의의무를 지고 다른 사람의 주의의무위반을 규정지은 다른 보증인의무자의 외형상 '과실에 의한 교사'가 **과실**로서 평가되고, 교사자가 과실범의 공동정범이 되는 경우가 있다.
[과실의 공동정범] 의사 甲이 독약을 약품으로 오인하여 간호사 乙에게 교부하고, 乙이 그 약을 환자 丙에게 투약 사망하게 하였다. 甲은 과실교사범이 아니라 과실이 되는 교사로 인해 乙과 함께 업무상 과실치사죄의 공동정범이 된다.

사(범)가 되는 경우(교사로서 과실)로 나뉜다. 진정한 의미의 과실교사범은 후자를 가리킨다.[6] 제31조 제1항의 법문도 교사를 고의에 국한하고 있지 않다. ① 일상적으로는 교사했다고 말할 수도 있는 자(교사자)에게 법적으로 엄격한 의미의 교사고의가 귀속될 수 없지만, 그 교사로 인해 정범의 실행이 이루어진 경우에 **과실에 의한 교사**[7]가 성립할 수 있다. ② 교사고의를 수행하는 행위가 법적인 의미의 교사행위가 될 수 없지만 그 행위로 인해 정범의 실행이 이루어진 경우[8]에도 과실에 의한 교사범이 성립할 수 있다.

(2) 교사행위 교사범이 되려면 피교사자가 범죄를 범하도록 부추기는 행위를 해야 한다. 교사행위의 수단과 방법에는 제한이 없다. 그러나 범죄결의를 유발한다는 점에서 범죄의 실현에 도움이 되는 계기를 객관적으로 마련한 것만으로는 교사가 인정되지 않는다. 교사는 **의사소통적 행위**라는 점에서 피이용자의 의사력을 지배하는 간접정범의 이용행위와 구별된다. 교사행위의 외양은 명령, 지시, 설득, 애원, 요청, 유혹, 감언, 이익제공 등의 형태로 나타나기 쉽지만 강요나 기망의 형태로는 어렵다. 단순한 정보제공[9]은 방조는 될 수 있을지언정 교사가 될 수는 없다. **부작위에 의한 교사**는 정범이 실현하는 불법을 교사자에게 귀속할 만큼 정범의 범행에 대해 '규정적인 영향력'을 갖지 못하므로 교사범이 될 수 없고, 과실교사범 또는 부작위의 종범이 될 수 있을 뿐이다.

---

6 독일 형법 제26조는 교사범을 "고의로 타인으로 하여금 위법한 행위를 고의로 하게 규정지은 사람은 정범과 동일하게 처벌한다"고 규정하므로, 교사범은 고의범에 한정된다. 현행 형법은 그런 문언상의 제한이 없는데, 과실의 공동정범을 인정하면서도 과실교사를 인정하지 않는 것은 독일 형법의 해석을 따른 것일 수 있다. 과실교사범 인정여부는 해석정책의 문제이다.

7 [교사고의가 없는 교사] 甲은 乙에게 "저 나쁜 丙을 혼 좀 내줘라"라고 말했다. 甲의 말을 존중하고 따르던 乙은 甲의 말을 丙에게 상해를 가하라는 뜻으로 오해하고 丙을 상해하였다. ① 甲의 말은 교사하는 범죄를 특정하지 않았으므로 **상해죄의 교사고의**가 인정될 수 없다. 乙이 오해하여 丙에게 위해를 가할 것을 고려하지 않은 점이 과실로 평가할 수 있다면, 甲은 **과실에 의한 상해교사죄**가 성립한다.

8 [부작위에 의한 교사범] ① 조폭두목 甲이 손금을 보라는 뜻으로 "저런 사람은 손을 봐야 해"라고 말했는데, 부하 乙이 폭행지시로 알아들었지만 甲이 乙의 폭행을 방지할 작위의무를 다하지 않으면 부작위에 의한 폭행교사범이 된다는 것이다. ② (私見) 이는 부작위가 범죄를 유발한 경우가 아니라 교사고의가 귀속되지 않는 甲의 부주의한 말행위가 교사행위가 되는 경우, 즉 과실교사범에 해당한다.

9 [교사행위가 없는 교사] 甲은 애인이자 乙의 처인 丙이 자신을 배신하고 丁과 사랑에 빠지자 丙을 죽일 의사로 乙에게 丙이 丁과 성관계를 나누는 현장을 알려주면서 확인해보라고 했다. 乙은 丙과 丁의 정사현장을 목격하고 격분한 나머지 丙을 살해하였다. ① 甲은 丙을 죽일 교사고의는 있지만 乙의 범죄를 유발하는 정보제공행위가 甲의 살인교사고의를 실현하는 교사행위가 될 수 없으므로 **과실에 의한 살인교사범**이 될 뿐이다.

2. 피교사자의 실행행위

(1) **정범의 완전한 불법실현** 교사범이 되려면 교사행위는 피교사자로 하여금 범죄를 범하게 했어야 한다. '범죄를 범'한다는 것은 피교사자가 범행을 결의하고 실행에 착수하여 범죄를 완성하거나 적어도 가벌적인 미수의 단계에 이른 것을 의미한다. 교사행위에 따라 피교사자가 범행을 '결의'했어야 한다는 것은 교사범은 **고의범인 정범**에 대해서만 인정됨을 의미한다. '과실범에 대한 (고의)교사'는 간접정범(제34조 제1항)이 되고, 과실범에 대한 과실교사는 과실범으로만 성립할 수 있기 때문이다. 즉, 과실에 의한 교사범은 가능해도 과실범에 대한 교사범은 불가능하다. **범죄의 완성**은 정범의 실행행위가 모든 불법요소를 실현하는 것을 가리킨다. 고의, 인과관계, 신분범의 신분, 목적범의 목적 등도 있어야 한다.

(2) **차용 가능한 불법** 아래와 같은 실패된 교사나 효과 없는 교사처럼 교사자에게 귀속할 수 있는 정범의 불법실현이 없는 때에는 교사범은 성립하지 않는다. 효과 없는 교사는 교사자와 피교사자를 예비·음모에 준하여 처벌하고(제31조 제2항), 실패된 교사는 교사자를 예비·음모에 준하여 처벌한다.

실패된 교사(fehlgeschlagene Anstiftung)		효과 없는 교사(erfolgslose Anstiftung)	
교사를 하였지만	㉠ 피교사자가 범죄실행의 결의를 하지 않았거나(★제31조 제3항)	교사에 따라 피교사자가 범행 결의를 하였지만	㉣ 실행에 나아가지 아니하거나 (★제31조 제2항)
	㉡ 피교사자가 이미 결의를 하고 있었던 경우[10]		㉤ 교사된 범죄의 예비·음모에 그친 경우
	㉢ 교사행위와 정범의 범행결의 사이에 인과관계가 없는 경우[11]		㉥ 실행에 착수하였지만 불가벌적 미수 (예: 불능범)에 그친 경우
			㉦ 교사행위와 실행행위 사이에 인과관계가 없는 경우(예: 연쇄교사)
㉢을 실패된 교사의 개념에서 제외하는 견해도 있음. ㉡, ㉢은 법률에 규정이 없음		㉦을 효과 없는 교사의 개념에서 제외시키는 견해도 있음. ㉤, ㉥, ㉦은 법률에 규정이 없음	

10 **[범행결의한 자에 대한 교사]** 甲은 乙의 명의로 게임장을 불법운영하였다. 甲은 「게임산업진흥법」 위반 혐의로 수사를 받게 되자, 乙로 하여금 그가 실제 업주라고 경찰에 허위진술할 것을 강력 요구하였다. 乙은 甲의 지인으로부터 같은 내용의 허위 진술을 하도록 교사를 받아 이미 그렇게 할 결의를 하고 있었다. ① (대판 91도542) "피교사자가 이미 범죄의 결의를 가지고 있을 때에는 교사범이 성립할 여지가 없다." 따라서 甲은 범인도피죄의 교사범이 될 수 없다.

[처벌규정의 유추적용] 제31조 제3항은 피교사자가 "범죄의 실행을 승낙하지 아니한 때"(㉠)라고 규정하므로 **실패한 교사**의 다른 유형, ㉡ 피교사자가 이미 범행을 결의하고 있었던 경우나 ㉢ 교사행위와 정범의 범행결의 사이에 인과관계가 없는 경우는 명문규정이 없다. 또한 제31조 제2항은 피교사자가 "범죄의 실행을 승낙하고 실행의 착수에 이르지 아니한 때"(㉣)만을 규정할 뿐 효과 없는 교사의 또 다른 유형인 ㉤ 교사된 범죄가 예비음모에 그친 경우나 ㉥ 실행에 착수하였지만 불가벌적 미수(예: 불능범)에 그친 경우 그리고 ㉦ 교사행위와 실행행위 사이에 인과관계가 없는 경우 등은 명문규정이 없다. 제31조 제3항을 실패된 교사의 모든 유형에, 제31조 제2항을 효과 없는 교사의 모든 유형에 적용하면 피고인(교사자)에게 불리한 법형성이 된다. 그러나 제31조 제2항, 제3항이 실패된 교사와 효과 없는 교사를 독자적인 **불법**으로 규정한 것이라고 보면 앞의 해석은 근거지워진 해석이 된다.

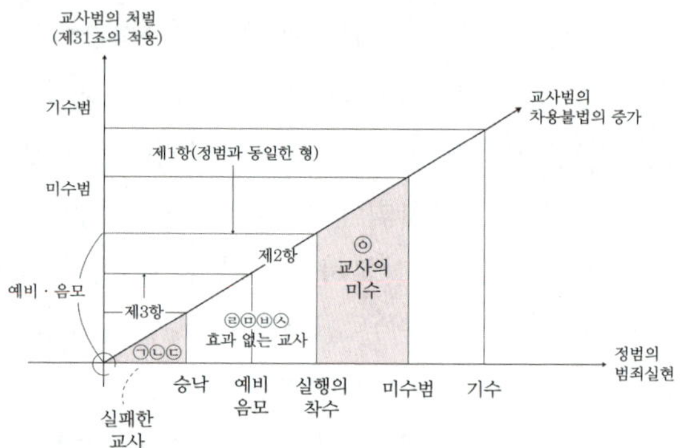

3. 교사와 범죄 사이의 귀속연관

특정한 교사의 의사로 교사행위를 하고 그에 따라 피교사자가 범행을 결의하고 '가벌적인 불법실현'에 이르면 그 불법은 교사자의 교사행위에 귀속될 수 있다. 그러나 교사행위가 정범의 불법실현에 대해 '규정적인 역할'을 하지 못한 경우에 그 불법은 예외적으로 교사자에게 차용('귀속')될 수 없다. 교사의 교사와 교사의 착오가 특히 문제된다.

(1) 교사의 교사 교사를 받은 사람은 직접 범죄를 실현하지 않고 다른 사람을 교사하여 범죄를 범할 수도 있다. 교사의 교사는 간접교사

11 [교사와 범죄결의의 인과관계] 의사 甲은 자기 아이를 임신한 乙에게 낙태를 권유하였지만 乙은 거부했다. 甲은 출산여부는 알아서 하고 결혼은 하지 않겠다고 말하며 낙태할 병원을 물색해 주었다. 甲의 의사를 확인한 乙은 혼자 알아 본 병원에서 낙태시술을 받았다. ① (대판 2012도2744) 甲의 낙태 교사행위와 乙의 낙태결의 사이의 **인과관계가 단절되었다고 볼 것은 아니다.** 甲은 乙의 (헌법불합치 결정이 난) 자기낙태죄(제269조 제1항)의 교사범이다. ② (評釋) 乙은 자발적으로 낙태결의 함으로써 甲의 낙태교사와의 인과관계는 중단되었다. 甲은 실패한 교사를 한 것이며, 낙태죄는 예비·음모죄가 없으므로 불가벌이다.

와 연쇄교사로 나뉜다. **간접교사**(mittelbare Anstiftung)란 교사자가 타인에게 처음부터 다른 타인을 교사하여 범죄를 실현하게 하도록 교사하는 경우를 말한다. 간접교사행위는 정범이 실현한 불법에 대해 '규정적인 역할'(=법익침해위험을 구체적으로 증가시킴)을 한 경우에 해당하므로 교사범이 된다. 이에 비해 **연쇄교사**(Kettenanstiftung)란 교사자가 의도한 바는 아니지만 교사가 여러 사람을 거쳐 순차적으로 계속되는 경우를 말한다. 피교사자가 다시 교사를 할지, 그 교사를 받게 될 제3자의 이름이나 수 등을 알지 못한다면 최초의 교사자는 정범에 대해 규정적인 힘을 발휘한다고 볼 수 없다. 연쇄교사는 효과 없는 교사로서 예비·음모가 된다.[12]

(2) 교사범죄와 실현범죄의 불일치 교사가 효과는 있었지만 교사가 규정지은 범죄와 일치하지 않은 범죄가 실현된 경우(**교사의 착오**), 즉 교사범죄와 실현범죄 사이의 불일치는 **본질적 불일치**(erhebliche Abweichung)와 **비본질적 불일치**(unerhebliche Abweichung)로 나누어, 비본질적 불일치의 실현범죄는 교사범에게 귀속시키고, 본질적 불일치의 실현범죄는 귀속시키지 않는다. 이 둘에 대한 판단은 교사범죄와 실현범죄가 기본구성요건과 파생구성요건의 관계에 있는지(양적 불일치) 아닌지(질적 불일치), 법정형, 교사자의 범죄기획, 범죄피해자에게 발생한 피해결과, 일반인들의 범죄이해 등을 종합 고려하여 내리는 가치결정이다. **비본질적인 불일치**에는 다음의 유형들이 속할 수 있다.

- **구성요건 적용에 영향 없는 요소의 불일치:** 예컨대 칼로 살해를 교사했는데, 총으로 죽인 경우에 살인교사범이 성립한다.
- **적용구성요건의 양적 변화:** 예컨대 강도를 교사했는데, 흉기를 휴대한 채 (특수)강도한 경우에 특수강도교사범이 성립한다.
- **이웃해 있는 동류 구성요건 사이의 질적 변화:** 예컨대 폭행을 교사했는데, 상해를

12 [간접교사와 연쇄교사] 甲은 乙에게 여권마련을 부탁했다. 乙은 여권발급 담당공무원 丙에게 부탁하여 甲의 여권을 발급해주었다. ① 甲이 丙의 존재를 알지 못했다면 甲의 교사는 허위공문서작성죄의 **연쇄교사**에 해당하고, 효과 없는 교사로서 예비·음모로 취급되나 처벌규정이 없다. ② 甲이 乙이 丙에게 뇌물을 주고 여권을 발급받게 해줄 것임을 알고 있었다면 甲의 교사는 허위공문서작성죄의 **간접교사**로서 甲은 교사범이 된다. 甲이 증뢰교사도 했다면 **증뢰죄 교사범**도 성립한다.

한 경우에 상해교사범이 성립한다.

본질적 불일치에는 첫째, **기본구성요건을 교사했는데 피교사자가 중한 파생구성요건을 실현한 경우**[13]에는 기본구성요건의 교사범이 성립하고, 거꾸로 중한 파생구성요건을 교사했는데 피교사자가 기본구성요건을 실현한 경우[14]에는 교사한 범죄(중한 구성요건)에 대해서는 효과 없는 교사로서 그 죄의 예비·음모죄가 성립하고, 실현된 범죄(기본구성요건)의 교사범이 성립하여 그 둘은 상상적 경합범이 된다. 둘째, 실현범죄가 교사범죄와 **불법유형이 다르지만 형법전의 같은 장**(章)**에 규정**된 경우(예: 횡령죄와 배임죄: 이웃구성요건) '효과 없는 교사'로서 교사범죄의 예비·음모죄(처벌규정 없으면 무죄)(와 실현범죄의 과실교사범의 상상적 경합관계[私見])가 성립한다.[15] 다만 교사범죄의 불법이 이웃구성요건인 실현범죄의 불법에 포괄되는 경우[16]에는 교사범죄의 교사범이 성립할 수 있다. 다만 불법의 포괄여부는 불법유형과 구성요건해석의 문제로 남는다. 셋째, 교사된 범죄와 **전혀 다른 불법유형**의 구성요건을 실현하면[17] 본질적 불일치로서 교사된 범죄의 예비·음모죄만 성립할 수 있다.

(3) **결과적 가중범의 교사범** 판례에 의하면 정범이 교사된 범죄를 실행하다 가중적 결과를 발생시킨 경우에 그 가중적 결과를 교사범에게 차용(귀속)시킬 수 있기 위해서는 **과실 내지 결과의 예견가능성**[18]이 있어

13 [기본구성요건교사와 중한 구성요건실현] 甲이 乙에게 丙에게 강도하라고 교사했는데 乙은 丁과 함께 丙에게 합동강도를 하였다. ① 甲은 강도교사범이 된다.

14 [중한 구성요건교사와 기본구성요건실현] 甲이 乙에게 丁과 함께 丙에게 합동강도하라고 교사했는데 乙은 혼자 丙에게 강도를 하였다. ① 甲은 합동강도(제334조 제2항 후단)의 예비음모죄(제343조)와 강도교사죄의 상상적 경합범이 된다.

15 [이웃구성요건의 교사착오] 甲은 乙에게 丙의 반지를 절취하라고 교사했고, 乙은 이를 수락했지만 丙에게 폭행을 가하여 반지를 빼앗았다. ① 통설은 甲은 절도죄의 교사범이 된다고 본다. 그러나 절도죄의 (효과 없는) 교사로서 (불가벌인) 예비·음모와 강도죄의 과실교사범 사이의 상상적 경합범이 성립하고 강도죄의 법정형으로 처단된다. 이때 과실교사임을 고려하여 정상참작감경(제53조)하고 선고형을 절도교사보다 조금 높게 양정하는 것이 합리적이다.

16 [포괄의 교사착오] 甲은 乙에게 丙의 반지를 강도하라고 교사했고, 乙은 수락했으나 丙에게서 반지를 절취했다. ① 독일 형법처럼 강도와 절도가 같은 장에 규정되는 경우에 강도의 불법이 절도의 불법을 포괄한다고 본다면 절도죄의 교사범이 성립한다.

17 [교사와 다른 범죄 실현] 甲은 乙에게 丙의 살해를 교사했는데 乙은 수락하고는 丙의 시계를 손괴하였다. ① 甲은 살인죄의 예비·음모죄가 성립한다.

18 [결과적 가중범의 교사] 甲은 乙에게 사업관계상 경쟁자인 丙을 칼로 찌르되 '병신으로 만들라'고

야 한다. 私見으로 교사행위는 정범이 그 내용대로 실행하면 기본범죄 외에 가중적 결과를 발생시킬 위험을 창출하는 것이면서(과실) 그 위험이 실현될 가능성(결과발생가능성)을 예측할 수 있는 **구체적인 계기**[19]를 내포하고 있어야 한다.

Ⅲ. 교사범의 처벌

1. 교사범의 법정형

교사범은 **정범과 동일한 형**으로 처벌한다(제31조 제1항). 여기서 동일한 형은 법정형을 말할 뿐이다. 자기의 지휘감독을 받는 자를 교사한 때에는 정범에 정한 형의 장기 또는 다액의 2분의 1까지 가중한다(제34조 제2항). 교사범은 범행지배를 하지 않은 자인데도 정범과 동일한 형으로, 심지어 2분의 1까지 가중하여 처벌하는 것은 **과잉금지원칙**(헌법 제37조 제2항 후문)에 반한다. 정범이 교사한 범죄의 처벌규정이 있는 미수에 그치면 교사범도 정범과 동일한 미수범(**협의의 교사미수범**)이 된다. 제31조 제1항의 "실행한 자"에는 미수에 그친 정범도 포함하기 때문이다.

[교사범의 불법의 차등화] 입법론으로는 법정형으로, 해석론적으로는 처단형의 단계에서 정범과 교사범을 차등하여 처벌하기 위해 교사범의 불법의 단계를 유형화 할 수 있다. ① 정범의 형을 2분의 1까지 가중하는 **특수교사**(제34조 제2항)는 조직을 지배하고, 그 조직구성원에게 교사하여 범죄를 범하는 경우에 국한시켜 적용한다. ② **범죄의 이익도 나누어** 갖기로 모의하였지만 실행(의 기능적 분담)에 나아가지 않았기 때문에 교사범이 된 자는 정범과 동일한 형으로 처단한다. ③ 공모나 범죄이익을 공동으로 향유함이 없이 교사한 경우는 정범과 동일한 법정형으로 처단하되, 제51조를

하였다. 乙은 丙의 종아리 등을 20여회 칼로 찔러 살해하였다. ① (대판 2002도4089) 甲은 "피해자의 사망이라는 결과에 대하여 **과실 내지 예견가능성이 있는 때**"에 해당하여 상해치사죄의 교사범이 되고, 乙은 살인죄가 성립한다.

19 [가중결과의 예측계기] 甲은 乙과 함께 노파 丙의 돈을 훔치되 발각되면 폭력을 불사하기로 하였다. 甲은 실행을 乙에게만 맡기면서 유사시에 丙을 때려눕히도록 몽둥이를 갖고 갈 것을 권하였다. 乙이 丙의 집에 들어갔을 때 丙이 거실로 나오자 丙을 몽둥이로 때려 사망에 이르게 하였다. ① (BGHSt 19, 339) **甲에게 丙의 사망에 관해 과실**이 있으면 乙이 丙을 사망케 한 것이 고의이건 과실이건 상관없이 강도치사죄의 교사범이 된다. ② (評釋) 몽둥이 사용을 권한 점은 표변강도로 사망가능성을 **예측할 수 있는 구체적 계기**가 되므로 강도치사교사가 인정된다.

적용하여 양형 '책임'을 정범보다 낮게 정한다. ④ **과실에 의한 교사범**은 정범의 법정형에다 정상참작감경(제53조)을 적용하여 법률상 형을 감경하여 처단형을 정한다. ⑤ **교사자가 교사된 범죄의 피해자**이면[20] 교사범의 성립을 부인한다.

2. 교사범과 신분범

비신분자가 진정신분범의 범죄를 교사한 때에는 제33조 본문을 적용하여 그 신분범의 교사범[21]이 되고, 반대로 신분자가 비신분자에게 그런 범죄를 교사한 때에는 (교사자가 의사지배를 한 경우엔) 그 신분범의 간접정범이 되거나 (교사자가 피교사자와 함께 기능적 범행지배를 한 경우) 그 신분범의 공동정범이 될 수 있다. **비신분자가 부진정신분범**(예: 존속살인)**의 범죄를 교사**한 때에는 제33조 단서를 적용하여 가감되기 이전의 범죄(예: 보통살인)의 교사범이 된다. 반면 신분자가 부진정신분범의 범죄를 그 신분이 없는 자에게 교사(예: 다른 사람에게 자신의 부를 살해하라는 교사)하면 그 비신분자는 비신분범(예: 보통살인)의 정범이 되고 신분자는 부진정신분범(예: 존속살인)의 교사범이 된다.

20 [피해자교사] 甲은 치기공사 乙에게 틀니를 만들어 달라고 부탁하였다. 乙이 만든 틀니를 낀 후 甲은 치주염과 혈압항진 등 전치 3주의 상해를 입었다. ① 甲은 교사된 무면허의료죄의 피해자이므로 교사범이 성립하지 않는다.

21 [모해목적 위증교사와 단순위증] 甲은 丙을 모해할 목적으로 乙에게 위증을 교사하였다. 乙은 丙을 모해할 목적은 없이 甲이 교사한 바대로 위증을 하였다. ① (대판 93도1002) 위증죄(제152조 제1항)의 신분범(乙)이 모해할 목적(제152조 제2항)을 갖고 있지 않아도 모해**'목적'은 제33조 단서의 '신분관계로 인하여 형의 경중이 있는 경우'에 해당**하기 때문에 甲은 모해위증교사죄로 처단할 수 있다. ② (評釋) "목적은 구성요건의 한 요소로서 주관적 구성요건이므로 공범종속성의 원칙에 따라서" 甲은 위증죄의 교사범이다. 다만 甲이 乙의 위증내용을 정해준 경우에는 제33조 본문에 의하여 甲은 모해목적위증죄의 공동정범, 乙은 위증죄의 공동정범이 되어야 하지만 위증죄는 자수범이므로 甲은 교사범이 된다

§31. 종 범

제32조(종범) ① 타인의 범죄를 방조한 자는 종범으로 처벌한다. ② 종범의 형은 정범의 형보다 감경한다.

Ⅰ. 종범의 의의

종범(從犯)이란 타인의 범죄를 방조한 사람을 말한다(제32조 제1항). 방조란 타인의 범죄실현을 도와주는 것, 즉 더 쉽게 하거나 더욱 촉진시키는 것을 말한다.[1] 종범은 공동정범과는 달리 범죄실행을 분담하지 않으며, 간접정범과 달리 범죄실행자에 대하여 의사지배를 하지도 않는다. 방조자는 정범이 실현하는 범죄의 주인(범행지배자)이 되지 못한다. 방조자는 이미 범죄를 결의하고 있는 자의 범죄실현을 돕는 자이므로 교사범과 구별된다. 이미 범행을 결의하고 있는 자에게 정신적 도움을 주는 행위가 실패된 교사인지 아니면 방조행위인지는 고의내용에 따라 판단된다. 타인의 범죄에 공범으로 가담한 자가 교사범인지 종범인지가 불분명할 경우[2]에는 피고인에게 유리한 종범으로 인정한다.

Ⅱ. 종범의 성립요건

1. 종범의 방조행위

종범이 되려면 방조의사와 방조행위가 있어야 한다.

(1) 방조고의 방조고의는 **이중의 고의**, 즉 "정범의 실행을 방조한다는 이른바 **방조의 고의**와 정범의 행위가 구성요건에 해당하는 행위인 점에 대한 **정범의 고의**[3]가 있어야" 한다(대판 2010도9500). 구성요건적 결과

1 [형법각칙의 방조] 도주원조죄(제147조), 아편흡식등 장소제공죄(제201조 제2항), 자살방조죄(제252조 제2항)에서 방조행위는 방조된 자의 범죄성립과는 무관하게 각 범죄의 정범이 된다.

2 [in dubio pro Beihilfe] 乙은 丙을 총으로 쏴 죽였다. 乙이 甲의 청부살해를 부탁받았는지, 乙이 먼저 甲에게 丙을 살해한다고 하여 甲의 지지를 받았는지는 불분명하다. ① 교사범인지 종범인지 불분명하면 종범을 인정한다(BGHSt 31, 136).

3 [정범의 고의] 공인회계사 甲은 H(주) 대표 乙이 코스닥 등록과정에서 허위의 감사보고서를 작성하

를 실현할 의사를 갖지 않고, 단지 미수에 그치게 할 의사로 방조하는 경우(미수의 방조)에는 방조고의가 인정될 수 없다.

[과실방조] 과실에 의한 방조도 이론적으로는 가능하지만 과실교사와는 달리 그 자체로서 형사처벌의 가치가 없다(BGHSt 1, 283). 정범이 실현한 결과가 과실방조로부터 인과적으로 발생하고 객관적 귀속이 가능하다면 과실범을 인정할 수는 있다.

방조의 고의는 방조자가 도울 **사람**(정범)**과 범죄가 특정**되어 있을 것을 전제한다. 정범의 인적사항이 방조자에게 알려져 있을 필요는 없다. 또한 정범이 실현하는 범죄의 모든 불법요소를 인식하고 있어야 한다. 즉, 신분범의 경우에는 정범이 신분자임도 인식하고 있어야 한다. 하지만 정범의 범죄의 시간, 장소, 객체 및 구체적 행위상황을 인식할 필요는 없고,[4] "정범에 의하여 실현되는 **범죄의 구체적 내용에 대한 미필적 인식이나 예견**으로 충분"하다(대판 2018도7658).[5]

방조고의는 의지적 요소로서 정범의 범죄를 단지 양해(Einverständnis)한 것으로는 부족한 반면, 정범의 범죄완성을 적극적으로 의욕할 필요는 없고, **미필적인 고의**로 충분하다. "종범은 자기가 의도한 바와 행위에 의하여 범죄사실이 발생할 것을 인식하면서 그 행위를 감행하거나 하려고 하면 족하고 그 결과 발생을 **희망함을 요하지는 않는다**"(대판 95도2551). 하지만 종범은 적어도 정범과 모종의 **연대의식**(Solidarität)[6]을 갖고 있어야 한

여 주었다. 甲은 乙이 코스닥 등록 후 주식공모를 할 때 그 허위감사보고서를 사용하여 청약금을 교부받는 것을 알았지만 사기죄에 해당한다고 생각하지 못했다. ① (대판 2003도382) "종범은 정범의 실행을 방조한다는 방조의 고의와 **정범의 행위가 구성요건에 해당한다는 점에 대한 정범의 고의**가 있어야 한다." 甲의 행위는 乙의 행위가 "**편취행위에 해당한다는 사실을 인식**하고 이러한 사기범행을 도와주려 하였다고 보기 어렵다." 甲은 사기죄방조범이 되지 않는다.

4 [방조고의] 甲은 P2P를 개발 S바다라는 사이트에서 무료로 제공하였다. 이 프로그램을 이용하는 사용자들은 대부분 정당한 허락 없이 MP3 음악파일을 복제·배포하였다. ① (대판 2005도872) 저작복제권침해죄의 방조행위란 "장래의 복제권침해행위를 예상하고 이를 용이하게 해주는 경우도 포함하며", **정범의 복제권침해가 실행되는 "일시, 장소, 객체 등을 구체적으로 인식할 필요가 없으며, 정범이 누구인지 확정적으로 인식할 필요도 없고, 미필적 고의**로 충분하다."

5 예컨대 변장셀카사진을 보내며 이제 살인에 나아간다고 말한 정범에게 그 결의를 강화시키는 말을 하는 사람에게도 살인방조고의가 인정된다.

6 [치료중단의 방조고의] 의학적 설명과 설득에도 불구하고 환자보호자의 강력한 퇴원요구에 따라 마지못해 환자를 퇴원시켜 사망하게 한 의사는 살인방조고의(대판 2002도995)가 없다. 환자보호자와 연대의식을 갖고 있지 않기 때문이다.

다.[7] 이런 연대의식 없이 정범의 범행에 의식적으로 거리를 둔 채 방조행위를 한 자는 미필적 방조고의도 인정되지 않는다. 방조고의는 정범의 범죄에 특별한 이해관계를 필요치 않는다(RGSt 32, 355).

(2) **방조행위** 방조행위는 "정범의 실행행위를 용이하게 하는 직접, 간접의 행위"이다. 방조행위는 보통 정범의 **실행행위 중에** 이루어지지만 장래의 범행을 예상하고 **실행에 착수하기 이전에,**[8] 실행행위를 일부 한 이후 **기수 이전**(승계적 종범) 또는 **기수 후 종료**(형사소송법 제252조 제1항) 이전에도[9](사후종범: 대판 93도2080) 성립할 수 있다. ① 사후종범은 상태범(예: 절도범을 쫓는 소유자를 가로막아 절도범의 도주를 도움)에서는 인정할 수 없고, 계속범(예: 감금된 자가 계속 감금되도록 지킴)에서만 인정된다. 사후종범은 독자적인 범죄구성요건(예: 장물죄)이 되기도 한다. 정범의 범죄가 **종료한 이후**에 범인을 돕는 것은 종범이 되지 않는다. 가령 강도범을 은닉하거나 증거를 인멸하면 범인은닉죄(제151조)와 증거인멸죄(제155조 제1항)가 성립한다.

[승계적 종범(sukzessive Beihilfe)] 승계적 종범은 (일부 실행행위를 하였지만) 기수에 도달하지 않은 상태에서 방조행위를 하는 경우를 말한다. 책임원칙에서 보면 방조행위 이전 정범의 실행행위부분은 승계적 종범의 불법으로 귀속(차용)시켜서는 안 된다. 다만 종범에 의해 촉진된 정범의 실행행위와 그 이전의 실행행위가 **불가분적일** 경우[10]에는 정범의 실행행위전체가 종범의 불법으로 귀속시킬 수밖에 없다.

---

7 Sangdon Yi, Zur Strafbarkeit des Arztes bei Abbruch der medizinischen Behandlung auf Wunsch des Patienten, Jahrbuch für Recht und Ethik, Band 15, 2007, 447~448쪽.

8 [사전적 방조] 乙은 丙을 피보험자로 하고 사망을 보험사고로 하는 생명보험계약을 체결하였고, 甲은 乙의 부탁으로 자신이 丙인 것처럼 가장하였다. 丙이 사망하자, 乙은 보험금을 청구하여 4억원을 지급받았다. 계약체결 당시 乙은 丙이 재해로 사망할 가능성을 알지 못했고, 보험사고를 일으킬 의도도 없었다. ① (대판 2013도7494) 乙은 사기죄가 성립한다. 甲은 乙의 "사기 범행을 위한 예비행위에 대한 방조"를 한 것이며, 방조행위를 한 후 "乙이 보험회사에 보험금을 청구하여 지급받음으로써 정범으로서의 실행행위에 나아감에 따라 그에 대한 방조행위"가 된다.

9 [범인도피죄 사후종범] 乙은 4. 8. 제1심 법원의 공판, 6. 14. 항소심의 공판에서 丙의 사기범행을 자신이 했다고 허위로 자백하였지만, 6. 28. 검찰 조사에서 丙이 진범임을 밝혔다. 甲은 5. 2. 경~6. 27. 乙에게 허위자백을 유지하도록 정신적으로 도왔다. ① (대판 2012도6027) 범인도피죄는 범인을 도피시키면 기수가 되고, **범인도피행위가 끝날 때**(6. 28.) **종료**가 된다. 甲은 乙이 범한 범인도피죄의 종범이 된다.

10 [승계적 종범] 甲은 乙이 초등학생 丙을 유인하여 감금한 사실을 알면서, 乙이 부탁하자 丙의 부모에게 재물을 요구하는 전화를 걸었다. ① (대판 82도2024) 특정범죄가중법 제5조의2 제2항 1호는 미성년자 약취유인행위와 약취 또는 유인한 미성년자의 부모의 우려를 이용하여 재물이나 재산상의 이익을 취득하거나 요구하는 행위가 **결합된 단순일죄**이므로 甲은 이 **결합범의 종범**이다.

② 방조행위는 물질적 방조(유형적 방조)와 정신적 방조(무형적 방조)로 나눌 수 있다. **물질적 방조**[11]는 범행도구나 범행장소, 범행자금의 제공과 같이 **범죄실행에 직접 기여**하는 도움을 주는 것을, **정신적 방조**는 말[12]이나 행위(예: 장물의 처리)[13]를 통해 **정범의 결의를 강화시키는 도움**을 주는 것을 가리킨다. 범행에 필요한 정보(예: 범죄장소의 구조)를 주거나, 피해자를 소개해주거나,[14] 말없이 범행에 도움을 주는 행위(예: 범행과정에 동석[15])는 물질적 방조와 정신적 방조의 성격을 모두 띤다. 방조행위는 정범에 대해 분명하게 연대(tätige Solidarisierung)를 맺는다는 점을 표현하거나 "정범의 범죄 실현과 밀접한 관련이 없는 행위를 도와준"(대판 2022도15537) 것만으로는 부족하고,[16] 최소한 **가벌적인 범행촉진**의 실제적 기여를 하는 것이어야 하지만, (물질적 방조에서) 정범과 함께 실행을 분담하는 수준에 이르지 않아야 하고,[17] (정신적 방조에서) 정범의 고의를 유발시키는 정도에 이르지 않아야 한다.

---

11 [물질적 방조] 甲은 면허 없는 乙의 부탁으로 乙에게 승용차를 제공하였고 乙은 그 차를 몰았다. ① (대판 2000도1914) 甲은 무면허운전죄의 방조범이다.

12 [말에 의한 정신적 방조] 증권사직원 甲은 乙에게 丙의 주식을 인출해오면 관리해 주겠다고 말했다. 乙은 출고전표를 위조하여 丙의 주식을 부당 인출하여 편취하였다. ① (대판 95도456) 甲의 행위는 사문서위조 및 행사죄, 사기죄의 정신적 방조이다.

13 [행동적인 정신적 방조] 총학생회 부장 甲은 "대원을 데리고 S시청에 기습투쟁을 가고 있으니 사진촬영할 사람을 보내라"는 乙의 말에 따라 사진촬영을 하였다. 乙은 시위활동을 사진으로 찍어 공중에 알리려는 생각이었고 甲도 이를 알았다. ① (대판 96도2427) 甲의 행위는 공용물건손상죄의 정신적 방조다.

14 [소개행위방조] 복개사업허가를 받아준다는 명목으로 丙에게서 2억 원을 받아내려는 乙의 부탁으로 甲은 乙과 丙을 만나게 해주었고, 乙과 丙의 거래가 성사되었다. ① (대판 80도2566) 甲은 乙의 변호사법(제111조) 위반의 방조범이다.

15 [동석에 의한 방조] 甲은 乙이 마약을 구하러 갈 때 단속경찰에게 乙이 같이 여행가는 사람인 양 동석해 주었다. ① (BGHZ NJW 1975, 51) 자신의 동석(Dabeistehen)에 의해 乙의 행위가 촉진된다는 점을 의식하였다면 정신적 방조가 된다. ② 甲의 동석이 마약밀수의 실행에 착수한 이후였다면 물질적 방조가 된다.

16 [연대성표현과 방조행위] 甲은 함께 학원소요사태로 처벌을 받은 乙이 입영기피를 결심하고 집을 나설 때 乙에게 이별을 안타까워하며 "잘 되겠지 몸조심하라" 하고 악수를 나누었다. ① (대판 82도43) 甲의 행위는 입영기피범죄의사를 강화시킨 방조행위에 해당하지 않는다. ② (評釋) '정범과의 연대성' 표현은 방조행위가 될 수 없다.

17 [공동정범과 종범의 차이] 헬스클럽 종업원 甲은 사장 乙의 지시에 따라 승용차를 대기시켜 놓고 있다가 乙이 丙을 승용차에 강제로 태울 때 뒷문을 열어 주고 乙이 丙을 강간하려 함을 알면서도 한적한 곳까지 운전하고 주차한 후 자리를 비켜주었다. 乙은 丙을 차안에서 강간하고 상해를 입혔다. ① **외형상 공동실행**이지만 방조고의임을 고려하면 범행지배가 없고, 甲은 강간치상죄 방조범이 된다.

부작위행위는 교사범에서와 달리, **보증인의무가** 해당 범죄의 중대성, 범죄방지의 기대가능성, 정범과의 공생관계여부,[18] 범죄발생의 구조적 원인 등을 종합 고려하여 판단할 때 **약한 경우**[19]이거나 강한 경우이더라도 **의무범**[20]**의 정범표지가 흠결**[21]된 경우 종범이 될 수 있다.

가벌적인 범행촉진 인정	가벌적인 범행촉진 불인정
• 게임장에 사행성유기기구를 비치하고 고객들이 이를 통해 얻은 경품용 상품권을 환전해 줌으로써 고객들로 하여금 게임물을 이용하여 사행행위를 하게 한 경우, 경품용 상품권 발행행위는 사행행위처벌법의 방조행위(대판 2007도4702). • 기간통신사업자 직원이 무등록업자에게 회선을 임대하여 실시간 1:1 증권상담서비스사업(무등록투자자문업)을 영위하게 하는 행위(대판 2006도119). • 금괴를 시중에 판매처분하고 허위로 수출신고를 하여 이를 근거로 관세를 부정 환급받은 것을 미필적으로나마 인식하였으면서도 금괴를 수령하고 발송하는 행위(대판 2003도6056). • 핵폐기장설치 반대시위로 시청을 기습점거한 시위주동자 지시로 시위현장을 사진촬영(대판 96도2427). • 간호사의 무면허진료를 진료부에 기재하는 의사의 행위(대판 82도122).	• 1인 주주의 법인 소유 부동산 담보 제공(배임)을 알면서도 가등기의 설정을 요구하고 경료 받는 행위(대판 2005도4915). • 3, 4명의 노무자를 데리고 축사청소에 종사하였을 뿐 목장의 경영문제까지는 관여하지 아니한 관리인은 업주의 정화시설설치의무위반죄를 방조한 것이 아니다(대판 90도2178). • 웨이터가 미성년자를 출입구로 안내(대판 84도781). • 세관원에게 "잘 부탁한다"고 말함(대판 71도1204). • 북괴간첩에게 숙식을 제공하는 것(대판 66도1661). • 허락 없이 저작물을 게시하는 웹페이지에 직접 연결되는 인터넷 링크를 하는 행위(대판 2012도13748)나 공중송신권 침해 게시물로 연결되는 링크를 '다시보기' 링크 사이트에서 제공(대판 2017도19025) • 음란물 배포자의 실검챌린지 지시에 따라 4회 포털에 특정 검색어 입력함(대판 2022도15537)

2. 정범의 실행행위

(1) **종범의 종속성** 종범은 **정범의 범행이 불법을 실현**함을 전제로 성립한다(제한적 종속형식). 정범은 고의범에 국한되고, 과실범에 대한 방조

18 [이익공유와 종범] 은행지점장 甲은 대리 乙이 丙에게 신용한도를 초과한 신용대출을 해주는 것을 알면서도 결재해주었다. ① (대판 88도1247) 甲의 "행위에는 공동의사에 의한 기능적 행위지배가 있"으므로 甲은 乙의 업무상 배임죄의 공동정범이 된다. ② (評釋) 甲은 乙과 이익을 공유하지 않아서 범행지배가 없고, 부정대출을 막을 의무를 위반하는 부작위 방조범이 된다.

19 [약한 보증인의무] 법원 경매계 甲은 경매입찰보증금을 은행에 입금시켰다가 인출하여 지출계에 납부하는 일을 하던 乙이 입찰보증금 45억 원을 횡령하고 나중에 실시한 입찰사건의 입찰보증금으로 보전하고 있음을 알았지만 배당불능사태를 막기 위해 묵인했다. ① (대판 95도2551) 甲은 업무상 횡령의 종범이 된다.

20 의무범이란 형법외적 특별의무를 침해하는 자만이 정범이 되는 구성요건을 말한다.

21 [자수범의 종범] 甲은 이혼소송에서 부인 乙이 애인 丙을 증인으로 신청하고, 丙이 甲의 애인이 아니라는 위증을 하는데도 방치하였다. ① (BGHSt 2, 219) 甲은 위증방지의무가 있지만 위증죄 정범표지가 없어서 위증방조범이 된다.

는 간접정범(제34조 제1항)으로만 가능할 뿐이다. 정범의 범죄가 증명이 없으면 "방조죄도 그 증명이 없음에 돌아"(대판 69도2492)가며, 종범도 성립할 수 없다.[22] 종범의 불법은 방조행위가 정범의 범죄실현 위험을 추상적으로 증가시키는 데 있으므로, 종범과 정범 사이에 의사소통이 없고 정범이 방조를 인식하지 못한 경우도 (**편면적**[23]) 종범은 인정될 수 있다. 물론 편면적 종범도 정범의 성립을 전제한다.[24]

(2) **정범의 가벌성** 정범의 행위는 기수에 이르렀거나 적어도 실행에 착수하여 가벌적 미수에 이르렀어야 한다. 정범이 미수에 그쳤으면 방조자는 **종범의 미수범**(**방조미수범**)이 된다. 정범이 실행에 착수하지 않는 경우에는 종범은 성립하지 않는다(대판 78도3113). 판례는 "정범이 실행의 착수에 이르지 아니한 **예비의 단계**에 그친 경우에는 이에 가공한다 하더라도 예비의 공동정범이 되는 때를 제외하고는 종범으로 처벌할 수 없다"(대판 79도552)고 본다. 그러나 私見으로 예비죄는 독립구성요건의 형태를 띠고 있고, 예비행위에 해당하는 실행행위의 정형성을 설정할 수 있다는 점에서 **예비죄의 종범**[25]도 가능하다. 방조행위를 했지만 정범이 원래 범죄결의의 상태에 머무른 경우(실패한 방조)와 방조행위와 정범

---

22 [정범종속성] 乙은 게임사이트를 개설하고, 甲은 그곳에서 통용되는 사이버머니를 구입자를 유인하여 돈을 받고 게임에서 일부러 패하는 방식으로 사이버머니를 판매하였다. 이 게임을 도박수단으로 제공하여 이익을 취득하였다는 乙의 도박개장사실은 증거부족으로 무죄가 되었다. ① (대판 2007도8050) "乙의 도박개장행위를 인정할 수 없는 이상 종범인 도박개장방조죄도 성립하지 않는다."

23 [편면적 종범] 甲은 웹사이트 P의 초기화면에 "관련 사이트"로서 乙이 운영하는 외설사이트 SixN의 링크 표지를 설정해놓았다. ① (대판 2001도1335) 甲의 링크표지 설정행위는 SixN을 "링크의 수법으로 사실상 지배·이용함으로써 그 실질에 있어서 음란한 부호 등을 직접 전시하는 것과 다를 바 없"으므로 甲은 음란부호전시죄(「정보통신망법」 제74조 제1항 2호)의 정범이 된다. 판례(대판 2023도5757)는 아동청소년성착취물 웹사이트에 링크를 게시한 행위도 성착취물의 배포·공연히 전시에 해당한다고 본다. ② (評釋) 음란부호의 컨텐츠구성은 음란부호전시죄의 불법의 실질을 이루므로 구성권한과 행위가 없는 링크설정자는 정범이 될 수 없다. 甲은 乙의 음란부호전시죄의 편면적 종범이다.

24 [정범종속성] 甲은 아들 乙의 징집을 면탈하려고 乙이 모르게 乙이 잠닉했다고 허위신고를 했다. ① (대판 74도509) 甲은 "편면적 종범에서도 정범의 범죄행위 없이 방조범만이 성립될 수 없"기 때문에 징집기피죄의 종범이 될 수 없다.

25 [예비죄의 종범] 乙은 SA공화국으로부터 금괴를 무면허로 수입하기로 결심하고 예비행위로서 달러를 모았다. 甲은 이를 알면서 그 달러를 은닉하는 도움을 주었다. ① (대판 79도2201) "예비행위의 방조행위는 방조범(관세포탈예비죄)으로서 처단할 수 없"다. ② (評釋) 甲은 관세포탈예비죄의 종범이다.

의 범행 사이에 인과적 연관이 없는 경우(효과 없는 방조)는 처벌되지 않는다. 교사범처럼 이를 예비·음모(제31조 제2, 3항)로 처벌하는 규정이 없기 때문이다.

3. 방조와 범죄 사이의 귀속연관

종범은 방조행위가 정범의 범행을 쉽게 하거나 촉진[26]시킴으로써, 즉 정범이 **범죄를 완성할 위험을 추상적으로 증가**시킴으로써 성립한다. 그러므로 방조행위가 없었다면 정범의 범죄실현도 없어지게 되는 가설적 조건관계(conditio sine qua non), 방조행위에 의하여 정범의 실행행위가 용이해지는 방조행위와 실행행위의 합법칙적 연관, 방조행위가 구성요건실현의 가능성(기회[27])을 현실적으로 증가시키는 관계가 있어야 정범의 불법이 종범에 차용될 수 있다. "정범의 범죄 실현과 **밀접한 관련이 없는 행위**[28]를 도와준 데 지나지 않는 경우에는 방조범이 성립하지 않는다"는 판례의 태도도 이와 유사하다.

(1) **종범의 종범** ① **연쇄방조**는 방조행위가 정범을 방조하는 행위에 대하여 행해지는 경우를 말한다. 종범의 성립을 인정하기도 하지만 방조행위는 실행행위가 아니고, 종범은 정범이 아니며, 방조의 방조를 처벌하는 특별규정도 없으므로 종범이 될 수 없다. ② **간접방조**는 다른 사람의 방조행위를 이용하여 방조행위를 하는 경우이다. 예컨대 사정을 모르는 사람에게 흉기가 든 가방을 정범에게 갖다 주도록 심부름을 시킨 경우이다. 종범의 성립을 인정하지 않기도 하지만 심부름을 시킨 사람은 실질적으로 자신의 방조행위를 한 것이므로 종범이 된다.

---

26 종범에서 범행의 촉진을 넘어서는 어떤 인과관계도 요구되지 않는다는 Wessels/Beulke, Strafrecht AT, §13 Rn. 582.

27 기회의 증대는 추상적 위험의 증가가 아니라 통계적 발생률을 증가시키는 것을 말한다.

28 **[업무방해와 밀접관련성의 방조]** 금속노조 조합원 乙은 조합원 50명과 함께 생산라인을 점거하는 불법 쟁의행위를 하여 위법하게 업무방해를 하였다. 금속노조 미조직비정규국장 甲은 쟁의를 지지하는 회사 정문 앞 집회에 참가하였고, 금속노조 공문을 비정규직지회에 전달하였다. ① (대판 2015도12632) 공문 전달 행위는 미조직비정규국장의 통상적인 활동이고 이를 통해 비정규직지회에 생산라인 점거를 직접 독려하거나 지지하였다고 보기는 어렵다. 즉 甲의 행위는 "**생산라인 점거로 인한 범죄 실현과 밀접한 관련성**"이 없으므로 업무방해방조죄가 성립하지 않는다.

[교사범의 종범과 종범의 교사범] ① 교사범을 방조하면 **교사범의 종범**이 된다는 견해도 있지만, 교사행위는 정범의 실행행위가 아니므로 종범이 성립할 수 없다. 물론 교사의 방조가 실질적으로 정범에 대한 방조행위로 평가되면 '교사범의 종범'이 아니라 '정범의 종범'이 될 수는 있다. ② 정범에 대한 **방조행위를 교사**하면 정범에 대한 종범이 성립한다는 견해가 있지만, 교사는 정범의 고의를 유발시키는 것이므로 개념상 불가능하다. 다만 방조의 교사가 실질적으로 정범에 대한 방조행위로 평가되면 '종범의 교사범'이 아니라 '정범의 종범'이 된다.

(2) 종범의 착오 방조한 범죄와 **비본질적으로 불일치**(unerhebliche Abweichung) 하는 실현범죄는 방조범에게 귀속시킬 수 있다. 예컨대 폭행을 할 때 망을 보았는데 상해를 한 경우 망을 봐준 사람은 상해죄의 종범이 된다. 방조한 범죄와 **본질적으로 불일치**(erhebliche Abweichung)하는 실현범죄는 귀속시킬 수 없다. 불일치의 (비)본질성 여부는 기본과 파생구성요건의 관계에 있는지, 법정형의 차이, 방조의사의 내용, 범죄피해자에게 발생한 피해결과, 일반인들의 범죄이해 등의 요소를 종합적으로 고려하여 가치 형량적으로 판단한다. "방조자의 인식과 피방조자의 실행 간에 착오가 있고 양자의 **구성요건을 달리한 경우**에는 원칙적으로 방조자의 고의는 조각되는 것이나 그 **구성요건이 중첩되는 부분**이 있는 경우에는 그 중복되는 한도 내에서만 방조자의 죄책을 인정"한다(대판 84도2987).[29]

(3) 결과적 가중범의 종범 정범이 방조된 범죄를 실행하다 과실로 가중적 결과를 발생시킨 결과적 가중범의 불법을 종범에게 차용(귀속)시키려면 종범은 가중적 결과의 발생가능성과 그에 대한 정범의 '과실'과 '인과관계'를 예견하였거나, 예견할 수 있는 '**구체적인 계기**'를 갖고 있었어야 한다.

예컨대 乙이 甲에게 자신은 丙을 상해할 생각이라고 말했고, 甲은 乙의 범행의지를 북돋아 주는 말을 해주었다. 乙이 甲에게 말한 범행계획에 "丙을 상해할 때, 식칼로

29 ⓐ 자동차를 손괴하라고 망치를 주었는데 정범이 망치로 차 주인을 살해한 경우는 본질적 불일치로서 살인죄의 종범이 되지 않는다. ⓑ 방조는 「관세법」상의 포탈죄(제270조)에 대한 것이었는데, 포탈세액규모가 「특정범죄가중법」 제6조 제4항의 관세포탈죄에 해당하는 경우는 법정형의 차이를 고려할 때 본질적 불일치이지만 이때 가중구성요건은 기본구성요건을 포함하므로 방조자는 「관세법」상 포탈죄의 종범이 된다. ⓒ 절도를 방조했으나 정범이 강도를 범하면 절도죄의 종범이 성립한다.

몸을 찌를 거야"와 같은 내용이 포함되었었다면 甲은 상해치사죄의 종범이 되는 반면 상해의 방법에 아무 얘기도 하지 않았다면 甲은 상해죄의 종범이 될 뿐이다.

Ⅲ. 종범의 처벌

종범의 형은 **정범의 형보다 감경**한다(제32조 제2항). 종범의 불법은 정범의 불법실현을 촉진시킨 데에 불과하므로 정범의 불법을 감소시킨 채 종범에게 차용하는 것이다. 종범의 형 감경은 **필요적 감경**이다. 정범이 미수에 그친 때에는 종범의 (처단)형은 정범의 (법정)형을 **이중으로 감경**하여 정한다. 다만 책임은 개별화되므로 선고형은 종범이 정범보다 무거울 가능성을 배제하지 않는다.

간첩방조(제98조 제1항, 「국가보안법」 제4조 제1항 2호),[30] 정범에 준하여 처벌하는 「관세법」상 밀수출입방조나 관세포탈방조(「관세법」 제271조 제1항) 등의 경우를 두고 종범에 대한 **필요적 감경의 예외**라고 보기도 하지만, 이들은 방조행위가 **독립된 범죄**(예: 간첩방조죄)를 구성하는 경우라고 봄이 타당하다.[31]

자기의 지휘감독을 받는 자를 방조(특수방조)한 때에는 정범에 정한 형의 장기 또는 다액의 2분의 1까지 가중한다(제34조 제2항). **특수방조범**은 비록 의사지배나 기능적 범행지배가 인정되지 않지만 정범에 대해 조직적 범행지배를 하고 있는 경우에 국한하여 적용할 필요가 있다.

30 [간첩방조죄와 종범감경] 甲은 반정부 인사의 동향이 담긴 '84민중 언론 총목록'을 시중서점에서 구입하여 乙이 간첩임을 알고도 乙에게 제공하였다. ① (대판 86도1429) 甲은 국가보안법 제4조 제1항 2호(형법 제98조 제1항)의 간첩방조죄가 성립한다. 甲은 정범인 반국가단체의 간첩죄와 동일한 법정형으로 처단해야 하고, 형법 제32조에 의한 종범감경을 할 수 없다.

31 간첩방조죄는 간첩죄와 대등한 독립죄로서 간첩죄와 동일한 법정형으로 처단하게 되어 있어 제32조의 감경대상이 되는 종범과는 그 성질이 달라 종범감경을 할 수 없다(대판 4292형상131).

§32. 공범과 신분

제33조(공범과 신분) 신분이 있어야 성립되는 범죄에 신분 없는 사람이 가담한 경우에는 그 신분 없는 사람에게도 제30조부터 제32조까지의 규정을 적용한다. 다만, 신분 때문에 형의 경중이 달라지는 경우에 신분이 없는 사람은 무거운 형으로 벌하지 아니한다.

Ⅰ. 공범의 신분에 관한 규율

신분범(Sonderdelikt)이란 행위자의 신분이 범죄의 성립이나 형의 가중·감경에 영향을 미치는 범죄이다. 정범이 실행한 신분범죄에 대해 신분이 없는 자가 그 공범(예: 교사범·종범·공동정범)이 될 수 있는지가 문제된다. 이를 규율하는 제33조는 책임원칙에 부합하도록 그리고 정범과 공범 사이에 평등원칙(헌법 제11조 제1항)이 실현되도록 해석되어야 한다.

1. 신분의 의미

[판례: 신분개념] 형법 제33조의 "신분관계라 함은 **남녀의 성별, 내·외국인의 구별, 친족관계, 공무원인 자격**과 같은 관계뿐만 아니라 널리 일정한 범죄행위에 관련된 **범인의 인적관계인 특수한 지위 또는 상태**를 지칭하는 것"이다(대판 93도1003).

신분이란 '특정한 사람에게만 존재하고, 불법의 구성요소가 되는, 사회적 지위나 상태'이다. ① 신분은 **특정한 사람들에게만 존재**하므로 모든 '사람'이 행위자가 될 수 있는 범죄는 신분범이 아니다. 예컨대 정당방위자는 신분자가 아니다. ② 신분은 진정신분범(예: 수뢰죄)이든 부진정신분범(예: 존속살인죄)이든 그 범죄의 **불법을 구성하는 요소**(범죄의 성립 또는 형 가감의 요소)이지 책임요소가 아니다. 그러므로 구성요건의 부속물인 **객관적 처벌조건**(예: 사전수뢰죄의 "공무원이 된 때")[1]은 넓은 의미에서 불법을 구성하므로 형벌조각신분이며 제33조의 적용을 받는다. **책임무능력**은 책임조각

1 [객관적 처벌조건] 甲은 공무원시험에 합격하여 임용 예정인 乙에게 丙으로부터 미리 뇌물을 받으라고 부추겼고, 乙은 그렇게 하였지만 일신상의 이유로 임용을 포기하였다. ① 사전수뢰죄(제129조 제2항)의 '공무원이 된 때'는 객관적 처벌조건이다. 乙은 사전수뢰죄의 불가벌적 미수범이고, 甲은 '효과 없는 사전수뢰죄 교사'가 되어 처벌되지 않는다.

신분이라고 보기도 하지만 불법의 구성요소가 아니고 사회적 지위나 상태를 나타내지도 않으므로 신분이 아니다.[2] **인적처벌조각사유**(예: 친족상도례)도 형벌조각신분으로 인정하기도 하지만 불법구성요소가 아니므로 신분이 아니다.[3] ③ 신분은 (영속성은 필요 없으나 계속성이 요구되는) 일정한 **사회적 지위나 상태**를 내용으로 한다. 성별, 친족관계, 자격, 업무자, 영업성이나 상습성[4]과 같은 상태 등이 이에 해당한다. 따라서 '인적 불법요소'인 **고의·목적**[5]**·동기**는 (계속성이 없는 점에서) 사회적 지위나 상태에 해당하지 않는다.

2. 신분과 신분범의 종류

① 범죄의 성립을 좌우하는 신분을 **구성적 신분**이라고 하고, 그런 신분범죄를 **진정신분범**(echte Sonderdelikt)[6]이라고 부른다. 위증죄처럼 일정한 신분의 '존재'가 불법을 구성하는 경우(적극적 신분)와 무면허의료죄처럼 일정한 신분의 '부존재'가 불법을 구성하는 경우(소극적 신분)가 있다. ② 범죄의 성립을 좌우하지는 않지만, 불법을 가중하거나 감경시키는 신분을 **가감적 신분**이라고 하고, 그런 신분범죄를 **부진정신분범**(unechte Sonderdelikt)이라고 부른다. 신분의 유무가 기본구성요건(예: 살인죄)의 불법

2 [책임무능력] 甲은 12세 乙에게 엄마 지갑을 훔쳐오라고 시켰고, 乙은 그렇게 하였다. ① 甲이 乙에 대해 의사지배를 하지 않았다면 절도교사죄가 성립한다. 이는 제33조를 적용한 결과가 아니라, 정범의 불법을 교사자에게 차용한 결과이다.

3 [인적처벌조각사유] 甲이 乙에게 乙의 아버지의 보석을 훔치라고 하였고, 乙은 그대로 하였다. ① 乙의 절도죄는 형이 면제(제354조)되지만 그 신분은 甲의 절도교사죄에 차용될 정범의 불법요소가 아니므로 甲은 절도교사죄가 성립한다.

4 [상습성과 신분] 상습도박범이 다른 사람에게 도박을 교사한 경우에 정범은 단순도박죄가 성립하여 상습도박범은 (제33조 단서가 적용되어) 상습도박죄(제246조 제2항)의 교사죄가 성립한다.

5 [모해목적과 위증교사범] 甲은 피고인 丙을 모해할 목적으로 이런 목적이 없는 乙에게 거짓 증언을 부탁했고, 乙은 거짓증언을 하였다. ① (대판 93도1002) 목적은 부진정신분이므로 乙은 위증죄의 정범(제152조 제1항)이 되고, 甲은 제33조 단서를 적용하여 모해위증교사죄(제152조 제2항)가 성립한다. ② (評釋) 목적은 신분이 아니므로 제33조를 적용할 수 없고 乙은 위증죄, 甲은 위증죄의 교사범이 된다. ③ 甲은 乙에게 丙의 피고사건에서 거짓증언을 하라고 교사하였고 乙은 모해의 목적을 갖고 거짓증언을 한 경우에 목적을 신분으로 보면 乙은 모해위증죄, 甲은 제33조 단서가 적용되어 위증죄의 교사범으로 처벌된다. 그러나 목적은 신분이 아니므로 乙은 모해위증죄, 교사내용과 실현범죄의 비본질적인 불일치이므로 甲도 모해위증죄의 교사범이 된다.

6 가령 보호자의 **아동학대치사죄**는 진정신분범이고, 그 보호자와 공모하여 아동을 함께 학대한 보호자의 애인은 제33조 본문에 의하여 아동학대치사죄의 공동정범이 된다(대판 2021도5000).

요소는 아니지만 파생구성요건들로서 불법을 가중시키는 가중적 신분범(예: 존속살인죄[제250조 제2항])과 불법을 감경시키는 감경적 신분범(예: 영아살인죄[제251조])이 있다.

	구성적 신분 (진정신분범)	가감적 신분 (부진정신분범)	
적극적 신분	• 수뢰죄(제129조) • 위증죄(제152조) • 허위진단서작성죄(제233조) • 업무상 비밀누설죄(제317조) • 횡령죄 및 배임죄(제355조)	• 존속살해죄(제250조 제2항) • 업무상 횡령죄 및 배임죄 (제356조)	가중적 신분
소극적 신분	• 무면허의료죄(「의료법」 제27조 제1항) • 변호사법위반죄(「변호사법」 제109조)		감경적 신분
	제33조 본문 적용	제33조 단서 적용	

Ⅱ. 구성적 신분과 공범: 제33조 본문의 해석

제33조 본문에 따르면 신분이 없어 단독으로는 신분범죄(정범)를 범할 수 없는 자도 공범이 될 수 있다.

1. 신분이 있어야 성립되는 범죄

판례에 의하면 **제33조 본문은 진정신분범 뿐만 아니라 부진정신분범도 포함**하고, **제33조 단서는 부진정신분범의 과형**(처단형) **규정**이다.

학설 / 사례	진정신분범 국한설	부진정신분범 포함설 (판례)
甲은 공무원 남편 乙을 교사하여 뇌물을 수령하게 하였다.	甲은 제33조 본문이 적용되어 수뢰교사죄가 성립하고, 또한 그 법정형에 따라 처벌됨	
엄마 甲은 아들 乙을 교사하여 남편 丙(乙의 아버지)을 살해하게 하였다.	甲은 제33조 단서가 적용되어 살인교사죄(제250조 제1항)가 성립하고, 그 법정형으로 처벌	甲은 제33조 본문 적용으로 **존속살인교사죄**(제250조 제2항)**가 성립**하고, 제33조 단서 적용으로 살인교사죄(제250조 제1항)로 **처단**함(대판 4294형상284)

私見으로 판례처럼 제33조 본문과 단서를 공범의 성립근거규정과 과형규정으로 나눈다면 본문은 진정신분범에 대해 과형규정을 두지 않은 결함을 갖게 된다. 또한 가중구성요건(예: 존속살인죄)의 교사범은 그 법정형이 높아져 일반사면이나 공소시효의 완성에서 더 불리해지므로 "신분

이 있어야 성립되는 범죄"의 문언을 부진정신분범에 적용하는 것은 유추금지원칙에 위배된다. 따라서 제33조 본문은 진정신분범에 적용되고, 단서는 부진정신분범에 적용되어야 한다. 또한 "신분관계로 인하여"[7]는 '신분이 존재함으로 인하여' 또는 '신분이 존재하지 않음으로 인하여'로 해석될 수 있으므로 적극적 신분범 뿐만 아니라 **소극적 신분범에도 제33조 본문을 적용**할 수 있다.[8]

2. 가담한 행위

제33조 본문의 **"가담"**[9]이란 "제30조부터 제32조까지의 규정을 적용한다"는 문언과 연관지어 보면 공동정범의 **공동실행**,[10] 교사범의 **교사행위**, 종범의 **방조행위**를 뜻한다. 그런데 제33조 본문은 비신분자가 신분자에 가담한 경우를 규정할 뿐, 신분자가 비신분자를 가담한 경우를 규정하지는 않는다. 이에 관한 견해대립은 도표와 같다.

	신분자가 비신분자의 행위에 가담하는 행위의 제33조 본문 적용여부		
사 례	긍정설	부정설[11]	私 見 (공동정범, 종범)
공무원 甲은 공무원이 아닌 부인 乙을 교사하여 뇌물을 수령하게 함.	甲은 수뢰죄의 교사범	甲은 수뢰죄의 **간접정범**	• 甲은 수뢰죄의 정범 • 乙이 뇌물을 누릴 의사로 뇌물수령을 하면 수뢰죄의 공동정범, 甲이 시키는 대로 수령만 하면 종범.

7 이런 문언은 독일 형법 제28조 제1항의 "범죄를 구성하는 특수한 인적 표지"(besondere persönliche Merkmale, welche die Strafbarkeit des Täters begründen)와 다름에 주목할 필요가 있다.

8 [소극적 신분범] 피부과 의사 甲은 피부관리사 乙에게 丙에 대해 크리스탈필링 시술의 일부를 하게 했다. ① (대판 2003도2903) **"의료인일지라도 의료인 아닌 자의 의료행위에 공모하여 가담하면 무면허의료행위**(「보건범죄단속법」 제5조 위반죄)**의 공동정범"**이 된다. ② (評釋) 乙만 무면허의료죄의 정범이고, 甲은 무죄라고 보거나 무면허의료죄는 신분범이 아니라고 보아 甲과 乙을 무면허의료죄의 공동정범으로 보기도 하지만, 소극적 신분을 인정한다면 비신분자인 甲도 제33조 본문을 적용하여 신분자 乙의 공동정범이 된다.

9 [가공의 의미] 관리인 甲은 목장주 乙의 지시에 따라 4명의 노무자를 데리고 축사청소, 풀베기 등 **단순노무**만 하였다. 乙은 정화시설설치의무를 위반(「폐기물관리법」 위반)하였다. ① (대판 90도2178) 甲은 신분자 乙의 **폐기물관리법 위반죄(진정신분범죄)**에 대해 공범으로 처벌될 **어떤 가공도 했다고 볼 수 없다.**

10 [공범의 가담행위] 영화수입업자 甲은 미국영화수출업자 乙과 공모하여 수입영화로열티를 실제 지급액보다 적게 신고하여 원천징수세액을 줄이되 乙이 납부할 원천징수세액을 대신 납부하기로 합의하였다. ① (대판 97도2429) 조세포탈죄(「조세범처벌법」 제9조 제1항)의 주체는 납세의무자 乙이고, 원천징수의무자 甲은 납세의무자의 조세포탈에 공범으로 처벌될 가담을 했다. ② (評釋) 甲과 乙은 비신분자와 신분자의 기능적인 역할분담으로 조세포탈죄의 공동정범이다.

사 례	신분자가 비신분자의 행위에 가담하는 행위의 제33조 본문 적용여부		
	긍정설	부정설[11]	私 見 (공동정범, 종범)
의사 甲은 간호사 乙을 교사하여 허위진단서를 작성하게 함	甲은 허위진단서 작성죄의 교사범	甲은 허위진단서작성죄의 **간접정범**	• 甲은 허위진단서작성죄의 정범 • 간호사 乙은 사안에 따라서 공동정범이나 종범이 됨

私見으로 신분자와 비신분자가 공동정범이 되거나 비신분자가 종범이 될 가능성이 있을 뿐이다.

3. 제30조부터 제32조까지의 규정을 적용한다

제33조 본문의 "제30조부터 제32조까지의 규정을 적용한다"에 의하면 신분이 있어야 성립되는 범죄에 가담한 자(비신분자)는 신분범인 정범의 공범, 즉 공동정범(제30조)·교사범(제31조)·종범(제32조)으로 처벌된다. ① 공동정범을 제외하자는 입법론도 있지만 공동정범에서 비신분자는 **신분요소의 결여를 만회할 만큼 다른 실행에서 중요한 역할**을 하고, 신분자는 실행에서 기여는 적지만 신분범의 불가결한 불법요소인 신분표지를 충족하는 식의 역할분담[12]이 가능하다. 물론 비신분자가 어느 정도의 역할을 했을 때 신분요소의 흠결에도 불구하고 공동정범이 되는지는 다양한 정범요소(예: 정범의사, 이익취득, 구성요건의 객관적 실현 등)를 종합 고려하여 결정한다.[13] 다만 예외적으로 진정신분범의 불법이 비신분자와의 분업적 실현을 허용하지 않을 정도로 **특수한 의무를 부담하는 신분자만을**

---

11 부정설에 의하면 신분 없는 자의 행위는 구성요건해당성이 없고, 신분자가 비신분자를 이용하여 진정신분범을 범한 때에는 **'신분 없는 고의 있는 도구'**를 이용한 경우이므로 간접정범이 성립한다.

12 [신분과 실행의 분업] 시청 특수경력직공무원 甲은 경력직 공무원들과 함께 태업을 하였다. 「지방공무원법」 제58조 제1항(공무원은 노동운동이나 그 밖에 공무 외의 일을 위한 집단행위를 하여서는 아니 된다.)은 특수경력직공무원에게도 적용되지만 그 위반행위 처벌조항 제83조(벌칙)는 적용되지 않는다. ① (대판 2010도14409) 지방공무원법이 금지하는 집단행위는 그 태양이 **행위자의 신체를 수단으로 하여야 한다거나 행위자의 인격적 요소가 중요한 의미를 가지는 것은 아니므로** 甲도 집단행동죄의 공동정범이다.

13 [판례: 신분결핍을 메우는 실행분담] ㉠ 파업을 하여 직무유기죄(제122조)를 범한 공무원들과 파업 전의 농성에 참가한 병가 중의 공무원은 직무수행의 작위의무가 일시 정지되어 직무유기죄의 신분을 갖추지 못한 비신분자이지만 제33조 본문에 의해 그 공무원들과 직무유기죄의 공동정범이 된다(대판 95도748). ㉡ 「특정범죄가중법 시행령」이 정한 공무원에 해당하지 못하는 H 공사의 3급 직원이라도 동법시행령상 공무원으로 인정되는 직급의 상관과 함께 뇌물을 수령하면 그 3급 직원도 수뢰죄의 공동정범이 된다(대판 91도3191).

유일한 행위주체로 구성하고 있는 경우, 예컨대 위증죄(제152조),[14] 허위감정죄(제154조), 호별방문죄[15] 등의 **자수범인 신분범**은 비신분자가 객관적으로 어떤 역할을 떠맡더라도 교사범이나 종범이 될 뿐, 공동정범이 될 수는 없다. ② 간접정범에 대해서 제33조 본문이 적용되는지에 관하여는 제34조가 간접정범을 "공범의 예에 의하여 처벌한다"고 규정하고 있고, 여기에는 제33조도 포함된다는 점에서 긍정하는 견해가 있지만, **피이용자가 실현한 불법이 이용자**(비신분자)**에게 '직접' 귀속되는 간접정범은 신분표지를 충족하지 못하는 점**, 제33조가 제34조 앞에 위치한 점을 고려하면 **제33조를 적용할 수 없다**.[16]

Ⅲ. 가감적 신분과 공범: 제33조 단서의 해석

"신분 때문에 형의 경중이 달라지는 경우에 신분이 없는 사람은 무거운 형으로 벌하지 아니한다"는 제33조 단서에 의하면 비신분자가 신분자의 부진정신분범(예: 존속살인죄)에 가공한 경우에 그 비신분자는 그 신분범죄의 기본범죄(예: 보통살인죄)로 처벌된다.

(1) **공범의 성립과 과형** 제33조 단서가 규정하는 신분범죄는 기본구성요건(예: 살인죄)이 신분의 존재로 인하여 법정형이 **가중**(예: 존속살인)**되거나 감경되는**(예: 영아살인) **파생구성요건**을 말한다. 신분자의 가중범죄(존

14 [위증죄의 공동정범 불성립] 甲은 乙에게 丙 피고사건에서 위증할 내용도 정해주고 연습도 시키고 대가로 1천만 원도 주었다. 乙은 그대로 위증을 하였다. ① 甲은 위증을 지배한 자이지만 자수범인 위증죄의 공동정범은 될 수 없고 교사범이 된다.

15 [자수범과 비신분자 가공] 축협조합장선거에 출마한 甲은 선거운동으로 乙을 시켜 조합원들을 호별로 방문하게 하였다. 호별방문죄(「농업협동조합법」 제50조 제2항)는 "임원이 되려는 사람은 정관으로 정하는 기간 중에는 선거운동을 위하여 조합원을 호별로 방문하거나 특정장소에 모이게 할 수 없다"고 규정한다. ① (대판 2003도889) 호별방문죄는 '임원이 되고자 하는 자'가 아닌 자의 호별방문을 금지하지 않으며, "**'방문'이라는 행위의 태양은 행위자의 신체를 수단으로 하는 것으로 행위자의 인격적 요소가 중요한 의미를**"가진다. 호별방문죄는 '임원이 되고자 하는 자'라는 신분자가 스스로 호별방문을 한 경우만을 처벌한다. "**신분자가 비신분자를 시켜 방문케 하였다고 하더라도** 비신분자만이 호별방문을 한 경우"에는 甲과 乙 모두 호별방문죄로 처벌할 수 없다. ② (評釋) 甲이 乙을 의사지배하였더라도 호별방문죄의 정범이 될 수 없다.

16 [판례: 비신분자에 의한 간접정범의 예외적 인정] 판례(대판 81도898; 91도2837)는 예외적으로 '작성권자를 보조하는 직무에 종사하는 공무원이 허위공문서를 기안'하고, 이를 모르고 작성권자인 공무원이 허위공문서를 작성한 경우 비신분자인 공무원을 간접정범으로 본다. 이는 비신분자인 공무원이 실질적으로 신분자의 역할을 수행한다는 점을 중시한 것으로서 타당하다.

속살인)에 가공한 비신분자는 기본범죄(예: 살인죄)로 처벌되는 것이다. 그러나 부진정신분범에 가공한 비신분자가 어떤 범죄의 공범이 되는지에 관해 견해가 대립한다.

- **성립과 과형의 통합설** 부진정신분범에 가공한 비신분자는 정범이 범한 부진정신분범(예: 존속살인죄)의 기본범죄(예: 보통살인죄)의 공범(예: 살인죄의 공동정범·교사범·종범)이 성립하고 그런 공범으로 '처단'한다.
- **성립과 과형의 분리설** 비신분자는 제33조 본문에 따라 정범이 범한 부진정신분범의 공범(예: 존속살인죄의 공동정범·교사범·종범)이 성립하고, 단서에 따라 기본범죄의 공범으로 '처단'한다(판례).[17]

私見으로 **제33조 본문은 진정신분범의 성립과 과형**을, 그리고 **제33조 단서는 부진정신분범의 성립과 과형**을 **각각 규정**한다. 제33조 단서는 부진정신분의 표지가 추가된 파생구성요건의 불법을 공범에게 귀속(차용)시킬 때 신분이 없다는 점을 고려하여 그 **신분에 기초한 불법표지의 귀속**(차용)**을 제한**하는 규정이다. 이는 책임주의 실현을 위한 것일 뿐, 공범종속성이나 공범책임개별화[18]와는 무관하다.

(2) 신분이 없는 사람 제33조 단서는 "신분 때문에 형의 경중이 달라지는 경우에 신분이 없는 사람"은 공동정범의 공동실행, 교사범의 교사행위, 종범의 방조행위에 가담한 사람으로서 **비신분자가 신분자의 범죄에 가담**한 경우와 **신분자가 비신분자에 가담**한 경우를 모두 포함한다. 비신분자인 정범이 실현한 불법(예: 살인)을 귀속 받는 과정에서 그 불법의 실질과 신분표지가 갖고 있는 불법의 실질(예: 존비속간의 도덕침해)은 무리 없이 통합[19]될 수 있기 때문이다.

(3) 무거운 형으로 벌하지 아니한다 제33조 단서에 의하면 정범이 범한 부진정신분범이 **가중범죄**(예: 존속살인죄)인 경우에는 그 범죄에 가담

17 [판례의 분리설] 신분관계가 없는 자가 그러한 신분관계에 있는 자와 공모하여 상호신용금고법 위반죄를 저질렀다면, 신분관계가 없는 자에게도 일단 업무상 배임으로 인한 상호신용금고법위반죄가 성립한 다음 제33조 단서에 의하여 중한 형이 아닌 배임죄에 정한 형으로 처벌된다(대판 99도883).

18 StGB 제29조: "모든 공범은 다른 공범의 책임을 고려함이 없이 자신의 책임에 따라 처벌된다."

19 [가중신분자의 교사] 甲이 친구 乙을 교사하여 甲의 어머니 丙을 살해하게 하였다. ① 甲은 존속살인죄의 교사범, 乙은 보통살인죄 정범이 된다.

한 **비신분자는 기본범죄**(예: 살인죄)**의 형으로 처벌**한다. 반면 **감경범죄에 가담한 비신분자**는 정범보다 무거운 형(예: 살인죄 공범)으로 처벌하자는 **기본범죄처벌설**과 법문언("무거운 형으로 벌하지 아니한다")상 정범의 감경범죄로 처벌하자는 **감경범죄처벌설**이 대립한다. 私見으로 제33조 단서는 공범종속성을 전제로 정범의 불법을 공범에게 귀속시키되, 신분표지와 관련하여 **불법을 개별화한다.** 신분자인 정범이 실현한 불법은 그 신분이 없는 교사자에게 귀속될 때에는 그 신분으로 인한 불법의 감소분은 다시 회복된다.[20] 법문언의 "무거운 형으로"는 가중구성요건으로 벌하지 않는다는 것을 의미하고, 감경구성요건으로 벌해야 함을 의미하지는 않는다고 해석할 수 있다.

20 StGB 제28조 제2항(**"법률이 특수한 인적 표지가 형을 가중, 감경 또는 조각시킨다고 규정하는 경우에 이는 그 표지가 있는 범행참가자(정범 또는 공범)에 대해서만 효력이 미친다"**)나 스위스 형법 제26조("가벌성을 가중, 감경 또는 조각하는 특수한 인적 관계, 성질 또는 상태는 그것이 있는 정범, 교사범 또는 종범에게만 고려된다")는 기본범죄처벌설의 입장에 가깝다.

§33. 죄 수 론

Ⅰ. 죄수론의 의의

1. 죄수론의 의미

죄수론(Konkurrenzlehre)은 범죄의 수가 한 개인지, 수 개인지, 수 개라면 그 범죄들 사이의 관계는 어떤 것인지 그리고 각각의 경우 어떤 법적 효과를 인정하는지를 적정형벌의 관점에서 체계적으로 논하는 이론이다.

[죄수론의 차원들] 甲은 2.10. X의 상점 밖에 차를 세워두고, 상점의 TV 3대를 하나씩 차에 옮겨 가져갔다. 乙은 2.10. X의 상점 밖에 차를 세워두고, 상점의 TV 1대를 차에 옮겨 가져갔고, 3.1. 똑같은 방법으로 TV 1대를 가져갔다. ① 甲은 절도죄의 접속범으로서 하나의 절도죄가 인정되는 반면, 乙은 연속범으로서 2개의 절도죄가 인정된다. 甲이 乙보다 X의 TV를 1대 더 훔쳤음에도 절도죄가 1개 성립하는 것은 동일한 시간대와 다른 시간대라는 **존재론적**(ontologisch) **구조의 차이** 때문이다. 乙이 애당초 X의 TV를 한 달에 1대씩만 똑같은 방법으로 훔치기로 결심하였었다면 乙의 절도들도 포괄하여 1개의 절도죄(포괄일죄)가 된다. 甲과 비교할 때 乙의 가중처벌은 **적정형벌의 목적에서**(teleologisch) 적절하지 않기 때문이다.

[누범과 죄수규정] "금고 이상의 형을 선고받아 그 집행이 종료되거나 면제된 후 3년 내에 금고 이상에 해당하는 죄를 지은 사람"으로서 형의 장기가 2배까지 가중되는 누범(제35조)이 양형사유인지 아니면 죄수판단의 개념(과형상 수죄)인지에 관해 견해가 대립한다.[1] 私見으로 누범규정을 실질적인 양형규정으로 본다고 해서 죄수규정과 명확하게 차별되는 것은 아니다. **죄수규정들도 실질적으로는 양형**[2]의 성격을 갖

1

	누범은 죄수규정 아니라는 견해	누범은 죄수규정이라는 견해
내용	① 누범은 양형에 관한 규정이므로 죄수규정이 아니다. ② 누범은 형의 가중(**양형**)**사유**이다.	① 죄수론은 현재 심판되는 범죄에 영향을 미치는 과거의 범죄도 대상으로 하므로 누범은 죄수규정이다. ② 누범은 **과형상 수죄**(科刑上 數罪)이다.
근거	① 누범규정(제2장 제4절)은 죄수(제2장 제5절)와 다른 절에 규정된 점 ② 누범에서 전범은 현재 심판의 대상이 아닌 점	① 누범(제2장 제4절)이 양형(제3장 제2절)과 다른 절에서 규정된 점 ② 죄수론도 형벌을 과해야 할 범죄에 다른 범죄들이 어떤 관계를 맺는지를 검토해야 하는 점

2 가령 중앙선을 침범하여 자동차를 몰다 두 사람을 한꺼번에 치어 한 사람은 사망하고, 다른 한 사람은 다쳤다고 하자. 이 경우 업무상 과실치상죄와 업무상 과실치사죄가 성립한다. 이때 두 죄의 각 법정형을 '더하여' 처벌하지 않고, 상상적 경합범(제40조)을 인정하여(대판 72도2001) '가장 무거운 죄에 대하여 형'으로 처벌하는 것은 실질적으로 양형이다.

고 있고, 제56조(가중감경의 순서)도 죄수판단으로서 경합범 인정이 — 양형의 한 과정으로서 처단형을 정하는 — 형의 가중사유임을 규정한다. 그러나 **누범규정을 과형상 수죄로 볼 수도 없다.** 누범은 책임(Schuld)을 가중시키는 범죄자의 위험성을 고려하는 양형인 반면, 죄수판단은 행위의 불법유형을 고려하는 양형이기 때문이다.

2. 죄수의 판단기준

판례는 죄수의 판단기준에 관한 다음 학설들을 모두 사용한다.

학설	죄수 기준	판 례
의사 표준설	범죄의사	등기공무원이 민원인에게 아파트보존등기의 신속처리를 부탁받고 5개월 수회에 걸쳐 뇌물을 받으면 단일한 고의의 계속 하에 한 것이므로 수뢰죄의 포괄일죄가 성립(대판 81도1409).
행위 표준설	자연적 의미 행위의 수	(구) 간통죄는 성교행위 하나마다 범죄가 성립(대판 82도2448).
법익 표준설	침해된 보호 법익의 수	하나의 행위로 2명의 사람을 동시에 죽이면 2개의 살인죄가 성립한다. 위조통화를 사용하여 물건을 구입한 경우에 위조통화행사죄와 사기죄의 실체적 경합범이 성립(대판 78도840).
구성요건 표준설	구성요건 실현 회수	예금통장과 인장을 훔쳐 은행에서 예금을 인출한 행위는 절도죄와 사기죄의 경합범이 성립(대판 68도1501).

죄수는 범죄의사, 행위의 수, 보호법익의 수, 구성요건실현횟수를 모두 고려하고, 적용법률의 해석을 통해 어떤 행위가 법적으로 하나의 행위(행위단일성 Handlungseinheit)인지 수 개의 행위(행위다수성 Handlungsmehrheit)인지, 그리고 그 행위가 해당하는 구성요건이 한 개인지 수 개인지를 정하는 (해석학적) 이해의 결과이다. 이 이해의 결과들로서 죄수는 도표와 같이 네 가지 유형(단순일죄, 포괄일죄, 상상적 경합, 실체적 경합)으로 나뉜다.

		해당구성요건	
		1개	수 개
행위	─ 단일성	일죄	상상적 경합
	─ 다수성	포괄 일죄	실체적 경합

Ⅱ. 일 죄

1. 단순일죄

한 개의 행위에 한 개의 구성요건이 적용되면 단순일죄가 성립한다. “1개의 행위가 외관상 수 개의 죄의 구성요건에 해당하는 것처럼 보이나 실질적으로 1죄만을 구성하는 경우”(대판 2002도6033)를 법조경합(예: 특별관계, 흡수관계, 보충관계)이라고 한다.

(1) **특별관계** "특별관계란 **어느 구성요건이 다른 구성요건의 모든 요소를 포함하는 이외에 다른 요소를 구비**하여야 성립하는 경우로서 특별관계에 있어서는 특별법의 구성요건을 충족하는 행위는 일반법의 구성요건을 충족하지만 반대로 일반법의 구성요건을 충족하는 행위는 특별법의 구성요건을 충족하지 못한다"(대판 2006도1713).[3] **부진정결과적 가중범**으로 '해석'되는 결과적 가중범(예: 현주건조물방화치사죄)은 가중적 결과의 고의범(예: 살인죄)에 대하여 특별관계[4]가 성립한다.

(2) **흡수관계** 흡수관계란 구성요건의 **표지는 다르지만,** 어떤 구성요건이 **다른 구성요건의 불법과 책임을 실질적으로 포함**하고 있는 경우, 즉 두 구성요건들이 그 표지는 다르지만 (행위자의 범죄계획에서 볼 때) 어느 한 구성요건이 실현되면 다른 구성요건도 실현되는 것이 전형적인 경우를 말한다. 흡수되는 구성요건이 흡수하는 구성요건보다 법정형이 높은 경우에는 그 법적 중요성으로 인해 경합관계가 성립한다. 이에는 불가벌적 수반행위와 불가벌적 사후행위(그리고 私見으로 **불가벌적 사전행위**[5])가 있다. 첫째, **불가벌적 수반행위**는 다른[6] 불법표지를 지닌 **경한 구성요건**이 중한

---

3 [특별관계] M고 교장 甲은 여학생 乙을 관사에 오게 하여 침대에 눕히고 乙의 입안에 혀를 넣고, 성기를 乙의 음부에 비볐다. ① (대판 2012도6503) 甲의 행위가 해당하는 성폭력처벌법 제10조 제1항 위반죄(업무상위력추행죄)와 청소년성보호법 제7조 제5항, 제2항(위계·위력아동·청소년추행죄)는 행위의 객체와 태양, 아동·청소년이라는 점에 대한 인식 요부 등에 차이가 있고, 전자가 후자의 **모든 요소를 포함하는 외에 다른 요소를 구비하는 경우**가 아니하므로, 전자가 후자에 대하여 **특별법의 관계**에 있지 않다. ② (評釋) 甲은 상상적 경합범이다.

4 [특별관계] 경찰관 乙한테 음주운전단속을 당한 甲은 도주하자 乙은 순찰자로 甲의 승용차를 따라잡은 후 하차하라고 말했다. 甲은 차를 서행하여 乙을 들이받았고 乙은 넘어지면서 전치 6주 상해를 입었다. ① (대판 2008도7311) 가중적 결과에 대한 "**고의범에 대하여 결과적 가중범에 정한 형보다 더 무겁게 처벌하는 규정이 있는 경우에는 그 고의범과 결과적 가중범이 상상적 경합관계**에 있고, **고의범에 대하여 더 무겁게 처벌하는 규정이 없는 경우에는 결과적 가중범이 고의범에 대하여 특별관계**에 있다." 甲은 특수공무집행방해치상죄만 성립하고 특수상해죄는 성립하지 않는다. ② (評釋) 특수공무집행방해죄(제144조 제1항)와 특수상해죄의 상상적 경합범이 특수공무집행방해치상죄(제144조 제2항)의 형보다 가벼운 점에서 판례의 해석은 타당하다.

5 [불가벌적 사전행위] 甲은 乙의 시계를 훔친 후 그 시계를 丙에게 자기의 시계라고 속이고, 비싼 가격에 처분하였다. ① (대판 80도2310) "절도범인이 그 절취한 장물을 자기 것인 양 제3자를 기망하여 금원을 편취한 경우에는 장물에 관하여 소비 또는 손괴하는 경우와는 달리 제3자에 대한 관계에 있어서는 **새로운 법익의 침해**가 있으므로 절도죄 외에 사기죄"가 (경합범으로) 성립한다. ② (評釋) 甲의 절도는 사기 목적의 수단이고, 법정형이 더 중한 사기죄의 처벌만으로 절도죄의 불법을 충분히 포함된다. 이때 절도는 **불가벌적 사전행위**라고 부를 수 있다.

6 [협박죄와 공갈죄] 甲은 乙을 협박하여 乙의 시계를 빼앗아 가졌다. 乙은 甲을 고소하였고, 검사

구성요건(주된 구성요건)을 실현하는 과정에서 **전형적으로[7] 수단이 되는 경우**이다.[8] 예컨대 칼로 심장을 찌르면서 살해함으로써 피살자의 비싼 옷을 손괴하는 행위는 불가벌적 수반행위이다.

둘째, **불가벌적 사후행위**는 어떤 범죄행위가 선행 범죄행위의 종국적 완성, 즉, 선행 범죄행위의 법익침해 또는 그 **위험을 현실화**하는 경우,[9] 또는 양태는 다르나 **동일한 법익침해에 머무르는** 경우(예: 장물보관자의 장물처분[10])를 말한다. 이에 반해 후행행위가 선행행위로 예상할 수 없는 새로운 법익침해를 하거나[11] 선행행위와는 무관한 방법으로 법익침해의 결과를 발생시키는 경우에는 별도의 범죄를 구성한다. 예컨대 타인의 부동산을 보관하던 자가 자기의 채무를 담보하기 위해 근저당권을 설정한 후 다시 제3자에게 매도한 경우에는 별도의 횡령죄가 성립한다(대판 2010도10500[전원합의체]).

丙은 甲을 협박죄로 기소하였지만 공판절차에서 공소사실이 공갈죄로 변경되었다. 이후 乙은 甲에 대한 고소를 취소하였다. ① (대판 96도2151) "**공갈죄의 수단으로서 한 협박은 공갈죄에 흡수**될 뿐 별도로 협박죄를 구성하지 않"는다. 甲은 공갈죄로 심판된다. ② (評釋) 협박죄는 공갈죄와 같은 협박의 표지로만 구성되어 있어서 흡수관계가 아니라 공갈죄가 성립하지 않을 경우에 **보충적으로 적용되는 구성요건**이다.

7 [불가벌적 수반행위의 전형성] 甲과 乙은 丙의 택시운행을 방해하는 과정에서 함께 丙을 때렸고 丙은 택시를 운행할 수가 없었다. ① (대판 2012도1895) "**폭행행위가 업무방해죄의 성립에 일반적·전형적으로 수반되는 것이 아닐 뿐** 아니라 그 폭행행위가 업무방해죄에 비하여 별도로 고려되지 않을 만큼 경미한 것이라고 할 수도 없으므로" 甲과 乙은 공동폭행죄와 업무방해죄의 상상적 경합범이 된다. ② (評釋) 공동폭행죄의 법정형은 업무방해죄보다 가볍고 폭행이 업무방해의 수단이었지만 공동폭행의 **죄질이 상당한 수준**이므로 두 죄는 상상적 경합관계에 놓인다.

8 인장위조죄는 사문서위조죄에 흡수되고(대판 78도1787), 사문서위조 및 행사죄는 신용카드부정사용죄에 흡수되며(대판 92도77), 직무유기죄는 허위공문서작성죄(대판 99도2240)에 포함된다.

9 [자기앞수표 절취와 환전] 甲은 乙에게서 H 은행 발행 자기앞수표 2장을 훔친 후 그 수표를 H 은행에서 현금으로 바꾸었다. ① (대판 82도822) 자기앞수표는 "현금적인 성격이 강하므로 절취한 **자기앞수표의 환금행위는 절취행위에 수반한 당연의 경과**라 하여 절도행위에 대한 가벌적 평가에 당연히 포함"된다.

10 [장물보관자의 장물처분] 甲은 乙이 丙의 금반지 2개를 훔친 사실을 알고도 맡아 보관하던 중 임의 처분하였다. ① (대판 76도3067) "장물보관죄가 성립되는 때에는 이미 그 소유자의 소유물추구권을 침해하였으므로 그 후의 **횡령행위는 불가벌적 사후행위**에 불과"하다. ② (評釋) 乙은 불법원인급여로 반환청구권이 없고, 甲은 丙과 위탁관계도 없어서 횡령죄의 주체가 될 수 없다.

11 [절취한 승차권의 환불] 甲은 乙의 열차승차권을 훔친 후 매표소로 돌아가 담당직원 丙에게서 환불받았다. ① (대판 75도1996) 열차승차권은 무기명증권이므로 "그 환불을 받음에 있어 비록 기망행위가 수반한다 하더라도 따로 **사기죄로 평가할 만한 새로운 법익의 침해가 있다고** 볼 수 없어" 절도의 불가벌적 사후행위이다. ② (評釋) 현금대체기능이 없는 승차권의 이례적인 환불에서 소지인의 소유권여부는 관심사가 아니므로 환불요구는 애당초 사기죄의 기망에 해당하지 않는다.

(3) 보충관계 해석상 어느 하나의 행위가 외관상 해당하는 것처럼 보이는 수 개의 구성요건 사이에 적용상 우선순위가 있어 후순위 구성요건이 선순위 구성요건이 적용될 수 없는 경우에만 적용되는 것을 말한다.[12] 보충관계는 합리적 해석의 결과이다. 예컨대 공무원의 직무유기죄는 범인도피행위나 증거인멸행위가 적용되지 않는 경우에만 성립한다.[13] 폭행죄는 상해죄가 적용될 수 없는 경우에만 성립한다. 유기죄는 살인죄나 도주차량죄(특정범죄가중법 제5조의3), 강간치상죄 등이 적용되지 않는 경우에만 성립한다.

(4) 법조경합의 효과 법조경합에서 선택되는 구성요건의 범죄만 성립하고 배제되는 구성요건의 범죄는 성립하지 않는다. 법조경합의 두 구성요건의 공소사실이 동시에 기소되면 배제되는 구성요건은 무죄판결을 선고한다. 법조경합의 여러 범죄가 동일인에 대해 순차로 기소되고 뒤에 기소된 범죄가 배제되는 구성요건인 경우에는 공소기각판결을 한다. 보충관계에서 선순위의 구성요건에 해당하는 행위가 위법성조각사유나 책임조각사유로 범죄가 성립하지 않는 경우에는 후순위의 구성요건이 성립한다. 본범의 "불가벌적 사후행위에 대한 공범[14]의 성립은 가능하"다

12 [보충관계이론의 오류] ① 예컨대 일반건조물방화죄(제166조)는 "전2조에 기재한 이외의 건조물 … " 이라고 규정함으로써 현주건조물방화죄(제164조)와 공용건조물방화죄(제165조)가 적용되지 않는 경우에 적용된다. 이를 **명시적 보충관계**라고 부른다. 그러나 현주건조물방화죄는 일반건조물방화죄의 모든 구성요건표지를 포함하고 현주라는 요건이 더해질 때 성립하므로 **특별관계**에 있다. ② 형법해석에 의해 인정되는 보충관계를 **묵시적 보충관계**라고 한다. 예컨대 예비·음모죄는 기수나 미수범에 대하여, 미수범은 기수범에 대하여 보충관계에 있다고 한다. 그러나 예비·음모가 독립된 구성요건을 이루는 살인예비·음모죄에서 예비·음모는 살인이라는 범죄계획의 달성(목적)을 향해가는 과정(수단)으로서 살인죄의 실행에 착수하는 행위로 이어지면 그 독자성을 잃어버리고 **불가벌적 사전행위**로 미수행위에 흡수되며, 살해가 달성되면 그 미수행위도 불가벌적 사전행위로서 살인죄에 흡수된다.

13 [직무유기죄의 보충관계] 경찰관 甲은 검사 乙로부터 특수폭행혐의의 피의자 丙을 검거하라는 지시를 받았으나 丙에게 전화를 걸어 "형사들이 나갔으니 무조건 튀라"고 알려주었다. 丙은 성공적으로 도피할 수 있었다. ① (대판 96도51) "**직무위배의 위법상태가 범인도피행위 속에 포함**되어 있는 것이므로 작위범인 범인도피죄만이 성립하고 부작위범인 직무유기죄는 따로 성립하지 아니한다." ② (評釋) 판례의 "포함되어 있는 것"이란 '보충관계'를 뜻한다. 직무유기죄는 허위공문서작성죄(대판 99도2240)와 위계공무집행방해죄(대판 96도2825)에도 보충관계에 있다.

14 [불가벌적 사후행위의 공범] 乙은 중국산 녹용을 수입하면서 수입가를 낮추어 신고하여 관세를 포탈하였다. 乙은 甲이 알선한 丙에게 그 녹용을 양도하였다. ① (대판 77도541) 乙은 관세포탈죄의 본범이고 관세포탈녹용의 양여·운반 등은 불가벌적 사후행위이지만 甲은 관세포탈죄의 사후종범으로 처벌할 수 있다. ② (評釋) 관세포탈녹용이 기술적 의미의 재산범죄로 획득한 장물임을

(대판 77도541).

2. 포괄일죄

판례가 만든 죄수개념인 "포괄일죄는 수 개의 행위가 포괄적으로 한 개의 구성요건에 해당하여 단순히 하나의 죄를 구성하는 것으로, 수 개의 행위가 결합하여 하나의 범죄를 구성하던가, 수 개의 동종의 행위가 동일한 의사에 의하여 반복되던가, 또는 하나의 동일한 법익에 대하여 수 개의 행위가 불가분적으로 접속, **연속**하여 행하여지는 것이므로 그 어떠한 경우임을 막론하고 구성요건에 해당하는 **수 개의 행위가 근원적으로 동종의 행위로서 그 구성요건을 같이 함**을 전제로 하는 것이다"(대판 85도1686).[15] 판례의 포괄일죄 개념에는 결합범, 접속범, 계속범도 포함되어 있지만 이들은 단순일죄이다. 좁은 의미의 포괄일죄는 연속범과 집합범에 국한된다.

[결합범, 접속범, 계속범] **결합범**은 개별적으로 독립된 구성요건에 해당하는 수 개의 행위가 결합하여 1개의 구성요건에 해당하는 경우를 말한다. 예컨대 강도상해죄[16]는 (준)강도죄와 상해죄, 강도강간죄는 강도죄와 강간죄의 결합범이다. **접속범**[17]은 단일한 고의 하에 시간적·장소적으로 근접한 상황에서 수 개의 행위로 동일한 구성요건에 해당하는 행위를 하는 범죄를 말한다.[18] 접속범은 단일고의, 시간적 장소적 접착

인정한다면 甲은 장물알선죄(제362조 제2항)도 성립하고 관세포탈죄종범과 상상적 경합범이 된다.

15 [견련범] (구) 형법 제55조("연속한 수 개의 행위가 동일한 죄명에 걸릴 때에는 한 죄로 처단한다")의 견련범(牽聯犯)은 연속범과 비슷하지만 견련범제도는 일사부재리로 처벌이 차단되는 것을 막기 위한 것이었고, 동일한 구성요건만이 아니라 절도와 강도 등 동일한 장(章)에 속한 구성요건들 사이에서도 인정되었다.

16 [결합범과 포괄일죄] 甲은 주차장에서 乙의 승합차에 들어가 공구함을 뒤지던 중 출동한 경찰관 丙과 丁이 체포하려고 하자 팔꿈치로 丙의 얼굴을 1회 쳤고, 발로 丁의 정강이를 1회 걷어차서 丁에게 전치 2주의 상해를 입혔다. ① (대판 66도1392) 절도범이 체포면탈목적으로 "체포하려는 여러 명의 피해자에게 같은 기회에 폭행을 가하여 그 중 1인에게만 상해를 가하였다면 이러한 **행위는 포괄하여 하나의 강도상해죄만 성립**한다." ② (評釋) 丙과 丁을 때린 것은 법적으로 하나의 폭행이고, 이 준강도행위가 상해를 가져왔기 때문에 결합범인 강도상해죄가 성립한다.

17 [판례: 접속범] "**단일한 고의**로써 절취한 **시간과 장소가 접착**되어 있고 같은 사람의 관리하에 있는 방안에서 소유자가 다른 물건을 여러 가지 절취한 경우에는 단순일죄가 성립한다"(대판 70도1133).

18 [위증죄의 접속범] 甲은 乙의 사건 항소심 제3차 변론기일에 증인선서를 하고 거짓진술을 하였고, 제5차 변론기일에 다시 거짓진술을 하였다. ① (대판 2005도60) "**같은 심급에서 변론기일을 달리**하여 수차 증인으로 나가 수 개의 허위진술을 하더라도 **최초 한 선서의 효력을 유지시킨 후 증언한 이상 1개의 위증죄**를 구성"한다. ② (評釋) 甲은 접속범이다.

성, 동일한 구성요건의 실현(침해법익의 동일성), 동일한 피해자, 비인격적 법익(예: 재산 등)의 다섯 가지 요건을 충족할 때 성립하는 단순일죄로서 연속범과 구별[19]되어야 한다. **계속범**은 실행행위가 일정한 시간 계속되어야 기수가 성립하는 범죄(예: 체포·감금, 주거침입)이다. 기수 이후에도 위법상태가 계속되는 한 한 개의 범죄가 성립한다.[20]

(1) **연속범** 연속범은 행위단일성(Handlungseinheit)이 없고, 구성요건을 수 회 실현하여 실질적으로 수죄이지만 법적으로 한 개의 죄(일죄)로 취급하는 법리이다. 이는 일종의 **행위자책임**을 인정한다. 연속범은 "독립된 수 개의 행위"(대판 84도1139)가 "근원적으로 동종의 행위로서 그 구성요건을 같이 하"고(85도1686), "하나의 동일한 법익에 대하여 불가분적으로 연속하여 행하여지는" 경우에 성립한다. 즉 연속범은 동일한 법익, 시간적 근접성, 계속된 범죄고의(**연속고의**),[21] 범행방법의 동일성의 요건을 충족하여야 성립한다. ① **법익은 동질적인**[22] 것이어야 하지만 피해자가 동일할 필요는 없으며[23] 고도의 인격적 법익(예: 생명, 신체)에서는 피해자

19 [접속범과 연속범] 甲은 9:30경 乙 소유의 신용카드 1매를 절취하여, 같은 날 10:40 D마트에서 TV 1대를 그 카드로 구입을 하고 이후 3시간 동안 C동의 7곳에서 2백만 원 상당의 물품을 그 카드로 결제하였다. ① (대판 96도1181) 신용카드부정사용행위는 단일한 고의의 계속, 동종의 범행, 동일한 방법, 동일한 피해법익(신용카드사용 거래의 안전 및 공중의 신뢰)로 "**포괄하여 일죄**에 해당한다." 甲은 절도죄와 신용카드부정사용죄 및 사기죄의 경합범이다. ② (評釋) 신용카드의 절도는 사소법익침해원칙에 따라 성립하지 않고, 신용카드부정사용행위들과 사기행위는 접속범이 아니라 연속범이며, 이 둘은 상상적 경합관계에 있다.

20 [계속범과 포괄일죄] 甲은 2008.4.4. 16:22 J지점부터 같은 날 17:21 K지점까지 도로법상 축중량제한(10t)을 초과한 상태로 차량을 운행하였다. 甲은 16:22 경찰관 乙에게 단속되었고, 같은 날 17:21 경찰관 丙에 의해 단속되었다. ① (대판 2009도5449) 甲의 "도로법 위반의 점은 모두 단일하고 **계속된 고의 하에 연속적**으로 이루어진 것으로 … **포괄하여 한 개의 범죄**를 구성"한다. ② (評釋) 축중량초과운행죄(현재는 과태료제재)는 운행하는 내내 한 개의 계속범이다.

21 연속범의 고의를 단일하고 계속된 고의라고 정의하지만, 단일한 고의는 접속범고의이다.

22 [절도죄와 컴퓨터등사용사기죄] 甲은 2000.5.6. 협의이혼을 한 乙의 명의와 자신이 지정한 아이디와 비밀번호로 신용카드를 발급받아 그 카드로 ATM기에서 현금서비스를 받았고, 2002.2.3. ARS로 300만 원의 현금서비스를 받았다. ① (대판 2006도3126) 甲이 ATM기에서 현금서비스를 받는 행위는 절도죄에 해당하고 ARS로 현금대출을 받은 행위는 컴퓨터등사용사기죄(제347조의2)에 해당하며, 두 죄는 "포괄적으로 카드회사에 대한 사기죄가 된다고 볼 수 없다."

23 [주가조작연속범] H㈜ 주식운용팀장 乙은 직원 甲, 丙과 모의하여 2010. 8.9.~9.5. 대량의 통정매매와 매매거래유인목적 고가매수주문을 하였다. 甲은 2010.9.5. 해고를 당했고, 이후 乙과 丙은 9. 6.~10. 14. 20여만 주의 허위매수주문을 하였다. ① (대판 2010도9927) 甲은 자본시장법상 통정매매 시세조종죄(제443조 제1항 4호), 고가매수 시세조종죄(제443조 제1항 5호), 허위·오해유발표시 시세조종죄(제443조 제1항 5호)의 포괄일죄가 성립한다. 甲이 포괄일죄의 일부를 실행한 후 "공범관계에서 이탈하였으나 관여하지 않은 부분에 대하여도 죄책을 부담한다." ② (評釋) 시세조종행위가 분할 가능하므로 甲은 이탈 전의 포괄일죄만 성립한다.

마다 별개의 범죄가 성립한다. ② 연속범을 구성하는 수 개의 행위는 시간적으로 근접해 있어야 하지만 접속범만큼 접착해 있을 필요는 없다. 이는 연속범의 행위자책임 성격과 접속범의 행위책임 성격의 차이를 보여준다. 연속범의 **시간적 근접성은 상당한 기간**(예: 수 년[24])에 걸쳐서도 인정될 수 있고 장소적 근접성도 요구되지 않는다. ③ 이처럼 범행 시간과 장소가 상당한 간극을 갖는 경우 고의는 접속범의 **단일한 고의가 아니라 연속고의**가 된다.[25] 판례의 "단일하고 계속된 고의"(대판 89도648)에서 단일한 고의는 접속범, 계속된 고의는 연속범의 고의를 가리킨다. ④ 연속범이 되려면 **범행방법도 동일하거나 유사**(대판 96도1181)하여야 한다. "범행방법이 동일하지 않은 경우에는 각 범행은 실체적 경합범"이 된다(대판 2004도1751). 범행방법의 동일성 판단에는 규범적 요소[26]도 고려할 수 있다. 예컨대 비의료인이 의료기관을 개설·운영하다 명의를 의료인으로 변경한 경우 범행방법이 종전과 동일하다고 보기 어렵고 개설자 명의별로 별개의 범죄가 성립한다(대판 2018도10779).

(2) 집 합 범 구성요건의 특성상 다수의 동종 행위를 동일한 의사

---

24 [시간적 간극과 연속고의] 甲은 乙에게 H증권 수익률이 연 6.5%라고 거짓말하여 乙로부터 2008.8.11.~ 2012.6.22. 7회에 걸쳐 5억 원을 투자받았다. 6회 차 투자는 乙이 甲에게 문의하고 다시 속아 투자하였다. 甲은 2011.12.경 乙에게 'D종금증권의 3억 원 한도 확정금리 7.5%의 펀드에 투자를 하라고 거짓말하여 2011. 12.28.~2013.6.10.에 총 6회에 걸쳐 4억 원을 교부받았다. ① (대판 2016도11318) H증권 투자와 D종금 투자의 각 범행 사이의 시간적 간격이 상당히 넓고, 6회 차 투자가 乙의 문의에 대응한 사기임을 고려하면 "각 범행 사이의 고의의 단일성과 계속성이 인정된다거나 그 범행방법이 동일한 경우라고" 볼 수 없다. 甲의 사기는 포괄일죄가 아니며 특정경제범죄가중법을 적용할 수 없다.

25 [포괄일죄의 시간대] S시 공무원 甲은 1985.1.~1987.10. 2년 9개월간 자신이 담당하는 공사발주 10건과 관련하여 H㈜ 대표로부터 짧게는 1개월에서 8개월의 간격으로 뇌물을 10차례 받았다. ① (대판 89도648) 甲은 **"별개의 고의 하에 뇌물을 주고받은 것"**이므로 수뢰죄의 경합범이 된다. ② (評釋) 2년 9개월의 시간 때문이 아니라, 甲에게 고의의 연속성(연속고의)이 없기 때문에 경합범이 성립한다.

26 [범행방법의 동일성] 성형사출기로 플라스틱화분을 제조·판매하는 甲은 J은행에서 2억 원을 대출받고 위 성형사출기를 양도담보로 제공하였다. 甲은 이후 사업이 어려워져 갚지 못할 수 있음을 알았지만 乙에게 플라스틱사출 재료를 외상구매하고 한 달 뒤 다시 같은 재료를 구매하면서 어음을 발행해주었고, 담보로 위 성형사출기를 乙에게 다시 양도담보로 제공하였다. ① (대판 2004도1751) 乙에 대한 외상구매 사기와 어음발행 사기는 "**범행의 방법이 동일하지 아니하고** 고의의 단일성과 계속성을 인정하기 어려"우므로 실체적 경합범이 된다. ② (評釋) 성형사출기의 대외적 소유권은 J에게 있기에 甲과 乙이 점유개정으로 양도담보 설정계약을 하여도 乙은 양도담보권도 취득하지 못하고 乙에 대한 배임죄는 성립하지 않는다.

나 경향에 의해 반복할 것이 예정되어 있는 경우에 그 다수의 행위들은 하나의 범죄(예: 상습범, 영업범, 직업범)로 포괄된다. 집합범은 다수의 행위들을 **하나의 행위자책임**으로 포괄한 것이다. ① "**상습범**이란 어느 기본적 구성요건에 해당하는 행위를 한 자가 범죄행위를 반복하여 저지르는 습벽, 즉 상습성이라는 행위자적 속성을 갖추었다고 인정되는 경우에 이를 가중처벌 사유로 삼고 있는 범죄유형을 가리"킨다(대판 2011도12131). 형법상 상습범(예: 상습아편 등의 죄, 상습도박죄, 상습폭행죄, 상습체포·감금죄, 상습협박죄, 상습강간과 추행의 죄, 상습절도죄, 상습강도죄, 상습사기죄, 상습공갈죄)은 그 상습범 조항에 포괄되는 구성요건들을 실현하는 수 개의 범죄를 1개의 죄로 포괄한다. 상습범규정이 없는 범죄는 연속범이 성립하는 경우를 제외하고는 원칙적으로 실체적 경합범이 된다.[27] ② "**영업범**이란 집합범의 일종으로 구성요건의 성질에서 이미 동종행위가 반복될 것으로 당연히 예상되는 범죄를 가리"킨다(대판 2004도2390). 영업범은 주로 면허나 자격이 전제된 직업범죄이다. 무등록 건설업영위행위죄(대판 2013도12937), 무면허의료죄(대판 66도928), 약국개설자가 아닌 자의 의약품판매행위죄(대판 2001도3312), 무허가 유료직업소개죄(대판 92도3405) 등이 있다. ③ **직업범**은 면허나 자격이 전제되지 않은 직업의 활동에서 범하는 범죄로서 가령 국정원 직원의 불법감청이나 선망어선단 소속 어로장이 사용금지된 어망으로 어류를 포획하는 수산업법(및 수산자원보호령) 위반죄(대판 97도414) 등을 말한다.

(3) 포괄일죄의 효과 포괄일죄는 실질은 수 개의 범죄이지만 법적으로 1개의 범죄로 취급된다. 이것의 **실체법적 효과**는 첫째, 경합범 가중(제38조 제1항 2호)이 적용되지 않아 **양형에서 유리**해진다는 점이다.[28] 하지만 수 개의 범죄행위(예: 배임 등)가 포괄일죄로 구성되면 **이득액의 합계가**

27 **[비상습범의 포괄일죄]** 甲은 2010.4.10.~2010.9.21. 인터넷 파일공유 웹스토리지를 운영하면서 乙의 콘텐츠가 불법유통되고 있음을 알았지만 영리목적에서 방치하였다. ① (대판 2011도12131) 甲의 저작권침해방조행위들은 상습범규정이 없으므로 **원칙적으로 경합범의 관계**에 있고, **동일한 저작물에 대한 수회의 침해행위에 대한 각 방조행위는 포괄하여 하나의 범죄**가 성립"한다.

28 포괄일죄의 기능은 실체적 경합범의 병과주의의 과중한 과형을 피하기 위한 것이다.

증가되어 특정경제범죄가중법 등의 적용요건을 충족하기 쉬워진다. 그러나 私見으로 특별형법의 형가중이 경합범 가중보다 행위자에게 불리한 경우[29]에는 수 개의 범죄를 포괄일죄로 구성해서는 안 된다. 그것은 법관에 의한 **법률수정적 법형성**(유추)이 되기 때문이다.[30]

포괄일죄는 소송법상으로도 1개의 사건이 되고, 그 **소송법적 효과**로 고소불가분, 공소불가분, 일사부재리(대판 2001도3206)의 원칙이 적용된다. 그러나 이미 공소가 제기된 범죄사실과 포괄일죄의 관계에 있는 새로운 범죄사실을 추가로 기소한 경우에는 이중기소[31]가 되지 않는다(대판 2007도2595). 판례에 의하면 **공소시효는** 일죄로 포괄된 수 개의 범죄행위 가운데 **최후 행위의 종료 시부터** 진행된다. 私見으로는 이로써 공소시효가 피고인에 불리하게 사실상 연장되는 효과가 발생하므로 포괄일죄가 분할 가능한 경우에는 각 범죄행위마다 공소시효의 완성 여부를 판단하여야 한다.

Ⅲ. 수 죄

1. 상상적 경합

제40조(상상적 경합) 한 개의 행위가 여러 개의 죄에 해당하는 경우에는 가장 무거운 죄에 대하여 정한 형으로 처벌한다.

상상적 경합은 "한 개의 행위가 여러 개의 죄에 해당하는" 수 죄로서 (포괄)일죄와 구별되지만 실체적 경합처럼 가중처벌되지 않고, 여러 개의

---

29 [포괄일죄구성금지] 甲은 2016.11.~2017.8. 필리핀에서 비거주자인 P 뱅크 H(주) 명의로 31회에 걸쳐 총 50억원을 예금하였으나 각 거래는 10억 미만이었다. ① (대판 2018도16474) 외국환거래법이 처벌하는 '미신고 자본거래'의 금액은 일부러 나누는 거래에 해당한다는 특별한 사정이 없는 한, 개별적으로 이루어지는 자본거래 금액이 10억 원 이상인 경우를 의미한다. 甲의 거래행위 전체를 포괄일죄로 처단하는 것은 죄형법정주의에 위배된다.

30 "포괄일죄가 되느냐 경합범이 되느냐는 그에 따라 피해액을 기준으로 가중처벌을 하도록 하는 특별법이 적용되는지 등이 달라질 뿐 아니라 양형 판단 및 공소시효와 기판력에 이르기까지 피고인에게 중대한 영향을 미치게 되므로 매우 신중하게 판단하여야 한다"(대판 2016도11318).

31 [포괄일죄의 이중기소] 甲은 2004.7.25. 11:00경 및 2005.7.26. 14:00의 협박범행을 한 실체적 경합범으로 기소되었고, 그 다음날에 2005. 7. 28.의 협박 범행도 추가로 기소되었다. ① (대판 2007도2595) 법원이 "포괄일죄로 처벌할 수 있는 점에 비추어 보면" 법원은 전후에 기소된 범죄사실 전부에 대하여 실체판단을 할 수 있고, 추가기 소된 부분에 대하여 공소기각판결을 할 필요는 없다"
.

죄 중 "가장 무거운 죄에 대하여 정한 형으로 처벌한다."

(1) 요 건　"한 개의 행위"란 자연적 의미에서 한 개의 행위가 아니라 **사회관념상 하나의 행위**(대판 2010도9330) 또는 **법률상 한 개의 행위**(대판 91도643), 바꿔 말해 (사회적, 법적 평가에 의한) **행위단일성**(Handlungseinheit)을 가리킨다. 행위가 **부분적으로 단일**하여도 행위단일성이 인정된다. 이는 여러 개의 행위가 시간적·공간적으로 중첩되면서 동시에 서로 불가분적인 연관 속에서 여러 개의 죄를 실현하는 경우를 말한다.[32] 반면 **자연적 의미에서 한 개의 행위**를 평가상 여러 개의 행위라고 인정해서는 안 된다.

예컨대 훔친 신용카드로 결제하는 행위가 보호법익이 다른 신용카드부정사용죄와 사기죄에 해당한다고 하여 이를 여러 개의 행위라고 판단해서는 안 된다. 결제행위는 자연적 의미에서 한 개의 행위이며 이때는 행위단일성을 부인할 수 없다.

범죄 A와 B는 실체적 경합관계에 있고, 범죄 C가 A와 B에 대해 각각 상상적 경합관계에 있는 경우에는 A와 B도 **연결효과에 의한** 상상적 경합관계[33]에 놓인다. 한 개의 행위가 "**여러 개의 죄**에 해당하는 경우"란 **여러 개의 구성요건에 해당**하거나 고도로 **인격적 법익을 여러 차례 침해**하는 경우를 말한다.

(2) 효 과　상상적 경합은 **가장 무거운 죄에 정한 형**으로 처단한다. 이는 가벼운 죄는 그 처벌을 면하는 것이 아니라 단지 처단형을 무거운 죄로 삼는 것이다. 가장 무거운 죄란 **여러 개의 죄의 법정형**[34]**에서**

32 [행위단일성] 甲은 乙의 부탁으로 화물자동차에 乙을 태운 후 강간할 마음이 생기자 내려달라는 요구를 거절한 채 운행하여 乙이 탈출하지 못하게 하였다. 乙은 두려움이 생겼고, 甲이 차를 멈춰 乙과의 성교를 시도하였으나 乙은 甲의 혀를 깨물고 도주하였다. ① (대판 83도323) 감금과 강간미수의 행위가 시간적 장소적으로 중복되고 감금행위가 강간의 수단인 협박행위라는 점에서 한 개의 행위이다.

33 [연결효과 상상적 경합] 구청 공무원 甲은 乙의터 업무관련 부탁에 300만 원을 받고 다음 날 구청 도시계획도를 변조하여 구청 지적서고에 비치하였다. ① (대판 83도1378) 甲은 "수뢰후부정처사죄 외에 별도로 공도화변조 및 행사죄가 성립하고 이들 죄와 수뢰후부정처사죄는 각각 상상적 경합 관계에 있으므로 **공도화변조죄와 동행사죄 상호간은 실체적 경합범 관계**에 있다고 할지라도 상상적 경합범 관계에 있는 수뢰후부정처사죄와 대비하여 가장 무거운 죄에 대하여 정한 형으로 처단"한다 ② (評釋) 변조공문서행사죄는 공문서변조죄의 불가벌적 사후행위이다. 甲은 수뢰후부정처사죄(제131조 제1항)와 공문서변조죄(제225조)의 상상적 경합범이다.

34 [형의 경중판단] 甲은 乙을 때려 손목시계를 강취한 다음 乙의 반항을 제압하며 성교를 하려고 하였으나 실패했다. 乙은 손목시계를 강취당할 때 전치 2주의 상해를 입었다. ① (대판 83도3160) 강도강간미수와 강도상해의 상상적 경합범에서 중한 형은 **강도강간미수죄이고 강도강간죄의 법정**

가장 높은 상한선과 가장 높은 하한선을 말한다. 법정형이 무거운 죄는 징역형만을 규정하고, 가벼운 죄가 징역형과 벌금형을 병과하도록 규정한 경우에는 무거운 죄의 징역형과 가벼운 죄의 벌금형을 병과한다(대판 2008도9169). 가벼운 죄에 몰수나 추징을 규정하고 있으면 무거운 죄의 형으로 처벌하면서 가벼운 죄의 몰수나 추징을 한다(대판 2005도8704). 상상적 경합 관계의 죄 가운데 한 죄에 대한 확정판결의 기판력은 다른 죄에 대하여도 미친다(대판 2017도11687). 하지만 공소시효는 "각 죄마다 따로 따져야" 한다(대판 2006도6356).

2. 실체적 경합범

제37조(경합범) 판결이 확정되지 아니한 수 개의 죄 또는 금고 이상의 형에 처한 판결이 확정된 죄와 그 판결확정전에 범한 죄를 경합범으로 한다.

제38조(경합범과 처벌례) ① 경합범을 동시에 판결할 때에는 다음 각 호의 구분에 따라 처벌한다.
1. 가장 무거운 죄에 대하여 정한 형이 사형, 무기징역, 무기금고인 경우에는 가장 무거운 죄에 대하여 정한 형으로 처벌한다. 2. 각 죄에 대하여 정한 형이 사형, 무기징역, 무기금고 외의 같은 종류의 형인 경우에는 가장 무거운 죄에 대하여 정한 형의 장기 또는 다액(多額)에 그 2분의 1까지 가중하되 각 죄에 대하여 정한 형의 장기 또는 다액을 합산한 형기 또는 액수를 초과할 수 없다. 다만, 과료와 과료, 몰수와 몰수는 병과(倂科)할 수 있다. 3. 각 죄에 대하여 정한 형이 무기징역, 무기금고 외의 다른 종류의 형인 경우에는 병과한다.
② 제1항 각 호의 경우에 징역과 금고는 같은 종류의 형으로 보아 징역형으로 처벌한다.

제39조(판결을 받지 아니한 경합범, 수 개의 판결과 경합범, 형의 집행과 경합범) ① 경합범중 판결을 받지 아니한 죄가 있는 때에는 그 죄와 판결이 확정된 죄를 동시에 판결할 경우와 형평을 고려하여 그 죄에 대하여 형을 선고한다. 이 경우 그 형을 감경 또는 면제할 수 있다. (② 삭제) ③ 경합범에 의한 판결의 선고를 받은 자가 경합범 중의 어떤 죄에 대하여 사면 또는 형의 집행이 면제된 때에는 다른 죄에 대하여 다시 형을 정한다. ④ 전 3항의 형의 집행에 있어서는 이미 집행한 형기를 통산한다.

(1) 개 념 실체적 경합이란 여러 개의 행위(행위다수성 Handlungsmehrheit)에 의해 여러 개의 죄가 성립하는 경우[35]를 말한다. 실체적 경합

형인 징역 10년 이상을 선택하고 제25조 제2항의 미수감경을 하면 징역 5년 이상이 되지만 강도상해죄의 법정형인 징역 7년 이상보다 낮으므로 7년 이상이 하한형이 된다. 미수감경뿐만 아니라 정상참작감경을 하면 3년 6월 이상의 징역형이 처단형이 된다. ② (評釋) 강간을 자의로 중지했다면 미수감경이 의무이므로 무거운 형은 처음부터 강도상해죄가 된다.

35 예컨대 "미성년자를 약취한 후 강간 목적으로 상해 등을 가하고 나아가 강간 및 살인미수를 범한 경우, 약취한 미성년자에 대한 상해 등으로 인한 특정범죄가중법 위반죄와 미성년자에 대한 강간 및 살인미수행위로 인한 성폭력범죄의 처벌 등에 관한 특례법 위반죄"는 실체적 경합범이 된다

은 평가상 행위가 여러 개인 점에서 행위가 한 개인 상상적 경합이나 단순일죄와 구분되고, 여러 개의 죄가 성립한다는 점에서 (행위가 실질적으로 다수일지라도 법적으로) 하나의 죄가 성립하는 포괄일죄와 구분된다. 실체적 경합은 판결이 확정되지 아니한 **수 개의 죄**, 즉 동시적 경합범과 판결이 확정된 죄와 그 판결확정 전에 범한 죄, 즉 사후적 경합범으로 구분된다.[36]

(2) 동시적 경합범 동시적 경합범(제37조 전단)은 동일인이 여러 개의 행위로 여러 개의 범죄를 범하고, 각 죄에 대하여 판결이 확정되지 않은 경우(실체법적 요건)로서 그 수 개의 죄가 하나의 판결로 심판될 수 있는 상태에 있는 경우(절차법적 요건)를 말한다. 따라서 수 개의 죄는 **병합심리**[37]되어야 하고, 수 개의 죄 중 일부가 별도로 기소되어 심리 중에 있거나 일부만 기소된 경우에는 동시적 경합범으로 처벌될 수 없다.

동시적 경합범은 "가장 무거운 죄에 대하여 정한 형이 사형 또는 무기징역이나 무기금고인 때에는 가장 무거운 죄에 대하여 정한 형으로 처벌한다"(제38조 제1항 1호: **흡수주의**). "각 죄에 대하여 정한 형이 사형 또는 무기징역이나 무기금고 이외의 같은 종류의 형인 때에는 가장 무거운 죄에 정한 장기 또는 다액에 그 2분의 1까지 가중하되 각 죄에 대하여 정한 형의 장기 또는 다액을 합산한 형기 또는 액수를 초과할 수 없다. 단 과료와 몰수는 병과할 수 있다"(제38조 제1항 2호: 가중주의). "각 죄에 정한 형이 무기징역이나 무기금고 이외의 다른 종류의 형인 때에는 병과한다"(제38조 제1항 3호: 병과주의).[38] 징역과 금고는 동종의 형으로 간주한다(제38

(대판 2013도12301).

36 **[경합범의 분리 선고]** 「공직선거법」은 선거범, 정치자금부정수수죄, 선거비용관련 위반행위, 대통령·국회의원·지방의회의원·지방자치단체의 장으로서 그 재임 중의 직무와 관련하여 범한 수뢰죄, 알선수뢰죄, 알선수재죄와 다른 죄의 경합범에 대하여는 이를 **분리 선고**하도록 하고 있고(제18조 제3항), 「공인중개사법」도 그 법위반죄와 다른 죄의 경합범에 대하여 벌금형을 선고하는 경우에는 이를 **분리 선고**하고 있다(제10조의2).

37 **[병합심리와 단일형]** 甲은 「폭력행위처벌법」 위반으로 징역 2년의 유죄판결을 받고 같은 법원에서 별도의 심리를 거쳐 무고의 공소사실로 다시 1년의 유죄판결을 받았다. 검사와 피고인은 모두 항소를 하였고, **항소심은 두 사건을 병합** 심리하였다. ① (대판 72도597) 두 공소사실을 유죄로 본다면 제37조 전단의 경합범관계에 있다. 항소법원은 제38조 제1항에 따라 단일한 선고형으로 처단한다.

38 **[벌금형의 병과]** 甲은 거짓 범죄신고(경범죄처벌법 제3조 제3항 제2호)를 하여 출동한 경찰관 乙

조 제2항).[39] "경합범에 의한 판결의 선고를 받은 자가 경합범 중의 어떤 죄에 대하여 사면 또는 형의 집행이 면제된 때에는 다른 죄에 대하여 다시 형을 정한다"(제39조 제3항).

(3) **사후적 경합범** 금고 이상의 형에 처하는 확정판결이 있어야 한다. 확정판결에는 집행유예[40]나 선고유예의 판결을 받고 유예기간이 경과하여 형의 선고가 실효되었거나 면소된 것으로 간주되는 경우(대판 92도1417), 일반사면으로 형의 선고의 효력이 상실된 경우(대판 95도2114)도 포함된다. 금고 이상의 형에 처하는 확정판결을 받은 범죄와 사후적 경합범이 되는 것은 (동시에 판결할 수 있었던[41]) **그 확정판결 전에 범한 죄**일 뿐이다. 포괄일죄의 기간 중간에 다른 범죄에 대한 확정판결이 있는 경우는 이에 해당하지 않는다(대판 2001도3313). 사후적 경합범은 수 개의 범죄가 경합범으로 **동시에 판결 받는 경우와 "형평을 고려하여** 그 죄에 대하여 형을 선고한다. 이 경우 그 형을 감경 또는 면제할 수 있다"(제39조 제1항). **형평을 고려한 형의 선고**는 그 선고형과 판결이 확정된 죄에 대한 선고형의 총합이 제38조의 경합범가중으로 산출한 처단형의 범위 내로 제한하는 것이 아니며, 형의 감경 또는 면제도 **법원이 재량**으로 판단

에게 사람들이 많은 상황에서 모욕죄를 범하였다. 법원은 각 죄의 법정형인 "600,000원 이하의 벌금, 구류 또는 과료", "1년 이하의 징역이나 금고 또는 2,000,000원 이하의 벌금" 중 벌금형을 선택하고 300만원이 약식명령으로 확정되었다. ① (대판 2021오24) **벌금형의 다액을 합산한** 2,600,000원을 초과할 수 없으므로 비상상고로 원판결을 파기하고 260만원을 선고한다.

39 [징역형과 금고형의 경합범가중] 甲은 A와 B의 죄로 기소되어 모두 유죄가 인정되었다. 수소법원은 A죄에 대하여는 금고형을, B죄에 대하여는 징역형을 선택한 후 각 죄를 제37조 전단 경합범으로 처벌하면서 甲에게 금고 5월, 집행유예 2년, 보호관찰 및 40시간의 수강명령을 선고하였다. ① (대판 2013도6608) "금고형과 징역형을 선택하여 경합범 가중을 하는 경우에는 형법 제38조 제2항에 따라 **금고형과 징역형을 동종의 형으로 간주하여 징역형으로 처벌하여야 하고,** 금고형을 징역형으로 바꾸어 집행유예를 선고하더라도 불이익변경금지 원칙에 위배되지 않는"다. 즉 금고 5월은 징역 5월로 바뀌야 한다.

40 [사후적 경합범] 甲은 2021.5.6. 춘천지법에서 A죄로 징역 6월, 집행유예 2년을 선고받아 2021.5.14. 확정되었고, 또한 甲은 2021.2.11.경에 B죄를 범하였다. ① (대판 2023도3023) B범죄는 A죄와 형법 제37조 후단의 경합범 관계에 있으므로, A범죄에 대한 형은 A죄와 B죄가 동시에 판결할 경우와의 형평을 고려하여 형을 정하였어야 한다.

41 [동시판결가능의 조건] 甲은 이미 판결이 확정된 업무방해죄와 경합범인 공직선거법 위반의 죄로 기소되어 유죄가 인정되었지만 제39조 제1항이 정한 동시에 판결할 경우와의 형평을 고려하지 않은 형이 선고되었다. ① (대판 2021도8719) 공직선거법 제18조 제3항에 따라 선거범죄와 다른 죄는 **동시에 판결할 수 없었던 경우**에 해당하므로 제39조 제1항이 적용될 수 없다.

할 수 있다(대판 2006도8376). 사후적 경합범에 대하여 형법 제39조 제1항에 의하여 형을 감경할 때에는 "법률상 감경에 관한 형법 제55조 제1항이 적용되어 유기징역을 감경할 때에는 그 형기의 2분의 1 미만으로는 감경할 수 없다."[42]

---

42 [사후적 경합범] 甲은 2016.12.9. D고등법원에서 '2015.3.11.~2015.8.7. 33회 향정신성의약품을 판매하였다'는 마약류관리법위반죄로 징역 4년을 선고받았고 그 판결은 2017.2.10. 상고기각결정으로 확정되었다. 위 고등법원 재판 중인 2016.11.22. G지방법원에 2015. 10. 초순 향정신성의약품 1회 판매, 2015.11.8. 향정신성의약품 1회 판매 미수의 공소사실(제58조 제1항 제3호, 제58조 제3항, 제1항 제3호)(법정형: 무기 또는 5년 이상의 징역)로 甲에게 공소가 제기되었고, 수소법원은 사후경합범의 감경과 정상참작감경을 하려고 한다. ① (대판 2017도14609) 사후경합범 감경, 경합범 가중, 정상참작감경의 순서로 가중·감경을 하되, 그 감경은 그 형기의 2분의 1 미만으로 할 수 없으므로 처단형은 징역 1년 3개월(5년÷2÷2)~11년 3개월(30년÷2×1.5÷2)이 된다.

형벌의 종류와 경중

제41조(형의 종류) 형의 종류는 다음과 같다. 1. 사형 2. 징역 3. 금고 4. 자격상실 5. 자격정지 6. 벌금 7. 구류 8. 과료 9. 몰수

제50조(형의 경중) ① 형의 경중은 제41조 기재의 순서에 의한다. 단, 무기금고와 유기징역은 금고를 중한 것으로 하고 유기금고의 장기가 유기징역의 장기를 초과하는 때에는 금고를 중한 것으로 한다. ② 동종의 형은 장기의 긴 것과 다액의 많은 것을 중한 것으로 하고 장기 또는 다액이 동일한 때에는 그 단기의 긴 것과 소액의 많은 것을 중한 것으로 한다. ③ 전 2항의 규정에 의한 외에는 죄질과 범정에 의하여 경중을 정한다.

[형벌과 보안처분 개관] 형사제재는 형벌과 보안처분으로 이원화되어 있다. 형벌은 과거의 범죄행위에 대하여 책임을 묻는 형사제재이며, 보안처분은 범죄자가 재범위험성을 근거로 미래의 범죄를 방지하기 위해 부과하는 형사제재이다. ① 형법상 보안처분으로 형의 선고를 유예하거나(제59조의2), 형의 집행을 유예할 때(제62조의2), 또는 가석방 처분을 할 때(제73조의2) 부과하는 보호관찰이 대표적이다. 형의 집행을 유예할 때 부과하는 사회봉사와 수강명령(제62조의2)도 보안처분의 일종이다. ② 「소년법」(제32조 이하)상의 보호처분, 「보호관찰 등에 관한 법률」상의 보호관찰, 「치료감호법」상 치료감호, 「국가보안법」(제20조)상 공소보류자에 대한 감시·보도처분, 「마약류 관리에 관한 법률」(특히 제40조)상 마약류중독자에 대한 치료보호, 「특정범죄자에 대한 보호관찰 및 전자장치 부착 등에 관한 법률」(특히 제22조 이하)상의 위치추적전자장치('전자발찌'), 「성폭력범죄자의 성충동약물치료에 관한 법률」상의 성충동약물치료('화학적 거세'), 「출입국관리법」(제46조 이하)상 외국인 강제퇴거, 「아동·청소년의 성보호에 관한 법률」(제49조 이하)상의 신상정보공개·고지 및 취업제한 등은 형법전 이외의 법에서 규정하는 보안처분이다. 형벌의 종류는 형법 제41조에서 한정적으로 열거되어 있지만, 보안처분의 유형은 다소 비정형적이다. 여러 법에 흩어져 있는 보안처분들은 흔히 자유박탈적 보안처분과 자유제한적 보안처분으로 나뉜다. ③ 첫째, 치료보호(금단)나 성충동약물치료(화학적 거세) 등은 단순한 자유박탈이나 제한이 아니라 신체에 대한 인권침해적 침습을 전제로 한다. 따라서 이들을 **신체침해적인 보안처분**이라 개념화하고, 그 인권침해적 성격에 대해 지속적으로 논의할 필요가 있다. 신체형이 형벌의 역사에서 사라진 문명국가에서 보안처분의 이름으로 신체형이 지속되고 있는 것은 '야만으로의 회귀'라는 비판을 면하기 어렵다. 둘째, 재산형에 대응하는 보안처분은 없다. 하지만 자유형과 병과되는 벌금은 보안처분적 성격이 강하다. **벌금의 병과제도**는 이중처벌금지원칙을 회피하는 제도적 변형으로 볼 수 있기 때문이다. 또한 자유형이나 벌금과 별도로 부과되는 **과징금**도 보

안처분적 성격이 있다. 셋째, 「아동·청소년의 성보호에 관한 법률」(제56조)상 취업제한은 자유박탈이나 제한의 성격도 있지만, 사회생활을 수행하는 자격에 대한 제한이라는 점에서 자격형에 대응하는 보안처분, 즉 **자격제한적 보안처분**이라고 볼 수 있다. 자격제한적 보안처분은 — StGB §44 운전금지(Fahrverbot)처럼 — 형법전에 독자적인 보안처분의 유형으로 입법할 수 있다. 넷째, **사형**은 자유주의 형법이론에서 보면 형벌로는 정당화되지 않는다. 사형은 사회방위의 보안처분으로 파악하여 그 폐지의 정당성과 존치의 현실적 필요성 사이에 위치해야 한다.

	형 벌	보안처분	성격
생명형	사형	사형	생명박탈
자유형	징역 금고 구류	치료감호, 외국인강제퇴거	자유박탈
		보호관찰 외출·주거제한 특정장소출입금, 특정인접근금지 신상정보공개	자유제한
신체형	없음	성충동약물치료, 위치추적전자장치	신체침해
재산형	벌금 과료 몰수	자유형 병과 벌금	재산박탈
자격형	자격상실·정지	취업제한	자격제한

Ⅰ. 사 형

제66조(사형) 사형은 교정시설 안에서 교수(絞首)하여 집행한다.

사형은 범죄자의 생명을 박탈하는 형벌이다. 형법[1]과 특별형법(특정범죄가중법, 성폭력처벌법, 국가보안법)에는 아직도 많은 사형범죄가 규정되어 있다. 사형은 형무소 내에서 교수(絞首)하여 집행한다(제66조). 전기의자에 의한 사형이나 참수 등은 허용되지 않는다. 형법 제41조 1호는 사형을 형벌의 하나로 규정하지만 형법이론적으로 폐지되어야 한다. 실정법상 유지되고 있는 사형은 실질적으로는 보안처분의 성격을 띤다. 하지만 사형폐지론의 타당성이 존치론의 타당성을 압도하지 못하는 상황에서 **사형은 형벌과 보안처분 사이에**(inbetween)[2] 위치한다. 형벌은 동해보복(同害報

1 [형법상 사형범죄] 살인죄(제250조), 강간살인죄(제301조의2), 인질살해죄(제324조의4), 강도살인죄(제338조), 해상강도살인·치사·강간죄(제340조 제3항), 현주건조물방화치사죄(제164조 제2항), 내란죄(제87조), 내란목적살인죄(제88조), 외환유치죄(제92조), 모병이적죄(제94조), 시설제공이적죄(제95조), 시설파괴이적죄(제96조), 간첩죄(제98조), 폭발물사용죄(제119조).

2 [형벌과 보안처분 사이의 사형] "사형은 일반국민에 대한 심리적 위하를 통하여 범죄의 발생을 예방하며 극악한 범죄에 대한 **정당한 응보**를 통하여 정의를 실현하고, 당해 범죄인의 재범 가능성을 영구히 차단함으로써 **사회를 방어**하려는 것으로 그 입법목적은 정당하고, 가장 무거운 형벌인 사형은 입법목적의 달성을 위한 적합한 수단이다"(헌재결 2008헌가23).

復)이라는 정의의 요청을 충족하고, 사적 복수(Fehde)보다 경미한 수단에 의해 그 목적을 달성할 수 있을 때 정당화되므로 사형은 적어도 **인간의 생명을 빼앗는 범죄행위에 국한**되어야 한다. 그렇지 않은 데도 사형을 정한 범죄구성요건(예: 해상강도강간죄 등)은 위헌적이다. 사람의 생명을 빼앗는 범죄에 대한 사형도 책임비례형벌인지를 엄정하게 검토하여야 한다. 판례도 "사형의 선고는 범행에 대한 책임의 정도와 형벌의 목적에 비추어 누구라도 그것이 정당하다고 인정할 수 있는 특별한 사정이 있는 경우에만 허용된다"(대판 2023도2043).

Ⅱ. 자 유 형

징역, 금고, 구류는 범죄자의 자유를 — 신체의 자유만이 아니라 행복추구권, 행동의 자유, 주거의 자유, 직업의 자유 등을 — 포괄적으로 박탈하는 형벌이다. 자유형이 박탈하는 자유에는 한계가 있다(예: 종교의 자유). 그 한계는 지속적으로 확대되어 오고 있다.

1. 징역과 금고

제67조(징역) 징역은 교정시설에 수용하여 집행하며, 정해진 노역(勞役)에 복무하게 한다.
제68조(금고와 구류) 금고와 구류는 교정시설에 수용하여 집행한다.
제42조(징역 또는 금고의 기간) 징역 또는 금고는 무기 또는 유기로 하고 유기는 1개월 이상 30년 이하로 한다. 단, 유기징역 또는 유기금고에 대하여 형을 가중하는 때에는 50년까지로 한다.

징역은 "형무소 내에 구치하여 정역(定役)에 복무하게" 하는 형이다. 정역은 대개 단순 노동이므로 수형자의 직업과 무관한 경우가 많고, 재사회화 기능이 미약하다. 또한 정역에 대한 보수는 노동의 가치에 비례하지 않은 수준이다. 금고는 범죄자를 교도소 내에 구치(제68조)하지만, 정역을 부과하지 않는 형이다. 징역과 금고는 무기와 유기로 나뉜다. 유기징역·금고는 1개월 이상 30년 이하이며, 형을 가중하는 경우는 50년까지이다(제42조).

2. 구 류

제46조(구류) 구류는 1일 이상 30일 미만으로 한다.

제68조(금고와 구류) 금고와 구류는 교정시설에 수용하여 집행한다.

「경찰관 직무집행법」 제9조(유치장) 법률에서 정한 절차에 따라 체포·구속된 사람 또는 신체의 자유를 제한하는 판결이나 처분을 받은 사람을 수용하기 위하여 경찰서와 지방해양경비안전관서에 유치장을 둔다.

구류는 범죄자를 교정시설에 수용하는(제68조) 형으로서 그 기간이 1일 이상 30일 미만(제46조)이다. 구류는 경범죄[3]에 대한 자유형이며, 「경찰관 직무집행법」에 의해 경찰서유치장에서 집행되기도 한다(제9조).

Ⅲ. 재산형

벌금, 과료, 몰수는 범죄자에게 재산상 부담을 가하는 형이다.

1. 벌금과 과료

제69조(벌금과 과료) ① 벌금과 과료는 판결확정일로부터 30일 내에 납입하여야 한다. 단, 벌금을 선고할 때에는 동시에 그 금액을 완납할 때까지 노역장에 유치할 것을 명할 수 있다. ② 벌금을 납입하지 아니한 자는 1일 이상 3년 이하, 과료를 납입하지 아니한 자는 1일 이상 30일 미만의 기간 노역장에 유치하여 작업에 복무하게 한다.

제70조(노역장유치) ① 벌금이나 과료를 선고할 때에는 이를 납입하지 아니하는 경우의 노역장 유치기간을 정하여 동시에 선고하여야 한다. ② 선고하는 벌금이 1억 원 이상 5억 원 미만인 경우에는 300일 이상, 5억 원 이상 50억 원 미만인 경우에는 500일 이상, 50억 원 이상인 경우에는 1,000일 이상의 유치기간을 정하여야 한다.

제71조(유치일수의 공제) 벌금 또는 과료의 선고를 받은 사람이 그 금액의 일부를 납입한 경우에는 벌금 또는 과료액과 노역장 유치기간의 일수(日數)에 비례하여 납입금액에 해당하는 일수를 뺀다.

벌금과 과료는 범죄자에게 일정 금액의 지급의무를 강제로 부담시키는 형이다. 벌금과 과료의 부과로 범죄자는 **금전지급채무**를 부담하고, 국가는 그에 대응하는 채권을 갖는다. 벌금과 과료의 부과만으로는 재산권이 이전되지 않으며, 이 점에서 몰수와 구별된다. 벌금과 과료는 **일신전**

---

3 **[형법전의 구류형 범죄]** 공연음란죄(제245조), 폭행죄(제260조), 과실치상죄(제266조), 협박죄(제283조), 자동차등불법사용죄(제331조의2), 편의시설부정이용죄(제348조의2).

속적 채무이므로, 제3자에 의한 대납, 국가에 대한 범죄자의 채권과의 상계(「민법」 제492조) 또는 상속 등이 인정되지 않는다. 벌금은 감경하지 않는 한 5만 원 이상이고(제45조), 과료는 2천 원 이상 5만 원 미만으로 한다(제47조). 벌금과 과료는 판결확정일로부터 30일내 납입하여야 한다(제69조). 벌금과 과료를 선고할 때에는 이를 납입하지 아니하는 경우의 노역장 유치기간을 정하여 동시에 선고하여야 한다(제70조 제1항), 선고벌금이 1억 원 이상 5억 원 미만인 경우에는 300일 이상, 5억 원 이상 50억 원 미만인 경우에는 500일 이상, 50억 원 이상인 경우에는 1,000일 이상의 유치기간을 정하여야 한다(제70조 제2항). **노역장유치**의 기간은 벌금미납자는 1일 이상 3년 이하,[4] 과료미납자는 30일 미만이어야 한다(제69조 제2항). 벌금 또는 과료 금액의 일부를 납입한 경우에는 벌금 또는 과료액과 노역장 유치기간의 일수에 비례하여 납입금액에 해당하는 일수를 뺀다(제71조). 벌금을 선고할 때에는 납부기간(30일) 내에도 동시에 그 금액을 완납할 때까지 노역장에 유치할 것을 명할 수 있다(제69조 제1항 단서). 「소년법」은 18세 미만인 소년에게는 노역장유치에 따른 유치선고를 금한다(「소년법」 제62조). 다만 판결선고 전 구속되었거나 소년분류원에 위탁되었을 때(「소년법」 제18조 제1항 3호)에는 그 구속 또는 위탁의 기간에 해당하는 기간은 노역장에 유치된 것으로 보아 미결구금일수통산(형법 제57조)을 적용할 수 있다.

2. 몰 수

제48조(몰수의 대상과 추징) ① 범인 외의 자의 소유에 속하지 아니하거나 범죄 후 범인 외의 자가 사정을 알면서 취득한 다음 각 호의 물건은 전부 또는 일부를 몰수할 수 있다. 1. 범죄행위에 제공하였거나 제공하려고 한 물건 2. 범죄행위로 인하여 생겼거나 취득한 물건 3. 제1호 또는 제2호의 대가

4 **[징역형보다 긴 노역장유치]** 甲은 거래가 없이 세금계산서를 248장 교부하여 무거래세금계산서교부죄(「조세범처벌법」 제10조 제3항: 3년 이하의 징역 또는 그 세금계산서 및 계산서에 기재된 공급가액 … 등에 부가가치세의 세율을 적용하여 계산한 세액의 3배 이하에 상당하는 벌금)를 범했다. 법원은 벌금형을 선택하여 甲에게 5,900만 원을 선고하고 5만 원을 1일로 환산하여 노역장유치기간을 3년을 초과하여 정하였다. ① (대판 2000도3945) "벌금형을 선택하여 선고하면서 그에 대한 **노역장유치기간**을 환산한 결과 선택형의 하나로 되어 있는 **징역형의 장기보다 유치기간이 더 길 수 있게** 되었다 하더라도 이를 위법이라고 할 수는 없다." ② (評釋) 노역장유치기간의 상한선은 3년이므로 위 선고는 제69조 제2항에 위반된다.

로 취득한 물건 ② 제1항 각 호의 물건을 몰수할 수 없을 때에는 그 가액을 추징한다. ③ 문서, 도화, 전자기록 등 특수매체기록 또는 유가증권의 일부가 몰수의 대상이 된 경우에는 그 부분을 폐기한다.

(1) 의 의 몰수는 범죄와 관련된 재산을 박탈하여 국고로 귀속시키는 형(제41조 9호)으로서 가장 가벼운 형벌이며 부가형(제49조 본문)이다.

① **몰수범죄**는 형법상 수뢰죄(제134조), 아편죄(제206조), 배임수재죄(제357조 제3항)와 몇몇의 특별형법(예: 특정경제범죄법 제10조, 특정범죄가중법 제13조)과 공무원범죄몰수법, 부패재산몰수법, 불법정치자금법이 정한 범죄이다. 몰수는 범죄와 관련된 불법을 제거하기 위함이므로 몰수의 범위를 정하는 것은 법원의 권한이지만, 몰수 요건이 충족되는 한 몰수는 반드시 하여야 한다. 법문언인 "몰수한다"는 **필요적 몰수**를 규정하기 때문이다. ② **부가형**으로서 몰수(및 몰수를 갈음하는 추징)는 세 가지 특성(병과성, 독자성, 부종성 없음)을 갖는다. 몰수는 징역형과 벌금형의 병과처럼 명문규정이 없어도 징역형 등과 **당연히 병과**할 수 있다. 물론 몰수범죄는 대부분 명문규정(예: "범인이 취득한 제1항의 재물은 몰수한다"[제357조 제3항])을 두고 있다. 몰수는 **독자적인 형벌**이어서 "행위자에게 유죄의 재판을 아니할 때에도 몰수의 요건이 있는 때에는 몰수만을 선고할 수 있다"(제49조 단서). 그러나 "범죄사실에서 인정되지 아니한 사실에 관하여는 몰수나 추징을 선고할 수 없다."[5] 또한 몰수는 그것이 부과된 다른 형벌의 효력이 상실되어도 유지된다. 즉 징역형에 대한 **부종성**(附從性)**이 없다.**[6] ③ 몰수는 범죄자에 대한 유죄의 판결에 부가되는 형이다. 따라서 그 유죄판결의 **피고인에게만**[7]

---

5 **[추징의 범죄사실관련]** 법원은 甲이 두 차례 乙에게 메트암페타민 각 불상량을 건네주었다는 공소사실을 인정하고 1회 주사기 1개 분량의 0.7g의 시가 18만 원의 추징을 명하였다. ① (대판 2016도16170) **"범죄사실에서 인정되지 아니한 사실에 관하여는 몰수나 추징을 선고할 수 없다."**

6 **[몰수와 추징의 부종성 없음]** 甲은 1993.12.18. 항소심에서 특정범죄가중법상 수뢰죄로 징역 3년 집행유예 4년과 1억5천만 원의 추징을 선고받았지만, 1995.8.15. 징역형 선고의 효력을 상실케 하고 복권시키는 특별사면을 받았다. 검사는 추징금에 대하여 1995.12.27.까지 납부를 명하는 처분을 하였다. ① (대결 96모14) **"징역형의 선고의 효력을 상실케 하는 동시에 복권하는 특별사면이 있은 경우에 추징에 대하여도 형 선고의 효력이 상실된다고 볼 수는 없다."**

7 **[몰수의 인적효력]** 甲은 문화재 X를 일본으로 밀반출하였고, 2년이 지나 선의의 丙은 일본인 乙로부터 매수하였다. 甲은 일반동산문화재 무허가국외반출죄(「문화재보호법」 제90조 제2항, 제60조 제1항)로 유죄판결을 받았으며, X에 대한 몰수도 선고되었다. ① (대판 99다12161) 「문화재보호법」상 몰수는 "몰수할 문화재가 피고인 이외의 제3자의 소유에 속하더라도 그의 선의·악의를 불문하고 필요적으로 이를 몰수하여야" 하지만 **"제3자의 소유에 속하는 물건에 대하여 몰수를 선고**

효력이 발생한다. "문서, 도화, 전자기록 등 특수매체기록 또는 유가증권의 일부가 몰수에 해당하는 때에는 그 부분을 폐기한다"(제48조 제3항).

(2) **몰수의 요건** 몰수는 범인 이외의 자의 소유에 속하지 아니하거나 범죄 후 범인 이외의 자가 사정을 알면서 취득한 것으로서 범죄행위에 제공하였거나 제공하려고 한 물건, 범죄행위로 인하여 생겼거나 취득한 물건 또는 그 대가로 취득한 물건이어야 할 수 있다. 몰수할 물건은 압수된 물건에 한하지 않는다(대판 2003도705). ① **범인 이외의 자의 소유에 속하지 아니한 물건**이란 **범인 또는 공범의**[8] **소유에 속하는 물건, 무주물 또는 소유자불명의 물건**을 말한다. 범인 이외의 자의 소유에 속하는 물건이라도 '범죄 후 사정을 알면서 취득'한 경우는 보호할 가치가 없기 때문에 몰수할 수 있다. ② **범죄행위에 제공한 물건**은 범죄의 실행행위(예: 살인한 칼), 실행행위 착수 전의 행위 또는 종료 후의 행위에 사용한 물건으로서 **범행에 실질적으로 기여한 물건**[9]을 말한다. 장래 계획된 범죄가 아니라 "**유죄로 인정되는 당해 범죄행위에 제공하려고 한 물건**임이 인정되어야 한다".[10] 몰수는 법원의 재량이지만 비례의 원칙에 따른 제한을 받는다. 가령 휴대폰으로 피해자를 불법촬영한 경우 동영상은 '범죄행위로 인하여 생긴 물건'으로서 몰수할 수 있지만 휴대전화를 몰수하는 것은

한 판결의 효력은 원칙적으로 피고인에 대한 관계에서 그 물건을 소지하지 못하게 하는 데 그치고 … 제3자의 소유권에 어떤 영향을 미치는 것은 아니다." ② (評釋) 문화재보호법상 몰수는 문화재보호를 위한 것으로 형법상 몰수와 다른 재산권제한이다.

8 [무죄 공범 소유의 몰수물] X㈜ 대표 甲은 경영권 확보를 위해 유상증자를 하면서 이사 乙에게 부정한 청탁을 하며 1억 원을 공여하였다. 乙은 폭로를 위해 그 돈을 받았지만 곧 그 회사의 비대위로 가져가 기자회견을 열고 폭로하였다. ① (대판 2006도5586) "**공범자의 소유물도 그 공범자의 소추 여부를 불문하고 몰수할 수 있**"고, "제48조 제1항의 '범인'에 해당하는 공범자는 반드시 유죄의 죄책을 지는 자에 국한된다고 볼 수 없고 공범에 해당하는 행위를 한 자이면 족하다". 배임수재죄와 임원독직죄(상법 제630조 제1항)를 범한 乙로부터 1억 원을 몰수할 수 있다.

9 [몰수물의 실질적 범행기여] 甲은 승용차를 타고 E 마트로 들어가 전기밥솥 등을 절취하여 그 승용차에 싣고 집으로 가져왔다. ① (대판 2006도4075) "실행행위의 착수 전의 행위 또는 실행행위의 종료 후의 행위에 사용한 물건이더라도 **범죄행위의 수행에 실질적으로 기여하였다고 인정되는**" 물건은 범죄행위에 제공한 물건이다. 승용차는 장물의 운반에 사용하였으므로 몰수물이다.

10 [범행에 제공하려고 한 물건] 甲은 2007.4.20.~2007.7.24. 46회에 걸쳐 신고 없이 중국인 丙의 명의를 이용하여 중국에 거주하지 않는 乙에게 송금하였다. 甲이 2007.7.24. 「외국환거래법」 위반으로 체포될 당시 같은 방법으로 중국 K은행의 계좌로 송금하려다 못한 현금이 압수되었다. ① (대판 2007도10034) 현금은 甲이 "**장차** 실행하려고 한 외국환거래법위반의 범행에 제공하려고 한 물건"이고, **유죄로 인정되는 「외국환거래법」 위반의 범행에** 제공하려고 한 물건이 아니다.

비례원칙에 위배된다(대판 2021도5723). ③ **범죄행위로 인하여 생겼거나 취득한 물건**이란 예컨대 위조문서, 위조통화, 위조유가증권, 도박행위로 딴 돈, 공무원이 직무에 관하여 금원을 무기한 무이자로 차용한 경우의 그 금융이익(대판 75도3607)[11] 등을 말한다.[12] ④ **몰수의 대상이 되는 물건**이란 '유체물 및 전기 기타 관리할 수 있는 자연력'으로 정의되는 **민법상 물건**과 같은 내용이다.[13] 가령 범죄의 보수는 은행계좌로 이체 받으면 예금채권을 발생시킬 뿐이므로 몰수 대상인 물건에 해당하지 않는다(2020도2154). **범죄수익은닉규제법**은 범죄행위에 의하여 생겼거나 범죄행위의 보수로 얻은 **재산**을 범죄수익으로 몰수할 수 있게 한다. 가령 가상화폐(예: 비트코인)도 이 법이 정한 몰수대상이 된다(대판 2018도3619).

(3) 추 징 몰수할 물건이 "몰수할 수 없을 때에는 그 가액을 추징한다"(제48조 제2항). 추징은 징벌적 성격을 지닌 재산권박탈이다. ① **몰수불능**은 사실상 불능(예: 멸실)과 법률상 불능(예: 선의취득, 몰수)을 포함한다. 가령 범죄자의 배우자 명의로 등재된 주식(대판 2005도5822)은 몰수판결의 효력이 배우자에게 미치지 않으므로 법률상 몰수불능에 해당하고, 따라서 그 가액을 피고인으로부터 추징한다. 범죄로 취득한 물건인 금괴가 외국에 몰수되어 피고인의 소유권 자체가 박탈된 경우에는 몰수할 물건이 아니므로 추징도 할 수 없다(대판 78도831). ② **추징가액**[14]은 "범인이 그

---

11 다만 공무원이 소비대차로 받은 금원 그 자체는 뇌물이 아니므로 몰수 또는 추징할 수 없다.

12 [범죄행위로 취득한 물건] 甲은 乙로부터 M토지를 매수하고 대금을 모두 지급하였지만 세금을 피하려고 이전등기를 신청하지 않고 丙에게 매도하였다. 甲은 소유권이전등기신청의무위반죄(「부동산등기특별조치법」 제2조 제2항, 제6조)가 성립한다. ① (대판 2007도7353) 甲이 丙으로부터 받은 대금은 乙과의 계약에 따른 소유권이전등기신청의무위반으로 취득한 것이 아니므로 몰수의 대상이 아니다.

13 [몰수할 물건이 아닌 웹사이트] 甲은 도박사이트를 홍보한 공소사실로 유죄가 인정되었고, 법원은 그 웹사이트 매각을 통해 취득한 대가를 추징하였다. ① (대판 2021도7168) 웹사이트는 범죄행위에 제공된 무형의 재산일 뿐 '범죄행위로 인하여 생(生)하였거나 이로 인하여 취득한 **물건**'에 해당하지 않으므로, 웹사이트 매각을 통해 취득한 대가는 추징의 대상에 해당하지 않는다. 이는 범죄행위에 의하여 생긴 **재산** 및 범죄행위의 보수로 얻은 **재산**(재산상 이익 포함)을 범죄수익으로 몰수할 수 있도록 한 「범죄수익은닉규제법」과 다른 점이다.

14 [추징가액] 甲은 필로폰 공급자 乙과 수요자 丙 사이의 매매를 알선함으로써 마약류관리법 위반죄로 유죄판결을 받았다. 매매를 알선한 그 필로폰은 압수되지 못했고, 그 거래량과 매매가액은 재판 당시 400만 원임이 입증되었다. ① (대판 2006도9314) "甲으로부터 몰수할 수 없는 이상 적어도 매매를 알선한 필로폰의 가격에 해당하는 400만 원 이상을 추징하여야" 한다.

물건을 보유하고 있다가 몰수의 선고를 받았더라면 잃었을 이득상당액을 의미한다고 보아야 하므로 그 가액산정은 **재판선고시의 가격을 기준으로 하여야"** 한다(대판 91도352). 추징가액의 산정에서 **범행비용은 공제하지 않는다.** 범인이 성매매알선 과정에서 지출한 세금(대판 2009도2223), 오락실 및 마사지업소 운영시 지출한 직원 급여경비(대판 2005도7146) 등도 범행비용에 해당한다. 수인이 공모한 수뢰죄의 유죄판결에서 그 뇌물의 가액을 추징하는 경우에 각 공범자가 수수한 금액을 알 수 없는 경우에는 평등하게 추징한다(대판 73도1963). 하지만 「외국환관리법」 위반 사건(대판 95도2002), 특정경제범죄법위반(재산국외도피) 사건(대판 2002도7262), 「마약류관리법」 위반 사건(대판 2006도9314), 「관세법」 위반 사건(대판 2007도8401)에서는 각 범칙자 전원에 대하여 그 취득한 가액 전부[15]를 추징한다. ③ "몰수 대상이 되는지 여부나 추징액의 인정 등 몰수·추징의 사유는 범죄구성요건 사실에 관한 것이 아니어서 엄격한 증명은 필요 없지만 역시 증거에 의하여 인정되어야 한다"(대판 2005도9858; 2023도1014).

(4) 몰수·추징의 상대방 몰수·추징은 몰수할 물건이나 추징할 이익을 보유하고 있는 자[16]에 대하여 한다. 예컨대 증뢰자가 뇌물을 반환받은 경우는 증뢰자(대판 83도2783), 뇌물로 받은 돈이 은행에 예금된 후 수뢰자가 증뢰자에게 같은 액수의 돈을 반환한 경우에는 뇌물 자체의 반환이 아니므로 수뢰자(대판 96도2022)가 몰수·추징의 상대방이 된다.

---

15 [마약투약분 추징] 甲은 乙에게 필로폰 1.7g을 매도하기로 하였는데, 甲과 乙이 체포될 때 甲은 0.12g을 소지하고 있었고, 乙은 1.55g을 소지하고 있다가 각각 압수당했다. 0.03g은 이미 투약하여 소비되어 버렸다. 甲이 「마약류관리법」 위반으로 유죄판결을 받으면서 甲이 소지한 0.12g과 乙이 소지한 1.55g은 몰수가 선고되었다. ① (대판 2009도2819) "추징은 징벌적 성질을 가진 처분이므로 그 취급한 범위 내에서 **가액 전부의 추징**을 명하여야 하지만, 그 소유자나 최종소지인으로부터 마약류의 전부 또는 일부를 몰수하였다면 다른 취급자들과의 관계에 있어서도 실질상 이를 몰수한 것과 마찬가지이므로 그 몰수된 마약류의 가액 부분은 이를 추징할 수 없다." 즉, 0.03g의 가액만 추징된다.

16 [추징의 상대방] 甲과 乙은 공모하여 丙으로부터 공무원에게 청탁을 한다는 명목으로 6천만 원을 받아, 3천만 원은 세무서 공무원에게 뇌물로 공여하고, 甲은 1천만 원, 乙은 2천만 원씩 나누어 각자 소비하였다. ① (대판 93도1569) "각자로부터 **실제로 분배받은 금품만을 개별적으로 몰수하거나 그 가액을 추징**하여야 하고", 공무원에게 뇌물로 공여한 부분의 이익은 실질적으로 피고인에게 귀속된 것이 아니다. 甲에게서는 1천만 원만 추징된다.

Ⅳ. 자격형

제43조(형의 선고와 자격상실, 자격정지) ① 사형, 무기징역 또는 무기금고의 판결을 받은 자는 다음에 기재한 자격을 상실한다. 1. 공무원이 되는 자격 2. 공법상의 선거권과 피선거권 3. 법률로 요건을 정한 공법상의 업무에 관한 자격 4. 법인의 이사, 감사 또는 지배인 기타 법인의 업무에 관한 검사역이나 재산관리인이 되는 자격

② 유기징역 또는 유기금고의 판결을 받은 자는 그 형의 집행이 종료하거나 면제될 때까지 전항 제1호 내지 제3호에 기재된 자격이 정지된다. 다만, 다른 법률에 특별한 규정이 있는 경우에는 그 법률에 따른다.

제44조(자격정지) ① 전조에 기재한 자격의 전부 또는 일부에 대한 정지는 1년 이상 15년 이하로 한다.

② 유기징역 또는 유기금고에 자격정지를 병과한 때에는 징역 또는 금고의 집행을 종료하거나 면제된 날로부터 정지기간을 기산한다.

1. 자격상실

사형, 무기징역 또는 무기금고의 판결을 받은 자는 공무원이 되는 자격, 공법상의 선거권과 피선거권, 법률로 요건을 정한 공법상의 업무에 관한 자격, 법인의 이사, 감사 또는 지배인 기타 법인의 업무에 관한 검사역이나 재산관리인이 되는 자격을 상실한다(제43조 제1항). 이는 강도살인 등 극도로 중대한 범죄를 범한 자의 모든 직업활동과 정치활동을 사실상 박탈시키는 강력한 형벌이다. 그러나 중죄인도 정치적 견해를 가지므로 선거권을 누려야 하고, 사적 자치에서 제외될 이유가 없으므로 공법인이 아니라면 법인의 이사가 될 자격을 누려야 한다.

2. 자격정지

유기징역 또는 유기금고의 판결을 받은 자는 그 형의 집행이 종료하거나 면제될 때까지 공무원이 되는 자격, 공법상의 선거권과 피선거권, 법률로 요건을 정한 공법상의 업무에 관한 자격(제43조 제1항 1호 내지 3호)이 정지된다(제43조 제2항). 이에 반해 법인의 이사 등이 되는 자격(제43조 제1항 4호)은 유지된다. 또한 다른 법률에 특별한 규정이 있는 경우에는 그 법률에 따른다(제43조 제2항 단서).

예컨대 공직선거법은 1년 미만의 징역 또는 금고의 집행을 선고받아 수형 중에 있는

사람과 형의 집행유예를 선고받고 유예기간 중에 있는 사람에게 선거권을 부여한다(제18조 제1항).

자격정지는 유기징역 또는 유기금고의 병과형(예: 살인죄 등)으로 또는 선택형(예: 직무유기죄)으로 선고될 수 있다. 자격정지를 병과하는 때에는 기간은 1년 이상 15년 이하이며(제44조 제1항), 징역 또는 금고의 집행을 종료하거나 면제된 날로부터 정지기간을 기산한다(제44조 제2항).

- **임의적 병과형** 제250조(살인), 제252조(촉탁승낙살인), 제253조(위계촉탁살인)로 유기징역에 처할 때에는 10년 이하의 자격정지를 병과할 수 있다(제256조).
- **필수적 병과형** 재판, 검찰, 경찰 기타 인신구속에 관한 직무를 행하는 자 또는 이를 보조하는 자가 그 직권을 남용하여 사람을 체포 또는 감금한 때에는 7년 이하의 징역과 10년 이하의 자격정지에 처한다(제124조).
- **선택형** 공무원이 정당한 이유 없이 그 직무수행을 거부하거나 그 직무를 유기한 때에는 1년 이하의 징역이나 금고 또는 3년 이하의 자격정지에 처한다(제122조).

V. 형의 경중

제50조(형의 경중) ① 형의 경중은 제41조 각 호의 순서에 따른다. 다만, 무기금고와 유기징역은 무기금고를 무거운 것으로 하고 유기금고의 장기가 유기징역의 장기를 초과하는 때에는 유기금고를 무거운 것으로 한다. ② 같은 종류의 형은 장기가 긴 것과 다액이 많은 것을 무거운 것으로 하고 장기 또는 다액이 같은 경우에는 단기가 긴 것과 소액이 많은 것을 무거운 것으로 한다. ③ 제1항 및 제2항을 제외하고는 죄질과 범정(犯情)을 고려하여 경중을 정한다.

형의 경중비교는 신법과 구법의 형의 비교(제1조 제2항), 경합범의 가중처벌(제38조 제1항 2호), 형사소송법상 불이익변경금지원칙(제368조)의 적용에 필요하다. 형의 경중은 **형의 종류**(제41조)**에 따른 순서**, 즉 〈1. 사형→2. 징역→3. 금고→4. 자격상실→5. 자격정지→6. 벌금→7. 구류→8. 과료→9. 몰수〉의 순으로 정한다(제50조 제1항 본문). 단 무기금고는 유기징역보다 중한 형이며, 장기가 유기징역보다 더 긴 유기금고는 징역보다 중한 형이 된다(제50조 제1항 단서). **동종의 형**에서는 장기의 긴 것과 다액의 많은 것을 중한 형으로 한다. 장기 또는 다액이 동일한 때에는 그 단기의 긴 것과 소액의 많은 것을 중한 것으로 한다(제50조 제2항).

§35. 형의 양정

Ⅰ. 양형의 의의

1. 양형의 의미

제51조(양형의 조건) 형을 정함에 있어서는 다음 사항을 참작하여야 한다. 1. 범인의 연령, 성행, 지능과 환경 2. 피해자에 대한 관계 3. 범행의 동기, 수단과 결과 4. 범행 후의 정황

양형은 구체적인 범죄의 피고인에게 선고할 특정한 형을 정하는 것이다. "양형은 법정형을 기초로 하여 형법 제51조에서 정한 양형의 조건이 되는 사항을 두루 참작하여 합리적이고 적정한 범위 내에서 이루어지는 재량 판단"(대판 2015도3260)이다. 양형이 재량의 합리적 범위를 벗어나면 위법한 판결이 되어 파기된다.[1] 양형은 범인의 연령, 성행, 지능과 환경, 피해자에 대한 관계, 범행의 동기, 수단과 결과, 범행 후의 정황(제51조)을 참작하여야 한다. 양형조건은 선고형과 처단형(예: 정상참작감경)을 정하는 데에 고려된다.

[가중적 양형조건] ① 형법 제51조 제4호의 "범행 후의 정황 가운데에는 형사소송절차에서의 피고인의 태도나 행위를 들 수 있는데 1) **범죄사실을 단순히 부인하고 있는 것이 죄를 반성하거나 후회하고 있지 않다는 인격적 비난요소로 보아 가중적 양형의 조건으로 삼는 것은** 결과적으로 피고인에게 **자백을 강요하는 것이 되어 허용될 수 없다**고 할 것이나, 그러한 태도나 행위가 피고인에게 보장된 방어권 행사의 범위를 넘어 2) **객관적이고 명백한 증거가 있음에도 진실의 발견을 적극적으로 숨기거나 법원을 오도하려는 시도에 기인한 경우에는 가중적 양형의 조건으로 참작**될 수 있다"(대판 2001도192). 2) 부분은 명백한 증거와 기타 증거의 구분을 전제하지만, 그런 구분은 인식론적으로 불가능하며, 특정한 증거의 증명력에 대한 법관의 교조적 확신을 부추기고 무죄추정원칙을 무력화시킨다. ② 공소사실(예: 필로폰 투약)을 기준으로 제51조가 정한 양형조건으로 포섭되지 않는 별도의 범죄사실(예: 필로폰 판매)에 해당하는 사

---

1 "제1심의 양형판단이 재량의 합리적인 한계를 벗어났다고 평가되거나, 항소심의 양형심리 과정에서 새로이 현출된 자료를 종합하면 제1심의 양형판단을 그대로 유지하는 것이 부당하다고 인정되는 등의 사정이 있는 경우에는, 항소심은 형의 양정이 **부당한** 제1심판결을 **파기하여야 한다**"(대판 2015도3260[전원합의체]). "부당한"이란 위법하다는 의미로 이해된다.

정에 관하여 합리적인 의심을 배제할 정도의 증명력을 갖춘 증거에 따라 증명되지 않았는데도 핵심적인 형벌가중적 양형조건으로 삼아 형의 양정을 함으로써 피고인에 대하여 사실상 공소가 제기되지 않은 범행을 추가로 처벌한 것은 죄형균형원칙이나 책임주의에 위배된다(대판 2020도8358).

2. 법정형 · 처단형 · 선고형

양형은 피고인이 범한 범죄의 법정형에 대해 법률상 또는 재판상 가중·감경을 하여 선고 가능한 형벌의 범위인 처단형을 정하고, 그 형벌의 범위 내에서 피고인에게 선고할 형(선고형)을 정하는 단계로 이루어진다. 그러나 재판현실에서 법관들은 피고인에게 적정한 형을 정하고, 그 형이 법정형과 처단형의 범위 내에 있는지를 검토하고, 범위 밖에 있는 경우에는 선고형을 다시 정하거나, 생각하는 선고형이 가능한 처단형을 다시 정하기도 한다. 법정형이나 처단형을 정할 때 이미 선고형을 고려하고, 반면에 선고형을 정할 때에도 이미 법정형과 처단형을 먼저 정하는 순환관계가 성립한다. 이런 의미에서 양형은 해석학적 이해(hermeneutisches Verstehen)의 과정이다. 이에는 법관의 선이해가 작용하고, 사안에 대한 법감정, 실제로는 미추판단(aesthetic judgement)[2]이 작용한다.

Ⅱ. 형의 양정 순서

제56조(가중감경의 순서) 형을 가중·감경할 사유가 경합하는 경우에는 다음 각 호의 순서에 따른다. 1. 각칙 조문에 따른 가중 2. 제34조제2항에 따른 가중 3. 누범 가중 4. 법률상 감경 5. 경합범 가중 6. 정상참작감경

특정 구성요건에 수 개의 선택형(예: 징역 또는 벌금)이 규정되어 있는 경우에는 형의 가중·감경에 앞서 적용할 **형을 선택**한다. 선택된 **형의 가중 또는 감경**은 [각칙 조문에 따른 가중(상습범 가중[3] 포함) → 특수교사·방

2 이상돈, 법미학, 법문사, 2008, 86쪽: 양형에 중요한 사안의 질감미(texture)는 128쪽.

3 [상습범가중] 상습범가중은 누범가중과 같이 총칙규정에 의해 일반적으로 하는 것이 아니라 각 죄에 상습범 가중처벌규정을 둠으로써 형성된 독립된 범죄구성요건(집합범의 한 유형)을 적용하는 방식에 의한다. 그러므로 상습범가중은 형의 가중감경 순서상으로는 **각칙 조문에 따른 가중**에 속한다. 대개의 상습범가중은 기본범죄(예: 폭행, 상해죄, 강간과 강제추행의 죄, 절도와 강도의 죄,

조(제34조 제2항)에 따른 가중 → (해석상 **상상적 경합**의 처리→) 누범가중(제35조 제2항) → 법률상 감경 → 경합범가중 → 정상참작감경(제53조)]의 **순서**로 한다(제56조). 특히 형의 감경은 총칙 제55조(법률상 감경)의 규율에 의한다. 법률상 감경조항은 감경의 방법을 정하고 있지 않는 정상참작감경(제53조)에도 적용된다(대판 63도410). 명문으로 정하지 않은 **상상적 경합**(제40조)**의 처리**는 **특수교사·방조의 가중과 누범가중 사이**에 한다.[4] 다만 중지미수는 필요적 감경이어서 법률상 감경과 경합범 가중 사이에 함이 타당하다. 형을 선택하고 가중 또는 감경(최후의 순서로 정상참작감경)을 하고 나면 그 다음의 양형단계는 **선고형**을 정하는 것이다. 대법원은 처단형의 범위 내에서 특정한 선고형을 정하고 형의 집행유예 여부를 결정할 때 참조하는 **양형기준**[5]을 운영하고 있다.

Ⅲ. 형의 가중·감경사유

1. 누범가중

제35조(누범) ① 금고 이상의 형을 선고받아 그 집행이 종료되거나 면제된 후 3년 내에 금고 이상에 해당하는 죄를 지은 사람은 누범으로 처벌한다.
② 누범의 형은 그 죄에 대하여 정한 형의 장기의 2배까지 가중한다.

금고 이상의 형을 선고받아 그 집행이 종료되거나 면제된 후 3년 내에 금고 이상에 해당하는 죄를 지은 사람은 누범이 되고, 누범의 형은

사기와 공갈의 죄)의 형을 1/2 가중한다는 법문언("그 죄에 정한 형의 2분의 1까지 가중한다")에 의하지만 상습도박죄(제246조 제2항: "3년 이하의 징역 또는 2천만 원 이하의 벌금에 처한다")나 상습장물죄(제363조 제1항)처럼 독자적인 법문언을 취하기도 한다.

4 [상상적 경합] 甲은 乙을 때려 시계를 강취한 다음 乙의 반항을 제압하며 성교를 하려고 하였지만 乙의 저항에 실패하였다. 乙은 손목시계를 강취당할 때 전치 2주의 상해를 입었다. ① (대판 83도3160) "1개의 행위가 강도강간미수의 죄와 강도상해의 죄에 해당하여 무거운 강도강간미수죄에 정한 형으로 처벌하기로 하여 소정형 중 유기징역형을 선택한 다음 형법 제25조 제2항에 의한 미수감경과 형법 제53조에 의한 정상참작감경을 하여 그 처단형의 범위를 정함에 있어서는 **먼저 강도상해죄가 기수이므로 강도상해죄 소정의 유기징역형의 하한의 범위 내에서 강도강간미수죄 소정의 유기징역형을 미수 감경한 다음 작량감경을 한 형기범위에 의하여야 할 것**이다." 강도강간미수죄가 중한 형이고 강도강간죄의 법정형 징역 10년 이상을 선택하고, 제25조 제2항의 미수감경을 하면 징역 5년 이상이 되는데 경한 법정형인 강도상해죄의 징역 7년 이상보다 낮다. 따라서 7년 이상이 하한형이 된다.

5 대법원 홈페이지(http://www.scourt.go.kr/sc/krsc/criterion/standard/standard.jsp) 참조.

그 죄에 대하여 정한 형의 장기의 2배까지 가중한다.[6] 형집행종료는 형기가 만료된 경우이고, 형집행을 면제받은 경우는 형의 시효가 완성되거나(제77조) 특별사면으로 형집행이 면제된 경우(사면법 제5조 제1항 2호)를 가리킨다. 고의범이든 과실범이든 묻지 않는다. 폭력행위처벌법, 특정범죄가중법, 특정강력범죄법 등은 특수한 누범가중규정을 두고 있다.

2. 법률상 감경

(1) **법률상 감경사유** 형법에 정해진 형의 **감경사유**가 있는 경우에는 **형법이 정한 방법**(제55조)에 따라 형을 감경한다. 이를 법률상 감경이라고 한다.

총칙상 감경사유	각칙상 감경사유
– 외국에서 받은 형의 집행(제7조) – 심신미약자(제10조 제2항) – 청각 및 언어 장애인(제11조) – 과잉방위(제21조 제2항), 과잉피난(제22조 제3항), 과잉자구행위(제23조 제2항) – 장애미수(제25조 제2항), 중지미수(제26조), 불능미수(제27조) – 종범(제32조 제2항) – 사후경합범감경(제39조 제1항) – 자수 · 자복(제52조)	• 자수 · 자백의 특례규정 – 내란예비음모선동선전(제90조 제1항) – 외환죄예비음모선동선전(제101조 제1항) – 외국사전(私戰)죄예비음모(제111조 제3항) – 폭발물사용죄예비음모(제120조 제1항 단서) – 위증죄(제153조) – 무고죄(제157조) – 방화의 죄 예비 · 음모(제175조) – 통화위조죄 예비 · 음모(제213조) • 피약취 · 유인 · 매매 · 이송자석방(제295조의2) • 인질석방(제324조의6)

생명형인 사형을 감경할 때에는 무기 또는 20년 이상 50년 이하의 징역 또는 금고로 한다(제55조 1호). 자유형인 무기징역 또는 무기금고를 감경할 때에는 10년 이상 50년 이하의 징역 또는 금고로 하고(2호), 유기징역 또는 유기금고를 감경할 때에는 그 **형기의 2분의** 1로 하며(3호),[7] 구류

6 [누범가중의 위헌여부] 누범가중은 전범을 다시 처벌하기 때문이 아니라 전범에 대한 형벌의 경고기능을 무시함으로써 범죄인의 **행위책임**이 가중되기 때문이므로, 일사부재리원칙이나 책임주의에 위배하지 않는다(헌재결 2009헌바63 등). 범죄를 범할수록 범죄를 범하지 않을 자유가 감소하는 경향이 있기 때문에 누범가중은 '이론적'으로는 책임주의에 위배되지만, '실천적'으로 형벌의 예방목적을 위한 것으로서 책임주의를 처분불가능한 원칙이나 불가침의 권리로 이해하지 않는 한 위헌으로 보기는 어렵다. 그러나 누범가중은 행위책임보다는 **'행위자책임'**을 전제로 한다. 판결 선고 후 누범인 것이 발각된 때 그 선고한 형의 집행을 종료하거나 그 집행이 면제된 후가 아닌 한 그 선고한 형을 통산하여 다시 형을 정할 수 있게 한 것(제36조)은 일사부재리원칙에 위배된다.

7 StGB 제49조는 자유형의 법률상 감경에서 상한선은 4분의 3까지 감경하고 하한선도 형량에 따라 감경 범위(예: 10년 또는 5년 이상의 유기자유형은 2년 이상, 3년 또는 2년 이상의 유기자유형은 6월 이상 등등)를 정하고 있다.

를 감경할 때에는 그 장기의 2분의 1로 한다(7호). 재산형인 벌금을 감경할 때에는 그 다액의 2분의 1로 하고(6호), 과료를 감경할 때에는 그 다액의 2분의 1로 한다(8호). 자격형인 자격상실을 감경할 때에는 7년 이상의 자격정지로 하고(4호), 자격정지를 감경할 때에는 그 형기의 2분의 1로 한다(5호). 법률상 감경할 사유가 **수 개 있는 때에는 거듭 감경**할 수 있다(제55조 제2항). 하지만 법률상 감경의 방법에 의한 정상참작감경(제53조)은 거듭 할 수 없다(대판 63도410). 물론 법률상 감경을 하고, 다시 정상참작감경을 할 수 있다.[8] 양형사유이중평가금지원칙에 따라 정상참작감경사유는 법률상 감경사유와는 다른 것이어야 한다.

(2) 자수와 자복

제52조(자수, 자복) ① 죄를 지은 후 수사기관에 자수한 경우에는 형을 감경하거나 면제할 수 있다. ② 피해자의 의사에 반하여 처벌할 수 없는 범죄의 경우에는 피해자에게 죄를 자복하였을 때에도 형을 감경하거나 면제할 수 있다.

자수는 범인이 수사기관에 자기의 범행을 자발적으로[9] 신고하고 그 처분을 구하는 의사표시이다. "자수는 범인이 수사기관에 의사표시를 함으로써 성립하는 것이므로 내심적 의사만으로는 부족하고 외부로 표시되어야 이를 인정할 수 있"다(대판 2003도3133). 유효한 자수를 한 다음 검찰이나 법정에서 범죄사실을 일부 부인하였더라도 자수의 효력은 유지된다(대판 2002도46). 자수는 수 개의 범죄사실 중 일부에 대해서만 할 수 있고,[10] 그 부분에 대해서만 자수의 효력이 발생한다(대판 94도2130). 판례

8 정상참작감경은 "법률상 감경을 다하고도 그 처단형보다 낮은 형을 선고하고자 할 때" 한다(대판 93도3608).

9 [자수와 자백] 甲은 수사기관에 자진 출석하여 조사를 받으면서 乙로부터 5%의 이자로 2억을 차용한 것이라 주장하다 제2회 조사 때 금융기관의 업무와 관련하여 수수한 것임을 자백하였다. ① (대판 2011도12041) 수사기관의 직무상의 질문 또는 조사에 응하여 범죄사실을 진술하는 것은 자백일 뿐 자수가 아니므로(대판 2006도4883) 甲은 자수감경(제52조 제1항)을 받을 수 없다. ② (評釋) 자수와 자백은 수사기관에게 자신의 범죄사실을 알린다는 점에서는 같지만, 자수는 자발적인 의사결정의 결과이고, 자백은 수사의 결과이며 정상참작감경사유일 뿐이다.

10 [축소범죄신고와 자수] 세무공무원 甲은 세무조사를 받던 乙로부터 5천만 원을 받았다. 甲은 한 달 뒤 검찰에 자수서를 제출하고 자진출석하였고, 피의자신문에서 乙로부터 3천만 원을 받았다고 진술하였다. ① (대판 2004도2003) 신고액과 시인한 금액의 차이가 적용법조와 법정형을 달리하므로 "특정범죄가중법 제2조 제1항 제1호, 형법 제129조 위반죄의 범죄성립요건에 관하여 신고한 것이라고 할 수 없으므로 이 사건 죄에 관한 자수가 성립"하지 않고, "당초부터 시인한 **3,000만**

에 의하면 자수를 "형의 감경사유로 삼는 주된 이유는 **범인이 그 죄를 뉘우치고 있다**는 점에 있으므로 범죄사실을 부인하거나 죄의 뉘우침이 없는 자수[11]는 그 외형은 자수일지라도 법률상 형의 감경사유가 되는 진정한 자수라고는 할 수 없"다(대판 93도1054). 그러나 형사절차에서 뉘우침의 말들은 전략적인 수사(修辭)이기 쉽고, 진정한 뉘우침은 재사회화에 필요할 뿐이다. 자수한 때에 법원은 **임의로 형을 감경 또는 면제**할 수 있다. **자복**은 반의사불벌죄에서 피해자에게 자신의 범죄사실을 고지하는 것으로서 자수와 같은 법적 효과가 발생한다(제52조 제2항).

3. 정상참작감경

제53조(정상참작감경) 범죄의 정상에 참작할 만한 사유가 있는 경우에는 그 형을 감경할 수 있다.

정상참작감경(제53조)이란 "범죄의 정상에 참작할 만한 사유"를 참작하고 헤아려 형을 감경하는 것을 말한다. 정상참작감경은 구체적 사안의 개별적 특성을 고려할 때 감경이 필요하지만 법률상 감경사유에 해당하지 않는 경우에 그 **법률상 감경사유의 흠결을 보충**[12]한다. 정상참작감경은 법관의 **임의적 감경**이다. 예컨대 법감정을 고려하여 정상참작감경을 하는 경우처럼 그 판단이 주관적이기에 정상참작감경은 의무화할 수 없고, 법관은 정상참작감경이 공감을 얻을 수 있는지 성찰하여야 한다.[13]

원 부분에 한하여 자수의 효력을 인정하여 그 부분에 관하여 법률상 감경을 할 수 있는 것도 아니다." ② (評釋) 甲의 축소신고가 수뢰액의 **양적 감소에 그치면 자수감경을 적용**하고 불법의 차이와 적용법조의 변경을 가져오면 자수감경을 적용할 수 없다.

11 [뉘우침과 자수] 甲은 승용차 안에서 乙을 강간하여 상해를 입게 하였다. 甲은 경찰에 자진출석하여 乙과는 강제로 간음한 것이 아니라는 진술을 하였다. ① (대판 94도2130) "甲이 수사기관에 자진출석하였다 하더라도 위 범죄사실을 부인하고 있는 이상 형의 감경사유가 되는 자수라고 할 수 없"다.

12 [법률상 감경사유보충] 소년 甲은 강도상해(제337조)를 범하고 Y경찰서에 자수하였다. 수소법원은 甲에게 유죄를 인정하고 甲의 정신특성을 고려하여 「소년법」 제60조 제2항("소년의 특성에 비추어 상당하다고 인정되는 때에는 그 형을 감경할 수 있다")에 의한 법률상 감경을 하고, 자수한 점을 고려하여 정상참작감경을 한 후 그 형기범위 안에서 징역 단기 2년, 장기 3년에 처하였다. ① (대판 91도985) 제56조에 따르면 법률상 감경을 먼저하고 정상참작감경을 해야 하지만, 甲이 "자수사실을 주장한 바 없고, 자수는 임의적 감경 사유에 지나지 아니하므로 **자수감경을 하지 아니하고 정상참작감경을 … 하였다고 하여 위법하다고 할 수는 없다.**"

13 판례는 "보호감호요건에 해당하는 이상 보호감호기간은 법정되어 있어 법원이 재량으로 감경하거나 면제할 수 없다"(대판 86도1661)고 본 바 있다.

정상참작사유란 구체적인 사건에서 범죄자의 책임에 영향을 미치는 모든 사정을 가리킨다. 판례는 양형조건(제51조)에 속하는 피해자와의 합의(대판 2006도2621), 공범의 가담정도나 뉘우침(대판 96도2354) 등을 들지만, 사건에 대한 법감정이 대표적인 사유이다.[14] **한 개의 죄**에 대하여 징역형과 벌금형을 **병과**하는 경우 **징역형과 벌금형 모두를 정상참작감경** 하여야 한다.[15] **수 개의 죄**(제38조 제1항 3호)에 대하여 징역형과 벌금형을 병과하는 경우에 각 형에 대한 범죄의 정상에 차이가 있으면 징역형만 정상참작감경을 하고 벌금형은 하지 않을 수 있다.[16]

Ⅳ. 형의 유예제도

1. 선고유예

제59조(선고유예의 요건) ① 1년 이하의 징역이나 금고, 자격정지 또는 벌금의 형을 선고할 경우에 제51조의 사항을 고려하여 뉘우치는 정상이 뚜렷할 때에는 그 형의 선고를 유예할 수 있다. 다만, 자격정지 이상의 형을 받은 전과가 있는 사람에 대해서는 예외로 한다. ② 형을 병과할 경우에도 형의 전부 또는 일부에 대하여 선고를 유예할 수 있다.

제59조의2(보호관찰) ① 형의 선고를 유예하는 경우에 재범방지를 위하여 지도 및 원호가 필요한 때에는 보호관찰을 받을 것을 명할 수 있다. ② 제1항의 규정에 의한 보호관찰의 기간은 1년으로 한다.

제60조(선고유예의 효과) 형의 선고유예를 받은 날로부터 2년을 경과한 때에는 면소된 것으로 간주한다.

제61조(선고유예의 실효) ① 형의 선고유예를 받은 자가 유예기간 중 자격정지 이상의 형에 처한 판결이 확정되거나 자격정지 이상의 형에 처한 전과가 발견된 때에는 유예한 형을 선고한다. ② 제59조의2의 규정에 의하여 보호관찰을 명한 선고유예를 받은 자가 보호관찰기간중에 준수사항을 위반하고 그 정도가 무거운 때에는 유예한 형을 선고할 수 있다.

---

14 법미학적 개념으로 사안의 질감미(texture)로 보는 이상돈, 법미학, 법문사, 2008, 120쪽.

15 [일죄 병과형과 정상참작감경] 甲은 「자본시장법」상 시세조종죄의 포괄일죄로 유죄판결을 받았다. 법원은 甲에 대해 징역형과 벌금형을 병과하면서 징역형에 대해서는 정상참작감경을 하였지만, 벌금형에 대해서는 하지 않았다. ① (대판 2008도6551) 포괄일죄인 한 정상참작감경은 징역형과 벌금형 모두를 하여야 한다.

16 [수죄 병과형과 정상참작감경] 甲은 절도죄와 도로교통법위반죄로 (병합)기소되었다. 법원은 절도부분에 대해 징역형을, 「도로교통법」위반부분에 대해 벌금형을 병과하였는데, 징역형에 대해서만 정상참작감경을 하고, 「도로교통법」위반에 대해서는 정상참작감경을 하지 않았다. ① (대판 2006도1076) 절도죄와 도로교통법위반죄는 수 죄이며, 제38조 제1항 3호에 의해 징역형과 벌금형을 병과하면서 정상의 차이를 고려하여 절도만 정상참작감경을 할 수 있다.

(1) 의 의 선고유예는 죄질이 경미한 범죄자에 대하여 일정한 기간 형의 선고를 유예하고 실효됨이 없이 그 유예기간을 경과한 때에는 면소된 것으로 간주하는 제도이다. 선고유예제도는 "범정이 경미한 초범자에 대하여 형을 부과하지 않고 **자발적인 개선과 갱생을 촉진**시키고자 하는 제도"이다(대판 2001도6138]).

(2) 선고유예의 요건 ① 선고유예는 **1년 이하의 징역이나 금고, 자격정지 또는 벌금**의 형을 선고하는 경우에 할 수 있다. "선고를 유예하는 형은 주형과 부가형을 포함한 전처단형"을 말한다(대판 70도993). 다만 주형은 선고유예를 하지 않으면서 부가형인 몰수 추징만 선고유예할 수는 없다(대판 78도3098). 죄질이 경미한 범죄에 대한 형인 **구류**는 제59조 제1항을 유추적용하여 선고유예할 수 있다. ② "**뉘우치는 정상이 현저한 때**' 라고 함은, 반성의 정도를 포함하여 널리 형법 제51조가 규정하는 양형의 조건을 종합적으로 참작하여 볼 때 형을 선고하지 않더라도 피고인이 다시 범행을 저지르지 않으리라는 사정이 현저하게 기대되는 경우를 가리"킨다(대판 2001도6138). 私見으로 선고유예는 형의 선고 없는 재사회화 가능성에 기초하는 것이기 때문에 뉘우침 없이는 재사회화 가능성이 높다고 볼 수 없으므로 선고유예에는 뉘우침이 요구된다. ③ 자격정지 이상의 형을 받은 전과가 있는 경우에는 선고유예를 할 수 없다(제59조 제1항 단서). 이 **결격사유**는 "**자격정지 이상의 형을 선고받은 범죄경력 자체**를 의미"하므로 "형의 집행유예를 선고받은 사람이 그 선고가 실효 또는 취소됨이 없이 유예기간을 경과하여 형의 선고가 효력을 상실한 경우"(대판 2011도10570), "자격정지 이상의 형을 선고받고, 형이 형실효법 제7조에 따라 실효된 경우"(대판 2004도4869)에는 선고유예를 할 수 없다.

(3) 선고유예의 효과 선고유예는 **유죄판결**이므로 유예할 형에 대한 판단, 즉 형의 종류와 양(선고형)을 정해 놓아야 하고, 유예하는 형이 벌금인 경우에는 환형유치처분도 해 두어야 한다(대판 86도2654). 따라서 판결의 "주문에서 피고인에 대한 형의 선고를 유예한다고 하면서도 그 이유

에서 징역형을 선택하였을 뿐 그 형에 대한 아무런 판단을 한 바 없"는 판결은 위법하다(대판 92도3437). 선고유예는 양형 개념의 밖에 위치하는 법원의 재량적인 형사정책적 판단이다. 선고유예기간은 2년이며, 형의 선고유예를 받은 날로부터 2년을 경과한 때에는 **면소**된 것으로 간주한다(제60조). 면소되면 선고유예 실효의 결정을 할 판결도 존재하지 않게 된다(대결 2007모348). 선고유예하면서 "재범방지를 위하여 지도 및 원호가 필요한 때에는 **보호관찰**을 받을 것을 명할 수 있"(제59조의2 제1항)고, 그 기간은 1년으로 한다(제59조의2 제2항). **판례**(대판 97도703)는 보호관찰을 보안처분으로 보고 재판시법을 적용하지만 보호관찰에도 불소급원칙을 적용하여야 한다. 소년법 제2조에 따른 소년인 경우에는 반드시 보호관찰을 명하여야 한다(성폭력처벌법 제16조 제1항).

(4) 선고유예의 실효 "형의 선고유예를 받은 자가 유예기간 중 자격정지 이상의 형에 처한 판결이 확정되거나 자격정지 이상의 형에 처한 전과가 발견된 때[17]에는 유예한 형을 선고한다"(제61조 제1항). 검사의 청구와 선고유예 실효결정이 있어야 한다. "보호관찰을 명한 선고유예를 받은 자가 보호관찰기간 중에 준수사항을 위반하고 그 정도가 무거운 때에는 유예한 형을 선고할 수 있다"(제61조 제2항).

2. 집행유예

제62조(집행유예의 요건) ① 3년 이하의 징역이나 금고 또는 500만 원 이하의 벌금의 형을 선고할 경우에 제51조의 사항을 참작하여 그 정상에 참작할 만한 사유가 있는 때에는 1년 이상 5년 이하의 기간 형의 집행을 유예할 수 있다. 다만, 금고 이상의 형을 선고한 판결이 확정된 때부터 그 집행을 종료하거나 면제된 후 3년까지의 기간에 범한 죄에 대하여 형을 선고하는 경우에는 그러하지 아니하다. ② 형을 병과할 경우에는 그 형의 일부에 대하여 집행을 유예할 수 있다.

---

17 [선고유예의 실효조건 전과] 甲은 2006.3.23. D법원에서 근로기준법 위반죄로 벌금 70만 원의 형과 선고유예의 판결을 선고받았고, 이 판결은 2006.3.31. 확정되었다. 甲은 2005.6.16. D법원에서 사기죄 등으로 징역 2년의 판결을 선고받아 확정된 바 있었다. 검사는 선고유예의 결격사유로서 甲의 전과를 알았거나 적어도 이를 알 수 있는 상황이었다. ① (대결 2007모845) 형의 선고유예를 받은 자가 자격정지 이상의 형에 처한 전과가 발견된 때라 함은 "**형의 선고유예의 판결이 확정된 후에 전과가 발견된 경우를 말하고 그 판결확정 전에 이러한 전과가 발견된 경우에는 이를 취소할 수 없**"다. 검사가 "당연히 그 결격사유를 알 수 있는 객관적 상황이 존재함에도 부주의로 알지 못한 경우도 포함된다."

제62조의2(보호관찰, 사회봉사·수강명령) ① 형의 집행을 유예하는 경우에는 보호관찰을 받을 것을 명하거나 사회봉사 또는 수강을 명할 수 있다. ② 제1항의 규정에 의한 보호관찰의 기간은 집행을 유예한 기간으로 한다. 다만, 법원은 유예기간의 범위내에서 보호관찰기간을 정할 수 있다. ③ 사회봉사명령 또는 수강명령은 집행유예기간내에 이를 집행한다.

제63조(집행유예의 실효) 집행유예의 선고를 받은 자가 유예기간 중 고의로 범한 죄로 금고 이상의 실형을 선고받아 그 판결이 확정된 때에는 집행유예의 선고는 효력을 잃는다.

제64조(집행유예의 취소) ① 집행유예의 선고를 받은 후 제62조 단행의 사유가 발각된 때에는 집행유예의 선고를 취소한다. ② 제62조의2의 규정에 의하여 보호관찰이나 사회봉사 또는 수강을 명한 집행유예를 받은 자가 준수사항이나 명령을 위반하고 그 정도가 무거운 때에는 집행유예의 선고를 취소할 수 있다.

제65조(집행유예의 효과) 집행유예의 선고를 받은 후 그 선고의 실효 또는 취소됨이 없이 유예기간을 경과한 때에는 형의 선고는 효력을 잃는다.

(1) **의 의** 집행유예란 유죄의 형을 선고하면서 일정한 요건 아래 일정기간 동안 그 형의 집행을 유예하고, 그것이 취소되거나 실효됨이 없이 그 기간을 경과한 때에는 형의 선고의 효력을 상실시키는 제도이다. 형벌의 보충성을 확대실현하면서도 동시에 (형집행보다) 더 효과적으로 재사회화의 목표를 달성하기 위한 제도이다.

(2) **집행유예의 대상** **3년 이하의 징역이나 금고 또는 500만 원 이하의 벌금**의 형을 선고할 경우에 제51조의 사항을 참작하여 그 **정상에 참작할 만한 사유**가 있고(제62조 제1항 전단), 동시에 금고 이상의 형을 선고한 판결이 확정된 때부터 그 집행을 종료하거나 면제된 후 3년까지의 기간에 범한 죄가 아니어야 한다(제62조 제1항 단서).[18]

(3) **집행유예의 선고** 집행유예의 요건이 충족된 경우에 법원은 1년 이상 5년 이하의 범위 내에서 집행유예를 선고한다(제62조 제1항). 집행유예기간의 시기(始期)는 형사소송법 제459조와 집행유예의 본질에 비추어

---

18 **[집행유예의 재량]** 甲은 2005.2.18. A죄로 징역 6월, 집행유예 1년을 선고받아 2.26. 판결이 확정되었다. 甲은 2005.6.28. B죄를 범한 공소사실로 기소되었다. B죄에 대한 심판 중 A죄에 대한 집행유예기간이 경과하여 형선고의 효력이 상실되었다. ① (대판 2006도6196) "제62조 제1항 단서 이미 집행유예가 실효 또는 취소된 경우와 그 선고 시점에 미처 유예기간이 경과하지 아니하여 형 선고의 효력이 실효되지 아니한 채로 남아 있는 경우로 국한되고, 집행유예가 실효 또는 취소됨이 없이 유예기간을 경과한 때에는, 형의 선고가 이미 그 효력을 잃게 되어 '금고 이상의 형을 선고'한 경우에 해당한다고 보기 어려울 뿐 아니라, 집행의 가능성이 더 이상 존재하지 아니하여 집행종료나 집행면제의 개념도 상정하기 어려우므로 위 단서 소정의 요건에 해당하지 않는다."

집행유예를 선고한 판결 확정일이다(대판 2018도13382). 형을 병과하는 경우(예: 징역형과 벌금형)에는 그 일부의 형에 대하여 집행유예를 선고할 수 있다(제62조 제2항). 그러나 제62조 제2항의 조문체계상 "하나의 징역형을 선고할 경우에는 그 형 전부에 대한 집행유예에만 가능하다"(대판 2006도8555). 예컨대 징역 1년 6월을 선고하면서 6월을 실형으로, 1년만 집행유예를 하는 일부집행유예는 허용되지 않는다. 집행유예를 선고하는 경우에는 보호관찰을 받을 것을 명하거나 사회봉사[19] 또는 수강을 명할 수 있다(제62조의2). "하거나", "또는"의 법문언에도 불구하고 "범죄자에 대한 사회복귀를 촉진하고 효율적인 범죄예방을 위하여" **보호관찰과 사회봉사 그리고 수강을 동시에 명**할 수 있다(대판 98도98).[20] 이는 제62조의2 제1항의 목적론적 해석으로 타당하다.

(4) 집행유예의 효과 "집행유예의 선고를 받은 후 그 선고의 실효 또는 취소됨이 이 유예기간을 경과한 때에는 형의 선고는 효력을 잃는다"(제65조). 이는 형 선고의 **모든 법률적 효과**(예: 선고유예의 결격사유로서 전과, 제37조 후단 경합범의 전제로서 확정판결 등)**가 소멸**한다는 의미이고, 형선고의 사실 자체가 없어지는 것은 아니다(대판 2003도3768). "집행유예의 선고를 받은 자가 유예기간 중 고의로 범한 죄로 금고 이상의 실형을 선고받아 그 판결이 확정된 때에는 집행유예의 선고는 효력을 잃는다"(제63조). 집행유예의 선고를 받은 후 제62조 단행의 집행유예 결격사유(금고 이상의 형의 선고를 받아 집행을 종료한 후 또는 집행이 면제된 후로부터 5년을 경과하지 아니한 자)가 발각된 때에는 집행유예의 선고를 취소한다(제63조 제1항).[21] "제62조

19 **[집행유예 사회봉사명령 한계]** M그룹 회장 甲은 업무상횡령죄로 유죄판결을 받고 집행유예를 선고받았지만 사회봉사명령으로 1. 경제인들 대상 준법경영 주제로, 합계 2시간 이상 강연, 2. 국내 일간지에 준법경영을 주제로 1회 이상씩 기고, 3. 사회공헌약속을 성실히 이행할 것이 선고되었다. ① (대판 2007도8373) "사회봉사는 자유형의 집행을 대체하기 위한 … 것으로 해석되므로, 법원이 형법 제62조의2의 규정에 의한 사회봉사명령으로 피고인에게 일정한 금원을 출연하거나 이와 동일시할 수 있는 행위를 명하는 것은 허용될 수 없다." 또한 "유죄로 인정된 범죄행위를 뉘우치거나 그 범죄행위를 공개하는 취지의 말이나 글을 발표하도록 하는" 것은 "헌법이 보호하는 피고인의 양심의 자유, 명예 및 인격에 대한 심각하고 중대한 침해에 해당하므로 이러한 사회봉사명령은 위법하다."

20 「송무예규」 제615호(보호관찰 및 사회봉사명령·수강명령등과 관련한 사무처리지침).

21 **[집행유예결격사유의 사후발각]** 甲은 법원에서 A죄로 1998.4.13. 징역 10월에 2년간 집행을 유예하는

의2의 규정에 의하여 보호관찰이나 사회봉사 또는 수강을 명한 집행유예를 받은 자가 준수사항이나 명령을 위반하고 그 정도가 **무거운 때**(예: 마약투약,[22] 음주운전자의 무면허운전)에는 집행유예의 선고를 취소할 수 있다"(제63조 제2항). 검사가 집행유예의 선고취소를 청구하여 심리가 진행 중에 집행유예 기간이 경과하면 형의 선고는 효력을 잃는다(대결 2023모1007).

판결을 선고받아 같은 해 4. 21. 확정되었다. 1998. 10.14. 甲의 주민등록번호는 정정·변경되었다. 甲은 1999.6.30. B 죄로 금고 1년에 2년간 집행을 유예하는 선고받고, 같은 해 7.8.에 확정되었다. 검사는 2000. 11.10.에 이르러 甲이 집행유예기간 중에 B 범죄를 저지른 점을 알고 비로소 B 사건의 형집행유예취소청구를 하였다. B사건에 대한 수사과정에서 甲의 운전면허가 조회되어서 정정되기 전의 주민등록번호가 기재된 운전면허대장 조회내용이 회보되었으며, 이 회보는 수사기록에 편철되어 있었다. ① (대결 2001모135) "집행유예 선고의 판결확정 전에 이미 수사단계에서 **검사가 집행유예 결격사유가 되는 전과의 존재를 당연히 알 수 있는 객관적 상황이 존재하였음에도 부주의로 알지 못한 경우"는 집행유예의 선고를 취소할 수 없다.**

22 [준수사항위반의 중대성] 甲은 마약류관리법 위반죄로 유죄판결을 받으면서 집행유예와 함께 수강명령을 선고받았다. 특별준수사항 4호로 향정신성의약품 등의 물질을 사용하지 아니할 것이 포함되어 있었다. 甲은 집행유예 기간 중에 두 차례 메스암페타민을 투약하였다. ① (대결 99모33) 준수사항이나 명령의 "위반사실이 동시에 범죄행위로 되더라도 그 기소나 재판의 확정여부 등 형사절차와는 별도로 법원이 **보호관찰 등에 관한 법률에 의한 검사의 청구에 의하여 … 준수사항이나 명령 위반사실이 인정되고 위반의 정도가 무거운 때에는 집행유예를 취소**할 수 있다." 甲의 투약은 "그 위반의 정도가 무겁다고 인정"하여 집행유예 선고의 취소는 정당하다.

형의 집행과 소멸

형의 집행은 「형집행법」이 규율하지만 형법은 형집행의 방법, 형기의 계산, 형의 시효와 소멸(실효 및 복권), 가석방, 그리고 형사소송법(제459조 내지 제493조)은 형집행의 절차에 관한 기본사항을 각각 정하고 있다.

1. 형의 집행의 방법과 형기의 계산

제66조(사형) 사형은 교정시설 안에서 교수(絞首)하여 집행한다.

제67조(징역) 징역은 교정시설에 수용하여 집행하며, 정해진 노역(勞役)에 복무하게 한다.

제68조(금고와 구류) 금고와 구류는 교정시설에 수용하여 집행한다.

제69조(벌금과 과료) ① 벌금과 과료는 판결확정일로부터 30일 내에 납입하여야 한다. 단, 벌금을 선고할 때에는 동시에 그 금액을 완납할 때까지 노역장에 유치할 것을 명할 수 있다. ② 벌금을 납입하지 아니한 자는 1일 이상 3년 이하, 과료를 납입하지 아니한 자는 1일 이상 30일 미만의 기간 노역장에 유치하여 작업에 복무하게 한다.

제70조(노역장유치) ① 벌금이나 과료를 선고할 때에는 이를 납입하지 아니하는 경우의 노역장 유치기간을 정하여 동시에 선고하여야 한다. ② 선고하는 벌금이 1억 원 이상 5억 원 미만인 경우에는 300일 이상, 5억 원 이상 50억 원 미만인 경우에는 500일 이상, 50억 원 이상인 경우에는 1,000일 이상의 노역장 유치기간을 정하여야 한다.

제71조(유치일수의 공제) 벌금이나 과료의 선고를 받은 사람이 그 금액의 일부를 납입한 경우에는 벌금 또는 과료액과 노역장 유치기간의 일수(日數)에 비례하여 납입금액에 해당하는 일수를 뺀다.

(1) 형의 집행방법 **사형**은 교정시설 안에서 교수(絞首)하여 집행한다(제60조). 전기형이나 독살, 참수, 총살 등은 금지된다. 그러나 私見으로 사형폐지를 별론으로 한다면 사형집행은 죄수를 사물화하지 않는 존엄사의 방법에 의할 때 비로소 문명사회의 형사사법이 된다고 본다. 사형은 법무부장관의 명령에 의하여 집행하며(형사소송법 제463조), 법무부장관이 사형의 집행을 명한 때에는 5일 이내에 집행하여야 한다(제466조). 사형집행은 판결이 확정된 날로부터 6월 이내에 하여야 한다(제465조). 사형의 집행에는 검사와 검찰청서기관과 교도소장 또는 구치소장이나 그 대리자가 참여하여야 한다(제467조). 사형의 집행에 참여한 검찰청서기관은

집행조서를 작성하고 검사와 교도소장 또는 구치소장이나 그 대리자와 함께 기명날인 또는 서명하여야 한다(제468조). 사형의 선고를 받은 자가 심신의 장애로 의사능력이 없는 상태에 있거나 잉태 중에 있는 여자인 때에는 법무부장관의 명령으로 집행을 정지하며, 심신장애의 회복 또는 출산 후 법무부장관의 명령에 의하여 형을 집행한다(제469조).

징역은 교정시설에 수용하여 집행하며, 정해진 노역(勞役)에 복무하게 하고 **금고**와 **구류**는 교정시설에 수용하여 집행한다(제68조). 징역, 금고 또는 구류의 선고를 받은 자가 심신의 장애로 의사능력이 없는 상태에 있는 때에는 형을 선고한 법원에 대응한 검찰청검사 또는 형의 선고를 받은 자의 현재지를 관할하는 검찰청검사의 지휘에 의하여 심신장애가 회복될 때까지 형의 집행을 정지한다(형사소송법 제470조 제1항). 이 경우 검사는 형의 선고를 받은 자를 감호의무자 또는 지방공공단체에 인도하여 병원 기타 적당한 장소에 수용하게 할 수 있으며(제470조 제2항), 그 수용처분의 처분이 있을 때까지 교도소 또는 구치소에 구치하고 그 기간을 형기에 산입한다(제470조 제3항).

벌금과 **과료**는 판결확정일로부터 30일 내에 납입하여야 한다. 단, 벌금을 선고할 때에는 동시에 그 금액을 완납할 때까지 노역장에 유치할 것을 명할 수 있다(형법 제69조 제1항). 벌금을 납입하지 아니한 자는 1일 이상 3년 이하, 과료를 납입하지 아니한 자는 1일 이상 30일 미만의 기간 노역장에 유치하여 작업에 복무하게 한다(제69조 제2항). 벌금, 과료, 몰수, 추징, 과태료, 소송비용, 비용배상 또는 가납의 재판은 검사의 명령에 의하여 집행하며(형사소송법 제477조 제1항), 이 명령은 집행력 있는 채무명의와 동일한 효력이 있다(제477조 제2항). 재산형의 집행에는 「민사집행법」의 집행에 관한 규정을 준용한다. 단, 집행 전에 재판의 송달을 요하지 아니한다(제477조 제3항). 그러나 벌금, 과료, 몰수, 추징, 과태료, 소송비용, 비용배상 또는 가납의 재판은 「국세징수법」에 따른 국세체납처분의 예에 따라 집행할 수 있다(제477조 제4항). 또한 검사는 이러한 재산형을 집행하기 위하여 필요한 조사를 할 수 있다(제477조 제5항). 그 밖에도 몰수 또는 조세, 전매 기타 공과에 관한 법령에 의하여 재판한 벌금 또는 추징은 그 재판을 받은 자가 재판확정 후 사망한 경우에는 그 상속재산에 대하여 집행할 수 있다(제478조).

자격상실 또는 **자격정지**의 선고를 받은 자에 대하여는 이를 수형자원부에 기재하고 지체 없이 그 등본을 형의 선고를 받은 자의 등록기준지와 주거지의 시(구가 설치되지 아니한 시를 말한다. 이하 같다)·구·읍·면장(도농복합형태의 시에 있어서는 동지역인 경우에는 시·구의 장, 읍·면지역인 경우에는 읍·면의 장으로 한다)에게 송부하여야 한다(제476조).

(2) 형집행의 순서와 계산 둘 이상의 형의 집행은 자격상실, 자격정지, 벌금, 과료와 몰수 외에는 그 **중한 형을 먼저 집행**한다. 단, 검사는 소속장관의 허가를 얻어 중한 형의 집행을 정지하고 다른 형의 집행을 할 수 있다(제462조). 형기는 **판결이 확정된 날로부터** 기산한다(형법 제84조 제1항). 징역, 금고, 구류와 유치에 있어서는 구속되지 아니한 일수는 형기에 산입하지 아니한다(제84조 제2항). 형의 집행의 초일은 시간을 계산함이 없이 1일로 산정하고(제85조), 석방은 형기종료일에 하여야 한다(제86조). 미결구금일수는 "그 전부"를 형기에 산입한다(제57조 제1항).[1]

2. 가 석 방

제72조(가석방의 요건) ① 징역이나 금고의 집행 중에 있는 사람이 행상(行狀)이 양호하여 뉘우침이 뚜렷한 때에는 무기형은 20년, 유기형은 형기의 3분의 1이 지난 후 행정처분으로 가석방을 할 수 있다.② 제1항의 경우에 벌금이나 과료가 병과되어 있는 때에는 그 금액을 완납하여야 한다.

제73조(판결선고전 구금과 가석방) ① 형기에 산입된 판결선고 전 구금일수는 가석방을 하는 경우 집행한 기간에 산입한다. ② 제72조제2항의 경우에 벌금이나 과료에 관한 노역장 유치기간에 산입된

제73조의2(가석방의 기간 및 보호관찰) ① 가석방의 기간은 무기형에 있어서는 10년으로 하고, 유기형에 있어서는 남은 형기로 하되, 그 기간은 10년을 초과할 수 없다. ② 가석방된 자는 가석방기간 중 보호관찰을 받는다. 다만, 가석방을 허가한 행정관청이 필요가 없다고 인정한 때에는 그러하지 아니하다.

---

1 제57조 제1항의 "전부 또는 일부"에서 일부를 형기에 산입하는 것은 헌법상 무죄추정원칙, 적법절차원칙에 위배된다는 위헌결정(헌재결 2007헌바25)으로 무효가 되었다. 위헌결정에 따라 대법원도 미결구금일수가 법률상 당연히 본형에 산입된다고 본다(대판 2009도11448).

제74조(가석방의 실효) 가석방 기간 중 고의로 지은 죄로 금고 이상의 형을 선고받아 그 판결이 확정된 경우에 가석방 처분은 효력을 잃는다.

제75조(가석방의 취소) 가석방의 처분을 받은 자가 감시에 관한 규칙을 위배하거나, 보호관찰의 준수사항을 위반하고 그 정도가 무거운 때에는 가석방처분을 취소할 수 있다.

제76조(가석방의 효과) ① 가석방의 처분을 받은 후 그 처분이 실효 또는 취소되지 아니하고 가석방기간을 경과한 때에는 형의 집행을 종료한 것으로 본다. ② 전2조의 경우에는 가석방중의 일수는 형기에 산입하지 아니한다.

(1) 의 의 가석방이란 일정한 요건 아래 형기를 채우기 전에 수형인을 석방하고, 가석방처분이 실효 또는 취소되지 아니하고 가석방기간이 종료하면 형의 집행을 종료한 것으로 보는 제도이다. 가석방은 형기를 채우지 않고도 수형자의 재사회화 목표가 달성되었다는 점에 근거한다. 가석방은 형벌의 보충성(비례성)을 행형단계에서 확장하여 실현한다한다.

(2) 가석방의 요건, 기간, 보호관찰 가석방은 "징역 또는 금고의 집행 중에 있는 사람이 행상(行狀)이 양호하여 뉘우침이 뚜렷한 때에는 무기형은 20년, 유기형은 형기의 3분의 1이 지난 후"(제72조 제1항) 수형자를 석방하는 행정처분이다. "벌금이나 과료가 병과되어 있는 때에는 그 금액을 완납하여야"(제72조 제2항) 가석방할 수 있다.[2] 형기에 산입된 판결선고전 구금의 일수는 가석방에 있어서 집행을 경과한 기간에 산입하며(형법 제73조 제1항), 벌금 또는 과료에 관한 노역장 유치기간에 산입된 판결선고전 구금일수는 그에 해당하는 금액이 납입된 것으로 간주한다(제73조 제2항). 가석방의 기간은 무기형에 있어서는 10년으로 하고, 유기형에 있어서는 남은 형기로 하되, 그 기간은 10년을 초과할 수 없다(제73조의2 제1항). 가석방된 자는 가석방기간중 보호관찰을 받는다. 다만, 가석방을 허가한 행정관청이 필요가 없다고 인정한 때에는 그러하지 아니하다(제73조의2 제2항).

(3) 가석방의 실효, 취소, 효과 가석방 기간 중 고의로 지은 죄로 금

2 소년범의 가석방은 "무기형의 경우에는 5년, 15년 유기형의 경우에는 3년 그리고 부정기형의 경우에는 단기의 3분의 1을 경과한 후"(「소년법」 제65조)에 할 수 있다.

고 이상의 형을 선고받아 그 판결이 확정된 경우에 가석방처분은 효력을 잃는다(제74조). 가석방의 처분을 받은 자가 감시에 관한 규칙을 위배하거나, 보호관찰의 준수사항을 위반하고 그 정도가 무거운 때에는 가석방처분을 취소할 수 있다(제75조). 가석방의 처분을 받은 후 그 처분이 실효 또는 취소되지 아니하고 가석방기간을 경과한 때에는 **형의 집행을 종료**한 것으로 본다(제76조 제1항). 가석방이 실효 또는 취소된 경우에 가석방 중의 일수는 형기에 산입하지 아니한다(제76조 제2항).

3. 형의 시효

제77조(시효의 효과) 형(사형은 제외한다)을 선고받은 자에 대해서는 시효가 완성되면 그 집행이 면제된다.

제78조(시효의 기간) 시효는 형을 선고하는 재판이 확정된 후 그 집행을 받지 아니하고 다음 각 호의 구분에 따른 기간이 지나면 완성된다. 1. (삭제) 2. 무기의 징역 또는 금고는 20년 3. 10년 이상의 징역 또는 금고는 15년 4. 3년 이상의 징역이나 금고 또는 10년 이상의 자격정지는 10년 5. 3년 미만의 징역이나 금고 또는 5년 이상의 자격정지는 5년 6. 5년 미만의 자격정지, 벌금, 몰수 또는 추징은 3년 7. 구류 또는 과료는 1년

제79조(형의 시효의 정지) ① 시효는 형의 집행의 유예나 정지 또는 가석방 기타 집행할 수 없는 기간은 진행되지 아니한다. ② 시효는 형이 확정된 후 그 형의 집행을 받지 아니한 사람이 형의 집행을 면할 목적으로 국외에 있는 기간 동안은 진행되지 아니한다.

제80조(형의 시효의 중단) 시효는 징역, 금고 및 구류의 경우에는 수형자를 체포한 때, 벌금, 과료, 몰수 및 추징의 경우에는 강제처분을 개시한 때에 중단된다.

형의 시효는 형의 선고를 받아 판결이 확정된 후 그 형의 집행을 받지 않고 일정한 기간을 경과하면 형의 집행을 면제시키는 제도이다(제77조). 형의 시효는 공소시효와 같이 형벌권을 소멸시키는 제도이지만, 공소시효와는 달리 확정판결 전이 아니라 **판결 확정 후에 형벌권을 소멸**시키는 제도이다. **형의 시효를 완성시키는 기간**은 무기의 징역 또는 금고는 20년, 10년 이상의 징역 또는 금고는 15년, 3년 이상의 징역이나 금고 또는 10년 이상의 자격정지는 10년, 3년 미만의 징역이나 금고 또는 5년 이상의 자격정지는 5년, 5년 미만의 자격정지, 벌금, 몰수 또는 추징은 3년, 구류 또는 과료는 1년이다(제78조). 시효는 형의 집행의 유예나 정지 또는 가석방 기타 집행할 수 없는 기간 동안은 진행되지 아니한다(제79조

제1항 시효의 정지). 또한 시효는 형이 확정된 후 그 형의 집행을 받지 아니한 자가 형의 집행을 면할 목적으로 국외에 있는 기간 동안은 진행되지 아니한다(제79조 제2항). **시효의 정지**는 그 사유가 소멸하면 잔여시효기간이 진행된다. 시효는 사형, 징역, 금고와 구류에 있어서는 수형자를 체포함으로, 벌금, 과료, 몰수와 추징에 있어서는 강제처분을 개시함으로 인하여 중단된다(제80조 시효의 중단). **시효의 중단**은 시효의 진행을 다시 원점으로 돌린다. 따라서 형의 시효가 중단되면 다시 시효의 전 기간을 경과하여야 시효가 완성된다. '강제처분의 개시' 시점이란 예컨대 채권에 대한 강제집행의 방법으로 벌금형을 집행하는 경우에는 "검사의 징수명령서에 기하여 법원에 채권압류명령을 신청하는 때"(대결 2001모91)를 가리킨다.

4. 형의 실효와 복권

제81조(형의 실효) 징역 또는 금고의 집행을 종료하거나 집행이 면제된 자가 피해자의 손해를 보상하고 자격정지 이상의 형을 받음이 없이 7년을 경과한 때에는 본인 또는 검사의 신청에 의하여 그 재판의 실효를 선고할 수 있다.

제82조(복권) 자격정지의 선고를 받은 자가 피해자의 손해를 보상하고 자격정지 이상의 형을 받음이 없이 정지기간의 2분의 1을 경과한 때에는 본인 또는 검사의 신청에 의하여 자격의 회복을 선고할 수 있다.

"징역 또는 금고의 집행을 종료하거나 집행이 면제된 자가 피해자의 손해를 보상하고 자격정지 이상의 형을 받음이 없이 7년을 경과한 때에는 본인 또는 검사의 신청에 의하여 그 **재판의 실효**를 선고할 수 있다"(제81조). "자격정지의 선고를 받은 자가 피해자의 손해를 보상하고 자격정지 이상의 형을 받음이 없이 정지기간의 2분의 1을 경과한 때에는 본인 또는 검사의 신청에 의하여 **자격의 회복**을 선고할 수 있다"(제82조).

제 2 편

형법각론

살인의 죄

Ⅰ. 서 론

보호법익은 인간의 생명이며, 침해범이다. 생명은 생물적·사회적 가치를 불문하고 **절대적으로 보호**한다.[1] 구성요건체계는 다음과 같다.

살인죄(제250조 제1항)		
비독자적 변형구성요건		독자적 변형구성요건
가중구성요건	감경구성요건	
• 존속살해죄 (제250조 제2항)	• 촉탁·승낙 살인죄 (제252조 제1항) • 살인미수범(제254조)	• 자살교사방조죄(제252조 제2항) • 위계·위력 살인죄(제253조) • 살인예비음모죄(제255조)
• 보복목적살인죄 (특정범죄가중법 제5조의9)	형법전은 단순살인(manslaughter, Totschlag 故殺)과 중대살인(murder, Mord 謀殺)을 구분하지 않지만 보복목적살인죄[2]는 독일형법의 모살의 한 유형이고 강도살인(제338조)과 강간살인(제301조의2)도 중대살인에 속한다.	

Ⅱ. 보통 살인죄

제250조(살인, 존속살해) ① 사람을 살해한 자는 사형, 무기 또는 5년 이상의 징역에 처한다.

1. 구성요건

(1) 주 체 살인죄의 행위주체로는 자연인이며 법인은 불가능하다.

(2) 행위객체 살인죄의 행위객체는 자기 이외의 '살아 있는 다른 사람'이며, 자연인에 국한된다. 자기의 생명은 제외된다. 자살하는 도중에 가공하여 살해의 목적을 달성하면 살인죄가 된다(대판 4281형상38). 사람의 지위는 출생이 시작되는 시점(분만개시진통)부터 사망한 때까지 인정된다. 분만은 [가진통→분만개시진통→압박진통(Presswehen)→일부노출

1 절대적 생명보호원칙(Grundsatz des absoluten Lebensschutzes)은 부당하게 축소(뇌사설)되거나 부당하게 확대(소극적 안락사의 불법화)되기도 한다.

2 이 죄는 인간의 생명 이외에도 "국가의 형사사법 기능을 보호법익으로 하는 죄"(대판 2012도544)이며, 독일형법 제211조의 "다른 범죄를 실행하거나 은폐할 목적으로 사람을 살해한 자"에 상응한다. 법정형은 모살자의 무기형과 달리 사형·무기 또는 10년 이상의 징역이다.

→전부노출→폐호흡]의 단계로 진행된다. 민법에서는 상속 등의 법률관계를 분명히 하기 위해 전부노출시점을 **사람의 시작시점**으로 보지만, 형법에서는 **분만개시진통시점**[3]을 사람의 시작시점으로 본다. 판례는 "제왕절개 수술의 경우 '의학적으로 **제왕절개 수술**이 가능하였고 규범적으로 수술이 필요하였던 시기'는 판단하는 사람 및 상황에 따라 다를 수 있어, 분만개시 시점 즉, 사람의 시기도 불명확하게 되므로 이 시점을 분만의 시기로 볼 수는 없다"(대판 2005도3832)고 보지만, 私見으로 제왕절개는 분만을 대신한다는 점에서 제왕절개수술을 시작하는[4] 자궁절개 시점에 태아는 사람이 된다. 사람의 지위는 사망한 때 끝난다. **사망의 시점**에 관해 뇌사설, 호흡정지설, 맥박정지설이 대립한다.[5] 뇌사는 「장기이식법」이 정한 장기이식의 예외로서 인정되는 죽음 개념으로서 죽음의 결정을 의사에게 독점시키고, 장기이식의 공리적 목적을 위해 인간생명을 도구화 할 위험[6]이 있으므로 **심폐사한 때**가 사망의 시점이 되어야 한다.

(3) **행 위** 살해란 사람의 생명을 자연사에 앞서 단절시키는 일체의 행위이다. 살해의 수단과 방법(예: 타살, 독살, 교살, 사살 등)에는 제한이 없다. 저주와 기도는 살해행위의 수단이 될 수 없다(미신범).

(4) **사 망** 살인죄는 살해행위가 원인이 되어 피해자가 심폐사(뇌사설은 전뇌사)에 이르면 기수가 성립한다. 판례는 살해행위가 사망의 **공동원인**이거나, 피해자나 제3자(예: 의사)의 과실과 경합하여 사망을 발생하게 한 경우에도 그와 같은 사실(간접원인의 개입과 그로 인한 사망)이 통상 예견할 수 있는 것이라면 인과관계를 인정한다. 그러나 사망의 결과가 피

---

3 [사람의 시작] 조산원 甲은 분만중인 乙의 골반이 너무 협소하고, 양수가 터지는 난산인데도 병원에 보내지 않고, 乙의 배를 계속 훑어 내리고 자궁수축제를 10회 놓아, 태아를 질식사에 이르게 하였다. ① (대판 81도2621) "규칙적인 진통을 동반하면서 태아가 태반으로부터 이탈되기 시작한 때, 즉 **분만이 개시된 때**"이므로 甲은 업무상과실치사죄가 성립한다. ② (評釋) 甲에게 미필적 고의가 인정된다.

4 제왕절개 시점을 사주가 좋은 시점으로 선택하는 등에서 보듯이 자연출생과 다른 출생시기에 대한 규범의식을 갖고 있지 않다는 점에서도 제왕절개시는 출생시점이 될 수 있다.

5 사망의 과정에서 심장(②), 폐(③), 뇌(①)의 기능정지가 일어나는 순서는 심근경색은 [②→③→①], 익사는 [③→②→①], 교통사고는 [①→②→③]의 순서이다.

6 이상돈, "뇌사와 인권", 법철학연구, 제2권, 1999, 251~270쪽.

해자의 자기위태화 행위[7]나 제3자가 그의 책임영역(Verantwortungsbereich)에서 행한 고의 또는 과실행위[8]에 '배타적으로' 귀속할 만한 경우에는 인과관계를 인정해서는 안 된다. 살인미수[9]가 성립하기 위한 실행의 착수는 **살해행위를 직접적으로 개시**[10]한 때 인정된다. 직접개시여부는 행위자의 범행계획을 놓고 일반인의 생활경험에서 판단한다.

(5) 살인고의 살인고의는 사람을 살해한다는 인식과 의사이다. ① 판례에 따르면 살인고의는 살해의 계획적인 의도나 사망을 목적함이 없어도 **사망의 결과가 발생할 가능성에 대한 인식**, 즉 사망의 위험에 대한 인식만으로 인정될 수 있다. 그러나 과실과 인과관계의 척도인 결과발생의 예견가능성만으로는 살인고의를 인정할 수 없다. **살해의사**(의욕, 용인)가 있어야 한다. ② 살인고의가 없으면 과실치사죄(제267조), 업무상 과실치사죄(제268조), 상해치사죄(제259조), 폭행치사죄(제262조)가 검토된다. 살인고의와 상해고의의 구별 판단에는 "범행에 이르게 된 경위, 범행의 동기, 준비된 흉기의 유무·종류·용법, 공격 부위와 반복성, 사망의 결과발생 가능성 정도, 범행 후 결과 회피 행동의 유무 등 범행 전후의 객관적 사정을 종합하여 판단"한다(대판 2022도11245).

---

7 [공동원인사망] 甲은 乙의 머리와 몸을 쇠파이프로 때리고, 낫으로 팔과 다리를 내리찍었다. 乙은 수술을 받고 회복하던 중 의사의 지시를 어기고 콜라와 김밥을 취식하여 폐렴·패혈증으로 죽었다(간접원인). ① (대판 93도3612) 甲의 행위와 乙의 사망 사이에 "**다른 사실이 개재되어** 그 사실이 치사의 직접원인이 되었다고 하더라도 그와 같은 사실이 **통상 예견할 수 있는 것**에 지나지 않는다면 인과관계가 있"다. ② (評釋) 乙의 자기위태화행위로 甲은 살인미수가 성립한다.

8 [간접원인사망] 甲은 식칼로 乙의 하복부를 깊이 찔렀다. 乙은 자창의 감염과 丙이 집도한 수술에서 과다수혈(간접원인)로 사망하였다. ① (대판 82도2525) "甲의 자상행위가 다른 **간접적 원인이 결합**되어 사망의 결과를 발생하게 한 경우라도 그 행위와 사망 간에는 인과관계가 있다." ② (評釋) 乙의 사망이 丙의 의료과실에 배타적으로 귀속되지 않으므로 甲은 살인기수가 된다.

9 [판례: 살인죄의 불능미수] ① 승용차의 브레이크호스를 잘라 브레이크액을 유출시켰으나, 피해자가 그 차를 몰고 가다 제동이 되지 않자 사이드브레이크를 잡아당기고 인도에 부딪치게 하여 반대차선의 차량과 충돌을 면한 경우에 살인죄의 불능미수가 성립한다(대판 90도1149). ② (評釋) 이 사안은 장애미수로 보아야 한다.

10 [살해의 착수] 甲은 乙과 말다툼을 벌이다 격분하여 밖으로 나가 낫을 들고 죽일 듯한 기세로 乙에게 다가갈 때 丙이 제지하고, 乙은 그 틈을 타 도망 가버렸다. ① (대판 85도2773) "甲이 낫을 들고 乙에게 접근함으로써 살인의 실행행위에 착수하였다." ② (評釋) 甲이 곧바로 중단하고 머뭇거렸다면, 甲은 단지 억울함을 호소하는 퍼포먼스를 한 것으로서 살인고의가 없다.

2. 죄수(罪數)

'생명'을 침해하는 살인죄의 죄수는 피해자의 수대로 인정된다. 1개의 행위로 여러 사람을 살해하면 수 개의 살인죄가 상상적 경합을 이루고, 여러 개의 행위로 여러 사람을 살해하면[11] 실체적 경합을 이룬다. 살인의 과정으로 한 상해는 살인이 성립하는 한 따로 상해죄를 구성하지 않는다. 살인이 예비나 살인미수에 그쳤다가 또 다른 실행행위로 살해가 성공한 경우 예비나 미수행위는 살인기수에 흡수(불가벌적 사전행위)되어 벌할 수 없다.[12] 살인의 과정으로 한 손괴(예: 의복손괴)도 살인죄에 흡수된다(불가벌적 수반행위). 살인 후에 범죄를 은폐하기 위해 사체를 유기한 범죄[13]는 살인죄와 실체적 경합관계에 놓인다(대판 96도1108).

Ⅲ. 존속살해죄

제250조(살인, 존속살해) ② 자기 또는 배우자의 직계존속을 살해한 자는 사형, 무기 또는 7년 이상의 징역에 처한다.

존속살해죄는 자기 또는 배우자의 직계존속을 살해함으로써 성립하는 범죄로서 살인죄의 부진정신분범이다. 위헌논란이 있다.

---

11 [살인죄의 죄수] 甲은 도박에 빠진 처 乙과의 불화와 생활고 끝에 가족을 모두 죽이고 자살하기로 하고, 잠자는 처, 어린 딸과 아들의 머리를 차례로 쇠망치로 서너 차례씩 강타하여 즉사시켰다. ① (대판 69도2062) "단일한 고의 하의 행위라고는 할 수 없"고 "동일한 장소에서 동일한 방법에 의하여 시간적으로 접착된 행위라고 하더라도 이를 포괄적인 1죄라고는 할 수 없"다. 甲은 살인죄의 경합범이다.

12 [살인죄의 흡수관계] 甲은 乙과 공모하여 乙의 형 丙을 살해할 목적으로 5월 두 차례 예비행위를 하고 같은 해 10월에 丙을 살해하였다. ① (대판 65도695) "범의의 갱신이 없는 한… 그 살해의 목적을 달성할 때까지의 행위는 모두 실행행위의 일부로서 이를 포괄적으로 보고, 한 개의 살인기수죄로 처단할 것이지 살인예비 내지 미수죄와 동 기수죄의 경합죄로 처단할 수 없"다.

13 [살인죄와 사체유기죄] 甲은 乙의 후두부를 쇠망치로 내려쳐 살해한 후 乙의 현금을 가졌고, 범죄를 은폐하려고 그 집 연탄아궁이에 乙의 시체를 밀어 넣고 덮개를 닫았다. ① (대판 96도1108) 甲은 "살인죄와 사체유기죄의 경합범이"다. ② (評釋) 甲의 현금취득이 "사회통념상 범죄행위가 완료되지 아니하였다고 볼 수 있는 단계"에서 이루어졌으므로 강도살인죄가 성립하고 사체유기죄의 경합범이 된다.

	합헌설	위헌설
법과 도덕의 관계	자식(子)의 어버이(親)에 대한 도덕적 의무는 인륜으로서 보편적 도덕원리이며, 법은 이를 수용해야 한다.	인륜이 보편적 도덕가치라고 하더라도 법과 도덕은 구별되어야 하고, 효도라는 도덕적 가치를 형벌로 강제해서는 안 된다.
헌법상 평등원칙	평등은 합리적 근거에 의한 차등을 허용하는 상대적 평등이며, 존·비속의 신분에 따른 형의 차등은 합리적 차별이다.	직계비속에게 출생의 자유가 없다는 점을 고려할 때 존속살해죄의 가중처벌은 평등원칙에 반하는 사회적 차별이다.
형법상 책임원칙	비속의 배륜성(背倫性)은 존속살해자에 대한 비난가능성을 높인다.	출생의 자유가 없는 데도 비속이라는 이유로 책임이 무거워지는 것은 타당하지 않다.

(1) **구성요건** 행위객체는 자기 또는 배우자의 직계존속이다. **배우자**는 사실혼관계에 있는 자는 포함되지 않고 **법률상의 배우자**에 국한된다. 별거해 온 법률상 배우자는 실질적으로 배우자가 아니고, 법률상 배우자가 사망한 때에도 혼인관계가 소멸하므로 그 직계존속의 살인은 존속살해에 해당하지 않는다. "**직계존속**이란 **법률상의 개념**으로서 사실상 혈족관계가 있는 부모관계일지라도 법적으로 인지절차를 완료하지 아니한 한 직계존속이라 볼 수 없고, 아무 특별한 관계가 없는 타인 사이라도 일단 합법한 절차에 의하여 입양관계가 성립[14]한 뒤에는 직계존속이다"(대판 81도2466). 그러나 私見으로 위헌논란을 고려하여 법률적 및 사실적 직계존속을 살해한 경우에만 존속살해죄를 적용할 필요가 있다.

대표사례유형 (○: 성립, ×: 불성립)	판례	私見
① 혼인외 출생자가 함께 살아오지 않은 그 생부를 살해한 경우	×	
② 혼인외 출생자가 함께 살아왔으며 호적상 친권자인 모[15]를 살해한 경우[16]	×	
③ 다른 집에 (친양자로) 입양간 자가 생부모를 살해한 경우	○	×
④ 양친자관계를 창설하는 명백한 의사가 없는 상태에서 버려진 아이를 호적에 친자로 입적하여 함께 살아오다 살해된 경우	×	
⑤ 양자가 '실제로 한 가정 속에서 함께 살아온' 양친을 살해한 경우	○	
⑥ 혼인외출생자가 함께 살아 온 그 생모를 살해한 경우	○	

자기 또는 배우자의 직계존속을 살해한다는 점에 대한 고의가 있어

14 [허위친생자] 乙은 남편의 친생자로 출생신고 한 甲에 의해 살해되었다. 甲은 乙 부부가 집 앞에 버려진 갓난아이를 주워 길렀다. ① (대판 2007도8333) "**입양의 의사**로 친생자 출생신고를 하고 … **입양의 실질적 요건**이 구비되어 있다면 그 형식에 다소 잘못이 있더라도 입양의 효력이 발생하고 허위의 친생자 출생신고는 법률상 양친자관계를 공시하는" 입양신고로 기능하므로 존속살인죄가 성립한다.

15 계모자 및 적모서자관계는 모자관계가 아니라 인척관계이므로 법률상 직계존속에서 제외된다.

16 호적상 모이지만 실제로는 그 모가 가출한 사이 부가 다른 여자와 관계를 맺어 출생한 자는 친자관계가 없으므로(대판 83도996) 호적상 모를 살해해도 존속살인죄가 성립하지 않는다.

야 하고, 일반인을 살해하려다가 착오로 자신의 아버지를 살해하면 제15조 제1항이 적용되어 보통살인죄의 기수가 된다.

(2) **공 범** 비신분자가 신분자의 존속살해를 공동으로 범하면 존속살해죄의 공동정범이 되고 보통살인죄로 처단된다(대판 4294형상284). 私見으로 제33조 본문은 구성적 신분에 대하여만 적용하고 가감적 신분인 존속살인죄에는 제33조 단서를 적용[17]함이 타당하다.

[양형에서 영아살해동기의 고려] 아이출생의 미신고와 영아살해의 범죄 증가에 대응하기 위하여 2023. 8. 삭제된 제251조(영아살해)는 "직계존속이 치욕을 은폐하기 위하거나 양육할 수 없음을 예상하거나 특히 참작할 만한 동기로 인하여 분만 중 또는 분만 직후의 영아를 살해"함으로써 성립하는 범죄였다. ① 이 조항의 삭제 이후에도 '치욕은폐(예: 강간임신)', '양육불능'(예: 경제적 궁핍), '특히 참작할 만한 동기'(예: 다운증후군 출산)는 각각 사회윤리적, 책임윤리적, 심정윤리적 요소로서 보통살인죄(제250조 제1항)를 적용할 때 양형요소로 고려할 수 있다. 법은 선한 동기를 강요할 수 없지만 이를 양형에 고려하는 것은 허용되기 때문이다. ② 이 양형요소들은 행위자의 주관적 표상으로만 판단할 뿐, 객관적 사실의 존부(예: 강간임신으로 착오했지만 남편과의 아이였음)는 중요하지 않으며, 법률상 직계존속이나 산모에게만 국한하여 적용되지도 않는다.[18] ③ 영아살해의 동기를 고려하여 정상참작감경(제53조)을 하여 '처단형'을 정한 후 '선고형'을 정할 때 같은 사유를 다시 고려하는 것은 양형요소 이중평가금지원칙(Verbot der Doppelbewertung)에 의해 허용되지 않는다.

Ⅳ. 촉탁·승낙에 의한 살인죄

제252조(촉탁, 승낙에 의한 살인등) ① 사람의 촉탁이나 승낙을 받아 그를 살해한 자는 1년 이상 10년 이하의 징역에 처한다.

---

17 [존속살해 공범] 甲은 폭력남편 丙을 자식 乙과 함께 살해하였다. ① (대판 4294형상284) 甲과 乙은 존속살해죄의 공동정범이 되고, 甲은 과형상 보통살인죄로 처벌된다. ② (評釋) 乙은 존속살해죄, 甲은 살인죄의 공동정범이다.

18 [영아살해동기의 정상참작감경] 학생 甲은 동거녀 乙이 자신의 아이 丙을 출산하자 양육할 수 없다고 생각하여 丙을 살해하였다. ① (대판 69도2285) 甲은 법률상 직계존속이 아니므로 영아살해죄(제251조)가 성립하지 않는다. ② (評釋) 甲은 영아의 실제 아버지이고, 양육불능의 동기를 고려하여 정상참작감경(제53조)을 할 수 있다. 이 때 법률상 직계존속에 국한시키는 영아살해죄(제251조)의 과거해석은 더 이상 타당하지 않다.

촉탁·승낙살인죄는 살해를 촉탁 또는 승낙한 피해자를 살해하는 범죄로서 살인죄의 감경구성요건이다. 이처럼 촉탁·승낙자의 살해를 처벌하는 것은 **생명의 중대성과 그 개인적 처분의 남용가능성**을 함께 고려한 결과이다. 촉탁·승낙살인죄의 감경처벌은 그 불법내용이 자살관여행위(제252조 제2항)에 근접한 불법구조를 띠고 있음을 보여준다.[19]

촉탁은 이미 죽음을 결의한 피해자의 요구로 살해의 결의를 하는 것, **승낙**은 피해자에게 살해에 대한 동의를 받는 것을 말한다. **촉탁·승낙의 의사표시**는 자유로운 의사결정에 기초하여 살해 '이전'에 '진정'하고(예: 일시적 기분 제외), '진지'하게(예: 우울상태 제외), '명시적'으로(예: 난치병환자의 은유적 표현 제외) 하여야 하며 언제나 취소할 수 있다. 죽음의 의미를 모르는 정신병자 등의 의사표시는 효력이 없다. 촉탁·승낙의 상대방은 특정될 필요는 없으나 특정된 경우에는 그 상대방만 촉탁·승낙살인죄의 주체가 된다. **촉탁·승낙살인고의**는 살인고의가 있고, 피해자의 유효한 촉탁·승낙의 의사표시가 있다는 점을 인식하고 있어야 인정된다.

행위자가 피해자의 촉탁·승낙이 있는 줄로 오인하고 살해한 경우에는 제15조 제1항을 적용하여 촉탁·승낙살인죄의 불법만 인정된다.[20] 행위자가 피해자의 촉탁·승낙이 있었음을 모르고 살해한 경우에는 학설(촉탁·승낙살인죄설 / 살인죄설 / 살인불능미수설 / 촉탁·승낙살인죄와 살인미수죄의 상상적 경합 / 보통살인죄와 과실치사죄의 상상적 경합)이 대립하지만 범행기획은 살인죄의 불능미수, 범행결과는 촉탁·승낙한 자에 대한 과실치사죄가 성립하고 그 둘은 상상적 경합을 이루며 살인(불능)미수죄로 처단된다.

촉탁·승낙은 불법구성요건요소이므로 살인을 교사하였으나 피교사자가 촉탁·승낙살인죄를 범한 경우에 교사자는 촉탁·승낙살인죄의 교

---

19 [안락사와 존엄사] ① **소극적 안락사**는 "연명치료 중단의 요건으로서 환자가 회복불가능한 사망의 단계에 진입하였고 연명치료 중단을 구하는 환자의 의사를 추정할 수 있다"는 판결(대판 2009다1741)과 2016년 환자연명의료결정법 제정으로 합법화되었다. ② 불치의 병에 걸린 환자에게 고통을 완화시킬 목적의 처치(예: 대량의 몰핀투여)를 계속하여, 의도하지는 않았지만 예상했던 부작용이 발생하여 환자가 사망하는 **간접적 안락사**와 ③ 불치의 병으로 극심한 고통을 겪는 환자에게 고통을 제거하기 위하여 생명을 단절시키는 **적극적 안락사**(존엄사)에 관한 법은 아직 없다. 이상돈, "안락사의 절차적 정당화", 한일법학, 제18집, 1999, 375쪽.

20 이 해석은 제15조 제1항을 StGB 제16조 제2항(감경구성요건을 실현하는 사정이 존재한다고 잘못 인식한 채 범죄를 한 사람은 그 감경구성요건의 고의범으로 처벌된다)의 취지와 같다.

사범이 된다.

V. 자살교사·방조죄

제252조(촉탁, 승낙에 의한 살인등) ② 사람을 교사하거나 방조하여 자살하게 한 자도 제1항의 형에 처한다.

자살교사·방조죄란 사람을 교사 또는 방조하여 자살하게 함으로써 성립하는 범죄이다. **자유주의적 전통**에서 자살은 살인죄(제250조 제1항)의 구성요건에 해당하지 않으며, 자살교사·방조는 차용할 정범의 불법도 없다. 따라서 자살교사·방조죄는 타인의 생명에 대한 존중의무를 세우기 위해 만든 살인죄의 **독자적인 변형구성요건**이다.

(1) **구성요건** 자살관여행위의 **객체**는 자살의 의미를 이해하고 자살의 의사결정을 자율적으로 할 수 있는 사람에 국한된다. 유아(예: 3살, 7살)나 정신병자의 촉탁·승낙을 받아 살해하면 살인죄가 성립한다. 직계존속의 자살관여행위[21]도 본죄가 성립한다. **행위**는 자살을 교사 또는 방조하는 것이다. 교사범이나 방조범과 같은 의미가 아니라 널리 타인의 자살행위에 관여하는 행위이다. 정범성, 즉 범행지배의 흠결은 (**자살교사방조죄가 없는 독일형법과 달리**) 자살교사방조죄의 정범에게 요구되지 않기 때문이다. **교사**는 자살의사가 없는 자에게 자살을 결의하게 부추기는 것으로서 그 방법(예: 명령, 애원)에 제한이 없다. 위계 또는 위력의 방법은 위계 등에 의한 촉탁살인죄(제253조)가 적용된다. **방조**는 "자살하려는 사람의 자살행위를 도와주어 용이하게 실행하도록" 하는 것으로서 그 방법에는 자살도구를 빌려주거나 조언을 한다거나 "기타 **적극적, 소극적, 물질적, 정신적**[22] **방법**이 모두 포함된다"(대판 92도1148). 자살관여죄는 피교사·방

21 [자살교사방조의 행위객체] 甲은 아들 乙(7세), 丙(3세)에게 함께 죽자고 하면서 물속에 따라 들어오게 하였고, 乙과 丙은 익사하였다. ① (대판 86도2395) 피해자들은 "자살의 의미를 이해할 능력이 없"어 甲은 살인고의가 인정된다. ② (評釋) 甲은 살인죄의 간접정범이 아니라 부작위에 의한 단순정범이다.

22 [유서대필과 방조] 甲은 乙의 분신자살을 용이하게 할 의도로 유서를 대신 작성하여 주었다. 그 내용은 乙의 분신자살이 조국과 민족을 위한 것이며, 사후의 장례의식을 포함한 모든 문제를 그가

조자가 **자유로운 의사결정과 자기실행에 의해 자살**을 함으로써 기수가 된다. 자살관여죄는 자살자의 사망에 대한 책임이 아니므로 자살을 교사·방조에 귀속시킬 수 있다면 촉탁·승낙살인죄가 성립한다. **자살관여 고의**는 교사·방조에 대한 고의와 자살에 대한 고의를 포함한다. "구체적인 자살의 실행을 원조하여 이를 용이하게 하는 행위의 존재 및 그 점에 대한 행위자의 인식이 요구된다"(대판 2005도1373). 자살정보 사이트의 운영[23]은 이에 해당하지 않는다.

(2) **자살교사·방조미수** 자살 교사·방조의 미수(제254조)는 피교사자가 자살행위에 돌입한 때가 아니라 **자살의 교사·방조에 착수한 때**에 인정된다. 제252조 제2항은 독립구성요건이고 그 실행행위는 자살의 교사·방조 자체이기 때문이다.[24] 자살관여미수죄는 자살을 교사·방조하였으나 자살을 결의하지 않거나, 자살을 결의했지만 자살을 감행하지 않거나, 자살을 감행하였지만 자살행위가 실패로 끝났거나, 피교사·방조자가 자살로 사망하였지만 그 자살과 교사·방조행위 사이에 합법칙적 조건관계가 없는 때에 성립한다.[25]

VI. 위계·위력에 의한 살인죄

제253조(위계등에 의한 촉탁살인등) 전조의 경우에 위계 또는 위력으로써 촉탁 또는 승낙을 받아

속한 N연합이 책임진다는 것이었다. ① (대판 92도1148) 甲의 행위는 "**적극적·정신적 방법**"에 의한 자살방조에 해당된다.

23 [자살용 독물 판매광고] 乙은 자살을 결심하고, H게시판에 청산염을 소개하는 판매광고를 올린 甲과 이메일로 상담을 하였다. 甲은 청산염을 갖고 있지 않았고, 사기광고한 것이었다. 乙이 이를 알고 甲과 접촉을 끊고, 다른 경로로 청산염을 입수하여 자살하였다. ① (대판 2005도1373) 甲의 행위는 乙의 자살실행에 정신적 혹은 무형적으로 기여하였다고 보기 어렵다. ② (評釋) 甲은 자살관여고의도 없다.

24 자살을 교사했으나 피교사자가 자살의 결심도 하지 않는 경우를 '실패된 교사'로 보아(제31조 제2항 및 제3항) (자살교사의) 예비·음모로 처리하고 불가벌적인 행위로 보는 것은 옳지 않다. 이런 해석은 자살교사·방조죄가 없는 독일 형법(StGB)의 해석으로서나 타당하다.

25 [공동자살] 공동자살의 의사형성이 서로 영향을 주지 않은 경우 죽은 자, 생존자 모두 무죄이다. 공동자살의 의사형성을 주도하고 살아남은 자는 자살교사죄가, 진정으로 공동자살을 시도하였으나 살아났고, 죽은 자의 자살을 용이하게 한(예: 독약을 줌) 생존자는 자살방조죄가, 생존자가 죽을 의사 없이 상대방을 기망하여 자살하게 하면 위계살인죄(제253조)가, 자살행위를 대신 실행을 해준(예: 독약을 입에 먼저 넣어 주고 자기도 먹음) 생존자는 촉탁·승낙살인죄가 성립한다.

그를 살해하거나 자살을 결의하게 한 자는 제250조의 예에 의한다.

위계 또는 위력에 의하여 촉탁 또는 승낙을 받아 타인을 살해하거나 그가 자살을 하도록 교사 또는 방조한 자는 제250조(보통살인죄 또는 존속살해죄)의 예에 따라 처벌된다. 위계나 위력에 의한 촉탁·승낙살인, 자살교사·방조는 실질적으로 **보통살인죄와 동등한 불법내용**을 갖고 있고, 예비·음모도 처벌된다(제255조). **위계**(僞計)란 상대방의 무지를 이용하거나 기망하거나 유혹함으로써 착오에 빠뜨리는 것을 말하고, **위력**(威力)은 폭행이나 협박의 사용 이외에 정치적, 경제적, 사회적 지위를 이용하는 것도 포함한다.

Ⅶ. 살인예비·음모죄

제255조(예비, 음모) 제250조(살인죄, 존속살해죄)와 제253조(위계·위력에 의한 살인죄)의 죄를 범할 목적으로 예비 또는 음모한 자는 10년 이하의 징역에 처한다.

살인예비죄란 살인, 존속살해, 위계·위력에 의한 살인을 하기 위한, 그러나 실행의 착수까지에는 이르지 않는 준비행위[26]를 하는 것을 말하고,[27] 살인음모죄는 둘 이상의 사람들이 살인죄를 범하기로 합의(음모)하는 것을 말한다. 살인예비·음모죄가 성립하려면, 살해의 대상자가 구체적으로 정해져 있어야 하고,[28] 예비·음모자에게 살인할 목적과 살인의 준비에 관한 고의(대판 2009도7150)가 있어야 한다. 살해용 흉기를 준비한 것만으로는 살인예비죄가 성립하지 않는다(대결 4292형상387).

26 [살인예비죄] 甲이 乙을 살해하기 위하여 丙, 丁 등을 고용하면서 그들에게 대가의 지급을 약속하였다. ① (대판 2009도7150) 甲은 "살인죄를 범할 목적 및 살인의 준비에 관한 고의가 인정될 뿐 아니라 그가 살인죄의 실현을 위한 준비행위를 하였음을 인정할 수 있다."

27 "권총 등을 교부하면서 사람을 살해하라고 한 자는 피교사자의 범죄실행결의의 유무와 관계없이 그 행위 자체가 독립하여 살인예비죄를 구성한다"(대판 4283형상10).

28 살해의 용도에 공하기 위한 흉기를 준비하였다 하더라도 그 흉기로서 살해할 대상자가 확정되지 아니한 한 살인예비죄로 다스릴 수 없다(대판 4293형상387).

상해와 폭행의 죄

Ⅰ. 서 론

상해죄는 **건강**을, 폭행죄는 **신체의 건재**(Wohlbefinden: '편안한 신체상태')를 보호한다. 건강과 신체의 건재(健在)를 포괄하여 **신체의 완전성**이라고 부른다. 상해죄가 헌법상 신체의 자유(제12조 제1항)나 생명권(제10조)에서 비롯된다면 폭행죄는 폭력적 일상을 지양한다는 점에서 행복추구권(제10조)과 인격(발현)권에서 도출된다.

	상 해 죄	폭 행 죄
보호법익	건강	신체의 건재(健在)
행위방법	물리적 힘 불필요 부작위범 가능	물리적 힘(유형력) 사용 필요
범죄형태	침해범 (미수처벌)	거동범(미수불가벌) → 구체적위험범
고의	신체침해의 결과 의욕	신체침해의 의욕 불필요
소송조건	없음	반의사불벌죄

상해죄는 침해범이고 폭행죄는 거동범이다. 폭행죄는 신체에 대한 침해의 구체적 위험을 발생시키는 행위이기도 하다. 행위자가 처음부터 신체침해의 결과를 의욕하고 있었으면 상해죄가, 의욕하지 않았으면 폭행(치상)죄가 성립한다. 상해고의는 폭행고의를 포함한다(보충관계).

상해죄와 폭행죄의 구성요건은 도표와 같다. **폭력행위처벌법**은 2인 이상이 공동하여 폭행, 존속폭행, 상해, 존속상해를 한 경우에 형법 각 해당 조항에서 정한 형의 2분의 1까지 가중한다(제2조 제2항). 수사와 재판과 관련한 보복목적의 상해죄와 폭행죄는 **특정범죄가중법** 제5조의9 제2항에 의해 가중처벌된다. 가정구성원 사이의 상해·폭행은 **가정폭력처벌법**이 적용된다.

기본	• 상해죄(제257조 제1항)	• 폭행죄(제260조 제1항)
가중구성요건	• 존속상해죄(제257조 제2항)	• 존속폭행죄(제260조 제2항)
	• 상습상해죄(제264조)	• 상습폭행죄(제264조)
	• 특수상해죄(제258조의2)	• 특수폭행죄(제261조)
결과적 가중범	• 중상해죄(제258조)	
	• 존속중상해죄(제258조)	
	• 상해치사죄(제259조)	• 폭행치사상죄(제262조)
미수범	• (존속)상해미수(제257조 제3항) • 특수상해미수(제258조의2 제3항)	없음

Ⅱ. 상 해 죄

제257조(상해, 존속상해) ① 사람의 신체를 상해한 자는 7년 이하의 징역, 10년 이하의 자격정지 또는 1천만 원 이하의 벌금에 처한다. ③ 전2항의 미수범은 처벌한다.

(1) **사람의 신체** 상해죄의 행위객체는 타인의 신체이다. 자상(自傷)은 상해죄가 성립하지 않지만, 병역기피목적신체손상죄(병역법 제86조), 근무기피목적신체상해죄(군형법 제41조 제1항)가 적용된다. 의사의 자유를 해치는 강한 협박으로 자상하게 한 자는 상해죄의 직접정범이 된다. 태아는 분만개시 후부터 상해죄의 객체가 된다. 임신 중 약물을 복용시키고 약효는 출생 후에 나타난 경우 상해행위는 투약시점부터 약효발생시점까지 계속된다고 보아 상해죄가 적용된다.

(2) **행 위** 상해는 (자연력, 기계, 동물을 포함한) 물리적 힘(有形力)을 사용하는 작위뿐만 아니라 부작위로도 범할 수 있다. 이에 반해 폭행은 유형력으로만 범할 수 있다.

(3) **상해의 결과** 판례에 의하면 신체의 완전성을 해하는 것을 상해로 보면 상해는 **생리적 기능장애**(예: 장파열, 실신[1])뿐만 아니라 **신체외관 훼손**(예: 모발 절단)도 포함하게 된다. 다만 **"다소의 상처"**[2]는 상해에 해당되지 않는다. 私見으로 상해는 치료를 요하는 건강훼손 또는 그에 준하는 신체외관의 '중대한' 훼손(예: 모발의 대량 절단)이 있어야 한다. 상해는 상해행위와 인과관계가 있어야 하고, 없으면 (특수)상해미수(제257조 제3항, 제258조의2 제3항)가 성립한다. 상해진단서로는 인과관계를 입증하기에 부족하고 목격자의 진술 등이 뒷받침되어야 한다.[3] 상해죄의 동시범은 공동정범으로 처벌한다(제263조).

(4) **상해고의** 상해고의는 타인의 건강(생리적 기능)을 훼손하거나 신체외관을 중대하게 훼손시킨다는 사실에 대한 인식과 의욕이다. 상해고의는 "상해의 원인인 **폭행에 대한 인식**이 있으면 충분"[4]하다고 볼 수 없

1 [실신] 甲과 乙은 회칼을 휘두르며 丙의 얼굴과 목을 때렸다. 丙은 기절하였지만 119 구급차 안에서 깨어났다. ① (대판 96도2529) "상처가 발생하지 않았더라도 **생리적 기능에 훼손**을 입어" 상해가 있다. ② (評釋) 甲은 공동상해죄(폭력행위처벌법 제2조 제2항 3호)와 특수상해죄(제258조의2 제1항)의 상상적 경합범이다.

2 [상처] 乙은 집행관 甲이 자신의 재산에 대해 압류표시를 하자 甲에게 압류표시를 떼어 달라고 애원하며 매달렸다. 甲은 乙을 뿌리치다 작은 상처를 입혔다. ① (대판 85도466) 甲은 상해죄 또는 폭행치상죄가 성립하지 않는다.

3 의사의 진단서는 진단서의 내용과 같은 상처가 있었다는 소견을 나타낸 데 불과하고 그것만으로 상해의 원인이 피고인의 폭행에 의한 것이라고 단정할 수 없다(대판 82도3021).

다. 폭행이 상해고의의 가장 중요한 간접사실이긴 하지만, 폭행 인식은 폭행치상에도 있을 수 있기 때문이다. 상해의 방법이 폭행인 경우 **상해고의는 폭행고의를 포괄**하므로 상해고의가 인정되지 않으면 폭행고의를 인정하고, 상해가 발생하면 폭행치상죄가 성립한다.[5]

(5) **위 법 성** 사회통념상 허용될 만한 정도[6]의 상해는 정당행위로 인정된다. 신체는 주체가 처분할 수 있는 법익이므로 피해자의 승낙은 상해의 정당화사유이다. 다만 사회윤리적 한계가 있다.

(6) **상해죄의 공동정범과 공동상해죄** 2인 이상이 공동으로 한 공동상해죄는 폭력행위처벌법 제2조 제2항 3호에 의해 가중처벌된다. 판례는 **공동상해죄의 공모공동정범**[7]도 인정하지만, 공동폭력범죄(제2조 제2항)는 가중처벌의 입법취지를 고려하면 (공동정범으로) 실행의 기능적 분담이 있거나, (동시범으로) 다수인의 폭력범죄가 시너지효과를 가질 때에만 적용된다.

Ⅲ. 존속상해죄

제257조(상해, 존속상해) ② 자기 또는 배우자의 직계존속에 대하여 제1항의 죄를 범한 때에는 10

---

4 [폭행고의와 상해고의] 甲은 乙의 포장마차에서 丙과 팔씨름을 하여 이겼으나 丙이 또 하자고 달려들자 식칼을 집어 들고 자신의 팔뚝을 1회 그어 자해하였다. 丙은 양팔로 甲을 뒤에서 붙잡았고 甲은 이를 뿌리치다 乙에게 식칼로 상해를 입혔다. ① (대판 83도231) "상해죄 성립에는 **상해의 원인인 폭행에 관한 인식이 있으면 충분하고 상해를 가할 의사는 필요하지 않으나,** 폭행을 가한다는 인식이 없는 행위의 결과로 피해자가 상해를 입었던 경우에는 상해죄가 성립하지 아니한다." ② (評釋) 丙을 뿌리칠 때 甲의 폭행인식은 상해고의가 아니므로 甲은 폭행치상죄(제262조)와 특수폭행죄(제261조)의 상상적 경합범이고, 전자의 법정형으로 처단된다.

5 [상해고의와 폭행고의] 경찰관의 불심검문을 받자 甲은 많은 사람이 운집한 곳으로 도주하였으나 乙과 부딪혔다. 乙은 넘어지면서 정차한 버스의 뒷바퀴에 충돌하여 뇌좌상을 입었다. ① (대판 84도2655) "폭행에 대한 미필적인 고의를 인정할 수 있어도 상해에 대한 고의성을 인정할 수 없"으므로 폭행치상죄가 성립한다.

6 [정당한 상해행위] 甲이 S아파트의 회의장을 나가려는 순간 부녀 10명이 그를 둘러싸고 다리와 옷자락을 잡아 못나가게 막았다. 甲은 그들과 엉켜 밀고 당기던 중 乙의 가슴을 잡아 당겼고 乙은 계단에서 넘어져 전치 2주의 뇌진탕을 입었다. ① (대판 83도327) 甲의 상해는 "사회통념상 허용될 만한 정도의 상당성"이 있다.

7 [공동상해] 甲과 乙, 丙은 함께 丁에 대한 상해를 공모했다. 乙과 丙은 丁이 잘 다니는 길목에서 기다렸다가 丁을 구타하여 갈비뼈에 골절상을 입혔고, 甲은 현장에 나가지 않았다. ① (대판 94도128) 甲은 乙과 丙이 범한 공동상해죄의 공모공동정범이 된다. ② (評釋) 甲의 공모가 실행분담에 준하는 기여라면 상해죄의 공동정범, 그렇지 않은 경우에는 공동상해죄의 교사범이나 방조범이 된다.

년 이하의 징역 또는 1천500만 원 이하의 벌금에 처한다. ③ 전2항의 미수범은 처벌한다.

존속상해죄는 자기 또는 배우자의 직계존속의 신체를 상해하는 범죄로서 직계존속이라는 신분관계로 인해 형이 가중되는 부진정신분범이다. 존속상해죄에서 요구되는 행위객체의 요건인 '직계존속'은 법률상 직계존속이면서 동시에 사실상[8] 직계존속인 경우에 한정한다.

Ⅳ. 중상해죄 · 존속중상해죄

제258조(중상해, 존속중상해) ① 사람의 신체를 상해하여 생명에 대한 위험을 발생하게 한 자는 1년 이상 10년 이하의 징역에 처한다. ② 신체의 상해로 인하여 불구 또는 불치나 난치의 질병에 이르게 한 자도 전항의 형과 같다. ③ 자기 또는 배우자의 직계존속에 대하여 전2항의 죄를 범한 때에는 2년 이상 15년 이하의 유기징역에 처한다.

아동학대처벌법 제5조(아동학대중상해) 제2조 제4호 가목부터 다목까지의 아동학대범죄를 범한 사람이 아동의 생명에 대한 위험을 발생하게 하거나 불구 또는 난치의 질병에 이르게 한 때에는 3년 이상의 징역에 처한다.

생명에 대한 위험은 생명에 대한 구체적 위험[9]을 뜻한다. **불구**란 중요한 신체부분의 기능상실을 뜻한다. 어떤 부분이 중요한가는 주관적이 아니라 객관적으로 판단된다. 예컨대 피아니스트의 새끼손가락이 골절되어 섬세한 연주를 할 수 없게 된 것은 단순상해가 될 뿐이다. 실명(대판 4292형상395), 청력 상실은 불구에 해당하지만, 치아 2개 탈락(대판 4292형상413)은 해당하지 않는다. **불치 또는 난치의 질병**이란 치료의 가능성이 없거나 희박한 질병이다. 에이즈 바이러스를 감염시키는 것을 예로 들 수 있다. 불구의 경우와는 달리 인공적인 장치로 대체할 수 있는 때에는 불치가 아니다. 또한 질병이어야 하므로 상처의 흔적이 없어지지 않는 것

8 [존속상해] 甲은 乙과 丙 사이의 친생자로 호적에 등재되어 있지만, 丙이 식모살이 하면서 丁과 정교를 맺어 낳은 자식이었다. 甲은 乙을 때려 상해를 입혔다. ① (대판 83도996) "호적상 친권자라고 등재되어 있더라도 **사실에 있어서 그렇지 않은 경우**에는 법률상 친자관계가 생길 수 없"고 甲은 상해죄가 성립한다.

9 [중상해] 甲은 乙에게 "戊의 다리를 부러뜨려 2개월쯤 입원케 하라"고 교사하고, 乙은 丙에게 丙은 丁에게 같은 지시를 하여 丁이 칼로 戊의 우측가슴을 찔러 전치 3주 우측흉부자상을 입혔다. ① (대판 2005도7527) 戊의 자상은 "**생명에 대한 위험을 발생하게 한 경우**라거나 불구 또는 불치나 난치의 질병에 이르게 한 경우"가 아니다. ② (評釋) 연쇄교사범 甲은 불가벌의 상해예비음모에 그친다.

만으로는 여기에 해당하지 않는다.

중상해죄는 **상해고의**로 중상해의 결과를 발생시킨 경우이다.[10] 중상해죄는 고의로 상해하여 과실로(예견할 수 있었음에도) 생명에 대한 위험을 발생하게 하거나 불구 또는 불치나 난치의 질병에 이르게 한 경우 또는 처음부터 그런 고의를 갖고 상해한 경우에도 성립하는 **부진정결과적 가중범**이다. 폭행고의로 폭행하여 중상해의 결과를 발생시킨 경우는 중상해의 법정형으로 처벌(제257조 내지 제259조의 예에 의한다)되지만 적용법조는 **폭행치상죄**(제262조)**이다.**

Ⅴ. 특수상해죄

단체 또는 다중의 위력을 보이거나 위험한 물건을 휴대하여 상해죄 또는 존속상해죄를 범한 경우에는 1년 이상 10년 이하의 징역에 처하고(제258조의2 제1항), 중상해죄 또는 존속중상해죄를 범한 경우에는 2년 이상 20년 이하의 징역에 처한다(제258조의2 제2항). 각 미수범은 처벌한다(제258조의2 제3항).

Ⅵ. 상해치사죄 · 존속상해치사죄

제259조(상해치사) ① 사람의 신체를 상해하여 사망에 이르게 한 자는 3년 이상의 유기징역에 처한다. ② 자기 또는 배우자의 직계존속에 대하여 전항의 죄를 범한 때에는 무기 또는 5년 이상의 징역에 처한다.

(1) 결과적 가중범 상해치사죄는 상해의 행위나 결과에 내재한 사망의 위험이 실현된 결과적 가중범이다. 사망피해자가 자기 또는 배우자의 직계존속이면 형이 가중된다(제259조 제2항). 사망의 결과를 상해(행위나 그 결과)에 귀속하기 위해서는 상해의 기본범죄행위가 있고, 상해의 **행위**

10 일상생활을 통해 전염되는 바이러스(코로나, 독감)에 감염된 자가 방역수칙을 어겼다고 해서 중상해고의가 인정되지는 않는다. 감염경로는 형법상 인과관계에 미치지 못하는 낮은 통계적 상관성을 의미할 뿐이므로 고의의 요소로서 인과성에 대한 인식이 없기 때문이다.

나 결과(건강훼손)**와 사망 사이에 인과관계**가 있고, 행위자가 그 결과를 예견할 수[11] 있어야 한다. 또한 피해자의 사망은 제3자나 피해자가 스스로 책임질 행동에 의하여 발생한 경우가 아니어야 한다. 판례에 의하면 사망이 귀속되는 행위가 상해행위나 결과와 별개의 행위인 경우에도 상해치사죄가 포괄일죄(**포괄적 상해지차죄**[12])로서 성립한다. 그러나 행위가 별개이면 상해죄와 과실치사 등의 경합범이 성립한다.

(2) 상해치사죄의 공동정범 "결과적 가중범인 상해치사죄의 공동정범은 폭행 기타의 신체침해 행위를 공동으로 할 의사가 있으면 성립되고 결과를 공동으로 할 의사는 필요 없으며, 여러 사람이 상해의 고의로 범행 중 한 사람이 중한 상해를 가하여 피해자가 사망에 이르게 된 경우 나머지 사람들은 **사망의 결과를 예견할 수** 없는 때가 아닌 한 상해치사의 죄책을 면할 수 없다"(대판 2000도745). 그러나 私見으로 상해치사죄의 공동정범이 성립하려면 상해죄를 공동으로 범하고, 그 상해행위와 사망을 가져온 행위가 기능적으로 분리될 수 없고, 상해죄의 공동실행이 사망의 발생에 인과적으로 불가결한 요소로 작용하며, 사망을 실현시킨 행위자가 아닌 다른 공동정범도 이런 사실을 인식하였거나 할 수 있었어야 한다.

(3) 상해치사죄의 교사범 "교사자가 피교사자에 대하여 상해 또는 중상해를 교사하였는데 피교사자가 이를 넘어 살인을 실행한 경우에, 일반적으로 교사자는 상해죄 또는 중상해죄의 죄책을 지게 되는 것이지만 교사자에게 피해자의 사망이라는 결과에 대하여 **과실 내지 예견가능성**이 있는 때에는 상해치사죄의 죄책을 지울 수 있"다(대판 2002도4069). 私見으

---

11 [상해치사죄] 甲은 乙에게 재결합을 요구하며 말다툼하다 乙의 얼굴을 때리고 머리채를 휘어잡아 벽에 부딪혀 두개골결손으로 2일 만에 사망하게 하였다. ① (대판 84도2183) 甲은 사망을 예견할 수 있었으므로 상해치사죄가 성립한다.

12 [포괄적 상해치사죄] 甲은 乙의 머리를 벽에 부딪치게 하고, 가슴을 밟아 乙에게 흉골골절, 늑골골절상, 심낭내출혈을 입혔다. 乙이 정신을 잃자, 甲은 죽었다고 생각하고 乙을 베란다에서 13m 아래 바닥으로 떨어뜨렸다. 乙은 그때 뇌손상으로 즉사하였다. ① (대판 94도2361) "**포괄하여** 단일의 상해치사죄에 해당한다." ② (評釋) 乙을 던진 행위는 사체유기죄(제161조)의 불능미수와 과실치사죄(제267조)의 상상적 경합에 해당하고, 이들과 상해죄는 실체적 경합에 놓인다.

로 교사자는 정범이 가중적 결과를 발생케 할 가능성을 예측할 수 있는 **구체적인 계기**[13]가 있었어야 한다.

Ⅶ. 동시범의 특례

제263조(동시범) 독립행위가 경합하여 상해의 결과를 발생하게 한 경우에 있어서 원인된 행위가 판명되지 아니한 때에는 공동정범의 예에 의한다.

(1) **동시범의 공동정범화** 2인 이상이 의사연락 없이 개별적으로 상해행위를 하여 상해의 결과를 발생하게 하였지만, 누구의 행위에 의해 상해가 발생하였는지가 판명되지 않으면 동시범들은 모두 상해미수죄가 성립하지만 제263조는 상해죄의 공동정범으로 처벌한다. "공동정범의 예에 의한다"고 함은 인과관계의 입증이 없는 동시범들 사이에 '**범행의 공동결의**'가 있는 것으로 **간주**(看做)[14]하고, 동시범들의 행위 이외의 상해에 대한 다른 원인이 없음을 **법률상 추정**하는 것이다. 동시범 특례(제263조)는 세 가지 요건을 충족할 때 적용한다.

- 가해행위가 행위자들의 의사연락 없이 같은 객체에 대하여 행한다. "**가해행위를 한 것 자체가 분명치 않은**[15] **사람**은 동시범"이 될 수 없다.
- 상해의 결과가 발생하였어야 하고, **상해행위에 의하든 폭행행위에 의하든** 상관없

13 [상해치사교사범] 甲은 乙과 丙에게 자신과 다투는 丁의 허벅지나 종아리를 칼로 찌르되 "병신으로 만들어 평생 후회하게 만들라"고 하였다. 乙과 丙은 丁의 종아리를 20여 회 칼로 찔러 살해하였다. ① (대판 2002도4089) 乙과 丙은 (미필적 고의에 의한) 살인죄의 공동정범이 되고, 甲은 "피해자의 사망이라는 결과에 대하여 과실 내지 예견가능성이 있"으므로 상해치사죄의 교사범이 된다. ② (評釋) 甲의 교사에는 乙과 丙이 교사한 바대로 실행할 경우 사망의 발생가능성을 예측할 수 있는 구체적인 계기인 '병신으로 만들라'는 말로 인해 상해치사교사범이 된다.

14 추정과 간주는 **반증**에 의해 사실인정을 뒤집을 가능성이 있는 반면 의제(예: 민법 제826조의2[성년의제])는 없다. 의제가 법적 사실을(예: 미성년 → 성년) **창설**하는 반면, 간주(看做)는 추정과 마찬가지로 **사실의 입증에 관한 규칙**이다. 추정이 간주와 달리 당사자가 일정한 주관적 **입증부담**을 이행할 것을 전제할 수 있다(이상돈, 공정거래형법, 법문사, 2010, 133쪽)

	반증 허용	입증 부담
추정	○	○
간주	○	×
의제	×	×

15 [동시범특례요건] 丙이 甲과 乙의 싸움을 말리자, 甲은 丙의 얼굴과 가슴을 때리고 乙은 주먹으로 丙의 뺨을 때렸으며 甲과 乙은 깨진 유리병 조각을 들었는데, 누군가가 丙의 코를 내리 찍어 비골개방성골절상을 입혔다. ① 甲과 乙은 상해죄의 동시범으로서 상해죄의 공동정범이 되고 위험한 물건을 휴대하였으므로 특수상해죄(제258조의2 제1항)의 공동정범과 공동상해죄(폭력행위처벌법 제2조 제2항 3호)의 상상적 경합범이 된다. ② (대판 84도488) 코를 찍은 자가 **제3자일 가능성이 남아 있다면**, 동시범특례는 적용되지 않고 甲과 乙은 공동폭행죄만 성립한다.

다. "독립행위가 경합하여 상해의 결과를 발생"이라고만 규정하기 때문이다.

● 상해의 원인이 된 행위가 판명되지 않아야 한다(인과관계 추정).

(2) **적용범위** 동시범의 특례는 "상해의 결과를 발생하게"라는 문언에 비추어 상해죄뿐만 아니라 **폭행**에도 적용된다. 판례는 더 나아가 동시범특례규정을 **상해치사죄**[16]나 폭행치사죄에 대하여도 적용한다. 私見으로 상해를 사망으로 해석하는 것은 유추금지원칙에 위배된다. 물론 "보호법익을 달리하는 강간치상죄에는 적용할 수 없다"(대판 84도372).

Ⅷ. 상습상해죄

상습으로 (존속)상해죄, (존속)중상해죄, 특수상해죄를 범한 때에는 각 죄에 정한 형(단기와 장기)의 2분의 1까지 가중하여 처벌한다(제264조). 가령 상습특수상해는 1년 6개월 이상 15년 이하의 징역에 처한다(대판 2016도18194).

Ⅸ. 폭행죄와 존속폭행죄

제260조(폭행, 존속폭행) ① 사람의 신체에 대하여 폭행을 가한 자는 2년 이하의 징역, 500만 원 이하의 벌금, 구류 또는 과료에 처한다. ② 자기 또는 배우자의 직계존속에 대하여 제1항의 죄를 범한 때에는 5년 이하의 징역 또는 700만원 이하의 벌금에 처한다. ③ 제1항 및 제2항의 죄는 피해자의 명시한 의사에 반하여 공소를 제기할 수 없다.

폭행죄는 사람의 신체에 대해 폭행을 가함으로써 성립하고, 상해고의와 구분되는 폭행고의(폭행에 대한 인식과 의사)가 있어야 한다. "폭행이란 **사람의 신체**[17]**에 대하여 육체적·정신적으로 고통을 주는 유형력을 행사함**

16 [상해치사죄의 동시범특례] 甲과 乙은 함께 술 마시고 앞뒤로 걸어갔다. 甲은 행인 丙과 시비를 벌이고 丙의 멱살을 잡아 흔들어 시멘트바닥에 넘어뜨렸다. 뒤에 오던 乙이 이를 보고 근처에 있던 삽으로 丙의 얼굴을 1회 때려 넘어지게 하였고 丙은 뒷머리가 장독대 모서리에 부딪쳤다. 丙은 뇌저부경화동맥파열상으로 사망하였다. 丙의 사망은 누구의 행위로 인한 것인지는 입증되지 않았다. ① (대판 84도2118) "**제263조가 상해치사죄에도 적용**되"므로 丙의 사망원인이 "판명되지 아니하는 때에 예외적으로" 甲과 乙은 상해치사죄가 성립한다. ② (評釋) 甲은 공동상해죄(폭력행위처벌법 제2조 제2항 3호)가 성립하고 乙은 삽을 사용한 점에서 "위험한 물건을 휴대"한 특수상해죄(제3조 제1항)와 공동상해죄의 상상적 경합범이 된다.

17 [폭행객체] 甲은 N다방 종업원 乙이 만나주지 않자 다방의 주방문을 부수고 들어가서 모두 죽여

을 뜻하는 것으로서 반드시 피해자의 신체에 접촉함을 필요로 하는 것은 아니고, 그 불법성은 행위의 목적과 의도, 행위 당시의 정황, 행위의 태양과 종류, 피해자에게 주는 고통의 유무와 정도 등을 종합하여 판단한다."[18]

[폭행의 정도] 폭행의 정도는 범죄에 따라 다음과 같이 다르다.

구성요건	폭행의 정도	실행행위의 예시
강도죄	**항거불능**의 유형력 행사	손발을 묶고 칼로 위협함
강간죄	저항이 **현저히 곤란**한 유형력 행사	양손을 꽉 잡고 실랑이를 벌이는 가운데 성교를 함
폭행죄	사람의 **신체**에 대한 유형력 행사	얼굴을 주먹으로 때림
강요죄 공무집행방해죄 특수도주죄	사람(의 신체)에 대한 직접, **간접**의 유형력 행사	장애인이 타고 가는 휠체어를 손괴, 공무원이 일하는 사무실 바닥에 인분을 담은 재떨이를 던짐
소요죄 다중불해산죄	사람 또는 **물건**에 대한 유형력 행사	군중들이 함께 행진하다가 지프차의 유리창을 깨뜨림

私見으로 폭행은 ⓐ 타인의 신체에 ⓑ 물리적 힘(有形力)을 사용하여 ⓒ **상대방의 저항을 깨고**[19] (육체적) **고통**[20]**을 주는 행위**이다.[21] 상대방에게 침을 뱉거나, 욕설을 하거나 옷을 잡아당기는 것은 ⓒ요소의 결핍으로 폭행이 아니다. 신체적 접촉이 없다면 폭행이 될 수 없고, 상황에 따라 협박이나 강요 등이 될 수 있을 뿐이다.

버린다고 하며 그 방문을 수회 발로 찼다. ① (대판 83도3186) 乙의 **신체에 대한 것**이 아니므로 폭행죄가 성립하지 않는다.

18 [폭행과 신체접촉] 甲은 차를 가로막은 乙을 향해 차를 조금씩 전진시키고 乙이 뒤로 물러나면 다시 차를 전진시켰다. ① (대판 2016도9302) 甲은 신체적 접촉이 없었어도 폭행죄가 성립한다. ② (評釋) 甲은 강요죄가 성립할 뿐이다.

19 [유형력의 행사] 甲은 乙의 시비를 만류하면서 조용히 얘기하자며 乙의 팔을 2, 3회 끌었다. ① (대판 86도1796) 甲이 한 행위만 "가지고는 사람의 신체에 대한 불법한 공격이라고 볼 수 없어" 폭행죄에 해당하지 않는다. ② (評釋) 팔 끌기는 **상대방의 저항을 깨고 고통을 주는 요소**가 없으므로 폭행이 성립하지 않는다.

20 [폭행의 고통요소] 乙이 甲의 양팔을 잡고 시비를 걸려고 하자, 甲은 이를 피하려고 몸을 틀어 뿌리쳤고, 乙은 발이 출입문턱에 걸려 넘어졌다. ① (대판 85도1915) 甲의 행위는 폭행에 해당하지 않으며 설사 해당한다고 하더라도 사회상규에 어긋나지 아니하여 위법성이 없다. ② (評釋) ⓐⓑ는 충족되지만 **육체적 고통을 준 정도**(ⓒ)가 아니어서 폭행죄에 해당하지 않는다.

21 "길을 막거나 시비를 걸거나 주위에 모여 들거나 뒤따르거나 몹시 거칠게 겁을 주는 말이나 행동으로 다른 사람을 불안하게 하거나 귀찮고 불쾌하게 한 사람"(「경범죄처벌법」 제3조 제1항 19호)은 ⓐ, ⓑ, ⓒ 요소 충족되지 않아 폭행이 아니다.

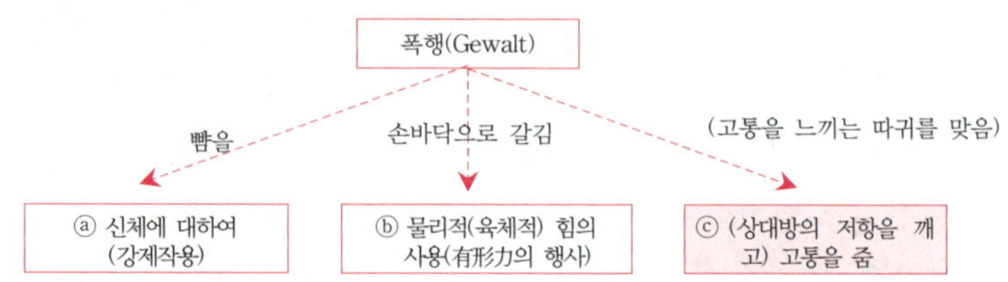

폭행죄와 존속폭행죄는 피해자의 **명시적 의사에 반하여** 처벌할 수 없다(제260조 제3항). 이 규정은 「폭력행위처벌법」(이하 폭력행위처벌법)이 적용되는 공동폭행행위(폭력행위처벌법 제2조 제4항), 군사기지 등에서 군인간 폭행(군형법 제60조의6)에는 적용되지 않는다.

X. 폭행치사상죄

제262조(폭행치사상) 제260조와 제261조의 죄를 지어 사람을 사망이나 상해에 이르게 한 경우에는 제257조부터 제259조까지의 예에 따른다.

특정범죄가중법 제5조의10(운행 중인 자동차 운전자에 대한 폭행 등의 가중처벌) ① 운행 중(「여객자동차 운수사업법」 제2조 제3호에 따른 여객자동차운송사업을 위하여 사용되는 자동차를 운행하는 중 운전자가 여객의 승차·하차 등을 위하여 일시 정차한 경우를 포함한다)인 자동차의 운전자를 폭행하거나 협박한 사람은 5년 이하의 징역 또는 2천만 원 이하의 벌금에 처한다. ② 제1항의 죄를 범하여 사람을 상해에 이르게 한 경우에는 3년 이상의 유기징역에 처하고, 사망에 이르게 한 경우에는 무기 또는 5년 이상의 징역에 처한다.

폭행치사상죄는 폭행고의로 폭행을 하여 상해의 결과가 발생하거나 사망의 결과가 발생하면 형이 가중되는 **결과적 가중범**이다. 운행 중 자동차[22]의 운전자를 폭행하여 사람(운전자 또는 다른 교통관여자)을 상해 또는 사망에 이르게 하면 **운전자폭행치사상죄**로 가중처벌된다(특정범죄가중법 제5조의10 제2항). 보호법익은 생명·신체와 공공의 안전[23](교통질서과 시민의 안

---

22 **도로교통법상의 자동차**이므로 가령 일시 정차한 여객자동차는 포함되지만, 원동기장치자전거는 제외된다(대판 2022도1013).

23 **[운전자폭행치상죄]** 택시기사 乙이 술에 취한 甲을 태우고 가다 신호대기를 하던 중 지하철 공사로 인해 차량이 다소 흔들렸다. 甲은 "운전 똑바로 해"라고 화를 내며 乙의 얼굴을 때려 전치 2주의 안구상해를 입혔다. ① (대판 2014도13345) 운전자폭행치상죄가 성립한다. ② (評釋) 운전자폭행치상죄는 폭행이 **자동차의 안전운행을 저해하는 특성**을 가짐으로써 교통사고의 위험을 초래한 경우에만 적용되는 **적성범**이다. 甲의 폭행으로 차량이 흔들리는 등 교통사고위험을 인지할 정도가 아니였다면 甲은 폭행치상죄만 성립한다.

전)이다. 판례에 의하면 폭행치사상죄는 폭행죄가 성립하고, 폭행행위와 사망·상해 사이에 인과관계가 있고 사망·상해의 예견가능성이 있어야 성립한다. 그러나 私見으로 상해나 사망은 폭행의 **전형적 위험이 직접 실현**[24]된 경우이어야 한다.

XI. 공동폭행죄

폭력행위처벌법 제2조(폭행 등) ② 2인 이상이 공동하여 제1항 각 호에 규정된 죄를 범하였을 때에는 형법 각 해당 조항에서 정한 형의 2분의 1까지 가중한다. 1.「형법」 제260조 제1항(폭행) (이하 생략) 2.「형법」 제260조 제2항(존속폭행) (이하 생략)

공동폭행죄는 2인 이상이 공동하여 폭행죄(제260조 제1항), 존속폭행죄(제260조 제2항)를 범한 경우에 성립한다. 판례에 의하면 "**공동하여**"는 "수인 간에 소위 **공범관계가 존재**하는 것을 요건으로 하는 것이고 수인이 동일 장소에서 동일 기회에 상호 다른 자의 범행을 인식하고 이를 이용하여 범행을 한 경우임을 요한다"(대판 90도2022). "여러 사람이 폭력행위처벌법에 열거된 죄를 범하기로 공모한 다음 그 중 2인 이상이 범행장소에서 범죄를 실행한 경우에는 범행장소에 가지 아니한 자[25]도 **공모공동정범**"이 된다(대판 96도2529). 그러나 私見으로 공동폭행죄는 폭력행위가 서로 상승작용을 일으켜(상호적 공동실행) **법익침해의 위험을 증폭**시키는 점에 가중처벌의 근거가 있다. 폭행을 함께 한 사람들이 **공범인지 동시범인지는 중요하지 않다**. 따라서 폭행을 실행하지 않은 공모자는 공동폭행죄로 가중처벌될 수 없다.

---

24 [폭행치사죄] 바닷가에서 만취한 甲은 술주정 하던 절친 乙과 싸움을 벌이다 乙이 모래사장에 엎어지자 乙의 뒷머리를 잠시 눌렀다. 그리고 甲은 잠들어 버렸고, 깨어나 보니 乙은 질식사해 있었다. ① (대판 2001도1091) 甲은 살인고의가 없고 폭행고의가 있지만 乙의 사망을 예견할 수 없었으므로 폭행치사죄가 성립하지 않는다. ② (評釋) 뒷머리 잠시 누르기의 **전형적 위험의 실현이 아니다.**

25 [공동폭행죄의 공모공동정범] 甲은 乙, 丙과 함께 丁을 때려주기로 모의하였다. 乙과 丙은 丁을 함께 구타하였지만, 甲은 집에 남아 결과만 보고를 받았다. ① (대판 96도2529; 2002도5016) 乙과 丙은 공동폭행죄가 성립하고, 甲도 공동폭행죄의 공모공동정범이 된다. ② (評釋) 공모만 한 사람은 폭행행위의 상호적 효과상승에 아무런 기여도 없으므로 폭행죄(제260조 제1항)의 공범이 될 수 있다.

XII. 상습폭행죄

제264조(상습범) 상습으로 제257조, 제258조, 제258조의2, 제260조 또는 제261조의 죄를 범한 때에는 그 죄에 정한 형의 2분의 1까지 가중한다.

형법상 상습폭행죄(제264조)는 상습으로 폭행, 존속폭행, 특수폭행죄를 범하면 성립되는 범죄로 각 폭행죄의 형의 2분의 1까지 가중한다. "상습적"이란 범죄행위를 반복하여 얻어진 행위자의 습벽이다. **상습성**은 **범죄학적 개념**으로서 법률상 개념인 누범(제35조)과 구분된다. 행위자의 **습벽**이기 때문에 단 1회의 상해행위가 있더라도 논리적으로는 상습상해가 될 수 있지만 폭행전과는 아니더라도 폭행죄로 '입건'되는 등 행위자의 **폭행전력**이 있을 때에 상습성을 인정하여야 한다.

습벽으로 형제를 폭행하고, 어머니도 폭행한 경우에는 "단순폭행, 존속폭행의 각 죄별로 상습성을 판단할 것이 아니라 포괄하여 그중 법정형이 가장 중한 상습존속폭행죄만 성립"한다(대판 2017도10956).

XIII. 특수폭행죄

제261조(특수폭행) 단체 또는 다중의 위력을 보이거나 위험한 물건을 휴대하여 제260조 제1항 또는 제2항의 죄를 범한 때에는 5년 이하의 징역 또는 1천만 원 이하의 벌금에 처한다.

폭력행위처벌법 제7조(우범자) 정당한 이유 없이 이 법에 규정된 범죄에 공용(供用)될 우려가 있는 흉기나 그 밖의 위험한 물건을 휴대하거나 제공 또는 알선한 사람은 3년 이하의 징역 또는 300만원 이하의 벌금에 처한다.

특수폭행죄란 단체나 다중의 위력 또는 단체나 다중을 가장하여 위력을 보임으로써 폭행 또는 존속폭행을 범하거나, 흉기 기타 위험한 물건을 휴대하여 폭행 또는 존속폭행죄를 범한 경우에 성립되는 범죄이다. 이는 행위방법의 특수한 위험성 때문에 불법이 가중되는 경우이다. 폭력행위처벌법 제7조는 특수폭행예비[26]도 처벌한다. ① **단체**란 공동목적을

26 [특수폭행예비와 우범자] 甲은 乙이 사용하던 칼을 빼앗으려 하였으나 여의치 않았다. 甲은 만일에 대비하려고 집으로 들어가 과도를 들고 나와 소지하였다가 체포되었다. ① (대판 2017도7687) 폭력행위처벌법 제7조[우범자]("정당한 이유 없이 이 법에 규정된 범죄에 공용될 우려가 있는 흉기

가진 다수인의 계속적·조직적 결합체이고, **다중**(多衆)은 단체를 이루지 못한 다수인의 집합으로서 집단적 세력을 보이는 경우를 말한다. 다중이 되기 위한 인원의 숫자는 제한이 없다. 5명도 다중에 해당한다(대결 4293형상896). ② **위력**은 사람의 의사를 제압하기에 충분한 세력을 말한다. 물리적 힘(유형력)의 행사뿐만 아니라 무형력의 행사도 포함하며, 특수폭행죄는 합동범이 아니므로 위력만 보이면 충분하고, 다중이 범행현장에 있을 필요는 없다. ③ **위험한 물건의 휴대** 여부는 물건의 '구조적 위험성'(성질설)과 '사용방법의 위험성'(사용설)을 종합 고려하여 개별 사안에서 그 폭행이 갖는 구체적 위험성을 기준으로 판단한다.

- **성 질 설** 어떤 물건이 흉기와 같이 살상목적으로 만들어진 것은 아니더라도, 흉기와 유사한 구조를 갖춘 물건(예: 총, 검, 식칼)은 위험한 것으로 볼 수 있다.
- **사 용 설** 물건을 사용하기에 따라 위험성이 생기면 위험한 물건을 휴대한 경우로 인정한다. 염산, 초산(BGHSt 1, 1), 주인에 의해 사주된 동물(BGHSt 14, 152) 등도 위험한 물건에 해당한다.

판례도 물건이 "사회통념상 이를 이용하면 상대방이나 제3자가 **살상의 위험을 느낄 수 있는 것**"[27]인지와 그 물건의 사용방식을 함께 고려하여[28] "위험한 물건을 휴대하여"라는 표지의 충족여부를 판단한다.

나 그 밖의 위험한 물건을 휴대하거나 제공 또는 알선한 사람은 3년 이하의 징역 또는 300만원 이하의 벌금에 처한다")는 "**이 법에 규정된 범죄**"의 **예비죄 성격**을 띤다. 甲은 특정 폭력범죄에 과도를 사용할 고의가 밝혀지지 않았다면 우범자가 되지 않는다.

27 **[위험한 물건]** 면도칼(대판 78도2027), 쌀가마니 운반 갈쿠리(대판 86도960), 곡괭이자루(대판 89도2249), 드라이버(대판 83도3165), 쪽가위(등을 2회 찌름)(대판 83도2900), 재단용 가위(대판 85도157), 전선절단기(대판 89도212), 마요네즈병(대판 84도647), 깨진 소주병조각(대판 86도947), 주먹크기의 돌(대판 88도963), 깨진 벽돌(대판 89도2273), 맥주병(대판 91도2527), 자동차 범퍼(대판 97도597), 당구큐대(대판 2002도2812), 쇠젓가락(대판 2007도3710), 21cm 야전삽(대판 2001도5268), 과도(대판 2012도6612), 최루탄과 최루분말(대판 2014도1894).

28 **[같은 물건의 사용방식에 따른 상반된 위험성 판단]** ① 자동차로 겁주려고 타인의 자동차를 5m 후진하여 충돌시키면 특수손괴죄를 인정하는(대판 2010도10256) 반면 아들을 태우고 급히 떠나는 부인을 막으려 소형승용차로 중형승용차를 살짝 들이받아 경미한 손괴와 상해를 입은 경우에 특수폭행죄를 인정하지 않는다(대판 2007도3520). ② 소화기는 그 크기나 중량이 폭행에 사용하면 위험성이 매우 높지만, 경륜장 사무실에서 술에 취해 소란을 피우며 소화기를 집어던졌지만 특정인을 겨냥하여 던진 것이 아닌 경우는 특수폭행으로 보지 않는다(대판 2010도930).

§39. 과실치사상의 죄

Ⅰ. 서 론

과실치사상의 죄란 과실 또는 업무상 과실로 인해 사람을 사망에 이르게 하거나 사람의 신체를 상해하는 결과에 이르게 하는 범죄이다. **보호법익**은 사람의 생명 또는 신체(건강)이다. 태아의 분만이 시작된 이후에는 과실치사상죄 또는 업무상 과실치사상죄[1]가 적용된다. 판례는 분만진통개시[2] 때부터 사람을 인정하지만, 私見으로 생명보호를 위해 **제왕절개를 한 시점** 또는 **분만예정일을 상당히 넘긴 시점에도** 태아는 사람이다. 형법상의 과실치사상죄는 도표와 같다. 업무상 과실치상죄는 교통사고로 인한 경우에는 「교통사고처리 특례법」 제3조 제1항이 적용되고, 반의사불벌죄이다. 교통사고를 내고 도주한 경우에는 「특정범죄가중법」 제5조의3(도주차량죄)이 적용된다.

기본	과실치상죄(제266조)	과실치사죄(제267조)
가중	업무상 · 중과실치상죄(제268조)	업무상 · 중과실치사죄(제268조)

Ⅱ. 과실치사상죄

제266조(과실치상) ① 과실로 인하여 사람의 신체를 상해에 이르게 한 자는 500만 원 이하의 벌금, 구류 또는 과료에 처한다. ② 제1항의 죄는 피해자의 명시한 의사에 반하여 공소를 제기할 수 없다.

제267조(과실치사) 과실로 인하여 사람을 사망에 이르게 한 자는 2년 이하의 금고 또는 700만 원 이하의 벌금에 처한다.

과실치사상죄의 구성요건은 과실범의 법리가 그대로 적용된다. 과실

1 [사람의 시점] 조산원 甲은 乙의 태아가 분만예정일을 14일 넘겼고 5kg임에도 무리하게 자연분만을 시키다 태아는 사망하고 乙은 상해를 입었다. ① (대판 2005도3832) 분만개시진통을 하지 않았으므로 아직 사람이 아니고, 甲은 무죄이다. "**태아를 임산부 신체의 일부**로 보거나, 낙태행위가 임산부의 태아양육, 출산 기능의 침해라는 측면에서 **낙태죄와는 별개로 임산부에 대한 상해죄를 구성하지 않는다.**" ② (評釋) 위 태아는 사람이고 甲은 업무상 과실치사죄가 성립한다.

2 [사람의 시점] 조산원 甲은 乙이 양수가 터졌는데도 병원으로 이송하지 않고 乙의 배를 훑어내리고 자궁수축제를 주사하였다. 태아는 질식사하였고 乙은 패혈증에 걸렸다. ① (대판 81도2621) 甲은 업무상 과실치사죄가 성립한다.

은 주의의무의 위반이고, 주의의무의 내용은 개별행위에 관련된 법규의 해석이나 그 행위가 일어난 사회영역의 사회규범에 의해 정해진다. 과실치사상죄가 성립하기 위해서는 과실과 발생된 결과 사이에 인과관계가 존재해야 한다. 판례가 즐겨 쓰는 예견가능성 개념은 과실의 요소이거나 상당인과관계(또는 객관적 귀속)의 척도가 되기도 한다. 현대사회에서 인간의 행동은 대부분 업무의 성격을 띤다. 따라서 단순 과실치사상죄(제266조, 제267조)의 적용범위는 매우 좁다. 또한 업무와 비업무의 구분기준이 확립되어 있지가 않아 법관이 자의적으로 해석할 우려도 있다. 私見으로 과실치사상죄(제266조, 제267조)는 '생활세계(life world)의 일상영역'(예: 가정, 친구, 동호인모임)에 국한하여 적용되어야 한다.

1. 임대인의 과실치사상

임차인이나 제3자가 임차한 방에서 연탄가스중독으로 상해 또는 사망을 당했을 때 임대인의 과실치사상죄가 문제된다. 민법상 임대인의 보수의무는 임대물의 하자가 **대규모**이고[3] 임차인이 그 하자를 임대인에게 **통고**하였거나 임대인이 **스스로 인지**한 이후에 형법상 **임대인의 주의의무**가 된다. 하자 통고를 받은 임대인은 그 하자가 대규모 하자인지 여부가 불분명하면 연탄가스 냄새의 원인을 조사하고 그에 따라 대책을 강구할 주의의무를 진다.[4] 임대인의 과실이 있어도 임차인이 고의나 과실로 자기위태화[5]를 한 경우는 인과관계가 부정될 수 있다.

또한 "건물 소유자가 안전배려나 안전관리 사무에 계속적으로 종사

3 작은 하자는 임차인이 수선해야 하는데 큰 하자와의 구별기준은 불명확하다. 문과 벽 사이 0.4cm의 틈(대판 84도2034), 방바닥 97cm의 실금 균열(대판 83도2096)은 작은 하자이다.

4 [임대물하자조사의무] 임차인 乙은 방바닥에 폭 3mm 길이 30cm의 틈 등이 나 있어 임대인 甲에게 방을 고쳐달라고 말하였다. 甲은 아무런 조치도 취하지 않았고, 그 사이 乙의 어머니가 아궁이에 연탄불을 피워 놓고 자던 중 방바닥 틈새로 스며든 연탄가스에 중독되어 사망하였다. ① (대판 93도196) 甲은 방바닥의 틈새를 조사하고 대책을 강구할 의무를 위반하여 과실치사죄가 성립한다.

5 [임차인의 자기위태화] 甲은 자기 집을 보수하고 1개월 동안 이상 없이 사용한 뒤에 乙에게 임대하였다. 乙은 부엌에서 문과 환기창을 모두 닫고 목욕을 하다가 연탄아궁이에서 새어 나온 연탄가스에 중독되어 사망하였다. ① (대판 84도3085) 乙의 사망은 甲의 과실에 기인한 것이 아니다. ② (評釋) 자기 스스로를 위태화하는 乙의 행위에 관여한 甲의 행위가 과실이어도 사망은 귀속시킬 수 없다.

하거나 그러한 계속적 사무를 담당하는 지위를 가지지 않은 채 단지 건물을 비정기적으로 수리하거나 건물의 일부분을 임대하였다는 사정만으로는 건물 소유자의 위와 같은 행위가 업무상과실치상죄의 '업무'에 해당한다고 보기 어렵다."[6]

2. 기타 일상생활상의 과실치사상

① 상해위험이 있는 **골프를 하는 경기자** 및 경기보조원은 서로에 대해 "경기규칙을 준수하고 주위를 살펴 상해의 결과가 발생하는 것을 미연에 방지해야 할 주의의무"[7]가 있다. 프로골퍼에게는 업무상 주의의무가 인정된다. ② **술을 함께 마신 친구**의 귀가에서 안전을 배려하는 주의의무의 위반은 업무상 과실이 아니라 단순 과실이 된다.[8] ③ **교사**가 학생의 안전을 배려할 주의의무[9]를 위반하여 학생이 사망·상해에 이르면 과실치사상죄를 적용한다(대판 89도108). 체벌을 하는 교사의 학생안전배려의무는 교사직업의 의무에 속하며, 의무의 위반은 업무상 과실이 된다.[10]

---

6 [임대인의 의무] 건물임대인 甲은 2층 계단의 벽창문이 아크릴 소재이고 실리콘으로 부착되어 있는 상태를 방치하였다. 임차인 乙은 신발 지퍼를 올리려 아크릴벽면에 기대고 1층 바닥에 떨어져 하지가 마비되었다. ① (대판 2016도16738) 甲은 업무상과실치상죄가 성립하지 않는다. ② (評釋) 甲은 과실치상죄가 성립한다.

7 [골프와 과실치상죄] 甲은 공을 등 뒤쪽으로 쳐서 8m 뒤에 있던 경기보조원 乙을 맞혀 전치 4주의 상해를 입혔다. ① (대판 2008도6940) 甲은 경기규칙 준수 및 상해방지의무 위반의 과실이 있고, 사회상규에 합치하지 않고, 피해자 승낙, 추청적 승낙도 인정되지 않는다. 甲은 과실치상죄가 성립한다.

8 [무단횡단사고] 甲은 乙과 술을 마신 후 2차선 도로 중앙선에서 차량을 확인하지 않고 고개를 숙이고 서 있던 乙의 팔을 갑자기 잡아끌어 도로를 횡단하다가 丙의 승용차에 부딪혔고, 乙이 사망하였다. ① (대판 2002도2800) 甲은 무단횡단 시 차량통행 및 횡단 가능 여부 확인의무를 위반하여 과실치사죄가 성립한다.

9 [학생안전배려의무] 교사 甲은 학생들에게 유리창은 교실 안쪽에서 가능한 부분만 닦으라고 하였다. 학생 乙은 수업시간이 끝나자 베란다로 넘어가서 밑으로 떨어져 사망하였다. ① (대판 89도108) 교사 甲에겐 과실치사죄가 문제되지만, 청소방법을 지도했으므로 **학생안전배려의무**를 위반하지 않았다. ② (評釋) 과실이 인정되어도 乙의 사망은 자기위태화의 결과이므로 甲의 행위에 귀속될 수 없다.

10 [학생징계 안전배려의무] 교사 甲은 숙제를 하지 않은 분단의 단체체벌로 乙에게 회초리를 들어 올렸다. 옆에서 구경하고자 고개를 돌리던 丙(9세)의 눈이 그 회초리에 찔려 실명하였다. ① (대판 84도822) 甲은 丙의 행동을 "예견 할 수는 없다. 교육의 목적으로 매질하는 경우에 반드시 한 사람씩 불러내어서 해야 할 주의의무"도 없다. 甲은 업무상 과실치상죄가 성립하지 않는다. ② (評釋) 학생안전배려의무는 체벌행위에서 더욱 고도화되므로 甲은 업무상 과실치상죄가 성립한다.

Ⅲ. 업무상 과실치사상죄

제268조(업무상과실·중과실 치사상) 업무상과실 또는 중대한 과실로 사람을 사망이나 상해에 이르게 한 자는 5년 이하의 금고 또는 2천만원 이하의 벌금에 처한다.

업무상 과실로 사람을 사망이나 상해에 이르게 하면 과실치상죄에 비해 무겁게 처벌된다. 그 이유는 업무영역에서 생명·신체에 대한 위험이 더 크고, 업무자에게 특별한 주의의무를 부과할 필요성이 있고, 업무자는 일반적으로 위험방지능력과 인명피해의 발생에 대한 예견가능성이 높다는 데에 있다.

1. 업 무

업무란 "사회생활상의 지위에 기하여 계속적으로 종사하는 사무"(대판 2009도1040)이다. 자연적인 생활행위(예: 식사, 수면)나 자연적인 생활상 지위(예: 가사노동[11])는 **사회생활상의 지위**[12]가 되지 않는다. **계속성**은 사무가 반복된 경우와 반복할 의사를 가진 경우[13]를 포함한다. 이때 **업무**는 사무이어야 하고, 영리·비영리, 주된 사무·부수적 사무를 구분하지 않으며, 면허[14]나 경험도 필요하지 않다. 이러한 업무 개념은 다음과 같이 실질적으로 제한한다. ① 첫째, 업무는 **사람의 생명·신체를 침해할 위험이 높은 사무**에 국한되어야 한다. 자동차운전, 의료행위, 각종 위험시설물관리,

---

11 가사노동도 사회노동의 하나로 평가되지만 형법상 업무상 행위가 되지는 않는다. 생활세계적 일상영역에 속하기 때문이다.

12 완구배달을 하기 위하여 자전거를 타고 소매상을 돌아다니는 완구상 점원은 자전거를 운전하는 업무에 종사하고 있다고 본(대판 72도701) 반면, 단지 건물의 소유자로서 건물을 비정기적으로 수리하거나 건물의 일부분을 임대하는 행위는 업무가 아니라고 본다(대판 2009도1040).

13 [업무의 계속성] 무면허의 중위 甲은 부하의 결혼식에 참석하여 술을 마신 후, 병장 乙이 운전하던 차량으로 귀대하는 도중 乙이 헌병에 연행되어 조사받는 동안 호기심으로 그 차량을 운전하다가 전복·손괴하였다. ① (대판 66도536) **1회의 운전행위만으로는 업무가 아니므로** 업무상과실군용시설손괴죄(「군형법」 제73조 제2항)가 성립하지 않는다.

14 [업무의 면허등 불필요성] ① J 도립병원의 자가발전기 발동작업(대판 79도1250)에 관하여 **기술자면허 내지 자격**이 있는지 여부는 위 업무의 인정에 아무런 장애가 되지 않는다(대판 79도7250). ② 골재채취허가를 받지 않은 업자들의 작업으로 생긴 깊이 2m, 길이 60m, 폭 40m의 웅덩이를 메우지 않은 상태에서 피해자가 빠져 익사하였다면 업자들에게는 업무상 과실치사죄가 성립한다(대판 84도2527).

육아·보육원의 아동보호행위, 교도관의 업무[15]처럼 "수행하는 직무 자체가 위험성을 갖기 때문에 안전배려를 의무의 내용으로 하는 경우는 물론 사람의 생명·신체의 위험을 방지하는 것을 의무내용으로 하는 업무도 포함된다"(대판 2002도1342). 자전거 운전은 도로교통법이 적용되는 경우에는 업무에 해당하고, 사적 영역에서는 업무가 아니다.

	행위의 유형	사 례	업무상과실치사상죄	부수형법
Ⓐ 비업무 행위	업무가 아닌 행위로서 사망 또는 상해를 초래한 행위	• 중대부관으로서 운전업무에 종사하지 않고 면허도 없는 육군중위가 결혼식 피로연 뒤 호기심으로 군용차량을 운전한 경우(대판 66도536)	과실 치사상죄	
Ⓑ 면허제 없는 업무	비면허업무를 한 경우	• 완구도매상 점원이 자전거를 타고 소매상에 완구를 배달하러 가다 내리막길에서 과속으로 달려 행인을 친 경우(대판 72도701)	업무상 과실치상죄 (판례)	
Ⓒ 면허제가 있는 업무	무면허자가 면허업무를 한 경우	• 운전면허가 없는 자가 여러 차례 차량을 몰다 사람을 다치게 한 경우(대결 4294형상5)	업무상 과실치사상죄 (판례)	무면허 운전죄
	면허소지자가 면허의 본래적 업무외의 업무를 한 경우	• 선생님이 유리창 닦이를 시킨 시간 이후에 학생이 무단으로 창을 닦다 떨어져 사망한 경우(대판 89도108)	과실치사죄 불인정	신분법적 제재
	무면허자가 면허업무를 지속적으로 한 경우	• 기술자 면허 없이 병원의 자가발전기가 정전될 때 상사의 명에 의하여 발동작업을 해온 자(대판 79도1250) • 의사가 아닌 자가 성형수술을 하다 사람을 사망이나 상해에 이르게 함	업무상 과실 치사상죄	무면허 의료죄
	면허자가 면허업무 한 경우	• 의사가 수술을 하다 실수로 환자를 사상에 이르게 한 경우	업무상과실치사상죄	

② 둘째, 업무상 과실치사상죄는 업무를 **직접 행하는 자**에 국한되어야 한다. 공장장[16]이나 사용자[17]는 민법상 손해배상책임(제756조)은 별론으로 하고 업무상 과실치사상죄(제268조)의 업무자는 아니다. 회사업무에 관

15 [교도관의 업무] 구속된 乙이 구토, 발작, 출혈, 피오줌 등의 이상징후를 보이다 사망하였다. 乙의 징후를 보고받은 당직간부 甲은 의무과장에게 보고하거나 외부 병원에 후송하지 않고, 근무자에게 乙을 휴식하게 하고 활력체크를 하라는 지시만 하였다. ① (대판 2006도3493) 교도관 업무는 "사람의 생명·신체의 위험을 방지하는 것을 의무내용으로 하는 업무"이고, 甲은 업무상 과실치사죄가 성립한다.

16 [업무의 직접성] 공장장 甲은 공장의 모든 일을 통괄하고, 안전관리과장 乙은 근로자를 직접 지휘하는 자인데 그 지휘를 받던 직원 35명이 작업 중 사고로 사망하였다. ① (대판 88도1683) 甲은 안전관리업무를 직접 맡는 자가 아니므로 업무상 과실치사죄가 성립하지 않는다.

17 [사용자책임과 감독자책임] 탄광경영자 甲은 화약류취급면허가 없는 乙에게 화약고관리를 맡겼다. 乙은 경찰이 화약고 검열을 나오니 장부와 재고량을 맞추라는 丙의 지시를 받고, 폭약 20개를 숙소의 아궁이에 감췄다. 다음날 丁이 아궁이에 불을 지펴 폭발하여 사망하였다. ① (대판 81도53) 甲은 사고를 예견할 수 없고, 甲의 행위와 위 사고발생 간에는 인과관계가 없다. ② (評釋) 甲은 업무상 과실치사죄의 업무자가 될 수 없고, 총포화약법 위반죄만 성립한다.

여하지 않는 회장(대판 85도108)이나 공장을 임대 경영하는 자(대판 84도2025)는 사용자책임도 지지 않고 업무상 과실치사상죄의 주체가 되지도 않는다. 다만 **직접성이 없어도** 도급사업주와 그 안전보건관리책임자(사용인)는 산업안전보건법상 **안전보건조치의무위반죄,**[18] 경영책임자는 중대재해처벌법상 **중대재해형사책임**(제6조, 제10조)이 성립할 수 있다. 판례는 사회관념상 1개의 행위로 근로자를 사망하게 한 산업안전보건법 위반죄와 업무상과실치사죄는 상상적 경합관계에 있다고 본다(대판 2023도12316).

2. 업무상 과실치사상죄의 대표유형

(1) 의료사고 의료과실의 핵심은 **임상의료지침**(Clinical Practice Guideline)의 위반[19]에 있다. 이 지침의 준수에 대한 **'개별적인 기대가능성'**[20]은 부작위범의 구성요건이다. 환자의 상태를 관찰하여 적절한 진료가 가능한 상급병원으로 제때에 이송할 의무(**전원의무**[21])를 위반[22]하면 업무상 과실이 인정된다. 특별한 위험을 인지한 경우 그 위험원을 밝히는 **수술**

---

18 [산업안전책임] 甲은 지장철탑 이설공사를 지휘감독하면서 감전사고 예방을 위한 방호관 설치를 점검하지 않고 작업을 하게 하였으나 근로자가 감전되어 사망하였다. 이 공사의 도급 사업주인 乙전력공사(및 그 사용인이자 안전보건관리책임자 丙)는 안전관리를 수급인 회사에 미룬 채 아무런 관리 감독을 하지 않았다. ① (대판 2020도12560) 甲은 업무상과실치사죄가 성립하고, 乙과 丙은 산업안전보건법위반의 죄(제169조 제1호, 제63조)가 성립한다.

19 [임상의료지침] 乙은 외상성장파열로 인한 범발성복막염을 앓고 있었지만 의사 甲은 급성위확장 및 장폐색증으로 오진하였다. 외상성장파열은 조기감별이 어렵고 乙에 대한 엑스선 촬영결과 특기할 만한 점이 없었고, 乙도 복벽강직증상과 반사통을 호소하지 않았다. 甲은 대증요법을 시행하고 외과적 관찰을 하였지만 수술시기를 놓쳐 乙이 사망하였다. ① (대판 82도1882) 甲은 **통상 의사에게 요구되는 진단방법과 그 증상에 대한 통상의 치료방법**을 사용하였으므로 과실이 없다.

20 [의료의 개별적 기대가능성] 산부인과전문의 甲은 9:00 제왕절개로 분만한 乙의 자궁이 수축되지 않고 출혈을 많이 하자 자궁적출술을 시행하고 119구급차를 대기시켜놓고 12:00 혈액원에서 혈액이 도착하자 乙을 수혈하면서 종합병원으로 이송하였다. 종합병원은 자궁경부제거와 결찰술을 하였으나 乙은 4일 뒤 사망하였다. ① (대판 96도3082) "산부인과 개업의들이 매 분만마다 수혈용 혈액을 미리 준비하고, 이를 폐기한다면 혈액부족이 심화될 우려가 있"고 "제왕절개수술을 시행하기 전에 미리 혈액을 준비할 업무상 주의의무가" 없다. ② (評釋) 甲은 **작위행위의 개별적 기대가능성**이 없어서 부작위 업무상 과실이 인정되지 않는다.

21 [전원의무] 의사 甲은 간호사 乙에게 제왕절개수술을 받은 丙의 자궁수축과 질출혈을 관찰하라는 지시만 하고 乙을 감독하지는 않았다. 乙은 丙의 대량출혈 증상을 조기에 발견하지 못함으로써 甲은 丙을 적시에 전원하지 못했으며 그로 인해 丙은 사망하였다. ① (대판 2009도7070) 甲이 감독의무를 위반하여 전원시키지 못해 丙을 사망하게 하였으므로 업무상과실치사죄 공동정범이다

22 [전원권고의무] 의사 甲은 乙을 봉과직염으로 진단하고 절개배농수술을 하고, 거즈로 환부를 덮어 세균감염을 막고 소염제·진통제를 주면서 종합병원으로 가라고 강력 권고하였지만 乙은 집에서 민간요법으로 치료하다 병세가 악화되고 뒤늦게 종합병원에 입원치료를 받았으나 괴사된 우측하지를 절단하였다. ① (대판 82도289) 甲은 진료의무와 전원의무를 다하여 과실이 없다.

전 정밀검사의무[23]의 위반은 업무상 과실에 해당한다. **의료분업**에서 과실은 분배[24]된 의료업무의 정상적 이행에 대한 신뢰의 허용여부에 따라 좌우된다. **수평적 의료분업은 신뢰원칙**이 적용되지만 수직적 의료분업은 제한적으로 적용된다. **오진**에 따른 환자의 수술동의는 피해자 승낙이 아니다. 의료과실과 환자의 사상 사이의 인과관계는 합리적 의심의 여지가 없을 정도로 증명하여야 하고, 인과관계에 대한 판단은 민사재판과 형사재판에서 달라질 수도 있다(대판 2021도1833).

(2) **교통사고** 교통사고에서 업무상 과실은 자동차운전자가 「도로교통법」이 정하는 주의의무(예: 정비점검의무, 교통규칙 준수의무 등)나 법원이 사회규범[25]의 형태로 인정하는 도로교통상의 주의의무를 위반한 것을 말한다. 과실 판단에는 신뢰원칙(Vertrauensprinzip), 즉 교통규칙준수 운전자는 다른 교통참여자의 교통규칙준수를 신뢰할 수 있다는 점을 고려한다.

1) **교통사고처리특례법** 차(자동차, 오토바이, 자전거)의 교통으로 사람을 사망이나 상해에 이르게 하면 **교통사고처리법** 제3조 제1항이 적용된다. 이 법은 차의 교통으로 인한 모든 사고에 대하여 적용되므로 「**도로교통법」에서 정한 도로가 아닌 곳**(예: 주차장, 구내)에서 일어난 사고에 대하여도 적용된다(대판 87도1727). 차의 교통으로 상해를 입힌 경우에는 피해자의 "명시적인[26] 의사에 반하여"(제3조 제2항) 또는 교통사고를 일으킨 차

---

23 [정밀검사의무] 의사 甲은 乙의 갑상선과 심장이 상당히 비대해져 있음에도 편도선 절제수술을 시행하였다. 乙은 수술 후 40분 뒤 심장마비로 사망하였다. ① (대판 85도1789) 갑상선비대증과 심장병환자는 편도선절제수술이 금기인데 乙이 편도선수술을 감내할 수 있는지를 정밀조사하지 않은 것은 업무상 과실이다.

24 [의료분업과실] 구강악외과 과장 甲은 진료시간 배정 등 행정을 총괄한다. 교수 乙은 수련의 丙에게 丁에 대한 농배양을 지시하였고 丙은 이를 제대로 실시하지 않았다. 乙은 감독하지 않았다. 丁에게 상해가 발생했다. ① (대판 95도2710) 甲은 과장이라는 이유만으로 직접 수술을 하고, 농배양을 지시·감독할 주의의무는 없다. ② (評釋) 甲이 의료분업에 들어가지 않았다.

25 [자전거추월 주의의무] 甲은 편도 1차선 도로를 운행하다가 자전거를 탄 乙을 발견하고 乙과 간격을 넓혀서 추월하려고 흰 중앙선을 넘어섰지만 乙이 갑자기 좌회전하자 핸들을 좌측으로 틀고 급제동하였으나 乙의 자전거와 추돌하고 乙은 트럭 앞바퀴 아래로 빨려들어가 사망했다. ① (대판 84도79) 甲은 **자전거운전자의 동태주시와 감속의 의무를 위반한** 업무상 과실이 인정된다.

26 [교통사고 반의사불벌] 甲은 자전거로 몰다 전방주시를 하지 않아 丙(69세)을 들이받아 넘어뜨림으로써 뇌손상을 입히고 식물인간에 이르게 하였다. 丙의 성년후견인으로 선임된 부인 乙은 4천만

가 종합보험이나 공제회보험에 가입한 때(제4조 제1항)에는 공소를 제기할 수 없다. 사망한 경우에는 공소권이 소멸되지 않는다. **공소권 소멸의 특례**는 차의 운전자가 구호조치를 하지 않고 도주 또는 유기한 경우(제2항 단서), 음주측정 불응(제2항 단서), 경찰공무원의 신호나 안전표시지시 위반(제2항 단서 1호), 중앙선 침범(2호), 20km 이상 제한속도 초과(3호), 앞지르기 끼어들기 방법 위반(4호), 철길건널목 통과방법 위반(5호), 횡단보도 보행자보호의무 위반(6호), 무면허운전(7호), 음주운전(8호), 보도침범(9호), 승객추락방지의무 위반(10호), 어린이 보호조치의무 위반(11호), 화물추락방지의무 위반(12호)에는 적용되지 않는다.

2) 도주차량죄 「특정범죄가중법」 제5조의3은 교통사고로 형법 제268조의 죄를 범한 운전자가 피해자를 구호하는 등 조치를 하지 아니하고 도주하거나(제1항: 교통사고도주치사상죄), 피해자를 유기하고 도주한(제2항: 교통사고유기도주치사상죄) 경우에는 가중처벌을 한다. ① 도주치사죄의 법정형은 무기 또는 5년 이상이고 유기도주치사죄는 살인죄의 법정형과 같으므로 **사망에 대해 운전자가 미필적 고의**를 가진 경우를 도주치사죄로 처벌할 필요는 없다. ② 도주치상죄나 유기도주치상죄의 법정형은 상해죄의 법정형(7년 이하의 징역 등)보다 높아서 **상해에 대해 운전자가 미필적 고의**를 가진 경우를 포섭한다(과실의 부진정결과적 가중범). ③ 도주차량은 **사고 후 조치의무를 이행하지 않았어야** 한다. 사고 후 조치는 "사상자를 구호하는 등 필요한 조치"(도로교통법 제54조 제1항 제1호)와 "피해자에게 인적사항(성명·전화번호 등) 제공"(제2호)이다. 그러나 인적사항 제공의무는 **자기부죄금지** 원칙이 형해화하고 도주차량죄나 교통사고시조치불이행죄(제148조)를 손해배상청구권의 관철수단으로 전락시킨다. ④ 아울러 교통사고로 업무상 과실치상의 죄를 범한 자의 **도주와 피해자의 사망 사이에는 인과관계**[27]가

원 배상금을 받고 "丙은 4천만원을 받고 甲의 형사처벌을 원하지 않는다"는 서면을 甲 피고사건 수소법원에 제출하였다. ① (대판 2021도11126) 성년후견인 乙이 피후견인 丙의 처벌불원의사를 형성하거나 결정할 수 있다는 해석은 교통사고처리법 제3조 제2항의 문언에 반한다.

27 [도주차량죄] 트럭운전자 甲은 전방 30m 지점에서 도로를 횡단하려는 丙이 다시 되돌아오는 것을 뒤늦게 발견하고 핸들을 우로 꺾었으나 트럭 좌측 백미러가 丙이 들고 가던 나무막대기를 들이

있어야 한다.

3) 위험운전치사상죄와 어린이치사상죄 특정범죄가중법은 음주 또는 약물의 영향으로 정상적인 운전이 곤란한 상태에서 자동차를 운전하여 사람을 상해에 이르게 한 사람은 1년 이상 10년 이하의 징역 또는 1천만 원 이상 3천만 원 이하의 벌금에 처하고, 사망에 이르게 한 사람은 무기 또는 3년 이상의 유기징역에 처한다(제5조의11 제1항). 원인자유행위로 책임능력이 없거나 제한되어 있는 상태에서 일으킨 교통사고에도 적용한다. 또한 자동차 운전자가 어린이 보호구역에서 어린이 보호조치를 준수하고 어린이 안전에 유의할 의무를 위반하여 어린이(13세 미만)를 사망에 이르게 하면 무기 또는 3년 이상의 유기징역, 상해에 이르게 하면 1년 이상 15년 이하의 징역 또는 500만 원 이상 3천만 원 이하의 벌금에 처한다(제5조의13).

(3) 공작물책임과 위험관리책임 공작물의 점유자 및 소유자가 공작물의 설치 또는 보존의 하자로 타인에게 손해를 입히면 민법상 공작물책임(제758조 제1항)을 진다. 형사책임은 공작물의 점유자나 소유자가 아니라 그 공작물의 위험을 직접 관리하는 자[28]가 안전조치의무를 위반[29]했을 경우에 귀속된다. 이 점에서 산업안전보건확보의무를 위반한 경영책임자에게 중대재해의 형사책임을 묻는 것은 책임주의에 어긋난다.

받아 丙을 넘어뜨렸고 바로 뒤에 오던 乙의 트럭에 치어 丙이 즉사하자, 甲은 곧바로 도주하였다. ① (대판 85도1462) 甲의 행위와 사망의 인과관계가 없다. ② (評釋) 乙 행위의 인과과정이 甲 행위의 인과과정을 추월했기 때문에 甲은 도주치상죄(제5조의3 제1항 2호)만 성립한다.

28 [공작물위험관리책임] 乙의 포크레인을 임차한 甲은 작업 중 앞과 양 옆을 면밀히 살폈지만 뒤쪽은 "작업반경내 접근금지"의 표지판을 부착하였을 뿐 별도로 사람을 배치하지 않았고, 丙이 甲이 볼 수 없는 몸체 뒷부분에 접근하여 포크레인에 부딪혀 다쳤다. ① (대판 85도1831) 甲은 "몸체 뒷부분에 사람이 접근할 것을 예견하여 별도로 사람을 배치하여 사람의 접근을 막을 주의의무는 없다."

29 [재하도급 시공감독] 구청 발주 빗물펌프장공사를 지휘하고 현장감독을 하는 공무원 甲은 면허 없는 乙이 재하도급을 받고 공사하는 것을 알고도 묵인하였고 콘크리트 타설작업에 대한 현장감독도 게을리 하였다. 빗물펌프장의 천정 슬래브가 붕괴되어 인부 10명이 사망하였다. ① (대판 95도90) 甲은 무면허 건설업자의 재하도급 배제와 현장감독의무 위반으로 乙과 업무상 과실치사죄의 공동정범이 된다.

Ⅳ. 중과실치사상죄

중과실치사상죄(제268조)는 **조금만**[30] **주의하였어도 결과발생을 회피할 수 있었던 중과실**로 사망 또는 상해에 이르게 한 경우[31]에 성립한다.

30 [안수기도] 甲은 84세의 乙을 바닥에 눕혀 기도를 한 후 "마귀야 물러가라"고 소리치며 손으로 乙의 배와 가슴을 세게 때리고 누르는 안수기도를 20분간 반복했고, 乙은 사망하였다. ① (대판 97도538) "**약간의 주의만 하더라도 쉽게 예견**할 수 있을 것임에도" 주의를 다하지 않았으므로 甲은 중과실치사죄가 성립한다.

31 [러시안룰렛] 경찰관 술자리에서 乙은 리볼버를 자랑하고 약만 올린 甲에게 디어헌트게임 하자고 했다. 말싸움과 실랑이 끝에 甲이 실탄 1발을 장전하고 약실을 돌린 다음 귀에 격발하였으나 불발이었고, 이어 乙이 격발하였는데 즉사하였다. 丙은 지켜만 보았다. ① (대판 91도3172) 甲은 중과실치사죄가 성립하고, 丙은 중과실치사죄가 성립하지 않는다. ② (評釋) 甲은 자살관여죄가 성립하고, 丙은 甲과 乙의 자살방지의무가 있고 부작위 중과실치사죄가 성립한다.

§40. 낙 태 죄

Ⅰ. 서 론

낙태(落胎)의 죄는 태아의 생명을 침해하는 범죄이다. 종교적 윤리적 개념인 낙태(abortus criminalis)보다 임신중절 개념이 바람직하다. 첫째, **임신여성이 자기결정**으로 의사의 도움을 받아 태아의 생명을 침해하는 낙태는 태아의 생명과 임신여성의 권리(출산의 자유결정,[1] **재생산권**[2])가 충돌하고, 형법은 이 두 법익을 균형 있게 보호한다. 둘째, **임신여성을 공격**하여 여성의 신체에 대한 침해가 수반된 가운데 태아의 생명을 침해하는 낙태는 생명·신체를 침해하는 범죄로서 단호히 처벌한다. 셋째, 현행 형법은 낙태행위를 엄벌하지만 **현실**에서는 수많은 낙태가 이루어진다. 낙태죄의 보호법익은 **태아의 생명**이다. 임신여성의 동의유무에 따라 낙태죄의 법정형이 차이가 나는 것은 임신여성의 (생명·신체가 아니라) '자기결정권'을 고려한 것이고, 낙태치상죄를 무겁게 처벌하는 것은 낙태죄와 과실치사상죄의 결합범이기 때문이다.

임신여성의 몸과 태아는 자연적으로 통일체를 형성하고 분리되지 않으므로 임신여성에 대한 살인·상해·과실치사상의 행위에 수반되는 낙태의 결과는 별도로 낙태죄를 구성하지 않으며, 태아에 대한 낙태는 낙태에 필요한 정도를 넘어서는 여성의 신체침해가 아닌 한 상해죄를 별도로 구성하지 않는다.[3]

1 낙태를 여성의 인격권(Persönlichkeitsrecht)으로 바라본 BVerfGE 88, 203). 신체자유권은 낙태자유화 운동의 슬로건 '내 배는 내 것이다'(Mein Bauch gehört mir)에서 잘 나타난다.

2 **재생산권은 신체적 자기결정권, 건강권, 양성 평등권, 자녀양육 등을 위한 공적 지원 요청권**으로 구성되는 포괄적인 인권을 가리킨다.

3 [과실낙태의 불가벌] 대학병원 의사 甲은 23시경 심한 통증으로 내원한 임신 32주의 乙에 대해 짧고 단속적인 관찰만하고, 태반조기박리를 진단해내지 못했다. 乙의 태아는 그날 밤 태반조기박리로 사망하였고, 乙은 하혈로 상해를 입었다. ① (대판 2009도1025) "태아를 임산부 신체의 일부로 보거나, 낙태행위가 임산부의 태아양육, 출산 기능의 침해라는 측면에서 **낙태죄와는 별개로 임산부에**

구성요건 \ 표지	주체	객체	행위	법정형
자기낙태죄 (제269조 제1항)	헌 법 불 합 치 (헌재결 2017헌바127: 제270조 제1항 의사 부분 포함)			
타인낙태죄 (제269조 제2항)	제270조 제1항의 주체 이외의 타인	태아	촉탁 승낙을 받아 낙태	● 1년 이하 징역 또는 벌금 ● **치사상**의 경우(제269조 제3항): 각각 7년, 3년 이하 징역
업무상 낙태죄 (제270조 제1항)	의사,(헌법불합치) 한의사, 조산원 약제사, 약종상	태아	촉탁 승낙을 받아 낙태	● 2년 이하의 징역, ● **치사상**의 경우(제270조 제3항): 각각 10년, 5년 이하의 징역, 7년 이하 자격정지(제270조 제4항)
부동의낙태죄 (제270조 제2항)	동의받지 않은 모든 타인 (의사 등 포함)	태아	촉탁 승낙 없이 낙태	● 3년이하의 징역, ● **치사상**의 경우: 제270조 제1항의 경우와 동일(제270조 제3, 4항)

Ⅱ. 자기낙태죄

제269조(낙태) ① 부녀가 약물 기타 방법으로 낙태한 때에는 1년 이하의 징역 또는 200만 원 이하의 벌금에 처한다. (헌법불합치결정: 헌재결 2017헌바127)

자기낙태죄의 행위주체는 '부녀', 즉 **임부**이며, 이러한 자기낙태죄는 임신여성의 자기결정을 과도하게 침해하는 헌법불합치결정을 받았고, 대체입법이 마련되지 않은 상태에 있다. 임부를 강요하여 자기낙태를 범하게 하면 자기낙태죄의 간접정범이 아니라 부동의낙태죄(제270조 제2항)의 정범이 된다. **태아**는 수정란이 자궁점막에 착상된 때부터 분만개시(진통) 전까지의 인간적 생명체이다. 죽은 태아, 무뇌증 태아(Anencephalus)는 태아가 아니다. 착상 이전의 인간적 생명체는 배아(embryo)로서 「생명윤리법」에 의해 규율된다. 수정 후 착상을 막는 수태조절(피임)은 낙태가 아니다. **낙태**는 "태아를 자연분만기에 앞서서 인위적으로 **모체 밖으로 배출**[4]하거나 **모체 안에서 살해**"하는 것이고, 그 결과 태아가 사망하였는지 여부는 낙태죄의 성립에 영향이 없다"(대판 2003도2780). 그러나 私見으로

대한 상해죄를 구성하는 것으로 보지는 않는다." 따라서 甲은 (과실낙태로 인한) 乙의 상해에 대해 업무상 과실치상죄로 처벌할 수 없다.

4 [출산 후 사망한 태아] 甲은 자신의 태아 乙을 죽이기 위해 약을 먹었으나 乙은 살아서 태어났지만 얼마 안 가 약효로 죽었다. ① (대판 2003도2780) 甲은 태아를 **자연분만기에 앞서 조기에 모체 밖으로 배출**하였으므로 자기낙태죄가 성립한다. ② (評釋) 자기낙태미수는 불가벌이고, 사람이 된 乙의 죽음은 甲의 낙태행위에 수반된 과실로 초래된 것이므로 甲은 과실치사죄가 성립한다.

낙태죄의 법익은 태아의 생명이므로 낙태란 '임신중절에 의하여 태아를 **살해**하는 것'이어야 한다. 판례의 낙태개념은 독일형법(§218 (4))과 달리 낙태미수규정이 없는 현행 형법에서 낙태미수를 처벌하는 편법이다. 낙태의 개념을 '임신중절에 의한 태아의 살해'라고 본다면, **낙태고의**는 태아를 살해하는 것에 대한 인식과 의욕이다.

[임부의 자기낙태와 업무상동의낙태의 교사] 자기낙태죄를 임신여성의 **자수범**이라고 보면 여성이 의사를 시켜 낙태를 하면 **업무상 낙태죄의 교사범**이 되지만 교사자가 교사된 범죄의 피해자라는 점에서 처벌가치가 의사의 낙태행위보다 낮다는 점과 "기타 방법"에 의사를 통하는 경우를 포함할 수 있다는 점을 고려할 때 여성이 의사를 시켜 낙태하는 행위에는 **자기낙태죄를 적용**함이 타당하다. 판례(대판 2012도2744)도 임신여성에게 산부인과에서 낙태하라고 교사한 남자친구를 **자기낙태죄의 교사범**으로 본다.

Ⅲ. 동의낙태죄

제269조(낙태) ② 부녀의 촉탁 또는 승낙을 받어 낙태하게 한 자도 제1항의 형과 같다

동의낙태죄의 **주체**는 부녀의 촉탁 또는 승낙을 받은 자로서 의사, 한의사, 조산사, 약제사 또는 약종상이 아닌 자이다. 촉탁 또는 승낙한 부녀는 동의낙태죄(제269조 제2항)의 공범이 될 뿐 자기낙태죄가 되지 않는다. **촉탁**은 임부가 낙태를 부탁하는 것을, **승낙**은 낙태에 관해 임부의 동의를 받는 것을 의미한다. 낙태의 촉탁과 승낙은 낙태의 의미를 이해할 수 있는 능력이 있는 부녀의 자유로운 의사에 의한 것이어야 한다. 부녀의 촉탁이나 승낙은 그것을 **직접 받은 사람에게만 효력**이 있고, 다른 사람에게 한 촉탁이나 승낙이 존재하였고, 이를 알고 낙태행위를 한 경우는 부동의낙태죄(제270조 제2항)가 적용된다. 동의낙태죄는 낙태행위자가 부녀의 촉탁 또는 승낙을 **"받어"** 한 낙태에만 적용되기 때문이다. **"낙태하게 하는 것"**은 임부에게 촉탁 또는 승낙을 받은 자가 낙태행위를 하는 것을 말한다. 임부에 대한 낙태의 교사·방조는 자기낙태죄의 교사범·종

범이 성립한다. 동의낙태죄의 행위주체는 **촉탁 및 승낙을 인식하고 낙태에 대한 고의**가 있어야 한다. 촉탁승낙이 있음을 모르고 한 낙태는 "촉탁 또는 승낙을 받어" 한 행위가 아니기 때문에 부동의낙태죄가 적용된다.

Ⅳ. 업무상 낙태죄

제270조(의사등의 낙태) ① 의사, 한의사, 조산사, 약제사 또는 약종상이 부녀의 촉탁 또는 승낙을 받어 낙태하게 한 때에는 2년 이하의 징역에 처한다(의사부분 헌법불합치결정).

업무상 낙태죄란 (의사 부분은 헌법불합치결정) 한의사, 조산사, 약제사 또는 약종상이 부녀의 촉탁 또는 승낙을 받아 낙태하게 한 경우에 성립한다. **업무상 동의낙태죄**라고 부른다. 부진정신분범이다. 조문에 열거된 직업인만 주체가 되고 약사나 안마사는 동의낙태죄(제269조 제2항)의 주체가 된다. 행위는 "부녀의 촉탁 또는 승낙을 받어 낙태하게 하는" 것이다.[5]

Ⅴ. 부동의낙태죄

제270조(부동의 낙태) ② 부녀의 촉탁 또는 승낙 없이 낙태하게 한 자는 3년 이하의 징역에 처한다.

"부녀의 촉탁 또는 승낙 없이 낙태하게" 한다는 것은 촉탁 또는 승낙이 없는 것으로 충분하며, 부녀의 의사에 반할 것까지 요하는 것은 아니다. 부녀의 촉탁 또는 승낙이 없음에도 불구하고 있다고 착오한 경우에는 형법 제15조 제1항에 따라 동의낙태죄가 성립한다.

5 [업무상촉탁낙태죄] 산부인과전문의 甲은 임신 28주의 乙의 촉탁을 받아 약물에 의한 유도분만방법으로 낙태시술을 하였으나, 태아 丙는 미숙아로 출생했다. 甲은 丙에게 염화칼륨을 주입하여 사망하게 하였다. ① (대판 2003도2780) "낙태죄는 **태아를 자연분만기에 앞서서 인위적으로 모체 밖으로 배출하거나 모체 안에서 살해**함으로써 성립하는 것이므로" 甲은 업무상동의낙태죄와 살인죄의 경합범이다. ② (評釋) 헌법불합치결정이 없었더라도 甲은 불가벌인 업무상동의낙태미수가 되고, 살인죄만 성립한다. 낙태미수가 있는 독일형법에서 甲은 낙태죄의 미수범과 살인죄의 경합범이다 (BGHSt 13, 21).

Ⅵ. 낙태치사상죄

제269조(낙태) ③ 제2항의 죄를 범하여 부녀를 상해에 이르게 한 때에는 3년 이하의 징역에 처한다. 사망에 이르게 한 때에는 7년 이하의 징역에 처한다.

제270조(의사등의 낙태, 부동의 낙태) ③ 제1항 또는 제2항의 죄를 범하여 부녀를 상해에 이르게 한 때에는 5년 이하의 징역에 처한다. 사망에 이르게 한 때에는 10년 이하의 징역에 처한다.

낙태치사상죄란 동의낙태죄, 업무상 동의낙태죄, 부동의낙태죄를 범하여 부녀를 상해나 사망에 이르게 한 **결과적 가중범**이다. 행위자에게는 낙태행위에 대한 고의 그리고 상해 또는 사망에 대한 과실(예견가능성)과 인과관계(및 객관적 귀속가능성)가 존재해야 한다. 미수규정이 없고 "제1항 또는 제2항의 죄를 범하여"라는 문언을 고려할 때 기본범죄인 **낙태행위는 기수**에 이르렀어야 한다.

Ⅶ. 낙태의 정당화

1. 인공임신중절의 형법 적용배제

의사의 업무상 동의낙태죄(제270조 제1항)와 임신여성의 자기낙태죄(제269조 제1항)[6]가 헌법불합치결정으로 대체 입법이 마련될 예정이지만, 「모자보건법」 제14조 및 제28조의 정당화체계는 그 틀을 유지할 것이다.

모자보건법은 **인공임신중절수술 허용사유**(법 제14조)가 존재하고, 태아가 임신 **24주 이내**(법시행령 제15조 제1항)인 경우에 인공임신중절수술에 의한 낙태에 대하여 형법의 **적용을 배제**한다. 즉 위법성을 조각시키는 것이 아니라 구성요건해당성 자체를 탈락시키는 구조이다.

[인공임신중절사유] ① 임산부 본인 또는 배우자가 대통령령이 정하는 우생학적 또는 유전학적 정신장애나 신체질환이 있는 경우(제14조 제1항 1호)는 "**연골무형성증,**

6 「모자보건법」 제28조는 업무상 동의낙태죄뿐만 아니라 자기낙태죄(제269조 제1항), 타인의 동의낙태죄(제270조 제2항)도 함께 규정하고 있다. 타인의 동의낙태죄는 문언상 예컨대 유부녀의 애인이 인공임신중절수술을 받게 하면, "부녀의 촉탁 또는 승낙을 받어 낙태하게 한 자"(제269조 제2항)에 해당할 수 있으므로 「모자보건법」 제28조에 의해 위법성이 조각될 수 있다.

낭성섬유증 및 태아에 미치는 위험성이 높은(법시행령 제15조 제2항) 그 밖의 **유전성 질환**"을 말한다. **다운증후군**[7]은 이에 해당하지 않는다. ② 인공임신중절사유인 "본인이나 배우자가 대통령령으로 정하는 전염성 질환"(제14조 제1항 2호)에는 "**풍진, 톡소플라즈마증** 및 그 밖에 의학적으로 태아에 미치는 **위험성이 높은 전염성 질환**"(법시행령 제15조 제3항)이 해당한다. ③ 제14조 5호의 "임신의 지속이 **보건의학적 사유**로 모체의 건강을 심히 해하고 있거나 해할 우려"는 1호 내지 4호의 사유가 없을 때 보충적으로 적용되는 **일반조항**이다. 이는 임신의 지속이 모체의 생명과 건강에 심각한 위험을 초래하게 되어 모체의 생명과 건강만이라도 구하기 위하여 인공임신중절수술이 부득이하다고 인정되는 경우를 말한다(대판 2003도2780). 해석과 입법론으로 임신여성의 **사회경제적 사유**가 그녀의 정신건강에 심각한 영향을 미치는 경우에 보건학적 인공임신중절사유를 인정하는 것이 바람직하다.

2. 긴급피난에 의한 정당화

모자보건법에 의한 형법의 적용배제가 허용되지 않는 낙태, 특히 24주 이후의 태아에 대해서는 오로지 긴급피난(제22조)[8]에 의해서 위법성이 조각될 수 있다.

---

7 [다운증후군과 인공임신중절] 임부 乙은 기형아 검사를 받았는데 다운증후군 검출률이 20% 정도인 AFP가 정상 수치를 벗어나자 신경불안에 빠져 산부인과전문의 甲에게서 인공임신중절시술을 받았다. ① (대판 98다22857) 다운증후군은 유전성 질환이 아니므로 인공임신중절사유에 해당하지 않는다. ② (評釋) 乙의 두려움과 정신상태로 보아 제14조 제1항 5호의 보건학적 이유에 해당하거나 다운증후군 아이의 삶의 질과 엄마가 짊어질 삶의 부담을 태아의 생명과 비교형량하여 정당행위(제20조)에 해당할 여지가 있다. 이런 경우는 도덕으로부터 자유로운 영역에 속한다.

8 [긴급피난적 낙태] 산부인과 전문의 甲은 임신 29주의 乙이 임신을 지속하면 사망할 위험이 있고 기형아를 출산할 가능성도 있다고 판단하여 인공임신중절수술을 하고 치료를 하였지만 乙이 사망하게 되었다. ① (대판 75도1205) 이 경우 인공임신중절은 부득이 취하게 된 조처로 "정당행위 내지 긴급피난에 해당되어 그 위법성이 없"다. ③ (評釋) 乙의 건강에 긴박한 위험이 발생한 경우에만 긴급피난이 인정된다. 정당행위여부는 태아의 생명이익과 乙의 미래의 힘든 삶(불구아 양육부담)을 어떻게 비교형량하느냐에 따라 좌우된다.

§41. 유기와 학대의 죄

Ⅰ. 서 론

유기죄는 늙음이나 어림, 질병 그 밖의 사정으로 도움이 필요한 사람을 보호할 의무 있는 자가 유기하는 범죄이며, 학대죄는 자기의 보호 또는 감독을 받는 사람을 학대하는 범죄이다. ① 형법은 유기죄의 주체를 법률상, 계약상 보호의무가 있는 자에 국한하고, **사회상규**(조리)[1]에 의한 부조의무는 인정하지는 않는다. 이 점에서 유기죄는 **개인주의적**이다. 유기(치사)죄는 공동체주의적인 보증인의무를 위반하는 부작위로 범할 수 있는 살인죄나 도주차량죄(특정범죄가중법 제5조의3)에 보충적으로 적용된다. ② 유기죄의 보호법익은 도움이 필요한 사람의 **생명 또는 신체의 안전**이다. 학대죄의 보호법익은 보호·감독을 받는 자의 생명과 신체의 안전이고 인격권은 부차적 보호법익이다. 중유기죄는 "생명에 위험을 발생하게 한 경우"(제271조 제3, 4항)라는 명문이 있으므로 **구체적 위험범**이 된다. 구성요건체계는 도표와 같다.

기본	● 유기죄(제271조 제1항)	● 학대죄(제273조 제1항)
가중	● 유기치사상죄(제275조 제1항)	● 학대치사상죄(제275조 제1항)
	● 존속유기죄(제272조 제2항)	● 존속학대죄(제273조 제2항)
	● 존속유기치사상죄(제275조 제2항)	● 존속학대치사상죄(제275조 제2항)
	● 중유기죄(제271조 제3항)	
	● 존속중유기죄(제271조 제4항)	
독자변형		● 아동혹사죄(제274조)

1 [살인죄와 유기치사죄의 형평] 甲은 뇌수술 후 치료 중인 남편을 경제적 이유로 의사의 반대를 무릅쓰고 퇴원시켜 사망하게 하였다. 여호와의 증인 乙은 응급수혈이 필요한 딸에 대한 수혈을 거부함으로써 딸이 사망하도록 하였다. ① 甲은 살인죄가 성립하고(대판 2002도995), 乙은 유기치사죄가 성립한다(대판 79도1387). ② (評釋) 甲과 乙은 각기 남편과 딸의 사망가능성을 인식·용인하므로 살인고의와 유기고의는 구별되기 어렵다. **부작위의 유기치사죄와 부작위의 살인죄**는 불법의 차이가 매우 작지만 법정형은 차이가 크므로 정상참작감경(제53조)을 적용하여 처단형을 유기치사죄에 근접하게(2년 6월 이상 징역) 하여 개별사안의 정의를 도모하여야 한다.

단순유기죄는 흔히 **추상적 위험범**이라고 보지만 신체 침해의 구체적 위험 발생이 필요한 **구체적 위험범**이다. 유형 ㉢은 생명 위험까지 발생한다는 점에서 중유기죄가 성립하고, ㉡은 경찰이나 고아원에 의해 영아가 구조될 가능성이 남아 있어 생명 위험은 아직 발생하지 않았지만 신체침해의 구체적 위험이 발생하여 유기죄가 성립한다. 유형 ㉠은 생명·신체에 대한 위험이 발생하지 않았으므로 유기죄는 성립하지 않지만 추상적 위험범(예: 미혼모 보호시설에 있던 엄마가 아이를 다른 사람에게 맡기고 사라짐)을 처벌한다고 해석되는 **아동복지법상 아동유기죄**(제71조 제1항 2호)가 성립한다.

× 유기죄 불성립 ○ 유기죄 성립	위험발생	학 설		
		구체적 위험설	이 론	추상적 위험설
유형 ㉠ 아이를 남의 집 문 앞에 놔두고 구조하는 것을 보고 감	신체에 대한 구체적 위험도 발생 안함	×	×	○
유형 ㉡ 경찰서나 고아원 문 앞에 아이를 버리고 감	신체에 대한 구체적 위험, 생명에 대한 추상적 위험 발생	×	○	○
유형 ㉢ 아이를 인적이 드문 곳에 버림	생명에 대한 구체적 위험의 발생	○	○	○

Ⅱ. 유 기 죄

제271조(유기, 존속유기) ① 나이가 많거나 어림, 질병 그 밖의 사정으로 도움이 필요한 사람을 법률상 또는 계약상 보호할 의무가 있는 자가 유기한 경우에는 3년 이하의 징역 또는 500만원 이하의 벌금에 처한다. ② 자기 또는 배우자의 직계존속에 대하여 제1항의 죄를 지은 경우에는 3년 이하의 징역 또는 500만원 이하의 벌금에 처한다.

1. 행위 주체

유기죄의 주체는 도움이 필요한 사람을 보호할 "법률상 또는 계약상의 의무 있는 자"이다.

(1) 법률상 보호의무 경찰관의 보호조치의무(「경찰관직무집행법」 제4조), 교통사고 운전자의 구호의무(「도로교통법」 제54조), 친족의 부양의무(「민법」 제974조) 등이 있다. 부부간에는 부양의무(제826조 제1항)가 있다. 혼인신고가 되었어도 "혼인당사자 간에 혼인의 합의가 없는 때"(제815조 제1호), 즉 "당사자 사이에 사회관념상 부부라고 인정되는 정신적·육체적 결합을 생기게 할 의사가 없는 경우"(대판 2018도4018)는 혼인이 무효이므로 부부간 부양의무가 발생하지 않는다. 부양의무는 사실혼 관계에도 인정된다. 사실혼은 "동거[2]만으로는 부족하고, 그 당사자 사이에 혼인의 의사가 있

2 [동거인의 보호의무] 甲은 동거녀 乙이 치사량의 필로폰을 복용하여 죽은 듯이 누워 있는 것을 보고

고 사회관념상 가족질서적인 면에서 부부공동생활을 인정할 만한 혼인 생활의 실체가 존재하여야 한다"(대판 2000도4942).

법률상 보호의무는 해당 법률의 해석을 필요로 한다. 예컨대 「경범죄 처벌법」상 도움이 필요한 사람 등의 **신고불이행죄**(제3조 제1항 6호)는 유기죄의 부조의무위반에 해당하지 않는다. 응급의료의무[3](「응급의료법」 제6조 제2항)는 진료의 실효성을 미리 확보하기 위한 것이지, 환자가 필요한 모든 진료를 다 할 의무가 아니므로 그 위반은 동 법률에 의해 처벌될 뿐 유기(치사)죄로 처벌되지 않는다. 경찰관의 보호조치의무(「경찰관 직무집행법」 제4조 제1항)의 위반은 긴급구호필요성이 명백한 경우에 인정되고, 명백하지 않은 경우에는 **부조필요여부의 조사의무**[4]의 위반이 직무유기죄(제122조)에 해당할 수 있다.

(2) 계약상 보호의무 계약의 **주된 급부**가 보호를 내용으로 하는 경우, 그 계약은 보호의무의 근거가 된다. 간호사나 보모는 이에 속한다. 계약의 **부수적 의무**[5]가 보호의무를 포함하는지(민사적 부조의무)는 계약의 자세한 내용과 구체적 사정을 종합 고려하여[6] 결정한다. 묵시적 계약도

잠을 잔다고 생각하고 내버려 두었다. 乙은 필로폰 과다복용으로 사망하였다. ① (대판 2007도3952) **동거나 내연의 사실만으로는 법률상 부부간의 부양의무가 인정되지 않는다.** 甲은 "乙에 대한 보호책임의 발생원인이 된 사실"을 인식하지 못하였으므로 유기고의를 인정할 수 없다. ② (評釋) 동거로 **묵시적 계약의 보호의무**를 인정하면 유기죄를 적용하고, 사회상규상 보호의무를 인정하면 부작위 살인죄가 성립하고 乙의 위험을 알지 못했다면 과실치사죄가 성립한다.

3 [응급의료유기] 乙은 교통사고로 다친 丙을 S병원응급실로 데려갔으나 의사 甲은 "우리병원은 자동차보험진료계약이 없어서 진료비가 많이 나온다. 보험계약이 있는 Y병원으로 가보라"고 말했다. 乙이 丙을 Y병원으로 데려가던 중 丙은 사고 후 1시간 반 만에 사망하였다. ① (대판 93도1970) 甲은 응급의료의무위반죄와 진료인수거부죄(의료법 제89조)의 상상적 경합범이다.

4 [경찰관의 유기] 경찰관 甲은 경찰서에서 만취한 乙이 숨을 가쁘게 쉬며, 입술에 피가 맺히고 손발을 자제할 수 없는 것을 보았지만 술 깨면 괜찮겠지 생각하고, 3시간 방치하였다. 乙은 丙에게 구둣발로 머리를 채여 생긴 뇌지루막 출혈로 사망하였다. ① (대판 72도863) 甲은 **유기죄**가 성립한다. ② (評釋) 甲이 乙의 모습을 수면무호흡증으로 착각했다면 유기고의가 없다. 경찰관의 "사람의 생명·신체의 위험을 방지하는 것을 의무내용으로 하는 업무"(대판 2002도1342)를 게을리한 과실은 있으나 乙의 사망과 인과관계가 없어 **업무상 과실치사죄**가 성립하지 않는다. 甲은 **구호필요여부 조사직무**를 방치하여 **보호조치의무위반죄**(경찰관직무집행법 제4조[보호조치등] 제1항, 제12조)를 범했고, **추상적 충근의무위반을 넘어선다고 보면 직무유기죄**도 성립한다.

5 [계약의 부수적 보호의무] 乙은 甲의 주점에서 설날 밤부터 3일 동안 양주, 소주를 43병을 계속 마시고 옷에 소변을 보는 등 만취상태였고, 영하의 날씨인데도 트레이닝복만 입고 양말도 벗은 채 소파에서 잠을 잤다. 甲은 방치하였고 乙은 저체온증·대사산증으로 사망하였다. ① (대판 2011도12302) 甲은 "乙을 내실로 옮기거나 인근 여관에 데려다 주어 쉬게 하거나 乙의 지인 또는 경찰에 연락하는 등의 조치를 할 **계약상의 부조의무**를 부담"하므로 유기치사죄가 성립한다.

보호의무의 근거가 된다. 다만 그런 계약상의 보호책임이 있게 된 경위, 사정, 관계 등을 자세히 살펴야 한다(대판 76도3419). 가령 피용자와 동거하는 사용자나 장기간의 동거인도 묵시적 계약관계의 보호의무가 인정된다.

(3) **사회상규** 현행 유기죄는 "**명문**("법률상 또는 계약상의 의무 있는 자") **상 사회상규상의 보호책임을 관념할 수 없다**"(대판 76도3419). 따라서 우연한 길동무[7]는 부조의무가 없다.

2. 행위객체

도움이 필요한 사람이란 다른 사람의 도움 없이 자기의 생명이나 신체에 대한 위험을 스스로 극복할 수 없는 사람을 말한다. 늙은이와 어린이, 육체적·정신적 질환이 있는 자, "그 밖의 사정"으로 지체인, 최면술에 걸린 자, 분만중의 여성이 이에 해당한다. 도움이 필요한 사람이 자기 또는 배우자의 직계존속인 경우에는 신분관계로 인해 형이 가중되는 부진정신분범으로서 존속유기죄(제271조 제2항)가 성립한다. 직계존속의 의미는 살인죄의 경우와 같다.

3. 유기와 중유기

유기는 보호 없는 상태에 두어 생명·신체에 위험을 가져오는 행위이다. 보호 없는 상태로 옮기는 **적극적 유기**(Aussetzen), 두고 떠나는(치거[8] 置去), 즉 피해자와의 장소적 격리가 생기게 하는 **소극적 유기**(Verlassen), 생존에 필요한 보호를 하지 않는 **부작위 유기**가 있다. 유기의 방법은 폭행,

6 "당해 계약관계의 성질과 내용, 계약당사자 기타 관련자들 사이의 관계 및 그 전개양상, 그들의 경제적·사회적 지위, 부조가 필요하기에 이른 전후의 경위, 필요로 하는 부조의 대체가능성을 포함하여 그 부조의 종류와 내용, 달리 부조를 제공할 사람 또는 설비가 있는지 여부 기타 제반 사정을 고려하여 위 '계약상의 부조의무'의 유무를 신중하게 판단하여야 한다"(대판 2011도12302).

7 [동행자의 부조] 술에 취한 甲과 乙은 우연히 함께 마을로 가다 발을 헛디뎌 21m 아래 개울로 미끄러졌고, 그곳에서 5시간 잠을 자고 깨어났다. 乙은 개울에서 헤매다 후두부타박상을 입어 움직일 수 없게 되었고 甲은 혼자 도로 위로 올라왔다. 乙은 얼어 죽었다. ① (대판 76도3419) "특정지점에서 특정지점까지 가기 위하여 길을 같이 걸어간 관계가 있다는 사실만으로는 법률상 계약상의 보호의무는 인정되지 않"으므로 甲은 유기치사죄가 성립하지 않는다.

8 [치거와 부작위] 여호와의 증인 甲은 딸 乙(11세)에게 수혈이 불가피한 함에도 수혈을 거부하고, 의사에게 무수혈수술을 강력히 요구하였다. ① 甲이 무수혈수술을 주장한 점에서 살인고의가 인정될 수 없고 유기고의만 인정된다. ② (대판 79도1387) 甲의 행위는 "결과적으로 **요부조자를 위험한 장소에 두고 떠난 것**이나 다름이 없다. **치거**(置去)에 해당된다." ③ (評釋) 부작위의 유기가 성립한다.

협박, 위계 등 모든 것을 포함한다. 위험을 모르는 유아나 정신병자 등을 위험한 장소로 가게 하는 것도 유기이다. (존속)유기죄를 지어 사람의 "**생명에 위험을 발생**"하게 한 경우는 (존속)**중유기죄**(제271조 제3항, 제4항)가 성립한다. 이때 위험은 구체적 위험이어야 하며, 이 위험은 과실은 물론 고의에 의해 발생한 경우에도 성립하므로 중유기죄는 부진정결과적 가중범이다.

4. 유기고의

유기죄의 행위주체는 '유기의 고의', 즉 법률상, 계약상 보호의무가 있다는 사실, 도움이 필요한 사람에 대한 "**보호책임의 발생원인이 된 사실**이 존재한다는 점"[9]과 자신이 피해자를 돕지 않는다는 점에 대한 인식과 의사를 지녀야 한다. 또한 구체적 위험설에 따르면 유기행위로 인해 요부조자에게 생명 또는 신체에 위험이 발생한다는 점에 대한 인식과 의욕도 요구된다. 살인고의나 상해고의 및 차량도주죄의 고의는 유기고의를 포함한다.

Ⅲ. 단순학대죄

제273조(학대, 존속학대) ① 자기의 보호 또는 감독을 받는 사람을 학대한 자는 2년 이하의 징역 또는 500만 원 이하의 벌금에 처한다.

1. 주체와 객체

학대죄의 **주체**는 타인을 보호 또는 감독하는 자로서 법률, 계약에 의한 경우 외에 해석상 사회상규에 의해서도 인정된다. 명문으로 법률과 계약에 국한하고 있지 않기 때문이다. 학대죄의 **객체**는 보호 또는 감독을 받는 자이다. 자기 또는 배우자의 직계존속을 학대하면 존속학대죄(제273

9 [유기고의] 甲은 애인 乙에게 호텔 7층 객실에서 성관계를 요구하였다. 乙은 甲에게 먼저 샤워를 하라고 해놓고 甲이 샤워하는 사이에 7층에서 뛰어내려 중상해를 입었다. 甲은 샤워하고 나와 乙이 보이지 않자 호텔을 나와 귀가했다. ① (대판 86도225) 甲은 乙이 뛰어내린 사실(보호책임의 발생원인이 된 사실)을 몰랐으므로 甲은 중유기(제271조 제3항)의 고의가 없다.

조 제2항)가 성립한다. 「아동복지법」이 보호하는 18세 미만의 아동에 대하여는 「아동복지법」의 처벌규정(제17조, 제71조)이 우선 적용된다.[10]

2. 학대행위

'학대'(虐待)는 '모질게 대우함'을 뜻하는데, 해석자의 가치충전이 필요한 개념이다. "학대죄는 자기의 보호 또는 감독을 받는 사람에게 **육체적으로 고통을 주거나 정신적으로 차별대우**를 하는 행위가 있음과 동시에 범죄가 완성되는 상태범 또는 즉시범"(대판 84도2922)이다. "학대행위는 형법의 규정체제상 학대와 유기의 죄가 같은 장에 위치하고 있는 점 등에 비추어 단순히 상대방의 인격에 대한 반인륜적 침해만으로는 부족하고 적어도 **유기에 준할 정도**에 이르러야 한다."[11] 그러나 私見으로 형법상 학대죄는 인격권이 아니라 생명·신체가 보호법익이므로 단지 **정신적 고통**을 주는 행위는 포함하지 않는다. "유형력 행사를 동반하지 아니한 정서적 학대행위나 유형력을 행사하였으나 신체의 손상에까지 이르지는 않은 정서적 학대"[12] 행위는 아동복지법상 정서적 학대죄(제17조 제5호)에 해당한다(대판 2015도13488).

[아동복지법상의 학대] 「아동복지법」은 학대행위를 구체화하여 규율하고, 각 행위유형마다 법정형도 차등을 두고 있다.

아동복지법 제17조(금지행위)	제71조(벌칙) 제1항
1. 아동을 매매하는 행위(「아동·청소년의 성보호에 관한 법률」 제12조	10년 이하의 징역(1호)

10 [아동학대] 甲은 4살의 아들 乙이 대소변을 가리지 못하자 화가 나 乙을 닭장에 가두고 전신을 구타하였다. ① (대판 68도1793) 친권자의 징계권 행사가 아니므로 학대죄가 성립한다. ② (評釋) 현행 아동복지법상 신체적 학대죄와 정서적 학대죄(제71조 제1항 2호)가 성립하고 학대죄보다 우선 적용된다(보충관계).

11 [반인륜행위와 학대] 甲은 乙의 의붓아버지로서 乙이 16세 때부터 어떤 위력·위계도 사용하지 않고 8년간 성관계를 맺었다. ① (대판 2000도223) **인격에 대한 반인륜적 침해**만으로는 학대죄가 성립하지 않으며, 甲과 乙의 "비정상적 관계가 … 8년간에 걸쳐 지속되어 왔다"는 점도 이를 변화시키지 못한다. ② (評釋) 「아동복지법」의 "아동에게 음행을 시키는" 행위는 "행위자가 아동으로 하여금 제3자를 상대방으로 하여 음행을 하게 하는 행위"이므로 甲의 행위는 이에 해당하지 않는다.

12 [정서적 학대행위] 어린이집 보육교사가 4세 아동이 창틀에 매달리는 행동을 한다고 그 아동을 안아 바닥에서 78cm 높이의 교구장 위에 올려둔 후 교구장을 흔드는 등 약 40분 동안 앉혀둔 행위는 정서적 학대행위이다(대판 2017도5769).

에 따른 매매는 제외한다)[13]	
2. **아동에게 음란한 행위를 시키거나 이를 매개하는 행위 또는 아동에게 성적 수치심을 주는 성희롱 등의 성적 학대행위**[14]	10년 이하의 징역 또는 5천만 원 이하의 벌금 (1의2호)
3. 아동의 신체에 손상을 주거나 신체의 건강 및 발달을 해치는 신체적 학대행위	5년 이하의 징역 또는 3천만 원 이하의 벌금 (2호)
4. (삭제)	
5. 아동의 정신건강 및 발달에 해를 끼치는 정서적 학대행위	
6. 자신의 보호·감독을 받는 아동을 유기하거나 의식주를 포함한 기본적 보호·양육·치료 및 교육을 소홀히 하는 방임행위	
7. 장애를 가진 아동을 공중에 관람시키는 행위	
8. 아동에게 구걸을 시키거나 아동을 이용하여 구걸하는 행위	
9. 공중의 오락 또는 흥행을 목적으로 아동의 건강 또는 안전에 유해한 곡예를 시키는 행위 또는 이를 위하여 아동을 제3자에게 인도하는 행위	1년 이하의 징역 또는 500만 원 이하의 벌금 (4호)
10. 정당한 권한을 가진 알선기관 외의 자가 아동의 양육을 알선하고 금품을 취득하거나 금품을 요구 또는 약속하는 행위	3년 이하의 징역 또는 2천만 원 이하의 벌금 (3호)
11. 아동을 위하여 증여 또는 급여된 금품을 그 목적 외의 용도로 사용하는 행위	

3. 학대고의

학대죄가 성립하기 위해서는 자신의 보호나 감독을 받는 자를 학대한다는 점에 대한 고의가 있어야 한다. 학대죄나 아동복지법상 정서적 학대죄(제17조 제5호)도 미필적 고의로 성립할 수 있다(대판 2015도13488).

Ⅳ. 유기치사상죄와 학대치사상죄

제275조(유기등 치사상) ① 제271조 또는 제273조의 죄를 범하여 사람을 상해에 이르게 한 때에는 7년 이하의 징역에 처한다. 사망에 이르게 한 때에는 3년 이상의 유기징역에 처한다. ② 자기 또는 배우자의 직계존속에 대하여 제271조 또는 제273조의 죄를 범하여 상해에 이르게 한 때에는 3년 이상의 유기징역에 처한다. 사망에 이르게 한 때에는 무기 또는 5년 이상의 징역에 처한다.

---

13 "아동복지법 제17조 제1호의 '**아동을 매매하는 행위**'는 '보수나 대가를 받고 아동을 다른 사람에게 넘기거나 넘겨받음으로써 성립하는 범죄'로서, '아동'은 같은 법 제3조 제1호에 의하면 18세 미만인 사람을 말한다(대판 2015도6480).

14 [아동 성적학대행위] 甲은 14세 여자 乙과 영상통화하던 중 '네 가슴을 보고싶다'고 말하고 乙이 보여주자, 자위행위 장면을 보여주었다. ① (대판 2020도12419) "성적 학대행위에 해당하는지 여부는 행위자 및 피해아동의 의사·성별·연령, 피해아동이 성적 자기결정권을 제대로 행사할 수 있을 정도의 성적 가치관과 판단능력을 갖추었는지 여부, 행위자와 피해아동의 관계, 행위에 이르게 된 경위, 구체적인 행위 태양, 그 행위가 피해아동의 인격 발달과 정신 건강에 미칠 수 있는 영향 등의 구체적인 사정을 종합적으로 고려하여 그 시대의 건전한 사회통념에 따라 객관적으로 판단"한다. 乙은 성적 자기결정능력을 갖추지 못하였다.

형법상 유기등치사상죄는 (존속, 영아)유기죄, (존속)학대죄를 범해 사람을 상해나 사망[15]에 이르게 한 경우에 성립하는 **결과적 가중범**이다. 아동혹사죄(제274조)는 제외된다. 유기·학대행위와 상해·사망 사이에는 **인과관계**가 있어야 한다. 객관적 귀속론에서 보면 사망은 유기·학대행위에 내재된 **전형적인 위험이 상해·사망에 직접 실현**[16]된 것이어야 한다(직접성 Unmittelbarkeit).

● 상해고의로 유기를 하면 상해죄와 유기치상죄의 상상적 경합범이 되지만 상해죄에는 벌금형이 있어서 유기치상죄를 부진정결과적가중범으로 볼 필요가 있다.
● 살인고의로 유기를 하여 사망하게 한 경우 법정형이 높은 살인죄만 성립하고, 유기치사죄는 적용하지 않고 진정결과적 가중범으로 남는다.

[아동학대살해·치사죄] 아동학대처벌법 제4조는 아동학대로서 상해·폭행, 유기·학대, 체포·감금의 죄에 해당하는 범죄(제2조 제4호 가나다목)를 범한 사람이 아동을 살해하면 사형, 무기 또는 7년 이상의 징역에 처하고(제4조 제1항), 사망에 이르게 한 때에는 무기 또는 5년 이상의 징역에 처한다(제4조 제2항).

Ⅴ. 아동혹사죄

제274조(아동혹사) 자기의 보호 또는 감독을 받는 16세 미만의 자를 그 생명 또는 신체에 위험한 업무에 사용할 영업자 또는 종업자에게 인도한 자는 5년 이하의 징역에 처한다. 그 인도를 받은 자도 같다.

아동혹사죄의 보호법익은 아동의 생명·신체이고, 복지권은 보호법익이 아니다. 아동혹사죄의 객체는 16세 미만의 자에 한정되고, 혹사행위는 '아동을 생명 또는 신체에 위험한 업무에 사용할 영업자 또는 그 종업

15 [유기치사상죄] 여호와의 증인 甲은 장내출혈이 심한 딸 乙(11세)에게 수혈이 최선의 치료임에도 이를 거부하고 의사에게 무수혈수술을 해달라고 요구했고, 乙도 엄마의 뜻을 따랐다. 乙은 장내출혈로 실혈사하였다. ① (대판 79도1387) 甲은 유기치사죄가 성립한다. ② (評釋) 乙의 수혈거부 의사는 유효한 피해자승낙이 아니다.

16 [유기치사죄의 인과관계] 乙은 치사량의 청산가리를 마셨다. 청산가리가 혈관에 흡수되고 나면 위세척으로 소생할 수 없다. 乙의 부인 甲이 乙을 발견했을 때 乙은 안색이 변하고 의식을 잃어버린 상태였다. 甲은 아무런 조치도 취하지 않았고, 乙은 사망하였다. ① (대판 67도1151) 乙을 병원에 이송했어도 위세척 등이 아무런 도움이 되지 못한다는 점에서 상당인과관계가 인정되지 않는다. 甲은 유기죄만 성립한다. ② (評釋) 乙의 사망은 甲의 유기행위에 내재된 전형적 위험이 직접 실현된 결과가 아니다.

자에게 인도하거나 그 인도를 받는 것'이다. **인도만으로** 아동의 생명·신체에 대한 **구체적 위험**이 발생하며, 기수가 된다.[17] 18세 미만자를 도덕상 또는 보건상 유해·위험한 사업에 사용하면 「근로기준법」상 사용금지 위반죄(제65조 제1항, 제109조 제1항)[18]가 성립한다.

---

17 아동혹사죄의 보호법익을 복지권으로 보면 추상적 위험범이 되고, **인도계약 체결**로 기수가 된다.

18 「근로기준법」 제65조(사용 금지) ① 사용자는 임신 중이거나 산후 1년이 지나지 아니한 여성(이하 "임산부"라 한다)과 18세 미만자를 도덕상 또는 보건상 유해·위험한 사업에 사용하지 못한다.
제109조(벌칙) ① 제36조, 제43조, 제44조, 제44조의2, 제46조, 제56조, 제65조 또는 제72조를 위반한 자는 3년 이하의 징역 또는 2천만 원 이하의 벌금에 처한다.

§42. 협 박 죄

Ⅰ. 서 론

협박죄(Bedrohung)는 사람으로 하여금 공포심을 일으킬 수 있을 정도의 해악을 고지함으로써 성립하는 범죄이다. 보호법익은 **개인의 의사결정자유**(Entscheidnugsfreiheit)이다. 판례(대판 2007도606)에 의하면 미수규정이 있지만 "**상대방이 공포심을 일으켰는지 여부**"는 매우 불확실하고 주관적인 것이어서 기수결정에 영향을 미치는 것은 적절하지 않으므로 침해범으로 볼 수 없다. 미수규정은 "해악의 고지가 현실적으로 상대방에게 도달하지 아니한 경우나, 도달은 하였으나 전혀 지각하지 못한 경우, 혹은 고지된 해악의 의미를 상대방이 인식하지 못한 경우 등에 적용"된다.

[협박죄의 보충성과 제한해석] 협박이 어떤 결과(예: 자리비킴)의 달성에 지향되면 강요죄가 성립하고, 그 결과가 재산상 이득이란 목표로 구체화되면 공갈죄 등이 성립하게 된다. 협박죄는 **공갈죄나 강요죄가 성립하지 않는 경우에 보충적으로** 성립한다. 강요죄에 이르지 않은 협박행위는 형사처벌의 당위성과 필요성이 매우 약한데도 폭행죄(2년 이하의 징역)보다 법정형이 높다. 합헌적 법률해석으로 협박죄를 의사결정의 자유 외에 '**개인의 법적 평온**'까지 해치는 경우에 제한하여 적용할 수 있다.

기본	• 협박죄(제283조 제1항)	• 반의사불벌죄 (제283조 제3항)
가중	• 존속협박죄(제283조 제2항)	
	• 특수협박죄(제284조)	
	• 상습협박죄(제285조)	
미수범	• 협박미수죄(제286조)	

협박죄는 미수범도 처벌된다. 단순협박죄와 존속협박죄는 피해자의 명시한 의사에 반하여 공소를 제기할 수 없는 반의사불벌죄이다. 2인 이상이 공동하여 협박을 한 경우에는 「폭력행위처벌법」(제2조 제2항 제1호)이 적용되고, 고소·고발 등 수사단서의 제공, 진술, 증언 또는 자료제출을 하지 못하게 하거나 고소·고발을 취소하게 하거나 거

짓으로 진술·증언·자료제출을 하게 할 목적으로 협박한 경우(제5조의9 제2항), 운행 중인 자동차 운전자를 협박한 경우(제5조의10)에는 「특정범죄가중법」이 적용된다.

Ⅱ. 협 박 죄

제283조(협박, 존속협박) ① 사람을 협박한 자는 3년 이하의 징역, 500만 원 이하의 벌금, 구류 또는 과료에 처한다. ② 자기 또는 배우자의 직계존속에 대하여 제1항의 죄를 범한 때에는 5년 이하의 징역 또는 700만원 이하의 벌금에 처한다. ③ 제1항 및 제2항의 죄는 피해자의 명시한 의사에 반하여 공소를 제기할 수 없다.
제284조(특수협박) 단체 또는 다중의 위력을 보이거나 위험한 물건을 휴대하여 전조제1항, 제2항의 죄를 범한 때에는 7년 이하의 징역 또는 1천만원 이하의 벌금에 처한다.
제285조(상습범), 제286조(미수범) 참조.

1. 구성요건

(1) 객 체 사람은 자연인을 의미하며 법인은 제외된다(대판 2010도1017). 해악고지를 통해 공포심을 느낄 수 있는 정도의 정신능력이 있어야 한다. 따라서 해악고지의 내용을 이해할 수 없는 정신병자, 수면 중인 자, 영아 등은 객체가 될 수 없다. 자기 또는 배우자의 직계존속을 협박하면 존속협박죄(제283조 제2항)가 적용된다.

(2) 협 박 협박은 "사람으로 하여금 공포심을 일으킬 수 있을 정도의 해악을 고지하는 것"(대판 2011도2412)을 말한다. 협박은 해악의 발생여부가 행위자의 의사에 좌우되므로 발생여부가 행위자의 의사와는 무관하고 상대방의 경계를 촉구하는 **경고**(예: 천재지변, 길흉화복을 알리는 것)와 구분된다. "해악이란 법익을 침해하는 것을 가리"킨다(대판 2010도1017). "**해악의 내용**, 즉 침해하겠다는 법익의 종류나 법익의 향유 주체 등에는 **아무런 제한이 없**"지만(대판 2010도1017) **구체적**[1]이어야 한다.[2] 단순한 감정

---

1 **[해악의 구체성]** 甲은 남편내연녀 乙의 모친 丙에게 "내 남편이 가출하고 없다. 왜 사과하지 않느냐, 가정파탄죄로 고소하겠다"고 말했다. ① (대판 98도70) 甲은 丙의 "어떠한 법익에 어떠한 해악을 가하겠다는 것인지 알 수 없으므로 해악의 고지라고 보기 어렵다."
2 **[협박의 해악여부]** 甲은 자신의 수박밭 부근을 서성대던 乙(13세)을 발견하자, 乙을 수박도둑이라고

적인 욕설이나 폭언[3]은 해악이 아니다.

해악을 고지하는 방법도 언어, 문서, 거동[4] 등 제한이 없다. 명시적·묵시적인 방법, 제3자를 시켜 하는 방법도 가능하다. 단체 또는 다중의 위력을 보이거나 위험한 물건을 휴대하여 협박하면 특수협박죄(제284조)가 적용된다. 해악이 "친족 그 밖의 **제3자의 법익을 침해하는 것**을 내용으로 하더라도 **피해자 본인과 제3자가 밀접한 관계**[5]에 있어서 그 해악의 내용이 피해자 본인에게 공포심을 일으킬 만한 것이라면 협박죄가 성립할 수 있다"(대판 2010도1017).[6] 판례는 현실적으로 피해자에게 공포심을 일으켰는가를 불문하고[7] 객관적으로 공포심을 불러일으키기에 충분하다면 협박죄의 기수를 인정한다.

(3) **협박고의**　　협박고의란 해악을 고지하여 상대방에게 고통을 느끼게 함에 대한 인식과 의사를 말한다. 협박으로써 어떤 결과를 달성하려는 의사가 있는 경우에는 강요죄 고의가 된다. 실제 해악을 가할 의사 여부는 협박고의의 성립에 중요하지 않다. "협박의사가 있었는지의 여부

속단하고 乙의 손목을 잡고 50m 떨어진 丙의 집 안에 들어갔다. 丙이 놓아주라고 하자 甲은 乙을 돌려보내며 "앞으로 수박이 없어지면 네 책임으로 한다"고 말했다. ① (대판 94도2187) "**구체적으로 어떠한 법익에 어떠한 해악을 가하겠다는 것**인지를 알 수 없어 이를 해악의 고지라고 보기 어렵"다.

3 [욕설·폭언] 계주 甲은 계원들이 보는 가운데 계원 乙과 곗돈 문제로 말싸움을 벌이던 중 화가 나 乙에게 "입을 찢어 버릴라"라고 말하였다. ① (대판 86도1140) 폭언은 단순한 감정적인 욕설일 뿐 해악을 가할 것을 고지한 행위가 아니다.

4 [거동협박] 甲은 乙과 시비하다가 乙이 자기 집으로 돌아가자 뒤따라가 乙의 목에 가위를 겨누며 찌를 것처럼 하였다. ① (대판 74도2727) 협박은 "한마디 **말도 없이 거동에 의하여서도**" 할 수 있다. 甲은 특수협박죄(제284조)가 성립한다.

5 [피해자와 피협박자] 甲은 술을 마시다 S정당의 예산안 강행처리 뉴스를 듣고 화가 나서 경찰 지령실의 乙에게 S정당 수원시당사를 폭파하겠다고 거짓말을 했다. 이로 인해 경찰은 불필요한 경비조치를 취하였다. ① (대판 2011도10451) 乙은 S정당(수원시당사)과 **밀접한 관계**에 있지 않으므로 甲은 협박죄가 성립하지 않는다. ② (評釋) **피협박자와 제3자가 밀접한 관계에 있을 것이 요구되지 않는 강요죄**의 협박에 해당하고, 경찰은 불필요한 경비조치를 하게 되었으므로 甲은 강요죄가 성립한다.

6 [범죄적 해악] 甲은 누이 乙이 돈 요구를 거절하자 매형의 구둣방으로 들어가 온몸에 고무놀을 바르고 라이터 불을 켜고 송곳을 휘두르면서 "방에 불을 지르고 가족 전부를 죽여 버리겠다"고 소리쳤다. ① (대판 90도2102) 甲의 행위는 乙로 하여금 공포심을 일으킬 수 있는 정도의 해악의 고지에 해당하고, 송곳을 휘두르며 협박했으므로 특수협박죄(제284조)가 성립한다.

7 [협박죄 기수] 甲은 乙의 부탁으로 채무자 丙에게 전화하여 "나는 J경찰서 형사 甲이다. 乙이 내 집안 동생인데 돈을 언제까지 갚을거냐, 빨리 안 갚으면 상부에 보고하여 문제삼겠다"고 말했다. 丙은 전혀 두렵지 않았다 ① (대판 2007도606[전원합의체]) 甲은 "**현실적으로 피해자가 공포심을 일으켰는지 여부와 무관하게 협박죄**의 기수에 이르렀다." ② (評釋) 甲은 공갈미수이지만 그 정당한 목적(채권추심)을 고려하여 위법성을 조각시키면 협박죄가 보충적으로 적용될 수 있다.

는 행위의 외형뿐만 아니라 그러한 행위에 이르게 된 경위, 피해자와의 관계 등 주위상황을 종합적으로 고려하여 판단해야 한다"(대판 90도2102).

2. 위 법 성

협박죄의 위법성조각사유로는 주로 정당행위(사회상규)가 적용된다. 판례에 의하면 협박이 "**관습이나 윤리관념 등 사회통념에 비추어 용인할 수 있는 정도의 것**"[8]을 넘어서면 사회상규에 위배된다. 그러나 私見으로 사회상규는 사회규범(social norm)에서 발견해야 하고 형이상학적·종교적 윤리(ethics)로 채워서는 안 된다. 윤리관념이나 사회통념과 같은 추상적 개념보다는 행위자가 속한 (합법적인) **하부문화**(subculture)**에서 승인된 행동방식**[9]을 사회규범의 하나로서 고려함이 바람직하다.

[강요죄와 협박죄의 차이] 강요죄는 수단이 부당하여도 목적의 정당성이 우월하면 사회상규에 위배되지 않을 수 있지만, 협박죄는 해악내용이 부당한 수단이라면 협박목적이 정당하더라도 사회상규에 위배된다.

목적	수단	사 례	협박죄	강요죄
부당	부당	자신을 돌보지 않는다고 누이에게 집에 불을 놓겠다고 함	위법함	위법함
정당	부당	회사대표로부터 자신의 억울한 누명을 벗겨주지 않으면 그의 고가자동차를 손괴하겠다고 함	위법함	위법성 탈락

---

8 [협박의 위법성] 甲은 회사로부터 억울하게 횡령을 추궁당하게 되자 회사대표의 처남인 경영본부장 乙에게 전화로 자신의 횡령을 문제 삼지 말라고 하면서 '회사의 비리를 금감원에 고발하겠다'는 발언을 하였다. ① (대판 2010도1017) 乙이 피해자이고, 해악은 회사에 관한 것이며, 乙과 회사는 乙이 공포심을 갖게 될 만한 '**밀접한 관계**'에 있으므로 甲은 협박죄에 해당하고 "**관습이나 윤리관념 등 사회통념에 비추어 용인**할 수 있는 정도의 것"이 아니다(대판 2010도1017). ② (評釋) 甲의 강요행위는 목적-수단가치를 비교형량할 때 위법성이 탈락한다.

9 [협박적 취재문화] 기자 甲은 乙의 악행(노인 丙 부동산 편취와 조세포탈)에 관한 정보를 입수하고 거듭된 취재요청에 응하지 않는 乙에게 "丙 재산의 불법편취, 증여세 탈세 등을 다음주 신문, 방송에 보도하겠다. 취재에 응하지 않으면 불리할 것이다"라고 말하였다. ① (대판 2011도639) 甲의 협박은 "신문기자의 **일상적인 업무 범위 내에 속하는 것으로서 … 사회통념상 용인되는 행위**"이다. ② (評釋) 甲의 강요는 목적달성을 위한 경미한 협박이므로 위법성이 조각되고, 협박적 취재도 기자의 하부문화에서 보편화된 행동이므로 사회적 상당성이 있다.

§43. 강요의 죄

Ⅰ. 서 론

강요죄(제324조)는 재산범죄인 권리행사를 방해하는 죄(제37장)에 규정되어 있지만, "**사람의 자유를 침해**하는 행위에 대한 형벌규정"(대판 73도2578)이다. 판덱텐체계의 논리라면 제30장(협박의 죄)과 제31장(약취와 유인의 죄) 사이에 위치해야 한다. 강요죄는 자유 가운데에서도 **의사결정과 의사활동의 자유**를 보호하는 범죄규정이다. 강요죄가 금지하는 행위는 매우 포괄적이고 **불명확**하다. 과잉처벌을 막기 위해 강요행위가 추구한 목표와 강요의 수단의 균형성 심사를 통해 그 불법의 범위를 제한할 필요성이 높다.

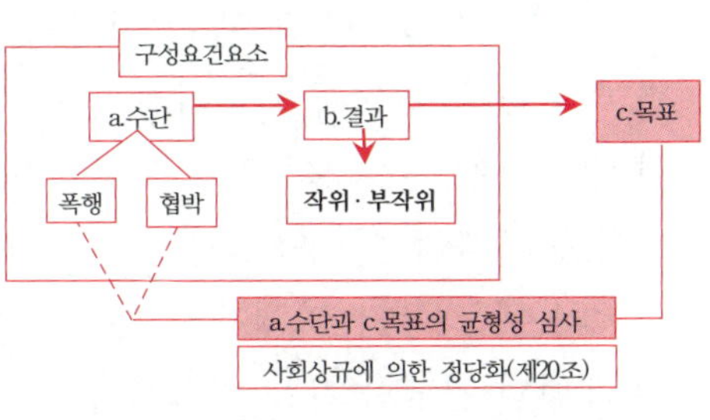

[강요죄와 다른 범죄의 관계] ① 협박죄가 의사결정의 자유(또는 개인의 법적 평온)에 그치지만 강요죄는 자유의사결정에 따른 **활동의 자유**까지 보호한다. 즉, 폭행이나 협박을 통하여 행동을 제한하는 결과(일정한 부작위나 작위)를 가져와야 성립하는 범죄이다. ② 강요의 결과가 자유의 법익을 넘어서 별도의 법익을 침해하면 그 법익을 보호하는 범죄가 성립하고, 강요죄는 성립하지 않는다. 첫째, 강요죄는 자유를 침해하는 죄의 일반구성요건이므로 자유를 침해하는 죄로서 강요죄보다 중한 범죄인 **체포·감금의 죄, 약취·유인의 죄, 강간·강제추행죄**가 성립하는 경우에는 강요죄는 별도로 성립하지 않게 된다(**특별관계**). 둘째, 강요행위에 의해 재산범죄인 **강도죄나 공갈죄**가 성립하는 경우에는 강요죄는 별도로 성립하지 않는다(**보충관계**).

강요죄(제324조)의 구성요건체계는 도표와 같다. 폭력행위처벌법은 2인 이상이 공동하여 강요죄를 범한 경우에는 강요죄의 형의 2분의 1까지

가중한다(제2조 제2항 제2호). 특정범죄가중법은 "자기 또는 타인의 형사사건의 수사 또는 재판과 관련하여 필요한 사실을 알고 있는 사람 또는 그 친족에게 정당한 사유 없이 면담을 강요"한 자(제5조의9 제4항)를 3년 이하의 징역 또는 300만원 이하의 벌금에 처한다.

기본	• 강요죄(제324조 제1항)
가중	• 특수강요죄(제324조 제2항)
	• 중강요죄(제326조)
독자변형	• 인질강요죄(제324조의2)
	• 인질강요상해 · 치상죄(제324조의3)
	• 인질강요살해 · 치사죄(제324조의4)
미수범	• 강요미수범(제324조의5)

Ⅱ. 강 요 죄

제324조(강요) ① 폭행 또는 협박으로 사람의 권리행사를 방해하거나 의무 없는 일을 하게 한 자는 5년 이하의 징역 또는 3천만 원 이하의 벌금에 처한다.

1. 구성요건

(1) **폭 행** 강요의 수단인 폭행은 **사람폭행**이고, 물건폭행은 제외된다. 폭행죄의 경우와 달리 사람의 신체에 직접적인 물리적 힘의 행사만이 아니라 '**간접적인** 물리적 힘의 행사'까지 포함한다. 다만 사람에 대한 간접적인 유형력의 행사를 강요죄의 폭행으로 평가하기 위해서는 "유형력을 행사한 의도와 방법, 피고인의 행위와 피해자의 근접성, 유형력이 행사된 객체와 피해자의 관계 등을 종합" 고려해야 한다.[1] 그러나 폭행 개념의 관념화[2]가 피해자에게 어떤 (심리적) 고통을 줄 수 있는 물건폭행[3] 일반을 포괄해서는 안 된다. 강요죄의 폭행과 소요죄(제115조) · 다중불

1 [간접적 유형력과 강요] 예컨대 ① 장애인이 타고 가는 휠체어를 공격하여 이동하기 어렵게 하면 강요죄가 성립하지만 ② 타인의 주택 대문 앞에 (물리적 접촉 없이 단지) 차량을 주차시켜 그 타인이 자기차량을 주택 내부의 주차장에 출입하지 못하게 하였지만 그 타인이 차량을 정상적으로 사용할 수 있었던 경우는 강요죄의 폭행에 해당하지 않는다(대판 2018도1346).

2 [심리적 강요] 甲은 정부의 미사일정책에 반대하기 위해 전철의 선로 위에서 토론을 하였고, 그 선로를 운행하던 전차기관사 乙은 전차를 멈춰야했다. ① (BGHSt 23, 46) 甲은 乙이 전차를 멈추게 만드는 심리적 강제작용의 폭행(폭행 개념의 관념화 Vergeistigung des Gewaltsbegriff)을 하여 강요죄가 성립한다. 연방법원은 고속도로에서 앞차량 운전자에게 경적과 상향등으로 추월차선에서 비키게 한 행위도 강요죄로 본 바 있다(BGHSt 19, 263).

3 [물건폭행과 강요] 甲은 경쟁자 乙의 연설원고를 몰래 빼내어 숨겼고, 乙은 단상에 올랐을 때 연설원고가 없음을 알고 고통을 느꼈고, 연설을 잘 할 수 없었다. ① (評釋) 甲의 행위는 물건폭행이므

해산죄(제116조)의 폭행 사이의 차이가 사라지기 때문이다. 물론 물건폭행이 '**행동에 의한 협박**'[4]이 되면 협박에 의한 강요죄가 성립한다.

(2) **협 박** "강요죄나 공갈죄의 수단인 협박은 사람의 의사결정의 자유를 제한하거나 의사실행의 자유를 방해할 정도로 겁을 먹게 할 만한 해악을 고지하는 것"을 말하며 해악의 고지는 말이나 **행동을 통해서** 할 수 있고, **제3자를 통해서 간접적으로** 할 수도 있다(대판 2004도1565). 하지만 이익의 요구는 그에 불응하면 어떠한 해악에 이를 것이라는 인식을 갖게 한 경우가 아니라면 해악의 고지로 인정될 수 없다(대판 2019도5186). 강요죄의 협박은 일정한 결과("권리행사를 방해하거나 의무 없는 일을 하게" 함)를 초래하는 원인이어야 하므로 **상대방은 해악의 고지를 통해 실제로 공포심**을 가졌어야만 한다. 공포심을 갖지 않은 경우에는 강요죄의 미수(제324조의4)가 성립하지만 처벌가치가 매우 작다. 이 경우 사람을 제압할 수 있는 힘인 위력에 의한 업무방해죄[5]의 적용을 검토한다.

(3) **강요의 결과** 강요행위의 결과로 "**권리행사를 방해하거나 의무 없는 일을 하게**" 하여야 한다. 권리행사의 방해는 상대방으로 하여금 '하려는 일을 하지 못하게(不作爲) 하는 것'을 말하고, '의무 없는 일을 하게 하는 것'[6]은 '하려고 하지 않거나 하고 싶지 않은 일을 하게(作爲) 하는 것'을 말한다. 여기서 작위나 부작위는 법률행위이건 사실행위이건 묻지 않는다. 강요죄는 폭행 또는 협박에 의하여 권리행사를 현실적으로 방해한

로 강요죄의 폭행에 해당하지 않으나 원고 숨기기가 乙의 '**자유의사나 행동을 제압할 만한 물적 상태를 만든다는 의미의 위력**'(대판 2009도5732)에 해당하여 업무방해죄가 성립한다.

4 [행동협박] 甲은 만나주지 않는 애인 乙의 숙소에 가서 빨리 나오라고 소리치면서 방문을 몇 차례 발로 찼다. 乙은 두려워서 甲을 만나러 나왔다. ① (대판 83도3186) 폭행죄는 성립하지 않지만 '**행동으로 하는 협박**'이 되고, 乙에게 "의무 없는 일을 하게" 하여 甲은 강요죄가 성립한다.

5 [소비자불매운동과 강요죄] 시민단체 甲과 乙은 미국산 소고기 수입반대 촛불시위를 왜곡보도 하였다고 본 J신문사의 광고주 S㈜에게 광고중단을 요구하면서 요구가 수용되지 않으면 S㈜의 상품불매운동을 전개하겠다고 말했다. S㈜는 J신문에 대한 광고를 중단하였다 ① (대판 2010도410) 甲과 乙의 "**소비자불매운동은 전체 법질서상 용인될 수 없을 정도로 사회적 상당성을 갖추지 못한 것**으로서 그 행위 자체가 강요죄나 공갈죄에서 말하는 협박의 개념에 포섭될 수 있다." ② (評釋) 시민단체의 집단적 힘 과시는 협박이 아니라 위력에 해당하고(대판 2018도13792), 업무방해죄는 위험범이므로 S㈜의 업무가 실제로 방해되었을 필요도 없고, 헌법 제124조의 소비자보호운동이 아닌 정치적 목적의 불매운동인 甲의 업무방해는 위법성도 조각되지 않는다.

6 1995년 개정으로 제324조는 권리행사방해죄에서 강요죄로 거듭났다. 따라서 '권리행사를 방해'한다는 표지는 적법한 권원에 의한 권리행사가 아니라 널리 부작위를 강요하는 것을 뜻한다.

경우에 성립한다(대판 93도901). ① 판례는 방해받는 권리행사는 **적법한 권원**[7]을 전제하고, 강요받는 의무 없는 일은 **법률상 의무 없는 일**[8]을 말한다고 본다. 그러나 私見으로 제324조는 권리행사방해죄가 아니라 강요죄이고 보호법익도 정당한 권한보호가 아니라 의사결정 및 활동의 자유이기 때문에 적법한 권원이나 법률상 의무를 전제할 필요가 없다. ② 강요결과는 **손괴죄를 넘는 결과**이어야 한다. 물건을 손괴한 결과로 생기는 슬픔과 고통[9]은 강요죄의 결과(작위와 부작위)가 아니다. 강요결과는 **강도·공갈의 결과에 못미쳐야 한다**. 강요결과가 강도죄·공갈죄의 법익침해에 이르면[10] 강도죄·공갈죄가 성립하고, 강요죄는 배제되기 때문이다(보충관계). ③ 폭행, 협박으로 작위 또는 부작위를 강요함으로써 기수가 되고, 그로써 달성하는 **목표**[11]는 **강요죄의 요소가 아니다**.

---

7 [권원 없는 권리방해] 乙은 丁의 답(畓)을 경작해오다, 丁이 죽고 丙과 소유권 분쟁을 벌였다. 丙이 이 답에 묘판을 조성하자, 乙은 이 묘판을 파헤치고 퇴비를 파헤쳤다. 이를 본 甲이 乙에게 폭행을 가하였다. ① (대판 4294형상357) 乙은 민법 제204조의 점유회수 또는 가처분으로 구제를 받을 수 있고, 乙의 행위는 자구행위(제32조 제1항)에 해당하지 않으므로, **권리행사**라고 할 수 없고, 따라서 甲의 폭행은 乙의 권리행사를 방해한 것이 아니다. ② (評釋) 乙은 丙에 대해 점유탈환을 하는 것이고 甲의 행위는 제3자(丙)를 위한 강요죄에 해당한다.

8 [의무 있는 일 강요] 중대장 甲은 고문관인 일병 乙의 근무태만을 교정하려고 매일 업무일지를 작성하라고 지시했다. 乙은 사생활 감시라며 따르지 않았다. 甲은 얼차려를 했고 乙은 그제야 작성했다. ① (대판 2008도1097) "**법률상 의무있는 일**을 하게 한 경우에는 **강요죄가 성립할 여지가 없다**." ② (評釋) 직무일지작성이 법률상 의무있는 일이기 때문이 아니라 얼차려시행이 군인사법 제47조의2 및 군인복무규율에 따른 직무행위로서 폭행이나 협박에 해당하지 않기 때문이다.

9 [강요결과와 재물손괴] 甲이 乙의 개에게 독약을 먹여 죽였다. 乙은 너무나 슬퍼서 비지니스 여행을 모두 중단해버렸다. ① 甲은 강요죄가 아니라 재물손괴죄만 성립한다. 재물손괴는 강요죄의 폭행에 해당하지 않고, 슬픔은 강요의 결과가 아니며, 비지니스 여행중단은 甲의 폭행으로 인한 것이 아니기 때문이다.

10 [강도상해와 특수강요] 甲은 乙의 어깨를 1회 칼로 찔러 자신의 채권자 丙에게 2천만 원의 지불각서를 쓰게 하였고, 乙은 전치 2주의 상해를 입었다. ① 乙의 지불각서 작성은 증거서류작출이지 丙에 대한 채무부담 의사표시가 아니고 丙의 승낙 없이 채무인수는 효력이 없으므로 丙에게 재산상 이득이 생기지 않는다. 甲의 행위로 乙의 "권리의무관계에 외형적, 형식적 변동조차도 일어나지 않"으므로 강도상해죄가 성립하지 않고 甲은 특수강요와 특수상해의 경합범이다. ② (評釋) 甲은 항거불능의 협박을 하였고 乙은 외형상 재산처분행위를 하였으며 지불각서취득으로 경제적 가치가 있는 지위를 얻었다. 甲은 강도상해(제337조)가 성립한다.

11 [강요죄 기수] 甲은 乙의 해외도피를 막으려 乙을 협박하였고, 乙은 겁을 먹고 여권을 甲에게 교부하였다. ① (대판 93도901) "乙의 **해외여행을 할 권리는 사실상 침해**되었다고 볼 것이므로 강요죄의 기수가 성립한다." ② (評釋) 乙의 **여권 교부**로 강요죄의 기수가 되고, 그로써 달성되는 **목적**(해외여행중단)은 강요죄의 구성요건적 결과가 아니다.

2. 위 법 성

강요죄는 행위자가 정당한 권리행사를 위한 경우가 적지 않고 또한 침해되는 권리와 강요되는 의무의 범위나 강요 양태도 다양하다. 강요행위의 위법성, 특히 **사회상규의 위배**는 목적(가치)과 수단(가치)을 **이익형량**하여 부정적 수단(가치)이 긍정적 목적(가치)보다 무거운 경우에 인정될 수 있다. 하지만 가치선택, 비교관점, 우열관계판단 등의 주관성을 극복하는 기준 마련에는 한계가 있다. 강요행위가 행위자가 속한 하부문화(예: 기자취재관행)에서 승인된 행위[12]는 **지역화된 사회규범**으로서 사회상규에 위배되지 않는다. 판례의 "관행", "사회윤리", "사회통념"은 이런 사회규범의 다른 표현이다.

[구성요건요소로서 이익형량] 판례[13]에서는 목적과 수단의 이익형량이 때때로 협박을 구성하는 요소가 되기도 한다. 이는 강요죄의 불법의 실질이 **형사불법으로서 불완전함에 대한 반성**이기도 하며, 독일형법상 강요죄(StGB §240(2))의 **"비난할 만한"**(verwerflich)이란 문언과 같은 구성요건해당성조각사유[14]와 유사한 기능을 한다.

Ⅲ. 중강요죄와 특수강요죄

제324조(강요) ② 단체 또는 다중의 위력을 보이거나 위험한 물건을 휴대하여 제1항의 죄를 범한 자는 10년 이하의 징역 또는 5천만 원 이하의 벌금에 처한다.

제326조(중권리행사방해) 제324조 또는 제325조의 죄를 범하여 사람의 생명에 대한 위험을 발생하

---

12 [강요죄의 위법성] 甲과 乙은 '환경감시단' 마크의 모자, 점퍼를 착용하고 丙 축산농가의 폐수배출현장을 사진촬영하고 폐수배출사실확인서에 서명하라고 하고, 하지 않으면 행정당국에 고발한다고 하자 丙은 이들이 단속권한이 있다고 생각하고 서명을 하였다. ① (대판 2007도7064) 甲과 乙은 공동강요죄가 성립한다. ② (評釋) 이런 행위가 환경시민단체들의 통상적인 행동방식(subculture)이었다면 위법성이 조각될 수 있다. 丙이 고발을 막기 위한 **계산적 행동**으로 서명했고, 공포심을 갖지 않았다면 甲과 乙은 **위력 업무방해죄**(제314조)가 성립할 뿐이다.

13 [협박의 이익형량적 구성] "강요죄에서 협박당하는 사람으로 하여금 공포심을 일으키게 하는 정도의 해악의 고지인지는 **그 행위 당사자 쌍방의 직무, 사회적 지위, 강요된 권리, 의무에 관련된 상호관계 등 관련 사정을 고려하여 판단**되어야" 한다(대판 2003도5394).

14 [목적가치의 구성요건적 고려] 특정범죄가중법 제5조의9 제4항은 "자기 또는 타인의 형사사건의 수사 또는 재판과 관련하여 필요한 사실을 알고 있는 사람 또는 그 친족에게 정당한 사유 없이 면담을 강요하거나 위력(威力)을 행사한 사람은 3년 이하의 징역 또는 300만원 이하의 벌금에 처한다. 법정형이 형법상 강요죄(5년 이하의 징역 또는 3천만원 이하의 벌금)보다 낮은 것은 면담강요의 목적가치인 수사나 재판 협조를 고려한 것으로 보인다.

게 한 자는 10년 이하의 징역에 처한다.

특수강요죄(제324조 제2항)는 단체 또는 다중의 위력을 보이거나 위험한 물건을 휴대하여 강요죄를 범함으로써 성립하는 가중구성요건이다. **중강요죄**(제326조)는 단순강요죄를 범하여 사람의 생명에 대한 (**구체적**) 위험을 발생하게 함으로써 성립하는 범죄로 일종의 결과적 가중범이다. 중권리행사방해죄라는 명칭은 입법오류이며, 중강요죄로 읽어야 한다.

Ⅳ. 인질강요의 죄

제324조의2(인질강요) 사람을 체포·감금·약취 또는 유인하여 이를 인질로 삼아 제3자에 대하여 권리 행사를 방해하거나 의무없는 일을 하게 한 자는 3년 이상의 유기징역에 처한다.

제324조의3(인질상해·치상) 제324조의2의 죄를 범한 자가 인질을 상해하거나 상해에 이르게 한 때에는 무기 또는 5년 이상의 징역에 처한다.

제324조의4(인질살해·치사) 제324조의2의 죄를 범한 자가 인질을 살해한 때에는 사형 또는 무기징역에 처한다. 사망에 이르게 한 때에는 무기 또는 10년 이상의 징역에 처한다.

제324조의5(미수범) 제324조 내지 제324조의4의 미수범은 처벌한다.

제324조의6(형의 감경) 제324조의2 또는 제324조의3의 죄를 범한 자 및 그 죄의 미수범이 인질을 안전한 장소로 풀어준 때에는 그 형을 감경할 수 있다.

인질강요죄는 체포·감금행위 또는 약취·유인행위를 한 자가 그 사람을 인질로 삼아 제3자에게 일정한 작위·부작위를 강요하는 범죄이다. 즉 인질강요죄는 **체포·감금죄 또는 약취·유인죄와 강요죄의 결합범**이라고 할 수 있다. 보호법익은 강요자의 의사결정 및 의사활동의 자유와 인질의 생명·신체의 자유를 포괄하는 침해범이다. 인질강요죄는 주로 소아약취유인죄(특정범죄가중법 제5조의2)에 해당하지 않는 **유괴범**과 인질석방을 대가로 일정한 요구(예: 테러리스트 석방)를 관철하려는 **테러범**에 적용된다.

① 체포·감금 약취·유인 → ② 인질로 삼음 → ③ 강요

[인질의 석방과 형감경] 인질의 안전을 위해 형법 제324조의6은 이 죄를 범한 자 및 그 미수범이 인질을 안전한 장소로 풀어 준 경우에는 그 형을 감경할 수 있게 한다. 인질이 사망한 경우를 제외하고 인질을 석방하기만 하면 미수이든 기수이든, 석방이 자의에 의하든 타의에 의하든, 직접 석방이든 구조나 귀환 가능성이 있게끔 인질 스

스로 나가도록 하든 묻지 않는다.

1. 인질강요죄

(1) **객 체** 행위의 객체는 자연인에 한하지만, 제3자는 자연인뿐만 아니라 국가나 법인 같은 단체이어도 상관없다. 피강요자는 인질이 아니라 제3자이다. 인질에 대한 강요는 인질강요죄가 아니다. 인질강요죄의 강요는 특정범죄가중법 제5조의2(소아약취·유인죄의 가중처벌)처럼 주관적 구성요건인 목적(예: 재물취득목적)이 아니라 객관적 구성요건인 행위이다.

(2) **행 위** **체포·감금, 약취·유인**의 개념은 체포·감금죄 및 약취·유인죄와 같다. 체포·감금, 약취·유인의 수단에 의하지 아니하고 강요한 경우에는 강요죄만 성립한다. **인질로 삼는다**는 것은 체포·감금, 약취·유인된 자의 생명·신체의 안전에 대한 제3자(피강요자)의 염려를 이용하는 것이다. 인질강요죄는 목적범이 아니고 결합범이므로 체포·감금, 약취·유인을 한 행위 후에 고의가 생겨 체포·감금, 약취·유인된 자를 인질로 삼아 제3자에게 강요행위를 한 경우에도 성립한다.

결합범이므로 처음부터 인질강요를 계획하였다면, 체포·감금 등을 한 때, 체포·감금, 약취·유인을 한 후에 비로소 인질강요의 고의가 생겼다면 인질강요로 나아간 때에 **실행의 착수**가 인정된다. 강요의 결과로 권리행사를 방해하거나 의무 없는 일을 하게 한 때에 **기수**가 성립하며, 이에 이르지 못하거나 강요행위와 강요의 결과 사이에 인과관계가 없는 경우에 미수가 성립된다(제324조의5).

(3) **죄 수** 체포·감금, 약취·유인의 죄는 인질강요죄에 보충적으로 적용된다. 수 인을 인질로 삼아 한 명(제3자)을 강요하면 일죄, 하나의 인질강요로 수 인의 권리행사를 방해하면 상상적 경합이 성립한다.

2. 인질상해·치상죄와 인질살해·치사죄

인질상해죄는 인질강요죄와 상해죄의 결합범이고 인질치상죄는 인질강요죄의 결과적 가중범이다. 법문(제324조 "내지" 제324조의4)과 책임원칙의해 인질치상죄의 미수범도 성립가능하고, 인질석방에 대한 감경규정도 적용된다. 인질살해죄는 인질강요죄와 살인죄의 결합범이고, 인질치사죄는 인질강요죄의 결과적 가중범이다. 인질치사죄도 미수범이 성립할 수 있다. 하지만 인질살해·치사죄에는 인질석방에 대한 감경규정의 적용이 제외된다.

§44. 체포와 감금의 죄

Ⅰ. 서 론

체포와 감금의 죄는 불법으로 체포 또는 감금하여 사람의 신체활동의 자유를 침해하는 범죄이다. 보호법익은 **신체적 활동의 자유**이며, **행동의 자유와 장소이동**(장소선택)**의 자유**를 포함한다. 자유는 잠재적 활동의 자유(potentielle Fortbewegungs freiheit)를 포함하므로 피해자가 실제 장소이전을 할 수 있었는지는 중요하지 않다.

[체포감금죄와 다른 범죄의 관계] ① 재판·검찰·경찰 기타 인신구속에 관한 직무를 행하는 자가 그 직권을 남용하여 체포·감금한 때에는 **불법체포·감금죄**(제124조)만 성립한다. ② 체포·감금죄는 **강요죄**의 특별한 경우(lex specialis)이다. 폭행·협박으로 체포·감금을 하면 강요죄는 따로 성립하지 않는다. 감금상태에서 폭행·협박으로 작위·부작위를 하게 하면 강요죄와 중감금죄의 상상적 경합범[1]이 된다. 강요행위에 필수적으로 수반되는 신체적 활동의 자유 박탈은 불가벌적 수반행위이다.[2] ③ 체포·감금이 **강간죄**의 수단이 된 경우에는 체포·감금죄와 강간죄의 상상적 경합[3]이 성립하고, 감금 중에 별도의 폭행·협박으로 강간한 경우에는 실체적 경합이 성립한다. ④ 체포·감금이 **강도죄**의 수단이 되면 체포·감금죄와 강도죄는 상상적 경합관계에 놓인다. 감금상태에서 별도의 폭행·협박으로 재물을 강취했지만 감금이 없었어도 강취가 가능했다면 감금죄와 강도죄는 실체적 경합[4]에 놓인다. ⑤ "미성년자를

1 [공갈과 체포감금] 甲은 2억 원을 투자한 회사가 부도위기에 몰리자 영업부장 乙을 자기 사무실로 오게 하여 겁을 주어 못 나가게 하고 몇 차례 구타하여 회삿돈 7억 원을 횡령하였다는 자인서를 쓰게 했고, 2억 원을 주겠다는 승낙도 받아냈지만 돈은 받지 못했다. ① (대판 84도2083) "甲은 단일한 공갈의 고의 하에 갈취의 방법으로 일단 자인서를 작성케 한 후 이를 근거로 계속하여 갈취행위를 한 것이므로 포괄하여 공갈미수의 일죄만" 성립한다. ② (評釋) 甲은 중감금죄(제277조 제1항)와 공갈미수죄의 상상적 경합범이 된다.

2 예컨대 운전자에게 길을 가로막고 되돌아가게 하는 **강요행위에 내재된 운전자의 장소이동자유 침해**는 체포·감금죄에 해당하지 않는다.

3 [상상적 경합의 감금죄와 강간죄] 화물트럭을 몰던 甲은 乙(17세)이 태워달라고 하여 운전석 옆에 태운 후 乙에게 조용히 있지 않으면 가만 안 둔다고 말하고 계속 운행하여 M여관방으로 데리고 들어갔으나 乙이 소리 지르는 바람에 강간하지 못했다. ① (대판 83도323) 甲의 "**감금과 강간미수의 두 행위가 시간적, 장소적으로 중복될 뿐 아니라 감금행위 그 자체가 강간의 수단인 협박행위를 이루고 있는 경우**로서 감금과 강간미수죄는 **상상적 경합**이" 성립한다.

4 [실체적 경합의 체포·감금죄와 강도상해죄] 甲과 乙이 공모하여 H 주점 종업원 丙을 승용차에 억지로 태우고 甲이 차를 몰고 乙이 주먹으로 丙을 때려 반항을 억압한 다음 현금가방을 빼앗았고 丙은

유인한 자가 계속하여 미성년자를 불법하게 감금하였을 때에는 미성년자유인죄 이외에 감금죄가 별도로 성립한다"(대판 98도1036).

기본	• 체포감금죄(제276조 제1항)
가중	• 존속체포감금죄(제276조 제2항)
	• (존속)중체포감금죄 제277조 제1항 (제2항)
	• (존속)체포감금치사상죄 제281조 제1항 (제2항)
	• 특수체포감금죄(제278조)
	• 상습체포감금죄(제279조)
감경	• 체포감금미수죄(제280조)

형법상 체포·감금죄의 구성요건체계는 도표와 같다. 2인 이상이 공동하여 체포·감금죄를 범한 경우에는 체포·감금죄의 형의 2분의 1까지 가중한다(폭력행위처벌법 제2조 제2항). 보복목적의 체포·감금은 「특정범죄가중법」 제5조의9에 의해 처벌된다.

Ⅱ. 체포·감금죄

제276조(체포, 감금, 존속체포, 존속감금) ① 사람을 체포 또는 감금한 자는 5년 이하의 징역 또는 700만 원 이하의 벌금에 처한다. ② 자기 또는 배우자의 직계존속에 대하여 제1항의 죄를 범한 때에는 10년 이하의 징역 또는 1천500만 원 이하의 벌금에 처한다.

1. 구성요건

(1) **행위객체** 행위객체는 자연인인 사람이다. 행위 당시에 체포·감금사실을 인지할 수는 있지만, 행위 당시 장소이동의사를 갖고 있지 않거나(예: 정신병자[5]) 현실적으로 이동할 수 없는 경우(장애인)에도 **잠재적 행동의 자유**가 인정될 수 있다. 그러나 수면자, 유아, 실신자처럼 체포·감금을 인지할 수 없는 피해자는 객체에서 제외된다.

(2) **체포·감금** 체포(Festnahme)는 행동의 자유를 빼앗는 것, 감금

전치 2주의 안면부타박상을 입었다. 甲은 15km 정도 더 운행을 한 뒤 丙을 내려주었다. ① (대판 2002도4380) "감금행위가 강도상해의 범행이 끝난 뒤에도 계속된 경우에는 감금죄와 강도상해죄는 경합범 관계에 있다." 甲과 乙은 공동체포·감금죄(폭력행위처벌법 제2조 제2항)와 강도상해죄(제337조)의 경합범이 된다. ② (評釋) 공동감금죄가 성립하고 시간적·장소적으로 중첩되어도 丙이 폭행으로 항거불능에 빠졌다면 공동감금죄와 강도상해죄는 경합범이다.

5 [정신장애인 체포·감금] 甲은 정신장애인 乙을 차 안에 감금하고 4일 물을 주지 않고, 손과 발을 17시간 묶어 둠으로써 혈전이 폐동맥을 막아 乙이 사망하였다. ① (대판 2002도4315) 정신병자도 감금죄의 객체가 되고 甲의 감금행위가 乙의 사망과 인과관계가 있다. 甲은 체포·감금치사죄가 성립한다.

(Einsperrung)은 모든 방향의 장소이동의 자유를 빼앗는 것을 말한다. 어느 한 방향으로만 이동하지 못하게 하면 강요죄가 성립한다. 체포·감금은 부작위에 의해서도 가능하다. ① "감금죄는 물리적, 유형적 장해뿐만 아니라 **심리적, 무형적 장해**[6]에 의하여서도 가능하고, 사람의 행동의 자유의 박탈은 반드시 전면적이어야 할 필요가 없으므로 **감금된 특정구역 내부에서 일정한 생활의 자유가 허용**되어 있더라도 감금죄"는 성립한다. 인신구속 공무원의 불법체포·감금죄는 "**직권을 남용**"(제125조)하여[7] 체포·감금한 경우이어야 한다. ② 체포·감금은 행동이나 장소이동의 자유를 실제로 박탈한 것이어야 한다. 의사결정과 활동의 자유에 대한 침해(강요죄)**를 넘는** '신체적 활동의 자유'가 침해되어야 한다. 즉, 붙잡힘(체포)과 갇힘(감금)의 결과[8]가 있어야 한다. 신체적 활동의 자유 침해는 **전면적 자유 박탈일 필요는 없고**[9] 신체활동이 **곤란**한 경우도 포함된다. ④ 실행의 착수는 "체포의 고의로써 타인의 신체적 활동의 자유를 현실적으로 침해하는 행위를 개시한 때"에 인정된다. 계속범인 체포·감금죄의 기수는 '**피해자가 풀어달라고 진지하게 애원하고 그것을 묵살하는 데 필요한**

---

6 [심리적·무형적 장해의 감금] 丁이 甲, 乙, 丙과 도박하면서 乙에게 빌린 돈을 갚지 못하자, 甲은 丁을 자기의 사무실로 데려가 "좋게 해결하고 나가라"고 말하고, 丙은 丁에게 "내 돈 안 갚고 병신된 놈 많다"고 말하고, 乙은 "재가 내 조직 2년 후배다. 좋은 말로 할 때 주고 가라"고 말했다. 丁은 그 곳을 3시간 동안 나갈 수 없었고 여러 곳에 전화하여 돈을 빌리려 했으며 1시간은 혼자 있었지만 경찰에 구조요청도 하지 않았다. ① (대판 2000도102) 감금수단이 **심리적·무형적 장해**에 의한 경우로서 丁이 구조요청을 할 수 있었다는 점은 감금죄에 영향이 없다. ② (評釋) 甲, 乙, 丙은 도박죄의 공동정범이면서, 무효인 도박채권 추심은 불법이득(의사)이 인정되므로 공동공갈죄가 성립한다. 공동감금죄는 공동공갈죄와 상상적 경합, 도박죄와 실체적 경합에 놓인다.

7 [경찰관의 임의동행] 경찰관 甲은 자진출두를 거부하였고 소재지도 불분명하여 도망갈 소지도 있는 乙을 동의를 받고 경찰서에 데려가 구속영장 발부 시까지 82시간 조사하였다. 甲은 상관에 보고하고 수사지시도 받았다. 甲은 乙이 경찰서 안에서 비교적 자유스럽게 활동할 수 있게 했다. ① (대판 84도2083) 甲이 "乙을 경찰서 밖으로 나가지 못하도록 그 신체의 자유를 제한하는 **유형, 무형의 억압**이 있었다면" 감금죄가 성립한다. ② (評釋) 乙의 출석거부와 도주우려, 상관보고 등 사정을 종합적으로 고려하면 甲의 체포·감금은 **직권을 남용한 것이 아니다**.

8 [여행강요] 甲은 乙을 외국으로 데리고 나가려고 호텔로 들어갔다. 乙은 도망칠 기회는 있었지만 심한 해를 당할지도 모른다는 공포감에 호텔에 머물렀다. 甲은 다음 날 乙과 함께 항공기로 외국으로 나갔다. ① (대판 91도1604) 甲은 감금죄가 성립한다. ② (評釋) 乙은 **붙잡히거나 갇힌 것이 아니고**, 여행을 강요받은 것이다.

9 [전면적 자유박탈 없는 감금] 조폭 甲은 3일 동안 乙과 같은 장소에 있으면서 乙을 감시하였고, 술집에서 술을 마셨다. 乙은 지인들이나 검찰청에 전화를 걸고, 새벽에 한증막에 갔다가 잠을 자고 돌아오기도 하였다. ① (대판 2000도102) 감금의 수단에는 제한이 없고 자유의 박탈도 **전면적일 필요는 없으므로** 甲은 감금죄가 성립한다.

시간'(주기도문을 암송할 정도의 시간' ein Vaterunser lang)이 지난 때이다. 지속성 없는 체포·감금은 미수범(제280조)[10]이 된다.

2. 위 법 성

체포·감금행위는 **정당행위**로서 위법성이 조각되는 경우가 많다. 형사소송법에 의한 체포(현행범, 긴급체포 등)나 정신질환자의 시설수용[11]은 정당행위가 된다. 체포·감금에 대한 **승낙의사**가 진정하고 유효한 것이면 구성요건해당성을 조각하는 양해(Einverständnis)가 된다.

Ⅲ. 체포·감금죄의 가중구성요건

제276조(존속체포, 존속감금) ② 자기 또는 배우자의 직계존속에 대하여 제1항의 죄를 범한 때에는 10년 이하의 징역 또는 1천500만원 이하의 벌금에 처한다.

제277조(중체포, 중감금, 존속중체포, 존속중감금) ① 사람을 체포 또는 감금하여 가혹한 행위를 가한 자는 7년 이하의 징역에 처한다. ② 자기 또는 배우자의 직계존속에 대하여 전항의 죄를 범한 때에는 2년 이상의 유기징역에 처한다.

제278조(특수체포, 특수감금) 단체 또는 다중의 위력을 보이거나 위험한 물건을 휴대하여 전2조의 죄를 범한 때에는 그 죄에 정한 형의 2분의 1까지 가중한다.

① **존속체포·감금죄**(제276조 제2항)는 자기 또는 배우자의 직계존속에 대해 단순 체포·감금죄를 범한 경우 성립하며, 직계존속과 직계비속이라는 신분관계로 책임이 가중되는 가중구성요건이다. ② **중체포·감금죄**(제277조 제1항)는 사람을 체포·감금하여 가혹한 행위를 한 경우 성립하며, **존속 중체포·감금**(제277조 제2항)은 더욱 가중처벌된다. **가혹한 행위**는 가치충전필요개념이며, 생명, 신체의 안전을 위태롭게 함이 요구되는 학대

10 [체포미수죄] 강간미수의 피해자 乙이 가해자 甲의 집을 나와 엘리베이터를 탔을 때 甲이 乙의 팔을 잡고 끌어당기면서 엘리베이터 문을 손으로 막고 엘리베이터로 들어가려고 하자 乙이 甲의 가슴을 밀쳐낸 경우에는 체포미수죄가 성립한다.

11 [복지시설감금] H복지원장 甲은 법령에 근거하여 부랑인들에게 운전교습소 건설작업을 시키고, 그곳에 기숙사시설을 만들어 수용하였고 직원들을 시켜 기숙사의 모든 문을 22:00~06:00 밖에서 자물쇠로 잠궜다. ① (대판 88도1580) 甲의 행위는 단체의 위력에 의한 특수감금죄(제278조)에 해당하지만 관할시장의 허가와 지원을 받은 등 "그 행위에 이른 과정과 목적, 수단 및 행위자의 의사 등 제반사정에 비추어, 형법 제20조에 의하여" 위법성이 조각된다. ② (評釋) 사실상 강제노역을 위한 수용은 **형식적 적법성**만으로 조각될 수 없다.

죄의 학대보다는 넓은 개념이다.[12] 예컨대 피해자에게 의식주를 제공하지 않거나 잠을 재우지 않거나 여자를 벌거벗기는 것 등도 해당한다. 체포·감금을 처음 시작할 때뿐만 아니라 시작한 이후에 그런 의사를 가진 경우도 포함된다. 체포·감금의 수단으로 행해지는 폭행·협박은 가혹행위가 아니다. 하지만 위계, 기타 방법으로 감금을 한 상태에서 감금을 유지하는 데 필요하지 않은 폭행을 별도로 하는 경우에도 육체적 고통을 주는 가혹행위가 된다.[13] ③ **특수체포·감금죄**(제278조)는 단체 또는 다중의 위력을 보이거나 위험한 물건을 휴대하여 (존속·중·존속중)체포·감금죄를 범한 경우에 성립한다. 방법과 수단의 불법성이 크기 때문에 그 죄에 정한 형의 2분의 1까지 가중된다. ④ **상습체포·감금죄**(제279조)는 상습으로 (존속·중·존속중)체포·감금죄를 범하는 것이며, 특수체포·감금죄의 예에 의해 처벌된다. ⑤ **보복목적 체포·감금죄**(특정범죄가중법 제5조의9 제2항)는 신체적 활동의 자유 이외에 "국가의 형사사법 기능을 보호법익으로 하는 죄"(대판 2012도544)로서 가중처벌된다. 보복목적의 의미는 보복목적 살인죄와 같고(제1항), 보복목적은 미필적 인식은 부족하고 적극적 의욕을 필요로 한다.

Ⅳ. 체포·감금치사상죄

제281조(체포·감금 등의 치사상) ① 제276조 내지 제280조의 죄를 범하여 사람을 상해에 이르게 한 때에는 1년 이상의 유기징역에 처한다. 사망에 이르게 한 때에는 3년 이상의 유기징역에 처한다. ② 자기 또는 배우자의 직계존속에 대하여 제276조 내지 제280조의 죄를 범하여 상해에 이르게 한 때에는 2년 이상의 유기징역에 처한다. 사망에 이르게 한 때에는 무기 또는 5년 이상의 징역에 처한다.

제282조(자격정지의 병과) 본장의 죄에는 10년 이하의 자격정지를 병과할 수 있다.

---

12 중체포·감금죄는 체포·감금죄와 학대죄의 결합범이 아니라 체포·감금죄의 가중구성요건이다.

13 [중체포·감금죄의 미수범] 중체포·감금죄의 미수는 가혹행위의 고의를 처음부터 갖고 체포·감금을 했지만, 가혹행위를 하지 못한 경우나 체포·감금 후 가혹행위를 시작했으나 다 하지 않은 경우에 성립한다. 가혹행위의 고의를 갖고 체포·감금을 시작했으나 체포·감금이 미수에 그친 경우에는 논리적으로는 중체포·감금죄의 미수가 되지만, 가혹행위고의가 체포·감금의 실행에 착수하는 행위에 의해 이미 외부화될 수 있는지 의문이기 때문에, 행위자에게 유리하게 체포·감금죄의 미수범이 된다고 보아야 한다.

체포·감금죄, 중체포·감금죄와 위 죄의 상습범, 특수체포·감금죄, 각 죄의 미수범이 사람을 상해 또는 사망에 이르게 한 때(제281조 제1항)에 성립하는 결과적 가중범이다. 자기 또는 배우자의 직계존속에 대한 경우는 **존속체포·감금치사상죄**(제281조 제2항)가 성립한다. 중체포감금죄의 가혹행위[14]로 상해 또는 사망에 이른 경우에도 적용된다. 또한 보복목적 체포·감금죄를 범하여 사람을 사망에 이르게 한 경우는 **보복목적체포·감금치사죄**가 성립한다(특정범죄가중법 제5조의9 제3항).

(1) 사망에 대한 과실, 상해에 대한 고의·과실 체포와 감금에 내재된 특수한 위험이 사망·상해의 결과에 실현되는 것을 방지할 의무를 **부주의로 위반**하여야 한다. 그러나 행위자가 사망의 발생가능성을 인지하고도 방치했다면 살인고의가 인정되고, **감금죄와 살인죄의 상상적 경합범**이 성립한다. 소아의 경우는 **소아약취유인살인죄**(특정범죄가중법 제5조의2 제2항 2호)[15]가 성립한다. 상해의 발생가능성을 인지하고도 방치하면 상해고의가 인정되고, 감금치상죄의 형(1년 이상 유기징역)이 상해죄와 감금죄의 경합범보다 중하므로 (**부진정결과적 가중범**인) 감금치상죄가 성립한다.

(2) 인과관계 체포·감금과 사망 또는 상해 사이에 인과관계가 있어야 한다. **피체포·감금자의 자살**은 체포·감금행위에 귀속되지 않지만, **의사가 자유롭지 않은 상태**[16]에서 자살이나 위험한 탈출을 시도하다 사망하면 그것은 **체포·감금에 내재한 위험이 실현된 결과**가 된다.

---

14 [체포·감금치사죄] 甲은 동거녀 乙이 술집에 나가겠다고 하자 乙을 방에 가두고 때리고 옷을 벗겼다. 乙은 창문 밖으로 뛰어 내리려 했고, 이를 제지하였지만 甲이 인터폰을 받으러 거실로 나온 사이 乙은 알몸으로 창문 밖으로 뛰어내려 사망하였다. ① (대판 91도2085) 甲의 중감금행위와 乙의 사망 사이에 인과관계가 있고, 예측가능성도 있었으므로 중감금치사죄가 성립한다.

15 [소아약취유인살인] 甲은 乙(12세)을 아파트로 데려가 손발을 묶어 문고리에 매고, 입에 반창고를 붙였다. 40시간이 지나 가보니 乙은 탈진상태였다. 박카스를 주었지만 못 먹자 나와 버렸고, 乙은 사망하였다. ① (대판 82도2024) 甲은 미필적 고의에 의한 **부작위 살인죄**가 성립한다. ② (評釋) 감금죄와 살인죄의 상상적 경합범이지만 乙이 소아라서 소아약취유인살인죄가 성립한다.

16 [피감금자의 사망귀속] 甲은 승용차로 乙을 가로막아 할 수 없이 차량에 승차하게 한 후 乙이 내려달라고 함에도 미지의 장소를 향하여 60km/h 속도로 진행하였다. 乙은 이 상황을 벗어나려고 뒷좌석 창문을 통하여 밖으로 빠져 나오려다가 길바닥에 떨어져 사망하였다. ① (대판 2000도440) 甲은 감금치사죄가 성립한다.

약취·유인 및 인신매매의 죄

Ⅰ. 서 론

약취와 유인의 죄는 사람을 약취·유인하여 본래의 생활영역에서 배제하고 자기 또는 제3자의 실력적 지배 아래에 두어 **자유로운 인격발현권**을 침해하는 범죄이다. 미성년자에 대한 보호자의 **보호·교육권**[1]도 보호법익이다. 그런데 인격발현권을 침해하는 행위는 언어로 정형화하기가 어렵기 때문에 약취유인죄는 주로 목적범의 형태를 띰으로써 구성요건의 불명확성을 완화한다.

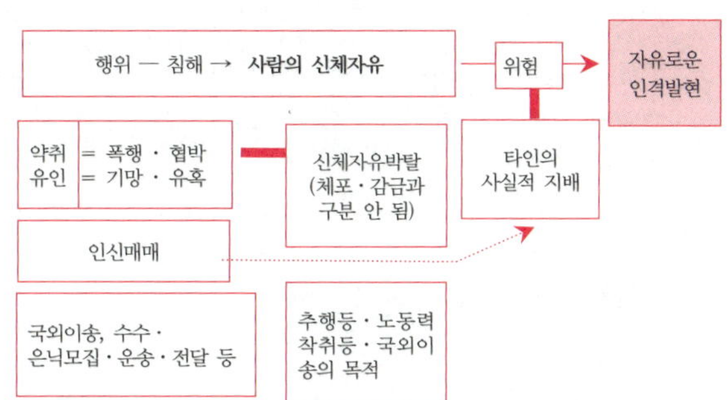

약취유인죄는 신체의 자유라는 법익과 관련해서는 침해범이지만 자유로운 인격실현권이라는 법익과 관련해서는 **구체적 위험범**이다. 피해자가 타인의 '**사실적 지배**' 아래 놓이게 되면 기수가 성립한다. 약취유인은 강도, 강간, 살인의 전단계행위로 기능하기도 하지만, 약취유인은 피인취자를 실력적으로 지배함으로써 자유인격발현에 중대한 장애의 위험을 초래한다.

[세계주의] 약취유인죄(제287조~제292조 및 제294조)는 대한민국 영역 밖에서 죄를 범한 외국인에게도 적용한다(제296조의2). 약취·유인과 인신매매가 **초국가적인 범죄조직**에 의해 이루어지는 점을 고려하여 외국에서 한국인에 대해 또는 외국인에 대해 범한 외국인의 약취·유인죄(외국인의 국외범)에도 국내형법을 적용한다.[2]

---

1 [미성년자보호권] 전도사 甲은 교리를 설파한 乙(17세)이 자발적으로 가출하여 그의 지관에 입관하겠다고 호소하자 乙 부모의 동의 없이 받아들인 후 주의 일(껌팔이)을 시켰다. ① (대판 82도186) 甲은 乙을 "**보호 감독권자의 보호관계로부터 이탈**시키고 甲의 지배하에서" 주의 일을 하게 한 미성년자유인죄가 성립한다.

2 2000. 12. 13. 가입한 「국제연합국제조직범죄방지협약」(United Nations Convention against Trans-

<table>
<tr><td></td><td colspan="3">기 본 구 성 요 건</td></tr>
<tr><td rowspan="7">약취·유인의 죄</td><td rowspan="3">• 미성년자 약취·유인죄(제287조)</td><td>• 추행·간음·결혼·영리목적 약취·유인죄(제288조 제1항)</td><td>• 인신매매죄(제289조 제1항)</td></tr>
<tr><td>• 노동력착취등목적 약취·유인죄(제288조 제2항)</td><td>• 추행·간음·결혼·영리목적 인신매매죄(제289조 제2항)
• 노동력착취등목적 인신매매죄(제289조 제3항)</td></tr>
<tr><td>• 국외이송목적 약취유인 및 국외이송죄(제288조 제3항)</td><td>• 국외이송목적 인신매매죄 및 국외이송죄 (제289조 제3항)</td></tr>
<tr><td colspan="3">• 약취·유인·매매·이송등상해죄(제290조 제1항) 및 치상죄(제290조 제2항)</td></tr>
<tr><td colspan="3">• 약취·유인·매매·이송등살인죄(제291조 제1항) 및 치사죄(제291조 제2항)</td></tr>
<tr><td colspan="3">• 제287조~제289조, 제290조 제1항, 제292조 제1항의 미수범(제294조)
• 제287조~제289조, 제290조 제1항, 제292조 제1항의 예비·음모죄(제296조)</td></tr>
<tr><td colspan="3">• 수수·은닉죄(제292조 제1항) • 모집·운송·전달죄(제292조 제2항)</td></tr>
<tr><td rowspan="8">특정범죄가중법</td><td colspan="3">• 강도목적 소아약취유인죄(제5조의2 제1항 1호) 및 미수(제6항)와 예비·음모죄(제8항)[3]</td></tr>
<tr><td colspan="3">• 살해목적 소아약취유인죄(제5조의2 제1항 2호) 및 미수(제6항)와 예비·음모죄(제8항)</td></tr>
<tr><td colspan="3">• 소아약취유인강도죄(제5조의2 제2항 1호) 및 미수(제6항)와 예비·음모죄(제8항)</td></tr>
<tr><td colspan="3">• 소아약취유인살해죄(특정범죄가중법 제5조의2 제2항 2호) 및 미수(제6항)와 예비·음모(제8항)</td></tr>
<tr><td colspan="3">• 소아약취유인폭력·상해·감금·유기·가혹행위죄(제5조의2 제2항 3호) 및 미수(제6항)</td></tr>
<tr><td colspan="3">• 소아약취유인폭력·상해·감금·유기·가혹행위치사죄(제5조의2 제2항 4호)</td></tr>
<tr><td colspan="3">• 소아약취·유익의 범죄자 방조·은닉죄(제5조의2 제3항)</td></tr>
<tr><td colspan="3">• 제5조의2 제1항부터 제3항까지 및 제6항의 범죄자 은닉·도피죄(제5조의2 제7항)</td></tr>
</table>

Ⅱ. 미성년자약취·유인의 죄

1. 미성년자약취유인죄

제287조(미성년자의 약취, 유인) 미성년자를 약취 또는 유인한 자는 10년 이하의 징역에 처한다.

(1) **주체와 객체** 주체는 제한이 없다. 미성년자의 보호감독자도 다른 보호감독자(예: 조부,[4] 이혼 중의 부부[5])의 보호감독권을 침해하면 미성년자약취·유인죄의 주체가 될 수 있다. 객체는 미성년자인 19세 미만의 자

---

national Organized Crime) 및 「인신매매방지의정서」의 국내적 이행임.

3 2016. 1. 6. 시행 특정범죄가중법은 13세 미만의 미성년자에 국한되어 적용되고 아동복지법, 아동·청소년의 성보호에 관한 법률, 형법의 연령별 용어례를 종합하여 소아라고 개념화한다.

4 [친권자의 약취유인죄] 甲은 부인이 교통사고로 죽자 아들 乙을 외조부 丙에게 맡겼다. 보험금문제로 丙과 대립하자 甲은 새 처 丁과 함께 할아버지한테 간다고 거짓말을 하고 乙을 고아원으로 데려갔다. ① (대판 2007도8011) 甲도 **다른 보호감독자 丙의 감호권을 침해**하여 미성년자 본인의 이익을 침해하였으므로 미성년자약취유인죄가 성립한다.

5 [자녀의 약취유인] 한국에 사는 甲은 프랑스에 거주 중이며 이혼소송 중인 부인 乙과 함께 사는 딸 丙(5세)을 면접교섭하기 위하여 乙로부터 丙을 인계받아 국내로 데려온 후 면접교섭기간이 종료하였음에도 乙을 데려다주지 아니하고 연락을 끊었으며 법원의 유아인도명령에도 불응하였다. ① (대판 2019도16421) 甲은 미성년자약취죄가 성립한다.

(민법 제4조)이다. 혼인한 미성년자는 성년자로 의제된다(제826조의2).

(2) **약취 또는 유인** **약취**란 폭행이나 협박을 수단으로, **유인**은 기망이나 유혹을 수단으로 사람을 자기 또는 제3자의 실력적 지배 아래 놓아 두는 것이다. ① 이때 "폭행 또는 협박의 정도는 상대방을 실력적 지배하에 둘 수 있을 정도이면 족하고 반드시 상대방의 반항을 억압할 정도의 것임을 요하지는 아니한다"(대판 91도1184). **유혹**은 "기망의 정도에는 이르지 아니하나 감언이설로써 상대방을 현혹시켜 판단의 적정을 그르치게 하는 것이므로 반드시 그 유혹의 내용이 허위일 것을 요하지는 않는다"(대판 95도2980). 피해자가 **사실적 지배**(**또는 실력적 지배**) 아래 놓여야 한다. "폭행 또는 협박 이외의 사실상의 힘에 의한 경우도 포함"한다(대판 2009도3816). ② 사실적 지배는 실력적 지배(Bemächtigung)의 개념처럼 '피해자에 대한 **물리적 지배**'(physische Herrschaft)가 중요하지만, 물리적 지배가 없더라도 피해자가 **삶을 자유로이 전개할 수 없는 예속상태**만으로 충족된다. 감금죄와 달리 특정한 장소적 제한은 불필요하다. 가출한 미성년자에 대해서 인취자가 보호자의 감호권을 회복시켜주기 위해 노력하지 않으면 **부작위의 실력적 지배**[6]가 인정될 수 있다. ③ 약취·유인죄는 자유로운 인격발현의 구체적 위험이 발생해야 하는 범죄이므로 피약취·유인자의 자유 침해는 **일정한 시간 동안 계속**[7]되어야 한다. 따라서 피인취자의 **자유 회복으로 범죄는 종료**되고 공소시효가 진행되게 된다. ④ 약취·유인죄는 **장소적 이전 없이도** 성립할 수 있지만 미성년자 및 보호자의 **"주거에서 장소적 이전**을 전제로 하지 아니한 채 폭행 또는 협박이 이루어진

6 [부작위 미성년자유인죄] 甲은 알바를 했던 병원장의 딸 乙의 부탁으로 자신의 방에 10일간 기거하게 했다. 乙이 甲에게 "그냥 집으로 돌아가겠습니다. 죄송"이란 메모를 남기고 딴 곳으로 가려고 하자 甲은 乙의 엄마에게 전화하여 乙의 오빠를 자기 형네 집으로 오게 하고 乙을 그곳으로 데려갔다. 乙이 옷을 벗고 누워 허벅지가 아프다고 하여 甲이 문질러주었다. ① (대판 98도690) 乙은 甲의 사실적 지배 아래 있지 않았다. ② (評釋) 甲은 부작위 미성년자유인죄가 성립하지 않는다.

7 [약취시간] 술에 취한 甲은 횡단보도 앞에서 乙(11세)의 점퍼 소매를 잡으며 '가자'고 하였다. 乙이 뿌리치자 甲은 乙의 뒤편 바닥에 앉아 '학교가기 싫니. 우리 집에 같이 자러가자'고 말했다. 乙은 경찰에 신고하였다. ① (대판 2009도3816) "乙을 그 의사에 반하여 자유로운 생활관계 또는 보호관계로부터 甲의 사실상 지배하에 옮기기 위한 약취행위의 수단으로서 폭행에 해당"하여 甲은 미성년자약취죄가 성립한다. ② (評釋) 최소한의 시간적 계속성이 없어 미수범이다.

경우 미성년자를 기존의 생활관계 및 보호관계로부터 이탈시킬 **의도**가 없는 경우[8]에는 실행의 착수조차 인정하기 어렵다"(대판 2007도8485).

(3) 피해자의 승낙 미성년자약취유인죄에서 피해자 승낙에 의한 위법성조각은 **미성년자와 보호자가 모두 동의**한 경우에만 인정된다. 따라서 미성년자가 동의했지만 부모의 승낙이 없거나, 미성년자의 동의 없이 부모의 동의만 있는 경우에도 위법성은 조각되지 않는다. 승낙과 양해를 구분할 때 피해자의 동의는 양해에 해당한다.

2. 파생구성요건

(1) 형법상 변형구성요건 ① 미성년자약취·유인죄의 미수(제294조)는 처벌하고, 예비·음모(제296조)는 3년 이하의 징역에 처한다. ② 미성년자를 약취 또는 유인하여 상해한 경우에는 3년 이상 25년 이하의 징역에(제290조 제1항), 상해에 이르게 한 때에는 2년 이상 20년 이하의 징역에(제290조 제2항), 살해한 경우에는 사형, 무기 또는 7년 이상의 징역에(제291조 제1항), 사망에 이르게 한 때에는 무기 또는 5년 이상의 징역(제291조 제2항)에 처한다. ③ 약취·유인된 미성년자를 수수 또는 은닉한 사람은 7년 이하의 징역에 처하고(제292조 제1항), 미성년자약취·유인죄를 범할 목적으로 사람을 모집, 운송, 전달한 사람도 동일한 형으로 처벌한다(제292조 제2항).

(2) 특정범죄가중법상의 변형구성요건 「특정범죄가중법」 제5조의2는 13세 미만의 미성년자(소아)약취·유인죄의 가중구성요건을 정한다. ① 13세 미만의 미성년자를 약취·유인한 자가 그것을 이용하여 약취 또는 유인한 미성년자의 부모나 그 밖에 그 미성년자의 안전을 염려하는

8 [주거 내 약취유인] 甲은 14:00 乙(12세)에 칼을 들이대고 집 안으로 들어갔다. 엄마 丙이 19:00 들어오자 乙에 칼을 들이대고 "아들을 살리려면 이리와 앉아"라고 했고. 丙은 도망쳤고 甲은 丙에게 전화로 "아들을 살리려면 3백만 원을 가져와라. 경찰에 알리면 아들은 죽는다"고 하여 19:58 현관에서 50만 원을 받았다. ① (대판 2007도8485) 甲의 고의는 乙을 丙의 **보호관계로부터 자신의 사실상 지배하에 옮기는** 것이 아니라 금품강취에 있고, 체포·감금한 시간도 길지 않아 乙을 **기존의 생활관계로부터 완전히 이탈시키거나 새로운 생활관계가 형성**되지 않았다. 甲은 소아약취·유인강도죄가 아니라 인질강도죄가 성립한다. ② (評釋) 야간주거침입강도죄(제334조 제1항)가 아니라 특수주거침입죄(제320조)와 인질강도죄의 경합범이다.

사람의 우려를 이용하여 재물이나 재산상의 이익을 취득할 목적인 경우(제5조의2 제1항 1호)에는 무기 또는 5년 이상의 징역에 처한다(**강도목적소아약취유인죄**). 약취 또는 유인한 13세 미만의 미성년자를 살해할 목적인 경우(제1항 2호)에도 형이 가중되어 사형, 무기 또는 7년 이상의 징역에 처한다(**살해목적소아약취유인죄**). 이 범죄들의 미수(제6항)와 예비·음모(제8항)도 처벌된다. 또한 이 죄를 범한 사람을 방조하여 약취·유인된 (13세 미만의) 미성년자를 은닉하거나 그 밖의 방법으로 귀가하지 못하게 한 사람은 5년 이상의 유기징역에 처한다(제3항). 이로써 형법상 수수·은닉죄(제292조 제2항)는 적용될 여지가 없게 된다. ② 13세 미만의 미성년자를 약취·유인하여 그 미성년자의 부모나 그 밖에 그 미성년자의 안전을 염려하는 사람의 우려를 이용하여 재물이나 재산상의 이익을 취득하거나 이를 요구한 경우(**소아약취유인강도죄**[9])는 무기 또는 10년 이상의 징역에 처한다(제5조의2 제2항 1호). 미수(제6항)와 예비·음모(제8항)도 처벌된다. ③ 13세 미만의 미성년자를 약취·유인하여 그 미성년자를 살해한 경우에는 사형 또는 무기징역에 처한다(제5조의2 제2항 2호). 미수(제6항)와 예비·음모(제8항)도 처벌된다(**소아약취유인살해죄**[10]). ④ 13세 미만의 미성년자를 약취·유인하여 그 미성년자를 폭행·상해·감금[11]·유기·가혹행위를 한 경우에는 무기 또는 5

---

9 [소아약취·유인강도 승계종범] 乙은 丙(11세)을 엄마한테 데려다 준다고 유인하여 자신의 집 지하실에 가두었다. 乙의 애인 甲은 乙의 부탁으로 丙의 부모에게 전화를 걸어 1억 원을 요구하였다. ① (대판 82도2024) 특정범죄가중법 제5조의2 제2항 제1호는 **단순일죄의 범죄**이므로 "사후에 그 사실을 알면서 이를 방조한 때에는 **종합범인 위 특정범죄가중처벌등에 관한 법률 제5조의2 제2항 제1호 위반죄의 종범**에 해당한다." ② (評釋) **승계적 종범**인 甲은 분할이 가능하면 그 가담부분만 공범, 즉 강도목적 소아약취유인과 분리 가능한 강도부분인 **인질강도미수**(제342조)의 종범이다. 소아약취·유인강도죄는 인질강도(형법 제336조)의 특별규정이다. 乙은 특별규정의 주체가 아니므로 일반규정을 적용한 것이다.

10 [소아약취유인살인과 고의의 갱신] 甲은 乙과 丙(12세)을 유인하여 금원을 취득하기로 공모하였으나 乙이 丙을 유인하다 포기하여 미수에 그쳤다. 10일 뒤 甲은 丙을 유인 창고에 인치하여 살해하고 금원요구의 협박편지를 丙의 부모에게 보냈다. ① (대판 82도2761) 강도목적소아약취유인미수(특정범죄가중법 제5조의2 제1항 1호 및 제6항)와 소아약취유인살해죄(제2항 2호) 사이에 "**고의의 갱신**이 있어" 두 죄는 실체적 경합범이 된다.

11 [소아약취유인감금죄] 화물차 기사 甲은 乙(10세)을 유인하여 자신의 화물차에 태우고 다니고 "네가 집에 돌아가면 경찰이 붙잡아 소년원에 보낸다"라고 위협하며 乙을 자신의 셋방에 기거하게 하였다. ① (대판 61도455) "미성년자유인죄 이외에 감금죄가 별도로 성립한다." ② (評釋) 미성년자유인죄(제287조)와 감금죄(제276조 제1항)의 경합범가중보다 무거운 형의 소아약취유인감금죄에 해당한다.

년 이상의 징역에 처하고(제5조의2 제2항 3호), 미수(제6항)도 처벌한다. 이 죄를 범한 사람을 방조하여 약취·유인된 13세 미만의 미성년자를 은닉하거나 그 밖의 방법으로 귀가하지 못하게 한 사람은 5년 이상의 유기징역에 처한다(제3항). 이로써 형법상 수수·은닉죄(제292조 제2항)는 적용될 여지가 없게 된다.

Ⅲ. 추행·노동력 착취·국외이송 목적의 약취·유인죄

제288조(추행 등 목적 약취, 유인 등) ① 추행, 간음, 결혼 또는 영리의 목적으로 사람을 약취 또는 유인한 사람은 1년 이상 10년 이하의 징역에 처한다. ② 노동력 착취, 성매매와 성적 착취, 장기적출을 목적으로 사람을 약취 또는 유인한 사람은 2년 이상 15년 이하의 징역에 처한다. ③ 국외에 이송할 목적으로 사람을 약취 또는 유인하거나 약취 또는 유인된 사람을 국외에 이송한 사람도 제2항과 동일한 형으로 처벌한다.

(1) **객 체** 이 죄의 객체는 모든 사람이다. 미성년자 추행 등 목적[12]의 약취유인에도 적용된다.

(2) **목 적** **추행 목적**은 피해자를 음란한 행위의 수단으로 삼으려는 목적이다. 음란한 행위는 공연음란죄(제245조)의 "음란한 행위"와 같은 의미이다. **간음 목적**은 동의하지도 않은 성행위를 할 목적을 말한다. **결혼 목적**은 약취·유인자 외의 제3자와의 결혼을 포함한다. **영리 목적**[13]은 재산상 이득목적을 말한다. 목적으로서 **노동력 착취**는 대가를 지불하지 않는 일체의 노동력 사용을 말한다. **성매매**는 "불특정인을 상대로 금품이나 그 밖의 재산상의 이익을 수수(收受)하거나 수수하기로 약속하고 성교행위 또는 구강, 항문 등 신체의 일부 또는 도구를 이용한 유사 성교행위를 하거나 그 상대방이 되는 것"(「성매매처벌법」 제2조 제1항 1호)을, **성적**

12 [미성년자간음목적약취유인죄] 甲은 乙(11세)을 2:30 간음목적으로 주차장으로 끌고 갔고 2:40 乙을 부근 빌딩 2층으로 끌고 갔다. ① 간음목적 약취유인죄(제288조 제1항)가 성립하며, 빌딩으로 끌고 간 행위도 단순일죄를 구성한다. 간음하였다면 간음목적약취유인죄와 미성년자의제간음죄(제305조)의 경합범이 된다.

13 [석방대가 재물취득목적 약취유인과 인질강도] 석방을 대가로 재물을 취득할 목적으로 사람을 약취·유인하였으나 중단한 경우는 인질강도죄의 중지미수(제342조)와 영리목적약취유인죄(제288조 제1항)의 상상적 경합이 성립하고, 인질강도죄의 중지미수범으로 처단된다.

착취는 성매매 이외의 성생활이나 표현이 지배복종관계에 놓이게 하는 것을 말한다. **장기적출**은 「장기이식법」이 허용하지 않는 장기적출을 말한다. 국외이송목적[14]의 **국외**는 대한민국 영토 밖을 말하고 외국에서 대한민국으로 이송할 목적은 제외된다. 세계주의(제296조의2)로 외국인의 국외범도 포함되므로 국외이송목적은 '피해자의 거주국 영역 외'로 이송할 목적을 뜻한다.

(3) 미수, 기수 및 예비·음모 약취·유인죄는 계속범이므로 실력적 지배가 어느 정도 시간적으로 계속된 때 기수가 인정되며, 각종 목적의 달성은 공소시효의 기산시점이 된다. 추행·노동력 착취·국외이송 등 목적의 약취·유인죄의 미수범(제294조)은 처벌되며, 예비·음모(제296조)도 3년 이하의 징역에 처한다.

(4) 파생구성요건 추행, 노동력 착취, 국외이송 등 목적의 약취·유인죄를 범하여 약취·유인된 사람을 **상해**한 때에는 3년 이상 25년 이하의 징역(제290조 제1항), **살해**한 때에는 사형, 무기 또는 7년 이상의 징역(제291조 제1항)에 처한다. 이 죄의 미수범은 처벌하며(제294조), 이 죄를 범할 목적으로 예비 또는 음모한 사람은 3년 이하의 징역에 처한다(제296조). 추행, 노동력 착취, 국외이송 등 목적의 약취·유인죄를 범하여 약취 또는 유인된 사람을 **상해에 이르게** 한 때에는 2년 이상 20년 이하의 징역(제290조 제2항), **사망에 이르게** 한 때에는 무기 또는 5년 이상의 징역(제291조 제2항)에 처한다. 이 죄에 의해 약취·유인된 사람을 **수수**(授受) 또는 **은닉**한 사람은 7년 이하의 징역에 처하고(제292조 제1항), 이 죄를 범할 목적으로 사람을 **모집, 운송, 전달**한 사람도 동일한 형으로 처벌한다(제292조 제2항). 수수·은닉죄의 미수범은 처벌하며(제294조), 수수·은닉죄를 범할 목적으로 예비 또는 음모한 사람은 3년 이하의 징역에 처한다(제296조).

---

14 **[국외이송목적약취죄]** 베트남국적 甲이 한국인 남편의 의사에 반했지만 아무런 힘을 행사하지 않고 1살된 아이를 한국 집에서 베트남으로 데리고 갔다. ① (대판 2010도14328) 甲은 국외이송약취죄 및 피약취자국외이송죄가 성립하지 않는다.

Ⅳ. 인신매매죄

제289조(인신매매) ① 사람을 매매한 사람은 7년 이하의 징역에 처한다. ② 추행, 간음, 결혼 또는 영리의 목적으로 사람을 매매한 사람은 1년 이상 10년 이하의 징역에 처한다. ③ 노동력 착취, 성매매와 성적 착취, 장기적출을 목적으로 사람을 매매한 사람은 2년 이상 15년 이하의 징역에 처한다. ④ 국외에 이송할 목적으로 사람을 매매하거나 매매된 사람을 국외로 이송한 사람도 제3항과 동일한 형으로 처벌한다.

(1) **인신매매죄** 사람의 신체의 자유와 자유로운 인격실현(자유로운 생활관계)이다. 누구나 행위주체가 될 수 있고. 필요적 공범이며, **대향범**이다. 객체는 **매매가 가능한 상황**에 놓인 모든 사람이다. 사람의 **매매**는 매매계약이나 교환계약처럼 사람의 신체를 유상으로 상대방에게 교부하고 상대방이 그 사람을 인수하는 것이다. 사실상의 인도가 있을 때 기수가 되며, 계약만 체결하고 (대금을 받았더라도) 아직 인도하지 않은 때에는 미수가 된다.[15] 미수범은 처벌하며(제294조), 인신매매죄(및 인신매매의 목적범)를 범할 목적으로 예비 또는 음모한 사람은 3년 이하의 징역에 처한다(제296조).

인신매매죄는 인신매매죄(제289조 제1항) 이외에 추행, 간음, 결혼 또는 영리의 목적(제2항), 노동력 착취, 성매매와 성적 착취, 장기적출의 목적(제3항), 국외이송의 목적(제4항)을 좇은 경우에는 가중처벌된다. "아동·청소년의 성을 사는 행위 또는 아동·청소년성착취물을 제작하는 행위의 대상이 될 것을 알면서 아동·청소년을 매매"하면 무기징역 또는 5년 이상의 징역으로 매우 무겁게 처벌된다(청소년보호법 제12조 제1항).

(2) **국외이송죄** 국외이송의 목적으로 매매된 사람을 국외로 이송하는 행위도 국외이송목적인신매매와 동일한 형으로 처벌한다(제289조 제4항). 국외이송목적의 인신매매에 가담한 자의 국외이송행위는 그 죄의 불

15 [인신매매] 직업소개소 甲은 乙(18세)이 자신에게 직업소개를 부탁하러 온 기회를 이용하여 포주 丙에게 팔아넘겼다. ① (評釋) 甲은 약취·유인의 수단사용이 요구되지 않는 「직업안정법」상 성매매목적근로자공급죄가 성립한다. 실력적 지배와 법질서에 대한 보호호소단념을 필요로 하는 2013년 개정 전 (구) 부녀매매죄는 성립하지 않으나(대판 91도1402) **인신매매죄**는 성립한다.

가벌적 사후행위가 된다. 아동·청소년의 성을 사는 행위 또는 아동·청소년성착취물을 제작하는 행위의 대상이 될 것을 알면서 아동·청소년을 국외에 이송하거나 국내로 이송한 자는 무기징역 또는 5년 이상의 징역으로 처벌된다(청소년성보호법 제12조 제1항).

(3) **파생구성요건** 인신매매죄를 범하여 매매된 사람을 **상해**한 때에는 3년 이상 25년 이하의 징역(제290조 제1항), **살해**한 때에는 사형, 무기 또는 7년 이상의 징역(제291조 제1항)에 처한다. 미수범은 처벌하며(제294조), 예비 또는 음모한 사람도 3년 이하의 징역에 처한다(제296조). 인신매매죄를 범하여 매매된 사람을 **상해에 이르게** 한 때에는 2년 이상 20년 이하의 징역(제290조 제2항), **사망에 이르게** 한 때에는 무기 또는 5년 이상의 징역(제291조 제2항)에 처한다. 인신매매죄에 의해 매매된 사람을 **수수**(授受) 또는 **은닉**한 사람은 7년 이하의 징역에 처하고(제292조 제1항), 인신매매죄를 범할 목적으로 사람을 **모집**, **운송**, **전달**한 사람도 동일한 형으로 처벌한다(제292조 제2항). 수수·은닉죄의 미수범은 처벌하며(제294조), 예비 또는 음모한 사람도 3년 이하의 징역에 처한다(제296조).

[형의 감경] ① 미성년자약취·유인죄(제287조)와 그 미수범(제294조), 미성년자약취·유인상해죄(제290조 제1항)와 그 미수범(제294조), 미성년자약취·유인치상죄(제290조 제2항), 약취·유인된 미성년자의 수수·은닉죄(제292조 제1항)와 그 미수범(제294조) 그리고 미성년자약취·유인목적의 모집·운송·전달죄(제292조 제2항)를 범한 자가 그 미성년자를 안전한 장소로 풀어준 때, ② 추행·노동력 착취·국외이송 목적의 약취·유인죄, 추행·노동력 착취·국외이송 목적의 약취·유인상해죄, 수수·은닉죄와 그 미수범, 모집·운송·전달죄와 추행·노동력 착취·국외이송 등 목적의 약취·유인치상죄를 범한 사람이 약취·유인된 사람을 안전한 장소로 풀어준 때, ③ 인신매매죄, 인신매매상해죄, 수수·은닉죄와 그 미수범, 모집·운송·전달죄와 인신매매치상죄를 범한 사람이 매매된 사람을 안전한 장소로 풀어준 때에는 그 형을 감경할 수 있다(제295조의2). 그러나 미성년자약취·유인살해죄(제291조 제1항), 미성년자약취·유인치사죄(제291조 제2항) 등 경우에는 석방조건부 형감경이 적용될 수 없다. 감경조항은 특정범죄가중법상 가중구성요건에도 적용될 수 있다.

§46. 강간과 추행의 죄

Ⅰ. 서 론

강간과 추행의 죄는 개인의 **성적 자기결정권**을 침해하는 범죄이다. 성적 자유의 보호는 자유로운 인격의 발현에도 기여한다. 판례(대판 2015도9436)의 성적 자기결정권은 내가 원하지 않을 때에는 타인과의 성관계를 강요받지 않을 **'소극적' 자기결정권을** 말한다. 이는 내가 원할 때 타인과 성관계를 맺을 **'적극적' 성적 자기결정권**과 구별된다. 형법상 **강간과 추행의 죄**의 구성요건체계는 다음과 같다.

기본구성요건					
• 강간죄 (제297조)	• 유사강간죄 (제297조의2)	• 강제추행죄 (제298조)	• 미성년자 간음죄 (제302조)	• 업무상 위력간음죄 (제303조)	• 소아청소년 간음추행죄 (제305조)
• 준강간	• 준유사강간	• 준강제추행	×	×	×
(준)강간미수	(준)유사강간미수	(준)강제추행미수	×	×	× (대판 2006도9453: 해석으로 인정)
• 강간예비음모 • 준강간예비음모	• 유사강간 예비음모	×	×	×	• 소아청소년간음 · 추행예비음모
• 상습강간 • 상습준강간	• 상습유사강간 • 상습준유사강간	• 상습강제추행 • 상습준강제추행	• 상습미성년자간음	• 상습업무상 위력간음	• 상습소아청소년 간음 · 추행
• 강간등상해(제301조) · 살인죄(제301조의2)			×	×	×
• 강간등치상(제301조) · 치사죄(제301조의2)			×	×	×

여성주의의 증강과 피해자보호 사상의 확장에 따라 「성폭력처벌법」(이하 '性'으로 표기)과 「아동·청소년의 성보호에 관한 법률」(이하 '兒'로 표기)이 제정·시행되고 있다. 이로써 강간과 추행의 죄는 300개가 넘는 범죄구성요건으로 세분화되고, 법정형은 대폭 상향되었으며,[1] 미수범은 물론 강간(유사강간)을 목적으로 한 **예비·음모**(제305조의3)까지 처벌된다. 이는 시민사회의 요구에 대한 정치체계의 응답이지만 많은 구성요건들이 과잉금지원칙에 위배될 소지가 있다.

1 군형법상 강간과 강제추행에도 성폭력특례법이 적용된다(대판 2014도10916).

[구성요건의 파생원리] 형법과 성폭력처벌법과 청소년성보호법이 구성요건을 파생시키는 원리는 주체, 객체, 행위방식, 결과의 측면에서 가중된 불법지수를 종합 고려하는 것이다. ① **행위객체의 보호필요성**이 커질수록 (도표상의 1. 업무상 피감독인, 2. 청소년, 미성년자, 심신미약자, 3. 소아(13세미만)[2], 4. 장애인), ② **행위수행방식의 반가치**가 중대할수록 (도표상의 1. 없음, 2. 위계·위력, 3. 폭행·협박, 4. 위험한 물건 휴대, 2인 이상 합동), ③ **행위주체의 가중적 불법요소**가 클수록 (도표상의 1. 일반인, 1.5. 구금감호자, 2. 친족관계, 3. 특수절도, 주거침입자, 3.5. 특수강도, 4. 장애인 보육자친족, 보호·감독관계), ④ **행위결과가 중대**할수록(도표상의 1. 추행, 1.5. 유사간음, 2. 간음, 3. 상해의 추가적 발생, 4. 사망의 추가적 발생), 그 불법지수는 증가한다. 가령 보통의 강간죄는 일반인(1.)이 일반인(1.)을 폭행·협박을 사용하여(3.), 간음(2.) 한 경우이므로 6점(=1×1×3×2)이 된다면, 2인 이상이 합동한 강간은 8점이 되며, 주거에 침입하여 흉기로 협박하여 간음하면 24점(=3×4×1×2)이 되어 불법지수가 크게 증가한다. 현행 형법과 성폭력처벌법, 청소년성보호법은 이러한 불법지수를 정확하게 반영하고 있는 것은 아니지만, 이 도표는 **가중처벌의 원리**를 설명해주면서, **입법지침**을 줄 수도 있고 300개를 넘는 그 많은 파생구성요건에서 **적용법조를 찾는 일을 안내**해줄 수 있다.

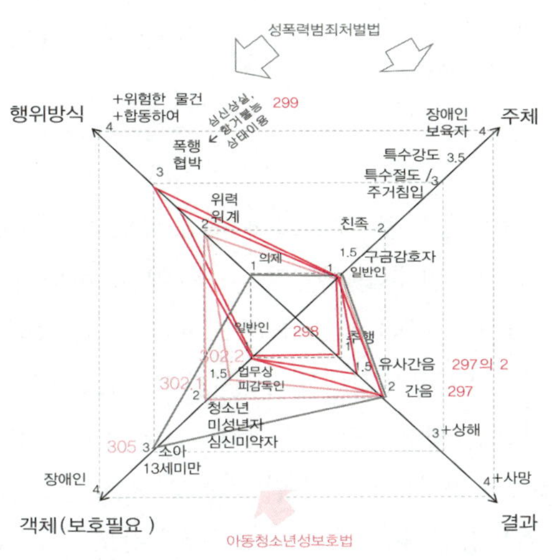

아동·청소년, 미성년자에 대한 성폭력범죄의 공소시효는 "성년에 달한 날부터" 진행하고, DNA 증거가 있으면 공소시효가 10년 연장되며, 13세 미만의 자와 장애인에 대한 성폭력범죄와 각종형태의 강간살인죄는 공소시효를 적용하지 않는다(性 제21조, 兒 제20조). 「전자장치부착법」은 성

2 아동은 「아동복지법」 제3조 1호에서 "18세 미만인 사람"을 가리키고, 아동·청소년은 「아동·청소년성보호법」 제2조 1호에서 "19세 미만의 자"를 말한다. 소아청소년과의 개념에서 보듯 **청소년**은 중·고등학교 학생인 미성년자를 가리키므로 **13세 미만은 소아**(pedo)로 부를 수 있다.

범죄자의 위치를 추적하고 제한하는 전자장치, 일명 전자발찌(electronic tagging)부착과 같은 보안처분,[3] 「성충동약물치료법」은 '화학적 거세'(chemical castration)인 약물치료처분 등 인권침해적인 규정을 두고 있다.

Ⅱ. 강간(및 유사강간)의 죄

제297조(강간) 폭행 또는 협박으로 사람을 강간한 자는 3년 이상의 유기징역에 처한다.

제297조의2(유사강간) 폭행 또는 협박으로 사람에 대하여 구강, 항문 등 신체(성기는 제외한다)의 내부에 성기를 넣거나 성기, 항문에 손가락 등 신체(성기는 제외한다)의 일부 또는 도구를 넣는 행위를 한 사람은 2년 이상의 유기징역에 처한다.

1. 구성요건

(1) **주 체** 남자와 여자[4] 모두 강간죄의 (직접, 공동, 간접)정범이 될 수 있다. 강간죄는 육욕(肉慾)의 발로를 처벌하는 자수범이 아니다. 한 사람이 폭행·협박을 하고, 다른 사람이 성교를 하면 모두 강간죄의 **공동정범**이다(대판 84도780). 2인 이상의 공동정범들이 "시간적·장소적으로 협동관계"(대판 2016도4618)에 있으면 **합동강간죄**(性 제4조 제1항)가 성립한다. 주거침입범,[5] 야간주거침입절도범과 그 미수범(제342조), 특수절도범과 그 미수범이 강간하면 **특수절도강간죄**(性 제3조 제1항), 특수강도범과 그 미수범이 강간하면 **특수강도강간죄**(性 제3조 제2항)가 성립한다. 법률상 또는 사실상 4촌[6] 이내의 혈족·인척과 동거하는 친족(性 제5조 제4항)과 사실상의

3 법 제38조는 전자장치의 효용을 해한 행위(예: 재택감독공간을 추적장치를 휴대하지 않은 채 떠난 행위)(대판 2016도17719)를 7년 이하의 징역 또는 2천만 원 이하의 벌금으로 처벌한다.

4 [여성의 강간주체성] 甲이 같이 술을 마시던 丙(女)에게 성교를 요구하며 때리고 옷을 벗기려 하자, 丙이 밖으로 나갔고, 乙(女)이 丙을 좇아가 甲과 성교를 하라며 발로 차고 甲의 방으로 데려왔다. 甲은 丙과 성교를 하였다. ① (대판 97도1757) 甲과 乙은 합동강간죄가 성립한다.

5 [유사강간죄 후 주거침입] 甲은 주점에서 술을 마시던 중 화장실을 간다고 하여 자신을 화장실 앞까지 부축해 준 乙을 여자화장실로 끌고 가서 문을 잠근 후 강제로 입맞춤을 하고, 乙이 저항하자 여자화장실 용변 칸으로 밀어 넣고 유사강간하려고 하였으나 실패하였다. ① (대판 2020도17796) "주거침입강간(·강제추행)죄는 주거침입죄를 범한 후에 사람을 강간하는 등의 행위를 하여야 하는 **일종의 신분범**이고, 선후가 바뀌어 **강간죄 등을 범한 자가 그 피해자의 주거에 침입한 경우에는 강간죄 등과 주거침입죄의 실체적 경합범**이 된다." 甲은 乙을 화장실로 끌고 들어갈 때 성범죄를 의욕하였다고 보였고, 甲이 乙의 반항을 억압한 채 乙을 억지로 끌고 여자화장실로 들어가게 한 이상 이미 유사강간죄 미수가 성립할 뿐 주거침입(유사강간)죄는 성립하지 않는다.

관계에 의한 친족(性 제5조 제5항)인 사람이 강간죄를 범한 경우에는 **친족강간죄**(性 제5조 제1항)가 성립한다. 존속에 대한 고소제한(「형사소송법」 제224조, 군사법원법 제266조)도 예외가 인정된다(性 제18조).

[판례: 사실상 혈족과 인척] ① **사실상 혈족**은 인지 전 혼인 외 출생자의 생부 등과 같이 '자연혈족의 관계에 있으나 법정절차의 미이행으로 법률상의 존속임을 인정받지 못하는 자'(대판 95도1914), 사실상의 양부 등과 같이 법정혈족관계를 맺고자 하는 의사의 합치 등 법률이 정하는 실질관계는 모두 갖추었으나 신고 등의 법정절차 미이행으로 법률상의 존속으로 인정받지 못하는 자(대판 2005도8427) 등을 말하고, ② **사실상 인척**은 피해자의 생모와 사실혼관계에 있는 의붓아버지(대판 99도5395), 전처와 법률상 혼인관계를 정리하지 않은 채 피해자의 생모와 중혼관계를 유지하고 있는 의붓아버지(대판 2001도5075) 등을 말한다.

(2) **객 체** 모든 사람이다. 남자·여자, 성년·미성년, 기혼·미혼이든 성교능력의 유무, 음행의 상습성 여부, 행위자와의 성관계 여부를 불문한다. ① 남자가 남자를 강간할 수도 있지만 그것은 항문강간일 수밖에 없으므로 유사강간죄가 적용된다. ② **성전환자**[7]도 강간죄의 객체가 된다.[8] 배우자를 강간죄의 객체에서 제외하는 명문규정은 없다. 판례는 **실질적인 부부관계**가 있는 처에 대해 강간죄의 객체를 부정하는 입장(대판 2008도8601)에서 인정하는 입장[9]으로 변경되었다. ③ 13세 미만의 자에 대한 강간은 **소아강간죄**(性 제7조 제1항)로 처벌되고, 13세 이상부터 19세 미만의 청소년에 대한 강간은 **청소년강간죄**(兒 제7조 제1항)로 처벌된다. 또

---

6 민법상 친족관계는 '8촌 이내의 혈족과 4촌 이내의 인척 및 배우자(민법 제777조)'이므로 친족강간죄의 친족범위가 민법보다 더 좁다.

7 [성전환자강간] 甲과 乙은 성전환수술을 받아 여성의 외관을 갖춘 丙을 함께 차례로 강간하여 전치 1주의 상해를 입었다. ① (대판 2009도3580) 甲과 乙은 합동강간치상죄가 성립한다.

8 독일형법(StGB)은 1998년, 우리나라는 2012년에 객체를 부녀(婦女)에서 사람으로 개정했다.

9 [부부강간죄] 甲과 乙은 불화가 심해져 각방 생활을 하였다. 어느 날 甲은 칼을 휴대한 채 乙을 때려 간음하였고, 乙은 집을 나와 이혼소송을 제기하였다. ① (대판 2012도14788) 민법상 부부의 동거의무에는 "폭행, 협박에 의하여 강요된 성관계를 감내할 의무가 내포되어 있"지 않다. "**혼인관계가 실질적으로 유지되고 있는 경우에도**" 甲은 특수강간죄(性 제4조 제1항)가 성립한다. ② (評釋) 부부강간은 부부의 동거의무라는 공동체형성의무와 성적 자기결정권에 대한 존중의무 그 사이에(inbetween) 위치한다. 실질적 부부관계가 사라진 배우자는 강간죄의 객체가 되지만, '나쁜 부부사이'에서 배우자는 강간죄의 객체가 되지 않고, 폭력은 「가정폭력처벌법」을 적용하여 해결한다. '강압적인 부부관계'에 대한 형법의 개입은 혼인 외의 사회적 결합체(예: 동거, 동성커플)와의 종교적 신성성 차이를 지워버리는 측면이 있다.

한 (신체적인 또는 정신적인[10]) 장애인에 대한 강간은 **장애인강간죄**(性 제6조 제1항)로 가중처벌되며, **장애인의 보호·교육 시설[11] 종사자**가 그 보호, 감독의 대상인 장애인을 강간하면 장애인강간죄보다 형이 2분의 1까지(性 제6조 제7항) 더욱 가중된다.

(3) 폭행·협박 강간죄는 폭행·협박을 사용하여 성교를 하는 것이다. 폭행·협박과 성교 사이에 인과관계가 있어야 한다. ① 강간죄의 **폭행**은 사람의 신체에 대한 강제작용으로서 심리적 폭행은 제외되지만, 유형력 외에 화학적 힘(예: 수면제), 심령적 힘(예: 최면술)도 무방하다. 폭행은 강도죄의 폭행처럼 상대방의 저항을 불가능하게(절대폭력 vis absoluta) 또는 **현저히 곤란하게**(강압폭력 vis compulsiva) 하는 것[12]이어야 한다. **협박**도 폭행처럼 피해여성의 저항을 현저하게 곤란하게 만드는 것[13]이어야 한다. 그보다 약한 협박으로는 강요죄만 성립할 뿐이다. "흉기나 그 밖의 **위험한 물건을 지닌 채**" 강간을 하면 특수강간죄(性 제4조 제1항)로 가중처벌된다. ② 과거 판례는 피해자의 강력한 구조요청이 없는 경우(대판 91도546), 강간과정이나 강간 후에 피해자와 가해자의 대화가 있는 경우, 가해자와 피해자가 평소부터 알고 지내던 관계인 경우[14]에는 강간죄를 부정하는

---

10 **정신적인 장애가 있는 사람**이란 '정신적인 기능이나 손상 등의 문제로 일상생활이나 사회생활에서 상당한 제약을 받는 사람'을 가리킨다. 장애인 등록 여부는 불문한다(대판 2021도9051).

11 여기서 시설은 장애인 보호시설뿐만 아니라 장애인 활동지원급여의 제공을 의무로 하는 장애인활동법 제2조 6호의 활동지원기관을 포함한다(대판 2023도2358).

12 [폭행·협박] "강간죄가 성립하려면 가해자의 폭행, 협박은 피해자의 항거를 불가능하게 하거나 현저히 곤란하게 할 정도의 것이어야 하고, 그 폭행, 협박이 피해자의 항거를 불가능하게 하거나 현저히 곤란하게 할 정도의 것이었는지 여부는 그 폭행, 협박의 내용과 정도는 물론, 유형력을 행사하게 된 경위, 피해자와의 관계, 성교 당시와 그 후의 정황 등 모든 사정을 종합하여 판단"한다(대판 92도259).

13 [강간죄의 협박] 甲이 방문을 걸어 잠근 후 乙에게 성교를 요구했으나 거부하자 "옆방에 내 친구들이 많이 있다. 소리 지르면 다 듣는다. 여러 명하고 할 것이냐?"라고 말하였다. 乙은 甲의 요구에 따랐다. ① (대판 2000도1914) 甲의 협박은 **"항거를 현저하게 곤란하게 할 정도"이며** 감금죄와 강간죄의 상상적 경합범이 된다.

14 [강간죄의 폭행·협박판단] 甲이 乙에게 5만 원을 주자, 乙은 다방주인에게 전화하여 티켓영업을 승낙받아 甲의 승용차에서 성관계를 갖고 다시 甲과 D여관에 들어갔다. 얼마 후 乙이 화가 나서 방을 나와 휴대폰으로 丙에게 와달라고 부탁하였다. 甲은 乙에게 아침에 자기가 데려다 주겠으니 방에 가자고 말했다. 丙이 도착하자 乙은 丙의 차를 타고 가버렸다. ① (대판 2000도5395) 도망갈 여지가 충분히 있었고, 종업원에게 **도움을 요청하지도 않았고**, 丙에게 데려가라는 요청한 점에서 甲은 폭행·협박으로 간음한 것으로 보기 어렵다.

경향을 보였다. 이 세 가지 요소는 폭행·협박을 판단하는 **간접사실**이지만, 폭행·협박의 **개념으로 오인**되어 여성주의의 비판을 받아왔다. 판례는 그런 간접사실이 있어도 **"성인지 감수성"**(대판 2018도7709)을 갖고 "성교 당시 처하였던 구체적인 상황"(대판 2017도21249)을 살펴 항거가 현저히 곤란한 폭행·협박이었는지를 판단해야 한다고 본다.[15] 하지만 이로 인해 **무죄추정원칙**이 배제[16]되어서는 안 된다.

(4) **강간과 유사강간** 강간(과거의 "간음")이란 폭행·협박에 의한 '성교'를 의미한다. 성교는 남자의 성기가 여자의 성기 속에 삽입되게 하는 행위를 뜻한다. 폭행·협박과 성교 사이에는 인과관계가 있어야 한다. 타인의 폭행·협박을 이용하여 성교를 하면 준강간죄가 성립할 뿐이다. 폭행·협박을 한 후에 피해자의 동의를 받아 성교한 경우에는 형식적으로는 강간미수죄가 성립할 뿐이지만 그런 동의는 무효이므로 강간죄가 성립한다. 강간죄의 기수는 성기가 삽입되는 때이다. 폭행·협박으로 성기를 제외한 신체 내부(예: 구강, 항문)에 성기를 넣거나 성기, 항문에 성기를 제외한 신체의 일부(예: 손가락) 또는 도구를 넣는 행위를 하면 유사강간죄(제297조의2)가 성립한다. 강간죄에 비해 다소 가볍게 처벌한다.

(5) **강간고의** 강간죄가 성립하려면 폭행·협박에 의하여 사람과 성교한다는 인식과 의욕이 있어야 한다. 비동의간음죄가 입법되지 않는 한 동의가 없었다는 사실의 인식만으로는 강간고의가 인정될 수 없다.

---

15 [강간죄의 폭행] 甲은 노래방도우미 乙이 울면서 '사람 살려'라고 외쳤음도 乙을 소파로 밀고 양쪽 어깨를 눌러 乙과 성교하였다. 이후 乙은 소리를 질러 구조를 요청하지 않았고, 甲이 성기를 입안에 넣었을 때에도 방어행위를 하지 않았으며, 丙이 들어와 성교가 중단되었을 때에도 강간당했다는 말을 하지 않았다. 乙은 회음부찰과상을 입었다. ① (대판 2005도3071) 甲은 폭행으로 乙이 **"항거하기 현저히 곤란한 상태"**에 이르게 하여 성교하였다. 강간치상죄가 성립한다.

16 판례에 의하면 **가해자(피고인)의 진술이 경험칙상 합리성이 없고 모순되어 믿을 수 없다는 간접정황**은 유죄인정의 유일한 직접증거인 피해자의 진술과 결합하여 강간사실을 인정할 수 있다(대판 2018도7709; 2121도3451). 私見으로 가해자 진술이 일관된 반면, 유일한 유죄증거인 피해자 진술이 일관성 없는데도 유죄를 인정하는 성인지감수성은 가해자의 인권과 무죄추정원칙을 무력화할 위험이 있다. 바로 이런 지점에서 성인지감수성은 **남녀 모두에게 타당한 인권감수성**으로 전환되어야 한다. 최근 판례(대판 2023도13081)도 "성인지감수성이 성범죄 피해자 진술의 증명력을 제한 없이 인정하여야 한다거나 그에 따라 해당 공소사실을 무조건 유죄로 판단해야 한다는 의미는 아니다"라고 하면서 자폐성 중증 장애인이 지하철에서 두 칸 떨어진 피해여성과의 사이승객이 내리자 그 자리로 당겨 앉기를 두 번 거듭한 경우 강박적인 '빈자리 채워앉기'일 가능성을 남겨둔 채 공중밀집장소추행죄 고의를 인정하기 어렵다고 보았다.

2. 강간죄의 미수, 예비·음모, 죄수

강간죄의 **미수**는 처벌된다(형법 제300조, 性 제15조, 兒 제7조 제6항). "강간죄는 **폭행·협박을 개시한 때**에 그 실행의 착수가 있다고 보아야 할 것이고, 실제로 그와 같은 폭행 또는 협박에 의하여 피해자의 항거가 불능하게 되거나 현저히 곤란하게 되어야만 실행의 착수가 있다고 볼 것은 아니다"(대판 2000도1253).

[강간실행의 착수] 강간하려고 방에 침입하여 자고 있는 피해자의 엉덩이를 만지면서 간음을 기도한 것만으로는 강간죄의 수단인 폭행·협박에 착수하였다고 볼 수 없다(대판 90도607). 여자 혼자 있는 방문을 두드리고 여자가 위험을 느끼고 가까이 오면 뛰어 내리겠다고 하는 데도 창문으로 침입하려 한 때에는 폭행에 착수하였다(대판 91도288).

강간의 실행에 착수하지 않았어도 강간을 범할 목적으로 **예비·음모**한 사람도 3년 이하의 징역에 처한다(제305조의3).

강간죄의 **죄수**는 가령 1회 강간하고 200m쯤 가다가 다시 1회 강간하는 경우처럼 동일한 폭행·협박을 이용하여 수회 성교한 경우엔 단순일죄가 성립하고(대판 70도1516), 각기 시간과 장소를 달리하고, 다른 폭행·협박으로[17] 성교한 때에는 수죄가 성립한다.

[강간죄와 다른 범죄의 관계] ① 강간죄가 성립하면 그 부분행위인 폭행죄 또는 협박죄는 배제되고, 강요죄도 배제된다(특별관계). 강간죄가 성립하면 강제추행죄는 불가벌적 수반행위로 흡수된다(흡수관계). 성폭력처벌법은 강간죄와 주거침입죄·특수절도죄·특수강도죄의 결합범을 창설한다. 가령 타인의 주거에 침입하여 강간을 한 경우 주거침입죄와 강간죄의 경합범(대판 88도1807)은 주거침입강간죄(性 제3조 제1항)가 된다. ② 강간범이 재물을 강취하면 강간죄와 강도죄의 경합범이 되는 반면, 강도범이 강간하면 강도강간죄(제339조)가 성립한다. 또한 특수강도(제334조)와 그 미수범(제342조)이 강간을 하면 특수강도강간죄(性 제3조 제2항)가 성립한다. ③ 체

17 [강간죄 죄수판단] 甲은 화물차 안에서 쇠말뚝을 乙에게 들이대며 강간하려고 하였으나 행인에 발각되어 중지하였다가 1시간 그 화물차를 운행한 후 정차시키고 겁먹은 乙과 1회 성교하였다. ① (대판 96도1763) 甲의 두 행위는 "범행시간과 장소를 달리하고 있을 뿐만 아니라, 별개의 고의 하에 이루어진 것으로서 1개의 강간미수죄와 1개의 강간죄가 별개로 성립한다." ② (評釋) 강간은 강간미수의 협박효과를 이용하여 행위단일성이 인정되고, 차안 감금행위로 강간미수와 강간이 연결되어 상상적 경합관계가 인정되고 강간죄로 처단된다.

포·감금이 강간의 수단이 된 경우(예: 자동차를 몰아 탈출이 불가능하게 함) 감금죄는 강간죄에 흡수되지 않고(대판 84도1550) 상상적 경합관계에 놓이지만 감금 중에 욕정이 생겨 폭행·협박으로 성교하면 두 죄의 경합범이 된다. ④ 주거에 침입하여 강간하려다 실패하고 수사단서를 제공하지 못하게 하기 위해 폭행하면 보복목적 폭행죄(특정범죄가중법 제5조의9 제2항)와 주거침입강간미수죄(性 제15조)의 상상적 경합범이 된다(대판 2012도544).

Ⅲ. 강제추행의 죄

제298조(강제추행) 폭행 또는 협박으로 사람에 대하여 추행을 한 자는 10년 이하의 징역 또는 1천500만 원 이하의 벌금에 처한다.

(1) **주 체** 강제추행죄는 남녀 모두 주체이고, 신분범도 자수범[18]도 아니다. 2인 이상이 합동하여 추행하면 **합동강제추행죄**(性 제4조 제2항)가 성립하고, 주거침입범, 야간주거침입절도범, 특수절도범(性 제3조 제1항)이나 특수강도범(性 제3조 제2항)이 강제추행하면 결합범으로 가중처벌되며, 장애인의 보호·교육자가 그 보호·감독을 받는 장애인을 추행하면 더욱 가중처벌된다(性 제6조 제7항). 친족이 강제추행을 하면 친족강제추행죄(性 제5조 제2항)로 가중처벌된다.

(2) **객 체** 모든 인간이다. 남녀, 노소, 혼인 여부를 불문한다. **실질적인 부부관계**[19]가 있는 부인에 대한 강제추행도 인정된다. 13세 미만의 자에 대한 강제추행은 **소아강제추행죄**(性 제7조 제3항), 13세 이상 19세 미만의 청소년에 대한 강제추행은 **청소년강제추행죄**(兒 제7조 제3항)로, 장애인에 대한 강제추행은 **장애인강제추행죄**(性 제6조 제3항)로 처벌된다. 장애인의 보호·교육 시설 종사자가 그 보호·감독의 대상인 장애인을 강

18 [강제추행의 간접정범] "강제추행죄는 자수범이라고 볼 수 없으므로, 처벌되지 아니하는 타인을 도구로 삼아 피해자를 강제로 추행하는 간접정범의 형태로도 범할 수 있다. 도구로서의 타인에는 피해자도 포함될 수 있다"(대판 2016도17733). 예컨대 甲이 乙을 협박하여 乙이 자위행위를 하게 하면 강제추행죄의 간접정범이 된다.

19 [부부강제추행] 실직자 甲은 이혼을 요구하는 부인 乙과 처가집사람들에게 이혼단념을 설득하였고, 乙의 동료교사들에게도 설득을 부탁하였지만 소용없었다. 길이 없음을 느낀 甲은 다른 방에서 자던 乙을 강제로 침실로 끌고와 애무를 하였다. ① 甲은 강제추행죄가 성립한다. ② (評釋) 甲과 乙이 별거하지 않은 상태였다면, 甲은 상해죄만 성립한다.

제추행하면 장애인강제추행죄보다 형이 2분의 1까지(性 제6조 제7항) 가중된다.

(3) **폭행·협박** 추행의 수단은 폭행·협박이다. 흉기나 그 밖의 위험한 물건을 지닌 채 폭행·협박으로 추행을 하면 **특수강제추행죄**(性 제4조 제2항)로 가중처벌된다. 판례에 의하면 폭행·협박은 "상대방의 **항거를 곤란하게 할 정도일 것이 요구되지 않**"**고** "상대방의 신체에 대해 불법한 유형력을 행사(폭행)하거나 일반적으로 보아 상대방으로 하여금 공포심을 일으킬 수 있는 정도의 해악을 고지(협박)하는 것"으로 충분하다(대판 2018도13877).[20] 또한 폭행·협박은 추행과 동시에 이루어질 수 있고(**기습추행**[21]), **폭행 자체가 추행행위**에 해당할 수도 있다.

폭행 자체가 강제추행(=**기습추행**)에 해당하는 판결사례
① 피해자를 팔로 힘껏 껴안고 강제로 입을 맞추는 경우(대판 91도3182)
② 피해자의 상의를 걷어 올려서 유방을 만지고 하의를 끄집어 내리는 경우(대판 94도630)
③ 피해자를 보고 갑자기 욕정을 일으켜 빠른 걸음으로 피해자를 따라가던 중 갑자기 뒤에서 달려들어 한손으로 피해자의 유방을 만지고 다른 한손으로 음부를 치마 위에서 쓰다듬은 경우(대판 91도2337)
④ 부인이 경영하는 식당의 지하실에서 종업원들과 노래부르며 놀던 중 종업원이 노래를 부르는 동안 그녀의 의사에 반하여 그녀를 뒤에서 껴안고 블루스를 추며 유방을 만진 행위(대판 2001도2417)
⑤ 야간에 혼자서 길을 걸어가던 피해자에게 술을 마시자고 접근하여 이를 거절하는 피해자의 손목을 강제로 잡고 다른 손으로 엉덩이를 만진 경우(대판 2003도7175)
⑥ 밤에 버스에서 내려 혼자 걸어가는 여자(17세)를 발견하고 마스크를 착용한 채 뒤따라가다가 인적이 없고 외진 곳에서 가까이 접근하여 껴안으려 하였으나, 여자가 뒤돌아보면서 소리치자 그 상태로 몇 초 동안 쳐다보다가 오던 길로 되돌아간 경우(대판 2015도6980: 아동·청소년 강제추행미수죄)
⑦ 가맹점 직원의 회식자리에서 갑자기 여직원(27세)의 볼에 입을 맞추고, '하지 마세요'라고 하였음에도, '괜찮다며' 계속 오른쪽 허벅지를 쓰다듬은 경우(대판 2019도15994)

私見으로 법정형이 중한 점, 강제추행죄의 예로 처벌하는 준강제추

20 **[강제추행의 폭행·협박]** 甲은 자신의 방에서 4촌인 乙(여, 15세)의 숙제를 도와주던 중 乙을 양팔로 끌어안은 다음 침대에 쓰러뜨린 후 乙의 가슴을 만졌다. ① (대판 2018도13877) 성적 자기결정권의 두터운 보호를 위하고, '강제추행'의 강제 개념이 상대방의 항거곤란을 전제하지 않으므로 폭행 또는 협박이 추행보다 시간적으로 앞서 그 수단으로 행해진 경우(폭행·협박 선행형)에도 상대방의 항거를 곤란하게 하는 정도의 폭행·협박은 요구되지 않으므로 '항거가 곤란'했었는지를 판단하는 사정인 항거행위를 乙이 하지 않았어도 甲은 친족강제추행죄(성폭법 제5조 제2항)가 성립한다. ② (評釋) 甲은 청소년위계·위력추행죄(兒 제7조 제5항)가 성립한다.

21 **[기습추행 미수]** 술에 취한 甲은 밤에 혼자 걸어가는 乙(17세)을 발견하고 마스크를 착용한 채 뒤따라가 인적이 없는 곳에서 가까이 접근하여 양팔을 높이 들어 뒤에서 껴안으려 하였다. 乙이 뒤돌아 소리치자 그 상태로 몇 초 동안 쳐다보다가 되돌아갔다. ① (대판 2015도6980) 甲의 행위는 "乙의 **의사에 반하는 유형력의 행사**로서 폭행행위에 해당하며, 그때 '**기습추행'에 관한 실행의 착수**가 있"으므로 청소년강제추행미수죄(兒 제7조 제6항)가 성립한다. ② (評釋) 甲은 폭행이 아니라 폭행과 밀접한 행위를 한 것이다. 기습추행을 인정하는 한 폭행 이전단계에 미수를 인정하지 않는 것은 실행의 착수에 관한 (형식적) 객관설의 결론이다.

행죄의 "항거불능의 상태를 이용"함에 상응하는 행위반가치는 폭행·협박이 객관적으로 항거가 곤란한 정도에 이른 경우이어야 하고, 그에 미치지 못한 경우는 위계·위력추행죄나 강요죄가 검토되어야 한다. 물론 피해자의 항거행위는 요구되지 않는다. 또한 기습추행론은 강제추행죄를 성희롱에 근접시켜 유추금지에 위배될 우려가 있다.

(4) **추　행**　　추행(醜行)은 가치충전이 필요한 개념이다. 자칫 성윤리로 채워지기 쉽다. 그러나 "강제추행죄는 개인의 성적 자유라는 개인적 법익을 침해하는 죄로서, 위 법규정에서의 '추행'이란 일반인에게 성적 수치심이나 혐오감을 일으키고 **선량한 성적 도덕관념에 반하는 행위인 것만으로는 부족하고 그 행위의 상대방인 피해자의 성적 자기결정의 자유를 침해하는 것**[22]이어야 한다"(대판 2009도13716). 가령 혀를 상대의 입에 넣거나, '입술, 귀, 유두, 가슴을 입으로 깨무는' 행위가 추행에 해당한다(대판 2013도5856). 판례는 대상자가 성적 수치심이나 혐오감을 반드시 실제로 느껴야 할 필요도 없고, 따라서 추행행위를 **인식하지 못한 경우**[23]에도 강제추행죄가 성립할 수 있다고 본다.

강제추행(제298조)의 논란사례들 (○: 인정, ×: 불인정, △: 업무상 위력추행죄 등 다른 범죄 인정)	판례	이론
● 엘리베이터 안에서 자신의 자위행위 모습을 보여주고 피해자들로 하여금 이를 외면하거나 피할 수 없게 한 경우(대판 2009도13716)	○	×
● 초등학교 기간제 교사가 건강검진을 받으러 온 학생의 옷 속으로 손을 넣어 배와 가슴 부위를 만진 경우(대판 2009도2576: 위력소아추행죄 인정)	△	△
● 양부가 입양한 딸(10세)과 잠을 자다가 다리로 딸의 몸을 누르면서 엉덩이와 가슴을 만진 경우(대판 2007도9487: 소아강제추행죄 인정)	○	○
● 골프장 여종업원에게 술을 마시지 않을 경우 신분상의 불이익을 가할 것처럼 협박해 소위 러브샷의 방법으로 술을 마시게 한 경우(대판 2007도10050)	○	×
● 직장 상사가 등 뒤에서 피해자의 의사에 명백히 반하여 어깨를 주무른 경우(대판 2004도52: 업무상위력추행죄 인정)	△	△
● 응급실 당직의사가 입원한 여성환자들의 바지와 속옷을 내리고 음부 윗부분을 진료행위를 가장하여 수회 누른 경우(대판 2003도7107: 업무상위계추행)	△	△

22 [강제추행죄와 공연음란죄] 甲은 지인과 분쟁을 벌이던 乙(女)에게 말을 걸었지만 乙은 무시하고 식당 앞의 차량으로 걸어갔다. 甲은 乙을 뒤쫓아 가며 욕을 하고 바지를 벗어 성기를 보였다. ① (대판 2011도8805) 乙과 "어떠한 신체적 접촉도 하지 아니한 점", 행위장소가 공중에게 공개된 곳인 점, 乙이 시선을 돌림으로써 甲의 행위를 쉽게 외면할 수 있고, 주위의 도움을 청하는 것도 가능하였던 점, 甲이 乙을 그 장소로 끌고 간 것이 아니라 乙을 따라간 점을 종합 고려할 때 乙의 **성적 결정의 자유**를 침해당하였다고 보기 어려우므로 공연음란죄만 성립한다.

私見으로 추행이란 성교와 유사강간(예: 성기를 입에 넣는 것)을 제외한 **성적 욕구충족행위**라고 정의할 수 있다. 성적 욕구충족은 **육체적 접촉**[24]이 반드시 있어야 한다. 그런 제한이 없다면 강제추행죄는 강요죄나 공연음란죄와 경계가 모호해진다. 육체적 접촉이 있어도 사소한 경우(예: 털옷 위로 가슴을 한번 슬쩍 만짐)에는 **성희롱**은 될 수 있어도 강제추행죄는 성립하지 않는다.[25]

(5) **강제추행고의** 강제추행죄는 상대의 저항을 현저히 곤란하게 만드는 정도의 폭행·협박에 의해 사람에 대해 추행한다는 인식과 의욕을 요한다. 미필적 고의로도 족하다. 판례의 기습추행에서는 폭행·협박의 정도가 **상대방의 의사에 반하는 점에 대한 인식**으로 충분하다. 강제추행고의는 '초과주관적 요소'로서 성욕만족의 목적은 필요하지 않지만 상대의 육체를 자신의 성적 욕구를 충족시키는 수단으로 삼는 **내적 경향**을 전제한다.

(6) **피해자의 승낙과 양해** 피해자의 동의가 있는 경우에 강제추행은 위법성이 아니라 구성요건해당성이 탈락된다. 피해자의 추정적 승낙은 인정되지 않는다.

---

23 [인식 못한 추행] 甲이 놀이터에서 통화하고 있는 乙(18세)의 뒤로 몰래 다가가 성기를 드러내고 乙을 향한 자세에서 乙의 등 쪽 패딩점퍼에 소변을 보았다. ① (대판 2021도7538) 甲의 행위는 객관적으로 일반인에게 성적 수치심이나 혐오감을 일으키게 하고 선량한 성적 도덕관념에 반하는 행위로서 추행행위에 해당하고 당시 乙이 이를 인식하지 못하였더라도 마찬가지이다.

24 [강제추행죄와 강요죄] 甲은 乙(女)과 丙(女)이 타고 있는 엘리베이터 안에 들어가 문이 닫히자 칼로 위협하고, 겁에 질린 이들에게 자위행위 모습을 보여주면서, 외면하면 죽여 버린다고 말했다. 乙과 丙을 그 모습을 볼 수밖에 없었다. ① (대판 2009도13716) 甲의 행위는 **강제추행죄의 추행**에 해당한다. ② (評釋) 乙, 丙은 甲과의 성적 교류(육체적 접촉)를 강요받은 것이 아니라 甲의 추행을 보도록(마치 peep show 보기) 강요받은 것뿐이므로 甲은 특수강요죄(제324조 제2항)가 성립한다. 엘리베이터 안은 공공연한 장소가 아니므로 공연음란죄는 성립하지 않는다.

25 가령 2011. 8. 4. 개정 아동복지법이 "아동에게 성적 수치심을 주는 성희롱·성폭력 등의 학대행위"라고 규정하였다가, 2014. 1. 28. 개정에서 "아동에게 성적 수치심을 주는 성희롱 등의 성적 학대행위"로 변경된 점을 보면 성희롱과 강제추행의 개념구분은 주관적인 학설이 아니라 실정법에 반영될 정도의 공론적 견해임을 확인해준다.

Ⅳ. 준강간과 준강제추행의 죄

제299조(준강간, 준강제추행) 사람의 심신상실 또는 항거불능의 상태를 이용하여 간음 또는 추행을 한 자는 제297조, 제297조의2 및 제298조의 예에 의한다.

준강간죄, 준유사강간죄, 준강제추행죄는 강간이나 강제추행의 죄에서 "폭행 또는 협박으로"의 표지가 "**심신상실 또는 항거불능의 상태를 이용하여**"로 대체되어 생성된 **독자변형구성요건**이다. 보호법익은 성적 자기결정권(대판 98도3257)이며 자수범이 아니므로 간접정범이나 공동정범 모두 가능하다. "심신상실 또는 항거불능의 상태를 이용하여"의 표지를 제외하고 주체(가중처벌되는 주체), 객체(특별보호되는 객체)의 의미와 파생구성요건들은 강간죄와 강제추행죄의 경우와 같다.

1. 준강간·강제추행의 독자적인 표지

(1) 심신상실 성교 또는 추행의 의미를 정상적으로 이해할 수 없는 지적 능력 상태를 말한다. **심신상실**은 책임무능력으로서 심신상실(제10조)이 아닌 경우(예: 잠든 상태,[26] 만취, 일시적 의식상실, 불완전한 의식상실로 정상적인 판단과 대응·조절을 할 수 없는 상태[대판 2023도423])도 포함한다. **심신미약**을 이용하면 준강간·강제추행은 성립하지 않고, 심신미약자위계·위력간음죄(제302조)[27]가 적용된다.

(2) 항거불능 ① "항거불능의 상태라 함은 형법 제297조, 제298조

---

26 [잠든 사람 강간] 甲은 잠든 乙의 옷을 벗기고 乙의 가슴, 엉덩이를 만지고 자신의 성기를 乙의 음부에 삽입하려 하였으나 乙이 잠에서 깨어 거부하는 듯한 기색을 보이자 중단하였다. ① (대판 99도5187) 甲은 乙의 "**항거불능의 상태**를 이용하여" 준강간죄의 실행에 착수한 것이고, "성기를 삽입하려고 할 때에는 객관적으로 항거불능의 상태에 있지 아니하였다고 하더라도 준강간미수죄의 성립에 지장이 없다." ② (評釋) 乙은 '항거불능'이 아니라 **무방비**(Wehrlosigkeit)의 심신상실에 있었다. 甲은 준강간 장애미수가 성립한다.

27 [심신미약자 간음] 甲이 잠자던 乙의 몸을 더듬자 乙은 어렴풋이 잠에서 깨어났지만 甲을 애인으로 착각하여 '불 끄라'고 말했다. 乙은 甲이 애무할 때 누구냐고 물었고, 甲이 여관으로 가자고 하자 그냥 빨리 하라고 했고 1회 성교를 하였다. ① (대판 98도4355) 乙은 심신상실상태에 있지 않았다. ② (評釋) 잠에서 깨어나는 과정은 심신미약상태이고, 甲은 乙을 애무한 선행행위로부터 乙의 착오를 제거할 작위의무가 있고, 이 부작위와 乙의 성교결정은 인과관계가 있으므로 심신미약자위계간음죄(제302조)가 성립한다.

와의 균형상 심신상실 이외의 원인 때문에 심리적 또는 물리적으로 반항이 **절대적으로 불가능하거나 현저히 곤란한**[28] 경우를 의미한다".[29] 항거불능상태에 빠진 원인은 불문하며 이미 강간을 당해 기진맥진해있는 상태도 이에 해당한다. ② 피해자가 심신상실 또는 항거불능의 상태에 있다고 인식하고 간음하였으나 피해자가 실제로는 그런 상태에 있지 않은 경우에는 **준강간죄의 불능미수**가 성립한다(대판 2018도16002).[30]

(3) 이 용 심신상실 또는 항거불능의 상태를 '이용한다'는 것은 행위자가 피해자의 심신상실 또는 항거불능의 상태를 인식하고 그 상태 때문에 성교 또는 추행이 비로소 가능했거나 더 용이해진 경우를 가리킨다. 실행의 착수는 "항거불능의 상태를 이용하여 간음을 할 의도를 가지고 간음의 수단이라고 할 수 있는 행동을 시작한" 때(대판 99도5187)이며, 이용시점에 심신상실에서 벗어났어도 미수는 성립한다.

(4) 고 의 "준강간의 고의는 피해자가 심신상실 또는 항거불능의 상태에 있다는 것과 그러한 상태를 이용하여 간음한다는 구성요건적 결과 발생의 가능성을 인식하고 그러한 위험을 용인하는 내심의 의사를 말한다"(대판 2018도16002[전원합의체]).

---

28 [종교적 믿음과 정신적 항거불능] 乙은 교회의 노회장 甲에 대한 종교적 믿음이 강했으나 甲이 여신도들을 추행하고, 그녀들이 용인하는 것을 알고는 **정신적 충격과 혼란**에 빠졌다. 甲이 자신의 몸을 만질 때 乙은 종교적으로 필요한 행위로서 용인해야 하는지를 판단을 하지 못한 채 거부하지 않았다. ① (대판 2009도2001) 乙은 "반항이 현저하게 곤란한 상태에 있었"으므로 甲은 준강제추행죄가 성립한다. ② (評釋) 정신적 혼란은 항거불능에 해당하지 않고, 甲이 추행을 종교적 행위로 꾸몄다면 업무상위계추행죄가 성립한다.

29 [안수기도와 항거불능] 乙은 목사 甲의 안찰기도 제안에 응하였다. 안찰기도 할 때 乙은 甲과 대화를 나누었지만 점차 정신이 혼미해졌고, 자기의지대로 행동할 수 없다고 느꼈다. 甲은 乙의 몸을 더듬었다. ① (대판 98도3257) 乙은 항거불능상태에 있지 않았다.

30 [준강간의 불능미수] 甲은 처와 乙과 함께 술을 마시다 처가 먼저 잠이 들고 乙도 안방으로 들어가자, 乙의 옆에 누어 애무하였는데, 乙은 별로 취하지 않아 곧 깨어났고, 소리쳤지만 甲은 乙과 1회 간음하였다. ① (대판 2018도16002) 甲은 객체의 착오로 인한 준간강죄의 불능미수범이 성립한다. 위험성은 "甲이 행위 당시에 인식한 사정을 놓고 일반인이 객관적으로 판단"하여 인정된다. ② (評釋) 판례는 제27조의 "대상의 착오로 인하여 **결과의 발생이 불가능**"한 경우를 구성요건적 결과의 발생(예: 간음)이 불가능한 경우가 아니라 **구성요건표지의 전부를 충족하지 못한 경우**로 해석하고, "위험성이 있는 때"의 의미를 추상적 위험성설로 이해하며, 만취를 제299조의 "심신상실"이 아니라 "항거불능"에 해당하는 요소로 해석한 것이다. 이 사건은 불능미수와 장애미수가 경합하는 유형이고, 불능미수를 우선 적용함이 타당하고, 장애미수로 기소된 경우에도 공소장변경 없이 불능미수로 직권심판할 수 있다(대판 2021도9043).

2. 파생구성요건

준강간죄 또는 **준강제추행죄의 주체**가 2인 이상의 합동범, 친족, 특수절도범, 특수강도범 등이면 가중처벌되고, 준강간죄의 객체가 소아, 청소년, 장애인인 경우도 가중처벌되며, 위험한 물건을 지닌 채 준강간을 한 경우도 가중처벌된다. 미수(性 제15조)와 예비·음모(性 제15조의2)도 처벌된다.

V. 위계·위력에 의한 간음·추행의 죄

제302조(미성년자 등에 대한 간음) 미성년자 또는 심신미약자에 대하여 위계 또는 위력으로써 간음 또는 추행을 한 자는 5년 이하의 징역에 처한다.

제303조(업무상위력 등에 의한 간음) ① 업무, 고용 기타 관계로 인하여 자기의 보호 또는 감독을 받는 사람에 대하여 위계 또는 위력으로써 간음한 자는 5년 이하의 징역 또는 1천500만 원 이하의 벌금에 처한다.

형법과 특별형법(성폭력처벌법, 청소년성보호법)은 보호필요성이 높은 사람(예: 미성년자·청소년, 심신미약자, 업무 기타 관계로 보호, 감독을 받는 자, 장애인)에 대해서는 간음 또는 추행의 수단으로 폭행 또는 협박 대신에 위계 또는 위력만으로도 처벌한다. 상습범은 가중처벌된다(제305조의2).

1. 위계·위력의 의미

(1) 위 계 위계(僞計)는 "상대방에게 오인, 착각, 부지를 일으키고 상대방의 그러한 심적 상태를 이용하는 것"[31]을 말한다. ① 판례는 "**간음행위 자체에 대한 오인, 착각, 부지**"를 일으킨 경우(대판 2001도5074)뿐만 아니라 "**간음행위와 인과관계**"[32]가 있거나 "피해자가 **성행위를 결심하게 된**

31 [진료가장의 위계추행] 응급실 의사 甲은 교통사고환자 乙을 02시에 깨운 뒤 乙의 상의를 위로 올리고 바지와 팬티를 음부 윗부분까지 내리고 '아프면 말하라'고 하면서 양손으로 복부를 누르고 음모가 나 있는 위 부분을 4~5회 눌렀다. 乙은 맹장을 진찰할 이유가 없었다. ① (대판 2003도7107) 甲은 진찰하는 척 하면서 추행을 한 것이므로 업무상 위계추행죄(性 제10조 제1항)가 성립한다.

32 [간음동기착오] 甲(36세)은 폰채팅에서 자신을 고2로 소개하여 중3인 乙(14세)과 사귀다가 1달 뒤 자기를 스토킹 하는 여성 때문에 힘드니 헤어지자고 하면서 그 여성을 떼어내고 사귐을 계속

중요한 동기를 이룰 만한 사정"이 위계적 언동에 포함된 경우까지 위계로 본다. ② 私見으로 간음행위와 인과관계는 성행위결정에 관한 심리적 경험법칙이 존재하지 않기 때문에 확정하기 어렵고, 중요한 동기는 너무 넓고 불명확하다(예: 사랑의 약속, 프로필 속임). 판례는 "(미성년자)**에 대하여 위계로써 간음**"(제302조) 또는 "위계로써 (아동·청소년을) 간음"(兒 제7조 제5항)이라는 문언을 (구) 혼인빙자등간음죄(제304조)[33]의 구문과 유사하게 "**위계로써** (아동·청소년을) **기망하여 간음**"으로 수정하므로 유추금지에 위배된다. 피해자의 가치결정에 착각을 일으킨 경우가 아니라 **성적 자기결정의 역량이 없는 경우[34]에만** 위계간음·추행죄를 인정함이 타당하다.

(2) **위 력** 위력(威力)은 "사람의 의사를 제압하기에 충분한 세력을 말하는 것으로 폭행이나 협박뿐 아니라 사회·경제·정치적 지위나 권세를 이용하는 유형적·무형적인 모든 것을 의미한다"(대판 97도2506). 위력 여부는 유형력의 내용과 정도, 행위자의 지위나 권세, 피해자의 연령, 행위자와 피해자의 관계, 그 행위에 이르게 된 경위, 구체적인 행위 태양, 범행 당시의 정황 등 **제반 사정을 종합·고려하여 판단**한다(대판 2004도5868).[35] 위력행위는 그 자체가 추행행위가 될 수도 있고, 이때 위력은 현실적으

하려면 자기선배와 성관계하면 된다고 말했다. 乙은 헤어지기 두려워 승낙하고 甲은 그 선배를 행세하며 乙을 간음하였다. ① (대판 2015도9436; 2020도15730) 甲이 乙의 오인, 착각, 부지를 "이용하여 간음의 목적을 달성하였다면 **위계와 간음행위 사이의 인과관계**를 인정할 수 있"어 청소년위계간음죄가 성립한다. ② (評釋) 甲은 乙을 기망하여 간음한 것이고, 성행위의 의미를 이해하고 그 여부를 결정할 지적 능력이 있는 乙은 교제계속을 위하여 스스로 결정하였으므로 청소년위계간음죄가 성립하지 않는다. 甲은 청소년의제간음죄(제305조 제2항)가 적용될 수 있다.

33 2012. 삭제된 제304조(혼인빙자 등에 의한 간음): "혼인을 빙자하거나 기타 **위계로써** 음행의 상습 없는 **부녀를 기망하여 간음**한 자는 2년 이하의 징역 또는 500만원 이하의 벌금에 처한다."

34 [정신지체자위계간음] 甲은 정신지체 장애자 乙(女, 21세)에게 좋은 남자를 소개시켜 주겠다며 여관에 오게 한 다음 자기와 먼저 성교를 하면 그 남자를 곧 부를 것이라고 거짓말을 하고 乙과 성교를 하였다. ① (評釋) "여관으로 **온 행위와 성교행위 사이에는 불가분의 관련성**이 인정되지 아니"(대판 2002도2029)하지만 乙의 **부족한 자기결정을 고려하여** 甲의 위계와 간음 사이에 인과관계를 인정할 수 있고 甲은 심신미약자위계간음죄(제302조)가 성립한다.

35 [청소년위력간음죄] 甲은 아들에게 실연당한 乙(17세)을 위로한다고 함께 술을 마시고, 잠재워준다며 모텔로 데려갔다. 甲과 乙은 모텔에서 맥주를 마셨고, 甲이 乙에게 안겨보라고 하자 乙은 따랐다. 집에 안 가시냐는 乙의 말에 甲은 잠시 침대에서 자자면서 乙을 끌어안았고, 乙의 말을 무시하고 바지를 벗기고 성교하였다. ① (대판 2004도5868) 甲은 **무형의 힘으로 乙의 의사를 제압하기에 충분한 세력**을 가졌으므로 청소년위력간음죄(兒 제7조 제5항)가 성립한다. 甲이 바지를 벗길 때 몸을 매우 강하게 눌렀다면 청소년강간죄(兒 제7조 제1항)가 성립한다.

로 피해자의 자유의사가 제압될 것임을 요하지 않는다(대판 97도2506).[36]

2. 특별보호객체의 유형과 가중처벌

(1) **심신미약자위계 · 위력 간음 · 추행죄** 성년연령이 19세로 변경됨으로써 미성년자위계·위력 간음·추행죄는 사실상 청소년성보호법의 청소년위계·위력 간음·추행죄로 대체되고, **제302조는 심신미약자**에게만 적용된다. "심신미약자라 함은 정신기능의 장애로 인하여 사물을 변별하거나 의사를 결정할 능력이 미약한 사람을 말한다."[37]

(2) **업무상 위계 · 위력 간음 · 추행죄** 형법은 업무, 고용, 기타의 관계로 보호, 감독을 받는 자를 위계 또는 위력으로써 간음하면 7년 이하의 징역 또는 3천만 원 이하의 벌금(제303조 제1항)에 처하고, 성폭력처벌법은 피보호감독자를 위계 또는 위력으로써 추행한 자를 3년 이하의 징역 또는 1천500만 원 이하의 벌금(性 제10조 제1항)에 처한다. 이때 업무는 공·사 구분 없이 인정되고 보호·감독을 받는 사람은 법률상의 관계와 **사실상의 관계**(예: 처의 미장원 종업원[38])를 포함한다.

(3) **청소년위계 · 위력간음 · 추행죄** 19세 미만의 청소년을 위계 또는 위력으로 간음을 하면 무기징역 또는 5년 이상의 유기징역, 유사강간행위를 하면 5년 이상의 유기징역, 추행을 하면 2년 이상의 유기징역 또는 1천만 원 이상 3천만 원 이하의 벌금에 각각 처한다(兒 제7조 제5항). 이 죄의 미수범(제6항)도 처벌되고, 예비·음모도 징역 3년 이하로 처벌된다(제7조의2). 19세 이상의 사람이 위계 또는 위력도 없이 13세 이상 16세 미만의 청소년을 간음·추행하여 성립하는 **청소년의제간음 · 추행**(제305조 제2항)

---

36 판례(대판 2008도4069)는 큰 체구의 27세 남자가 15세(48kg) 여자의 거부 의사에도 불구하고, 성교를 위하여 그녀의 몸 위로 올라간 것을 폭행이 아니라 위력으로 인정한 바 있다.

37 성매매에 합의한 여성에게 동의 하에 필로폰을 먹이고 그로 인한 심신미약상태에서 추행을 한 경우에 그 피해자가 원치 않는 성적 행위에 거부의사를 명확히 밝히지 않았다 하여 동의를 한 것으로 단정해서는 안 되고, 심신미약자추행죄가 성립할 수 있다(대판 2019도3341).

38 [사실상 보호 · 감독관계] 甲은 부인의 미용실에서 잡일을 거들어주었고 종업원 乙은 甲을 "주인 아저씨"라 부르며 따랐다. 甲은 乙에게 저녁을 사주고 여관에 투숙한 다음 乙의 몸을 덮쳤고, 乙의 의사를 무시하고 성교를 하였다. ① (대판 74도1519) 乙은 사실상 보호감독을 받는 자이고, 甲은 업무상 위력간음죄가 성립한다.

은 위계·위력이 필요 없고 법정형이 가볍다는 점에서 이 죄와 보충관계에 놓인다.

(4) **장애인위계·위력간음·추행죄** 장애인을 위계 또는 위력으로 간음하면[39] 5년 이상의 유기징역(性 제6조 제5항), 추행을 하면 1년 이상의 유기징역 또는 1천만 원 이상 3천만 원 이하의 벌금에 처한다(제6조 제6항).

(5) **피보호·감독장애인 간음·추행죄** 장애인의 보호·교육 등을 목적으로 하는 시설의 장 또는 종사자가 보호·감독의 대상인 장애인에 대하여 위계 또는 위력으로써 간음하면 5년 이상의 유기징역(性 제6조 제5항·제7항), 추행을 하면 1년 이상의 유기징역 또는 1천만 원 이상 3천만 원 이하의 벌금에 처한다(性 제6조 제6항·제7항).

Ⅵ. 소아 간음과 추행의 죄

제305조(미성년자에 대한 간음, 추행) ① 13세 미만의 사람에 대하여 간음 또는 추행을 한 자는 제297조, 제297조의2, 제298조, 제301조 또는 제301조의2의 예에 의한다. ② 13세 이상 16세 미만의 사람에 대하여 간음 또는 추행을 한 19세 이상의 자는 제297조, 제297조의2, 제298조, 제301조 또는 제301조의2의 예에 의한다.

13세 미만의 소아[40]는 미성숙하고 트라우마에 취약하므로 **매우 특별한 보호**[41]가 필요하다. 간음·추행죄의 보호법익은 "13세 미만의 아동이 외부로부터의 부적절한 성적 자극이나 물리력의 행사가 없는 상태에서 심리적 장애 없이 **성적 정체성 및 가치관을 형성할 권익**"(대판 2005도6791)

39 [장애인위계간음] 甲은 乙의 정신장애를 알면서 인터넷쪽지로 乙을 자기 집으로 유인한 후 성교도 하고 제모도 하였다. ① (評釋) 甲의 유인행위가 "乙을 甲의 집으로 오게 하기 위한 행위에 불과"(대판 2014도8423)하다면, 유인행위는 성교행위나 제모행위와의 **불가분적 관련성이나 인과관계가 없고**, 乙이 유인행위로 중요한 동기의 착오에 빠진 것도 아니므로 甲은 장애인위계간음죄에 해당하지 않는다.

40 형법은 미성년자(제305조) 개념을 쓰는데, 미성년자는 민법상 19세 미만의 자를 가리키며, 아동은 아동복지법 제3조 1호에서 "18세 미만인 사람"을 가리키며, 아동·청소년은 청소년성보호법 제2조 1호에서 "19세 미만의 자"를 가리키므로, 법률상 아동은 18세 미만의 자를, 청소년은 18세 이상 19세 미만의 자를 가리킨다. 청소년은 중·고등학교 학생인 미성년자를 가리키고, 13세 미만의 사람은 '소아'(小兒, pedo)라고 개념화할 수 있다.

41 [소아위력추행죄] 甲은 승강기 안에서 乙(9세)을 상대로 자위행위를 하고 다가가 어깨에 손을 얹었다. 승강기가 10층에 도달하자 乙은 내렸고 甲은 되돌아갔다. ① (대판 2011도7164) 성인남자가 소아에게 좁은 승강기에서 자위행위보기를 강요한 행위는 추행에 해당한다. 甲은 소아위력추행죄(性 제7조 제5항)가 성립한다.

이다. 따라서 소아의 사전 동의가 있거나(대판 82도2183) 간음의 대가를 지급하더라도(대판 70도591) 죄의 성립에 영향이 없다.

1. 구성요건

(1) 소아강간·추행죄의 세 유형 ① 첫째, 형법 제305조 제1항은 폭행·협박은 물론 위계·위력조차 사용하지 않았어도 13세 미만의 사람을 간음 또는 추행하면, 그 행위의 내용에 따라 강간죄, 유사강간죄, 강제추행죄 및 각 범죄와 상해죄, 살인죄가 결합된 범죄나 상해와 사망이 더해진 결과적 가중범으로 처벌한다(**소아의제강간·추행죄**[42]). ② 둘째, 위계 또는 위력으로 13세 미만의 사람을 간음하거나 추행한 경우에도 폭행·협박으로 강간하거나 강제추행한 것으로 처벌한다(**소아위계위력간음·추행죄**).[43] ③ (준)강간죄, (준)유사강간죄 또는 (준)강제추행죄의 행위객체가 13세 미만의 소아인 경우에는 소아보호를 위해 가장 무겁게 처벌한다(**소아강간·강제추행죄**).[44]

(2) 고 의 행위자는 상대방이 13세 미만의 자라는 점을 알면서 간음, 유사성행위, 추행을 해야 한다. 상대방을 13세 이상으로 알았지만,

---

42 **[소아의제강제추행]** 丙은 甲이 딸 乙(2세)에게 "우리 악수하자"면서 사탕을 주고 오른손을 잡으려고 할 때 乙의 손을 잡아끌었다. 丙은 그 순간 甲이 좌우 어떤 손인가 乙의 가슴, 아니 젖꼭지인지를 만졌다고 오락가락 진술하였다. 甲은 자신은 몇 살인지 물었고 乙이 대답을 안 해 '말해도 돼요'라고 하던 중 丙이 乙의 팔을 잡아끌었고 자기의 손이 乙의 옷 위로 잠시 닿았다고 말했다. ① (대판 2016도21231) **무죄추정원칙**에 따라 유일한 증거인 피해자 또는 피해자와 밀접한 관계에 있는 자의 진술은 "합리적인 의심을 할 여지가 없을 정도로 공소사실이 진실한 것이라는 확신을 가지게 하고, 피고인의 무죄 주장을 배척하기에 충분할 정도로 신빙성이 있어야 한다"(대판 2014도7945). 甲은 추행 및 고의가 인정되지 않는다. ② (評釋) 형사재판은 가부장주의와 페미니즘에 영향을 받기 쉽기 때문에 무죄추정원칙이 준수되어야 하고, **무죄추정원칙은 젠더중립적인 이성원칙**일 뿐이다.

43 **[소아위계·위력추행죄]** 교사 甲은 교사실에 건강검진을 받으러 찾아온 乙(11세)이 싫다는데도, 건강상태를 알아본다고 누우라고 하고 옷 속에 손을 넣어서 배를 짚어보면서 유방과 유두를 만졌다. 乙이 '왜 만지세요'라며 몸을 움직이자, 甲은 '가만 있으라'고 하면서 손바닥으로 약간 쥐는 듯 유두를 만졌다. ① (대판 2009도2576) 甲은 위계·위력에 의한 소아의제강제추행죄(性 제7조 제5항)가 성립한다.

44 **[소아강제추행]** 甲은 입양 딸 乙(10세)과 나란히 누워 잠을 자다가 오른쪽 다리로 乙을 누르고 오른 손으로 乙의 엉덩이를 만지고, 왼손을 가슴을 만졌다. ① (대판 2007도9487) "애정 표현의 한계를 넘어서 **피해자의 의사에 반하여 행하여진 유형력의 행사**"이므로 소아강제추행죄(性 제7조 제2항)가 성립한다. ② (評釋) 甲은 소아강제추행과 상상적 경합의 친족강제추행죄(性 제5조 제2항)로 처단된다.

13세 미만이었던 경우에는 사실의 착오(제13조)로 고의가 탈락하고, 그 반대의 경우는 불능미수범이 된다. 고의 외에 "성욕을 자극·흥분·만족시키려는 주관적 동기나 목적까지 있어야 하는 것은 아니다."[45]

(3) 미수범·예비음모 ① 제305조의 미수범은 판례에 의해 해석상 인정되고[46] 성폭력처벌법은 명문(제15조)으로 미수범을 처벌한다. ② 제305조의3은 폭력·협박이나 위력·위계를 사용하지 않고 16세 미만의 소아청소년에 대해 간음 또는 추행할 목적으로 예비 또는 음모한 사람을 3년 이하의 징역에 처한다. 이로써 **그루밍**(grooming)을 광범위하게 처벌할 수 있게 되었으나, 반면 정상적인 소아·청소년에 대한 돌봄(care)과의 구분이 간음·추행의 목적 여부에 의존한다는 점에서 돌봄 문화가 위축될 우려가 있으므로 "~범할 목적으로 예비·음모한"을 "**~범할 목적이 명백한** 예비 또는 음모를 한"으로 개정하는 것이 필요하다.

Ⅶ. 피구금자와 장애·청소년의 특별보호

피구금인간음·추행과 장애청소년간음·추행은 소아의 경우처럼 폭행·협박, 위계·위력을 사용하지 않은 간음이나 추행만으로 처벌한다.

1. 피구금인의제간음·추행죄

제303조(업무상위력 등에 의한 간음) ② 법률에 의하여 구금된 사람을 감호하는 자가 그 사람을 간음한 때에는 7년 이하의 징역에 처한다.

보호법익은 피구금인의 성적 자기결정권과 구금담당 공무원의 청렴성이다. 주체는 법률상 피구금된 사람을 **감호하는 자**이고, 간접정범(예:

45 [소아의제강제추행과 성욕] 교사 甲은 자기 반 남학생 乙(10세)의 성기를 4회 만졌다. 그는 성욕을 만족시키려는 동기가 없었고, 乙을 씩씩한 남자로 성장시키려는 교육적 목적을 갖고 있었다. ① (대판 2005도6791) 성욕충족의 동기나 목적이 없어도 甲은 소아의제강제추행죄(제305조)가 성립한다. 사회상규에도 위배된다.

46 [소아의제강간미수] 학원차 기사 甲은 乙(11세)이 차에 혼자 남게 되자, 乙의 옷을 벗기려 하였는데, 부모에 의해 발각되어 간음하지 못했다. ① (대판 2006도9453) 제305조가 "**제297조와 제298조의 '예에 의한다'는 의미는 미성년자의제강간·강제추행죄의 처벌에 있어 그 법정형 뿐만 아니라 미수범에 관하여도 강간죄와 강제추행죄의 예에 따른다는 취지**로 해석된다." 소아의제강간미수죄가 성립한다.

만취한 감호자로 하여금 피구금인을 간음)도 성립할 수 있으므로 자수범이 아니다. 객체는 법률에 의해 **구금된 사람**이다. 확정판결이 난 수형인, 보안처분을 집행 받고 있거나 노역장에 유치된 사람, 수사와 재판과정에서 체포, 구금, 구인된 사람, 법정소란 등으로 감치처분을 받아 구금된 자도 해당한다. 선고유예나 집행유예 중에 있는 자, 보호관찰을 받고 있는 자는 구금된 것이 아니므로 해당하지 않는다.

2. 장애청소년의제간음·추행의 죄

19세 이상의 사람이 장애청소년을 간음 또는 추행하거나 장애청소년이 다른 사람을 간음 또는 추행하게 한 경우에는 폭행·협박, 위계·위력을 사용하지 않았어도 처벌된다(兒 제8조).

3. 궁박청소년간음·추행과 청소년의제간음·추행의 죄

형법 제305조 ② 13세 이상 16세 미만의 사람에 대하여 간음 또는 추행을 한 19세 이상의 자는 제297조, 제297조의2, 제298조, 제301조 또는 제301조의2의 예에 의한다.
제305조의2(상습범), 제305조의3(예비, 음모) 참조.

청소년성보호법은 성적 행위에 대한 분별력이 아직 미숙한 13세 이상 16세 미만의 아동·청소년, 특히 궁박(窮迫)한 사정이 있는 경우에는 책임 있는 의사결정이 어렵다는 점을 고려하여, 19세 이상의 사람이 그러한 청소년에 대해 폭행·협박, 위계·위력을 사용하지 않았어도 그 청소년의 **궁박상태를 이용**한 경우에는 장애인청소년간음·추행과 같은 법정형으로 처벌한다(兒 제8조의2). 형법 제305조 제2항은 장애나 궁박상태이용을 묻지 않고, 19세 이상의 사람이 13세 이상 16세 미만의 사람에 대하여 간음 또는 추행을 하면 (유사)강간 또는 강제추행, (유사)강간 또는 강제추행치사상 및 (유사)강간 또는 강제추행상해·살인죄로 처벌한다. 私見으로 이 두 법규정은 규율이 중첩되지만 19세 이상의 사람이 "해당 아동·청소년으로 하여금 다른 사람을 간음·추행하게 하는 경우"(兒 제8조의2)는 아청법상 청소년간음·추행죄만 적용되고, 19세 이상의 사람이 13세 이상 16세 미만의 사람에 대하여 범한 죄가 유사강간죄와 (유사)강간(또는 강제추행)치사상죄 및 (유사)강간(또는 강제추행)상해·살인죄인 경우에는 형법 제305조 제2항만 적용된다.

Ⅷ. 강간 등 상해·치상죄와 강간 등 살인·치사죄

1. 강간 등 상해·치상죄

제301조(강간 등 상해·치상) 제297조, 제297조의2 및 제298조부터 제300조까지의 죄를 범한 자가 사람을 상해하거나 상해에 이르게 한 때에는 무기 또는 5년 이상의 징역에 처한다.
성폭력처벌법 제8조(강간 등 상해·치상), 청소년성보호법 제9조(강간 등 상해·치상) 참조.

강간 등 상해죄는 강간죄 등과 상해죄의 결합범이고, 강간 등 치상죄는 강간죄 등의 진정결과적 가중범이다. 둘의 법정형은 동일하다. 이는 강간에는 통상 상해가 일어나기 쉽고, 개별사안의 차이는 양형에서 고려하면 된다고 보기 때문이지만 책임원칙에 위배된다.

(1) 주 체 형법상 강간죄, 유사강간죄, 강제추행죄, 준강간죄, 준유사강간죄, 준강제추행죄 및 소아의제강간·강제추행죄를 범한 자와 그 미수범(제300조), 성폭력처벌법상 특수절도강간 등(제3조 제1항), 특수강간 등(제4조), 장애인강간·강제추행 등(제6조), 소아강간·강제추행 등(제7조)을 범한 자와 그 미수범(제15조), 친족강간 등(제5조)을 범한 자와 그 미수범, 청소년성보호법상 아동청소년에 대한 강간죄, 유사강간죄, 강제추행죄, 준강간죄, 준유사강간죄, 준강제추행죄, 위계·위력에 의한 간음·추행죄를 범한 자와 그 미수범이 강간등상해·치상죄의 주체이다.

(2) 상 해 상해는 강간 등의 행위로 인한 건강의 훼손을 가리킨다. 판례는 일상적으로 흔히 발생하는 상처인가(일상성), 치료받을 필요가 없고 자연 치유되는 상처인가(치료필요성), 일상생활에 장애를 초래하는 상처인가(생활기능장애성), 건강상태를 불량하게 변경하는 상처인가(건강상태 불량성) 등을 고려하여 상해여부를 판단한다. 그러나 강간 등 상해·치상

은 상해죄에 비해 법정형이 매우 중하기 때문에 본죄의 상해는 상해죄의 상해보다 더 제한적으로 인정할 필요가 있다.

상해 인정	상해 인정 안 함
● 처녀막파열(대판 4290형상40) ● 수면장애, 식욕감퇴(대판 69도161) ● 히스테리증(대판 69도2231) ● 음부가 찢어지고 1주일간 통증(대판 89도1079) ● 외상후 스트레스장애(PTSD)(대판 98도3732) ● 13회에 걸쳐 졸피뎀을 먹여 일시적인 수면 또는 의식불명 상태에 이르게 한 경우(대판 2017도3196)	● 어깨에 반상출혈상(대판 85도2042) ● 손바닥 2cm 긁힘(대판 87도1880) ● 외음부충혈육통(대판 88도831) ● 코피와 콧등 부어오름(대판 91도1832) ● 전흉부 동전 크기의 멍(대판 94도1311) ● 음모의 모간 부분을 일부 자름(대판 99도3099)

(3) **강간과 상해 사이의 인과관계** "강간 등에 의한 치사상죄에 있어서 사상의 결과는 간음행위 그 자체로부터 발생한 경우나 강간의 수단으로 사용한 폭행으로부터 발생한 경우는 물론 강간에 수반하는 행위에서 발생한 경우도 포함한다"(대판 94도2781). 그러나 상해는 강간행위 등에 객관적으로 귀속[47]될 수 있어야 한다.

2. 강간 등 살인·치사죄

제301조의2(강간 등 살인·치사) 제297조, 제297조의2 및 제298조부터 제300조까지의 죄를 범한 자가 사람을 살해한 때에는 사형 또는 무기징역에 처한다. 사망에 이르게 한 때에는 무기 또는 10년 이상의 징역에 처한다.

성폭력처벌법 제9조(강간 등 살인·치사) 청소년성보호법 제10조(강간 등 살인·치사) 참조.

강간 등 살인죄는 강간죄 등과 살인죄의 결합범이고,[48] 강간 등 치사죄는 강간 등에 사망의 결과가 발생한 진정결과적 가중범이다.

(1) **주 체** ① 주체는 강간죄, 유사강간죄, 강제추행죄, 준강간죄, 준유사강간죄, 준강제추행죄, 소아의제강간죄 및 소아의제강제추행죄를 범한 자와 그 미수범이다. ② 성폭력처벌법상 특수절도·강도강간 등(제3조), 특수강간 등(제4조), 친족강간 등(제5조), 장애인강간·강제추행 등(제6

47 [강간치상의 귀속] 甲은 乙의 집에 침입하여 잠자던 乙에게 손을 뻗는 순간 乙이 놀라 소리치자 乙의 입을 막고 음부를 더듬었다. 乙이 甲의 손가락을 깨물자 甲은 손가락을 비틀어 잡아 뽑았고, 乙의 치아가 뽑혔다. ① (대판 94도2781) 상해는 "강간에 수반하는 행위에서 발생"하여 甲은 주거침입강간치상죄(제8조 제1항)가 성립한다. ② (評釋) 乙의 상해는 자기위태화의 결과이므로 甲의 행위에 귀속되지 않고 甲의 폭행죄는 주거침입강간미수죄와 경합범이다.

48 강간 등 살인죄를 정한 형법 제301조의2와 성폭력처벌법 제9조 제1항은 동일한 구성요건에다 동일한 법정형을 규정하고 있어서, 어느 것을 우선 적용해도 상관없다(대판 98도3923).

조), 소아강간·강제추행 등(제7조)을 범한 자와 그 미수범(제15조)은 성폭력처벌법상의 강간 등 살인죄(性 제9조 제1항)의 주체가 된다. 특수강간 등과 친족강간 등을 범한 사람과 그 미수범이 피해자를 사망에 이르게 한 때(性 제9조 제2항)와 장애인강간·강제추행 등(제6조), 소아강간·강제추행 등(제7조)을 범한 자와 그 미수범(제15조)이 피해자를 사망에 이르게 한 때(性 제9조 제3항) 사이에는 법정형의 차이(사형의 부과여부)가 있다. ③ 청소년성보호법상 아동청소년에 대한 강간죄, 유사강간죄, 강제추행죄, 준강간죄, 준유사강간죄, 준강제추행죄, 위계·위력에 의한 간음·추행죄를 범한 자와 그 미수범이 피해자를 살해한 때에는 아동청소년강간등살인죄(兒 제10조 제1항)가 성립하고, 피해자를 사망에 이르게 한 때에는 아동청소년 강간등치사죄(兒 제10조 제2항)가 성립한다.

(2) **행 위** 강간 등의 기회에 살인을 하거나 강간 등의 범행으로 인하여 피해자가 사망에 이르게 하는 것이다. 살인은 미필적 고의로도 충분하고, 사망의 결과는 강간 등 행위 또는 그 수단인 폭행에 의하여 발생한 경우를 포함하고, 강간 등과 사망 사이에 인과관계가 있어야 한다. 그러나 강간죄를 범한 자가 강간 이후에 범행은폐를 위해 피해자를 살해하면 강간죄와 보복목적살인죄(특정범죄가중법 제5조의9 제1항)의 경합범이 성립한다. 강도가 동일한 기회에 피해자를 강간한 다음 살해하면 강도강간죄(제339조)와 강도살인죄(제338조)의 상상적 경합범이 된다.

§47. 명예와 모욕의 죄

Ⅰ. 서　론

“명예훼손죄와 모욕죄의 보호법익은 다 같이 **사람의 가치에 대한 사회적 평가**인 이른바 **외부적 명예**”(대판 85도1629)이다. 외부적 명예(äußere Ehre)란 개인이 사회 속에서 자신의 인격을 실현함으로써 얻은 가치를 가리킨다. 명예훼손죄는 “명예를 훼손한” 자를 처벌하므로 법문언상으로는 침해범이다. 하지만 명예훼손행위에 의해 피해자의 명예가 오히려 더 높아지는 경우도 많기에, 명예훼손죄는 명예훼손의 위험을 발생시키는데 적합한 특성을 띠는 범죄, 즉 **적성범**(구체적·추상적 위험범)으로 볼 수 있다. 모욕죄는 구체적 사실의 적시가 없고, 거동범의 문언형태(“모욕한 자”)를 띠고 있어서 **추상적 위험범**이다.

[구성요건체계]　명예훼손죄(제308조)는 공연히 (진실 또는 허위의) 사실을 적시하여 사람의 명예를 훼손한 때 성립한다. 다만 적시한 사실이 진실한 사실이고, 오로지 공공의 이익을 위한 경우에는 명예훼손의 불법이 탈락한다. 이 기본구성요건의 표지들은 죽은 사람일 경우에 사자명예훼손죄(제308조), 사실의 적시가 없고 가치판단이나 감정의 표현만 있을 경우에 모욕죄(제311조)로 변형된 구성요건이 된다.

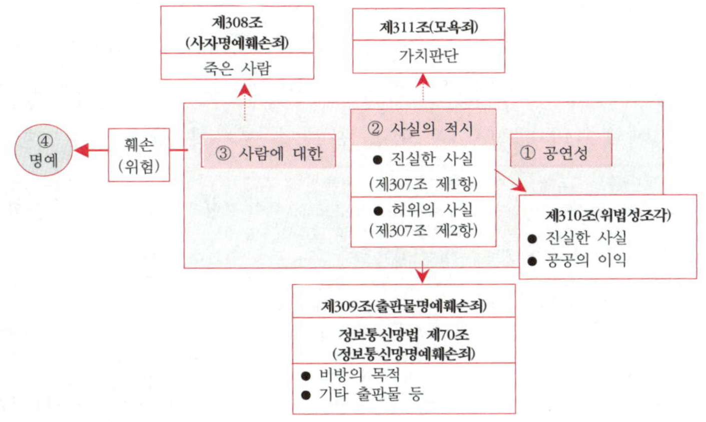

명예훼손죄의 행위방법으로 미디어가 사용되었을 경우에 형법상으로 출판물명예훼손죄(제309조) 또는 정보통신망법상 정보통신망명예훼손죄(정보통신망법 제70조)가 성립한다. 사자명예훼손죄와 모욕죄는 친고죄(제312조 제1항)이고, 명예훼손죄는 반의사불벌죄(제312조 제2항)이다

Ⅱ. 명예훼손죄

제307조(명예훼손) ① 공연히 사실을 적시하여 사람의 명예를 훼손한 자는 2년 이하의 징역이나 금고 또는 500만 원 이하의 벌금에 처한다. ② 공연히 허위의 사실을 적시하여 사람의 명예를 훼손한 자는 5년 이하의 징역, 10년 이하의 자격정지 또는 1천만 원 이하의 벌금에 처한다.

1. 구성요건

(1) 사 람 명예의 주체는 자연인과 법인(대판 4291형상539)이다. 유아·정신병자도 포함된다. 법인에는 '법적으로 승인된 사회적 기능'을 하고 통일적 의사를 형성할 수 있는 법인격 없는 사단(예: 노동조합, 시민단체)도 포함되지만, 동호회(예: 자전거, 등산)는 제외된다. 감시와 비판을 위해 국가·지방자치단체도 제외된다(대판 2014도15290).[1] 군대의 상관은 군형법상 명예훼손죄(제64조 제3, 4항)[2]의 주체가 된다. 명예의 주체인 **피해자는 특정**되어야 한다. 사람의 성명을 명시할 필요는 없고, 표현의 내용을 주위사정과 종합 판단하여 어느 특정인을 지목하는 것인가를 알 수 있으면[3] 충분하다. 집단구성원 내의 어떤 개별구성원을 가리키는지가 누구나 알 수 있는 경우도 피해자는 특정된 것이다. 또한 **특정 집단의 구성원 모두**를 명예훼손의 대상으로 삼고, 집단의 크기와 성격을 고려할 때[4] 집단표

1 그 이유는 "국가나 지방자치단체는 … 기본권의 주체가 아니고 … 국민의 광범위한 감시와 비판의 대상이 되어야 하며 이러한 **감시와 비판은 그에 대한 표현의 자유**가 충분히 보장될 때에 비로소 정상적으로 수행될 수 있"기 때문이다(대판 2014도15290).

2 군형법상 명예훼손죄에도 형법 제310조는 유추적용된다(대판 2023도13333).

3 [명예훼손피해자 특정] 성씨의 마을에서 甲은 그 성씨 종중 재산관리위원장 乙과 다투던 중 마을방송으로 "어떤 분자가 종중재산을 횡령 착복하였다"는 거짓말을 하였다. 방송을 청취한 부락민들은 그 분자가 乙임을 알 수 있었다. ① (대판 82도1256) 피해자는 특정된 것이고, 마을방송은 기타 출판물등에 해당하지 않으므로 甲은 허위사실적시명예훼손죄(제307조 제2항)가 성립한다.

4 [집단표시 명예훼손] 신경과전문의 甲은 국회공청회에서 "정신과는 미친 사람만 가는 곳이고, 치매는 정신과 질환이 아니다", "정신과의사들이 약을 많이 쓴다"고 말했다. ① 정신과환자는 집단크기가 너무 크고, 정신과의사 집단표시는 성립하지만, 그런 발언을 **표현의 자유 범위 내**에 두더라도

시에 의한 비난이 개별구성원의 사회적 평가에 영향을 미칠 수 있으면, 명예주체는 특정된 것이다(집단표시 명예훼손).

대상	요건	특정성 인정	특정성 불인정
집단 구성원 전체	① 집단표시가 일반인으로부터 일정한 집단을 구별하게 하고, 그 집단의 구성원 모두를 명예훼손행위의 대상으로 삼은 경우 ② "구성원 개개인에 대한 것으로 여겨질 정도로 구성원 수가 적은 경우"(대판 2002다63558)	• "3.19 동지회 소속 교사들" (대판 99도5407) • "대전 지역 검사들" (대판 2002다63558) • "지방경찰청 기동수사대" (대판 2004다35199) • "모든 형사" (OLG Düsseldorf MDR 1981)	• "모든 서울시민" (대판 4293형상244) • "모든 학자", "모든 카톨릭신자" (BGHSt 11, 209) • "모든 여자" (LG Hamburg NJW 1980, S.56)

(2) **공 연 성** 명예훼손은 공연히[5] 한 것이어야 한다. 공연성(公然性)이란 "**불특정 또는 다수인이 인식할 수 있는 상태**"(대판 83도3124)를 말한다. 불특정한 사람이란 인적 사항이 아니라 특수한 관계로 한정된 범위의 사람이 아닌 것을 말하고, 다수인이란 (특정된 사람일지라도) 상당한 수[6]의 사람을 말한다. 판례는 "한 사람에 대하여 사실을 **유포**하더라도 이로부터 불특정 또는 다수인에게 **전파될 가능성**[7]이 있다면"(예: "개인 블로그 비공개 대화방에서 비밀을 지키겠다는 말을 듣고 일대일로 대화"[대판 2007도8155]), 공연성을 인정한다(**전파가능성설**). 그러나 私見으로 전파가능성 법리는 "공연히"를 "유포"(제313조) 개념으로 바꾼 것으로서 이는 유추금지원칙에 위배된다. 판례도 이처럼 전파가능성이 공연성 요건을 형해화하고, 표현의 자유를 위축시킬 우려를 떨쳐내기 위해(대판 2020도5813) 전파가능성을 **검사의 엄격증명책임**으로 보고(대판 2020도8336), 전파가능성의 인식과 그 위험을 용인하는 의사(대판 2004도340)가 필요하다고 보고, 전파가능성을 인정하지

"공론장에서 건전한 토론과 비판"(서울중앙지법 2011가합104944 판결)으로 그 폐단을 여과할 수 있기에 甲은 명예훼손죄가 성립하지 않는다.

5 군형법 제64조 제1항("상관을 그 면전에서 모욕한 사람은 2년 이하의 징역이나 금고에 처한다.")의 **상관모욕죄는 면전에서 하면 되고 공연성이 요구되지 않는다**(대판 2015도11286).

6 [공연성] 신자 甲은 같은 교회의 乙을 비방하려고 허위사실이 들어 있는 출판물 15부를 같은 교회의 15인에게 배부하였다. ① (대판 83도3124) 특수관계의 14인이어도 공연성이 인정된다. 甲은 허위사실적시출판물명예훼손죄(제309조 제2항)가 성립한다.

7 [전파가능성] 甲은 같은 직장 승강기직원 乙과 1회 성관계를 가졌고 乙은 임신을 했다. 乙은 甲의 처 丙에게 보상을 해주지 않으면 사회적으로 매장시키겠다고 말했다. 乙은 낙태비용을 받고 1억원을 요구하였다. 甲은 노조위원장 丁의 집에 찾아가 가족과 관리과장 戊가 있는 자리에서 '乙과 성관계를 한 사실이 없는데, 乙이 임신에 대한 보상을 요구한다는 거짓말을 하였다. ① (대판 86도556) 丁과 戊가 외부에 전파할 가능성이 있고, 甲은 허위사실 명예훼손죄가 성립한다.

않는 사례군으로 **가족,**[8] **직장상사,**[9] **친구,**[10] **지인,**[11] **기사화되지 않은 언론 제보**[12] 등을 확립하였다.

(3) **사실의 적시** 사실의 적시는 특정인의 사회적 가치 내지 평가를 침해할 가능성이 있을 정도로 시·공간적으로 **구체적인**[13](대판 2003도1868) 과거 또는 현재의 **사실관계에 관한 보고 내지 진술**[14]로서 그 표현내용이 **증거에 의한 입증이 가능한 것**(대판 97도2956)을 말한다. ① 사실에 해당하지 않는 사항(예: 의견,[15] 감정표현)은 **감정표현**[16]**이거나 가치판단**이다. 학술

---

8 [가족의 전파] 甲은 딸 丁이 乙과 丙의 아들 戊와의 파경을 수습하기 위한 자리에서 감정이 격해져서 乙에게 "사이비 기자", 丙에겐 "너 이 쌍년 왔구나"라고 말하였다. 그 자리에는 甲, 乙과 丙의 아들, 딸, 사위만 있었다. ① (대판 83도49) 甲의 발언은 모욕죄에 해당하지만 "신분관계로 보아 불특정 다수인에게 전파될 가능성"이 인정되지 않는다. ② 친척관계라 할지라도 "**공개된 장소에서 큰 소리로 말**하여 다른 마을 사람들이 들을 수 있을 정도였던" 경우에는 불특정 또는 다수인이 인식할 수 있으므로 공연성이 인정된다(대판 2020도5813).

9 [상사의 전파] 甲은 乙이 소속한 중학교의 법인 이사장 丙에게 "乙은 전과 6범으로 이웃을 해치고 고발을 일삼는 악덕교사이다"라는 허위진정서를 냈다. ① (대판 83도2190) 丙은 진정서내용을 전파할 가능성이 없다. ② (評釋) 학교는 공무소가 아니므로 무고죄는 성립하지 않는다.

10 [친구의 전파] 甲이 제기한 乙과의 이혼소송에서 乙의 친구 교수 丙은 乙에게 유리한 진술서를 작성하여 주었다. 甲은 丙에게 사실을 알리는 편지를 보내면서 乙의 명예를 훼손하는 서신을 함께 동봉하였다. ① (대판 99도4579) 丙은 乙의 친구로서 전파할 가능성이 없다.

11 [지인의 전파] 甲은 자신의 아들한테 폭행을 당하여 입원한 乙의 병실에서 乙의 엄마 丙이 乙이 폭행으로 정신병도 얻었다고 하자, 진실을 알기 위해 乙에게 '게임 하느냐', '정신과 진료를 받은 적이 있냐'고 물었다. 乙은 정신과에서 심리검사를 받은 적이 있었다. 병실에는 甲의 친구 丁과, 丙의 이웃점포주인 戊가 병문안을 와 있었다. ① (대판 2010도7497) 甲과 乙, 丙의 대화는 특수관계의 사람 2명만 있었기 때문에 전파가능성도 인정되지 않는다. ② (評釋) 甲의 발언은 폭행과 정신병의 인과관계를 알아보려는 질문이므로, 사실의 '적시'에도 해당하지 않는다.

12 [언론제보] 甲은 乙의 국가유공자보상금을 받는 선순위자로 자신을 지정해달라고 보훈청에 신청하였으나 기각되자, 신문기자에게 乙의 명예를 훼손하는 허위내용을 제보하였지만 기사화되지 않았다. ① (대판 99도5622) "기사화되어 **보도되어야만 적시된 사실이 외부에 공표된다. 기자가 취재를 한 상태에서 아직 기사화하여 보도하지 아니한 경우에는 전파가능성이 없다.**" 甲은 사자명예훼손죄가 성립하지 않는다. ② (評釋) 사자명예훼손미수는 불가벌이고 사기미수가 성립한다.

13 [구체적 사실적시] 甲은 군수 乙의 기사 丙에 관한 소문을 듣고, '검찰에서 丙을 구속하고 乙을 조사하고 있다'는 내용과 관할지청장실 전화번호 끝자리를 생략한 허위발신번호를 기재한 문자메시지를 다수인에게 보냈다. ① (대판 2011도6904) 이 문자로는 "'지청장이 그와 같은 내용을 알린다'는 **사실이 곧바로 유추**될 수 있다고 보이지 않으므로, 지청장의 사회적 가치나 평가를 저하시키기에 충분한 구체적인 사실의 적시가 있다고 볼 수 없"다.

14 [사실적시와 감정표현] 甲은 乙에게 눈밑지방제거술을 받고, 포털사이트에 "내 눈은 지방제거를 잘못 했고, 모양도 이상하다 … 인생 망쳤음"라는 댓글을 달았다. ① (대판 2008도8812) 甲의 댓글은 사실의 적시이지만, 소비자의 "의사결정에 도움이 되는 정보 및 의견의 제공이라는 공공의 이익에 관한 것이어서 비방할 목적이" 없다.

15 [의견 내지 입장표명] '야당 대통령후보였던 乙은 부림사건의 변호인으로서 체제전복을 위한 활동을 한 국가보안법 위반 사범들을 변호하면서 그들과 동조하여 그들과 동일하게 체제전복과 헌법적 기본질서를 부정하는 활동인 **공산주의 활동 내지 공산주의 운동**을 해 왔다.'는 취지의 甲의 발언은 **자신의 경험을 통한 乙의 사상 또는 이념에 대한 의견 내지 입장표명**에 해당하여 이를 乙의 명예를 훼손할 만한 구체적인 사실의 적시라고 보기 어렵다(대판 2020도12861). ② (評釋) 동장

적 비평에서 구체적 사실관계의 서술은 비평자가 자신의 의견을 강조하기 위한 수단인 경우에는 사실의 적시에 해당하지 않는다(대판 2016도19255). '역사적 사실'과 같이 "고정적인 사실이 아니라 사후적 연구, 검토, 비판의 끊임없는 과정 속에서 재구성되는 사실인 경우"에는 "학문적 표현에 숨겨진 배경이나 배후를 섣불리 단정하는 방법으로 **암시에 의한 사실 적시**를 인정"해서는 안 된다(대판 2017도18697[제국의 위안부 사건]). ② 사실은 사람의 **인격에 대한 사회적 평가와 관련**이 있는 사항(예: 인격, 기술, 지능, 학력, 경력, 건강, 신분, 가문)이어야 한다. 경제적 가치에 대한 명예훼손은 신용훼손죄가 성립한다(특별관계). **공공적·사회적인 의미를 가진 사안**에 관한 방송보도[17]는 개인의 명예와 직접 관련이 없다(헌재결 97헌마265). ③ 사실이 진실인 경우에는 제307조 제1항 또는 제309조 제1항이 적용되고 허위인 경우엔 제307조 제2항, 제309조 제2항이 적용된다. 적시된 사실의 진실·허위 여부가 입증되지 않는 경우에는 두 구성요건 모두 적용하지 않는 것은 아니라 피고인에게 유리한 구성요건을 적용한다.[18] 허위사실 적시 명예훼손죄는 "**적시 사실이 허위임을 인식**하여야 하고, 이러한 허위의 점에 대한 인식, 즉 고의에 대한 **입증책임은 검사에게** 있다"(대판 2010도10864). ④ 사실을 **적시하는 방법**에는 제한이 없다. 가령 댓글달기(대판 2008도2422)[19]도 명예훼손적인 사실의 적시가 될 수 있다. "사회의 일부에

이 주민들과의 저녁식사 모임에서 '乙은 이혼했다는 사람이 왜 마을제사행사에 왔는지 모르겠다.'는 취지로 말한 것은 의견표현이라는 판례(대판 2020도15642)도 이와 같다.

16 [감정표현과 가치판단] "야 개 같은 잡년아 시집을 열 두 번을 간 년아, 자식도 못 낳는 창녀 같은 년"(대판 85도1629), "늙은 화냥년의 간나, 너가 화냥질을 했잖아"(대판 87도739), "아무 것도 아닌 똥꼬다리 같은 놈"(대판 88도1397) 등은 **감정표현**이다. 인터넷 트위터계정에 '종북'이나 '주사파' 등 부정적인 표현은 그로 인해 누구의 객관적으로 평판이나 명성이 손상되었다는 점까지 증명되어야 명예훼손책임이 인정된다"(대판 2014다61654).

17 [공공적 사안 보도] PD 甲은 "정부에서는 국민들의 안전을 최우선으로 협상했다고 하지만 결과를 보면 국민들의 안전을 지키기 위해서 어떤 노력을 했을까 의문이 들지 않습니까?"라고 말하였다. ① (대판 2010도17237) 甲의 발언은 "공직자인 피해자들의 명예와 직접적인 연관을 갖는 것이 아"닌 의견표명이고, 이 "방송보도가 여론형성이나 공개토론에 이바지할 수 있는 **공공성 및 사회성을 지닌 사안**을 그 대상으로 하고 있"어서 甲은 명예훼손 고의가 없다. ③ (評釋) 논평의 내레이션도 사실의 적시이고, 그 **중요부분이 진실**인 경우에 제310조가 적용된다.

18 우리나라 법원도 선택확정(Wahlfeststellung)을 하지만 이론적으로 의식하지는 않는 듯하다.

19 "포탈사이트의 기사란에 마치 특정 여자연예인이 재벌의 아이를 낳았거나 그 대가를 받은 것처럼 댓글이 달린 상황에서 같은 취지의 댓글을 추가 게시한 경우"도 명예훼손죄가 성립한다.

서 다루어진 소문이라고 하더라도 이를 적시하여 사람의 사회적 평가를 저하시킬 만한 행위를 한 때에는 명예훼손에 해당한다"(대판 93도3535). 다만 소문의 진위확인을 위한 **질문**[20]이나 **대답**[21]은 '적시'에 해당하지 않는다(대판 2018도4200). 사실을 적시하면 곧바로 기수가 성립한다.

(4) 소극적 요건(진실성과 공익성) 제310조(위법성의 조각)는 "제307조 제1항의 행위가 진실한 사실로서 오로지 공공의 이익에 관한 때에는 처벌하지 아니한다"고 규정한다. 여기서 ① "**진실한 사실**이란 그 내용 전체의 취지를 살펴볼 때 **중요한 부분**[22]이 객관적 사실과 합치되는 사실이라는 의미로서 세부에 있어 진실과 약간 차이가 나거나 다소 과장된 표현이 있더라도 무방하다"(2013도12430). ② **오로지 공공의 이익**은 판례에 의하면 "**국가·사회 기타 일반 다수인의 이익**에 관한 것뿐만 아니라 **특정한 사회집단이나 그 구성원 전체의 관심과 이익**에 관한 것도 포함"(대판 98도2188)된다. 즉 **공익**뿐만 아니라 **집단적 사익**[23]도 공공의 이익에 포함된다. 더 나아가 판례는 공익이나 집단적 사익이 아닌 "**개인에 관한 사항**(예: 범죄전력[24])이더라도 그것이 공공의 이익과 관련되어 있고 **사회적인 관심**을

20 [확인질문] 목사 甲은 "전임목사가 집사의 무릎을 베고 눕고, 집사는 목사의 흰머리를 뽑고, 목사의 부인이 들어오자 집사는 '목사님 옛 애인이 들어오네'라고 말했다"는 소문을 듣고, 집사 乙에게 그것이 사실이냐고 물었다. ① (대판 85도588) 甲의 **질문**은 "경험칙상 충분히 있을 수 있는 일로서 명예훼손의 고의 없는 **단순한 확인에 지나지 아니하여 사실의 적시라고 할 수 없다.**"

21 [질문답변] 작업장 책임자 甲은 乙로부터 성추행 사건을 보고받았지만, 직원 5명이 있는 회의 자리에서 상급자로부터 경과보고를 요구받고 이에 대답하면서 '乙은 성추행 사건에 대해 애초에 보고한 사실이 없는데도 이를 수사기관 등에 신고하지 않았다고 과태료 처분을 받는 것은 억울하다'는 발언을 하였다. ① (대판 2021도17744) "**질문을 받게 되자 이에 대답**하는 과정에서 타인의 명예를 훼손하는 듯한 사실을 발설"한 것이면 명예훼손(제307조 제2항)의 **고의를 인정하기 어렵고**, 질문에 대한 단순한 확인 취지의 답변은 **사실의 적시라고 볼 수 없다**.

22 [진실성과 공익성] 甲은 택시운송조합 이사장선거에 출마하여 조합원들에게 '전 이사장이 대의원총회에서 불신임당하고 업무상의 비리로 구속되었고, 경쟁후보자 乙은 전 이사장과 매우 친밀한 관계를 유지하고 있다'는 진실한 내용을 담은 A4 프린트물을 배포했다. ① (대판 97도158) 적시한 사실의 **중요부분이 진실한 사실**이고 **조합원 전체의 관심과 이익에 관한 사항이고, 상대후보와 전 이사장에 관한 정보를 투표권자에게 제공한다는 점에서 공공의 이익**에 관한 것이다.

23 [공공의 이익] 노조위원장으로 당선된 甲은 전임조합장 乙이 체육복을 터무니없이 비싼 가격에 구입했다는 등 그 중요부분이 진실한 내용의 벽보를 배차실 벽에 붙였다. ① (대판 92도3160) 적시사실이 진실이었고, "**조합원들에게 알리기 위한 것인 이상 공공의 이익**을 위한 것"이므로 제310조에 의해 위법성이 조각된다.

24 [개인적 사항의 공익성] 甲은 차기 종친회 회장으로 출마한 乙이 발언을 하기 직전 회의장에서 乙의 횡령범죄전력에 근거하여 사기꾼이라고 외쳤다. ① (대판 2021도10827) **범죄전력은 개인적인 사항**이지만, 乙이 종친회 회장으로 출마함으로써 공공의 이익과 관련성이 발생한 이상 그러한 사

획득한 경우"라면 그 "사인이 관계하는 사회적 활동의 성질과 사회에 미칠 영향을 헤아려 공공의 이익에 관련되는지 판단한다." 그러나 양육비의 신속한 지급을 얻어내기 위해 양육비 미지급자 신상 공개 사이트에 신상 정보를 공개하는 글처럼 사적 제재 수단인 경우는 공공의 이익에 해당하지 않는다(대판 2022도699). ③ 판례는 "오로지"라는 문언에도 "행위자의 **주요한 동기 내지 목적이 공공의 이익을 위한 것이라면 부수적으로 다른 사익적 목적이나 동기가 내포되어 있더라도**"(대판 2021도6416) 무방하다고 본다. 私見으로 "오로지 공공의 이익"은 '동기의 주요부분'이라는 양적 의미 외에 '**진정성**(authenticity)있게'[25] 공공의 이익을 위한다는 질적 의미로도 해석할 필요가 있다.

[제310조의 위법성조각사유설과 소극적 구성요건설] ① 판례(위법성조각사유설)는 제310조를 **제307조 제1항의 위법성조각사유**로 보고(대판 84도1547), 다만 출판물 등에 의한 사실의 적시가 진실한 사실로서 공공의 이익을 위한 경우에는 "특별한 사정이 없는 한 **비방 목적은 부인되므로** 이 경우 제307조 제1항 소정의 명예훼손죄의 성립 여부가 문제될 수 있고 이에 대하여는 다시 제310조에 의한 위법성 조각 여부가 문제로 될 수 있다"고 본다(대판 97도158). 이에 따라 1) "적시된 사실이 진실한 것이라는 증명이 없더라도 행위자가 그 사실을 진실한 것으로 믿었고 또 그렇게 **믿을 만한 상당한 이유가 있는 경우에는 위법성이 없다**"[26]고 보게 되며,[27] 2) 진실성과 공익성은 "**행위자가 증명하여야 하는 것이나**, 그 증명은 법관으로 하여금 의심할 여지가 없을 정도의 확신을 가지게 하는 **증명력을 가진 엄격한 증거에 의하여야 하는 것은 아니**"다(대판 95도1473)고 보게 된다. ② 私見으로 제310조는 개인의 **명예보호와 표현의 자**

정만으로 형법 제310조의 적용을 배제할 것은 아니다.

25 [오로지] 甲은 학교운영의 정상화를 위해 학원 이사장 乙의 아파트 앞에서 乙의 주소를 명기하고 "교육을 빙자한 장사꾼", "유령동창회비 어디갔나" 등 대체로 진실한 내용의 피켓을 들고 시위하였다. ① (대판 2006도6049) 적시사실들이 아파트 주민과 관련이 없고, 주소를 명시할 사정도 없다는 점에서 '오로지' 공공의 이익에 관한 것으로 볼 수 없다. ② (評釋) 총학생회에 대한 부정적 사회적 인식을 의식하여 학생회 임원진의 농활 중 음주와 음주운전사실을 페이스북에 게시한 총학생회장의 행위도 공익성을 인정하여 위법성을 조각시킨 대판 2022도13425도 같은 취지이다.

26 [비방목적보도과 제310조] 甲은 국민적 관심사인 乙의 의문사에 관해 "乙이 사망 직전 동행한 사람은 안기부직원 여자 丙이었다"는 기사를 실었다. 진실은 밝혀지지 않았다. ① (대판 94도3191) 甲은 명예훼손죄가 적용되고 "적시된 사실이 **공공의 이익에 관한 것이면 진실한 것이라는 증명이 없다 할지라도 행위자가 진실한 것으로 믿었고 또 그렇게 믿을 만한 상당한 이유가 있는 경우에는 위법성이 없다.**"

27 제310조를 위법성조각사유로 보면, 진실성과 공익성에 대한 착오는 **정당화상황(위법성조각사유의 전제사실)에 관한 착오**가 되고, 제16조를 적용하면 "정당한 이유"가 인정되어도 **책임을 조각시키는 사유**가 된다. 위법성조각사유로 보더라도 정당화상황착오는 명예훼손고의가 탈락시킨다.

유의 조화와 균형을 꾀하는 규정이므로, 적시사실의 진실성과 공익성은 **소극적 구성요건**이다. 명예훼손은 표현의 자유의 정당한 행사가 끝나는 곳에서 시작한다. 제310조는 비방목적의 출판물명예훼손(제309조 제1항)에도 '직접' 적용되고, 모욕죄(제311조)에도 '유추' 적용될 수 있다. 다만 공익이 아니라 집단적 사익에 대해서 제310조는 위법성조각사유로 봄이 더 적절하다. 이에 따르면 진실성과 공익성에 대한 **착오는 사실의 착오로서 고의를 조각**(제13조)시키며, 입증책임(증명불능의 불이익의 귀속)도 검사(와 법원)에 있고, 피고인은 합리적 의심을 갖게 할 정도의 입증활동하는 부담(입증부담)을 질 뿐이다.

[제307조 제2항과 위법성조각] 판례는 명예훼손의 피해자가 **공적인물/공적인 관심사안**과 사적 인물/사적인 영역사안을 나누어 후자의 경우에는 표현의 자유보다 명예의 보호라는 인격권을 우선하고, 전자의 경우에는 **표현의 자유에 대한 제한이 완화**되어야 한다고 본다. 따라서 "정부 또는 국가기관의 정책결정 또는 업무수행과 관련된 사항을 주된 내용으로 하는 발언으로 정책결정이나 업무수행에 관여한 공직자에 대한 사회적 평가가 다소 저하될 수 있더라도, 발언 내용이 공직자 개인에 대한 악의적이거나 심히 경솔한 공격으로서 현저히 상당성을 잃은 것으로 평가되지 않는 한, 그 발언은 여전히 공공의 이익에 관한 것으로서 공직자 개인에 대한 명예훼손이 된다고 할 수 없다."[28] 그러나 이러한 위법성 판단은 허위사실적시 명예훼손(제307조 제2항)에도 적용되므로, 제310조의 적용이 아니라 사회상규(제20조)의 적용에 관한 것으로 보인다.

2. 미디어에 의한 명예훼손죄

제309조(출판물등에 의한 명예훼손) ① 사람을 비방할 목적으로 신문, 잡지 또는 라디오 기타 출판물에 의하여 제307조 제1항의 죄를 범한 자는 3년 이하의 징역이나 금고 또는 700만 원 이하의 벌금에 처한다. ② 제1항의 방법으로 제307조 제2항의 죄를 범한 자는 7년 이하의 징역, 10년 이하의 자격정지 또는 1천500만 원 이하의 벌금에 처한다.

명예훼손죄의 가중구성요건으로 출판물명예훼손죄(제309조)와 정보통신망법상 명예훼손죄(정보통신망법 제70조)가 있다.[29] 이들 구성요건은 제307

28 [대통령직무수행명예훼손] S호 참사 국민대책회의 공동위원장 甲은 기자회견을 하던 중 'S호 참사 당일 7시간 동안 대통령 乙이 마약이나 보톡스를 했다는 의혹이 사실인지 청와대를 압수·수색해서 확인했으면 좋겠다.'는 발언을 하였다. 이는 사실이 아니었다. ① (대판 2016도14995) 甲은 구체적인 사실을 적시하였다고 단정하기 어렵고, 공적 인물과 관련된 **공적 관심사항에 대한 의혹 제기 방식으로 표현**행위를 한 것으로서 대통령 개인에 대한 악의적이거나 심히 경솔한 공격으로서 현저히 상당성을 잃은 것으로 평가할 수 없어 명예훼손죄로 처벌할 수 없다.

29 [언론사허위제보] 甲은 'S㈜의 성장은 정부고위층의 특혜지원 때문이고, 정부고위층의 압력으로 검찰이 무혐의처리를 하였다'는 허위내용을 乙에게 알렸고, 乙은 신문사에 제보하였으며 신문사

조의 표지를 모두 충족하고, 추가로 '**비방의 목적**'과 법에서 열거한 '**미디어**'를 수단으로 삼았어야 한다. 비방할 목적의 반가치성과 미디어라는 수단의 대량침해 위험성(다수인 인지, 장기보존) 때문에(대판 97도158) 가중처벌한다. 출판물이 정보통신망을 통하여 발간되면 정보통신망법상 명예훼손죄가 적용되고, 미디어에 의해 명예훼손을 하였어도 '비방의 목적' 표지가 충족되지 않았으면 명예훼손죄(제307조)가 적용된다.

(1) **비방할 목적** 비방할 목적을 추가요건을 삼은 것은 미디어에서 표현의 자유(언론의 자유)를 보호하기 위함이다. 따라서 미필적 고의로는 성립할 수 없다. 판례는 "명예를 훼손"한다는 표지와 "비방할 목적"의 표지를 구분[30]하면서도 공공의 이익이 인정되면 사실상 '비방할 목적'을 부인하고,[31] 단순명예훼손죄(제307조)와 제310조를 적용한다. 그러나 기자는 개인적으로 비방의 목적을 갖고 있으면서도 그의 취재·보도는 진실한 사실로서 공공의 이익에 관한 것일 수도 있다. 그 경우에도 제310조에 의하여 출판물명예훼손죄의 구성요건해당성을 탈락한다.

(2) **미 디 어** **제309조**는 신문, 잡지, 라디오 기타 출판물에만 적용된다. **기타 출판물**은 등록·출판된 제본인쇄물이나 제작물 또는 "그와 같은 정도의 효용과 기능을 가지고 사실상 출판물로 유통·통용될 수 있는 외관을 가진 인쇄물"(대판 97도133)이다. 제309조의 입법취지를 고려하면

는 기사화하여 독자들에게 배포하였다. ① (대판 2000도3045) 허위기사재료를 **기자에게 제공하여** 신문에 보도하게 하면 제309조 제2항의 **간접정범**이 성립하고, "기사의 취재작성과 **직접적인 연관이 없는 자에게**" 알리면 성립하지 않는다. ② (評釋) 언론사는 **신빙성과 기사가치를 판단하여** 기사화를 결정하므로 제보자는 기자를 의사지배할 수 없고 간접정범이 될 수 없다.

30 [비방할 목적 증명] 甲은 고등학교 동창인 乙로부터 사기 당했던 사실을 동창 10여 명이 참여하던 단체 채팅방에서 '乙이 내 돈을 갚지 못해 사기죄로 감방에서 몇 개월 살다가 나왔다. 집에서도 포기한 애다. 너희들도 조심해라.'는 글을 게시하였다. ① (대판 2022도4171) 사회집단의 이익에 관한 사항으로서 공공의 이익을 위한 행위이고, 그에 상반되는 주관적 의도인 "비방할 목적"은 명예훼손과 별개의 요건으로서 검사가 엄격한 증명으로 합리적 의심의 여지가 없을 정도로 증명하지 않는 한 정보통신망법상 명예훼손죄(제70조 제1항)는 성립하지 않는다.

31 [비방할 목적] 甲은 H산후조리원을 퇴원하면서 임신·육아카페에 좋은 점과 나쁜 점(보일러 고장, 소음)을 게시글로 올렸고, 많은 댓글과 찬반토론이 벌어졌다. ① (대판 2012도10392) 주요내용이 진실하고 甲의 주요 의도가 "**정보 및 의견 제공이라는 공공의 이익**에 관한 것"이면, 부수적으로 **다른 사익적 목적(예: 환불)이 있었어도 비방할 목적이 있었다고 보기 어렵다.**" 제307조 제1항이 적용되지만 제310조로 위법성이 조각된다. ② (評釋) 환불받기 위한 비방목적이 있더라도 정보통신망법 제70조 제1항과 제310조를 적용한다.

사회기구에 의해 조직적·계속적으로 다수의 일반인에게 유통되는 인쇄물이어야 한다. **정보통신망을 통한 명예훼손**(정보통신망법 제70조)은 전기통신설비(예: 휴대폰문자)를 이용하거나 컴퓨터에 의한 정보통신체제(인터넷과 인터넷TV, IPTV)를 이용하는 명예훼손을 말한다. 명예훼손적 사실이 적시된 웹사이트를 링크해 둔 경우도 사실의 적시에 해당한다.

기타 출판물 불인정사례	기타 출판물 인정사례
• 제호의 기재가 없는 가로 25cm, 세로 35cm 정도의 낱장 종이에 자기 주장을 광고하는 문안이 인쇄되어 있는 인쇄물(대판 97도158) • 장수가 2장에 불과하며 제본방법도 조잡한 것으로 보이는 최고서 사본(대판 97도133) • 모조지 위에 싸인펜으로 기재한 삽입광고문(대판 85도1143) • 컴퓨터 워드프로세서로 작성되어 프린트된 A4 용지 7쪽 분량의 인쇄물(대판 99도3048)	• 종친회가 발간한 책자(예: 廣李世積) • 감사원의 감사주사가 기자회견장에서 제시한 일일감사상황보고서(대판 2000도329)

(3) 기수 및 종료 판례는 "서적·신문 등 기존의 매체에 명예훼손적 내용의 글을 게시하는 경우에 그 **게시행위**로써 명예훼손의 범행은 **종료**"한다고 본다. 정보통신망을 이용한 명예훼손처럼 게시 이후 "독자의 접근가능성이 기존의 매체에 비하여 좀 더 높더라도 범죄의 종료시기가 달라"지지 않는다(대판 2006도346). 私見으로 인터넷의 국경초월, 정보의 확대재생산 및 고통의 중대성을 고려하고 인터넷에서 '**사라질 권리**'(right to be forgotten)를 보장하기 위하여 기수는 **게시행위**를 한 때로 종료(공소시효의 기산점)는 그 **게시물을 삭제한 시점**으로 볼 수 있다.

Ⅲ. 사자명예훼손죄

제308조(사자의 명예훼손) 공연히 허위의 사실을 적시하여 사자의 명예를 훼손한 자는 2년 이하의 징역이나 금고 또는 500만 원 이하의 벌금에 처한다.

사자명예훼손죄(제308조)는 죽은 사람(死者)에 대한 허위사실적시[32] 명예훼손죄이다. "사자명예훼손죄는 **사자에 대한 사회적, 역사적 평가**를 보호법익으로"(대판 83도1520) 한다. 역사적 가치로 남아 있는 사자의 명예에

32 [사자명예훼손죄] 甲은 죽은 乙이 빚 때문에 도망 다니며 죽은 척하는 나쁜 놈이라고 사람들에게 거짓말을 하고, 乙의 처에게 인장을 받아 乙 명의의 차용증서를 乙의 생존중의 작성일자로 만들었다. ① (대판 83도1520) 甲은 사자명예훼손죄가 성립한다.

대해 **유족이 갖는 이해관계**(예: 사자명예의 승계)도 부차적인 보호법익이다. **친고죄**이고(제312조 제1항), 유족은 고소권을 갖는다(형사소송법 제227조).

[예술적 표현과 사자명예훼손] 판례[33]는 역사드라마에서 허구적 묘사가 역사적 개연성을 잃지 않았으면 (사자명예훼손죄의) 고의를 부정하고, **합리적 시청자가 역사적 사실로 오해하지 않을 정도인** 경우에는 허위사실의 적시를 부정한다. 私見으로 영상예술의 허구적 묘사는 시뮬라크르(simulacre)로서 하이퍼리얼을 만들어내며, 역사드라마는 교육적 기능과 정치적 영향력을 발휘한다. 예술적 표현과 정치적 표현이 혼재되는 현대사의 역사드라마에서 죽은 자의 삶에 대한 허구적 묘사는 **역사학계의 지배설**이거나 **진실일 고도개연성**이 있는 경우에만 사자명예훼손고의를 부인해야 한다. 허구적 묘사의 드라마 장면들이 배열과 편집의 기법(시네마토그래피 cinematography)에 따라 **비합리적 시청자**들에게 단일한 의미를 만들어내면 허위사실적시가 인정된다.

Ⅳ. 모 욕 죄

제311조(모욕) 공연히 사람을 모욕한 자는 1년 이하의 징역이나 금고 또는 200만 원 이하의 벌금에 처한다.

모욕죄의 **보호법익**은 외부적 명예와 그것에 대한 주관적인 판단 및 명예감정이다. 추상적 위험범[34]이며, 친고죄이다. 사이버상 모욕도 모욕죄가 적용된다.

(1) 공연성과 모욕 **공연성**이 없을 때(예: 사돈간 대화)에는 범죄가 성립하지 않고, 국가·지방자치단체는 사람에 해당하지 않는다(대판 2014도

33 [사자명예훼손드라마] PD 甲은 S1945를 연출하면서 초대대통령 乙이 허구인물 丙을 통해 당시 좌파 리더인 丁의 암살을 암묵적으로 지시하고, 丙이 丁을 암살하려고 했던 것처럼 묘사하였다. 丙은 71회분 중 몇 회만 등장하는 가상인물이었다. ① (대판 2007도8411) "**합리적인 시청자라면 허구적 성격의 역사드라마의 경우 이를 당연한 전제로 시청**할 것으로 예상되는 이상, 위 허구적 묘사가 **역사적 개연성**을 잃지 않고 있는 한" 甲의 사자명예훼손고의를 인정할 수 없고, "**시청자의 입장에서 그것이 실제로 일어난 역사적 사실로 오해되지 않을 정도에 이른 것으로 볼 수 있는지**" 등을 종합 고려하면 甲은 허위사실을 적시한 것이 아니다. ② (評釋) 위 허구적 묘사가 **역사적 고도개연성(지배설)**이 아니라면 사자명예훼손고의가 인정되고, **비합리적 시청자**가 역사적 사실로 오해할 수 있기에 허위사실적시도 인정된다. 이상돈, 예술형법, 박영사, 2014 참조.

34 [모욕죄의 위험범] 乙의 순대집에서 乙을 때리던 甲은 순경 丙이 제지당하자 손님들 앞에서 丙에게 "젊은 놈의 새끼야, 순경새끼야.", "좆도 아닌 젊은 새끼는 꺼져 새끼야."라고 외쳤다. ① (대판 2016도9674) "모욕죄는 **외부적 명예가 현실적으로 침해되거나 구체적·현실적으로 침해될 위험이 발생하여야 하는 것도 아니다.**" ② (評釋) 모욕죄는 추상적 위험범이다. 구체적 사실의 적시가 없기 때문이다.

15290). **모욕**은 사람의 **인격적 가치에 대한 "사회적 평가를 저하시킬 만한 추상적 판단[35]이나 그에 대한 경멸적 감정[36]을 표현**"하는 것이다(대판 2008도8917). 언어뿐만 아니라 행동(예: 얼굴에 침뱉기), 비언어적·시각적 수단(예: 얼굴에 개얼굴 합성영상)[37]으로도 할 수 있다. 다소 **무례한[38]** 표현, "불쾌함을 느낄 정도의 부정적·비판적 의견이나 불편한 감정을 거칠게 나타낸"(대판 2022도14571) 것은 모욕에 해당하지 않는다(대판 2015도2229). **욕설**(예: ~년아)은 **모욕과 무례 사이에** 위치하는 데 사회적 평가를 저하시키면 모욕이 되고, 상스러움이나 무례함의 극적 표현이면 모욕이 되지 않는다. 이 판단은 구체적 맥락과 정황을 종합하여 판단한다.[39] 신체장애 등과 같이 상대방이 성찰할 여지가 없는 불변의 특징(immutable characteristic)에 대한 **혐오표현**은 모욕이고 그 밖의 혐오발언(hate speech)(예: 한남충[40])은 구체적 상황에서 발화수행적(illocutionary) 의미(예: 해학 vs 부정적 인격평가)와 효과(예: 대중관심증대 vs 사회적 평가하락)를 분석하여 판단한다. 비평(예: 정치인 패러디)[41]에 포함된 경멸적 표현은 모욕고의를 배제시킨다.

---

35 [경미한 수준의 추상적 표현] 사업소 소장 甲이 직원들에게 다른 사업소(乙)의 문제를 지적하는 카톡 문자메시지에 "乙은 정말 야비한 사람인 것 같습니다"고 표현하였다. ① (대판 2019도7370) 甲의 메시지는 부정적 의견의 **경미한 수준의 추상적 표현**으로서 모욕에 해당하지 않는다.

36 [경멸 감정 표현] 교사 甲은 교무실에서 "乙은 지 아비가 양아치니까 양아치 노릇을 한다. 그 새끼는 내가 경찰서에 처넣을 거야"(㉠), "부모가 그런 식이니 자식도 그런 것이다"(㉡)라고 말하였다. ① (대판 2006도8915) ㉡은 **내용이 너무나 막연하여** 모욕죄가 아니며, ㉠은 모욕죄이다.

37 [시각적 모욕] 甲은 乙의 방송 영상을 게시하면서 乙의 얼굴에 '개' 얼굴을 합성한 영상을 유투브에 게시하였다 ① (대판 2022도4719) 비언어적·시각적 표현도 모욕행위가 될 수 있으나 甲의 표현은 불쾌한 표현이지만 乙의 인격적 가치에 대한 사회적 평가를 저하시킬 만하지는 않다.

38 [무례] 임차인 甲은 아파트 방송시설로 임차인대표 乙이 "개인적인 의사로 주택공사의 일방적인 견해에 놀아나고 있"다고 말했다. ① (대판 2008도8917) 甲의 발언은 乙이 건설회사에 주민의견을 관철시키지 못한다는 취지일 뿐 개인이익을 취한다는 오인을 받게 할 내용은 아니다.

39 불심검문을 당한 시민이 경찰관에게 일시적, 우발적으로 한 욕설은 현행범 체포가 허용되는 모욕죄의 현행범이 되지 않는다(대판 2011도3682).

40 [혐오표현] 甲은 여성외모를 소재로 삼는 웹툰작가 乙의 마스크팩 제품 인터넷판매를 저지하려고 "乙씨가 떴다 메추가리들아 출동해라~이거 안 가면 乙씨같은 한남충한테 임신공격당하고 결혼함"이라고 M사이트에 게재했다. ① **한남충**은 발화자와 수신자 모두에게 성찰필요성은 주고 거대집단에 대한 모호한 부정평가의 환유로서 특정 개인의 사회적 가치를 저하시킬 적성이 없다. "**임신공격당하고 결혼함**"은 乙이 강간임신을 범하여 어쩔 수 없이 결혼하게 만들 인격의 소유자라는 의미여서 모욕에 해당한다.

41 [의견게시글의 모욕] M방송국 라디오 심의위원 甲은 그 감독기관인 M기관의 이사장 乙이 사학분쟁조정위원 활동과 관련하여 고발 당한 기사가 보도되자 乙에 대해 자신의 페이스북에 乙을 "철면피, 파렴치, 양두구육, 극우부패세력"으로 표현하였다. ① (대판 2020도16897) 甲의 행위는 모욕에 해당하나 乙의 공적 활동에 관한 의견을 담은 글로서 사회상규에 위배되지 않는다.

(2) **사회상규** 모욕적인 표현도 그 시대의 **건전한 사회통념에 비추어 그 표현이 사회상규에 위배**[42]되지 않는 때에는 위법성이 조각된다.[43] 私見으로 제310조는 모욕죄에도 유추적용될 수 있다.[44]

42 [모욕의 사회상규위배] 甲은 소속 노동조합 위원장 乙을 '어용', '앞잡이'로 지칭하여 표현한 현수막, 피켓을 장기간 반복하여 일반인의 왕래가 잦은 도로변에 게시하였다. ① (대판 2016도88) 甲 등의 행위는 乙에 대한 모욕적 표현으로서 사회상규에 위배되지 않는 행위라고 보기 어렵다.

43 인터넷신문 댓글에 "이런걸 기레기라고 하죠?"라는 게시는 사회상규에 위배되지 않는다(대판 2017도17643).

44 [모욕죄와 불법조각] 캐디 甲은 징벌제도와 노동강도를 비판하려고 캐디카페에 '재수 없으면 벌당 잡힘. 조장한테 걸리면 공개처형 됨'이라는 글을 게시하였다.① (대판 2008도1433) 게시취지, 경미함, 게시판의 **정보교환기능** 등을 고려하면 甲의 **모욕은 사회상규에 위배되지 않는다.** ② (評釋) 진실하고 공공의 이익을 위한 것이므로 제310조를 적용하면 모욕죄가 성립하지 않는다.

§48. 신용, 업무와 경매에 관한 죄

Ⅰ. 신용훼손죄

제313조(신용훼손) 허위의 사실을 유포하거나 기타 위계로써 사람의 신용을 훼손한 자는 5년 이하의 징역 또는 1천500만 원 이하의 벌금에 처한다.

보호법익은 "**경제적 신용**, 즉 사람의 지급능력 또는 지급의사에 대한 사회적 신뢰"(대판 2006도6264)이다.

[명예훼손죄와 신용훼손죄] ① **진실한 사실을 공연히 적시**하여 경제적 명예를 훼손하면 명예훼손죄(제307조 제1항)만 성립하고, 경제적 명예와 관련한 허위의 사실을 '**유포**'한 경우에는 신용훼손죄만 성립한다. ② '공연히' 허위의 사실을 '적시'하여 명예와 신용을 훼손하면 법정형이 무거운 **신용훼손죄만 성립**하고 명예훼손죄는 배제된다(**특별관계**). ③ 미디어에 의해 거짓사실을 적시하여 경제적 명예를 훼손한 경우에는 특수한 불법요소(예: 정보통신망 기능교란)가 있고, 법정형도 높은 미디어명예훼손죄(제309조 제2항, 정보통신망법 제70조 제2항)가 신용훼손죄와 **상상적 경합**에 놓인다.

허위사실의 유포는 진실이 아닌 입증가능한 사실을 널리 퍼뜨리는 것이다.[1] 단순한 의견이나 가치판단은 이에 해당하지 않는다(대판 2021도6634).[2] 불특정 또는 다수인에게 전파하거나 전파가능성 있는 특정한 1인에게 발설하면 유포에 해당한다. **기타 위계**는 "상대방의 오인, 착각 또는 부지를 일으키게 하여 이를 이용하는 것"[3]을 말한다. 기망 외에 유혹도

1 [허위사실유포] 계주 乙은 甲에게 계원 16명에 대한 채권을 양도하고, 甲의 계주업무도 묵인하였다. 甲은 계원 몇 명이 모인 자리에서 "乙은 집도 없는 과부이며 도망가면 책임지고 도와줄 사람 없는 알몸이다"고 말했다. ① (대판 82도2486) 甲의 말은 **의견**이므로 신용훼손죄는 물론이고 명예훼손죄도 성립하지 않는다. 계원 몇 명으로는 공연성도 없으므로 모욕죄가 성립하지 않는다. ② 甲은 위계, 위력도 사용하지 않았으므로 (계주)업무방해죄(제314조)도 성립하지 않는다.

2 [의견표현과 사실적시의 혼재] 의견표현과 사실 적시가 혼재되어 있는 경우에는 이를 **전체적으로 보아** 허위사실을 유포하여 업무를 방해한 것인지 등을 판단해야지, 의견표현과 사실 적시 부분을 분리하여 별개로 범죄의 성립 여부를 판단해서는 안 된다. 비록 **기본적 사실은 진실이더라도 이에 거짓이 덧붙여져 타인의 업무를 방해할 위험**이 있는 경우도 업무방해에 해당한다. 그러나 그 내용 전체의 취지를 살펴볼 때 **중요한 부분이 객관적 사실과 합치되고 단지 세부적으로 약간의 차이가 있거나 다소 과장된 표현이 있는 정도에 지나지 않아** 타인의 업무를 방해할 위험이 없는 경우는 이에 해당하지 않는다(대판 2021도6634).

3 [위계신용훼손] 甲은 J은행 본점에 '乙이 대출금 이자를 연체하여 지점장 丙이 그 연체이자를 대납

포함한다. **신용**은 사람(자연인, 법인, 법인격 없는 단체)의 경제활동상태에 대한 사회적 신뢰를 가리킨다. 허위사실유포나 위계 행위만으로 기수가 인정(추상적 위험범설)되는 것이 아니라[4] 신용을 저하시킬 적성(구체적-추상적 위험)을 가진 행위를 할 때 기수가 성립한다. **신용훼손고의**가 인정되려면 행위자는 자신이 유포(전파가능)한 사실이 허위임을 "**적극적으로 인식**"(대판 93도1278)하였어야 하고, 적어도 "미필적 고의가 필요하므로 전파가능성에 대한 인식[5]이 있음은 물론 나아가 그 위험을 **용인하는 내심의 의사**가 있어야" 한다(대판 2004도340).

Ⅱ. 업무방해죄

제314조(업무방해) ① 제313조의 방법 또는 위력으로써 사람의 업무를 방해한 자는 5년 이하의 징역 또는 1천500만 원 이하의 벌금에 처한다. ② 컴퓨터 등 정보처리장치 또는 전자기록 등 특수매체기록을 손괴하거나 정보처리장치에 허위의 정보 또는 부정한 명령을 입력하거나 기타 방법으로 정보처리장치에 장애를 발생하게 하여 사람의 업무를 방해한 자도 제1항의 형과 같다.

업무방해죄는 **업무**를 보호대상으로 한다. 업무주체는 자연인뿐만 아니라 법인, 법인격 없는 단체도 해당한다. ① 판례에 따르면 '업무'는 "**직업 기타 사회생활상의 지위**에 기하여 **계속적**으로 종사하는 사무 또는 사업"(대판 2004도1256)이며, "경제적인 것에 국한되지 않고, 비록 1회성을 갖는 행위라도 계속성을 갖는 것이면 족"하지만(대판 95도1589) "**권리행사**"[6]

하였다'는 허위내용의 편지를 보냈다. ① (대판 2006도3400) 甲은 유포한 것이 아니라 J의 "**오인 또는 착각 등을 일으켜**" 신용을 훼손하였다.

4 **[신용훼손정도]** 퀵배달인 甲은 지연배달로 손님의 불만이 예상되는 경우 경쟁자 乙의 명의로 영수증을 작성·교부하였다. 손님들은 甲의 사업체를 乙의 업체로 인식하였다. ① (대판 2009도5549) 甲의 "행위가 피해자의 경제적 신용, 즉 **지급능력이나 지급의사에 대한 사회적 신뢰를 저해하는 행위**에 해당한다고 보기는 어렵다." ② (評釋) **허위사실을 유포**하였고 위조영수증의 반복 발행은 신용훼손의 적성이 있으므로 신용훼손죄는 기수이고, 사문서위조 및 행사죄도 성립한다.

5 **[신용훼손고의]** 군청공사를 하는 甲은 비용을 줄이려고 설계자 乙에게 '丙㈜의 정화조는 신기술인정기간이 지났고 가격도 비싸니 다른 제품으로 대체할 수 있게 해 달라'라는 문서를 보냈다. 乙은 甲에게 그것이 사실이 아니라고 바로 잡아주었다. ① (대판 2004도1313) 乙의 교정으로 甲의 문서내용이 "타인에게 전파되었다는 자료도 없으므로 甲에게 그 **전파가능성에 대한 인식**이 있었다고 단정하기는 어렵다." 甲에게는 신용훼손고의가 인정되지 않는다. ② (評釋) 문서송부는 군청, 乙, 甲 사이의 시공에 관한 소통과정이므로 신용훼손고의가 인정되지 않는다.

6 **[의결권행사와 업무방해]** H㈜ 대표 甲은 경영권을 지키려고 직원 130여 명과 공모하여 주총 회의장 뒤쪽에서 서로 고함을 지르고 소란을 피움으로써 주주 乙과 丙이 발언권과 의결권을 행사하

나 의무의 이행[7]만으로는 업무가 인정되지 않는다. 私見으로 업무방해죄는 **헌법상 직업의 자유**(헌법 제15조)를 보호법익으로 삼으므로 "기타 사회생활상의 지위"는 직업에 준하는 지위를 가리킨다.[8] 가령 이사회에서 급여규정개정안을 허위로 설명한 자는 이사의 업무를 방해할 뿐, 이사회에 출석하여 의견을 진술하는 감사의 업무를 방해하는 것은 아니다. 판례도 감사의 이사회 출석·의견진술은 감사의 **주된 업무**(회사 재산과 업무집행상황 감사)**와 밀접불가분의 관계에 있는 부수적인 업무**가 아니라는 논거로 같은 결론을 내린다(대판 2023도9332). ② 업무방해죄는 "업무방해의 결과가 실제로 발생할 것을 요하지 아니하지만 업무방해의 결과를 초래할 위험"(대판 91도3044)은 발생하여야 하는 **구체적 위험범**[9]이다. 위험 발생은 위계·위력으로 인한 것이어야 한다(대판 2003도7927). 예비·음모죄[10]는 물론 미수범도 없으므로 위험이 발생하지 않으면 불가벌이다.

[업무방해죄와 다른 범죄의 관계] 컴퓨터를 손괴하여 업무를 방해하면 손괴죄가 컴퓨터등업무방해죄에 흡수되고 컴퓨터등업무방해죄만 성립한다. 허위사실을 적시하여 명예훼손을 하고 업무방해를 한 경우 명예훼손죄와 업무방해죄는 상상적 경합에 있

지 못하게 하고, 그 사이 회의를 진행하여 자신에게 유리한 결정을 하였다. ① (대판 2004도1256) 주주의 주총 **의결권 행사는 주식의 보유자로서 그 자격에서 권리를 행사하는 것에 불과하고 업무**가 아니다. ② (評釋) 주식보유자는 주주의 '지위'를 가지며, 주주권 행사는 업무의 성격을 갖는다. 만일 업무가 아니라고 보다면 甲은 특수강요죄(제324조 제2항)가 성립한다. 甲의 방해행위가 폭행이 아니라 위력에 해당하는 정도이고, 업무성도 인정할 수 없다면, 甲은 경범죄 처벌법 위반죄(예: 제3조 제1항 13호[의식방해], 제2항 3호[업무방해])가 성립한다.

7 [수업의 업무성] 甲은 초등학교 교사 乙과 학생 丙에게 욕설을 하여 수업을 진행할 수 없게 하였다. ① (대판 2013도3829) "**초등학교 수업은** 학생들 본인의 **권리를 행사하는 것이거나 국가 내지 부모들의 의무를 이행하는 것에 불과**할 뿐" 업무에 해당하지 않는다. ② (評釋) 수업은 업무이지만 욕설은 위계 또는 위력, 허위사실의 적시에 해당하지 않는다. 욕설은 사회적 평가를 저하시킬 정도면 모욕죄가 되고, 무례한 표현이면 경범죄처벌법상 업무방해(제3조 제2항 3호)가 성립한다.

8 차를 몰려는 사람을 협박하여 못 몰게 하면 강요죄가 성립하고 운전이 직업활동인 경우에만 업무방해죄가 성립한다. 직업성은 면허나 자격, 영리성 유무를 불문하므로 부유한 백수가 수입 없이 지역역사연구를 하는 것도 업무이다.

9 [검사의 공기업업무방해] 대검부장검사 甲은 J공사 사장 乙에게 J공사의 쟁의행위에 관하여 "좋지 않은 정보보고가 올라온다. 직장폐쇄를 풀고 구조조정을 단행하라"고 말했다. 乙은 노동청의 지도에 따라 직장폐쇄를 철회하고 지방사무소의 조기통합을 결정하였다. ① (대판 2002도3453) 甲의 전화로 乙의 "경영업무가 방해될 **위험이 발생**하였다고 볼 수 없"고, 업무방해미수는 처벌되지 않는다. ② (評釋) 甲의 힘을 고려하면 업무방해의 위험 발생을 인정할 수 있다. 공기업 경영은 검사의 권한이 아니므로 직권남용죄(제123조)는 성립하지는 않는다.

10 [업무방해예비] 교사 甲은 기말시험 출제위원으로서 문제를 선정·제출하기 전에 H학원에 제공하였지만 그 문제들을 시험실시자에게 제출하지 않았다. ① (대판 99도3487) 甲은 업무방해 **준비단계**에 머물렀고, **업무가 방해될 추상적인 위험조차** 없다.

다. 업무방해가 폭행 또는 협박으로 행해지면 업무방해죄(제314조 제1항)와 강요죄(제324조 제1항)의 상상적 경합이 성립한다. 재물손괴의 범행이 업무방해의 과정에서 이루어지면, 손괴죄와 업무방해죄는 피해자 및 행위태양이 다르므로 경합범이 된다(대판 2006도9478).

(1) **업 무** 업무는 직업 기타 사회생활상의 지위에 기하여 계속적으로 행하는 사무 또는 사업이다. 어떤 사회적 지위에 터 잡아 계속 행하는 사무는 경제성과 상관없이 업무가 된다. ① 업무는 **타인의 업무**(예: 대표이사의 법인 업무)이어야 하고 자기의 업무(예: 교수의 성적평가[11])는 제외된다.[12] ② 판례(대판 2009도4166)[13]에 의하면 형법은 "사적 업무와 공무를 구별하여 공무에 관해서는 공무원에 대한 폭행, 협박 또는 위계의 방법으로 그 집행을 방해하는 경우에 한하여 처벌"하는 것이므로 공무원이 직무상 수행하는 **공무를 방해하는 행위는 업무방해죄**로 의율할 수 없다. 그러나 私見으로 공무집행방해죄의 규범영역(Normbereich) 안의 사례는 업무

11 [편입전형업무] 체육학과 교수 甲은 학과편입학전형에서 乙이 접수담당직원 丙으로부터 원서를 반려 당하자 丙에게 전화를 걸어 乙의 원서를 가접수하게 하고, 지원자심사회의에서 乙에게 자격을 부여하게 하고 부총장 주재 편입학사정회의에서 乙의 무자격을 보고하지 않고 총장도 알지 못한 상태에서 乙을 합격자에 포함시켜 발표하게 하였다. ① (대판 98도663) **성적평가업무의 주체는 담당교수**이지만 편입학업무의 주체는 총장이므로 甲은 업무방해죄가 성립한다.

12 [업무의 타인성] H공사 사장 甲은 직원채용 담당자 乙과 공모하여 丙의 시험성적을 조작하여 丙을 면접대상자에 포함시켰다. 면접도 乙이 하였다. ① (대판 2005도6404) 직원채용업무는 타인의 업무이지만 甲은 乙과 공모로 위력이 인정되지 않고, 乙에게 착오도 없으므로 위계가 인정되지 않는다. ② (評釋) 강제력을 수반한 공무가 아니므로 직권남용죄(제123조), 직무의 의식적인 방임이 아니므로 직무유기죄(제122조)가 성립하지 않고 허위공문서작성 및 행사죄만 성립한다.

13 "업무방해죄와 공무집행방해죄는 그 보호법익과 보호대상이 상이할 뿐만 아니라 업무방해죄의 행위유형에 비하여 공무집행방해죄의 행위유형은 보다 제한되어 있다. 즉 공무집행방해죄는 폭행, 협박에 이른 경우를 구성요건으로 삼고 있을 뿐 이에 이르지 아니하는 위력 등에 의한 경우는 그 구성요건의 대상으로 삼고 있지 않다. 또한, 형법은 공무집행방해죄 외에도 여러 가지 유형의 공무방해행위를 처벌하는 규정을 개별적·구체적으로 마련하여 두고 있으므로, 이러한 처벌조항 이외에 공무의 집행을 업무방해죄에 의하여 보호받도록 하여야 할 현실적 필요가 적다"(대판 2009도4166]).

	업무방해죄	공무집행방해죄
구성요건	허위의 사실을 유포하거나 기타 위계 또는 위력으로써 사람의 업무를 방해하거나(제314조 제1항), 컴퓨터 등 정보처리장치 또는 전자기록 등 특수매체기록을 손괴하거나 정보처리장치에 허위의 정보 또는 부정한 명령을 입력하거나 기타 방법으로 정보처리에 장애를 발생하게 하여 사람의 업무를 방해한 때(제314조 제2항)	직무를 집행하는 공무원에 대하여 폭행 또는 협박한 자(제136조 제1항), 위계로써 공무원의 직무집행을 방해한 자(제137조)
보호법익	업무의 적법성은 요구되지 않으나 보호할 가치가 있는 업무에 국한(대판 91도944)	공무원이 적법하게 구체적으로 행하는 국가 또는 공공기관의 기능
행위	허위사실 유포, 위계, 위력	폭행, 협박(제136조 제1항), 위계(제137조)

방해죄를 적용하지 않고, 그 **규범영역 밖의 사례**(예: 공무원의 비권력적 공무, 공무집행 공무원에 대한 위력행사[14])는 **업무방해죄를 적용**할 수 있다.[15] ③ 업무방해죄는 확대 적용될 위험이 많아 행위자의 신분요소인 업무(예: 업무상 과실치사상)보다 좁게 해석한다. **일시적인 부수업무**(예: 공장이전[대판 88도1752], 건물 앞 1회적인 화단조성)[16]는 제314조의 업무가 아니다. 경영상 계획에 따른 사업장 이전행위는 업무인 목적사업의 경영과 밀접불가분한 업무가 된다(대판 2004도8701). ④ 업무는 **보호할 가치**(Schützwürdigkeit)가 있고, **'사실상 평온하게 이루어지는 사회적 활동'**[17]이면 원칙적으로 인정된다. 보호가치성은 적법성이 없어도 예컨대 무효인 계약을 기초로 한 토지경작(대판 79도1956), 대표선출규정을 위배하여 개최된 유림회의(대판 90도2501) 등에서도 인정될 수 있다. 그러나 의료인·의료법인이 아닌 자의 의료기관 개설과 운영(대판 2001도2015)처럼 **불법성**(업무개시나 수행과정에 실체상·절차상 하자의 정도)**이 큰 업무**는 보호가치성이 없다. 판례는 **반사회적인 업무**(예: 성매매업[대판 2011도7081])도 보호가치성이 없는 업무로 보지만 私見으로 반사회성은 극도로 불명확한 개념이므로[18] 부적절한 해석이다.

---

14 [위력공무집행방해] 甲은 지인들과 함께 경찰청에 몰려가 사건처리에 관한 경찰청장의 면담을 요구하고 순경 乙이 제지하자, 乙에게 소리치고 행패를 부렸다. ① (대판 2009도4166) 甲의 행위가 공무집행방해죄의 폭행, 협박, 위계에 해당하지 않고, 업무방해죄는 적용이 배제된다. ② (評釋) 위력업무방해죄가 성립한다("경찰청 민원실에서 말통을 책상과 민원실 바닥에 뿌리고 소리를 지르는 난동행위는 '위력'으로 경찰관의 민원접수업무를 방해하여 업무방해에 해당한다"[대판 2008도9049]).

15 [강제집행방해] 甲은 H주택재개발조합의 건물명도소송 확정판결에 따른 강제집행을 위임받은 집행관 乙의 집행을 위력으로 방해하였다. ① (대판 2020도34) 甲이 방해한 업무는 H조합의 업무가 아니라 집행관의 고유한 직무이다. ② (評釋) 집행관은 공무수탁사인이고, 폭행이 아닌 위력을 행사했으므로 공무집행방해죄는 성립하지 않지만, 乙에 대한 업무방해죄가 성립하며 이로써 사인수탁공무가 간접적으로 보호된다.

16 [일시적 업무 방해] 乙이 자기 집 앞에 화단을 조성하려 하자, 甲은 자기의 건물에 출입이 방해된다는 이유로 그 인부들의 삽을 빼앗고 그 자리에 10분간 누웠다. ① 조경작업이 "**단순한 1회적인 사무**"이므로 **업무방해죄가 되지 않는다.**" ② (評釋) 삽 뺏는 행위는 신체에 대한 간접 폭행이므로 甲은 강요죄가 성립한다.

17 [업무의 보호가치성] 甲은 乙에게 자기 집 지하실을 임대하였고, 乙은 甲의 동의 없이 丙에게 전대하고 丙은 음식점을 운영하였다. 이를 안 甲은 지하층 잠금장치를 교체하고 丙의 집기를 들어내었다. ① (대판 86도1372) 민법상 丙은 甲에게 대항할 수 없지만 "그동안 **평온하게 음식점 등 영업을 하면서 점유를 계속하여 온 이상**" 甲은 업무방해죄가 성립한다.

18 가령 성매매업은 반사회적인(unsocial) 것이라기보다 비사회적인(asocial) 것으로서 사회문화의 변화와 인간정신의 이해에 따라서는 합법적 노동으로 승인될 수도 있다.

업무를 인정한 판례	업무를 인정하지 않는 판례
• 경영상 계획으로 사업장 이전을 추진하는 행위(대판 2004도8701) • 종중회장의 의사진행(대판 95도1589) • 공장건물 출입통제(대판 91도1834) • 총장의 편입학업무(대판 98도663)[19] • 비의료인 개설 의료기관에서 의료인의 진료(대판 2021도16482)	• 초등학교 수업(대판 2013도3829) • 주총에서 의결권 행사(대판 2004도1256) • 임대인의 건물 앞 1회적 조경공사(대판 92도2929) • 교수의 담당과목 성적평가(대판 98도663)

(2) **행 위** ① **허위사실의 유포**는 행위자가 불특정인 또는 다수인에게 허위사실을 적시하거나 특정인 또는 소수인에게 발설하여 불특정인 또는 다수인에게 전파하는 것[20]을 포함한다. ② **위계**는 "행위자의 행위목적을 달성하기 위하여 **상대방에게 오인·착각 또는 부지**를 일으키게 하여 이를 이용하는 것"(대판 2003도5004)이다.[21] 오인을 하는 상대방이 없는 경우에는 위계가 인정되지 않는다.[22] 허위의 주장과 자료에 의한 신청은 업무담당자가 충분히 심사한 경우는 위계에 의한 위험발생을 인정되고, **불충분하게 심사한 경우**는 인정되지 않으므로(대판 2017도19283) 불가벌적 미수가 된다. 가령 예금계좌 개설신청을 할 때 허위답변을 하였지만 금융기관 담당자가 그 내용의 진실 여부를 확인할 수 있는 증빙자료의 요구 등 추가적인 확인조치 없이 계좌를 개설해 준 경우, 위계업무방해죄는 성립하지 않는다(대판 2022도15824). ③ **위력**은 "**사람의 자유의사를 제압·혼란케 할 만한 일체의 세력**으로서 유형적이든 무형적이든 묻지 아니하며, 폭행·협

19 [입시업무방해죄] 사립대 교수 甲은 출제교수로부터 대학원신입생전형문제를 제공받아 乙에게 주었고, 乙은 답안쪽지를 만들고 답안지에 베껴 써서 시험감독관에게 제출하였다. ① (대판 91도2211) 甲은 위계로 입시감독업무를 방해하였다.

20 [허위사실유포] 자백하고 유죄판결을 받은 甲은 변호인 乙이 무죄판결을 약속을 한 적도 없었지만, 붉은색 페인트로 "乙이 무죄라고 약속하고 이백만 원에 선임했다"라고 쓴 흰 가운을 입고 乙의 사무실 앞을 배회하였다. ① (대판 91도1344) 甲은 "**공연히 허위의 사실을 적시하여 유포**"하여 법률사무소경영을 방해하였다.

21 [양도통지전 채권추심] 甲은 乙에게 공장과 그 외상매출채권을 양도하기로 하였지만 이를 외상매출채무자 丙에게 알리지 않고 외상대금을 수령하였다. ① (대판 83도2270) 丙은 **양도통지를 받지 않은 이상 그 거래채무금은 원래의 채권자에게 반환할 의무**가 있으므로, 甲에게 한 변제는 민법상 유효하다. 甲은 **위계**로써 乙의 공장경영업무를 방해하는 업무방해죄를 범한 것이 아니다.

22 [상대방 없는 위계] 甲은 무통장·무카드입금의 1인 1일 한도 100만원을 피하기 위하여 전화금융사기편취금을 자동화기기에 여러 명(제3자)의 이름, 주민등록번호와 수령계좌를 입력한 후 현금을 투입하여 수령계좌로 입금시켰다. ① (대판 2021도15236) "**무매체 입금거래**가 완결되는 과정에서 **은행 직원 등 다른 사람의 업무가 관여되었다고 볼 만한 사정이 없으므로**" 甲의 행위는 업무방해죄의 '위계'에 해당하지 않는다.

박은 물론 사회적,[23] 경제적,[24] 정치적 지위와 **권세에 의한 압박** 등을 포함하고, 현실적으로 피해자의 자유의사가 제압되는 것을 요하지 않는다"(대판 95도1589). 단순한 **욕설이나 고함**을 치며 하는 채권추심행위(대판 82도2584)나 공사문제로 인한 이웃 간의 사소한 시비(대판 2016도10956)는 자유의사를 제압하기에 족한 위력으로 인정하기 어렵다. 위력은 "사람에게 **직접** 가해지는 세력이 아니더라도 사람의 **자유의사나 행동을 제압할 만한 일정한 물적 상태**를 만"드는(대판 2009도5732) **간접적 세력**[25]이나 집단적인 노무제공의 거부[26]로도 인정된다.

④ 업무방해죄는 **컴퓨터 등의 장애에 의한 업무방해행위**(제314조 제2항)에 의하여 범할 수 있다. 컴퓨터 등 "**정보처리장치**"는 자동적으로 계산이나 데이터처리를 할 수 있는 전자장치로서 하드웨어와 소프트웨어를 모두 포함하고(대판 2002도631), "**손괴**"는 유형력을 행사하여 물리적으로 파괴·멸실시키거나 전자기록의 소거나 자력에 의해 교란하는 것이며, 컴퓨터 저장 데이터를 다른 저장매체로 보존하면 인정될 수 없다. "**허위의 정보 또는 부정한 명령의 입력**"은 객관적으로 진실에 반하는 내용의

23 [위력의 의미] 교장 甲은 신입생 입학사정회의에서 전형위원들 사이에 최종 합격자 결정을 위한 다양한 의견이 개진되고 합격자를 결정하지 못하는 상황에서 "참 선생님들이 말을 안 듣네. 중학교는 이 정도면 교장 선생님한테 권한을 줘서 끝내는데. 왜 그러는 거죠?" 하면서 특정 학생을 합격시키라는 취지의 발언을 하였다. ① (대판 2019도7446) "상대방의 업무에 지장이 초래되었더라도 행위자가 상대방의 의사결정에 관여할 수 있는 권한을 가지고 있거나 업무상의 지시를 할 수 있는 지위에 있는 경우에는 그 행위의 내용이나 수단이 사회통념상 허용될 수 없는 등 특별한 사정이 없는 한 위력을 행사한 것이라고 할 수 없다."

24 [위계와 위력] 甲은 S시로부터 전차금지의 건물을 임차하여 학원을 운영하다가 건물 일부에 대해 乙과 전대차계약과 학원운영동업계약을 하고, 두 학원을 자기 명의로 등록했다. 이후 乙은 자신의 학원을 丙에게, 丙은 丁에게 양도했다. 丙, 丁은 모두 甲과 형식적인 동업계약서를 작성하였다. 甲과 丁 사이에 분쟁이 발생하자 甲은 丁에게 폐원통고를 하고 폐원신고도 하였다. ① (대판 2003도5004) "甲은 丁에게 위계를 사용하지 않았지만, **학원이 자신의 명의로 등록되어 있는 지위를 이용하여 임의로 폐원신고를 함으로써 丁의 업무를 위력으로써 방해**하였다." ② (評釋) 甲은 전대를 시에 알리지 않은 부작위의 사기죄와 업무방해죄의 경합범이다.

25 [간접적 세력] 甲은 乙이 경작하는 농작물을 트랙터로 갈아엎은 다음 이랑을 만들고 새 농작물을 심었다. 乙은 논밭경작을 할 수 없게 되었다. ① (대판 2009도5732) 甲의 행위는 "사람의 자유의사를 제압하기에 족한 일정한 물적 상태를 만들어 사람으로 하여금 자유로운 행동을 불가능하게 하거나 현저히 곤란하게" 하여 위력 업무방해죄에 해당한다.

26 [판례: 집단적 노무제공 거부와 위력] "쟁의행위로서의 파업(노동조합법 제2조 제6호)도, 단순히 근로계약에 따른 **노무의 제공을 거부하는 부작위**에 그치지 아니하고 **이를 넘어서** 사용자에게 압력을 가하여 **근로자의 주장을 관철하고자 집단적으로 노무제공을 중단하는 실력행사**이므로, 업무방해죄에서 말하는 위력에 해당"한다(대판 2007도482[전원합의체]).

정보를 입력하거나[27] 정보처리장치 운영의 본래 목적과 상이한 명령을 입력하는 것(판례)과 기술적으로 정보정리장치의 기능을 교란시키는 입력(예: 바이러스 프로그램 입력)을 뜻한다. **"기타 방법"**이란 컴퓨터의 정보처리에 장애를 초래하는 가해수단으로서 컴퓨터의 작동에 직접·간접으로 영향을 미치는 일체의 행위를 말한다(대판 2011도7943). 예컨대 통신회선 절단, 온도·습도 등 작동환경 파괴, 처리불능의 대량정보입력 등을 말한다.[28] 그리고 가해행위 결과 정보처리장치가 그 사용목적에 부합하는 기능을 하지 못하거나 사용목적과 다른 기능을 하는 등 **정보처리에 장애가 현실적으로 발생**하여야 한다(대판 2021도1533).

[위계업무방해죄를 인정한 사례]

● 전화를 다수 개통한 후 **ACS여론조사에 응답**함으로써 특정후보에게 유리한 여론조사가 나오게 한 경우(대판 2013도5814)

● **시험문제누설**로 대학에 입학시키는 경우(대판 91도2211), 석사학위논문을 타인에 의해 대리작성케 하여 제출하는 경우(대판 94도2708)

● 학력을 허위로 작성하여 소위 '**위장취업**'한 경우(대판 91도2221)

● 점수를 조작 필기시험에 합격시켜서 면접시험에 응시하게 함(대판 2009도8506)

● **상품권 발행업체 신청시 허위의 주장과 허위의 자료를 제출**하였고, 업무담당자가 공인회계사의 실사를 통해서도 그 허위를 발견하지 못한 경우(대판 2008도4228)

● 한국자산관리공사가 공적자금투입업체의 출자전환주식 매각주간사 선정에서 1차 선정위원회 **구성원들이 특정 업체에 유리하게 평가항목별 배점을 수정**하여 그 업체를 1순위로 선정한 경우(대판 2006도1721)

● 비례대표 후보자추천을 위한 당내경선에서 선거권자들로부터 인증번호만을 전달받은 뒤 그들 명의로 특정 후보자에게 전자투표를 하는 행위(대판 2013도5117)

---

27 [허위정보입력] 甲은 D포털의 통계집계시스템 서버에 허위의 클릭정보를 전송하여 검색순위를 결정하는 통계에 반영되게 하였다. 검색순위는 변동이 없었다. ① (대판 2008도11978) 허위의 클릭정보가 통계에 반영된 이상 검색서비스제공업무는 방해된 것이다. ② (評釋) 검색순위변동은 구성요건적 결과가 아니다.

28 [컴퓨터업무방해] 감사 乙이 조합장 甲에 대한 탄핵결의안을 이사회에 배포하자, 甲은 사무실 컴퓨터에 새 비밀번호를 설정하고, 하드디스크를 분리하여 사무실금고에 보관하였다. 乙은 탄핵자료를 수집할 수 없었다. ① (대판 2011도7943) **"비밀번호를 설정한 행위는 '허위의 정보 또는 부정한 명령의 입력'**에 해당하며 컴퓨터의 **하드디스크를 분리·보관한 행위는 '손괴'에** 해당"한다. ② (評釋) 비밀번호 설정은 **권한남용**행위이고 허위정보, 부정한 명령의 입력이 아니며, 하드디스크의 분리보관도 데이터가 보존되므로 손괴가 아니고 위력업무방해죄(제314조 제1항)가 성립한다.

[위계업무방해죄를 인정하지 않은 사례]

● 시간강사 임용에서 **허위의 학력이 기재된 이력서를** 제출했고 **임용심사 담당자가 불충분한 심사**로 그 이력서를 믿은 경우(대판 2008도6950)

● 교수초빙에서 이력서에 졸업으로 쓴 미국 P대가 **비인증대학임을 밝히지 않았지만,** 대학측은 예술계 활동경력과 학과의 인지도를 고려한 경우(대판 2008도2537)

● 인터넷 게시판에 객관적인 사실을 게시하는 행위(대판 2006도3839)

● **타인의 기술적 조력을 받아 작성된**[29] 학위청구논문 제출행위(대판 94도2708)

● 채권양도의 통지 이전의 "채권추심행위"(대판 83도2270)

[위력업무방해죄를 인정한 사례]

● 회사경비원들의 출입통제업무를 완력으로써 방해한 경우(대판 91도1666)

● 채권자가 채무자의 휴대전화에 **수백 회의 전화공세**를 한 경우(대판 2004도8447)

● 회의개최를 **집단적 폭언**으로 방해한 경우(대판 90도2501)

● **단전단수조치**로 점포의 영업을 막은 경우(대판 83도1798)

● 대리점 사업자들과 본사의 대립이 고조되자, 본사 상무가 대리점 사업자들이 이용해오던 회사의 고객관리시스템 **접속권한을 차단**하는 경우(대판 2009도4141)

● 사업장 출입을 막으려 출입문 **자물쇠의 비번을 변경**한 행위(대판 2007도9924)

● 전국철도노동조합 집행부가 중앙노동위원회 위원장의 직권중재회부결정에도 불구하고 **파업에 돌입한 경우**(대판 2007도482[전원합의체])

(3) 업무의 방해 업무의 방해는 특정한 업무수행을 방해하는 것뿐 아니라 "**업무수행의 원활한 진행을 저해**"(대판 2009도4141)하거나 '업무의 적정성 내지 공정성을 방해'하는[30] 것을 포함한다. 또한 "업무방해의 결과를 초래할 위험이 발생하"[31]면 기수가 되고, 업무방해의 결과발생은 필요하지 않다(대판 2017도19283).

---

29 석사학위논문 작성과정에서 타인으로부터 외국서적의 번역이나 통계처리 등 **단순하고 기술적인 조력**을 받는 것은 허용된다. 지도교수의 지도에 따라 **논문의 제목, 주제, 목차** 등을 직접 작성하였더라도 **자료를 분석, 정리하여 논문의 내용을 완성하는 일**의 대부분을 타인에게 의존하였다면 그 논문은 타인에 의하여 대작된 것이다(대판 94도2708).

30 [업무적정성방해] H해운조합 운항관리자 甲은 여객선 선장의 여객선 안전점검보고서에 확인 서명하였지만 승선정원 초과 및 화물 적재한도 초과부, 화물·차량의 고박 상태불량을 점검하지 않아 출항정지요청도 하지 않았다. 여객선은 출항하였고, 운항 중 침몰하였다. ① (대판 2016도14415) 甲은 H해운조합에 위계를 사용한 것이고, 운항(출항)관리업무가 방해될 위험을 발생시켰고 그 위험을 불확정적이나마 인식하였다고 봄이 타당하다. ② (評釋) 출항관리업무가 여객선침몰의 구체적 위험을 초래한 것은 아니고, 그 업무의 적정성을 방해한 경우에 해당한다.

31 [업무방해위험] 甲은 乙의 미국비자 신청에 허위자료를 제출하고, 乙에게 허위답변을 연습시켜 면접을 보게 하였다. 비자는 발급되지 않았다. ① (대판 2003도7927) 甲은 업무방해의 위험을 발생시켰으므로 위계 업무방해죄가 성립한다.

(4) **고 의** 자신이 허위사실의 유포, 위계 또는 위력을 사용함을 알고 그로 인해 타인의 **업무가 방해될 가능성을 인식**[32]하여야 한다.

(5) **위 법 성** 업무방해의 위법성조각사유로는 노동쟁의의 정당행위가 빈번히 문제된다. 「노동조합법」 제4조[33]는 정당행위의 특칙을 두고 있다. 쟁의행위가 정당행위가 되기 위해서는 "첫째 그 **주체**가 단체교섭의 주체로 될 수 있는 자이어야 하고, 둘째 그 **목적**이 근로조건의 향상을 위한 노사 간의 자치적 교섭을 조성하는 데에 있어야 하며, 셋째 사용자가 근로자의 근로조건 개선에 관한 구체적인 요구에 대하여 단체교섭을 거부하였을 때 개시하되 특별한 사정이 없는 한 조합원의 찬성결정 등 **법령이 규정한 절차**[34]를 거쳐야 하고, 그 **수단과 방법**이 사용자의 재산권과 조화를 이루어야 함은 물론 폭력의 행사에 해당되지 아니하여야 한다"(대판 2001도1012).[35]

Ⅲ. 경매 · 입찰방해죄

제315조(경매, 입찰의 방해) 위계 또는 위력 기타 방법으로 경매 또는 입찰의 공정을 해한 자는 2년 이하의 징역 또는 700만 원 이하의 벌금에 처한다.

판례에 의하면 "입찰방해죄는 입찰의 공정을 해하는 죄"(대판 2002도

---

32 [업무방해고의] 자동차대리점사업자 乙은 S㈜의 고객관리시스템 N을 통하여 S㈜의 판매관련정보를 다른 사업자들과 교환해왔다. S㈜가 판매수수료율을 인하하자 乙은 대리점사업자협의회의 출고보류결의를 N을 통해 대리점사업자들에게 알리자, S㈜ 상무 甲은 乙의 N 접속권한을 차단하였다. ① (대판 2008도9410) 고의는 **타인의 업무가 방해될 가능성 또는 위험에 대한 인식(예견)**으로 충분하며, 그 인식은 **불확정적인 것**도 포함하므로 甲은 업무방해죄가 성립한다.

33 노동조합법 제4조(정당행위) 형법 제20조의 규정은 노동조합이 단체교섭·쟁의행위 기타의 행위로서 제1조의 목적을 달성하기 위하여 한 정당한 행위에 대하여 적용된다. 다만, 어떠한 경우에도 폭력이나 파괴행위는 정당한 행위로 해석되어서는 아니된다.

34 [노동쟁의절차하자] S㈜ 노동조합 지부장 甲은 중노위의 조정 종료 후 조합원 총회를 거쳐 파업을 결의하였지만 찬·반투표를 하지 않았다. 조합원의 절대다수는 이 결의에 따라 한 달 동안 작업장에서 이탈하여 각종 집회를 개최하고, 생산활동을 전면 중단하였다. ① (대판 99도4837[전원합의체]) 甲의 파업은 "민주적 의사결정이 실질적으로 확보된 경우"이지만 제41조 제1항(조합원 투표와 과반수 찬성)의 "**절차를 따를 수 없는 객관적인 사정이 인정되지 아니하는 한 정당성이 상실된다.**" 甲은 위력에 의한 업무방해죄가 성립한다.

35 "쟁의행위에서 추구되는 목적이 여러 가지이고 그 중 일부가 정당하지 못한 경우에는 주된 목적 내지 진정한 목적의 당부에 의하여 그 쟁의목적의 당부를 판단하여야 할 것이고, 부당한 요구사항을 뺐더라면 쟁의행위를 하지 않았을 것이라고 인정되는 경우에는 그 쟁의행위 전체가 정당성을 갖지 못한다"(대판 2000도2871).

3924)이므로 경매·입찰방해죄의 보호법익은 **경매·입찰의 공정성**이며, "**위태범**으로서 결과의 불공정이 현실적으로 나타나는 것을 요하는 것이 아니고 공정한 자유경쟁을 방해할 염려가 있는 상태를 발생"시키면 성립한다(대판 2002도3924). 그러나 私見으로 경매·입찰의 공정성(공정경쟁질서)은 보편적 법익으로서 공정거래법상 **카르텔죄의 보호법익**일 뿐, 경매·입찰방해죄의 보호법익은 경매·입찰의 업무 자체이다. 따라서 또한 공정성을 훼손한 것으로는 부족하고[36] **경매·입찰의 업무가 방해받았거나 방해받게 될 구체적 위험**이 발생해야 성립한다.

[경매·입찰방해죄와 카르텔죄] 카르텔죄(공정거래법 제124조 제1항 9호, 제40조)의 실행행위 유형은 경매, 입찰의 공정성을 해하는 것에 국한되지 않고, 반대로 경매입찰방해죄의 유형도 담합행위에 국한되지 않는다. 또한 카르텔죄의 법정형은 3년 이하의 징역 또는 2억 원 이하이고 경매·입찰방해죄의 법정형은 2년 이하의 징역 또는 700만 원 이하의 벌금이다. 카르텔죄인 경매입찰방해죄가 성립하려면 시장경쟁질서를 해할 수 있어야 하고, 그 담합자는 시장지배자이거나 **시장영향력**(spürbare Marktbeeinflussung)(예: 10% 이상 시장점유율)[37]이 있어야 한다.

(1) **경매 또는 입찰** **경매**는 매도인이 다수인으로부터 구두로 청약을 받고 그 가운데 최고가격 청약자에게 승낙함으로써 성립하는 매매이고, **입찰**은 경쟁계약에서 경쟁에 참가한 다수인에 대하여 문서로 계약내용을 표시하게 하여 가장 유리한 청약자를 상대방으로 하여 계약을 성립시키는 것이다. 국가나 공공단체도 주체가 된다. 그러나 LH의 중고차매매단지 분양(대판 2007도5037), 서울시설공단의 지하철역상가 관리자 위·수탁계약(대판 2022도8459)과 같이 공적·사적 경제주체가 임의의 선택에 따라 진행하는 계약체결 과정은 입찰에 해당하지 않는다.

(2) **위계 또는 위력 기타 방법** 위계 또는 위력은 업무방해죄의 개념

36 [입찰방해] 甲은 문화재보수공사 입찰에서 乙과 모의하여 甲이 낙찰받기로 하고, 乙은 매우 높은 금액으로 응찰하였다. 丙, 丁이 입찰에 참가하였다. ① (대판 2002도3924) 甲과 乙의 담합은 "丙, 丁의 **응찰 내지 투찰행위를 저지할 정도에 이르지 못하였고**" 가격형성에 부당한 영향을 주는 상태를 발생시켜 그 **입찰의 공정을 해**"하지도 못했으므로 입찰방해미수가 되지만 처벌규정이 없다. ② (評釋) 甲이 10% 이상의 시장점유사업자라면 甲은 카르텔죄가 성립할 수 있다.

37 이상돈, 기업경영형법, 박영사, 2022, 118쪽.

과 같은 의미이다. "입장장소의 주변을 에워싸고 사람들의 출입을 막는 것"(대판 92도3395)이 위력의 대표적인 예라면, **위계**의 대표적인 예는 담합이다. **담합**은 경매·입찰[38]의 경쟁에 참가하는 자가 서로 합의하여 특정한 자를 낙찰자 내지 경락자로 하기 위하여 그 이외의 자는 일정한 가격 이상 또는 그 이하로 입찰 또는 호가하지 않기로 하는 협정을 말한다. 정보교환은 담합이 아니다(대판 95도1199). 위계 또는 위력에 준하는 방법이면 **기타 방법**[39]이 인정된다.

건설공사입찰에 다른 건설업자의 견적을 제출하면 '기타 방법'에 의한 경매·입찰방해죄가 성립하고, 건설산업기본법 제95조가 제315조의 특별규정으로 적용된다(대판 2008도3932).

(3) 경매 또는 입찰의 공정을 해함 경매 또는 입찰의 개별'업무'가 공정성을 잃게 되거나 잃게 될 위험을 가리킨다. 이러한 위험이 인정되면, "투찰에 참여한 업체의 수가 많아서 실제로 가격형성에 부당한 영향을 주지 않았다고 하더라도 입찰방해죄가 성립한다"(대판 2008도11361). 입찰실시자에게 경제적 이익이 발생한 경우도 마찬가지이다. 담합이 출혈경쟁[40]으로 인한 도산을 막기 위한 최후의 수단인 경우에는 입찰방해죄의 구성요건해당성이 조각될 수 있다.

---

38 [입찰담합] 乙은 H 회사 대표 X의 입찰에 참가하면서 다른 참가자 甲, 丙, 丁과 담합을 하여 乙이 낙찰을 받도록 甲, 丙, 丁은 乙의 금액보다 높게 쓰기로 합의하였지만 甲은 乙의 금액보다 낮게 써내어 낙찰을 받았다. ① (대판 2010도4940) 甲은 "담합을 이용하여 낙찰을 받은 점에서" 입찰방해죄가 성립한다. ② (評釋) 입찰실시자는 담합주도와 甲의 배신으로 이익을 얻을 수는 있었지만, 보호법익은 **입찰참여자들의 공정한 입찰업무**이므로 甲은 입찰방해죄가 성립한다.

39 [기타 방법 입찰방해] 甲은 고속도로휴게소운영 입찰에 참가하면서 乙, 丙, 丁과 공모하여 누가 낙찰되든 동업하여 새로운 회사를 설립하고 휴게소를 운영하기로 합의하고 입찰에 참가하였다. ① (대판 2004도2581) "**실질적으로는 하나의 회사가 입찰에** 참가한 것이면서도 단지 낙찰확률을 높이기 위해 다수의 회사가 입찰에 참가한 것처럼 가장"하여 甲은 입찰방해죄가 성립한다. ② (評釋) 합의는 경영계획이고 위계에 해당하지 않지만 낙찰률을 높이므로 기타 방법에 해당한다.

40 [출혈경쟁과 입찰방해] 甲은 철도청의 입찰에서 乙과 출혈경쟁으로 경영이 더 어려워질 것으로 보고, 유일한 경쟁자 乙에게 3천만 원을 주면서 자신이 써낼 금액보다 높게 써달라고 요구하였다. 가격은 입찰예정 가격 범위 내에서 정해졌다. ① (대판 70도2241) "**주문자의 예정가격 내에서 무모한 경쟁을 방지하고자 담합한 경우**에는 담합자끼리 금품의 수수가 있었다 하더라도 **입찰자체의 공정을 해하였다고는 볼 수 없다.**" ② (評釋) 甲은 기회이익을 빼앗는 위계행위를 하여 입찰담합죄가 성립하지만, 담합이 공정거래법상 카르텔죄에서도 인정될 만한 출혈경쟁의 방지를 위한 최후의 수단이었다면 입찰담합죄의 구성요건해당성이 조각된다.

§49. 비밀침해와 누설의 죄

Ⅰ. 비밀침해죄

제316조(비밀침해) ① 봉함 기타 비밀장치한 사람의 편지, 문서 또는 도화를 개봉한 자는 3년 이하의 징역이나 금고 또는 500만 원 이하의 벌금에 처한다. ② 봉함 기타 비밀장치한 사람의 편지, 문서, 도화 또는 전자기록등 특수매체기록을 기술적 수단을 이용하여 그 내용을 알아낸 자도 제1항의 형과 같다.

제318조(고소) 본장의 죄는 고소가 있어야 공소를 제기할 수 있다.

비밀침해죄는 **개인의 비밀**을 보호하며, **구체적 위험범**이다. 예컨대 편지를 개봉하면[1] 내용이 없었어도 비밀침해죄가 성립한다. 비밀침해죄는 친고죄이며, 편지의 발신인·수신인 모두 고소권자이다.

(1) **행위객체** **봉**(封)**함**(sealing)이란 봉하여 붙인 것을 말한다. 예컨대 편지의 봉투를 풀로 붙여 겉봉을 파손하지 않고는 그 내용을 알아볼 수 없게 하는 것이다. **기타 비밀장치**는 "봉함 이외의 방법으로 외부 포장을 만들어서 그 안의 내용을 알 수 없게 만드는 일체의 장치를 가리"킨다(대판 2008도9071).[2] **편지**는 발송전후나 발송도중을 불문하며, 우편물이 아니어도 상관없다. **문서**는 편지가 아닌 것으로서 문자나 그 밖의 발음부호로 특정인의 의사를 표시한 것(예: 유언장, 원고)을 가리킨다. **도화**(圖畵)는 도면과 그림을 말한다. 설계도, 위치도, 안내도나 비밀에 해당하는 사진(예: 은밀한 사진)도 도화가 된다. **전자기록 등 특수매체기록**은 데이터를 담은 전자적 또는 광학적 기록으로서 사람의 감각기관만 의지해서는 직접

---

1 타인의 편지를 절취한 후 개봉하면 **절도죄와 비밀침해죄**의 경합범이 되며, 편지의 효용은 해하지 않으므로 손괴죄는 성립하지 않는다. 타인의 봉함된 편지를 읽고 난 후 편지를 찢어버리면 **비밀침해죄와 손괴죄**의 실체적 경합범이 된다.

2 [잠금의사와 장치] 乙의 2단 서랍은 아랫 칸은 자물쇠로 채워져있지만, 윗 칸을 밖으로 빼내면 아랫 칸의 내용물을 볼 수 있는 구조이다. 甲은 윗 칸을 빼낸 후 아랫 칸에 있던 乙의 메모지를 보았다. ① (대판 2008도9071) "통상적으로 서랍의 윗 칸을 빼어 잠금장치 된 아랫 칸 내용물을 볼 수 있다는 것을 예상할 수 없어 **객관적으로 그 내용물을 쉽게 볼 수 없도록 외부에 의사를 표시하였다면** 아랫 칸은 윗 칸에 **잠금장치가 되어 있는지 여부에 관계없이** 그 자체로서 **비밀장치에 해당한다**." ② (評釋) 이는 "기타 비밀장치"를 '잠금의사표시'로 보는 유추적용이다.

인식할 수 없는 기록을 말한다. 예컨대 컴퓨터 하드디스크, USB, CD, 녹화필름 등이 해당된다. 여기서 비밀장치한 특수매체기록이란 컴퓨터나 기록 자체가 시정되어 있는 경우는 물론, 비밀번호, 지문인식과 같은 특수한 작동체계를 설정하여 둔 경우도 포함된다.

(2) **행 위** **개봉**(開封)이란 봉한 편지·문서 또는 도화의 내용을 알 수 있게 만드는 행위이다. 묶인 끈을 풀거나, 풀붙인 봉투를 뜯거나 잠금장치를 여는 것을 말한다. **기술적 수단을 이용하여 그 내용을 알아내는 것**은 개봉 이외의 수단을 통해 알아내는 행위를 말한다. 자외선 탐지나 컴퓨터 조작[3]의 수단을 들 수 있다.

(3) **고 의** 봉함 기타 비밀장치한 타인의 편지·문서·도화를 개봉한다는 인식과 의욕이 있어야 한다.[4]

(4) **위법성** 수형자의 서신수발에 대한 교도관의 검열(형집행법 제43조), 환부불가능우편물의 개피행위(우편법 제29조), 미성년자 자녀에게 온 편지를 부모가 개봉하는 친권행사(민법 제913조)의 비밀침해는 정당행위이다.

Ⅱ. 업무상비밀누설죄

제317조(업무상비밀누설) ① 의사, 한의사, 치과의사, 약제사, 약종상, 조산사, 변호사, 변리사, 공인회계사, 공증인, 대서업자나 그 직무상 보조자 또는 차등의 직에 있던 자가 그 직무처리중 지득한 타인의 비밀을 누설한 때에는 3년 이하의 징역이나 금고, 10년 이하의 자격정지 또는 700만 원 이하의 벌금에 처한다. ② 종교의 직에 있는 자 또는 있던 자가 그 직무상 지득한 사람의 비밀을 누설한 때에도

3 [메신저열람] H㈜ 대표 甲은 회사의 원천코드를 빼돌린다는 혐의가 상당한 乙의 비번이 설정된 업무용컴퓨터에서 하드디스크를 떼내고 컴퓨터에 연결하여 乙의 메신저 가운데 유출관련 단어만 검색하여 그 내용을 알아냈다. ① (대판 2007도6243) 乙의 업무상배임 혐의, 회사자산 유출방지 목적에 국한하는 검색, 업무용컴퓨터가 대표의 직무감독 범위 내에 있음을 고려하여 甲의 비밀침해는 정당행위가 된다. ② (評釋) 甲의 행위는 업무상배임죄·영업비밀누설죄에 대한 정당방위이다.

4 [비밀침해고의] 甲은 법원에 채무자 乙에 대한 대체집행을 신청하였는데, 우편집배원이 乙의 채무승계인 丙의 주소지 부근에서 丁에게 丙을 아느냐고 묻자, 丁이 甲의 미성년 아들 戊가 丙과 이름이 같았기에 그 신서를 수령하여, 甲에게 전해주었다. 甲은 아들에게 온 것으로 알고 열어보았다. ① (대판 84도620) "甲은 丙에게 송달되는 소송서류라는 사실을 능히 알고 있었다고 할 것이니 甲에게 신서개피고의가 있"다. ② (評釋) 甲은 戊에 대한 비밀침해죄의 불능미수에 해당하지만, 친권행사로서 위법성이 조각되거나 허용포섭착오로 면책될 여지가 있다.

전항의 형과 같다.

제318조(고소) 본장의 죄는 고소가 있어야 공소를 제기할 수 있다.

업무상비밀누설죄는 **개인의 비밀**과 **전문직업인의 비밀준수**에 대한 일반인의 신뢰를 보호한다. 비밀의 누설을 통해 그 비밀을 사람들이 인지할 가능성(구체적 위험)이 있으면 기수가 성립한다. 이 죄는 친고죄이다.

(1) **진정신분범** 업무상비밀누설죄는 **진정신분범**이다. 따라서 **법문에 열거된** 의사, 한의사, 치과의사, 약제사, 약종상, 조산사, 변호사, 변리사, 공인회계사, 공증인, 대서업자(법무사, 행정서사)나 그 직무상 보조자(병원의 간호사, 사무장, 직원) 또는 차등의 직에 있던 자(제317조 제1항), 종교의 직에 있는 자 및 과거에 이러한 직에 있었던 자(제317조 제2항)만 행위주체가 될 수 있다. 변호사가 아닌 변호인(형사소송법 제31조)이나 소송대리인(「민사소송법」 제80조), 세무사, 상담원, 노무사, 흥신소종사원은 행위주체가 될 수 없다. 제317조에 열거되지 않은 직업인 관련 **전문직업법**(예: 세무사법, 금융지주회사법)이 업무상비밀누설죄를 정하기도 한다. 제317조에 열거된 직업인의 전문직업법(예: 의료법)도 업무상비밀누설죄를 정하기도 한다. 제317조 제1항에 열거되지 않은 의료인, 예컨대 의료기사 등은 「의료법」에 의해서만 업무상비밀누설죄로 처벌할 수 있다.

(2) **업무처리 중, 직무상 지득** 직무처리 중 지득하거나 직무수행상 알게 된 비밀이어야 하고, 직무와 상관없이 알게 된 비밀은 제외된다. 지득 방법은 중요하지 않다.

(3) **비 밀** 비밀이란 타인에게 알리지 않는 것이 본인에게 이익이 되는 사항으로서 일반적으로 아직 알려져 있지 않은 것을 말한다. 자연인(생존인에 한함)에 한하고, 국가나 공공단체는 제외된다. 개인의 비밀인 이상 내용에 제한이 없으며, 사생활뿐만 아니라 공적 생활도 비밀이면 포함된다. 의무기록일지(대판 91다39320)가 그 예이다. 비밀로 유지되는 것에 본인의 의사가 없는 경우에는 비밀에서 제외된다.

(4) **누 설** 비밀에 속하는 사실을 아직 모르는 타인에게 알리는

것이다. 방법은 제한이 없다. 누설의 상대방은 특정한 1인이어도 상관없다. **익명처리**에 의해 비밀의 주체가 누구인지를 알 수 없게 한 경우에는 누설이 되지 않는다. 타인의 비밀사항이 기재된 서류를 방치하여 제3자가 지득하면 부작위에 의한 업무상 비밀누설죄가 성립한다.

(5) **고 의** 자신이 업무상 비밀누설죄의 주체가 되는 신분을 구비한 점과 직무처리상 또는 직무상 지득한 타인의 비밀을 누설한다는 인식과 의사가 존재해야 한다. 신분이나 타인의 비밀성에 대한 착오는 고의를 탈락시키며, 과실은 처벌되지 않는다.

(6) **위 법 성** 변호사가 변호권의 범위 내에서 타인의 비밀을 적시하는 경우나 의사가 전염병환자를 당국에 신고하는 것은 법령에 의한 정당행위로서 위법성이 조각된다. 증언거부권이 있는 의사가 진실발견을 위해 환자의 비밀을 증언하면 법령에 의한 정당행위가 인정된다.

Ⅲ. 정보통신망법상의 비밀침해와 비밀누설죄

「정보통신망법」 제49조(비밀 등의 보호) 누구든지 정보통신망에 의하여 처리·보관 또는 전송되는 타인의 정보를 훼손하거나 타인의 비밀을 침해·도용 또는 누설하여서는 아니 된다.
제71조(벌칙) 다음 각 호의 어느 하나에 해당하는 자는 5년 이하의 징역 또는 5천만 원 이하의 벌금에 처한다. 11. 제49조를 위반하여 타인의 정보를 훼손하거나 타인의 비밀을 침해·도용 또는 누설한 자

정보통신망법상 비밀침해죄(제71조 제11호, 제49조)는 정보통신망에 의하여 처리·보관 또는 전송되는 타인의 정보 또는 비밀을 침해·도용·누설하는 것이다. 정보통신망의 안정성과 정보의 신뢰성 확보라는 입법 취지를 고려할 때 비밀침해행위는 "**정보통신망에 침입하는 등 부정한 수단 또는 방법**"(대판 2010도10576)을 사용한 경우[5]이어야 한다.[6]

---

5 **[인터넷상 개인정보누설]** 甲은 자신의 인터넷카페에 특정 종교의 교인 명단을 업로드하여 다른 회원들이 다운로드 받을 수 있게 하였다. ① (대판 2010도10576) 이 명단은 타인의 비밀에 해당하지만 "**정보통신망을 침해하는 방법 등으로 명단의 작성자나 관리자의 승낙 없이 취득**한 것"이 아닌 한 정보통신망법상 비밀침해죄는 성립하지 않는다. ② (評釋) 교인명단이 비밀장치한 전자기록을 해체하여 알아낸 것이 아닌 한, 甲은 형법상 비밀침해죄도 성립하지 않는다.

6 **[비밀누설죄의 대향범]** 세무공무원 甲은 乙의 부탁으로 Hometax에서 乙의 과세정보자료를 취득하여 乙에게 제공하였다. ① (대판 2017도4240) 甲은 과세정보를 부정한 방법으로 취득한 것이 아니

예컨대 "**부정하게 취득한 타인의 식별부호를 직접 입력하는 행위,** 보호조치에 따른 제한을 면할 수 있게 하는 **부정한 명령을 입력**하는 등의 행위", "**정당한 접근권한 없는** 사람이 사용자 몰래 정보통신망의 장치나 기능을 이용하는 등의 방법으로 타인의 비밀을 취득·누설하는 행위"[7](대판 2017도15226)가 있다.

므로 정보통신망법상 비밀침해죄는 성립하지 않고, **공무상비밀누설죄**(제127조)가 성립하지만, **대향범**이므로 공범에 관한 형법총칙 규정이 적용될 수 없고 "직무상 비밀을 누설 받은 상대방을 처벌하는 규정이 없"으므로 乙은 공무상비밀누설죄의 공범이 되지 않는다. ② (評釋) 국가기능을 보호하는 공무상비밀누설죄는 대향범이 아니어서 乙은 甲과 공동정범이 된다.

7 甲이 乙이 잠시 자리를 비운 틈에 乙의 컴퓨터에서 대화내용을 열람복사하고 丙에게 전송함.

주거침입과 주거·신체수색의 죄

Ⅰ. 서 론

주거침입죄의 보호법익은 판례에 따르면 "**사실상의 주거의 평온**"[1]이다. 사실상 주거의 평온은 **주거권이 없어도** 인정된다. 사실상 주거의 평온은 "**일단 적법하게 거주 또는 교도관을 개시한 후에 그 권한을 상실하여 사법상 불법점유가 되더라도** 권리자가 이를 배제하기 위하여 정당한 절차에 의하지 아니하고"는(대판 82도1363) 여전히 보호된다.[2] 私見으로 주거는 모든 사람의 생존조건이고 주거의 평온한 향유는 법적 권원의 유무와 상관없는 인권의 하나(주거인권)이다.

주거침입죄(제319조 제1항)와 퇴거불응죄(제319조 제2항)가 기본구성요건이고, 특수주거침입죄(제320조)는 가중구성요건이며, 주거·신체수색죄(제321조)는 독자적인 변형구성요건이다. 미수범(제322조)도 처벌된다. 야간주거침입절도죄(제330조), 특수강도(제330조), 주거침입강간죄(성폭력처벌법 제3조 제1항)등은 결합범이다.

Ⅱ. 주거침입죄

제319조(주거침입) ① 사람의 주거, 관리하는 건조물, 선박이나 항공기 또는 점유하는 방실에 침입한 자는 3년 이하의 징역 또는 500만 원 이하의 벌금에 처한다.

제320조(특수주거침입) 단체 또는 다중의 위력을 보이거나 위험한 물건을 휴대하여 전조의 죄를 범한 때에는 5년 이하의 징역에 처한다.

---

1 [보호이익소멸] 甲은 주택을 乙에게 매도하고 중도금을 받고, 점유도 넘겨주었다. 乙은 계약을 해제하고 중도금반환청구소송에서 승소판결을 받고 가집행선고에 기한 강제경매 개시결정도 받았다. 甲은 乙이 출입문을 잠가놓은 그 주택에 들어갔다. ① (대판 87도3) 권리포기와 강제경매개시결정으로 "보호받아야 할 乙의 주거의 평온상태가 더 이상 지속되"지 않는다. 甲은 주거침입죄가 성립하지 않는다.

2 [임대인의 임차물침입] 甲은 비닐하우스를 乙에게 임대하였고, 乙은 비닐하우스를 관리경작하면서 열쇠로 채워 놓았다. 甲은 乙이 임차료를 연체하자 비닐하우스의 열쇠를 손괴하고 안에 들어가 경작물을 망가뜨려 놓았다. ① (대판 2006도7044) 소유권이 있고, **차임을 받지 못했어도** 乙의 사실상 평온한 향유를 방해할 수 없으므로 甲은 주거침입죄와 손괴죄와 경합범이 된다.

1. 구성요건

주거침입죄는 사람의 주거, 관리하는 건조물, 선박이나 항공기 또는 점유하는 방실에 침입함으로써 성립하는 범죄이며, 계속범이다.

(1) **행위객체** 사람의 주거·관리하는 건조물, 선박, 항공기, 점유하는 방실이다. ① "**사람의 주거**"는 일상생활을 위해 사람이 **기거하고 침식에 사용**하는 주택 및 그와 유사한 건조물이고, 침식용이 아닌 경우는 건조물이나 방실이 된다. 주거의 사용은 일시적이거나(예: 별장) 상당한 기간이지 않아도 무방하다. 주택건조물의 공용부분[3](엘리베이터, 계단과 복도), 위요지,[4] 지하실, 정원, 차고 등도 주거에 해당한다. ② "**관리하는 건조물**"은 사람이 사실상 지배·보존하는 것으로서, 타인의 출입을 방지하기 위한 설비를 갖춘(예: 경비원, 잠금장치) 주거용이 아닌 건물과 그 부속물(예: 축사, 비닐하우스)을 뜻한다. 출입금지표시만으로는 관리가 인정되지 않는다. **건조물**은 사람이 그 내부에 출입할 수 있을 정도로 **지붕**과 **담벽 또는 기둥**에 의해 받혀져 있고 **토지에 정착**되어 있어야 한다. 예컨대 공장, 사무소, 비닐하우스, 축사, 창고 , 건조물의 이용에 기여하는 **인접의 부속토지인 위요지**(圍繞地)[5] 등은 이에 해당하지만, 물탱크시설(대판 2007도7247)은 해당하지 않는다. ③ "**선박**"은 크기는 묻지 않으나 사람의 주거에 상응하는 정도의 공간을 가져야 한다. ④ "**점유하는 방실**"은 주거나 건조물에 해당하지 않는 모든 축조물을 뜻한다. 빌딩의 개별사무실,[6] 교수연구실, 여관의

---

3 [아파트 공용부분침입] 甲은 헤어진 여친 乙과 대화하겠다고 乙이 사는 아파트 지하주차장에서 교제 당시 乙을 통해 안 비번을 입력하여 출입구를 통과하여 乙의 집 현관문 앞에 이르러 1분간 현관문 비번을 눌렀고, 乙이 '누구세요?'라고 묻자 도주하였다. ① (대판 2021도15507; 2022도3801; 2023도15164) 아파트 공용부분은 주거에 해당하고, 출입구와 현관문 앞까지 무단으로 출입한 행위는 乙과 같은 동에 거주하는 입주자들의 **사실상 주거의 평온상태를 해치는 행위태양으로 주거에 들어간 것**이다. ② (評釋) 甲은 주거침입죄가 성립하지만, 주거침입죄는 양태범은 아니다.

4 [위요지침입] 甲은 토지임차인 乙과 소송 중 乙의 집과 축사 사이 빈 땅에 차를 정차하였다. 집, 축사 4동, 비닐하우스로 이루어진 乙의 시설물은 진입로를 제외하면 산에 둘러싸여 있고 외부에서 축사건물에 이르는 길이 없었다. ① (대판 2003도6133) **위요지**는 건물인접주변토지로서 "외부와의 경계에 담 등이 설치되어 그 토지가 건조물의 이용에 제공되고 또 외부인이 함부로 출입할 수 없다는 점이 객관적으로 명확하게 드러나야 한다." 甲은 **위요지에 정차**하여 건조물침입죄(제319조)가 성립한다.

5 [건조물의 위요지침입] 사드(THAAD)가 설치된 골프장부지의 철조망을 모포와 장갑으로 통과한 행위는 군당국이 사용하는 클럽하우스 건물의 위요지 침입에 해당한다(대판 2019도16484).

6 [방실침해죄] 감사 甲은 경영진과 불화로 한 달간 결근하다가 고발자료를 얻기 위해 자신의 출입카

객실, 시장점포, 건축공사장의 임시가건물, 가옥의 일부분인 방, 항공기내의 승무원실이 이에 해당한다. 방실에는 위요지도 포함된다.[7]

(2) 침 입 주거 등에 침입한다는 것은 ① 주거자·관리자·점유자의 (명시적, 묵시적) 의사에 반하여 신체적으로[8] 그 주거 등에 들어가는 것을 말한다(**신체적 침입**). 침입은 **부작위**에 의해 성립할 수도 있다.[9] 주거자, 관리자, 점유자의 동의(양해)가 있으면 주거침입죄 구성요건에 해당하지 않는다. ② 행위자가 **기망을 하여 피해자가 한 동의**(예: 위조입장권으로 출입)는 효력이 없으므로 주거침입죄가 성립한다. 하지만 승낙의사 자체에는 하자가 없고 단지 동기의 착오[10]가 있는 경우[11](예: 음식점에서 음식 사먹고, 도청[12])에는 주거침입죄에 해당할 수 없다. ③ 주거자 등의 동의의사는 "묵시적인 경우도 포함되고 주변사정에 따라서는 거주자의 **반대의사가 추**

드가 정지되어 있음에도 경비원에게 출입증을 받아 사무실에 들어가서 업무용컴퓨터에서 하드디스크를 떼어갔다. ① (대판 2010도9570) 甲은 사무실을 평온하게 향유하는 주체도 아니므로 방실침입죄와 절도죄가 성립한다.

7 "수일 전 2차례 피해자를 강간하였던 피고인이 대문을 몰래 열고 들어와 담장과 피해자가 거주하던 방 사이의 **좁은 통로**에서 창문을 통하여 방안을 엿본 경우, 주거침입죄에 해당한다"(대판 2001도1092). 피해자의 방 이용에 제공되는 위요지인 통로도 "점유하는 방실"에 해당한다.

8 [신체적 침입] 甲은 새벽 1시 乙을 강간하려고 乙의 집 담벽에 발을 디뎌 창문을 열고 얼굴을 안으로 들이밀었다. ① (대판 94도2561) "**신체의 일부**만 타인의 주거 안으로 들어갔다고 하더라도 타인이 누리는 **사실상의 주거의 평온을 해할 수 있는 정도**에 이르렀"으므로 주거침입죄가 성립한다. ② (評釋) 甲은 강간죄의 실행에 착수하지 않았으므로 주거침입강간죄(성폭력처벌법 제3조 제1항) 미수가 될 수 없다.

9 예컨대 빈 집을 관리하는 자가 제3자가 그 집에 침입하여 사용하는 것을 알고도 방관하였다면 **부작위에 의한 주거침입죄**가 성립한다.

10 "단순히 **승낙의 동기에 착오가 있다고 해서 승낙의 유효성에 영향을 미치지 않으므로**, 관리자가 행위자의 실제 출입 목적을 알았더라면 출입을 승낙하지 않았을 사정이 있더라도 건조물침입죄가 성립한다고 볼 수 없다"(대판 2018도15213).

11 [대리시험출입] 乙의 부탁으로 甲은 乙과 같이 지원하고 같은 시험장에 입장하여 자기가 푼 답안지의 수험번호와 이름을 乙로 쓰고 제출하였다. ① (대판 67도1281) "**불법행위를 할 목적**으로 들어간 때에는 **주거자나 관리인의 의사 또는 추정된 의사에 반하여 들어간 것**이"고 주거침입죄가 성립한다. ② (評釋) 행위목적은 위법성에 고려된다. 甲은 위계공무집행방해죄가 성립한다.

12 [주거침입승낙착오] 甲은 불법선거모의모임을 갖는 음식점에 들어가 음식을 주문하여 먹고 도청기도 부착하였다. ① (대판 75도2665) 甲의 "손님을 가장한" 출입은 **영업주의 추정적 불허의사**에 비추어 주거침입죄에 해당한다, 정당행위도 아니다. ② (評釋) 甲은 '손님으로' 들어간 것이며, 음식점주는 **승낙 동기의 착오**만 했을 뿐이므로 주거침입죄가 성립하지 않고 미공개타인간대화녹음죄(통신비밀보호법 제16조 제1항)만 성립한다. 최근 변경된 판례("침입이란 주거의 사실상 평온상태를 해치는 행위태양으로 주거에 들어가는 것")에 의하면 **통상적인 출입방법에 따라 음식점의 방실에 들어간 것**(예: 甲은 乙의 음식점에서 기자 丙에게 식사를 대접하면서 丙의 부적절한 요구장면을 녹화하는 장치를 함)**은 주거침입죄에서 규정하는 침입행위에 해당하지 않는다**(대판 2017도18272)고 봄으로써 결론적으로는 같게 된다.

정[13]될 수도 있다"(대판 92도455). 다만 평소 "출입이 허용된 사람이라 하더라도" "출입문을 통한 정상적인 출입이 아닌 경우 특별한 사정이 없는 한 그 침입방법 자체에 의하여" 거주자의 의사에 반한 것이 된다(대판 90도173). ④ 판례는 주거자의 의사는 정당한 것이어야 하고 **부당한 의사**(예: 부당한 직장폐쇄)에 반하여[14] 들어간 경우나 통상적인 방법으로 들어간 행위처럼 **주거의 사실상 평온을 해하는 행위태양**[15]으로 들어가지 않은 경우[16]를 침입으로 보지 않는다. 최근에는 급기야 "침입행위에 해당하는지는 **거주자의 의사에 반하는지가 아니라 사실상의 평온상태를 해치는 행위태양인지에 따라 판단**되어야 한다"(대판 2022도15955)고까지 말한다.[17] 私見으로 이런 해석은 주거침입죄를 양태범으로 변형함을 넘어 개인의 주거(인)권을 보호법익에서 삭제시키고 '평온을 해하는 주거침입의 금지'와

---

13 [반대의사추정과 동기의 착오] 甲이 乙이 있던 여자화장실 용변 칸에 노크를 하자, 乙은 "아빠야?"며 문을 열어 주었다. 甲은 乙을 보자 욕정이 일어 안으로 들어갔고, 乙이 고함지르자 甲은 문을 잠그고 "쉿. 가만히 있어"라고 말하며 乙을 벽 쪽으로 밀쳤지만 乙의 남편이 와서 강간을 하지 못했다. ① (대판 2003도1256) 乙이 용변칸 출입을 **"명시적 또는 묵시적으로** 승낙"한 것이 아니므로 甲은 방실침입강간미수범이다. ② (評釋) 乙의 착오는 **동기의 착오**이므로 용변칸 진입은 방실점유자의 의사에 반한 것이 아니고, 乙의 고함이 퇴거요구의사를 표현한 것이므로 甲은 퇴거불응죄(제319조 제2항)가 성립한다. 퇴거불응범은 특수강간(性 제3조 제1항)의 주체가 아니므로 甲은 강간미수범이 된다. 감금죄에 해당한다.

14 [폐쇄직장침입] N대학은 노조원의 쟁의에 맞서 직장폐쇄를 하였다. 조합원 甲은 대학의 주차장, 식당 등에 출입하였다. ① (대판 2002도2243) **정당하지 않은** 직장폐쇄상태에서 근로자가 평소 출입이 허용되는 사업장 안에 들어가는 행위는 주거침입죄를 구성하지 아니한다. ② (評釋) 대학이 출입을 금지한 이상 甲의 출입은 **주거침입죄에 해당하고 직장폐쇄의 부당성은 위법성을 조각시킨다.**

15 판례는 ① 사생활 보호의 필요성이 큰 사적 주거, ② 외부인의 출입이 엄격히 통제되는 건조물에 거주자나 관리자의 승낙 없이 몰래 들어간 경우 ③ 출입 당시 거주자나 관리자가 출입의 금지나 제한을 하였음에도 이를 무시하고 출입한 경우(예: 접근금지가처분결정이 있는 피해자가 싫어함을 알면서도 그의 사무실 안에 들어감)를 사실상의 평온상태를 침해하는 침입행위로 본다(대판 2023도16595).

16 [통상적 방법의 출입] 노조원 甲은 전보인사발령에 항의하기 위해 지점장의 의사에 반하여 일반인이 출입하는 매장에 아무런 제지를 받지 않고 출입하였다. ① (대판 2021도9055) "일반적으로 출입이 허용되어 개방된 건조물에 관리자의 출입 제한이나 제지가 없는 상태에서 **통상적인 방법**으로 들어갔다면, **사실상의 평온상태를 해치는 행위 태양**으로 그 건조물에 들어갔다고 볼 수 없으므로 침입행위에 해당하지 않는다." ② (評釋) 주거침입죄는 양태범이 아니다. 오픈된 매장에 출입은 침입에 해당하지 않고, 이는 노조원의 항의목적이나 일반고객의 항의목적이나 다르지 않다.

17 [주거침입죄 법익의 변형] S(주) 甲과 乙 등은 대표이사와 면담이 거절된 상황에서 회사의 의사에 거스르는 행위라고 생각하면서도 대표와의 면담 요청을 위해 S(주)의 영업장소에 별다른 제지를 받지 않고, 통상적인 방법으로 들어갔다. ① (대판 2022도15955) "사실상의 평온상태를 해치는 행위 태양으로 주거에 들어가는 것이라면 대체로 거주자의 의사에 반하겠지만, 단순히 주거에 들어가는 행위 자체가 거주자의 의사에 반한다는 주관적 사정만으로는 바로 침입에 해당한다고 볼 수 없다." 甲과 乙은 공동주거침입죄가 성립하지 않는다.② (評釋) 甲과 乙은 공동주거침입죄에 해당하지만 사회상규에 의해 위법성이 조각될 수 있다.

같은 도덕규범으로 변형시킨다. ⑤ 건조물의 관리자가 복수인 경우[18](공동거주자)에는 원칙적으로 그 일부가 반대하여도 주거침입죄가 성립한다. 그러나 판례(대판 2020도6085)에 의하면 **공동주거**에서 공동거주자는 **각자 사실상 주거의 평온을 누리므로** 공동거주자 상호 간에는 특별한 사정이 없는 한 다른 공동거주자가 공동생활의 장소에 자유로이 출입하고 이용하는 것을 용인할 수인의무가 있다.

● 공동거주자 중 한 사람이 법률적인 근거 기타 정당한 이유 없이 다른 공동거주자의 공동생활장소 출입을 금지한 경우, 다른 공동거주자가 이에 대항하여 **공동생활의 장소에 들어가거나** 그 과정에서 출입문의 잠금장치를 손괴하는 등 **다소간의 물리력을 행사**하여 그 출입을 금지한 공동거주자의 사실상 평온상태를 해쳤더라도 주거침입죄가 성립하지 아니한다.[19]

● 외부인이 성관계를 목적으로 부부의 한쪽 당사자로부터 **현실적인 승낙을 받아 통상적인 출입방법에 따라 주거**에 들어갔다면 **주거의 사실상 평온상태를 해치는 행위태양**으로 주거에 들어간 것이 아니므로 주거침입죄가 성립하지 않는다.[20] 私見으로 판례의 결론은 주거침입죄가 폐지된 간통죄의 우회 처벌수단으로 변질되는 것을 막긴 하지만 침해범인 **주거침입죄를 양태범**으로 만든다. 공동거주[21]하는 부부는 사실상 주거의 평온을 향유하는 '내부자'(보호객체)이지, 주거의 평온을 해치는 외부인(행위주체)이 아니므로 배우자의 **명시적 의사가 표현되지 않은 동안에만** '추정되는 의사에 반하는 주거이용'을 주거침입으로 보지 않을 수 있다.

(3) 미 수 "주거침입죄의 **실행의 착수**는 주거자, 관리자, 점유자

---

18 [공동관리빌딩점거] 근로자 甲은 정당한 쟁의행위로 K㈜가 H㈜와 공동 관리하는 빌딩의 로비를 점거하고 10일간 숙식 농성을 하였다. ① (대판 2009도5008) 정당한 쟁의행위일지라도 주거침입은 "공동으로 관리·사용하는 제3자(H[주])의 승낙이 없는 이상" 정당행위가 될 수 없다.

19 [공동주거권자의 주거침입] 甲은 처 乙과의 불화로 인해 함께 생활하던 아파트에서 짐 일부를 챙겨 나왔는데, 그 후 자신의 부모인 丙, 丁과 함께 아파트에 찾아가 출입문을 열 것을 요구하였으나 乙이 외출한 상태에서 乙의 동생 戊가 출입문에 체인형 걸쇠를 걸어 문을 열어 주지 않자 공동하여 걸쇠를 손괴한 후 아파트에 침입하였다. ① (대판 2020도6085) 아파트에 대한 공동거주자의 지위를 계속 유지하고 있던 甲은 물론 丙, 丁도 (공동)주거침입죄가 성립하지 않는다.

20 [상간자침입] 甲은 乙의 남편 丙이 없는 사이에 그 부부가 사는 집에 들어가 성관계를 나누었다. ① (대판 2020도12630) "乙로부터 현실적인 승낙을 받아 통상적인 출입방법에 따라 주거에 들어갔"다면 "**주거의 사실상 평온상태를 해치는 행위태양**으로 주거에 들어간 것이 아니어서 주거에 침입한 것으로 볼 수 없다." ② (評釋) 丙이 외도목적의 주거사용에 반대의사를 표현했다면 주거침입죄가 성립한다.

21 [별거부부의 주거침입] 甲은 부인 乙의 丙과의 외도를 알고 별거상태로 돌입한 후 乙의 주거에 침입하여 혈흔이 묻은 휴지들을 갖고 나와 수사기관에 제출하였다. 감정결과 그 혈흔은 丙의 것이었다. ① (대판 2008도3990) 침입이 乙의 "**주거에서의 실제상 거주를 종료한 이후**"이므로 甲은 주거침입죄가 성립한다.

등의 의사에 반하여 주거나 관리하는 건조물 등에 들어가는 행위까지 요구하는 것은 아니고 범죄구성요건의 실현에 이르는 **현실적 위험성을 포함하는 행위**[22]를 개시하는 것으로 족하다"(대판 2003도4417). 신체의 극히 일부분이 주거 안으로 들어갔어도 사실상 주거의 평온을 해하는 정도에 이른 경우에는 기수가 된다(대판 94도2561).

2. 위 법 성

형사소송법에 따라 압수·수색·체포·구속을 위해 수사기관이 타인의 주거에 들어가면 **법령에 의한 정당행위**가 되지만, 사인이 현행범체포나 은닉장물 발견을 위해 타인의 주거에 들어가는 것은 위법하다. 주거침입죄는 **사회상규**에 의한 위법성 판단[23]이 빈번하다. 또한 맹견의 추격을 받고 타인의 집안으로 뛰어 들어가 몸을 피한 경우와 같이 주거침입은 **긴급피난**이 될 수도 있다.

3. 죄 수

주거침입죄는 계속범이므로 주거에 침입함으로써 기수에 이르고 그 장소에서 퇴거할 때까지는 시간이 길어도 1개의 주거침입죄가 성립하고, 주거침입 판결이 확정된 후에도 퇴거하지 않으면[24] 별개의 주거침입죄가 성립한다. 주거침입을 위한 수단으로 재물을 손괴하면 **주거침입죄와 손괴죄의 상상적 경합**이 성립한다. 주거침입은 절도죄의 구성요건이 아니

22 [주거침입미수] 甲은 사람이 없으면 만능키로 문을 열고 들어가 절도하기로 하고, 乙의 집 초인종을 누르면서 "자장면 시키셨죠"라고 했으나 乙이 "아니요"라고 하자 아래층으로 내려갔다. ① (대판 2008도1464) 甲은 "**침입의 현실적 위험성을 포함하는 행위**를 시작하였다거나, **주거의 사실상의 평온을 침해할 객관적인 위험성을 포함하는 행위**를 한 것"이 아니므로 주거침입미수범(제322조)이 될 수 없다.

23 [폐쇄공장출입의 위법성] 노조원들은 회사의 구조조정을 저지하기 위해 공장을 전면 점거하고 파업을 벌였다. 회사는 직장폐쇄를 신고하고 퇴거를 요구하고 출입을 금지하였다. 甲은 노조교육활동을 위해 공장에 들어갔다. ① (대판 2010도9963) 甲이 교육으로 도움을 주려는 쟁의의 목적(구조조정차단)과 수단(사업장 전면점거)이 정당하지 않은 점에서 위법성이 조각되지 않는다.

24 [확정판결과 주거침입] 甲은 乙의 주택에 무단 침입한 범죄사실로 유죄판결을 받고 확정되었음에도 퇴거를 하지 않고 계속 乙의 주택에 거주하였다. ① (대판 2007도11322) "판결 확정 이후의 행위는 **별도의 주거침입죄**를 구성한다." ② (評釋) 甲은 적법하게 들어간 뒤 퇴거불응하는 것이 아니므로 퇴거불응죄도 성립하지 않고 **부작위에 의한 주거침입죄**가 성립한다.

므로 상습적인 절도범행의 수단으로 주간에 주거침입을 한 자는 **상습절도죄와 주거침입죄의 경합범**이 된다.[25] 주거침입의 기회에 절도 등 다른 범죄가 저질러진 경우에도 마찬가지이다.

Ⅲ. 퇴거불응죄

제319조(퇴거불응) ② 전항의 장소에서 퇴거요구를 받고 응하지 아니한 자도 전항의 형과 같다.

퇴거불응죄는 타인의 주거 등에 **적법하게 들어갔으나** 주거자 등의 퇴거요구를 받고도 이에 불응함으로써 성립한다. **계속범**이며 **진정부작위범**이며, **거동범**이다. 따라서 미수범규정(제322조)은 입법오류이다. 보호법익은 사실상 주거의 평온이다.

(1) **행위객체** 퇴거불응죄의 행위객체는 주거침입죄(제319조 제1항)의 경우와 같다. 건조물이나 위요지,[26] 교회의 현관[27]도 포함된다.

(2) **퇴거요구** 주거권자·점유자·관리자 또는 이들의 위탁을 받은 자의 퇴거요구가 있어야 한다. 퇴거요구는 단 1회로도 충분하며, 퇴거요구의 의사표시는 명시적이든 묵시적이든 상관없다. 판례는 주거권자 등이 정당한 권원을 가지고 있어야 하는 것은 아니지만(대판 2023도9350) **퇴거요구는 적법**해야 하며(예: 숙박업자가 퇴실시간이 경과한 고객에게 퇴실요구), 부당한 퇴거요구에 불응[28]하는 것은 퇴거불응죄가 성립하지 않는다고 본

25 [상습절도와 주거침입죄] 절도전과자 甲은 출소 후 물건을 훔치려고 낮에 乙의 주거에 침입하였으나 재물을 물색하다가 체포되었다. ① (대판 2015도8169) 甲은 주거침입죄의 기수(제319조)와 상습절도미수(제342조)의 **경합범**이다.

26 [위요지 퇴거불응] 甲은 집회시위장소를 X병원 부지의 옆으로 신고했지만, 실제는 병원부지 안쪽 각 병동에 이르는 통로에서 시위했다. 병원장은 甲에게 나가줄 것을 여러 차례 요구하였으나 甲은 무시했다. ① (대판 2009도12609) 甲은 병원 건물의 위요지에서 퇴거하지 않은 퇴거불응죄(제319조 제2항)와 「집회 및 시위에 관한 법률」 위반죄(제16조 제4항 3호, 제22조 제3항)에 해당한다.

27 "사회통념상 현관도 건물의 일부"이므로 "교회 건물의 현관에 들어간 이상 그 곳에서 교회 관리인의 퇴거요구를 받고 이에 응하지 않았다면 퇴거불응죄가 성립한다"(대판 91도2309).

28 [퇴거요구의 정당성] D사 노조원 甲은 D사가 단체교섭에 소극적이자 파업을 선언하였고, D사는 직장폐쇄를 하고, 甲과 노조원들에게 협회에서 나가라고 하였지만 甲은 불응하였다. 이로 인해 D사의 임원회의는 외부음식점에서 진행하였다. ① (대판 2006도9307) "직장폐쇄가 **정당한 쟁의행위로 인정되지 아니하는 때**에는 사업장을 점거중인 근로자들이 퇴거 요구를 받고 불응하더라도 **퇴거불응죄가 성립하지 아니한다.**" 협회건물의 부분적, 병존적 점거, 임원회의의 외부개최은 업무방해의 결과를 초래할 위험성을 발생시키지 않는다(대판 2007도5204). ③ (評釋) 甲은 퇴거불응죄에

다. 私見으로 퇴거요구의 적법성이나 정당성 모두 퇴거불응의 위법성 판단에서 고려해야 한다.

(3) **퇴거불응** 퇴거불응은 적법하게 또는 과실로 들어간 자가 주거권자 등의 퇴거요구를 받고 퇴거할 수 있으나 응하지 않고 부작위로 대응하는 것이다. 퇴거는 **신체가**[29] **주거에서 나감**을 의미한다.

Ⅳ. 주거·신체수색죄

제321조(주거·신체 수색) 사람의 신체, 주거, 관리하는 건조물, 자동차, 선박이나 항공기 또는 점유하는 방실을 수색한 자는 3년 이하의 징역에 처한다.

사실상 주거의 평온뿐만 아니라 개인의 신체적 자유와 안전 및 사적 비밀도 보호법익이다. **수색**은 사람 또는 물건을 발견하기 위해 사람의 신체 또는 일정한 장소를 조사하는 것을 말한다. 주거침입한 후 주거를 수색하면 **주거침입죄와 주거수색죄**의 경합범이 된다. 절도를 하려고 주거에 침입하여 금품을 물색하는 수색은 절도의 불가벌적 수반행위이다. 주거·신체수색죄의 위법성은 주로 정당행위[30]에 의해 판단된다.

해당하지만, 위법성이 조각된다. 점거는 업무방해죄의 위력에 해당한다.

29 [퇴거의 의미] 乙의 요청으로 가재도구를 갖고 乙의 집에 들어간 甲은 乙이 귀국하여 퇴거요구를 하자 차일피일 연기하였고 乙이 내용증명을 보내자 가재도구는 그대로 두고 열쇠를 乙에게 반환하고 나왔다. ① (대판 2007도6990) **퇴거는 신체적 퇴거를 의미하므로 "가재도구 등을 남겨두었다는 사정은 퇴거불응죄의 성부에 영향이 없다."** 甲은 무죄이다. ② (評釋) 퇴거연기는 퇴거불응에 해당하지 않는다.

30 [주거수색죄] 주총 의장 乙은 주총일 3일 전까지 회사에 통지하지 않은 형 丙의 주식불통일행사를 거절하고 불통일행사대리인인 조카 甲에게 (상법 제368조의2 제1항에 따라) '주총과 관계없으니' 나가달라고 하였다. 甲은 乙에게 '씹할 새끼 맞아봐야 알겠냐'라고 말했다. 乙은 주총 개최를 포기하고 나갔고 甲은 다른 주주들과 丙을 임시주총 의장으로 선임하여 회의를 진행하고 직원 丁에게 '경리장부를 가져 오라'고 하였으나 응하지 않자 丁의 책상과 서류철을 뒤졌다. ① (대판 2001도2917) 甲의 행위는 방실수색죄(제321조)에 해당하고, "**주총에 참석한 주주가 강제로 사무실을 뒤져 회계장부를 찾아내는 것이 사회통념상 용인되는 정당행위로 되는 것은 아니**"다. ② (評釋) 甲은 업무방해죄에 해당하다.

§51. 권리행사를 방해하는 죄

Ⅰ. 권리행사방해죄

제323조(권리행사방해) 타인의 점유 또는 권리의 목적이 된 자기의 물건 또는 전자기록 등 특수매체기록을 취거, 은닉, 또는 손괴하여 타인의 권리행사를 방해한 자는 5년 이하의 징역 또는 700만 원 이하의 벌금에 처한다.

제328조(친족 간의 범행과 고소) ① 직계혈족, 배우자, 동거친족, 동거가족 또는 그 배우자 간의 제323조의 죄는 그 형을 면제한다(헌법불합치 헌재결 2020헌마468).

② 제1항 이외의 친족 간에 제323조의 죄를 범한 때에는 고소가 있어야 공소를 제기할 수 있다.

③ 전2항의 신분관계가 없는 공범에 대하여는 전2항을 적용하지 아니한다.

권리행사방해죄의 보호법익은 자신의 소유물에 대해서 타인이 갖고 있는 **용익물권과 담보물권과 채권**이다. 권리행사방해죄는 자기의 물건에 대한 절도죄로서 타인 소유의 물건에 대한 절도죄보다 형이 가볍다. 권리행사방해죄는 권리행사가 현실적으로 방해된 경우에 기수가 성립하는 **침해범**이다.

공무소로부터 보관명령을 받거나 공무소의 명령으로 타인이 관리하는 자기의 물건을 손상 또는 은닉하거나 기타 방법으로 그 효용을 해한 경우에는 **공무상 보관물무효죄**(제142조)가 적용되고, 권리행사방해죄와 상상적 경합범이 된다.

(1) **주　체**　　**물건의 소유자**만 주체가 되는 진정신분범이다.

(2) **객　체**　　타인의 점유 또는 권리의 목적이 된 자기의 물건 또는 전자기록 등 특수매체기록이다. ① **타인의 점유**는 보호가치 있는 점유이어야 한다. 점유할 권원에 기한 점유(예: 유치권[1]), 적법한 권원에 기하여 점유를 개시하였으나 사후에 점유 권원을 상실한 점유, 점유 권원의 존부가 외관상 명백하지 아니하여 법정절차를 통하여 권원의 존부가 밝혀질 때까지의 점유,[2] 권원은 없으나 동시이행항변권 등으로 대항할 수 있

1 "권원으로 인한 점유, 즉 정당한 원인에 기하여 물건을 점유하는 것을 의미하지만, 반드시 본권에 기한 점유만을 말하는 것이 아니라 유치권 등에 기한 점유도 여기에 해당한다"(대판 2011도2368).

2 [타인의 점유] K㈜ 대표 丙은 K㈜의 차량 한 대를 채권자 乙에게 넘겨주었다. K㈜ 공동대표 甲은

는 점유는 보호가치가 있다(대판 2005도4455). 절도범인의 점유[3]와 같이 점유할 권리 없는 자의 점유임이 외관상 명백한 경우(대판 2005도4455)는 권리행사방해죄의 객체가 되지 않는다. ② **권리의 목적**[4]이 된 물건은 점유를 수반하지 않는 **제한물권의 목적물**, 법정담보권에 기초하여 **압류된 또는 가압류된 물건**을 말한다. **채권의 목적물**[5]**은 임의 처분**하여도 권리행사방해죄가 성립하지 않지만 채권자가 사실상 소유권자가 될 것이라는 기대[6]를 갖고 있고, 그 기대가 사회적으로 보호가치가 있는 경우에는 권리행사방해죄가 성립할 수 있다. 정지조건부 대물변제예약의 대상인 물건은 제외된다. ③ **자기의 물건**이 아니라면 권리행사방해죄가 성립할 여지가 없고(대판 85도494), 절도죄나 횡령죄의 적용이 검토된다. 회사의 물건은 회사의 업무를 집행하는 대표에게는 자기의 물건[7]인 반면, 자동차등록원부상 회사의 명의로 등록한 **지입차량**은 지입차주에게,[8] 자동차등록

乙과 丙의 채무관계 등을 확인하지 않고, 乙이 차 반환을 거부한다고 착오하여 乙이 주차해 놓은 차를 몰래 가져왔다. ① (대판 2005도4455) 乙의 점유는 법정절차를 통하여 **점유 권원의 존부가 밝혀짐으로써 분쟁이 해결될 때까지 잠정적으로 보호할 가치 있는 점유**이므로 甲은 권리행사방해죄가 성립한다. ② (評釋) 甲의 착오는 타인의 점유에 해당함을 인식하지 못한 법률의 착오다.

3 [절취품의 취거] 甲은 자기의 가마솥을 훔쳐 보관하던 乙의 허락 없이 가마솥을 가져가버렸다. ① (대판 94도343) **절취하여 보관하는 물건**은 "타인의 점유"에 속하지 않으므로, 甲은 권리행사방해죄가 성립하지 않는다.

4 [타인의 권리목적물] 甲은 자신의 주택에 대해 C금고에게 근저당권설정등기를 한 후, 그 주택을 헐어내고 3층 건물을 신축했다. C금고는 근저당권에 기하여 새 건물에 대해 무효인 경매절차를 진행하였고 乙이 낙찰받았다. 甲은 乙이 새 건물 1층에 채워 놓은 자물쇠를 절단하고 丁에게 점포를 운영하게 하였다. ① 주택철거는 "손괴"로 **근저당권**행사를 방해한 것이고, 자물쇠 절단은 "취거"로서 경매무효로 인하여 생긴 乙의 **동시이행의 항변권** 행사를 방해한 것이다.

5 [채권목적물손괴] 甲은 부친이 생전에 건물의 화장실 사용을 하게 해준 乙이 6년 전 스스로 화장실을 수리했음에도 그 건물을 상속받은 직후 화장실을 헐어버렸다. ① (대판 71도926) 乙의 권리는 **채권적인 사용관계**이고 점유권을 내용으로 하지 않기 때문에 甲은 권리행사방해죄가 성립하지 않는다. ② (評釋) 乙이 들인 비용이 이용대가보다 크면 임차물보존비용상환청구권(민법 제626조 제1항)과 동시이행의 항변권(제536조 제1항)이 있어 甲은 권리행사방해죄가 성립한다.

6 [채권목적물취거] 甲과 乙은 '乙이 T임야의 입목벌채공사를 완료하면 甲은 乙에게 벌채한 원목을 인도한다'는 계약을 하였지만 벌채가 완료된 후 甲은 그 원목을 丙에게 매도하였다. ① (대판 90도1958) 타인의 '권리'란 반드시 제한물권만을 의미하는 것이 아니라 **물건에 대하여 점유를 수반하지 아니하는 채권**(원목인도청구권)을 포함한다. 甲은 권리행사방해죄가 성립한다. ② (評釋) 채권 때문이 아니라 소유권자가 된다는 乙의 기대가 보호가치가 있기 때문이다.

7 [회사물건과 대표] S㈜ 대표 甲은 회사명의로 등록된 지입버스의 차주 乙이 운행해온 버스를 회사와 乙의 계약이 해지되자 乙의 동의 없이 가져가 버렸다. ① (대판 91도1170) "회사 **대표기관으로서의 행위라고 평가되므로, 위 회사의 물건도 권리행사방해죄에서 자기의 물건**"으로 보아야 하므로, 권리행사방해죄가 성립한다.

8 [지입차량취거] N㈜에 택시 한 대를 지입한 甲은 일일입금 미납으로 인한 N㈜의 반환요구에 따라 택시를 회사 차고지에 입고한 후 그 택시를 N㈜의 승낙 없이 가져가버렸다. ① (대판 2000도

원부상 파이낸셜회사 명의의 **리스차량**은 리스이용자에게[9] 그리고 **명의신탁자 부동산**은 그 명의신탁자에게[10] 각각 타인의 물건에 해당한다. 그리고 이때 자기의 '**물건**'이란 재산죄의 재물과 같은 의미로서 동산과 부동산을 모두 포함한다. 전자기록은 전기식, 자기식 방식으로 저장된 기록(예: 자기디스크, 자기테이프 등)을 말한다. 특수매체기록은 레이저와 같은 광기술을 이용한 기록(광디스크)을 말한다. 문서가 저장된 마이크로필름은 문서의 축소, 확대복사에 불과하여 특수매체기록이 아닌 문서의 일종이다.

(3) 취거, 은닉, 손괴 **취거**는 점유자의 의사에 반하여[11] 그 목적물에 대한 점유자의 지배를 제거하고 자기 또는 제3자의 지배로 옮기는 것이다. 취거는 절도죄의 절취(Wegnahme)에 상응하는 개념이지만, 절취와 달리 저당권의 목적인 부동산의 처분도 취거에 해당한다. **은닉**[12]이란 물건의 소재의 발견을 불가능 또는 현저히 곤란하게 하는 것이다. **손괴**는 물건

5767) 지입차는 자동차등록원부상 명의인이 소유자이므로 甲은 **절도죄**가 성립한다. ② 甲은 법률("자기" 해당성)의 착오를 하였다.

9 **[리스차량담보제공]** 甲은 B㈜ 명의로 등록한 리스차량과 열쇠 및 자동차등록증 사본을 채권자 乙에게 담보목적으로 교부하고, 변제 시까지 차량을 보관하게 한 후 며칠 뒤 무단으로 그 차를 가져가 버렸다. ① (대판 2005도6604) 리스차량은 **B㈜의 소유이므로 권리행사방해죄가 성립하지 않는다.** ② (評釋) 甲은 B㈜의 자동차 보관자로서 차를 乙에게 담보로 제공한 행위는 **횡령죄**가 된다. 乙의 점유(권)를 배제하고 차를 가져간 것은 절도죄를 구성하지 않는다.

10 **[명의신탁부동산 권리행사방해]** 甲은 乙의 부동산을 매수하여 처 丙에게 소유권이전등기를 하고, 丁에게 임대하였다. 甲은 丁과 차임 문제로 다툰 후 丁의 점포에 자물쇠를 채워 출입을 금하였다. ① (대판 2005도626) "**제3자인 부동산의 임차인에 대한 관계에서는 명의신탁자는 소유자가 될 수 없으므로**" 甲은 권리행사방해죄가 성립하지 않고, ② (評釋) 위력업무방해죄가 성립한다.

11 **[지입차량 무단회수]** H㈜ 직원 甲은 해지 및 차량회수를 정한 계약조항에 따라 대표 乙이 지시하자 지입료를 연체한 丙이 점유하는 택시를 가져갔다. ① (대판 2001도4546) 丙의 지입차량은 H㈜의 명의로 등록되어 있으므로 甲에게는 타인의 재물이고 대표 乙에게는 '자기의 물건'이지만 甲은 乙의 공동정범이 될 수 있다. 丙의 점유는 "법정절차를 통한 분쟁해결시까지 잠정적으로 보호할 가치있는 점유"이므로 **취거 당시 점유자의 동의가 없었다면 '취거'가** 인정된다. ② (대판 2008도6578) "甲이 **법적 절차에 의하지 아니하고 일방적으로 지입차량 등을 회수하지 않으면 안 될 급박한 필요성**이" 없고, 그밖에 경위, 수단, 방법 등에 비추어 보면 정당행위는 인정되지 않는다. ③ (評釋) 계약조항을 차량회수에 대한 丙의 조건부 동의로 본다면 甲은 '**취거**'한 것이 아니고 권리행사방해죄도 성립하지 않는다.

12 **[은닉권리행사방해]** 甲은 렌트카 A(주)를 설립한 다음 B(주)의 명의로 저당권이 등록된 다수의 차량들을 사들여 A 소유로 등록한 후 자동차대여사업자등록 취소처분을 받아 차량등록을 직권말소시킴으로써 저당권을 소멸시켰고, 차량을 지입차주들이 관리·처분하게 하였다. B(주)는 저당차량들에 대한 경매신청을 하였으나 차량 소재를 파악할 수 없어 경매절차가 취소되었고 저당권을 행사하지 못하였다. ① (대판 2017도2230) 甲은 은닉에 의한 권리행사방해죄가 성립한다.

의 전부 또는 일부에 대해 물리적으로 또는 기능적으로 그 효용을 침해하는 일체의 행위를 가리킨다.

(4) **기 수** 판례는 "**권리행사가 방해될 우려가 있는 상태**에 이르면 권리행사방해죄가 성립하고 현실로 권리행사가 방해되었을 것까지 필요로 하"지 않는(대판 2016도13734) **위험범**으로 본다. 私見으로 타인이 점유나 권리를 향유할 수 없는 것 자체가 침해이므로 침해범이다.

(5) **고 의** 타인의 점유 또는 권리의 목적인 자기 물건을 취거, 은닉, 손괴하여 권리행사를 방해한다는 인식과 의사가 있으면 고의가 인정된다. 권리행사방해죄는 영득죄나 이득죄가 아니므로 불법영득의사나 불법이득의사가 필요 없다.

(6) **친족간 특례** 직계혈족, 배우자, 동거친족, 동거가족 또는 그 배우자[13] 간의 권리행사방해죄는 그 형을 면제한다(제328조 제1항: 헌법불합치). 그 밖의 친족간에는 고소가 있어야 공소를 제기할 수 있다(제328조 제2항).

Ⅱ. 점유강취 · 준점유강취

제325조(점유강취 · 준점유강취) ① 폭행 또는 협박으로 타인의 점유에 속하는 자기의 물건을 강취한 자는 7년 이하의 징역 또는 10년 이하의 자격정지에 처한다. ② 타인의 점유에 속하는 자기의 물건을 취거하는 과정에서 그 물건의 탈환에 항거하거나 체포를 면탈하거나 범죄의 흔적을 인멸할 목적으로 폭행 또는 협박한 때에도 제1항의 형에 처한다. ③ 제1항과 제2항의 미수범은 처벌한다.
제326조(중권리행사방해죄) 제324조 또는 제325조의 죄를 범하여 사람의 생명에 대한 위험을 발생하게 한 자는 10년 이하의 징역에 처한다.

(1) **점유강취죄** 점유강취죄는 '소유권 이외의 점유를 수반하는 재산권과 자유'를 보호한다. 미수범도 처벌한다. 점유강취죄는 **자기의 물건에 대한 강도죄**이다. 폭행 · 협박은 강도죄처럼 상대방이 항거불능상태에 이를 것을 요하지만, 자기의 물건의 강취이므로 불법영득의사는 필요하지 않다.

(2) **준점유강취죄** 준점유강취죄는 **'자기의 물건'에 대한 준강도죄**이

13 "'그 배우자'는 직계혈족, 동거친족, 동거가족 모두의 배우자를 의미"한다(대판 2011도1765).

다. 탈환에 항거, 체포를 면탈 또는 범죄의 흔적을 인멸할 목적이 필요하며, 준강도죄의 그것과 같은 의미이다. **폭행·협박**도 준강도죄와 같이 상대방이 **항거불능상태**에 이를 것을 요하며, 폭행·협박은 취거행위와 시간적, 장소적 근접성이 있어야 한다.

(3) 중권리행사방해죄 점유강취죄, 준점유강취죄를 범하여 **사람의 생명에 대한 위험**이 발생하면 중권리행사방해죄가 성립하고 가중처벌한다. 강취행위로 인하여 피해자가 사망한 경우에는 중권리행사방해죄가 아니라 점유강취죄·준점유강취죄와 살인죄(또는 폭행치사죄)의 상상적 경합이 성립한다.

Ⅲ. 강제집행면탈죄

제327조(강제집행면탈) 강제집행을 면할 목적으로 재산을 은닉, 손괴, 허위양도, 또는 허위의 채무를 부담하여 채권자를 해한 자는 3년 이하의 징역 또는 1천만 원 이하의 벌금에 처한다.

강제집행면탈죄는 **소유권 이외 강제집행이 가능한 '채권'**(과 부수적으로 국가의 강제집행 기능)을 보호한다. 강제집행면탈행위로 채권의 만족이 현실적으로 불가능해질 가능성이 발생하면 기수가 된다(**구체적 위험범**).

	주 체	강제집행	채권자 해함
형법 제327조	모든 사람	(주관적 요건) "강제집행을 면할 목적으로"	(객관적 요건) "채권자를 해한"
StGB § 288(1)	강제집행이 임박해 있는 자(채무자)	(객관적 요건) "강제집행이 임박해 있는"	(주관적 요건) "채권자의 만족을 좌절시킬 목적으로"

[독일과 한국의 강제집행면탈죄] 독일의 강제집행면탈죄[14]는 행위주체가 강제집행을 당할 직전에 있는 자(채무자)에 국한되어 있는 반면, 한국의 강제집행면탈죄는 그런 제한이 없다. 독일 형법에서 '강제집행이 임박해 있는 상태'는 객관적 구성요건임에 반해 한국형법에서는 주관적 구성요건(목적)[15]이다. 독일

---

14 독일 형법 § 288 (1) 강제집행이 임박해 있는 자가 채권자의 만족을 좌절시킬 목적으로 자신의 재산의 중요부분을 처분하거나 탈루시킨 자는 2년 이하의 징역이나 벌금형에 처한다.

15 [국제거래와 강제집행면탈] H㈜는 미국회사 Y㈜가 H(주)와의 계약을 위반하자 한국의 중재판정을 통해 손해배상과 미수금 채권을 확정받았다. 중재판정 직전 Y의 대표 甲은 강제집행을 면하기 위한 목적으로 Y의 자산 및 영업권을 자신의 다른 미국회사에 이전하고 Y의 파산절차를 개시하였다. ① 중재판정 상호승인과 집행에 관한 뉴욕협약 가입만으로는 **'강제집행을 당할 위험이 있는 객관적 상태'를 인정할 수 없지만** 제327조는 강제집행을 면할 **'목적'**을 요건으로 하므로 甲은 강제집행면탈죄가 성립한다. 甲은 외국인의 국외범이지만 미국에서 처벌여부를 불문하고 강제집행면

형법에서 '채권자를 해함'(채권자의 만족을 좌절시킴)은 주관적 요건(목적)인 반면, 한국형법에서는 객관적 요건이다

(1) **주 체** 강제집행면탈죄는 채무자에 한하지 않는다.

(2) **객 체** 객체는 채권자가 민사집행법상 **강제집행이나 보전처분의 대상**[16]**으로 삼을 수 있는 채무자의 재산**이어야 한다(대판 2013도2034). 동산, 부동산, 지식재산권,[17] 채무자의 물상보증인이 담보로 제공한 물건도 객체가 된다. **장래의 권리**[18]도 "채무자와 제3채무자 사이에 채무자의 장래 청구권이 충분하게 표시되었거나 결정된 법률관계가 존재"하면 객체가 된다. **압류금지채권의 목적물**은 강제집행 또는 보전처분의 객체가 될 수 없다. 예컨대 "기존의 압류된 예금계좌에서 압류가 되지 않은 다른 예금계좌로 변경하여 휴업급여를 수령한 행위는 죄가 되지 않는다"(대판 2017도6229).

(3) **강제집행면탈의 목적** 판례는 "강제집행을 면할 목적"을 '**강제집행을 받을 위험 있는 객관적 상태**'로 해석한다. 그러나 私見으로 강제집행면탈목적은 주관적 요건으로 해석해야 한다. 이때 강제집행은 민사집행법 제2편의 적용 대상인 **강제집행 또는 가압류·가처분** 등의 집행(대판 2010도5693). "광의의 강제집행인 의사의 진술에 갈음하는 판결의 강제집행"(대판 2015도9883)을 가리킨다. 이에 반해 민사집행법 제3편의 적용대상인 '**담보권 실행** 등을 위한 경매'(대판 2014도14909)나 **공장재단의 압류나 경매**(대판 72도1090), 채권자 보호를 목적으로 삼고 있지 않는 형사재판의

탈죄를 초국가적 법으로 본다면 강제집행면탈죄를 적용할 수 있다.

16 [강제집행면탈객체] X㈜ 대표 甲은 회사채권자들의 강제집행을 면탈할 목적으로 X㈜가 시공 중인 건물의 건축주 명의를 X㈜에서 Y㈜로 변경하였다. 12층으로 건축허가를 받은 그 건물은 명의 변경 당시 8층까지 골조공사가 완료된 채 그 공사가 중단되었다. ① (대판 2014도9442) 미완성 건축물의 소유권은 수급인(시공회사) X㈜에 있는 것이지 건축주(도급인)에 있지 않으며, Y㈜로의 명의신탁에도 불구하고 소유권은 X㈜에 남아 있지만 건축 중의 건물은 민사집행법상 강제집행이나 보전처분의 대상이 아니므로 甲은 강제집행면탈죄가 성립하지 않는다.

17 [특허권강제집행면탈] 甲은 특허권을 양도의사 없이 강제집행을 면할 목적으로 H(주)에 3천만 원에 넘기는 양도증서를 작성하였다. ① (대판 2001도4759) 甲의 행위로 인하여 "**채권자를 해할 위험"이 발생했으므로** 강제집행면탈죄가 성립한다.

18 [장래권리] 丙이 채무자 丁의 부동산에 대해 강제경매를 신청하자, 丙의 채권자인 乙은 丙이 강제경매절차로 지급받을 배당금채권을 가압류하였다. 丙은 사망하고 부인 甲은 丁과 공모하여 丁의 채무가 완제되었다는 허위 확인서를 법원에 제출하여 丁의 부동산 경매를 취소시켰다. ① (대판 2011도6115) 丙이 지급받을 배당금 채권은 "**장래의 권리**"이지만 강제집행면탈죄의 객체가 되고, 甲이 허위 채무완제확인서로 경매를 취소하게 한 행위는 재산의 은닉에 해당한다.

집행이나 행정법상 과태료, 과징금, 「국세징수법」에 의한 체납처분(대판 2010도5693)은 여기에 해당하지 않는다. '강제집행을 받을 구체적 위험이 있는 상태'여야 하고, 이는 채권자가 "**본안소송이나 보전소송을 제기하거나 제기할 태세를 보이고 있는 상태**"[19](대판 2008도3184)이다.

(4) **면탈행위** 재산을 은닉, 손괴, 허위양도 또는 허위의 채무를 부담하는 것이다. **은닉**은 강제집행을 실시하는 자에게 재산의 발견을 불능 또는 곤란케 하는 것이다. 강제집행 당할 재산의 "소유관계를 불명케 하는 행위"[20]도 은닉에 해당한다. **손괴**는 재물을 물질적으로 훼손하여 효용가치를 감소시키는 행위이다. **허위양도**는 "실제로 양도의 진의가 없음에도 불구하고 표면상 양도의 형식을 취하여 재산의 소유명의를 변경시키는 것"(대판 2001도4759)이다. 허위의 양도도 "넓은 뜻으로는 은닉의 일종"(대판 2001도4759)이다. **허위의 채무부담**은 채무가 없음에도 채무를 부담하는 것으로 꾸미는[21] 것이다. 하지만 허위의 채무부담이 강제집행을 불능케 하는 경우가 아니라면[22] 강제집행면탈죄가 성립하지 않는다.

(5) **채권자를 해할 것** "강제집행면탈죄는 위태범으로서 채권자를

---

19 [부도와 강제집행면탈] 甲은 어음이 부도가 나자 은행으로부터 부동산 근저당권을 실행하지 않겠다는 약속을 받고 다른 채권자들의 가압류를 면탈하기 위해 부동산을 허위양도하였다. 甲은 채무초과상태였고, 만기가 도래할 약속어음도 있었다. ① (대판 96도3141) 어음이 부도가 난 이상 다른 약속어음들도 만기 전에 소구될 가능성이 있고 **채무초과상태라면** 변제기가 도래하지 아니하였어도 **채권자들이 "가압류신청 등을 제기할 기세를 보이"**는 상태이므로 강제집행면탈죄가 성립한다.

20 [은닉] 집달관이 집행력 있는 판결정본에 기하여 甲이 경영하는 점포에 있던 유체동산을 압류하자 甲은 이 점포의 사업자등록자가 어머니 乙임을 이용하여 강제집행을 면탈할 목적으로 법원에 담보금 150만 원을 공탁하고, 그 유체동산이 乙의 소유라고 주장하면서 乙 명의로 제3자 이의의 소를 제기하여 법원으로부터 집행정지결정을 받았다. ① (대판 92도1653) **재산의 은닉이라 함은 재산의 소유관계를 불명케 하는 행위**도 포함한다. 은닉에 의한 강제집행면탈죄가 성립한다.

21 [허위채무공증] H㈜ 대표 甲은 J㈜가 H(주)에게 공사대금청구의 소를 제기하자, H(주)가 K에 대한 허위의 약속어음금 채무를 꾸미고 이를 공증하게 하였다. ① (대판 2007도3005) 甲은 허위채무의 부담에 의한 강제집행면탈죄(제327조)가 성립한다. ② 공정증서원본불실기재죄(제228조 제1항) 및 동행사죄(제229조)가 성립한다.

22 [강제집행 영향 없는 허위채무부담] 乙은 자기의 토지 위에 건물을 소유하는 甲에게 그 건물의 철거와 토지의 인도를 구하는 소송을 제기하였다. 甲은 丙에게 허위의 금전채무를 부담하고 그 담보로 이 건물에 근저당권설정등기를 경료하였다. ① (대판 2008도2279) **허위 채무부담은 토지 소유자의 건물철거 및 토지인도청구권에 기한 강제집행을 불능케 하는 사유에 해당하지 않으므로** 甲은 강제집행면탈죄가 성립하지 않는다.

해할 위험이 있으면[23] 성립하는 것이고, 반드시 채권자를 해하는 결과가 야기되거나 행위자가 어떤 이득을 취하여야 범죄가 성립하는 것은 아니다"(대판 2008도3184). 즉 강제집행면탈죄는 **구체적 위험범**이다. 채권자를 해할 위험은 행위시점을 기준으로 판단한다. 강제집행면탈죄의 공소시효는 허위의 채무부담 등에 의한 "강제집행면탈죄의 성립과 동시에 위 범죄행위가 종료되어 공소시효가 진행된다"(대판 2009도875).

(6) 강제집행면탈 고의 강제집행면탈고의는 재산을 은닉, 손괴, 허위양도 또는 허위의 채무를 부담하여 채권자를 해한다는[24] 인식과 의사가 있으면 인정되고, 아울러 "강제집행을 면할 목적"이라는 주관적 요건이 충족되어야 한다. 채무자인 회사를 위하는 목적이 있어도[25] 강제집행면탈고의는 인정될 수 있으며, 정당행위도 인정할 수 없다.

---

23 [채권자를 해함] 甲은 자기의 부동산(40억 원)에 대해 채무 24억 원과 채권최고액 34억 원의 근저당권을 설정하였다. 甲은 허위로 전세보증금반환채무를 6억 원 부담하였다. 甲에 대해 공사대금채권 7억 원을 갖고 있는 乙이 고소하였다. ① (대판 2007도4585) 부동산가액에서 피담보채무와 허위채무를 빼면 10억 원이 남고, 대금 7억 원보다 3억 원이 많지만 "**채무자에게 약간의 다른 재산이 있다 하여 채권자를 해할 우려가 없다고 할 수 없**"고 강제집행면탈죄가 인정된다.

24 [강제집행면탈고의] 甲과 사실혼을 끝낸 乙은 甲 소유의 14억 원짜리 아파트의 재산분할청구권을 원인으로 한 처분금지가처분결정을 받았다. 甲은 아파트를 담보로 10억 원을 대출받아 알 수 없는 사람의 계좌로 입금한 후 회사자금으로 사용하였다. 乙은 재산분할청구가 기각되었고, 4천만 원만의 위자료만 인정되었다. ① (대판 2011도5165) 甲의 은닉은 "乙**의 위자료채권액을 훨씬 상회하는 다른 재산이 있었던 이상, 강제집행면탈죄는 성립하지 않는**"다. 강제집행면탈고의를 인정할 수 없기 때문이다. ② (評釋) 채권이 존재하지 않으므로 강제집행면탈죄가 될 수 없다.

25 [어음 되막기 재산은닉] 甲은 F(주)의 어음채권자들이 회사의 예금계좌에 가압류를 하는 것을 피하기 위하여 회사의 예금계좌에 입금된 회사 자금을 인출하여 乙의 다른 계좌로 송금하였다. 이는 새로운 어음 발행을 위한 자금조성(어음되막기 목적)을 위한 것이었다. ① (대판 2005도4522) 甲의 은닉이 **어음되막기 목적을 추구했다는 점만으로는 甲의 강제집행면탈 행위가 정당행위에 해당한다고 볼 수 없다.**

§52. 절도의 죄

Ⅰ. 서 론

절도죄는 재물만을 객체로 하는 **재물죄**이고, 불법영득의사를 필요로 하는 **영득죄**이며 점유의 탈취(奪取)가 요구되는 **탈취죄**이다. 보호법익은 소유권이지만, 점유권도 부차적으로 보호한다. 판례는 **점유권의 침해만으로도**[1] 절도죄의 성립을 인정하지만 私見으로 점유권의 침해를 통해 소유권이 (새롭게) 침해되어야 하고, 그 전제로 소유자는 재물에 대해 (직접·간접) 점유(Besitz)를 하고 있어야 한다. 그렇지 않으면 점유이탈물횡령죄나 장물취득죄가 성립한다. 절도죄는 **침해범**이다.[2]

기본	● 절도죄(제329조)
가중	● 야간주거침입절도죄(제330조)
	● 특수절도죄(제331조)
	● 상습절도죄(제332조)
독자변형	● 자동차등 불법사용죄(제331조의2)
감경	● 각 절도죄의 미수범(제342조)
	● 친족상도례(제344조, 제328조)

형법상 절도죄의 구성요건체계는 도표와 같다. 특정범죄가중법 제5조의4 제2항은 5인 이상이 **공동하여 상습적**으로 (야간주거침입, 특수)절도죄 또는 그 미수죄를 범하면 2년 이상 20년 이하의 징역에 처한다. 동조 제5항 제1호는 (야간주거침입, 특수)절도죄 또는 그 미수죄로 "**세 번 이상 징역형을 받은 사람**"[3]이 다시 "이

1 [절도죄와 점유권] 乙이 丙의 자동차를 훔쳐 타고 다니던 중 甲이 그 차를 다시 훔쳤다. ① (대판 66도1437) 甲도 장물취득죄가 아니라 절도죄가 성립한다. ② (評釋) 丙은 차를 도난당함으로써 점유를 상실하였고(민법 제192조 제2항), 소유권을 향유하지 못하며, 乙은 丙의 소유권향유를 매개하지 않으므로 甲이 乙의 점유를 찬탈하여 丙의 차를 가져간 것은 점유이탈물을 가져간 것일 뿐, 丙의 소유권을 **새롭게** 침해한 것이 아니다. 甲은 점유이탈물횡령죄(제360조)가 성립한다. 이에 반해 렌트카 임차인이 도난당하면 소유자의 간접점유(민법 제194조)를 통한 소유권향유가 침해되므로 절도죄가 성립한다.

사 례	소유권	점유할 권원	점유권	죄 명
㉠ 소유권자가 차를 몰다가 도난당함	○	○	○	절도죄
㉡ 렌트카를 빌려 몰고 가다 도난당함	×	○	○	절도죄
㉢ 도둑이 훔친 차를 몰고 가다 도난당함	×	×	○	점유이탈물횡령죄

2 절도범은 절취한 재물의 소유권을 민법상 취득할 수 없다고 위험범으로 보기도 하지만, 점유침탈로 소유권자가 사용·수익·처분의 권능을 완전하게 누릴 수 없다는 점이 곧 침해이다.

3 '**세 번 이상 징역형을 받은 사람**'에서 "전범 중 일부가 나머지 전범과 사이에 후단 경합범의 관계에 있"는 경우도 포함된다(대판 2019도17381). 가령 2016. 3. 31. D법원에서 절도죄로 징역 10월, 2017. 4. 20. 같은 법원에서 절도죄로 징역 1년을 선고받은 후 이와 제37조 후단 경합범 관계에 있는 절도죄로 2017. 8. 9. 같은 법원에서 징역 2월을 선고받아, 2018. 6. 23. 그 형의 집행을 종료

들 죄"[4](**동종의 죄**)를 범하면 **누범**으로 2년 이상 20년 이하의 징역에 처한다.[5] 동조 제6항은 상습적으로 (야간주거침입, 특수)절도죄나 그 미수죄 또는 공동상습절도죄로 두 번 이상 실형을 선고받고 그 집행이 끝나거나 면제된 후 3년 이내에 다시 상습적으로 (야간주거침입, 특수)절도죄나 그 미수죄 또는 공동상습절도죄를 범한 경우에는 3년 이상 25년 이하의 징역에 처한다.

Ⅱ. 단순 절도죄

제329조(절도) 타인의 재물을 절취한 자는 6년 이하의 징역 또는 1천만 원 이하의 벌금에 처한다.
제342조(미수범), 제345조(자격정지의 병과)

(1) **주 체** 제한이 없다. 재물의 소유자는 권리행사방해죄, 점유자는 횡령죄의 주체가 되고, 피해자(소유자 및 점유자)의 친족은 친족상도례(제328조, 제344조)[6]가 적용된다.

(2) **타인의 재물** 절도죄의 객체는 타인의 재물이다.

1) 재 물 **재물**은 재산적 가치가 있는 유체물과 관리할 수 있는 동력(제346조)이다. **유체물**은 물리적 공간(extension)을 차지하는 물건을 말한다. 민법상 권리의 객체가 될 수 없는 유체물(예: 인체부착 치료보조장치)은 분리가 되지 않는 한 재물이 아니다. 인체에서 분리된 혈액, 장기, 배아 등은 관련법(혈액관리법, 장기이식법, 생명윤리법)이 매매를 금지되지만, 절도죄의 재물이 된다. 재물이지만 부동산은 사기, 공갈, 횡령, 권리행사방해에서와 달리 절도죄의 객체가 아니다. 등기부상 소유권자가 바뀌지 않는 한 그 소유자의 직접·간접 점유를 배제할 수 없기 때문이다. **관리할 수 있는**

하였고, 2018. 8. 29. 절도를 한 자도 세 번 이상 징역형을 받은 사람에 해당한다.

4 "**이들 죄**"는 동종의 죄를 의미한다. 가령 2009. 5. 27. 강도죄, 절도죄로 징역 2년 6월, 2012. 3. 23. 절도죄로 징역 6월, 2013. 4. 3. 특수강도죄로 징역 5년을 선고받아 2017. 11. 11. 그 최종형의 집행을 종료한 뒤 2019. 6. 3. 특수절도죄를 범한 자는 2013. 4. 3. 선고된 특수강도죄가 동종의 죄가 아니므로 '세 번 이상 징역형을 받은 사람'이 아니다(대판 2019도18891).

5 판례는 이 **누범가중**을 "내용의 새로운 구성요건을 창설한 것"이므로 이 법률 규정에 정한 형에 다시 형법 제35조의 누범 가중한 형기범위 내에서 처단형을 정한다(대판 2019도18947). 이는 누범가중이 **독자변형구성요건이라는 잘못된 전제**에 서 있다.

6 **[친족상도례]** 甲은 丙의 가공의뢰를 받아 乙의 공장에서 보관하던 다이아몬드 6개를 절취하였다. 乙은 甲의 생질이고 丙과는 친척관계가 없다. 乙은 甲을 고소하지 않았다. ① (대판 80도131) 친족상도례는 "**범인과 피해물건의 소유자 및 점유자 쌍방 간에 같은 조문 소정의 친족관계가 있는 경우에만 적용**"된다. 점유자 乙만 친족이므로 甲은 乙의 고소 없이도 처벌할 수 있다.

동력은 '물리적' 관리가 가능한 동력(예: 전기)을 말한다. 인간의 노동력, 방송·인터넷전파, 전화통화[7], 컴퓨터저장정보[8] 등은 재물이 아니라 재산상의 이익이다. 재물은 **재산적 가치**[9]가 있어야 하는데, "반드시 객관적인 금전적 교환가치를 가질 필요는 없고 소유자·점유자가 **주관적인 가치**[10]를 가지고 있는 것으로 족하"다(대판 2007도2595).

2) 타인소유 　절도의 객체는 **타인이 소유**하고 점유하는 재물이다. 자기 이외의 자의 소유 또는 자기와 타인의 공동소유[11]를 말한다. 무주물[12]이나 소유자가 소유권을 포기한 재물은 타인의 재물이 아니다. 타인의 토지 위에 임차인이 심은 경작물은 토지소유자에게는 타인의 재물이 되고, 임차권 등의 권원 없이 심은 경작물[13]은 토지소유자에게 귀속한다.

---

7 [휴대폰부정사용] 甲은 乙의 휴대폰을 동의 없이 해외통화에 사용하여 1백만 원 요금이 나오게 하였다. ① (대판 98도700) "전기통신사업자내용의 역무는 **무형적인 이익에 불과하고 물리적 관리의 대상이 될 수 없어 재물이 아니**"므로 절도죄가 성립하지 않는다. 甲의 행위는 전기통신사업자에 대한 기망행위도 아니고, 역무는 서비스이용계약에 따라 제공되는 것이므로 전기통신사업자가 착오에 빠져 처분행위를 한 것도 아니므로 사기죄가 성립하지 않는다(대판 98도3891).

8 [저장정보절취] H㈜ 직원 甲은 회사의 업무용노트북에 저장된 직물원단고무코팅시스템 설계도면을 2장에 출력하여 가지고 나왔다. ① (대판 2002도745) 컴퓨터 저장정보는 **유체물이 아니고**, 이를 출력하였어도 그 정보 자체가 감소하거나 피해자의 점유 및 이용가능성을 감소시키는 것이 아니므로 복사·출력도 절도죄에 해당하지 않으며, **출력한 도면은 피해 회사의 업무와 관계없이 새로이 생성시킨 문서이므로, 회사 소유의 문서라고 볼 수는 없어** 절도죄가 성립하지 않는다. ② (評釋) 甲은「부정경쟁방지법」제18조의 영업비밀취득죄에 해당한다.

9 [주주명부복사본절도] 甲은 S㈜의 주주명부가 전산 출력된 70장의 복사본을 절취하였다. S㈜는 주주의 인적사항을 평소 분쇄기로 폐기해왔다. ① (대판 2004도5183) "이 서류들은 피해자 회사에 있어서는 소유권의 대상으로 할 수 있는 **주관적 가치뿐만 아니라 그 경제적 가치**도 있다." 甲은 절도죄가 성립한다.

10 [재물의 경제적 가치] H㈜ 대표 甲은 퇴사 후 20일이 지나 회사의 동의 없이 자신이 사용하던 사무실에 야간에 들어가 **부동산매매계약서 사본**을 갖고 나왔다. ① (대판 2007도2595) 부동산매매계약서 사본은 **주관적·경제적 가치**가 있으며, 甲이 "업무상 필요에 따라 사용할 수 있다 하여도 피해 회사의 점유가 상실된다거나 甲이 피해 회사와는 무관하게 독자적으로 점유를 하고 있다고 볼 수 없으므로" 甲은 절도죄가 성립한다. ② (評釋) 야간주거침입절도죄가 성립한다.

11 [공동소유와 절도] 甲은 乙과의 동업에 자기의 제조공구를 제공하고 함께 점유하여 사업을 하다가 동업관계의 청산 없이 그 제조공구를 가져가 버렸다. ① (대판 94도2076) **동업체에 제공된 물품은 동업관계가 청산되지 않는 한 동업자들의 공동점유에 속하고 절도죄의 객체가** 된다. ② (評釋) 동업계약에서 제조공구를 甲의 소유로 남긴 경우 甲은 절도죄가 아니라 권리행사방해죄가 성립한다.

12 [무면허 수산물포획] 甲은 乙이 굴 양식면허를 받은 구역에서 서식하는 바지락을 채취하였다. ① (대판 82도696) 수산업법에 의한 양식어업면허로 당해구역 내에 자연 번식하는 수산동·식물의 소유권이나 점유권을 취득하지 않으므로 甲은 절도죄가 성립하지 않는다. ② 甲은 무면허 수산동식물포획죄에 해당한다.

13 [타인경작물 절취] 乙은 甲의 동의 없이 甲의 땅에 콩을 심어 길렀다. 甲은 乙에게 알리지 않고 그 콩을 뽑아갔다. ① (대판 80도1874) 乙이 토지임차인이면 甲은 절도죄가 성립하고 乙이 권한 없이 심었다면 콩은 甲의 소유가 되므로 절도죄가 성립하지 않는다. 乙이 그 콩을 반출해가면 절도죄가 성립한다(대판 97도3425: "권원 없이 식재한 감나무의 소유권은 그 감나무가 식재된 토지의

법이 소유 자체를 금지한 제품(예: 위조통화, 위조유가증권)[14]은 타인의 재물이 아니고, 점유만을 금지한 재물(예: 마약)은 타인의 재물이 된다.

3) 점 유 소유자는 재물을 직접 또는 간접으로 **점유**하고[15] 있어야 한다. 점유는 거래계의 경험칙상 사실상의 점유의사로 재물을 사실상 지배(Sachherrshcaft)하는 것이다. "객관적인 요소로서의 관리범위 내지 **사실적 관리가능성** 외에 주관적 요소로서의 **지배의사는 규범적으로 판단**한다"(대판 99도3801). 민법상 간접점유(제194조), 점유개정을 통한 간접점유(제189조), 법인의 점유, 상속상 점유이전(제193조)은 형법상 점유가 되지 않는다. 반면 "민법상의 점유보조자라고 할지라도 그 물건에 대하여 사실상 지배력을 행사하는 경우에는 형법상 보관의 주체로 볼 수 있"고(대판 70도649), 횡령죄의 주체가 된다.

개념 요소	사용 규칙의 예	구체적인 예
① 사실상의 점유의사 (Herrschaftswille)	• 점유의사는 포괄적 지배의사임	• 집안 내에서 잃어버린 물건도 형법상 점유가 인정된다. • 신부측 축의금 접수인이 신부 측에 교부하는 축의금을 가져간 경우에 절도죄는 성립(대판 96도2227).
② 사실상의 지배관계 (Sachherrschaft)	• 적법한 권원을 전제하지 않음	• 장물취득범에게 재물을 절취해도 절도죄가 성립한다.[16] • 퇴거한 임차인이 냉장고만 1개월 뒤 철거하여 소비된 전기는 임차인의 점유하므로 절도 불성립(대판 2008도3252).
③ 거래계의 경험칙 ①과 ②의 성립범위를 조절하는 요소로 기능함	• 타인의 배타적 지배 범위 내에 두고 온 물건은 점유 인정	• PC방에 두고 간 핸드폰은 피씨방 관리자의 점유 하에 있어서 제3자의 취거는 절도죄에 해당(대판 2006도9338). • 당구장에서 잃어버린 물건은 당구장 관리자의 점유에 속하므로 제3자가 취거하면 절도죄가 성립(대판 88도4093).
	• 공공장소는 장소관리자가 배타적 지배를 할 수 없어 점유 인정 안 됨	• 버스에 두고 내린 물건은 현실적으로 발견하지 않는 한 그에 대한 점유를 개시하였다고 할 수 없고, 승객의 취거행위는 점유이탈물횡령죄가 성립(대판 92도3170).

소유자인 피해자에게 있다").

14 [금제품 절도] S리조트 직원 甲은 매표소의 탑승권 발매기로 탑승권 100장을 발급하고 발매기에서 뜯어내어 乙에게 팔았다. ① (대판 98도2967) **위조유가증권도 몰수되기까지는 그 소지자의 점유를 보호하여야 한다는 점에서 형법상 재물**이며, 위조탑승권은 S의 소유와 점유 하에 있다. 甲은 절도죄가 성립한다. ② (評釋) 금제품인 위조유가증권은 절도죄의 객체가 아니며 유가증권위조죄가 성립한다.

15 [점유이전과 절취] 甲은 사실혼의 乙이 사망하자 乙의 아파트에서 부동산 등기권리증과 차용증이 든 가방을 가져가 버렸다. 다른 집에 사는 전처 아들 丁은 甲에게 아파트나 가방을 달라하지 않았다. ① (대판 2010도6334) 乙의 점유는 상속으로 丁에게 이전되지만(민법 제193조) **상속인이 그 재물에 관하여 사실상의 지배를 가지게 되어야만 이를 점유하는 것으로서 그때부터 비로소 상속인에 대한 절도죄**가 성립할 수 있다. ② (評釋) 부동산이나 채권은 절도의 객체가 아니다.

16 그러나 이 경우에 소유권자는 재물의 점유를 상실했으므로 점유이탈물횡령죄가 성립한다.

[상하관계에 의한 공동점유] 민법상 점유보조자를 형법상 점유자로 인정하게 되면[17] 민법상 점유자와 점유보조자는 형법상 공동점유자가 되고 점유보조자가 재물을 취거하면 절도죄와 횡령죄 중 어느 것이 성립하는지가 불분명해진다. ① 하위점유자(점유보조자)의 점유가 상위점유자(점유자)에 대해 **독립적인 점유**[18]인 경우에는 횡령죄가 성립하는 반면, 비독립적인 점유, 즉 **"상하관계에 의한 공동점유"**(대판 65도1178)에는 절도죄가 성립한다. ② 재물 운반의 위탁자가 운반자에 대해 감독과 통제의 가능성을 유지하고 있다면, 운반자의 위탁물 처분은 절도죄가 되고, 위탁자가 감독과 통제의 가능성을 잃은 경우라면 운반자는 단독점유자가 되고 그의 처분행위는 횡령죄가 된다.[19] ③ 공동소유자인 공동점유자 상호간에도 점유의 타인성이 인정된다.

비독립적인 점유(상하관계에 의한 공동점유) → 절도죄	독립적인 점유 → 횡령죄
• 경리담당직원의 요청으로 은행의 **현금 운반자인 부서직원의** 현금 소지는 독립적인 점유가 아니라 피해자의 점유에 종속하는 기관으로서 소지함에 지나지 않으므로 그 현금을 가져가면 피해자의 점유를 침탈한 것으로 절도죄에 해당(대판 65도1178). • 철도공무원이 운반중인 화물을 처분한 때(대판 65도789)	• **화물자동차**의 운전수가 운반중인 재물을 처분하면 업무상 횡령죄가 성립함(대판 4290형상281)

(3) **절 취** 절취(竊取 Wegnahme)는 점유자의 **의사에 반하여**[20] 그 점

17 [소유, 점유, 소지(所持)의 구분] ① 소유자는 자기가 직접 물건을 점유할 수도 있고(자기점유 Eigenbesitz) 자기 이외의 자(점유매개자, 직접점유자)(예: 임차인)로 하여금 물건에 대한 사실적 지배를 하게 할 수 있다. 이때 소유자는 간접점유(mittelbarer Besitz)를 하는 것이며, 이는 소유권자의 소유물의 향유(범위)를 확장시킨다. ② 민법상 점유(Besitz)는 소지(Gewahrsam)와 구분된다. 점유권자는 물건에 대한 사실적 지배력을 행사하는 자이나 이 지배가 반드시 그 물건에 대한 '물리적 지배' 즉 소지(Gewahrsam)의 형태를 띠어야 하는 것은 아니다(점유의 관념화). 점유자는 그에게 지시복종관계에 있는 자(점유보조자 Besitzdiener)(예: 상점종업원)에게 물건에 대한 물리적 지배를 맡길 수 있다. 점유보조인이 절취 당했을 때(예: 차주를 대신하여 운전기사가 차를 몰다가 도난당함)에는 법적으로는 점유권자가 절취 당한 것으로 간주되는 것이다(민법 제195조). 이때 절취행위의 객체는 점유보조자가 되고, 절도죄 보호법익의 주체인 소유권자와 분리된다. ③ 형법학은 민법상 소유, 점유, 소지의 분리현상을 정확하게 반영하지 않고, 독자적으로 점유 개념을 구성한다. 대체로 점유를 소지(Gewahrsamkeit)와 같은 의미로 이해한다.

18 [위탁물절도] 乙은 점원 甲에게 금고와 오토바이 열쇠를 주고 가스배달이 오면 금고 안의 돈을 주라고 하였다. 甲은 금고 속 2백만 원을 갖고 오토바이로 도망가 버렸다. ① (대판 81도3396) 甲은 점유보조자이지만 **위탁을 받아 금고 안의 현금과 오토바이를 사실상 지배하에 두고 보관**하는 자이므로 횡령죄가 성립한다.

19 [횡령죄의 보관 개념] 점유보조자를 형법상 점유자로 보게 되면, 횡령죄의 "타인의 재물을 보관하는 자"에서 보관은 민법상 점유(Besitz) 외에 소지(Gewahrsam)의 일부 유형을 포함하게 된다. 소지인은 단독점유자가 되거나 타인의 소유물에 대한 공동점유자일 때 횡령죄의 주체가 되고, 상하관계에 있는 공동점유자일 때는 절도죄의 주체가 된다. 하위의 공동점유자 개념은 불명확하다. 점유매개자와 점유보조자의 구분을 통해 횡령죄의 주체를 정하는 것이 간명하다.

20 [채권추심과 절도] 乙은 H㈜로부터 매입하고 자기명의로 등록한 굴삭기의 할부금을 연체하였다. H㈜는 乙로부터 언제까지 할부대금을 줄 것이고, 못 지키면 굴삭기를 회수·처분해도 좋다는 각서와 매매계약서 및 양도증명서를 받았다. 乙이 각서내용을 지키지 못하자, H㈜ 과장 甲은 乙의 굴삭기를 밤에 추레라에 싣고 가져와서 제3자에게 매도하였다. ① (대판 2001도4546) 굴삭기의 소유자는 타인(乙)의 재물이다. "약정에 기한 인도 등의 **청구권이 인정된다고 하더라도, 취거 당시에 점유 이전에 관한 점유자의 명시적·묵시적인 동의가 있었던 것으로 인정되지 않는 한**", 절취, 불

유(사실상 지배)를 배제하고 자기 또는 제3자가 점유를 취득하는 것이다.[21] 그 수단과 방법은 제한이 없다. 절취의 객체는 소유자, 점유매개자, 점유보조자 가운데 우연적으로 선택된다. ① 기망하여 상대방의 점유를 배제하고 상대방의 **재물처분행위**(재물의 종국적 점유이전)가 인정되면 사기죄,[22] 그렇지 않으면 절도죄(책략절도)[23]가 성립한다. 피해자가 잠시 재물을 가져가는 것을 동의한 것이 아니라 인내(Dulden)한 경우[24]에도 그 재물을 가져가면 **책략절도**가 된다. ② 점유권자가 **동의**(피해자 양해 Einverständnis)한 경우에는 점유의 배제가 인정될 수 없으므로 절취 요건을 충족할 수 없다. 동의의 사실적[25] 한계나 법적 한계[26]를 넘어서면 절도죄가 성립한다.

법영득의사가 인정되고 甲은 절도죄가 성립한다.

21 [신용카드 현금이체] 甲은 여친 乙의 카드를 몰래 가져가 은행 ATM에 넣어 乙 계좌에서 500만 원을 甲 명의의 계좌로 이체시킨 뒤 그 계좌에서 현금을 인출하였다. ① (대판 2008도2440) **계좌이체행위는 절취행위라고 볼 수는 없고**, 甲이 계좌이체 후 ATM에서 현금을 인출한 행위는 **자신의 신용카드를 이용**한 것이어서 ATM **관리자의 의사에 반한다고 볼 수 없으므로** 甲은 절도죄가 성립하지 않는다. ② (評釋) **카드 자체의 절취**는 사소법익침해로 절도죄에 해당하지 않고, **이체행위**는 컴퓨터사용사기죄(제347조의2)에 해당하며, ATM 관리자가 '정당한 권한'을 지닌 자의 인출에만 동의한다고 보면(점유배제동의의 법적 한계) **인출행위**는 절도죄가 된다.

22 [책략절도와 사기죄] 甲은 乙의 결혼예식장 축의금 접수대에 접수인처럼 앉아 하객 丙이 축의금으로 낸 축의금을 갖고 사라졌다. ① (대판 96도2227) 丙의 교부행위는 축의금을 "신부 측 접수대에 교부하는 취지에 불과하므로 甲이 그 돈을 가져간 것은 신부 측 **접수처의 점유를 침탈하여 범한 절취행위**"이다. ② (評釋) 丙을 피기망자로 하는 사기죄와 乙을 피해자로 하는 절도죄가 상상적 경합관계로 성립한다.

23 "甲이 乙에게 자동차를 매도하겠다고 거짓말하고 자동차 소유권이전등록 서류를 교부하고 매매대금을 받은 다음 자동차에 미리 부착해 놓은 지피에스(GPS)로 위치를 추적하여 자동차를 절취한 경우 甲이 자동차를 양도한 후 다시 절취할 의사를 가지고 있었더라도 자동차의 소유권을 이전하여 줄 의사가 없었다고 볼 수 없고, 甲이 자동차를 매도할 당시 곧바로 다시 절취할 의사를 가지고 있으면서도 이를 숨긴 것을 기망이라고 할 수 없어, 결국 甲이 자동차를 매도할 당시 기망행위가 없었으므로, 甲에게 사기죄를 인정할 수 없다"(대판 2015도17452) 참조.

24 가령 피해자가 가지고 있는 책을 잠깐 보겠다고 하며 보는 척 하다가 가져갔다면 그 책은 **아직 피해자의 점유 하에** 있는 것이므로 절도죄가 성립한다(대판 82도3115); 금방에서 귀금속을 구입할 것처럼 가장하여 피해자로부터 순금목걸이 등을 건네받은 다음 화장실에 갔다 오겠다는 핑계를 대고 도주한 경우 순금목걸이 등은 도주하기 전까지는 피해자의 점유 하에 있으므로 절도죄가 성립한다(대판 94도1487).

25 [동의의 사실적 한계] 자판기의 소유권자(및 관리자)는 고객이 진정한 동전을 넣을 것을 조건으로 상품을 빼내어가는 것에 동의할 뿐이다. 가짜 동전으로 빼내어 가면 절도죄가 성립하고, 편의시설부정이용죄(제347조의2)와 상상적 경합관계에 놓이며 절도죄로 처단된다.

26 [동의의 법적 한계] 甲은 乙의 집 안방에 침입하여 장롱에서 乙의 딸 丙의 신용카드를 절취한 후 ATM기에서 그 카드로 50만 원의 현금서비스를 받았다. ① (대판 2003도1178) "**현금서비스이용**은 현금을 취득함으로써 현금자동인출기 관리자의 의사에 반하여 그의 지배를 배제하고 그 현금을 자기의 지배하에 옮겨 놓는 것이므로 **절도죄를 구성"하지만**, 현금은 재물이므로 재산상의 이익 취득만이 객체인 **컴퓨터사용사기죄**(제347조의2)**는 성립할 수 없다.** 甲의 **신용카드부정사용죄**(여신전문금융업법 제70조)**와 절도죄**는 "보호법익이나 행위태양이 전혀 달라 **실체적 경합관계에 있다**(대판 95도997)." ② (評釋) 카드정보를 입력하면 현금을 지급하는 관리자의 일반적 동의가 '정당한

(4) 불법영득의사와 고의 절도죄가 성립하려면 절도고의(타인 점유 하에 있는 타인 소유의 재물을 절취한다는 인식과 의사)와 불법영득의사[27]가 있어야 한다.

1) 불법영득의사의 내용 불법영득의사(Zueignungsabsicht)[28]는 절취행위자가 타인의 재물에 대한 그의 소유자 지위를 영속적으로 빼앗고, 자신이 소유자(에 유사한) 지위를 (영속적 또는 일시적으로) 위법하게 누리는 의사이다.

[판례: 불법영득의사] "불법영득의사란 타인의 물건을 그 권리자를 배제하고 자기의 소유물과 같이 그 경제적 용법에 따라 이용·처분하고자 하는 의사를 말하는 것으로서, 단순히 타인의 점유만을 침해하였다고 하여 그로써 곧 절도죄가 성립하는 것은 아니나, 재물의 소유권 또는 이에 준하는 본권을 침해하는 의사가 있으면 되고 반드시 영구적으로 보유할 의사가 필요한 것은 아니며, 그것이 물건 그 자체를 영득할 의사인지 물건의 가치만을 영득할 의사인지를 불문한다"(대판 2010도11771).

① 불법영득의사는 소유권자의 지위를 **영속적으로** 배제하는 의사이고, 일시적으로 배제하는 사용행위(사용절도)는 절도죄가 되지 않는다. 그러나 사용절도라도 "그 사용으로 인하여 물건 자체가 가지는 **경제적 가치가 상당한 정도로 소모**되거나 또는 사용 후 그 재물을 본래 있었던 장소가 아닌 **다른 장소에 버리거나** 곧 반환하지 아니하고 **장시간 점유**하고 있는 것과 같은 때"(대판 92도118)에는 불법영득의사가 인정된다. ② 불법영득의사는 절취행위자가 절취한 재물에 대하여 **자신이 소유자**(에 유사한)

권한 보유'라는 법적 조건의 흠결로 효력이 없어 현금서비스이용은 절도죄가 된다. 현금도 재산상 이익이므로 컴퓨터사용사기죄도 성립하고, 방실침입죄(제319조 제1항)도 성립.

27 [절도죄와 횡령죄에서 불법영득] ① 절도죄는 불법영득의사로 타인 소유물에 대한 점유를 취득하면 성립하고, 실제로 불법영득을 할 필요는 없는 반면, 횡령죄에서는 주관적 요건인 불법영득의사 이외에 객관적 요건으로 불법영득(=횡령)이 있어야 성립한다. ② 횡령은 내부적 신임관계의 파괴가 불법유형(Unrechtstypus)을 구성하는 반면, 절도는 외부적 침해를 불법유형으로 삼는다. 따라서 절도죄의 불법영득의사는 소유권자의 지위를 일시적으로 배제하는 경우(**사용절도**)에는 인정되지 않지만, 횡령죄에서 불법영득은 그런 경우(**사용횡령**)에도 원칙적으로 인정된다. ③ 횡령죄에서 불법영득의사(Zueignungswille)는 소유권자 지위의 향유에 대한 의사가 목적지향적 의사(목적)일 필요는 없고 인용의 수준(**미필적 불법영득의사**)이면 되지만, 절도죄에서 불법영득의사는 오직 목적지향적인 의사이어야 한다.

28 이를 명문으로 정한 독일의 StGB § 242 Diebstahl (1) Wer eine fremde bewegliche Sache einem anderen in der Absicht wegnimmt, die Sachesich oder einem Dritten rechtswidrig zuzueignen, wird mit Freiheitsstrafe bis zu fünf Jahren order mit Geldstrafe bestraft.

지위를 누리려는 의사다. 절취행위자 자신(animus rem sibi habendi)이 소유권자 지위를 누려야 하는데, 제3자에게 선물하거나 소유자에게 반환[29]하는 행위도 소유권자 지위를 누리는 것이다. 판례는 증거인멸의 목적은 불법영득의사를 배제[30]하는 것으로 보지만 증거인멸목적도 일시적으로 소유권자 지위를 누리는 의사(불법영득의사)가 인정될 수 있다. 소유자 지위를 누린다는 것은 재물이거나 **물건에 화체된 가치**를 누리는 것을 말한다. ③ 타인재물의 영득은 불법적이어야 한다. 소유권이 타인에게 있는 이상 채권이나 기타 청구권을 근거로 그 재물을 절취하여도 영득이 **절차적으로 위법**한[31] 이상 불법영득이 된다.[32]

2) 카드와 통장의 사용절도 판례에 의하면 현금카드의 현금인출사용 후 반환,[33] 직불카드의 현금이체사용 후 반환,[34] 신용카드의 현금인

29 [소유자를 위한 불법영득의사] 甲은 B사에서 乙명의로 차를 리스한 후 1천만 원을 빌린 丙에게 인도하였다. 丙은 甲이 빚을 갚지 못하자 그 차를 丁에게 매도하여 丁이 점유하게 되었다. 甲은 丁이 주차해 놓은 그 차를 가져갔고 乙을 통하여 B에 반납하였다. ① (대판 2013도14139) "물건을 점유자(丁)의 의사에 반하여 취거하는 행위가 결과적으로 **소유자(B)의 이익으로 된다는 사정 또는 소유자의 추정적 승낙이 있다고 볼 만한 사정이 있다고 하더라도**" 불법영득의사가 인정될 수 있고, 甲은 절도죄가 성립한다. ② (評釋) 丁은 B의 소유권을 매개하는 점유를 하지 않으므로 甲의 절취는 B의 소유권(및 점유권)을 새롭게 침해하지 않고 절도죄도 성립하지 않는다.

30 [증거인멸과 불법영득의사] 甲은 乙을 살해한 후 증거인멸 하려고 乙의 지갑을 꺼내어 다른 증거품들과 함께 쓰레기 소각장으로 가서 태워버렸다. ① (대판 99도519) 甲이 "지갑을 꺼낸 것은 자신의 살인 **범행의 증거를 인멸하기 위한 것이어서 결국 불법영득의 의사가 있었다고 보기 어렵다.**" ② (評釋) 절도죄가 성립하지 않는 것은 불법영득의사가 없기 때문이 아니라, 乙의 상속인이 지갑에 대한 사실상 지배를 하지 못한 상태여서 '절취'의 표지를 충족할 수 없기 때문이다. 甲은 점유이탈물횡령죄가 성립하고, 증거인멸목적의 지갑손괴는 점유이탈물횡령죄의 불법을 넘어서는 새로운 법익침해가 아니기 때문에 점유이탈물횡령죄의 불가벌적 사후행위이다.

31 [위법한 취거의 불법영득] 乙은 Y㈜와 리스계약으로 대출을 받아 트럭을 할부 구매하고 乙 명의로 등록하였다. 리스계약서에는 乙이 원리금을 완제할 때까지 소유권이 Y에 유보되고, 리스료를 연체하면 Y는 잔여채권을 회수하기 위해 리스물건의 반출 등 제반조치를 할 수 있다는 특약이 있었다. Y의 채권추심담당 甲은 乙의 덤프트럭을 반출해 가져갔다. ① (대판 2009도5064) 트럭의 소유권자는 乙이므로 甲의 취거는 권리행사방해가 아니라 절취가 되며, "약정에 기한 인도 등의 청구권이 인정된다고 하더라도, **취거 당시에 점유 이전에 관한 점유자의 명시적·묵시적인 동의가 있었던 것으로 인정되지 않는 한,** 점유자의 의사에 반하여 점유를 배제하는 행위를 함으로써 절도죄는 성립"한다. 甲의 의사가 불법영득인 점은 취거행위의 위법으로 이미 충족된다.

32 [판례: 교회재산귀속과 절도죄] 하나의 교회가 두 개 이상으로 분열된 경우 그 재산의 처분에 관하여 교회 장정 등에 규정이 없는 한 분열 당시 교인들의 총의에 따라 그 귀속을 정하여야 하고 그와 같은 절차 없이 위 재산에 대하여 다른 교파의 점유를 배제하고 자기 교파만의 지배에 옮긴다는 인식 아래 이를 가지고 갔다면 절도죄를 구성한다(대판 98도126).

33 [현금카드 현금인출절도] 甲은 乙로부터 지갑을 잠시 건네받아 그 안에 있던 乙의 현금카드로 ATM에서 1백만 원을 인출하고, 카드를 바로 乙에게 반환하였다. ① (대판 98도2642) "현금카드 자체가 가지는 경제적 가치가 인출된 예금액 만큼 소모되었다고 할 수는 없을 것"이므로 현금카드 절도죄는 성립하지 않는다. ② (評釋) 甲은 절도죄, 컴퓨터사용사기죄, 현금카드부정사용죄가 성립

출사용(현금서비스이용) 후 반환[35]의 사용절도에서 카드 자체가 가지는 경제적 가치의 감소가 없다고 보아 **불법영득의사를 인정하지 않지만**, 카드 사용 후 **반환하지 않은 경우에는 절도죄를 인정**한다. 예금통장의 사용절도[36]에서는 **예금액 증명기능이 감소**하였다고 보아 불법영득의사를 인정한다. 이때 판례는 예금통장에 '예금액 증명기능에 상응한 경제적 가치'가 화체된 것으로 본 셈이다. 컴퓨터사용사기죄는 재산상 이익에 대해서만 적용된다고 보므로, 현금인출행위에는 적용하지 않는다.

그러나 私見으로 신용·직불·현금카드나 예금통장에 의해 현금을 인출·이체하는 경우에 카드나 통장 자체의 가치나 '그것에 화체된 가치'(lucrum ex re)가 감소한 것이 아니라 '**그것을 사용함으로써 얻는 다른 이익**'(lucrum ex negotio cum re)이 감소하는 것이므로 카드·통장에 대한 불법영득의사는 인정할 수 없고, 신용·직불·현금카드·통장 자체는 재산적 가치가 미미하므로 반환여부와 상관없이 '사소법익침해'(법리)로서 절도에 해당하지 않는다. 하지만 ① 타인의 카드(신용, 직불, 현금카드)로 ATM에

한다.

34 [직불카드사용절도] 甲은 乙의 가방에서 丙 소유의 직불카드를 꺼내어 그 카드로 丙의 예금계좌에서 甲의 계좌로 2천만 원을 이체한 다음 3시간 뒤 乙에게 사실을 말하고 카드를 반환하였다. ① (대판 2005도7819) "**직불카드를 사용하여 타인의 예금계좌에서 자기의 예금계좌로 돈을 이체**시켰다 하더라도 직불카드 자체가 가지는 경제적 가치가 계좌이체된 금액만큼 소모되었다고 할 수는 없으므로 이를 일시 사용하고 **곧 반환한 경우에는 그 직불카드에 대한 불법영득의 의사는 없다.**" ② (대판 2003도3977) 직불카드 "부정사용이라 함은 **직불카드의 본래의 용법에 따라 사용하는 경우**를 말하는 것이므로" 甲의 예금인출은 "**부정사용의 개념에 포함될 수 없다.**" ③ (評釋) 직불카드의 절취는 사소법익침해로 절도죄에 해당하지 않고, 이체행위는 현금을 재산상 이득으로 보면 컴퓨터등사용사기죄에 해당하며, **일상적인 의미에서** 직불카드를 본래의 용법에 따라 사용했으므로 직불카드부정사용죄도 성립한다.

35 [신용카드 현금인출절도] 甲은 만화가게 주인 乙의 가방에서 乙의 신용카드 1장을 꺼내어 인근 ATM에서 50만 원을 현금서비스 받고, 다시 乙의 가방 안에 되돌려 놓았다. ① (대판 99도857) 신용카드는 유가증권이 아니고, "신용카드업자로부터 서비스를 받을 수 있는 증표"이므로, "이를 사용하여 현금자동지급기에서 **현금을 인출하였다 하더라도 신용카드 자체가 가지는 경제적 가치가 인출된 예금액만큼 소모되었다고 할 수 없으므로, 이를 일시 사용하고 곧 반환한 경우에는 불법영득의 의사가 없다.**" ② (評釋) 甲은 절도죄, 컴퓨터사용사기죄, 신용카드부정사용죄가 성립한다.

36 [통장절도] S㈜ 현장소장 甲은 사무실에서 회사 통장을 몰래 가지고 나와 예금 1천만 원을 인출한 후 통장을 제자리에 갖다 놓았다. ① (대판 2009도9008) "**예금통장은 자격증권**으로서 **예금액에 대한 증명기능**이 있고 이러한 증명기능은 예금통장 자체가 가지는 **경제적 가치**"이므로 "그 사용으로 인한 경제적 가치의 소모가 무시할 수 있을 정도로 경미한 경우가 아닌 이상, **예금통장 자체가 가지는 예금액 증명기능의 경제적 가치에 대한 불법영득의 의사**를 인정할 수 있으므로" 甲은 **절도죄가 성립하고 사기죄와 경합범**이다(대판 74도2817). ② (評釋) 통장인출은 통장이 증명하는 예금액을 감소시킬 뿐이므로 불법영득이 아니라 이득의사가 인정될 뿐이다. 그리고 통장의 절도죄를 인정한다면 절도죄가 현금인출의 사기죄를 달성하는 수단이고, 사기죄의 법정형이 절도죄보다 중한 점에서 절도죄는 사기죄에 흡수된다(불가벌적 사전행위). 절도죄를 인정하더라도 통장사용은 기망인데, 절취와 단일성이 있으므로 상상적 경합관계에 있다.

서 **직접 현금을 인출**한 경우에는 그 현금에 대한 절도죄(제329조)와 ("재산상의 이익" 개념에 재물도 포함됨을 전제) 컴퓨터사용사기죄(제347조의2) 및 (다른 기능의 신용카드, 직불카드, 현금카드라도 하나의 카드에 통합되어 있는 경우 현금인출은 '일상적 의미'에서는 본래의 용법에 따른 사용으로서) 여신카드전문업법상 카드부정사용죄(제70조 제1항 3호)의 상상적 경합범이 성립한다. ② 타인의 카드로 **현금을 이체**한 경우에는 컴퓨터사용사기죄(제347조의2)가 성립한다. ③ 타인의 신용**카드로 현금서비스를 받는** 경우에도 그 카드의 소유자가 아니라 현금을 인출한 ATM을 관리하는 금융기관에 대한 절도죄가 성립한다. ④ 타인의 **예금통장을 사용하여 은행원을 속이고 현금을 인출**한 경우 예금통장 자체의 절취는 사소법익침해로 절도에 해당하지 않고, 통장을 이용한 현금인출은 사기죄(제347조 제1항)에 해당한다. 예금통장 자체의 절도죄를 인정하더라도, 절도죄는 사기죄의 불가벌적 사전행위이다.

(5) 실행의 착수시기와 기수 절도죄 실행의 착수는 타인의 점유 배제라는 구성요건요소적 행위를 직접적으로 개시한 때에 인정된다.

	실행의 착수의 인정	실행의 착수의 불인정
단순 절도	• 자동차 안의 물건을 훔치기 위해 손잡이를 잡아당긴 때(대판 86도2256) • 피해자의 집에 침입하여 손전등으로 훔칠 물건을 물색한 때(대판 84도71) • 주간에 절도의 목적으로 방안에 들어갔다가 재물을 찾지 못하여 거실로 돌아 나온 경우(대판 2003도1985)	• 면장갑을 끼고 자동차의 유리창으로 내부를 손전등으로 비춤(대판 85도464) • 부엌문에 시정된 열쇠고리의 장식을 뜯는 행위(88도1165) • 주간에 타인의 주거에 침입하였지만 물건을 물색하기 전(대판 92도1650) • 자재를 훔치려 아파트 신축공사 현장 지하실 안쪽을 살핌(대판 2009도14554)
특수 절도	• 야간에 주차된 차량 안의 현금을 훔치려고 양손으로 차량문의 손잡이를 잡고 열음(대판 2009도5595) • 야간에 재물을 훔치려고 사람의 주거에 침입한 단계(대판 2006도2824) • 밤에 아파트 베란다 난간에 올라가 창문을 열려고 함(대판 2003도4417)	• 주간에 아파트 출입문 시정장치를 손괴하다가 발각되어 도주한 경우(대판 2009도9667) • 야간에 다세대주택에 침입하여 물건을 절취하기 위하여 가스배관을 타고 오르다가 순찰 중이던 경찰관에게 발각되어 그냥 뛰어내린 경우(대판 2008도9172)

절도죄의 기수는 재물에 대하여 **사실상의 지배를 갖는 때**에 인정된다. 재물에 대한 사실상 지배가 언제 확립되었는지는 재물의 성격과 행위상황의 특수성을 고려하여 판단하여야 한다. 대체로 **점유를 취득한 때**[37] 절도는 기수가 된다.

37 [입목절도죄의 기수] 甲은 연구소 마당 뒤편에서 丙 소유의 영산홍 1그루를 캐어 자기의 차 뒤에

[절도의 기수시기] 절도죄의 기수에 관해 은닉설, 이전설, 취득설, 접촉설이 있는데, 각 학설의 입장은 상점절도의 예에서 보면 ① **예비**(예: 甲이 슈퍼마켓에서 물건을 훔치려고 밑이 구멍난 장바구니를 들고 집을 나서 슈퍼마켓으로 향한다) → ② **실행의 착수**(예: 甲이 슈퍼마켓 문을 넘어서 들어간다) → ③ **접촉**(예: 甲이 한참 망설이다 비싼 와인 한 병을 집어 든다) → ④ **취득**(예: 甲이 와인병을 장바구니 안에 넣는다) → ⑤ **이전**(예: 甲이 계산대를 통과하여 슈퍼마켓 문을 빠져나온다) → ⑥ **은닉**(예: 甲이 훔친 와인병을 자기 집 냉장고에 숨긴다).[38]

(6) 절도죄의 죄수 절취한 물건을 손괴하는 등 소유권을 새로이 침해하는(erneut verletzt) 행위가 있어도 그로 인하여 '**새로운 종류의 법익**'(ein neues Rechtsgut)[39]이 침해되지 않는 한 그 사후행위는 처벌되지 않는다(**불가벌적 사후행위**).[40] "야간주거침입절도죄 및 손괴특수절도죄를 제외하고 주거침입은 절도죄의 구성요건이 아니므로, 절도범인이 그 범행수단으로 주거침입을 한 경우에 그 주거침입행위는 절도죄에 흡수되지 아니하고" **주거침입죄와 절도죄의 실체적 경합**이 성립한다(대판 2008도7820). 절도한 이후에 그 재물을 이용하여 새로운 법익을 침해하면 그 **새로운 법익침해**의 범죄와 절도죄는 경합범이 된다.

세워놓고, 남편 乙을 오게 하여 함께 영산홍을 잡고 있다가 丙에게 발각되었다. ① (대판 2008도6080) "**입목을 절취하기 위하여 이를 캐낸 때** 범인의 사실적 지배하에 놓이게 됨으로써 범인이 그 점유를 취득하"게 되고 **절도죄는 기수**에 이른다. ② (評釋) 甲은 절도미수, 乙은 甲의 승계적 공동정범의 미수범이라는 견해도 있지만 甲은 절도기수, 乙은 장물운반죄가 성립한다.

38 [절도죄의 기수] 병장 甲은 부대 탄약고 밖 20m 떨어진 곳에서 나무막대로 땅을 파다가 탄약이 든 탄통 8개를 발견하였지만 부대에 보고하지 않고 전역일에 가지고 나갈 생각으로 다시 묻었다. ① (대판 99도3801) 甲이 "종전 점유자의 의사를 배제하고 새로운 점유를 취득하였다고 보기에 부족"하므로 절도죄의 성립을 인정하지 않았다. ② (評釋) 甲이 발견하여 마음대로 처분 가능한 순간 기존의 점유는 배제되고, 점유를 취득한 것이며, 다시 묻은 것은 '**은닉**'에 해당한다.

39 [절도죄의 경합범] 甲과 乙은 전조등으로 丁의 대마밭을 비추고 丙은 밭에 들어가 대마초를 땄다. 甲이 경찰이 온다고 소리치자, 丙이 훔친 대마순을 차량의자 밑에 숨겼다. ① (대판 98도3619) "**절취**한 대마를 흡입할 목적으로 **소지하는 행위는 절도죄의 보호법익과는 다른 새로운 법익을 침해하는 행위**", 즉 무허가대마소지죄가 성립한다. ② (評釋) 甲은 합동절도죄(제331조 제2항)와 대마소지죄의 경합범이다.

40 [절도의 불가벌적 사후행위] 乙은 丙의 자기앞수표를 훔쳐 甲의 가게에서 그 수표로 빵을 사고 거스름돈을 받았다. 甲은 그 수표가 절취된 것임을 알았지만 받았고, 丁의 음식점에서 그 수표를 대금으로 내고 거스름돈도 받았다. ① (대판 86도1728) "**절취한 자기앞수표를 현금 대신으로 교부한 행위는 절도행위에 대한 가벌적 평가에 포함**"되므로 수표로 빵을 산 乙의 행위는 불가벌적 사후행위이다. ② (대판 93도213) 甲이 수표를 받은 행위는 장물취득죄가 되고 그 수표를 **현금 대신 교부한 행위는 장물취득에 대한 가벌적 평가에 당연히 포함되는 불가벌적 사후행위**이다.

Ⅲ. 야간주거침입절도와 특수절도

제330조(야간주거침입절도) 야간에 사람의 주거, 관리하는 건조물, 선박, 항공기 또는 점유하는 방실에 침입하여 타인의 재물을 절취한 자는 10년 이하의 징역에 처한다.

제331조(특수절도) ① 야간에 문이나 담 그 밖의 건조물의 일부를 손괴하고 제330조의 장소에 침입하여 타인의 재물을 절취한 자는 1년 이상 10년 이하의 징역에 처한다. ② 흉기를 휴대하거나 2명 이상이 합동하여 타인의 재물을 절취한 자도 제1항의 형에 처한다.

1. 야간(건조물손괴)주거침입절도죄

야간주거침입절도죄(제330조)는 절도죄의 불법에 '**야간**'이라는 시간적 요소와 **주거침입죄**의 불법이 추가된 가중구성요건으로서 10년 이하의 단일한 징역형으로 처벌한다. 야간이란 **일몰 후 일출 전**을 의미한다. 법정형이 높으므로 주거침입과 절취행위가 모두 야간에 이루어진 경우에만 적용한다. 주거 등과 침입 및 절취의 개념은 주거침입죄(제319조)와 단순절도죄(제329조)의 경우와 같다. 판례에 의하면 주거침입은 사실상의 평온상태를 해치는 행위태양으로 주거에 들어간 경우이어야 하므로 피해회사의 의사에 반하지만 피해회사로부터 교부받았던 스마트키로 야간에 문을 열고 재물을 절취한 경우에 야간주거침입절도죄는 성립하지 않는다(대판 2023도3351). 야간주거침입절도죄는 결합범이므로 실행의 착수는 **주거침입시**[41]가 되고 기수는 절취행위가 종료한 때, 즉 재물을 취득한 때[42]가 된다. 또한 절도범이 야간에 주거에 침입하면서 문, 담, 그 밖의 건조물의 일부를 손괴하면 **야간건조물주거침입절도죄**(제331조 제1항)가 성립하고, 1년 이상 10년 이하의 징역에 처한다. **건조물의 손괴를 직접적으로 개시한 때** 실행의 착수가 인정되고, 재물을 취득하였을 때 기수가 인

---

41 **[야간주거침입절도 미수]** 절도하려고 야간에 "아파트의 **베란다 철제난간까지 올라가 유리창문을 열려고 시도**"(대판 2003도4417)하면 미수가 되고, 야간에 다세대주택의 "**가스배관을 타고 오르다가 순찰 중이던 경찰관에게 발각**"된 경우(대판 2008도9172)에는 인정되지 않는다.

42 **[야간주거침입절도 기수]** 甲은 乙의 카페 내실에 야간에 침입하여 장식장 안에 있던 현금을 꺼내 들고 카페로 나오던 중 발각되어 乙에게 돌려 주었다. ① (대판 91도476) 甲은 재물을 "**자신의 지배 내에 옮겼**"으므로 야간주거침입절도죄의 기수가 된다.

정된다.

2. 흉기휴대절도

흉기를 휴대한 절도는 피해자를 위해할 위험이 크므로 가중처벌된다. "흉기는 본래 살상용·파괴용으로 만들어진 것이거나 이에 준할 정도의 위험성을 가진 것"을 말한다.[43] 휴대는 '절취행위시점'에서 흉기를 몸 가까이 소지하거나 언제든 사용할 수 있는 상태로 둔 것 또는 사용하는 것을 말한다. 私見으로 제331조 제2항은 **흉기에 한정**하고 있으므로 위험한 물건을 포함시키면 유추에 해당한다.

○ 살상용 × 비살상용	흉기	광의 흉기	위험한 물건
목적	○	×	×
구조와 형태	○	○	×

3. 합동절도

합동절도는 "2인 이상이 **합동**(合同)하여"는 현장에서 **시간적·장소적으로 협력하여**(현장성) 공동정범의 역할을 수행하는 것을 말한다. 私見으로 범인들 사이에 (현장성 외에) 단체에 이르지 않았지만 모종의 **결사체적 성격**이 있어야 한다. 판례(대판 98도321)는 **합동절도의** (현장에 없는) **공동정범**[44]도 인정한다. 그러나 私見으로 이는 합동의 의미를 지나치게 확장하고, 합동절도죄를 절도죄의 가중구성요건이 아니라 독자적인 변형구성요건으로 바라보는 오류를 범한다.

5인 이상의 공동상습절도는 특정범죄가중법상 **공동상습절도죄**(제5조의4 제2항)가 적용된다. 5인 이상의 공동절도란 **떼 절도**를 말하고, '떼'란 목적이나 행동을 같이 하는 무리로서 합동과 같은 개념이다. 따라서 합동절

---

43 [흉기휴대절도] 甲은 일반 드라이버를 사용하여 택시 운전석 창문을 파손하고, 재물을 훔쳤다. ① (대판 2012도4175) "甲의 드라이버는 일반적인 드라이버와 동일한 것으로 특별히 개조된 바는 없는 것"으로서 甲은 흉기휴대절도죄가 성립하지 않는다.

44 [합동절도의 공동정범] 주점지배인 甲은 丁이 술값으로 신용카드를 제시하자, 말을 걸어 시간을 끌고, 그 사이 乙과 丙은 ATM에 가서 그 카드로 현금을 인출하였다. ① (대판 98도321) 2인 이상의 범인(乙, 丙)이 합동절도를 한 경우 "**공동정범의 일반이론에 비추어 그 공모에는 참여하였으나 현장에서 절도의 실행행위를 직접 분담하지 아니한 다른 범인(甲)에 대하여도 위 2인 이상의 범인의 행위를 자기 의사의 수단**으로 하여 합동절도의 범행을 하였다고 평가할 수 있는 **정범성의 표지를 갖추고 있는 한 그 다른 범인에 대하여 합동절도의 공동정범**"이 성립한다. ② (評釋) 甲은 절도죄의 공동정범이다.

도죄(제331조 제2항)는 2인 이상 4인 이하의 또는 상습성이 없는 5인 이상의 합동절도범에 적용된다. 2인 이상이 합동하여 주간에 주거침입하여[45] 절도를 범하면 합동절도죄와 주거침입죄의 경합범이다(대판 2008도7820).

Ⅳ. 자동차등 불법사용죄

제331조의2(자동차등 불법사용) 권리자의 동의 없이 타인의 자동차, 선박, 항공기 또는 원동기장치자전거를 일시 사용한 자는 3년 이하의 징역, 500만 원 이하의 벌금, 구류 또는 과료에 처한다.

자동차 등의 사용절도는 불법영득의사가 없어 본래는 절도죄가 되지 않지만, 교통수단의 중요성 및 그 재산적 가치 증대, 피해자의 법감정 및 외국의 입법례를 고려하여 절도죄의 독자적인 변형구성요건으로 자동차등불법사용죄가 제정되었다. 보호법익은 교통수단의 사용권 또는 그 소유권이고, 보호정도는 침해범이다. 미수범 처벌규정(제342조), 자격정지의 병과형 규정 및 친족상도례가 적용된다. **원동기 장치**로 움직이는 교통수단이므로 일반자전거는 해당하지 않는다. 땅(자동차, 오토바이), 물(선박), 하늘(항공기)의 교통수단이 열거되어 있지만, 수륙양용차도 이에 해당한다. **권리자의 동의 없이** 그의 교통수단을 일시적으로 사용하는 것이다. 실행의 착수시기는 시동을 건 때이며, 사회통념상 상당한 거리를 주행하면 기수가 성립한다. **불법영득의사가 없어야** 하며, 자동차 등을 사용하여 그 가치를 상당히 감소시키거나 발견하기 어려운 곳에 버려두면 절도죄가 인정된다.

Ⅴ. 상습절도죄·절도누범

제332조(상습범) 상습으로 제329조 내지 제331조의 2의 죄를 범한 자는 그 죄에 정한 형의 2분의 1까지 가중한다.

45 [합동절도와 주거침입] 甲과 乙은 14시 丙의 아파트 출입문 시정장치를 손괴하다가 귀가하던 丙에게 발각되어 도주했다. ① (대판 2009도9667) 甲과 乙은 재물 물색의 단계에 이르지 못하여 **합동절도의 실행에 착수한 것이 아니므로** 합동절도의 미수범이 되지 않지만, 주거침입죄(제319조 제1항)의 미수범(제322조)은 성립한다.

특정범죄가중법 제5조의4(상습 강도·절도죄 등의 가중처벌) ② 5명 이상이 공동하여 상습적으로 「형법」 제329조부터 제331조까지의 죄 또는 그 미수죄를 범한 사람은 2년 이상 20년 이하의 징역에 처한다. ⑤ 「형법」 제329조부터 제331조까지, 제333조부터 제336조까지 및 제340조·제362조의 죄 또는 그 미수죄로 세 번 이상 징역형을 받은 사람이 다시 이들 죄를 범하여 누범(累犯)으로 처벌하는 경우에는 다음 각 호의 구분에 따라 가중처벌한다. 1. 「형법」 제329조부터 제331조까지의 죄(미수범을 포함한다)를 범한 경우에는 2년 이상 20년 이하의 징역에 처한다. ⑥ 상습적으로 「형법」 제329조부터 제331조까지의 죄나 그 미수죄 또는 제2항의 죄로 두 번 이상 실형을 선고받고 그 집행이 끝나거나 면제된 후 3년 이내에 다시 상습적으로 「형법」 제329조부터 제331조까지의 죄나 그 미수죄 또는 제2항의 죄를 범한 경우에는 3년 이상 25년 이하의 징역에 처한다.

상습절도(제332조)는 도벽을 가진 절도범(단순절도, 야간주거침입절도, 특수절도)을 가중처벌하는 부진정신분범이다. 상습으로 범한 수 개의 절도는 포괄일죄가 된다. 절도, 야간주거침입절도, 특수절도를 상습에 의해 반복적으로 범한 경우에는 가장 중한 **상습특수절도**의 포괄일죄만 성립한다.

특정범죄가중법은 '5인 이상이 공동하여' 상습적으로 (야간주거침입, 특수)절도죄 또는 그 미수죄를 범하면 **공동상습절도**가 되고, 2년 이상 20년 이하의 징역에 처한다(제5조의4 제2항).[46] 절도죄, 야간주거침입절도죄, 특수절도죄 또는 그 미수죄로 세 번 이상 징역형을 받은 사람이 다시 이들 죄[47]를 범하면 **누범절도**가 되고 2년 이상 20년 이하의 징역에 처한다(제5조의4 제5항 제1호). '상습적으로' (야간주거침입, 특수)절도죄나 그 미수죄 또는 공동상습절도죄로 두 번 이상 실형을 선고받고, 그 집행이 끝나거나 면제된 후 3년 이내에 다시 상습적으로 (야간주거침입, 특수)절도죄나 그 미수죄 또는 공동상습절도죄를 범하면 (일명) **상습누범절도**가 되고 3년 이상 25년 이하의 징역에 처한다(제5조의4 제6항).

[상습절도와 주거침입죄의 관계] "상습으로 단순절도를 범한 범인이 상습적인 절도범행의 수단으로 주간에 주거침입을 한 경우 그 주간 주거침입행위는 상습절도죄와 별개로 주거침입죄를 구성한다. 또한 상습적인 절도의 목적으로 주간에 주거침입을

46 판례는 특정범죄가중법 제5조의4 제1항이 삭제되기 전에 특정범죄가중법상 상습절도죄의 장애미수에 대해서는 "형법 제25조 제2항에 의한 형의 미수감경은 허용되지 아니"(대판 2013도6018)한다고 보는 반면, 중지미수의 경우에는 미수감경을 인정한다(대판 85도2831).

47 여기서 "'이들 죄'라 함은, 앞의 범행과 동일한 범죄일 필요는 없으나, 특정범죄가중법 제5조의4 제5항 각호에 열거된 모든 죄가 아니라 앞의 범죄와 동종의 범죄, 즉 형법 제333조 내지 제336조의 죄 및 제340조 제1항의 죄 또는 그 미수죄를 의미한다"(대판 2023도12852).

하였다가 절도에 이르지 아니하고 주거침입에 그친 경우에도 그 주간 주거침입행위는 **상습절도죄와 별개로 주거침입죄**를 구성한다"(대판 2015도8169). 다만 특정범죄가중법 제5조의4 **제6항에 규정된 상습절도**(일명 상습누범절도) 등 죄를 범한 범인이 그 범행의 수단으로 주거침입을 한 경우에 **주거침입행위는 상습절도 등 죄에 흡수**되어 상습절도 등 죄의 1죄만이 성립하고 별개로 주거침입죄를 구성하지 않으며 상습절도범이 상습절도의 목적으로 주거침입을 하였다가 절도에 이르지 아니하고 주거침입에 그친 경우에도 마찬가지이다(대판 2017도4044). 그러나 私見으로 주거침입죄는 야간주거침입절도(제330조)나 야간건조물손괴주거침입절도(제331조 제1항), 그 상습범(제332조) 및 이들 구성요건표지를 포함하고 있는 특정범죄가중법 제5조의4의 상습절도죄에 대해서는 보충적으로 적용되고, 그런 표지를 포함하지 않은 상습절도죄와는 별개의 죄를 구성한다.

§53. 강도의 죄

Ⅰ. 서 론

강도죄는 항거불능의 폭행·협박을 하여 타인의 재물을 강취하거나(빼앗아 갖거나: 재물강취죄) 기타 재산상의 이익을 취득하거나(빼앗아 얻거나: 강제이득죄) 제3자로 하여금 취득하게 하는 범죄이다. 보호법익은 **소유권 및 재산권 일반**이며, 의사의 자유는 부차적인 법익이다. 강도죄는 **영득죄이면서 이득죄**이다. 강도죄는 **상태범**이므로 강취한 재물에 대한 처분행위는 새로운 법익을 침해하지 않는 한 불가벌적 사후행위가 된다.

[강도죄와 강요죄] 강도죄는 강요죄와 구조가 같고, 강요죄는 강도죄에 보충적으로 적용된다. 강도죄를 강요죄와 절도죄의 **결합범**이라고 보기도 하지만 강도죄는 재물만이 아니라 재산상의 이익 취득도 포함하고, **제3자를 위한 강도**도 인정되기 때문에 완전한 결합범이라고 보기 어렵다.

형법상 강도죄의 구성요건체계는 도표와 같다. 특정범죄가중법은 강도죄(제333조), 특수강도죄(제334조: 야간주거침입강도, 흉기휴대강도, 합동강도), 준강도죄(제335조), 인질강도죄(제336조) 및 해상강도죄(제340조)와 그 미수죄로 세 번 이상 징역형을 받은 사람이 다시 이들 죄를 범하여 **누범**으로 처벌하는 경우에는 무기 또는 10년 이상의 징역에 처한다(제5조의4 제5항 제2호). 강도상해·치상죄(제337조)와 강도강간죄(제339조) 또는 그 미수죄로 형을 선고받고 그 집행이 끝나거나 면제된 후 3년 내에 다시 이들 죄를 범한 사람은 사형, 무기 또는 10년 이상의 징역에 처한다(제5조의5).

기본구성요건 강도죄(제333조)	
비독자적 변형구성요건	독자적 변형구성요건
• 야간주거침입강도(제334조 제1항)	• 준강도죄(제335조)
• 흉기휴대강도죄(제334조 제2항)	• 인질강도죄(제336조)
• 합동강도죄(제334조 제2항)	• 강도예비·음모죄(제343조)
• 강도상해·치상죄(제337조)	
• 강도살인·치사죄(제338조)	
• 강도강간죄(제339조)	
• 해상강도죄(제340조 제1항)	
• 해상강도상해·치상죄(제340조 제2항)	
• 해상강도살인·치사죄(제340조 제3항)	
• 강도상습범(제341조)	
• 강도미수죄(제342조)	

Ⅱ. 강도죄

제333조(강도) 폭행 또는 협박으로 타인의 재물을 강취하거나 기타 재산상의 이익을 취득하거나 제삼자로 하여금 이를 취득하게 한 자는 3년 이상의 유기징역에 처한다.

(1) **폭행 또는 협박** 강도죄의 폭행·협박은 피해자가 (재산)처분행위를 할 수 없는 상태, 즉 "사회통념상 **객관적으로**[1] 상대방의 반항을 억압하거나 항거불능케[2] 할 정도의 것이라야 한다"(대판 2001도359). **폭행**은 '유형력을 사용하여 **사람의 신체에 강제작용을 함으로써 그가 반항을 못하도록 하는 것**'[3](예: 강한 날치기[4])이다. **물건**에 대하여 힘을 사용한 경우는 강도죄의 폭행이 될 수 없고 경우에 따라 협박이 될 수는 있다.[5] 마취제[6]를 사용하거나 술을 잔뜩 먹여 상대방을 혼수상태에 빠뜨리는 행위도 강도

---

1 "의사결정 및 의사활동의 자유가 완전히 침해되었는지는 행위자의 내심의 의사에 의하여 판단할 것이 아니라 폭행, 협박행위의 속성을 바탕으로 **객관적으로 판단**한다. 따라서 강도의 고의를 갖고 폭행, 협박을 했지만 객관적으로 그 행위가 공갈의 정도에 그친 경우에는 단지 공갈죄만 성립"한다(대판 92도2884).

2 [강도죄와 공갈죄] 乙이 丙에게 빌려준 도박자금을 받아와달라고 부탁하자, 甲은 丙을 승합차에 강제로 태운 후 'B 경찰서 형사인데 돈을 갚지 않았으니 같이 경찰서로 가자', '오늘 돈을 주지 않으면 풀어줄 수 없다'고 하였다. 丙은 丁에게 전화하여 甲의 통장에 입금하게 하였다. ① (대판 2001도359) 甲의 협박은 "사회통념상 객관적으로 상대방의 반항을 억압하거나 항거불능케 할 정도에 이르렀다고 볼 수는 없다." ② (評釋) 강도죄는 공갈죄(제350조)와 구조가 같지만, 폭행·협박의 정도가 강도죄에서는 항거불능상태를 초래하는 것이어야 하고, 공갈죄에서는 의사의 자유를 침해하는 것으로 충분하며, 강도피해자의 재산처분행위는 **무효**인 행위이고 공갈피해자의 재산처분행위는 유효하지만 **취소**할 수 있는 행위(민법 제110조)라는 차이가 있다. 甲은 공갈죄와 감금죄의 경합범이 된다.

3 이것은 독일제국법원(RG)이 따랐던 개념이다: "eine unter Anwendung von Körperkraft erfolgende Einwirkung auf den Körper des Opfers zur Überwindung eines Widerstandes."

4 [날치기] 甲과 乙은 공모하여 乙이 날치기 후 도망가기 위해 차를 대기하고 있고, 甲은 丙의 뒤쪽에서 팔에 끼고 있던 손가방의 끈을 잡아당겼다. 丙은 가방을 붙잡고 버티다가 바닥에 넘어져 무릎부상을 입었어도 "내 가방, 사람 살려!"라고 외치며 끌려가다 가방을 놓쳤다. ① (대판 2004도4437) 날치기는 "피해자의 **반항 억압을 목적으로 함이 없이 점유탈취의 과정에서 우연히 가해진 경우**"에는 절도가 성립하고(대판 2003도2316), "그 강제력의 행사가 **사회통념상 객관적으로 상대방의 반항을 억압하거나 항거불능케 할 정도의 것이라면**" 강도죄의 폭행에 해당한다(핸드백을 세게 날치기 하여 피해자가 매우 놀란 경우에 강도죄를 인정하는 BGHSt 18, 329 참조). 甲은 강도죄가 성립한다. ② (評釋) 甲은 (합동)강도치상죄(제337조)가 성립한다.

5 乙의 애완견을 사살하여 반항할 수 없을 정도의 겁을 주면 강도가 성립하지만, 집에 있는 乙에게서 재물을 빼앗으려고 문을 부수면 특수절도(제331조 제1항)가 성립한다.

6 [약물폭행] 甲은 옆자리 乙에게 약을 탄 주스를 권하고 이를 마신 乙이 기억을 잃자 乙의 가방에서 현금을 꺼내갔다. ① (대판 84도2324) 乙의 **정신혼미, 기억상실은 항거불능상태를 가리키지만 약물중독은 상해에 해당하지 않고** 강도죄만 성립한다.

죄의 폭행이다(대판 84도2324). **협박**은 사람에게 미래에 고통(害惡)을 가할 것임을 알려(告知) 두려움(畏怖心)을 갖도록 하는 것이다. 해악의 발생(가능성)은 필요하지 않다.

(2) 재물의 강취 또는 재산상 이익의 취득 강도죄에서 타인의 재물(불법영득의사)은 절도죄, 재산상의 이득(및 불법이득의사)은 사기죄의 설명내용이 그대로 적용된다. 강도의 폭행·협박은 피해자의 재산처분행위(Vermögensverfügung)를 **사법상 무효**로 만든다. 판례는 강도죄의 성립에 사법상 무효인 **재산처분행위의 외형이 필요하지 않다**[7]고 보지만, 그렇게 되면 경제적 목적을 가진 살인(·상해)행위는 모두 강도살인(·상해)죄로 변질되기 때문에 '**외형상**' **재산처분행위**는 있어야 강도가 성립한다. 판례는 불법영득(이득)의사의 판단을 신중히 함으로써[8] 경제적 목적을 가진 살인(·상해)행위는 강도살인(·상해)죄로 변질되는 것을 차단한다. 강도죄의 재산상 이익은 사법상 유효한 재산상의 이득외에 "**외견상 재산상의 이득**[9]을 얻을 것이라고 인정할 수 있"으면 된다(대판 93도428). 재산상 이득은 "재산상 이익이 사실상 **피해자에 대하여 불이익하게 범인 또는 제3자 앞으로 이전**[10]되었다고 볼 만한 상태"를 말한다(대판 2005도1947).

---

7 [재산처분행위외형] 탈영병 甲은 택시기사 乙이 요금을 달라고 하자 乙을 칼로 찔러 죽이고 지갑에서 만 원을 꺼내갔고 그 택시를 운전하여 달아났다. ① (대판 85도1527) 甲은 **채무면탈의 목적으로 피해자를 살해**하고, 즉석에서 피해자가 소지하였던 재물까지 탈취한 것이므로, **살인행위와 재물탈취행위는 서로 밀접하게 관련되어 있어 살인행위를 이용한 재물탈취행위**이므로 강도살인죄가 성립한다. ② (評釋) 乙의 외형상 재산처분행위가 없어 甲은 살인죄와 절도죄의 경합범이다.

8 [채무면탈상해와 강도] 甲은 乙의 주점에서 20만원 가량 술을 마시고, 3만원만 지급하고 주점을 나갔다. 乙이 잔액을 내라고 계속 요구하자 甲은 乙의 머리채를 잡아 넘어뜨리고, 얼굴을 수회 때려 전치 3주의 상해를 입혔다. ① (대판 2020도44539) "채권자를 폭행·협박하여 채무를 면탈함으로써 성립하는 강도죄에서 불법이득의사는 단순 폭력범죄와 구별되는 중요한 구성요건 표지이다. 폭행·협박 당시 피고인에게 **채무를 면탈하려는 불법이득의사가 있었는지는 신중하고 면밀하게 심리·판단**되어야 한다." "불법이득의사는 마음속에 있는 의사이므로, 피고인과 피해자의 관계, 채무의 종류와 액수, 폭행에 이르게 된 경위, 폭행의 정도와 방법, 폭행 이후의 정황 등 범행 전후의 객관적인 사정을 종합하여" 판단할 때 甲은 불법이득의사가 없다.

9 [외견상 재산상 이득] 甲은 주점에서 잠든 乙을 깨워 빈 맥주병으로 乙의 머리를 3회 때리고 "이 자식아, 내가 조폭이다. 술을 먹었으면 돈을 주어야지"라고 겁주자 乙은 신용카드를 내주었다. 甲은 그 카드로 매출전표를 뽑은 다음 乙에 가위를 들이대며 "서명 안 하면 귀를 자를거다"고 말했고 乙은 서명을 하였다. ① (대판 96도3411) 甲은 **무효지만 외견상 매출전표를 취득하였으므로** 강도죄(강제이득죄)가 성립한다.

10 [이익지배이전] 甲은 채무를 면하려고 채권자 乙을 살해하였다. 甲은 乙에게 상속인 丙이 있음도 알고 있었다. ① (대판 2010도7405) 채무면탈목적살해는 일시적으로 채권자측의 추급을 면한 것

(3) **인과관계** 폭행·협박과 재물의 강취 또는 재산상의 이익 취득 사이에 인과관계가 있어야 한다. 폭행·협박과 재물의 강취나 재산상 이익 사이에는 **수단**[11]**과 목적**의 관계가 있어야 하고, 피해자의 항거불능상태를 이용했어야 한다(대판 4289형상170). 수단인 폭행·협박은 목적인 강취에 **시간적으로 선행**[12]하여야 한다.[13] 행위자의 새로운 점유취득(取去) 이후의 폭행·협박은 준강도죄(제335조)에 해당한다.

(4) **미 수** 강도죄의 착수는 **폭행· 협박을 개시한 때**이다. 유사 시 강도로 변하겠다는 결의(표변강도 豹變强盜)를 한 채 재물을 물색하다 검거되면 절도죄의 미수만 성립한다. 강도죄의 기수는 폭행 또는 협박을 수단으로 재물 또는 재산상의 이익을 **취득한 때**이다.

Ⅲ. 특수강도죄

제334조(특수강도) ① 야간에 사람의 주거, 관리하는 건조물, 선박이나 항공기 또는 점유하는 방실에 침입하여 제333조의 죄를 범한 자는 무기 또는 5년 이상의 징역에 처한다. ② 흉기를 휴대하거나 2인 이상이 합동하여 전조의 죄를 범한 자도 전항의 형과 같다.

특수강도죄의 '야간', '흉기', '합동하여' 등은 야간주거침입절도죄(제334조 제1항)와 흉기휴대특수절도(제334조 제2항)에서 설명한 바가 그대로 적용된다. 판례는 특수강도죄에서 실행의 착수는 **야간에 주거에 침입한**

이고 **재산상 이익의 지배가 채권자 측으로부터 甲 앞으로 이전되었다고 볼 수 없어** 강도살인죄가 성립할 수 없다. ② (評釋) 丙이 채권을 확인하기 어려운 경우 강제이득이 발생하고, 살해는 폭행요건을 충족하지만 **외견상 재산처분행위가 없으므로** 살인죄만 성립한다.

11 [강취의 인과성] 주점도우미 乙이 甲이 성행위를 너무 세게 한다며 중단하자 화가 난 甲은 乙에게 이불을 뒤집어 씌우고 구타한 후 나가면서 탁자 위에 놓인 乙의 손가방을 보고 우발적으로 가져갔다. ① (대판 2008도10308) 폭행은 **재물 탈취의 수단이 아니었고,** 乙의 항거불능상태를 이용하여 가방을 가져간 것도 아니므로 폭행과 강취 사이에 인과관계가 없다. ② (評釋) 甲은 성매매죄, 폭행죄, 절도죄가 성립한다.

12 [폭행의 시간적 선행] 甲은 乙의 목을 조르다가 그만 두었는데 그 때 乙의 지갑이 바닥에 떨어졌다. 甲은 이를 알고 지갑을 자기 호주머니에 숨겼다. ① 甲은 폭행죄와 절도죄가 따로 성립한다. 목을 조르던 중 지갑을 가진 경우는 강도죄가 된다.

13 강도고의 없이 공범들과 함께 피해자의 반항을 억압함에 충분한 정도로 피해자를 폭행하던 중 공범들이 피해자를 계속하여 폭행하는 사이에 피해자의 재물을 취거한 경우에는 피고인 및 공범들의 폭행에 의한 반항억압의 상태와 재물의 탈취가 **시간적으로 극히 밀접하여** 전체적·실질적으로 재물 탈취의 고의를 실현한 행위로 평가할 수 있다(대판 2008도10308).

때[14]라고 본다. 私見으로 강도죄의 불법의 핵심이 폭행·협박에 의한 재물강취에 있으므로 야간에 주거에 침입하여 **폭행·협박을 개시한 때**라고 본다. 따라서 주간에 주거에 침입하여 야간에 폭행 또는 협박을 개시한 경우에는 주거침입죄와 강도죄의 경합범이 된다. 특수강도죄(제334조) 및 그 미수범(제342조)은 성폭력처벌법상 특수강도강간죄(제3조 제2항)의 주체가 된다.

Ⅳ. 강도상해·강도치상, 강도살인·강도치사

제337조(강도상해·치상) 강도가 사람을 상해하거나 상해에 이르게 한 때에는 무기 또는 7년 이상의 징역에 처한다.

제338조(강도살인·치사) 강도가 사람을 살해한 때에는 사형 또는 무기징역에 처한다. 사망에 이르게 한 때에는 무기 또는 10년 이상의 징역에 처한다.

특정범죄가중법 제5조의5(강도상해 등 재범자의 가중처벌) 「형법」 제337조·제339조의 죄 또는 그 미수죄로 형을 선고받고 그 집행이 끝나거나 면제된 후 3년 내에 다시 이들 죄를 범한 사람은 사형, 무기 또는 10년 이상의 징역에 처한다.

강도상해죄(제337조)와 강도살인죄(제338조)는 (특수·준·인질)강도범이 고의로 상해 또는 살해하여 성립하는 결합범이다. 강도치상죄(제337조)와 강도치사죄(제338조)는 (특수·준·인질)강도범이 과실로 상해 또는 사망에 이르게 하여 성립하는 결과적 가중범이다.

(1) **구성요건** 강도상해죄는 먼저 강도죄의 성립이 인정되어야 하고, 강도죄가 성립하려면 불법영득 또는 불법이득의 의사가 있어야 한다(대판 2004도1370). 상해나 사망은 **강도의 기회**에 이루어진 고의행위나 과실행위로 인해 발생한 것이어야 한다. 강도의 기회란 "강도범행의 실행 중이거나 그 실행 직후[15] 또는 실행의 고의를 포기한 직후로서 **사회통념상**

---

14 **[특수강도미수]** 甲은 乙과 공모하여 야간에 丙의 출입문으로 침입하고 乙은 식칼을 들고 부엌쪽으로 침입하다가 丙의 아버지가 헛기침을 하자 도주하였다. ① (대판 92도917) "**야간주거침입강도죄**는 주거침입과 강도의 결합범으로서 **시간적으로 주거침입행위가 선행되는 것이므로 주거침입을 한 때에 실행에 착수**한 것"이고, **흉기휴대 합동강도죄**도 "**야간에 주거에 침입하여 이루어지는 경우에는 주거침입을 한 때에 실행에 착수**한 것"으로 본다. 甲과 乙은 특수강도미수범이다. ② (評釋) 폭행·협박을 못하여 甲과 乙은 강도예비음모죄(제343조)와 주거침입죄의 경합범이다.

15 "**강도범행 이후에도** 피해자를 계속 끌고 다니거나 차량에 태우고 함께 이동하는 등으로 강도범행

범죄행위가 완료되지 아니한 상태"[16]를 가리킨다. 상해나 사망의 결과는 강도행위와 인과관계가 있어야 하고, 피해자가 항거하다가 치상·치사의 결과가 발생한 경우를 포함한다. 다만 피해자의 상해나 사망이 그의 적극적인 체포행위에서 비롯된 경우는 강도상해죄가 성립하지 않는다.

(2) **강도살인등의 공동정범** 판례에 의하면 강도의 공동정범은 다른 공범자가 강도상해 또는 강도살인을 한 경우 이를 **예상할 수 있었고**[17] 또한 이를 개의치 않았던(미필적 고의) 경우에는 강도상해·강도살인죄의 공동정범이 된다. 私見으로 책임원칙을 실현하려면 예견가능성 이외에 강도행위와 상해·사망의 발생이 기능적으로 분리되지 않고 강도의 실행이 상해·사망의 발생에 인과적으로 불가결한 요소인 경우에만 강도상해·살해죄의 책임을 진다.

(3) **강도살인등의 미수와 기수** 강도상해죄와 강도살인죄의 실행의 착수는 폭행·협박을 직접적으로 개시한 때에 그리고 기수는 상해 또는 살인이 발생한 때에 인정된다(대판 87도2492). 판례에 의하면 "강도의 기회에 사람을 상해하여 상해의 결과가 발생하면 강도상해죄의 기수가 되는 것이고 거기에 **반드시 재물탈취의 목적달성을 필요로 하는 것은 아**"**니다.**[18]

으로 인한 피해자의 **심리적 저항불능 상태가 해소되지 않은 상태**에서 강도범인의 상해행위가 있었다면 강취행위와 상해행위 사이에 다소의 시간적·공간적 간격이 있었다는 것만으로는 강도상해죄의 성립에 영향이 없다"(대판 2014도9567).

16 [강도살인죄] 甲은 강도를 범한 후 그곳에서 150m 떨어진 지점에서 경찰관 乙, 丙과 부딪혔고, 세게 반항하였다. 乙과 丙은 수갑도 채우지 못한 채 甲을 순찰차에 억지로 밀어 넣은 순간 甲이 체포를 면하려고 과도로 乙을 찔러 사망케 하였다. ① (대판 96도1108) "**강도행위와 시간상 및 거리상 극히 근접하여 사회통념상 범죄행위가 완료되지 아니한 상태**에서" 살해를 한 甲은 강도살인죄가 성립한다. ② (評釋) 강도는 기수 및 완료되었다. 강도죄, 특수공무집행방해죄, 살인죄의 경합범이다.

17 [강도상해죄의 공범] 甲과 乙은 칼로 협박만 하여 재물을 강취하기로 공모하고 甲은 망을 보고, 乙은 丙의 거소에 들어가 丙에게 칼을 휘둘러 상해를 입히고 1백만 원을 빼앗았다. ① (대판 98도356) 乙이 공모한대로 "칼을 휘두른 이상 이미 강도의 실행행위에 착수한 것이고 … 乙과 구체적으로 **상해를 가할 것까지 공모하지 않았다 하더라도**" 甲은 강도상해죄의 공동정범이 된다. ② (評釋) 칼은 단지 협박용이었으므로 상해는 모의범위를 넘어서며 甲의 망보기는 乙의 상해행위와 기능적으로 분리되고, 인과적으로 불가결하지 않으므로 甲은 흉기휴대강도죄(제334조 제2항)만 성립한다.

18 [강도상해미수] 甲은 乙의 가방을 빼앗으려 한 손으로 가방 줄을 잡고 다른 한 손으로 얼굴을 구타했다. 乙은 가방을 빼앗기지 않았고 구타로 치아 1대가 부러졌다. 乙이 소리쳐 사람들이 다가오자, 甲은 도망쳤다. ① (대판 87도2492) 甲은 강도상해죄(제337조)의 기수범이다. ② (評釋) 甲은 강도상해미수범(제342조)이 된다.

그러나 私見으로 강도상해죄의 불법은 〈폭행·협박+재물강취+상해〉로 구성되는데 재물강취가 없었다면, 강도상해죄의 미수(제342조)가 되어야 한다.

V. 강도강간죄

제339조(강도강간) 강도가 사람을 강간한 때에는 무기 또는 10년 이상의 징역에 처한다.

성폭력처벌법 제3조(특수강도강간 등) ② 「형법」 제334조(특수강도) 또는 제342조(미수범. 다만, 제334조의 미수범으로 한정한다)의 죄를 범한 사람이 같은 법 제297조(강간), 제297조의2(유사강간), 제298조(강제추행) 및 제299조(준강간, 준강제추행)의 죄를 범한 경우에는 사형, 무기징역 또는 10년 이상의 징역에 처한다.

특정범죄가중법 제5조의5(강도상해 등 재범자의 가중처벌) 「형법」 제337조·제339조의 죄 또는 그 미수죄로 형을 선고받고 그 집행이 끝나거나 면제된 후 3년 내에 다시 이들 죄를 범한 사람은 사형, 무기 또는 10년 이상의 징역에 처한다.

강도강간죄는 강도라는 **신분**을 가진 범인이 강간죄를 범하였을 때 성립하는 범죄이다. 강도강간미수(제342조)는 강간의 기수·미수에 따라 정해진다.

(1) 강간강도죄의 흠결과 보충 강간범이 강도를 범하는 강간강도죄는 없다. **강간 중의 강도**에는 강도강간죄를 확장·적용할 수 있다. 즉, "강간행위의 종료 전 즉 그 실행행위의 계속 중에 강도의 행위를 할 경우에는 이때에 바로 강도의 신분을 취득하는 것이므로 이후에 그 자리에서 강간행위를 계속하는 때에는 강도강간죄를 구성"한다.[19] 반면 "강간범이 **강간행위 후에 강도**의 고의를 일으켜 그 부녀의 재물을 강취하는 경우에는 강도강간죄가 아니라 **강간죄와 강도죄의 경합범**이 성립"한다.[20] 私見으로 강간 후이더라도 강간을 위한 폭행·협박의 효과가 지속되고

---

19 [강간 중 강도] 甲은 야간에 乙의 주거에 들어가 드라이버로 협박하여 乙과 성교를 하던 중 옆에 있던 乙의 핸드백을 잡은 후 성교를 계속하였고 성교가 끝난 뒤 핸드백을 가져갔다. ① (대판 2010도9630) "특수강간범이 강간행위 종료 전에 특수(야간주거침입)강도의 행위를 한 이후에 그 자리에서 강간행위를 계속하"면 **특수강도강간죄**(성폭력처벌법 제3조 제2항)가 성립한다.

20 [강간종료 후의 강도] 甲은 乙을 마구 때려서 성교를 한 후 乙의 값비싼 핸드백을 보자 욕심이 생겨 그냥 가져갔다. ① (대판 88도1240) 甲은 강간죄와 강도죄의 경합범이 된다. ② (評釋) 甲은 강도죄와 강간죄의 상상적 경합범이 된다.

있는 상태를 이용한 재물강취는 강간과 강도의 부분적 행위단일성으로써 두 죄는 상상적 경합범이 된다.

(2) **강도강간치상** 강도가 사람을 강간하고, **강도행위에서 상해가 발생**한 경우에는 강도치상죄(제337조)와 강도강간죄(제339조)의 상상적 경합이 된다. 강도가 사람을 강간하고, **강간행위에서 상해가 발생**한 경우에는 강도강간죄(제339조)와 강간치상죄(제301조)의 상상적 경합이 된다.

(3) **강도강간살인·상해** 강도가 강간을 한 후 살해 또는 상해를 하면 강도살인죄(제338조)·강도상해죄(제337조)는 강도강간죄(제339조)와 연결효과에 의한 상상적 경합관계가 성립한다.

Ⅵ. 준강도

제335조(준강도) 절도가 재물의 탈환을 항거하거나 체포를 면탈하거나 죄적을 인멸할 목적으로 폭행 또는 협박을 가한 때에는 전2조(강도)의 예에 의한다.

(1) **구성요건** 절도가 재물의 탈환을 항거하거나 체포를 면탈하거나 죄적을 인멸할 목적으로 폭행 또는 협박을 가하면 준강도죄(제335조)가 성립한다. 폭행 또는 협박은 "절도의 실행에 착수하여[21] 그 실행중이거나 그 실행 직후 또는 실행의 고의를 포기한 직후로서 **사회통념상 범죄행위가 완료되지 아니하였다고 인정될 만한 단계**에서"(절도의 기회[22]) 했어야 한다(대판 84도1398). **절도의 실행에 착수**하지 않았으면[23] 준강도죄가 될 수

21 [준강도죄의 주체] 甲은 乙의 술집에서 술값을 면하려고 乙을 인근 골목으로 유인하여 乙을 넘어뜨리고 목을 조르고 주먹으로 얼굴을 때리고 도주하였다. 乙은 상해를 입었다. ① (대판 2014도2521) 甲은 "**절도의 실행에 착수하였다는 내용이 포함되어 있지 않으므로 준강도죄가 성립하지 않는다.**" ② (評釋) 乙의 외형상 재산처분행위가 없었으므로 甲은 강도치상죄는 성립하지 않고 상해죄만 성립한다.

22 [절도의 기회] 甲은 乙의 집에서 절도를 마치고 10분이 지나 乙의 집에서 200m 떨어진 정류장에서 乙에게 붙잡혔다. 乙이 甲을 집으로 데려왔을 때 甲은 乙을 폭행하였다. ① (대판 98도3321) 甲의 폭행은 "**사회통념상 절도범행이 이미 완료된 이후**"이므로 준강도죄가 성립하지 않는다. ② (評釋) 甲은 절도죄와 폭행죄의 경합범이 된다.

23 [준강도죄의 주체] 甲은 乙의 술집에서 술값을 면하려고 乙을 인근 골목으로 유인하여 乙을 넘어뜨리고 목을 조르고 주먹으로 얼굴을 때리고 도주하였다. 乙은 상해를 입었다. ① (대판 2014도2521) 甲은 "**절도의 실행에 착수하였다는 내용이 포함되어 있지 않으므로 준강도죄가 성립하지 않는다.**" ② (評釋) 甲은 乙이 외형상 재산처분행위를 하지 않았으므로 甲은 강도치상죄는 성립하지 않고 상해죄만 성립한다.

없고 절도범의 **체포가 확립되었으면** 더 이상 준강도죄가 성립할 수 없다. 준강도죄는 "재물탈취와 폭행·협박 사이에 시간적 순서상 전후의 차이가 있을 뿐" 실질적 위법성(대판 2004도5074)이나 죄질과 위험성이 강도와 같기에(헌재결 96헌바9) 강도의 법정형으로 처벌된다.

(2) 준강도 기수의 기준 판례에 의하면 폭행·협박행위를 하였어도 **재물을 절취하지 못하면 준강도 미수**가 된다.[24] 私見으로 준강도죄의 불법은 절도와 폭행·협박으로 구성되므로 어느 하나가 결여되어도 구성요건은 '충족'이 되지 못하므로 미수가 된다. 절도범이 타인의 재물을 점유하지 못한 채 체포면탈하려고 폭행·협박을 한 경우, 재물에 대한 점유를 취득하고 체포면탈하기 위해 폭행·협박을 했지만 그 폭행·협박이 항거불능상태를 초래하는 정도에 이르지 못한 경우 모두 준강도미수가 된다. 준강도로 상해가 발생하면 강도치상죄(제337조, 제335조)가 성립하지만 준강도가 미수(제342조, 제334조)이면, 강도치상죄의 미수(제342조, 제337조)가 된다.

(3) 준강도(상해)의 공동정범 판례에 의하면 (합동)절도의 공동정범 가운데 한 사람이 체포면탈을 목적으로 폭행·협박을 가하거나 폭행을 가하여 상해를 입힌 경우(대판 91도2267) 다른 공범은 그 점에 관해 의사연락이 없었다고 하여도 — **"예기하지 못한 것으로 볼 수 없으면"**[25](대판 84도2552) — (준)강도상해죄의 죄책을 진다. 그러나 私見으로 공동정범은 다른 공범의 불법을 서로 차용하는 것이 아니라 **공동으로 기획한 범죄**에 한하

24 [준강도의 기수] 甲과 乙은 공모하여 乙이 丙의 주점 출입구에서 무전기로 연락하며 망을 보고, 甲은 주점의 잠금장치를 뜯고 침입하여 양주를 바구니에 담던 중, 주점 종업원 丁이 주점으로 들어오는 소리가 나자 양주를 그대로 둔 채 나오다가 丁이 자신의 목을 붙잡자 체포를 면탈하려고 丁의 오른손을 깨물었다. ① (대판 2004도5074) **"준강도죄의 기수 여부는 절도행위의 기수 여부를 기준으로 하여 판단"**하므로 절도미수범이 폭행·협박을 가한 경우도 준강도미수가 된다. ② (評釋) 甲은 양주를 이전·은닉을 못했지만 취득은 한 것이므로 절도는 이미 기수이므로 준강도죄 기수가 성립한다. 甲이 양주를 갖고 나오다 丁과 살짝 부딪혔다면 준강도미수가 된다.

25 [준강도상해의 공동정범] 乙과 甲은 절도를 모의했다. 甲은 丙의 가방을 낚아챘고, 丙이 쫓아오려고 하자 망을 보고 있던 乙은 甲과 모의한 바 없이 丙을 떠밀어 콘크리트바닥에 넘어뜨려 상해를 입혔다. ① (대판 91도2267) 甲과 乙 사이에 丙을 밀어 넘어뜨리는 점에 구체적인 의사연락이 없었다고 하여도 乙의 폭행이 상해를 입혔고, **"폭행의 정도가 피해자의 추적을 억압할 정도의 것이었던 이상"** 甲은 강도상해죄가 성립한다. ② (評釋) 甲은 乙의 준강도(폭행부분)를 차용 받을 수 없고 절도죄의 공동정범이 된다.

여 성립한다.

Ⅶ. 인질강도죄

제336조(인질강도) 사람을 체포·감금·약취 또는 유인하여 이를 인질로 삼아 재물 또는 재산상의 이익을 취득하거나 제3자로 하여금 이를 취득하게 한 자는 3년 이상의 유기징역에 처한다.

인질강도는 체포, 감금, 약취 및 유인범이 인질 석방의 대가로 재물을 빼앗아 갖거나 재산상의 이득을 빼앗아 얻는 범죄이다.[26] 인질강도죄는 체포, 감금, 약취 및 유인죄와 공갈죄의 **결합범**이며,[27] 인질과 재물 또는 재산상의 피해자가 일치할 필요가 없다. 따라서 인질강도의 수단으로 감금·협박을 한 행위는 따로 감금죄를 구성하지 않는다. 인질강도죄는 재물 또는 재산상의 이익을 취득할 때 기수가 되며, 피해자가 소아인 경우 특정범죄가중법(제5조의2 제2항 1호)에 의해 가중처벌된다.

Ⅷ. 해상강도죄

해상강도죄(제340조)는 "다중의 위력으로 해상에서 선박을 강취하거나 선박내에 침입하여 타인의 재물을 강취"함으로써(제1항) 성립하고, 해상강도가 사람을 상해하거나 상해에 이르게 한 때에는 무기 또는 10년 이상의 징역에 처하며(제2항), 사람을 살해[28] 또는 사망에 이르게 하거나 강

26 [인질강도] 甲과 乙은 丙을 유인하여 중국에 들어오게 하여 민박집에 머무르게 하고, 乙은 칼로 위협하면서 丙의 손발을 묶고, 입에 테이프를 붙이고, 눈을 헝겊으로 가렸다. 甲은 丙의 오빠 丁에게 전화를 걸어 "丙을 인질로 잡고 있다. 5천만 원을 보내라"고 말했고, 丁은 甲의 계좌에 1백만 원을 송금하였다. ① (대판 2009도7150) 甲과 乙은 인질강도죄(제336조)의 공동정범이다. ② (評釋) 감금·협박은 인질강도에 포함된다.

27 결합범이므로 유괴범이 아닌데도 유괴범임을 가장하여 애를 죽이겠다고 협박하여 애엄마한테 돈을 빼앗아 갖는 경우(BGHSt 23, 294) 강도죄가 성립하지 인질강도죄가 성립하지 않는다.

28 [해상강도] 해적단 두목 甲은 소말리아의 공해상에서 대한민국 상선을 총기로 위협하여 강취하고, 선박과 선원들을 인질로 삼고 석방대가를 해운회사에 요구하였다. 甲은 대한민국 해군이 구출작전을 시작하자 군인 3명에게 총상을 입혔고, 2차 구출작전이 시작되자 납치된 乙을 인간방패로 삼았는데 乙은 해적 중 한 명이 쏜 총에 맞아 사망하였다. ① (대판 2011도12927) 甲은 "다중의 위력으로" 해상에서 대한민국 선박을 강취하고 乙을 살해하여 해상강도살해죄(제340조 제3항)가 성립하고, 부진정결과적 가중범(대판 94도2842)인 특수공무방해상해죄(제144조 제2항)와 인질강도미수죄(제336조, 제342조)가 성립한다. 특수공무방해상해와 인질강도미수는 해상강도살해와 상상적 경합관계에 있다.

간한 때에는 사형 또는 무기징역에 처한다(제3항).

Ⅸ. 강도예비·음모죄

제343조(예비, 음모) 강도할 목적으로 예비 또는 음모한 자는 7년 이하의 징역에 처한다.

강도예비·음모죄는 강도를 결의하고 **실행을 준비하거나 모의**하는 경우 성립하는 범죄이다. 강도예비가 강도상습성의 발현인 경우는 강도예비행위는 상습강도죄에 흡수된다.[29] **준강도를 할 목적을 갖고 흉기를 휴대**하는 경우[30]는 강도예비음모죄가 인정되지 않고, 절도죄와 흉기휴대죄(폭력행위처벌법 제7조)의 상상적 경합범이 될 뿐이다.

29 [상습강도죄와 예비] 甲은 상습으로 두 달 동안 7회 강도를 범했고, 7회에 걸쳐 재물강취를 예비하였다. ① (대판 84도1573; 2003도665) 甲은 상습강도죄(제341조)가 성립한다. 강도예비가 "강도상습성의 발현이라고 보이는 경우에는 강도예비행위는 상습강도죄에 흡수"되고 별도로 강도예비죄를 구성하지 않는다. ② (評釋) 이는 삭제된 특정범죄가중법 제5조의4 제3항에 관한 것이지만 형법 제341조(강도상습범)의 해석으로도 타당하다.

30 [준강도목적 상습특수절도] 甲은 절도를 하다가 체포될 경우에 대비하여 칼을 소지한 채 상습적으로 주차된 자동차를 털다가 경찰에 체포되었다. ① (대판 2004도6432) 甲은 강도예비·음모죄는 성립하지 않는다. ② (評釋) 甲은 상습특수절도죄(제332조)와 폭력행위처벌법상 흉기휴대죄의 상상적 경합범이다.

§54. 사기의 죄

Ⅰ. 서 론

사기죄의 보호법익은 **일반적 재산**(재산가치의 총합)[1]이다. 재물은 재산의 한 예에 불과하다. 사기죄는 모든 형태의 재산침해(예: 계약위반)를 금지하지 않고 오직 '**기망**'을 통하여 남의 재산을 침해하는 행위만을 금지한다(양태범). 개인의 의사결정과 의사활동의 자유, 거래의 진실성은 사기죄의 부차적인 보호법익이 된다.

[사기죄와 시장사기의 구분] 판례에 의하면 "사기죄의 본질은 기망에 의한 재물이나 재산상 이익의 취득에 있고 이로써 상대방의 재산침해가 되는 것이므로 상대방에게 현실적으로 **손해가 발생함을 요건으로 하지는 아니**"하고(대판 88도740)[2] **재산가치의 총합이 감소할 위험**만으로도 사기기수가 인정된다. 그러나 이렇게 되면 사기죄는 주가조작죄와 같은 **시장사기**(fraud on market)의 범죄로 확장될 위험이 있다. 私見으로 사기죄의 법문언은 침해범의 형식이고, "재산상 이익을 취득"이란 그것과 동전의 양면관계에 있는 재산상 손해[3]를 전제한다는 점에서 침해범이다.

---

1 **기망행위에 의하여 국가적 또는 공공적 법익을 침해**한 경우라도 그와 동시에 형법상 사기죄의 보호법익인 재산권을 침해하는 것과 동일하게 평가할 수 있는 때에는 당해 행정법규에서 **사기죄의 특별관계에 해당하는 처벌 규정을 별도로 두고 있지 않는 한**에서만 사기죄가 성립할 수 있다. 기망행위로 조세를 포탈하면 조세포탈죄만 성립하고 사기죄는 성립할 수 없다(대판 2021도7831).

2 [변칙세일사건] 백화점 의류매장의 甲은 신상품을 정상가격으로 팔면서 가격표시는 더 높은 가격을 써놓고 할인하는 것처럼 꾸몄다. 의류매장관리를 하는 백화점 의류부장 乙은 이를 알았지만 그대로 놔뒀다. 당시 이런 변칙세일판매는 광범위했고, 소비자들에게도 널리 알려져 있었다. ① (대판 91도2994) "대형유통업체에 대한 소비자들의 신뢰와 기대는 보호되어야 한다." 변칙세일은 "사회적으로 용인될 수 있는 상술의 정도를 넘은 것이어서 사기죄의 기망행위를 구성한다." 甲과 乙은 사기죄의 공동정범이 된다. ② (評釋) 기망과 착오 사이에 인과관계가 없고, 실손해가 없으므로 甲은 사기죄의 불능미수범이다. 변칙세일은 **부당표시광고죄**(「표시광고법」 제17조 1호 및 제3조 위반죄)에 해당한다. 乙은 甲의 방조범이다.

3 [사기죄의 손해개념] 국유재산매각 담당공무원 甲은 「국유재산법」에 의해 당해 관리청의 허가 없이 그 처리 국유재산을 취득할 수 없는데도 매형 丙의 명의로 국유지 1만 평을 취득한 후 이를 숨기고 乙에게 11억 원에 매도하고 등기도 이전시켜 주었다. 「국유재산법」 제20조 제2항에 의하면 이 매매는 무효이다. 乙은 이를 알게 되자 국가에 대한 민사소송을 통해 소유권이전등기를 경료받았다. ① (대판 94도2048) "乙은 甲의 기망에 의하여 당해 부동산의 소유권을 취득할 수 없게 될지도 모른다는 사정을 알지 못한 채 이를 **매수함으로써 이미 재산의 침해**가 있었다." 乙이 "국가에 대한 민사소송 등을 통하여 소유권이전등기를 경료 받아 **재산상의 손해가 없게 되었다 하더라도 이는 사기죄의 성립에 아무런 영향을 미칠 수 없다.**" ② (評釋) 乙의 손해는 계약체결로 11억 원의 대금채무를 진다는 점에서 이미 손해요건이 충족되고 **계약체결사기**가 성립한다.

기본	● 사기죄(제347조)
독자변형	● 컴퓨터등사용사기죄(제347조의2)
	● 준사기죄(제348조)
	● 편의시설부정이용죄(제348조의2)
	● 부당이득죄(제349조)
가중	● 상습사기죄(제351조)
감경	● 사기미수범(제352조)
	● 친족상도례(제354조)

① 형법상 사기죄의 구성요건체계는 도표와 같다. 상습사기(제351조)는 각 사기죄에 정한 형의 2분의 1까지 가중한다. ②「특정경제범죄법」 제3조는 사기죄와 컴퓨터사용사기죄 및 그 상습범의 이득액[4]이 50억 원 이상일 때에는 무기 또는 5년 이상의 징역(제3조 제1항 1호), 이득액이 5억 원 이상 50억 원 미만일 때에는 3년 이상의 유기징역(2호)에 처하며, 이득액 이하에 상당하는 벌금을 병과할 수 있다(제3조 제2항). 이득액을 구체적으로 산정할 수 없는 경우에는 특정경제범죄법 제3조는 적용되지 않는다. ③「보험사기방지특별법」 제11조는 이와 같은 정도로 가중처벌을 하지만 보험사기에 우선적용된다. 사기죄는 친족상도례가 적용된다(제361조). 합유물에 대한 사기죄는 합유자 가운데 1인이 친족관계가 없으면 친족상도례규정은 적용되지 않는다.[5]

Ⅱ. 사 기 죄

제347조(사기) ① 사람을 기망하여 재물의 교부를 받거나 재산상의 이익을 취득한 자는 10년 이하의 징역 또는 2천만 원 이하의 벌금에 처한다. ② 전항의 방법으로 제삼자로 하여금 재물의 교부를 받게 하거나 재산상의 이익을 취득하게 한 때에도 전항의 형과 같다.

[사기죄의 구조] 사기죄는 ① 사람을 ② 기망하여 ③ 피기망자가 착오에 빠지고, ④ 그 착오에 기초하여 재산처분행위를 하여 ⑤ 기망자 또는 제3자가 재물의 교부를 받거나 재산상의 이익을 기망자 또는 제3자가 취득하고 ⑥ 그 이익

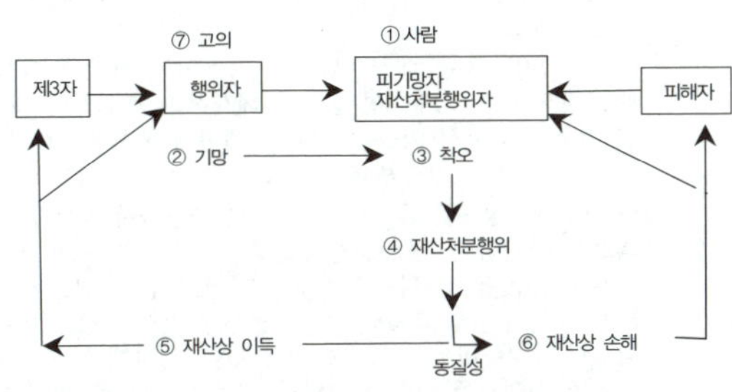

4 [사기이득액] 甲은 乙의 토지를 16억 원에 매수하면서 매매대금을 26억 원으로 계약서를 작성하여 은행에 제출하고 부동산담보대출을 신청하였다. 은행은 감평가가 22억 원으로 나오자 15.4억 원을 대출해주었다. ① (대판 2018도19772) 甲은 사기죄가 성립하고, **이득액은 대출금전부**(15.4억)이므로 특정경제범죄법이 적용된다. 판례는 편취의 대가가 일부 지급된 경우에도 편취액은 그 대가를 공제한 차액이 아니라 **교부받은 금원 전부**를 기준으로 특정경제범죄법의 적용여부를 판단한다(대판 2023도18971).

5 甲, 乙, 丙을 기망하여 부동산 매매계약을 체결하고 소유권을 이전받은 다음 잔금을 지급하지 않은 경우 甲이 피고인의 8촌 혈족, 丙이 피고인의 부친이지만 이 부동산이 甲, 乙, 丙의 합유로 등기되어 있어 피고인에게 형법상 친족상도례 규정이 적용되지 않는다(대판 2015도3160).

과 동질의 재산상 손해가 피기망자나 제3자에게 발생하고 ⑦ 이에 대한 고의와 불법이득의사가 있는 경우에 성립한다. 기망행위자와 이득자가 분리된 **제3자를 위한 사기**(fremdnüziger Betrug)와 피기망자와 피해자가 분리되는 **삼각사기**도 인정된다.

(1) 사 람 사기죄는 사람을 기망한 때 성립할 수 있다. 기계는 고장 날 뿐[6] 착오하지 않으므로 기망의 대상이 아니다.[7] 피해자의 대리인이 기망을 당하여 재산처분행위를 하면 피기망자는 피해자와 분리된다. 이를 삼각사기(Dreiecksbetrug)라고 부른다.

(2) 기 망 기망이란 특정 대상(사실)에 관하여 거짓된 정보[8]를 줌으로써 다른 사람의 지적 판단에 일정한 영향을 끼쳐 상대방의 착오를 일으키는 것이다. "착오는 사실에 관한 것이거나 법률관계에 관한 것이거나 법률효과에 관한 것이거나를 묻지 않고, 반드시 법률행위의 내용의 중요부분에 관한 것일 필요도 없으며, 그 수단과 방법에도 아무런 제한이 없"다(대판 2005도1160).[9] 기망행위를 개시한 때는 사기죄에서 실행의 착수시기[10]가 된다.[11]

---

6 [사람의 기망] 甲은 乙의 핸드백에서 丙의 직불카드를 꺼내어 ATM에서 이 카드를 사용하여 丙의 예금계좌에서 甲의 계좌로 2천만 원을 이체한 다음 3시간 뒤 乙에게 전화로 위 사실을 말하고 乙에게 직불카드를 반환하였다. ① 직불카드로 예금을 이체한 경우에는 은행의 **정보처리장치는 고장 날 뿐** 착오에 빠질 수는 없으므로 사기죄가 성립할 수 없다. ② (評釋) 甲은 **컴퓨터사용사기죄**가 성립한다.

7 [대포폰사기] 甲은 대금미납으로 사용이 정지된 휴대전화를 구입하여 대리점에서 컴퓨터로 사용대금을 카드로 결제하여 정지를 해제하고 유심칩을 재등록하여 사용할 수 있게 한 다음 카드결제를 취소하고 다시 이용이 제한될 때까지 대포폰으로 유통시켜 재산상 이익을 취득하였다. ① (대판 2011도5299) 기망행위인 이용대금의 결제와 취소는 **전산상 자동처리되는** 것이므로 "**사람을 기망하여 재산상 이득을 취득한 경우에 해당하지 않는다.**" ② (評釋) 甲은 컴퓨터사용사기죄(제347조의2)가 성립하며, 정보통신망법상 망침입죄가 성립한다.

8 [매매물가치설명] 甲은 乙에게 그의 부동산이 신문과 방송의 보도에 따르면 '고속도로가 개통이 되고 행정타운과 고속터미널이 들어설 것이다'라고 말하면서 '이 지역 지가가 급상승할 것'이라고 말했다. 乙은 甲의 부동산을 매수했다. ① (대판 2004도45) 甲의 매수권유행위가 "일반 상거래의 관행과 **신의칙에 비추어 시인될 수 있는 정도**를 벗어나거나 사기죄의 기망행위에 해당한다고 보기 어렵다." ② (評釋) 합리적 투자정보 제공은 기망이 아니다.

9 상품의 선전·광고는 "**거래에 있어 중요한 사항에 관한 구체적 사실을 신의성실의 의무에 비추어 비난받을 정도의 방법으로 허위로 고지**하여야만"(대판 2003도5728) 기망에 해당한다.

10 [보조금사기] 태풍피해를 입지 않은 어부 甲은 국가 보조금을 받기 위해 태풍피해가 있는 것처럼 관할면장에게 신고를 하였지만 허위신고임이 곧 드러났고, 보조금도 받지 못했다. ① (대판 98도3443) 〈읍·면장의 피해신고접수, 현지확인 및 결과 군수보고 → 중앙재해대책본부의 피해조사 → 피해어민선정 → 피해복구보조금지원신청서 제출 및 보조금교부결정 → 복구사업시행완료 → 보조금지급〉의 과정에서 **면장에 신고한 것으로는 사기죄의 실행에 착수한 것이 아니다.** ② (評釋) 허위피해신고는 국가의 재산처분행위를 초래하기에 너무 멀리 떨어진(too remote) 요소이기 때문이다.

1) 기망의 유형　기망은 작위 기망과 부작위의 기망을 포함한다. **작위의 기망**은 말로 적극적으로 상대방을 속이는 **명시적 기망행위**(예: 가짜그림을 진짜라고 말함)와 '행동'으로 상대방을 속이는 **묵시적 기망행위**(예: 지불의사 없는 음식주문)를 포함한다. 묵시적 기망행위와 달리 **부작위의 기망**은 상대방을 착오에 빠지지 않게 할 작위의무[12]를 전제한다. 묵시적 기망행위인지 부작위의 기망행위인지가 불분명한 경우, 특히 **이중적 의미의 행위**는 의심스러울 때에는 부작위로(in dubio pro ommissio)–원칙에 따라 '부작위에 의한 기망행위'로 보아야 한다. 판례에 의하면 "일반거래의 경험칙상 상대방이 그 **사실을 알았더라면 당해 법률행위를 하지 않았을 것이 명백한 경우**에는 신의칙에 비추어 그 사실을 고지할 법률상 의무가 인정된다"(대판 2002도3455).[13]

2) 기망의 대상　① 기망의 대상은 **사실**이며, 내면적 사실(예: 지불의사)과 외부적 사실(예: 지불능력)을 모두 포함한다. 예컨대 투자금을 유치하면서 원금반환의사 없이 원금반환약정을 한 경우는 기망에 해당한다(대판 2013도3631). **주관적인 가치평가**의 일시적 표명(예: 점원의 "이 물건은 최고예요"라는 말)은 기망의 대상이 아니다. ② 기망의 대상인 사실은 법률행위의 중요부분(예: 비의료인 개설 의료기관의 요양급여비용 청구[대판 2014도11843])이든 아니든(예: 초과보험계약임을 묵비한 보험금 청구[대판 2003도7828]) 상관없다. 사실이라도 **미래의 불확정적인 사실**은 기망행위의 대상에서 제외된다. 예컨

11 [판례: 보험사기기수] "피보험자 본인임을 가장하는 등으로 하자 있는 보험계약을 체결한 행위는 단지 장차의 보험금 편취를 위한 **예비행위**"이다(대판 2013도7494). "보험사고가 이미 발생하였음에도 이를 묵비한 채 **보험계약을 체결**하는 경우와 같이 그 행위가 '**보험사고의 우연성'과 같은 보험의 본질을 해할** 정도에 이르러야 비로소 보험금 편취를 위한 **고의의 기망행위를 인정**할 수 있다. 보험회사에 보험금을 청구하여 보험금을 지급받았을 때 사기죄는 기수에 이른다"(대판 2014도2754).

12 [부작위 기망] H공사 乙은 K㈜ 甲과 애자공급계약을 맺고, 애자품질검사도 하여 합격판정을 하였고, 납품된 애자는 별 하자 없이 사용되었다. 甲이 납품한 애자는 태국전력청 마크를 지우고 K를 표시한 것이었지만 이를 乙에게 알리지 않았다. ① (대판 2005도1160) 품질검사를 한 점에 미루어 甲은 乙의 착오를 알면서도 고지하지 않았다고 볼 수 없다. ② (評釋) 태국전력청 제작사실은 중요사항이고, 乙은 이 점에 관해 착오에 빠져 있으며, 甲은 착오방지를 위해 그 점을 고지할 작위의무가 있다.

13 독일연방법원(BGHSt)에 의하면 고지의무는 상대방에게 알리지 않으면 상대방이 '**대단히 큰 손해**'를 입게 되는 경우, 상대방이 처분행위를 할 때 **중요한 요소**라는 점이 인식될 수 있는 경우, 상대방이 '**경험 없는 자**'인 경우에 인정된다.

대 돈을 빌리면서 "돈 벌면 1년 안에 갚겠다"고 말하는 것은 기망이 아니다. 기망의 대상은 그에 관한 착오가 피기망자의 **재산처분행위**(예: 계약)**를 좌우**[14]할 수 있는 것이어야 하고, **"권리실현에 장애가 되는" 사항**이어야 한다. 예컨대 다른 의료인 명의로 의료기관을 개설한 의료인의 요양급여비용청구(대판 2019도1839), 채권자와의 신탁금지약정을 알리지 않은 신탁계약(대판 2011도2989)[15] 전문건설업 부정등록을 숨기고 한 하도급계약의 체결과 이행(대판 2017도14104)은 기망에 해당하지 않는다.

(3) **착 오** 상대방의 착오는 기망행위에 의하여 발생하였거나 보증인적 지위에 있는 자의 부작위에 의하여 계속 지속되는 경우이어야 한다.[16] 피해자가 법인인 경우 기망행위로 인한 착오, 인과관계는 대표 등 "최종 의사결정권자 또는 내부적인 권한 위임 등에 따라 실질적으로 법인의 **의사를 결정하고 처분을 할 권한을 가지고 있는 사람**을 기준으로 판단한다"(대판 2017도8449). 착오는 **일반적인 관념**으로도 가능하다.[17] 기망행위와 착오의 인과관계는 착오에 대해 **피기망자에게 중대한 과오**[18]가 있

---

14 [기망의 대상] 甲이 도박자금으로 쓸 예정이면서 乙에게는 내비게이션 덤핑 물건을 구입한다고 말하고 500만 원을 빌렸다. ① (대판 83도2818) "**금원을 대여하기로 합의하여 이를 교부한 이상**, 甲이 말한 위 **차용금 용도가 거짓이었다고 하여도** 이 기망행위와 乙의 재산적 처분행위 사이에는 상당인과관계가 있다고 보기 어렵고 甲이 당초 변제할 의사와 능력이 없이 차용한 것이라고 인정되지 않는 한 **사기죄를 구성**"하지 않는다. ② (評釋) 차용금용도가 계약을 취소할 정도로 중요한 동기였다면 기망한 것이나 재산처분행위와 인과관계가 인정되지 않아 사기미수가 된다.

15 [고지대상의 판단] 甲은 오피스텔 1동의 공사대금 채권자 丁과 오피스텔 신탁금지약정을 맺은 후, 그 오피스텔를 매입하면서 乙은행에서 20억 원을 대출받고, 丙신탁㈜에 우선수익자를 乙은행으로 하는 오피스텔 신탁을 하고 신탁등기도 하였다. 甲은 신탁금지약정을 乙과 丙에게 알리지 않았다. ① (대판 2011도2989) **신탁금지약정**은 "신탁계약에 따르는 **채무의 이행에 장애**를 가져오거나 수탁자와 우선수익자의 **권리실현에 장애가 된다고 볼 수 없**"고 乙의 "**법률상 지위에 아무런 영향도 미칠 수 없는 사유**"이다. 신탁금지약정의 불고지는 기망이 아니다. ② (評釋) 만일 신탁금지약정을 알렸다면 대출을 받지 못했을 것이 개연적인 경우 甲의 불고지는 기망이 된다.

16 [착오의 손해발생 은폐기능] ① 피기망자는 자신의 착오를 알지 못한 경우라야 한다. 피기망자는 착오를 알지 못하기 때문에 자신의 재산처분행위와 그로 인해 재산상의 손해발생도 알지 못한다. 이를 착오의 손해은폐기능(독일에서는 이를 '자기손해의 불인식이론' Lehre von der unbewußten Selbstschädigung이라 한다)이라 한다. 구걸사기, 기부금사기, 보조금사기의 경우에서 피기망자는 자신의 착오를 알지는 못하지만 자신이 자기재산에 손해를 끼치는 행동을 하고 있음은 알고 있다. 이런 경우도 사기죄는 인정된다.

17 차장이 표 없이 승차한 분 있냐고 물었지만 무임승차자가 가만히 있었던 경우 차장은 모든 승객이 차표를 갖고 있다는 의식(**사물관념적 공동의식** sachgedankliches Mitbewußtsein)을 갖는다.

18 [사기광고] 甲은 12회 목욕으로 날씬해진다는 광고를 하고 목욕제(Hollywood Lifting Bad)를 후불제로 팔았다. 광고효과는 전혀 없었다. ① (BGHSt 34, 199) 광고가 "**신의성실의무에 비추어 비난받을 정도의 방법**으로 허위로 고지"하면 기망이 인정된다. 소비자들의 경솔한 행동(Opferverschulden)

으면 부정될 수 있다. **금융기관**[19]은 (대출심사)업무 수행에서 착오에 빠지지 않을 능력과 책무를 갖고 있다는 점에서 대출신청자의 기망과 금융기관의 착오 사이의 인과관계가 인정되기 어렵다.[20]

[소송사기죄] 소송사기는 허위사실 주장이나 허위증거 제출로 법원을 기망하여 자기에게 유리한 판결을 받아내어 상대방으로부터 재물을 교부받거나 재산상 이익을 얻는 것이다.[21]

● "소송상의 **주장이 사실과 다름이 객관적으로 명백**하거나 피고인이 소송상의 **주장이 명백히 허위인 것을 인식하였거나 증거를 조작하려고 한 흔적**이 있는 등의 경우 외에는 이를 쉽사리 유죄로 인정하여서는 안 된다. 소송사기가 성립하기 위하여는 주장하는 **채권이 존재하지 않는 사실을 잘 알면서도 허위의 주장과 증명으로써 법원을 기망한다는 인식**을 하고 있어야만 하고, 단순히 사실을 잘못 인식하였다거나 법률적 평가를 잘못하여 존재하지 않는 권리를 존재한다고 믿는 등의 행위로는 사기죄를 구성하지 않는다"(대판 2022도1227). 또한 소송당사자들이 조정절차를 통해 원만한 타협점을 찾는 과정에서 자신에게 유리한 결과를 얻기 위하여 하는 다소간 허위나 과장이 섞인 언행은 일반 거래관행과 신의칙에 비추어 허용될 수 있는 범위 내라면 기망행위에 해당하지 않는다(대판 2020도10330).

● 私見으로 법관이 **거증책임규칙에 따라 판결**을 한 경우에는 기망과 착오 사이의 인과관계가 인정되지만, 법관의 재산처분행위(예: 기망자에게 유리한 판결)가 다양한 증거를 주관적으로 평가한 **자유심증**(민사소송법 제202조)**의 결과**인 경우에는 착오와 재산처분행위(판결) 사이의 인과관계는 인정될 수 없고 사기미수죄만 성립할 수 있다.

은 기망과 착오의 인과관계에 영향이 없다. ② (評釋) 구매자들이 광고**내용의 진실여부에 개의치 않은 경우**(소비자의 중과실) 인과관계가 부정되고 사기미수가 된다. 부당표시광고죄(「표시광고법」 제17조 1호)도 성립한다.

19 [은행의 심사책임] S㈜ 대표 甲은 허위사업계획서를 K은행의 乙에게 제출하였고, 乙은 대출부적절 의견을 올렸다. 은행장 丙은 甲이 K은행 주식의 대량보유자임을 고려하여 乙에게 대출해주라고 지시하였다. ① (대판 2000도1155) **전문적으로 대출을 취급하면서 차용인에 대한 체계적인 신용조사를 행하는 금융기관이** 자체 신용조사 결과에는 관계없이 '변제기 안에 대출금을 변제하겠다'는 **차용인 말만을 믿고 대출하였다면 기망행위(허위계획제출)와 대출행위 사이에 인과관계를 인정할 수 없다.** ② (評釋) 피해자의 중과실은 기망과 착오의 인과관계를 배제시킨다.

20 아파트공사의 시공사와 시행사가 은행에 대출을 신청하면서 아파트 부지의 매매가격을 부풀린 기망행위와 은행의 대출 사이에 인과관계가 존재한다고 보기 어렵다(대판 2015도20233).

21 [소송사기고의] H㈜ 대표 甲은 2011.11.경 ~ 2016. 3. 근무한 乙에게 2011. 12. ~ 2015. 4.에 대한 퇴직적립금을 지급하였지만 법률자문을 받고 별도로 퇴직금을 전액 지급하였다. 甲은 퇴직적립금에 대해 부당이득반환청구의 소를 제기하면서 그 지급금이 실질적 임금이 아니라 퇴직적립금임을 증명하려고 2015. 5. 1.자 근로계약서의 일급을 적게 변조하여 증거로 제출하였다. ① (대판 2018도13305) 甲은 부당이득반환청구권이 존재한다고 믿은 점, 변조근로계약서가 부당이득반환 소송의 권리발생 사유에 관한 증거가 될 수 없어 소송의 내용이나 결과에 전혀 영향을 미칠 수 없다는 점에서 甲은 증거조작이나 허위사실 증명으로 법원을 기망한다는 인식을 가졌다고 볼 수 없다. 甲은 사문서변조 및 행사죄만 성립한다.

이러한 관점에서 소송사기의 다양한 형태와 판례는 다음과 같다.

● 허위채권에 대한 지급명령을 신청하여도 각하사유가 없는 한 지급명령이 내려지고, 2주 이내에 채무자의 이의신청이 없는 한 지급명령은 확정된다. **지급명령을 신청한 때**[22] 미수가, 지급명령이 확정된 때 기수가 인정된다(대판 2011도7262).[23]

● **강제집행절차**를 통한 소송사기에서 미수 "**집행절차의 개시신청을 한 때**", "**압류신청을 한 때**"[24]에 인정된다.

● 소송사기의 처벌은 민사재판제도를 위축시킬 수 있으므로 "소송상의 주장이 사실과 다름이 객관적으로 명백하거나 피고인이 그 **소송상의 주장이 명백히 허위**인 것을 인식하였거나 증거를 조작하려고 한 흔적이 있는 등의 경우 외에는 이를 쉽사리 유죄로 인정하여서는 안 된다." 가령 주장하는 "채권이 존재하지 아니한다는 것만으로는 부족하고 그 주장의 **채권이 존재하지 아니하는 사실을 잘 알면서도 허위의 주장과 증명으로써 법원을 기망한다는 인식**을 하고 있어야 하고, **단순히 사실을 잘못 인식하였다거나 법률적 평가를 잘못하여 존재하지 않는 권리를 존재한다고 믿고 제소**한 행위는 사기고의가 인정되지 않는다"(대판 2003도373).

(4) 재산처분행위 기망을 당한 자는 착오에 터 잡은 **재산처분행위**(Vermögensverfügung)를 하고, 그 점에 대한 인식(처분의사)이 있어야 하며, "기망행위와 재산적 처분행위 사이에 인과관계"[25]가 있어야 한다.

---

22 [지급명령사기] 甲은 乙에게 당좌수표 1장을 할인해 주었지만, 부도가 났다. 甲은 乙을 소개해 준 丙이 수표할인을 했다는 허위주장으로 지급명령을 신청하였고, 丙의 이의신청으로 소송절차를 진행하게 되었다. 甲은 허위증거는 사용하지 않았고 丙이 수표할인을 해갔다는 주장을 하고 패소하였다. ① (대판 2002도4151) "**허위의 증거를 이용하지 않더라도 당사자의 주장이 법원을 기만하기 충분한 것이라면 기망수단**"이 되고, **이의신청에 따라 "지급명령은 이의의 범위 안에서 그 효력을 잃게 되고 지급명령을 신청한 때에 소를 제기한 것**"이 되며, 그때 실행은 착수된 것이다.

23 [지급명령사기] 乙은 丁의 빌라공사를 4억 원에 도급받아 丙에게 하도급을 주었고, 丙은 3개월간 공사비 2억 원을 쓰고 중단하였다. 丁은 도급계약을 해제하였다. 甲은 丙에게서 하도급공사대금채권 양수하고 공사대금을 5억 원으로 부풀려 하도급계약서를 새로 작성하여 乙과 丙의 날인을 받았다. 甲은 乙에게서 총 6억 원을 지급하라는 지급명령을 받고 유치권을 행사하면서 경매를 신청하여 개시결정을 받았다. ① (대판 2012도9603) 유치권자가 피담보채권을 "허위로 부풀려 유치권에 의한 경매를 신청할 경우 정당한 채권액보다 더 많은 배당금을 받을 수도 있으므로, 이는 법원을 기망하여 배당이라는 법원의 처분행위에 의하여 재산상 이익을 취득하"는 (소송)사기죄의 미수가 성립한다. ② (評釋) **허위주장으로 지급명령을 받아낸 때 이미 사기죄 기수**가 성립하고, 이후 경매신청은 별도의 사기죄의 실행에 착수한 것이다.

24 [강제집행소송사기] 甲은 허위의 약속어음에 기한 공정증서를 집행권원으로 하여 D의 토지에 대한 乙회사의 소유권이전등기청구권에 대한 압류명령결정을 받았다. 그러나 乙회사의 다른 채권자 丙이 소유권이전등기를 마침으로써 경매절차를 진행시키지 못하였다. ① (대판 2014도10086) 부동산 소유권이전등기청구권(민사집행법 제244조)에 대한 강제집행은 〈청구권 압류→채무자의 책임재산으로 귀속→경매실시→매각대금으로 채권 만족〉으로 진행된다. **압류신청을 한 때**에 사기미수죄가 성립한다.

25 [재산처분행위의 인과성] 중국 OEM담배를 판매하는 Y㈜ 대표 甲은 회사재정이 악화되자 변제의사

[처분결과와 처분의사] "피기망자가 처분행위의 의미나 내용을 인식하지 못하였다고 하더라도, 피기망자의 작위 또는 부작위가 **직접 재산상 손해를 초래하는 재산적 처분행위**로 평가되고, 이러한 **작위 또는 부작위를 피기망자가 인식**하고 한 것이라면 처분행위에 상응하는 **처분의사**는 인정된다. 다시 말하면 피기망자가 자신의 **작위 또는 부작위에 따른 결과까지 인식하여야 처분의사를 인정할 수 있는 것은 아니다.**"[26]

① 재산처분행위는 직접적인 재산상의 손해를 초래하는 **작위행위**(예: 계약체결) 또는 방치행위이다. **방치**(Lassen)란 피기망자가 '할 수 있는 것을 알고도 하지 않고 내버려 두는 것'이다.[27] 판례는 방치를 부작위라고 표현한다. 그러나 피해자의 **부작위**[28]는 기망행위자가 무엇(절취나 강취)을 해야 함을 뜻하기 때문에 이론적으로 재산처분행위가 될 수 없다. 부작위라는 개념을 사용하더라도 그 뜻은 방치로 이해하여야 한다. ② 작위 또는 방치의 재산처분행위는 **자유의사에 바탕**을 두고 이루어져야 하지만 민법상 **취소**할 수 있는 하자 있는 의사표시이다. ③ 재산처분행위는 **직접적으로**[29] **재산상의 이득과 손해를 발생**시키는 것이어야 한다. 간접적인

없이 乙에게 2천만 원을 빌리고 丙에게 5천만 원을 빌렸다. 이후 乙은 Y㈜의 부사장 행세를 하였고, 丙은 Y㈜의 자금담당 상무를 맡아 연봉 1억 원과 조달하는 자금의 2%를 성과보수로 받았다. ① (대판 2011도8829) 乙과 丙은 Y㈜의 일을 했기에 Y㈜나 甲이 "자력으로는 대여금을 변제할 만한 능력이 없다는 것을 충분히 알게 되었"고 "따라서 甲의 기망행위를 인정하여도 乙과 丙이 착오에 빠진 나머지 어떠한 재산적 처분행위를 한 것이라고 볼 수는 없다."

26 [재산처분의사의 의미] 甲은 乙의 토지를 매수하면서 토지거래허가에 필요한 서류라고 속여 乙의 토지에 대한 근저당권설정계약서에 서명·날인하게 하고, 乙의 인감증명서를 교부받아 그 토지에 근저당권을 설정하여 1억 원을 대출받았다. ① (대판 2016도13362) 乙이 착오로 근저당권설정계약서에 서명·날인한 행위는 '처분행위'에 해당하고, 乙이 그 문서의 내용과 작성행위가 **어떤 결과를 초래하는지를 미처 인식하지 못하였다고 하더라도 그 문서에 서명·날인하는 행위에 관한 인식**이 있었던 이상 **처분의사도 인정**된다. 甲은 사기죄(특정경제범죄법 제3조)가 성립한다.

27 예컨대 편의점 직원이 손님에게 잔돈을 내주지 않았고, 손님은 잔금액수는 알았지만 다 받았다고 착오하고 잔돈청구를 하지 않으면 사기죄가 성립한다.

28 [부작위 재산처분행위] 甲은 乙부터 5억 원을 연 7%의 이자로 투자금으로 받았다. 甲은 이자를 지급할 의사가 처음부터 없었고, 투자금운영수익만 약정비율대로 분배할 생각이었다. ① (대판 2011도769) "甲의 기망행위로 인해 **이자 부분에 관한 별도의 처분행위가 있어야 하는**"데 乙이 별도의 처분행위를 하지 않은 이상 甲은 사기죄가 성립하지 않는다. ② (評釋) 애당초 이자지급의사가 없었으므로 투자금계약의 체결로 이미 (계약체결)사기죄가 성립한다. 이자 미지급은 불가벌적 사후행위가 된다. 판례의 입장은 투자금을 모집할 때 이자 지급의사가 있었으나 그 뒤에 지급 안하려는 의사가 생겼으면서도 마치 지급할 것인양 투자금을 계속 확보한 채 이자지급을 하지 않은 경우에만 타당하다. 투자금운용이 신탁계약인 경우 甲은 업무상 배임이 성립한다.

29 [재산처분의 직접성] 甲은 丙이 미등기된 국유토지 T의 소유자인 것처럼 가장하고 乙이 丙을 상대로 매매를 원인으로 소유권이전등기절차이행의 소를 제기한 후 쌍방의 소송대리인이 화해하게 하였고, 재판부는 화해조서를 작성하였다. ① (대판 87도1153) "**화해의 효력은 소송당사자들 사이에만 미치고 제3자인 토지소유자에게는 미치지 아니하며** 그 화해조서에 기하여 토지소유권이 乙에

경우라면 비록 외견상 재산처분행위(예: 가스점검원이라고 속인 도둑을 집안에 들이는 행위)가 있어도 (책략)절도죄(Tricksdiebstahl)만 성립한다. 소송사기에서도 "피기망자인 법원의 재판은 피해자의 처분행위에 갈음하는 내용과 같은 효력이 있는 것이라야" 한다(대판 87도1153). **명의대여행위**[30]는 그 명의사용자가 채무를 면하도록 하는 재산처분행위가 아니다.[31]

④ 삼각사기(Dreiecksbetrug)에서 피기망자 또는 재산처분행위자는 재산피해자와의 관계에서 **재산을 처분할 권한**이 있어야 한다.[32] 재산처분권한은 **계약관계**(예: 대리인 재산관리인)나 일정한 **법률상 지위**(예: 유언집행인)가 있으면 인정된다. 법률상 지위나 권한으로 피해자의 재산을 처분할 수 있는 자도 사기죄의 재산처분행위자가 될 수 있다. 소송사기에서 법관과 같이 법률에 의해 재산처분권한을 갖는 사람을 두고 비유적으로 **'피해자의 재산영역'**(Vermögenssphäre)에 들어와 있다고 말한다(재산영역이론). 판례(대판 94도1575)는 재산처분행위자가 피해자를 **사실상**[33] **도와주거나 보호하는**

게 이전되는 것도 아니므로" 법원은 재산처분행위를 한 것이 아니다. ② (評釋) 사기(불능)미수죄가 성립한다.

30 [명의대여와 재산처분] 甲은 변제능력과 의사 없이 乙에게 호텔사업자등록명의를 대여 받고 세금과 채무를 변제해준다고 약속하고는 乙에게 3천만의 채무를 부담하게만 하였다. ① (대판 2012도4773) "사업자등록 **명의를 대여하였다는 것만으로 乙의 재산적 처분행위가 있었다고 보기는 어렵다.**" ② (評釋) 명의대여로 乙이 甲과 연대책임을 지게 되고, 채권자가 乙에게 먼저 책임을 물으면 甲이 채무를 일시 면제된다는 점에서 乙은 재산처분행위를 한 것이지만 명의대여는 乙에게 재산상 손해를 '간접적으로' 발생시키므로 재산처분행위가 될 수 없다. 사기불능미수가 된다.

31 예컨대 타인 명의의 차용증을 허위로 작성하고 그 타인 소유 부동산에 대해 근저당권설정등기를 마친 허위의 근저당권자가 그 부동산에 대하여 **임의경매신청**을 하여 매각된 후 법원이 한 '**배당금교부행위**'는 "매수인의 재산을 처분하여 직접 재산상 손해를 야기하는 행위로서 매수인의 처분행위에 갈음하는 내용과 효력을 가진다"(대판 2013도564).

32 [부정수표발행죄와 부도어음발행] 예금부족, 거래정지처분 등의 상태에서 수표를 발행하는 자는 제시기일에 지급되지 않게 될 것을 알면서도 상대방을 기망하여 재산상의 이익을 취득한다. 피기망자인 수표를 받은 자(**수표소지인**)는 **은행과의 관계에서 재산처분권한을 전혀 갖고 있지 않은** 채 수표발행자에게 재산상 이익을 취득하게 하는 행위를 한 것이므로 사기죄가 성립할 수 없다. 「부정수표단속법」 제2조(부정수표발행인의 형사책임)나 독일형법상 배임죄(Untreue)의 독자변형구성요건인 **수표·신용카드부정사용죄**(StGB § 266b)는 부정수표발행을 처벌하는 별도의 구성요건이다. 우리나라의 특수한 결제수단인 어음이 부도가 나면, 판례는 발행당시 소극재산이 적극재산을 초과했던 경우에는 사기죄(고의)를 인정한다. 이런 실무는 「부정수표 단속법」과 균형을 맞추는 법적용이다. 하지만 이로써 사기죄의 보호법익은 「부정수표 단속법」(제1조의 경제생활의 안전과 수표의 기능)과 같은 보편적 법익(예: 경제생활의 안전과 어음결제기능)으로 변질된다.

33 [사실상 재산처분권한] 丙은 乙에게 자신의 토지 '매매'를 위임하고, 인감증명서와 인감도장을 넘겨주었다. 甲이 자신의 사업현황을 속이고 乙에게 丙의 토지를 담보로 제공하여 동업하면 1억 원을 주겠다고 하자 乙은 丙의 토지에 甲을 채무자로 하는 근저당권을 설정하였다. ① (대판 94도

지위에 있는 경우에도 재산처분권한을 인정한다. 그런 사람을 "**피해자의 창고 안에**"(im Lager des Geschädigten) 있는 자[34]라고 비유한다(지위설).

(5) 재물 또는 재산상의 이익 취득과 손해의 발생

[재산개념] 재물, 재산상 이익과 손해가 전제하는 재산 개념으로는 법인격 주체의 재산상의 권리와 의무의 총집합이라는 **법률적 재산**, 법질서에 의하여 보호받으며 경제적 가치가 인정되는 이익이라는 **법률적·경제적 재산**, 경제적 가치(시장에서 교환가치)가 있는 모든 이익의 총집합이라는 **경제적 재산**[35]이 있다. ① 법률적 재산개념은 19C 중반 자유주의 법체계에서 전형적인 것이다.[36] 그러나 사회국가적 법체계가 성장한 현대사회에서 개인이 누리는 경제적 이익은 점점 더 많은 법적 권리와 의무로 파악됨으로써 법률적 재산개념과 법률적·경제적 재산개념의 실제차이는 거의 사라지고 있다. 오늘날 재산개념은 경제적 재산개념으로 계속 확장되고 있다. 그러나 그 의미는 불명확하고, 때로는 다른 개념으로 전용되기도 한다. ② (경제적) 재산개념은 **사회체계(예: 금융체계)의 기능**[37]으로 전용된다. 가령 판례는 분식회계에 의해 대출받거나, 지불의사와 능력 없이 자기 명의의 신용카드를 발급받는 행위를 사기죄로 바로본다(대판 2004도6859). 이는 사기죄를 관련 **사회체계의 기능을 위태화하는 행위**[38]로 보는 것이다. 이런 해석은 **사기죄를 위험범으로 보는 해석**과 서로 수렴된다.

1575) "피해자의 의사에 기하여 재산을 처분할 수 있는 서류 등이 교부된 경우에는 **피기망자의 처분행위가 설사 피해자의 진정한 의도와 어긋나는 경우라고 할지라도 위와 같은 권능을 갖거나 그 지위에 있는 것**"이므로 甲은 사기죄가 성립한다. ② (評釋) 乙은 근저당권설정 **권한을 위임받지 않았지만** 인감증명서 등으로 丙의 토지를 **사실상 처분할 수 있는 지위**에 있다.

34 이 비유가 생성된 독일판례로, 甲은 乙의 옛 애인으로서 연인관계를 맺고 있을 때는 乙의 동의 아래 乙의 차를 계속해서 주차장에서 꺼내어 썼다. 이후 둘의 연인관계가 정리되었는데, 甲은 차고에 나타나 둘 사이가 마치 이전과 마찬가지인 양 乙의 차를 몰고 가버렸다. 주차장수위 丙은 甲이 이전처럼 乙의 동의를 받고 그런 것으로 착각하고 내버려두었다. 독일연방법원(BGHSt 18, 221)은 甲이 丙에게 乙의 애인 지위가 있는 것처럼 기망했고, 丙은 방치에 의해 乙의 재산을 처분(자동차를 가져가는 것을 묵인함)한 점에서 삼각사기의 사기죄를 인정하였다.

35 [성매매의 사기] 甲은 대가를 지불할 생각이 없이 돈을 많이 준다고 하며 성매매여성 乙과 관계를 가졌고, 돈을 주지 않았다. ① 경제적 재산개념설에 의할 때에만 성교는 재산적 가치가 인정되고 甲은 사기죄와 성매매죄(「성매매처벌법」 제21조 제1항)와 상상적 경합범이 된다. 그 밖의 재산개념에 의하면 사기죄는 성립하지 않는다.

36 19C 중반 Binding, Merkel의 이론으로 Naucke의 Zur Lehre vom strafbaren Betrug, 1964에서 옹호되기도 하였다.

37 [대출사기] H㈜ 대표 甲은 분식 재무제표로 신규사업서를 작성하여 D은행에 제출하였다. D은행은 신용도, 사업전망을 종합·검토한 후 기존 대출금을 회수하기 위해 40억 원을 추가 대출해주고 담보로 甲의 회사주식을 받았다. ① (대판 2000도1447) "**분식결산서를 작성한 후 이를 토대로 금융기관으로부터 대출을 받은 행위**"는 사기죄에 해당한다. ② (評釋) 판례는 사기죄를 **금융체계의 기능**을 보호법익으로 하는 분식회계죄(「외부감사법」 제20조 제1항, 제3항 2호)의 시장사기로 변질시킨다.

38 [의료보험부당청구] 의사 甲은 여러 차례 진료했던 환자 乙이 내원이 힘들어 전화로 처방전 발행을 부탁하자 이에 응하였다. 국민건강보험법령은 내원을 전제로 한 진찰만을 요양급여의 대상으로 정하지만 甲은 의원에서 한 것으로 공단에 요양급여비용을 청구하였다. ① (대판 2011도

③ 경제적 재산개념은 인간을 합리적인 경제행동을 하는 존재(homo economicus)로만 바라보기 쉽고, 경제적 합리성의 훼손[39]을 재산상 손해로 보게 쉽다. 그러나 이런 재산 개념은 재산과 인격의 개념을 하나로 융합(인격적 재산개념 personaler Vermögensbegriff)[40]시키며, 사기죄의 고유한 규범프로그램을 왜곡시킬 수 있다.

① **재물**은 재산상 가치가 있는 물건이어야 하므로 절도죄의 재물 개념이 원칙적으로 적용된다. 판례는 **신용·직불카드 자체**도 재물로 보지만 신용·직불카드 자체는 재산적 가치가 미미하므로 재물이 아니다(사소법익침해원칙). 판례는 인감증명서[41]도 재물로 보지만 역시 가치가 미미하여 재물이 아니고, 재산상 이익의 편취수단일 뿐이다. ② **재산상 이익의 취득**은 배임죄, 강도죄, 공갈죄의 경우와 원칙적으로 같다. "**경제적 이익을 기대할 수 있는 자금운용의 권한 내지 지위의 획득**도 그 자체로 경제적 가치가 있는 것으로 평가할 수 있다면 사기죄의 객체인 재산상의 이익에 포함된다".[42] "채무자의 기망행위로 인하여 채권자가 채무를 확정적으로 소멸 내지 면제시키는 처분행위를 한 경우", 즉 **채무의 면제**(대판 2008도

10797) 전화진료가 의료법상 "**직접 진찰에 해당한다고 하더라도 전화 진찰을 내원 진찰인 것으로 하여 요양급여비용을 청구한 것은 기망행위로서 사기죄를 구성**"한다. ② (評釋) 의료법상 불법진료가 아닌데도, 건강보험법상 부당청구를 사기죄로 인정하는 것은 건강보험체계의 기능을 사기죄의 보호법익으로 삼는 것이다. 사기죄는 부당청구를 넘은 불법청구에만 인정되어야 한다(이상돈, 원내조제분업의 법리, 세창출판사, 2015, 54쪽).

39 [경제적 재산개념의 손해] 잡지광고주 甲은 乙에게 거짓 정보를 제공하여, 乙은 자신의 목적과 무관한 잡지를 정기구독하는 계약을 체결하였다. 이를 뒤늦게 안 乙은 구독신청을 취소하고 환불받았다. ① (BGHSt 23, 300) 乙의 주문만으로 재산상의 손해가 인정되며 사기죄가 성립한다. ② (評釋) 경제생활의 합리성 훼손이 곧 재산상 손해가 된 셈이다.

40 재산이란 "재화영역에서 개인이 자신의 인격성을 전개하게끔 하는 인격구조체"라는 인격적 재산개념설의 Harro Otto, Aktienstrafrecht, Walter de Gruyter, 1997, Vor §399－47.

41 [인감증명서사기] 甲은 乙의 재개발아파트 수분양권을 매수하여 丙에게 전매하고 중도금을 받은 후 丁이 더 비싸게 매수하겠다고 하자 乙의 딸에게 아파트 동호수 추첨에 필요하다고 거짓말하여 乙의 인감증명서를 교부받았다. ① (대판 2011도9919) **인감증명서는 일반인의 거래상 극히 중요한 기능을 가지므로 다른 특별한 사정이 없는 한 재산적 가치를 가지는 재물에 해당**한다. 甲은 사기죄가 성립한다. ② (評釋) 인감증명서는 재산적 가치가 없고 인감증명서 교부는 증명수단의 제공일 뿐이며 설령 재산처분행위라고 보더라도 경제적 이익을 '간접적으로' 발생시키고, 딸은 丙의 재산을 처분할 지위도 없으므로 甲은 사기죄가 성립하지 않는다. 乙의 동의를 얻어 수분양권을 丁에게 넘겨줄 수 있으므로 丁에게 사기죄를 범한 것도 아니다.

42 [경제적 이익의 기대] 甲은 乙에게 자신이 개발한 주식운용프로그램이면 상당한 수익을 낼 수 있다고 거짓말을 하고, 수익은 1/2씩 나눠갖되 손해가 나면 원금과 정기예금이자를 반환한다는 조건으로 乙의 주식계좌 운영을 위임받았다. ① (대판 2011도282) 甲은 乙의 "**주식계좌의 사용권한을 부여받은 것은** 그 운용 결과에 따라 수익금 중 1/2에 대한 **분배청구권을 취득한 것으로 평가될 수 있어 그 자체로서 사기죄에서 정한 재산상 이익**에 해당한다." ② (評釋) 미래조건부 수익분배청구권은 채권이다.

10971)[43]나 '비트코인'(2021도9855)도 "재산상 이익"에 해당한다. ③ 판례에 의하면 "상당한 대가가 지급되었다거나 피해자의 전체 재산상에 손해가 없다 하여도 사기죄의 성립에는 그 영향이 없"다(대판 99도1040). 私見으로 사기죄는 재산상 이득을 처벌하는 것이 아니라 그 이득이 다른 누구의 재산(모든 재산가치의 총합)을 감소시키는 권리침해를 처벌하는 것이므로 **손해의 발생**은 사기죄의 (記述되지 않은) 구성요건이며, 편취한 이익은 피해자의 재산상 손해에서 직접 비롯된 것이어야 한다. 이를 **손해와 이득의 자료동질성**(Stoffgleichheit)이라 부른다.

[손해의 발생시점: 계약체결사기와 계약이행사기] 재산상 손해는 재산처분행위 이전과 이후의 전체재산의 총량을 비교하여 재산의 감소가 있으면 인정된다. 손해는 계약체결로써 생기거나(계약체결사기) 계약체결 후 이행단계에서 생긴다(계약이행사기).

유형	계약체결사기 Eingehungsbetrug	계약이행사기 Erfüllungsbetrug
사례	20만 원의 프린트화를 진짜 작품이라고 속여 1천만 원으로 매매계약 체결	5천만 원짜리 2년생 경주마를 공급하기로 하는 계약을 하고 2천만 원짜리 5년생 경주마를 공급
손해 판단 방법	● 두 당사자가 얻는 청구권을 비교함	● 피해자의 청구권과 이행내용을 비교함
	甲과 乙의 청구권을 비교하여 乙이 980만 원의 채무를 더 진 점이 손해.	乙의 청구권은 2년생 경주마였는데, 4년생 경주마를 받았다는 점이 손해
기수	● 계약체결시점	● 계약이행시점 (5년생 경주마 공급 시점)

(6) 사기고의와 불법영득의사·불법이득의사 사기행위자는 기망, 착오, 재산처분행위, 재산상 이득과 손해발생에 대하여 모두 인식하고 의욕하여야 한다. **사기고의**는 **기망과 편취행위 당시**에 이미 존재하였어야 한다(대판 2008도5618). 사기고의도 합리적인 의심을 할 여지가 없을 정도로 진실한 것이라는 확신을 가지게 하는 증명력을 가진 증거에 의하여야 한다(대판 2010도6659). 사기죄는 **불법영득의사**[44]나 **불법이득의사**가 있어야 한

43 [채무면제와 사기죄] 甲은 乙에게 자신의 부동산 시세가 급등할 거라는 거짓정보를 주었고, 乙은 그 부동산을 매수하였다. 매매대금 일부는 현금으로 지급하고, 나머지는 乙이 甲에 대한 채권과 상계하기로 하였다. 계약 직후 乙은 거짓정보임을 알고, 곧바로 매매계약을 취소하였다. ① (대판 2012도1101) "매매대금 중 일부를 乙의 甲에 대한 기존 **채권과 상계하는 방법으로 지급받아 채무소멸의 재산상 이익을 취득**"하게 된다. 채무가 상계로 소멸되기 이전에는 사기미수죄가, 상계를 한 경우에는 사기죄가 성립한다. ② (評釋) 매매계약을 맺음으로써 사기죄가 성립한다. 또한 이런 재산처분행위의 취소가능성은 사기죄 성립에 영향이 없다(대판 2012도1101).

44 국가연구개발사업 연구책임자가 산학협력단에 학생연구비를 신청·지급받아 학생연구원들의 공동관리계좌로 관리하면서 사실상 그 처분권을 갖는 것은 산학협력단에 대한 기망에 의한 편취행위에 해당하지만, 연구책임자가 학생연구원들의 공동비용 충당 등을 위하여 학생연구원들의 자발적인 의사에 근거하여 공동관리계좌를 조성하고 실제로 그와 같이 운용한 경우라면 **공동관리**

다. 이득은 불법적인 것이어야 하고, 채권의 추심과 같이 합법적인 것이라도 "사회통념상 용인"가능성을 기준으로 그 **방법이 불법적인 경우**[45]에는 불법이득의사가 인정될 수 있다.

(7) 죄수 및 경합문제 ① "**동일한 피해자**에 대하여 단일한 범의와 동일한 방법으로 수회에 걸쳐 기망행위를 하여 금원을 편취한 경우"는 사기죄의 포괄일죄가 성립하지만(대판 2023도4371), "수인의 피해자에 대하여 각 피해자별로 기망행위를 하여 각각 재물을 편취한 경우에 그 고의가 단일하고 범행방법이 동일하다고 하더라도 **피해자별로 1개씩의 죄**가 성립"한다. 다만 피해자들이 하나의 동업체를 구성하는 등으로 피해 법익이 동일하다고 볼 수 있는 사정이 있는 경우(대판 2011도769), 부부인 피해자들에게 토지매수 후 분필·매각하여 그 수익을 지급하겠다고 기망하여 각인에게 투자금을 받은 경우(대판 2023도13514)에는 사기죄의 포괄일죄가 된다. 또한 특정경제범죄법 제3조의 이득액은 포괄일죄에서는 그 '**합산액**'을 의미하고, 경합범에서는 수 죄마다 각각의 이득액을 말한다(대판 2000도28). ② 타인의 사무를 처리하는 자가 본인(또는 그의 대리인)을 기망하는 방법으로 그 임무에 위배하는 행위로써 재산상의 이익을 취득하면 **사기죄와 배임죄의 상상적 경합범**[46]이 성립한다.[47] 그러나 私見으로는 사기

계좌의 조성 및 운영이 관련 법령이나 규정 등에 위반되더라도 그러한 사정만으로 불법영득의사가 추단되어 사기죄가 성립한다고 단정할 수 없는 반면, 공동관리계좌에서 개인적 용도로 사용하였다면 사기죄가 성립한다(대판 2021도8468).

45 [상계와 불법이득] 甲은 대금을 현금지급한다고 거짓말 하여 乙로부터 오징어 2천만 원 어치를 인도받은 후 잔금 1천만원을 乙에 대한 자신의 1천만 원 채권과 상계한다고 말했다. 乙은 甲의 채권을 다투고 있었다. ① (대판 97도2220) "乙이 위 채권의 존재 자체를 다투고 있는 상태에서 **현금으로 결제할 것처럼 기망하여 물품을 교부받은 것은 사회통념상 용인될 수 없고, 사기죄**가 성립한다." ② (評釋) 甲의 채권이 존재한다면 이득의 불법성은 없고, 이득방법의 불법성이 있지만 乙이 甲의 상계가능성을 예상할 수 있고 통치는 문화를 고려하면 사회통념상 용인될 만하다.

46 [사기죄와 배임죄] 신협 전무 甲은 조합의 담당직원을 기망하여 예금인출금 명목으로 금원을 교부받았다. ① (대판 2002도669) "사기죄는 임무위배를 그 구성요소로 하지 아니하고 사기죄의 관념에 임무위배 행위가 당연히 포함된다고 할 수도 없으며, 업무상 배임죄는 기망적 요소를 구성요건의 일부로 하는 것이 아니어서 양 **죄는 그 구성요건을 달리하는 별개의 범죄이고 형법상으로도 각각 별개의 장에 규정**되어 있어" 甲은 양 죄의 **상상적 경합범**이 된다. ② (評釋) 특별관계로 사기죄만 성립한다.

47 [사기죄와 횡령죄] 甲은 변제의사 없이 乙로부터 2천만 원을 빌리고, 자신의 공사대금 5천만 원 중 차용금액에 한하여 乙에게 채권양도계약서를 작성하여 주었다. 甲은 공사도급인에게 채권양도통지를 하지 않았고 공사대금 5천만 원을 받아 임의로 소비하였다. ① (대판 2011도1442) 甲의 차

죄와 배임죄(또는 횡령죄)는 특수와 일반의 관계로서 사기죄가 성립하면 배임죄는 배제된다. ③ "**사기도박**에 있어서와 같이 도박당사자의 일방이 사기의 수단으로써 승패의 수를 지배하는 경우에는 도박에 있어서의 우연성이 결여되어 **사기죄만 성립하고 도박죄는 성립하지 아니한다**"(대판 4293형상743). 이 사기도박은 상대방에게 도박 참가를 권유하는 등 기망행위를 개시한 때에 실행의 착수가 인정된다.[48] ④ 또한 사기행위로 남의 재물 또는 재산상의 이익을 얻은 후 이를 사용하는 행위는 **불가벌적 사후행위**[49]가 된다(흡수관계의 법조경합).

Ⅲ. 컴퓨터등 사용사기죄

제347조의2(컴퓨터등 사용사기) 컴퓨터등 정보처리장치에 허위의 정보 또는 부정한 명령을 입력하거나 권한 없이 정보를 입력·변경하여 정보처리를 하게 함으로써 재산상의 이익을 취득하거나 제3자로 하여금 취득하게 한 자는 10년 이하의 징역 또는 2천만 원 이하의 벌금에 처한다.

용금 편취 사기죄가 성립하고 채권을 양도한 후 공사대금을 수령하여 임의 소비한 횡령(甲은 양수인의 채권의 범위에서는 공사대금을 乙을 위해 보관하는 자임)은 **사기범행의 실행행위에 포함되고** 사기죄와 별도로 횡령죄가 되지 않는다(참고로 보이스피싱 범인이 피해자를 기망하여 피해자의 돈을 사기이용계좌로 송금·이체 받았다면 이로써 편취행위는 기수에 이르고, 그 후에 범인이 현금을 인출하였다고 하더라도 이는 이미 성립한 사기범행의 실행행위에 지나지 아니하여 새로운 법익을 침해한다고 보기도 어려우므로, 위와 같은 인출행위는 사기의 피해자에 대하여 따로 횡령죄를 구성하지 아니한다[대판 2017도3045]). ② (評釋) 사기는 2천만 원을 빌린 시점에 기수이고 공사대금 채권의 추심과 소비는 불가벌적 사후행위이면서 횡령이다.

48 [사기도박죄] 甲은 乙과 공모하여 모텔 객실 화재감지기에 카메라를 몰래 설치하고, 맞은편 모텔 객실에 모니터를 설치하였다. 甲은 丙과 丁에 도박을 권유하여 처음에는 정상적인 도박을 하다가 乙이 보는 丙과 丁의 화투패를 리시버로 듣고 도박에 이겨 도박금을 받았다. ① (대판 2010도9330) 甲은 丙과 丁에게 도박 참가를 권유한 때 또는 늦어도 丙과 丁이 도박에 참가한 때 사기죄의 실행에 착수한 것이므로 그 후 얼마간 정상적인 **도박을 하였다고 하더라도 이는 사기죄의 실행행위에 포함되는 것**이어서 甲은 사기죄만이 성립하고 도박죄는 성립하지 않는다. ② 피해자는 2명을 "유인하여 사기도박을 하여 도금을 편취한 행위는 **사회관념상 1개의 행위로 평가함이 상당하므로, 피해자들에 대한 각 사기죄는 상상적 경합관계**에 있다."

49 [수출입가격조작] 수입상 甲과 수출상 乙은 신용장대금인 외화의 국외도피를 공모하고 甲은 A은행에게 수입물품의 수입가격을 부풀려 신용장 개설을 의뢰하고, 乙은 그 신용장에 명기된 선적서류를 첨부하여 환어음을 발행하고 이를 B은행에 매입하게 하여 신용장대금을 수령하였다. ① (대판 2010도16946; 2011도1100) 조작가격을 신고하는 "**신용장 개설로 인한 이익 편취**에 그치지 않고 나아가 **신용장대금의 수령을 통한 재물 편취**에까지 나아간 경우 **포괄하여 하나의 재물 편취로 인한 사기죄만이 성립**"한다. "**외화도피 목적의 수입 가격 조작행위는 사기범행과는 별도로 대외무역법 제43조가 보호하는 새로운 법익을 침해**하므로, 수입가격 조작행위가 사기범행의 불가벌적 사후행위가 되는 것은 아니다". ② (評釋) 甲의 가격조작 신용장개설 사기죄와 외화도피목적 수출입가격조작죄는 상상적 경합범이고, 이후 A의 신용장통지부터 乙의 대금수령까지 과정은 이 상상적 경합범의 불가벌적 사후행위다.

제352조(미수범), 제353조(자격정지의 병과)

컴퓨터등 사용사기죄는 타인의 재산을 편취한다는 점에서 사기죄의 불법을 갖고 있지만, 타인의 기망과 재산처분행위가 필요하지 않다는 점에서 사기죄의 **독자변형구성요건**이다. 하지만 컴퓨터 등을 부정사용하여 재산상 이익을 취득하려는 고의와 불법이득의사가 있어야 한다.

은행원을 기망하여 컴퓨터에 허위정보를 입력하게 하여 재산상 이익을 편취하면 사기죄가 적용되고 컴퓨터사용사기죄는 적용되지 않는다. 컴퓨터를 부정사용하여 재산상 이익을 편취하고, 타인의 업무를 방해하면 컴퓨터등사용사기죄가 적용되고 컴퓨터등업무방해죄는 적용되지 않는다. 타인의 사무를 처리하는 자가 컴퓨터등 사용사기를 범하면 배임죄와 컴퓨터등사용사기죄의 상상적 경합범이 성립한다.

(1) **컴퓨터 등의 사용** "컴퓨터등 정보처리장치에 허위정보 또는 부정한 명령을 입력하거나 권한 없이 정보를 입력·변경하여 정보처리를 하게 하는 것"이다. **정보처리장치**는 컴퓨터 뿐만 아니라 은행의 현금자동입출금기 같은 네트워크 시스템의 단말기도 포함한다. 정보처리능력이 없는 자동판매기, 공중전화기를 이용하여 재산상의 이익을 취득하면 편의시설부정이용죄(제348조의2)가 성립한다. **허위정보의 입력**[50]은 진실에 반하는 정보를 입력하는 것이다. **부정한 명령의 입력**은 정보처리장치의 본래 목적에 비추어볼 때 입력해서는 안 되는 명령을 입력하는 것을 말한다. **권한 없이 정보를 입력·변경**하는 것은 입력할 정보가 진실하고 정당한 명령이기는 하나, 행위자가 이를 입력하거나 변경할 권한이 없는 것을 말한다. **정보처리를 하게 함**은 입력·변경된 정보에 따라 정보처리장치가 데이터처리를 하는 것을 말한다. 이때 "정보처리는 사기죄에서 피해자의 처분행위에 상응하므로 입력된 허위의 정보 등에 의하여 계산이나 데이터의 처리가 이루어짐으로써 **직접적으로 재산처분의 결과를 초**

50 [판례: 허위정보입력] "금융기관 직원이 전산단말기를 이용하여 다른 공범들이 지정한 특정계좌에 돈이 입금된 것처럼 허위의 정보를 입력하는 방법으로 위 계좌로 입금되도록 한 경우, 이러한 **입금절차를 완료함**으로써 장차 그 계좌에서 이를 인출하여 갈 수 있는 **재산상 이익의 취득이 있게 되었다**"면 **컴퓨터등 사용사기죄는 기수**에 이른 것이다. 그 후 그러한 입금이 취소되어 실제 인출되지 못한 것은 죄의 성립에 영향이 없다(대판 2006도4127).

래하여야 하고, 행위자나 제3자의 '재산상 이익 취득'은 사람의 처분행위가 개재됨이 없이 컴퓨터 등에 의한 정보처리 과정에서 이루어져야 한다"(대판 2013도16099).[51]

(2) **재산상의 이익 취득** 판례(대판 2002도2134)에 의하면 컴퓨터등사용사기죄는 **재물의 편취에 대해서는 성립하지 않는다**,[52] 다만 위임범위를 초과한 현금인출은 그 차액 상당액이 '재산상의 이익'으로 인정되므로 컴퓨터등 사용사기죄가 성립한다.[53] 그러나 私見으로 재물은 재산의 한 경우이며, 재산권 일반을 보호하면서도 재물을 객체로 삼는 사기죄의 파생구성요건인 점에서 재물도 이 죄의 객체가 된다.

Ⅳ. 준 사 기

제348조(준사기) ① 미성년자의 사리분별력 부족 또는 사람의 심신장애를 이용하여 재물을 교부받거나 재산상 이익을 취득한 자는 10년 이하의 징역 또는 2천만원 이하의 벌금에 처한다. ② 제1항의 방법으로 제3자로 하여금 재물을 교부받게 하거나 재산상 이익을 취득하게 한 경우에도 제1항의 형에 처한다.

---

51 "피고인이 조달청의 국가종합전자조달시스템에 입찰자들이 선택한 추첨번호가 변경되어 저장되도록 하는 등 **권한 없이 정보를 변경하여 정보처리를 하게 함으로써 직접적으로 얻은 것은 낙찰하한가에 대한 정보일 뿐**, 위와 같은 **정보처리의 직접적인 결과 특정 건설사가 낙찰자로 결정되어 낙찰금액 상당의 재산상 이익을 얻게 되었다**거나 그 낙찰자 결정이 사람의 처분행위가 개재됨이 없이 컴퓨터 등의 정보처리과정에서 이루어졌다고 보기 어렵다"(대판 2013도16099).

52 [현금서비스와 제347조의2] 甲은 乙의 신용카드를 훔쳐 ATM에 투입하고 그 신용카드의 비밀번호를 입력하여 현금서비스를 받았다. ① (대판 2003도1178) "제347조의2는 **컴퓨터등사용사기죄의 객체를 재물이 아닌 재산상의 이익으로만 한정**하여 규정하고 있으므로, **절취한 타인의 신용카드로 현금자동지급기에서 현금을 인출하는 행위가 재물에 관한 범죄임이 분명한 이상 컴퓨터등사용사기죄로 처벌할 수 없고**" 절도죄로만 처벌된다. ② (評釋) 甲은 절도죄, 컴퓨터등 사용사기죄, 신용카드부정사용죄의 상상적 경합범이 성립한다. 만일 甲이 乙의 명의를 모용하여 신용카드를 발급받고, 자신이 지정한 비밀번호 등을 입력하여 ATM에서 현금서비스를 받았다면, 판례(대판 2002도2134)는 "**카드회사에 의하여 미리 포괄적으로 허용된 행위가 아니라, 현금자동지급기의 관리자의 의사에 반하여 그의 지배를 배제한 채 그 현금을 자기의 지배하에 옮겨 놓는 행위로서 절도죄**에 해당한다"고 보고 신용카드부정사용죄와 경합범을 인정하며 컴퓨터사용사기죄는 인정하지 않는다. 그러나 私見으로 이런 행위는 은행을 기망하여 포괄적인 신용공여를 받아 컴퓨터 등 사용으로 현금을 취득한 사기죄가 된다.

53 [위임범위초과] 甲은 乙로부터 乙의 현금카드로 2만 원 인출해 오라는 부탁을 받고 ATM에 그 카드를 넣고 5만 원을 입력·인출하여 2만 원을 乙에게 주고 3만 원은 자신이 가졌다. ① (대판 2005도3516) "**인출한 현금 총액 중 인출을 위임받은 금액을 넘는 부분의 비율에 상당하는 재산상 이익을 취득한 것**"이므로 甲의 행위는 그 차액 상당액에 관하여 컴퓨터등사용사기죄가 성립한다. ② (評釋) 카드의 사용권한을 받았으므로 절도죄는 성립하지 않고 컴퓨터사용사기죄, 배임죄, 카드부정사용죄의 상상적 경합범이 된다.

준사기죄는 기망의 요건이 **미성년자의 사리분별력 부족**, 사람의 심신장애를 이용하는 행위로 변형되어 있는 사기죄의 독자변형구성요건이다. 이들에 대해서도 기망을 하여 재산을 편취하면 사기죄가 성립한다. **미성년자**는 19세 미만의 자로서 사리분별력이 부족한 자를 가리킨다. **심신장애**는 책임무능력(제10조)을 말하는 것이 아니라 정신적 장애로 인하여 기망을 당하지 않아도 일반적으로 하자 있는 재산처분행위를 할 수밖에 없는 상태를 말한다. 심신장애의 정도가 극심하여 재산처분행위능력이 아예 없는 경우에는 준사기죄가 아니라 절도죄가 성립한다.

Ⅴ. 편의시설부정이용죄

제348조의2(편의시설부정이용) 부정한 방법으로 대가를 지급하지 아니하고 자동판매기, 공중전화 기타 유료자동설비를 이용하여 재물 또는 재산상의 이익을 취득한 자는 3년 이하의 징역, 500만 원 이하의 벌금, 구류 또는 과료에 처한다.
제352조(미수범), 제353조(자격정지의 병과).

편의시설부정이용죄는 자동판매기, 공중전화 기타 유료자동설비 등을 대가지급 없이 부정한 방법으로 이용하여 재물 또는 재산상의 이익을 취득하는 범죄이다.

(1) 편의시설 **자동판매기**는 일정한 대가를 지불하면 전자, 기계적 작동으로 일정한 재물을 제공하는 일체의 기계설비(예: 음료자판기)를 말한다. **기타 유료자동설비**는 일정한 대가를 지불하면 특정서비스(예: 물품보관, 게임 등)를 이용할 수 있거나 또는 무인화된 자동시스템을 통해 특정시설물(예: 극장)을 이용·관람할 수 있도록 하는 일체의 설비를 말한다.

(2) 부정이용 **부정하게 이용**한다 함은 **대가 없이**[54] **또는 권한 없이**

54 [전화카드부정사용] 甲은 乙의 후불 전화카드를 절취하여 공중전화기에 넣고 500만 원어치 사용하였다. ① (대판 2001도3625) "**통신카드서비스 이용계약을 한 乙이 그 통신요금을 납부할 책임을 부담**하게 되므로" 甲은 '**대가를 지급**하지 아니하고' 공중전화를 이용한 경우에 해당하지 않으므로 편의시설부정이용죄는 성립하지 않는다. ② (대판 2002도461) 사용자 정보가 전자기록되어 있는 "**자기띠 부분은 카드의 나머지 부분과 불가분적으로 결합되어 전체가 하나의 문서를 구성**"하므로, 전화기가 전화카드로부터 판독할 수 있는 부분이 자기띠 부분에 수록된 전자기록에 한정될지라도, **전화카드 전체가 하나의 문서로서 사용된 것**이므로 사문서부정행사죄가 성립한다.

자동설비의 물건을 취득하거나 서비스를 이용하는 것(예: 가짜동전으로 자판기사용)을 말한다. 편의시설부정이용죄의 미수는 처벌한다(제352조). 실행의 착수는 편의시설에 대해 부정한 이용을 개시한 때에 인정되고, 기수는 편의시설에서 물품을 취득하거나 서비스를 제공받은 때에 인정된다.

Ⅵ. 부당이득죄

제349조(부당이득) ① 사람의 곤궁하고 절박한 상태를 이용하여 현저하게 부당한 이익을 취득한 자는 3년 이하의 징역 또는 1천만원 이하의 벌금에 처한다. ② 제1항의 방법으로 제3자로 하여금 부당한 이익을 취득하게 한 경우에도 제1항의 형에 처한다.

부당이득죄란 사람의 곤궁하고 절박한 상태를 이용하여 현저하게 부당한 이익을 취득하는 행위, 즉 **폭리행위**(Wucher)를 말한다. 곤궁하고 절박한 상태(窮迫)는 경제적인 또는 정신적·육체적인 곤궁상태를 포함한다. 부당이득자는 피해자가 곤궁하고 절박한 상태에 빠지는데 "**적극적으로 원인을 제공**하였거나 상당한 책임을 부담하는 정도에 이르"[55]른 경우이어야 하고,[56] 자신이 제공한 급부에 비해 **반대급부의 가액이 현저히 큰** 경우이어야 한다.

[판례: 부당이득과 시장질서] 곤궁하고 절박한 상태(窮迫)는 "'급박한 곤궁'을 의미하고, '현저하게 부당한 이익의 취득'이라 함은 단순히 시가와 이익과의 배율로만 판단할 것이 아니라 구체적·개별적 사안에 있어서 일반인의 사회통념에 따라 결정하여야 하는 것으로서, 피해자가 궁박한 상태에 있었는지 여부 및 급부와 반대급부 사이

55 [부동산알박기] 甲은 H㈜가 개발계획을 가진 부지 일부를 매수하였다. H는 甲이 자신의 부동산에 5억 원을 요구하여 매입하지 못하던 중 사업권을 K㈜에 양도하였다. K는 1년이 지나 관할관청이 건축허가신청 반려 통보를 하자 서둘러 甲의 요구가격으로 매수하였다. ① (대판 2010도778) 알박기 부당이득죄는 甲이 H의 개발사업추진 **상황을 미리 알고 그 사업부지 내의 부동산을 매수**한 경우이거나 H에게 협조할 듯 한 태도를 취하여 사업을 추진하도록 한 후에 협조를 거부하는 경우 등과 같이 피해자가 궁박한 상태에 빠지게 된 데에 甲이 **적극적으로 원인을 제공하였거나 상당한 책임을 부담하는 정도**에 이르러야" 하므로 부당이득죄가 성립하지 않는다.

56 가령 개발사업 전 부동산 취득하여 사업자에게 종전 가격의 3배로 매도한 경우는 부당이득죄가 성립하지 않지만(대판 2008도1246), 사업부재 내의 토지를 매입할 때 그 **소유자를 회유**하여 사업자와 맺은 토지매매 약정을 깨게 하여 취득한 다음 사업자에게 2배 이상의 매매대금과 양도소득세를 부담시킨 경우는 부당이득죄가 성립한다(대판 2008도2612). 또한 건설회사가 융자금부담을 피하기 위해 목적토지에 관한 문중원들의 소송의 종료 시까지 기다릴 여유가 없는 사정을 이용하여, 공유지분권자인 문중대표가 **자기 지분에 대해 별도의 매매계약으로 나머지 지분권자들의 3배의 매매대금**을 수령한 경우는 부당이득죄가 성립한다(대판 2007도6441).

에 현저히 부당한 불균형이 존재하는지 여부는 거래당사자의 신분과 상호 간의 관계, 피해자가 처한 상황의 절박성의 정도, 계약의 체결을 둘러싼 협상과정 및 거래를 통한 피해자의 이익, 피해자가 그 거래를 통해 추구하고자 한 목적을 달성하기 위한 다른 적절한 대안의 존재 여부, 피고인에게 피해자와 거래하여야 할 신의칙상 의무가 있는지 여부 등 여러 상황을 종합하여 구체적으로 판단하되, 특히 우리 헌법이 규정하고 있는 **자유시장경제질서**와 여기에서 파생되는 **사적 계약자유**의 원칙을 고려하여 그 범죄의 성립을 인정함에 있어서는 신중을 요한다"(대판 2004도1246).

§55. 공갈의 죄

Ⅰ. 서 론

공갈(恐喝)죄는 폭행 또는 협박으로 재물의 교부를 받거나(喝取) 재산상의 이익을 취득함으로써 성립하는 범죄이다. 보호법익은 **재산권**이고, 의사의 자유는 부차적인 보호법익이다. 공갈죄는 구조적으로는 강도죄와 같지만, 강도의 폭행·협박은 피해자의 반항을 억압하거나 항거불능의 상태에 이르게 하는 경우이고, 공갈의 폭행·협박은 **의사의 자유를 해치기에 충분한 정도**[1]인 경우이다. 공갈죄는 사기죄와 같이 피해자의 재산처분행위가 필요하고, 그 행위는 사법상 무효가 아니라 취소가능한 법률행위에 해당하여야 한다. 공갈죄는 재산권 및 의사결정의 자유를 침해한 때 기수가 되는 침해범이다.

[공갈죄의 구성요건체계] 공갈죄는 기본구성요건(제350조)과 그 파생구성요건으로 "단체 또는 다중의 위력을 보이거나 위험한 물건을 휴대하여" 공갈죄를 범하면 **특수공갈죄**(제350조의2)[2]가, "2인 이상이 **공동하여**" **공갈죄**(제350조)를 범한 경우에는 공갈죄의 형의 2분의 1까지 가중처벌되는 **공동공갈죄**(폭력행위처벌법 제2조 제2항), 그리고 "상습으로" 공갈죄를 범하면 **상습공갈죄**(제351조)가 성립한다. 「특정경제범죄법」 제3조 제1항은 공갈, 특수공갈, 상습공갈, 상습특수공갈의 그 **이득액**이 50억 원 이상일 때에는 무기 또는 5년 이상의 징역에(1호), 그리고 5억 원 이상 50억 원 미만일 때에는 3년 이상의 유기징역에 처한다(2호). 이득액 이하에 상당하는 벌금은 병과할 수 있다(제2항). 공갈죄의 미수범은 처벌되고(제352조), 10년 이하의 자격정지를 병과할 수

---

1 [강도와 공갈] 乙로부터 도박자금 회수를 부탁받은 甲은 도박자금을 빌린 丙을 찾아가 승합차에 강제로 태우고 'B경찰서 형사인데 돈을 갚지 않았으니 같이 경찰서로 가자, 오늘 돈을 주지 않으면 풀어줄 수 없다'고 말했다. 丙은 고모 丁에게 부탁하여 甲의 통장에 입금하게 하였다. ① (대판 2001도359) 甲의 협박은 "사회통념상 객관적으로 상대방의 반항을 억압하거나 항거불능케 할 정도"가 아니고, **의사의 자유를 해치는 정도**이므로 공갈죄가 성립한다.

2 [특수공갈과 친족상도례] 甲은 사촌 형 乙에게 칼을 한 손에 쥐고 돈을 안 주면 자기가 무슨 일을 할지 모른다고 말했다. 乙은 잠시 고민하다 甲에게 1천만 원을 건네주었다. 乙은 경찰에 甲을 고소했다가 甲의 아버지의 부탁으로 고소를 취소했다. ① (대판 2010도5796) 甲은 공소기각판결(「형사소송법」 제327조 5호)을 받는다. ② (評釋) 흉기휴대공갈은 강도에 버금가는 불법이 있다. 특수공갈죄를 친족상도례의 적용(제354조)에서 제외하는 입법이 필요하다.

있으며(제353조), 친족상도례규정(제328조)도 준용한다(제354조).

Ⅱ. 공 갈 죄

제350조(공갈) ① 사람을 공갈하여 재물의 교부를 받거나 재산상의 이익을 취득한 자는 10년 이하의 징역 또는 2천만 원 이하의 벌금에 처한다. ② 전항의 방법으로 제3자로 하여금 재물의 교부를 받게 하거나 재산상의 이익을 취득하게 한 때에도 전항의 형과 같다.

(1) **행위객체** 공갈죄는 "사람을 공갈하여" 하여야 하고, "공갈의 상대방은 재산상의 피해자와 동일함을 요하지는 아니하나, 공갈의 목적이 된 재물 기타 재산상의 이익을 **처분할 수 있는 사실상 또는 법률상의 권한을 갖거나 그러한 지위**에 있음을 요한다"(대판 2005도4738). 피공갈자와 피해자가 다른 경우는 삼각공갈[3]이라고 부른다.

(2) **공 갈** 공갈은 폭행 또는 협박으로 외포심(畏怖心)을 일으켜 재물을 교부받거나 재산상 이익을 취득하는 것이다. ① **폭행**은 사람에 대한 일체의 (직접 또는 간접적인) 유형력의 행사(광의의 폭행)로서 상대방의 의사결정의 자유를 제한하는 정도를 요하고, 상대방의 의사형성을 억압 또는 불가능하게 하는 절대적 폭력은 제외된다. ② **협박**은 "사람의 의사결정의 자유를 제한하거나 의사실행의 자유를 방해할 정도로 **겁을 먹게 할 만한 해악을 고지**하는 것"(대판 2010도133)을 말한다. 해악의 고지는 **명시적인 방법뿐만 아니라 "말이나 행동[4]을 통해서** 상대방으로 하여금 어떠한 해악에 이르게 할 것이라는 인식을 갖게 하는 것이면 족하고, 피공갈자 이외의 제3자를 통해서 간접적으로 할 수도 있"다.[5] "고지된 해악의 실현

---

3 [삼각공갈] 甲은 룸살롱 종업원 乙에게 "이 새끼들아 술 내놔"라면서 위해를 가할 듯 한 태도를 보여 乙로부터 주류를 제공받아 먹은 경우에 공갈을 당한 사람 乙은 그 주류에 대한 사실상 처분권한을 갖고 있으므로 甲은 공갈죄가 성립한다.

4 [묵시적 공갈] 토지구획정리사업 담당 공무원 甲은 수급인 乙에게 갚을 생각 없이 "내가 환지계장으로 승진되어서 할 일이 많으니 3백만 원만 빌려 달라"고 말하고 응하지 않으면 乙의 시공에 어떤 제재를 가할 듯한 태도를 보였다. 乙은 두려움에 甲에게 3백만 원을 주었다. ① (대판 73도2518) 甲의 표현은 "차용이라는 용어를 썼어도 실은 **묵시적으로 공갈**"이 된다. ② (評釋) 甲은 직권남용죄와 수뢰죄도 성립한다.

5 [협박과 위력] 시민단체 실장 甲은 불공정보도를 한다고 생각한 X일보에 광고를 싣고 있는 L㈜에게 H사에 광고를 게재할 것을 요구하고 응하지 않으면 불매운동을 하겠다고 말하였다. L㈜의 대표는

은 반드시 그 자체가 위법한 것임을 요하지 아니하며"(대판 2003도6443), "해악의 고지가 권리실현의 수단으로 사용된 경우 그 **권리 실행의 수단 방법**이 사회통념상 허용되는 정도나 범위[6]를 넘는다면 공갈죄가 성립한다"(대판 91도2344). 천재지변 또는 신력이나 길흉화복이 해악의 내용인 경우는 "상대방으로 하여금 행위자 자신이 그 **천재지변 또는 신력이나 길흉화복을 사실상 지배**하거나 그에 영향을 미칠 수 있는 것으로 믿게 하는 명시적 또는 묵시적 행위가 있어야"[7] 한다.

③ 폭행·협박은 상대방에게 **외포심을 일으키는 것**이어야 한다. 외포심을 넘어 사회통념상 반항을 억압하는 수준에 이르면 강취행위가 된다(대판 4289형상50). 거짓말로 상대방에게 두려움을 일으키는 행위[8]는 기망이 아니라 공갈에 해당한다. 협박죄의 협박은 공포심을 실제로 일으켰을 필요는 없지만(대판 2007도606) 공갈죄의 협박은 **실제로 공포심을 일으키는** 협박이어야 한다. 상대방이 공포심을 일으키고, **그로 인해 하자 있는 의사에 의해 재산처분행위**를 하여야 하기 때문이다.[9]

영업손실을 염려하여 이 요구에 응했다. ① (대판 2010도13774) "피공갈자의 하자 있는 의사에 기하여 이루어지는 **재물의 교부 자체가 공갈죄에서의 재산상 손해**에 해당하므로, 반드시 피해자의 **전체 재산의 감소가 요구되는 것도 아니다.**" 甲의 공갈행위는 사회상규에 해당하지도 않는다. ② (評釋) 甲의 행위는 **협박보다는 겁주기**에 가깝고 **위력**에 의한 업무방해죄가 성립한다. 공갈죄와는 달리 업무방해죄는 구체적 위험범이므로 甲은 기수범이 된다.

6 [권리행사공갈] 甲은 乙이 회삿돈을 횡령하였다고 고소하고 인터넷에 게시하고, 회계장부열람 가처분신청도 하고 그 회사 사무실도 수시로 방문하였다. 이로 인해 회사의 업무는 방해받았고 甲은 乙에게 중단 대가로 금전을 요구하고, 응하지 않으면 계속 같은 행위를 할 태도를 보였다. 乙은 무혐의처분을 받았다. ① (대판 2007도6406) "**해악의 고지가** 권리행사를 빙자하여 협박을 수단으로 상대방을 겁을 먹게 하였고 **권리실행의 수단 방법이 사회통념상 허용되는 정도나 범위를 넘었**"으므로 공갈죄가 성립한다. 재산상 이익을 취득하지 못했으면 공갈미수가 된다.

7 [신력공갈] 甲은 乙에게 "아들이 교통사고가 있을 수 있는 데 조상천도제를 하면 교통사고로 죽는 것을 막을 수 있다"고 말하여 1백만 원을 받았다. ① (대판 2000도3245) 乙에 대한 지변의 예고는 "직접, 간접적으로 좌우될 수 없는 것이고 가해자가 현실적으로 특정되어 있지도 않으며 **해악의 발생가능성이 합리적으로 예견될 수 있는 것이 아니므로** 이는 협박으로 평가될 수 없"다. 甲은 공갈죄가 성립하지 않는다.

8 [사기와 공갈] 전직경찰 甲은 진애가 비산하는 공장 대표 乙이 경찰서에 제출한 신고서의 동의서란에 인근거주자 아닌 丙이 날인되어 있음을 알고 고발한 후, 자신은 법무부장관의 지인이며 사건을 검찰에 넘기면 징역도 살고 공장도 철거시킬 거라는 거짓말을 하여 공장부지 130평을 乙부터 싼 값에 넘겨받았다. ① (대판 4294형상385) 거짓말을 포함한 해악의 고지는 乙을 "외포시킴에 족하고 乙의 재물 교부가 외포에 기인하는 이상 공갈죄가 성립한다."

9 따라서 객관적으로는 공포심을 일으키기 어렵지만 **주관적으로 공포심**을 가진 경우는 협박에 **해당**하지만 그 표지를 **충족**(Erfüllung)시키지는 못한다. 이 경우 형식논리적으로는 공갈죄의 미수가 성립하지만, 처벌가치(형벌필요성)가 없다고 보아 공갈미수죄는 부정할 수 있다.

(3) 재산처분행위 공갈죄는 강도죄와 달리 폭행 또는 협박을 당한 상대방은 재물을 교부하거나 재산상 이익을 취득하게 하는 '처분행위'를 하였어야 한다. 판례에 의하면 재산처분행위는 "**부작위**로도 족하여서, 피공갈자가 외포심을 일으켜 묵인하고 있는 동안에 공갈자가 직접 재산상의 이익을 탈취한 경우에도 공갈죄가 성립할 수 있다"(대판 2011도16044). 그러나 私見으로 부작위는 아무 것도 하지 않는 것으로서 재산처분행위가 될 수 없고, **묵인 등의 수동적·소극적 용인**은 작위의 일종인 **방치**(Lassen),[10] 즉 폭행·협박으로 인해 '할 수 있는 것을 그냥 내버려 두는 것'을 말한다. 판례(대판 2007도1375)에 의하면 타인의 (신용·직불·현금)카드를 폭행 또는 협박으로 빼앗아 그 카드로 ATM기에서 현금을 인출하는 행위[11]는 카드의 취득이 **갈취**에 해당하면 피해자가 승낙의 의사표시를 취소하지 않는 한 **절도죄가 따로 성립하지 않지만** 카드의 취득이 **강취**에 해당하면 강도죄 이외에 별도로 절도죄가 성립한다. 그러나 私見으로 카드의 갈취이든 강취이든 카드의 갈취·강취부터 현금인출의 전 과정이 하나의

10 [재산처분] 甲은 乙의 택시를 타고 목적지에 도착했지만 목적지가 아닌 곳에 데려다 주었다며 요금을 내지 않았다. 乙이 요금을 계속 달라고 하자 甲은 乙의 얼굴을 주먹으로 때리고 도주하였다. ① (대판 2011도16044) 乙은 "**묵인하는 등으로 택시요금의 지급에 관하여 수동적·소극적으로라도** 甲이 이를 면하는 것을 용인하여 그 이익을 공여하는 처분행위를 하였다고 할 수 없다"고 보아 공갈죄를 인정하지 않았다. ② (評釋) 乙은 방치에 의한 재산처분행위를 하여 甲은 공갈죄가 성립한다.

11 [현금카드갈취와 현금인출] 甲과 乙은 함께 丙을 협박하여 현금카드를 받았고 비밀번호도 알아냈다. 곧이어 乙은 우체국 밖에서 망을 보고, 甲은 우체국의 ATM에 丙의 현금카드를 사용하여 5백만 원을 인출하였다. ① (대판 2007도1375) 협박이 丙의 **의사의 자유를 침해하는 정도**인 경우에는 현금카드의 (공동)갈취죄(폭력행위처벌법 제2조 제2항)가 성립하고, "**예금 인출 행위는 하자** 있는 의사표시이기는 하지만 피해자의 승낙에 기한 것이고, **피해자가 그 승낙의 의사표시를 취소하기까지는 현금카드를 적법, 유효하게 사용**할 수 있으므로" 절도죄를 별도로 구성하지 않는 반면 丙이 **항거불능상태**에 빠져 "**현금카드를 강취**하였다고 인정되는 경우에 예금인출행위는 피해자의 승낙에 기한 것이 아니고 ATM 관리자의 의사에 반하여 그의 지배를 배제하고 그 현금을 자기의 지배하에 옮겨 놓는 것이 되어서 **강도죄와는 별도로 절도죄를 구성**한다." 합동강도죄(제334조 제2항)와 합동절도죄(제331조 제2항)는 경합범이 된다. ② (評釋) 甲의 카드 갈취·강취부터 예금 인출에 이르는 일련의 과정을 이루는 예금인출행위는 절도죄를 별도로 구성하지 않는다. 현금카드기능이 신용·직불카드에 결합된 경우라면 (갈취·강취)신용·직불카드부정사용죄(여신전문금융업법 제70조 제1항 4호)와 상상적 경합범이 된다. 그러나 판례는 "여신전문금융업법 제70조 제1항 소정의 부정사용이라 함은 위조·변조 또는 도난·분실된 신용카드나 직불카드를 진정한 카드로서 **신용카드나 직불카드의 본래의 용법에 따라 사용하는 경우**를 말하는 것이므로, 절취한 직불카드를 온라인 현금자동지급기에 넣고 비밀번호 등을 입력하여 피해자의 예금을 인출한 행위는 여신전문금융업법 제70조 제1항 소정의 부정사용의 개념에 포함될 수 없다"(대판 2003도3977)고 본다.

공갈죄·강도죄를 구성한다.

(4) 타인의 재물 또는 재산상의 이익 공갈죄는 피공갈자의 재산처분행위에 의하여 재물을 교부받거나 재산상의 이익을 취득한 경우에 성립한다. 이는 절도죄의 객체와 원칙적으로 같지만 몇 가지 예외가 있다. 부동산절도는 인정되지 않지만, **부동산공갈**은 인정된다. 부동산공갈죄는 "그 부동산에 관하여 소유권이전등기를 경료 받거나 또는 인도를 받은 때에 기수로" 된다(대판 92도1506). 공갈죄는 타인의 재물을 객체로 하므로 "사람을 공갈하여 **자기의 재물**[12]의 교부를 받는 경우에는 공갈죄가 성립하지 아니한다." 재산상의 이익의 의미는 강도죄의 경우와 같다. 가령 종업원이 주인을 협박하여 그 업소에 취직을 하여 월급 상당액을 교부받았지만 주인에게 종업원으로서 근로를 제공하지 않았다면 갈취가 인정된다(대판 91도1755). 공갈행위자가 취득한 재산은 통상 그 소유권자의 손해로 돌아가지만 공갈죄는 재산상 손해의 발생을 명문으로 요구하지는 않는다.

[장물에 대한 갈취와 절취] 피공갈자로부터 장물을 교부받은 경우에도 공갈죄는 성립한다. 공갈죄는 소유권에 대한 새로운 침해라는 **손해를 요건으로 삼지 않기** 때문이다. 이에 반해 절도범에게서 장물을 훔친 행위는 소유권에 대한 새로운 침해가 없다는 점에서 절도죄가 성립하지 않고 점유이탈물횡령죄가 성립할 뿐이다.

(5) 인과관계 사기죄와 마찬가지로 공갈죄는 〈공갈행위 → 외포심야기 → 재산처분행위 → 재물의 교부를 받음 또는 재산상의 이익을 취득함〉 사이에 순차적인 인과관계가 있어야 한다. 예컨대 갈취하려고 협박하여 공포심도 일으켰지만 피해자가 불쌍히 여기고 돈을 준 경우(재산처분행위)는 공갈미수죄가 성립한다.

---

12 [자기재물공갈] 甲은 乙의 지시에 따라 자신의 금고에 1백만 원 단위로 묶은 돈을 쇼핑백에 넣어 보관하였고, 丙은 이 금고에서 20억 원을 훔쳤다. 甲은 丙을 협박하여 훔친 돈 중 소비하고 남은 5억 원을 가져왔다. 이 중에는 금고에 넣어둔 쇼핑백도 그대로 포함되어 있었다. ① (대판 2012도6157) "**절취된 금전을 특정할 수 있어 객관적으로 다른 금전 등과 구분됨이 명백한 예외적인 경우**에는 절도 피해자에 대한 관계에서 그 금전이 **절도범인 타인의 재물이라고 할 수 없다.**" 쇼핑백 속의 현금은 객관적으로 丙의 다른 재산과 구분됨이 명백하므로 丙의 재물이 아니므로 甲은 공갈죄가 성립하지 않는다. ② (評釋) 甲은 협박죄가 성립한다.

(6) 고의와 불법이득의사 공갈고의란 자신이 사람을 폭행 또는 협박하여 자기 또는 제3자가 타인의 재물을 교부받거나 재산상의 이익을 취득하게 되는 것에 대한 인식과 의사이다. 불법이득의사는 그러한 재산상 이익의 취득이 불법임 또는 이익취득의 방법이 불법임을 알면서도 이를 의욕하는 것을 말한다. 청구권의 충족을 위한 공갈에는 원칙적으로 불법이득의사가 인정되지 않지만, **방법이 불법**이면 인정된다.

[공갈에 의한 권리행사의 사회통념상 용인여부] "정당한 권리가 있다 하더라도 그 권리행사를 빙자하여 **사회통념상 용인[13]되기 어려운 정도**를 넘는[14] 협박을 수단으로 상대방을 외포케 하여 재물의 교부 또는 재산상의 이익을 받으려 하였다면 공갈죄가 성립한다"(대판 91도2344). 이 점은 "그 행위의 주관적인 측면과 객관적인 측면, 즉 추구된 목적과 선택된 수단을 전체적으로 종합하여 판단"한다(대판 2005도9595).

(7) 미수와 기수 공갈죄의 **실행의 착수**는 불법이득의사로써 폭행 또는 협박을 개시한 때[15]이고, **기수**는 재물을 교부받거나 재산상의 이익을 취득한 때이다. 부동산 공갈죄는 이전등기에 필요한 서류를 교부받은 때가 아니라 "소유권이전등기를 경료 받거나 또는 인도를 받은 때에 기수"가 된다(대판 92도1506).

---

13 [손배청구하는 공갈] 甲은 옆집 주인 乙의 무단증축과 준공검사 전 영업에 대한 시정조치를 원하는 구청에 진정을 넣은 후 乙에게 "1천만 원을 주면 진정을 취하하고, 아니면 끝까지 싸우겠다"는 말을 전했다. 乙은 1천만 원을 甲에게 주었다. ① (대판 90도114) 甲은 **권리행사로서** 乙은 **손해배상의무를 면하기 위한 조치로 위 금원을 지급**한 것이고 "사회통념상 권리행사의 수단, 방법으로서 용인되는 범위를 넘는 공갈행위"로 볼 수 없다.

14 [불법적 방법의 채권추심] 甲은 乙로부터 채권회수를 의뢰받고 丙에게 '乙에 대한 채무를 당장 갚기 전에는 영업을 할 수 없다', '개새끼 죽어볼래' 하면서 丙의 멱살을 2분 잡아 흔들었다. 겁먹은 丙은 乙의 빚을 갚았다. ① (대판 87도1656) 甲의 공갈에서 이득은 불법하지 않지만 그 방법인 폭행·협박은 "권리행사로서 **사회통념상 용인된 행위**"가 아니므로 불법이득의사가 인정되고, 공갈죄가 성립한다.

15 [공갈의 실행착수] 甲은 乙의 고용인을 통해 "乙이 丙에게 50만 원을 주지 않으면 乙의 탈세를 국세청에 고발한다"는 말을 전하게 하였다. 甲은 실제로 고발하지는 않았다. ① (대판 69도984) 甲은 제3자를 위한 공갈행위(제350조 제2항)로서 **협박을 개시**한 것이므로 공갈미수죄(제352조)가 성립한다. "**상대방을 겁주어 재물을 교부받거나 재산상의 이익을 받으려고 하였다면,** 이는 공갈죄의 실행에 착수한 것이라고 보아야 한다"(대판 2005도9595). ② (評釋) 乙이 공포심을 갖지 않았다면, 협박 표지는 충족된 것은 아니고, 처벌가치가 미미하므로 공갈미수죄도 성립하지 않고 협박미수죄만 성립할 뿐이다.

§56. 횡령의 죄

Ⅰ. 서 론

횡령죄의 보호법익은 **자기가 보관하는 타인의 재물의 소유권**이다. 횡령죄는 **영득죄**이다. "횡령죄는 다른 사람의 재물에 관한 소유권 등 본권을 그 보호법익으로 하고 그 법익침해의 위험이 있으면 그 침해의 결과가 발생되지 아니하더라도 성립하는 **위험범**이다"(대판 2002도2219).[1] 私見으로 민법은 점유매개관계를 통하여 소유권자의 소유물 이용가능성을 확장시키며, 횡령죄는 그런 소유물 이용의 확장을 매개하는 자가 그런 소유물의 확장적 향유상태를 침해하는 범죄(침해범)이다.

[절도죄와 배임죄와의 비교] ① 횡령죄는 **타인의 재물을 영득**하는 범죄(**영득행위설**)인데, 횡령은 자기가 점유하는 재물이어서 영득의 유혹이 들기 쉽고, 그 수법이 평화적인 방법이라는 점에서 절도보다 가볍게 처벌된다. ② 배임죄와 같은 장, 같은 조문(제355조)에 규정된 횡령죄는 위탁된 물건에 대한 권한을 초월하는 행위를 함으로써 위탁에 의한 **신임관계를 깨뜨리는** 범죄이다(**월권행위설**).[2] 횡령죄("타인재물보관자", "재물")는 배임죄("타인사무처리자", "재산상 이익")의 특별한 경우로 볼 수 있다(법조경합). 이러한 신임관계의 파괴 위험에도 불구하고 소유권자는 자신의 소유권 향유를 확장하기 위해 위탁 보관하는 것이다(**소유권향유 확장**).

형법상 횡령죄는 횡령죄(제355조 제1항)와 업무상 횡령죄(제356조) 및 점유이탈물횡령죄(제360조) 구성되어 있다. 횡령한 재물의 가액[3]이 5억 원 이

---

1 예컨대 "업무상 보관중인 정기예금을 자기 개인의 채무에 대한 담보로 제공"만 하여도 횡령죄가 성립한다(대판 75도123).

2 [배임죄의 불가벌적 사후행위] L㈜ 대표 甲은 乙에게 자신의 채무 60억 원에 대한 담보로 L㈜의 정기예금(60억 원)에 질권을 설정하였다. 변제기가 도래하여 乙은 甲의 동의하에 그 계좌의 전액을 인출하였다. ① (대판 2012도10980) "민법 제353조에 의하면 질권자는 질권의 목적이 된 채권을 직접 청구할 수 있으므로, 甲의 예금인출동의는 이미 **배임행위로써 이루어진 질권설정행위의 사후조처**에 불과하여 새로운 법익의 침해를 수반하지 않는 **불가벌적 사후행위**"이다. ② (評釋) 인출한 예금은 장물이고 甲의 동의는 장물에 대한 사실상의 처분권 양도로서 새로운 법익을 침해(장물양도죄)하지만 甲은 배임죄의 정범이므로 장물양도죄가 성립하지 않는다.

3 [횡령액] 甲은 乙이 명의신탁을 하여 보관 중인 부동산에 乙의 승낙 없이 자신의 채무 2억 원에 대해 채권최고액을 2.4억 원으로 하는 근저당권을 설정하였다. 이 부동산의 당시 시가는 7억이고, 그 이전에 근저당권을 설정한 채권최고액은 2억 원이었다. ① (대판 2013도2857) 근저당권설정으로

상인 경우에는 「특정경제범죄법」 제3조 제1항이 적용된다. 횡령죄는 미수범(제359조)이 처벌되고, 10년 이하의 자격정지를 병과할 수 있고(제358조) 친족상도례규정(제361조)도 적용된다. 판례(대판 2013도7754)[4]는 특정경제범죄법상 횡령죄에도 친족상도례규정을 적용하지만, 불법의 질이 매우 중한 특정경제범죄법상의 횡령죄에는 적용을 제외하는 것이 타당하다.

Ⅱ. 횡 령 죄

제355조(횡령) ① 타인의 재물을 보관하는 자가 그 재물을 횡령하거나 그 반환을 거부한 때에는 5년 이하의 징역 또는 1천500만 원 이하의 벌금에 처한다.

제356조(업무상의 횡령) 업무상의 임무에 위배하여 제355조의 죄를 범한 자는 10년 이하의 징역 또는 3천만 원 이하의 벌금에 처한다.

(1) 주 체 횡령죄(제355조 제1항)의 주체는 위탁관계에 의해 타인의 재물을 보관하는 자이다. 횡령죄는 진정신분범이다. 업무(사회생활상의 지위에 기하여 계속 반복하여 행하는 사무)로서 위탁관계에 의해 타인의 재물을 보관하는 자는 업무상 횡령죄(제356조)의 주체가 된다. 업무상 횡령죄는 재물의 보관자라는 구성적 신분 외에 업무자라는 가중적 신분을 요구한다.

1) 위탁관계 보관은 민법상 점유매개관계(민법 제194조)를 설정하는 지상권, 전세권, 질권, 사용대차, 임대차, 임치, 기타의 관계(예: 사무관리, 후견,[5] 위임 등)를 바탕으로 물건을 점유하는 **위탁관계**를 전제한다. 위탁관계는 점유매개관계를 형성하는 사법상 계약이 유효일 것을 요하지는 않고, **사실상의 위탁관계**[6]가 있으면 충분하다. 판례는 **신의칙상 보관관계**(예: 착

"부동산을 **횡령하여 취득한 구체적인 이득액은** 부동산의 시가 상당액에서 위 범행 전에 설정된 피담보채무액을 공제한 잔액(=7억−2억 원)이 아니라 부동산을 담보로 제공한 **피담보채무액 내지 그 채권최고액**"(2억 또는 2.4억 원)이다. 특경법 제3조가 적용되지 않는다.

4 "형법상 횡령죄의 성질은 '특정경제범죄법' 제3조 제1항에 의해 가중처벌되는 경우에도 그대로 유지되고, 특정경제범죄에 친족상도례에 관한 형법 제361조, 제328조의 적용을 배제한다는 명시적인 규정이 없으므로 형법 제361조는 특경법 제3조 제1항 위반죄에도 그대로 적용된다"(대판 2013도7754).

5 [자기물건에 대한 점유보조자] 미성년자 소유의 (부)동산에 대하여는 법정대리인이나 후견인이 보관(점유)한다고 볼 수 있다. 이때 미성년자는 자기 물건에 대한 점유보조자가 된다.

6 [사실상 보관자] Y학교법인 이사장 甲은 이 법인이 운영하는 M대학의 산학협력단 운영에 영향력

오송금)[7]**도 인정한다.** 그러나 私見으로 소유자와 점유자 사이에 **신임관계를 설정하는 거래관계**(외견상 대외적 처분권한)가 없다면 보관자가 될 수 없다. 판례는 **불법원인급여물**은 (성실원칙상 반환청구권이 인정되는 예외적인 경우[8] 제외) 반환청구권이 부인된다고 보거나[9] 범죄의 실행행위나 준비행위 등과 같이 범죄 실현의 수단으로서 이루어진 위탁관계는 횡령죄로 **보호할 만한 가치 있는 신임에 의한 것이 아니라고**[10] 봄으로써 수령자의 임의소비를 횡령으로 보지 않는다. 私見으로 불법원인급여물이든 범죄수단이 된 위탁관계이든 점유이탈물횡령으로 봄이 타당하다.

2) 보 관　　재물의 보관은 "재물에 대한 **사실상** 또는 **법률상 지배**

을 행사하면서 산학협력단이 용도를 특정하여 교부받은 국고보조금 3억 원을 M대학의 교직원 급여로 사용하였다. ① (대판 2009도13751) 甲은 대학의 총장은 아니지만 **사실상의 보관자 지위**가 인정되며, "타인으로부터 용도가 엄격히 제한된 자금(산학협력단 국고보조금)을 위탁받아 집행하면서 그 **제한된 용도 이외의 목적으로 자금을 사용하는 것은 그 사용행위 자체로서 불법영득의 의사를 실현한 것이 되어 횡령죄**가 성립"한다. ② **보조금법**은 "보조금은 별도의 계정을 설정하고 자체의 수입 및 지출을 명백히 구분하여 계리하여 관리하여야 하며(제34조 제1항), 다른 용도에 사용하는 것이 엄격히 금지되고(제22조 제1항), 이를 위반하는 경우, 3년 이하의 징역 또는 2,000만 원 이하의 벌금형에 처"한다(제41조). **산학협력법**에 의하면 산학협력단은 별도의 법인격이 부여되고(제25조 제2항) 회계도 대학의 학교회계와 분리한다(법시행령 제24조 제1항).

7 [착오송금횡령] 乙은 착오로 H회사의 예금 4억 원을 甲의 계좌로 송금하였다. 甲은 이 돈을 임의로 인출하여 사용하였다. 甲은 H회사나 乙과 아무런 거래도 없었다. ① (대판 2010도891) "돈이 착오로 잘못 송금되어 입금된 경우에는 그 **예금주와 송금인 사이에 신의칙상 보관관계**가 성립"하고(대판 2006도3929), "이는 송금인과 甲 사이에 **별다른 거래관계가 없다고 하더라도** 마찬가지이다." ② (評釋) 부당이득반환의무나 점유만으로는 보관자가 될 수 없고, 재물을 제3자에게 유효하게 **처분할 수 있는 권능**이 있어야 하므로 甲은 점유이탈물횡령죄가 성립할 뿐이다.

8 [불법원인급여와 공정성] 포주 甲이 乙과 자기 업소에서 성매매를 하고 수익을 절반씩 분배하기로 약정하고, 乙이 벌은 2천만 원을 보관하다가 혼자 다 소비해버렸다면, "**수익자(甲)의 불법성이 급여자(乙)의 그것보다 현저히 큰 데 반하여 급여자의 불법성은 미약한 경우에도 급여자의 반환청구가 허용되지 않는다면 공평에 반하고 신의성실의 원칙에도 어긋나므로,** 민법 제746조 본문의 적용이 배제되어 급여자의 반환청구는 허용"(대판 95다49530)되고 甲은 횡령죄가 성립한다.

9 [불법원인급여물영득] 乙은 甲에게 공무원 丙에게 뇌물로 5백만 원을 전달하여 달라고 부탁했다. 甲은 乙의 부탁을 수락하고 현금을 받았지만 임의로 써버렸다. ① (대판 99도275) 5백만원은 "불법원인급여물이므로 소유권은 甲에게 귀속되는 것으로서 甲이 임의로 소비하였다고 하더라도 횡령죄가 성립하지 않는다." 그러나 위탁관계의 "불법원인이 수익자에게만 있는 때"(민법 제756조 단서)에는 급여자는 반환청구권을 가지므로, 그 보관자(수익자)의 영득은 횡령죄를 구성한다. ② (評釋) 민법 제746조는 불법원인급여물의 (乙의) 반환청구권을 부인할 뿐 수령자(甲)에게 소유권을 귀속시키지 않는다. 따라서 불법원인급여물은 점유이탈물이 되고 그 영득은 점유이탈물횡령죄가 된다. 甲과 乙은 뇌물공여미수이지만 처벌규정이 없다.

10 [범죄수단인 위탁관계] 乙은 의료기관개설의 자격이 없는 甲에게 의료기관 개설운영 자금을 교부받고 甲은 이를 임의 소비하였다. ① (대판 2017도21286) 甲에게 횡령죄가 성립하지 않는다. ② (評釋) 甲은 의료기관을 개설하고 위탁된 자금의 일부를 임의로 소비하였다면 의료법상 무자격 의료기관개설죄가 성립할 수 있다.

력이 있는 상태를 의미"한다(대판 2003도3840).[11] ① 판례는 부동산의 보관자의 지위는 부동산에 대한 점유 또는 원인무효 등기의 명의자[12]가 아니라 **유효[13]하게 처분할 수 있는 권능[14]**을 가지고 있는 자라고 본다. 반면 판례는 "**소유자의 위임**에 의거해서 **실제로 타인의 부동산을 관리, 지배**하면 부동산의 보관자라고 할 수 있고 미등기건물[15]에 대하여는 위탁관계에 의하여 **현실로 부동산을 관리, 지배**하는 자가 보관자가 된다"고 보지만, 私見으로 법적으로 보관자가 아니라 타인의 사무를 처리하는 자로서 배임죄의 주체가 될 뿐이다. ② 동산의 보관자는 그 **동산을 점유**하는 자이다. **점유보조자**(소지자)는 점유자가 아니지만 형법에서는 위탁관계(예: 특정한 돈의 심부름을 맡은 사람)가 인정되면 동산의 '보관자'가 된다.[16] 예컨대 타

---

11 [사실상 지배] 甲은 J 주총에서 측근과 함께 이사로 선출되어 그 회사의 실질적 운영자가 되었다. 甲은 J의 예금 330억 원을 乙의 계좌로 송금한 다음, 甲의 J 인수 대출금을 갚았다. ① (대판 2010도17396) "**주주나 대표이사 또는 그에 준하여 회사 자금의 보관이나 운용에 관한 사실상의 사무를 처리하는 자**가 회사 소유 재산을 제3자의 자금 조달을 위하여 담보로 제공하는 등 **사적인 용도로 임의 처분하였다면 그 처분에 관하여 주주총회나 이사회의 결의가 있었는지 여부와는 관계없이 횡령죄**"가 성립한다. ② (評釋) 甲은 예금에 대해 '**사실상 지배력**'을 갖고 있는 보관자로서 甲의 송금은 업무상 횡령죄에 해당한다.

12 [부동산보관자] 甲은 乙의 미등기 토지에 관하여 부동산소유권이전등기법이 요구하는 허위의 보증서와 확인서를 발급받아 소유권이전등기를 마친 후, 이를 이용하여 그 토지의 토지소유자에게 지급될 보상금을 수령하였다. ② (대판 2018도18010) **원인무효 등기에 따라 토지에 대한 처분권능이 새로이 발생하는 것이 아니므로** 甲은 토지의 보관자가 아니고, 토지소유자에게 지급될 보상금을 수령하였더라도 **보상금에 대한 점유 취득은 진정한 토지소유자의 위임에 따른 것이 아니므로** 보상금에 대하여 보관관계가 성립하지 않는다. 보상금의 횡령은 성립하지 않는다.

13 [원인무효등기자] Y동 소유 임야의 명의수탁자 乙이 사망하자 乙의 아들 甲은 상속등기한 후 丙에게 처분하였다. Y동은 甲과 丙을 상대로 원인무효등기의 말소청구소송을 제기하여 승소하였다. ① (대판 2007도1082) 부동산 명의신탁은 무효이고, 상속등기도 **원인무효등기**이므로 甲은 T 임야의 **보관자가 될 수 없고** 횡령죄는 성립하지 않는다. ② (評釋) 甲이 명의신탁을 알고 처분했다면 횡령고의가 있으나 주체에 관한 착오로 불능범이다. 甲의 상속등기·처분은 손괴죄가 된다.

14 [공동상속자] 甲은 남편이 죽은 후 전부인의 자식 乙과 공동으로 상속한 건물에 거주·관리하다가 이를 丙에게 매도하였다. ① (대판 2000도565) "부동산을 공동으로 상속한 자들 중 1인이 부동산을 혼자 점유하던 중 다른 공동상속인의 상속지분을 임의로 처분하여도 그에게는 **그 처분권능이 없어** 횡령죄가 성립하지 아니한다." ② (評釋) 甲은 공동상속 부동산을 기타 방법으로 그 효용을 해한 손괴죄가 성립한다. 甲이 乙과 부동산관리위탁계약을 맺었다면 횡령죄가 성립한다.

15 [미등기건물 보관자] 甲은 乙의 미등기건물 관리를 위임받아 거주하던 중 건물소유권보존등기를 신청하여 이를 모르는 등기공무원으로 하여금 등기를 마치게 하였고, 이후 그 부동산에 근저당권을 설정하였다. ① (대판 92도2999) 위탁관계에 의하여 **현실로 부동산을 관리 지배하는 자**는 보관자이므로 甲이 그 건물에 대해 "자신의 명의로 보존등기를 하였다면 이는 객관적으로 불법영득의 의사를 외부에 발현시키는 행위로서 횡령죄에 해당"하고 이후의 근저당권설정은 "불가벌적 사후행위"이다. ② (評釋) 甲은 배임죄와 공정증서원본부실기재죄의 상상적 경합범이다.

16 독일형법에서 「Wer eine fremde bewegliche Sache, die er in Besitz(점유) oder Gewahrsam(소지) hat, sich rechtswidrig zueignet」(§ 246)에 소지가 포함된 것은 입법오류로 본다.

인의 돈을 위탁받아 은행에 예금한 경우, 그 **예치자**는 예치금에 대한 '보관자'가 된다(대판 2014도11244). **유가증권**은 그것을 **소지**함으로써 그 증권에 대한 사실상·법률상 지배가 인정된다. 또한 **자동차**는 동산처럼 가동성(mobility)이 높음을 고려할 때 그 **실제 점유자**(사실상 지배력을 가진 자)도 횡령죄의 보관자가 될 수 있다(예: 대포차의 불법영득). 판례도 "타인 소유의 **차량을 인도받아 보관**하고 있는 사람이 이를 사실상 처분하면 횡령죄가 성립하며, 그 보관 위임자나 보관자가 차량의 등록명의자일 필요는 없다."[17] 다고 본다. 다만 자동차 등록명의자가 아닌 자가 보유하기로 약정한 경우에는 보관자가 아니다(대판 2023도1096).

(2) 타인의 재물 재물횡령의 죄의 객체는 ① **재물**이며 동산, **부동산**, 신체에서 분리된 장기와 같은 인체파생물질, 주권과 같은 유가증권 등은 횡령죄의 객체이다. 반면 재산상 이익이나 채권, 주권이 발행되지 않은 상태에서 주주명부 기재 후 예탁결제원에 예탁되고, 계좌 간 대체기재의 방식으로 양도되는 주식(대판 2020도2884) 등은 재물이 아니다. ② 재물은 타인(예: 자연인, 법인, 법인격 없는 단체, 조합)의 소유에 속해야 한다. 재물의 **타인성**은 원칙적으로 민법상 소유권 이론에 의해 결정하지만 개별 사안에서 횡령죄에 의한 처벌가치의 판단을 통해 민법상 소유권이론에 어긋나는 횡령죄의 해석도 가능하다.[18] 이로써 소유권의 실질적인 찬탈에 대한 민법의 약한 예방기능을 보완할 수 있기 때문이다. 횡령죄에서 쟁점이 되는 재물의 타인성 문제는 다음과 같다.

- **공유물**도 그 공유지분을 넘는 범위에서는 타인의 재물이 된다. **합유 재물**[19]을 임

17 [지입차량처분] A㈜의 대표 甲은 A㈜가 지입하여 명의등록을 한 지입차량을 보관하다가 이를 아는 乙에게 팔아버렸다. ① (대판 2015도1944[전원합의체]) 지입차주로부터 차량 보관을 위임받은 사람이 지입차주의 승낙 없이 그 보관 중인 차량을 사실상 처분한 경우 횡령죄가 성립한다. ② (評釋) 매매계약체결로 甲은 횡령죄 기수가 성립한다. 乙은 횡령죄의 종범이 되며, 차량을 인도받은 때 장물취득죄가 경합범으로 성립한다.

18 [1인 주주의 횡령] M㈜의 1인 주주 및 대표 甲은 물품구매대금을 부풀리는 방법으로 회사 자금 5억 원을 빼돌려 사적 용도로 사용하였다. 그 후 甲은 회사에 6억 원의 가수금을 입금하였다. ① (대판 2009도980) 甲은 업무상 횡령죄가 성립한다. ② (評釋) 甲이 단지 1인주주인 경우에도 '사실상의 보관자'로서 횡령죄가 성립한다.

19 [동업재산횡령] 甲과 乙은 동업계약을 하고 乙의 명의로 공동주택건립사업을 진행하다가 丙에게 사업권을 양도하고 계약금 1억 원을 乙 명의의 계좌로 송금 받아 9천만 원을 무단으로 인출하여

의로 처분하면 횡령죄가 성립한다.

● **할부판매**의 경우는 목적물의 인도를 받았어도 대금완납까지는 매도인에게 소유권이 있으므로 매수인이 대금완납 전에 처분하면 횡령죄가 성립한다. **양도담보**의 경우 목적물의 소유권은 채무자에게 남아 있으므로 채무자의 목적물 처분은 횡령이 될 수 없다. **매도담보**는 목적물의 소유권이 채권자에게 이전되므로 채무자가 보관중인 목적물을 처분하면 횡령죄가 성립한다(대판 4294형상470). 「가등기담보법」에 의해 모든 양도담보는 청산절차를 밟게 되었으므로 변제기 이전에 채권자가 그 담보물인 부동산을 처분하면 횡령죄가 성립한다. 「가등기담보법」이 적용되지 않는 **동산매도담보물**의 소유권은 대내적으로도 채권자에게 이전하므로 채권자가 그 동산매도담보물을 임의 처분하면 횡령죄가 성립하지 않고 배임죄만 성립할 수 있다. **환매특약부매매**에서 매수인이 특약에 위반하여 제3자에게 매각하면 횡령죄가 성립한다.

● 채권자(집행채무자)의 채권이 압류 및 추심명령을 받으면 그 채권의 채무자(제3채무자)는 집행공탁(「민사집행법」 제248조)을 하여야 하나 착오로 변제공탁을 하고 그 채권자가 수령한 경우[20]에 그 공탁금은 채권자의 소유가 될 뿐이고, 그 채무자(제3채무자)나 그 채권자에 대한 채권자(집행채권자)의 소유가 되지 않으므로, 채권자가 변제공탁금을 수령하고 반환을 거부하여도 횡령죄가 성립하지 않는다.

● "조합재산은 **조합원의 합유**에 속하는 것이므로 조합원 중 한 사람이 조합재산의 처분으로 얻은 대금을 임의로 소비하였다면 횡령죄의 죄책을 면할 수 없고, 이러한 법리는 내부적으로는 조합관계에 있지만 대외적으로는 조합관계가 드러나지 않는 **내적 조합**의 경우에도 마찬가지이다"(대판 2009도7423). "**익명조합**[21]의 경우에는 익명조합원이 영업을 위하여 출자한 금전 기타의 재산은 상대편인 **영업자의 재산**으로 되는 것이므로 그 영업자는 타인의 재물을 보관하는 자의 지위에 있지 않고 따라서

자신의 개인채무를 변제하였다. ① (대판 2010도17684) "동업재산은 동업자의 **합유**"이므로 동업자 사이에 **손익분배의 정산이 되지 아니하였다면 동업자의 한 사람이 임의로 동업자들의 합유에 속하는 동업재산을 처분할 권한이 없**고, 동업재산의 횡령죄는 **지분비율에 관계없이 임의로 횡령한 금액 전부에 대하여** 성립한다. 甲은 1억 원의 횡령죄가 성립한다.

20 [공탁금횡령] 甲은 W(공사)에 토지수용 보상금채권을 가졌고 甲의 채권자 S(보증)는 이 채권에 대해 압류 및 추심명령을 받아냈고, 이 명령은 甲에게 송달되었다. W는 업무착오로 보상금채권을 집행공탁하지 않고 변제공탁을 하였다. 甲은 관할법원에서 공탁금을 수령하였다. W가 반환을 요구하였지만 甲은 거절하였다. ① (대판 2011도12604) 甲이 W의 "공탁의 취지에 좇아 수령한 토지보상금은 甲의 소유"이므로 甲은 횡령죄가 성립하지 않는다. ③ (評釋) 민법 제248조의 해석으로 공탁자의 착오에 따른 위험부담을 공탁자에게 귀속시키더라도, 집행채권자 보호를 위해 **공탁자**(W) **또는 집행채권자**(S)**의 재산영역에 있는 재물**로 보아 횡령죄를 인정할 수 있다.

21 [조합원 횡령] 甲은 乙과 Y토지를 매수 후 전매하여 전매이익금을 정산하기로 약정하고, 乙이 조달한 금원을 합하여 토지를 매수하여 甲과 丙의 명의로 등기한 후 丁에게 전매하고 등기하였다. 乙은 업무에 관여하지 않았다. ① (대판 2010도5014) 乙은 출자 이후 업무감시권 등에 근거하여 업무집행에 관여한 바가 없고 甲은 아무런 제한 없이 그 재산을 처분할 수 있었으므로, 乙과 甲의 약정은 내적 조합이 아니라 **익명조합과 유사한 무명계약**에 해당한다. 甲은 횡령죄가 성립하지 않는다.

영업자가 영업이익금 등을 임의로 소비하였다고 하더라도 횡령죄가 성립할 수는 없다"(대판 71도2032).

● "타인으로부터 **용도가 엄격히 제한된 자금**을 위탁받아 집행하면서 그 **제한된 용도 이외의 목적으로 자금을 사용**하는 것"은 설령 결과적으로 자금을 위탁한 본인을 위하는 면이 있더라도 횡령죄가 성립한다(대판 2007도9755).

● 금전의 수수를 수반하는 사무처리를 위임받은 자가 그 행위에 기하여 **위임자를 위하여 제3자로부터 수령한 금전**[22]은 그 수령과 동시에 위임자의 소유에 속하고, 위임을 받은 자는 이를 위임자를 위하여 보관하는 관계(대판 2005도3627)에 있으므로, 그의 임의처분은 횡령죄가 성립한다. 위임자가 회사이고, 그 처분에 관한 이사회의 결의[23]가 있었더라도 마찬가지이다.

부동산 명의수탁자가 신탁부동산을 임의로 처분하면 판례에 의하면 부동산명의수탁죄(부동산실명법 제7조) 외에 횡령죄는 성립하지 않는다.

● **양자 간 명의신탁** 甲에게 부동산 명의신탁약정을 하고, 그 부동산을 甲의 명의로 등기이전을 한 경우 그 약정은 무효(제4조 제1항)이고, 甲의 소유권취득도 무효(제4조 제2항)이다. 甲과 乙 사이에 "사실상의 위탁관계는 부동산실명법에 반하여 범죄를 구성하는 불법적인 관계"일 뿐 "형법상 보호할 만한 가치 있는 신임에 의한 것"이 아니므로 수탁자가 부동산을 처분해도 횡령죄가 성립하지 않는다(대판 2016도18761; 2019도1721).

● **중간등기생략 명의신탁** 명의신탁자(乙)가 매수한 부동산을 명의수탁자(甲)와의 명의신탁약정에 따라 매도인(丙)에게서 바로 명의수탁자(甲) 명의로 소유권이전등기를 마친 경우, 명의수탁자(甲)는 명의신탁자의 재물을 보관하는 자가 아니다.[24]

---

22 [채권양도후추심] 甲은 丙에 대한 임차보증금 3천만 원 중 1천만 원의 반환채권을 乙에게 양도한 후, 丙에게 이를 통지하지 않은 채 丙이 반환하는 임차보증금을 받아 사용하였다. ① (대판 97도666) 채권"양도인이 **채권양도 통지를 하기 전**에 채무자로부터 채권을 추심하여 금전을 수령한 경우 채무자가 양도인에 대하여 한 변제는 유효하지만 **양도인이 수령한 금전은 양수인의 소유**에 속하고 **양도인은 이를 양수인을 위하여 보관하는 관계**에 있"으므로 甲은 횡령죄가 성립한다. ② (評釋) 甲은 채권양도통지의무를 질 뿐 丙의 변제는 유효하고 乙은 소유권을 갖지 못하므로 횡령죄가 성립할 수 없고, 乙의 채권인수사무를 처리하는 자이지만 재산관리의무가 없으므로 배임죄가 성립할 수 없다(같은 취지의 대판 2017도3829).

23 [이사회 결의와 횡령] 甲은 A㈜의 대표 乙로부터 그 회사의 주식 및 경영권 인수계약을 체결하고, 이사회의 결의를 거쳐 자신의 사채업자 丙에게 A㈜의 계좌에서 80억 원의 자기앞수표를 인출하여 교부하였다. ① (대판 2012도2628) "회사 소유 재산을 **주주나 대표이사**가 **사적인 용도로 임의 처분**하였다면 그 처분에 관하여 **주주총회나 이사회의 결의가 있었는지 여부와는 관계없이 횡령죄**"가 성립한다. ② (評釋) 甲은 회사현금의 사실상 보관자이다.

24 [명의신탁과 횡령] 乙은 丙에게서 토지를 매입한 후 甲과 명의신탁약정을 맺고, 丙으로부터 소유권등기를 甲의 명의로 직접 이전하였다. 이후 甲은 丁에게 돈을 빌리면서 그 토지에 근저당권을 설정하였다. ① (대판 2014도6992) 중간등기생략형 명의수탁자는 명의신탁자의 재물을 보관하는 자가 아니므로 甲은 횡령죄가 성립하지 않는다. ② (評釋) 명의신탁약정과 등기이전은 모두 무효

따라서 명의수탁자의 부동산 처분은 횡령죄가 성립하지 않는다.

● **계약명의신탁** 신탁자가 수탁자에게 부동산의 매수(·아파트 분양계약)를 위임하면서 명의신탁약정도 함께 맺고, 수탁자가 그의 명의로 매도인과 매매계약(·분양계약[25])을 체결하고 수탁자 앞으로 소유권이전등기(·소유권보존등기)를 하는 경우에 ① 매도인이 계약명의신탁을 **모른 경우**[26]는 수탁자로 이전된 소유권등기는 유효하므로(제4조 제2항 단서), 수탁자는 부동산의 소유권자가 되어 그의 임의처분은 횡령죄가 성립하지 않고(대판 2010도10515), ② 매도인이 계약명의신탁을 **알고** 매도한 경우[27]도 명의수탁자의 부동산 처분은 명의신탁자와 매도인과의 관계에서 횡령죄나 배임죄가 성립하지 않는다.

(3) 횡령 또는 반환 거부 횡령죄의 실행행위는 횡령 또는 반환거부이다. **횡령**(橫領)이란 불법영득(=소유권자의 지위를 영속적으로 배제하고 소유권자의 지위를 향유함)으로 위탁관계의 신임을 저버리는 행위를 가리킨다. 절

이고, 소유권자는 여전히 매도인(丙)이며, 명의신탁약정에 참여하지 않은 매도인과 수탁자 사이에는 보호할 가치 있는 사실상의 위탁관계가 있어 그의 임의처분은 횡령이 되며, 명의를 매도인에게 반환하는 일에 한하여 수탁자는 신탁자의 사무처리자이고 그의 처분은 배임이 된다.

25 [아파트분양계약명의신탁] A아파트 수분양자격이 없는 乙은 매도인(조합)의 권유로 자격을 갖춘 甲으로 하여금 분양계약을 체결하게 하였다. 乙은 분양대금을 지급하였고, 甲은 소유권보존등기를 마친 뒤 임의로 丙에게 A를 팔아버렸다. ① (대판 2010도10515) 명의신탁약정은 그들의 내부관계이고, **분양계약의 매수인은 甲이다.** 또한 명의신탁약정은 무효이므로 乙은 부동산 자체를 매도인으로부터 이전받아 취득할 수 있는 권리 기타 법적 가능성을 가지지 못하고, 명의수탁자는 乙에 대해 '타인의 재물을 보관하는 자'가 되지 않는다. 甲은 乙에 대해 "매매대금 등을 **부당이득으로서 반환할 의무를 부담**한다고 하더라도 배임죄의 '타인의 사무를 처리하는 자'의 지위에 있"지 않다(대판 2008도455). ③ (評釋) 甲은 아파트의 보관자이지만 매도인이 처분에 동의했으므로 횡령죄가 성립하지 않고, 乙의 사무처리자로서 배임죄가 성립하지만 자격제한회피라는 부작용을 고려하여 배임죄를 부정할 수 있다. 명의신탁사실을 모르는 제3자는 대항력(부동산실명법 제4조 제3항)을 갖고, 甲의 명의신탁사실 불고지는 丙에 대한 사기죄가 성립하지 않는다.

26 [선의의 계약명의신탁] 甲은 乙과 丙이 공동출자하여 A대지를 甲의 명의로 낙찰 받고 전매하여 그 차익을 나누기로 약정하였다. 甲은 A를 낙찰 받고 3인이 분담하여 대금을 완납하였다. 甲은 소유권이전등기를 마친 후 임의로 丁에게 저당권을 설정해주었다. ① (대판 2000도258) 甲 명의로 낙찰허가결정을 받아 그 경락대금을 완납한 이상 A는 **대외적으로는 물론 대내적으로도 甲의 소유**("입찰목적부동산의 소유권은 경락대금을 실질적으로 부담한 자가 누구인가와 상관없이 그 명의인이 취득한다"[대판 99다15863])이므로 甲의 근저당권설정은 횡령죄를 구성하지 않는다. ② (評釋) 수탁자의 완전한 처분독립성을 고려하면 명의수탁자는 명의신탁자의 사무를 처리하는 자가 되지도 않는다.

27 [악의의 계약명의신탁] 甲은 乙과의 명의신탁약정에 따라 丙으로부터 밭 2천 평을 매수하고 등기를 이전받은 뒤 임의로 그 밭에 근저당권을 설정하였다. 계약 당시 丙은 甲이 乙의 명의수탁자임을 알고 있었다. ① (대판 2011도7361) 밭의 소유권이전은 원인무효여서 소유권은 丙에게 있고 甲은 丙이 소유권에 기한 방해배제청구로 그 **등기의 말소를 구할 때 응할 의무를 부담할 뿐**, 丙의 부동산을 보관하거나 丙의 사무를 처리하는 자의 지위에 있지 않고, 乙에게는 **매매대금 등을 부당이득으로 반환할 의무만 있을 뿐**이므로, 甲은 횡령죄와 배임죄가 모두 성립하지 않는다(대판 2011도7361). ② (評釋) 이전등기가 무효로 소유권이 매도인에게 남아 있지만 매도인은 매매계약으로 수탁인의 (미래) 처분에 동의한 것이므로 수탁자의 임의처분은 횡령이 되지 않으나 부동산의 취득·처분에 관해 신탁자의 사무를 처리하는 자로서 배임죄가 성립한다.

도죄에서는 주관적 요건이지만 횡령죄에서는 객관적 요건이다. 불법영득의 실현은 외부적으로 지각 가능한 불법영득행위(äußerlich erkennbare Zueignungsakt)가 있으면 충족된다(**표현설**). 즉, 횡령은 **불법영득의사의 외부적 표현**(Manifestation des Zueignungsvorsatzes)이며, 그 때(예: 매도계약체결) 이미 기수에 도달한다. 다만 부동산횡령은 소유권이전등기를 경료한 때(대판 85도86)에 기수를 인정한다(**실현설**). 횡령행위는 법률행위뿐만 아니라 사실행위일 수도 있고, 법적 유효여부도 중요하지 않다. 횡령은 부작위[28]에 의해서도 가능하다. 횡령은 자금의 **유용**(流用)으로도 인정될 수 있다. 가령 **단체의 예산**을 그 정해진 **용도 외에 다른 용도로 사용**하는 행위[29]도 업무상 횡령죄에 해당한다. 다만 회사를 위한 자금의 지출은 "법령의 규정 또는 회사 내부의 규정에 의해 자금의 용도가 엄격하게 제한되어 있는 것이 아"니므로 "자금을 집행하기 위한 회사 내부의 정상적인 절차도 거쳤다면, 원래 사용될 이외의 목적으로 자금을 지출하였다는 사정만으로"[30] 불법영득의사를 단정할 수 없다.

반환거부는 "보관물에 대하여 소유자의 권리를 배제하는 의사표시를 하는 행위를 뜻하므로 단순히 반환을 거부한 사실만으로는 횡령죄를 구성하는 것은 아니며, 반환거부의 이유 및 주관적인 의사 등을 종합하여 **반환거부행위가 횡령행위와 같다고 볼 수 있을 정도**이어야만 횡령죄가 성립한다"(대판 92도2079).

---

28 예컨대 "입찰업무 담당 공무원이 입찰보증금이 횡령되고 있는 사실을 알고도 이를 방지할 조치를 취하지 아니함으로써 새로운 횡령범행이 계속된 경우, 횡령의 종범"이 된다(대판 95도2551).

29 [변호인선임비횡령] 아파트 입주자대표회의 대표자 乙이 丙에 대한 명예훼손으로 기소되자 입주자대표회 회장 甲은 총회의 찬성을 얻어 입주자대표회의비에서 乙의 변호인선임비를 지급하였다. ① (대판 2011도4677) 단체의 대표자 개인이 당사자가 된 민·형사사건의 변호사비용은 예외적으로 당해 법적 분쟁이 **단체와 업무적인 관련이 깊고** 당시의 제반 사정에 비추어 단체의 이익을 위하여 소송을 수행하거나 고소에 대응하여야 할 **특별한 필요성**이 있는 경우에 한하여 단체의 비용으로 변호사선임료를 지출할 수 있다. 乙 사건은 "개인적인 위법행위가 문제된 것일 뿐 입주자대표회의의 이익과는 무관"하므로 업무상 횡령죄가 성립한다.

30 [회사자금목적외 사용] B㈜의 甲은 계열사 A㈜로부터 지급받은 선박건조선수금을 회계처리를 하고 A에 대한 자금지원의 용도로 사용하였다. B㈜와 C보험㈜의 선수금계좌관리약정에 따르면 선수금은 선박건조 이외의 목적으로 사용할 수 없었다. ① (대판 2012도535) 甲이 "선수금을 사적으로 유용한 것이 아니고 정상적인 회계처리를 거쳐 계열사인 A 회사에 자금지원한 것이라면" 甲에게 불법영득의사가 있었다고 단정하기 어렵다. ② (評釋) 甲은 업무상 배임 미수범이 된다.

[제3자 영득] 불법영득의사는 "타인의 재물을 보관하는 자가 **자기 또는 제3자의 이익을 꾀할 목적으로** 업무상의 임무에 위배하여 보관하는 타인의 재물을 자기의 소유인 경우와 같이 사실상 또는 법률상 처분하는 의사를 의미하고, **반드시 자기 스스로 영득하여야만 하는 것은 아니**"다(대판 2000도4005). 私見으로 제355조 제1항은 독일 형법의 횡령죄처럼 제3자 영득을 명문으로[31] 규정하고 있지 않다. 판례는 횡령자가 제3자에게 실질적으로 횡령한 재물에 대한 소유권자의 지위를 누리도록 하는 **제3자의 이익을 위한 자기 영득**을 말한 것이지 **제3자 영득을 인정한 것이 아니다.** 제3자 영득은 법문언에 반하는 법형성(법률수정적 법형성)으로 유추금지에 위배되기 때문이다. 물론 제3자 영득을 인정하더라도 제3자의 이익을 꾀하기 위해 자신이 횡령을 감행할 정도로 어떤 동기적 연관성, 즉 **제3자와의 밀접한 관계**(예: 밀접한 경제적 이해관계)가 필요하다는 제한해석을 할 수 있다. 그러나 그보다는 불법영득의사의 인정을 엄격하게 하는 것이 법문언에 반하지 않으면서 유추적용을 막는 데 더 효율적이다.

(4) 횡령고의와 불법영득의사 횡령고의는 미필적 고의로도 충분하며, 불법영득의사가 있어야 한다. "불법영득의 의사라 함은 타인의 재물을 보관하는 자가 자기 또는 제3자의 이익을 꾀할 목적으로 업무상의 임무에 위배하여 보관하는 타인의 재물을 자기의 소유인 경우와 같이 사실상 또는 법률상 처분하는 의사를 의미한다"(대판 2001도5439). ① "보관자가 자기 또는 제3자의 이익을 위한 것이 아니라 그 **소유자의 이익을 위하여**[32] 이를 처분한 경우에는 특별한 사정이 없는 한" 불법영득의사는 인정되지 않는다(대판 2013도14777). ② 횡령한 자가 "물건의 소유자에 대하여 별도의 금전채권을 가지고 있었다 하더라도 횡령 범행 전에 **상계 정산하였다는 등 특별한 사정이 없는 한**[33] 이미 성립한 업무상 횡령죄에 영향을

31 독일 형법 제246조 제1항은 "타인의 재물을 횡령하거나 **제3자에게 영득하게 한 자**"(Wer eine fremde bewegliche Sache sich oder einem Dritten rechtswidrig zueignet)라고 규정한다.

32 [합유재산사용] L㈜ 대표 甲은 시공사 E㈜와 신축 분양한 오피스텔사업을 공동으로 하는 동업계약을 체결하였지만 분양대금 10억 원을 받자 E와 협의 없이 L이 오피스텔사업을 위한 S은행 대출금의 이자상환에 사용하였다. ① (대판 2011도1904) 동업계약으로 분양대금은 두 회사의 **합유**에 속하지만 대출금의 이자 상환은 그런 대출금의 용도와 목적의 범위 내에 있고, L뿐만 아니라 합유자 **E의 이익을 위한 행위**이다. **소유자의 이익을 위한 행위를 한** 甲은 불법영득의사가 인정되지 않는다.

33 [상계와 불법영득의사] T㈜ 대표 甲은 乙로부터 T에 대한 투자금 70억 원을 받아 그 중 45억 원을 자기 명의로 U교회에 대여하고 부인의 부동산 구입에 사용하였다. 甲은 반환할 생각이었으며 T에 20억 원의 구상금채권도 갖고 있었다. ① (대판 2010도9871) "사후에 이를 반환하거나 변상, 보전하는 의사가 있다 하더라도" "횡령 범행 전에 **상계 정산**하였다는 등 특별한 사정이 없는 한" 甲은 업무상 횡령죄가 성립한다. ② (評釋) 甲은 투자금을 입금하지 않음으로써 이미 업무상 배

미칠 수는 없다"(대판 2013도1589). ③ 횡령은 내부적 신임관계의 파괴가 불법유형을 구성하므로 (타인의 소유권에 대한) 외부적 침해를 불법유형으로 삼는 절도죄와 달리 소유권자의 지위를 일시적으로 배제하는 횡령(**사용횡령**)도 불법영득의사가 인정된다. ④ 불법영득은 횡령이라는 객관적 구성요건이므로 불법영득의사는 절도죄에서처럼 **초과주관적 요소가 아니라 횡령고의의 한 내용**이 되며, 따라서 소유권자 지위의 향유를 목적하지 않고 단지 용인하는 의사(**미필적 불법영득의사**)로도 인정된다.

1) 비자금횡령 하지만 판례에 의하면 비자금(부외자금)의 조성과 사용에 대해 횡령죄를 적용하는 경우에는 미필적 불법영득의사(bedingte Zueignungswille)로는 불충분하고, 불법영득목적(Zueignungsabsicht)이 있어야 한다고 본다. 이는 법과 경영의 소통을 촉진시키는 해석으로 볼 수 있다. ① 법인의 "비자금조성행위가 제3자가 이를 발견하기 곤란하게 하기 위한 장부상의 분식에 불과하거나 법인의 운영에 필요한 자금을 조달하는 수단으로 인정되는 경우에는 불법영득의 의사를 인정하기 어렵다"(대판 2014도15182). 다만 비자금조성의 **개인적 착복목적**[34]**이 명백한 경우**에는 비자금조성 자체가 횡령죄(비자금조성횡령)가 된다. ② **개인적 착복목적이 명백하지 않은 경우**에는 회사의 비자금을 **법인의 목적과 무관하거나 개인적 목적을 위해 사용한 경우 또는 뇌물로 사용한 경우**[35] 등에는 횡령죄(**비자금사용횡령**)가 된다(대판 2007도4784). 예컨대 기업의 인수합병에 대한 사례금

임죄를 범한다.

34 **[계열사지원 비자금조성]** A㈜ 대표 甲은 가공의 거래를 만들어 대금을 지급하는 방식으로 비자금을 乙 명의의 계좌로 조성한 다음 이를 甲이 지배하는 A㈜의 계열사 B㈜의 자금을 지원하는 데 사용하였다. ① (대판 2010도12920) 甲이 "**피해 회사의 자금을 자기의 소유 자금인 것처럼 처분할 의사로 부외자금을 조성한 것으로 보이므로 피고인의 불법영득의사가 인정**되고, 계열회사 전부가 피고인의 1인회사라고 하더라도 달리 볼 수 없다." ② (評釋) 계열사가 모기업과 "사실상 하나의 사업자"이면 지분법평가손익에 모기업에도 발생하므로 계열사지원을 위한 비자금조성은 불법영득의사를 인정할 수 없다. 甲은 분식회계죄가 성립한다.

35 **[비자금 리베이트]** A㈜ 지사장 甲은 법정관리 하에서 허용되는 영업활동비만으로는 선박회사에 지급하여야 할 리베이트비, 영업활동비를 충당할 수 없었기 때문에 비자금을 조성하여 그 용도로만 사용하였다. ① (대판 2010도11015) 영업활동비로 사용한 부분은 영업활동방법이 합법적인 것인 한 불법영득의사가 인정되지 않는다. 비자금을 뇌물로 공여하는 것은 "오로지 회사의 이익을 도모할 목적이라기보다는 **뇌물공여 상대방의 이익을 도모할 목적**"로 **행하여진 것으로서** 업무상 횡령죄가 성립하고(대판 2003다69638), "**회사의 자금으로 부정한 청탁을 하고 배임증재**를 한 경우에도 마찬가지"(대판 2011도9238)이다. 甲은 업무상 횡령죄와 배임증재죄의 경합범이다.

으로 피인수회사의 대주주에게 비자금을 준 행위는 배임증재죄에 해당하더라도 개인적 용도로 사용한 것이 아니므로 불법영득의사가 인정되지 않는다(대판 2009도6634). 하지만 M&A가 회사를 어렵게 만들고, 경영진의 성과급만 높이고, 피인수회사의 경영진에게 이익만 가져다주는 경우에는 횡령죄를 인정함이 옳다.

2) 주금가장납입 **주금가장납입행위**(예: 제3자로부터 납입금액을 차입하여 주금을 납입하고 그 은행으로부터 납입금보관증명서를 받아 회사 설립·증자 등기를 마친 후 인출하여 차용금을 갚음)는 "실질적으로 회사의 자본을 증가시키는 것이 아니고 주금의 납입 및 인출의 전 과정에서 회사의 자본금에는 실제 아무런 변동이 없다"는 점에서 불법영득(회사 돈의 임의유용)의 의사가 없고, 회사 자본의 실질적 증가를 전제로[36] 한 업무상 횡령죄도 성립할 수 없다[37](대판 2003도7645). 다만 상법 제628조의 납입가장죄는 성립한다.

(5) 죄 수 ① 동일한 재물에 대한 횡령행위가 수 개 이어진 경우에 후행 처분행위가 선행 처분행위에 의하여 발생한 위험을 현실적인 법익침해로 완성하는 수단에 불과하거나 그 과정에서 당연히 예상될 수 있는 것으로서 **새로운 위험을 추가하는 것이 아니라면** 후행 처분행위는 **불가벌적 사후행위**[38]가 되고, 후행 처분행위가 선행 처분행위로 예상할 수 없는 새로운 위험을 추가한 경우에는 별도로 횡령죄를 구성한다"(대판 2010도10500). "여러 개의 위탁관계에 의하여 보관하던 여러 개의 재물을 1

36 "납입된 주금이 회사에 일단 귀속되어 **회사 자본이 실질적으로 증가**한 것으로 볼 수 있는지 여부는 그 주금의 납입 경위, 납입된 주금의 보관 및 인출 형태와 경위 등 제반 사정을 종합하여 판단"한다(대판 2011도7262).

37 [주금가장납입] E㈜ 대표 甲은 乙이 유상증자에 참여하여 50억 원을 납입하면 20억 원은 납입 직후 되돌려주고 50억 원에 대한 이자를 지급하며, 나머지 30억 원은 배정받는 주식을 처분하여 정산하는 계약을 맺었다. 乙은 주금 50억 원을 납입하였고, 甲은 회사 계좌에서 자기앞수표로 20억 원을 인출하여 乙에게 지급하였다. ① (대판 2011도7262) **20억 원은 주금가장납입**으로서 **"회사 자본금의 실체를 형성한 바가 없어 회사 자금의 횡령행위"**가 아니다. ② (評釋) 상법상 납입가장죄가 성립한다.

38 [횡령의 사후행위] 乙 종중의 Y토지를 명의신탁으로 보관하던 甲은 자신의 채무 변제를 위해 그 토지에 근저당권을 설정하였고, 1년 뒤 그 토지를 丙에게 매도하였다. ① (대판 2010도10500) 甲의 매각은 "당초의 근저당권 실행을 위한 임의경매에 의한 매각 등 그 근저당권으로 인해 **당연히 예상될 수 있는 범위를 넘어 새로운 법익침해의 위험을 추가시키거나 법익침해의 결과를 발생시킨 것이므로**" 별도의 횡령죄를 구성하여 2개의 횡령죄가 경합범으로 성립한다. ② (評釋) 甲이 丙에게 자신을 소유권자로 속였다면 사기죄가 성립하고 횡령죄와 경합범이 된다.

개의 행위에 의하여 횡령한 경우 **위탁관계별로 수 개의 횡령죄**가 성립하고, 그 사이에는 상상적 경합의 관계가 있"다(대판 2013도10020). "수 개의 업무상횡령 행위가 포괄하여 일죄[39]로 되기 위해서는 피해법익이 단일하고, 범죄의 태양이 동일하며, 단일 고의의 발현에 기인하는 일련의 행위라고 인정되어야 한다"(대판 2009도8265). ② 대표이사가 "회사로 하여금 자신의 채무에 관하여 연대보증채무를 부담하게 함으로써 배임죄가 성립한 다음, 회사의 금전을 보관하는 자의 지위에서 회사의 자금을 임의로 인출한 후", (그 연대보증채무 또는 다른) "개인채무의 변제에 사용한 행위는 **연대보증채무 부담으로 인한 배임죄**와 다른 새로운 보호법익을 침해하는 행위로서 **별죄인 횡령죄**를 구성한다."[40]

私見으로는 회사에게 연대채무를 부담하게 한 후 회사의 자금으로 **그 연대채무를 변제**한 경우의 횡령은 배임으로 발생한 손해의 위험을 현실화하는 것이고 횡령죄는 배임죄의 특별한 경우라는 점에서 **업무상 횡령죄만 성립**하고, 업무상 배임죄는 불가벌적 사전행위가 된다. 다만 회사에게 연대채무를 부담하게 한 후 **다른 개인 채무를 변제**하기 위해 회사의 자금을 사용한 경우라면 **배임죄와 횡령죄의 경합범**이 성립한다.

Ⅲ. 점유이탈물횡령죄

제360조(점유이탈물횡령죄) ① 유실물, 표류물 또는 타인의 점유를 이탈한 재물을 횡령한 자는 1년 이하의 징역이나 300만 원 이하의 벌금 또는 과료에 처한다. ② 매장물을 횡령한 자도 전항의 형과 같다.

소유권자가 직접점유이든 간접점유이든 점유권을 상실한 재물(예: 유실물, 표류물, 매장물 등)을 횡령하는 행위로서 횡령죄보다 훨씬 가볍게 처벌

39 [횡령의 포괄일죄] W㈜는 지식경제부 산하 3개 기관과 과제내용과 기간이 다른 정부과제사업을 수탁하여, 각기 다른 금융계좌로 정부출연금을 받았다. W㈜ 대표 甲은 각 계약의 위탁취지에 반하여 2억, 3억, 4억 원을 처분하였다. ① (대판 2009도8265) 甲의 행위는 각 "과제별로 별개인 위탁신임관계를 침해한 것으로서 **피해법익이 단일**하다고 할 수 없고 **고의의 단일성**도 인정되기 어렵다." 甲은 업무상 횡령죄의 경합범이다. ② 경합범의 이득액은 각 범죄의 이득액을 의미하므로 (대판 93도743) 甲의 횡령에는 특정경제범죄법(제3조 제1항 2호)이 적용되지 않는다.

40 [대표이사의 횡령과 배임] S㈜ 대표 甲은 乙에 대한 채무 190억 원을 갚기 위해 S㈜ 명의로 위 채무에 대하여 연대보증을 하였다. 이후 甲은 보관 중인 S의 현금을 임의로 인출하여 乙에게 지급하였다. ① (대판 2011도277) 甲은 연대보증채무를 부담시키는 업무상 배임죄를 범하였고 회사의 금원을 개인채무 변제에 사용하여 업무상 횡령죄를 범하였고 그 둘은 경합범이다. ② (評釋) 甲의 변제가 기존 채무에 대한 것이면 배임은 업무상 횡령의 불가벌적 사전행위이다.

된다. 점유이탈물횡령에는 절도와 달리 점유침해가 없고, 횡령과 달리 소유권자와 위탁관계(점유매개관계)가 없다.[41]

41 [지하철유실물횡령] 甲은 지하철 바닥과 선반 위에 있던 핸드폰을 가지고 갔다. ① (대판 99도3963) "지하철 승무원은 유실물법상 전동차의 관수자로서 승객이 잊고 내린 유실물을 교부받을 권능을 가질 뿐 전동차 안 승객의 물건을 점유한다고 할 수 없고, 그 유실물을 현실적으로 발견하지 않는 한 이에 대한 점유를 개시하였다고 할 수도 없"다. 甲은 점유이탈물횡령죄가 성립한다. ② 고속버스에 두고 간 물건의 경우도 마찬가지이다(대판 92도3170).

§57. 배임의 죄

Ⅰ. 서　론

배임죄는 신임관계를 위반하여 타인의 **재산권**을 침해하고, 재산상 이익을 취득하는 범죄이다. 배임죄는 횡령죄와 같이 신임관계의 위반(背任)을 전제로 하지만, **이득죄**라는 점에서 재물죄(영득죄)인 횡령죄와 구별된다. 판례는 배임죄를 **위험범**으로 본다.

"재산상의 손해에는 현실적인 손해가 발생한 경우뿐만 아니라 **재산상 실해 발생의 위험**을 초래한 경우도 포함되고, 재산상 손해의 유무에 대한 판단은 법률적 판단에 의하지 않고 경제적 관점에서 파악하여야 한다. 재산상 실해 발생의 위험이란 본인에게 손해가 발생할 막연한 위험이 있는 것만으로는 부족하고 **경제적인 관점에서 보아 본인에게 손해가 발생한 것과 같은 정도로 구체적인 위험**[1]이 있는 경우를 의미한다"(대판 2015도6745).

그러나 私見으로 배임죄는 "본인에게 손해를 가한 때"를 규정하고 있으므로 위험범이 아니라 침해범이며, 배임행위 전후의 **전체 재산을 비교하여 재산이 감소한 경우**[2]에 비로소 기수가 성립한다.

[배임죄의 유연화]　판례는 배임죄의 구성요건을 매우 유연하게 확장해석함으로써

---

1 [경제적 손해의 위험] H은행 지점장 甲은 A㈜가 B㈜에 대하여 부담하게 될 석유대금채무를 아무런 반대급부 없이 지급보증하였다. B㈜는 지급보증서가 정상 발급된 것이 아님을 알고 A㈜에 물품을 공급하지 않았고, A㈜도 물품대금채무를 부담하지 않았다. ① (대판 2015도6745) "지급보증대상인 물품대금지급채무 자체가 현실적으로 발생하지 않은 이상 H에 경제적인 관점에서 손해가 발생한 것과 같은 정도로 구체적인 위험이 발생"한 것이 아니다. 이에 비해 학교 교육용재산 처분 담당자가 매매잔금을 받지 않은 상태에서 매수자에게 소유권이전등기를 마치게 하면 무효사유가 있더라도 "소유권이전등기가 실제로 경료된 이상 경제적 관점에서는 학교법인에 현실적인 손해가 발생하였거나 재산상 실해 발생의 위험이 초래된 것이다(대판 2023도7045)/ ② (評釋) 甲은 배임미수죄(제359조)가 성립한다.

2 [연대보증배임] A㈜ 대표 甲은 자신이 100% 소유하는 B㈜의 대출금채무에 대해 A㈜의 이사회 결의나 주주들의 동의 없이 연대보증을 하게 하면서 어떤 대가도 제공하지 않았고, 구상금채권의 확보방안도 마련하지 않았다. ① (대판 2014도17180) 甲은 임무위배행위로서 A㈜에 재산상 손해발생의 위험을 초래하였고 업무상배임죄가 성립한다. ② (評釋) 배임죄를 침해범으로 본다면 甲은 배임미수죄가 성립한다.

배임죄 구성요건을 일종의 포괄구성요건(Auffangtatbestand)[3]으로 만들고 있다. ① 타인사무처리자는 '적극적인 재산관리의무자'로부터 '신의칙에 의한 신임관계' 또는 '**사실상의 신임관계**'가 있는 자로 확장된다. 가령 차입매수과정에서 MOU체결한 매수자도 피인수회사의 사무처리자가 된다.[4] ② 임무위배행위는 위임된 '권한의 초월이나 남용'으로부터 '비윤리적 행위'로 판단되는 일체의 행위로 재해석된다. 예컨대 '**모럴 헤저드**'에 빠진 경영행위도 임무위배행위가 된다. ③ 손해는 재산상 실손해에서 실해 발생의 '위험'을 초래한 것으로 확장된다. 적극적 손해뿐만 아니라 **경제적 관점에서 실질적으로 판단**하여(대판 2021도9509) "객관적으로 보아 취득할 것이 충분히 기대되는데도 임무위배행위로 말미암아 이익을 얻지 못한 경우"도 손해(소극적 손해)로 인정된다. ④ 고의는 행위자가 자신의 행위가 비윤리적 행위임을 인식할 의무의 위반으로 변질된다.

	배임죄의 요건	배임죄해석현실
①	타인사무처리자 (재산관리의무자)	사실상의 신임관계 (실질적 경영자)
②	임무위배행위	비윤리적 경영 (하이리스크의 경영결정)
④	실손해	손해의 위험초래
⑤	인식과 의욕	비윤리성의 인식(의무위반)

[배임죄의 구성요건체계] 형법상 배임죄는 배임죄(제355조 제2항)를 기본구성요건으로 업무상 배임죄(제356조)를 가중구성요건으로 삼고, 친족 간 배임행위에는 친족상도례규정을 적용한다(제361조). 독자변형구성요건으로 배임수증재(제357조)가 있다. 배임죄, 업무상 배임죄, 배임수증재의 미수범은 처벌된다(제359조). 10년 이하의 자격정지도 병과할 수 있고(제358조), 친족간상도례규정도 적용된다(제361조). 또한 재산상 이득의 가액이 5억 원 이상인 경우에는 「특정경제범죄법」 제3조 제1항이 적용된다. 이 조항의 적용에서 "**이득액을 엄격하고 신중하게 산정**함으로써,

3 A. Dierlamm, "Untreue ein Auffangtatbestand?", NStZ, 997, 534쪽 아래 참조.

4 [LBO의 배임성] 甲은 K㈜를 설립하여 대표가 되고 자금난에 빠진 A㈜의 신주 520만 주에 근질권을 설정하여 D종금으로부터 350억 원을 대출받아 법정관리에 들어간 A㈜를 인수하였다. 인수 후 甲은 A의 부동산에 근저당권을 설정하고 앞서 질권을 설정했던 신주를 반환받았다. 甲이 A㈜의 대표가 되어 경영을 하면서 A㈜는 공사수주를 많이 하였고, 2년 만에 순자산이 1천억 원이 넘는 성장을 이루었다. ① (대판 2004도7027) 인수자가 금융기관으로부터 대출을 받고 나중에 피인수회사의 자산을 담보로 제공하는 방식(Leveraged Buyout)은 피인수회사로서는 주채무가 변제되지 아니할 경우에는 **담보로 제공되는 자산을 잃게 되는 위험을 부담**하므로 인수자가 이 위험부담에 상응하는 대가를 지급하는 등 **반대급부를 제공하는 경우에만 허용될 수 있다.** 甲은 인수자 또는 제3자에게 **담보가치에 상응한 재산상 이익을 취득하게 하고 피인수회사에게 그 재산상 손해를 가하여** 배임죄가 성립한다. ② (評釋) 차입매수는 우선협상대상자 → MOU체결 → 실질적 담보설정 → ㉣ 신주발행 및 대표취임 → 물권적 담보설정 등(계약이행) → 경영정상화로 진행된다. 대표 취임 전 **MOU 체결 단계에서 회사의 외부인**인 甲은 적극적인 재산관리의무가 없어 A㈜의 사무를 처리하는 자가 될 수 없다. 甲은 회사의 **리엔지니어링과 네트워킹**으로 회사를 소생시키는 **경영능력을 반대급부**로서 제공한다. 차입매수는 피인수회사의 경영진과 채권단이 선관주의를 다하여 그것이 기업회생의 프로젝트로서 합리적이라는 경영판단이 이루어질 때 취한다는 점에서 충실의무 위반이 될 수 없고, 임무위배행위가 되기 어렵다. 특히 甲이 K의 대출총액이 현금흐름할인법(DCF)으로 계산되는 금액보다 적은 경우라면 손해의 구체적 위험도 없다. 차입매수자는 피인수회사와 윈윈(win-win)의사를 가지므로 불법이득의사도 없다.

범죄와 형벌 사이에 적정한 균형이 이루어져야 한다는 죄형균형원칙이나 형벌은 책임에 기초하고 그 책임에 비례하여야 한다는 **책임주의원칙**이 훼손되지 않도록 유의하여야 한다"(대판 2005도7288).[5] 재산상 이익의 "**가액을 구체적으로 산정할 수 없는 경우**[6]에는 재산상 이익의 가액을 기준으로 가중처벌하는 특정경제범죄법 위반죄로 의율할 수는 없다"(대판 2014도12619).

Ⅱ. 배 임 죄

제355조(배임) ② 타인의 사무를 처리하는 자가 그 임무에 위배하는 행위로써 재산상의 이익을 취득하거나 제3자로 하여금 이를 취득하게 하여 본인에게 손해를 가한 때에도 전항의 형과 같다.

제356조(업무상의 횡령과 배임) 업무상의 임무에 위배하여 제355조의 죄를 범한 자는 10년 이하의 징역 또는 3천만 원 이하의 벌금에 처한다.

(1) 타인의 사무를 처리하는 자 **타인**이란 행위자 이외 자연인, 법인(1인회사[7] 포함), 법인격 없는 단체를 포함한다. 타인의 사무이면서 자신의 사무이어도 중심이 타인의 사무에 속할 때에 타인성이 인정된다.

1) 적극적 재산관리의무 타인의 사무는 **재산사무**[8]이어야 하고, 이

---

5 "타인에 대하여 근저당권설정의무를 부담하는 자가 제3자에게 근저당권을 설정하여 주는 배임행위로 인하여 취득하는 재산상 이익 내지 그 타인의 손해는 그 타인에게 설정하여 주기로 한 근저당권의 담보가치 중 제3자와의 거래에 대한 담보로 이용함으로써 상실된 담보가치 상당으로서, 이를 산정하는 때에 제3자에 대한 근저당권 설정 이후에도 당해 부동산의 담보가치가 남아 있는 경우에는 그 부분을 재산상 이익 내지 손해에 포함시킬 수 없다"(대판 2009도10541).

6 **[배임죄와 책임주의]** 甲은 자신의 토지와 매매위임을 받은 종중의 토지에 관해 E㈜와 매매협의를 하면서 종중 토지를 인근 토지의 평균거래가인 평당 72만 원보다 높은 가격으로 매수해달라고 하면서 자신의 토지는 평당 300만 원이 아니면 매도하지 않겠다고 고집했다. E㈜는 결국 甲의 토지를 평당 258만 원에, 종중 토지는 평당 101만 원에 매수하였다. 甲의 토지 매입가와 종중 토지 매입가을 합산한 평균가는 평당 180만 원이었다. ① (대판 2012도3840) 부동산 가격의 영향요소는 매우 다양하므로 "토지 전체의 평당가를 180만 원 정도로 합의한 상태에서 종중 소유 토지의 평당 가격을 낮추는 대신 甲 소유 토지의 평당 가격을 올리게 된 것이라고 쉽사리 단정하기 어렵"고, **재산상 이익의 가액을 구체적으로 산정할 수 없는 경우**에는 특정경제범죄법 위반(배임)죄를 적용할 수 없다. ② (評釋) 甲은 매매위임을 받고 있었기에 종중원에 대한 사기죄가 성립하지 않고, 부당이득죄(대판 2008도8577)도 아니다.

7 **[1인주주의 배임죄]** D㈜ 대표이며 1대주주(지분 65%) 甲과 2대주주(지분 30%) 乙은 D㈜의 임차인들 명의로 은행대출을 받아 자신들의 개인부채를 갚았다. 이후 甲은 임차보증금을 인상하고 각 임차인의 대출금을 인상보증금에 충당하였다. ① (대판 83도2330) 회사의 주식이 사실상 1인 주주에 귀속하는 **1인 회사에 있어서도 행위의 주체와 그 본인은 별개의 인격이며 그 본인인 주식회사에 재산상 손해가 발생하였을 때 배임의 죄는 기수가** 되므로 궁극적으로 그 손해가 주주의 손해가 된다고 하더라도 이미 성립한 업무상 배임죄에는 아무 영향이 없다.

8 **[감사와 배임죄]** S㈜ 감사 甲은 이 회사의 신용장개설 업무를 하는 서울사무소의 소장을 겸직하면서 보관하고 있던 S㈜ 대표 乙의 통장과 거래용 인감도장으로 乙 명의의 약속어음 230억 원을 발

점에서 직무범죄인 배임수재죄, 배임증재죄와 구분된다. 판례에 의하면 타인의 사무를 처리하는 자는 "당사자 관계의 전형적·본질적 내용이 통상의 계약에서의 **이익대립관계를 넘어서** 그들 사이의 신임관계(예: 위임[9])에 기초하여 타인의 **재산을 보호 또는 관리**하는 데에 있어야" 한다(대판 2019도9756). 私見으로 배임죄의 불명확성과 유추를 경계하기 위해서 타인의 재산사무는 신탁재산의 수탁인과 같이 **적극적인 재산관리의무**를 지닌 사무이어야 한다. 재산관리의무는 기존 재산의 유지와 통상적으로 가능한 재산의 증가(예: 예금을 통한 이자수익)를 도모할 의무를 포함한다.[10]

[재산관리의무의 판단방법] 재산관리의무 여부는 적극적 재산관리가 주된 의무(Hauptpflicht)인가 부수적 의무(Nebenpflicht)인가, 사무처리에서 본인의 지시에 종속적인가 독립적인가 하는 점을 고려하여 판단한다. **재산관리의무가 매우 약한 경우**(예: ㉠ 종업원)나 사무처리자가 본인에 대해 **완전히 독립되어 있는 경우**(예: ㉦ 계약명의신탁의 명의수탁자)는 배임죄의 주체가 될 수 없다. 배임죄의 신분은 **재산관리의**

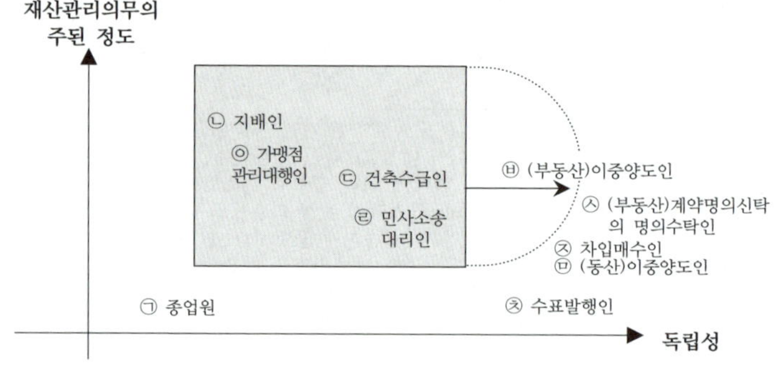

행하여 사채업자들에게 할인하여 사용하였다. ① (대판 98도2577) "감사는 회계와 업무의 **감사를 사무내용**으로 하므로 회사의 어음발행 사무를 취급하지 않으므로" 甲은 S의 재산을 보전·관리하는 배임죄의 주체가 될 수 없다. ② 甲은 유가증권위조(제214조 제1항)·행사죄(제217조)가 성립한다.

9 위임 등과 같이 계약의 전형적·본질적인 급부의 내용이 상대방의 재산상 사무를 일정한 권한을 가지고 맡아 처리하는 경우에 배임죄의 주체가 되며 채무자의 성실한 급부이행에 의해 상대방이 계약상 권리 만족의 이익을 얻는 관계나 계약을 이행함에 있어 상대방을 보호하거나 배려할 부수적인 의무가 있다는 것만으로는 배임죄의 주체가 될 수 없다(대판 2020도3514).

10 예컨대 은행 잔고가 없는데도 수표를 발행한(=수표카드의 남용) 자는 배임죄의 처벌을 받을 수 없다. 그는 수표채무의 주채무자인 은행의 대리인이라는 점에선 타인의 재산사무를 관리하는 자이지만 은행의 재산을 유지, 증식하는 적극적 관리의무를 짊어지고 있지는 않기 때문이다. 부정수표발행행위의 처벌가치는 수표를 사용하는 경제생활의 안전과 수표의 기능을 보호법익으로 삼는 「부정수표 단속법」에 의해서만 인정된다.

무가 상당한 정도 이상이면서 본인의 지시에 완전히 독립적이지 않은 유형(㉡ 지배인, ㉢ 건축수급인, ㉣ 민사소송대리인, ㉧ 가맹점 관리대행인)(도표에서 사각형 안에 들어온 유형)에서 주로 인정된다.

	재산관리의무	독립성	예 시
주체 불인정	×	×	– 상점의 종업원(㉠)
	△	●	– (부도)수표발행인(㉨) – 계약금만 받은 상태의 부동산 이중양도인 – 동산의 이중양도인(㉤) – 증여를 구두로 약정한 사람(대판 76도679) – 매매계약의 채무자[11](대판 75도2245) – 임차인의 임차료 지급사무(대판 71도1116) – 투자금반환채무의 담보로 임차권을 제공한 채무자의 임차권 유지의무(대판 2015도1301) – 담보신탁계약 및 자금관리대리사무계약에 따른 채무자의 신탁등기의무(대판 2014도9907) – 매도한 수분양권을 담보로 대출받은 매도인(대판 2014도12104) – 채권양도 후 통지 전에 직접 추심한 채권양도인(대판 2017도3829)
	○	●	– 부동산 계약명의신탁의 명의수탁인(㉦: 대판 2011도7361)
주체 인정	●	×	– 가전제품 대리점 지배인(도표 ㉡) – 가맹점관리대행자(㉧: 대판 2010도3532)[12]
	▲	▲	– 민사소송대리인인 변호사(㉣)
	○	△	– 건축도급계약의 수급인(㉢)
중간 영역	△	대내적 × 대외적 ●	– **중도금 받은 부동산 이중양도인(㉥: 대판 2017도4027 인정:** 순위보전 가등기를 해준 경우를 포함하는 대판 2019도16228) – 지입차량에 지입차주의 동의 없이 저당권을 설정한 **지입회사** (대판 2018도14365) – 양도담보권자의 정산의무(대판 85도1493 불인정) – 동산 양도담보의 채무자(대판 2019도975: 불인정) – 가등기권자(2019도16228: 불인정) – **전세보증금반환채권자가** 질권자인 **대출은행을 제치고 전세보증금을 반환받지 않을** 의무(**대판 2015도5665 불인정)** – 버스회사로부터 버스구입자금 대출받고 버스에 저당권을 설정한 채무자(대판 2020도6258 불인정) – 금전차용에 따른 부동산의 이중저당(대판 2019도14340 불인정)

● 매우 강함 ○ 강함 ▲ 상당 △ 약함 × 매우 약함

이와 같은 판단기준을 바탕으로 배임죄의 주체가 되는 유형과 해당 판례를 정리하면 다음과 같다.

● **부동산 이중양도**, 즉 부동산매매 계약을 체결하고 다시 다른 매수자에게 매도하는

11 매매계약에서 대금을 지급하거나 대금 중 일부를 타인에게 지급하겠다고 약정한 매수인.

12 "A 주식회사와 가맹점 관리대행계약 등을 체결하고 그 대리점으로서 가맹점 관리업무 등을 수행하는 B 주식회사 대표이사인 피고인이, 임무에 위배하여 A 회사의 가맹점을 다른 경쟁업체 가맹점으로 임의로 전환하여 A 회사에 재산상 손해를 가한" 경우는 업무상 배임죄가 인정된다(대판 2010도3532).

계약을 한 부동산의 소유자(매도인)는 계약금만 받은 단계에서는 언제든지 계약금의 2배액을 지급하고 계약을 해제할 수 있으므로(민법 제565조) 타인(매수인)의 사무를 처리하는 자가 아닌 반면, 중도금(대금의 약 2/3 가량)을 수령한 단계에서는 매매계약을 일방적으로 해제할 수 없고, (신의칙상) 매수인의 소유권취득에 협력하여야 할 의무(등기협력의무,[13] 재산보존협력의무[대판 2017도4027])를 지게 되므로 매수인의 사무를 처리하는 자로서 배임죄의 주체가 된다(대판 82도49).[14] 매도인이 매수인에게 **순위보전 가등기**를 해주었더라도 그 자체로 물권변동의 효력이 있는 것은 아니어서 배임죄가 성립한다(대판 2019도16228). 이러한 판례의 태도는 부동산매매대금은 개인 자산의 중대한 부분으로서 등기 이전까지 큰 돈을 지불하고도 (등기부상 명의의 이전을 못해) 부동산을 취득하지 못하게 될 위험을 줄이기 위해서는 현실적으로 불가피한 정책이라고 볼 수 있다. 그리고 이중매매의 매수인은 이중매매사실을 안 점을 넘어 매도인의 "**배임행위에 적극 가담**"한[15] 경우에 비로소 매도인의 배임죄의 공범이 된다. 부동산의 양도담보를 이중으로 한 경우[16]도 배임죄가 성립한다.

● **동산의 이중양도(담보)**[17]나 저당자동차의 양도[18]는 배임죄가 성립하지 않는다.

---

13 이 의무는 매수 소유권을 취득할 수 있는 일종의 물권적 기대권과 맞대응되어 있다. 판례는 이를 매수인의 "소유권 이전등기 절차이행을 청구할 권리"(대판 65도1095)로 표현하기도 한다.

14 부동산이중양도(양도담보, 대물변제) 배임에서 실행의 착수는 주관적 객관설에 따르면 제2매매계약을 체결한 때, 밀접행위설(실질적 객관설)을 따르면 제2매매계약을 하고 계약금과 중도금을 수령한 때(대판 84도691)에 인정되고, 소유권이전등기를 마친 때에 기수가 된다(대판 83도1946).

15 [이중양도매수인의 배임] 임대인 乙은 甲에게 점포를 임대하면서, 그 점포를 판다면 甲에게 판다는 특약을 맺은 후 丙에게 매도하고 중도금까지 수령하였다. 이를 안 甲은 乙과의 특약을 근거로 매매대금을 정하고, 임차보증금을 공제한 나머지 금액을 공탁한 후 乙을 부추겨 점포의 등기를 자신에게 이전시켰다. ① (대판 82도180) 甲은 중도금까지 지급한 丙의 "소유권 이전등기 절차이행을 청구할 권리"(대판 65도1095)를 침해하는 乙의 "**배임행위에 적극 가담하였**"으므로 배임죄의 공동정범이 된다. ② (評釋) 이중양도 등을 안 점만으로 배임죄의 공범이 될 수 없다.

16 [이중양도담보] 甲은 乙에게 2억 원을 빌리면서 자신의 오피스텔에 양도담보계약을 한 후 丙에게 4천만 원을 차용하면도 그 오피스텔에 대해 다시 양도담보계약을 하였다. ① (대판 2011도15179) 甲이 丙과 양도담보계약을 체결함으로써 **乙에 대한 배임행위의 실행의 착수**한 것이고 **배임액은** 2억 원이 아니라 4천만 원이다. 丙에게 乙과의 양도담보계약을 고지하지 않은 것은 **丙에 대한 기망행위**가 되지 않는다. "**매수인의 권리실현에 장애가 되지 아니하는 사유까지 매도인이 매수인에게 고지할 의무가 있다고는 볼 수 없**"기 때문이다(대판 2008도1652), ③ (評釋) 甲은 乙에게 소유권이전등기를 할 수 있다는 점은 양도담보물의 담보가치에 중요한 요소이므로 고지의무가 있고, **丙에 대해 사기죄**가 성립할 수 있다.

17 [동산양도담보물매각] S(주) 대표 甲은 K은행에서 대출을 받으면서 골재생산기기를 점유개정방식으로 양도담보로 제공하는 계약(선관주의 점유사용보전관리 약정 포함)을 한 후 그 기기를 乙에게 매각하였다. ① (대판 2019도9756) 양도담보계약의 전형적 본질적 내용은 대출금 채무의 변제와 이를 위한 담보에 있고 선관주의 관리약정으로 甲이 K의 사무처리자가 되지 않는다.

18 [저당자동차양도] 甲은 乙에게 자동차에 저당권을 설정해준 뒤 丙에게 2천만 원을 차용하면서 그 자동차를 인도하고 포기각서도 작성해 주었다. 甲이 빚을 갚지 못해 乙이 저당권 실행으로 자동차 인도명령을 받았으나 소재를 알 수 없어 집행을 할 수 없었다. ① (대판 2008도3651) "**자동차의 교환가치는 그 저당권에 포섭되고, 저당권설정자가 자동차를 매도하여 그 소유자가 달라지더라도 저당권에는 영향이 없으므로,**" 甲의 매도(또는 양도담보)는 배임죄에 해당하지 않는다. ② 다만 甲이 丙에게 「자동차관리법」상 이전등록에 필요한 조치 등 정상적 거래를 하지 않아 "채무자가 **부당히 그 담보가치를 감소시키는 행위를 한 경우 배임죄**"가 성립한다(대판 89도350). 자동차 인도

● **부동산의 이중저당**(예: 금전을 차용하고 약정한 저당권 설정을 하지 않고 다른 사람에게 다시 금전을 차용하고 저당권등기를 해줌)에서도 배임죄를 인정한다(대판 80도903). 그러나 私見으로 소비대차계약의 채권자가 저당권등기를 청구할 권리는 그 보호필요성이 부동산 매수인보다 많이 낮으며, 저당권등기는 소비대차계약과 별도의 계약으로서 그 위반은 민사불법에 머무른다.

● 서면으로 부동산 증여의 의사를 표시한 **증여자**가 계약이 취소되거나 해제되지 않았는데도 그 **부동산을 제3자에게 처분하여 등기**[19]하면 배임죄가 성립한다(대판 2016도19308).

● **지입회사(운영자)**는 계약적 이익대립관계를 넘어서 신임관계에 기초한 지입차주(타인)의 사무를 처리하는 자이므로 지입차량에 저당권을 설정하고 대출받은 행위는 배임죄가 성립한다(대판 2018도14365).

2) 신임관계　　타인의 사무를 처리하는 자는 "타인과의 대내관계에 있어서 신의성실의 원칙에 비추어 그 사무를 처리할 **신임관계**[20]가 존재한다고 인정되는 자를 의미하고, 반드시 제3자에 대한 대외관계에서 그 사무에 관한 대리권이 존재할 것을 요하지 않으며, 업무상배임죄에 있어서의 업무의 근거는 **법령, 계약, 관습**의 어느 것에 의하건 묻지 않고, **사실상**[21]**의 것도 포함한다**"(대판 2002도758). 私見으로 신의칙(또는 관습)상 타인사무처리자는 **사회규범에 근거한**[22] 타인사무처리자이고, 사실상 타인사

명령의 집행가능성 훼손에는 미필적 배임고의도 인정된다(대판 2010도11665). 채무자는 저당권의 담보가치를 유지하기 위한 재산관리의무를 부담한다.

19 [증여자 배임] 甲은 乙에게 목장용지를 증여하는 계약서를 작성하고 다시 농협에서 4천만 원을 대출받고 근저당권설정등기를 하였다. ① (대판 2016도19308) 甲은 배임죄가 성립하며 이득액은 4천만 원이 된다. ② (評釋) 증여계약만으로 乙에게 소유권취득의 물권적 기대권이 생겼다고 보기 어려우므로 甲은 乙의 사무처리자가 아니다.

20 [신임상 타인사무처리자] 신용카드 정보통신부가사업(VAN)을 하는 B㈜는 'A㈜를 위하여 신용카드 가맹업소와 신용카드 조회 및 거래승인, 가맹점 관리를 대행하는 계약'을 체결하였다. B㈜ 대표 甲은 A㈜에 가입한 가맹점들을 상대로 C, D, E 사의 가맹점으로 임의 전환하게 하였고, A㈜는 수수료 수입을 잃게 되었다. ① (대판 2010도3532) 甲은 재산적 가치가 있는 가맹점 관리 등의 A㈜의 사무를 처리하는 자이고, 그 업무가 甲 자신의 사무의 성격을 일부 가지고 있다고 하여 달리 볼 것이 아니다. ② (評釋) 동종업체로 임의전환하지 않을 의무는 A㈜와 B㈜의 계약에 묵시적으로 포함된 재산관리의무이므로 甲은 업무상 배임죄가 성립한다.

21 [사실상 타인사무처리자] M학교법인 이사장 甲은 소속 M대학교 총장직을 아들 乙에게 물려주고, 학교법인 이사들로 하여금 이사회 결의로 자신을 명예총장으로 추대하고 총장과 동일한 보수를 제공하게 하였다. 「사립학교법」은 상근임원 이외의 학교법인의 임원에 대한 보수 지급을 금지하며 학교의 회계와 법인의 회계를 분리하고 있다. ① (대판 2002도758) 甲은 **사실상 타인**(M대학교)**의 사무를 처리할 신임관계**에 있는 자로서 명예총장에의 추대 및 보수의 예우 제공은 임무에 위배하는 행위에 해당하며 "학교법인의 이사회의 결의가 있었다고 하여 정당화할 수도 없다"(대판 99도457).

22 [원인 없이 이체된 비트코인의 취득] 乙의 가상지갑에 들어 있던 비트코인이 알 수 없는 이유로 자신

무처리자는 사회규범에도 근거함이 없이 배임죄의 주체를 인정하는 것을 가리키는데, 이는 유추금지에 위배되는 해석이다.

판례상 **사실상 타인사무처리자**로는 각 계열회사의 이사가 아니어도 사실상 경영자로서 각 계열회사의 사무를 처리하는 **그룹 회장**, 차입매수(LBO)에 의한 인수합병에서 MOU를 체결하여 피인수회사의 사무를 처리하는 자가 되는 **우선협상대상자**(대판 2004도7027), 대학교의 총장 이외에 그 대학교의 사무를 처리하는 자인 **學校法人 이사장**(대판 2002도758) 등이 있다. 그러나 私見으로 그룹 회장도 특히 지배율이 낮은 계열사에 대해서 현실적으로 사무처리자로 보기 어렵고, LBO의 우선협상대상자는 피인수회사의 경영진에, 학교법인 이사장은 대학교 이사들에 대해 각각 비신분자로서 가공하는 공범이 될 뿐이다. 사실상 타인사무처리자의 논리에 따르면 은행의 재산사무를 처리하는 자가 아닌 **부정수표 발행자**도 배임죄의 주체가 될 수 있게 되고, 이런 해석은 유추금지에 위배된다.

(2) 배임행위 배임죄는 "임무에 위배하는 행위"가 있어야 한다. 배임은 권한남용이라는 특수한 형태(lex specialis)로 실행되거나 신의파괴라는 일반적인 형태(lex generalis)로 실행된다. **권한남용**(Mißbrauch)[23]은 타인사무처리인이 자신의 수권범위를 (내적 또는 외적으로) 넘어 권한을 행사하는 것을 말한다. 법률행위이건 사실행위(예: 금전의 임의소비, 재산멸실)이건 상관없다. **신의파괴**(Treubruch)[24](판례: "신임관계를 저버림")는 권한남용을 파악할

의 계정에 이체된 甲은 이를 알고 자신의 다른 계정으로 이체하였다. ① (대판 2020도9789) 비트코인이 법률상 원인관계 없이 이체되었더라도 甲이 신임관계에 기초하여 乙의 사무를 맡아 처리하는 것으로 볼 수 없다. ② (評釋) 비트코인 거래에서 잘못 이체된 코인의 보관 및 반환의 사회규범은 아직 형성되어 있지 않다.

23 [권한남용배임] S(주) 직원 甲은 乙이 입수한 S(주)의 64M SDRAM 회로도를 KSTC 사무실 내의 워크스테이션에 입력한 후 데이터 커트리지 테이프에 저장하여 N(주)에 그 일부의 출력도면을 건네주었다. 甲은 회사에 영업비밀유출금지 서약을 한 바 있다. ① (대판 98도4704: 2015도17628) 甲의 행위는 회사와의 "**신임관계**를 저버리는" 행위로서 업무상 배임죄를 구성한다. ② (評釋) 서약상 甲의 권한을 넘어선 점에서 권한남용배임에 해당한다.

24 [신의파괴배임] Y 조합 정산위원회 위원장 甲이 총회의 불신임결의로 해임되고 후임 정산위원장이 선출되었지만 후임자에게 업무와 직인을 인계하지 않고 있던 중 정산위원회가 乙로부터 대여금청구소송을 제기 당했다. 甲은 소장부본, 변론기일소환장을 송달받았지만 이 제소사실을 정산위원회에 알려 주지도 않고 직접 응소하지도 않아 조합은 의제자백에 의한 패소판결을 받았다. ① (대판 99도1095) 신임관계는 "관습 또는 **사무관리에 의하여도 발생할 수 있으므로, 법적인 권한이 소멸된 후에 사무를 처리하거나 그 사무처리자가 그 직에서 해임된 후 사무인계 전에 사무를 처리한 경우도 배임죄**에 있어서의 사무를 처리하는 경우에 해당한다." 甲은 업무상 배임죄가 성립한다. ② (評釋) 甲은 해임된 때부터 업무와 직인을 인계할 때까지는 민법 제734조에 의해 사무관리의무가 있는 자에 해당하고, 따라서 사무관리개시 통지의무(민법 제736조), 본인의 사무개시전까지의 사무관리계속의무(민법 제737조)가 있다. 甲은 소장부본 등의 송달을 받은 순간부터 이러한 사무관리의무에 위반하여 정산위원회 사이의 (법률상) 신임관계를 파괴한 배임을 한 것

수 없는 경우에 보충적으로 검토한다. 권한남용이나 신의파괴 어느 경우이든 배임행위는 "기대되는 행위를 하지 않거나[25] 당연히 하지 않아야 할 것으로 기대되는 행위를 함으로써 사무처리를 위임한 본인과의 신임관계를 저버리는" 행위이다(대판 2005도4640). 재산관리의무가 신의성실원칙에 의해 인정된 대부분의 경우에서는 타인사무처리자 여부의 판단과 임무위배(배임)의 판단은 분리되지 않는다.[26] 배임행위의 판단에 대한 몇 가지 중요 쟁점은 다음과 같다.

● 판례는 배임 판단에 관련되어 있는 사법의 해석을 먼저 정해놓고 그에 따라 배임 여부를 판단하여 배임죄의 **사법해석 종속성**[27]을 보이기도 한다. 그러나 형법은 다른 법에 의해 문제가 된 일탈행위의 반도덕성을 통제할 수 없는 경우라면 투입되어야 하며 그 한에서 형법은 **도덕형성력과 사법에 대한 우위**를 지닐 수 있다.

● 이사들의 배임여부는 **경영판단원칙**(business judgement rule)을 적용하므로 이사들이 선관주의와 충실의무를 다하여 내린 경영상 결정은 그로 인해 회사가 손해를 입더라도 배임이 되지 않는다. 동일한 기업집단에 속한 계열회사 사이의 지원행위도 합리적인 경영판단의 재량 범위 내에서 행하여진 경우에는 배임에 해당하지 않게 된

이다. 법률상 사무관리자의 권한은 사무관리비용상환청구권(민법 제738조)과 무과실손해보상청구권(민법 제739조)뿐이고, 사무관리관계에서 甲이 본인과의 관계에서 대내적으로 할 수 있는 권한이 그 남용여부를 판단할 수 있을 정도로 구체적으로 규정되어 있지 않기 때문이다.

25 [부작위 배임미수] G도시개발조합 대표 甲은 2011.8. 도시개발 및 실시계획의 변경인가로 환지예정지의 가치(총 34억)가 상승하였지만, 그 가치상승을 청산절차에 반영하는 재감정 등의 조치를 취하지 않고, 그해 12.경 이 상황을 묵비한 채 퇴사하였다. 조합은 2012년~2015년까지 개발계획 및 실시계획 변경을 추진하여 2016.5. 환지계획변경인가신청 절차를 마쳤고 손해도 발생하지 않았다. ① (대판 2020도15529) 배임죄의 **실행의 착수**는 "작위의무가 이행되지 않으면 사무처리의 임무를 부여한 사람이 재산권을 행사할 수 없으리라고 객관적으로 예견되는 등으로 **구성요건적 결과 발생의 위험이 구체화한 상황에서 부작위가 이루어져야 한다.**" "2011년 실시계획의 인가 당시 환지계획의 변경을 서두르지 않을 경우 조만간 환지처분이 이루어져 조합원들 사이의 권리 관계가 확정될 급박한 상황"이 아니었으므로 甲은 배임미수가 성립하지 않는다.

26 예컨대 변제기 도과 후 채권추심을 위해 양도담보권자가 담보부동산을 처분하는 행위(대판 82도1621)가 배임행위가 아니라는 판단은 행위자에게 재산관리의무가 없다고 말하는 것과 같다.

27 [배임죄의 상법해석종속성] 전환사채의 제3자 배정에 대한 주총의 특별결의제도가 없었던 상법 하에서 E㈜ 대표 甲은 이사회를 열어 전환사채를 액면가보다 높지만 시가보다 현저히 낮은 가액에 발행하여 주주들에게 배정하였고 97%가 실권하자 다시 이사회를 열어 실권 전환사채를 그룹 회장의 아들 乙에게 동일한 조건으로 배정하였다. 乙은 전환사채를 인수하고 전환권을 행사하여 E㈜의 대주주가 되었다. ① (대판 2007도4949) 주주들에게 인수기회를 부여하였으면 제3자에게 동일조건으로 발행해도 상법상 주주배정 방식의 발행이고, 이 발행은 **액면가를 하회하지 않는 이상** 시가보다 낮게 발행해도 임무위배가 되지 않으며, E㈜의 지배권이 乙에게 이전한 것은 기존 주주의 이익을 침해할 뿐 주식회사의 이익을 침해하지 않는다. 甲은 업무상 배임죄가 성립하지 않는다. ② (評釋) 형법의 도덕형성력이 필요한 영역이며, 경영권 변칙 승계의 도덕적 결함은 조세법적 제재(예: 증여의제)로 메울 수 없다. 甲은 제3자 시가발행으로 납입주금의 규모를 크게 할 재산관리의무를 위배하여 회사에 손해를 입혔으므로 업무상 배임죄가 성립한다.

다(대판 2015도12633).[28] 다만 회사의 이사 등이 **타인에게 회사자금을 대여**할 때에 충분한 담보를 제공받는 등 상당하고도 **합리적인 채권회수조치[29]를** 취하여야 하고, 그렇지 않으면 경영상의 판단이라는 이유만으로 배임죄의 죄책을 면할 수는 없고, 그 타인이 계열회사라 하여 달라지지 않는다(대판 2007도3373).

● **직무발명**으로 특허를 받을 권리는 **발명자인 종업원에게 귀속하고** 사용자는 종업원의 특허에 대하여 **통상실시권**을 가진다. 특약[30]이 없는 한 종업원이 직무발명을 자신의 이름으로 **특허출원**하여도 배임행위가 되지 않는다.[31]

● 실질적인 자금의 수수 없이 형식적으로만 신규대출을 하여 기존채무를 변제하는 **대환**은 형식적으로는 별도의 대출에 해당하나 실질적으로는 기존채무의 변제기 연장에 불과하다(대판 2001도2189). 물론 대환이 합리적 경영판단이 아니라면(예: 채권부실화 위험에도 불구하고 기존 대출채권을 회수하지 않는 행위) 배임행위가 된다. 또한 "금융기관이 **실제로 거래처에 대출금을 새로 교부**한 경우에는 비록 새로운 대출금이 기존 대출금의 원리금으로 상환되도록 약정되어 있다고 하더라도 그 대출과 동시에 이미 손해발생의 위험이 발생하였다고 보아야 하므로 업무상 배임죄가 성립한다".[32]

---

28 "지원을 주고받는 계열회사들이 자본과 영업 등 실체적인 측면에서 결합되어 공동이익과 시너지 효과를 추구하는 관계에 있는지, 이러한 계열회사들 사이의 지원행위가 지원하는 계열회사를 포함하여 기업집단에 속한 계열회사들의 공동이익을 도모하기 위한 것으로서 특정인 또는 특정회사만의 이익을 위한 것은 아닌지, 지원 계열회사의 선정 및 지원 규모 등이 당해 계열회사의 의사나 지원 능력 등을 충분히 고려하여 객관적이고 합리적으로 결정된 것인지, 구체적인 지원행위가 정상적이고 합법적인 방법으로 시행된 것인지, 지원을 하는 계열회사에 지원행위로 인한 부담이나 위험에 상응하는 적절한 보상을 객관적으로 기대할 수 있는 상황이었는지 등까지 충분히 고려하여야 한다"(대판 2015도12633).

29 [계열사무담보대출배임] 甲과 乙은 S㈜를 설립하고 S1, S2㈜를 인수합병하였다. 甲과 갈등으로 乙이 지분을 매각하고 K그룹과 제휴하여 S2㈜를 적대적으로 인수합병하려고 하자, S㈜는 자산유동화대출(ABL)을 할 수 없게 되었고 甲은 S1이 그 자회사인 S2(매출: 20억 원, 부채: 71억 원, 당기순손실: 17억 원, 부채: 120억 원)에 40억 원을 무담보로 대여하게 하였다. ① (대판 2009도7435) 무담보 대여행위는 적대적 인수·합병에 대항하는 **경영권방어행위**로서 경영판단원칙이 적용될 수 없고, 계열그룹 전체의 회생을 위한다는 목적, 즉 **본인의 이익을 위한다는 의사는 부수적일 뿐이고 이득 또는 가해의 의사가 주된 것임이 판명되면 배임죄의 고의**를 부정할 수 없다"(대판 2007도541). 甲은 업무상 배임죄가 성립한다. ② (評釋) 甲은 "합리적인 채권회수조치를 취하지 아니한" 대출로 손해 위험을 발생시킴으로써 업무상 배임죄가 성립한다. 이에 반해 판례는 "이미 타인의 채무에 대하여 보증을 하였는데, 피보증인이 변제자력이 없어 결국 보증인이 보증채무를 이행하게 될 우려가 있고, 보증인이 피보증인에게 신규로 자금을 제공하거나 피보증인이 신규로 자금을 차용하는 데 담보를 제공하면서 그 신규자금이 이미 보증을 한 채무의 변제에 사용되도록 한 경우라면, 보증인으로서는 기보증채무와 별도로 새로 손해를 발생시킬 위험을 초래한 것이라고 볼 수 없다"(대판 2013도5214)고 본다.

30 "종업원의 의사가 **명시적으로 표시되거나 혹은 묵시적 의사를 추인할 수 있는 사정**이 인정되는 경우"에는 특허를 받을 수 있는 권리를 사용자에게 승계시킬 수 있다(대판 2010도12834).

31 [특허출원과 배임] 甲은 S㈜에서 휴대폰 관련 발명을 하였다. 甲은 직무발명품이 회사에 귀속된다는 명문의 근로계약을 맺지 않았으며, 근무규정에도 그런 조항은 없다. 甲은 회사의 동의 없이 특허출원을 하였고, 그 비용은 S의 비용으로 하였다. ① (대판 2011도15093) 직무발명으로 특허를 받을 수 있는 권리는 근로자에게 있으므로 甲의 특허출원행위는 임무위배에 해당하지 않는다. 특허출원비용의 사용은 甲의 특허출원이 회사의 통상실시권을 실현시킨다는 점에서 임무위배행위가 되지 않는다.

32 [대환 배임] E상호저축 대주주 甲은 그 회사에 20억 원의 채무가 있었고, 만기가 도래하자 임원

(3) **본인의 재산상 손해** 배임죄는 배임행위로써 본인에게 손해를 가했어야 한다.[33] 판례에 의하면 ① 재산상 손해는 "**재산적 가치의 감소**를 뜻하는 것으로서 이는 재산적 실해를 가한 경우뿐만 아니라 **실해 발생의 위험**(이는 "본인에게 손해가 발생할 막연한 위험이 있는 것만으로는 부족하고 경제적인 관점에서 보아 본인에게 손해가 발생한 것과 같은 정도로 구체적인 위험이 있는 경우"를 의미[대판 2017도6151])[34]을 초래한 경우도 포함하는 것이고, 손해액이 구체적으로 명백하게 확정되지 않았다고 하더라도 배임죄의 성립에는 영향이 없다. 또한 재산상 손해의 유무는 법률적 판단에 의하여 배임행위가 무효[35]라 하더라도 **경제적 관점**에서[36] (실손해의 위험 여부를[37]) 파악하

乙에게 아무런 담보확보 없이 동일조건의 26억 원 신규대출을 지시하고 乙은 이를 따랐다. 26억 원 중 20억 원은 기존 대출을 갚고, 6억 원은 실제로 입금 받았다. ① (대판 2010도13801) 6억 원은 실질적으로 담보 없이 신규 대출된 것이므로 업무상 배임죄가 성립하고, 특경법 제3조 제1항 2호가 적용되며, '개별차주 한도초과신용공여'의 죄(「상호저축은행법」 제12조, 제39조 제1항 6호)도 성립한다. "금융기관이 **실제로 거래처에 대출금을 새로 교부한 경우에는 비록 새로운 대출금이 기존 대출금의 원리금으로 상환되도록 약정되어 있다고 하더라도 그 대출과 동시에 이미 손해발생의 위험이 발생**하였다고 보아야 하므로 업무상 배임죄가 성립한다"(대판 2003도3516; 2012도2087).

33 [배임죄의 문언구성] ① 배임죄(제355조 제2항)의 문언은 "타인의 사무를 처리하는 자가 임무에 위배하여 **본인에게 손해를 가하여 재산상의 이익을 취득하거나 제3자로 하여금 이를 취득하게 한 때**"로 이득과 손해 표지의 순서를 바꾸는 것이 합리적이다. 재산상의 손해를 끼치고도 재산관리인이 이익을 얻지 못한 경우는 많지만 의무위반행위로 재산관리인이 이익을 얻었으면서도 본인에게 재산상의 손해가 발생하지 않는 경우란 드물기 때문이다. ② 독일의 배임죄(StGB § 266)는 **이득요건이 없다**. ③ 배임죄의 기수시점은 외부에서 인식할 수 있는 이득행위(예: 권한을 넘어서는 처분행위)가 있은 때이고 종료시점은 계약이행시점이다.

34 [실해발생위험도 없이 손해를 인정하는 목적일탈이론] 대법원은 한국농어촌공사 직원이 영농규모화를 위한 농지관리기금으로 농지매매지원요건을 갖추지 못한 농업인에게 대출을 해준 경우, 농지근저당권 설정으로 지원금 회수가 사실상 보장되더라도 "**기금이 목적을 위하여 사용됨을 저해**"한 점에서 재산상 손해를 인정한다(대판 2014도 5713). 이는 마치 사기죄 손해개념으로 발전한 독일의 목적일탈이론(Zwecksverfehlungslehre)을 따른 듯한 손해 개념이다.

35 [무효상계행위의 배임] 甲은 자신이 실질적으로 지배하는 P㈜에 자신의 또 다른 사업체 Y㈜가 30억 원 상당의 수목을 매도하였다는 허위의 매매계약을 체결하고 수목대금채권과 P의 甲에 대한 단기채권 중 30억 원을 상계하는 것으로 회계 처리하였다. ① (대판 2011도15857) 甲은 사실상 P의 사무를 처리하는 자이고, 허위채무를 발생시킨 점은 임무위배행위이다. 甲의 수목 매매대금채권이 존재하지 아니하여 "**상계가 법률상 무효라고 하더라도** 甲 회사에 재산상 **실해 발생의 위험이 초래**되었다고 보아 업무상 배임죄가 성립한다." ② (評釋) 이러한 손해의 위험은 아직 급박하고, 개연적이고 계측 가능한 위험이 아니므로, 甲은 배임의 불능미수범(제359조)이다.

36 [법률상 무효의 배임] A㈜ 대표 甲은 회사설립의 투자금으로 부친 乙로부터 2억 원을 차용한 후 乙에게 A(주) 명의의 차용증을 작성·교부하고 2억 원의 약속어음을 발행하여 공증했다. 乙은 이 공정증서로 A(주)의 B 법인에 대한 임대차보증금반환채권 중 2억 원에 대하여 압류 및 전부명령을 받아 확정된 압류 및 전부명령에 기하여 B 법인으로부터 1억 2,300만 원을 지급받았다. ① (대판 2014도9966) 甲이 乙에게 차용증 교부하고 약속어음을 공증한 행위까지는 **대표이사의 무효인 행위이므로 배임미수죄만 성립**하지만 이후 乙의 압류 및 전부명령을 받고 지급받음으로써 A에 **현실적인 손해가 발생하였으므로 기수**가 된다. 반면 대표이사가 대표권을 남용하여 약속어음을 발행

여"야 한다.[38] 손해는 **소극적 손해**[39]도 포함된다. "소극적 손해는 **재산증가를 객관적·개연적으로 기대**할 수 있음에도 **임무위배행위로 이러한 재산증가가 이루어지지 않은 경우**를 의미하는 것이므로 임무위배행위가 없었다면 실현되었을 재산 상태와 임무위배행위로 말미암아 현실적으로 실현된 재산 상태를 비교하여 그 유무 및 범위를 산정"한다(대판 2007도4949). ② 私見으로 "본인에게 손해를 가한 때"의 법문언은 배임죄가 **침해**

하였고, 상대방도 이를 알았던 경우에는 배임죄가 성립하지 않는다고 본 판례(대판 2012도2628) 참조.

37 [경제적 실손해의 위험] 甲은 개인적으로 50억 원의 채무를 지고 있는 A㈜에 대하여 그 채무를 보증하기 위해 자신이 대표이사로 있는 B㈜ 명의의 약속어음 1장을 발행하여 주었다. 甲은 이 어음 발행 당시 A 회사로부터 그 약속어음을 배서양도하는 등 유통에 돌리지 아니한다는 어떠한 확약을 받지 않았다. A는 甲의 배임적인 대표행위를 알고 있었다. A는 약속어음의 만기가 다가오자 B의 요청으로 금전소비대차계약을 맺고 공정증서를 작성한 이후에야 그 약속어음을 반환하였다. ① 판례는 법인 대표자의 무효인 약속어음 발행에 대해 배임기수를 인정해오다 그 약속어음이 실제로 **제3자에게 유통되기 전까지**는 손해발생의 '구체적·현실적 위험'이 초래되었다고 볼 수 없으므로 배임미수죄만 인정하는 방향으로 변경되었다(대판 2014도1104[전원합의체]). ② (評釋) 어음의 유통가능성만으로는 손해동등위험의 이론에서 말하는 그 손해의 위험이 개연적이고, 급박하고, 계측 가능한 크기라고 볼 수 없다.

38 [취임무효대표의 변제와 배임불성립] 甲은 E㈜의 주식이나 투자금반환채권 등 직접적 권리가 없다. E의 주식을 50% 소유하고 경영에 참여해오던 乙이 甲에게 자신의 주식을 양도하여 甲이 E의 대표가 되면 E의 아파트로 E에 대한 자신의 채권을 대물변제해 달라는 제안을 하였다. 甲은 이를 받아들여 주식을 양수하고 '甲을 E의 단독 대표이사로 선임'하는 내용의 주총의사록, 임원취임승낙서, 이사회의사록을 위조하여 임원변경등기를 마치고, E 소유의 아파트를 乙에게 대물변제 명목으로 소유권이전등기를 해주었다. ① (대판 2010도7439) 甲의 대표취임은 위조로 인하여 무효이고 "회사를 대표하여 한 **대물변제 등의 행위는 법률상 효력이 없어 그로 인하여 회사에 어떠한 손해가 발생한다고 할 수 없으므로**, 그 행위로 인하여 회사가 상법 제395조의 표현대표이사책임을 부담하는 등의 특별한 사정이 없는 한 그 대표이사를 사칭한 자의 행위는 배임죄를 구성하지 아니한다." ② (評釋) 甲의 배임행위는 배임죄의 주체표지가 흠결된 경우이므로 배임죄의 불능미수범이 될 수 없다. 회의록 위조는 사문서위조죄(제231조) 및 행사죄(제234조)에 해당한다. 다른 판례로 "채무자인 피고인이 채권자 甲에게 차용금을 변제하지 못할 경우 자신의 어머니 소유 부동산에 대한 유증상속분을 대물변제하기로 약정한 후 유증을 원인으로 위 부동산에 관한 소유권이전등기를 마쳤음에도 이를 제3자에게 매도함으로써 甲에게 손해를 입혔다고 하여 배임으로 기소된 사안에서, 피고인이 '타인의 사무를 처리하는 자'의 지위에 있다고 볼 수 없"다(대판 2014도3363[전원합의체]) 참조.

39 [소극적 손해] 甲은 A㈜의 부사장 직책을 사용하면서 대외영업활동을 하여 금형제작납품계약을 따내면 그 물량 중 50%는 A에, 50%는 甲이 운영하는 B㈜에 나누고, A에서 제작 납품하여 난 수익은 1/2씩 나누기로 하는 약정을 A와 체결하였다. 甲은 A 회사에 알리지 않고 자신이 A의 사장인 것처럼 가장하여 C㈜와 7억 원의 금형계약을 B의 명의로 체결하였다. 甲은 납품대금으로 3억 원을 수령하고 그에 상응하는 제품을 납품하였다. 이후 C는 계약을 해지하였고 甲은 대금 4억 원을 수령하지 못했다. ① (대판 2011도6798) 甲의 임무위배행위로 인한 A의 재산상 손해는 "금형제작·납품계약을 체결한 때에 발생되는 것이므로 … 위 금형제작·납품계약 대금에 기초하여 산정"하며 "금형제작·납품계약 대금 중에서 사후적으로 발생되는 미수금이나 계약의 해지로 인해 받지 못하게 되는 나머지 계약대금 등은 특별한 사정이 없는 한 공제할 것이 아니다." A의 손해는 7억 원이며, 甲의 배임행위는 특정경제범죄법 제3조 제1항 2호가 적용된다. ② (評釋) 甲이 계약당사자를 A㈜로, 자신을 사장이라고 속인 것은 사기죄에 해당하지 않는다.

범임을 보여주며, 이 표지는 법적인 부담(예: 연대보증채무[40])을 지는 것으로는 부족하고, 그 법적 부담이 **실제 손해로 현실화될 확실성이나 개연성**이 있고, 손해로 전환될 수 있는 **급박한 위험**이 있으며, 이와 같은 개연적이며 급박한 손해의 **크기가 실제로 계산 가능한 것**(wirklich meßbare Größe[41])인 경우에 충족된다고 보아야 한다. 이런 요건을 갖춘 위험을 '손해동등위험'(schadensgleiche Vermögensgefährdung)[42]이라고 한다. 이에 비해 손해 발생이 가능성 수준인 **구체적 위험**이나 그 가능성이 거의 없는 경우인 **추상적 위험**으로는 배임미수죄가 성립할 뿐이다. 이런 위험은 "범행의 결과"(형법 제51조 제3호)에 속하는 별도의 양형조건으로 고려할 수 있다.[43] 소극적 손해를 인정하는 해석은 타인의 사무를 처리하는 자를 '적극적 재산관리의무'(재산의 유지 및 증식)가 있는 자에 국한시키는 해석과 정합적이다. 私見에 따르면 판례가 기수를 인정하는 다음 사례에서도 미수와 기수가 구별된다.

실행발생의 위험 (판례: 기수, 私見: 미수)	손해의 발생 (판례와 私見: 기수)
• 상호신용금고 대표가 예금이 실제로 입금되지 않은 상태에서 입금전표와 거래원장을 작성하고 전산입력을 한 다음 예금통장을 명의자들에 교부한 경우(대판 96도1606) • 피해자로부터 제1순위 근저당권이 설정될 것으로 알고 금원을 대여 받은 후 후순위 근저당권설정등기를 경료 받음(대판 81도2501)	• 부동산의 매도인이 매수인 앞으로 소유권이전등기 등을 경료하기 이전에 제3자로부터 금원을 차용하고 근저당권설정등기를 해준 경우(대판 97도2919) • 조합의 대출업무 담당자가 자신의 처와 모친 소유의 토지를 담보로 제공하고 그들 명의로 대출을 받은 다음 위임장을 위조하여 그 토지에 설정된 근저당권설정등기를 말소한 경우(대판 2014도2578).

(4) 재산상 이익의 취득 배임죄는 독일 형법상의 배임죄와 달리 타인사무처리자의 배임행위와 손해발생만으로는 배임죄가 성립할 수 없고[44]

---

40 사기죄에서는 계약체결사기에서 보듯 채무를 부담하는 것만으로 손해의 요건이 충족된다고 본다. 그러나 배임죄에서 명문으로 규정되어 있는 손해 개념은 배임죄가 명확성이 낮고, 가벌성이 자칫 확장되기 쉽다는 점에서 채무의 부담만으로 손해의 표지가 충족된다고 볼 수 없다.

41 Schmidt-Hieber, "Strafbarkeit der Ämterpatronage", NJW 89, 561쪽.

42 [손해동등위험] A㈜의 영업사원 甲이 회사의 결재를 거치지 않고 乙에게 장려금 등 명목으로 임의로 사료대금을 할인해주어 그만큼 재산상 이익을 취득하게 하였다. 乙에 대한 A㈜의 물품대금 소송 제1심에서 A가 승소하였고, 乙이 항소하여 항소심이 진행되고 있어서 사용자책임을 부담할 가능성을 완전히 배제할 수는 없다. ① (대판 2017도6151) A에 재산상 실해가 발생할 가능성이 생겼다고 말할 수는 있지만, 그 "실해 발생의 위험이 구체적·현실적인 정도"에 이르렀다고 보기 어려우므로 배임미수가 성립한다. ② (評釋) **판례도 점차 손해동등위험설로 근접**한다.

43 미수는 손해동등위험이 발생하지 않은 점에서 인정되므로, 손해 위험이 단지 추상적이라는 점을 양형의 조건으로 고려하는 것은 양형요소이중평가금지(Doppelverwertungsverbot)에 위배되지 않는다.

44 재산상 이익의 취득 요건이 없는 독일의 배임죄를 제한하기 위해 독일연방법원은 '재산관리인이 본인에게 임무에 위배하여 손해를 끼쳐도 그것을 언제든지 전보할 수 있는 자신의 재산상태를

배임행위로 인해 재산상의 이익을 취득하였어야 한다.[45] 재산상의 이익은 적극적 이익 또는 소극적 이익을 불문한다. 재산상 이득요건은 배임죄를 제한하는 기능을 수행할 수 있다. 예컨대 회사 자료의 무단반출행위는 그 자료가 영업비밀에 해당할 경우에는 부정경쟁방지법 위반죄(제18조 제2항)가 성립하지만 배임죄의 적용은 (영업비밀일 필요는 없으나) '영업상 주요한 자산'[46]이어야 한다는 해석에 의해 제한된다.

[배임죄과 사기죄에서 재산상 이득의 차이] 재산상 이득의 개념은 사기죄와 같지만 두 가지 차이가 있다. ① 재산상 이익 취득의 요건은 외부에서 **인식 가능한 재산상 이득행위**가 있으면 충족되는 것이고, 실제로 이익을 취득할 것이 요구되지는 않는다. ② 판례에 의하면 '재산상 이익 취득'과 '재산상 손해 발생'은 **대등한 범죄성립요건**이고, 이는 서로 대응하여 병렬적으로 규정되어 있으므로 임무위배행위로 인하여 여러 재산상 이익과 손해가 발생하더라도 **재산상 이익과 손해 사이에 서로 대응하는 관계에 있는 등 일정한 관련성**이 인정되어야 업무상배임죄가 성립한다(대판 2016도3452). 그러나 私見으로 배임죄는 사기죄와 달리 본인에게 가한 **손해와** 배임자 또는 제3자가 취득한 **재산상 이익 사이에 자료동질성이 요구되지 않는다.** 물론 재산상 이익 취득도 배임행위로 인한 것이어야 한다.[47]

(5) 배임고의와 불법이득의사 배임고의는 "임무위배의 인식과 그로

유지하고 있는 경우'에는 배임죄를 부정한다.

45 [판례: 이득 없는 배임죄의 불성립] "배임죄는 본인에게 재산상의 손해를 가하는 외에 배임행위로 인하여 행위자 스스로 또는 제3자로 하여금 재산상의 이익을 취득할 것을 요건으로 하므로, 본인에게 손해를 가하였다고 할지라도 재산상 이익을 행위자 또는 제3자가 취득한 사실이 없다면 배임죄가 성립하지 않는다"(대판 2006도3145).

46 [영업상 주요자산] P㈜ 직원 甲은 경쟁업체로 취직하기 위해 무단으로 PTG PILOT TEST 결과보고서 등을 반출하였다. 이 보고서는 연구개발팀 사무실 내에 잠금장치가 없는 유리책장에 보관되어 있었고 그 사무실은 다른 직원들과 외부인들까지 자유롭게 출입할 수 있었다. 이 보고서는 甲이 P에 입사하기 전부터 그의 주도로 발명해 왔던 '부반응기를 이용한 PTMEG－디에스테르의 제조방법'의 실험결과 자료였고, 기술개발에 특별히 기여가 없는 자료였다. ① (대판 2011도3657) 甲이 반출한 자료의 "사용을 통해 경쟁자에 대하여 경쟁상의 이익을 얻을 수 있는 정도의 **영업상 주요한 자산**에 해당하"지 않고 관리실태를 볼 때 영업비밀(이 개념은 대판 2008도3435 참조)에도 속하지 않는다. 업무상 배임죄와 부정경쟁방지법상 영업비밀침해죄가 성립하지 않는다.

47 [배임손해와 이득의 동질성] 새마을금고 임원 甲은 규정을 위반하여 금융기관으로부터 원금 손실의 위험이 있는 금융상품을 매입한 결과 금고에 액수 불상의 재산상 손해를 가하였고 금융기은 수수료 상당의 재산상 이익을 취득하였다. ① (대판 2016도3452) 임무위배행위로 인하여 금고가 입은 재산상 손해와 금융기관이 취득한 수수료 사이에 **대응관계가 있는 등 관련성이 있다고 볼 수 없고,** 용역에 비하여 지나치게 과도한 수수료가 아닌 한 금융기관의 **정당한 수수료는 임무위배행위로 인하여 취득한 재산상 이익에 해당하지 않는다.** 甲은 배임죄가 성립하지 않는다. ② (評釋) 배임죄의 불성립은 손해와 이익의 동질성이 없기 때문이 아니라, 금융기관의 수수료가 서비스에 대한 정당한 대가이지 배임으로 인해 취득한 이익이 아니기 때문이다.

인하여 자기 또는 제3자가 이익을 취득하고 본인에게 손해를 가한다는 인식"(대판 2012도3317)과 의사이다. 배임고의는 **미필적 배임고의**로도 충분하며, 배임고의의 일부로서 본인에게 손해를 가한다는 가해의사 역시 의도(목적)에 못 미치는 **미필적인 가해의사**로도 충분하다. 배임죄의 주관적 요건으로 고의 이외에 **불법이득의사**(Bereicherungswille)[48]가 필요하다(대판 2009도14464). 배임고의와 마찬가지로 미필적 불법이득의사로도 충분하다. 다만 이득액이 5억 원 이상인 경우에 적용되는 **특정경제범죄법상 배임죄**(제3조 제1항)는 미필적 불법이득의사로는 불충분하고 **불법이득목적**(Bereicherungsabsicht)이 있어야 한다. 따라서 본인의 이익을 위하여 사무를 처리한 때에는 불법이득의사가 없고 배임죄도 성립하지 않는다.[49] 경영판단원칙이 적용되는 경영진의 배임죄는 회사에 대한 **의도적 가해의사**[50]와 **불법이득목적**이 요구된다.

(6) 죄수, 타죄와의 관계 및 공범 ① 하나의 배임행위로 수인의 사무위탁자에게 손해를 가한 때는 배임죄의 상상적 경합이 되고, 수 개의 행위로 수회에 걸쳐 수인의 사무위탁자에게 손해를 가하면 배임죄의 경합범이, 한 사람의 위탁자에게 손해를 가하면 포괄하여 하나의 배임죄가 성립한다. ② 타인이 사무를 처리하는 자가 그 **임무에 위반하여 본인을 속임으로써 본인에게 손해를 가하고 이익을 취득한 경우**[51](예: 보험회사사원

48 독일 형법은 재산상 이익의 취득을 요건으로 하지 않기 때문에 불법이득의사는 배임죄의 주관적 요건이 되지 않는다. 그러나 우리나라 배임죄는 재산상 이익의 취득을 객관적 요건으로 명시하고 있고, 불법이득의사는 (초과주관적 요소가 아니라) 배임고의의 한 내용으로서 요구된다.

49 "이익을 취득하는 제3자가 같은 계열회사이고, 계열그룹 전체의 회생을 위한다는 목적에서 이루어진 행위로서 그 행위의 결과가 일부 본인을 위한 측면이 있다 하더라도 본인의 이익을 위한다는 의사는 부수적일 뿐이고 이득 또는 가해의 의사가 주된 것임이 판명되면 배임죄의 고의를 부정할 수 없다"(대판 2007도541).

50 [판례: 의도적 가해의사] "경영상 판단과 관련하여 경영자에게 배임의 고의와 불법이득의 의사는 여러 사정을 고려하여 자기 또는 제3자가 재산상 이익을 취득한다는 인식과 본인에게 손해를 가한다는 인식 하의 **의도적 행위임이 인정되는 경우에 한하여 배임죄의 고의를 인정**하는 엄격한 해석기준은 유지되어야 하고, 그러한 인식이 없는데 단순히 본인에게 손해가 발생하였다는 결과만으로 책임을 묻거나 주의의무를 소홀히 한 과실이 있다는 이유로는 책임을 물을 수 없"다(대판 2002도4229; 2011도15052).

51 [배임죄와 사기죄] 甲은 乙에게 근저당권을 설정해 주겠다고 속여 7억 원을 교부받은 다음 농협으로부터 3억 원을 대출받으면서 동일한 부동산에 농협 명의의 근저당권을 설정하였다. ① (대판 2007도9328) 甲의 근저당권 설정 약정은 "사기 등을 이유로 취소되지 않는 한 여전히 유효하여 피해자 명의의 **근저당권설정등기를 하여 줄 임무**가 발생"하고, 그럼에도 "그 부동산에 관하여 제3

이 회사를 기망하는 보험계약을 체결하게 하여 피보험자에게 이득을 줌) 판례는 **사기죄와 배임죄의 상상적 경합**을 인정한다. 私見으로 사기로 창출한 손해의 위험이 사후행위에 의해 비로소 실현된 경우에는 배임은 사기죄의 불가벌적 사후행위가 된다. ③ **횡령죄와 배임죄는 특수와 일반**의 관계(법조경합)이다. 같은 장에서 규정하고 있고, 횡령죄의 보호법익인 재물이고 배임죄의 보호법익인 재산상 이익의 특수한 경우이기 때문이다. ④ **배임행위의 거래상대방**은 배임 "실행행위자와 별개의 이해관계를 가지고 반대편에서 독자적으로 거래에 임한다는 점"에서 배임죄의 공범이 될 수 없고, "실행행위자의 행위가 피해자 본인에 대한 배임행위에 해당한다는 점을 인식한 상태에서 **배임의 의도가 전혀 없었던 실행행위자에게 배임행위를 교사**하거나 또는 배임행위의 전 과정에 관여하는 등으로 **배임행위에 적극 가담**한 경우에 한하여 배임의 실행행위자에 대한 공동정범으로 인정할 수 있다."[52] ④ 장물은 재산범죄에 의하여 영득한 **재물**이어야 하는 반면, 배임죄에 의하여 취득하는 것은 재산상 이익이므로 배임을 적극 교사하고 그 배임행위에 제공된 물건을 취득하여도 장물죄는 성립하지 않는다.[53] 장물죄는 재물죄이지만, 이득죄가 아니라 영속죄이기 때문이다.

자 명의로 근저당권설정등기를 마친" **배임행위**는 금원을 편취한 사기죄와는 "다른 새로운 보호법익을 침해하는 행위로서 사기 범행의 불가벌적 사후행위가 아니라" 배임죄를 구성하고 둘은 상상적 경합에 있다. ② (評釋) 甲은 乙에 대한 사기의 손해 위험은 농협에 근저당권을 설정한 배임행위에 의해서 비로소 실현되었으므로 배임은 사기죄의 불가벌적 사후행위가 된다.

52 [배임상대방의 공범성] 甲은 丙의 특허권을 명의신탁받아 관리하고 있던 乙에게 이를 알면서도 1천만 원을 지급하고 위 특허권을 이전받아 등록하였다. ① (대판 2014도17211) 甲은 乙이 특허권자가 아님을 "알 수 있었던 상황에서 乙에게 특허권을 이전하라고 제의하였다고 하더라도, 배임행위의 실행행위자인 **乙과는 별개의 이해관계**를 가지고 **대향적 지위에서 독자적으로 거래하면서 자신의 이익을 위하여** 특허권을 이전받"았으므로 甲이 乙의 배임을 교사하거나 적극 가담하였다고 보기 어렵다.

53 [배임교사와 장물취득] 가령 양도담보를 적극적으로 교사하고 그것에 제공한 물건을 매수하면 배임죄의 교사범이지만 장물취득죄는 성립하지 않는다. 다만 부동산처럼 권리가 문서에 표현되는 경우에는 그 문서를 취득, 양도함으로써 장물죄가 성립할 수 있다.

Ⅲ. 배임수·증재죄

제357조(배임수증재) ① 타인의 사무를 처리하는 자가 그 임무에 관하여 부정한 청탁을 받고 재물 또는 재산상의 이익을 취득하거나 제3자로 하여금 이를 취득하게 한 때에는 5년 이하의 징역 또는 1천만 원 이하의 벌금에 처한다. ② 제1항의 재물 또는 재산상 이익을 공여한 자는 2년 이하의 징역 또는 500만원 이하의 벌금에 처한다. ③ 범인 또는 그 사정을 아는 제3자가 취득한 제1항의 재물은 몰수한다. 그 재물을 몰수하기 불가능하거나 재산상의 이익을 취득한 때에는 그 가액을 추징한다.

배임수·증재죄는 배임죄라기 보다는 공무원의 뇌물죄에 상응하는 규정이며, 그 보호법익도 흔히 **'거래의 청렴성'**(사무처리의 청렴성)이 된다. 私見으로 **타인사무처리의 공정성**이 주된 보호법익으로 볼 수 있다. 배임수·증재죄는 ① 재산권 관련 사무처리에 국한되지 않고, ② 재산상의 **손해 발생이 필요하지 않으며**, ③ **재물**의 취득도 포함하고, ④ **배임행위가 없어도** 성립할 수 있다는 점에서 배임죄와 다르다.

1. 배임수재죄

타인의 사무를 처리하는 자가 그 임무에 관하여 부정한 청탁을 받고 재물 또는 재산상의 이익을 취득하거나 제3자로 하여금 이를 취득하게 한 때 성립한다.

(1) **주 체** "타인의 사무를 처리하는 자란 타인과 대내관계에서 신의성실의 원칙에 비추어 사무를 처리할 신임관계가 존재한다고 인정되는 자를 의미하고, 반드시 제3자에 대한 대외관계에서 사무에 관한 권한이 존재할 것을 요하지 않으며, 또 사무가 포괄적 위탁사무일 것을 요하는 것도 아니고, 사무처리의 근거, 즉 신임관계의 발생근거는 법령의 규정, 법률행위, 관습 또는 사무관리에 의하여도 발생할 수 있다."[54]

---

54 [배임수재의 주체] S시 화물자동차운송사업협회 대표자 甲은 전국화물자동차운송사업연합회 회장 선거에 출마한 乙로부터 자신을 지지해달라는 취지의 부정한 청탁을 받고 돈을 받았다. ① (대판 2009도5618) 관련 법령과 정관에 의하면 "각 지역협회 대표자가 연합회 총회에서 총회의 구성원이 되어 회장 선출에 관한 선거권을 행사하는 것은 연합회 회원인 각 지역협회 업무집행기관으로서 권한을 행사하는 것에 불과하므로, 이러한 대표자의 권한행사는 자기의 사무를 처리하는 것이 아니라 타인인 '지역협회'의 사무를 처리하는 것으로 보아야 한다."

(2) **임무관련성** 배임수재는 타인사무처리자의 "그 임무에 관하여" 이루어져야 한다. 이때 업무는 재산사무에 국한하지 않으므로 방송국 가요담당 PD의 업무(대판 91도688), 대학 총장의 업무(대판 91도2543), 관세사무소 영업부장의 수출면장 발급신청업무(대판 82도1656) 등도 배임수재의 임무에 해당한다. 또한 임무는 "위탁관계로 인한 본래의 사무뿐만 아니라 그와 **밀접한 관계가 있는 범위 내의 사무**도 포함되고, 나아가 고유의 권한으로 그 처리를 하는 자에 한하지 않고 그 자의 보조기관으로서 직접 또는 간접으로 그 처리에 관한 사무"도 포함한다(대판 2003도7970).[55]

(3) **부정한 청탁** "'부정한 청탁'이라 함은 반드시 업무상 배임의 내용이 되는 정도[56]에 이를 것을 요하지 않고, **사회상규 또는 신의성실의 원칙에 반하는 것**을 내용으로 하는 것이면 족하"고 청탁이 명시적일 필요는 없다(대판 2008도6987). 다음 두 경우는 부정한 청탁에 속하지 않는다.

- "청탁한 내용이 **단순히 규정이 허용하는 범위 내에서 최대한의 선처**[57]를 바란다는 내용에 불과하거나 위탁받은 **사무의 적법하고 정상적인 처리범위**에 속하는 경우(대판 82도1656).[58]

---

55 예컨대 전입학업무를 담당하지 않고 교사연수 및 교육계획 등을 수립하는 업무를 담당하고 있는 연구부장은 전입학과 관련한 부정한 청탁을 받고 금품을 수수하였다고 하여도 배임수재죄가 성립되지 않는다(대판 2003도7970).

56 [배임수재의 부정한 청탁] L시행사 대표 乙은 시공사로부터 공사 시행에서 배제되자, 그 시공사의 현장최고책임자 甲에게 사업시행의 성공을 위하여 도와달라는 부탁을 하면서 L시행사의 주식 중 49%를 시세보다 낮은 액면가로 양도하였고, 甲은 이를 받았다. ① (대판 2012도536) 甲은 시공사의 사무를 처리하는 자이며, 甲이 받은 청탁은 **신의성실원칙에 반하는 부정한 청탁**이 된다. 甲은 배임수재죄가 성립한다.

57 [권한범위내의 선처] 아파트개발 시행업체인 L㈜는 甲에게 사업부지 내 철거업체 선정 권한을 부여하고, 그 명도·이주 업무까지 책임지고 수행하게 하였다. L㈜는 그 대가로 평당 15만 원의 조건으로 철거공사 하도급계약을 체결하되, 甲이 그 철거업체로부터 평당 5만 원의 차액을 되돌려 받는 방법으로 보수를 지급받는 것을 허용하였다. S 철거업체 대표 乙은 甲에게 철거공사 하도급대금 중 일부를 甲에게 지급해 주겠다고 약정한 후 甲에게 철거업체 선정을 부탁하였고, L㈜가 허용한 범위 내에 속하는 차액금액의 일부를 제공하였다. ① (대판 2010도8743) 乙은 甲에게 "철거공사 하도급업체 선정을 위탁한 시행업체 측의 양해 하에 철거업체 선정의 전제로 내세운 차액 반환의 계약조건을 받아들인 것에 불과하므로" 甲은 배임수재죄가 성립하지 않는다.

58 "학교법인의 이사장 또는 사립학교경영자가 학교법인 운영권을 양도하고 양수인으로부터 양수인 측을 학교법인의 임원으로 선임해 주는 대가로 양도대금을 받기로 하는 내용의 '청탁'을 받았다 하더라도, 그 청탁의 내용이 당해 학교법인의 설립 목적과 다른 목적으로 기본재산을 매수하여 사용하려는 것으로서 학교법인의 존립에 중대한 위협을 초래할 것임이 명백하다는 등의 특별한 사정이 없는 한, 그 청탁이 사회상규 또는 신의성실의 원칙에 반하는 것을 내용으로 하는 것이라고 할 수 없으므로 이를 배임수재죄의 구성요건인 '부정한 청탁'에 해당한다고 할 수 없고, 나아가 학교법인의 이사장 또는 사립학교경영자가 자신들이 출연한 재산을 회수하기 위하여 양도대

● **사교적 의례의 범위**에서 재물이나 재산상 이익을 취득하는 것은 배임수재죄에 해당하지 않는다. 사교적 의례 여부는 "수재자와 증재자 사이의 관계, 재물이나 재산상의 이익을 제공받은 동기 및 경위와 그 횟수 등을 종합적으로 고려"하여 판단한다(대판 96도144).

私見으로 사회상규나 신의성실원칙에 반함이란 "부정한 청탁"과 거의 동어반복에 가까우므로 좀 더 구체적인 해석이 필요하다. 가령 "부정"의 개념은 사무처리의 공정성을 해한다는 의미로 이해할 수 있고, 이때 공정성은 사무처리의 다른 상대방이 **공정한 경쟁을 할 수 없게 하는 것**,[59] **사인의 독직**(瀆職),[60] 사무처리자의 본인에게 **재산상 손해를 끼칠 가능성**(Vermögensgefährdung)[61]을 뜻한다.

(4) 재산상 이익 취득 부정한 청탁으로 재물 등의 요구·공여의 약속이 있으면 실행의 착수가 인정되고 재물의 취득이나 공여가 있으면 기수가 인정된다. ① 「특별경제범죄법」에서는 금융기관 임직원의 배임수재죄와 그들에 대한 배임증재죄는 약속, 요구만으로 기수를 인정한다(법 제5조 제1, 2항). 부정한 사무처리도 배임수재죄의 기수성립에 필요하지 않

금을 받았다거나 당해 학교법인이 국가 또는 지방자치단체로부터 일정한 보조금을 지원받아 왔다는 등의 사정은 위와 같은 결론에 영향을 미칠 수 없다"(대판 2013도11735).

59 [경쟁의 불공정성] 대학병원 의사 甲은 D제약회사 乙로부터 조영제를 지속적으로 납품할 수 있게 해달라는 부탁을 받고 2천만 원의 선물을 제공받았다. ① (대판 2010도10290) 甲은 재산사무가 아니지만 배임수재죄의 '타인사무처리자'에 해당하고, 甲이 받은 선물 등은 사교적 의례 범위를 넘어선 것으로 부정한 청탁에 해당한다. 甲은 배임수재죄(제357조 제1항), 乙은 배임증재죄(제357조 제2항)가 성립한다. 甲은 의료법상 부당경제이득죄(제88조의2, 제23조의2)도 성립한다. ② 만일 甲이 조영제에 관한 '시판 후 조사'(Post Marketing Surveillance) 연구용역계약을 합리적인 내용으로 체결하고 연구비 명목의 돈을 수수하였다면 제약회사의 조영제 납품에 관한 부정한 청탁 또는 대가 지급 의도로 체결된 것으로 볼 수 없다(대판 2010도10290).

60 [사인의 독직] ① "신문사 지국장이 취재기사를 본사에 송고하지 말아 달라는 청탁을 받고 그 묵인사례조로 금품을 교부받은 행위"(대판 70도1355), 병역법상 지정업체의 대표가 병역의무자를 그 업체소속 병역특례 산업기능요원으로 편입시킨 뒤 다른 회사에서 근무하도록 해주는 대가로 그 업체 명의의 계좌로 금원을 송금 받은 행위(대판 2008도1321)는 사인의 독직에 해당한다.

61 [부정한 청탁과 손해위험] 주택건설사업용 토지를 매도하려는 S법인, 그 토지의 무허가건물 소유자로 이루어진 재개발추진위원회, 토지의 매수인인 주택건설업체인 H㈜가 이해관계가 복잡하게 얽힌 상황에서 H㈜ 대표 甲은 S법인 이사장 乙과 재개발추진위원회 의장 丙에게 S법인과 재개발추진위원회의 이해관계와 상충하는 내용의 청탁을 하면서 3억 원을 각각 지급하였다. ① (대판 2010도3399) 甲의 청탁은 "여러 사정에 비추어 금품을 주는 쪽이나 금품을 받는 쪽의 어느 입장에서 보더라도 **사회상규와 신의성실의 원칙에 반하는** '부정한 청탁'에 해당한다." ② (評釋) 甲의 청탁은 다른 사업자와의 불공정 경쟁, 乙, 丙의 독직, S와 재개발추진위원회에 경제적인 손해의 위험을 초래한다. 甲은 배임증재죄, 乙, 丙은 배임수재죄가 성립한다.

다.[62] ② 취득은 본인뿐만 아니라 제3자(사무처리를 위임한 타인 제외[63])가 취득하게 한 경우도 포함한다. 이때 제3자는 생활비나 채무의 부담 등의 관계에 있어 그의 재산취득이 부정한 청탁을 받은 자에게 지출을 면하게 만드는 관계에 있어야 한다. 즉 제3자의 재산취득은 "**사회통념상 부정한 청탁을 받은 자가 직접 받은 것과 같이 평가**"[64]할 수 있어야 한다. ③ 수재죄를 통해 취득한 재물은 몰수하거나 가액을 추징할 수 있다. "배임수재자가 해당 금액을 제공자에게 반환하였다 하더라도 이를 추징할 수 없는 것은 아니다"(대판 83도406).

(5) 고의와 불법영득(이득)의사 배임수재의 고의와 불법영득의사 또는 불법이득의사가 있어야 배임수재죄가 성립한다.[65]

2. 배임증재죄

배임수재죄의 재물 또는 재산상 이익을 공여한 자는 배임증재죄(제357조 제2항)로 처벌된다. 배임증재죄는 배임수재죄와 필요적 공범의 관계를 이룬다. 필요적 공범이지만 배임수재죄보다 가볍게(2년 이하의 징역 또는 500만 원 이하의 벌금) 처벌된다. 금융기관 임직원에 대한 배임증재행위는 「특정경제범죄법」 제6조에 의하여 가중처벌된다.

---

62 "금융기관의 임직원이 대출상대방과 공모하여 임무에 위배하여 대출상대방에게 담보로 제공되는 부동산의 담보가치보다 훨씬 초과하는 금원을 대출하여 주고 대출금 중 일부를 되돌려 받기로 한 다음 그에 따라 약정된 금품을 수수하는 것은 부실대출로 인한 업무상배임죄의 공동정범들 사이의 내부적인 이익분배에 불과한 것이고, 별도로 그러한 금품 수수행위에 관하여 특경법 위반(수재등)죄가 성립하는 것은 아니"다(대판 2015도18795).

63 [유료기사] H신문사 甲은 乙로부터 돈을 받고 홍보성 기사('유료기사') 작성하였으며, 그 돈은 신문사에 입금되었다. ① (대판 2019도17102) 유료기사 게재청탁은 부정한 청탁이지만, 사무처리를 위임한 타인(신문사)은 제3자가 아니므로 甲은 배임수재죄가 성립하지 않고, 乙도 배임증재죄가 성립하지 않는다(대판 2020도2641).

64 [제3자 배임수재] 백화점의 입점업체 선정 총괄 甲은 입점업체 대표 乙로부터 추가 입점을 해 달라는 청탁을 받고 그 대가를 **자신이 지배하는 아들 丙 명의 H㈜의 계좌로** 2천만 원을 입금하도록 하였다. ① (대판 2017도12129) 아들 명의의 주식회사에 부정청탁의 대가로 돈을 입금한 것은 "사회통념상 甲이 직접 받은 것과 동일하게 보아야" 한다. 甲은 배임수재죄가 성립한다

65 [배임수재의 불법영득의사] 은행 대출계 甲은 부도위기에 놓인 乙로부터 대출연장의 청탁을 받고, 1백만원권 수표 150매를 교부받았다. 甲은 乙에 대한 대출의 부실화를 염려하여 乙이 준 수표를 일단 받은 것이었다. 甲은 직원 丙에게 맡기면서 수표 100장과 50장을 나누어 가명으로 은행에 예금하게 하였고, 丙에게 이 수표는 "누가 자기에게 일시보관을 위해 맡긴 것인데 곧 찾아 갈 돈이니 맡아 달라"고 말했다. ① (대판 83도1986) 甲은 수표에 대한 불법영득의사가 없어 배임수재죄가 성립할 수 없다.

(1) **주 체** 배임증재죄의 주체는 타인의 사무를 처리하는 자일 필요는 없으나 그 (재물 또는 재산상 이익을 제공받는) 상대방은 타인의 사무를 처리하는 자이어야 한다.

(2) **미수와 기수** 재물 또는 재산상 이익을 제공하면 기수가 되며, 공여의 의사표시나 약속은 미수범이 된다. 본 죄를 범한 후 배임행위를 하게 하는 때에는 배임죄의 공범이 될 수 있다(대판 99도134).[66]

---

66 **[비자금의 배임증재]** X㈜ 지사장 甲은 법정관리가 허용하는 영업활동비만으로 H 선박회사에게 리베이트비 등을 충당할 수 없어서 비자금을 조성하여 리베이트비 등으로만 사용하였다. 甲은 자신의 2억 원도 H에게 리베이트로 지급한 후 증권계좌를 통해 회사의 비자금으로 보전 받았다. ① (대판 2011도9238) 이사가 "임무에 위배하여 **보관 중인 회사의 자금으로** 뇌물을 공여하였다면 이는 오로지 **회사의 이익을 도모할 목적이라기보다는 뇌물공여 상대방의 이익을 도모할 목적**이나 기타 다른 목적으로 행하여진 것이라고 봄이 상당하므로, 그 이사 등은 회사에 대하여 업무상 횡령죄의 죄책을 면하지 못하고 특별한 사정이 없는 한 이러한 법리는 회사의 이사 등이 회사의 자금으로 부정한 청탁을 하고 배임증재를 한 경우에도 마찬가지로 적용된다."

§58. 장물의 죄

I. 서 론

장물죄는 재산범죄(本犯)에 의해 **불법하게 영득한 재물[1]에 대한 추구권**과 재산범죄로 상실된 **재물에 대한 적법한 향유의 상태를 소유권자에게 회복시키는 이익 일반**을 보호한다. 피해자에게 민법상 구체적으로 반환청구권이 있는지는 묻지 않는다.

[위법상태유지설과 추구권설] **추구권설**은 특정한 개인의 민법상 반환청구권을 장물죄의 보호법익으로 바라보고(대판 74도1804), **위법상태유지설**은 민법상 반환청구권이 없는 경우(ⓐ불법원인급여물[민법 제746조], ⓑ 시효에 걸린 재물, ⓒ 피해자가 취소·해지할 수 없는 경우[상법 제651조])에도 위법상태를 지속시키는 행위이면 장물죄를 인정한다. 그러나 ⓐ 불법원인급여물에서도 민법 제746조 단서의 해석으로 추구권설도 장물죄가 성립할 수 있고, ⓑⓒ는 장물의 위법한 향유상태가 사라졌으므로 위법상태유지설에 의하더라도 장물죄가 인정되지 않을 수 있다. 이로써 두 설의 차이는 사라진다.

장물죄는 장물행위가 있어도 민법상 반환청구권 자체는 침해될 수 없다는 이유로 위험범이라고 보기도 하지만 반환청구를 어렵게 만드는 장물행위는 이미 **반환청구권을 '침해'한다는 점에서 침해범**이다. 장물행위는 재산범죄로 발생한 위법한 재물향유상태를 (향유주체나 이용범위에서) 더욱 '확장'시킨다는 점에서 장물죄를 **영속죄**(Perpetuieren)라고 부른다. 장물죄는 재산범죄(본범)에 대한 사후종범이 아니라 **독자적인 범죄**로서 범인은닉죄와 구별된다. 이런 특성들로부터 다음의 결론들이 나온다.

- 위법상태를 유지해야 장물죄가 성립하므로 본범인 재산범죄는 구성요건에 해당

---

1 [장물죄객체] 乙은 부동산을 丙에게 매도하는 계약을 체결하고 중도금까지 받은 후 이 사정을 알고 있고 양도를 계속 종용한 甲에게 매도하고 소유권이전등기를 하였다. ① (대판 74도2804) 乙은 배임죄가 성립한다. 乙이 취득한 것은 재산상 이익이며, 부동산은 배임행위로 영득한 재물은 아니다. 甲은 乙의 배임죄에 대한 공범이 될 수 있지만, 장물취득죄가 성립하지 않는다.

하고 위법하여야 하지만, 책임조각사유가 있거나 공소시효가 만료되었거나 소송조건이 충족되지 않은 것(예: 친고죄 고소취하)은 장물죄의 성립에 영향이 없다.

● **장물행위의 후속행위**는 앞선 장물행위가 이미 "소유권자의 소유물추구권을 침해하였으므로"(대판 76도3067) 재산범죄에 의한 초래된 위법상태를 유지하는 한 불가벌적 사후행위[2]가 되고, **위법상태의 유지를 넘어서 새로운 법익을 침해**하여야 별개의 범죄가 성립한다.

● 장물을 기망으로써 편취하면 새로운 법익침해(사기죄)가 장물죄의 불법을 덮는다.[3] 법정형도 사기죄가 더 무거우므로 장물(취득)죄를 인정할 필요가 없다.

[구성요건체계] 장물죄의 기본구성요건은 장물취득·양도·운반·보관·알선죄(제362조)이다. 가중구성요건으로 상습장물죄(제363조)가 있고, 친족상도례규정(제365조)이 적용된다. 독자적 변형구성요건인 업무상 과실·중과실 장물죄(제364조)가 있다. 미수범은 처벌되지 않는다. 특정범죄가중법 제5조의4 제5항 제3호는 장물죄(제362조)로 세 번 이상 징역형을 받은 사람이 다시 이들 죄를 범하여 누범(累犯)으로 처벌하는 경우에는 2년 이상 20년 이하의 징역에 처하고 있다.

Ⅱ. 장물취득, 양도, 운반, 보관, 알선죄

제362조(장물의 취득, 알선 등) ① 장물을 취득, 양도, 운반 또는 보관한 자는 7년 이하의 징역 또는 1천500만 원 이하의 벌금에 처한다. ② 전항의 행위를 알선한 자도 전항의 형과 같다.

[장물죄의 기본구조] 「甲은 乙의 물건을 훔치고 丙이 그 물건이 훔친 물건임을 알면서 그 물건을 甲으로부터 산다」는 장물범에서 보듯 장물죄의 구조는 세 가지 요소로 짜인다.

---

2 [장물죄의 사후행위] 甲은 乙이 훔친 사실을 알면서도 10만 원권 자기앞수표를 받았다. 甲은 이 수표를 레스토랑에서 丙에게 식사대금으로 지급하고 거스름돈으로 3만 원을 환불받았다. ① (대판 86도1728) "장물인 자기앞수표를 취득한 후 이를 현금 대신 교부한 행위는 **장물취득에 대한 가벌적 평가에 당연히 포함되는 불가벌적 사후행위**로서 별도의 범죄(장물양도죄, 丙에 대한 사기죄[대판 93도213])를 구성하지 아니한다." 자기앞수표의 거래에서 위조여부는 관심사항이지만, 절취여부는 관심사항이 아니어서 자기앞수표가 장물임을 알리지 않은 부작위는 기망에 해당하지 않는다. ② (評釋) 만일 甲이 乙에게서 받은 훔친 재물이 丁의 신용카드였고, 甲이 그 카드로 식사대금을 결제하였다면 장물의 소유권 이외에 **다른 법익을 침해하는 행위**이므로 사기죄와 사문서위조및행사죄 신용카드부정사용죄가 별도로 성립한다.

3 독일에서는 장물범죄는 장물범과 앞선 점유자 사이의 합의에 기초해야 한다고 본다. 그러나 우리나라의 장물죄는 그런 제한을 두고 있지는 않다. 그런 합의의 필요성이 위법상태유지설의 결론이고, 추구권설에 의하면 그런 합의는 불필요하다고 설명되기도 한다. 그러나 위법상태유지는 합의 없이도 이루어지는 것이다.

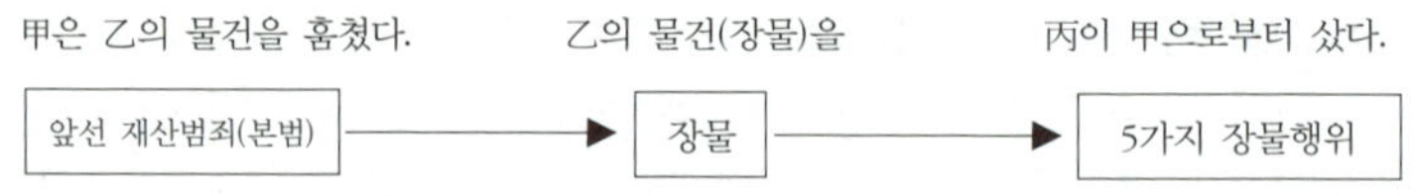

(1) 주 체 장물죄의 주체는 재산범죄(본범)의 정범(단독정범, 공동정범, 간접정범)을 제외한 모든 사람이다. 본범의 협의의 공범(교사범과 종범)은 장물죄의 주체가 될 수 있다(대판 86도1273). 본범에 대한 교사·방조죄와 장물죄는 실체적 경합관계[4]에 놓인다.

(2) 장 물 재산범죄로 영득한 재물, 즉 장물(贓物)만이 객체가 된다.

1) 본 범 "장물이라 함은 재산죄인 범죄행위에 의하여 영득된 물건을 말하는 것으로서 절도, 강도, 사기, 공갈, 횡령 등 **영득죄에 의하여 취득된 물건**이어야 한다"(대판 2004도5904). 장물에는 관리 가능한 동력도 포함된다(대판 72도971). 권리가 화체된 증서는 유체물인 재물이므로 장물죄의 객체가 된다. 장물죄의 본범(제365조 제2항)은 장물행위에 **시간적으로**(zeitlich) **앞선**[5] 재산범죄이다. 사항적으로(sachlich) 앞선 범죄를 본범으로 보면 남의 물건 보관자에게서 그 물건을 사면 횡령방조죄 외에 장물취득죄도 성립하기 때문이다.

[기술적 의미의 재산범죄] 私見으로 장물죄의 본범은 **기술적 의미의 재산범죄**, '타인의 재산상의 이익을 침해하여 불법적인 재물을 취득하고 그로써 직접적으로 위법한 재산상태에 이른 경우'로 확장해석할 수 있다. 이에 따르면 취득죄(영득죄와 이득죄)와 영속죄(Pertetuieren)도 본범이 될 수 있다. 이득죄인 **배임죄**[6]도 장물죄의 본범이

4 [본범과 장물죄] 甲은 丙의 5천만 원을 자신의 계좌에 보관하고 있던 乙에게 인출해서 쓰라고 부추겼다. 乙은 차명예금을 인출하여 소비하였고, 甲에게도 300만 원을 주었다. ① (대판 69도692) 甲은 횡령죄의 교사범이며, 乙이 횡령한 현금의 일부를 대체장물로서 취득한 장물취득죄가 성립한다. 두 죄는 경합범이다.

5 [본범의 시간적 앞섬] 乙이 丙의 물건을 보관하고 있던 중 甲에게 '내가 당신한테 그 물건을 팔면 사주겠냐'고 물었다. 甲은 '걱정말라 내가 사겠다'고 말하면서 이틀 뒤 그 물건을 인도받았다. ① 횡령죄의 기수가 丙의 물건을 甲에게 인도한 때라고 보면, 甲의 횡령방조행위와 장물취득행위는 '동시에' 일어난 것이고, 본범이 장물범보다 **사항적 앞서도 장물죄가 성립한다고 보지 않는 한** 甲은 횡령방조죄만 성립한다. ② 그러나 횡령죄는 乙이 甲과 매매계약을 체결한 때 이미 기수에 도달했고, 甲은 횡령죄의 종범과 시간적으로 뒤에 있는 장물취득죄의 경합범이 된다.

6 [배임장물취득] 丙은 丁에게 부동산을 매도하고 중도금까지 받았다. 乙은 이를 알면서 丙을 부추기고 더 높은 매수가격을 제시하여 그 부동산을 양도받고 등기이전절차도 마쳤다. 甲은 乙, 丙, 丁의 거래내용을 알면서 乙로부터 그 부동산을 매수하여 등기절차도 마쳤다. ① 丙은 배임죄가 성립하고 乙은 丙의 배임죄 교사범이 되지만, 乙의 부동산취득 자체는 유효하다. 甲의 부동산 취득은 乙의 배임교사죄에 의해 획득한 장물의 위법상태를 유지시키는 장물취득죄가 된다.

될 수 있다. 또한 유가증권위조죄,[7] 수뢰죄, 도박죄, 「수산업법」이나 「산림보호법」 위반의 죄 등도 장물죄의 본범이 될 수 있다. 다만 손괴죄는 재산범죄이지만 재물의 취득이 없기 때문에 장물죄의 본범이 될 수 없다.

2) 장물의 동일성 재산범죄로 불법적으로 영득한 재물은 그 **물질적 동일성**이 유지되는 한 여전히 장물이다. 예컨대 훔친 자동차를 해체한 부품(예: 타이어, 오디오, 시트 등)은 자동차와 기능적 동일성은 없지만 물질적 동일성이 유지되므로 장물이다. 이에 반해 절취한 비디오테이프를 복사한 테이프는 비록 **기능적 동일성**은 유지되지만 물질적 동일성이 없기[8] 때문에 장물이 아니다. "장물이란 재산죄로 인하여 영득된 **재물 자체**"(대판 72도971)이고, 장물의 **대체물**은 장물이 아니다. 예컨대 장물을 전당잡히고 받은 전당표(대판 73도58)나 장물을 팔아서 얻은 돈(대판 72도971)은 장물의 대체물로서 장물이 아니다. 예외적으로 **금전**은 '고도의 대체성'과 통화에서는 물리적 동일성, 즉 "금전 자체는 별다른 의미가 없고 **금액에 의하여 표시되는 금전적 가치**가 거래상 의미를 가지고 유통"된다는 점에 장물인 금전의 대체물[9](장물인 현금을 은행에 예치했다 인출한 현금[대판 98도2269])도 장물이 된다. **자기앞수표**도 금전과 마찬가지이다(대판 98도2579). 이를 **가치총계이론**(Wertsummentheorie)이라고 부른다. 다만 '금전적 가치의 무변동'만으로 현금의 대체물이 장물이 될 수는 없고, 그 **대체물의**

7 [유가증권위조장물] S리조트 직원 甲은 권한 없이 탑승권 발매기를 통해 리프트탑승권을 100장 부정발급하고, 탑승권을 이를 알고 있는 乙에게 팔았다. ① (대판 98도2967) 유가증권이 "위조된 것이라고 하더라도 절차에 따라 몰수되기까지는 그 소지자의 점유를 보호하여야 한다는 점에서 형법상 재물로서 절도죄의 객체가 된다." 탑승권은 S리조트의 소유 및 점유 하에 있고, 甲은 절도죄가 성립한다. ② (評釋) 위조유가증권은 금제품이므로 절도죄가 성립할 수 없다. 甲의 유가증권위조죄(제214조 제1항)를 장물죄의 본범으로 인정한다면 乙은 장물취득죄가 성립한다.

8 [장물의 대체물] 甲은 乙이 자기에게 주는 현금이 그가 훔친 시계를 팔아 마련한 현금임을 알면서도 그 현금을 받았다. ① (대판 72도971) "장물을 팔아서 얻은 돈에는 이미 장물성을 찾아 볼 수 없다." 따라서 甲은 장물취득죄가 성립하지 않는다.

9 [현금대체물] 乙은 丙의 위임을 받아 그의 부동산을 매도하고 5억 원을 교부받아 은행에 입금하였다. 丙이 그 금원의 반환을 요구하였지만, 乙은 이를 거부하고 그 금원을 은행에서 인출하여 자신의 채권자 甲에게 3억 원을 변제했고, 甲도 이를 알면서 수령하였다. ① (대판 95도1923) 乙이 수령한 매각대금은 용도를 한정하여 위탁된 금전과 같이 그 "**수령과 동시에 위임자의 소유에 속하고, 위임을 받은 자는 이를 위임자를 위하여 보관하는 관계**에 있다." 乙의 금원반환 거부는 횡령죄에 해당한다. ② (대판 2004도134) 乙이 인출한 현금은 "장물로서의 성질은 그대로 유지"되므로, 甲은 장물취득죄가 성립한다.

법적 형태가 재물죄[10]**의 객체**가 될 수 있어야 한다. 예컨대 현금이 예금채권으로 변모한 경우에는 재물로서의 성격을 잃어버리고 장물이 될 수 없다(대판 2004도353 참조). "본범의 행위에 관한 법적 평가는 그 행위에 대하여 우리 형법이 적용되지 아니하는 경우에도 우리 형법을 기준으로 하여야" 한다.[11]

3) 장물성 상실 재산범죄에 의해 불법적으로 영득한 재물이지만, 그 위법성이 사라지게 되면, 그 재물은 더 이상 장물이 아니다. 민법 제249조에 의하여 장물을 **선의취득**하게 되면 그 이후는 장물이 아니다. 다만 도품이나 유실물은 도난 또는 유실한 날로부터 2년간 장물성이 소멸되지 않는다(민법 제250조). 절도범이 절취한 재물을 가공하여 민법상 **가공의 법리**(제259조)에 의하여 그 소유권이 가공자(절도범)에게 귀속되는 경우에는 장물성이 사라진다. 사기·공갈에 의하여 취득한 장물에 대하여 **피해자가 소유권을 포기**하거나 취소기간을 도과하여 더 이상 취소할 수 없는 상태가 된 경우에도 장물성은 사라진다.

(3) 장물행위 장물죄의 실행행위는 장물을 취득, 양도, 운반, 보관(제362조 제1항) 또는 이러한 행위를 알선(제362조 제2항)하는 것이다.

1) 취 득 장물의 취득이란 "장물의 점유를 이전받음으로써 그 장물에 대하여 사실상 처분권을 획득하는 것을 의미"한다(대판 2010도6256).

---

10 [재물죄의 객체] 乙은 권한 없이 S㈜의 아이디와 패스워드를 입력하여 S㈜의 계좌에서 자신의 계좌로 2억 원을 이체한 후 자신의 현금카드를 사용하여 ATM에서 이체한 현금을 인출하고, 이 사정을 알고 있는 甲에게 인출한 6천만 원을 자신의 채무변제로 지급하였다. ① (대판 2004도353) 이체금액을 자신의 현금카드로 인출한 것은 절도죄나 사기죄의 구성요건에 해당하지 않는다." 또한 乙이 "컴퓨터등사용사기죄에 의하여 취득한 예금채권은 재산상 이익이므로, 그가 자신의 예금구좌에서 6,000만 원을 인출하였더라도 장물을 금융기관에 예치하였다가 인출한 것으로 볼 수 없다." 따라서 甲은 장물취득죄가 성립하지 않는다.

11 [장물성의 준거법] 한국인 乙은 미국 C주의 L㈜와 리스계약을 맺고 MB 차량 한 대를 구입하여 한국의 수입상 甲에게 팔았고, 甲은 이를 알고도 그 차량을 구매하고 수입해와서 사정을 모르는 丙에게 판매하였다. ① (대판 2010도15350) 국제사법에 의하면 乙의 행위에 대해 적용되는 준거법은 C주의 법이 되고, 이 법에 의하면 위 차량의 "소유권은 리스회사에 속하고, 리스이용자는 일정 기간 차량의 점유·사용의 권한을 이전받을 뿐(a transfer of right to possession and use of goods for a term)"이므로 乙의 차량처분은 횡령이 된다. ② (評釋) 甲은 단순히 장물임을 알고 매수한 것만으로는 매도인 횡령의 종범이 되지 않고, 장물취득죄만 성립한다. 甲이 丙에게 차량을 판매한 행위는 장물양도죄에 해당하지 않지만 장물이 아닌 것처럼 매수인을 기망하여 매도하여 사기죄가 성립한다.

① **점유의 이전**은 직접점유의 이전뿐만 아니라 간접점유(예: 위탁물 상환증 인도, 창고보관물 열쇠 인도)도 포함한다. 점유의 이전에 대한 약속만으로는 장물취득죄는 미수이나 불가벌이다. 장물의 매매계약체결만으로는 장물취득죄가 성립하지 않는다. ② **사실상의 처분권 인수**는 본범으로부터 "장물의 점유를 이전받음으로써 그 장물에 대하여 사실상 처분권을 획득하는 것"(대판 2003도1366)이다. 가령 장물의 운반이나 보관, 임대차, 사용대차 또는 본범을 위한 일시사용[12] 등은 사실상의 처분권 획득이 없으므로[13] 장물의 취득에 해당하지 않는다.

[자기의 고유한 목적으로 경제적 가치 인수] 私見으로 **장물취득의 추가적인 요건**으로 **자기의 고유한 목적으로 그 경제적 가치를 인수**했어야 한다. 예컨대 장물을 매도담보물로 받거나 장물을 소비대차한 경우에는 경제적 가치의 인수가 인정되어 장물취득죄가 성립하지만 장물을 **폐기처분**하기 위해 취득한 경우, 장물을 **소유권자에게 돌려주기 위해** 취득한 경우 등에서는 점유의 이전이 있고, 사실상의 처분권도 획득한 것이지만 경제적 가치를 인수한 것이 아니므로 장물취득죄가 성립하지 않는다.

2) 양 도 양도란 장물임을 알면서 **제3자에게 사실상의 처분권을 넘겨주는 것**을 말한다. 장물임을 알고 자신의 명의와 계산으로 취득한 후 그 장물을 제3자에게 다시 양도한 경우에 장물의 양도는 장물취득죄의 불가벌적 사후행위이다. ① **장물임을 모르고 취득한 후에 장물임을 알고 제3자에게 장물을 양도**[14]하는 경우는 장물취득죄가 아니라 장물양도

12 [분실신용카드의 취득] 乙은 丙의 신용카드를 습득하고 이를 알고 있는 甲에게 보수를 줄 터이니 물건을 대신 구입하여 달라고 하면서 그 신용카드를 주었다. ① (대판 2003도1366) "보수를 받고 본범을 위하여 **장물을 일시 사용하거나 그와 같이 사용할 목적으로 장물을 건네받은 것만으로는 장물을 취득한 것으로 볼 수 없다.**", "점유이탈물횡령으로 인하여 영득한 재물 역시 장물"이므로 甲은 **장물을 보관죄**가 성립한다. ② (評釋) 甲은 장물의 점유는 취득하였지만 **사실상의 처분권**을 취득한 것이 아니어서 장물취득죄가 성립하지 않는다. 신용카드 자체는 가치는 미미하여 점유이탈물횡령죄나 장물보관죄의 구성요건해당성이 탈락한다. 카드로 물품을 구입하였을 때 사기죄나 신용카드부정사용죄의 공동정범이 된다.

13 [사실상 처분권 취득 흠결] 甲은 乙의 부탁으로 자기 명의로 계좌를 개설해주었다. 乙은 丙을 속여 1천만 원을 그 계좌로 송금하게 하였다. 甲은 그 계좌에서 140만 원을 인출하여 썼다. ① (대판 2010도6256) 乙의 사기행위는 계좌개설이란 甲의 방조행위가 가공되어 **乙에게 편취금이 귀속되는 과정 없이 甲이 丙으로부터 송금 받아 취득함으로써 종료**되고, 甲의 인출은 예금명의자로서 은행에 예금반환을 청구한 결과일 뿐(대판 2008다45828), **본범으로부터 위 돈에 대한 점유를 이전받아 사실상 처분권을 획득한 것은 아니므로**, 장물취득죄가 되지 않는다.

14 [장물양도고의] 甲은 미등록 수입차를 취득하고 3달이 지나 등록을 하였다. 이때 甲은 그 자동차가 장물일지도 모른다는 생각이 들었지만 두 달이 지나 장물임을 전혀 모르는 乙에게 매도하고

죄와 제3자에 대한 사기죄를 구성하며, 두 죄는 상상적 경합관계에 놓인다.[15] ② 양도는 1995년 개정 전에는 **"양여"**(讓與)라는 문언이었는데, 이 양여란 **제3자의 고유한 목적과 계산으로 장물의 사실상 처분권을 인수하여 넘겨주는** 행위[16]를 뜻한다. 예컨대 장물임을 알면서 제3자의 구매대리인으로 그 장물을 취득하여 제3자에게 그 장물에 대한 사실상의 처분권이 넘겨지도록 하는 행위가 이에 해당한다. 이 경우 그 구매대리인은 취득의 주체가 아니라는 점에서 장물취득죄가 성립하지 않으며, 제3자에 대해서는 (구매대리의 범위를 벗어나지 않는 한) 기망이 없다는 점에서 사기죄가 성립하지 않고 오직 장물양도죄(장물양여죄)가 성립하며, 제3자는 장물취득죄가 성립한다.

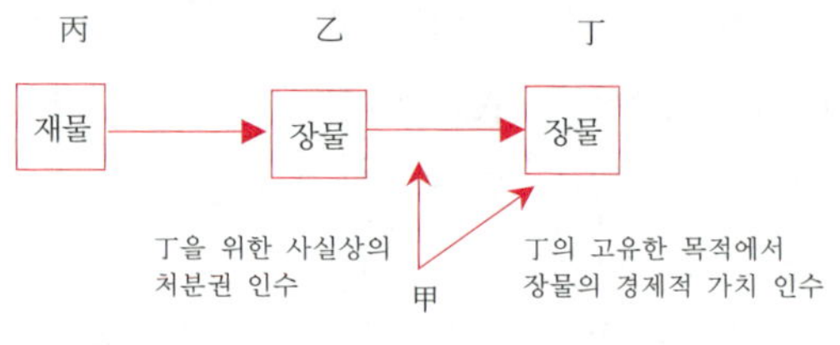

3) **운 반** 운반은 장물의 소재를 **장소적으로 이전**시키는 것이다. 예를 들어 乙이 훔친 丙의 물건을 丁에게 판매할 때 그 사정을 알면서 그 물건을 고객에게 배달해주는 甲의 행위가 이에 해당한다. ① 여기서 甲은 구조적으로는 구성요건해당성이 없는 본범 乙의 장물매도행위(불가벌적 사후행위)의 '공동정범'에 해당한다. 즉 **장물운반죄는 본범의 불가벌적 사후행위의 공동정범을 독자적인 범죄행위**로 만든다. 매수인 丁이 악의인 경우에는 甲

丙 乙(절도범) 丁(매수인)
재물 → 장물 → 장물
甲

명의도 이전시켰다. ① (대판 2004도5904) 乙에게 매도한 것은 미필적 고의에 의한 장물의 "양도"에 해당하고, 甲은 장물양도죄(제362조)가 성립한다. 甲은 장물임을 乙에게 고지하지 않고 매매계약을 체결함으로써 사기죄(제347조 제1항)가 성립한다. 양자는 상상적 경합에 놓인다.

15 여기서 이런 유형((나))을 중심적인 사례군으로 설정한 1995년 형법개정(양여를 양도로 바꾼 개정)은 장물양도죄의 규범프로그램을 잘 이해하지 못한 결과임을 알 수 있다.

16 [장물양여행위] 乙은 丙의 J.L.C.시계를 훔쳤다. 甲은 丁의 부탁으로 丁이 원하는 J.L.C.시계를 싼 값에 구입하기 위하여 乙이 훔친 시계를 사정을 알면서 취득하였다. 乙은 그 시계를 丁에게 배달하였다. 甲은 丁이 정한 구입가의 범위를 벗어나지 않았고 10만 원의 보수를 받았다. ① 장물취득죄나 사기죄는 성립하지 않고, 오로지 장물양도죄만 성립한다.

의 운반행위가 丁의 장물취득죄의 방조행위가 될 수 있지만 이는 장물운반죄라는 독자적인 범죄행위에 흡수된다. 이 점에서 장물운반죄는 장물양도(양여)죄의 반대짝임을 알 수 있다. ② "장물운반죄는 재산범죄의 피해자가 점유를 상실한 재물(장물)에 대하여 가지는 추구권을 보호법익으로 하는 것으로서 장물임을 아는 자가 장물을 장소적으로 이전하는 경우 성립하는 범죄"(대판 98도3030)이다. 따라서 장물운반죄의 기수는 운반 약속이나 운반계약만으로는 부족하고 추구권을 침해할 정도의 **사실상의 운반행위**[17]가 있을 때 인정되고, 목적지에 도달할 필요는 없다. 또한 **운반과 단순한 이용**(예: 훔친 차 편승)[18]은 구분된다.

4) 보 관　　보관이란 장물을 받아 **사실상의 지배 아래 두고 그 물건의 효용을 유지**하는 것이다. 장물에 대한 처분권의 이전을 전제하지 않고 있다. 장물보관죄도 앞선 재산범의 불가벌적 사후행위의 공동정범을 독자적인 장물죄로 삼은 경우이다. 유상 또는 무상을 불문한다. 장물임을 알고, 장물의 보관을 현실적으로 개시한 때 기수가 된다. ① 장물을 **취득할 당시 점유할 권한을 가진 때**[19]에는 보관죄가 성립하지 않는다. 예컨대 "채권의 담보로서 수표들을 교부받았다가 장물인 정을 알게 되었음에도 이를 보관한 행위는 장물보관죄"에 해당하지 않는다(대판 85도2472).

---

17 [장물운반죄] 甲은 乙로부터 그가 훔친 차를 이용하여 강도를 할 때 그 차를 운전해달라는 부탁을 받고, 乙을 태운 채 그 차를 강도할 곳으로 운전하고 가다 검문 중이던 경찰에 의해 체포되었다. ① 절도죄의 본범인 乙이 그 승용차를 운반한 행위는 장물운반죄를 구성하지 않는다. ② 甲은 장물운반죄 및 (乙과의) 강도예비죄의 공동정범이 되며 두 죄는 상상적 경합에 놓인다.

18 [장물의 운반과 이용] 乙은 丙의 차를 훔쳐서 甲에게 "내가 서울까지 타고 갈 차를 훔쳐 왔으니 서울에 갈 생각이면 타라"고 말했고, 甲은 그 차에 편승하여 서울까지 타고 왔다. ① (대판 83도1146) 甲은 절도죄의 사후종범이 되지도 않으며, 장물을 운반한 것이 아니라 **단순히 이용**한 것이므로 장물운반죄도 성립하지 않는다. "승용차의 **뒷좌석에 편승**한 것을 가리켜 장물운반행위의 실행을 분담하였다고는 할 수 없"다.

19 [전당물매각] 전당포업자 甲은 乙이 丙에게서 훔친 보석임을 모르고 전당을 잡아줬다. 乙이 대여금을 변제기일에 갚지 못하자 변제기일을 연기해주면서 장물일 수 있음을 인지했지만 甲은 대여금회수를 위해 변제기일을 연기해주고 기한 내에 갚지 못하면 보석 소유권을 포기한다는 각서를 받았고, 乙이 결국 대여금을 갚지 못하자 보석을 丁에게 팔아 대여금을 회수하였다. ① (대판 2004도6084) 甲의 질권설정 당시 장물임을 몰랐으므로 장물취득죄는 성립하지 않고, 장물계속보관은 甲과 乙 사이에 전당물에 대한 소유권 취득을 위한 것이 아니라 "**담보를 확실히 하기 위한 것으로 보이므로,** 별개의 취득행위"가 아니고 보석을 "**점유할 권한이 있는 때**에 해당하여 장물보관죄가 성립할 여지 역시 없다." ② (評釋) 보석매각은 장물양도죄가 된다.

② 이에 비해 "절도 범인으로부터 장물보관 의뢰를 받은 자가 그 정을 알면서 이를 인도받아 **보관하고 있다가 임의 처분**"한 경우는 장물보관죄가 성립하지만 그로써 소유자의 소유물 추구권을 침해하였으므로 그 후의 **횡령행위는 불가벌적 사후행위**가 된다(대판 76도3067). 그러나 私見으로 절도범으로부터 장물을 받아 보관하는 자는 소유권자와 위탁관계가 없기 때문에 애당초 횡령죄의 주체가 될 수 없고, 그의 장물처분은 장물양도죄에 해당하지만 장물보관행위에 의한 법익침해의 동일성을 유지할 뿐이므로 장물보관죄에 흡수된다. 마찬가지로 "업무상 과실로 장물을 보관하고 있다가 처분한 행위는 **업무상과실장물보관죄의 가벌적 평가에 포함되고 별도로 횡령죄를 구성하지 않는다.**"[20]

5) 알 선 "'알선'이란 장물을 취득·양도·운반·보관하려는 **당사자 사이에 서서 이를 중개하거나 편의**를 도모하는 것"을 뜻한다. "알선에 의하여 당사자 사이에 실제로 장물의 취득·양도·운반·보관에 관한 계약이 성립하지 아니하였거나 장물의 점유가 현실적으로 이전되지 아니한 경우라도 장물알선죄가 성립한다."[21] 즉 장물알선죄는 알선행위만으로 기수에 도달한다. 알선자의 존재나 알선 가능성만으로도 본범이 활성화될 수 있다는 점을 고려한 해석이다. 그러나 장물알선이 절도범죄를 부추기는 일반적 효과는 본범의 범행에 대한 개별적인 기여(예: 절도 전에 장물처리 약속)가 아니므로 본범의 방조범이 되지는 않는다.

(4) 장물죄의 고의 장물죄는 각 장물행위 당시에 장물임과 장물행

---

20 [과실장물보관자의 횡령] 골동품상 甲은 乙이 훔친 고려청자 향로 1점을 매각하여 달라는 의뢰를 받고 장물여부를 조사하지 않고 넘겨받아 보관하다가 자신이 丙에게 돈을 빌리면서 그 향로를 담보로 제공하였다. ① (대판 2003도8219) 甲은 "향로가 **장물인지 여부를 확인하여야 할 업무상 주의의무**"를 게을리 한 업무상 과실로 장물을 보관하다가 "**처분한 행위는 업무상과실장물보관죄의 가벌적 평가에 포함되고** 별도로 횡령죄를 구성하지 않는다." ② (評釋) 乙은 甲에게 반환청구권이 없고, 소유권자는 甲과 위탁관계를 갖고 있지 않기 때문에 甲은 타인의 재물 보관자가 아니다. 주체의 착오에 제27조를 적용하지 않는 한 甲은 업무상 횡령미수가 성립할 수 없다.

21 [장물알선죄와 본범방조범] 甲은 乙이 절취한 고가시계의 매도 의뢰를 장물임을 알면서 수락하고, 매수희망자 丙에게 전화하여 만나기로 하고, 약속장소에 갔지만 丙을 만나지 못했고 경찰에 체포되었다. ① (대판 2009도1203) 甲이 乙과 丙 사이를 연결하여 시계의 "매매를 중개함으로써 장물알선죄는 성립"한다. ② (評釋) 甲이 **사전에** 乙에게 절취할 재물의 판매를 수락했다면 **정신적 방조행위로**서 甲은 절도방조죄와 장물알선죄의 경합범이 된다.

위를 하는 점에 대해서 인식을 갖고 있어야 한다. ① 장물의 인식은 "장물일지도 모른다는 의심을 가지는 정도의 **미필적 인식**으로서도 충분하고, 장물인 정을 알고 있었느냐의 여부는 장물 소지자의 신분, 재물의 성질, 거래의 대가 기타 상황을 참작하여 이를 인정"[22]한다. ② "장물이 되기 위하여는 본범이 절도, 강도, 사기, 공갈, 횡령 등 재산죄에 의하여 영득한 물건이면 족하고 그 중 어느 범죄에 의하여 영득한 것인지를 **구체적으로 명시할 것을 요하지 않는다**"(대판 99도5275). 장물고의는 본범의 세부내용까지는 아니어도 어떤 재산범죄인지는 구체적으로 인식한 경우에만 인정해야 한다. 다만 **선택확정**(Wahlfeststellung)적 **고의**,[23] 예컨대 본범은 강도죄이거나 공갈죄이고 다른 범죄일 가능성이 없다는 점이 확실한 경우에도 장물고의는 인정된다. ③ 私見으로 장물취득죄는 **재산상 이득의사**(Bereicherungs wille)가 필요하지만, 사기죄의 불법이득의사와 달리 재산상 이득은 위법할 필요가 없고[24] 피해자의 손해와의 자료동질성(Stoffgleichheit)도 필요하지 않다.[25]

Ⅲ. 상습장물취득 · 양도 · 운반 · 보관 · 알선

제363조(상습범) ① 상습으로 전조의 죄를 범한 자는 1년 이상 10년 이하의 징역에 처한다.
② 제1항의 경우에는 10년 이하의 자격정지 또는 1천500만 원 이하의 벌금을 병과할 수 있다.

---

22 [장물취득고의 판단] 甲은 乙과 N회사를 함께 인수하고 공동대표로 경영하다가 乙이 비자금을 조성관리함을 알고 乙과 동업을 청산하면서 자신의 주식을 5억 원에 인수할 것을 요구하였다. 乙은 비자금으로 이에 응하였지만 甲에게 5억 원의 출처를 말하지 않았다. ① (대판 2004도5904) 甲은 주식인수금 5억 원이 제반 사정에 비추어 볼 때 "乙로부터 지급받은 금원이 회사의 자금을 횡령한 것으로서 장물일지도 모른다는 의심을 가지는 정도의 미필적인 인식은 있었다."

23 [선택확정적 장물고의] 甲은 乙에게서 알루미늄을 취득하면서, 乙이 그 재물을 횡령한 것인지 강취한 것인지는 모르지만 횡령이나 강취 이외 다른 방법으로 취득했을 것이라는 가능성은 전혀 상정하지 않았다. ① (대판 99도5275) "본범이 횡령죄를 범한 것인지 강도죄를 범한 것인지까지는 특정이 되지 않더라도 적어도 甲이 위 범죄 중 어느 하나인 범죄로 인하여 생긴 물건 즉 영득죄로 인한 장물인 사실을 알고 있다고 보이는 이상 장물취득죄의 성립을 인정할 수 있다."

24 [이득의사와 장물취득죄] 甲은 채무자 乙이 훔친 丙의 물건을 알면서도 제 값을 쳐주고 자신의 채권과 상계하여 매수하고 인도 받았다. ① 甲의 이득 자체는 불법성은 없지만 甲에게 재산상 이득의사는 인정된다. 甲은 장물취득죄가 성립한다.

25 [장물죄의 손해와 이득] 甲은 乙이 훔쳐온 丙의 시계가 맘에 들지는 않았지만 乙로부터 나중에 더 좋은 물건을 취득하기 위해 그 시계를 중고시세보다 비싸게 매수하여 받았다. ① 丙이 입는 피해와 甲이 장래 갖게 될 이익 사이에는 동전의 양면관계가 없다. 그럼에도 甲은 장물취득죄가 성립한다.

상습 장물취득에서 “상습성이라 함은 반복하여 장물취득행위를 하는 **습벽**으로서 행위자의 속성을 말하고, 이러한 습벽의 유무를 판단함에 있어서는 장물취득의 전과가 중요한 판단자료가 되나 장물취득의 전과가 없다고 하더라도 범행의 회수, 수단과 방법, 동기 등 제반 사정을 참작하여 장물취득의 습벽이 인정되는 경우에는 상습성을 인정하여야 할 것이다”(대판 2006도6955). 상습장물죄는 포괄일죄이다. 가령 상습장물알선죄가 성립하면 장물운반 또는 취득죄는 별도로 성립하지 않는다.

Ⅳ. 업무상 과실·중과실 장물취득·운반·보관·알선

제364조(업무상과실, 중과실) 업무상 과실 또는 중대한 과실로 인하여 제362조의 죄를 범한 자는 1년 이하의 금고 또는 500만 원 이하의 벌금에 처한다.

업무상과실장물죄는 전당포나 고물상과 같이 중고품의 처분을 담당하는 업무에 종사하는 자에게 장물 여부에 관한 업무상 주의의무를 부과한다. 비업무자는 중과실에 의한 장물행위만 처벌한다.

● “**금은방을 운영하는 자**가 귀금속류를 매수함에 있어 매도자의 신원확인절차를 거쳤다고 하여도 장물인지의 여부를 **의심할 만한 특별한 사정**[26]이 있거나, **매수물품의 성질과 종류 및 매도자의 신원 등에 좀 더 세심한 주의**를 기울였다면 그 물건이 장물임을 알 수 있었음에도 불구하고 이를 게을리 하여 장물인 정을 모르고 매수하여 취득한 경우에는 업무상과실장물취득죄가 성립한다”(대판 84도1413).

● “**전당포 경영자**가 전당물을 입질 받음에 있어 소유관계를 묻고 주민등록증을 제시받아 전당물대장에 주소, 성명, 직업, 주민등록번호, 연령 등을 기재하였다면 특별한 사정이 없는 한 전당포 경영자로서의 주의의무를 다한 것이고 더 나아가 입질물품이 실제로 상대방의 소유인지의 여부 또는 전당물의 출처, 전당잡히려는 동기 등을 확인하여야 할 주의의무까지는 없다”(대판 86도2077).

---

26 [업무상과실장물취득] 금은방을 운영하는 甲은 乙에게서 18K 큐빅반지 2개를 54만 원에 매수하면서 乙의 주민증을 확인해보니 19세가 넘었고, 자신과 같은 동네에 살고 있음을 알았다. 乙은 1주일 전에도 커플링을 판 적이 있었고 甲에게 그 반지가 몇 돈이 나가느냐고 물었다. 甲은 乙의 신분이나 반지의 출처 및 그 소지경위에 대해서는 물어보지 않았다. ① (대판 2003도348) 乙이 반지의 무게를 알지 못했고, 반지를 판 지 불과 1주일 만에 다시 팔러온 점을 고려할 때 甲은 乙의 신원확인을 넘어 “반지의 **출처 및 소지경위 등에 대하여도 확인할 업무상 주의의무**가 있다.” 甲은 업무상 과실장물취득죄가 성립한다.

§59. 손괴의 죄

Ⅰ. 서 론

손괴죄는 타인의 재물, 문서 또는 전자기록 등 특수매체기록을 손괴 또는 은닉 기타의 방법으로 그 효용을 해하는 것을 내용으로 하는 범죄이다. 재물손괴죄의 보호법익은 **소유권의 이용가치**, 공익건조물파괴죄의 경우는 공익건조물에 대한 일반인의 이용가치, 경계침범죄는 **토지경계의 명확성**이다. 손괴죄는 침해범이며, 재산죄 가운데서 재물만을 객체로 하는 재물죄이면서도 영득의사를 필요로 하지 않는 점에서 영득죄와 구별된다. 경계침범죄를 제외하고 미수범도 처벌한다.

[손괴죄와 타죄의 관계] ① 손괴행위는 종종 **업무방해죄의 실행수단**이 된다.[1] 업무방해죄는 업무(판례) 또는 직업의 자유가 보호법익이므로 재물손괴죄와는 그 행위단일성이 인정되는지에 따라 상상적 경합 또는 실체적 경합의 관계가 성립한다. ② 사무처리를 그르치게 할 목적으로 특수매체기록을 변조한 경우는 **공·사전자기록변작죄**(제227조의2, 제232조의2)가 성립한다. ③ 프로그램의 입력이 정보통신망을 이용하여 이루어진 경우에는 **정보통신망법상 침해행위죄**(제72조 제1항, 제48조 제2항)가 적용된다. ④ 손괴하는 문서가 공용서류이면 **공용서류무효죄**(제141조)가 성립하고, 손괴의 내용이 타인 소유와 명의 문서에 동일성을 해하지 않을 정도의 내용을 변경하는 것이면 **문서변조죄**가 성립할 뿐, 문서손괴죄는 별도로 성립하지 않는다(법조경합).

형법상 재물손괴죄의 체계는 다음의 도표와 같고, 손괴를 2인 이상이 공동하여 범한 경우에는 폭력행위처벌법상 공동손괴죄(폭력행위처벌법 제2조 제2항)가 성립한다.

기본	● 재물손괴죄(제366조)
가중	● 공익건조물파괴죄(제367조)
	● 중손괴죄(제368조)
	● 특수손괴죄(제369조)
감경	● 미수범(제371조)
독자변형	● 경계침범죄(제370조)

1 [업무방해죄와 손괴죄] 甲은 한 달간 노조원들과 불법파업을 하여 K기술원의 업무를 어렵게 만들었고, 난방공급 중단으로 각종 장비를 손괴하였다. ① (대판 2001도3380) 장비 손괴와 업무방해는 실체적 경합관계에 있다. ② (評釋) 손괴행위와 업무방해행위가 시간적으로 중첩되지만 장비손괴가 없어도 위력으로 업무방해가 가능했으므로 행위단일성이 없고 두 죄는 실체적 경합관계에 놓인다. 甲이 혼자 손괴하여 업무를 방해한 경우라면 두 죄는 상상적 경합관계에 놓인다.

Ⅱ. 손 괴 죄

제366조(재물손괴등) 타인의 재물, 문서 또는 전자기록 등 특수매체기록을 손괴 또는 은닉 기타의 방법으로 그 효용을 해한 자는 3년 이하의 징역 또는 700만 원 이하의 벌금에 처한다.

1. 구성요건

(1) 타 인 성 재물손괴의 객체는 '타인'의 재물 등이어야 한다. 토지의 소유권자로부터 수목 식재에 관한 동의·허락을 받았다면 민법상 부동산에의 부합(제256조)의 예외사유인 '권원'에 해당하여 식재한 자에게 수목의 소유권이 귀속되고, 그 수목을 절단하였어도 재물손괴는 성립하지 않는다(대판 2023도11885). 다만 자기의 재물에 대한 손괴[2]는 권리행사방해죄가 성립할 수 있다. 타인의 채권적 사용권[3]이 있는 자기의 재물을 손괴하여도 재물손괴죄는 성립할 수 없다. 재물의 손괴에 대해 그 소유주가 동의한 경우에는 재물손괴죄의 구성요건에 처음부터 해당하지 않는다. 재물이나 문서 등이 타인 소유이면 손괴죄의 객체가 되고, **자신의 점유 하**[4]에 있다고 해도 손괴죄의 성립에 영향이 없다. 타인성 여부가 쟁점

2 [타인 업무용 자기 재물의 손괴] 甲은 乙의 토지에 자기비용으로 지하수를 개발·설치하였고 乙은 목욕탕 운영하다가 부도가 났고, 목욕탕은 丙에게 경락되었다. 甲은 그 목욕탕의 지하수 우물에 연결되어 있던 지하수시설인 파이프를 쇠망치로 손괴하여 丙은 일시 휴업하게 되었다. ① (대판 89도275) "丙의 목욕탕 경영은 법률로서 보호받아야 할 업무"이므로 甲은 업무방해죄가 성립한다. ② (評釋) 파이프가 丙의 소유라면 甲은 재물손괴죄(제366조)가 성립하고 업무방해죄(제314조 제1항)와 상상적 경합에 놓인다. 파이프가 甲의 소유라면 재물손괴죄는 성립할 수 없고, 甲은 권리행사방해죄(제323조)가 성립하고 업무방해죄와 상상적 경합에 놓인다.

3 [채권적 이용관계의 손괴] 甲은 부친이 생전에 건물의 화장실 사용을 하게 해준 乙이 6년 전 스스로 화장실을 수리했음에도 그 건물을 상속받은 직후 화장실을 헐어버렸다. ① (대판 71도926) 乙의 권리는 **채권적인 사용관계**이고 점유권을 내용으로 하지 않기 때문에 甲은 권리행사방해죄는 물론이고 재물손괴죄도 성립하지 않는다. ② (評釋) 乙이 들인 비용이 이용대가보다 크면 임차물보존비용상환청구권(민법 제626조 제1항)과 동시이행의 항변권(제536조 제1항)이 있어 甲은 권리행사방해죄가 성립한다.

4 [자기점유 타인문서 손괴] 임대인 甲은 임차임 乙로부터 전세금 2천만 원을 받고 영수증을 작성 교부하였다. 甲은 乙에게 전세금을 반환하겠다고 말하여 乙로부터 위 영수증을 교부받아 바로 찢어버렸다. ① (대판 84도2290) "자신의 점유 하에 있는 문서라고 할지라도 타인소유인 이상 이를 손괴하는 행위는 문서손괴죄에 해당한다." ② (評釋) 甲은 전세금반환의사가 없음을 기망하였고, 인감증명서를 재물로 바라보는 판례(대판 2011도9919)의 관점에서는 사기죄가 성립할 수도 있다. 그러나 영수증은 재물이 아니고 그 손괴를 통해 전세금반환채무의 면제가 기대된다는 점에서 재산상 이득이 인정되지만, 영수증의 교부는 증명수단의 제공으로서 재산처분행위가 아니며, 재산처분행위라고 보더라도 경제적 이익을 '직접' 발생시키는 행위가 아니므로 甲은 사기죄의 불능미수

이 되는 몇 가지 유형이 있다.

● **무허가건물**이라도 사실상의 소유권이 인정되므로 이를 손괴하면 재물손괴죄가 성립한다. 다만 「도시재개발법」에 의한 "관리처분계획의 인가·고시에 의해 소유권은 조합원의 지위로 바뀌고, **분양처분의 고시**[5]에 의해 사실상 소유권은 소멸하고 분양받은 아파트에 대한 소유권만 남게 된다"(대판 2002다23451). 따라서 분양처분 고시 이후에 무허가건물을 철거하면 손괴죄가 성립하지 않는다.

● **수확되지 않은 농작물**은 "명인방법을 실시함으로써 그 소유권을 취득한다"(대판 69다1346). **명인방법이 없는** 농작물의 손괴[6]는 재물손괴죄가 성립하지 않는다.

● 경락을 받은 건물 안의 **경락에서 제외된 타인의 재물**[7]은 재물손괴의 대상이 된다(대판 90도700).

국가 소유물인 **공용물**을 '파괴'하면 공용물파괴죄(제141조 제2항), '손괴'하면 공용서류·공용물무효죄(제141조 제1항)가 성립하므로 재물손괴죄(제366조)의 객체에서 제외된다. **공익건조물**은 공익에 사용되는 건조물로서 그 소유주는 개인일 수 있다. 이 경우에 공익건조물의 '파괴'에 해당하는 행위는 공익건조물파괴죄(제367조)로 가중처벌되고, 파괴에 이르지 않는 효용가치의 침해행위에 대해서는 재물손괴죄(제366조)가 성립한다.

(2) 재물, 문서, 특수매체기록 손괴의 대상은 타인의 '재물, 문서, 전자기록 등 특수매체기록'이다. ① **재물**이란 재산적 이용가치 또는 효용

범이 된다.

5 [무허가건물철거] 재개발지역 무허가 주택 소유자 丙은 재개발 아파트 분양신청을 하였고 **관리처분계획**이 관할구청으로부터 인가된 후 乙에게 그 건물을 매도하였다. 乙은 丙의 정관상 권리의무를 승계하고 아파트의 동·호수까지 배정받았지만 **분양처분 고시**는 아직 이루어지지 않았다. 재개발이 지체되자 조합장 甲은 乙의 동의를 받지 않고 그 주택을 철거하였다. ① (대판 2004도434) 甲은 재물손괴죄가 성립한다. 정관상 지위 승계는 철거에 대한 묵시적 피해자승낙이 아니며, 긴급피난에도 해당되지 않는다.

6 [미수확농산물손괴] 甲은 자신의 토지를 임차하여 쪽파를 재배한 乙이 차임을 연체하자 두 달 안에 쪽파를 수확하지 않으면 甲이 임의처분하기로 乙과 합의하였다. 乙은 명인방법을 갖추지 않은 채 쪽파를 丙에게 매도하였고, 丙도 명인을 하지 않았다. 두 달이 지나 甲은 쪽파를 뽑아 버렸다. ① (대판 95도2754) 명인방법을 갖추지 않은 채 丙에게 매도하였으므로 丙은 그 소유권을 취득할 수 없고, 쪽파의 원시취득자 乙은 甲의 임의처분에 동의하였으므로 甲은 재물손괴죄가 성립하지 않는다.

7 [경락물내의 타인의 재물] 乙의 저온저장건물 2동을 경락받은 甲은 경락에서 제외된 창고 안 乙 소유의 시설물을 철거해 가라고 수차례 말했음에도 乙이 제2호 창고의 시설물은 방치하자. 乙에게 통지하지 않고 그 시설물을 철거하였다. ① (대판 90도700) "乙에게 철거를 최고하는 등 적법한 조치를 취함이 없이 이를 일방적으로 철거하게 하여 손괴하였다면 이는 재물손괴의 고의가 인정되고 사회상규상 당연히 허용되는 것이라고 할 수도 없다." ② (評釋) 피해자의 추정적 승낙이 인정되거나 승낙의 부존재에 대한 인식이 없다는 착오로 손괴고의가 탈락한다.

가치가 있는 물건을 말한다. 재물의 성상(性狀)이 **사용가치를 잃어버리면**[8] 재물손괴죄가 성립할 수 없다. 재물이 사용되고 있는지 여부는 재물손괴죄의 성립에 영향이 없다. 재물로서의 본래의 가치가 상실되었더라도 **다른 용도에 사용될 수 있는 한 이용가치**[9]가 있으므로 재물성을 잃지 않는다. ② **문서**도 재산적 이용가치 내지 효용가치가 있는 문서이어야 하며, 권리의무에 관한 것이든 사실증명에 관한 것이든 불문한다. 이를 위해 "문서는 거기에 표시된 내용이 적어도 **법률상 또는 사회생활상 중요한 사항**에 관한 것이어야" 한다(대판 88도1296). 예컨대 '매출계산서'나 '매출명세서'(대판 71도1576)는 재물손괴죄의 객체가 된다. **'작성 중인 문서'**[10]는 문서가 아니다. **문서작성권자가** 그 내용을 고치면 문서변조죄는 성립하지 않지만 **타인이 소유하는 문서의 일부를 말소하거나 새로운 사실을 추가**[11]하면 문서손괴죄가 성립한다. 이 경우 유가증권허위기재죄 등도 성립할 수 있다. ③ 전자기록 등 **특수매체기록**은 컴퓨터 등의 정보처리장치가 처리한 데이터를 말한다. 그 정보처리장치 자체는 재물에 해당하며, 기록은 매체물이 담고 있는 데이터만을 가리킨다.

(3) 손괴행위 손괴죄의 행위는 손괴, 은닉 기타 방법으로 그 효용

8 [재물의 사용가치] 재건축 중인 아파트의 입주자들이 모두 이사하였지만, 조합원 乙만 신탁등기 및 인도를 거부하여 철거가 지체되자 조합장 甲은 소를 제기하여 乙은 아파트를 인도하라는 제1심의 가집행선고부 판결을 받아 그 아파트에 관한 부동산인도집행을 완료한 후 시공사에 요청하여 아파트를 철거하였다. ① (대판 2007도5207) 아파트의 "**객관적 성상이 본래 사용목적인 주거용으로 사용될 수 없는 상태가 아니었고,** 乙이 신탁등기 및 인도를 거부하는 방법으로 계속 그 소유권을 행사하고 있는 상황이었다면 위 아파트가 재물로서의 이용가치나 효용이 없는 물건으로 되었다고 할 수 없"어 甲의 행위는 재물손괴죄에 해당하지만 정당행위로 위법성이 조각된다.

9 [이용가치의 변화] 포도주 원액이 부패하여 포도주 원료로는 효용가치가 상실되었으나 산도가 6.2도가 되어 식초 제조에 사용할 수 있는 경우 재물손괴의 객체가 된다(대판 78도2138).

10 [작성중 문서의 손괴] 재향군인회 K지회 사무국장 甲은 경리직원 乙에게 지시하여 K 지회의 상반기 세입세출명세를 새로운 장부로 이기하는 과정에서 乙이 누계 등을 잘못 기재하자 그 잘못 기재된 장부의 2면~13면을 찢어버리고 14쪽에 계속하여 이기하게 하고 감사의 결제를 받았다. ① (대판 88도1296) 누계가 잘못된 부분은 중요한 사항에 관한 것이 아니며, 甲이 찢어버린 "**새로운 경리장부는 아직 작성 중**에 있어 손괴죄의 객체가 되는 문서"가 아니므로 손괴죄의 객체가 되지 않는다.

11 [문서작성권자의 문서손괴] 甲이 乙에게 약속어음을 발행하고, 乙은 그 어음을 丙에게 백지배서의 방식으로 양도하였다. 甲은 丙에게 그 어음의 액면과 지급기일을 개서하여 주겠다고 하여 그 어음을 교부받은 후 어음의 수취인란에 타인의 이름을 추가로 기입하였다. ① 甲은 "어음배서의 **연속성을 상실하게 함으로써 그 효용을 해**"함으로써 문서손괴죄, '**부수적 증권행위에 허위사항을 기재**'하여 유가증권허위기재죄(제216조)가 성립한다.

을 해하는 것이다. ① **손괴**는 "단순히 종래의 사용상태를 제거하거나 변경시키는 것"을 넘어[12] "**물질적인 파괴행위**로 인하여 물건을 본래의 목적에 공할 수 없는 상태로 만드는" 것을 말한다(대판 82도1057). 물체의 상태 변화 없이 재물의 기능을 훼손시키는 것[13]은 손괴가 아니다. ② **은닉**은 재물 등의 소재를 불명확하게 하여 그 발견을 곤란, 불가능하게 한 결과 그 효용을 해하는 것을 말한다. 피해자가 점유하고 있는 장소에 재물을 숨겨두고 발견하기 곤란하게 하는 것도 은닉이 되며, 행위자가 재물을 점유하고 있다는 점을 피해자가 알고 있더라도 재물의 발견이 곤란한 이상 은닉에 해당한다. ③ **기타의 방법**은 손괴나 은닉이 아닌 다른 방법으로 재물의 효용을 해하는 것을 말한다. 여기서 "재물의 효용을 해한다고 함은 **사실상[14]으로나 감정상으로[15] 그 재물을 본래의 사용목적에 공할 수 없게 하는 상태**로 만드는 것"(예: 게시된 공고문 뜯어냄[16])을 말하며, "**일시적**

12 [문서손괴의미] A아파트 '쓰레기자동집하시설 건립반대' 비대위원장 甲은 입주민 앞으로 온 민원에 대한 회신문서를 관리사무소장이 아파트 엘리베이터에 게시하자 제거하였다. ① (대판 2014도13083) "문서에 대한 종래의 사용상태가 **문서 소유자의 의사에 반하여 또는 문서 소유자의 의사와 무관하게 이루어진 경우에** 단순히 종래의 사용상태를 제거하거나 변경시키는 것에 불과하고 손괴, 은닉하는 등으로 새로이 문서 소유자의 문서 사용에 지장을 초래하지 않는 경우에는 문서의 효용, 즉 문서 소유자의 문서에 대한 사용가치를 일시적으로도 해하였다고 할 수 없어서 문서손괴죄가 성립하지 아니한다."

13 [재물의 손괴] 乙은 판결로 甲에게서 명도받은 토지의 경계에 철조망과 경고판을 설치하였다. 甲은 이를 치워 창고에 보관해 두었다. ① (대판 82도1057) "철조망과 경고판이 물질적으로는 손괴되지 아니하였다 하더라도 그 토지 경계에 설치된 울타리로서의 역할을 해한 것"으로서 재물손괴죄가 성립한다. ② (評釋) 판례는 울타리도 "풀이나 나무 따위를 얽거나 엮어서 담 대신에 경계를 지어 막는 물건"이므로 甲은 경계침범죄가 성립한다.

14 [사실상 효용상실] 甲과 乙은 丙 소유의 창포 밭에 丙이 우물에 연결하여 수도관 역할을 하고 있던 고무호스 중 약 1.5m를 무단으로 발굴, 제거하여 물이 내려가지 못하게 하였다. ① (대판 70도2378) 甲의 행위는 "그 고무호오스 자체를 물질적으로 손괴하였거나 은닉한 것은 아니라 하더라도 고무호스의 수도관 역할을 하고 있는 그 효용을 해한 행위에 해당된다."

15 [감정상 효용상실] 甲은 자신의 집에 인접한 乙 소유의 대지를 임차하여 자신의 집 마당 등으로 사용하면서 생활하수처리를 위해 乙의 대지에 직경 3m의 구덩이를 파고 거기에 깨진 콘크리트조각 50개를 집어넣고 방치함으로써 잡초가 곳곳에 났다. 동네사람들도 쓰레기와 돌조각을 그곳에 버렸다. ① (대판 88도1592) "구덩이를 판 것만을 들어 위 대지가 갖는 본래의 효용을 해한 것이라고 할 수 없을 뿐만 아니라 그 효용을 해한다는 인식이 있었다고도 볼 수 없다." ② (評釋) 乙의 **감정상으로는** 대지가 더럽혀짐으로써 효용을 침해받았다고 볼 수 있다. 그러나 법감정상으로는 아직 토지의 효용이 침해된 것으로 보기 어려우므로 손괴죄는 성립하지 않는다.

16 [문서손괴와 사회상규] 아파트 입주자대표회의 회장 甲은 자신의 승인 없이 동대표들이 관리소장과 함께 입주자대표회의(2019.9.10.) 소집공고문을 2019. 9. 9. 밤에 발견하고 뜯어내었다. ① (대판 2021도9680) 甲의 행위는 기타 방법으로 그 효용을 해하여 재물손괴죄(제366조)에 해당하지만, "그에 선행하는 위법한 공고문 작성 및 게시에 따른 위법상태의 구체적 실현이 임박한 상황 하에서 그 위법성을 바로잡기 위한 것으로 사회통념상 허용되는 범위를 크게 넘어서지 않는

으로 본래의 사용목적에 이용할 수 없게" 만드는 것은 상황에 따라 포함될 수 있고[17] 그렇지 않을 수도 있다.[18] 그러나 私見으로 감정상의 효용상실은 개인의 주관적 감정이 아니라 공동체 구성원 대부분의 공통된 감정적 판단(**법감정** Rechtsgefühl)에 근거한 것이어야 한다. 이때 법감정이란 보편적인 미적 체험을 말한다. 예컨대 남이 방뇨한 그릇을 식기용으로 사용할 수 없다는 감정은 보편적인 심미적 체험이다.[19]

일시적 사용불능을 긍정한 판례	일시적 사용불능을 부정한 판례
● 전축을 드라이버로 분해(대판 93도2701) ● 회사의 경리사무 처리상 필요불가결한 매출계산서, 매출명세서 등의 반환을 거부(대판 71도1576) ● 자동문을 자동으로 작동하지 않고 수동으로만 개폐가 가능하게 함(대판2016도9219)	● 피고인이 피해자를 호젓한 곳으로 데리고 가려고 그녀의 가방을 빼앗고 따라 오라고 하였는데 피해자가 그냥 돌아가자 가방을 돌려주기 위하여 부근일대를 돌아다니면서 피해자를 찾아 나섬(대판 92도1345).

[건물낙서와 그래피티] "건조물의 **벽면에 낙서를 하거나 게시물을 부착**하는 행위 또는 오물을 투척하는 행위 등이 그 건조물의 효용을 해하는 것에 해당하는지 여부는, 당해 건조물의 용도와 기능, 그 행위가 건조물의 채광·통풍·조망 등에 미치는 영향과 건조물의 미관을 해치는 정도, 건조물 이용자들이 느끼는 불쾌감이나 저항감, 원상회복의 난이도와 거기에 드는 비용, 그 행위의 목적과 시간적 계속성, 행위 당시의 상황 등 제반 사정을 종합하여[20] 사회통념에 따라 판단"한다(대판 2007도2590). 예컨

행위"로서 그 위법성이 조각된다.

17 [일시적 효용불능] ① 평소 자신이 굴삭기를 주차하던 장소에 차량이 주차되어 있는 것을 발견하고 그 차량 앞에 철근콘크리트 구조물을, 뒤에 굴삭기 크러셔를 바짝 붙여 놓아 17~18시간 동안 차량을 운행할 수 없게 한 경우(대판 2019도13764), ② 회사의 경리사무 처리상 필요불가결한 매출계산서, 매출명세서 등의 반환을 거부함으로써 그 문서들을 일시적으로 그와 같은 용도에 사용할 수 없게 하는 것도 그 문서의 효용을 해한 경우에 해당한다(대판 71도1576).

18 [일시적 사용불능] 甲은 乙과 사귀고 싶어 호젓한 곳에 가자고 제안하였으나 거절당하자, 乙의 가방을 빼앗아 가져가면서 乙에게 따라오지 않으면 안 줄 태세를 보였지만 乙은 따라오지 않았다. 甲은 가방을 돌려주려고 乙을 찾아 부근일대를 돌아다녔다. 그동안 乙은 그 가방을 사용할 수가 없었다. ① (대판 92도1345) 甲의 행위는 乙의 "재물을 은닉하거나 그 효용을 해한 경우에 해당한다고 할 수는 없다." ② (評釋) 甲은 불법영득의사가 없으므로 공갈죄나 강도죄가 성립할 수 없고, 乙은 공포심을 갖지도 않았으므로 처벌가치가 있는 강요죄의 협박에 해당하지 않는다.

19 가령 타인의 식기에 방뇨하여도 객관적으로는 깨끗이 씻고, 소독을 하면 다시 사용할 수 있다. 그러나 대부분의 사람들이 감정상 그 식기를 식기용으로 사용하려 하지 않는다면 그 식기는 상호주관적으로 더 이상 식기의 효용을 유지할 수 없게 되는 셈이다. 이에 비해 타인의 식기를 손으로 만졌으나 그 소유자가 결벽증이 있어 더 이상 그 식기를 식기용으로 사용할 수 없게 되었다면, 그것은 주관적인 감정상 효용이 상실된 경우이다. 개인의 고유한 감정과 달리 대부분 사람들이 공통적으로 갖는 감정은 법감정이라고 부를 수 있다. 이처럼 미학적 판단과 정의가 법적 정의의 구성요소가 되고, 법감정이 보편적인 심미적 판단이라는 법미학(legal aesthetics)적 설명으로 자세히는 이상돈, 법미학, 법문사, 2008 참조.

20 [낙서와 재물손괴죄] S(주)로부터 해고당한 甲은 복직을 요구하는 집회를 개최하던 중 회사의 건물에 달걀 30개를 투척하였다. 회사는 청소하는 데 50여만 원이 들었다. 甲은 보름 뒤의 집회를 할 때 래커 스프레이로 회사 건물 외벽과 1층 벽면 등에 '자본똥개, 원직복직, 결사투쟁' 등의 내용으

대 "다른 사람 소유의 **광고용 간판을 백색페인트로 도색**하여 광고문안을 지워 버린" 행위는 효용을 해한 경우에 해당하지만(대판 91도2090), 회사 소유의 **도로 바닥에 유색 페인트와 래커 스프레이로 직접 문구를 기재**한 직원들의 행위는 해당하지 않는다(대판 2017도20455). 지하터널 벽면에 에어로졸이나 스프레이를 이용한 낙서는 **그래피티**(graffiti)로서 기존 문화를 전복시키는 상징과 의미의 예술행위로 평가되는 경우에는 손괴죄에 해당하지 않는다.[21]

(4) 손괴고의 손괴죄는 타인의 재물 또는 문서의 이용가치의 전부 또는 일부를 해한다는 인식과 의사가 있어야 한다. 손괴고의는 "반드시 계획적인 손괴의 의도가 있거나 물건의 손괴를 적극적으로 희망하여야 하는 것은 아니고, 소유자의 의사에 반하여 재물의 효용을 상실케 하는 데 대한 인식이 있으면"[22] 인정된다(대판 93도2701). 손괴죄는 영득죄가 아니므로 불법영득의사가 필요 없다. 손괴죄는 과실범 처벌규정이 없으므로 미필적 고의도 없는 경우는 주의의무 위반이 현저한 경우라 하더라도 범죄가 아니다. 다만 「도로교통법」 제151조는 과실로 재물을 손괴한 경우를 처벌한다.[23]

(5) 위 법 성 재물손괴는 주로 긴급피난 또는 자구행위[24](예: 도주하는

로 낙서를 하였고, 회사는 이를 제거하는데 341만 원이 들었다. ① (대판 2007도2590) 甲의 달걀투척행위는 건물의 효용을 해하는 정도의 것에 해당하지 않는, 반면 "약 341만 원 상당이 들도록 한 행위는 건물의 미관을 해치는 정도와 건물 이용자들의 불쾌감 및 원상회복의 어려움 등에 비추어 위 건물의 효용을 해한 것에 해당한다."

21 이상돈, 미술비평과 법, 법문사, 2013, 249쪽 참조.

22 [미필적 손괴고의] 甲은 어렵게 잔돈을 바꾼 뒤 공중전화기에 동전을 넣었으나 전화기가 고장이 나있자, 짜증이 나서 공중전화기의 전화선을 떼 내어 파출소에 신고하겠다면서 가져가버렸다. ① (대판 86도941) 甲의 행위는 "전화기의 구체적 역할인 통화를 할 수 없게 함으로써 그 효용을 해하려는 손괴의 고의가" 인정되지 않는다. ② (評釋) 甲에겐 **미필적 손괴고의**가 인정되지만 손괴가 경미하고, 파출소신고 등을 고려할 때 사회상규에 위배되지 않는다.

23 [업무상 과실재물손괴] 甲은 혈중알콜농도 0.2%의 만취한 상태로 차를 운전하던 중 신호대기로 정차해있던 乙의 화물차량의 뒷부분을 들이받았고, 화물차량은 앞으로 밀리면서 그 앞의 丙의 화물차량을 들이받았다. 乙과 丙은 상해를 입었고, 두 화물차량은 손괴되었다. ① (대판 2009도10845) "정상적인 운전이 곤란한 상태에서 자동차를 운전하여 사람을 상해에 이르게 함과 동시에 다른 사람의 재물을 손괴한 때에는 특정범죄가중법 제5조의11(위험운전치사상) 외에 업무상과실 재물손괴로 인한 도로교통법 위반죄가 성립하고 두 죄는 상상적 경합관계에 있다." ② (評釋) 甲은 「도로교통법」상 음주운전죄도 성립하고, 이 두 죄와 상상적 경합관계에 놓인다.

24 [손괴행위의 법정절차] 甲은 자신의 토지의 통행을 어렵게 하는 乙의 토지에 서 있는 옹벽을 철거해달라고 乙에게 부탁했지만 乙은 거절했다. 甲은 소송을 제기함이 없이 옹벽을 철거해버렸다. ① (대판 2007도7933) "주위토지통행권의 존부 및 범위에 관한 확인 및 이 사건 옹벽 중 주위통행을 위한 부분에 관한 철거 판결을 받고, 이를 이행하지 않을 경우 **법령에서 정하는 절차를 따라 강제집행할 수** 있을 뿐이므로 甲은 도로에 관한 주위토지통행권을 인정할 수 있는지 여부와 관계

채무자의 차 타이어를 펑크 냄), 사회상규[25]로서 위법성이 조각될 수 있다.

(6) **미 수** 손괴미수는 처벌한다(제371조). 실행의 착수는 손괴의 고의로 효용침해행위를 직접 개시한 때에 인정되고, 기수는 재물의 이용가치가 감소하였을 때에 인정된다.

Ⅲ. 공익건조물 파괴죄

제367조(공익건조물파괴) 공익에 공하는 건조물을 파괴한 자는 10년 이하의 징역 또는 2천만 원 이하의 벌금에 처한다.

(1) **공익건조물** "공익에 공하는"이란 사용목적이 공공의 이익을 위한 것을 말한다. 예컨대 국립박물관, 시립미술관, 구립도서관 등이 그 예이다. **일반인의 접근이 제한되는 공용건조물**(예: 국회, 법원도서관, 군사시설)은 **공용건조물파괴죄**(제141조 제2항)의 객체가 될 뿐이다. 공익건조물에만 해당된다면 그 소유권자가 국가 또는 공공단체이거나 개인이거나 불문한다. 공익건조물파괴죄는 **공익건조물에 대한 일반인의 이용가치**를 보호하는 것이므로 **자기 소유의 공익건조물도** 객체가 된다.

(2) **파 괴** 파괴는 건조물의 중요부분을 훼손하여 그 용도에 따라 쓸 수 없도록 하는 행위를 말한다. 파괴의 방법은 묻지 않는다. 파괴가 방화에 의한 경우는 **공익건조물방화죄**(제165조)가, 그리고 일수에 의한 경우는 **공익건조물일수죄**(제178조)가 성립되고 공익건조물파괴죄는 배제된다.

없이 위법하다." ② (評釋) 甲의 행위는 청구권이 있는지가 불명확하고, 법정절차에 의한 청구권 보전이 불가능하지도 않으며, 철거로 청구권을 종국적으로 만족시켰다는 점에서 자구행위(제23조)에도 해당하지 않는다.

25 [동물손괴] 甲은 자신의 뽕나무밭에서 乙 소유의 암소가 뽕잎을 뜯어 먹는 것을 보고 화가 나서 나무에 얽혀 풀 수 없는 그 암소의 고삐를 낫으로 끊어 버려서 암소를 밭에서 끌어냈다. ① (대판 76도2359) 甲의 재물손괴행위는 "사회상규상 용인된다." ② (評釋) 동물권의 성장에 따라 물건으로 보기 어렵지만 독일민법 제90조a와 같은 규정이 없는 한, 재물손괴죄의 객체로 인정될 수밖에 없다. 예컨대 농장도축시설에서 개를 묶은 상태에서 전기 쇠꼬챙이를 개의 주둥이에 대어 감전시키는 방법으로 잔인하게 도살하는 행위는 동물학대죄(동물보호법 제8조 제2항 제1호, 제46조 제1항)에 해당할 수 있다(대판 2017도16732).

Ⅳ. 중손괴죄와 손괴치사상죄

제368조(중손괴) ① 전2조의 죄를 범하여 사람의 생명 또는 신체에 대하여 위험을 발생하게 한 때에는 1년 이상 10년 이하의 징역에 처한다. ② 제366조 또는 제367조의 죄를 범하여 사람을 상해에 이르게 한 때에는 1년 이상의 유기징역에 처한다. 사망에 이르게 한 때에는 3년 이상의 유기징역에 처한다.

재물손괴죄와 공익건조물 파괴죄를 범하여 생명 또는 신체에 대한 (구체적) 위험이 발생한 경우에는 **중손괴죄**(제368조 제1항)가 성립한다.

재물손괴죄와 공익건조물 파괴죄를 범하여 사람을 상해 또는 사망에 이르게 하는 경우는 결과적 가중범인 **재물손괴치사상죄** 또는 **공익건조물 파괴치사상죄**(제368조 제2항)로 가중처벌된다. 결과적 가중범의 법리는 그대로 적용된다.

Ⅴ. 특수손괴죄, 공동손괴죄, 누범

제369조(특수손괴) ① 단체 또는 다중의 위력을 보이거나 위험한 물건을 휴대하여 제366조의 죄를 범한 때에는 5년 이하의 징역 또는 1천만 원 이하의 벌금에 처한다. ② 제1항의 방법으로 제367조의 죄를 범한 때에는 1년 이상의 유기징역 또는 2천만 원 이하의 벌금에 처한다.

특수손괴죄는 단체 또는 다중의 위력을 보이거나 위험한 물건을 휴대하여 손괴죄 또는 공익건조물파괴죄를 범한 경우로서 가중처벌된다(제369조). 어떤 물건이 '위험한 물건'에 해당하는지 여부는 "구체적인 사안에서 사회통념에 비추어 그 물건을 사용하면 상대방이나 제3자가 생명 또는 신체에 위험[26]을 느낄 수 있는지 여부에 따라 판단"(대판 2007도3520)한다.[27] 폭력행위처벌법은 "2명 이상이 **공동**하여" 손괴죄를 범하면(**공동손**

26 **[자동차 손괴]** 甲은 자신의 자동차로 乙과 丙의 자동차를 들이받아 손괴하였다. 현장에 있던 乙은 甲의 이 범행을 보고 자동차에 타지 못했다. 丙은 현장에 있지 않았다. ① (대판 2002도5783) "위험한 물건을 휴대하고 다른 사람의 재물을 손괴하면 상대방이 **그 위험한 물건의 존재를 인식하지 못하였거나 그 위험한 물건의 사용으로 생명 또는 신체에 위해를 입지 아니하였다고 하더라도**" 특수손괴죄(제369조 제1항)가 성립한다. ② (評釋) 차량에 사람이 없었으므로 甲의 손괴방법은 생명, 신체의 위험을 초래할 위험성이 없으므로 재물손괴죄(제366조)가 성립한다.

27 이 판례는 (구) 폭력행위처벌법 제3조 제1항의 해석이지만 동조항의 "흉기 기타 위험한 물건을 휴대하여" 부분이 기소 시 검사가 선택한 적용법조에 따라 피고인들을 불평등하게 취급하게 된다는 이유로 위헌결정(헌재결 2014헌바154)을 받은 이후에도 타당하다.

괴죄) 형의 2분의 1까지 가중처벌한다(제2조 제2항 1호). 특수손괴죄와 그 미수범을 범하여 2회 이상 징역형을 받은 사람이 다시 손괴죄(제366조)를 범한 **누범**은 7년 이하의 징역에 처한다(제2조 제3항 1호).

Ⅵ. 경계침범죄

제370조(경계침범) 경계표를 손괴, 이동 또는 제거하거나 기타 방법으로 토지의 경계를 인식불능하게 한 자는 3년 이하의 징역 또는 500만 원 이하의 벌금에 처한다.

(1) **보호법익** 판례는 경계침범죄의 보호법익을 "**토지의 경계에 관한 권리관계의 안정을 확보하여 사권을 보호하고 사회질서를 유지**"[28]하는 것에서 바라보지만, 경계침범죄는 재산범죄이므로 토지의 권리에 관련한 **토지경계의 명확성**으로 봄이 타당하다. 경계침범죄는 **침해범**이다. 따라서 침범행위로 토지의 경계가 인식 불가능한 상태에 이른 경우에 기수가 되고, 미수처벌규정이 없으므로 경계표를 제거하였어도 토지경계의 명확성이 남아 있는 한 불가벌이다.

(2) **경 계 표** 토지의 경계표란 **토지 소유권의 장소적 한계를 나타내는 표식**을 말한다. 경계표는 공작물이나 입목 등 그 물적 방법에는 제한이 없다. 자연적으로 존재하든 인위적으로 설치된 것이든 불문하며 영구적인 것이든 일시적인 것이든 묻지 않는다. 단순한 도면은 토지에 부착된 것이 아니므로 경계표가 될 수 없다. 소유의 주체를 불문하며 무주물도 본죄의 객체인 경계표가 될 수 있다. 판례에 의하면 "경계는 이해관계인들의 명시 또는 묵시적 합의에 의해 정해진 것이라면 법률상 정당한

---

28 [경계침범죄와 사회질서] 甲은 자기의 임야 중 일부를 분할하여 乙에게 매도하면서 소나무를 심어 乙의 토지와 경계를 만들었다. 20년 지나서 乙의 아들 丙이 소나무경계가 진실한 권리상태와 맞지 않는다며 임의로 경계측량을 하여 새로운 경계선을 설정하고 말뚝을 세웠다. 甲은 그 말뚝을 뽑아 제거하였다. ① (대판 86도1492) "소나무가 실제경계선과는 다소 맞지 않는다 하더라도 그것이 **종전부터 일반적으로 승인되어왔다거나 이해관계인들의 명시적 또는 묵시적 합의에 의해 정하여진 것**이라면" 경계표에 해당하고, 丙이 설정한 말뚝은 경계표에 해당되지 않으므로 甲은 경계침범죄가 성립하지 않는다. ② (評釋) 판례 입장은 경계침범죄로 '**마을공동체의 토지이용을 둘러싼 평화질서**'를 보호하는 목적을 추구한다.

경계에 부합되지 아니하더라도 본조의 경계에 해당"[29]하고 "객관적으로 통용되는 **사실상의 경계**"도 본조의 객체에 해당한다(대판 99도480). 또한 판례에 의하면 **경계표가 없는 타인의 토지**를 침범하여 건축한 행위[30]도 경계침범죄가 성립하지만, 그런 경우는 적어도 "**토지의 경계**"를 인식할 수 있게 하는 **일정한 표지**(예: 자연적인 도랑, 냇물 등)가 있어야 한다. 그렇지 않다면 정밀 측량된 토지의 경계를 조금이라도 침범하는 일체의 행위가 경계침범죄에 해당하게 되기 때문이다.

(3) **행 위** 경계침범죄의 행위는 경계표를 손괴, 이동, 제거하거나 기타 방법으로 토지의 경계를 인식 불능하게 하는 것이다. **손괴**란 경계표에 물리적 힘을 가해 물질적으로 훼손하는 것을, **제거**는 원래 설치된 장소에서 없애버리는 것(취거, 取去)을, **이동**은 경계표를 원래의 장소에서 다른 장소로 옮기는 것을 말한다. **기타의 방법**이란 경계표를 매몰한다든지, 경계를 흐르는 물의 흐름을 바꾼다거나 경계로 되어 있는 도랑(溝渠)을 매립하는 것 등을 가리킨다. 또한 "경계침범죄는 단순히 계표를 손괴하는 것만으로는 부족하고 경계표를 손괴, 이동 또는 제거하거나 기타 방법으로 **토지의 경계를 인식불능하게 함**으로써 비로소 성립"한다(대판 71도2293). 경계침범죄의 죄수도 손괴된 경계표의 수가 아니라 인식불능하게 된 경계의 수를 단위로 하여 정한다.

---

29 [실체관계와 다른 경계표] 甲은 乙의 집과 자기 집의 경계인 담벼락 아래에 乙이 보일러를 설치하려하자 그 담벼락을 50cm의 높이까지 남겨둔 채 손괴하였다. 甲은 이 담벼락은 부엌 벽이지 경계 표시 담벼락이 아니라고 주장하였지만 그 담벼락은 이전부터 乙의 집과의 경계표로서 기능해왔다. 甲은 지적공사 측량으로 담 밖 20cm에 새 담장을 쌓았다. ① (대판 91도856) "실제상의 경계선에 부합되지 않는 경계표라 할지라도 그것이 종전부터 **일반적으로 승인되어 온 것**이라면 경계표에 해당된다." 甲은 경계침범을 하였지만 종래의 담장을 50cm 높이로 남겨 놓아 **토지경계의 인식가능성이 남아 있고**, 따라서 경계침범죄 미수로서 불가벌이다. 지적재조사법은 지적소관청이 설치한 (임시)경계점표지를 이전 또는 파손하거나 그 효용을 해치는 행위를 단지 과태료(제45조 제1항 1호)로 제재하는데, 이는 경계침범죄가 토지경계에 관한 권리관계보다 평화질서를 보호하는 것임을 함의한다.

30 [토지경계 위의 건축과 경계침범죄] 甲은 자신의 토지와 乙의 토지 사이의 경계 부위에 乙의 토지를 약 8평 침범하여 점포를 건축하였다. ① (대판 68도967) 甲의 건축으로 "양 토지간의 **경계를 인식 불능케 하였다면** 경계침범죄가 성립한다." ② (評釋) 乙의 토지에 경계표가 없었으므로 경계침범죄는 성립할 수 없고, 甲은 인접대지에서 법정 공지를 두지 않은 건축법(제58조) 위반죄가 성립하고, 乙에게 불법행위책임을 질뿐이다.

(4) **주관적 구성요건** 　경계침범죄의 고의는 경계표에 대한 손괴 등의 행위와 토지의 경계를 인식 불능케 한다는 점에 대한 인식과 의사를 필요로 한다. 경계침범죄는 불법영득의사가 필요하지 않다.

§60. 공안을 해하는 죄

Ⅰ. 범죄단체조직죄

제114조(범죄단체등의 조직) 사형, 무기 또는 장기 4년 이상의 징역에 해당하는 범죄를 목적으로 하는 단체 또는 집단을 조직하거나 이에 가입 또는 그 구성원으로 활동한 사람은 그 목적한 죄에 정한 형으로 처벌한다. 다만, 형을 감경할 수 있다.

범죄단체조직죄의 보호법익은 **공공의 안녕**(공안)이다. 범죄단체조직은 **범죄의 조직적인 예비행위**로서 그 자체로서 **사회의 안전**(공안)에 대한 위협요인이 된다. 본죄는 그런 위험을 예방하기 위해 범죄처벌을 사실상 예비단계로 앞당긴다(Vorfeldkriminalisierung).

(1) **중 범 죄** 범죄단체조직죄는 그 조직의 목적이 "사형, 무기, 장기 4년 이상의 징역에 해당하는 범죄"를 저지르는 것이어야 한다. 장기범죄란 최대로 부과하면 4년 이상의 징역을 선고할 수 있는 **법정형**을 가진 범죄를 말한다. 형벌법규의 종류(예: 형법전, 특별형법)를 가리지 않는다. ① 폭력범죄를 목적으로 한 단체[1]의 구성은 「폭력행위처벌법」 제4조에 의해 처벌된다. ② 「국가보안법」상 반국가단체는 "정부를 참칭하거나 국가를 변란할 것을 목적으로 하는 국내외의 결사 또는 집단으로서 지휘통솔체제를 갖춘 단체를 말한다"(「국가보안법」 제2조). 범죄단체조직죄가 국가의 존립과 기능이 유지되는 체제 아래서 공안(公安)을 해하는 범죄라면,

---

1 [파(派)와 범죄단체] 甲, 乙, 丙 등 수십여 명은 G시 유흥가를 지배하는 조직을 만들기로 하고, 甲은 X는 두목격으로, 자신은 두목격 고문, 乙은 부두목격 간부, 丙은 참모나 행동대장격 간부, 그 휘하의 구성원은 행동대원으로 각 임무분담을 정함과 아울러 단체구성원들 간의 위계질서를 나이 순서에 따른 서열로 확립하고, 합숙소에서 단체생활을 하고, 합숙소 안에 흉기를 보관하고, 관리유흥업소에서 문제가 발생하면 즉시 현장에 가서 폭력을 행사하였으며 조직원 훈련을 하고 조직이탈자들을 보복하여 조직와해를 방지하고, 유흥업소로부터 보호비를 징수하였다. ① (대판 97도1829) 폭력행위처벌법 제4조의 폭력범죄단체구성죄는 그 단체가 "**어느 범죄를 범하는 것을 목적으로 하는가 여부까지 특정될 필요는 없다.**" 甲은 폭력범죄단체구성죄가 성립한다.

반국가단체구성죄는 국가의 안전을 위태롭게 한다는 점에서 구별된다.

(2) **범죄목적의 단체 또는 집단** **단체**는 "범죄를 목적으로 하는 단체라 함은 특정다수인이 일정한 범죄를 수행한다는 공동목적 아래 이루어진 계속적인 결합체로서 그 단체를 주도하는 최소한의 통솔체제를 갖추고 있음을 요한다"(대판 81도2608). 범죄목적단체가 되려면 그 구성원들이 **공모나 예비·음모의 수준을 넘어서는**[2] **계속적 결합체**의 성격을 갖고 있고, **통솔체계**[3]가 구축되어 있어야 한다. 일시적 결합체는 단체가 아니라 합동범이 될 수 있을 뿐이다. 범죄단체조직죄는 "범죄를 범하는 것을 목적으로 하는 이상 그 중 어느 범죄를 범하는 것을 목적으로 하는가 여부까지 특정될 필요는 없다"(대판 91도2527). **집단**[4]은 계속성과 결합체의 성격이 단체보다 약하지만 그 밖의 점에서는 단체의 실질을 갖고 있는 사람의 무리를 가리킨다.

(3) **행 위** **조직**(또는 구성)은 단체나 집단을 형성하는 것이고, **가입**은 이미 조직된 단체나 집단에 구성원으로 참가하는 것을 말한다. "단체등의 조직죄는 같은 법에 규정된 범죄를 목적으로 한 단체 또는 집단을 구성함으로써 즉시 성립하고 그와 동시에 완성되는 **즉시범**"(대판 93도999)이고, "범죄성립과 동시에 공소시효가 진행된다"(대판 94도2752).

(4) **범죄단체조직의 고의** 범죄단체를 조직하거나 가입한다는 점에

2 [사기범죄단체] 甲은 乙, 丙, 丁, 戊와 어음발행하고 부도내는 사기를 하기로 모의하고 L실업을 개설하여 전자제품 도매상을 하는 것처럼 위장하였다. 丙은 은행에 당좌계정을 개설하고 다량의 어음용지를 확보하였고, 乙은 L 실업의 대표를 맡았으며 丙과 戊는 대외적인 업무를, 丁은 감사 임무를 맡았다. ① (대판 85도1515) "어음사기를 목적으로 한 범죄단체로서의 단체내부의 질서를 유지하는 통솔체제를 갖춘 계속적인 결합체에 이른 것으로는 볼 수 없"다.

3 [통솔체계] 甲은 乙, 丙, 丁, 戊와 함께 공동으로 비용을 조달하여 도박장을 열었다. ① 甲은 도박장소개설죄(제247조)의 공동정범이 된다. ② (대판 77도3463) 甲, 乙, 丙, 丁, 戊 사이가 계속적인 결합체의 성격은 띨 수 있어도, **통솔체제가 없으므로 범죄단체조직죄는 성립하지 않는다.**

4 [범죄집단조직죄] 甲은 고향과 유도학교 선후배들을 모아 단체생활을 하였다. 甲은 자금을 지원하고, 싸움 훈련도 시켰고, 2년 동안 16건의 강도상해 및 폭력행위를 하였다. 甲을 정점으로 구성원들은 수괴, 간부, 가입자 등 각기 다른 역할을 분담하는 관계를 형성하였지만 어떤 단체의 이름을 갖지는 않았다. 甲을 수사하던 경찰관이 이들을 'J파'라고 불렀다. ① (대판 87도1240) 지휘통솔체계를 갖춘 점, 수시로 단체 및 개인훈련을 실시한 점, '16건에 걸쳐 강도상해 및 폭력행위를 한 점'을 고려할 때 단체의 명칭이 **수사단계에서야 비로소 붙여진 것이라 하더라도**" 폭력목적의 **범죄단체를 구성** 또는 이에 가입한 죄가 성립한다. ② (評釋) 甲은 단체에는 이르지 못했지만 **집단**에 이르렀으므로 폭력범죄집단구성죄나 **범죄집단조직죄**가 성립한다.

대한 고의가 있어야 한다. 즉 "형법 제114조 또는 폭력행위처벌법 제4조의 범죄단체조직 또는 가입죄가 성립하려면, 범죄를 목적으로 하는 단체를 조직하거나, 그와 같은 사정을 알면서[5] 그 단체에 가입하는 행위를 하여야"(대판 69도935) 한다.

Ⅱ. 소 요 죄

제115조(소요) 다중이 집합하여 폭행, 협박 또는 손괴의 행위를 한 자는 1년 이상 10년 이하의 징역이나 금고 또는 1천500만 원 이하의 벌금에 처한다.

소요죄의 보호법익은 **공안**(공공의 안전)이며, 필요적 공범이다. 이 죄는 민주적 법치국가체제가 확립된 국가를 전제로 한다.

(1) **다중(多衆)** 개인이든 단체든 다중을 형성했을 때 주체가 된다. 다중의 집합은 단체처럼 통솔체계나 계속적 조직체를 갖추지 않아도 되고, 공동의 목적을 갖고 있을 필요도 없다. 개인의 무리가 "다중이 집합" 한 경우가 되려면 개인의 무리가 **결집력을 발휘할 수 있을 정도로 폭행, 협박, 손괴를 공동으로 할 의사**가 있어야 한다. 이 공동의사는 군중심리로 충분하며, 공모나 사전연락이 필요하지 않다. 다중의 일원이 되어 소요행위에 가담한 자는 모두 소요죄의 정범이 되고, 총칙상 공범규정이 적용되지 않는다.

(2) **폭행·협박·손괴** 한 지역이나 지방의 평온을 해하는 수단으로 기능할 수 있는 행위로서 폭행, 협박, 손괴의 외형을 갖고 있으면 소요죄의 실행행위가 된다. 예컨대 폭행은 **'물건'에 대한 유형력**의 행사도 포함하고, 협박은 일체의 해악의 고지를 뜻하며 손괴도 재물의 효용을 해하

---

5 [범죄단체조직죄고의] 甲은 상장기업의 주총을 교란하고 회사에 금품을 요구하는 총회꾼들을 제거하고, 투자자보호를 도모할 목적의 투자인협회를 조직하였다. 그러나 이 단체는 주주의 권리행사도 방해하였고 그에 대한 사례로 해당 회사로부터 금품을 받았다. ① (대판 69도935) 甲의 "의도가 표면상의 명분 내지 구실에 불과하며 **진실한 의도가 범죄행위 자체를 목적으로 한 것으로 인정되지 않는 이상**" 범죄단체 조직이라고는 할 수 없다. ② (評釋) 투자인협회도 위력적 행동을 일삼는다면 범죄단체가 될 수 있다. 甲이 범죄단체조직죄가 성립하지 않는 것은 투자인협회가 범죄목적단체가 아니기 때문이 아니라 **그 협회가 범죄단체일 수 있다는 점에 대한 인식, 즉 범죄단체조직죄의 고의가 없기** 때문이다.

는 일체의 행위를 가리킨다. 즉, 폭행, 협박, 손괴의 외연은 폭행죄, 협박죄, 손괴죄보다 훨씬 넓다. 폭행, 협박, 손괴는 공공의 안녕을 해하는 것이어야 하므로 **공격적이고 적극적인 방법으로 한 지역이나 지방의 평온을 해할 정도**[6]에 이르러야 한다. 예컨대 차로에서 펼치는 평화적 연좌농성은 강요죄(제324조 제1항)의 폭행 개념에는 해당할 수 있어도 소요죄의 폭행에는 해당하지 않는다.

(3) **소요죄고의** 다중이 집합하여, 즉 다중의 공동의사나 결집력에 의해 폭행, 협박, 손괴를 함으로써 공공의 안녕을 해한다는 인식과 의사가 있어야 한다.

(4) **죄 수** (공동)폭행죄, (특수)협박죄, (특수)손괴죄, 또는 폭행, 협박, 손괴함으로써 범하는 업무방해죄, 공무집행방해죄, 계엄포고령위반죄[7]는 소요죄에 흡수된다. 법정형이 더 높은 살인죄나 방화죄 등은 소요죄와 상상적 경합관계에 있다. 소요행위자가 타인의 주거에 침입하면 주거침입은 소요행위에 필요한 것이 아니므로 주거침입죄와 소요죄는 경합범이 된다.

Ⅲ. 다중불해산죄

제116조(다중불해산) 폭행, 협박 또는 손괴의 행위를 할 목적으로 다중이 집합하여 그를 단속할 권한이 있는 공무원으로부터 3회 이상의 해산명령을 받고 해산하지 아니한 자는 2년 이하의 징역이나 금고 또는 300만 원 이하의 벌금에 처한다.

① 폭행, 협박, 손괴 등을 하려는 다중이 모이는 행위는 **소요죄의 예비**단계인데, 이 단계의 행위를 처벌하는 것은 「집시법」상 "집단적인 폭

---

6 [소요행위] 노동운동가 甲은 1986. 5.경 1만여 명이 도로를 장악하고 산발적인 시위를 하는 상황에서 이원집정 개헌 반대를 외치면서 동료들과 스크럼을 짜고 화염병과 돌을 경찰에 던졌다. ① 甲은 폭력이나 손괴로 공공의 안녕을 해한 것이므로 소요죄가 성립하며 집회시위죄(집시법 제5조, 제22조)와 상상적 관계에 놓인다.

7 [소요죄와 포고령위반죄] 甲은 계엄령 상태에서 수십 명과 정치적 구호를 외치며 거리를 진행하면서, 자동차를 부수는 등의 행위를 하였다. ① (대판 83도424) 다중이 집합하여 폭행, 협박, 손괴행위를 한 것이라면 그 행위자체가 계엄포고령이 금지한 정치목적의 시위를 한 것이고 이 죄와 소요죄는 상상적 경합관계에 있다.

행, 협박, 손괴, 방화 등으로 공공의 안녕 질서에 직접적인 위협을 끼칠 것이 명백한 집회 또는 시위"(제5조 제1항 2호)를 처벌하는 **공안위태화집회시위죄**(제22 제2항)이다. 이 죄는 다중이 모인 상태만으로 성립할 수 있다. ② **다중불해산죄**는 그런 상황에서 공무원의 해산명령에 불응하는 행위, 즉 소요죄의 실행의사를 명백하게 외부화함으로써 소요죄에 대한 실행의 착수가 인정되는 행위, 즉 **미수범규정이 없는 소요죄의 미수를 범죄화**한다. 다중불해산죄는 "단순한 부작위에 의해서만 실현될 수 있는 **진정부작위범**"(대판 2007도482)이다. ③ 폭행, 협박, 손괴 등을 하려고 다중이 모여 시위를 하다 실제로 폭행, 협박, 손괴 등의 행위를 하고, 그로써 공공의 안녕을 해치게 되면 **소요죄**가 성립하고 공안위태화집회시위죄와는 상상적 경합에 놓이고, 다중이 모였을 때 해산명령에 불응하여 성립하는 다중불해산죄는 소요죄에 흡수된다(불가벌적 사전행위).

Ⅳ. 전시공수계약불이행죄

제117조(전시공수계약불이행) ① 전쟁, 천재 기타 사변에 있어서 국가 또는 공공단체와 체결한 식량 기타 생활필수품의 공급계약을 정당한 이유없이 이행하지 아니한 자는 3년 이하의 징역 또는 500만 원 이하의 벌금에 처한다. ② 전항의 계약이행을 방해한 자도 전항의 형과 같다. ③ 전2항의 경우에는 그 소정의 벌금을 병과할 수 있다.

(1) 보호법익 전시 또는 그에 준하는 상황(천재 기타 사변)에서 국가 또는 공공단체와 체결한 생활필수품 공급계약의 위반을 처벌하는 **전시공수계약불이행죄**는 **전시상황에서 생필품의 결핍으로 가중될 공공의 안녕에 대한 위험을 방지하기 위함이다**. 이에 비해 **전시군수계약불이행죄**(제103조)는 군수품의 공급에 차질이 빚어지면 전쟁을 수행하는 국가의 기능이 해칠 수 있게 된다는 점에서 보호법익은 국가의 기능이다.

(2) 위 헌 성 전시공수계약불이행죄는 단순한 계약위반을 범죄로 삼는 것으로서 형법의 보충성원칙에 위배되어 위헌성이 높다. 나치 형법 제92조a에 있었던 전시공수계약불이행죄는 현재 폐지되었다.

Ⅴ. 공무원자격사칭죄

제118조(공무원자격의 사칭) 공무원의 자격을 사칭하여 그 직권을 행사한 자는 3년 이하의 징역 또는 700만 원 이하의 벌금에 처한다.

공무원자격사칭죄는 공무원의 자격사칭이 마치 공무원의 공무수행을 방해하는 것으로 오해하여 그 보호법익을 국가의 기능으로 보기도 한다. 그러나 공무원자격사칭죄의 불법의 본질은 시민들 사이에 공무원자격사칭이 만연하면 공무원의 권력을 빙자하여 사적 분쟁을 해결하는 등 **시민사회내의 질서**가 심각히 훼손될 수 있다는 점에 있다.

공무원은 국가 또는 지방공무원(임시직원[8] 포함)을 말한다. 공무원의 자격을 사칭하여 행사하는 직권은 사칭한 공무원의 직무권한 내[9]에 속하는 사항에 관한 것이어야 한다.

8 [임시공무원사칭] 주식투자정보로 얻으려고 甲은 H공사 사장 乙에게 자신은 대통령 지시에 의거 국영기업체의 경영을 진단하는 국영기업체 감사관이라고 거짓말을 하면서 미공개경영정보를 요구하였다. 당시 「공무원임용령」은 임용권자는 당해 직위가 임시 임용이 있는 날로부터 1년 이내에 폐지될 것이 확실한 경우에는 임시직원을 채용할 수 있도록 하고 있었다. ① (대판 73도884) "**임시직원**도 형법상의 공무원의 개념에 포함됨이 명백"하므로 甲이 행사한 직무권한은 사칭한 공무원의 권한범위 내에 있는 사항이다. 甲은 공무원자격사칭죄가 성립한다.

9 [자격사칭공무범위] 乙은 丙에 대한 채권을 추심해달라고 甲에게 부탁하였다. 甲은 丙의 집으로 가서 자신은 합동수사반에서 나왔다고 하면서 丙에을 커피숍으로 임의동행하고 丙에에게 乙에 대한 차용금을 자신이 대신 추심하겠다고 말하였다. ① (대판 81도1955) "**채권의 추심행위**는 개인적인 업무이지 합동수사반의 **수사업무의 범위에는 속하지 아니하므로** 이를 공무원자격사칭죄로 처벌할 수 없다." ② (評釋) 합동수사반원 사칭행위는 불법적인 방법으로서 甲은 불법이득의사가 인정되고 공갈미수죄가 성립한다.

§61. 폭발물에 관한 죄

Ⅰ. 폭발물사용죄

제119조(폭발물사용) ① 폭발물을 사용하여 사람의 생명, 신체 또는 재산을 해하거나 그 밖에 공공의 안전을 문란하게 한 자는 사형, 무기 또는 7년 이상의 징역에 처한다. ② 전쟁, 천재지변 그 밖의 사변에 있어서 제1항의 죄를 지은 자는 사형이나 무기징역에 처한다. ③ 제1항과 제2항의 미수범은 처벌한다.
제120조(예비, 음모, 선동) ① 전조 제1항, 제2항의 죄를 범할 목적으로 예비 또는 음모한 자는 2년 이상의 유기징역에 처한다. 단, 그 목적한 죄의 실행에 이르기 전에 자수한 때에는 그 형을 감경 또는 면제한다. ② 전조 제1항, 제2항의 죄를 범할 것을 선동한 자도 전항의 형과 같다.

(전시)폭발물사용죄의 보호법익은 불특정 다수인의 생명·신체 또는 재산이 침해될 위험이 방지된 상태라는 의미에서 **공공의 안녕**이다.

(1) 폭 발 물 폭발물은 화약, 다이너마이트 등을 가리킨다. 폭발물은 **"폭발작용 자체에 의하여 사회의 안전과 평온에 직접적이고 구체적인 위험을 초래"**[1]할 수 있는 물건으로서 사람의 신체·재산을 경미하게 손상시키는 정도의 **폭발성 있는 물건**(제172조 제1항)과 구별된다. 원자핵의 방출, 유출은 가스전기등방류죄(제172조의2)에 해당한다. 화염병은 폭발물이 아니고 「화염병처벌법」의 적용을 받는다.

(2) 사용과 구체적 위험 ① 폭발물 사용이란 폭발물을 그 용법에 따라 폭발시키는 것을 말한다. 폭발물을 사용하여 불특정 다수인의 생명, 신체 또는 재산을 해하거나 그 밖의 공공의 안전을 문란하게 만드는 결과, 즉 공공의 안녕과 질서에 대한 **구체적 위험**이 발생한 때 폭발물사용죄는 기수에 도달한다. ② **"공공의 안전을 문란"**케 한다는 것은 한 지역

1 [폭발물과 폭발성있는 물건] 甲은 유리꽃병 안에 휴대용 부탄가스통을 넣고 유리꽃병과 부탄가스 용기 사이의 공간에 폭죽용화약을 채운 후, 니크롬선으로 연결하여 타이머와 배터리를 연결하는 방법으로 폭발물을 만들어 배낭에 담고 乙을 시켜 고속터미널의 물품보관함에 넣어 두고 문을 잠가 놓았다. 폭발물은 연소되었고 '펑' 하는 소리가 나면서 보관함의 열쇠구멍으로 불꽃과 연기가 나왔으나 보관함 내부가 그을리는 결과만을 가져왔다. ① (대판 2011도17254) 甲의 제작물은 **"폭발성 있는 물건**에는 해당될 여지가 있으나 폭발물에 해당한다고 볼 수는 없다." ② (評釋) 甲은 폭발성물건파열죄의 미수범(제174조)이다. 甲의 의도가 사회혼란 야기였다면 폭발물사용불능미수(제119조 제3항)가 성립한다.

이나 지방의 평온을 해할 정도를 가리킨다. 따라서 폭발의 위력이 약하여 불특정 다수인의 생명·신체·재산을 침해하지 못했거나 그 폭발물의 사용으로 인해 자칫하면 불특정 다수인의 생명·신체·재산이 침해될 뻔했다는 위협감정마저 사람들에게 일으키지 않는 경우는 "공공의 안전을 문란"하게 하지 못한 경우로서 **폭발물사용죄미수**(제119조 제3항)가 된다. 폭발물사용죄의 **예비·음모·선동**도 처벌된다(제120조). ③ 폭발물의 사용이 공공의 안전 문란을 넘어서 **국가법질서를 문란**케 할 정도에 이른 경우에는 내란죄(제87조)가 적용된다.

(3) **전쟁, 천재지변, 그 밖의 사변** 폭발물사용죄가 '전쟁·천재지변·그 밖의 사변'에서 범한 경우(**전시폭발물사용죄**)는 사형 또는 무기징역에 처한다(제119조 제2항). 사변(事變)이란 "전시에 준하는 동란(動亂)상태로서 전국 또는 지역별로 계엄이 선포된 기간을 말한다"(「군형법」 제2조 7호).

Ⅱ. 전시폭발물제조죄등

제121조(전시폭발물제조등) 전쟁 또는 사변에 있어서 정당한 이유 없이 폭발물을 제조, 수입, 수출, 수수 또는 소지한 자는 10년 이하의 징역에 처한다.

전시폭발물제조죄는 전시폭발물사용죄(제119조 제2항)의 예비·음모죄보다 더 전단계의 범죄행위이며, 전시상황에서 폭발물을 사용하려는 목적이 없이도 성립할 수 있다. 전시 또는 사변에 폭발물을 사용할 목적으로 폭발물 제조 등의 행위를 한 경우에는 전시폭발물제조죄(제121조)와 **전시폭발물사용예비죄**(제120조 제1항)가 성립한다. 두 죄의 법익이 동일하고 행위도 단일하지만 법정형이 전시폭발물사용예비죄가 더 무겁다는 점에서 전시폭발물사용예비죄가 성립한다(법조경합).

방화와 실화의 죄

Ⅰ. 서 론

(1) **보호법익** 방화죄는 "**공공의 안전**을 제1차적인 보호법익으로 하지만 제2차적으로는 개인의 재산권을 보호"한다(대판 2009도7421). 형법은 이를 '공공의 위험'이라 표현하고 있다. 여기서 "공공(公共)"이란 방화행위에 의하여 파괴될 객체가 불특정한 또는 다수인의 생명, 신체, 재산임을 말한다. 다시 말해 "방화죄는 불특정 다수인의 생명, 신체, 재산에 대하여 위험을 발생시키고 공공의 평온을 해하는 **공공위험죄**"(대판 82도3248)이다.

방화죄는 위험범이다. 판례는 "**공공의 위험"이란 법문언**이 있는 방화죄(자기소유 일반건조물등방화죄[제166조 제2항], 일반물건방화죄[제167조])는 **구체적 위험범**이고, 없는 방화죄(현주건조물등방화죄[제164조])는 **추상적 위험범**으로 해석한다. 그러나 私見으로 모든 방화죄는 **공공의 위험을**—구체적인 위험은 '**개연성**'의 수준을, 추상적 위험은 '**가능성**'이라는 정도의 차이는 있으나—**실질적으로 발생**시키는 것이어야 한다. 어떤 방화죄 구성요건이 구체적 위험범인지 추상적 위험범인지는 공공의 위험이라는 법문언의 유무가 아니라 그 구성요건이 공공의 안전에 대한 위험의 실질적인 수준을 가능성과 개연성 가운데 어느 정도를 요구하고 있느냐(에 대한 해석)에 따라 판단되어야 한다.

[공공의 위험과 방화고의] 가령 ⓐ 일반물건방화는 공공의 안전에 대한 위험성이 상대적으로 낮기 때문에 일반물건방화죄의 기수는 다른 물체에 '불길이 번질가능성'(延燒 단계)에 이른 경우에 비로소 인정하고, 그 한에서 일반물건방화죄는 **구체적 위험범**으로 파악한다.[1] ⓑ 반면 현주건조물방화는 공공의 안전에 대한 위험성이 높기 때

1 따라서 연소가능성이 애당초 없는 경우, 예컨대 현금자동인출기의 카드주입구 안쪽으로 라이터불을 갖다 넣음으로써 그 마그네틱 성분 등이 망가진 경우에 일반물건방화죄는 성립불가능하고 손괴죄만 성립할 수 있다.

문에 현주건조물등방화의 기수는 이미 '불타오르는' 단계(獨立燃燒 단계: 아파트에 석유를 뿌리고 불을 붙여 거실바닥이 타기 시작)에 인정하고, 그 한에서 현주건조물방화죄는 추상적 위험범으로 파악한다. ⓒ 다만 이러한 추상적 위험도 물리적 판단으로 생명, 신체, 재산이 침해될 (낮은) 실질적 가능성을 뜻하므로 입증되어야 하고 또 **고의의 대상**[2]이 되어야 한다. 그러므로 현주건조물방화가 추상적 위험을 발생시키지 않을 것임을 확실하게 인식하고 방화한 자는 현주건조물등방화죄의 고의가 인정될 수 없고, 일반건조물등방화죄(제166조 제1항)가 적용되어야 한다.

[방화의 실현단계와 기수시기] 방화의 실현은 〈점화준비 → 점화 → 발화 →독립연소 →중요부분연소개시 · 일부손괴 → 연소가능성 → 효용상실〉의 7단계로 나눌 수 있다. 방화죄의 기수 시기는 불특정 다수인의 생명, 신체, 재산을 해칠 실질적 위험이 발생하는 시기이다. 그 시기가 추상적 위험범인 현주건조물등방화죄(제164조)는 독립연소상태, 구체적 위험범인 일반물건방화죄(제167조)는 불길이 번질 수 있는 상태이며, 법문언상 일반건조물등방화죄(제166조)는 이 둘 사이 예컨대 중요부분연소시점으로 볼 수 있다. 일반물건이든 건조물이든 자기 소유 여부는 공공의 안전과 평온이라는 법익의 침해에 직접 관계가 없다. 공용건조물등방화죄는 공용건조물이 객체이고 현주건조물등방화죄와 법정형이 같은 점을 고려하여 현주건조물등방화죄와 같이 불타오르기 시작한 때(독립연소상태)에 기수를 인정하여야 한다.

화재의 단계	예 시	법문언	기수시기(私見)
㉠ 점화준비	방화에 쓸 휘발유를 구입.		방화의 예비
	마루바닥의 카페트에 석유를 뿌림.		실행의 착수
㉡ 점화	성냥에 불을 붙임.	"불을 놓아"	
㉢ 발화	카페트에 불이 붙음.		
㉣ 독립연소	바닥에 넓게 불이 타올라 그냥 놔두면 집 전체가 스스로 탈 수 있음.	"불태운"	● 현주건조물방화죄(제164조) ● 공용건조물방화죄 (제165조)
㉤ 중요부분연소 개시·일부손괴	마루바닥과 기둥천장까지 불길이 타오름.	"불태운" "공공의위험"	● 일반건조물방화죄 (제166조)
㉥ 연소가능성(延燒)	방화된 집의 불길이 치솟아 옆집으로 불길이 번지기 시작함.	"공공의 위험"	● 일반물건방화죄 (제167조)
㉦ 효용상실	불이 번진 목적물의 효용이 상실됨.		

(2) 구성요건체계

형법상 방화죄의 체계는 다음과 같다.

---

2 [추상적 위험의 인식] 乙은 화재보험금을 타려고 甲에게 자기 집을 불태워달라고 부탁하면서 자기는 보험금을 타게 된다면 그 집에 살지 않을 것이고 방화시점에 집에 아무도 들어가 있지 않게 할 것이며 소방대에 신고하여 불길이 다른 집에 번지는 것도 차단할 것이라고 말했다. 甲은 이를 수락하고 乙의 집을 불태웠다. ① 甲이 공공의 위험이 없음을 증명(=무위험성의 반대증명 Gegenbeweis der Ungefährlichkeit)하는 경우에만 현주건조물등방화죄가 적용될 수 없다는 독일이론은 무죄추정원칙에 반한다. 현주건조물에 대한 **추상적 공공의 위험에 대한 인식**이 甲에게 없었으므로 현주건조물등방화고의는 부정되며, 甲은 일반건조물등방화죄가 성립한다.

<table>
<tr><td colspan="2"></td><td colspan="2">가중구성요건</td><td>미수범(제174조)
예비 · 음모(제175조)</td></tr>
<tr><td rowspan="3">기본</td><td>● 현주건조물등방화죄
(제164조 제1항)</td><td colspan="2">● 현주건조물등방화치사상죄
(제164조 제2항)</td><td>제164조 제1항</td></tr>
<tr><td rowspan="2">● 일반물건방화죄(제167조)
→ ● 연소죄(제168조)</td><td colspan="2">● 일반건조물등방화죄(제166조)
→ ● 연소죄(제168조)</td><td>제166조 제1항</td></tr>
<tr><td colspan="2">● 공용건조물등방화죄(제165조)</td><td>제165조</td></tr>
<tr><td rowspan="2">독자
변형</td><td>● 진화방해죄(제169조)</td><td colspan="2"></td><td></td></tr>
<tr><td>● 실화죄(제170조)</td><td colspan="2">● 업무상 · 중실화죄(제171조)</td><td></td></tr>
<tr><td rowspan="2">기본</td><td>● 폭발성물건파열죄(제172조)</td><td rowspan="3">독자
변형
구성
요건</td><td rowspan="3">● 과실폭발성물건파열등죄
(제173조의2)</td><td>제172조 제1항</td></tr>
<tr><td>● 가스전기등방류죄(제172조의2)</td><td>제172조의2 제1항</td></tr>
<tr><td>독자
변형</td><td>● 가스전기등공급방해죄(제173조)</td><td>제173조 제1, 2항</td></tr>
</table>

일반건조물등방화죄(제166조)와 일반물건방화죄(제167조)에서 자기소유물 방화는 자기 소유 이외의 소유물 방화보다 가볍게 처벌하고 있다. 이는 자기소유물과 관련해서는 결과반가치가 적기 때문이다.

[타인소유, 자기소유, 자기소유 이외] ① 제170조 제1항은 "타인의 소유에 속하는 제166조에 기재한 물건"을 규정하고 제170조 제2항은 "자기의 소유에 속하는 제166조 또는 제167조에 기재한 물건"을 규정한다는 점에서 **타인소유와 자기소유가 이분**되고 있다. 또한 제176조는 압류 기타 강제처분을 받거나 타인의 권리 또는 보험의 목적물이 된 자기 소유의 물건을 타인의 물건으로 간주한다. ② 그러나 제166조와 제167조의 문언 자체는 예컨대 「산림보호법」 제53조가 명문으로 "**타인 소유의 산림**"과 "**자기 소유의 산림**"을 구분하여 규정하는 것과 대비된다. 형법 제166조와 제167조는 '타인 소유'라는 문언이 없고, "자기의 소유에 속하는"이라는 문언을 사용하므로 일반건조물방화와 일반물건방화는 **자기소유**와 **자기소유 이외의** 객체를 구분한다고 해석하여야 한다. 이에 따르면 **무주물(無主物)에 대한 방화**는 판례처럼 자기소유물에 대한 방화(제166조 제2항 또는 제167조 제2항)가 아니라 자기소유 이외의 건조물이나 물건에 대한 방화(제166조 제1항 또는 제167조 제1항)로 다루어야 한다.

Ⅱ. 현주건조물등방화죄와 현주건조물등방화치사상죄

제164조(현주건조물 등 방화) ① 불을 놓아 사람이 주거로 사용하거나 사람이 현존하는 건조물, 기차, 전차, 자동차, 선박, 항공기 또는 지하채굴시설을 불태운 자는 무기 또는 3년 이상의 징역에 처한다.

1. 구성요건

현주건조물등방화죄는 '불을 놓아'(放火) 사람이 주거에 사용하거나 사람이 현존하는 건조물, 기차, 전차, 자동차, 선박, 항공기 또는 지하채굴시설(鑛坑)을 불태운 때 성립한다.

(1) **불을 놓아** 불을 놓는 방법에는 제한이 없다. 매개물 이용도 포함한다. 실수로 현주건조물에 불을 놓고 쉽게 진화할 수 있었는데도 진화하지 않으면 실화죄(제170조)가 아니라 부작위[3]에 의한 현주건조물등방화죄가 성립한다. 실행의 착수는 목적물에 점화(點火)하는 때보다 앞선 단계, 예컨대 휘발유를 목적물에 뿌리는 행위나 방화 매개물에 불을 붙인 행위[4]의 시점에 인정될 수 있다.

(2) **사람이 주거에 사용함** 현주건조물등방화죄는 자기 소유와 타인 소유를 구별하지 않는다. 현주건조물의 밀집성을 고려할 때 누구의 소유인지는 중요하지 않기 때문이다. 주거에 사용한다는 것(주거용)은 숙식을 포함한 일상생활의 장소로 사용함을 의미한다. 아파트, 주택, 빌라뿐만 아니라 일부가 주거용인 오피스텔도 해당한다. 주거용 건조물 방화는 방화 당시 사람의 현존여부를 묻지 않고 현주건조물등방화죄의 객체가 된다. 주거용이더라도 장기간 비워 둔 집은 제외되며, 여행 등을 이유로 일시적으로 비워 둔 경우는 현주건조물에 해당된다. 주거용 건물이라도 주인이 더 이상 사용할 의사를 갖지 않는 경우[5]에는 일반건조물이 된다.

---

3 [부작위현주건조물방화] 甲은 친구 乙의 집에 놀러 갔다 乙이 장보러 간 사이 甲은 담배꽁초를 휴지통에 버려 휴지통이 불타기 시작함을 甲이 인식했고, 욕실의 물을 가져다 쉽게 끌 수 있었지만 그냥 집을 나왔다. 乙의 집은 중요부분이 소훼되었다. ① 甲이 실수로 휴지통에 담뱃불을 버린 선행행위로부터 발생하는 보증인의무인 진화의무를 하지 않아 부작위에 의한 현주건조물등방화죄가 성립한다.

4 [현주건조물방화미수] 甲은 처 乙과 노모문제로 말다툼하다 격분하여 "집을 태워 버리고 같이 죽자"며 1L 휘발유통을 들고 집 보일러실 문 앞과 실외 화장실 문 앞에 휘발유를 뿌렸다. 甲은 이를 말리는 이웃주민 丙과 실랑이를 벌이다가 丙의 몸에 휘발유를 쏟았다. 丙이 수돗가로 가는 순간 甲은 라이터를 꺼내 켰고 丙의 몸에 불이 붙었다. 불은 주택에 옮겨 붙지 않고 진화되었고 丙은 화상을 입었다. ① (대판 2001도6641) **甲의 행위로 인하여 "매개물에 불이 붙게 됨으로써** 연소작용이 계속될 수 있는 상태에 이르렀"으므로 甲은 현주건조물등방화죄의 실행에 착수했다. ② (評釋) 甲은 현주건조물등방화살해고의로 실행에 착수하고 미수에 그쳤지만 현주건조물등방화치사죄(제164조 제2항)의 미수규정이 없다. 매개물에 휘발유를 뿌리는 행위는 乙에 대한 살인예비죄와 丙에 대해 과실치상죄가 성립하고, 현주건조물등방화미수죄와 상상적 경합범이 된다.

5 [현주의사와 일반건조물] 甲은 부인 乙이 다른 남자와 사랑에 빠지자 배신감에 乙을 살해하고, 乙과 함께 살아 온 집에서 살 수 없다며 집을 불태워버렸다. ① (BGHSt 23, 114) 甲은 살인죄와 자기소유 일반건조물등방화죄(제166조 제2항)가 성립한다.

(3) **객 체** **건조물**이란 주택 등의 건물과 **구조적 동일성**과 **기능적 동일성**이 있는 구조물(Räumlichkeit)을 뜻한다. 건물의 구조인 기둥, 지붕, 벽, 토지정착성("부동성") 기타 창, 문, 바닥 등이 있어야 한다(예: 간이우동음식점으로 이용하는 폐차버스 등). 독일 판례(BGHSt 6, 107)는 문짝과 창이 없지만 벽과 지붕이 설치된 집도 현주건조물로 본다.[6] 건물과 구조적 동일성이 있어도 **축사**(畜舍)는 그것만으로는 기능적 동일성이 없으므로 현주건조물이 되지 않는다. 기차, 전차, 자동차, 선박, 항공기 또는 지하채굴시설(鑛坑)도 객체가 되는데, 이들은 주거용(예: 캠핑카)이 드물어서 **주로 사람이 현존하는** 경우에만 객체가 된다.

[자동차등 방화죄의 구문론적 이해] 현주건조물등방화죄의 구문은 불을 놓아 "사람이 주거에 사용하거나"를 a, "사람이 현존하는"을 b, "건조물"을 c, "기차, 전차, 자동차, 선박, 항공기 또는 지하채굴시설"을 d라고 표기하면 「{(a∨b)∧c}∨(b∧d)」가 된다. 따라서 **사람이 타고 있지 않은 승용차를 방화한 경우에는 일반건조물등방화죄**(제166조 제1항)가 적용된다. 다만 「(a∨b)∧(c∨d)」로 이해하면 캠핑카는 현주건조물등방화죄의 객체가 된다.

(4) **불태운 때** 현주건조물등방화죄는 현주건조물을 "불태운" 때, 즉 불특정 다수인의 생명, 신체, 재산을 해칠 위험이 발생한 때에 기수가 된다. 추상적 위험범인 현주건조물등방화죄는 "공공에 대한 위험은 구체적으로 그 결과가 발생됨을 요하지 아니하"고(대판 82도2341), "화력이 **매개물을 떠나** 목적물인 건조물 **스스로 연소할 수 있는 상태**[7]에 이름으로써 기수가 된다"(대판 2006도9164). 이러한 현주조물의 **독립연소상태**[8]는 주거의

---

6 야간주거침입절도죄의 건조물의 의미를 해석함에 있어 우리나라 판례도 "침입행위의 객체인 건조물은 주위벽 또는 기둥과 지붕 또는 천정으로 구성된 구조물로서 사람이 기거하거나 출입할 수 있는 장소를 말하며 반드시 영구적인 구조물일 것을 요하지 않는다"(대판 88도2430)고 봄으로써 창문 등은 건조물의 필수적인 구조요소에서 제외하고 있다.

7 [독립연소상태] 甲은 아버지와 말다툼하고 홧김에 라이터로 휴지에 불을 붙여 장롱 안 옷가지에 불을 놓아 건물을 불태우려 하였으나 불길이 치솟는 것을 보고 겁이 나서 물을 부어 진화하였다. ① (대판 97도957) 甲은 현주건조물등방화죄의 실행에 착수하였지만, 독립연소상태에 이르지 않았고, 겁이 나서 중단한 것은 "일반 사회통념상 범죄를 완수함에 장애가 되는 사정에 해당"하므로 현주건조물등방화죄의 장애미수범이다. ② (評釋) 겁이 나서 방화죄를 중단하였어도 자율적 의사결정에 의한 것이므로 甲은 현주건조물등방화죄의 중지미수범이다.

8 [현주건조물방화기수] 甲은 乙을 강간하고 살해한 후 乙의 사체 위에 옷가지 등을 올려놓고 불을 붙였다. 그 불길은 방안을 태웠고 천장에까지 옮겨 붙었지만 진화되었다. ① (대판 2006도9164)

밀집성이나 사람의 현존성으로 공공의 안녕과 평온을 해할 **실질적 위험이 발생한 상태**를 의미한다. 따라서 건물을 훼손하지 않고도 분리할 수 있는 객체(예: 가구, 카페트)에 불이 붙은 것만으로는 아직 기수가 되지 않는다. 반면 "반드시 목적물의 중요부분이 소실하여 그 본래의 효용을 상실한 때라야 기수가 되는 것이 아니다"(대판 70도330). 이를테면 건물의 천장뿐만 아니라 지붕, 벽, 마루, 문기둥, 창틀에 불이 붙어도 기수가 인정된다. 그렇기에 현주건조물등방화죄는 **피해액이 근소하여도 기수**[9]가 성립할 수 있다.

(5) **방화고의** 현주건조물등방화죄의 고의는 행위자가 주거로 사용하고 있는 건조물 또는 사람이 안에 있는 건조물, 기차, 비행기, 자동차 등을 인식하고 그곳에 불을 놓는다는 점을 인식하고 의욕하는 것이다. ① 현주건조물등방화죄는 추상적 위험범이므로 판례에 의하면 **공공의 위험**(발생가능성)**에 대한 인식**은 필요하지 않지만, 私見으로 추상적 위험범으로 보더라도 **공공의 위험이 실질적으로 발생할 가능성을 인식**[10]한 경우에만 고의를 인정하는 것이 타당하다. ② 판례는 방화고의의 판단에서 방화방법(예: 매개물의 매개물 점화[11])을 중요한 간접사실로 사용하고 있다.

甲은 강간살인죄를 범한 후 사체손괴(제161조)와 현주건조물등방화죄의 기수에 이르렀다. ② (評釋) 사체손괴죄와 현주건조물등방화죄는 상상적 경합에 놓이고, 강간살인죄(제301조의2)와 실체적 경합관계에 놓인다.

9 [현주건조물등방화의 사소한 피해와 기수] 甲은 용돈을 거절한 부모에게 화가나 부모 집 헛간 지붕 위에 올라가 라이터불로 불을 놓았지만 불은 빠르게 진화되었고, 방화로 인해 탄 것은 지붕의 작은 부분이었다. ① (대판 70도330) 甲의 방화가 야기한 "**피해액이 근소**하며, 방화죄의 기수의 기준을 독립연소설로 간다면 가혹한 결과가 생긴다 하여 그 결론을 달리 할 수 없"다.

10 [방화고의] 교사 甲은 乙과 화투하다 돈을 잃던 중 丙이 乙을 불러내서 화투판이 깨지게 되자 화가 치밀어 보일러실 기름을 가져다 물품창고에 있던 쌀가마니에 기름을 뿌리고 성냥을 그어 불을 질렀다. 그 불로 丁이 사망하였다. ① (대판 80도2656) 현주건조물등방화치사죄가 성립한다. ② (評釋) 甲은 공공의 위험을 인식하였다.

11 [방화고의와 실화] 甲은 동거녀 乙의 남자관계를 의심하고 말다툼을 벌이다 乙의 집을 나가기로 마음먹었다. 甲은 죽은 동생의 서적을 불태워 버리려고 뒷마당에 내어 놓고 오토바이 고무함지에서 휘발유를 빼내어 서적에 들이붓고 불을 댕기기 위하여 노트를 찢은 종이를 들고 라이터로 불을 붙여 던졌는데 그 불이 고무함지에 떨어져 발화되고 서적에 인화되어 삽시간에 방안에 불이 번졌다. 乙은 이에 놀라 방 밖으로 튀어 나왔다. ① (대판 84도1245) 甲이 "乙 **소유가옥을 불태워 버리겠다고 결의**를 하여 불을 놓았다는 사실은 인정되지 아니한다." ② (評釋) 甲은 방화의 **매개물**(고무함지)**의 매개물**인 서적을 불태우기 위해 점화를 하려고 한 것이므로 현주건조물방화고의는 없다. 甲은 실화죄(제170조 제1항)가 적용되지만, "불태워"란 집이 불에 타서 없어진 것을 말하므로 甲은 미수범이며 처벌되지 않는다.

방화방법은 공공의 위험발생가능성을 좌우하는 중요한 요소이다. ③ 일반물건을 방화하여도 불이 현주건조물에 옮겨 붙을 가능성을 인식[12]하면 현주건조물등방화고의가 인정된다.

2. 현주건조물등방화치사상죄

제164조(현주건조물 등 방화) ② 제1항의 죄를 지어 사람을 상해에 이르게 한 경우에는 무기 또는 5년 이상의 징역에 처한다. 사망에 이르게 한 경우에는 사형, 무기 또는 7년 이상의 징역에 처한다.

(1) **부진정결과적 가중범** 현주건조물방화치사상죄는 현주건조물등방화를 하여 사람을 죽거나 다치게 한 때 성립하는 (부진정)결과적 가중범이다. ① 형법 제164조 후단이 규정하는 현주건조물방화치사상죄는 "사형, 무기 또는 7년 이상의 징역의 무거운 법정형을 정하고 있는 취의에 비추어 보면 과실이 있는 경우 뿐 아니라 **고의가 있는 경우**도 포함된다" (대판 66도1). 하지만 존속을 방화로 살해한 경우[13]에는 존속살인죄의 법정형이 현주건조물등방화치사죄와 같다는 점에서 존속살인죄와 현주건조물등방화죄의 상상적 경합범이 성립한다. ② **방화의 기회에 방화행위와 별개의 행위로 사람을 살해**한 경우에는 현주건조물방화치사죄와 살인죄의 경합범이 성립한다.[14] 그러나 私見으로 경합범이 되려면 살해행위를 단지 '방화의 기회에' 한 것으로는 부족하고 살해의 결과가 **방화행위에**

12 [일반물건방화위의 현주건조물등방화죄] 甲은 乙의 집 안방 상자에서 70만 원을 절취하고 증거인멸을 위해 그 상자에 석유를 주입하여 방화하였는데, 이 불은 乙의 방의 침구를 태우고 인접한 丙의 방도 태웠다. ① (대판 4287형상47) 일반물건방화행위를 하였지만 물건의 불길이 현주건조물인 丙의 방으로 연소될 가능성을 인식하였다면 甲의 점화의 주된 목적이 절도의 증거인멸에 있다 할지라도 현주건조물등방화죄가 성립한다.

13 [존속방화살인] 甲은 집에서 자고 있던 부친 乙과 동생 丙을 살해하려고 화장지를 말아 장롱의 구멍에 집어넣고 불을 붙여 불이 장롱으로 번지자 집을 나왔다. 乙과 丙은 질식사하였다. ① 甲은 乙에 대하여는 **존속살인죄와 현주건조물등방화죄의 상상적 경합범**, 丙에 대하여는 현주건조물등방화치사죄가 성립한다. 이 죄들은 상상적 경합관계에 있다.

14 [현주건조물등방화살해] 甲은 주지 乙 때문에 그의 가족이 암자에서 쫓겨나자 원한을 품고 乙을 살해하려고 乙의 집에 침입하여 방망이로 乙의 처 丙과 딸 丁의 머리를 강타하여 실신시킨 후 이불로 뒤집어 씌우고 불을 질러 집을 불태워버리고 사망하게 하였다. 딸 戊는 집에 불이 붙자마자 빠져 나오려 하였고, 甲은 방문 앞을 막음으로써 戊가 실신하게 하고 질식사하게 하였다. ① (대판 82도2341) 甲은 丙과 丁에 대하여는 현주건조물등방화치사죄(제164조 제2항)가 성립하고, 戊에 대해서는 별개의 행위로서 살인죄를 구성하며, 이들은 경합범이 된다. ② (評釋) 戊의 살해는 현주건조물방화행위가 지닌 살상 위험이 현실화된 것이므로 丙, 丁, 戊에 대해 현주건조물방화살인죄만 성립한다.

내재된 위험이 실현된 결과의 범위를 벗어나야 한다.

(2) **주 체** 현주건조물등 방화죄를 범한 자이다. **현주건조물등방화죄의 미수범**이 상해나 사망의 결과를 가져온 경우[15]에 판례는 **현주건조물등방화치사상죄의 기수범**을 인정한다. 그러나 이는 책임원칙에 위배된다. 私見으로 현주건조물방화치사상죄의 미수규정이 없으므로 현주건조물방화미수죄와 과실치사상죄의 상상적 경합범으로 보거나 현주건조물등방화치상죄를 적용하되 정상참작감경(제53조)을 적용함이 타당하다.

(3) **상해 또는 사망의 결과 발생** 현주건조물등방화치사상죄는 현주건조물등방화로 인해 사람의 상해 또는 사망의 결과가 발생해야 한다. 여기서 사람은 **정범 혹은 공동정범 이외의** 모든 사람(예: 건조물의 거주자, 그 이웃 등)을 말한다. 방화행위와 사상(死傷)의 결과 사이에 인과관계가 있어야 한다. 이 인과관계는 방화행위에 내재된 위험이 실현된 결과로서 사상이 발생한 경우에 인정된다('직접성의 원칙'). 예컨대 연기에 의한 질식사, 넘어지는 건조물에 의한 압사 등은 인과관계가 인정된다. 이런 직접성이 없는 경우(예: 피해자가 방화범을 체포하다 다침)[16]에는 인과관계가 인정되지 않는다.

(4) **강도방화살인** "피해자들의 재물을 강취한 후 그들을 살해할 목적으로 현주건조물에 방화하여 사망에 이르게 한" 행위는 강도살인죄와 현주건조물등방화치사죄의 상상적 경합범이 된다(대판 96도485).[17]

---

15 [현주건조물등방화치상미수] 甲은 처와 말다툼 하다가 격분하여 처와 자녀가 있는 집 주위에 휘발유를 뿌리고 라이터를 켜 불을 놓았으나 불은 집에 옮겨 붙지 못한 채 꺼졌고, 甲을 만류하던 이웃주민 乙에게 휘발유가 약간 쏟아졌고 甲이 킨 라이터불이 몸에 붙어 乙은 화상을 입게 되었다. ① (대판 2001도6641) 甲은 현주건조물등방화치상죄의 기수범이 된다. ② (評釋) 현주건조물등방화죄의 미수범(제174조, 제164조 제1항)과 과실치상죄(제266조)의 상상적 경합범이 되거나 현주건조물등방화치상죄(제164조 제2항)를 인정하되 정상참작감경을 적용함이 타당하다.

16 [현주건조물등방화치상죄의 인과관계] 甲이 처와 자녀가 있는 집 주위에 휘발유를 뿌리고 불을 놓으려고 할 때 이웃 乙이 이를 막기 위해 甲을 적극적으로 체포하고 제압하려고 하다 라이터불이 몸에 붙어 화상을 입게 되었다. ① 甲의 현주건조물등방화죄의 미수행위와 乙의 상해 사이에는 인과관계가 인정되지 않는다. 직접성이 없기 때문이다. 즉, 乙의 상해는 제164조 제2항의 효력영역 밖에서 발생한 것이다.

17 [강도방화살인] 甲은 심야에 乙의 집에 들어가 폭행으로 乙을 제압한 후 그의 현금을 빼앗고, 乙을 살해할 의사로 이불에 방화를 하였고 乙은 불타 죽었다. ① (대판 98도3416) 甲은 강도살인죄와 현주건조물등방화치사죄의 상상적 경합범이 된다.

Ⅲ. 공용건조물등방화죄

제165조(공용건조물등에의 방화) 불을 놓아 공용(公用)으로 사용하거나 공익을 위해 사용하는 건조물, 기차, 전차, 자동차, 선박, 항공기 또는 지하채굴시설을 불태운 자는 무기 또는 3년 이상의 징역에 처한다.

공용건조물등방화죄는 일반건조물등방화죄에 비해 법정형이 무겁고, 현주건조물등방화죄와 법정형이 같다. 공용건조물이라도 주거로 사용하거나 사람이 현존하는 경우에는 현주건조물등방화죄가 우선 적용된다. **공용으로 사용**[18]한다는 것은 국가 또는 공공단체가 사용한다는 것(예: 경찰 순찰차, 관공서버스)을 말하고, **공익을 위해 사용**한다는 것은 일반인의 이익을 위해 사용된다는 것(예: 택시 등)을 의미한다. 소유관계는 중요하지 않다.

Ⅳ. 일반건조물등방화죄

제166조(일반건조물등에의 방화) ① 불을 놓아 제164조와 제165조에 기재한 외의 건조물, 기차, 전차, 자동차, 선박, 항공기 또는 지하채굴시설을 불태운 자는 2년 이상의 유기징역에 처한다. ② 자기 소유인 제1항의 물건을 불태워 공공의 위험을 발생하게 한 자는 7년 이하의 징역 또는 1천만원 이하의 벌금에 처한다.

일반건조물등방화죄는 불을 놓아 사람이 **주거로 사용하지 않고 사람이 현존하지 않으며 공용에 사용되지도 않는** 일반건조물을 불태우면 성립하는 범죄이다.[19]

18 [공용건조물등방화죄와 실화죄] 경찰서 이취자(泥醉者) 보호실에 경범죄피의자로 유치된 甲은 담배에 불을 붙이고 꺼지지 않은 성냥개비를 보호실 벽 쪽으로 던졌고, 이로 인해 보호실 출입구로부터 양측 벽의 비닐스폰지 8평이 불타버렸다. ① 甲이 불이 붙어 있음을 알고도 성냥개비를 벽쪽에 던졌다면 현주건조물등방화죄(제164조 제1항)가 성립하고 경찰보호실을 경찰건물과 분리된 주거용이 아닌 독립된 건조물로 본다면 甲은 공용건조물등방화죄(제165조)가 성립한다. ② 甲이 불이 꺼지지 않았음을 모르고 던졌다면, 중실화죄(제171조, 제170조 제1항)가 성립한다.

19 [건조물과 일반물건] 甲은 지붕, 문짝, 창문이 없고 담장과 일부 벽체가 붕괴된 철거 대상 건물로서 사실상 기거·취침에 사용할 수 없는 상태의 폐가의 내부와 외부에 쓰레기를 모아놓고 태워 폐가 주변 수목 5그루를 태우고 폐가의 벽을 일부 그을리게 하였다. ① (대판 2013도3950) "방화죄의 객체인 건조물은 **토지에 정착되고 벽 또는 기둥과 지붕 또는 천장**으로 구성되어 사람이 내부에 기거하거나 출입할 수 있는 공작물을 말하고, 반드시 사람의 주거용이어야 하는 것은 아니라도 사람이 **사실상 기거·취침에 사용할 수 있는 정도**는 되어야 한다." **폐가는 일반물건**에 해당하고, 벽이 그을리고, 수목 5그루 태운 것으로는 연소상태에 이르지 않은 것이므로 미수단계의 일반물

일반건조물등방화죄는 **자기 소유**인 경우(제166조 제2항)에 형을 감경하고 있다. 통설은 법문언상 "공공의 위험"은 자기 소유의 건조물 방화죄에만 있기 때문에 구체적 위험범으로, 자기 소유 이외의 건조물 방화죄(제166조 제1항)는 추상적 위험범으로 본다. 私見으로 자기소유건조물방화죄는 일종의 **양형규정**이므로 기수시기는 자기소유이든 아니든 달리 할 이유가 없고, 모두 현주건조물등방화죄보다 늦고 일반물건방화죄보다는 빠른 건조물의 **주요부분훼손 시점**이 된다.

길에 주차된 승용자동차를 방화한 행위는 그 자동차의 소유자가 방화범이든 타인이든 자동차의 주요부분이 훼손된 시점에 일반자동차방화죄(제166조) 기수가 된다.

V. 일반물건방화죄

제167조(일반물건에의 방화) ① 불을 놓아 제164조부터 제166조까지에 기재한 외의 물건을 불태워 공공의 위험을 발생하게 한 자는 1년 이상 10년 이하의 징역에 처한다. ② 제1항의 물건이 자기 소유인 경우에는 3년 이하의 징역 또는 700만원 이하의 벌금에 처한다.

일반물건방화죄는 건조물, 기차, 전차, 자동차, 선박, 항공기 또는 지하채굴시설이 아닌 물건을 불태워 **공공의 위험**을 발생시키는 **구체적 위험범**이다. 공공의 위험발생이 필요한 점에서 재물손괴죄와 구별된다. **자기의 소유**에 속하는 물건의 방화(제167조 제2항)는 그 결과반가치의 감소를 고려하여 감경처벌하는 반면 산림 방화는 「산림보호법」에 의하여 가중처벌된다.

(1) 사체 방화 사체는 법감정상 물건이 아니므로 사체 방화는 사체손괴죄(제161조 제1항)가 성립할 뿐이다. 그러나 사체 방화로 일어난 불길이 다른 인명이나 재산피해를 발생시키는 정도로 번질 개연성이 발생하면 일반물건방화죄가 성립하고 사체손괴죄는 이에 흡수된다.

(2) 무주물 방화 무주물은 타인 소유도 자기 소유도 아니다. ① 판례는 "타인의 재산권을 침해하지 않는 점은 자기의 소유에 속한 물건을

건방화로서 처벌 규정이 없다.

방화하는 경우와 마찬가지인 점, 무주의 동산을 소유의 의사로 점유하는 경우에 소유권을 취득하는 것에 비추어(민법 제252조) 무주물에 방화하는 행위는 그 무주물을 소유의 의사로 점유하는 것이라고 볼 여지가 있는 점 등을 종합하여 보면, 불을 놓아 무주물을 불태워 공공의 위험을 발생하게 한 경우에는 '무주물'을 '자기 소유의 물건'에 준하는 것으로 보아 형법 제167조 제2항을 적용"한다.[20] 그러나 私見으로 "자기의 소유에 속"(제167조 제2항)하지 않는 물건에는 타인의 소유와 무주물을 포함하며, 무주물방화범은 무주물에 대한 소유(영득)의 의사로 점유하는 것이 아니므로 민법적으로도 자기소유의 물건이 되지도 않지 않는다.

(3) 기수시기 일반물건방화죄는 구체적 위험범으로서 불을 놓은 물건이 불타오르고 **불길이 번질**(연소) **개연성**이 발생했을 때 비로소 성립하고, 그 이전의 미수범은 처벌되지 않는다.

Ⅵ. 연 소 죄

제168조(연소) ① 제166조 제2항 또는 전조 제2항의 죄를 범하여 제164조, 제165조 또는 제166조 제1항에 기재한 물건에 연소한 때에는 1년 이상 10년 이하의 징역에 처한다.
② 전조 제2항의 죄를 범하여 전조 제1항에 기재한 물건에 연소한 때에는 5년 이하의 징역에 처한다.

(1) 연소죄의 세 가지 구성요건 ① **건조물연소죄**(제168조 제1항)는 자기소유의 일반건조물등방화죄(제166조 제2항) 또는 자기소유의 일반물건방화죄(제167조 제2항)를 범하여 현주건조물(제164조), 공용건조물(제165조), (자기소유 이외의) 일반건조물(제166조 제1항)을 연소한 때에 성립한다. ② **일반물건연소죄**(제168조 제2항)는 자기소유의 일반물건(제167조 제2항)을 방화하여 자기소유 이외의 일반물건(제167조 제1항)에 연소한 때에 성립한다. ③ **자**

20 [무주물방화] 甲은 전봇대 주변에 놓인 재활용품과 쓰레기에다 라이터로 불을 붙인 가연물을 집어넣었다. 불길이 타올랐고 전선을 비롯한 주변의 가연물이 손상되었고, 바람이 세게 불면 다른 곳으로 불이 옮아붙을 수 있는 정도의 불길이 일어났다. ① (대판 2009도7421) 주변 공공시설의 일부를 손괴했고, 바람이 불면 불길이 번져 대량으로 재물이 손괴되거나 인명피해가 발생할 위험을 발생시켰으며, 무주물은 자기소유에 속하는 것이므로 자기소유 일반물건방화죄(제167조 제2항)의 "공공의 위험"이 인정된다. ② (評釋) 제167조 제1항의 죄가 성립한다.

기산림방화의 연소죄(산림보호법 제53조 제3항)[21]는 자기소유의 산림에 불을 질러 타인의 산림에까지 번져 피해를 입혔을 때에는 2년 이상 10년 이하의 징역에 처한다.

(2) **양형규정** 연소의 결과는 방화행위에 의해 비롯된 결과이기만 하면 되고, 과실이나 인과관계, 특히 연소에 대한 **예견가능성여부를 묻지 않는다**. 불길이 번지는 방향이나 그 가능성은 바람이나 물질의 특성 등 다양한 요소의 작용으로 인해 개인이 예측할 수 없는 사항이기 때문이다. 따라서 연소죄는 결과적 가중범이 아니라 고의의 방화죄로 인하여 발생한 **결과의 크기를 고려하는 양형규정**의 성격을 띤다.

(3) **연소의 인식과 방화죄** 행위자가 처음부터 연소를 목표로 방화행위를 한 경우에는 그에 해당하는 방화죄(현주건조물등방화죄, 공용건조물등방화죄, 자기소유이외 일반건조물등방화죄, 자기소유이외 일반물건방화죄)가 성립한다.

Ⅶ. 진화방해죄

제169조(진화방해) 화재에 있어서 진화용의 시설 또는 물건을 은닉 또는 손괴하거나 기타 방법으로 진화를 방해한 자는 10년 이하의 징역에 처한다.

(1) **보호법익** 진화방해죄의 보호법익은 **원활한 소방활동**이다. 진

21 [연소죄와 산림연소죄] 乙은 D㈜로부터 초지조성공사를 도급받고, D㈜의 현장감독 丙과 상의하여 산불작업을 수반하는 불경운작업의 하도급을 甲에게 주었다. 甲은 시의 허가를 받고 산불작업신청절차를 준수하였고 丙의 지시 감독을 받으며 산불작업을 하였으나 작업 후 남은 불씨가 산불사고를 일으켜 인접 丁의 산림을 태워버렸다. 도급계약상 공사상 안전사고의 책임은 수급인 乙이 진다. ① (대판 87도297) 乙이 작업을 감독할 책임은 "**도급계약상의 책임**이지 산림실화에 상당인과관계가 있는 과실이라 할 수는 없"기 때문에 乙은 산림실화죄가 성립할 수 없다. ② (評釋) 乙은 공사를 직접 감독하지 않는다는 점에서 부작위의 과실 자체가 없다. 甲도 일반물건연소죄가 성립하지 않는다. 제168조 제2항의 "전조 제2항의 **죄를 범하여**"는 **방화행위가 구성요건에 해당하고 위법**함을 요구하나 甲의 산불작업은 위법하지 않기 때문이다. 이에 비해 산림보호법 제53조(산림연소죄)는 "자기 소유의 산림에 불을 지른"(제2항), "불이 타인의 산림에까지 번져 피해를 입혔을 때"(제3항)라고만 규정하고, "**罪를 犯하여**"라는 문언은 없기 때문에 위법할 필요는 없고, **구성요건에 해당하면 충분하다**. 甲이 불씨를 완전히 끄지 않은 것은 산림연소죄의 과실에 해당하여 산림연소죄가 성립한다.

	연소죄(형법 제168조 제2항)	산림연소죄 (산림보호법 제53조 제3항)
자기물건 방화의 위법성	자기소유일반물건방화죄의 위법성 필요	자기산림방화의 위법성 불필요
연소에 대한 과실	(연소죄는 양형규정이므로) 과실불필요	산림연소에 과실 필요

화방해는 결과로 이어지지 않아도 성립하는 **구체적 위험범**이다. 소방관의 진화를 방해하여도 소방관의 진화작업은 권력작용이 아니므로 공무집행방해죄가 성립하지는 않는다. 진화협력요구에 응하지 않는 것은 진화방해죄가 아니라 「경범죄 처벌법」 제3조 제1항 29호(공무원원조불응죄)에 해당한다.

(2) 구성요건 ① **"화재에 있어서"**란 방화나 실화로 불특정 다수인의 생명, 신체, 재산을 침해할 위험이 발생한 상태, 즉 **방화죄의 기수상태**를 말한다. 현주건조물등방화는 건조물이 스스로 불타오른 상태, 일반건조물등방화는 건조물이 불타올라 주요부분이 훼손된 상태, 일반물건방화는 다른 물건에 불길이 번질 가능성이 생긴 상태를 말한다. ② **진화용의 시설·물건**은 화재경보기, 소화전, 소방자동차 등을 가리킨다. 진화용이 아닌 일반통신시설 등 일시적으로 소방에 사용되는 기구는 이에 해당하지 않는다. ③ **은닉과 손괴**는 진화방해행위의 예이며 **기타의 방법**에는 소방차를 못 가게 하거나 소방관을 폭행·협박하는 경우 등이 포함될 수 있다. ④ 소방관처럼 진화할 법률상의 '진화의무'가 있는 자가 화재보고를 하지 아니하여 진화를 방해하는 경우 부작위에 의한 진화방해죄가 성립한다. 진화의무자가 아니라 '화기관리자'의 부작위는 방화죄의 부작위범이 된다. ⑤ 행위자는 진화방해에 대한 인식과 의욕을 갖고 있어야 한다.

Ⅷ. 실화죄·업무상실화·중실화죄

제170조(실화) ① 과실로 제164조 또는 제165조에 기재한 물건 또는 타인 소유인 제166조에 기재한 물건을 불태운 자는 1천500만원 이하의 벌금에 처한다. ② 과실로 자기 소유인 제166조의 물건 또는 제167조에 기재한 물건을 불태워 공공의 위험을 발생하게 한 자도 제1항의 형에 처한다.

제171조(업무상실화, 중실화) 업무상과실 또는 중대한 과실로 인하여 제170조의 죄를 범한 자는 3년 이하의 금고 또는 2천만 원 이하의 벌금에 처한다.

(1) 추상적 위험범인 실화죄 과실로 현주건조물(제164조), 공익건조물(제165조) 또는 타인소유일반건조물(제166조 제1항)을 불태운 자는 1천500만

원 이하의 벌금에 처한다(제170조 제1항). 추상적 위험범인 실화죄도 불특정 다수인의 생명, 신체, 재산을 대량으로 훼손할 가능성(공공의 위험)이 비록 낮더라도 실질적으로 발생했어야 성립한다.

(2) **구체적 위험범인 실화죄** 과실로 자기의 소유에 속하는 일반건조물(제166조 제2항) 또는 (소유관계를 불문[22]하고) 일반물건(제167조)을 불태워 "공공의 위험"을 발생하게 한 자는 1천500만 원 이하의 벌금에 처한다(제170조 제2항).

(3) **타죄와의 관계** 실화로 사람을 사상에 이르게 하면 **실화죄와 과실치사상죄의 상상적 경합**[23]이 된다. 「산림보호법」 제53조 제4항은 "과실로 인하여 타인의 산림을 태운 자나 과실로 인하여 자기 산림을 불에 태워 공공을 위험에 빠뜨린 자는 3년 이하의 징역 또는 1천500만 원 이하의 벌금에 처한다."

(4) **업무상 실화죄·중실화죄** 업무상 실화나 중실화는 가중처벌된다(제171조). ① "형법 제171조 소정의 업무는 직무로서 화기로부터의 안전을 배려해야 할 사회생활상의 지위를 뜻한다"(대판 88도1273). 주유소 종사자, 화기 취급자, 전기 취급자, 일반건축종사자(대판 88도1273) 등은 업무상 실화죄의 업무자이다. ② 행위자가 조금만 주의를 기울였어도 화재발생을 예견할 수 있었던 경우를 뜻한다. "성냥불로 담배를 붙인 다음 그 성냥불이 꺼진 것을 확인하지 아니한 채 휴지가 들어 있는 플라스틱 휴

22 [타인소유물건실화죄] 甲은 바람이 부는 날 乙의 사과나무 밭에서 마른 풀을 모아 놓고 성냥불을 켜 담뱃불을 붙인 뒤 그 불이 완전히 꺼졌는지를 확인하지 않고 자리를 떴고 남은 불씨가 주변의 풀과 잔디에 붙고 乙, 丙, 丁 소유의 사과나무에 옮겨 붙어 사과나무 217주를 소훼시켰다. ① (대판 94모32) 甲은 "과실로 인하여 제167조에 기재한 물건을 불태워 공공의 위험을 발생하게 한" 것이므로 실화죄(제170조 제2항)가 성립한다. 이 해석은 제167조 제2항의 문언에서 "자기의 소유에 속하는"이라는 문언은 제166조만을 수식하고 "제167조에 기재된 물건"은 수식하지 않음을 전제한다(자세히 이상돈, "형법해석의 한계", 저스티스, 제29권 제2호, 1996, 7쪽).

23 [실화죄와 과실치사죄] 甲은 만취한 乙을 부축하여 선배 丙의 자취집에 데려갔다. 甲은 丙이 준 촛불을 乙의 발로부터 70cm 떨어진 곳에 마분지로 된 양초갑 위에 놓았다. 甲은 乙을 돌볼 사람이 없는데도 丙과 함께 그 방을 나왔다. 乙은 잠을 자다 뒤척였고, 이불자락이 촛불을 건드려 넘어뜨렸으며 촛불은 이불, 벽지 등에 옮겨 붙었다. 乙은 질식사하였다. ① (대판 94도1291) 甲은 "촛불을 끄거나 양초가 쉽게 넘어지지 않도록 적절하고 안전한 조치를 취하여야 할 주의 의무"를 위반하여 실화죄(제170조 제1항)와 과실치사죄(제267조)가 성립한다. ② (評釋) 甲은 중실화죄(제171조)와 중과실치사죄(제268조)의 상상적 경합관계가 성립한다.

지통에 던진 것"은 중과실에 해당한다(대판 93도135). 私見으로 업무상 실화죄가 중실화죄와 같이 규정되어 있으므로 같은 정도의 과실을 요구한다고 해석하면, 중과실이 아닌 업무상 실화는 실화죄(제170조)를 적용할 수 있다.[24]

IX. 폭발성물건파열죄 · 폭발성물건파열치사상죄

제172조(폭발성물건파열) ① 보일러, 고압가스 기타 폭발성 있는 물건을 파열시켜 사람의 생명, 신체 또는 재산에 대하여 위험을 발생시킨 자는 1년 이상의 유기징역에 처한다. ② 제1항의 죄를 범하여 사람을 상해에 이르게 한 때에는 무기 또는 3년 이상의 징역에 처한다. 사망에 이르게 한 때에는 무기 또는 5년 이상의 징역에 처한다.

폭발성물건파열죄는 방화와 실화의 죄에 규정되어 있으므로 방화죄의 "불을 놓아"가 "폭발성 있는 물건을 파열시켜"로 대체된 방화죄의 독**자변형구성요건**으로 보아야 한다. 따라서 "사람의 생명, 신체 또는 재산에 대하여 위험을 발생시킨" 경우란 (추상적인) 공공의 위험을 발생시킨 경우로 볼 수 있다. 미수범(제174조), 예비음모(제175조)도 처벌된다. 또한 폭발성물건파열죄를 범하여 사람을 상해나 사망에 이르게 하는 결과적 가중범인 **폭발성물건파열치사상죄**로 처벌된다.

"형법 제119조 제1항에서 규정한 **폭발물사용죄**는 폭발물을 사용하여 공안을 문란하게 함으로써 성립하는 공공위험범죄로서 개인의 생명, 신체 등과 아울러 공공의 안전과 평온을 보호법익으로 하는 것이고, 법정형이 사형, 무기 또는 7년 이상의 징역으로 살인죄, 상해죄, 재물손괴죄 등의 범죄를 비롯한 유사한 다른 범죄에 비하여 매우 무겁게 설정되어 있을 뿐 아니라, 형법은 제172조에서 '폭발성 있는 물건을 파열

---

24 [업무상 실화죄와 중실화죄] 甲의 목재소에서 화재가 발생하여 목재소 가건물과 목재를 태우고 乙의 건물 외벽에 甲이 기대어 세워 놓은 미송목재를 타고 위로 옮겨 붙어 乙의 건물이 일부 소훼되었다. 화재의 원인이 밝혀지지 않았다. ① (대판 95다22887) "甲이 화재가 발생할 경우의 연소위험성에 대비하여 미송목재를 치우지 않았다 하여 이러한 사유만으로 곧 甲에게 중대한 과실이 있었다고 단정할 수도 없다." ② (評釋) 甲이 미송을 乙의 외벽에 기대어 세워둔 것은 중과실이 아닌 업무상 과실이므로, 실화죄(제170조)가 성립하고 「실화책임법률」상 손해배상책임도 진다. "실화책임에 관한 법률에서 말하는 중대한 과실이란 '통상인에게 요구되는 정도의 상당한 주의를 하지 않더라도 **약간의 주의를 한다면 손쉽게 위법 유해한 결과를 예견할 수 있는 경우**임에도 만연히 이를 간과함과 같은 거의 고의에 가까운 현저한 주의를 결여한 상태'를 말"한다(대판 94다36506).

시켜 사람의 생명, 신체 또는 재산에 대하여 위험을 발생시킨 자'를 처벌하는 **폭발성물건파열죄**를 별도로 규정하고 있는데 그 법정형은 1년 이상의 유기징역으로 되어 있다. 폭발물사용죄에서 말하는 폭발물이란 폭발작용의 위력이나 파편의 비산 등으로 사람의 생명, 신체, 재산 및 공공의 안전이나 평온에 직접적이고 구체적인 위험을 초래할 수 있는 정도의 강한 파괴력을 가지는 물건을 의미한다. 따라서 어떠한 물건이 형법 제119조에 규정된 폭발물에 해당하는지는 폭발작용 자체의 위력이 공안을 문란하게 할 수 있는 정도로 고도의 폭발성능을 가지고 있는지에 따라 엄격하게 판단하여야 한다"(대판 2011도17254).

Ⅹ. 가스·전기 등 방류죄, 가스·전기 등 방류치사상죄

제172조의2(가스·전기등 방류) ① 가스, 전기, 증기 또는 방사선이나 방사성 물질을 방출, 유출 또는 살포시켜 사람의 생명, 신체 또는 재산에 대하여 위험을 발생시킨 자는 1년 이상 10년 이하의 징역에 처한다. ② 제1항의 죄를 범하여 사람을 상해에 이르게 한 때에는 무기 또는 3년 이상의 징역에 처한다. 사망에 이르게 한 때에는 무기 또는 5년 이상의 징역에 처한다.

(1) 가스전기등방류죄 가스전기방류죄는 방화와 실화의 죄에 규정되어 있으므로 방화죄의 "불을 놓아"가 "가스·전기·증기 또는 방사선이나 방사성 물질을 방출, 유출 또는 살포시켜"로 대체된 방화죄의 **독자변형구성요건**이다. 따라서 "사람의 생명, 신체 또는 재산에 대하여 위험을 발생시킨" 경우란 추상적인 공공의 위험을 발생시킨 경우로 볼 수 있다. 미수범(제174조), 예비음모(제175조)도 처벌된다. ① **"방사선"**이란 "전자파 또는 입자선 중 직접 또는 간접으로 공기를 전리(電離)하는 능력을 가진 것으로서 대통령령으로 정하는 것을 말한다"(「원자력안전법」 제2조 7호). ② **"방사성물질"**이란 핵연료물질·사용후핵연료·방사성동위원소 및 원자핵분열생성물을 말한다(「원자력안전법」 제2조 5호). ③ **방출**(放出)이란 외부에 내보내는 것, **유출**(流出)이란 외부로 흘려 내보내는 것, **살포**(撒布)란 널리 흩어지게 하는 것을 말한다.

(2) 가스전기등방류치사상죄 가스·전기·증기 또는 방사선이나 방사성 물질 등을 범하여 사람을 상해 또는 사망에 이르게 함으로써 성립

하는 결과적 가중범이다.

XI. 가스·전기 등 공급방해죄, 가스·전기 등 공급방해치사상죄

제173조(가스·전기등 공급방해) ① 가스, 전기 또는 증기의 공작물을 손괴 또는 제거하거나 기타 방법으로 가스, 전기 또는 증기의 공급이나 사용을 방해하여 공공의 위험을 발생하게 한 자는 1년 이상 10년 이하의 징역에 처한다. ② 공공용의 가스, 전기 또는 증기의 공작물을 손괴 또는 제거하거나 기타 방법으로 가스, 전기 또는 증기의 공급이나 사용을 방해한 자도 전항의 형과 같다. ③ 제1항 또는 제2항의 죄를 범하여 사람을 상해에 이르게 한 때에는 2년 이상의 유기징역에 처한다. 사망에 이르게 한 때에는 무기 또는 3년 이상의 징역에 처한다.

가스·전기 등 공급방해죄는 가스·전기 또는 증기의 공작물을 손괴 또는 제거하거나 기타 방법으로 가스·전기 또는 증기의 공급이나 사용을 방해함으로써 성립하는 범죄이다. 미수범(제174조)과 예비음모(제175조)도 처벌한다. 제1항의 **일반가스전기등공급방해죄**는 "공공의 위험"을 규정하고 있어, 구체적인 공공의 위험이 발생해야 기수가 되는 반면, 제2항의 **공공용**(公共用)**가스전기등공급방해죄**는 추상적인 공공의 위험 발생만으로 기수가 된다. 제3항은 가스·전기 등 공급방해죄를 범하여 사람을 상해에 이르거나 사망에 이르게 함으로써 성립하는 결과적 가중범이다.

XII. 과실폭발성물건파열 등

제173조의2(과실폭발성물건파열등) ① 과실로 제172조 제1항, 제172조의2 제1항, 제173조 제1항과 제2항의 죄를 범한 자는 5년 이하의 금고 또는 1천500만 원 이하의 벌금에 처한다. ② 업무상과실 또는 중대한 과실로 제1항의 죄를 범한 자는 7년 이하의 금고 또는 2천만 원 이하의 벌금에 처한다.

과실폭발성물건파열죄는 과실[25] 또는 업무상 과실·중과실로 인하여

25 [과실폭발성물건파열과 과실치사죄] 甲은 乙의 다가구 101호에서 이사 나가면서 실내 가스호스 끝 부분에 자기비용으로 설치한 '휴즈콕크'를 떼어가면서 乙에게 말하지 않았다. 乙은 세입자 丙이 이사 오기 전에 가스사용시설을 점검하지 않았다. 알 수 없는 원인으로 실외 2m 높이에 설치된 주밸브가 개방되어 101호 실내로 가스가 유입되었고 丙이 입주하려 전등을 켜는 순간 점화되어 가스폭발로 사망하였다. ① (대판 99도5086) 甲은 「액화석유가스법」상 가스시설 시공업 면허를 가진 자만이 해야 하는 휴즈콕크를 제거한 과실이 인정되고, 휴즈콕크를 제거하면 누구나 실수로 주밸브를 열 경우에 101호로 유입되는 가스를 막을 안전장치가 없어 가스폭발의 가능성을 객관적으로 예견할 수 있었으므로 과실과 가스폭발사고 사이에 상당인과관계가 인정된다. 甲

폭발성물건파열죄, 가스·전기등방류죄, 가스·전기등공급방해죄를 범함으로써 성립하는 범죄이다.

XIII. 방화예비·음모죄

제175조(예비, 음모) 제164조 제1항, 제165조, 제166조 제1항, 제172조 제1항, 제172조의2 제1항, 제173조 제1항과 제2항의 죄를 범할 목적으로 예비 또는 음모한 자는 5년 이하의 징역에 처한다. 단 그 목적한 죄의 실행에 이르기 전에 자수한 때에는 형을 감경 또는 면제한다.

방화예비·음모죄(제175조)는 현주건조물등방화죄(제164조 제1항), 공용건조물등방화죄(제165조), 타인소유일반건조물등방화죄(제166조 제1항), 폭발성물건파열죄(제172조 제1항), 가스·전기등방류죄(제172조의2 제1항), 가스·전기등공급방해죄(제173조 제1, 2항)를 범할 목적으로 예비·음모함으로써 성립하는 범죄이다. 방화예비죄는 실행의 착수 이전이어야 한다.

예컨대 방화에 사용할 휘발유를 구입하면 예비이지만, 그 휘발유를 불을 놓을 목적물에 뿌리는 것은 방화를 직접적으로 개시한 것으로서 미수단계가 인정된다.

은 과실폭발성물건파열죄가 성립하고 과실치사죄와 상상적 경합범이 된다.

§63. 일수와 수리에 관한 죄

Ⅰ. 서 론

일수와 수리에 관한 죄는 수력의 파괴적 작용을 이용하여 **공공의 안전**을 해하는 범죄이다. 일반건조물등일수죄(제179조 제1항, 제2항)는 구체적 위험범이고, 현주건조물등일수죄(제177조), 공용건조물등일수죄(제179조)는 추상적 위험범이다. 추상적 위험도 실질적 위험이어야 한다.

구성요건의 체계적 구성은 방화죄와 매우 유사하다. 다만 일반물건방화죄에 상응하는 일반물건일수죄가 없다. 방화죄의 "불을 놓아"를 "물을 넘겨"(溢水)로, "불태운"(燒燬)을 "침해"로 대체하면 일수죄가 구성된다.

		가중구성요건	
기본	● 현주건조물등일수죄(제177조 제1항)	● 현주건조물등일수치사상죄(제177조 제2항)	● 미수범(제182조) ● 예비음모죄(제183조)
감경	● 일반건조물등일수죄(제179조)	● 공용건조물등일수죄(제178조)	
독자변형	● 방수방해죄(제180조) ● 과실일수죄(제181조) ● 수리방해죄(제184조)		

Ⅱ. 현주건조물등일수죄·현주건조물등일수치사상죄, 공용건조물등일수죄, 일반건조물등일수죄

제177조(현주건조물등에의 일수) ① 물을 넘겨 사람이 주거에 사용하거나 사람이 현존하는 건조물, 기차, 전차, 자동차, 선박, 항공기 또는 지하채굴시설을 침해한 자는 무기 또는 3년 이상의 징역에 처한다. ② 제1항의 죄를 범하여 사람을 상해에 이르게 한 때에는 무기 또는 5년 이상의 징역에 처한다. 사망에 이르게 한 때에는 무기 또는 7년 이상의 징역에 처한다.

제178조(공용건조물등에의 일수) 물을 넘겨 공용 또는 공익에 공하는 건조물, 기차, 전차, 자동차, 선박, 항공기 또는 지하채굴시설을 침해한 자는 무기 또는 2년 이상의 징역에 처한다.

제179조(일반건조물등에의 일수) ① 물을 넘겨 전2조에 기재한 이외의 건조물, 기차, 전차, 자동차, 선박, 항공기 또는 지하채굴시설 기타 타인의 재산을 침해한 자는 1년 이상 10년 이하의 징역에 처한다. ② 자기의 소유에 속하는 전항의 물건을 침해하여 공공의 위험을 발생하게 한 때에는 3년 이하의 징역 또는 700만 원 이하의 벌금에 처한다. ③ 제176조[1]의 규정은 본조의 경우에 준용한다.

1 제176조(타인의 권리대상이 된 자기의 물건) 자기의 소유에 속하는 물건이라도 압류 기타 강제처

"**물을 넘겨**"(溢水)는 수문을 열거나 뚝을 파괴하거나 수로를 바꾸거나 등의 방법으로 물이 흘러가게 하는 것을 말한다. 그 밖의 구성요건요소들은 방화죄의 경우와 같다.

Ⅲ. 방수방해죄

제180조(방수방해) 수재에 있어서 방수용의 시설 또는 물건을 손괴 또는 은닉하거나 기타 방법으로 방수를 방해한 자는 10년 이하의 징역에 처한다.

수재 상황에서 양수펌프, 양수기, 모래주머니 등과 같은 "방수용의 시설 또는 물건"을 손괴 또는 은닉하거나 기타 방법으로 방수를 방해한 경우에 성립한다. 방수해야 할 의무 있는 자가 방수를 하지 않은 때에는 **부작위**의 방수방해죄가 성립한다. 공무원의 방수활동 원조요구에 불응하면 「경범죄 처벌법」(제3조 제1항 29호)이 적용된다.

Ⅳ. 과실일수죄

제181조(과실일수) 과실로 인하여 제177조 또는 제178조에 기재한 물건을 침해한 자 또는 제179조에 기재한 물건을 침해하여 공공의 위험을 발생하게 한 자는 1천만 원 이하의 벌금에 처한다.

과실일수죄는 과실로 인하여 현주건조물등일수죄 또는 공용건조물등일수죄에 기재한 물건을 침해하거나, 일반건조물등일수죄에 기재한 물건을 침해하여 공공의 위험을 발생케 함으로써 성립하는 범죄이다. 과실에 의한 재물손괴는 처벌하지 않지만 과실일수죄는 단순한 재물의 손괴가 아니라 **수력의 커다란 파괴력으로** 인해 불특정 다수인의 생명, 신체, 재산이 침해될 **공공의 위험**이 발생할 수 있기 때문에 처벌가치가 있다.

분을 받거나 타인의 권리 또는 보험의 목적물이 된 때에는 본장의 규정의 적용에 있어서 타인의 물건으로 간주한다.

Ⅴ. 수리방해죄

제184조(수리방해) 둑을 무너뜨리거나 수문을 파괴하거나 그 밖의 방법으로 수리(水利)를 방해한 자는 5년 이하의 징역 또는 700만원 이하의 벌금에 처한다

보호법익은 **타인의 수리권**, 즉 "법령, 계약 또는 관습 등에 의하여 타인의 권리에 속한다고 인정될 수 있는 물의 이용"이다(대판 2001도404). 수도에 의한 음용수의 이용을 방해하면 수도불통죄(제195조)가 성립하고 수리방해죄는 흡수된다. 수리권을 침해하지 않는 수리방해는 「경범죄 처벌법」상 물길흐름방해죄(제3조 제1항 17호)가 적용될 수 있다.

(1) **방해받는 수리** 수리의 방해는 수리권 또는 수리이익의 침해를 가리킨다. **수리**(水利)라 함은 **물**이라는 천연자원을 다양한 용도(동력용, 관개용, 목축용, 발전용 등)로 **생활에 유익하게 사용**하는 것을 말한다. 교통방해죄(제185조)와 수도불통죄(제195조)의 객체가 되는 물의 이용은 수리방해죄에서 제외된다. 하수나 폐수 등 이용이 끝난 물을 배수로를 통하여 내려 보내는 것, 즉 **배수**(排水)는 수리에 포함되지 않는다.[2] 방해받는 수리는 타인의 권리(또는 이익)의 대상이어야 한다. 물론 수리권의 근거는 법령, 계약뿐만 아니라 관습도 포함된다.

(2) **방해행위** 수리 방해행위는 뚝을 무너뜨리거나 수문을 파괴하는 등 조문에 예시된 것을 포함하여 저수시설, 유수로(流水路)나 송·인수시설 또는 이들에 부설된 여러 수리용 장치를 손괴·변경하거나 효용을 해침으로써 수리에 지장을 일으키는 행위를 가리킨다.

2 [하수관 폐쇄와 수리방해죄] 甲은 乙의 농촌주택에서 배출되는 소형 PVC 생활하수관을 토사로 막아 하수가 내려가지 못하게 하였다. ① (대판 2001도404) **배수는 수리에 해당하지 않는다.** ② (評釋) 乙의 하수관은 개인하수도이므로, 甲은 형법상 손괴죄(제366조)가 성립하고 「하수도법」상 **공공하수도손괴죄**(제75조 2호)는 성립하지 않는다.

교통방해의 죄

Ⅰ. 일반교통방해죄

제185조(일반교통방해) 육로, 수로 또는 교량을 손괴 또는 불통하게 하거나 기타 방법으로 교통을 방해한 자는 10년 이하의 징역 또는 1천500만 원 이하의 벌금에 처한다.

"일반교통방해죄는 **일반공중의 교통안전**을 그 보호법익으로 하는 범죄"이다(대판 95도1475). 일반공중의 교통안전이란 「도로교통법」상 도로에 국한되지 않고 **도로가 아닌 통행로**(예: 농로[1][대판 2007도7380]) 등도 포함하고, **불특정 다수인의 교통안전**을 의미하므로 특정 소수인의 교통 방해는 강요죄가 될 뿐이다. 판례에 의하면 "일반교통방해죄는 이른바 **추상적 위험범**으로서 교통이 불가능하거나 또는 현저히 곤란한 상태가 발생하면[2] 바로 기수가 되고 교통방해의 결과가 현실적으로 발생하여야 하는 것은 아니다"(대판 2004도7545).

하지만 私見으로 판례의 "교통이 불가능"한 상태란 교통방해의 결과가 발생한 상태, 즉 법익이 침해된 상태를 말하고, "현저히 곤란한 상태"란 **구체적 위험**[3]이 발생한 것을 말한다. 일반교통방해죄와 달리 「도로교통법」상 **도로교통방해죄**(제152조 4호)는

---

1 [농로손괴와 일반교통방해] 산기슭에 살던 甲은 10년 전 자기의 토지에 농로를 개설하였고, 이웃 주민들도 이용하여 왔다. 乙이 甲의 집 서편에 있는 임야를 매수하여 분묘용지로 필지를 분할 매도하여 위 농로에 포크레인이 통행하게 되었다. 포크레인의 통행으로 甲의 집 헛간, 화장실, 도로 측면이 붕괴되자, 甲은 중장비차의 통행금지 팻말을 세웠고 포크레인이 계속 통행하자 도로의 동쪽 노변에 50개의 말뚝을 박고 철조망을 쳐서 포크레인은 다닐 수 없고 경운기나 리어카만 통행할 수 있게 하였다. ① (대판 95도1475) 위 "도로가 **사실상 일반 공중의 왕래에 공용되는 도로로 된 이상** 경운기나 리어카 등만 통행할 수 있는 것이 아니고 **다른 차량도 통행**할 수 있는 것이므로" 포크레인의 통행 방해는 일반교통방해죄가 된다. ② (評釋) 마을주민들의 농로이용이 일반공중의 교통이고, 포크레인 통행으로 이 교통을 방해한 사람들이 일반교통방해죄의 미수범(제190조)이 된다. 甲이 말뚝박는 행위는 포크레인 운전자가 통행할 수 없게 함으로써 강요죄(제324조 제1항)에 해당하지만 정당행위로서 위법성이 조각된다.

2 판례에 의하면 가령 경찰이 도로에 차벽을 설치하여 그 부근의 교통이 완전히 차단된 상태에서 그 도로를 다수인이 행진하여 점거하는 것은 교통방해의 추상적 위험조차 발생시키지 않으므로 일반교통방해죄는 성립하지 않는다(대판 2017도11408).

3 [교통방해정도] 甲은 인천 공항리무진 버스 전 승하차 구역에 밴차량을 40분 가량 세워두고 호객영업을 하였다. 甲의 주차에도 불구하고 공항리무진 버스는 출발할 때 후진하여 차로를 바꾸어서 통행할 수 있었다. ① (대판 2009도4266) 甲의 주차는 **통행에 불편을 준 정도**이므로 일반교통방해죄가 성립하지 않는다. ② (評釋) 이는 일반교통방해죄를 **구체적 위험범으로 해석한 셈이다.**

추상적 위험범[4]으로 해석된다.

(1) **객 체** 일반교통방해죄의 객체는 "육로, 수로, 교량"이다. **육로**는 "일반공중의 왕래에 공용된 장소, 다시 말하면 특정인에 한하지 않고 불특정다수인 또는 마차가 자유롭게 통행할 수 있는 공공성을 지닌 장소를 말한다"(대판 83도2627). "공공성을 지닌 장소"는 **공중성**(publicity)**이 있는 장소**를 말하며, "그 부지의 소유관계[5]나 통행권리관계 또는 통행인의 많고 적음 등은 가리지 않는"다(대판 91도2550). 그러나 **일시적으로[6] 통행로**로 사용한 타인의 땅[7]이나 **특정한 소수의 집단**[8]에 국한된 장소는 육로로 인정되지 않는다. **수로**는 선박의 항해에 사용되는 하천·운하·해협·호소(湖沼)·항구 등을 말한다. 공해상의 해로도 포함된다. **교량**은 하천·호소(湖沼)·계곡 등에 가설한 시설물로서 불특정 다수인의 왕래에 사용되는 다리를 말한다.

4 [일반교통방해와 도로교통방해] 甲은 야간에 편도 3차선 도로의 길가쪽 2개 차로에 포장마차를 설치하고 영업을 하고, 이로 인해 차량들은 나머지 1개 차로와 반대편 차로를 이용할 수밖에 없었다. ① (대판 2006도4662) 甲의 행위로 인하여 "도로의 교통을 방해하여 차량통행이 현저히 곤란한 상태가 발생하였"으므로 일반교통방해죄가 성립한다. 일반교통방해죄는 도로교통방해죄와 상상적 경합관계에 있다(대판 80도384[전원합의체]). ② (評釋) 甲의 행위는 **통행에 불편**을 주었을 뿐 차량통행을 현저히 곤란하게 한 것이 아니므로 일반교통방해죄는 성립하지 않고, 추상적 위험범인 「도로교통법」상 도로교통방해죄(제152조 4호)가 성립한다.

5 [사실상 육로] 甲의 대지와 乙의 집 사이의 폭 2m 골목길은 인근 7세대 주민들이 공로로 통하는 유일한 통행로로 이용해왔다. 甲은 그 대지에 건물을 지으면서 폭 50~75cm 가량만 남겨두고 담장을 설치하여 인근주민들의 통행을 매우 어렵게 만들었다. ① (대판 94도2112) 주민들이 통행한 골목길이 **타인(甲)의 소유이고 통행인이 적을지라도, "노면폭"**(대판 88도2264)**의 크기를 불문하고, "사실상** 일반공중의 왕래에 공용되는 육상의 통로"이다.

6 [일시이용과 육로] 甲은 자신의 토지의 일부를 乙이 목재적치장으로 사용하자, 소송을 통해 제거한 후 그 부분을 일시적으로 공터로 두었다. 이후 인근주민들이 이 공터를 큰 도로에 이르는 지름길로 이용하기 시작했고, 甲은 철책을 설치하였다. ① (대판 84도2192) 인근주민의 통행로 이용은 **일시적인 것**이어서 그 공터는 육로에 해당하지 않는다.

7 [육로의 공중성] 甲의 주택과 乙 주택 사이에 위치한 甲의 토지는 이 두 주택에 거주하는 사람들만 드나드는 통로로 사용되어 왔다. 乙의 주택 대지 북쪽에 다른 통로가 있었다. 甲은 이 통로에 철제 대문을 설치하고 잠궈 乙 주택 거주민들이 그 길로 통행할 수 없게 하였다. ① (대판 83도2617) 이 통로는 "**개인이 그 사용에 공하면서** 인접된 乙 소유주택에 거주하는 사람들의 통행을 부수적으로 묵인한 장소"로서 육로가 아니다.

8 [특정한 소수인의 통행로] 甲, 乙, 丙의 밭은 차례로 이어져 乙과 丙은 甲의 밭을 따라 난 통행로를 거치지 않고는 자신의 밭에 갈 수 없었다. 乙 및 丙과 다툼을 벌이던 甲은 그 통행로를 폭 2m 정도로 굴착하고 돌덩이를 쌓아 놓음으로써 乙과 丙의 가구사람들이 통행할 수 없게 하였다. 乙과 丙의 가족들 이외 그 통행로를 사용하는 사람은 없다. ① (대판 2006도8750) "**2가구 외에는 달리 이용하는 사람들이 없는 통행로**라 하더라도 이는 일반교통방해죄에서 정하고 있는 **육로에 해당**"하므로 甲은 일반교통방해죄가 성립한다. ② (評釋) 특정한 소수의 사람들만 이용하는 통행로는 육로에 해당하지 않는다. 甲은 업무방해죄(제314조 제1항)가 성립할 뿐이다.

(2) **행 위** "손괴 또는 불통하거나 기타 방법으로 교통을 방해"하는 행위이다. **손괴**는 육로 등에 직접 유형력을 행사하여 물리적으로 훼손하거나 그 본래의 효용을 감소시키는 일체의 행위를 말한다. **불통**은 장애물을 이용하여 통행을 방해하는 일체의 행위를 말한다. '쇠파이프구조물이나 화물차로 도로를 가로막거나'(대판 2004도7545), '도로에 간이테이블을 놓거나'(대판 2006도4662), '바위를 놓아두는'(대판 2001도6903) 행위가 이에 해당한다. **기타의 방법**은 손괴나 육로 등을 (물리적으로) 불통하게 만드는 이외의 방법(예: 집회시위)으로 교통을 방해하는 것을 말한다.

[교통방해행위로서 도로점거] 가령 신고 없이 한 집회 및 시위에서 경찰이 설정한 "질서유지선을 넘어 방송차량을 따라 도로 전 차로를 점거하면서 행진하고, 행진을 제지하는 경찰과 대치하면서 도로에서 머물다가 귀가한" 집회참가자들은 "서로의 행위를 인식하며 암묵적·순차적으로 의사의 결합"을 한 것이며, 그들의 도로점거는 "직접적인 교통방해 행위에 해당하거나 교통방해의 위법상태를 지속시켰다"는 점에서 일반교통방해죄의 공동정범이 성립한다(대판 2017도9146). 집회가 신고된 범위를 현저히 일탈하여 교통을 방해하면 일반교통방해죄가 성립한다.[9]

(3) **고 의** 일반교통방해의 고의가 있었어도 교통방해로 인해 피해자의 업무가 방해받을 가능성이 없는 경우[10]에는 업무방해죄의 고의는 인정되지 않는다.

(4) **위 법 성** 일반교통방해죄의 위법성조각사유로는 주로 자구행

9 [집회시위일반교통방해] 甲은 경찰청장에게 M단체의 행진시위를 신고하였으나 "행진시위시 진행방향 우측 보도만을 통행하고, 차도로 행진하거나 차량사용으로 교통소통을 방해하여서는 안 되며, 행진 중 앉는 등 신고 이외의 행위를 해서는 안 되고, 도착 시까지 중단 없이 진행하여야 하며, 교차로 통과시 횡단보도, 지하도, 육교를 이용하며 반드시 교통신호를 지켜야 한다"는 통보를 받았다. 甲은 차도 무단횡단, 전차선 점거행진, 도로 점거 연좌시위 등을 하였고, 교통이 심각하게 방해받았다. ① (대판 2006도755) 甲의 "행위는 당초 신고된 범위를 현저히 일탈"하여 **일반교통방해죄**가 성립하고 집시법 제23조 1호의 **교통소통장애죄**와 상상적 경합관계에 있다. 신고범위에서 **현저히 일탈하지 않은 경우**는 일반교통방해죄는 불성립한다(대판 2018도11349).

10 [일반교통방해와 업무방해] 甲의 집 앞 도로는 10년간 乙의 폐기물 운반차량이 통행하여 왔고 이로 인해 甲의 가옥 일부에 균열이 생겼다. 乙 회사는 4천만 원을 지급하기로 甲과 합의하고 2천만 원만 지급하였다. 甲은 그 도로에 트랙터를 세워두고 철책 펜스를 설치하여 乙의 운반차량이 통행할 수 없게 하였다. 이 도로 가까이에 트럭이 통행할만한 도로가 있었다. ① (대판 2008도10560) 다른 도로가 있었으므로 甲에게는 **교통방해고의는 인정**될 수 있어도 乙의 운반**업무방해고의는 인정되지 않는다**. 甲의 일반교통방해행위는 통행금지"가처분 등의 방법을 이용하지 아니한 점에 비추어 그 행위의 수단이나 방법에 상당성이 있다고 보기 어렵고, 긴급성이나 보충성의 요건을 갖추었다고 보기도 어"려워 정당행위로 볼 수 없다.

위[11]와 정당행위가 문제된다.

Ⅱ. 기차·선박 등 교통방해죄

제186조(기차, 선박등의 교통방해) 궤도, 등대 또는 표지를 손괴하거나 기타 방법으로 기차, 전차, 자동차, 선박 또는 항공기의 교통을 방해한 자는 1년 이상의 유기징역에 처한다.

기차,[12] 전차 등 중요한 교통수단에 의한 교통을 방해하는 행위는 일반교통방해죄보다 중한 불법을 가지며 가중처벌된다. 미수(제190조), 예비·음모(제191조)도 처벌된다.

Ⅲ. 기차 등 전복죄

제187조(기차등의 전복등) 사람의 현존하는 기차, 전차, 자동차, 선박 또는 항공기를 전복, 매몰, 추락 또는 파괴한 자는 무기 또는 3년 이상의 징역에 처한다.

사람이 현존하고 행위태양(전복, 매몰, 추락, 파괴)이 중하다는 점에서 기차등전복죄는 기차등교통방해죄보다 불법이 중하고 가중처벌된다. 미수(제190조)와 예비·음모(제191조)도 처벌된다.

(1) 객 체 기차 등이 운행 중일 필요는 없으나 사람은 행위 당시에 기차 등의 내부에 존재하고 있어야 한다.

(2) 행 위 **전복**은 교통기관을 탈선시켜 넘어가게 하는 것을 말하

11 [일반교통방해의 자구행위] 乙이 건물의 건축법 위반요소를 방치하자, 乙의 건물에 이르는 통행로의 토지소유자 丙의 위임을 받은 甲은 그 토지에 철주를 세우고, 철망을 설치하고 포장된 아스팔트를 걷어내어, 그 통행로를 더 이상 이용할 수 없게 하였고, 乙 건물의 임차인들은 영업에 지장을 받았다. ① (대판 2007도7717) 甲의 행위는 일반교통방해죄와 업무방해죄(제314조)에 해당하고, 丙의 乙에 대한 청구권은 법정절차에 의하여 보전하기 불능한 경우가 아니므로 자구행위도 인정되지 않는다. 같은 취지의 판례로 '주민들이 농기계 등으로 그 주변의 농경지나 임야에 통행하기 위해 이용하는 자신 소유의 도로에 깊이 1m 정도의 구덩이를 판 행위가 일반교통방해죄에 해당하고 자구행위나 정당행위에 해당하지 않는다'(대판 2006도9418).

12 [기차교통방해죄] 농민 甲은 고추값이 폭락하자 정부에 대책을 요구하며 경운기를 철도 건널목 위에 세워두었다. 경찰이 甲에게 철길에서 물러날 것을 요구하였지만, 甲은 돌을 던졌고, 경찰관 乙이 그 돌에 머리를 맞아 상해를 입었다. ① (대판 89도1512) 甲은 기차교통방해죄에 해당하고, 목적이 정당하더라도 "수단이나 방법에 있어서 상당성이 없으므로 정당행위"가 되지 않는다. ② (評釋) 甲은 특수공무집행방해치상죄(제144조 제2항)가 성립하고, 기차교통방해죄와 시간적으로 중첩되지만 서로의 성립에 불가결한 요소가 아니므로 경합범이 된다.

고, **매몰**은 선박을 수중에 침몰시키는 것이며, **추락**은 자동차나 항공기를 높은 곳에서 낮은 곳으로 떨어뜨리는 것을 말한다. **파괴**는 전복, 매몰, 추락 등과 같은 수준으로 인정할 수 있을 만큼 교통기관으로서의 기능·용법을 불가능하게 할 정도의 파손을 의미하고, 그 정도에 이르지 아니하는 단순한 손괴는 포함되지 않는다(대판 2008도11921).

● "항공기의 '추락'이라 함은 공중에 떠 있는 항공기를 정상시 또는 긴급시의 정해진 항법에 따라 지표 또는 수면에 착륙 또는 착수시키지 못하고, 그 이외의 상태로 지표 또는 수면에 낙하시키는 것을 말"한다(대판 90도1486).

● "총 길이 338m, 갑판 높이 28.9m, 총 톤수 146,848톤, 유류탱크 13개, 평형수탱크 4개인 대형 유조선의 유류탱크 일부에 구멍이 생기고 선수마스트, 통신안테나, 항해등이 파손된 정도는 선박의 '파괴'에 해당하지 않는다"(대판 2008도11921).

(3) **고 의** 선박매몰죄의 "고의가 성립하기 위하여는 행위 시에 사람이 현존하는 것이라는 점에 대한 인식과 함께 이를 매몰한다는 결과발생에 대한 인식이 필요하며, 현존하는 사람을 사상에 이르게 한다는 등 공공의 위험에 대한 인식까지는 필요하지 않고, 사람이 현존하는 선박에 대해 매몰행위의 실행을 개시하고 그로 인하여 선박을 매몰시켰다면 매몰의 결과발생시 사람이 현존하지 않았거나 범인이 선박에 있는 사람을 안전하게 대피시켰다고 하더라도 선박매몰죄의 기수로 보아야" 한다(대판 99도4688).

Ⅳ. 교통방해치사상죄

제188조(교통방해치사상) 제185조 내지 제187조의 죄를 범하여 사람을 상해에 이르게 한 때에는 무기 또는 3년 이상의 징역에 처한다. 사망에 이르게 한 때에는 무기 또는 5년 이상의 징역에 처한다.

교통방해치상죄는 일반교통방해죄(제185조), 기차·선박등교통방해죄(제186조), 기차등전복죄(제187조)를 범하여 사람을 상해에 이르게 한 때에는 무기 또는 3년 이상의 징역에 처한다. 상해의 고의를 갖고 교통방해죄를 범한 경우에도 이 죄가 성립한다(**부진정결과적 가중범**).

교통방해치사죄는 일반교통방해죄(제185조), 기차·선박등교통방해죄(제186조), 기차등전복죄(제187조)를 범하여 사람을 사망에 이르게 한 때에는 무기 또는 5년 이상의 징역에 처한다. 살인의 고의를 가진 경우에는 살인죄가 따로 성립하므로 교통방해치사죄는 진정결과적 가중범이다.

V. 과실교통방해죄 · 업무상 과실 · 중과실교통방해죄 등

제189조(과실, 업무상과실, 중과실) ① 과실로 인하여 제185조 내지 제187조의 죄를 범한 자는 1천만 원 이하의 벌금에 처한다. ② 업무상과실 또는 중대한 과실로 인하여 제185조 내지 제187조의 죄를 범한 자는 3년 이하의 금고 또는 2천만 원 이하의 벌금에 처한다.

과실교통방해죄는 과실로 인하여 일반교통방해죄(제185조), 기차·선박등교통방해죄(제186조), 기차등전복죄(제187조)를 범한 경우에 성립한다.

업무상 과실·중과실교통방해죄는 업무상 과실이나 중과실로 인하여 일반교통방해죄(제185조), 기차·선박[13]등교통방해죄(제186조), 기차등전복죄(제187조)를 범한 경우에 성립한다. 이 죄의 "주체는 기차, 전차, 자동차, 선박, 항공기[14]나 기타 일반의 '교통왕래에 관여하는 사무'에 직접·간접[15]으로 종사하는 자"이다.

13 [업무상과실교통방해] 선적작업 지연으로 정조시점에 출항할 수 없자 예인선 선장 乙은 예인선 정기용선자 현장소장 甲에게 출항연기를 건의하였지만 甲은 출항을 지시했고 강조류가 흐르는 데도 예인선을 운항하여 무동력부선에 적재된 철골구조물이 해상에 추락하였고 해상교통이 방해되었다. ① (대판 2008도11784) 甲과 乙은 **업무상 과실일반(수로)교통방해죄**의 공동정범이 된다.

14 [업무상과실항공기추락죄] 헬리콥터에 승객 3명을 태우고 운항하던 조종사 甲은 엔진이상을 알아차렸으나 긴급 항법절차에 따라 운항하지 못해 헬리콥터가 해상에 추락하였다. ① (대판 90도1486) 甲은 **업무상과실항공기추락죄**가 성립한다.

15 [업무상과실자동차추락죄] 甲은 성수대교를 제작함에 결함을 남겼고, 제작시공 감독을 담당한 공무원 乙은 이를 발견하지 못했다. 성수대교는 무너져 여러 차량이 강물에 떨어져 32명이 사망하였다. ① (대판 97도1740) 업무상과실자동차추락죄(제189조 제2항, 제187조)에서 "'업무상과실'의 주체는 '**교통왕래에 관여하는 사무'에 직접·간접으로 종사하는 자**이어야 할 것인바, 대교의 건설 당시 제작, 시공을 담당한 자도 '교통왕래에 관여하는 사무'에 **간접적으로 관련**이 있는 자에 해당한다." 甲과 乙은 업무상 과실일반교통방해죄(제189조 제2항, 제185조)와 업무상 과실자동차추락죄(제189조 제2항, 제187조)의 공동정범이 된다.

§65. 먹는 물에 관한 죄

Ⅰ. 먹는물사용방해죄

제192조(먹는 물의 사용방해) ① 일상생활에서 먹는 물로 사용되는 물에 오물을 넣어 먹는 물로 쓰지 못하게 한 자는 1년 이하의 징역 또는 500만원 이하의 벌금에 처한다. ② 제1항의 먹는 물에 독물(毒物)이나 그 밖에 건강을 해하는 물질을 넣은 사람은 10년 이하의 징역에 처한다.

제194조(먹는 물 혼독치사상) 제192조 제2항 또는 제193조 제2항의 죄를 범하여 사람을 상해에 이르게 한 때에는 무기 또는 3년 이상의 징역에 처한다. 사망에 이르게 한 때에는 무기 또는 5년 이상의 징역에 처한다.

제196조(미수범) 제192조 제2항, 제193조 제2항과 전조의 미수범은 처벌한다.

제197조(예비, 음모) 제192조 제2항, 제193조 제2항 또는 제195조의 죄를 범할 목적으로 예비 또는 음모한 자는 2년 이하의 징역에 처한다.

먹는물사용방해죄의 보호법익은 불특정 다수인이 사용하는 **먹는 물의 정결상태**이다. 먹는물사용방해죄는 농경시대의 마을공동체에서 사용하는 우물 등을 대상으로 하므로 현대사회에서는 거의 적용되지 않는다. 오늘날은 먹는 물의 보호와 관리는 주로 「**먹는물관리법**」이 한다. 먹는물관리법 위반죄(예: 먹는물공동시설수질오염죄)는 먹는물사용방해죄의 보호기능을 상당한 정도로 대신한다. 또한 「**물환경보전법**」은 먹는 물의 **수원**이 되는 "**공공수역의 수질**"을 보호한다. 먹는물사용방해죄는 정결한 먹는 물에 "오물을 혼입하여 음용하지 못하게" 하는 **구체적 결과**를 필요로 한다(구체적 위험범). 이에 비해 「**물환경보전법**」상의 범죄들은 추상적 위험범(또는 적성범)이다.[1]

(1) 일상생활에서 먹는 물로 사용되는 물 '일상생활에서 먹는 물로 사용되는 물'은 불특정 또는 다수인이 반복적·계속적으로 사용하는 깨끗

1 [먹는물사용방해죄와 수질보전법위반죄] 甲은 환경부의 폐수배출시설설치 허가를 받지 아니하고 나염가공업체 사업장에서 나염의류제조 조업을 하였다. 이로써 특정수질유해물질인 구리화합물(Cu)이 함유된 폐수를 1일 평균 0.536mg/L(PPM))씩 하수관으로 무단 배출하였다. 먹는 물 수질은 1PPM 이하이고, 법시행령과 시행규칙의 허용기준은 0.5mg/L(PPM)였다. ① 甲은 먹는 물 허용**기준치 이하를 배출**하였으므로 구체적 위험범인 먹는물사용방해죄(제192조 제2항)는 성립하지 않지만, 추상적인 위험범인 **물환경보전법위반죄**(제75조 1호)는 성립한다.

한 물을 의미한다. 가령 북한강과 같은 수원은 일상생활의 먹는 물을 직접 제공하는 물이 아니라 간접적으로 제공하는 물일 뿐이다. 먹는물사용방해죄를 추상적 위험범으로 확장해석하면 일상생활의 먹는 물은 「물환경보전법」의 공공수역을 포함하게 된다. 이런 해석은 유추금지원칙에 위배된다.

(2) 건강을 해할 물질을 넣음 먹는물사용방해죄의 실행행위는 오물(제192조 제1항) 또는 독물 기타 건강을 해할 물질(제192조 제2항)을 넣는 것이다. **오물**(汚物)은 깨끗한 물을 오염시키는 물질(오염물질)이며, 배설물, 쓰레기, 비눗물 등이 그 예이다. **독물**은 소량만 섭취해도 건강을 해치는 물질(예: 염산이나 청산가리, 아코니친, 테트로도 톡신)을 말하며, **기타 건강을 해하는 물질**은 독물에 준하는 오염물질(예: 산업폐기물)을 말한다. 독물 등의 유해물질을 넣은 경우는 미수(제196조)와 예비, 음모(제197조)도 처벌한다. 먹는 물에 오물을 혼입한다는 것은 「먹는물관리법」상 "먹는물공동시설의 수질을 오염시키"는 행위(제8조 제2항)와 같은 의미이다.

(3) 먹는 물로 쓰지 못하게 함 먹는물사용방해죄는 먹는 물을 (일시적으로도) 쓰지 못하게 하였어야 한다. 쓰지 못하는지에 대한 판단은 **일반인을 기준**으로 한다. 이 점은 「물환경보전법」 위반여부가 과학적·계량적 기준(예: 몇 PPM)으로 판단되는 것과 비교된다. 먹는 물에 오물 등을 넣었어도 먹을 수 없는 정도에 이르지 않을 때에는 독물 기타 건강을 해할 물질을 넣은 경우(제192조 제2항)에만 미수범(제196조)으로 처벌되고, 일반오물의 경우에는 「경범죄 처벌법」상 '마시는물사용방해죄'(제3조 제1항 10호 [마시는 물 사용방해: 사람이 마시는 물을 더럽히거나 사용하는 것을 방해한 사람])로 처벌된다.

(4) 먹는물혼독치사상죄 먹는물유해물질사용방해죄(제192조 제2항)를 범하여 사람을 상해 또는 사망에 이르게 한 때에는 결과적 가중범으로서 상해의 경우는 무기 또는 3년 이상의 징역, 사망의 경우는 무기 또는 5년 이상의 징역에 처한다.

Ⅱ. 수돗물사용방해죄

제193조(수돗물의 사용방해) ① 수도를 통해 공중이 먹는 물로 사용하는 물 또는 그 수원(水原)에 오물을 넣어 먹는 물로 쓰지 못하게 한 자는 1년 이상 10년 이하의 징역에 처한다. ② 제1항의 먹는 물 또는 수원에 독물 그 밖에 건강을 해하는 물질을 넣은 자는 2년 이상의 유기징역에 처한다.

제194조(먹는 물 혼독치사상) 제192조 제2항 또는 제193조 제2항의 죄를 지어 사람을 상해에 이르게 한 경우에는 무기 또는 3년 이상의 징역에 처한다. 사망에 이르게 한 경우에는 무기 또는 5년 이상의 징역에 처한다.

수돗물사용방해죄는 먹는물사용방해죄의 행위객체를 "**일상생활에서 먹는 물로 사용되는 물**"(제192조)에서 "**수도**를 통해 **공중**이 먹는 물로 사용하는 물 또는 그 **수원**"(제193조)으로 바꾼 **독자변형구성요건**이다. 일반 오물(제193조 제1항)과 독물 기타 건강을 해할 물질(제193조 제2항)로 행위수단을 구분하여 차등적으로 가중하고 있다. 독물 등을 넣은 경우(제193조 제2항)에는 미수(제196조)와 예비, 음모(제197조)도 처벌한다. 수도는 일반 먹는 물에 비해 그 이용범위가 광역적이고, 그 음용성에 대한 공중의 신뢰가 높다는 점에서 중하게 처벌한다.

(1) 수 도 수도법상 수도는 "관로(管路), 그 밖의 공작물을 사용하여 원수(原水)나 정수를 공급하는 시설의 전부"(「수도법」 제3조 5호)를 뜻한다. 수돗물사용방해죄는 「수도법」 제3조 1호의 원수("음용·공업용 등으로 제공되는 자연 상태의 물")는 제외하고 정수 공급시설만을 가리킨다. 수도는 「수도법」상의 수도에 포함되지 않는 **일시적인 목적으로 또는 위법하게 가설된 수도**(대판 4289형상317)를 포함한다. 이 죄는 행정관리이익이 아니라 사회적 법익으로 수도의 편익을 보호하기 때문이다.

(2) 수 원 먹는물사용방해죄와 달리 수돗물사용방해죄는 깨끗한 물에 오물 등을 넣은 경우뿐만 아니라 정수의 "그 수원(水源)"에 오물 등을 넣은 경우도 포함한다. 수원이란 「수도법」에서는 상수원이라고 부르는데, "**상수원**이란 음용·공업용 등으로 제공하기 위하여 취수시설을 설

치한 지역의 하천 · 호소(湖沼) · 지하수 · 해수 등을 말한다”(제3조 2호). 따라서 수돗물사용방해죄는 「물환경보전법」과 중첩된 규율영역을 갖고 있다. 취수장으로부터 **저수지나 정수장에 이르는 수로**는 상수원은 아니지만 수돗물사용방해죄의 수원 개념에 해당한다.

(3) **공 중** 공중은 ‘불특정 또는 다수인’의 개념에 ‘**광역성**’의 함의가 더해진 개념이다. 따라서 한 두 가족이 이용하는 전용수도는 제외되고, 매우 많은 사람들에게 ‘공급 중’인 먹는 물에 국한된다. 예컨대 가정집 물탱크에 담긴 깨끗한 물은 수돗물이 아니다.

(4) **수돗물혼독치사상죄** 수돗물유해물질사용방해죄를 범하여 사람을 상해 또는 사망에 이르게 한 때에는 결과적 가중범으로 상해의 경우는 무기 또는 3년 이상의 징역, 사망의 경우는 무기 또는 5년 이상의 징역에 처한다.

Ⅲ. 수도불통죄

제195조(수도불통) 공중이 먹는 물을 공급하는 수도 그 밖의 시설을 손괴하거나 그 밖의 방법으로 불통(不通)하게 한 자는 1년 이상 10년 이하의 징역에 처한다.

수도불통죄(제195조)는 수돗물을 공급하는 시설을 손괴 기타 방법으로 불통하게 하는 **수돗물사용방해죄의 독자변형구성요건**이다. 수도불통죄는 수도시설의 손괴 등으로써 수도를 불통하게 하여 수돗물에 대한 공중의 편익을 해칠 위험을 발생시키는 구체적 위험범이다. 공중, 먹는 물, 수도 등의 개념은 수돗물사용방해죄의 경우와 같다.

(1) **수도 기타 시설** **수도**는 수돗물사용방해죄의 그것과 동일한 개념이다. “비록 적법한 절차를 밟지 아니한 수도라 할지라도 그것이 현실로 공중생활에 필요한 음용수를 공급하고 있는 시설”(대판 4289형상317)은 수도불통죄의 객체가 된다. 수도법 제3조의 **일반수도**의 손괴는 **일반수도 손괴죄**(수도법 제83조)가 성립하고, 비록 법정형이 가볍지만 수도불통죄보

다 우선 적용된다(특별관계). **기타 시설**은 특수가압수도시설(대판 70도2654) 등을 말한다.

(2) **행 위** **손괴**란 수도시설을 물리적으로 훼손하는 것이고, **기타 방법**은 손괴 이외의 방법으로 **수도의 유통을 막는 것**(예: 수도관 폐쇄)을 말한다.

(3) **미수범과 예비, 음모** 수도불통의 시도가 있었으나 먹는 물의 공급이 불가능하게 할 정도에 이르지 않을 때에는 미수범이 성립한다(제196조). 예비, 음모도 처벌된다(제197조).

(4) **위 법 성** 판례는 수도료의 연체를 이유로 상가 임차인의 수도를 불통하게 하는 행위[2]의 위법성이 조각될 수 있다고 본다. 그러나 수도의 사용이 갖는 인권적 측면을 고려할 때 긴급피난상황이 아니고서는 정당행위로서 위법성이 조각될 수 없다.

2 [수도료연체와 수도불통] Y시장 번영회장 甲은 시장 내 임차인 乙이 3개월분 수도료를 납부하지 않자, 번영회 총회에서 단수조치 결의를 받고 乙에게 사전 경고를 한 뒤, 구청장의 허가를 얻어 번영회가 시장주민의 먹는 물을 공급하기 위하여 시설한 사설 수도관에 수돗물이 불통하게 하였다. 수도사용료는 시장의 전체사용료가 번영회로 일괄 부과되고, 번영회는 소정률에 따라 수용자로부터 징수하여 납부하는 체제였고 甲이 관리책임자였다. ① (대판 77도103) 甲의 수도불통행위는 총회를 개최하여 단수조치를 결의하고, 사전 경고를 한 점 등을 종합하여 볼 때 위법성이 조각된다. ② (評釋) 수도불통은 인권침해적인 행위로서 총회의 결의와 사전 경고가 있었더라도 사회상규에 위배되어 정당행위로 볼 수 없다.

아편에 관한 죄

Ⅰ. 서　론

아편죄는 아편의 확산을 막아 **공중의 건강**을 지키는 목적을 갖는다. 아편제조등죄(제198조), 아편흡식기제조등죄(제199조), 세관공무원의 아편등수입죄(제200조) 및 상습범(제203조)등은 구체적 위험범이고 아편흡식죄(제201조 제1항) 등은 추상적 위험범이다.

[구성요건체계]　형법상 아편죄의 구성요건체계는 도표와 같다.

			가중구성요건	감경구성요건		
기본구성요건	아편의 사회적 유통	● 아편등제조등죄(제198조)	● 상습범 제203조	● 미수범 제202조	자격정지, 벌금병과 제204조	몰수, 추징 제206조
		● 아편흡식기제조등죄(제199조)				
		● 세관공무원아편등수입죄(제200조)				
	개인적 소비	● 아편흡식등죄(제201조 제1항) ● 아편흡식등장소제공죄(제201조 제2항)	● 상습범 제203조	● 미수범 제202조		
		● 아편등소지죄(제205조)				

아편등소지죄(제205조)를 제외하고 모든 아편죄의 미수는 처벌되고(제202조), 상습범은 각조가 정한 형의 2분의 1까지 가중처벌되며(제203조), 10년 이하의 자격정지나 2천만 원 이하의 벌금을 병과할 수 있다(제204조). 모든 아편죄에 제공한 아편, 몰핀, 그 화합물, 아편흡식기구는 몰수하고, 몰수가 불가능하면 그 가액을 추징한다(제206조). 「**마약류 관리에 관한 법률**」은 아편을 포함한 마약, 향정신성의약품, 대마를 포괄하여 '마약류'로 개념화하고, 마약류의 엄격한 관리통제체계를 구축하고 있다. 따라서 형법상 아편죄는 사실상 적용되기 어렵고, 마약류관리법위반죄를 우선 적용하게 된다. **특정범죄가중법** 제11조는 마약류의 특성, 행위유형, 마약류의 가액을 고려하여 마약류관리법 위반죄에 대한 가중처벌을 규정하고 있다.

Ⅱ. 아편의 사회적 확산과 유통에 관한 죄

1. 아편등 제조·수입·판매·판매목적 소지죄

제198조(아편 등의 제조 등) 아편, 몰핀 또는 그 화합물을 제조, 수입 또는 판매하거나 판매할 목적으로 소지한 자는 10년 이하의 징역에 처한다.

(1) **아편제조등의 죄** 아편의 **제조, 수입, 판매 또는 판매목적의 소지**는 **아편의 사회적 확산과 유통**을 도모한다는 점에서 가장 불법이 중하다. **아편**은 "양귀비의 액즙(液汁)이 응결(凝結)된 것과 이를 가공한 것"(다만, 의약품으로 가공한 것은 제외)(마약류관리법 제2조 2호 나목)을 말하고, **몰핀**은 아편의 주요성분인 알칼로이드로서 진통의약품으로 쓰이는 물질이다. 아편이나 몰핀의 대표적인 화합물로 **헤로인**이 있다. 아편의 수입은 "그 양과 목적에 관계없이 국외로부터 국내에 반입하는 일체의 행위"를 뜻하며, 따라서 개인이 소비를 위해 국제우편으로 아편을 반입해도 아편수입죄가 성립한다.[1] 또한 마약을 우편으로 수령하여 소지하고 있으면 **아편소지죄**(형법 제205조)가 성립하고 마약류관리법상 **마약소지죄**(제59조 제1항 9호)가 적용된다. 우편으로 마약을 수령한 후 흡식한 경우에는 **아편흡식죄**(제201조 제1항)가 성립하고, 마약류관리법상 **마약사용죄**(제60조 제1항 1호)가 적용될 수 있다. 아편의 제조나 수입, 판매 또는 판매목적의 소지와 같이 아편을 사회적으로 확산 유통시키는 일련의 행위들은 하나의 아편제조등의 죄(제198조)로 포괄된다(포괄일죄). 양귀비에서 마약성분을 추출하여 소지하다 판매한 경우는 마약성분추출죄와 마약매매죄의 경합범이다.[2]

1 [개인사용목적 국제우편 아편수입] 甲은 자신이 소비하기 위해 국외에 있던 친구로부터 국제우편을 이용하여 아편을 수령하였다. ① (대판 97도1271) 마약을 **"국제우편으로 우송받은 행위"도 아편수입죄**(형법 제198조, 마약류관리법 제58조 제1항 1호)에 해당한다. ② (評釋) 마약수입죄의 중한 처벌은 마약의 사회적 확산과 유통에 직접 기여하기 때문이므로 **개인적 소비목적의 반입**은 마약수입죄에 해당하지 않는다고 봄이 타당하다(마약수입죄의 목적론적 축소해석).

2 [마약추출방조죄와 마약매매죄] 乙은 양귀비에서 마약성분을 추출하였고 甲은 이를 도와주었다. 甲은 이 아편을 판매할 목적으로 乙에게서 구입하여 소지하고 있다. ① 甲은 마약류관리법상 마약성분추출죄(제59조 제1항 2호)의 종범, 마약매매죄와 매매목적마약소지죄(제58조 제1항 1호)가 성립한다. "마약성분추출죄와 매매목적소지죄는 실체적 경합범 관계에 있으며 마약의 매매행위가 성립하는 경우에는 매매를 목적으로 마약을 일시 소지하는 행위는 매매행위에 착수한 이상 그 행위가

(2) 마약류관리법에 의한 처벌 마약류관리법(제58조, 제59조)은 마약의 범위를 양귀비의 액즙을 응결한 아편뿐만 아니라 코카인 잎과 그 추출물, 화학적 합성물, 혼합물질이나 그 원료물질로까지 그 **객체를 확장**하고, 수입 외에 수출, 매매의 알선[3] 또는 원료물질의 다양한 조성행위(재배, 종자 등의 관리·수수, 성분 추출)에 **실행행위를 확장**한다. 이때 매매는 형법상 판매와 달리 개인의 소비목적 구매행위도 포함한다. 마약류관리법은 형법상의 아편제조 등의 죄에 대한 처벌을 (5년 이상의 징역으로) 현저히 가중한다.

(3) 위 법 성 아편죄는 마약류관리법상 마약류취급자가 그 법이 정한 마약류의 취급방법과 절차를 준수하여 사용하는 경우에만[4] 위법성이 조각된다.

2. 아편흡식기 제조·수입·판매·판매목적 소지죄

제199조(아편흡식기의 제조 등) 아편을 흡식하는 기구를 제조, 수입 또는 판매하거나 판매할 목적으로 소지한 자는 5년 이하의 징역에 처한다.

아편흡식기구를 제조, 수입 또는 판매하거나 판매할 목적으로 소지하는 행위는 아편의 사회적 확산과 유통에 기여하는 행위이지만, 아편 자체를 제조, 수입, 판매하는 행위를 하는 것이 아니라는 점에서 아편제조등의 죄에 비해 형이 가볍다.

미수에 그쳤든가 기수에 달하였든 가의 여부에 관계없이 마약매매행위에 흡수된다." 따라서 甲은 마약성분추출방조죄와 마약매매죄의 경합범이 된다(대판 77도1380).

3 [매매알선목적마약소지] 甲은 아편의 매매를 알선하기 위하여 견본용 아편 0.2g을 일시적으로 소지하였다. ① (대판 94도802) 마약류관리법상 "매매알선목적소지죄(제59조 제1항 4호)는 그 소지한 마약 자체가 반드시 매매의 목적이 되는 경우에만 성립하는 것은 아니고 비록 매매를 알선키 위한 견본용 마약을 소지한 경우에도 여기에 해당한다."

4 [아편판매죄의 위법성 착오] 甲은 양귀비를 재배하여 생아편 675g을 추출·제조하였고, 乙은 이를 매수하였다. 판매목적을 갖고 있던 H(제약회사) 丙이 乙에게 회사에서 구하는 것이라고 거짓말을 하고 乙은 이를 믿고, 제약회사에 파는 것은 죄가 되지 않는다고 생각하고 그 생아편을 팔았다. ① 甲은 아편제조·판매죄가 성립하고, 마약류관리법상 마약제조·매매죄(제58조 제1항 1호)가 적용되며, 乙은 아편판매죄가 성립하고, 마약류관리법상 마약매매죄(제58조 제1항 1호)가 적용된다. ② (대판 83도1927) 乙의 위법성 착오는 "**마약취급의 면허가 없는 이상** 위와 같이 믿었다 하여 이러한 행위가 법령에 의하여 죄가 되지 아니하는 것으로 오인하였거나, 그 오인에 정당한 이유가 있는 경우라고 볼 수 없다."

3. 세관공무원의 아편 등 수입·수입허용죄

제200조(세관 공무원의 아편 등의 수입) 세관의 공무원이 아편, 몰핀이나 그 화합물 또는 아편흡식기구를 수입하거나 그 수입을 허용한 때에는 1년 이상의 유기징역에 처한다.

아편은 아편의 제조·유통에 대한 관리와 통제가 취약한 외국에서 수입되는 경우가 많기 때문에, 아편 등의 수입을 막는 선봉대에 서 있는 세관 공무원이 아편 등을 수입하거나 수입을 허용하면 아편죄 가운데 가장 무거운 형으로 처벌한다.

Ⅲ. 아편의 개인적 사용에 관한 죄

1. 아편흡식등죄

제201조(아편흡식 등, 동장소제공) ① 아편을 흡식하거나 몰핀을 주사한 자는 5년 이하의 징역에 처한다.

아편을 흡식하는 개인의 행위는 그 자체로서는 공중의 건강이라는 법익을 침해하지 않는다. 아편을 소비하는 개인이 많아질수록 아편의 제조, 판매, 유통도 많아지고, 그에 따라 거시적으로는 공중의 건강도 위태로워진다는 점에서 아편의 개인적 사용은 공중의 건강에 대한 **추상적 위험**을 초래한다.

[형법의 합리적인 아편 정책] 아편을 소비하는 개인은 사회에 적응하지 못한 삶을 살고, 대개 중독증에 빠져 있기(예: 아편쟁이) 때문에 치료하고 보호해야 할 대상이다. 아편소비자의 **무조건적 처벌은** 중독증의 치료와 사회복귀를 어렵게 만들며, 아편중독자들이 처벌을 피해 지하로 숨고 그 주변집단에 아편을 권함으로써 **아편소비자를 증가시키는 역기능**을 갖는다. 형법은 아편의 단순 소비자를 처벌하면서도 형의 유예제도를 활용하는 동시에 **아편중독자의 치료와 사회복귀**를 돕거나 돕는 기구와의 협력체제를 구축할 필요가 있다.

(1) 아편흡식죄 **아편**은 아편연(煙: 즉시 흡입이 가능한 정제된 조제아편)과 생아편(설익은 양귀비열매에 상처를 내어 흘러내리는 추출액을 60C°이하의 온도에서 건조시킨 것)을 포함한다. **흡식**이란 호흡기나 소화기를 통해 신체 내에서 소

비하는 것을 말한다. "일정한 기간에 걸쳐 아편흡식의 회수가 여러 번일 경우 각 아편 1회의 흡식 때마다 한 개의 죄가 성립하는 것이 아니고 포괄일죄가 성립"[5]한다. 마약류관리법은 **사용**이라는 개념을 사용하는데, 이 때 사용은 **의료목적 이외의 일체 사용**(형법상 흡식, 주사를 포함)을 가리킨다. 따라서 아편흡식죄나 몰핀주사죄가 성립하는 경우 마약류관리법상 마약사용죄(제60조 제1항 1호)가 적용된다.

(2) **몰핀주사죄** 몰핀이란 아편에서 추출되는 알카로이드(alkaloid)를 말한다. 주사한다는 것은 주사기에 의해 몰핀을 인체의 혈관 또는 근육 속에 주입하는 것을 말한다.

(3) **불가벌적 사전행위** 아편을 흡식하거나 몰핀을 주사하려고 아편이나 몰핀을 일시적으로 소지하였다가 그 소지한 아편이나 몰핀을 사용한 경우에 私見으로 아편소지죄는 아편흡식죄 등에 흡수되는 **불가벌적 사전행위**가 되고, 아편흡식은 마약류관리법상 마약사용죄(제60조 제1항 1호)로 처벌된다.

2. 아편흡식등장소제공죄

제201조(아편흡식 등, 동장소제공) ② 아편흡식 또는 몰핀 주사의 장소를 제공하여 이익을 취한 자도 전항의 형과 같다.

(1) **아편흡식죄 방조행위의 정범화** 아편흡식 또는 몰핀주사의 장소제공은 아편흡식죄의 방조행위이지만, 제201조 제2항은 이를 정범과 같은 형으로 처벌하는 범죄로 독립시키고 있다. 아편흡식장소제공죄는 아편흡식 등의 장소를 제공하여 재산상 이익을 취득한 경우에 성립하고, 이익을 취득하지 못한 경우는 미수범(제202조)이 된다.

(2) **마약사용편의수단제공죄** 마약류관리법상 마약사용편의수단제공죄(제60조 제1항 1호)는 마약사용의 장소 외에도 시설, 장비, 자금, 운반수단의 제공도 처벌하며, 이익취득여부와 관계없이 기수범으로 인정하며,

5 대구고등법원 1970. 4. 30. 선고 70노63 형사부판결.

더 중한 형으로 처벌한다. 따라서 아편흡식장소제공죄(제201조 제2항)가 성립하면 마약류관리법상의 마약사용편의수단제공죄가 적용된다.

3. 아편등소지죄

제205조(아편 등의 소지) 아편, 몰핀이나 그 화합물 또는 아편흡식기구를 소지한 자는 1년 이하의 징역 또는 500만 원 이하의 벌금에 처한다.

아편 등의 소지는 아편의 제조, 수입, 판매, 흡식 등의 다른 아편죄의 '이전'이나 '이후' 또는 그에 '수반'되어 일어나는 행위이다. 따라서 아편등소지죄는 다른 아편범죄(예: 아편흡식죄, 아편판매죄, 판매목적의 아편소지죄)가 성립하지 않는 경우에 **보충적으로 적용**된다. 아편등소지죄(제205조)는 아편의 사회적 확산과 유통에 거의 기여하지 않는 **단순 소지**만을 규율대상으로 삼으며, 그 한에서 처벌가치가 미미하다. 그러나 마약류관리법상 마약소지죄(제59조 제1항 9호)는 마약(임시마약 포함)의 단순 소지행위를 매우 무겁게 처벌하고 있다.

§67. 통화에 관한 죄

Ⅰ. 서　론

통화죄의 법익은 통화에 대한 **공공의 신용과 법적 교류의 안전**(통화의 신용)이다. 통화죄가 성립하면 문서죄는 성립하지 않는다. 통화의 위조나 변조(제207조 제1, 2, 3항)는 그 자체로는 통화의 신용을 해치지 않으므로, 통화위·변조죄는 행위자의 "행사할 목적"을 요구하는 추상적 위험범으로 구성되어 있다. 위조통화의 행사(제207조 제4항)나 취득(제208조), 위조통화취득 후 지정행사(제210조)의 죄는 통화의 신용을 해치는 구체적 위험범이다. 구성요건체계는 도표와 같다.

	추상적 위험범	구체적 위험범	
기본	● 통화위변조죄(제207조 제1, 2, 3항) ● **예비·음모**(제213조)	● 위변조통화행사(제207조 제4항 전단) ● 위변조통화수출입죄(제207조 제4항 후단)	● 미수범 (제212조) ● 자격정지 벌금병과 (제209조)
독자변형		● 위조통화취득죄(제208조)	
		● 위조통화취득후지정행사죄(제210조)	
	● 통화유사물제조죄(제211조 제1항)	● 통화유사물판매죄(제211조 제2항)	

Ⅱ. 통화위조·변조죄 및 행사죄

제207조(통화의 위조등) ① 행사할 목적으로 통용하는 대한민국의 화폐, 지폐 또는 은행권을 위조 또는 변조한 자는 무기 또는 2년 이상의 징역에 처한다. ② 행사할 목적으로 내국에서 유통하는 외국의 화폐, 지폐 또는 은행권을 위조 또는 변조한 자는 1년 이상의 유기징역에 처한다. ③ 행사할 목적으로 외국에서 통용하는 외국의 화폐, 지폐 또는 은행권을 위조 또는 변조한 자는 10년 이하의 징역에 처한다.

행사할 목적으로 "통용하는 대한민국의 화폐, 지폐 또는 은행권", "내국에서 유통하는 외국의 화폐, 지폐 또는 은행권", "외국에서 통용하는 외국의 화폐, 지폐 또는 은행권"을 위조 또는 변조하는 행위는 통화의 기본범죄이다. 미수(제212조), 예비·음모(제213조)[1]도 처벌하며, 자격정지, 벌금의 병과(제209조)도 가능하다. 예비·음모한 자가 실행에 이르기 전에 자수한 때는 그 형을 감경 또는 면제(제213조)함으로써 퇴로를 열어놓고 있다.

(1) **진정한 통화의 유형** 통화위조·변조죄의 객체는 세 가지이다. ① **통용하는 대한민국의 화폐, 지폐, 은행권**을 위·변조하면 무기 또는 2년 이상의 징역에 처한다. '통용'이란 국내에서 강제통용력이 있는 상태를 말한다. 가령 옛날 돈(예: 상평통보)은 통화가 아니라 재물이다. ② **내국에서 유통하는 외국의 화폐, 지폐 또는 은행권**을 위·변조하면 1년 이상의 유기징역에 처한다. '내국에서 유통하는'[2]이란 '통용하는'과 달리, 강제통용력이 없이 사실상 거래 대가의 지급수단이 되고 있는 상태를 가리킨다. ③ **외국에서 통용하는 외국의 화폐, 지폐 또는 은행권**을 위·변조하면 10년 이하의 징역에 처한다.[3] 예컨대 미국 100만 달러 지폐는 외국에서 통용하는 지폐가 아니다.

(2) **행 위** **위조**란 통화발행권이 없는 자가 "일반인이 진정한 통화로 오인할 정도의 외관"[4]을 갖춘 물건을 만드는 것이다. "그 위조의 정

---

1 [통화위조 실행의 착수] 甲은 사용할 의사를 갖고 옵셋트 인쇄기로 한국은행권 100원권을 위조하려고 100원권을 사진 찍고 이를 확대하여 현상한 인화지 7매를 만들었다. ① (대판 66도1317) 甲은 통화위조예비죄가 성립한다.

2 [내국유통외국화폐의 의미] 甲은 스위스 화폐를 위조하여 乙의 이태원상가에서 물건을 사고 그 화폐를 주었고, 乙은 진폐(眞幣)라고 믿고 20% 할인하여 수령하였다. 진폐는 스위스에서 1998년 이후 통용되지 않는 화폐인데, 스위스 은행에서 2020. 4. 30.까지 신권 교환이 가능하고, 국내은행에서도 환전이 가능했다. ① (대판 2002도3340) 스위스위조화폐의 "진폐가 **국내은행에서 환전할 수 있다 하더라도 이는 지급수단이 아니라** 은행이 매도가격과 매수가격의 차액 상당의 이득을 얻기 위하여 하는 **외국환매매거래의 대상으로서 상품과 유사한 것**에 불과"하여 내국에서 '유통하는' 화폐가 아니다. 甲은 내국유통 외국통화위조죄 및 동행사죄가 성립하지 않는다. ② (評釋) 甲은 乙에 대한 사기죄도 성립한다.

3 [외국에서 통용하는 외국의 화폐 등] "외국에서 통용한다고 함은 그 외국에서 강제통용력을 가지는 것을 의미하는 것이므로 외국에서 강제통용력을 가지지 아니하는 지폐는 그것이 비록 일반인의 관점에서 통용할 것이라고 오인할 가능성이 있다고 하더라도 외국에서 통용하는 외국의 지폐에 해당한다고 할 수 없"다(대판 2003도3487).

4 [위조통화의 성립] 甲은 만 원권 앞뒷면을 흑백복사기로 복사하고 비슷한 크기로 잘랐으나, 정밀하지 못했다. 甲은 밤에 乙의 택시를 타고 이를 요금으로 제시하였지만, 乙은 가짜임을 금새 알아채고 수령을 거부하였다. ① (대판 86도255) 甲이 복사한 지폐는 "**객관적으로 진정한 통화로 오인할 정도에 이르지 못하여** 통화위조죄 및 동행사죄의 객체가 될 수 없다." ② 복사지폐는 통화유사물이지만, 甲에게 "판매할 목적"이 없었으므로 통화유사물제조죄(제211조 제1항)도 성립하지 않는다.

도가 반드시 진물에 흡사하여야 한다거나 누구든지 쉽게 그 진부를 식별하기가 불가능한 정도의 것일 필요는 없"다(대판 85도570). 일반인이 진정한 통화로 오인할 정도의 외관을 갖추지 못한 위조통화는 판매할 목적이 있는 경우에 통화유사물제조죄(제211조)가 성립할 수 있다. **변조**는 "진정한 통화에 대한 가공행위로 인하여 기존 통화의 명목가치나 실질가치가 변경되었다거나 객관적으로 보아 일반인으로 하여금 기존 통화와 다른 진정한 화폐로 오신하게 할 정도의 새로운 물건"[5]을 만드는 것이다.

(3) **주관적 요건** 통화위·변조죄의 객체와 위·변조행위에 대한 고의와 "행사할 목적"이 있어야 한다. 행사할 목적은 "유가증권위조의 경우와 달리, **위·변조한 통화를 진정한 통화로서 유통에 놓겠다는 목적**[6]을 말하므로 자신의 신용력을 증명하기 위하여 타인에게 보일 목적으로 통화를 위조한 경우에는 행사할 목적이 있다고 할 수 없다"(대판 2011도7704).

(4) **통화위·변조와 그 행사의 관계** 판례에 의하면 통화를 위·변조하고, 그 위·변조된 통화를 행사하는 경우에는 통화위·변조죄와 위·변조통화행사죄의 **경합범**이 성립한다. 그러나 私見으로 위·변조통화행사행위는 통화위·변조죄의 불가벌적 사후행위가 되고, 위·변조통화행사죄는 그 통화를 위·변조하지 않은 사람이 사용할 때 적용된다.

甲은 사기미수죄가 성립한다.

5 [통화변조죄] 甲은 500원 주화의 표면을 깎아내어 500￥ 주화의 무게와 같도록 하면 일본국의 자동판매기 등에 500￥ 주화처럼 사용할 수 있음을 알고, 500원 주화를 매집한 다음, 일부는 앞면의 학 문양을 선반으로 일부 깎아내어 일본에 밀반출하였다. 다만 甲이 가공한 주화에는 500원이라는 액면이 표시된 뒷쪽 문양은 그대로 남아있었다. ① (대판 2000도3950) 甲의 가공행위로 "그 명목가치가 500￥으로 변경되었다거나 일반인으로 하여금 500￥짜리 주화로 오신케 할 정도에 이르렀다고 볼 수 없다." 甲은 통화변조죄가 성립하지 않는다. ② (評釋) 동전밀반출은 편의시설부정이용죄의 예비행위이나 처벌되지 않는다.

6 [통화위조 행사목적] 미군 甲은 스캐너로 한화 만원권 지폐 양면의 형상을 펜티엄급 컴퓨터에 입력·작동시키고 컬러프린터기로 복사하는 방법으로 48장을 만들었지만 인쇄가 조잡하자 그 인쇄물을 군 기지 쓰레기처리장에 자신의 이름이 적힌 안전교육필 증명서 등과 함께 버렸다. ① 甲의 행위는 통화위조죄(제207조 제1항)의 객관적 요건은 물론 "행사할 목적"도 갖고 있지 않았다. 甲은 "컴퓨터와 스캐너 및 프린터기의 세팅을 최적의 상태로 하기 위하여 지폐를 인쇄하였다"(광주고등법원 98노791 판결)고 볼 수 여지도 있기 때문이다.

Ⅲ. 위조·변조통화 행사·수입·수출죄

제207조(위조·변조통화 행사·수입·수출죄) ④ 위조 또는 변조한 전3항 기재의 통화를 행사하거나 행사할 목적으로 수입 또는 수출한 자는 그 위조 또는 변조의 각 죄에 정한 형에 처한다.

위·변조통화행사·수출입죄는 위·변조통화를 행사하거나 행사할 목적으로 수입 또는 수출하는 행위는 위·변조통화를 유통시키는 행위로서 통화에 대한 **공공의 신용과 법적 교류의 안전을 구체적으로 위태화**시키는 행위이다. 통화위·변조의 (행사)목적을 실현한다는 점에서 통화위·변조죄와 동등한 불법을 가지며 미수도 처벌되지만(제212조) 예비·음모는 통화위·변조죄와 달리 처벌되지 않는다(제213조).

(1) **위·변조통화** 통용되는 대한민국 통화, 내국에서 유통되는 외국 통화, 외국에서 통용하는 외국통화를 위조 또는 변조한 부진정 통화가 행위의 객체이다.

(2) **행 위** **행사**란 위·변조통화를 진정한 통화인 것처럼 유통시키는 것[7]을 말한다. 위조통화를 보여주는 것만으로는 행사가 될 수 없고, **제시를 넘는 사용**(예: 대금지급수단, 도박자금 등으로 사용)을 하여야 한다.

판례는 위·변조된 통화를 행사하여 타인으로부터 재물을 취득[8]하면 **사기죄와 위·변조통화행사죄의 실체적 경합**을 인정하지만 상상적 경합범으로 봄이 타당하다.

위·변조통화의 **수입**은 외국에서 국내로 반입하는 것을 말하고, **수출**

7 [위조화폐수입죄와 행사죄] 甲은 이라크의 위조화폐를 3억 원 가량을 수입하여 위조화폐임을 알고 있는 乙에게 넘겨주었다. ① (대판 2002도3340) 甲이 위조통화임을 알고 있는 乙이 "이를 유통시키리라는 것을 예상 내지 인식하면서 교부하였다면 **그 교부행위 자체가** 통화에 대한 공공의 신용 또는 거래의 안전을 해할 위험이 있으므로 **위조통화행사죄**가 성립한다." ② (評釋) 甲은 관세법상 밀수입죄(특정범죄가중법 제6조 제1항 1호)와 **위조통화수입죄**의 상상적 경합범이 되고, 甲이 乙에게 위조통화를 교부하는 행위는 "행사할 목적"의 위조통화수입죄의 **불가벌적 사후행위**가 된다. 乙은 위조통화취득죄(제209조)가 성립한다.

8 [위조통화행사죄와 사기죄] 甲은 乙에게 카메라 한 대를 구입하면서 위조지폐를 대금으로 지불하고 카메라를 인도받았다. ① (대판 79도840) 위조통화의 행사는 "유상인가 무상인가는 묻지 않는 것이므로 진정한 통화라고 하여 위조통화를 다른 사람에게 증여하는 경우에도 위조통화행사죄가 성립되고 양 죄는 그 보호법익을 달리하고 있으므로 **위조통화를 행사하여 재물을 불법영득한 때에는 위조통화행사죄와 사기죄의 양 죄가 성립**"한다. ② (評釋) 甲의 행위는 단일하므로 위조통화행사죄와 사기죄는 상상적 경합범이 된다.

은 국내에서 국외로 반출하는 것을 말한다. 위·변조통화의 수입행위나 수출행위도 행사의 한 유형이다. 수출입 자체가 유통의 과정에 속하기 때문이다.

(4) **고 의** 위·변조된 통화임과 행사, 수입, 수출에 대한 고의가 있어야 한다. 위·변조통화의 수입·수출죄에서는 고의 외에 "**행사할 목적**"이 필요하다. 행사할 목적이란 수입 또는 수출이라는 행위 외의 다른 행사를 국내 또는 국외에서 하려는 목적을 가리킨다.

Ⅳ. 위조·변조 통화 취득죄

제208조(위조통화의 취득) 행사할 목적으로 위조 또는 변조한 제207조 기재의 통화를 취득한 자는 5년 이하의 징역 또는 1천500만 원 이하의 벌금에 처한다.

위·변조통화취득죄는 행사할 목적으로 위·변조한 내국통화, 내국유통 및 외국통용의 외국통화[9]를 취득하는 범죄이다. 유·무상을 불문하며, 취득 원인과 방법도 불문한다. 미수범(제212조)은 처벌하며, 자격정지나 벌금을 병과할 수 있다(제209조).

私見으로 위조통화는 절대적 금제품이므로 영득죄(예: 절·강도)의 객체가 될 수 없다. 다만 기망의 수단으로 위조통화를 사용하면 이득죄인 사기죄가 성립할 수 있다.

Ⅴ. 위조통화취득후지정행사죄

제210조(위조통화취득후의 지정행사) 제207조에 기재한 통화를 취득한 후 그 사정을 알고 행사한 자는 2년 이하의 징역 또는 500만원 이하의 벌금에 처한다.

위조통화취득후지정행사죄는 위·변조된 내국통화, 내국유통 및 외국통용의 외국통화임을 모르고 취득한 후 그 사정을 알고 행사함으로써 성

---

9 [위조통화취득죄] 甲은 사용할 의사를 갖고 커피숍에서 미국 100만 달러 지폐 6장이 위조지폐라는 점을 알면서도 乙로부터 교부받았다. 미국에서는 100만 달러 지폐가 발행된 적이 없고, 관광용 기념상품으로만 제조·판매되고 있었다. ① (대판 2003도3487) 甲이 취득한 미국 위조지폐는 **외국에서 통용하는 외국의 화폐가 아니므로,** 위조외국통화취득죄(제208조, 제207조 제3항)는 성립하지 않는다.

립하는 범죄이다. 위조통화임을 취득후 알고도 행사하지 않으면 취득자는 손해를 감수해야만 하므로, 불행사에 대한 기대가능성이 매우 낮으므로 법정형이 가볍고, 미수범도 처벌하지 않는다.

Ⅵ. 통화유사물의 제조 · 수입 · 수출 · 판매죄

제211조(통화유사물의 제조등) ① 판매할 목적으로 내국 또는 외국에서 통용하거나 유통하는 화폐, 지폐 또는 은행권에 유사한 물건을 제조, 수입 또는 수출한 자는 3년 이하의 징역 또는 700만 원 이하의 벌금에 처한다. ② 전항의 물건을 판매한 자도 전항의 형과 같다.

판매할 목적으로 내국 또는 외국에서 통용하거나 유통하는 화폐, 지폐, 은행권에 유사한 물건을 제조, 수입, 수출 또는 판매함으로써 성립한다. 통화와 "유사한 물건"은 일반인이 진정 통화로 오인할 정도에는 이르지 못한 통화의 모조품을 말한다. 통화유사물 제조 등의 행위는 통화의 신용을 해칠 위험도 거의 없으므로 처벌가치가 거의 없다.

§68. 유가증권, 인지와 우표에 관한 죄

Ⅰ. 서　론

유가증권(우표·인지)[1]에 관한 죄의 보호법익은 유가증권(우표·인지)에 관한 **공공의 신용과 법적 교류의 안전**이다. 유가증권(우표·인지)의 유통성은 통화보다는 상대적으로 낮다는 점에서 통화죄보다 법정형이 낮다. 유가증권(우표·인지)의 위조·변조죄가 추상적 위험범이라면, 위조·변조유가증권(우표·인지) 행사죄는 구체적 위험범이다. 구성요건체계는 도표와 같다.

<table>
<tr><th></th><th>유가증권에 관한 죄</th><th>우표와 인지에 관한 죄</th><th></th><th></th></tr>
<tr><td rowspan="2">기본</td><td>● 유가증권위조·변조죄
(제214조 제1항)</td><td>● 인지·우표위조·변조죄
(제218조 제1항)</td><td rowspan="3">● 예비
음모
(제224조)</td><td rowspan="6">● 자격정지
벌금병과
(제220조)

● 미수범
(제223조)</td></tr>
<tr><td>● 유가증권기재위조·변조죄
(제214조 제2항)</td><td></td></tr>
<tr><td rowspan="6">독자
변형</td><td>● 자격모용유가증권작성죄(제215조)</td><td></td></tr>
<tr><td>● 허위유가증권작성죄(제216조)</td><td></td><td rowspan="3"></td></tr>
<tr><td>● 위조·변조, 작성, 허위기재
유가증권행사죄(제217조)</td><td>● 위·변조인지우표행사죄
(제218조 제2항)</td></tr>
<tr><td rowspan="3"></td><td>● 위·변조인지우표취득죄
(제219조)</td></tr>
<tr><td>● 소인말소죄(제221조)</td><td></td><td></td></tr>
<tr><td>● 인지·우표유사물제조·
수출입·판매죄(제222조)</td><td></td><td></td></tr>
</table>

Ⅱ. 유가증권 위조·변조죄

1. 유가증권위조·변조죄

제214조(유가증권의 위조 등) ① 행사할 목적으로 대한민국 또는 외국의 공채증서 기타 유가증권을 위조 또는 변조한 자는 10년 이하의 징역에 처한다.

---

1 [부정수표단속법의 수표위조·변조죄] 유가증권 가운데 수표의 위·변조는 「부정수표 단속법」 제5조로 처벌된다. 수표위조·변조죄는 "행사할 목적으로"라는 문언이 없으므로 수표를 발행하여 행사까지 한 경우에만 적용되어야 한다. 수표를 발행만 하고 행사하지 않은 경우에는 "행사할 목적"이 있었던 경우에 한하여 유가증권위조죄(제214조 제1항)가 성립한다.

(1) **유가증권** 유가증권 위·변조죄의 객체는 "대한민국 또는 외국의 공채증서 기타 유가증권"이다. **공채증서**는 국가·지방자치단체가 발행하는 국공채·지방채의 증권을 말한다. **유가증권**은 (어음, 수표, 주권, 회사채, 상품권, 승차권, 복권 등과 같이) "증권상에 표시된 재산상의 권리의 행사와 처분에 그 증권의 점유를 필요로 하는 것을 총칭하는 것으로서, **재산권이 증권에 화체**된다는 것과 그 **권리의 행사와 처분에 증권의 점유**를 필요로 한다는 두 가지 요소를 갖추면 족하지 반드시 유통성[2]을 가질 필요는 없고(예: 극장입장권), 또한 위 유가증권은 일반인이 진정한 것으로 오신할 정도의 형식과 외관을 갖추고 있으면"(대판 95도20; 2001도2832) 된다. 이에 반해 권리의 행사와 처분에 증권의 점유가 필요하지 않는 **증거증권**(예: 계약서, 차용증서, 영수증, 정기예탁금증서[대판 84도2147]), 증권의 소지자에게 채무를 이행하면 그 소지인이 진정한 권리자가 아니라도 채무자가 책임을 면하게 되는 **면책증권**(예: 목욕탕의 보관표, 수화물 보관증)은 유가증권이 아니다.

유가증권성 인정 판례	유가증권성 불인정 판례
● 공중전화카드[3] ● 할부구매전표(예: 구두상품권)(대판 95도20) ● 대표이사의 날인 없어 무효인 주권(대판 74도294) ● 사자 명의로 된 약속어음[4]	● 신용카드(대판 99도857) ● 복사기 등을 사용한 사본(대판 2006도8480) ● 유가증권의 사본(예: 선하증권의 사본[5])

2 [유통성 없는 유가증권] 乙은 채무자 甲에게 담보로 남편 丙 명의의 약속어음을 발행해 달라고 하였다. 甲은 丙의 목도장을 새기고 문방구에서 약속어음용지를 사서 필요적 기재사항(발행인, 수취인, 액면 금액, 발행지, 지급지, 지급장소, 발행일, 지급기일)을 기재하고, 발행인 기명 앞에 丙의 인장을 날인하여 乙에게 교부하였다. ① (대판 2001도2832) 유가증권은 "**유통성을 가질 필요는 없고** 문방구 약속어음 용지를 이용하여 작성되었다고 하더라도 그 전체적인 형식·내용에 비추어 **일반인이 진정한 것으로 오신할 정도의 약속어음 요건을 갖추고 있으면 당연히 형법상 유가증권**에 해당한다." 甲은 유가증권위조죄 및 위조유가증권행사죄가 성립한다.

3 [공중전화카드 위조] 甲은 乙이 버린 공중전화카드의 자기기록 부분에 전자정보를 기록하여 사용가능한 공중전화카드를 만든 다음 공중전화기에 삽입하여 사용하였다. ① (대판 97도2483) 甲은 유가증권위조 및 위조유가증권행사죄가 성립한다.

4 [망인 명의 유가증권위조] 甲은 죽은 남편 乙의 명의로 약속어음을 작성하면서 발행일자를 乙이 사망하기 이전의 일자로 하였다. ① (대판 2010도1025) "약속어음의 작성명의인이 乙이고 그 작성일자가 乙의 사망일자 이전인 이상 乙의 상속인에 불과한 甲이 승낙 내지 동의하였다고 하여 乙의 승낙 내지 동의가 있었던 것으로 볼 수는 없다."

5 [선하증권사본위조] 甲은 "COPY NON NEGOTIABLE"이라는 문구가 찍힌 D명의의 선하증권을 복사하여 원본과 식별이 쉽지 않은 외관을 갖춘 가짜 선하증권을 만들었다. 다만 선하증권 작성명의자의 서명·날인이 되어 있지 않았다. 甲은 이를 은행에 증빙자료로 제출하여 수입대금이 지급되도록 하였다. ① 선하증권은 유가증권이지만, 사본은 유가증권이 될 수 없다. 甲은 유가증권위조죄나 동

(2) **위 조** 위조란 작성할 권한이 없는 자가 **타인의 명의**로 유가증권을 작성하는 것이다. 거래상 본인을 가리키는 것으로 인식되는 **가명**[6]으로 유가증권을 발행하는 행위는 타인 명의의 유가증권을 발행하는 것이 아니다. **권한 없는 자**의 유가증권 발행만 위조가 되므로 권한 있는 자의 발행은 그 내용이 진실이 아니더라도 유가증권위조죄가 되지 않는다. 가령 회사의 대표이사는 회사를 발행자로 수표를 발행할 권한이 있으므로 대표이사의 이름을 전임대표이사로 기재[7]하여도 유가증권위조나 수표위조에 해당하지 않는다. 이에 반해 어음이나 수표를 보충할 권한이 있어도 그 권한을 심하게 남용하여 보충[8]한 경우에는 허위유가증권작성죄(제216조)가 아니라 유가증권위조죄가 성립한다. 위조가 되려면 일반인이 그 유가증권을 **진정한 것으로 오신할 정도의 형식과 외관**[9]을 갖추고 있어야 한다. 방법에는 제한이 없다.

(3) **변 조** 유가증권의 변조는 "**진정하게 성립된 유가증권**의 내용에 **권한 없는 자**가 그 유가증권의 **동일성을 해하지 않는** 한도에서 변경을

행사죄가 성립하지 않는다. ② (대판 2008도10678) 甲의 선하증권은 "진정한 사문서로 보기에 충분한 형식과 외관을 갖추고 있고, 甲이 이를 은행에 증빙자료로 제출하여 수입대금이 지급되도록 한 사실도 인정되므로, 비록 위 선하증권에 작성명의자의 서명·날인이 되어 있지 않다고 하더라도" **사문서위조죄와 위조사문서행사죄**가 성립한다.

6 [가명 수표] 甲은 농수산물판매업을 하면서 2년간 계약서, 영수증에 乙이라는 가명을 사용하여 거래상대방에게 가계수표를 발행해 주었다. ① (대판 96도527) 수표행위자의 명칭은 반드시 "본명에 한하는 것은 아니고 **상호, 별명 그 밖의 거래상 본인을 가리키는 것으로 인식되는 칭호**라면 어느 것이나 다 가능하다." 甲은 유가증권위조죄 및 동행사죄와 수표위조죄가 성립하지 않는다.

7 [대표의 회사수표발행] 甲은 D㈜의 대표이사로서 은행과의 당좌거래약정이 전임대표이사 乙 명의로 되어 있음에도 乙의 명의로 수표를 발행하였다. ① (대판 74도1684) "수표의 발행인은 D㈜이고 乙이 아님이 명백하여 위 회사의 대표이사로서 그 회사 명의의 수표를 발행할 권한이 있는 甲"은 회사의 수표를 위조한 것이 아니다.

8 [어음액면금 보충권남용] 甲은 회사사무실에서 자신에 대한 乙의 채무(15만 원)를 연대보증 하였던 丙에 대하여 보증채무이행을 독촉하던 끝에 담보조로 그 원리금에 대한 약속어음을 발행받았다. 원리금액은 후일 합의하여 확정하면 甲이 기입하기로 하고 기재하지 않았다. 甲은 임의로 어음의 공백란에 150만 원을 기입하였다. ① (대판 72도897) "약속어음의 액면금액란에 자의로 합의된 금액의 한도를 **엄청나게 넘는 금액을 기입하는 것은 백지 보충권의 범위를 초월**하여 서명날인 있는 약속어음용지를 이용한 새로운 약속어음의 발행에 해당되는 것으로서 유가증권 위조죄를 구성한다."

9 [수표의 미완성] 甲은 乙 명의로 가계수표를 발행하면서 발행인의 날인을 하지 않았다. ① (대판 85도1501) 발행인의 날인이 없는 수표는 "일반인이 진정한 것으로 오신할 정도의 형식과 외관을 갖춘 수표라 할 수 없"으므로 甲은 수표위조죄의 기수가 될 수 없고, 미수는 처벌되지 않는다. ② (評釋) 甲은 유가증권위조죄의 불능미수범(제223조)이 된다.

가하는 것을 의미"한다(대판 2005도4764). 발행일자, 액면, 지급인 주소의 변경은 변조의 대표적인 예이다. 유가증권의 변조는 진정하게 성립된 유가증권을 전제로 한다. 따라서 위조되거나 변조된[10] 약속어음의 변조는 유가증권위조죄나 변조죄 모두 성립하지 않는다. 변조된 내용이 **진실에 부합하더라도**[11] 유가증권변조죄가 성립한다.

(4) 고 의 유가증권을 위조·변조한다는 고의와 "행사할 목적"이 필요하다. 행사는 유가증권을 법적 거래에 유통시키는 것을 말한다.

(5) 죄 수 "유가증권위조죄의 죄수는 원칙적으로 위조된 **유가증권의 매수**를 기준으로 정"한다(대판 82도2938).[12] 예컨대 약속어음 2매를 위조하면 유가증권위조죄의 포괄일죄가 아니라 경합범이 성립한다. 그러나 私見으로 경합범의 범위를 과도하게 넓히므로 유가증권 위조·행사 행위들은 **사회적 의미의** (소송법상) **사건의 수**를 기준으로 경합범과 포괄일죄 여부를 판단하여야 한다.

(6) 타죄와의 관계 타인의 인장·기명·서명 등을 사용하여 유가증권을 위·변조하면 **인장위조죄는 유가증권위조죄에 흡수**된다. 절취한 유가증권을 변조한 경우에는 절도죄와 유가증권위조죄의 경합범이 성립한다.

10 [유가증권 재변조] 甲은 권한 없이 약속어음의 지급기일을 변조한 다음, 그 후 위와 같이 변조된 부분을 다시 변경하였다. ① (대판 2010도15206) 유가증권의 변조된 부분은 진정하게 성립된 부분이 아니므로 "이미 변조된 부분을 다시 권한 없이 변경하였다고 하더라도 유가증권변조죄는 성립하지 않는다." 甲은 1개의 유가증권변조죄만 성립한다.

11 [진실부합 유가증권변조] 乙이 속한 은행소비조합은 L양화점과 계약하여 발행한 신용카드를 발급하였다. 이 신용카드를 발급받은 자 또는 양도받은 소지인은 L에 이 카드를 제출하여 물품을 신용 구입할 수 있고 소비조합을 통하여 대금을 정산하게 되어 있었다. 甲은 그 조합에 속한 乙로부터 3만 원이 기재된 신용카드를 빌려서 L에 가서 구두를 구입하면서 금액이 부족하자 본인의 동의가 있으면 액면란을 고칠 수 있다는 점원 丙의 말에 乙이 동의한 것처럼 가장하여 丙에게 액면란의 3만 원을 6만 원으로 고치게 하였다. 乙은 甲에게 그 정도의 소비는 허용할 생각이었다. ① (대판 84도1862) 위 신용카드는 유가증권이며 "유가증권변조죄에 있어서 **진실에 합치하도록 변경한 것이라 하더라도 권한없이 변경한 경우에는 변조**로 되는 것이고", 甲이 丙에게 "자신이 위 금액을 정정기재 할 수 있는 권리가 있는 양 기망하여 이루어졌다면 **간접정범에 의한 유가증권변조죄**"가 성립한다. ② 甲은 사기죄도 성립한다.

12 [유가증권위조의 죄수] 甲은 乙 명의로 약속어음을 2매 발행하여 丙에게 그 어음들을 할인하여 현금 200만 원을 취득하였다. ① (대판 82도2938) 2개의 유가증권위조 및 행사죄가 성립한다. ② (評釋) 甲은 1개의 유가증권위조죄 및 불가벌적 사후행위인 행사죄와 (丙에 대한) 사기죄의 상상적 경합범이 된다.

2. 유가증권 기재의 위조·변조죄

제214조(유가증권의 위조 등) ② 행사할 목적으로 유가증권의 권리의무에 관한 기재를 위조 또는 변조한 자도 전항의 형과 같다.

유가증권위조·변조죄 가운데 **유가증권의 권리의무에 관한 기재**를 위조 또는 변조하면 제214조 제2항이 적용된다. 유가증권의 권리·의무에 관한 기재는 배서, 인수, 보증과 같은 **부수적 증권행위**의 기재사항을 가리킨다. **위조**는 기본적 증권행위가 진정하게 성립된 후에 그 부수적 증권행위에 대하여 작성명의를 모용[13]하는 것이다. **변조**는 "진정하게 성립된 타인 명의의 부수적 증권행위에 관한 유가증권의 기재내용에 작성권한이 없는 자가 변경[14]을 가하는 것"을 말한다(대판 88도753).

Ⅲ. 자격모용에 의한 유가증권작성죄

제215조(자격모용에 의한 유가증권의 작성) 행사할 목적으로 타인의 자격을 모용하여 유가증권을 작성하거나 유가증권의 권리 또는 의무에 관한 사항을 기재한 자는 10년 이하의 징역에 처한다.

자신의 명의로 유가증권을 작성하되, **타인의 자격**(예: 대리인, 대표자[15]의 자격)**을 모용**하여 유가증권을 작성하거나, 유가증권의 권리·의무에 관한

13 [유가증권기재위조] 사업자 甲은 H㈜의 전 지점장 丙의 처로부터 이 지점의 영업권을 매수한 후 H로부터 지점장 임명을 받음이 없이 임의로 지점장 행세를 하면서 지점과 본사의 계약상 허용된 어음 배서행위를 H㈜ 대표자 乙의 명의로 하였다. ① (대판 83도3284) 명의임대차계약이 체결된 경우에 있어서 "제1의 명의임차인으로부터 지점의 영업권을 사실상 매수한 제2의 명의임차인(甲)이 명의대여자(乙)의 승낙(지점장으로 임명받음)없이 본래의 명의대여자(乙)의 명의로 어음을 배서하고 이를 행사하였다면 甲은 유가증권위조의 책임을 면할 수 없고" 乙이 명의대여자로서 책임을 지는 여부는 이 죄의 성립에 영향이 없다.

14 [유가증권기재변조] 甲은 M상사에게 물품대금과 담보조로 약속어음 8매를 발행해 주고, 그 대금을 지급하거나 새로운 어음으로 교체하는 방법으로 위 어음들을 회수한 후 어음에 남아있는 M상사 명의 배서의 담보적 효력을 이용하려고 이미 경과된 지급기일을 임의로 그 후의 날짜로 변경하여 乙에게 이를 교부하였다. ① (대판 2001도6553) "어음발행인이라 하더라도 어음상에 권리의무를 가진 자의 동의를 받지 아니하고 어음의 기재 내용에 변경을 가하"면 제214조 제2항의 유가증권변조죄가 성립하고, 乙에게 교부한 것은 변조유가증권행사죄(제217조)가 성립한다. ② (評釋) 교부는 변조죄의 불가벌적 사후행위가 된다.

15 [자격모용유가증권작성죄] 甲은 H㈜의 대표이사로 재직하다가 乙이 새로운 대표이사가 되자 甲은 乙의 승낙을 얻어 이전부터 사용하여 오던 자기 명의로 된 이 회사 대표이사의 명판을 이용하여 자신을 H㈜ 대표로 표시하여 약속어음을 발행하여 사용하였다. ① (대판 90도577) 후임 대표이사의 승낙을 얻었다 하더라도 이는 합법적인 대표이사로서의 권한 행사라 할 수 없어 자격모용유가증권작성 및 동행사죄에 해당한다.

사항을 기재하는 것이다. 이 죄는 자격을 모용하는 그 타인이 실재하여야 한다. 가령 유령회사의 대표이사 자격모용은 허위유가증권작성죄(제216조)가 될 뿐이다.

Ⅳ. 허위유가증권작성죄

제216조(허위유가증권의 작성 등) 행사할 목적으로 허위의 유가증권을 작성하거나 유가증권에 허위사항을 기재한 자는 7년 이하의 징역 또는 3천만 원 이하의 벌금에 처한다.

허위유가증권작성죄는 작성 또는 기재할 권한이 있는 자가 행사할 목적으로 내용적으로 허위인 유가증권을 작성하거나 유가증권에 허위사항을 기재함으로써 성립한다.

허위유가증권작성죄가 성립하는 경우	허위유가증권작성죄가 성립하지 않는 경우
● 선하증권 기재의 화물을 인수하거나 확인하지도 아니하고 또한 선적할 선편조차 예약하거나 확보하지도 않은 상태에서 수출면장[16]만을 확인한 채 실제로 선적한 사실이 없는 화물을 선적하였다는 내용의 선하증권을 발행하였다면 허위유가증권작성죄가 성립한다(대판 95도803). ● 배서인의 주소기재는 배서의 요건이 아니므로 약속어음 배서인의 주소를 허위로 기재하였다고 하더라도 그것이 배서인의 인적 동일성을 해하여 배서인이 누구인지를 알 수 없는 경우가 아닌 한 약속어음상의 권리관계에 아무런 영향을 미치지 않는다 할 것이고, 따라서 약속어음상의 권리에 아무런 영향을 미치지 않는 사항은 그것을 허위로 기재하더라도 허위유가증권작성죄에 해당되지 않는다(대판 84도547).	● "형법 제216조 전단의 허위유가증권작성죄는 작성 권한 있는 자가 자기 명의로 기본적 증권행위를 함에 있어서 유가증권의 효력에 영향을 미칠 기재사항에 관하여 진실에 반하는 내용을 기재하는 경우에 성립하는바, 자기앞수표의 발행인이 수표의뢰인으로부터 수표자금을 입금 받지 아니한 채 자기앞수표를 발행하더라도 그 수표의 효력에는 아무런 영향이 없으므로 허위유가증권작성죄가 성립하지 아니한다"(대판 2005도4528). ● "은행을 통하여 지급이 이루어지는 약속어음의 발행인이 그 발행을 위하여 은행에 신고된 것이 아닌 발행인의 다른 인장을 날인하였다 하더라도 그것이 발행인의 인장인 이상 그 어음의 효력에는 아무런 영향이 없으므로 허위유가증권작성죄가 성립하지 아니한다"(대판 2000도883).

Ⅴ. 위조 등 유가증권 행사·수입·수출죄

제217조(위조유가증권등의 행사 등) 위조, 변조, 작성 또는 허위기재한 전3조 기재의 유가증권을 행사하거나 행사할 목적으로 수입 또는 수출한 자는 10년 이하의 징역에 처한다.

위·변조, 작성, 허위기재 유가증권을 유통시키는 위조유가증권행사죄의 처벌목적은 "**유가증권의 유통질서 보호**"에 있다(대판 2006도7120).

16 세관에서 발급하는 수출을 허가하는 문서.

(1) **객 체** "위조, 변조, 작성 또는 허위기재한 유가증권"이다. 위조된 유가증권의 원본만을 객체로 인정하고 **사본**은 객체로 인정하지 않는다(대판 97도2922).

(2) **행 사** 행사란, 위조·변조·작성 또는 허위기재한 유가증권을 진정하게 작성된 진실한 내용의 유가증권인 것처럼 사용하는 것을 말한다. 비치, 열람제공, 제시, 제출, 교부, 송부, 우송 등의 행위가 모두 행사에 해당한다.

● "위조유가증권임을 알고 있는 자에게 교부하였더라도 **피교부자가 이를 소통시킬 것임을 인식하고 교부**하였다면 그 교부행위 그 자체가 유가증권의 유통질서를 해할 우려가 있어 위조유가증권행사죄가 성립한다"(대판 81도2492).

● "위조유가증권의 교부자와 피교부자가 서로 유가증권위조를 공모하였거나 위조유가증권을 타에 행사하여 그 이익을 나누어 가질 것을 공모한 **공범의 관계**에 있다면, **그들 사이의 위조유가증권 교부행위**[17]는 그들 이외의 자에게 행사함으로써 범죄를 실현하기 위한 **전단계**의 행위에 불과한 것으로서 위조유가증권은 **아직 범인들의 수중**에 있다고 볼 것이지 행사되었다고 볼 수는 없다"(대판 2006도7120).

(3) **수입 또는 수출** 수입은 외국에서 국내로 반입[18]하는 것이고, 수출은 국내에서 국외로 반출하는 것이다. 관세법상 밀수출입죄도 성립할 수 있다.

Ⅵ. 인지·우표 위조·변조죄 및 행사·수입·수출죄

제218조(인지·우표의 위조등) ① 행사할 목적으로 대한민국 또는 외국의 인지, 우표 기타 우편요

17 [공범 간 위조유가증권행사] 甲과 乙은 乙이 甲에게 1억 원을 빌리는 척하고, 乙의 애인 丙에게 그에 대한 보증채무를 부담시키기로 하였다. 甲은 자기앞수표 10장을 위조하고 乙과 丙이 함께 있는 자리에서 乙에게 교부하였고, 乙은 丙에게 보증을 부탁하여 "甲에게 금년말까지 1억 원을 쓰고 갚겠다. 보증인 丙도 공동책임을 질 것을 약속한다"라는 차용증을 작성하고 丙의 서명날인을 받아 甲에게 교부하였다. ① (대판 2010도12553) **공범 간의 위조유가증권 교부**는 행사가 아니므로 甲은 위조유가증권행사죄가 성립하지 않는다. ② (評釋) 甲은 위조유가증권을 丙이 보증채무를 부담하게 하는 거래에 유통시킨 것이므로 위조유가증권을 행사한 것이 되지만, 위조죄의 불가벌적 사후행위로 볼 수 있다.

18 [위조유가증권수입죄] 甲은 일본국 대장대신 발행 잔고확인증이 정밀하게 위조된 것임을 알면서도 일본에서 교부받아 우리나라로 갖고 들어와 자신이 부회장으로 근무하는 'S 재단'에 기증하였다. ① (대판 2007도3394) 국채는 유가증권이고 甲은 위조유가증권행사죄(제217조)가 성립하며, 아울러 「관세법」상 밀수입죄(제269조 제1항)가 성립한다.

금을 표시하는 증표를 위조 또는 변조한 자는 10년 이하의 징역에 처한다. ② 위조 또는 변조된 대한민국 또는 외국의 인지, 우표 기타 우편요금을 표시하는 증표를 행사하거나 행사할 목적으로 수입 또는 수출한 자도 제1항의 형과 같다.

보호법익은 인지·우표에 대한 **공공의 신용과 거래의 안전**이다. 미수범은 처벌하고(제223조), 자격정지 또는 벌금을 병과할 수 있다(제220조). **인지**란 「수입인지(收入印紙)에 관한 법률」, 「인지세법」이 정한 바에 따라 일정한 수수료 또는 인지세 납부용으로 정부가 만든 일정금액을 표시한 증표, **우표**는 정부가 우편요금 납부용으로 만든 일정금액을 표시한 증표, **기타 우편요금을 표시하는 증표**는 「우편법」 제20조 3호에서 규정한 "우편요금을 표시하는 증표"를 각각 의미한다. 대한민국 우표·인지뿐만 아니라 외국의 우표·인지도 본죄의 대상이 된다. 위조 또는 변조(제218조 제1항), 위조 또는 변조된 인지·우표·기타 우편요금을 표시하는 증표를 행사하거나 행사할 목적으로 수입, 수출(제218조 제2항)하는 것이다. "우표수집의 대상으로서 매매"(대판 88도1105)도 행사에 해당한다.

Ⅶ. 위조·변조 인지·우표 취득죄

제219조(위조인지·우표등의 취득) 행사할 목적으로 위조 또는 변조한 대한민국 또는 외국의 인지, 우표 기타 우편요금을 표시하는 증표를 취득한 자는 3년 이하의 징역 또는 1천만 원 이하의 벌금에 처한다.

위조·변조 인지·우표등의 취득죄는 행사할 목적으로 위조 또는 변조한 대한민국 또는 외국의 인지, 우표 기타 우편요금을 표시하는 증표를 취득함으로써 성립하는 범죄이다. 미수범은 처벌하고(제223조), 자격정지 또는 벌금을 병과할 수 있다(제220조).

Ⅷ. 소인말소죄

제221조(소인말소) 행사할 목적으로 대한민국 또는 외국의 인지, 우표 기타 우편요금을 표시하는 증표의 소인 기타 사용의 표지를 말소한 자는 1년 이하의 징역 또는 300만 원 이하의 벌금에 처한다.

소인말소죄는 행사할 목적으로 대한민국 또는 외국의 인지, 우표 기타 우편요금을 표시하는 증표의 소인 기타 사용의 표지를 말소함으로써 성립하는 범죄이다. 말소란 우표 등에 찍혀 있는 소인 등을 소멸시켜 다시 인지나 우표를 진정한 것으로 사용할 수 있게 하는 행위이다.

Ⅸ. 인지 · 우표유사물 제조 · 수입 · 수출 · 판매죄

제222조(인지 · 우표유사물의 제조 등) ① 판매할 목적으로 대한민국 또는 외국의 공채증서, 인지, 우표 기타 우편요금을 표시하는 증표와 유사한 물건을 제조, 수입 또는 수출한 자는 2년 이하의 징역 또는 500만 원 이하의 벌금에 처한다. ② 전항의 물건을 판매한 자도 전항의 형과 같다.

인지 · 우표유사물의 제조 · 수입 · 수출 · 판매죄는 판매할 목적으로 대한민국 또는 외국의 공채증서 · 인지 · 우표 기타 우편요금을 표시하는 증표와 유사한 물건을 제조 · 수입 또는 수출하거나 동 유사물을 판매하는 범죄이다.

§69. 문서에 관한 죄

Ⅰ. 서 론

(1) **보호법익** 문서죄의 보호법익은 "구체적인 문서 그 자체가 아니라, 문서에 화체된 사람의 의사 표현에 관한 안전성과 신용이다"(대판 2010도2705). 즉 '**문서에 대한 공공의 신용과 법적 교류의 안전**'이 보호법익이다. 공문서로 수행되는 국가기능도 공문서죄의 부수적 보호법익이다. 문서죄는 **구체적 위험범**이다. 문서위조만으로는 보호법익을 침해하거나 구체적 위험을 발생시키기는 어렵고 단지 추상적 위험만을 발생시킬 수 있기 때문에 위조문서행사죄와 달리 문서위조등의 죄는 "행사할 목적으로"이라는 목적범의 형태를 취한다.[1] 개인적 법익(사문서의 사용권한)을 보호하는 사문서부정행사죄(제236조)를 제외한 문서죄의 미수범은 처벌된다(제235조). 문서죄의 구성요건은 도표와 같고, 보호하는 법익의 유형에 따라 크게 네 가지(①②③④)가 있다.

	공 문 서	사 문 서	③ 법적 교류의 안전
① 성립 진정성	● 공문서위·변조죄(제225조)	● 사문서위·변조죄(제231조)	● 위조등 공문서행사죄(제229조) ● 위조등 사문서행사죄(제234조)
	● 공전자기록위·변작죄(제227조의2)	● 사전자기록위·변작죄(제232조의2)	
	● 자격모용공문서작성죄(제226조)	● 자격모용사문서작성죄(제232조)	
② 내용 진실성	● 허위공문서작성죄(제227조)	● 허위진단서작성죄(제233조)	
	● 공정증서원본부실기재(제228조)		
④ 사용권한	● 공문서등부정행사죄(제230조)	● 사문서부정행사죄(제236조)	★ 미수범(제235조)

1 [문서죄의 보충성] 문서죄는 거래상 기망이나 위계 등의 수단인 경우가 대부분이다. 범죄계획에서 보면 이 수단으로 범하려는 **목적범죄의 불법은 문서죄의 불법을 포함**한다. 따라서 이론적으로는 사

(2) 공문서죄와 사문서죄 형법은 공문서죄와 사문서죄로 이원화하고, 공문서죄를 더 무겁게 처벌한다. **공문서**는 "공무원 또는 공무소의 문서 또는 도화"(제225조) 또는 "전자기록 등 특수매체기록(공전자기록)"(제227조의2), "공무원 또는 공무소의 자격을 모용하여 작성한 문서 또는 도화"(제226조), "공무원이 직무에 관하여 작성한 문서"(제227조)이다. **사문서**는 "타인의 문서 또는 도화"(제231조) 또는 "전자기록 등 특수매체기록(사전자기록)"(제232조의2), "타인의 자격을 모용하여 작성한 문서 또는 도화"(제232조), "의사 등이 진단서 등에 관한 증명으로 작성한 문서"(제233조)이다. 법문언상 사문서는 공문서의 여집합(餘集合)이 된다.

[공문서 개념의 순환구조와 관헌국가성] 공문서 개념의 핵심은 **공무**이다. 공무원이 작성한 문서가 공문서인데, 공무원은 공무를 행하는 자, 공무소는 공무를 행하는 장소이기 때문이다.[2] 공무는 대통령의 명령, 각 중앙부처의 행정명령이나 행정계획 등에서부터 서울시의 지방자치행정업무, 다양한 공기업(예: LH공사)들의 사업수행이나 국립대학교의 연구교육활동 그리고 공증사무취급 인가를 받은 법률사무소의 공증업무와 같은 공무수탁사인의 업무에 이르기까지 매우 넓은 개념의 외연을 갖고 있다. 또한 현대사회에서는 많은 민간부분의 업무(예: 소비자보호단체의 활동, 대학교수의 교육)도 고도로 공적 성격을 띠므로 공무와 사무의 경계가 명확하지 않다. 또한 공무, 공무원·공무소 개념은 순환관계에 있다. 게다가 공문서죄와 사문서죄의 구분은 관헌국가(Obrigkeit)의 잔재이다. 가령 독일 형법은 공·사문서를 구별하지 않는다.

공문서 개념의 불명확성을 고려하면 **국가나 지방자치단체의 공무원 '신분'이 있는 자**가 작성하거나 그의 명의로 작성된 문서로 국한하고, 그 적용을 가급적 제한하는 것이 필요하다. 따라서 **공무수탁사인**[3] 작성의

문서위조 및 동행사죄는 사기죄에 흡수된다(불가벌적 사전행위)고 해석할 여지가 있으나 법익의 차이를 고려하면 그렇게 보기 어렵다. 다만 검사는 목적범죄를 주위적 공소사실로, **문서죄를 예비적 공소사실로 삼아 기소**하는 방식으로 문서죄의 보충성을 실현할 수 있다.

2 (구)「간이절차에 의한 민사분쟁사건처리특례법」에 의하여 합동법률사무소 명의로 작성된 공증에 관한 문서는 형법상 공문서에 해당한다(대판 74도2715[전원합의체]).

3 [공정증서] 공증사무를 취급하는 H법무법인 직원 甲은 변호사 乙의 참여하에 丙의 유언을 공정증서로 작성하면서 그 초안에 허위의 유언을 기재하여 이를 모르는 변호사 乙에게 제출하고 乙은 이를 믿고 서명날인하였다. ① (대판 74도2715) 甲은 공무원신분은 아니므로 허위공문서작성죄(제227조)가 성립하지는 않으며, "공증사무 취급이 인가된 합동법률사무소 명의로 작성된 **공증에 관한 문서는 형법상 공정증서**"이므로 공정증서원본부실기재죄(제228조)가 성립한다. ② (評釋) 乙은 검찰청 소속 공증인법상의 공증인 같은 공무원이 아니므로 甲은 "**공무원에 대하여** 허위신고를"(제228조) 한 것이 아니므로 공정증서원본부실기재죄가 성립하지 않는다. 乙은 공무수탁사인이므로,

문서나 외국의 공문서[4]는 사문서가 된다. 공무원이 개인의 자격에서 작성한 문서[5]도 당연히 사문서이다. 판례도 "공문서는 **공무원 또는 공무소가 그 직무에 관하여 작성하는 문서**라고 할 것이고, 그 행위주체가 공무원과 공무소가 아닌 경우에는 형법 또는 기타 특별법에 의하여 공무원 등으로 의제되는 경우(예: 정부투자기관관리기본법 제18조, 지방공기업법 제83조, 한국은행법 제112조의2, 특정범죄가중처벌등에관한법률 제4조)를 제외하고는 계약 등에 의하여 **공무와 관련되는 업무를 일부 대행하는 경우가 있다 하더라도 공무원 또는 공무소가 될 수는 없다**[6]할 것이고, 특히 형벌법규의 구성요건을 법률의 규정도 없이 유추 확대해석하는 것은 죄형법정주의원칙에 반한다"(대판 95도3073).

[판례의 공문서와 사문서] ① 주민등록증(대판 2000도2855), 인감증명서(대판 2004도2767), 호적등본(대판 90도1790), 법원이 작성한 이혼의사확인서등본(대판 2006도7777), 시장명의의 종량제 쓰레기 봉투(대판 2005도7430), **국립경찰병원장의 진단서**[7](대판 87도1443), 금융감독원장 명의의 문서(대판 2020도14666) 등은 공문서에 속한다. ② 이에 반해 뇌물죄에서 공무원으로 보는 한국환경공단법 규정에도 불구하고 환경부장관의 위탁을 받아 건설폐기물의 인계·인수 내용을 처리하는 전자정보처리 프로그램을 구축·운영하는 업무를 하는 **한국환경공단**은 공무소가 아니고, 그 임직원은 공무원이 아니다(대판 2016도19170).

위 공정증서는 사문서이며, 甲은 사문서위조죄(제231조) 및 위조사문서행사죄(제234조)의 간접정범이 된다.

4 [외국의 공문서] 甲은 유효기간이 경과한 乙의 홍콩국제운전면허증에서 사진을 떼어내고 자신의 사진을 붙여 소지한 채 우리나라 도로에서 운전을 하였다. ① (대판 98도164) 유효기간이 만료한 국제운전면허증을 "행사하는 경우 그 상대방이 유효기간을 쉽게 알 수 없도록 되어 있거나 위 문서 자체가 진정하게 작성된 것으로서 甲이 **명의자로부터 국제운전면허를 받은 것으로 오신하기에 충분한 정도의 형식과 외관을 갖추고** 있다면" 甲은 사문서위조죄(제231조) 및 동행사죄(제234조)가 성립한다. ② (評釋) 甲의 무면허운전죄와 사문서행사죄는 상상적 경합관계에 놓인다.

5 예컨대 공립학교의 교원실태조사카드의 교장작성부분은 공문서이지만, 한 교사가 다른 교사를 전출시키기 위해 그의 도장을 이용하여 전출희망사항을 기재한 교사작성부분(대판 91도1733)은 사문서이다.

6 [세금수납영수증] 甲은 농협의 주민세수납 영수증 서식을 이용하여 S은행의 수납인을 찍어 납세자 보관용 영수증을 만들었다. ① (대판 95도3077) 은행의 세금수납업무는 "지방재정법에 의하여 지방자치단체와의 금고설치계약을 체결하고 금고업무를 취급하게 되거나 또는 위 시행령에 의해 **시금고업무의 일부를 또 다시 대행**해 주는데 불과하다. 계약에 기하여 지방세의 수납업무를 일부 관장한다고 해서 그 은행직원이나 은행이 공무원 또는 공무소가 되는 것은 아니"다. 甲은 사문서(S은행의 문서)위조죄가 성립한다.

7 국립경찰병원장은 국가 또는 지방자치단체의 공무원이 아닌데도 공문서로 보는 것은 판례의 취지와 부정합적이다.

(3) **문서의 개념** 문서는 "문자 또는 이에 대신할 수 있는 가독적 부호로 계속적으로 물체상에 기재된 의사 또는 관념의 표시인 원본 또는 이와 사회적 기능, 신용성 등을 동일시할 수 있는 기계적 방법에 의한 복사본으로서 그 내용이 법률상, 사회생활상 주요사항에 관한 증거로 될 수 있는 것을 말한다"(대판 2010도6068). 즉, 문서는 ⓐ 계속기능, ⓑ 증명기능, ⓒ 보증기능을 수행하는 문자 또는 가독적 부호이다.

문서의 개념적 구성요소						
ⓐ 계속기능			ⓑ 증명기능		ⓒ 보증기능	
의사표시	물체에 고정	시각적 이해	객관적 증명적합성	주관적 증명의사	명의인 인식가능성	법적 효과의 인수
지문	이미지 파일	음반	위조문서	초안	허무인, 사자 명의의 예외적 인정	복사문서(와 그 재사본)

문서의 개념을 충족하지 못하는 예

1) 계속기능 문서는 물체상에 기재함으로써 의사나 관념의 표시를 계속시킨다. ① **의사나 관념**을 담지 못하는 것(예: 지문)은 문서가 아니다. 의사표시는 글자에 의한 것이 통상적이지만, **가독적 부호**, 예컨대 속기용부호, 전신부호, 맹인점자, 예술작품 낙관, '신용장에 접수일날인'(대판 77도1879)[8]도 **간이문서**(ver kürzte Urkunde)의 개념에 의해 문서가 된다. '기호 자체에 구현된 의사표시'(die in dem Zeichen selbst vekörperte Gedankenerklärung)가 없는 경우에는 문서가 될 수 없다. 반면 글자로 표시되어도 일정한 법적 사항에 대한 증명기능을 갖지 않는 단순한 **표식**(Kennzeichen), 예컨대 출산지표시, 소유권표시 등도 문서가 되지 못한다. ② 의사나 관념의 표시는 **시각적으로 이해**할 수 있어야 한다. 음반, 녹음테이프는 청각적 이해만 가능하므로 문서가 아니다. ③ 문서는 의사나 관념의 표시를 **물체에 고정**시켜야 한다. 따라서 "**컴퓨터 모니터 화면에 나타나는 이미지**"[9]는

간이문서	표 식
• 자동차정기검사증 • 그림의 작가표시 • 상품의 가격표	• 책의 소유권자표시 • 동물의 이름표시 • 공장제품번호 • 자동차번호판 (대판 83도2078)

8 [판례: 간이문서로서 접수인날인] "신용장에 날인된 은행의 접수일부인이 사실증명에 관한 사문서에 해당되고, 피고인(이) … 권한을 넘어서 이건 신용장에 허위의 접수인을 날인한 것이 사문서 위조 행위에 해당한다"(대판 77도1879).

9 [이미지파일] 甲은 자신의 주민등록증에 컴퓨터로 '7ㅁ12ㅁ6'을 작성 출력하여 오려 붙인 후 그것

문서가 아니다(대판 2008도1013). 하지만 이미지형태로 문서위조를 한 다음 **종이로 출력**하거나(대판 2023도4804) 이를 모르는 제3자에게 출력하게 하면 문서위조 또는 그 간접정범이 성립한다(대판 2011도14441). 종이문서를 위조하고, 그것을 이미지화일로 만들어 사용하는 것[10]은 위조문서의 **행사**에 해당한다, 이는 일종의 확장해석이다.

2) 증명기능 문서는 "**법률상, 사회생활상 주요사항에 관한 증거**"로 기능한다. 이를 위해 (객관적인) 증명능력과 (주관적인) 증명의사가 있어야 한다. ① 문서는 그 내용이 "**법률상, 사회생활상 주요사항**에 관한" 것이어야 한다. 이는 공법상 또는 사법상의 **권리의무**(의 발생, 변경 또는 소멸)**에 관한 사항**을 말한다(예: 위임장, 매매계약서, 차용증서). 권리의무와 무관하지만 일정한 **사실증명에 관한 사항**도 문서(예: 추천서, 학위증, 이력서)의 내용이 될 수 있다. 특정 대통령후보에 대한 1만인 지지선언을 위해 허무인 명의로 작성된 서명부와 같이 "개인적·집단적 의견의 표현에 불과한 것"(대판 2023도1178)은 문서가 될 수 없다.

② 문서는 법적 의미를 갖는 사항에 관하여 '**증명능력**'을 갖고 있어야 한다. 어떤 문서도 증명능력이 전혀 없지 않으므로 증명능력은 정도의 문제이다.[11] 판례는 허위문서는 증명능력이 없다고 보고, 허위로 작성된 공문서를 변조하는 행위[12]는 문서변조죄가 되지 않는다고 본다. ③ 문서

을 스캔하여 이미지 파일을 생성시켰다. 甲은 그 파일을 친구 乙에게 메일로 전송하였고 乙은 이를 열람해 보았다. ① (대판 2007도7480) 주민등록증에 글자를 오려붙인 종이 형태의 문서는 그 자체로서 형식과 외관이 조악하여 문서위조죄는 성립하지 않으며, "컴퓨터 모니터 화면에 나타나는 이미지는 이미지 파일을 보기 위한 프로그램을 실행할 경우에 그때마다 전자적 반응을 일으켜 화면에 나타나는 것에 지나지 않아서 **계속적으로 화면에 고정된 것으로는 볼 수 없어** '문서'에 해당되지 않"으므로 甲은 공문서위조 및 행사죄가 성립하지 않는다. ② (評釋) 이미지 파일은 공무원이 관리하는 전자기록도 아니므로 공전자기록위작죄도 성립하지 않는다.

10 [위조문서의 이미지사용] 甲은 인터넷에서 휴대폰구입을 위한 신규가입신청서 양식에 乙의 인적사항 등을 입력하고 출력한 다음 고객명란과 서명란에 乙이라고 기재하고, 이를 다시 스캔한 이미지파일을 丙에게 이메일로 전송하였다. ① (대판 2008도5200) "위조된 문서를 진정한 문서인 것처럼 사용하는 한 그 행사의 방법에 제한이 없다." 종이의 乙 명의 신규가입신청서를 위조하고, 그 문서를 스캔하여 이미지화 파일을 사용한 것은 각각 사문서위조죄와 위조사문서행사죄에 해당한다.

11 독일제국법원의 "지구상에 생명 없는 대상들 가운데서 어떤 상황 속에서도 결코 아무런 사실도 증명할 수 없는 것 그런 것은 존재하지 않는다"(RGSt 17, 105)는 판례는 이를 말해준다.

12 [허위공문서변조] 군대 내의 물품구입·반품 업무를 하는 乙은 허위의 폐품반납증을 발급하였다. 甲은 이를 알고도 그 폐품목록내용을 변경하고 사용하였다. ① (대판 86도1984) "폐품반납증은 **허위로 작성된 공문서이므로 공문서변조죄의 객체가 되지 아니한다.**" ② (評釋) 甲은 공문서변조죄

는 의사표시자에게 **증명의사**가 있어야만 인정된다. 예컨대 개인적 메모, 차용증서의 **초안**에는 증명의사가 없다.[13]

3) 보증기능 문서가 되려면 그 문서의 의사를 표현한 사람, 즉 문서명의인이 인식 가능함으로써 그 의사의 내용에 따른 책임을 떠맡는 자가 있어야 한다. ① 문서에는 의사를 표시한 주체로서 그 표시된 의사에 따른 법적 효과가 귀속되는 자(자연인, 법인 등)가 표시되어야 한다. 이 주체는 **문서의 명의인**으로서 문서의 실제 작성자와 구분된다.[14] 문서에 "작성명의인의 날인 등이 없다고 하여도 그 명의자의 문서 등이라고 믿을 만한 형식과 외관을 갖춘 경우에는"(대판 99도4819) 문서가 될 수 있다.[15] 따라서 문서의 "명의인이 실재하지 않는 **허무인**[16]이거나 또는 문서의 작성일자 전에 이미 사망[17]한 경우에도 문서의 형식과 외관을 갖추고 있고 공공의 신용을 해할 위험성이 있으면 문서위조죄가 성립한다"(대판 2002도18).[18] 또한 "사망한 명의자의 승낙이 추정된다는 이유로 사문서위조죄

의 불능미수범이 된다. 만일 甲이 폐품반납증이 진실한 내용으로 알았다면 甲은 공문서변조죄의 불능범이 된다.

13 [우연문서] 독일학계에서는 乙의 사적 메모를 甲이 변조하여 乙에 대한 고소의 증거로 사용하는 경우 乙에게는 증명의사가 없지만 그것을 우연히 사용한 甲에게 증명의사가 있다는 점에서 문서성을 인정한다. 이를 우연문서(Zufallsurkunde)라 부르고 의사표시자에게 처음부터 증명의사가 있는 목적문서(Absichtsurkunde)와 대비한다. 그러나 우연문서는 증명의사에 의한 문서와 사적 메모의 구분을 불가능하게 하므로 문서성을 인정하기보다 우연문서를 이용한 범죄(예: 무고죄)를 처벌하는 것이 타당하다.

14 독일 학계는 문서의 실제 작성자가 명의자가 되는 것을 Körperlichkeitstheorie, 그 의사표시에 따른 법적 효과가 귀속되는 자가 명의자가 된다는 입장을 Geitigkeitstheorie라고 부른다.

15 "문서의 진정한 작성명의자가 누구인지는 문서의 표제나 명칭만으로 이를 판단하여서는 아니 되고, 문서의 형식과 외관은 물론 문서의 종류, 내용, 일반 거래에서 그 문서가 가지는 기능 등 제반 사정을 종합"하여 판단한다(대판 94도1858).

16 [허무인문서위조] 甲은 중의사시험에 응시할 사람을 모집한 후 중국에 응시원서제출을 대행하면서 임상경력증명서양식의 기재사항을 모두 기재하고 의원란에 실재하지 않는 G한의원을 기재하고 직인 날인을 하였다. ① (대판 2002도18) 위 임상경력증명서는 "명의인인 한의원이 실재하지 않는다고 하더라도 일반인으로 하여금 당해 명의인의 권한 내에서 작성된 문서라고 믿게 할 수 있는 정도의 형식과 외관을 갖추고 있"으므로 甲은 사문서위조 및 행사죄가 성립한다.

17 [死者문서위조] 甲은 아버지 乙로부터 부동산 매매 권한을 위임받고 丙에게 매도하였는데, 그 사이 乙이 사망하였다. 甲은 소유권이전을 위해 乙의 인감증명 위임장 1매를 작성하고 주민센터 직원 丙에게 제출하였다. ① (대판 2011도6223) 乙의 사망으로 "포괄적인 명의사용의 근거가 되는 위임관계는 종료"되므로 甲은 위임사무의 처리와 관련하여 乙의 명의를 사용하는 것이 허용되지 않으며 "乙이 승낙하였을 것이라고 기대하거나 예측한 것만으로는" 乙의 승낙이 추정된다고 단정할 수 없다. 甲은 사문서위조 및 행사죄가 성립한다.

18 "문서작성자로 표시된 사람의 실존 여부는 위조죄의 성립에 아무런 지장이 없다"(대판 73도2296).

의 성립을 부정할 수는 없다"(대판 2011도6223). 해산등기를 마쳐 "법인격이 소멸한 법인 명의의 사문서를 위조한 행위"[19]도 사문서위조죄가 성립한다. ② 문서는 그 명의인이 문서에 표시된 의사의 내용에 따른 **법적 책임을 떠맡는** 주체일 때 성립한다. 명의인이 증명을 위하여 수통의 문서를 작성하는 경우인 **복본**(複本, Durchschrift)은 명의인이 그 법적 효과를 떠맡는 것이므로 문서가 된다. **사본**(寫本, Abschrift)이나 재사본[20] 또는 등본, 복사본(Fotokopien)은 원래 문서가 될 수 없지만 판례변경(대판 87도506[전원합의체])과 제237조의2(복사문서등)의 신설로 문서가 되었다. "**복사한 문서의 사본**도 문서원본과 동일한 의미를 가지는 문서로서 이를 다시 복사한 문서의 **재사본**도 문서위조죄 및 동 행사죄의 객체인 문서에 해당한다"(대판 2004도5183). 다수의 문서들이 계속적으로 결합하여 하나의 통일된 의미를 갖는 문서인 **전체문서**, 예컨대 하나의 정기예금통장 안에 여러 개의 정기예금이 기록된 경우는 하나의 문서가 된다.

(4) 문서 외의 객체 형법은 문서의 계속기능, 증명기능, 보증기능을 모두 충족하지 못하지만, 특수매체기록과 도화를 문서죄의 객체로 삼고 있다. ① **특수매체기록**(예: 컴퓨터기록, 교통위반단속장치, 주행거리표시계, 주유소 리터표시계, 복사장수기록장치 등)은 문서의 계속기능이나 보증기능이 없고, **증명기능만 있지만** 문서죄의 객체이다. ② **도화**(圖畫)는 문자나 가독적 부호가 아니라 '**상형적 부호**'로 문서의 계속기능, 증명기능, 보증기능을 갖고 있는 경우를 가리킨다. 지적도, 담뱃갑[21]은 도화에 해당한다. ③ 문서는

---

19 [해산법인사문서위조] S㈜는 1996. 1. S물산㈜에 흡수합병되면서 해산등기를 마쳤다. 甲은 1998. 2. S㈜ 명의의 각 아파트공급계약서 입금표를 위조하여 행사하였다. ① (대판 2003도4943) 'S㈜의 **법인격이 소멸한 이후에** 아파트공급계약서와 입금표가 작성되었거나 그 **법인격이 소멸한 이후의 일자로 작성**되었다고 하더라도' 甲은 사문서위조 및 동행사죄에 해당된다.

20 [재사본문서] 甲은 乙의 주민등록증사본의 사진란에 甲의 사진을 붙여 이를 복사하여 전혀 별개의 주민등록증사본을 창출시켰다. ① (대판 2000도2855) "문서의 사본을 전자복사기를 이용하여 복사하면서 일부 조작을 가하여 그 사본 내용과 전혀 다르게 만드는 행위는 공공의 신용을 해할 우려가 있는 **별개의 문서사본을 창출하는 행위**"이다.

21 [담뱃갑] 甲은 밀수입한 중국담배갑에 'CHANGBAISHAN', 'JILIN TOBACCO INDUSTRY CO. LTD.' 등의 문자와 성문의 문양 등을 새겨 판매하였다. ① (대판 2010도2705) 담뱃갑의 도안은 "담뱃갑 안에 들어 있는 담배가 특정 제조회사가 제조한 특정한 종류의 담배라는 사실을 **증명하는 기능**을 하고 있으므로, 그러한 담뱃갑은 문서 등 위조의 대상인 도화에 해당한다." ② (評釋) **중국 공도화인 도안은 우리나라에서는 사도화**이고 甲은 사도화위조죄 및 위조사도화행사죄가 성립한다.

문서가 아닌 부분과 결합되어 하나의 통일된 증명내용을 갖기도 한다. 예컨대 검증조서나 후불식 전화카드[22]는 문서와 사진 또는 전자기록의 **결합문서**이다.

Ⅱ. 공·사문서등 위조·변조죄

제225조(공문서등의 위조·변조) 행사할 목적으로 공무원 또는 공무소의 문서 또는 도화를 위조 또는 변조한 자는 10년 이하의 징역에 처한다.

제231조(사문서등의 위조·변조) 행사할 목적으로 권리·의무 또는 사실증명에 관한 타인의 문서 또는 도화를 위조 또는 변조한 자는 5년 이하의 징역 또는 1천만 원 이하의 벌금에 처한다.

(1) **문 서** 사문서위·변조죄는 "권리·의무 또는 사실증명에 관한 타인의 문서 또는 도화"를 객체로 삼고, 공문서위·변조죄는 "공무원 또는 공무소의 문서 또는 도화"를 객체로 삼는다. 문서 또는 도화의 개념은 앞서 설명한 바와 같다. 사문서이든 공문서이든 권리·의무 또는 사실증명에 관한 것을 내용으로 한다.

(2) **위 조** 문서의 위조(僞造)란 권한[23] 없이 남의 이름(타인명의)을 함부로 사용하여, 부진정문서를 만드는 것이다. 첫째, **권한 없이**[24]란 전

22 [전화카드부정사용] 甲은 乙의 KT 후불식전화카드를 절취하여 공중전화기에 넣고 사용하여 5백만 원의 이익을 취득하였다. ① (대판 2002도461) 사용자정보가 전자기록되어 있는 자기띠가 카드번호와 카드발행자 등 문자로 인쇄된 플라스틱 카드에 부착되어 있는 전화카드는 설령 전화기가 판독할 수 있는 부분은 자기띠 부분에 수록된 전자기록에 한정된다고 할지라도 "**전체가 하나의 문서로서 사용된 것**"이므로 甲은 사문서부정행사죄(제236조)가 성립한다. ② (대판 2001도3625) 乙이 통신요금납부책임을 부담하므로, "대가를 지급하지 아니하고 공중전화를 이용한 경우에 해당한다고 볼 수 없어 편의시설부정이용죄를 구성하지 않는다."

23 [문서작성권한이 인정되는 사례] ① 담보권을 양수한 자가 가등기말소신청서를 작성한 경우(대판 83도2650), ② 대금수령을 위임받아 예금청구서를 작성한 경우(대판 84도115), ③ 보관시켜 둔 인장으로 이사회 회의록을 작성한 경우(대판 85도1732)에는 권한 없이 문서를 만든 것이 아니다. 또한 ④ 매수인으로부터 매도인과의 토지매매계약체결에 관하여 포괄적 권한을 위임받은 자는 위임인 명의로 토지매매계약서를 작성할 권한이 있으므로 매수인으로부터 그 권한을 위임받은 자(피고인)가 실제 매수가격보다 높은 가격을 매매대금으로 기재하여 매수인 명의의 매매계약서를 작성하였다 하더라도 그것은 작성권한 있는 자가 허위내용의 문서를 작성한 것일 뿐 사문서위조죄는 성립하지 않는다(대판 84도1146). ⑤ 전세계약서를 작성함에 있어 그 명의자의 명시적이거나 묵시적 승낙이 있은 경우에도 사문서위조죄가 성립하지 않는다(대판 87도2256).

24 [회사대표의 허위문서작성] 甲은 D㈜의 1인 주주인 丙의 제안으로 그 회사에 1천만 원을 운영자금으로 입금하고 두 달간 대표로 근무하였다. 丙이 채무를 이행하지 않자 甲은 회사 경리직원 丁으로 하여금 이미 퇴임한 D㈜ 전 대표이사 乙 명의의 차용증 한 장을 작성, 출력하게 하였고, 그 차용증을 D㈜의 채권 가압류 신청서에 소명자료로 첨부하여 법원에 제출하였다. ① (대판 2006도9194) 甲은 D의 **대표이사로서 권한이 있는** 상황에서 차용증을 작성하였고, 차용증의 명의자는

혀 명의사용**권한이 없는** 경우뿐만 아니라 **수권된 범위를 초월**[25]하여 명의를 사용한 경우도 포함한다. 위임내용에 반하여 백지를 보충한 경우(백지위조 Blankettfälschun)나 위·변조가 있은 이후 추인을 받은 경우에도 문서위·변조죄가 성립한다.

● "공무원을 보조하는 직무에 종사하는 공무원이 작성권한을 가진 공무원의 결재도 받지 아니하고 임의로 허위내용의 공문서를 작성권한자 명의로 작성한 때"[26] 또는 "다른 공무원 등이 작성권자의 결재를 받지 않고 직인 등을 보관하는 담당자를 기망하여 작성권자의 직인을 날인하도록 하여 공문서를 완성한 때"(대판 2016도13912)[27]에는 공문서위조죄가 성립한다.

● "작성권자 명의의 공문서를 작성하라는 **포괄적인 권한**을 수여받은 업무보조자인 공무원이, 그 **위임의 취지에 반하여 공문서 용지에 허위내용**을 기재하고 그 위에 보관하고 있던 작성권자의 직인을 날인하였다면, 그 업무보조자인 공무원에게 공문서위조죄가 성립할 것이고, 그에게 위와 같은 행위를 하도록 지시한 중간결재자인 공무원도 공문서위조죄의 공범으로서의 책임을 면할 수 없다"(대판 96도424). 그러나 私見으로 **포괄위임**을 받은 공무원은 사실상의 공문서작성권자가 되고, 허위공문서작성죄의 주체가 된다고 봄이 타당하다.

● "신탁자에게 아무런 부담이 지워지지 않은 채 재산이 수탁자에게 명의신탁된 경우에는 특단의 사정이 없는 한 그 재산의 처분 기타 권한행사에 있어서는 수탁자가

D이므로 그 차용증은 위조문서가 되지 않으며, 甲은 사문서위조가 성립하지 않는다. ② (評釋) 비록 차용증은 법적으로 유효하지만, D는 납품대금채권을 가압류당하는 경제적 실손해의 위험을 안게 되었으므로 甲은 업무상 배임죄가 성립한다.

25 [지배인의 문서위조] L은행 지배인 甲은 L의 대출채권양수도약정서와 사용인감계를 작성하였는데 L의 여신업무전결기준표에 정해진 전결권자의 승인, 사용인감 관리자에게 관련 서류를 첨부하여 사용 용도를 설명하고 그로부터 결재 받는 것을 지키지 않았다. ① (대판 2012도7467) "주식회사의 지배인은 회사의 영업에 관하여 재판상 또는 재판 외의 모든 행위를 할 권한이 있으므로, 지배인이 직접 주식회사 명의 문서를 작성하는 행위는 위조나 자격모용사문서작성에 해당하지 않는 것이 원칙"이지만 "회사의 내부규정 등에 의하여 각 지배인이 회사를 대리할 수 있는 행위의 종류, 내용, 상대방 등을 한정하여 그 권한을 제한한 경우에 그 **제한된 권한 범위를 벗어나서** 회사 명의의 문서를 작성하였다면" 문서위조죄에 해당한다. 甲은 문서위조죄가 성립한다.

26 [공무보조자의 공문서위조] 면사무소 호적계장 甲은 1988. 1.에 호적정정사유가 없음을 알면서 행사할 목적으로 丙의 호적기재 출생란의 1972.를 사선을 그어 지우고 그 상단에 1970.이라 써넣고 주민등록번호란도 고쳐 쓰고 사유란에 1987. 12. 지방법원의 허가에 의하여 〈출생년 '서기 1972년'을 '서기 1970년'으로 정정〉이라고 기재하고 그 옆에 면장 乙의 실인을 찍어서 호적부를 작성하고 비치하였다. ① (대판 90도1790) "공무원을 보조하는 직무에 종사하는 공무원이 작성권한을 가진 공무원의 결재도 받지 아니하고 임의로 허위내용의 공문서를 작성권한자 명의로 작성한 때에는 공문서위조죄" 및 행사죄가 성립한다.

27 전투비행단 체력단련장 시설의 관리·운영 업무를 총괄하는 甲은 전투비행단과 골프장 전동카트 설치업체 L회사와의 합의서상 시설투자비 금액을 임의로 변경하고, 전투비행단장 명의 직인 담당자를 기망하여 그 수정합의서에 날인한 다음 L회사에 교부한 경우 공문서위조 및 동행사죄가 성립한다(대판 2016도13912).

자신의 명의사용을 **포괄적으로 신탁자에게 허용**하였다고 봄이 상당하므로, 신탁자가 수탁자 명의로 신탁재산의 처분에 필요한 서류를 작성함에 있어 수탁자로부터 개별적인 승낙을 받지 아니하였다 하더라도 사문서위조·동행사죄가 성립하지 아니하지만,[28] 수탁자가 명의신탁 받은 사실을 부인하면서 신탁재산이 수탁자 자신의 소유라고 주장하는 등으로 신탁자와 사이에 **신탁재산의 소유권에 관하여 다툼**이 있는 경우에는 더 이상 신탁자가 그 재산의 처분 등과 관련하여 수탁자의 명의를 사용하는 것이 허용된다고 볼 수 없다"(대판 2006도9425). 수탁자가 "신탁자의 신탁재산 **처분권한을 다투는** 등 신탁재산에 관한 처분이나 기타 권한행사에 있어서 신탁자에게 부여하였던 수탁자 명의사용에 대한 포괄적 허용을 철회한 것으로 볼 만한 사정이 있는 경우"[29]에도 마찬가지이다.

둘째, **타인의 명의를 사용**한다는 것은 문서의 내용이 그 **명의자의 의사표시를 담고 있음**을 뜻한다. 문서위조는 타인의 명의와 그의 의사표시를 함부로(예: 의사표시철회[30]) 사용하는 것일 뿐, 그 의사표시의 **진실여부와는 무관**하다. 가령 채권자가 채무자에게 채무이행이 없는데도 영수증을 발행해 준 경우에는 내용은 거짓이지만 문서위조죄가 성립하지 않는 반면, 채무자가 채무를 이행하고 채권자 명의의 영수증을 스스로 만들어 가진 경우에는 내용은 진실한 것이지만 사문서위조죄가 성립한다. 또한

---

28 [신탁자의 사문서위조] 甲은 아무런 부담을 지지 않은 채 자신의 주식을 乙에게 명의신탁한 후 명의수탁자를 변경하기 위해 제3자에게 주식을 양도한 후 乙 명의의 증권거래세 과세표준신고서를 작성하여 관할세무서에 제출하였다. ① (대판 2021도17197) 甲은 사문서위조 및 행사죄가 성립하지 않는다.

29 [계약명의신탁과 문서위조] 甲과 乙은 甲이 丙으로부터 매수할 Y임야의 명의자를 乙로 하고, 甲이 그 임야의 처분이나 기타 권한행사에서 乙의 명의를 포괄적으로 사용하기로 하고 소유권이전등기도 丙에게서 乙로 이루어졌다. 乙은 甲에게 자신의 "빚을 갚지 않는 한 임야 매도에 필요한 서류 작성에 협조하지 않겠다"고 하였다. 甲은 乙의 허락을 받지 않고 乙 명의의 매매계약서 및 관련 영수증을 작성하여 매수인 丁에게 교부하였다. 甲은 乙의 협조거부상황을 말하지 않았다. ① (대판 2007도4812) 甲은 乙과의 **다툼을 고려**할 때 그의 명의를 사용할 수 없어 사문서위조 및 행사죄가 성립한다. ② (評釋) 丙이 甲과 乙의 계약명의신탁을 알지 못했다면 乙이 Y임야 소유권을 취득하고(「부동산실명법」 제4조), 甲은 그 소유권을 丁에게 이전해줄 수 없고, 丁에게 乙의 의사에 관하여 미리 고지하지 않고 매매계약을 체결한 것은 丁에 대한 사기죄가 성립한다.

30 [문서의 날인과 의사표시철회] 甲은 동거하는 乙과의 혼인신고서 용지에 乙의 도장을 받아 놓았다. 乙이 언니 집에 기거하면서 甲과 멀어졌으나 甲은 乙과 상의하거나 동의 받지 않고 혼인신고 한다고 통지만 한 후 乙의 도장이 찍혀 있었던 혼인신고서 용지로 혼인신고서를 작성하고 혼인신고를 하였다. ① (대판 87도399) "혼인신고 당시에는 乙에게 혼인의 의사가 있었다 할 수 없고 혼인의 의사가 있었다 하더라도 위 혼인신고 당시에는 그 **혼인의사가 철회**되었다고 보아야 할 것이므로" 甲은 사문서위조죄 및 행사죄에 해당한다. 가족관계등록부는 공정증서이므로 甲은 공정증서원본부실기재도 성립하고 사문서위조 및 행사죄와는 실체적 경합범이 된다. ② (評釋) 사문서행사죄와 공정증서원본부실기재죄는 상상적 경합관계에 놓인다.

"명의인을 기망하여 문서를 작성케 하는 경우는 서명, 날인이 정당히 성립된 경우[31]에도 기망자는 명의인을 이용하여 **서명 날인자의 의사에 반하는 문서를 작성**케 하는 것이므로 사문서위조죄가 성립한다".

셋째, **위조문서**(부진정문서)**를 만드는 방법**은 새로운 물체에 타인의 의사표시를 처음으로 고정시키거나, 기존의 미완성문서에 가공하여 가짜 문서를 만들거나(예: 백지위조의 경우), 기존의 문서를 고쳐 완전히 새로운 문서를 만들거나(예: 유효기간 경과 문서의 발행일자를 고쳐 새로운 문서를 작성), '문서가 원본인지 여부'가 중요한 거래에 있어서 문서의 원본을 그대로 컬러복사기로 복사하는 방법(대판 2016도2081) 등이 있다. 이때 위조문서가 완성되려면 **일반인이 그 명의자가** (공문서의 경우에는 공무원 또는 공무소가) **진정으로 작성한 문서**(진정문서)**로 오신하기에 충분한 정도의 형식과 내용**[32]을 갖춰야 한다. 이에 대한 판단은 "문서의 형식과 외관은 물론 문서의 작성 경위, 종류, 내용 및 거래에 있어서 그 문서가 가지는 기능 등 여러 가지 사정을 종합하여 판단"한다(대판 95도2221).[33]

[공문서위조의 간접정범여부] ① "공무원 아닌 자가 관공서에 허위 내용의 증명원을 제출하여 그 내용이 허위인 정을 모르는 담당공무원으로부터 그 증명원 내용과 같은 증명서를 발급받은 경우 공문서위조죄의 간접정범으로 의율할 수는 없다"(대판 2000

---

31 [기망 서명날인문서] 甲은 문중총회 회의록을 임의로 작성하고 종중원들을 찾아다니면서, 종중 임야를 문중 명의로 소유권이전등기를 한다는 점만 얘기하면서 서명날인을 받아 회의록을 완성하였다. 甲은 회의록에 임야의 매도를 甲에게 일임하고 매도금액 3분의 2를 甲에게 소송대행비용으로 준다고 기재하였다. ① (대판 2000도778) 명의인을 **기망하여** 문서를 작성케 하는 경우는 **서명, 날인이 정당히 성립**된 경우에도 서명 날인자의 의사에 반하는 문서를 작성하는 것이므로 사문서위조 및 행사죄가 성립한다.

32 [위조공문서] 甲은 국립경찰병원장 乙 명의의 진단서에 직인을 날인하고 환자의 성명과 병명 및 향후치료소견을 기재하였다. 그러나 진단서 발행번호나 의사의 서명날인은 없었다. ① (대판 87도1443) **진단서 발행번호와 의사의 서명날인이 없어도** 그 밖의 요소들만으로 공문서로서 형식과 외관을 구비하였다고 보이므로 공문서위조죄가 성립한다.

33 [위조의 완성여부] 甲은 K협회 복지사상 후보자 추천을 위해 추천서의 추천기관장란에 "S사회복지법인 대표이사 乙"이라고 기재한 다음, 다른 서류에 찍혀 있던 직인을 칼로 오려내어 풀로 붙이고 복사하여 추천서를 만든 후 K협회에 발송하였다. K협회는 추천서의 직인부분과 바탕종이의 색깔이 확연히 다르고 직인 부분을 오려 붙인 흔적이 있다는 이유로 추천서를 반려하였다. ① (대판 2010도8361) "주의 깊게 관찰하지 아니하면 그 외관에 비정상적인 부분이 있음을 알아차리기가 어려울 정도이므로, **일반인이 그 명의자의 진정한 사문서로 오신하기에 충분한 정도의 형식과 외관을**" 갖추었으므로 사문서위조 및 행사죄가 성립한다. ② (評釋) 추천서는 일반인이 진정문서로 오인할 정도의 외관을 갖춘 것이 아니지만 甲이 주관적으로 오인을 예상했다면 甲은 (추상적 위험설에 의하면) 사문서위조 및 행사죄의 불능미수범이 된다.

도938). ② 증명원발급신청으로 그 신청자는 공문서 '작성 자체'에 대해서는 공무원을 의사지배하지 않지만, 공무원이 작성하는 공문서의 **내용이 허위공문서가 되도록 하는 점에 대해서는 담당 공무원을 의사지배**한다. 하지만 비신분자인 신청자는 허위공문서작성죄의 간접정범이 될 수 없다. 간접정범은 피이용자가 실현한 불법이 이용자(비신분자)에게 직접 귀속될 수 없고, 제33조가 적용될 수도 없기 때문이다. 허위내용의 증명서 신청자는 결국 **위계 공무집행방해죄**(제137조)로 처벌할 수밖에 없다. 하지만 **공무원이 증명내용의 진위여부를 가려내어 증명할 책무**[34]를 갖거나 허위내용이 사소하면 위계공무집행방해죄는 성립하지 않는다.

(3) **변 조** 문서의 변조(變造)란 이미 유효하게 성립한 타인 명의의 문서의 내용을 **권한 없이** 문서의 **동일성을 파괴하지 않을 정도로 변경**을 가하여 **새로운 증명력을 작출**시키 것[35]이다.[36] 예컨대 "재산세 과세대장의 작성권한이 있던 자가 인사 이동되어 그 권한이 없어진 후 그 기재내용을 변경한 경우 공문서변조죄에 해당한다"(대판 96도1862). ① **진정으로 작성되고 진실한 내용의 문서만** 변조의 객체가 되고 위·변조문서, 허위문서는 객관적인 증명적합성이 없어 객체가 되지 않는다. ② 단순한 자구수정이나 문서의 내용에 영향을 미치지 않는 사실의 기재는 변조가 아닌 반면, "문서의 중요부분에 변경을 가하여 새로운 증명력을 가지는 **별개의 문서를 작성**[37]하는 것은 문서의 변조가 아닌 위조에 해당한다"(대판 2003도3729). ③ 그리고 변조는 기존의 문서의 내용을 변경하여 **새로운 증**

---

34 [허위증명원신청] A㈜ 대표 甲은 B시 발주공사에 입찰하면서 C구청 발주 공원 지하주차장 공사의 기본설계용역만을 수주하였음에도 공사전체를 수주한 것처럼 실적증명서의 사업명을 '공원 지하주차장 보수공사'라고 기재한 다음 C구청의 담당직원에게 제출하여 구청장 명의의 공사실적증명서를 발부받아 B시에 제출하였다. ① (대판 2000도938) 甲은 공문서위조죄의 간접정범이 성립하지 않는다. ② (評釋) 乙은 구청공사의 도급내역정보를 지배하고 진위를 가려 증명서를 발급할 책무가 있으므로 甲은 위계공무집행방해죄도 성립하지 않는다.

35 [회의록삭제변조] H법인 이사장 甲은 이사회내용 사전유출을 이유로 이사 乙이 이사회 회의록에 회의록 서명을 거부한다는 기재를 하고 서명을 한 부분을 지우고, 그 회의록을 학교홈페이지에 게시했다. ① (대판 2016도20954) 乙의 기재·서명은 회의록의 일부가 되고 삭제는 회의록의 새로운 증명력을 작출하므로 甲은 사문서변조 및 행사죄가 성립한다.

36 "공도화변조죄에 있어서의 변조라 함은 공무소 또는 공무원의 도화 내용에 동일성을 해하지 않을 정도로 변경을 가하여 새로운 증명력을 작출케 함으로써 공도화에 대한 공공적 신용을 해할 위험성이 있는 행위를 말한다"(대판 2000도3033).

37 [주민등록증 사진위조] 甲은 乙의 주민등록증에서 사진을 떼어내고 자신의 사진을 붙였다. ① (대판 91도1610) "기존 공문서의 본질적 또는 **중요부분에 변경을 가하여 새로운 증명력을 가지는 별개의 공문서**를 작성한" 것이므로 공문서위조죄가 성립한다.

명력을 작출해야 하고, 그렇지 못한 경우는 **손괴죄**[38]가 성립할 수 있을 뿐이다. ④ 또한 타인이 소유하는 문서가 자기 명의의 것인 경우에 그 내용을 임의로 변경하면 문서변조죄는 성립하지 않고 **문서손괴죄**(제366조)만 성립한다.

(4) 문서위조·변조의 고의 타인의 명의로 문서를 위·변조함에 대한 인식[39]과 의욕이 있어야 하고, **행사할 목적**이 있어야 한다. ① 행사할 목적이란 위조·변조된 **문서의 본래적 용도에 사용**한 것을 말한다. 예컨대 타인 명의의 영수증을 위조하여 그림의 일부로 부착시켜 콜라쥬 양식의 작품을 만들면 사문서위조죄가 성립하지 않는다. ② "행사할 목적이란 변조된 문서를 **진정한 문서인 것처럼 사용할 목적**을 말하는 것으로 적극적 의욕이나 확정적 인식을 요하지 아니하고 **미필적 인식**이 있으면 족하다"(대판 2004도788). 공·사문서를 위조 또는 변조한 후 그 문서를 사용한 경우에 판례는 **공·사문서위조·변조죄 및 위조·변조공·사문서행사죄의 실체적 경합범**을 인정[40]한다. 그러나 私見으로 목적은 목표지향적 의지이므로 미필적 인식에 의해 충족될 수 없고, 행사는 위·변조행위의 '행사할 목적'을 실현하는 문서위·변조죄의 불가벌적 사후행위가 된다.

(5) 죄 수 "문서에 2인 이상의 작성명의인이 있을 때에는 각 명의

38 [문서의 손괴] "인낙조서에 첨부되어 있는 도면 및 그 사본에 임의로 그은 점선은 인낙조서 본문이나 도면에서 그에 대한 설명이 없는 이상 특정한 의미 내용을 갖지 아니한 단순한 도형에 불과하여 그 자체로서 새로운 증명력이 작출케 된다고 할 수 없다는 이유로 그와 같은 점선을 그은 행위가 문서의 손괴에 해당할 수 있음은 별론으로 하고, 공도화로서의 공공적 신용을 해할 위험이 있는 공도화변조죄에 해당한다고 할 수 없다"(대판 2000도3033).

39 [무권대리의 문서작성] 甲은 딸 乙과 사위가 화재로 사망하자 그 외손녀 丙을 위하여 丙의 재산조사 및 목록작성을 완성하지 못했음에도 乙 명의의 예금을 인출한 후 丙 명의로 가계금전신탁예금계좌를 개설하였다. ① (대판 97도1368) 甲은 민법 제943조에 위반한 "무권대리행위에 해당"하여 사문서위조 및 동행사죄에 해당한다. ② (評釋) 甲은 민법상 자신이 "丙의 재산에 관한 권한을 행사할 수는 없는 상태였다는 점을 인식하지 못하였을 개연성"이 있다는 점(대판 97도1368)에서 사문서위조고의를 인정할 수 없다.

40 [문서죄 죄수론] 甲은 乙을 죽인다고 협박하여 乙의 예금통장을 빼앗고 은행에 가서 乙명의의 예금청구서를 위조하여 은행원 丙에게 제출하여 1백만 원을 인출하였다. ① (대판 91도1722) "강도, 사문서위조, 동행사, 사기의 각 범죄가 성립하고 이들은 **실체적 경합관계**에 있다." ② (評釋) 예금통장의 물질적 가치는 미미하여 그 강취를 넘어서 丙을 기망하여 예금을 인출함으로써 강도죄의 구성요건을 충족하고 사기죄에도 해당한다. 위조사문서행사죄는 사문서위조죄의 불가벌적 사후행위이고, 이 사후행위와 사기행위는 단일한 행위이다. 甲은 강도죄, 사문서위조죄, 사기죄의 상상적 경합관계에 놓인다.

자 마다 1개의 문서가 성립되므로 2인 이상의 연명으로 된 문서를 위조한 때에는 작성명의인의 수대로 수 개의 문서위조죄가 성립하고 또 그 연명문서를 위조하는 행위는 자연적 관찰이나 사회통념상 하나의 행위라 할 것이어서 위 수 개의 문서위조죄는 형법 제40조가 규정하는 상상적 경합범에 해당한다"(대판 87도564).

Ⅲ. 자격모용에 의한 공문서작성죄

제226조(자격모용에 의한 공문서 등의 작성) 행사할 목적으로 공무원 또는 공무소의 자격을 모용하여 문서 또는 도화를 작성한 자는 10년 이하의 징역에 처한다.

제232조(자격모용에 의한 사문서의 작성) 행사할 목적으로 타인의 자격을 모용하여 권리·의무 또는 사실증명에 관한 문서 또는 도화를 작성한 자는 5년 이하의 징역 또는 1천만 원 이하의 벌금에 처한다.

부진정문서는 위조와 변조의 방법뿐만 아니라 본인의 명의를 사용하지만 **자격모용**(資格冒用), 즉 **타인**(또는 공무원 또는 공무소)**의 자격을 권한 없이 사용하는 방법**(예: 乙의 대리인 甲, 경찰청장 甲)으로도 만들어진다. 자격모용공문서작성죄와 자격모용사문서작성죄가 이에 해당한다. 타인의 자격과 명의까지 사용하면 문서위조죄가 성립한다.[41]

(1) **자격모용공문서작성죄** 행사할 목적, 문서 등의 개념은 문서위조·변조죄와 같다. 타인의 "자격모용"만이 고유한 표지이다. 자격모용은 처음부터 **자격이 없는 자**의 자격모용[42]과 **자격 상실자**의 자격모용을 포함한다. 가령 직위해제된 구청장이 "구청장의 권한에 속하는 건축허가에 관한 기안용지의 결재란에 서명"을 하면 자격모용 공문서작성죄가 성립한다(대판 92도2688).

---

41 예를 들어 공동주택건설사업을 추진하는 단체로부터 공사대행업자 선정권한을 위임받은 변호사인 피고인이 위 단체로부터 위임계약을 해지한다는 취지의 내용증명우편을 수령하고도 제3자와 위 단체 명의로 공동주택단지 개발사업 공동추진계약을 체결하면서 자신을 위 단체의 대리인으로 기재한 계약서를 작성한 경우(대판 2004도6404) 사문서위조죄가 성립할 뿐이다.

42 [자격모용공문서작성] 공무원 甲은 같은 부서의 과장 乙이 결재하는 각 주·부식구입요구서의 과장 결재란에 자신의 이름을 서명하여 사용하였다. 甲은 乙을 대리할 권한이나 대리결재 관행도 없었다. ① (대판 2007도6987) "과장의 자격을 모용하여 자신의 이름으로 공문서를 작성한 것이므로 자격모용공문서작성죄가 성립"한다.

(2) 자격모용사문서작성죄

1) 타인의 의미 자격모용사문서작성죄에서 '자격을 모용하는 타인'에는 자연인, 법인, 법인격 없는 단체뿐만 아니라 "거래관계에서 독립한 사회적 지위를 갖고 활동하"는 부동산중개사무소[43]나 재건축조합[44]도 포함한다.

2) 자격모용 자격(예: 대리권)이 없는 자가 있는 것처럼 가장하는 것을 말한다. 자격모용사문서작성죄는 "타인의 자격을 모용하였는지 아닌지의 **형식에 의하여 결정**할 것으로서 그 문서의 내용이 **진실한지 아닌지는** 위 죄의 성립 여부에 아무런 영향을 미칠 수 없다"(대판 83도332).[45] 대표 또는 대리의 명의를 써서 문서를 작성할 권한을 가지는 자(예: 주식회사의 대표이사,[46] 부동산매수 수임인,[47] 지배인[대판 2010도1040])가 그 지위를 남용

---

43 [부동산사무실모용] 甲은 M부동산 대표 乙의 등록명의를 빌려 사용하기로 하였다. 甲은 M사무실에서 부동산매매계약서용지로 작성한 후 공인중개사란에 'M부동산 대표 甲'이라고 기재하고 자신의 도장을 날인하여 매매계약서를 작성하고, 丁에게 교부하였다. ① (대판 2007도9606) 丁은 甲이 M부동산 대표자 자격으로 중개하는 것으로 알은 점, 일반인은 甲이 작성한 부동산매매계약서가 M부동산을 작성명의인으로 하여 그의 권한 내에서 작성된 문서라고 믿게 할 수 있는 정도의 형식과 외관을 갖춘 점, M부동산 명의로 이루어진 모든 행위는 그 법률효과가 그 명칭의 부동산중개사무소 등록자에게 귀속되는 점에서 부동산사무실도 **단순 상호가 아니라 거래관계에서 독립한 사회적 지위를 갖고 활동하고 있는 존재이므로** 甲은 자격모용사문서작성죄 및 행사죄가 성립한다.

44 재건축조합 조합장이 아닌 사람이 재건축조합 조합장의 직함을 사용하여 재건축사업에 관한 계약서를 작성하였다면, 계약의 상대방이 자격모용사실을 알고 있었다거나 그 계약서에 조합장의 직인이 아닌 다른 인장을 날인하였더라도 자격모용에 의한 사문서작성죄의 고의와 행사의 목적이 인정된다(대판 2006도2330).

45 [자격유무와 진실여부] 총주주가 8명, 총발행주식이 2만 주인 S㈜의 지분 60%를 지닌 대주주 甲은 乙을 제외한 나머지 주주들로부터 임시주총에 관한 의결권을 위임받고, 주총을 실제 개최하지 않으면서 임시주총을 열어 그 의장으로서 기존 이사와 감사를 해임하고 새로운 이사와 감사를 선임한다는 결의내용을 의사록으로 작성한 후 이사 및 감사 등기를 마쳤다. ① (대판 2008도1044) 상법해석상 이 주총결의는 유효하므로 甲이 한 등기는 **'실체관계에 부합하는 것'으고, 공정증서원본불실기재는 성립하지 않는다.** 또한 "그 유효한 결의가 있었던 주주총회에 유일하게 참석한 것으로 기재되어 있는 甲에게 그 주주총회의 의사진행권한을 가진 **의장의 자격이 없다고 할 수 없"으므로** 자격모용사문서작성 및 동행사죄는 성립하지 않는다. ② (評釋) 이사와 감사의 선임은 상법적으로 유효하다는 판례의 상법해석에도 불구하고, **실재했던 사실은 아니라는 점에서"부실의 사실을 기재"**한 공정증서원본부실기재죄가 성립한다. 이는 형법해석의 상법종속성을 지양하는 해석이다.

46 [대표의 허위문서작성] L㈜ 대표 甲은 전 대표 丁이 대표이사를 하던 과거시점에 자신의 전처 乙이 L에 대하여 32억 원의 대여금채권을 가지고 있다는 거짓된 차용증을 작성하여 공증하였다. 甲의 지시대로 乙은 이 허위대여금채권에 기하여 L 앞으로 공탁된 23억 원의 출금청구권에 대한 채권압류 및 추심명령을 받았다. 이로써 L의 채권자 丙은 이 공탁금을 乙과 채권액에 비례하여 안분배당을 받을 수밖에 없게 되었다. ① (대판 2008도7836) 주식회사의 적법한 대표이사가 그 주식회사 명의의 허위 문서를 작성하는 행위는 자격모용사문서작성죄 및 행사죄나 사문서위조죄가

하여 자기 또는 제3자의 이익을 도모할 목적으로 문서를 작성한 경우에도 자격모용사문서작성죄는 성립하지 않는다.

3) 권리·의무 또는 사실증명에 관한 문서 사실증명에 관한 문서란 "권리·의무에 관한 문서 이외의 문서로서 거래상 중요한 사실을 증명하는 문서를 의미한다"(대판 2008도8527). "거래상 중요한 사실을 증명하는 문서"에는 ① 법률관계의 발생·존속·변경·소멸의 전후과정을 증명하는 것이 주된 취지인 문서와 ② 법률관계에 단지 간접적으로만 연관된 의사표시 내지 권리·의무의 변동에 사실상으로만 영향을 줄 수 있는 의사표시를 내용으로 하는 문서[48]가 포함된다.

4) 자격모용의 고의와 목적 자격모용사문서작성죄의 **행사할 목적**은 그 문서가 정당한 권한에 기하여 작성된 것처럼 다른 사람으로 하여금 오신하도록 하게 할 목적을 말하므로 사문서를 작성하는 자가 다른 사람의 대리인 또는 대표자로서의 자격을 모용하여 문서를 작성한다는 것을 **인식, 용인**하면서 그 문서를 진정한 문서로서 어떤 효용에 쓸 목적으로 사문서를 작성하였다면, 행사할 목적과 고의가 있는 것으로 본다.[49]

성립하지 않는다. 甲은 공정증서원본부실기재죄 및 동행사죄가 성립한다(대판 2002도638).

47 [자격모용의 형식적 판단] 甲은 乙에게 T토지를 3억 원에 매수할 대리권을 수여받고, 토지소유자 M 문중 대표 丙과 3억 원에 매수하는 매매계약을 체결하였다. 丙이 매매대금 일부를 착복할 목적으로 매매대금을 2억 원으로 기재한 별도의 매매계약서 작성을 요청하였고 甲도 1억 원을 착복하기로 마음먹고 응하였다. ① (대판 2007도5838) 부동산 매수위임은 "그 **특정 금액은 물론, 그보다 낮은 금액에 부동산을 매수할 권한까지 대리인에게 위임**한 것이라고 봄이 매수인의 추정적 의사에 부합"하므로 甲은 **그 작성 권한을 남용한 것일 뿐 자격모용사문서작성죄를 구성하지 않는다.** ② (評釋) 甲은 1억 원을 불법영득하려는 의사를 외부에 표현하여 횡령죄가 성립한다.

48 [자격모용사실증명문서] 甲은 자신을 M재개발사업조합 조합장 직무대행 乙로 표기하고 '일반분양 아파트 14채의 분양수입금을 찾아내어 그 수입금으로 조합원 분담금을 더 인하할 수 있다'라는 안내문을 작성·배포하였다. 그러나 기존 분담금도 이미 그 14채의 분양수입금을 포함시켜 산출된 것이었다. ① (대판 2010도2690) 甲이 배포한 안내문은 "조합원들과 조합임원들 간의 **법적 분쟁에 직·간접적으로 영향을 줄 수 있는 의사표시를 내용**으로 하는 것으로서 '**사실증명에 관한 문서**'에 해당"하여 자격모용사문서작성 및 행사죄가 성립한다. ② 甲은 명예훼손죄와 업무방해죄도 상상적 경합으로 성립한다.

49 [자격모용의 고지와 고의] G재건축사업추진위원회 위원장 甲은 G㈜ 대표 乙과 재건축사업 시행계약서를 함께 작성하면서 계약서 말미에 'G아파트 재건축조합 조합장 甲'이라고 기재하고 재건축사업추진위원회 위원장의 직인을 찍었다. 甲은 계약 당시 乙에게 자신이 조합장이 아님을 밝혔고, 乙도 이를 알고 있었다. ① (대판 2006도2330) 甲은 "재건축조합 **조합장의 자격을 모용한다는 인식과 고의**를 가지고 있었고 행사의 목적 또한 있었다." ② (評釋) 甲이 **추진위원장의 직인을 사용**한 점에서 그 계약서가 추진위원장과 건설회사의 시행계약서라고 인식될 개연성이 있다면, 그 계약서는 사법상 무효이고 자격모용사문서를 작성한 것이 아니다. 반면 **조합장 자격을 사용**한 점

私見으로 자격모용고의는 자격의 타인여부를 판단하는 기초가 되는 사실에 대한 인식과 의사를 가리키고 자신이 사용하는 자격이 타인의 자격이라는 법적 성격에 대한 인식(불법인식[50])과는 구별되어야 한다.

Ⅳ. 전자기록위작·변작죄

제227조의2(공전자기록위작·변작) 사무처리를 그르치게 할 목적으로 공무원 또는 공무소의 전자기록등 특수매체기록을 위작 또는 변작한 자는 10년 이하의 징역에 처한다.

제232조의2(사전자기록위작·변작) 사무처리를 그르치게 할 목적으로 권리·의무 또는 사실증명에 관한 타인의 전자기록등 특수매체기록을 위작 또는 변작한 자는 5년 이하의 징역 또는 1천만 원 이하의 벌금에 처한다.

전자기록위작·변작죄는 사무처리를 그르치게 할 목적으로 "공무원 또는 공무소의 전자기록 등 특수매체기록"(제227조의2) 또는 "권리·의무 또는 사실증명에 관한 타인의 전자기록 등 특수매체기록"(제232조의2)을 위작 또는 변작함으로써 성립한다. 문서죄의 객체를 **본래 문서가 되지 못하는 특수매체기록에 확장**시킨 구성요건이다. 위조와 변조는 특수매체기록의 특성을 고려하여 위작(僞作)과 변작(變作)으로 바뀌었다.

(1) **사무처리를 그르치게 할 목적** "사무처리를 그르치게 할 목적으로"에서 사무처리는 판례에 의하면 전자기록의 명의자나 내용적 주체의 사무처리가 아니라 "위작 또는 변작된 전자기록이 사용됨으로써 위와 같은 **시스템을 설치·운영하는 주체의 사무처리**"[51]를 말한다. "전자기록은

에서 조합장과 건설회사의 시행계약서로 인식될 개연성이 있다면 甲의 행위는 자격모용사문서작성죄에 해당한다. 중요성평가에 따라 달라진다.

50 [자격모용고의와 불법인식] A협회는 1955년 乙이 창립한 종교단체인데, 1980년 교리가 수정되고 명칭도 B협회로 변경되었고 교단재산관리법인의 명칭도 C로 변경되었다. A협회의 기존 교리를 따르는 신도들은 1983년 A정화위원회를 구성하고 甲을 회장으로 선출하였다. 甲은 자신들이 기존 교단의 정통파 신자라고 주장하면서 'A협회 회장' 자격을 사용하여 C가 교단의 기본재산을 함부로 처분한다는 진정서를 작성하여 문화공보부에 제출하였다. ① (대판 93도2628) 교단이 교리와 명칭에 관한 대립으로 2개의 집단으로 나뉘면 신앙공동체로서의 기초가 상실되어 어느 쪽도 종래의 교단과 동일성을 유지하지 못하므로, 甲은 자격모용사문서작성죄를 범한 것이지만, A정화위원회가 A협회와 동일성을 가진다는 믿음을 갖고 있어서 "**타인의 자격을 모용한다는 고의**가 있었다고 보기 어렵다." ② (評釋) 甲이 B협회의 사람들이 A협회와 연속성에 있다는 믿음을 갖고 있음을 인식하였다면 자격모용고의는 인정되고 자신의 행위가 **타인의 자격을 모용함에 해당함을 인식하지 못한 포섭의 착오**를 한 것이다.

51 [전자기록위·변작의 사무처리] J(금고) 입·출금 업무의 총괄 부장 甲은 J의 상조복지회가 전 이사장

그 자체로서 객관적·고정적 의미를 가지면서 독립적으로 쓰이는 것이 아니라 개인 또는 법인이 전자적 방식에 의한 정보의 생성·처리·저장·출력을 목적으로 구축하여 설치·운영하는 시스템에서 쓰임으로써 예정된 증명적 기능을 수행하는 것"이기 때문이다. 그러나 私見으로 전자기록은 문서와 같이 증명기능을 수행함으로써 전자기록의 명의자의 사무와도 관련되므로 '사무처리'는 시스템의 설치·운영자의 사무처리 외에 **전자기록의 명의자의 전자적인 의사표시**[52]도 포함한다.

(2) **전자기록 등 특수매체기록** 전자기록 등 특수매체기록은 "일정한 저장매체에 전자방식이나 자기방식 또는 광기술 등 이에 준하는 방식에 의하여 저장된 기록을 의미한다. 그 자체로서 객관적·고정적 의미를 가지면서 독립적으로 쓰이는 것이 아니라 개인 또는 법인이 전자적 방식에 의한 정보의 생성·처리·저장·출력을 목적으로 구축하여 설치·운영하는 시스템에서 쓰임으로써 예정된 증명적 기능을 수행하는 것은 전자기록에 포함된다." 따라서 인터넷계정의 아이디 및 비밀번호(대판 2021도8900), 램(RAM)[53] 등도 전자기록에 해당한다.

乙의 J금고 계좌로 2백만 원을 입금하자 J의 乙에 대한 대출금 및 배상 채권의 실현을 담보하기 위해 이사장의 결재를 받아 직원 丙으로 하여금 그 2백만 원을 J의 가수금계정으로 이체하는 내용을 예금관리프로그램에 입력하게 하였다. J의 규정과 여신거래약관은 회사의 채권과 그 채무자의 예금을 상계하거나 상계에 앞서 일시적인 지급정지조치를 취할 수 있게 하였다. ① (대판 2004도6132) 甲의 乙 명의 예금계좌 전자기록의 변작과 행사가 그르친 것은 **乙의 사무(처리)이지, 예금전자기록시스템을 설치 운영하는 J의 사무가 아니므로** 甲은 사무처리를 그르치게 할 목적이 없다. ② (評釋) 甲은 사전자기록변작죄 및 변작사전자기록행사죄가 성립한다.

52 [사무처리를 그르치게 할 목적] 甲은 북한산 W아파트 입주자대표회의를 반대하는 일부 주민들이 N 포탈에 개설한 '북한산 W아파트' 카페에 접속하여 입주자대표회의에 중립적인 입장을 천명한 '북한산 W아파트 원로회의' 명의로 마치 입주자대표회의에 반대하는 입장으로 보이는 내용의 글을 게재하였다. ① (대판 2008도294) 甲은 "카페나 위 사이트의 설치·운영 주체의 사무처리를 그르치게 할 목적이 있었다고 단정하기도 어렵다." ② (評釋) 甲은 사전자기록위작죄 및 동행사죄가 성립한다.

53 [전자기록의 의미] G㈜ 대표 甲은 G가 M시 종합운동장 입찰자격이 부족함을 알고, G㈜의 리야드 스포츠클럽 공사개요서를 수 개 사본하여 그 내용 중 스탠드면적을 부풀린 숫자를 오려붙인 다음 이를 사본하여 위 개요서에 편철하였다. 甲은 이 변조공사개요서를 해외건설협회에 제출하여 협회장 丁 명의의 허위 실적증명서를 발급받았다. 이 과정에서 변조공사개요내용은 G㈜와 협회의 업무용 컴퓨터의 임시기억장치인 램(RAM)에 기록되었다. 甲은 공사개요서와 실적증명서를 제출하여 입찰에 참가하고 낙찰 받았다. ① (대판 2000도4993) "**램에 올려진 전자기록은 원본파일과 불가분적인 것으로 원본파일의 개념적 연장선상에 있는 것**이므로, 이러한 전자기록에 甲이 사무처리를 그르치게 할 목적으로 허구의 내용을 권한 없이 수정 입력한 것은 그 자체로 그러한 사전자기록을 변작한 행위의 구성요건에 해당된다." ② (評釋) 甲이 리야드 공사개요서의 내용을 변경

(3) 위작과 변작 위작이나 변작은 전자기록에 관한 시스템을 설치·운영하는 주체와의 — 이론적으로는 그 외 기록의 명의자(의사표시자)와의 — 관계에서 권한이 없이 전자기록을 새로이 생성하거나[54] 기존의 전자기록을 변경, 말소하는 행위 또는 권한은 부여받았지만 허위의 정보를 입력하는 행위를 말한다.

전자기록위작죄 인정	전자기록위작죄 불인정
● 출장복명서상 실제 체비지 현장에 출장을 나가서 그 현황을 파악한 공무원이 누구인지 여부에 관한 정보는 그 출장복명서의 내용의 신뢰도에 직접 영향을 미치며 그 관련 업무를 처리함에 있어서 중요한 정보가 된다고 할 것이고, 따라서 이에 관하여 허위의 정보를 입력하는 것은 공전자기록등위작의 고의가 충분히 인정된다고 할 것이고, 그 출장복명서상 기타 내용이 사실과 다르지 않다는 사정이나 업무관행상 그와 같이 작성하여 왔다는 사정만으로는 위작의 범위를 부정할 수는 없다고 할 것이다(대판 2007도3798). ● 경찰관이 고소사건을 처리하지 아니하였음에도 경찰범죄정보시스템에 그 사건을 검찰에 송치한 것으로 허위사실을 입력한 행위가 공전자기록위작죄에서 말하는 위작에 해당한다(대판 2004도6132). ● 공군 복지근무지원단 예하 지구대의 부대매점 및 창고관리 부사관이 창고 관리병으로 하여금 위 지원단의 업무관리시스템인 복지전산시스템에 자신이 그 전에 이미 횡령한 바 있는 면세주류를 마치 정상적으로 판매한 것처럼 허위로 입력하게 한 사안에서, 공전자기록위작·변작죄의 '사무처리를 그르치게 할 목적'이 있었다(대판 2010도3545).	● 자동차등록 담당공무원이 「여객자동차 운수사업법」상 차량충당연한 규정에 위배되어 영업용으로 변경 및 이전등록을 할 수 없는 차량인 것을 알면서 자동차등록정보 처리시스템의 자동차등록원부 용도란에 '영업용'이라고 입력하였으나, 변경 및 이전등록에 관한 구체적 등록내용인 최초등록일 등은 사실대로 입력한 사안에서, 자동차등록원부상 '영업용으로의 용도변경 및 이전'에 관한 등록정보가 확인·공시하는 내용에 자동차가 영업용으로 용도 변경되어 이전되었다는 사실 외에 변경 및 이전등록에 필요한 법령상 자격의 구비 사실까지 포함한다고 볼 법적인 근거가 없고, 최초등록일 등 등록과 관련된 사실관계에 대한 내용에 거짓이 있다고 볼 수 없는 이상, 위 행위가 공전자기록등위작죄의 '위작'에 해당한다고 할 수 없다(대판 2011도1415).

V. 허위문서작성죄

1. 허위공문서작성죄

제227조(허위공문서작성등) 공무원이 행사할 목적으로 그 직무에 관하여 문서 또는 도화를 허위로

한 것은 사문서변조 및 동행사죄에 해당하고, 입찰담당공무원에 대해서는 위계 공무집행방해죄(제137조)가 성립한다.

54 [위작의 의미] 가상화폐 거래소 운영업체 B(주)의 대표 甲은 가상화폐 거래소를 개장하면서 거래의 호황을 꾸미려고 그 거래시스템상 차명계정을 생성하여 실제 보유하지 않은 원화와 가상화폐 포인트를 허위 입력하고 자동주문 프로그램을 이용하여 매매주문을 넣었다. ① (대판 2019도11294[전원합의체]) B는 甲의 타인이며, 가상화폐거래시스템에 대한 고객의 신뢰를 저버리는 등의 점에서 사무처리를 그르치게 할 목적이 인정되며, B가 설치·운영하는 거래시스템에 허위내용을 입력한 행위는 위조와 허위작성(虛僞作成)을 포함하는 개념인 위작에 해당한다. 사전자기록위작 및 행사죄가 성립한다.

작성하거나 변개한 때에는 7년 이하의 징역 또는 2천만 원 이하의 벌금에 처한다.

(1) **공무원의 신분범** 허위공문서작성죄 및 그 행사죄는 공무원만이 그 주체가 될 수 있는 신분범이다. 가령 사법경찰관이 검사로부터 재수사 요청을 받고 피해자 조사를 하지 않고 피해자진술조서를 작성하면 허위공문서작성죄가 성립한다(대판 2022도6886). "신분상 공무원이 아님이 분명한 피고인들을 허위공문서작성죄 및 그 행사죄로 처벌하려면 그에 관한 특별규정이 있어야 "하고(대판 2008도93), 행정기관성이 있다거나 그 업무가 국가의 사무에 해당한다는 사정(예: 영상물등급위원회[55])만으로는 허위공문서작성죄가 성립할 수 없다.

1) 공문서 작성권자의 보조 공무원 판례에 의하면 공문서의 작성권자를 **보조하는 직무에 종사하는 공무원**(대판 81도898)은 주체가 될 수 없지만, 공문서 작성을 보조하는 공무원[56]이 "허위공문서를 기안하여 **허위인 정을 모르는 작성권자에게 제출하고** 그로 하여금 그 내용이 진실한 것으로 오신케 하여 서명 또는 기명날인케 함으로써 공문서를 완성한 때에는 **허위공문서작성죄의 간접정범**이 성립된다"(대판 90도1912). 그런 직무보조 공무원을 교사한 자는 그 보조자가 처벌되는 이상, 허위공문서작성죄의 간접정범의 공동정범 또는 교사범이 된다. 또한 직무보조자가 공문서 작성권자로부터 "작성권자의 직인을 사용하여 작성권자 명의의 공문서를 작성하라는 **포괄적인 권한을 수여받은**" 경우에도 그 위임의 취지에

---

55 [공문서여부] 영상물등급위원회 직원 甲은 게임물의 등급분류 신청서에 기재되는 영상물등급위원회장 명의의 접수번호 및 접수일자에 관한 접수인을 허위로 작성 교부하였다. ① (대판 2008도93) 영상물등급위원회의 업무가 **공공성이 강하고**, 사무국 직원이 **형법 제129조 내지 제132조의 적용에서 공무원으로 간주되더라도 공무원은 아니므로** 甲은 사문서위조죄 및 행사죄가 성립한다. ② (評釋) 접수인 작성이 甲에게 포괄적으로 위임되었다면 위계업무방해죄가 성립한다.

56 [허위공문서작성죄 간접정범] 군청 산림과 공무원 甲과 乙은 공모하여 乙이 기안하고 甲이 전결한 허위의 '산지이용구분 내역 통보'를 군청 민원봉사과에 보내고 이를 모르는 민원봉사과 공무원 丙은 군수 명의의 토지이용계획확인서를 작성·발급하였다. ① (대판 2009도9963) 甲, 乙은 토지이용계획확인서의 발급을 담당하는 민원봉사과 소속 공무원의 **업무를 보조하는 직무에 종사**하는 지위에서 '산지이용구분 내역 통보' 공문을 보내 준 것도 아니므로 **허위공문서작성죄 및 허위작성공문서행사죄의 간접정범 내지 간접정범의 공동정범이 되지 않는다.** ② (評釋) 甲과 乙은 위계 공무집행방해(제137조)의 공동정범이 될 여지가 있지만, 丙이 자신의 심사와 판단으로 진위여부를 가려내어 증명할 책무를 지므로 이 죄는 성립하지 않는다. 판례의 입장과는 달리 甲, 乙은 위계업무방해죄(제314조 제1항)가 성립할 수 있다.

반하여 허위내용의 공무서를 작성하고 작성권자의 직인을 날인하면 **공문서위조죄**[57]가 성립한다.

私見으로 공문서작성의 권한이 하위직 공무원에게 적법하게 포괄적으로 위임된 경우에는 그 하위직공무원이 **사실상 공문서작성권자**[58]이므로 허위공문서작성죄를 적용하고, **포괄적 위임이 적법하지 않은 경우**에만 공문서위조죄를 적용함이 타당하다.

2) 비공무원의 공무원을 이용한 허위공문서 작성 "공무원이 아닌 자가 공무원과 공동하여 허위공문서작성죄를 범한 때에는 공무원이 아닌 자도 형법 제33조, 제30조에 의하여 **허위공문서작성죄의 공동정범**이 된다."[59] 그러나 "공무원 아닌 자가 공무원을 기망하여 허위내용의 증명서를 작성케 한 후 행사하였다고 하더라도 허위공문서작성 및 동행사죄는 성립되지 않는다"(대판 76도151). 그 비공무원은 (정범적격이 없고, 제33조 본문도 간접정범에 대해 적용되지 않으므로) **허위공문서작성죄의 간접정범이 될 수 없기** 때문이다. 다만 공정증서원본부실기재죄(제228조)가 성립할 여지는 있다.

(2) 객 체 공문서 또는 공도화이다. 공전자기록은 허위공문서작성죄의 객체가 되지 않고, 공전자기록위작·변작죄의 객체가 될 뿐이

57 [공문서작성보조자] 동장의 업무를 보좌하는 공무원 甲은 이륜자동차 사용신고필증교부를 신청한 丙이 이륜자동차의 소유자가 아님을 알면서도 사용신고필증업무 담당 乙에게 동장의 직인을 날인하여 허위의 사용신고필증을 교부하라고 지시하였고, 乙은 그대로 하였다. ① (대판 96도424) 乙은 **공문서위조 및 행사죄**가 성립하고, 甲은 그 공동정범이 된다. ② (評釋) 사용신고필증의 작성 교부는 직무보조 공무원에게 포괄적으로 위임되어서는 안 되므로 공문서위조 및 동 행사죄가 성립한다. 만일 乙이 결제절차를 밟았고, 동장이 이에 속아 허위공문서를 작성했다면 판례(대판 95도1706)는 甲에게 허위공문서작성죄의 간접정범을 인정하지만 甲은 乙이 간접정범으로 취급되어 얻게 된 신분을 제33조 본문에 의해 획득하여 허위공문서작성죄 간접정범(乙)의 공동정범이 된다고 한다.

58 [사실상 공문서 작성권자] 면장의 인감증명서 발급을 담당하던 甲은 동료 乙로부터 "丙의 인감증명서 발급을 위임받았으니 丙 본인이 직접 신청한 것처럼 인감증명서를 발급하여 달라"는 거듭된 부탁을 받고 인감증명서 신청서 상단의 본인란에 ㅇ표를 하고 인감증명서를 발급해 주었다. 甲은 대가나 이익을 받은 바 없다. ① (대판 97도1082) "甲에게는 공문서위조의 고의가 있었던 것이 아니라, 대리인의 신청에 의한 것임에도 불구하고 본인의 직접 신청에 의한 것처럼 인감증명서를 발급한 데 대한 허위공문서작성의 고의만 있었다." 甲은 허위공문서작성죄 및 행사죄가 성립한다. ② (評釋) 이는 甲이 인감증명서 발급 권한을 포괄 위임받은 사실상 인감증명서 작성권자임을 전제하는 해석이다.

59 [비공무원의 허위공문서작성죄] 甲은 농가별피해조사대장을 작성하는 공무원 乙에게 재해를 입지 않은 자기 비닐하우스 지번을 허위로 기재하여 달라고 부탁하고 乙은 이에 응하여 대장을 작성하였다. ① (대판 2006도1663) 甲은 비공무원이므로 허위공문서작성죄의 간접정범이 될 수 없고, 허위내용을 제공하여 실행을 공동으로 하였으므로 乙의 허위공문서작성죄의 공동정범이다.

다.[60] 다음은 공문서의 예이다.

● 교육공무원 M대학의 교수가 그 도의 특성화사업단장으로서 그 사업관련 납품검사에서 허위로 작성한 납품검수조서 및 물품검수내역서(대판 2007도4785)

● 지방자치단체를 당사자로 하는 계약의 이행완료에 관한 검사를 위임받은 전문기관의 검사결과서에 지방자치단체의 장이 결재한 경우(대판 2010도875)

● 공증사무 취급이 인가된 합동법률사무소 명의로 작성된 공증에 관한 (허위내용의) 문서(대판 74도2715[전원합의체])(私見: 공무원이 아니므로 사문서임)

(3) 허위 작성·변개 **허위작성**은 허위내용의 공문서를 새로이 만드는 것을, **변개**는 기존 공문서의 내용을 허위 내용으로 고치는 것을 말한다. 판례에 의하면 허위는 "**사실관계에 관하여 거짓**된 기재"를 말하고 (고의이든 과실이든) "법령 등을 잘못 적용"[61]하거나 하지 않는 것은 이에 해당하지 않는다.

(4) 고의와 행사할 목적 허위문서 작성 또는 변개에 대한 인식[62]과 의욕이 있어야 하고, 행사할 목적이 있어야 한다.

[허위공무서작성죄와 타죄의 관계] ① "허위진단서작성죄의 대상은 공무원이 아닌 의사가 사문서로서 진단서를 작성한 경우에 한정되고, **공무원인 의사**가 공무소의 명의로 허위진단서를 작성한 경우에는 **허위공문서작성죄만이 성립**하고 **허위진단서작성죄는 별도로 성립하지 않는다**"(대판 2003도7762). ② 직무유기의 고의로 위법사실을 은폐할 목적으로 허위공문서를 작성한 경우에 **직무유기죄는 허위공문서작성죄에 포함**된다.[63]

---

60 "공무원인 피고인이 그 직무에 관하여 … 문서 사본에 "원본대조필 토목기사 피고인"이라 기재하고 피고인의 도장을 날인하였다면 그 기재 자체가 공문서로 된다고 보아야 하고, 그 경우 피고인이 실제로 원본과 대조함이 없이 "원본대조필"이라고 기재한 이상 그것만으로 곧 허위공문서작성죄가 성립하는 것이다"(대판 80도3180).

61 [공문서작성의 허위성] K시 발주 교량 공사의 현장감독관인 공무원 갑은 '지방자치단체 입찰 및 계약 집행기준'에 따르면 자재의 제작이 완료되었더라도 현장에 반입되어 시공되지 않은 이상 기성부분으로 인정할 수 없음에도, 현장에 반입·시공되지 않은 교량 구조물인 '주탑'이 100% 제작되었음을 전제로 공사 전체의 기성고 비율과 기성부분 준공액을 산정·기재한 기성검사조서를 작성하였다. ① (대판 2019도18394) 甲은 위 기준 적용의 전제가 되는 **사실관계에 관하여 허위로 기재**하지 않았으므로 허위공문서작성죄가 성립하지 않는다.

62 [허위공문서작성고의] 국조특위절차에서 대통령비서실장 甲은 S호 사건에 대한 대통령 대면보고 시점에 관한 추가 서면질의를 받고, '비서실에서는 20~30분 단위로 간단없이 유·무선으로 보고를 하였기(ⓐ) 때문에, 대통령은 직접 대면보고 받는 것 이상으로 상황을 파악하고 있었다고 생각합니다(ⓑ).'라는 서면답변서를 작성하여 국회에 제출하였다. ① (대판 2020도9714) 이 답변서는 대통령비서실장의 직무권한 범위 내에서 작성된 공문서이나, ⓑ부분은 甲의 **의견**으로서 내용의 진실 여부를 판단할 수 없고, ⓐ부분은 실제로 있었던 객관적 사실이었으므로 허위공문서작성죄에서 말하는 '허위'가 있다거나 그에 관한 甲의 **인식**이 있었다고 보기 어렵다.

63 "예비군 중대장이 예비군대원의 훈련불참사실을 고의로 은폐할 목적으로 당해 예비군대원이 훈

2. 허위진단서등작성죄

제233조(허위진단서등의 작성) 의사, 한의사, 치과의사 또는 조산사가 진단서, 검안서 또는 생사에 관한 증명서를 허위로 작성한 때에는 3년 이하의 징역이나 금고, 7년 이하의 자격정지 또는 3천만 원 이하의 벌금에 처한다.

(1) **주 체** 사문서는 공문서와 달리 모든 작성권자의 허위문서작성을 처벌하지 않고, **의사, 한의사, 치과의사, 조산사의 허위진단서 작성만을 처벌한다.** 진정신분범이다. 의사가 아닌 자가 의사명의를 모용하여 진단서를 작성하면 문서위조죄가 성립한다.[64]

(2) **진단서, 검안서, 생사 증명서** **진단서**는 "의사가 진찰의 결과에 관한 판단을 표시하여 사람의 건강상태를 증명하기 위하여 작성하는 문서"이다. "문서의 명칭이 **소견서**로 되어 있더라도 그 내용이 의사가 진찰한 결과 알게 된 병명이나 상처의 부위, 정도 또는 치료기간 등의 건강상태를 증명하기 위하여 작성된 것"이면 진단서이다(대판 89도2083). 진단서에 포함된 **수형생활의 가능여부 판단**은 그 전체가 의료적 판단이며 객관적인 수형생활의 실체에 비추어 보아 환자의 실제 수형생활 가능여부가 그 판단과 다르다는 점이 증명되고 그에 대한 의사의 인식이 인정될 수 있어야 허위진단서작성죄가 성립한다(대판 2014도15129). **검안서**는 사람의 사체를 검시한 의사가 사인(死因) 등 검안의 결과를 기재한 서면이다. **생사에 관한 증명서**는 출생증명서, 사망진단서이다.

(3) **허위 작성** 진단서 등을 사실에 관하여 또는 판단에 관하여 "실질상 진실에 반하는 기재"로 작성하는 것이다.

(4) **허위진단서등 작성의 고의** 진단서에 기재하는 내용이 허위라는

련에 참석한 양 허위내용의 학급편성명부를 작성, 행사하였다면, 직무위배의 위법상태는 허위공문서작성 당시부터 그 속에 포함되어 있는 것이고 그 후 소속대대장에게 보고하지 아니하였다 하더라도 당초에 있었던 직무위배의 위법상태가 그대로 계속된 것에 불과하다"(대판 82도2210).

64 [의사명의모용 진단서위조] 甲은 국립경찰병원장 乙 명의의 진단서에 직인과 계인을 날인하고 환자의 성명과 병명 및 향후치료소견을 기재하였다. 진단서 발행번호나 의사의 서명날인은 없었다. ① (대판 87도1443) 국립경찰병원장 명의의 문서는 **공문서**이고, 진단서 발행번호와 의사의 서명날인이 없어도 그 밖의 요소들만으로 공문서의 형식과 외관을 구비하였으므로 공문서위조죄가 성립한다.

점에 대한 인식이 있어야 한다. 예컨대 사체검안의가 빙초산의 성상이나 이를 마시고 사망하는 경우의 소견에 대하여 **알지 못함에도 불구하고** 변사자가 '약물음독', '빙초산을 먹고 자살하였다'는 취지로 사체검안서를 작성한 경우, 검안서작성에 있어 허위성에 대한 인식이 있다(대판 2001도1319). 소홀히 한 진찰이나 착오를 일으켜 **오진**한 결과를 진단서로 작성한 경우는 고의가 없으므로(대판 2021도15080)[65] 허위진단서작성죄가 성립할 수 없다.

Ⅵ. 공정증서원본부실기재죄

제228조(공정증서원본등의 부실기재) ① 공무원에 대하여 허위신고를 하여 공정증서원본 또는 이와 동일한 전자기록등 특수매체기록에 부실의 사실을 기재 또는 기록하게 한 자는 5년 이하의 징역 또는 1천만 원 이하의 벌금에 처한다. ② 공무원에 대하여 허위신고를 하여 면허증, 허가증, 등록증 또는 여권에 부실의 사실을 기재하게 한 자는 3년 이하의 징역 또는 700만 원 이하의 벌금에 처한다.

공정증서원본등부실기재죄는 "공무원에 대하여 진실에 반하는 허위신고를 하여" 공정증서원본 또는 그와 동일한 전자기록 등 특수매체기록 또는 신빙력이 인정되는 공문서(면허증, 허가증, 등록증, 여권)에 "실체관계에 부합하지 않는 부실의 사실을 기재 또는 기록하게 함으로써 성립한다." 공정증서원본부실기재죄는 **간접정범의 형태에 의한 허위공문서작성**(mittelbare Fälschbeurkundung)을 독자적인 범죄로 만든 규정이다.

(1) **객 체** 공정증서원본 또는 이와 동일한 공전자기록 등 특수매체기록 및 면허증, 허가증, 등록증 또는 여권이다. 공정증서란 사실증명에 관한 것은 제외하고 **권리의무에 관하여 일반적인 증명기능**을 수행하

65 [허위진단서작성고의] 정형외과 전문의 甲은 버스와의 추돌로 부상을 입은 乙의 병명란에 뇌진탕과 기타 확실한 증세의 병명을 기재하고 2주간의 가료를 요한다는 진단서를 작성하여 자동차보험회사에 교부하였다. 사고버스회사가 행정처분을 우려하여 진단기일을 짧게 조정해 달라고 하자 그 병원의 간부회의는 甲에게 고객의 원망을 사지 않도록 하라는 통보를 하였다. 甲은 乙의 병세를 확인해보고 병명을 경부염좌, 4일 치료가 요한다는 소견서를 작성하여 운수회사에 교부하였다. 乙은 5일간 입원하고 퇴원하였다. ① (대판 75도1888) 甲이 작성한 소견서는 진단서이며 그 기재내용은 "오히려 **진실에 부합하든가 더 가까운 것**임을 알 수 있으므로, 이에 의하면 甲에게는 **허위의 인식이 있었다고 보기도 어려울 뿐만 아니라** 객관적인 진실에 반하는 허위의 진단서를 작성하였다고 할 수도 없"다.

는 **공문서**를 뜻한다. 부동산등기부, 상업등기부,[66] (공무원인) **공증인이 작성한 공정증서**[67]가 이에 해당한다. ① 공정증서는 공문서이어야 하므로 사문서나 공증인이 인정한 사서증서(대판 84도1217)는 공정증서가 아니다. 민사조정법상 조정신청에 의한 조정절차에서 작성되는 "**조정조서는 그 성질상 허위신고에 의해 불실한 사실이 그대로 기재될 수 있는 공문서로 볼 수 없어**" 공정증서원본에 해당하지 않는다(대판 2010도3232). ② 공정증서는 "**권리의무에 관한** 공정증서만을 가리키는 것이고 **사실증명에 관한 것은 이에 포함되지" 않는다.** 토지대장(대판 87도2696). 인감대장(대판 68도1231), 자동차운전면허대장(대판 2010도1125),[68] 가옥대장, 주민등록부 등은 사실증명에 관한 것이므로 공정증서가 되지 못한다. 호적부를 공정증서로 보았던 판례(대판 96도2049)에 의하면 현행 가족관계등록부도 공정증서이다. ③ 공정증서는 부동산등기부처럼 **모든 사람을 위하여 그리고 모든 사람에 대하여 증명기**

공정증서(예: ● 부동산등기부, ● 상업등기부)		
① 공문서	② 권리·의무	③ 일반적증명기능
● 사문서 ● 공증인 인정 사서증서 ● 조정조서	● 주민등록부 ● 인감대장 ● 가옥대장 ● 토지대장	● 전과기록부 ● 수사기록부
공정증서가 아닌 경우		

66 [주식납입금의 사용] 甲은 조세특례를 받기 위하여 자신의 개인사업체 S를 주식회사의 형태로 전환하되 S의 자산 및 부채를 S㈜가 모두 그대로 양수하기로 하였다. 당시 S의 자산은 4억 원이었고, 이를 S㈜가 甲에게 양수대금으로 지급하는 것으로 계획하고, S㈜의 설립을 위한 자본금 명목의 주금납입을 위해 K은행에서 4억 원을 차용하여 S㈜의 주금으로 입금하고 주금납입증명서를 발급받아 등기소에 제출하여 주식회사설립등기를 경료하게 하였다. 법인등기부에는 S㈜가 자본금 4억 원으로 설립되었다는 내용이 기재되었다. 다음 날 甲은 K은행에서 4억 원을 인출하였다. ① (대판 2000도5418) 甲은 상법 제628조 제1항의 "납입가장죄가 성립할 수 없고 납입가장행위가 있었음을 전제로 하는 공정증서원본불실기재죄와 불실기재공정증서원본행사죄도 성립할 수 없다." 하지만 판례는 "현실적으로 주금액에 상당한 금원의 납입이라는 사실이 존재하기는 하나, 그 납입은 오로지 증자에 즈음하여 등기를 하기 위한 편법에 지나지 아니"한 **주금가장납입**을 "숨기고 마치 주식인수인에 의한 납입이 완료된 것처럼 등기공무원에 대하여 허위신고를 하여 증자를 한 취지의 등기신청을 함으로써 상업등기부의 원본에 그 기재를 하게 한" 경우 **공정증서원본불실기재 및 행사죄가 성립**한다(대판 87도2072)고 본 바 있다.

67 [허위어음발행 공증] 甲은 채권자 丙이 채권배당절차에서 배당을 받지 못하도록 하기 위해 채무가 없음에도 乙과 통모하여 이를 알지 못하는 공증인 丁으로 하여금 3억 원의 약속어음을 허위로 공증하게 하고 사무실에 비치하게 하였다. ① (대판 2009도5786) 甲의 어음발행행위는 "**통정허위표시로서 무효**이므로, 이러한 무효인 어음발행행위에 대하여 공증인으로 하여금 어음공정증서원본을 작성하고 비치하게 한 것은 공정증서원본부실기재 및 부실기재공정증서원본행사죄에 해당한다."

68 "자동차운전면허대장은 운전면허 행정사무집행의 편의를 위하여 범칙자, 교통사고유발자의 인적사항·면허번호 등을 기재하거나 운전면허증의 교부 및 재교부 등에 관한 사항을 기재하는 것에 불과하며, 그에 대한 기재를 통해 당해 운전면허 취득자에게 어떠한 권리의무를 부여하거나 변동 또는 상실시키는 효력을 발생하게 하는 것으로 볼 수는 없고, 따라서 자동차운전면허대장은 사실증명에 관한 것에 불과하므로 공정증서원본이라고 볼 수 없다"(대판 2010도1125).

능을 수행할 수 있고, 문서의 명의인이 증명의사를 갖고 작성되었어야 한다. 따라서 수사기록부나 전과기록부는 공정증서가 될 수 없다. "공정증서원본"만 객체가 되므로 정본, 등본, 초본, 사본 등은 본죄의 객체가 아니다. 공정증서와 동일한 기능(권리의무에 관한 사항의 일반적 증명기능)을 갖는 **공전자기록** 등도 공정증서원본부실기재죄의 객체가 된다. 전산화한 부동산 등기파일, 자동차등록파일 등이 그 예이다.

[면허증, 허가증, 등록증, 여권부실기재죄] 면허증, 허가증, 등록증, 여권은 **사실증명을 하는 공문서**이지만 예외적으로 공정증서원본부실기재죄의 독자변형구성요건(제228조 제2항)으로 처벌된다. **면허증**(예: 의사면허증, 자동차운전면허증, 수렵면허증 또는 침사자격증)은 공정증서의 개념에서 권리의무사항이 '**특정인의 특정한 능력**'이란 요소로 대체된 경우이다. 단순히 자격이나 신분을 표시하는 시험합격증이나 교사자격증, 공무원증은 면허증이 아니다. **허가증**(예: 공중목욕탕허가증, 건축허가증)은 공정증서의 개념에서 권리의무사항이 '**일반적 금지를 특정인에게 해제**한다는 점'으로 대체된 경우이다. **등록증**(예: 변호사, 법무사, 공인회계사, 감정평가사, 노무사, 변리사 등의 등록증)은 공정증서의 개념에서 권리의무사항이 '**일정한 자격을 취득한 자에게 그 자격에 따른 영업을 할 수 있는 권능**을 부여하였음'으로 대체된 경우이다. **여권**은 외교통상부가 여행자에게 발급하는 허가증의 일종이다.

(2) **행 위** "공무원에 대하여 허위신고를 하여 부실의 사실을 기재 또는 기록하게 하는 것"이다. ① 허위신고는 신고사실을 기재·기록할 수 있는 권한을 가진 **공무원에 대하여**[69] 하여야 한다. 이때 그 공무원은 기재사실이 부실임을 알지 못해야 한다. ② **허위신고**란 부실의 사실을 **당사자가**[70]신고하는 것이고, 부실사실의 기재란 공무원이 그 신고된 허위의 사실을 기재하는 것이다. 즉 **허위와 부실은 같은 개념**이다. 허위신

69 [공증사무취급 변호사에 대한 허위신고] 공증사무취급 인가를 받은 합동법률사무소의 변호사에게 허위신고를 하여 공정증서를 작성하게 한 경우에 판례(대판 74도2715[전원합의체])는 공정증서원본부실기재죄를 인정하지만, 법무부장관 임명 **지방검찰청 소속 공무원인 공증인**(「공증인법」 제10조, 제11조)과 달리 공무원이 아닌 **합동법률사무소의 변호사**에게 허위신고한 것은 "공무원에 대하여 허위신고를 하여" 표지를 충족하지 못한다. 공문서위조 및 행사죄는 성립할 수 있다.

70 [허위의 가압류등기] 甲은 乙을 채무자로 丙을 연대보증을 내용으로 하는 허위의 차용증을 작성하고 丙 소유의 토지에 관하여 가압류신청을 하여 가압류등기를 마치게 하였다. ① (대판 2021도11257) 부동산가압류는 가압류재판에 관한 사항을 등기부에 기재하는 방법으로 법원이 집행하고 법원사무관 등이 등기를 촉탁한다(민사집행법 제293조). "공전자기록등불실기재죄(제228조 제1항)의 구성요건인 **불실의 사실기재는 당사자의 허위신고에 의하여 이루어져야** 하므로, **법원의 촉탁에 의하여 등기를 마친 경우**에는 공전자기록불실기재죄가 성립하지 않는다.

고는 신고 내용이 거짓인 경우(예: 허위주소로 여권신청)와 신고인 자격을 속이는 경우(예: 매매 원인의 소유권이전등기 신청)를 포함한다. **신고에 의해 작성되는 문서가 아닌 경우**(예: 피의자신문조서, 감정조서, 법원의 판결원본)는 공정증서원본부실기재죄의 객체가 될 수 없다. 허위신고의 방법은 구두, 서면, 자기명의, 타인명의 등 제한이 없다. **확정판결에 의하여** 등기신청하거나(대판 95도1967), **화해조서에 의하여** 등기신청을 하는 경우라도 그 내용이 진실에 반하는 것을 알면서 신청한 때에는 허위신고가 인정된다. 허위신고와 부실기재 사이에 **인과관계**[71]도 있어야 한다. ③ **부실의 사실**이라 함은 "권리의무관계에 중요한 의미를 갖는 사항이 객관적인 진실에 반하는 것을 말한다"(대판 2012도12363). 공정증서의 일반적 증명기능을 훼손하지 않는 사소한 허위(예: 여권신청서에 키를 1cm 높게 기입), 회사를 이용할 범죄의도나 목적(예: 회사 명의 대포통장 유통[72]) 또는 "회사로서의 인적·물적 조직 등 영업의 실질을 갖추지 않았다는" 점(대판 2019도7729) 등은 이에 해당하지 않는다. 공정증서의 증명기능이 사실상 미치지 않는 사항[73]에 관해 허위신고를 하는 것은 공정증서원본부실기재가 아니다. ④ 공정증서원본부실기재죄의 실행의 착수시기는 허위신고를 접수한 때[74]이고, 기수시

---

71 [허위신고와 부실기재의 인과관계] 甲은 허위의 공정증서에 기초하여 乙의 부동산에 대한 강제경매신청을 하였고, 법원은 강제경매개시결정을 하였으며 이 결정을 원인으로 하는 경매신청등기도 경료되었다. ① (대판 83도2442) "불실의 사실기재는 **당사자의 허위신고에 의하여 이루어져야** 할 것이니 **불실의 등기가 당사자의 허위신고에 의하지 아니하고 법원의 촉탁에 의하여 이루어진 경우**에는 공정증서원본불실기재죄를 구성하지 아니한다." ② (評釋) 甲은 허위신고를 한 것이지만 **부실 기재 사이의 인과관계가 없다**. 공정증서원본기재미수죄(제235조)가 성립한다.

72 상법, 상업등기법과 상업등기규칙 등에 정한 회사설립의 실체적·절차적 요건을 모두 갖추어 설립등기를 신청하고 등기관이 심사하여 설립등기를 하면, 회사설립의 의도나 목적 등 주관적 사정(예: 회사 명의 통장, 체크카드, OTP 발급유통시킴[전자금융거래법위반])만으로는 회사설립행위 자체를 없었던 것으로 본다거나 회사설립등기에 따른 회사 성립의 효력을 함부로 부정할 수 없기 때문에, 공전자기록등부실기재죄가 성립하지 않는다(대판 2019도9293).

73 [부동산등기부의 증명한계] 甲은 구청에 아파트매입가액을 5천만 원 낮게 신고하여 신고필증을 받아 이를 기초로 소유권이전등기를 신청하면서 거래신고필증에 기재된 거래가액을 기재하여, 그 거래가액이 부동산등기부 갑구의 권리자 및 기타사항란에 기재되었다. ① (대판 2013도3246) 부동산등기법의 "취지는 부동산거래의 투명성을 확보하기 위한 데에 있을 뿐, **부동산등기부에 기재되는 거래가액은 당해 부동산의 권리의무관계에 중요한 의미를 갖는 사항에 해당한다고 볼 수 없다.**" 甲은 공전자기록등부실기재죄 및 동행사죄는 성립하지 않는다. ② (評釋) 부동산등기부 갑구는 소유관계를 증명하는 것이고, 거래가액은 부동산등기부의 '**실제증명기능**'이 미치지 못하는 사항이다. 甲은 「공인중개사법」상 자격정지, 등록정지 등의 제재를 받는다.

74 공전자기록등부실기재죄의 **실행의 착수 시기는 공무원에 대하여 허위의 신고를 하는 때**라고 보아

기는 공정증서원본 등에 부실기재가 되었을 때이다. ⑤ 공정증서원본부실기재죄는 **당사자의 의사와 합치**하는 경우 또는 원인관계가 진실과 달라도 **실체법률관계와 일치**[75]하는 부동산등기의 경우에는 인정하지 않는다.[76]

	당사자의 의사와 합치여부		실체법률관계와 일치여부
합치	• 당사자 합의로 진정한 채무자가 아닌 제3자를 채무자로 하여 근저당설정등기를 한 경우(대판 84도2461) • 부동산 관리보존 방법으로 이를 타에 신탁하는 의사로서 그 소유권이전등기를 한 경우에 그 원인을 매매로 가장하였다 하더라도 이는 공정증서원본불실기재죄에 해당하지 않는다(대판 2010도1025).	일치	• 소유권보존이나 이전등기에 절차상 하자가 있거나 등기원인이 실제와 다르다 하더라도 그 등기가 실체적 권리관계에 부합하게 하기 위한 것이거나 실체적 권리관계에 부합하는 유효한 등기인 경우에는 공정증서원본불실기재 및 동행사죄가 성립되지 않는다. 등기한 후에 이해관계인들의 동의 또는 추인으로 실체권리관계에 부합하게 되더라도 마찬가지이다(대판 2001도3959).
불합치	• 조선족 여자들의 국내 취업을 위해 형식상 혼인하기로 한 것이라면, 피고인들과 조선족 여자들 사이에는 혼인의 계출에 관하여는 의사의 합치가 있었으나 부부관계의 설정을 바라는 효과의사는 없었다고 인정되므로 피고인들의 혼인은 우리나라 법에 의하여 혼인으로서의 실질적 성립요건을 갖추지 못하여 그 효력이 없고, 공정증서원본불실기재 및 행사죄가 성립한다(대판 96도2049).	불일치	• 등기부의 기재가 확정판결에 의하여 되었다 하더라도 피고인이 그 확정판결의 내용이 진실에 반하는 것임을 알면서 이에 기하여 등기공무원에게 등기신청을 하는 것은 형법 제228조의 소위 공무원에 대하여 허위신고를 하는 데 해당한다(대판 65도938).

(3) 허위신고와 부실기재의 고의 허위신고에 의하여 부실의 사실을 기재한다는 점에 대한 인식과 의사가 있어야 한다. 부실의 사실이 기재된 공정증서원본이 **비치된 상태**가 되면 부실기재공정증서원본행사죄(제229조)가 성립한다. 그 부실기재공정증서를 거래에 사용한다는 의미의 '행

야 할 것인바, 피고인이 위장결혼의 당사자 및 중국 측 브로커와의 공모 하에 허위로 결혼사진을 찍고, 혼인신고에 필요한 서류를 준비하여 위장결혼의 당사자에게 건네준 것만으로는 아직 실행에 착수한 것으로 보기 어렵다(대판 2009도4998).

75 [중간생략의 부동산등기부실기재] C부동산 소유자 乙은 C를 丙에게 매도하고, 丙은 甲에게 매도하였다. 甲은 乙의 승낙 없이 乙 명의의 매매계약서를 위조하고, 허위의 주소로 乙을 제소하고 丁으로 하여금 송달서류를 받게 하여 의제자백으로 승소판결을 받은 후 이 판결을 기초로 乙로부터 직접 자신에게 등기를 이전하였다. ① (대판 66도1682) "당사자들의 합의가 없이 경유된 이른바 소유권의 중간생략으로 인한 이전등기라 할지라도 그것이 **민사실체법상의 권리관계에 부합되어 유효인 등기로서의 구실을 할 수 있는 한** 형사상으로도 이러한 등기가 사실관계와 다른 이른바 **불실의 등기라고 볼 수는 없다.**" ② 甲은 사문서위조죄 및 행사죄는 성립한다.

76 [부동산등기부실말소] N종중(대표 甲)이 소유한 S부동산의 지적공부가 전쟁으로 소실되자 종중원 乙이 소유권보존등기를 하였다. N이 乙을 상대로 소유권이전등기말소청구소송을 제기하자 乙은 甲에게 4천만 원에 재매수하여 소유권을 행사해왔다. 乙에 대한 N의 소유권이전등기말소청구의 소는 취하되지 않았고, 乙의 변론기일 불출석에 따른 의제자백으로 N의 승소판결이 선고·확정되었다. 乙이 사망하고 丙이 상속등기를 하였다. 甲은 위 승소판결로 말소등기신청을 하여 丙의 등기를 말소하게 하였다. ① (대판 95도1967) 丙에게 "경료된 소유권이전등기는 모두 **실체관계에 부합하는 유효한 등기**"이고, 甲이 "유효한 등기를 말소케 한다는 점을 인식하고 있었다 할 것이므로" 甲의 행위는 공정증서원본부실사실기재 및 행사죄에 해당한다.

사할 목적'은 필요하지 않다. 공정증서원본부실기재죄와 부실기재공정증서원본행사죄의 고의를 포괄하는 단일한 고의가 인정되므로, 두 죄는 포괄일죄가 된다. 이 점은 문서위조·변조죄와 행사죄가 경합범(또는 후자가 전자의 불가벌적 사후행위)이 되는 것과 다르다.

[공정증서원본부실기재죄와 타죄의 관계] ① 법원을 기망하여 승소판결을 받고 그 판결에 따라 허위신고를 하여 소유권이전등기를 경료하면 사기죄와 공정증서원본부실기재죄는 경합범이 된다. 확정판결의 내용이 진실에 반하는 것임을 알면서 이에 기하여 등기공무원에게 등기신청을 하는 것은 공무원에 대하여 허위신고를 하는 것이기 때문이다(대판 95도1967). ② 주주총회나 이사회의 결의나 그에 의한 임원변경등기가 불법하게 되었다 하더라도 그것이 1인회사 **1인주주의 의사에 합치**되는 이상 의사록을 위조하거나 불실의 등기를 한 것이라고 볼 수 없다. 다만 임원의 의사에 기하지 아니한 사임서의 작성이나 이에 기한 이사사임등기는 사문서위조 및 공정증서원본불실기재죄에 해당한다(대판 92도1564). 私見으로 위조사문서행사는 사문서위조죄의 불가벌적 사후행위이고 이 불가벌적 사후행위와 공정증서원본부실기재죄는 단일한 행위로 이루어졌으므로 사문서위조죄와 공정증서원본부실기재죄도 상상적 경합관계에 놓인다.

Ⅶ. 위조등문서행사죄

제229조(위조등공문서의 행사) 제225조 내지 제228조의 죄에 의하여 만들어진 문서, 도화, 전자기록등 특수매체기록, 공정증서원본, 면허증, 허가증, 등록증 또는 여권을 행사한 자는 그 각 죄에 정한 형에 처한다.

제234조(위조사문서등의 행사) 제231조 내지 제233조의 죄에 의하여 만들어진 문서, 도화 또는 전자기록등 특수매체기록을 행사한 자는 그 각 죄에 정한 형에 처한다.

문서행사죄는 위조·변조, 자격모용공·사문서, 위작·변작 공·사전자기록등 특수매체기록을 행사하거나 허위작성공문서, 허위진단서, 부실기재된 공정증서원본, 면허증, 허가증, 등록증, 여권을 행사하는 죄이다. 공문서행사죄(제229조)는 사문서등행사죄(제234조)보다 법정형이 무겁다. 문서행사죄는 구체적 위험범이다.

(1) 주 체 문서행사죄의 주체는 제한이 없다.[77]

77 다만 私見으로 "행사할 목적으로" 문서를 위조·변조, 허위공문서작성, 자격모용에 의한 작성, 전자기록등의 위작·변작을 한 자의 문서행사는 문서위조 등의 죄의 불가벌적 사후행위가 되므로, 해석상 위조등문서행사죄는 당해 문서위조 등의 죄를 범하지 않는 타인에 국한된다.

(2) **행 사** 　행사는 **진정한 또는 진실한 문서인 것처럼 그 문서의 효용방법에 따라 사용**하는 것을 말하고 **그 행사의 방법에 제한이 없다.** 상대방에게 제시나 교부, 비치나 열람할 수 있게 함, 복사하여 그 복사본을 제시, 모사전송하거나 컴퓨터에 연결된 스캐너(scanner)로 읽어 들여 이미지화한 다음 이를 전송하여 컴퓨터 화면상에서 보게 하는 것[78] 등 행사의 방법은 다양하다. 행사는 **상대방이** 위·변조·허위작성·위·변작의 사실을 **알지 못한 경우**(예: 위조공범)이어야 한다.[79] 문서의 명의인도 행사의 상대방이 될 수 있다.[80] 위조된 문서를 우송한 경우에는 문서가 상대방에게 도달한 때에 기수가 되고 상대방이 실제로 그 문서를 보아야 하는 것은 아니다.

私見으로 부진정, 허위문서를 법적 교류에 사용하는 행위만 '행사'에 해당하며, **비치** 상태는 행사가 되지 않는다. 그러나 "행사할 목적으로"라는 문언이 없는 공정증서원본부실기재죄와 허위진단서등작성죄에서는 비치도 행사에 해당한다. 다만 공정증서원본에 부실기재를 하여 비치된 경우에 허위신고자는 공정증서원본부실기재죄와 부실기재공정증서원본행사죄의 포괄일죄가 된다.

---

78 [위조이미지화일 열람] 甲은 KTF 신규 가입신청서 양식에 乙의 인적사항, 계좌번호, 청구지 주소 등을 기재하고 프린트를 하여 그 용지 하단 고객명란과 서명란에 乙을 기재하였다. 甲은 이를 이미지화한 다음 이메일로 丙에게 마치 진정하게 성립된 것처럼 전송하였다. ① (대판 2008도5200) 甲은 사문서위조죄가 성립하고, 甲이 생성한 이미지 파일 자체는 '문서'에 해당하지 않으나 이를 전송하여 **컴퓨터 화면상으로 보게 한 행위는 위조한 가입신청서를 행사**한 것에 해당하여 위조사문서행사죄도 성립하며 두 죄는 경합범이 된다. ② (評釋) 甲은 사문서위조죄가 성립하고 행사죄는 불가벌적 사후행위이다.

79 [문서위조공범에 대한 위조문서행사] 甲은 乙로부터 1건당 1백만 원을 주겠다는 제안을 받고 가공인물을 철거대상 무허가 건물의 소유자인 것처럼 꾸며 철거보조금지급신청 및 서울특별시건립 공동주택입주신청에 필요한 철거확인원, 인감증명서, 주민등록표 등을 위조하여 乙에게 교부하였다. ① (대판 85도2798) 甲은 공문서위조죄가 성립하고 위조되었다는 **정을 아는 공범자등에게 그 위조문서를 제시, 교부하는 행위는 행사에 해당하지 않는다.**

80 [위조문서행사죄의 기수] 임대인 甲은 임차인 乙에게 차임을 2개월 이상 연체하면 강제퇴점한다는 乙 명의의 입점자각서를 위조하여 乙에게 명도최고서와 함께 우송하였다. ① (대판 2004도4663) 위조문서행사의 상대방에는 아무런 제한이 없고 **위조된 문서의 작성 명의인이라고 하여 행사의 상대방**이 될 수 없는 것은 아니다. ② (대판 85도2798) 사문서위조와 행사죄는 "**상대방으로 하여금 위조된 문서를 인식할 수 있는 상태에 둠으로써 기수**가 되고 상대방이 실제로 그 내용을 인식하여야 하는 것은 아니"다.

Ⅷ. 문서부정행사죄

제230조(공문서등의 부정행사) 공무원 또는 공무소의 문서 또는 도화를 부정행사한 자는 2년 이하의 징역이나 금고 또는 500만 원 이하의 벌금에 처한다.

공·사문서부정행사죄는 진정하고 진실한 공·사문서를 권한 없이 또는 권한을 남용하여 행사함으로써 **진정·진실문서의 올바른 사용에 대한 공공의 신용**을 해하는 죄이다.

(1) **객 체** 공문서부정행사죄(제230조)의 객체는 "공무원 또는 공무소의 **문서 또는 도화**"이고 사문서부정행사죄(제236조)는 "권리·의무 또는 사실증명에 관한 타인의 문서 또는 도화"이다. 전자기록 등 **특수매체기록**은 공·사문서부정행사죄의 객체가 아니다. **실효된 문서**[81]는 공·사문서부정행사죄의 객체가 될 수 없다.

(2) **부정행사** 부정행사의 '부정'(不正) 개념은 가치충전이 필요한 개념이어서 공문서부정행사죄의 "처벌범위가 지나치게 확대될 염려가 있으므로 범행의 주체, 객체 및 태양을 되도록 엄격하게 해석하여 그 처벌범위를 합리적인 범위 내로 제한"해야 하고(대판 2000도1985), 그렇기 위해 문서부정행사죄는 다음의 요건을 갖추어야 성립한다.

● "공문서부정행사죄는 **사용권한자와 용도가 특정**되어 작성된 공문서 또는 공도화를 **사용권한 없는 자가 사용권한이 있는 것처럼** 가장하여 부정한 목적으로 행사하거나[82] 또는 **권한 있는 자라도 정당한 용법에 반하여** 부정하게 행사하는 경우에 성립"한

81 [실효된 사문서 부정사용] 甲은 乙과 공유수면매립사업을 동업약정서를 작성하고 관련 면허를 받고 제1, 2공구 매립공사를 마쳤다. 甲은 乙과 합의하여 첫 동업약정서를 폐기하고 제1, 2공구의 이득을 받되, 제3, 4공구에 관한 권리를 乙에게 양도하는 동업약정서를 새로 작성하여 당국의 허가를 받았다. 乙은 단독으로 제3, 4공구 매립공사를 시행·준공하였고 매립지의 소유권보존등기까지 마쳤다. 甲은 최초의 동업약정서를 변호사 丙에게 제시하고 乙을 상대로 한 제3공구의 매립지 처분금지가처분신청을 하였다. 丙은 이 동업약정서를 첨부하여 법원에 위 가처분신청을 하였다. ① (대판 77도2645) "**실효된 문서를 증거로 제출하는 행위는 부정행사에 해당하지 아니한다.**" ② 甲은 소송사기의 미수범이 된다.

82 [권한 없는 운전면허증 사용] 운전면허가 없는 甲은 렌트카 회사에서 자동차를 빌리는 과정에서 직원 乙이 운전면허증의 제시를 요구하자, 자신이 갖고 있던 친구 丙의 운전면허증을 제시하였다. ① (대판 98도1701) 乙의 요구는 "단순히 신분확인을 위한 것이라고는 할 수 없고, 이는 **운전면허증을 사용권한이 없는 자가 운전면허증의 본래의 용도에 따른 사용행위**이므로 공문서부정행사죄에 해당한다."

다(대판 93도127).

● "사문서부정행사죄는 **사용권한자와 용도가 특정**되어 작성된 권리의무 또는 사실증명에 관한 타인의 사문서 또는 사도화를 **사용권한 없는 자가 사용권한이 있는 것처럼** 가장하여 부정한 목적으로 행사하거나 또는 **권한 있는 자라도 정당한 용법에 반하여** 부정하게 행사하는 경우에 성립"한다(대판 99도206).

반면에 다음 두 경우는 문서부정사용죄가 성립하지 않는다.

● **사용권한자가 특정되어 있는 않고 그 용도도 다양한 공문서**, 가령 주민등록등본(대판 99도206)[83]이나 인감증명서,[84] 차용증서[85]는 명의자 아닌 자가 그 명의자의 의사에 반하여 함부로 행사하더라도 문서 본래의 취지에 따른 용도에 합치된다면 문서부정사용죄가 성립되지 않는다."

● 사용권한이 없는 자가 **사용권한자가 특정된 문서**(예: 주민등록증)를 사용하더라도 그 **문서의 본래적 용도 외로 사용**[86]한다면 문서부정행사죄가 성립하지 않는다.[87] 가령

---

83 "주민등록표등본은 시장·군수 또는 구청장이 주민의 성명, 주소, 성별, 생년월일, 세대주와의 관계 등 주민등록법 소정의 주민등록사항이 기재된 개인별·세대별 주민등록표의 기재 내용 그대로를 인증하여 사본·교부하는 문서로서 그 사용권한자가 특정되어 있다고 할 수 없고, 또 용도도 다양하며, 반드시 본인이나 세대원만이 사용할 수 있는 것이 아니므로(주민등록법 제29조 제2항의 규정에 의하면, 주민등록표등본의 교부신청은 본인 및 세대원뿐만 아니라 공무상 필요한 경우나 관계 법령에 의한 소송·비송사건·경매목적 수행상 필요한 경우 기타 대통령령이 정하는 경우에는 제3자도 할 수 있도록 되어 있다), 타인의 주민등록표등본을 그와 아무런 관련 없는 사람이 마치 자신의 것인 것처럼 행사하였다고 하더라도 공문서부정행사죄가 성립되지 아니한다"(대판 99도206).

84 [인감증명서의 용도 내 사용] 甲은 남편 乙의 인감증명서를 乙 모르게 발급받아, 은행직원 丙한테 공증용으로 제시하고, 乙 명의로 대출신청을 하여, 乙의 통장에 1천만 원이 입금되게 하였다. ① (대판 82도1985) 사용권한자가 특정되어 있지 않은 인감증명서는 그 명의자 아닌 甲이 乙의 의사에 반하여 함부로 행사하더라도 **문서 본래의 취지에 따른 용도에 합치**되므로 공문서부정행사죄가 성립하지 않는다. ② 甲은 사문서위조 및 위조사문서행사죄가 성립하고, 丙을 기망하여 재산상 이득행위를 함으로써 사기죄가 성립한다.

85 [차용증서의 용도 내 사용] 乙과 丙이 운영하던 S㈜의 법률자문 甲은 乙과 丁 간의 파산선고사건에 관한 재산목록을 작성·제출할 때 乙과 丙에게 제안하여 〈금 5천만 원 차용인 乙 연대보증인 丙〉으로 된 차용증 및 이행각서를 작성하여 이를 소지하고 있다가 그 다음 해 법원에 5천만 원 및 이자를 구하는 대여금청구소장을 제출하였다. ① (대판 2007도629) 작성명의인들이 자유의사로 작성한 차용증 및 이행각서는 그 **사용권한자가 특정되어 있다고 할 수 없고 또 그 용도도 다양**하므로 甲이 이를 법원에 제출하였어도 사문서부정행사죄에 해당하지 않는다. ② (評釋) 차용증에 채권자가 丁으로 특정되어 있다면 甲은 사용할 권한이 없으므로 사문서부정행사죄(제236조)가 성립하지만 (소송)사기죄미수의 수단이라는 점에서 사기미수죄에 흡수된다.

86 [주민등록증의 용도외 사용] 甲은 이동전화기대리점 乙에게 자신이 습득한 丙의 주민등록증을 내보이고 丙이 자신의 어머니라고 속여 丙의 이름으로 이동전화 가입신청을 하여 이동전화기를 교부받았다. ① (대판 2002도4935) 甲은 丙의 주민등록증을 "**본래의 사용용도인 신분확인용으로 사용한 것이라고 볼 수 없어** 공문서부정행사죄가 성립하지 아니한다." ② (評釋) 이동전화가입시 주민등록증은 가입자 신분을 확인하기 위한 것이므로 甲은 공문서부정행사죄가 성립한다. 공문서부정행사행위는 甲이 乙의 업무를 방해하는 위계의 수단, 즉 업무방해죄의 수단으로 이루어졌으므로 공문서부정행사죄는 업무방해죄에 흡수된다.

87 [장애인사용자동차표시의 사용] 甲은 아파트 지하주차장에 승용차를 주차하면서 장애인사용자동차가 아닌데도 D구청장 명의의 '장애인사용자동차표지(보호자용)'를 승용차의 전면에 비치하였다. ① (대판 2021도14514) 장애인복지법상 장애인사용자동차표지는 장애인 이용 자동차에 대한 조

주민증 외에 신분증으로 널리 사용되는 타인의 운전면허증을 자신의 신분확인용으로 사용하는 것은 본래적 용도의 사용으로 공문서부정행사죄가 성립한다.[88]

세감면 등을 위하여 장애인이 사용하는 자동차를 대상으로 발급되는 것이고, 장애인등편의법상 장애인전용주차구역 주차표지(장애인사용자동차표지)는 보행상 장애가 있는 사람의 자동차이용을 지원하기 위하여 발급된다. 甲은 장애인전용주차구역에 주차한 것이 아니어서 장애인사용자동차에 대한 지원을 받을 것으로 합리적으로 기대되는 상황이 아니었으므로 이를 자동차에 비치하였더라도 장애인사용자동차표지를 본래의 용도에 따라 사용한 것이 아니다.

88 [운전면허증의 부정사용] 甲은 경찰관 乙로부터 불심검문을 당하여 신분증 제시를 요구받고 丙의 운전면허증을 제시하였다. ① (대판 2000도1985[전원합의체]) 운전면허증은 **자격증명**과 이를 지니고 있으면서 내보이는 사람이 바로 그 사람이라는 **동일인증명의 기능**을 동시에 가지고 있다. 여러 법령에 의한 신분 확인절차에서도 운전면허증은 신분증명서의 하나로 인정되고 있다. 우리 사회에서 **운전면허증은 주민등록증과 대등한 신분증명서로 널리 사용**되고 있다. 甲은 공문서부정행사죄가 성립한다. ② (評釋) 만일 甲이 무면허로 운전 중 경찰관에 단속되어 丙의 면허증을 제시하였다면 공문서부정행사죄는 성립하고, 위계에 의한 공무집행방해죄(제137조)에 흡수된다. 위계공무집행방해죄와 무면허운전죄는 경합범이다.

인장에 관한 죄

Ⅰ. 서 론

인장에 관한 죄의 보호법익은 **인장·서명·기명·기호 등의 진정성에 대한 공공의 신용과 법적 교류의 안전**이다. 위조 등의 경우는 추상적 위험범이고, 위조 인장을 행사하거나 부정사용하는 행위는 구체적 위험범이다. 인장죄가 문서죄나 유가증권죄의 수단이 되는 경우에 인장죄는 (불가벌적 수반행위로서) **문서죄나 유가증권죄에 흡수**될 수 있다. 형법상 인장에 관한 죄의 체계는 도표와 같다.

公印에 관한 죄	私印에 관한 죄
● 공인등위조죄 (제238조 제1항)	● 인장등위조죄 (제239조 제1항)
● 공인등부정사용죄 (제238조 제1항)	● 위조·부정사용 (제239조 제1항)
● 위조·부정사용공인등 행사죄(제238조 제2항)	● 위조·부정사용인장등 행사죄(제239조 제2항)
● 자격정지 병과 (제238조 제3항)	● 자격정지 병과 없음
● 미 수 범(제240조)	

Ⅱ. 공인 등 위조·부정사용죄·위조공인 등 행사죄

제238조(공인등의 위조, 부정사용) ① 행사할 목적으로 공무원 또는 공무소의 인장, 서명, 기명 또는 기호를 위조 또는 부정사용한 자는 5년 이하의 징역에 처한다. ② 위조 또는 부정사용한 공무원 또는 공무소의 인장, 서명, 기명 또는 기호를 행사한 자도 전항의 형과 같다. ③ 전2항의 경우에는 7년 이하의 자격정지를 병과할 수 있다.

① **공무원 또는 공무소**란 우리나라 공무원 또는 공무소를 의미하고 외국의 공무원 또는 공무소의 인장 등은 사인등 위조죄의 객체가 된다. **인장**이란 특정인의 인격과 동일성을 증명하기 위해 사용하는 일정한 상형(예: 도장)을 말한다. ② **공기호**는 공무원 또는 공무소가 대상물의 동일성을 증명하기 위하여 사용하는 문자 또는 부호를 말한다. 자동차번호판

(대판 83도2078), 임산물, 축산물 등에 표시하는 검인(대판 80도1472), 택시미터기의 검정납봉의 봉인(대판 82도138) 등이 그 예이다. 공기호는 공무와의 관련성을 나타내는 것만으로 부족하고, 그것이 **증명하는 공무수행이 구체적으로 특정**되어[1] 있어야 한다(대판 2023도11313). ③ **행위**는 공인장 등의 **위조,**[2] **부정사용**(제238조 제1항) 또는 위조·부정사용된 공인장 등의 **행사**(제238조 제2항)이다.[3]

Ⅲ. 사인 등 위조·부정사용죄, 위조사인 등 행사죄

제239조(사인등의 위조, 부정사용) ① 행사할 목적으로 타인의 인장, 서명, 기명 또는 기호를 위조 또는 부정사용한 자는 3년 이하의 징역에 처한다. ② 위조 또는 부정사용한 타인의 인장, 서명, 기명 또는 기호를 행사한 때에도 전항의 형과 같다.

(1) **객 체** 타인의 인장, 서명, 기명, 기호이다. 인장은 도장 그 자체인 인과(印顆)와 도장을 찍어 문서나 물체에 현출시킨 상형인 인영(印影)을 포함한다. 인장을 위조하여 사문서를 위조한 경우 인영위조부분은 문서위조죄에 흡수되고, 인장 위조부분은 문서죄와 별도로 사인위조죄를 구성한다. 사자(死者)의 인장은 인장위조죄의 객체가 아니다(대판 82도2064).

---

1 [공기호의 의미] 甲은 인터넷에서 검찰업무표장과 검찰 PROSECUTION OFFICE 및 甲의 차량번호를 표시한 표지판을 주문하여 배송받아 승용차에 부착하고 다녔다 ① (대판 2023도11313) 이 표장은 검찰청 업무와의 관련성을 나타낼 뿐 甲의 차량이 '검찰 공무수행 차량'이라는 것을 증명하는 기능이 없고, 증명하는 사항이 구체적으로 특정되어 있지도 않으므로 공기호가 아니다.

2 [판례: 공기호위조죄] "행사할 목적으로 공기호인 자동차등록번호판을 위조한 경우에 공기호위조죄가 성립하고, 여기서 '행사할 목적'이란 위조한 자동차등록번호판을 마치 진정한 것처럼 그 용법에 따라 사용할 목적을 말한다. 또한 '위조한 자동차등록번호판을 그 용법에 따라 사용할 목적'이란 위조한 자동차등록번호판을 자동차에 부착하여 운행함으로써 일반인으로 하여금 자동차의 동일성에 관한 오인을 불러일으"키게 하는 것이다(대판 2015도1413).

3 [자동차번호판 부정사용] 甲은 A승용차를 렌트하여 그 번호판을 떼어 낸 다음 乙에게서 절취한 B승용차에서 떼어 낸 번호판을 A에 부착하였다. 甲이 번호판을 바꿔 부착한 A를 몰고 H호텔주차장까지 운전하여 갔다. ① (대판 2006도5233) "**어떤 자동차의 등록번호판을 다른 자동차에 부착**하는 것은 그 자체만으로 **자동차등록번호판의 부정사용**에 해당"하고, H주차장까지 운전해간 행위도 전체로서 1개의 「자동차관리법」상 자동차번호판부정사용죄(자동차관리법제78조 2호)가 성립한다. ② (대판 2007도4739) **B번호판을 A에 부착한 행위는 공기호부정사용죄**(제238조 제1항)에 해당하고, 그 **A를 운행한 행위는 부정사용공기호행사죄**(동조 제2항)에 해당한다. ③ (評釋) 공기호부정사용죄 및 부정사용공기호행사죄는 각각 상상적 경합관계에 놓인 자동차번호판부정사용죄에 의해 연결되어 역시 상상적 경합관계에 놓인다.

(2) **위조 또는 부정사용** **위조**란 권한 없이 타인의 인장,[4] 서명, 기호를 작출하거나 물체상에 현출, 기재하는 것을 말한다. **부정사용**이란 진정한 인장 등을 권한 없이 사용하거나, 권한 있는 자가 그 권한을 남용하여 부당하게 사용하는 것을 말한다. 사서명 등 위조죄는 "그 서명 등이 일반인으로 하여금 특정인의 진정한 서명 등으로 오신하게 할 정도"에 이르러야 한다. "어떤 문서에 권한 없는 자가 타인의 서명 등을 기재하는 경우에는 그 문서가 완성되기 전이라도[5] 일반인으로서는 그 문서에 기재된 타인의 서명 등을 그 명의인의 진정한 서명 등으로 오신할 수도 있으므로 서명 등의 위조죄는 성립한다"(대판 2011도503).

(3) **행 사** 위조·부정사용사인등의 "행사라 함은 위조된 인장을 **진정한 것처럼 용법에 따라 사용**하는 행위를 말한다 할 것이므로 위조된 인영을 타인에게 열람할 수 있는 상태에 두든지, 인과(印顆)의 경우에는 **날인하여 일반인이 열람할 수 있는 상태**에 두면 그것으로 행사가 되는 것이고, 위조된 인과 그 자체를 타인에게 교부한 것만으로는 위조인장행사죄를 구성한다고 할 수 없다."[6]

---

4 [사인위조죄] 아파트주민대표회 회장 甲은 동 대표로 선출된 乙의 K대 졸업경력이 거짓임을 알리는 공고문을 A4 용지에 "乙은 K대를 졸업하였다고 하며 지난번 동대표 선거에서 동대표로 당선되었고, 확인 결과 상기 사실이 허위였음이 K대 교무처장 회신으로 확인되었습니다. 주민대표회 회장 甲"라고 작성하고, K대 교무처장 명의의 **직인을 복사한 후 이를 공고문에 오려붙이고 다시 복사**하고 자신의 이름 옆에 자기의 도장도 날인하여 게시하였다. ① (대판2009도5929) 甲은 사인위조 및 행사죄가 성립한다.

5 [피의자신문조서상의 사서명위조] 甲은 경찰에서 乙로 행세하면서 피의자신문을 받고, 경찰관 丙이 작성한 자신에 대한 피의자신문조서의 말미에 乙의 서명을 기재하였다. 甲은 그 조서에 간인, 무인, 경찰관의 서명날인을 완료하지 않았다. ① (대판 2005도4478) "경찰관의 서명날인이 완료되지 않아 그 피의자신문조서가 완성되지 않았다고 하더라도, 일반인이 보기에 위 서명이 **乙에 의하여 현출된 것이라고 오신하기에 충분**하므로 사서명위조죄는 성립하였다." 甲이 **乙의 서명을 기재함과 동시에 그 서명은 경찰관 등이 열람할 수 있는 상태에 놓이게 되어 그 즉시 위조사서명행사죄도 성립**하였다. 같은 취지의 판례로 ① 피고인이 경찰에서 피의자로서 조사받으면서 자신의 형의 인적 사항을 밝히면서 자신이 그 형인 것처럼 행세를 하고, 자신에 대한 피의자신문조서의 말미에 형의 서명을 하여 수사기록에 편철하게 하였다면, 이는 사서명위조 및 동행사죄에 해당한다(대판 2005도3357); ② 피고인은 공소외인으로 행세하면서 피의자로서 조사를 받은 다음 신분이 탄로나기 전에 이미 경찰관에 의하여 작성된 피의자신문조서의 말미에 공소외인의 서명 및 무인을 하고, 공소외인의 이름이 기재된 수사과정확인서에 무인을 하였다면 사서명 등 위조죄 및 행사죄가 인정된다(대판 2011도503).

6 [위조사인행사죄] 甲은 乙이 위조한 "학교법인 M학원 이사장인"이라는 직인 1개를 그것이 위조된 것임을 알면서도 丙에게 교부하였다. ① (대판 84도90) 위조된 **인과(도장)를 타인이 교부하는 것으로는 위조인장행사죄가 성립하지 않고**, 그 도장으로 날인하여 일반인이 열람할 수 있는 상태에 두

(4) **주관적 요건** 사인등위조·부정사용의 고의와 "행사할 목적"[7]이 있어야 한다.

어야 행사가 된다.

7 [사인위조고의] 甲은 교통사고 피해자 乙이 서울에 입원하여 경찰에 출두하기 어렵고, 경찰이 출장조사하는 번거로움도 피하려고 乙의 승낙을 얻어 사용하려고 乙의 인장을 조각해두었다. 甲이 전화로 乙이 승낙하지 않자 甲은 그 날 오후에 병원에서 출장조사가 끝난 후 인장을 乙의 언니에게 주었다. ① (대판 92도1578) 甲은 사인위조행위를 한 것이지만 乙의 의사에 반하여 **사용할 의도는 없었으므로** 甲은 사인장위조죄가 성립하지 않는다.

성풍속에 관한 죄

Ⅰ. 서　론

음행매개죄(제242조), 음화반포죄(제243조), 음화제조죄(제244조) 및 공연음란죄(제245조)는 사회의 **성윤리** 또는 **건전한 성풍속**을 보호한다. 성윤리는 보편적 도덕과 달리 시대와 사회마다 다른 성의 형이상학적 윤리를 말한다. 음행매개죄는 직업의 자유나 일반적 행동의 자유와 충돌하고, 음화제조·반포죄와 공연음란죄는 (특히 예술적) 표현의 자유와 충돌하기 쉽다.

음행매개죄(제242조), 음화반포등죄(제243조), 음화제조등죄(제244조), 공연음란죄(제245조)가 기본구성요건이다. 가중구성요건으로 성매매알선 등의 행위의 처벌에 관한 법률과 청소년성보호법[1]이 정한 음행매개죄와 음란물제작·배포 등의 죄가 있다.

Ⅱ. 음행매개죄

제242조(음행매개) 영리의 목적으로 사람을 매개하여 간음하게 한 자는 3년 이하의 징역 또는 1천500만 원 이하의 벌금에 처한다.

영리를 위해 성을 매개하는 풍속의 방지와 건전한 성풍속이 보호법익이다. 부차적으로 개인의 성적 자기결정권도 보호법익이 된다. 성풍속은 한 개인의 성매개행위로 침해되는 것이 아니라 단지 위태화될 수 있을 뿐이다. 음행매개죄는 구체적 위험범이다. ① **주체**는 제한이 없다. 부모, 남편 등도 주체가 된다. ② 모든 사람이 음행매개죄의 **객체**가 된다. 성년자도 객체가 되고, 음행의 상습이 있는 부녀도 객체가 된다. 18세 미

1 청소년성보호법이 정한 음란물범죄의 보호법익은 풍속과 같은 보편적 법익이 아니라 개인적 법익으로서 아동·청소년의 성과 "아동·청소년이 책임 있고 건강한 사회구성원으로 성장할"(대판 2018도9340) 가능성이다.

만의 아동에게 음행을 시키거나 음행을 매개한 경우에는 「**아동복지법**」(제29조 6호)이 적용된다. 이 밖에 「**성매매처벌법**」 제19조에 의해 성의 매매, 알선, 매매원의 모집, 소개 등의 행위가 처벌되고, 「**청소년성보호법**」에 의해 만 19세 미만의 아동·청소년의 성을 사거나 사기 위하여 유인하거나 팔도록 권유하거나(제13조)에게 성매매를 강요하거나(제14조) 알선한(제15조) 자도 무겁게 처벌된다. ③ **매개**란 사람을 간음에 이르게 알선하는 것을 말한다. 그 사람에게 간음의 의사가 있었는지 여부는 중요하지 않다. 간음의 교사보다 넓은 개념이다. 음행매개죄에서 **간음**은 매춘(유상의 성매매)일 필요도 없다. 간음의 매개가 성매매의 **알선**에 해당하는 경우에는 「성매매처벌법」(제18조, 제19조)이 적용된다. 추행이나 유사성행위, 동성애를 매개하는 행위는 음행매개죄에 해당하지 않는다. ④ 음행매개죄의 **기수**는 매개의 결과로 현실적으로 간음이 있어야 하고, 간음을 매개하였으나 본인이 불응하거나 응한 후 간음행위를 하지 않은 경우에는 미수로서 처벌되지 않는다. 성매매처벌법상 알선죄는 성매매 정범의 종범이 아니라 독자적인 정범이므로 성매매를 주선하면 매수자가 성매매에 나아가려는 의사가 없었더라도 성매매알선죄는 성립한다(대판 2020도3626). ⑤ 사람을 매개하여 간음하게 한다는 인식과 의사(**음행매개고의**)와 재산적 이익을 취득할 목적이 있어야 한다.

Ⅲ. 음화제조·반포죄

제243조(음화반포등) 음란한 문서, 도화, 필름 기타 물건을 반포, 판매 또는 임대하거나 공연히 전시 또는 상영한 자는 1년 이하의 징역 또는 500만 원 이하의 벌금에 처한다.
제244조(음화제조 등) 제243조의 행위에 공할 목적으로 음란한 물건을 제조, 소지, 수입 또는 수출한 자는 1년 이하의 징역 또는 500만 원 이하의 벌금에 처한다.

음화제조·반포죄[2]의 보호법익은 **사회의 선량한 성풍속**이다. 하나의

2 정보통신망법 제44조의7(불법정보의 유통금지 등), 제74조(벌칙)와 청소년성보호법 제11조(아동·청소년성착취물의 제작·배포 등)의 특별규정 참조.

음란물죄가 발생하였다고 하여 선량한 성풍속이 붕괴되는 것은 아니므로, 선량한 성풍속은 음란물죄에 의해 단지 추상적으로 위태화된다. 음란물죄는 (예술적) 표현의 자유와 충돌하기 쉬우며 음란물죄의 적용은 반사적으로 **표현의 자유에 법적 한계**를 설정한다. 이때 형법적 제한의 목적은 단순히 선량한 성풍속 보호에서 미성년자 보호나 음란물로부터의 자유의 보호로 그 중심이 이동되어야 한다. 판례(대판 2006도3558)도 그런 경향을 보여준다. 음란물죄와 경계를 이루는 표현의 자유는 정치, 예술, 교육 등의 사회영역마다 그 보호정도를 차등할 수 있다.

(1) 주 체 제한이 없다. 풍속영업자(무인·허가 포함)[3]는 「풍속영업규제법」 제10조 제2항이 적용된다.

(2) 음란한 물건 객체는 "음란한 물건" 또는 "음란한 문서, 도화, 필름 기타 물건"이다.

1) 문서, 도화, 필름, 기타의 물건 문서, 도화, 필름은 물건의 예시적 형태일 뿐이다. 문서는 소설이나 시, 도화는 회화나 만화, 필름은 카메라필름, 영화필름, 마이크로필름, 비디오 테이프 등 사진이나 영화 등으로 재생될 수 있도록 제작된 물체를 말한다. 기타 물건에는 조각품, 녹음테이프, CD, 플로피디스크, 광디스크, 광자기디스크 등이 속한다. 반면 컴퓨터 프로그램파일은 이에 해당하지 않는다(대판 2020도1669).

2) 음 란 성 음란(淫亂)은 가치충전필요개념이다. 이때 가치는 판례에 의하면 궁극적으로는 "**사람의 존엄성**"(대판 2006도3558)이 된다. 하지만 음란 개념은 "사회통념상 일반 보통인의 성욕을 자극하여 **성적 흥분을 유발**하고 **정상적인 성적 수치심**을 해하여 성적 도의관념에 반하는

3 [숙박업자의 음란물방영] 숙박업자 甲은 위성방송수신기로 일본 포르노물을 수신하여 손님들 가운데 관람을 원하는 손님은 잠금장치를 풀고 시청할 수 있게 하였다. ① (대판 2009도4545) 甲이 풍속영업자이므로 「풍속영업규제법」 제10조 제2항이 적용된다. "일정한 잠금장치를 설치하여 관람을 원하는 성인만을 상대로 방송을 시청하게 하였다는 사정은 범죄의 성립에 영향을 미치지 아니한다." ② (評釋) 포르노는 음란물이고, 일본에서 수입하여(제244조) 상영(제243조)함으로써 불특정 또는 다수인이 관람하게 하였으므로 형법상 음화제조·반포죄(제243조, 제244조)가 성립하고, 풍속영업규제법 위반죄에 흡수된다(법조경합). 텔레비전방송프로그램은 「영화비디오법」 제2조 12호의 비디오물에 해당하지 않는다.

것"(대판 2003도4128)으로 정의된다. 예컨대 모조여성성기[4]는 음란물인 반면, '돌출콘돔'(대판 2000도3446),[5] 남성의 성기확대기 '해면체비대기'(대판 78도2327)는 음란물이 아니다. 음란 개념은 "**사회와 시대적 변화에 따라 변동하는 상대적이고도 유동적인 것**이고, 사회의 풍속, 윤리, 종교 등과도 밀접한 관계를 가지는 추상적인 것이므로" 사회통념상 **일반 보통인의 정서**를 그 판단의 규준으로 삼는다(대판 94도2266). 개인의 개성과 고유한 가치 실현을 존중하는 현대사회에서 음란물 규제는 "사회의 성윤리나 성도덕의 보호라는 측면을 넘어서 **미성년자 보호** 또는 **성인의 원하지 않는 음란물에 접하지 않을 자유**"[6]를 더욱 중점적으로 고려하여야 한다. 음란에 대한 "최종적인 판단의 주체는 **당해 사건을 담당하는 법관**이라 할 것이니, 음란성을 판단함에 있어 법관이 자신의 정서가 아닌 일반 보통인의 정서를 규준으로 하여 이를 판단하면 족"[7]하다.

3) 예술과 음란의 경계 예술작품이 음란성을 띠고 있을 때 음화제

4 [모조여성성기와 음화반포죄] 甲은 자신의 'P' 성인용품점에서 남성용 자위기구(모조여성성기)를 전시 판매하였다. 이 기구는 여성의 음부, 항문, 음모, 허벅지 부위를 실제와 거의 동일한 모습으로 제작되었다. ① (대판 2003도988) "남성용 자위기구가 그 시대적 수요가 있고 어느 정도의 순기능을 하고 있으며 은밀히 판매되고 사용되는 속성을 가진 것은 사실이나 여성 성기를 지나치게 노골적으로 표현함으로써 사회통념상 그것을 보는 것 자체만으로도 성욕을 자극하거나 흥분시킬 수 있고 일반인의 정상적인 성적 수치심을 해치고 선량한 성적 도의관념에 반한다." 甲은 음란물반포죄(제243조)가 성립한다. 이에 반해 "사람의 피부에 가까운 느낌을 주는 실리콘을 소재로 하여 여성의 음부, 항문, 엉덩이 부위를 재현하였다고는 하나, 여성 성기의 일부 특징만을 정교하지 아니한 형상으로 간략하게 표현한 것에 불과하고 그 색상 또한 사람의 실제 피부색과는 차이가 있는" (대판 2013도6345) 물건은 음란한 물건이 아니다.

5 돌출콘돔은 "그 기구 자체가 성욕을 자극, 흥분 또는 만족시키게 하는 물건으로 볼 수 없을 뿐만 아니라 일반인의 정상적인 성적 수치심을 해치고 선량한 성적 도의관념에 반한다고도 볼 수 없"어 음란한 물건에 해당한다고 볼 수 없다(대판 2000도3346).

6 [음란만화 인터넷판매] 甲은 인터넷포털 만화사이트에 "변태적인 성행위를 노골적·사실적·집중적으로 묘사하여 건전한 성적 수치심을 해하고 만화에 등장하는 여성의 나신이나 성기를 지나치게 선정적이거나 자극적으로 묘사"한 **M의 사랑** 등을 연재하였고, 이 사이트 총괄직원 乙은 이를 성인만화방에 게재해 놓고, 가입회원 약 3만 명에게 1권당 500원을 받고 보게 하였다. ① (대판 2003도4128) "인터넷 포털 사이트 내 오락채널 총괄팀장에게 **콘텐츠제공업체들이 게재하는 음란만화의 삭제를 요구할 조리상의 의무**가 있"으므로 乙은 甲에 대한 방조죄가 성립한다. 甲은 정보통신망법위반죄(제74조 제1항 2호)가 성립한다.

7 [영상물등급분류와 음란성 판단] "영화나 비디오물 등에 관한 영상물등급위원회의 등급분류는 관람자의 연령을 고려하여 영화나 비디오물 등의 시청 등급을 분류하는 것일 뿐 그 음란성 여부에 대하여 심사하여 판단하는 것이 아니므로, 법원이 영화나 비디오물 등의 음란성 여부를 판단하는 과정에서 영상물등급위원회의 등급분류를 참작사유로 삼을 수는 있겠지만, 영상물등급위원회에서 18세 관람가로 등급분류하였다는 사정만으로 그 영화나 비디오물 등의 음란성이 당연히 부정된다거나 영상물등급위원회의 판단에 법원이 기속된다고 볼 수는 없다"(대판 2006도3558).

조·반포죄로 처벌하는 것은 (예술적) 표현의 자유 보호를 위해 필요최소한에 그쳐야 한다.

[판례: 음란성 판단] "예술성과 음란성은 차원을 달리하는 관념이므로 어느 예술작품에 예술성이 있다고 하여 그 작품의 음란성이 당연히 부정되는 것은 아니"고 "그 작품의 예술적 가치, 주제와 성적 표현의 관련성 정도 등에 따라서는 그 음란성이 완화되어 결국은 형법이 처벌대상으로 삼을 수 없게 되는 경우가 있을 수 있을 뿐이다"(대판 2002도2889). 특히 "사람의 존엄성과 가치를 심각하게 훼손·왜곡하였다고 평가할 수 있을 정도로, 노골적인 방법에 의하여 성적 부위나 행위를 적나라하게 표현 또는 묘사한 것으로서, **사회통념에 비추어 전적으로 또는 지배적으로 성적 흥미에만 호소하고 하등의 문학적·예술적·사상적·과학적·의학적·교육적 가치를 지니지 아니하는**"(대판 2016도8783)[8] 경우에는 음란물이 된다.

그러나 언제 처벌대상으로 삼을 수 없게 될 정도로 처벌가치가 감소하는지에 대한 판단을 법관이 주관적으로 한다면 예술적 표현의 자유가 보장되기 어렵다. 각 예술영역마다 예술비평담론을 배후에 둔 그 작품에 대한 (전문가공론에서 경쟁력을 지니는) 예술비평[9]이 음란성과의 비교형량을 통해 그 처벌가치를 결정하는 기준이 된다.[10] 이런 한에서 (예술)비평이

8 불특정 다수의 휴대전화에 여성의 성기, 자위행위, 불특정 다수와의 성매매를 포함한 성행위 등을 저속하고 노골적으로 표현 또는 묘사하거나 이를 암시하는 문언이 기재된 문자메시지를 전송하는 행위는 정보통신망법 제44조의7 제1항 제1호 음란문언배포죄에 해당한다(대판 2016도8783).

9 [예술비평과 회화의 음란성] 甲은 M갤러리에서 19세 미만 관람불가로 〈여고생 전〉를 열었다. 이 그림들은 교복을 입은 여고생이 성인 남자의 성기를 빨고 있는 모습, 교복을 입은 여고생이 팬티를 벗어 음모를 노출시킨 모습 등 극히 사실적으로 묘사하였다. 비평가들은 甲의 작품들이 개념예술적 요소가 있으며, 자본주의 사회의 성의 병폐를 고발하는 사상적 의미가 있다고 보기도 하였다. ① (대판 2002도2889) 甲의 그림들은 "보통 사람들의 성적 수치심과 선량한 성적 도의관념을 침해하는 음란한 도화 및 문서에 해당"하므로 음화제조·반포죄가 성립한다. ② (評釋) 그림들이 포르노와 양식적 차이성, 사상적 성찰, 성인만 입장을 허용한 갤러리 전시물이었음을 고려하면 비록 예술적 가치가 높지 않아 음란성이 남아있었어도 사회적 유해성은 매우 낮아 음화제조·반포죄가 성립하지 않는다. 자세히는 이상돈, 예술형법, 박영사, 2014, 93쪽 참조.

10 [교사부부 누드사진] 중학교 미술교사 甲은 처 乙과 나란히 누드로 서서 디지털카메라로 촬영한 사진을 홈페이지에 게재했다. 甲은 '예술이나 사진이 인간의 신체적 아름다움을 특정한 시각적인 규격으로 고정시켰으며 그로 인해 그에 이르지 못한 보통사람들은 자신의 신체를 추한 것으로 여겨 자신의 몸에 대해 억압적인 태도를 갖게 되었다'는 설명을 덧붙였다. 甲이 근무하는 중학교 학생들은 甲의 홈페이지를 쉽게 찾아 들어가서 열람할 수 있었다. ① (대판 2003도2911) "'나체미학'이라는 일련의 작품의 예술성으로 인하여 위 사진을 처벌대상으로 삼을 수 없을 정도로 그 음란성이 완화되었다고 보기는 어려운 점, 보통 사람들이 위 사진을 보았을 경우, 작가의 의도와는 달리 오히려 성적 수치심을 느끼거나 도색적 흥미를 갖게 되기가 쉽게 되어 있는 점 등을 종합하여 보면" 음화제조·반포죄가 성립하고, 정보통신망법위반죄(제74조 제1항 2호)가 적용된다. ② (評釋) 甲의 홈페이지가 19세 이상만 접근 가능하였거나 갤러리에서 전시하였다면 사회적 유해성이 감소되어 처벌가치가 탈락할 수 있지만 홈페이지 게시는 학생들에게 도덕적 허무주의를 심

법이 되는 것이다(Art Critics become the law). 예술작품의 음란한 요소를 **상업적으로 이용한 물건**(예: 나체의 마야를 새긴 성냥갑[11])은 그 본래의 작품의 예술성을 구현하는 것이 아니므로 음란물로 취급될 수 있다.

(3) 행 위 **제조**는 음란물을 만드는 것이고, **소지**는 자신의 사실상 지배하에 두는 것(예: 휴대, 보관)을 말한다. **수입**은 음란물을 국외에서 국내로 반입하는 것을, **수출**은 국내에서 국외로 반출하는 것을 말한다. **반포**는 불특정 또는 다수인에게 무상으로 교부하는 것을 뜻하고, **판매**는 불특정 또는 다수인에게 유상(예: 매매, 교환, 기타 대가관계를 맺고)으로 양도하는 것을 말한다. 반포나 양도는 현실의 인도가 있어야 충족된다. **임대**는 유상으로 대여하는 것이다. 영업일 필요는 없다. 한편 반포·판매·임대의 필요적 공범에 해당하는 그 상대방은 처벌되지 않는다. 이는 반포·판매·임대만을 처벌하고 그 상대방 가담자를 처벌하는 법문이 없기 때문이다. **전시**(展示)란 시각적으로 볼 수 있게 해놓는 것뿐만 아니라 음란한 음향을 (녹음매체의 재생을 통해) 들을 수 있게 해놓는 것도 포함한다. 전시의 **공연성**은 유·무상을 불문하고 불특정 또는 다수인이 관람할 수 있는 상태에 두는 것을 말한다. 불특정 또는 다수인이 현실적으로 관람했을 것을 요구하지는 않는다. **상영**(上映)이란 영상필름을 영사하여 불특정 또는 다수인에게 보여주는 것을 말한다.

(4) 고 의 음란물임에 대한 인식이 있으면서도 제조, 소지, 반포, 판매, 전시 등을 하려는 의사가 있어야 한다. 물건의 음란성에 대한 규범

어주는 사회적 유해성이 인정된다. 이상돈, 예술형법, 박영사, 2014, 144쪽 참조.

11 [예술품의 상업적 이용] UN성냥갑을 제조 판매하는 회사 대표 甲은 성냥갑에다 고야(Francisco Goya)의 〈나체의 마야〉를 인쇄해 넣었다. 이 작품은 스페인의 어느 귀족부인이 나체로 침대위에 비스듬히 누워 위를 보고 있는 모습을 그린 것이었다. ① (대판 70도1879) "여자 나체화 카드 사진이 비록 명화집에 실려 있는 그림이라 하여도 이것을 예술, 문학, 교육 등 공공의 이익을 위해서 이용하는 것이 아니고, 성냥갑 속에 넣어서 **판매할 목적**으로 그 카드 사진을 복사 제조하거나 시중에 판매하였다고 하면 이는 그 **명화를 모독하여 음화화** 시켰다. 음란성의 유무는 그 그림 자체로서 객관적으로 판단해야 할 것이고, 그림이 음란한 것인가 아닌가를 인식할 필요는 없다." 甲은 음화제조·판매죄가 성립한다. ② (評釋) 단토(Arthur C. Danto)에 의하면 그림이 원래 보여주는 것을 표현하는 경우에 그 그림은 '**이용**'(use)되는 것이고 다른 목적을 위해 원래 그림처럼 보이도록 표현한다면 그 그림은 단지 '**언급**'(mention)되고 있는 것이다. U성냥갑은 〈나체의 마야〉를 언급할 뿐 이용하는 것이 아니다. 甲의 음란성 불인식은 포섭착오이다.

적 이해도 필요하고, (특히 예술작품에서) 법원의 판단과 다른 이해는 법률의 착오(제16조), 특히 포섭의 착오로 다루어야 한다. 하지만 정당한 이유에 대한 판단은 결국 예술비평에 의해 좌우된다.

(5) **죄 수** 음란물을 제조, 소지, 반포, 판매, 전시·상영 등의 실행행위를 하면 전체가 포괄하여 일죄가 된다.

[음화제조와 음화반포의 포괄일죄] "음란한 물건"(제244조)은 "음란한 문서, 도화, 필름 기타 물건"(제243조)과 사실상 같은 개념이고, 실행행위로서 "제조, 소지, 수입 또는 수출"(제244조)과 "반포, 판매 또는 임대하거나 공연히 전시 또는 상영"(제243조)은 하나의 행위에 의해 그때그때 다양한 형태로 포괄된다. 예컨대 음란한 물건에 해당하는 그림을 그려서 전시하면 제243조와 제244조가 함께 적용되며, 두 죄는 포괄일죄가 된다. 이 포괄일죄는 반포, 판매, 임대와 같은 즉시범의 형태와 공연, 전시, 상영과 같은 계속범의 형태도 포괄한다. 이런 포괄일죄는 음란물죄라고 칭하기도 한다.

Ⅳ. 공연음란죄

제245조(공연음란) 공연히 음란한 행위를 한 자는 1년 이하의 징역, 500만 원 이하의 벌금, 구류 또는 과료에 처한다.

공연음란죄는 공연히 음란한 행위를 한 것만으로 성립하는 거동범, 경향범, 추상적 위험범이다. 구성요건이 과도하게 불명확하다.

(1) **공 연 성** "공연히"란 불특정 다수인이 직접 인식할 수 있는 상태를 말한다.

(2) **음란한 행위** 음란한 행위는 "일반 보통인의 성욕을 자극하여 성적 흥분을 유발하고 정상적인 성적 수치심을 해하여 성적 도의관념에 반하는 행위"이다(대판 2000도4372).[12] 음란한 행위는 "그 행위가 반드시 성

12 "고속도로에서 승용차를 손괴하거나 타인에게 상해를 가하는 등의 행패를 부리던 자가 이를 제지하려는 경찰관에 대항하여 공중 앞에서 알몸이 되어 성기를 노출한 경우, 음란한 행위에 해당하고 그 인식도 있었다(대판 2000도4372)." 250명의 관객이 있고, 관람석에서 무대가 5m 떨어진 무대 위에서 여배우가 음부와 전신이 노출된 전라로 나오고, 남자에게 나신으로 성교를 갈구하며, 남자배우가 여배우를 실신시킨 다음 쓰러져 있는 여배우를 보고 자위행위를 하는 등의 "연극 공연행위의 음란성의 유무는 그 공연행위 자체로서 객관적으로 판단해야 할 것이고, 그 행위자의 주관적인 의사에 따라 좌우되는 것은 아니라고 할 것인바(대판 70도1879), 비록 피고인이 위 행

행위를 묘사하거나 성적인 의도를 표출할 것을 요하는 것은 아니"[13]다. 또한 신체의 노출행위가 있어도 구체적 사정에 비추어 "일반 보통인의 성욕을 자극하여 성적 흥분을 유발하고 정상적인 성적 수치심을 해하는 것이 아니라 단순히 다른 사람에게 부끄러운 느낌이나 불쾌감을 주는 정도에 불과하다고 인정되는 경우"[14] 과다노출죄(경범죄처벌법 제3조 제1항 33호)만 인정된다.

(3) **고 의** 공연음란죄의 **고의**는 공연히 음란한 행위를 한다는 점에 대한 인식과 의사이다. "성욕의 흥분, 만족 등의 **성적인 목적**"은 요구되지 않는다(대판 2000도4372).

위들의 음란성을 인식하지 못하였다고 하더라도 객관적으로 음란하다고 인정되는 위 행위들을 공연히 하고 있다는 것을 인식하고 있으면 되고 그 이상 더 나아가서 위 행위들이 음란한 것인가 아닌가를 인식할 필요는 없다. **공연윤리위원회 소관부서의 평가를 거친 후에 공연행위를 하였다고 하더라도** 공연음란죄의 성립에 아무런 장애가 되지 아니한다"(대판 96도980).

13 [상업적 목적과 행위예술] 甲은 요구르트 홍보를 위해 갤러리에서 관람객들과 기자들을 입장시키고, 여성모델들로 하여금 알몸에 밀가루를 바르고 무대에 나와 분무기로 요구르트를 몸에 뿌려 밀가루를 벗겨내어 알몸을 완전히 드러낸 상태에서 무대를 돌며 관람객들에게 요구르트를 던져 주게 하였다. ① (대판 2005도1264) "성행위를 묘사하거나 성적인 의도를 표출하는 행위는 아니라고 하더라도 일반 보통인의 성욕을 자극하여 성적 흥분을 유발하고 정상적인 성적 수치심을 해하여 성적 도의관념에 반하는 음란한 행위에 해당"한다. "**행위예술로서의 성격**을 전혀 가지고 있지 않다고 단정할 수는 없으나, **위 행위의 주된 목적은 요구르트 제품을 홍보하려는 상업적**인 데에 있었고, 신체노출의 방법 및 정도가 제품홍보를 위한 행위에 있어 필요한 정도를 넘어섰으므로" 甲은 공연음란죄가 성립한다.

14 [성적 수치심과 불쾌감] 甲은 주차문제로 말다툼하던 乙의 "술을 먹었으면 입으로 먹었지 똥구멍으로 먹었냐"라고 말에 분을 못이기고 乙의 상점으로 찾아가서 카운터를 보던 乙의 딸 丙에게 1분 동안 "주인 어디 갔느냐"고 소리를 지르고 등을 돌려 엉덩이가 드러날 만큼 바지와 팬티를 내린 다음 엉덩이를 들이밀며 "똥구멍으로 어떻게 술을 먹느냐, 똥구멍에 술을 부어 보아라"고 말했다. 丙은 甲이 등을 돌리고 하였기 때문에 성기를 보지는 못했다. ① (대판 2003도6514) 甲의 행위는 음란한 행위에 해당하지 않고, 甲에게 타인의 정상적인 성적 수치심을 해하는 음란한 행위라는 인식도 없었다는 점에서 공연음란죄는 성립하지 않는다. 「경범죄 처벌법」상 과다노출죄가 성립할 수 있다.

§72. 도박과 복표에 관한 죄

Ⅰ. 서 론

도박과 복표에 관한 죄의 보호법익은 판례에 의하면 "**경제에 관한 건전한 도덕법칙**[1]" 또는 "건전한 근로의식의 배양 보호"이다. 그렇기에 일시오락에 불과한 도박(예: 민화투놀이[2], 작은 판돈의 고스톱[대판 89도1992])은 처벌하지 아니한다(제246조 제1항 단서). 私見으로 도박과 복표에 관한 죄는 사행심으로 타락하기 쉬운 **시민사회의 노동윤리**[3](예: 인격의 발현인 노동에 의한 재산 형성과 향유)를 유지하기 위함이다. 노동의 피로를 덜고, 노동의지를 재생시키는 오락적 성격의 도박은 제246조 제1항 단서에 의해 그리고 노동으로 달성할 수 없는 부를 꿈꾸는 일상으로서 복표 취득 등의 행위는 「사행행위규제법」 및 「복권법」에 의해 허용된다.[4] 한 개인의 도박행위에 의해 경제에 관한 건전한 도덕법칙이나 노동윤리는 추상적으로 위태화될 뿐이므로 도박죄는 **추상적 위험범**이다. 구성요건체계는 도표와 같다.

	도박에 관한 죄	복표에 관한 죄
기본	● 단순도박죄(제246조 제1항)	● 복표발매죄(제248조 제1항)
		● 복표발매중개죄(제248조 제2항)
		● 복표취득죄(제248조 제3항)
가중	● 상습도박죄(제246조 제2항)	◀ 음영색 구성요건은 벌금병과가능 (제249조)
독자변형	● 도박장소등개설죄(제247조)	

1 법칙이라는 개념은 도덕과 어울리지 않으며, 도덕률의 잘못된 번역어이다. 도박죄 등은 도덕이 아니라 (사회)윤리의 고양과 관계되는 죄이다.

2 [민화투놀이] 甲은 친구 3인과 무허가 주점에서 술을 마시다가 한 판에 1인당 100원씩을 걸고 민화투를 쳤다. 매회 도금 300원 중 100원은 술값으로 적립하고 나머지 200원은 승자가 취득하는 방법으로 2시간에 걸쳐 20여 회의 도박을 하였다. ① (대판 82도2151) "승패결정의 흥미를 북돋우기 위한 것이고 그 재물의 경제적 가치가 근소하여 건전한 근로의식을 침해하지 않을 정도"로서 일시오락에 불과하므로 도박죄가 성립하지 않는다.

3 "건전한 근로의식"(대판 2003도6351)도 이와 유사한 개념으로 볼 수 있다.

4 [사해행위와 도박과 복권의 차이] 「사행행위규제법」 제2조(정의) 제1항 1호는 "'사행행위'란 여러 사람으로부터 재물이나 재산상의 이익(이하 "재물등"이라 한다)을 모아 우연적 방법으로 득실(得失)을 결정하여 재산상의 이익이나 손실을 주는 행위를 말한다"고 정의한다. 사행행위의 개념은 도박이나 복권 행위와 같다. 「사행행위규제법」과 「복권법」은 노동의지를 재생시키는 오락과 노동으로 달성할 수 없는 부에 대한 욕망을 해소하는 순기능 때문에 합법화하는 것이다.

Ⅱ. 도박죄와 상습도박죄

제246조(도박, 상습도박) ① 도박을 한 사람은 1천만 원 이하의 벌금에 처한다. 다만, 일시오락 정도에 불과한 경우에는 예외로 한다. ② 상습으로 제1항의 죄를 범한 사람은 3년 이하의 징역 또는 2천만 원 이하의 벌금에 처한다.

(1) **주 체** 도박죄는 2인 이상이 함께 해야 하는 **필요적 공범**(대향범)이다. 상습도박(제246조 제2항)은 가중처벌된다. **상습성**은 "반복하여 도박행위를 하는 습벽으로서 행위자의 속성을 말하는데, 이러한 습벽의 유무를 판단함에 있어서는 도박의 전과나 도박횟수 등이 중요한 판단자료가 되나 도박전과가 없다 하더라도 도박의 성질과 방법, 도금의 규모, 도박에 가담하게 된 태양 등의 제반 사정을 참작하여[5] 도박의 습벽이 인정되는 경우에는 상습성을 인정"할 수 있다(대판 95도955). **풍속영업자**는 "풍속영업소에서 도박 기타 사행행위를 하게 하여서는 아니 된다"(「풍속영업규제법」 제3조 4호). 이를 위반했을 때에는 풍속영업준수사항위반죄(「풍속영업규제법」 제10조 제2항)[6]가 성립한다.

(2) **도 박** "도박이라 함은 참여한 당사자가 재물을 걸고[7] 우연한 승부에 의하여 재물의 득실을 다투는 것을 의미"한다(대판 2001도5802). 즉

---

5 [도박의 상습성] 도박전과가 없는 甲은 乙, 丙과 2000. 3. 15. 저녁부터 3. 17. 저녁까지 1회에 2만 원 내지 10만 원의 판돈을 걸고 "도리짓고땡"을 수십 회 하였다. 이후 甲은 도박을 하지 않았고, 乙과 丙은 같은 해 10.경까지 계속하였다. ① (대판 85도1272) 甲의 도박의 횟수, 방법 및 판돈의 금액만으로는 甲에게 도박습벽이 있다고 보기 어렵다.

6 [여관운영자의 오락성 도박] 여관 주인 甲은 그 여관에서 동네친구들과 저녁을 먹은 후 저녁값을 마련하기 위한 '훌라' 도박을 하였다. ① (대판 2003도6351) "풍속법의 입법목적에 비추어 보면 풍속영업자가 풍속영업소에서 도박을 하게 한 때에는 그것이 **일시 오락 정도**에 불과하여 **형법상 도박죄로 처벌할 수 없는 경우에도 풍속영업자의 준수사항 위반을 처벌하는 풍속법"상의 도박죄의 구성요건**(제10조 제2항, 제3조 4호)**에 해당**하지만 **"정상적인 생활형태의 하나로서 역사적으로 생성된 사회생활 질서의 범위 안에 있는 것"으로서 사회상규에 위배되지 아니한다.** ② (評釋) 甲의 행위는 국가법인 풍속영업규제법 제1조의 목적에서는 도박죄에 해당하지만, **시민법**으로서 요구되는 형벌법규의 정당성은 없고, 이는 구성요건해당성을 배제시킨다. 풍속영업규제법의 규범영역은 여관의 손님과 주인 사이의 거래영역을 규율하고, 주인과 친구 사이의 사적 관계는 규율하지 않기 때문이다.

7 재물을 건다는 판례의 개념정의는 2013. 4. 5. 형법개정 이전의 형법 제246조의 "재물로써"라는 문언에 대한 해석에서 비롯된 것이다. 그러나 형법개정은 그 문언을 삭제하고 현행 도박죄는 "도박을 한 사람"으로 단순화되었다. 이로써 재물 개념을 재산상 이익으로 확장하는 판례는 유추금지원칙의 위반이라는 부담을 덜게 되었다. 따라서 판례가 정의한 도박의 개념에서 '재물을 걸고'라는 문언은 '재산을 건다'는 문언으로 변경할 수 있다.

도박 개념은 재산걸기, 승부의 우연성, 재물의 득실(재물의 분배행위)로 이루어져 있다. ① '**재산을 건다**'는 것은 도박의 승자에게 일정한 재산을 준다는 약속을 뜻한다. 재산은 재물이든 재산상의 이익이든 상관없으며, 금전, 부동산, 채권, 유가증권, 무체재산권, 인터넷상의 전자화폐, 약속한 재물의 대용물도 포함한다. ② **승부의 우연성**은 "**주관적으로 당사자에 있어서 확실히 예견 또는 자유로이 지배할 수 없는 사실**에 관하여 승패를 결정하는 것을 말하고, 객관적으로 불확실할 것을 요구하지 아니하며, 당사자의 능력이 승패의 결과에 영향을 미친다고 하더라도 다소라도 우연성의 사정에 의하여 영향을" 받는다면(예: 내기골프[8]) 도박죄가 성립한다. ③ 도박죄는 재산을 걸었어도 현실적인 급부가 반드시 필요한 것은 아니며, 재산의 액수는 승패가 결정된 경우에 확정할 수 있는 것이면 충분하다. 패자가 승자에게 재산을 교부하든 승자가 부담해야 할 비용을 패자가 대신 지불하든 상관없다. ④ 도박죄는 추상적 위험범이다. 예컨대 화투와 카드의 배부를 시작한 때에는 이미 기수가 인정되며, 승패가 결정되거나 재물의 득실이 발생할 필요가 없다.

(3) 일시오락의 도박 제246조 제1항 단서에 의하면 도박을 하더라도 "다만 일시오락[9] 정도에 불과한 경우에는 예외로 한다." 판례는 이 규정을 도박죄의 **위법성조각사유**로 본다. "도박의 위법성의 한계는 도박의 장소, 도박자의 사회적 지위, 재산정도, 도물의 근소성 등 각 사정을 참작하여 구체적으로 판단하여야 한다"(대판 4291형상335). 私見으로 일시오락

8 **[내기골프]** 甲은 乙, 丙, 丁과 골프를 칠 때마다 매번 각 홀 게임 중 1타당 50만 원, 동점은 100만 원을 승리금으로 승자에게 주고, 최소타 우승자에게 상금 500만 원을 주기로 정한 후 내기골프를 하였다. 甲은 26회에 걸쳐 6억여 원 상당의 돈을 잃거나 땄다. 甲은 도박전과가 없다. ① (대판 2006도736) 골프의 경기 결과가 제3자가 볼 때 개연성의 정도로 예측될 수 있더라도 **주관적으로 승패를 지배할 수 없고 우연적 요소가 개입**한다면 도박 개념의 우연성 요건이 충족된다. 도박 횟수, 규모로 보아 도박전과가 없어도 甲은 상습도박죄가 성립한다.

9 **[일시오락성 도박]** 공무원시험준비생 甲은 같은 건물의 정육점 주인 乙, 세탁소 주인 丙, 택시운전기사 丁, 회사원 戊와 평소 얼굴을 알고 지내던 중 친목으로 乙의 정육점 내실에서 15시부터 19시까지 1점당 100원을 걸고 술내기 화투를 쳤다. 乙, 丙, 丁, 戊는 각 2천 원 정도 잃었고, 甲은 8천원을 땄다. 화투를 친 후 甲은 4명과 함께 집 부근 포장마차에서 그가 딴 돈 8천 원과 각자 추렴한 돈을 합쳐 1만 원의 술을 마셨다. ① (대판 85도2096) 甲은 도박죄의 구성요건에 해당하지만, "위법성의 한계인 **일시 오락의 정도에 그친다"는 점에서 위법성이 조각된다.** ② (評釋) 甲의 도박죄는 구성요건해당성이 탈락한다.

의 도박은 정상적 사회생활의 구성부분이므로 도박죄의 구성요건해당성을 탈락시킨다.

(4) **카지노이용과 도박죄** ① "카지노이용행위에 대해 적용되는 도박죄의 보호법익보다 좀더 높은 국가이익을 위하여 예외적으로 내국인의 출입을 허용하는 **폐광지역 개발지원에 관한 특별법** 등에 따라 카지노에 출입하는 것은 법령에 의한 행위로 위법성이 조각된다"(대판 2002도2518). 이는 내국인의 카지노 이용이 도박죄의 구성요건에 해당하고 오락이 아니라 노동윤리를 해치는 행위임을 전제한다. ② **내국인이 외국에서 카지노를 이용**하여 도박을 한 경우에는 설령 그 외국에서 우리나라 사람의 카지노 이용[10]이 합법적인 경우도 속인주의(제3조)에 따라 도박죄가 성립하고, 그 위법성이 조각되지 않는다.

(5) **죄 수** ① 도박을 일정한 기간 안에 반복해서 하는 경우에 **상습성**이 인정되면 1개의 상습도박죄가 성립하고, 상습성이 인정되지 않는 경우에는 **연속범**(또는 집합범)이 되어 1개의 (포괄)일죄가 성립한다. ② 도박장을 개장한 자가 그 도박에 직접 참가하여 도박을 한 경우에는 **도박장소등개설죄와 도박죄**의 경합범이 성립한다. ③ 상습도박이나 상습도박방조에서 상습성은 "행위자의 속성으로서 도박을 반복해서 거듭하는 습벽을 말하는 것인바, 도박의 습벽이 있는 자가 도박을 하고 또 도박방조를 하였을 경우 **상습도박방조의 죄는 무거운 상습도박의 죄에 포괄시켜 1죄**로서 처단" 한다(대판 84도195). ④ 도박당사자의 일방이 사기의 수단으로써 승패의 수를 지배하는 **사기도박**[11]에는 "우연성이 결여되어 사기죄

10 [외국카지노이용] 甲은 재경원장관에게 신고하지 않고 미국 M호텔 카지노에서 호텔과 정한 차용의 한도 내에서 현금 대신 '칩'을 받고 미화로 금액을 기재한 마커(marker)를 작성하여 호텔에 교부한 후 '칩'을 이용하여 도박을 하였다. ① (대판 2002도2518) 甲은 내국인의 국외범(형법 제3조)이고 "**도박죄를 처벌하지 않는 외국 카지노에서의 도박이라는 사정만으로 그 위법성이 조각된다고 할 수 없다.**" ② 甲은 실질적으로 M으로부터 금전을 차용한 것이므로 **외국환거래법**이 규제하는 '금전의 대차'(제3조 제1항 16호 라)에 해당하고 **자본거래신고의무위반죄**(제29조 제1항 6호, 제18조)도 성립한다.

11 [사기죄와 도박죄] 甲은 乙과 함께 사기도박으로 금원을 편취하기로 공모하고, H모텔 객실 화재경보기에 몰카를 설치하고, 맞은편 모텔 객실에 모니터를 설치하였다. 甲은 丙과 丁과 정상적인 도박을 하다가 차츰 乙이 몰카로 파악한 丙과 丁의 화투 패를 미리 알고 도박의 승패를 지배하여 丙과 丁으로부터 도금을 받았다. ① (대판 2010도9330) "甲은 丙과 丁에게 도박에 참가하도록 권

만 성립하고 도박죄는 성립하지 아니한다"(대판 4293형상743).

Ⅲ. 도박장소등개설죄

제247조(도박장소 등 개설) 영리의 목적으로 도박을 하는 장소나 공간을 개설한 사람은 5년 이하의 징역 또는 3천만 원 이하의 벌금에 처한다.

도박장소등개설죄는 개설자가 재물상실의 위험을 부담하지 않으면서도 인간의 사행본능을 이용하여 도박을 촉진시켜 영리를 취한다는 점에서 그 불법이 도박죄보다 더 무겁다. 도박장소등개설죄는 **국제연합국제조직범죄방지협약**의 대상범죄이기도 하다.

(1) **주 체** 제한이 없다. 도박장소등개설자가 그 도박에 참여하면 경합범이 된다. **게임물관련사업자**가 게임물을 이용하여 도박을 하게 하면 「게임산업법」 제44조에 의해 가중처벌된다.

(2) **도박을 하는 장소나 공간** **도박을 하는 장소**는 도박을 행하는 물리적 공간 뿐만 아니라 그 부대설비를 모두 포함한다. 소유여부, 상설여부 등은 불문한다. **도박을 하는 공간**이란 인터넷상의 도박을 하는 사이버공간도 포함한다. 도박의 세 가지 개념요소인 재산걸기, 승부의 우연성, 재물의 분배 중 어느 하나만 일어나도 도박을 하는 장소나 공간이 될 수 있다(대판 98도1708).

(3) **개 설** 개설이란 **"영리의 목적으로 스스로 주재자가 되어 그 지배 하에"**[12] 도박장소나 공간을 **설치하고 운영**하는 것을 말한다. ① **도박장소만 제공한 경우**는 도박장소등개설죄(제247조)가 성립하지 않고, **도박**

유한 때 또는 늦어도 丙과 丁이 도박에 참가한 때 사기죄의 실행에 착수하였다고 할 것이므로, 甲이 그 후에 사기도박을 숨기기 위하여 얼마간 **정상적인 도박을 하였다고 하더라도 이는 사기죄의 실행행위에 포함되는 것**이어서 甲에 대하여는 피해자들에 대한 **사기죄만이 성립하고 도박죄는 따로 성립하지 아니한다."**

12 [도박장개설] 甲은 물고기 600마리의 등지느러미에 1~600번의 번호표를 달아 대형 수조에 넣고, 손님들로부터 시간당 3만 원을 받고 낚시를 하게 한 후, 손님들이 낚은 물고기에 부착된 번호가 시간별로 우연적으로 변동되는 프로그램상의 시상번호와 일치하면 1백만 원의 상품권을 지급하는 영업을 하였다. ① (대판 2008도10582) 甲은 **"영리의 목적으로 스스로 주재자가 되어 그 지배하에 도박장소를 개설"**한 도박장소등개설죄가 성립한다.

죄의 방조범이 성립한다. “단순히 게임물을 설치하여 게임이용자로 하여금 도박 그 밖의 사행행위를 할 수 있는 상태에 두는 것”은 「게임산업법」상의 “게임물 관련사업자가 게임물을 이용하여 도박 그 밖의 사행행위를 하게 하거나 이를 하도록 방치한 행위”에 해당하지 않는다(대판 2011도8429). ② 도박장소개설자가 스스로 도박에 참가하여 승자로서 얻는 것은 도박장소개설의 영리의 목적에 해당하지 않고, 별도의 도박죄를 성립시킨다. 도박장소등개설죄가 계속범이므로 도박죄가 시간적으로 부분 중첩하여 범한 것이지만, 도박장소 개설행위가 없었어도 도박에 참가할 수 있으므로 실체적 경합범이 된다.

[무허가 카지노경영죄] 「관광진흥법」 제81조 제1호는 허가받지 않고 카지노업을 경영하는 자를 도박장소개설죄에 비해 가중처벌하고 있다. 무허가 카지노경영죄와 도박장소등개설죄는 상상적 경합관계에 놓인다(대판 2008도3189). “**전용영업장**(전문영업장)에 준하는 시설과 기구를 갖추고서 허가를 받지 아니한 채 카지노영업을 한 경우에는 관광진흥법위반죄로 엄하게 처벌하고 전용영업장에 준하는 시설과 기준을 사실상 갖추지 아니한 채 도박을 하게 한 경우에는 도박개장죄로만 처벌”[13]한다.

(4) 영리의 목적 도박장소등개설죄는 고의 이외에 영리의 목적이 있어야 한다. “영리의 목적이란 도박개장의 대가로 **불법한 재산상의 이익을 얻으려는 의사**를 의미하는 것으로, 반드시 도박개장의 직접적 대가가 아니라 도박개장을 통하여 **간접적으로 얻게 될 이익**을 위한 경우에도 영리의 목적이 인정되고, 또한 현실적으로 그 이익을 얻었을 것을 요하지는 않는다.”[14] 불법한 재산상의 이익이란 **입장료나 수수료** 등과 같이

---

13 [무허가 카지노경영죄와 도박장소등개설죄] 甲은 카지노업 허가를 받지 아니하고 6회에 걸쳐 L호텔 310~312호에서 바카라 카지노 테이블 1대, 카드 13묶음, 다수의 칩 등을 갖춘 뒤 乙 등으로 하여금 ‘바카라’라는 게임을 하도록 하면서 그 수수료로 1일 평균 200만 원의 수익을 올렸다. ① (대판 2009도11151) 甲이 개설한 도박장은 시설과 기구, 장소의 규모로 볼 때 사실상 카지노의 “**전용영업장(전문영업장)에 준하는 시설과 기준**을 갖추고서 카지노영업을 하였다고는 보기 어렵다.” 甲은 도박장소개설죄(제247조)만 성립한다.

14 [도박장소등개설의 영리목적] H㈜ 대표이사와 인터넷 사업팀장 甲은 인터넷 고스톱게임 사이트를 유료로 전환하기로 하고, 홍보를 위해 ‘1차 고스톱 고별대회’를 개최하였다. 129명이 참가하였고, 1인당 3만 원씩 합계 387만 원의 참가비가 회사에 송금되었다. 甲은 실제 참가자들로 하여금 인터넷에서 고스톱게임을 하게 하여 1등부터 9등까지를 선발하여 총액 430만 원의 상금을 차등 지급하였다. ① (대판 2001도5802) 甲이 대회형태로 도박을 개장한 것은 그 도박사이트의 홍보를 위한 것이었고, 그 홍보로 인해 甲은 **간접적으로 이익을 얻게 된다는 점에서 영리의 목적**이 인정되

도박개장의 대가로 얻는 것을 말한다.

● 피시방 운영자가 손님들로 하여금 인터넷 도박게임을 하고 게임머니의 충전과 환전을 하도록 하면서 게임머니의 일정 금액을 수수료로 받은 행위(대판 2008도3970)
● 인터넷 사이트 운영자가 회원들로 하여금 온라인에서 현금화할 수 있는 게임코인을 걸고 속칭 고스톱, 포커 등을 하도록 하고, 수수료로 일정액을 취한 경우(대판 2008도1667)

(5) **기수시기와 계속범** 도박장소등개설죄는 "영리의 목적으로 **도박을 개장하면 기수**에 이르고, 현실로 도박이 행하여졌음은 묻지 않는다"(대판 2008도5282). 도박장소등개설죄는 개설부터 폐쇄할 때까지 계속되는 계속범이므로 공소시효는 도박장소등을 폐쇄한 때부터 진행된다.

Ⅳ. 복표발매·중개·취득죄

제248조(복표의 발매 등) ① 법령에 의하지 아니한 복표를 발매한 사람은 5년 이하의 징역 또는 3천만 원 이하의 벌금에 처한다. ② 제1항의 복표발매를 중개한 사람은 3년 이하의 징역 또는 2천만 원 이하의 벌금에 처한다. ③ 제1항의 복표를 취득한 사람은 1천만 원 이하의 벌금에 처한다.

복표는 우연에 의하여 승패가 결정된다는 의미에서 도박에 유사하다. 복표발매·중개·취득죄는 **건전한 국민의 근로관념과 사회의 미풍양속**을 보호하기 위해 복표의 발매·중개·취득을 제한하고 처벌한다(대판 2003도5433). 여기서 근로관념은 노동윤리를 말한다. 이 죄는 **추상적 위험범**이며, 발매와 취득은 **필요적 공범**(대향범)이다.

[무허가 사행행위영업] 지방경찰청장의 허가를 받지 아니하고 복권발행업과 같은 사행행위영업을 한 자는 「사행행위규제법」 제30조의 죄가 성립한다. 이 죄도 "건전한 국민생활을 해치는 지나친 사행심의 유발을 방지하고 선량한 풍속을 유지"하는 법의 목적에 비추어 보호법익이 복표발행죄와 동일하다. 하지만 법정형이 복표발매죄보다 가볍다는 점에서 이 죄는 복표 이외의 사행행위인 현상업(제2조 제1항 2호 나목), 기타 사행행위업(제2조 제1항 2호 다목: 영리목적의 회전판돌리기, 추첨, 경품 등의 업) 등에 대해 적용된다.

(1) **법령에 의하지 아니함** 복표의 발매, 중개, 취득이 「국민체육진

므로 甲은 도박장소등개설죄(제247조)가 성립한다.

흥법」, 「근로복지기본법」, 「제주특별자치도 설치 및 국제자유도시 조성을 위한 특별법」, 「사회복지공동모금회법」, 「주택법」 등에 의해 발행된 경우는 이 죄의 구성요건에 해당하지 않는다.

(2) **복 표** **복표**는 특정한 표찰을 발매하여 다수인으로부터 금품을 모을 것, 추첨 등의 우연한 방법에 의하여 다수인 중 일부 당첨자에게 재산상의 이익을 주고 다른 참가자에게 손실을 주는 것이어야 한다.[15] 예컨대 경제상의 거래에 부수하는 특수한 이익의 제공(예: 경품권, 사은권)은 복표가 아니다. **복권**은 복표의 일종이며, 「복권 및 복권기금법」상 복권발행죄(제34조)는 형법상 복표발매죄보다 가볍게 처벌된다. 복권법위반죄가 성립하면 복표발매죄는 적용되지 않는다.

	복 표	도 박
승패의 결정	추첨에 의한 당첨	추첨 이외의 우연한 방법
소유권 이전시기	승패결정 전 발행자에게 소유권 이전	승패결정 전 소유권이전 없음
재산 상실자	구매자만 재산상실 위험	참가자 전원이 재산상실 위험

(3) **행 위** **발매**는 복표를 발행하여 구매자에게 파는 것이다. **중개**는 발매자와 구매자 사이에서 하는 일체의 알선행위를 가리킨다. 직접 중개를 하건 제3자를 통해 간접으로 중개하건 상관이 없다. 중개료의 유무도 죄의 성립에 영향이 없다. **취득**은 복표의 점유를 이전받거나 소유권을 이전받는 것을 말한다. 유상이건 무상이건 불문한다.

15 [복표의 개념] 한국광고복권㈜ 감사 甲과 이사 乙은 복권유효기간인 4주 내에 회 차에 상관없이 주택복권의 매회 1등 당첨번호와 일치하면 5천만 원을, 2등 번호와 일치하면 5백만 원을 주는 광고복권을 발행하여 복표 1장당 200원씩에 지사를 통하여 주유소, 편의점 등에서 6억 원 상당을 판매하였다. ① (대판 2003도5433) 이 광고복권은 "**불특정 다수의** 사업자들을 상대로 하여 계속적으로 발매함으로써 스스로의 계산 아래 다수인으로부터 금품을 모은 점, 주택복권의 추첨결과를 이용한 **우연성에 의하여 일부 당첨자만 이익을 얻고** 그 이외의 사람들은 당연히 손실을 볼 수 밖에 없는 점, 이 사건 표찰을 구입한 사업자들은 고객에게 다시 팔거나 그 구입비용을 상품의 가격에 전가할 수도 있는 점 등"에서 甲은 복표발매죄(제248조 제1항)가 성립한다.

§73. 신앙에 관한 죄

Ⅰ. 서 론

신앙에 관한 죄(장례식등방해죄, 시체등오욕죄, 분묘발굴죄, 시체등영득죄)의 보호법익은 흔히 **종교적 평온과 종교감정**이라고 하고, 추상적 위험범이라고 본다. 私見으로 신앙에 관한 죄는 **죽음과 주검에 관한 신앙관련적 가치와 문화**, 신앙심의 문화적 표현과 실행을 보호하는[1] 구체적 위험범이다.

기본구성요건			
● 장례식등방해죄 (제158조)	● 시체등오욕죄 (제159조)	● 분묘발굴죄 (제160조)	● 시체등유기죄 (제161조)
		● 미수범(제162조)	

구성요건체계는 다음 도표와 같다. 변사체검시방해죄(제163조)는 주검을 은닉, 변경한다는 점에서 신앙에 관한 죄에 속하지만, 변사체는 그 자체로서 어떤 신앙심의 문화적 표현이 구체화되어 있는 주검이 아니기 때문에 신앙에 관한 죄의 성격보다는 형사소송법상 검사의 공무(제222조)를 방해하는 공무방해죄의 성격이 강하다.

Ⅱ. 장례식등방해죄

제158조(장례식등의 방해) 장례식, 제사, 예배 또는 설교를 방해한 자는 3년 이하의 징역 또는 500만 원 이하의 벌금에 처한다.

장례식등방해죄는 장례식, 제사, 예배 또는 설교를 방해함으로써 성립하는 범죄다. "장례식방해죄는 **장례식의 평온과 공중의 추모감정**을 보호법익으로 하는 추상적 위험범"이다(대판 2010도13450). 私見으로 보호법익은 **죽음 또는 모든 종교적 행사에 관한 신앙관련적 가치를 승인하는 문화**이다.

(1) 장례식 · 제사 · 예배 · 설교 **장례식**은 죽은 자를 땅에 묻거나 화장

1 [신앙과 종교의 구분] 신앙은 신에 대한 숭앙의 내적 태도이고, 종교는 그런 숭앙의 특정한 문화적 표현으로서 인간과 사회에 대한 윤리의 구현을 지향하는 문화적 체계이다. 대한민국은 국교가 없고, 종교의 자유는 종교를 갖지 않을 자유도 포함하므로 형법은 특정 종교의 모독을 처벌하는 형사정책을 취하지 않는다.

하는 예식, 즉 장사(葬事)를 지내는 예식을 말한다. 종교적 예식이 아닌 형태로 치러지는 장사도 장례식에 포함된다. **제사**는 신령에게 음식을 바치며 기원을 드리거나, 죽은 자를 추모하는 의식이다. 유교적 제례, 기독교의 추모예식, 신령제(예: 신내림식)도 대상이 된다. **예배**는 신이나 기타 종교적 숭배의 대상에게 기도하고 찬양하는 종교적 의식을 말한다. 예배장소는 교회,[2] 사찰, 기도원 등 다양하지만, 혼자하는 예배는 제외된다. **설교**는 종교상의 교의를 강론하고 신도들에게 권하는 행위이다.

(2) **방 해** 장례식 등이 계획대로 진행되지 못하게 하는 것을 말한다. 그 수단이나 방법에는 제한이 없다. 방해행위는 장례식 등을 직접 대상으로 해야지, 비난문서 반포, 출입 통제[3] 등의 **간접적 방해행위**는 제외된다. 방해행위는 장례식 등이 진행 중이거나 그 집행과 시간적으로 밀접불가분의 준비단계[4]에 있을 때 이루어져야 한다.

(3) **기 수** 판례는 장례식방해죄는 "추상적 위험범으로서 객관적으로 보아 장례식의 평온한 수행에 지장을 줄 만한 행위를 함으로써 장례식의 절차와 평온을 저해할 위험이 초래될 수 있는 정도"에 이를 때 기수에 도달한다고 본다. 그러나 판례의 논증은 구체적 위험범에 가깝고, 실제는 침해범처럼 운영한다.[5]

---

2 [예배방해죄] N교회의 교단당회는 목사 乙에게 예배인도금지결의를 통고하였다. N의 장로 甲은 다른 장로들과 순번으로 예배인도와 설교를 할 계획을 세웠다. 乙이 N의 신도 350여 명에게 예배를 하기 시작하자 甲은 소란을 피우며 마이크를 탈취하고 乙을 교회 밖으로 내몰았다. ① (대판 71도1465) "**당회의 결의에 반하여 설교와 예배인도를 한 경우라도** 그 교파의 목사로서 신도들 앞에서 그 교지에 따라 설교와 예배인도를 한 것이라면 다른 특별한 사정이 없는 한 그 **설교와 예배인도는 형법상 보호를 받을 가치가 있고** 이러한 **설교와 예배인도의 평온한 수행**에 지장을 주는 행위"는 예배방해죄이다. ② (評釋) 甲은 특수강요죄와 예배방해죄의 상상적 경합범이다.

3 [예배방해] 甲은 S예배당 관리자 乙의 의사에 반하여 그 교회의 현판, 나무십자가를 떼어내고 예배의자를 밀쳐내고 자신의 장롱을 들여 놓았고, 출입문 자물쇠도 교체하여 교인들의 출입을 7개월간 막았다. ① (대판 2007도5296) 예배방해죄는 "예배중이거나 예배와 시간적으로 밀접불가분의 관계에 있는 준비단계에서"만 성립하고 **예배당 건물의 출입 통제로는 예배방해죄가 성립하지 않는다**. ② (評釋) 甲은 주거침입죄와 재물손괴죄도 성립한다.

4 [제사방해] 乙은 제사를 지내려고 제사용 음식을 작은 상 위에 올려놓았다. 甲은 乙의 집에서 대화를 하다 작은 상 위의 그 음식을 발로 찼다. ① (대판 81도2691) 제전의 평온을 그 보호법익이므로 제전방해죄는 "**제전이 집행 중이거나 제전의 집행과 시간적으로 밀접 불가분의 관계에 있는 준비단계**에서 이를 방해하는 경우에만 성립한다." 甲은 제사방해죄가 성립하지 않는다.

5 [장례식방해기수] N전대통령 영결식장에서 Y대통령 부부가 헌화대로 나오려는 순간 맨 앞자리에 있던 장의위원회 위원 甲이 "사죄하라. 어디서 분향을 해"라고 소리 질렀다. 경호원들은 甲의 입을

Ⅲ. 시체 · 유골 · 유발오욕죄

제159조(시체등의 오욕) 시체, 유골 또는 유발(遺髮)을 오욕한 자는 2년 이하의 징역 또는 500만원 이하의 벌금에 처한다.

시체·유골 또는 유발을 오욕하는 것은 **주검에 대해 갖는 신앙관련적 가치**와 문화를 해치는 범죄가 된다. 주검의 문화는 종교를 불문하고, 무교인의 **경건감정**도 포함한다. 경건감정을 해칠 위험이 있는 행위가 있어야 성립하는 구체적 위험범이다.

시체는 죽은 사람의 몸을 말한다. **유골**(遺骨)은 죽은 사람의 뼈를 말하며, 화장의 결과로 완전히 탄화되어 남은 재는 유골에 해당하지 않는다. **유발**(遺髮)은 사자를 기념하기 위해 보존한 모발을 가리킨다. **오욕**(汚辱)은 시체에 대해 모욕적인 의사를 표현하는 행위를 말한다. 다량의 침을 반복해서 뱉거나 방뇨하는 등의 행위가 그 예이다. 오욕행위는 시체의 손괴 등(제161조)에 이르지 않는 행위이다. 시체에 욕하는 행위는 오욕이라 할 수 없다. 오욕행위로 시체 등에 대한 경건감정을 해하였거나 해할 위험이 발생한 경우에 성립한다. 미수범은 처벌되지 않는다.

Ⅳ. 분묘발굴죄

제160조(분묘의 발굴) 분묘를 발굴한 자는 5년 이하의 징역에 처한다.

"분묘발굴죄는 **분묘에 대한 사람의 인륜도덕 내지 종교적 감정**을 보호하는 것을 목적으로 하는 것으로서 분묘의 복토의 전부 또는 일부를 제거하거나 이를 파괴, 해체하여 분묘를 손괴하는 행위를 그 대상으로"

막고 영결식장 가장자리로 끌어내었다. 일부 참석자들이 "손대지 마라"라고 소리 질렀으나 장내 정리 발언에 따라 곧바로 정리되었다. Y대통령은 甲을 잠시 바라보았을 뿐 헌화절차를 마무리하였고 영결식 절차도 예정대로 진행되었다. ① (대판 2010도13450) 甲의 행위는 "**영결식의 절차와 평온을 저해할 위험**이 초래될 정도라고 단정하기는 어렵다." 甲은 **장례식방해죄의 미수**에 해당하지만 처벌규정이 없다. ② (評釋) **장례식의 진행을 저해할 위험을 발생시킨 셈이고 장례식방해죄가 성립**한다. 甲을 미수범으로 보는 것은 장례식방해죄를 침해범으로 볼 때만 가능하다.

한다(대판 89도2061). 즉, "종교감정의 공서양속"(대판 71도1727)은 이 죄의 보호법익이다. 私見으로 이는 **분묘의 평온을 모종의 신앙심과 관련된 가치로 승인하는 사회문화**로 재해석할 수 있다. 분묘를 발굴함으로써 분묘의 평온에 대한 신앙관련적 문화를 해칠 위험이 발생하면 성립하고(구체적 위험범), 미수범도 처벌된다(제162조).

(1) **주 체** 제한이 없고, **유족의 분묘발굴**[6]도 관리인의 의사에 반하면 성립한다.

(2) **분 묘** 분묘는 "시체나 유골을 매장하는 시설"(「장사법」 제2조 6호)이지만 신앙관련적 의미로 이해되어야 하므로 "분묘는 사람의 시체, 유골, 유발 등을 매장하여 제사나 예배 또는 기념의 대상으로 하는 장소를 말하는 것이고, 시체나 유골이 토괴화 하였을 때에도 분묘인 것이며 그 사자가 누구인지 불명하다고 할지라도 현재 제사 숭경하고 종교적 예의의 대상으로 되어 있고 이를 수호 봉사하는 자가 있으면 여기에 해당한다"(대판 89도2061). **허묘**(墟墓)나 **치표**(置標 묏자리)는 분묘가 아니지만 **암장된 분묘**(대판 76도2828)나 **위법한 매장에 의해 조성된 분묘**는 분묘발굴죄의 객체이다. "묘의 봉분이 없어지고 평토화 가까이 되어 있고[7] 묘비 등 표식이 없어 그 묘 있음을 **확인할 수 없는 분묘**라 하더라도 현재 이를 제사 숭경하고 종교적 의례의 대상으로 하는 자가 있는 경우"(대판 76도2828)에는 **무연고분**이더라도 분묘에 해당한다.

(3) **발 굴** 발굴이란 "분묘의 복토의 전부 또는 일부를 제거하거나 이를 파괴, 해체하여 분묘를 손괴하는 행위"(대판 89도2061)를 말한다.

---

6 [분묘발굴주체] 乙은 丙과 혼인하여 甲을 출산하고 다시 재혼한 후 丁을 출산하였다. 乙이 사망한 뒤 丁이 9년 동안 乙의 묘를 만들어 관리하여 왔다. 甲은 생모 乙의 묘지를 좋은 곳으로 옮긴다고 분묘를 발굴하여 그 유골을 가져왔으나 丁의 방해로 5일 만에 丁에게 유골을 반환하였다. ① (대판 71도1727) 甲의 의도가 개장을 위한 것이더라도 "분묘를 관리하고 있는 丁의 의사에 반하여 이루어진" 이상 분묘발굴죄가 성립한다. ② (評釋) 甲은 분묘발굴의관리처분권이 자신에게도 있다는 착오를 했다면 법률의 착오(**허용포섭착오**)로서 정당한 이유가 있고 면책될 수 있다.

7 [형태가 망가진 분묘] 乙은 6대 조모의 분묘를 관리하다 미국으로 이민가면서 동서 丙에게 분묘관리를 부탁하였다. 丙은 이를 수락하였으나 묘는 형태가 상당히 망가져 있었다. 甲은 이 분묘의 봉분을 丙의 동의 없이 6m 가량 떨어진 밑으로 옮겼다. ① (대판 89도2061) 분묘는 형태가 망가졌어도 분묘에 해당하므로 **봉분을 옮긴 것은 발굴에 해당**한다.

분묘를 손괴하여 시체나 유골이 외부에 드러날 필요는 없다. **개장**(改葬)은 "매장한 시체나 유골을 다른 분묘 또는 봉안시설에 옮기거나 화장 또는 자연장하는 것을 말한다"(「장사법」 제2조 4호). 분묘발굴의 실행에 착수하여 분묘의 복토 일부를 제거하는 데 그친 경우에는 분묘발굴죄의 미수범(제160조)으로 처벌된다.

(4) **위 법 성** "법률상 분묘를 수호, 봉사하며 관리하고 처분할 권한이 있는 자 또는 그로부터 정당하게 승낙을 얻은 자가 시체에 대한 종교적, 관습적 양속에 따른 존숭의 예를 갖추어 이를 발굴하는 경우에는 분묘발굴행위의 위법성은 조각된다"(대판 94도1190). 분묘관리권은 과거에는 호주상속인에게 전속[8]한다고 보았지만 호주제가 폐지된 오늘날 분묘의 관리처분권은 **상속인에게 공동**으로[9] 속한다. 또한 분묘발굴행위는 "그 경위와 그 목적, 방법 및 의사 등 제반사정에 비추어 사회통념상 허용될 만한 정도의 상당성이 있는 것"[10]이면 정당행위가 된다. 분묘의 발굴(예: 분묘개장)이 행정당국(지방장치단체장)의 허가 없이 이루어져 위법한 경우(예: 무허가 분묘개장죄[11])에도 분묘발굴죄의 위법성은 사회상

8 [분묘발굴위법성] 甲은 구 민법상 乙의 호주상속인으로서 乙의 분묘를 관리해오던 중 분묘를 발굴하여 납골당에 안치하기로 결심하였다. 乙의 종중이 이에 반대하였지만 甲은 乙의 분묘를 발굴하고 납골당 안치를 감행하였다. ① (대판 2007도8131) "분묘에 대한 봉사, 수호 및 관리, 처분권은 종중이나 그 후손들 모두에게"가 아니라 "오로지 그 분묘에 관한 호주상속인에게 전속한다." 甲의 행위는 "종교적, 관습적 양속에 반하지" 아니한다.

9 [분묘발굴위법성] 甲은 乙의 家를 계승한 丙의 사후양자로서 乙의 분묘가 손이 끊겨 관리하기 힘들게 되자 乙의 묘를 화장방식으로 바꾸기로 하고 종중의 결의도 받았다. 乙의 양손녀 丁이 강력 반대하였지만 甲은 乙의 분묘를 발굴하여 납골당에 안치하였다. ① (대판 94도1190) 분묘의 관리, 수호, 처분의 권한은 호주상속인에게 전속하므로 丁의 반대에도 불구하고 甲은 분묘발굴죄의 위법성이 조각된다. ② (評釋) 호주제가 폐지된 오늘날의 민법 아래서는 양손녀의 동의가 없다면 甲의 분묘발굴의 위법성이 조각될 수 없다.

10 서울형사지방법원 1991. 11. 12. 선고 90노2758 제4부판결.

11 [무허가분묘개장] 乙은 甲의 망모의 분묘를 발굴하여 그 유골을 은닉하였다. 甲은 그 유골을 찾아 그 자리에 다시 매장하였는데 그때 그 묘소 옆에 丙의 조모의 묘가 있음을 알고 그 분묘를 다른 적절한 장소로 개장하였다. 그 묘는 봉분이 없어지고 평토화 되어 있었으며 망인의 하지의 유골도 드러난 상태였고 묘비도 없었다. ① (대판 76도2828) 丙의 조모의 묘는 "이를 제사 숭경하고 종교적 의례의 대상으로 하는 자가 있는 경우에는" 분묘에 해당된다. 甲의 개장행위는 분묘의 발굴에 해당하고, "그것이 암장된 것이라 하더라도 甲이 당국의 허가 없이 자구행위로 이를 발굴하여 개장할 수 없는 것"이므로 위법성도 인정된다. ② (評釋) 甲의 행위는 「장사법」이 정한 **무허가 개장죄**(제40조 8호)로서는 위법하지만 다른 적절한 장소로 개장한 점에서 사회상규에 위배되지 않는다.

규에 의해 조각될 수 있다. 가령 공원묘지재단 이사장이 유실될 지경에 이른 무연고 분묘를 이사회의 결의를 거쳐 신문에 공고를 낸 후 유골들을 개별적으로 표시하여 안전한 곳에 안치한 경우는 정당행위에 해당한다.

V. 시체 등의 유기죄

제161조(시체등의 유기) ① 시체, 유골, 유발 또는 관 속에 넣어 둔 물건을 손괴, 유기, 은닉 또는 영득한 자는 7년 이하의 징역에 처한다. ② 분묘를 발굴하여 제1항의 죄를 지은 자는 10년 이하의 징역에 처한다.

시체등유기죄의 보호법익은 "**사자에 대한 숭경의 감정**"(대판 4290형상148)이다. 私見으로 숭경의 감정은 시체에 대한 신앙관련적 가치를 승인하는 문화로 재해석할 수 있다. 시체 등을 손괴, 유기, 은닉, 영득함으로써 시체 등에 대한 신앙관련적 가치를 승인하는 문화를 해칠 위험이 발생하면 기수가 성립한다(구체적 위험범).

(1) **주체와 객체** 제한이 없다. 유족이나 시체의 관리처분권을 가진 사람도 주체가 된다. 시체, 유골, 유발의 의미는 시체등 오욕죄의 경우와 동일하다. 관 속에 넣어둔 물건이란 일체의 부장물을 말한다.

(2) **행 위** ① **손괴**는 시체 등을 물리적으로 훼손하는 것을 말한다.[12] 시체손괴는 살인 후 그 증거를 인멸하기 위한 수단으로 이루어지는 경우가 많다. 시체 등의 손괴는 시체 등의 오욕(제159조) 수준을 넘어서는 것이어야 한다. 손괴죄의 손괴 개념과는 달리 유골의 위치와 순서를 변경해도 유골손괴죄가 성립한다. ② **유기**는 "법률, 계약 또는 조리상 시체를 장제(葬祭) 또는 감호할 의무가 있는 자가 이를 방치하거나 그 의무없

12 [유골손괴] 乙은 甲이 속한 종중의 임야에 망인 丙을 암장한 후 甲의 항의에 사과하고 이장을 약속했지만 丙의 분묘 봉축을 완성시켰다. 甲은 丙의 분묘를 발굴한 후 그 유골 중 두골, 양수족골을 분리하여 한지에 포장하고 다른 곳에 매장하였고, 그 외 잔골은 그 발굴장소에 흙으로 묻었다. ① (대판 4290형상148) 시체는 "생전의 위치와 순서를 그대로 보존할 것이오 가령 이장하는 경우라 할지라도 그 자연적 태세를 변경혼잡함이 없이 계골함이 아국고래의 관례이므로 계골함이 없이 그 전체유골에서 일부를 분리함은 손괴"이다. ② 甲은 분묘를 발굴하여 유골손괴죄를 범하였으므로 **분묘발굴유골손괴죄**(제161조 제2항)가 성립한다.

는 자가 그 **장소적 이전**을 하면서 종교적, 사회적 풍습에 따른 의례에 의하지 아니하고 이를 **방기**"(대판 86도891)함을 말한다. 시체를 장소적으로 옮기면[13] 시체유기죄가 성립한다. 방기한 사람은 "법률, 계약 또는 조리상 시체를 장제 또는 감호할 의무가 있는 자"(대판 86도891)이어야 한다. 타인을 살해하고 그 시체를 방치한 살인범의 부작위는 별도의 시체유기죄를 구성하지 않는다. ③ **은닉**은 "시체의 발견을 불가능 또는 심히 곤란하게 하는 것"(대판 86도891)을 말한다.[14] 은닉은 적극적인 작위행위(예: 시체에 돌을 매달아 바다에 버림)에 의해 이루어진다. 반면 인적이 드문 장소에서 살인한 자가 그 시체를 그대로 두고 온 경우[15]에 부작위에 의한 시체은닉죄는 성립하지 않는다. 자기부죄금지원칙에 의해 살인자는 은닉되지 않게 할 작위의무를 부담할 수 없기 때문이다. ④ **영득**은 시체의 점유를 불법하게 취득하는 것을 말한다.[16] 점유취득의 방법에는 제한이 없다. 해부용 학술연구대상으로 병원에 기증된 시체는 재물이 되므로 영득은 절도죄가 성립한다. 관내 장치한 물건을 영득한 경우에는 시체등영득죄와 절도죄의 상상적 경합관계가 성립한다.

---

13 [살인과 시체유기] 甲은 선박을 강취하여 그 선원 乙을 살해한 다음 乙의 주검을 바다에 버렸다. ① (대판 97도1142) 甲은 해상강도살인죄(제341조 제3항)와 시체유기죄(제161조 제1항)의 경합범이 되고, "사람을 살해한 자가 그 시체를 **다른 장소로 옮겨** 유기하였을 때에는 **별도로 시체유기죄가 성립**하고" 불가벌적 사후행위가 아니다(대판 84도2263).

14 [시체손괴와 은닉] 甲은 乙을 살해하고, 乙의 시체를 과도와 식칼로 80여 조각으로 훼손하여 살점을 잘라 끓이고 믹서에 갈아 10여 곳에 유기하였다. ① (대판 2008도507) 甲은 살인죄와 시체손괴 및 은닉죄(제161조 제1항)가 성립한다.

15 [부작위 시체은닉죄] 甲은 산에서 만난 乙의 목 뒷를 몽둥이로 강타하여 쓰러뜨리고 숲속으로 乙을 끌고 들어가 칡넝쿨로 乙의 목을 감아 살해한 후 시체를 그대로 둔 채 乙의 재물만 갖고 하산하였다. ① (대판 86도891) "甲은 **조리상 시체를 장제 또는 감호할 의무**가 있는 것도 아니고 시체에 대하여 어떠한 **장소적 이전을 한 것도 아니어서**" 甲은 강도살인죄(제333조) 이외에 별도로 시체은닉죄가 성립하지 않는다.

16 [시체매장과 시체영득] 甲은 아버지의 과수원을 관리 경영해왔다. 이 과수원에 노무자로 일해오던 乙의 딸 丙은 甲과 사랑을 하였고 甲에게 결혼해 달라고 하였지만 甲은 거절하였다. 丙은 삶을 비관하고 그 과수원 원두막에서 농약을 먹고 자살하였다. 甲은 경찰과 乙에게 알리지 않은 채 丙의 시체를 그 과수원 땅에 매몰하였다. ① (대판 4293형상859) 甲은 "소할관서에의 신고 또는 그 유가족에의 통보 연락등 상당한 조처를 취하였어야 할 **조리상의 의무**를 기대할 수 있는 것인 바 이를 전혀 몰각한 처사는" 부작위 시체유기죄가 된다. ② (評釋) 甲이 丙의 시체를 '장소적으로 이전'한 것이 아니므로, 甲의 매장은 시체유기죄가 아니고 **시체은닉죄** 또는 매장한 땅에 대한 甲의 지배권을 고려하면 **시체영득죄**에 해당한다.

§74. 내란의 죄

Ⅰ. 서 론

내란죄의 보호법익은 **국가의 존립과 헌법질서**이다. 필요적 공범(집합범)이며 국토참절(僭竊)과 국헌문란(國憲紊亂)의 목적이 필요하다. 내란죄는 헌정질서파괴범죄로서 형사소송법(제249조~제253조) 및 「군사법원법」(제291조~제295조)의 공소시효가 배제된다(「헌정범죄시효법」 제3조). 국토참절이나 국헌문란의 목적을 좇는 폭동은 국가의 존립에 대한 구체적 위험을 야기한다는 점에서 내란죄는 구체적 위험범이다.

형법상 내란죄의 구성요건체계는 도표와 같다. 「국가보안법」상 반국가단체를 구성하거나 이에 가입한 때에는 형법상의 내란예비·음모에 해당하지만, 특별법인 「국가보안법」이 적용된다. 반국가단체구성·가입 후에 내란행위를 하면 형법상 내란죄가 적용된다.

기본	내란죄(제87조)	내란목적살인죄(제88조)
감경	미수범(제89조)	
독자 변형	예비 · 음모죄(제90조 제1항)	
	선동 · 선전죄(제90조 제2항)	

Ⅱ. 내 란 죄

제87조(내란) 대한민국 영토의 전부 또는 일부에서 국가권력을 배제하거나 국헌을 문란하게 할 목적으로 폭동을 일으킨 자는 다음 각 호의 구분에 따라 처벌한다. 1. 우두머리는 사형, 무기징역 또는 무기금고에 처한다. 2. 모의에 참여하거나 지휘하거나 그 밖의 중요한 임무에 종사한 자는 사형, 무기 또는 5년 이상의 징역이나 금고에 처한다. 살상, 파괴 또는 약탈 행위를 실행한 자도 같다. 3. 부화수행(附和隨行)하거나 단순히 폭동에만 관여한 자는 5년 이하의 징역이나 금고에 처한다.

(1) 목 적 내란죄는 목적범이다.[1] ① 대한민국 영토의 전부 또는

1 [성공한 쿠데타의 법리 폐기] "군사반란과 내란을 통하여 폭력으로 헌법에 의하여 설치된 국가기관의 권능행사를 사실상 불가능하게 하고 정권을 장악한 후 국민투표를 거쳐 헌법을 개정하고 개정된 헌법에 따라 국가를 통치하여 왔다고 하더라도 헌법에 정한 민주적 절차에 의하지 아니하고 폭력에 의하여 헌법기관의 권능행사를 불가능하게 하거나 정권을 장악하는 행위는 어떠한 경우에도 용인될 수 없"다(대판 96도3376).

일부에서 국가권력을 배제하려는 목적은 대한민국영토의 전부 또는 일부를 점거하여 대한민국의 주권행사를 사실상 배제하는 것을 말한다. ② **국헌문란**의 목적은 "**헌법 또는 법률에 정한 절차에 의하지 아니하고 헌법 또는 법률의 기능을 소멸시키는 것**"(제91조 1호)이다. 즉 "현행의 헌법 또는 법률이 정한 정치적 기본조직을 불법으로 파괴하는 것을 말하고 구체적인 국가기관인 자연인만을 살해하거나, 그 계승을 기대하는 것은 이에 해당되지 않으나 반드시 초법규적인 의미는 아니라고 할 것이며, 공산, 군주 또는 독재제도로 변경하여야 하는 것은 더욱 아니"다(대판 80도306). 또 다른 국헌문란목적은 "**헌법에 의하여 설치된 국가기관을 강압에 의하여 전복 또는 그 권능행사를 불가능하게 하는 것**"(제91조 2호)이다. "'권능행사를 불가능하게 한다'고 하는 것은 그 기관을 제도적으로 영구히 폐지하는 경우만을 가리키는 것은 아니고 사실상 상당기간 기능을 제대로 할 수 없게 만드는 것을 포함한다"(대판 96도3376). **대통령의 강제 하야는** 이에 해당한다.

(2) **폭 동** 폭동의 내용으로서 "폭행 또는 협박은 일체의 유형력의 행사나 외포심을 생기게 하는 해악의 고지를 의미하는 **최광의의 폭행·협박**을 말하는 것으로서, 이를 준비하거나 보조하는 행위를 전체적으로 파악한 개념이며, 그 정도가 **한 지방의 평온을 해할 정도의 위력**이 있음을 요한다"(대판 96도3376). "**비상계엄의 전국확대조치**가 내란죄의 구성요건인 폭동의 내용으로서의 협박행위가 되므로 이는 내란죄의 폭동에 해당하고, 또한 그 당시 그와 같은 비상계엄의 전국확대는 우리 나라 전국의 평온을 해하는 정도에 이르렀음을 인정할 수 있다"(대판 96도3376). "내란죄는 내란행위자들에 의하여 애초에 계획된 국헌문란의 목적을 위하여 행하여진 일련의 폭동행위는 단일한 내란죄의 구성요건을 충족하는 것으로" 단순일죄가 된다(대판 96도3376).

(3) **기수와 종료** "내란죄는 한 지방의 평온을 해할 정도의 폭행·협박행위를 하면 기수가 되고, 그 목적의 달성 여부는 이와 무관"하다. 내

란죄는 상태범이다(대판 96도3376). 공소시효의 기산시점인 종료는 목적달성의 시점이다. 내란죄의 목적인 국헌문란은 헌법 또는 법률의 기능을 소멸시키고, 헌법기관의 권능행사를 불가능하게 한 때 달성된다.

따라서 5·18내란사건에서 비상계엄의 전국확대는 헌법의 기능을 소멸시킨 것이 되고, 당시 **대통령을 하야시킨 것**은 헌법기관의 권능행사를 불가능하게 한 것이 된다. 그러나 판례는 "비상계엄의 전국확대를 포함한 일련의 내란행위는 위 **비상계엄이 해제된 시점에 비로소 종료**되었다고" 본다(대판 96도3376).

Ⅲ. 내란목적살인죄

제88조(내란목적의 살인) 대한민국 영토의 전부 또는 일부에서 국가권력을 배제하거나 국헌을 문란하게 할 목적으로 사람을 살해한 자는 사형, 무기징역 또는 무기금고에 처한다.

판례에 의하면 "국헌문란의 목적을 달성함에 있어 내란죄가 폭동을 수단으로 함에 비하여 내란목적살인죄는 살인을 그 수단으로 하는 점에서 두 죄는 엄격히 구별된다. 따라서 내란의 실행과정에서 폭동행위에 수반하여 개별적으로 발생한 **살인행위는 내란죄의 한 구성요소를 이루는 것이므로 내란행위에 흡수되어** 내란목적살인의 별죄를 구성하지 아니하나, 특정인 또는 일정한 범위 내의 한정된 집단에 대한 살해가 내란의 와중에 폭동에 수반하여 일어난 것이 아니라 그것 자체가 의도적으로 실행된 경우에는 그러한 살인행위는 내란에 흡수될 수 없고 내란목적살인의 별죄를 구성한다"(대판 96도3376).

그러나 私見으로 폭동의 방편인 살인이나 폭동에 저항하는 살인, 폭동에 수반한 살인이나 내란을 목적한 살인이든 모두 내란죄(제87조)가 적용되고, 대통령암살과 같이 헌법상 국가기관의 담당자를 대한민국영토에서 국가권력의 배제나 국헌문란의 목적으로 살인하는 경우에만 내란목적살인죄(제88조)를 적용하는 것이 타당하다.

Ⅳ. 내란(목적살인) 예비·음모·선동·선전죄

제90조(예비, 음모, 선동, 선전) ① 제87조 또는 제88조의 죄를 범할 목적으로 예비 또는 음모한

자는 3년 이상의 유기징역이나 유기금고에 처한다. 단, 그 목적한 죄의 실행에 이르기 전에 자수한 때에는 그 형을 감경 또는 면제한다. ② 제87조 또는 제88조의 죄를 범할 것을 선동 또는 선전한 자도 전항의 형과 같다.

(1) 내란(목적살인)예비 · 음모죄 내란(목적살인)예비죄는 내란죄 또는 내란목적살인죄를 범할 목적으로 하는 일체의 준비행위(예: 무기 구입)를 말하고, 내란(목적살인)음모죄는 내란죄 또는 내란목적살인죄를 범하기 위한 통모[2]를 말한다. 내란 등에 퇴로를 제공하기 위해, 내란을 예비·음모한 자가 실행에 이르기 전에 자수한 때에는 그 형을 감경 또는 면제한다(제90조 제1항 단서).

(2) 내란(목적살인)선동 · 선전죄 내란(목적살인)죄를 범할 것을 **선동**(煽動)한다는 것은 피선동자에게 내란(목적살인)죄를 실행하는 것을 목표로 내란행위를 결의, 실행하도록 충동하고 격려하는 일체의 행위를 말한다. 교사와 달리 특정인에 대해서가 아니라 **불특정 다수인**(일반대중)에 대해 선동할 수 있고, **이미 내란고의를 갖고 있는 사람에 대한 선동**도 가능하다. 내란선동죄는 단순히 특정한 정치적 사상이나 추상적 원리를 옹호 또는 교시하는 것으로는 불충분하고, 피선동자에게 "**내란 결의를 유발하거나 증대시킬 위험성**"(대판 2014도10978)이 인정되어야만 성립한다. 피선동자의 내란 결의 여부, 내란 실행행위의 주요 내용에 대한 구체적 제시 여부는 내란선동죄의 성립에 영향이 없다. 내란(목적살인)죄를 범할 것을 **선전**한다는 것은 정확히는 내란(목적살인)죄를 범하는 취지와 필요성을 불특정 다수인에게 알리는 행위를 말한다.

2 [내란음모와 선동] 甲은 T당 조직원 130여 명과 만나는 자리에서 한반도에서 전쟁이 발발하고 상부 명령이 내려지면 바로 전국 각 권역에서 국가기간시설 파괴 등 폭동을 하기 위한 물질적 준비방안을 마련하라고 말했다. 참석자들은 이에 호응하여 선전전, 정보전, 국가기간시설 파괴 등을 한 차례 토론하였다. ① (대판 2014도10978) 음모의 요소인 합의는 "단순히 의견을 교환한 경우"로는 불충분하고 "**객관적으로 내란범죄의 실행을 위한 합의**라는 것이 명백히 인정되고, 그러한 **합의에 실질적인 위험성**이 인정되어야" 한다. 甲은 내란음모죄는 성립하지 않고, "가까운 장래에 구체적인 **내란의 결의를 유발하거나 증대시킬 위험성**이 충분하므로" **내란선동죄**가 성립한다.

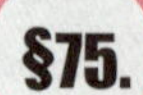

§75. 외환의 죄

Ⅰ. 서 론

외환의 죄란 외환을 유치하거나 대한민국에 항적하거나 적국에 이익을 제공하여 국가의 안전과 존립을 위태롭게 하는 범죄를 말한다. 보호법익은 **대한민국의 대외적인 안전과 존립**이고 구체적 위험범이다.

<table>
<tr><td rowspan="2">외환유치죄
(제92조)</td><td rowspan="2">여적죄
(제93조)</td><td>모병이적죄(제94조)</td><td rowspan="2">간첩죄
(제98조)</td><td rowspan="2">전시군수계약불
이행죄(제103조)</td></tr>
<tr><td>시설제공이적죄(제95조)</td></tr>
<tr><td rowspan="2"></td><td rowspan="2"></td><td>시설파괴이적죄(제96조)</td><td rowspan="2"></td><td rowspan="4"></td></tr>
<tr><td>물건제공이적죄(제97조)</td></tr>
<tr><td colspan="4">일반이적죄(제99조)</td></tr>
<tr><td colspan="4">미수범(제100조), 예비·음모(제101조 제1항),
선동·선전(제101조 제2항)</td></tr>
</table>

외환의 죄에서 전시군수계약불이행죄를 제외한 외환의 죄들은 그 미수범(제100조)과 예비·음모(제101조 제1항), 선동·선전(제101조 제2항)을 처벌하고 있다. 예비·음모한 자가 그 목적한 죄의 실행에 이르기 전에 자수한 때에는 형을 감경 또는 면제한다(제101조 제1항 단서).

Ⅱ. 외환유치죄

제92조(외환유치) 외국과 통모하여 대한민국에 대하여 전단을 열게 하거나 외국인과 통모하여 대한민국에 항적한 자는 사형 또는 무기징역에 처한다.

외환유치죄는 내국인이나 내국인과 통모하는 외국인이 적국 이외의 국가의 정부기관과 의사연락을 통해 합의함으로써 전쟁(사실상의 전쟁)의 실마리(戰端)를 여는 행위(제92조 전단)를 하거나, 외국을 대표하는 정부기관 이외의 외국인 개인이나 사적 단체와 의사연락을 통해 합의함으로써 적국의 군무에 종사하여 대한민국에 적대행위(제92조 후단)를 하는 것이다.

Ⅲ. 여 적 죄

제93조(여적) 적국과 합세하여 대한민국에 항적한 자는 사형에 처한다.

적국과 합세하여 대한민국에 항적함으로써 성립하는 범죄이다. 사형을 절대적 법정형으로 규정하고 있다. **적국**은 국제법상 또는 사실상 교전상태에 있는 상대국을 말한다. 여적죄는 준적국(제102조), 즉 "대한민국에 적대하는 외국 또는 외국인의 단체"도 적국으로 간주한다. **적국과 합세**한다는 것은 자발적 의사에 의하여 교전중인 적국 또는 준적국의 전투원이나 기타 군무에 종사하는 것을 뜻한다. **항적**(抗敵)이란 대한민국에 대한 일체의 적대행위를 말한다.

북한은 냉전체제에서는 (구)소련이나 (구)중공의 산하집단으로서 준적국이었지만(대판 4291형상496), 러시아와 중국과의 수교를 맺고 있는 현재는 반국가단체일 뿐이다. 「국가보안법」상 반국가단체란 "정부를 참칭하거나 국가를 변란할 것을 목적으로 하는 국내외의 결사 또는 집단"을 말한다(제2조 1항). 따라서 북한과 여적행위를 범하면 「국가보안법」이 적용될 뿐이다.

Ⅳ. 이 적 죄

제94조(모병이적) ① 적국을 위하여 모병한 자는 사형 또는 무기징역에 처한다. ② 전항의 모병에 응한 자는 무기 또는 5년 이상의 징역에 처한다.
제95조(시설제공이적) ① 군대, 요새, 진영 또는 군용에 공하는 선박이나 항공기 기타 장소, 설비 또는 건조물을 적국에 제공한 자는 사형 또는 무기징역에 처한다. ② 병기 또는 탄약 기타 군용에 공하는 물건을 적국에 제공한 자도 전항의 형과 같다.
제96조(시설파괴이적) 적국을 위하여 전조에 기재한 군용시설 기타 물건을 파괴하거나 사용할 수 없게 한 자는 사형 또는 무기징역에 처한다.
제97조(물건제공이적) 군용에 공하지 아니하는 병기, 탄약 또는 전투용에 공할 수 있는 물건을 적국에 제공한 자는 무기 또는 5년 이상의 징역에 처한다.
제99조(일반이적) 전7조에 기재한 이외에 대한민국의 군사상 이익을 해하거나 적국에 군사상 이익을 공여한 자는 무기 또는 3년 이상의 징역에 처한다.

① **모병이적죄**는 적국을 이롭게 할 **이적의사**(利敵意思)로 **모병**, 즉 전투에 종사할 인원을 모집하거나 모병에 응함으로써 성립한다. ② **시설제공**

이적죄는 적국에 군용에 공하는 설비 또는 물건, 즉 대한민국의 군사에 사용하기 위하여 준비한 일체의 시설(예: 군통신시설)이나 물건(예: 식량)을 제공함으로써 성립한다. 군용이 아닌 물건의 제공은 물건제공이적죄가 적용된다. ③ **시설파괴이적죄**는 객관적으로는 대한민국의 군용시설 기타 물건을 파괴하거나 사용할 수 없게 하고, 주관적으로는 이적의사(利敵意思)가 있는 경우에 성립한다. ④ **물건제공이적죄**는 직접적인 군용은 아니지만 병기, 탄약 기타 전투용에 공할 수 있는 물건을 적국에 제공함으로써 성립한다. ⑤ **일반이적죄**는 외환유치죄(제92조), 여적죄(제93조), 모병이적죄(제94조), 시설제공이적죄(제95조), 시설파괴이적죄(제96조), 물건제공이적죄(제97조) 또는 간첩죄(제98조)에 해당하지 않지만 대한민국의 군사상 이익을 해하거나 적국에 군사상 이익을 공여하는 경우에 적용되는 보충적 구성요건이다. "직무에 관하여 군사상 기밀을 지득한 자가 이를 적국에 누설한 경우에는 간첩죄(제98조 제2항[군사상기밀누설죄])에, 직무에 관계없이 지득한 군사상 기밀을 적국에 누설한 경우에는 일반이적죄(제99조)에 해당한다"(대판 82도968).

V. 간 첩 죄

제98조(간첩) ① 적국을 위하여 간첩하거나 적국의 간첩을 방조한 자는 사형, 무기 또는 7년 이상의 징역에 처한다. ② 군사상의 기밀을 적국에 누설한 자도 전항의 형과 같다.

(1) 적국을 위한 간첩죄

1) 적 국 북한은 "우리 헌법상 반국가적인 불법단체로서 국가로 볼 수 없으나, 간첩죄의 적용에 있어서는 이를 국가에 준하여 취급하여야 한다"(대판 82도3036).

2) 간 첩 ① "**간첩**이라 함은 적국에 제보하기 위하여 은밀한 방법으로 우리나라의 군사상은 물론 정치, 경제, 사회, 문화, 사상 등 기밀에 속한 사항 또는 도서, 물건을 탐지·수집하는 것을 말하고, **간첩행위**

는 기밀에 속한 사항 또는 도서, 물건을 탐지·수집한 때에 기수가 되므로 간첩이 이미 탐지·수집하여 지득하고 있는 사항을 타인에게 보고·누설하는 행위는 **간첩의 사후행위**로서 위 조항에 의하여 처단의 대상이 되는 간첩행위 자체라고 할 수 없다"(대판 2008재도11). ② 간첩이 되려면 **적측과 의사연락**에 의해 우리나라의 기밀을 탐지했어야 한다. "**적측과 아무런 의사연락 없이 편면적으로** 취학을 주된 목적으로 하고 그곳 관헌의 호의를 사기 위하여 누설코저 군사에 관한 정보를 수집하였다면" 군사상 기밀누설의 예비행위가 된다(대판 4292형상34).

3) 국가기밀 국가기밀은 대한민국의 대외적 안전과 존립에 대한 위험을 방지하기 위해 적국에 대하여 비밀로 해야 할 사항을 가리킨다. 국내의 신문, 라디오 등에 보도된 사실과 같이 "국내에서의 적법한 절차 등을 거쳐 이미 일반인들에게 널리 알려진 **공지의 사실, 물건 또는 지식**"(대판 97도985) 국가기밀이 아니지만, "대한민국의 국방정책상 북한에 알리지 아니하거나 확인되지 아니함이 이익이 되는 모든 기밀사항"(예: 민심동향, 해외교포사회에 대한 국외의 정보)을 포함한다(대판 88도1630).

4) 미수와 기수의 시기 "간첩의 목적으로 외국 또는 북한에서 국내에 침투 또는 월남하는 경우에는 기밀탐지가 가능한 **국내에 침투 상륙**함으로써 간첩죄의 **실행의 착수**가 있다"(대판 84도1381). 간첩행위는 기밀에 속한 사항 또는 도서, 물건을 **탐지 수집한 때에 기수**가 되고(대판 81도3063), 수집한 국가기밀을 **지령자에게 전달할 것을 요하지는 않는다**(대판 74도2662). 동지로 **포섭하거나 접선**한 것만으로 간첩죄의 기수가 아니라 미수만 성립한다(대판 68도754).

[간첩죄와 군사기밀누설죄의 포괄일죄] 형법 제98조 1항의 간첩죄를 범한 자가 그 탐지수집한 기밀을 누설한 경우에는 포괄하여 1죄를 범한 것으로 보아야 하고 간첩죄와 군사기밀누설죄의 두 가지를 범한 것으로 인정할 수 없다(대판 74도1477).

(2) 간첩방조죄 간첩 방조, 즉 적국의 간첩임을 알면서 그 실행을 용이하게 하는 일체의 행위도 간첩죄와 같게 처벌한다(제98조 제1항 후단).

방조행위는 **간첩의 임무수행과 관련된 행위**이어야 한다.

간첩방조를 인정한 판례	간첩방조를 인정하지 않은 판례
● 북괴가 남파한 대남공작원을 상륙시킨 행위(대판 4293형상897) ● 북괴가 남파한 대남공작원으로 하여금 합법적인 신분을 가장케 하기 위한 행위(대판 70도1870) ● 간첩과 접선방법을 합의한 경우(70도2417)	● 단순히 북괴 간첩에게 숙식을 제공하였다고 하여 간첩방조죄가 성립하지 않고, 간첩활동을 방조할 의사와 숙식제공으로 간첩활동을 용이하게 한 사실이 인정되어야 한다(대판 66도1661). ● 간첩을 숨겨주었어도 간첩의 범행을 용이하게 하려는 의사가 없는 경우(대판 75도1003) ● 조총련간첩에게 소개하여 일본국에 밀항하게 하거나 양민학살자 공동묘지를 촬영한 필름을 조총련간첩에게 준 행위(대판 70도896)

간첩방조라고 하여 총칙상 종범이 되는 것은 아니다. 따라서 간첩방조죄는 종범감경(제32조)을 할 수 없다(대판 71도1333). 적국의 간첩이 간첩죄의 미수에 그쳤어도 그 간첩을 방조한 행위는 간첩방조죄의 기수이다.

(3) **군사상의 기밀누설죄** 군사상기밀누설죄는 신분범으로서 **직무에 관하여 군사상의 기밀을 지득한 자**(대판 76도1402)가 군사기밀임을 알면서 이를 적국에 알리는 것을 말한다. 직무와 관계없이 지득한 군사상 기밀을 적국에 누설한 경우에는 일반이적죄가 성립한다. 간첩죄를 범한 자가 그 탐지수집한 기밀을 누설한 경우는 포괄일죄가 성립한다(대판 74도1477).

Ⅵ. 전시군수계약불이행죄

제103조(전시군수계약불이행) ① 전쟁 또는 사변에 있어서 정당한 이유없이 정부에 대한 군수품 또는 군용공작물에 관한 계약을 이행하지 아니한 자는 10년 이하의 징역에 처한다. ② 전항의 계약이행을 방해한 자도 전항의 형과 같다.

전시군수계약불이행죄의 불법은 전시 또는 사변의 상황에서 군수품 등의 공급계약의 불이행은 군작전에 지장을 초래함으로써 국가의 존립을 위태롭게 할 위험을 초래한다는 점에 있다. 전시군수계약의 불이행(제103조 제1항)뿐만 아니라 계약이행의 방해(제103조 제2항)도 처벌한다.

국기에 관한 죄

Ⅰ. 국기·국장모독죄

제105조(국기, 국장의 모독) 대한민국을 모욕할 목적으로 국기 또는 국장을 손상, 제거 또는 오욕한 자는 5년 이하의 징역이나 금고, 10년 이하의 자격정지 또는 700만 원 이하의 벌금에 처한다.

국기·국장모독죄는 대한민국의 권위(authority)를 추상적으로 위태화하는 죄이다. **국기**(太極旗)는 대한민국국기법이 정한 형식에 따라 국가를 상징하기 위해 제작된 기이며, 국기 이외의 휘장이 **국장**(國章)이다. 군기나 대사관 및 공관의 휘장도 포함된다. 외국국기국장모독죄와 달리 공용(公用)여부, 소유여부를 불문한다. **손상**은 물질적인 훼손이다. 예를 들면 "깃면에 구멍을 내거나 절단하는 등 훼손하여 사용하는 경우"(「대한민국국기법」 제11조 제1항 1호)를 들 수 있다. **제거**는 국기·국장 자체를 손상하지 않고 철거·차폐하는 것을 말한다. **오욕**은 국기·국장을 불결하게 하는 행위(예: 오물, 방뇨 뿌리기)이며, "국민에게 혐오감을 주는 방법으로 활용하는 경우"(「대한민국국기법」 제11조 제1항 2호)이다. 고의 이외에 "대한민국을 모욕할 목적"이 있어야 한다.

Ⅱ. 국기·국장비방죄

제106조(국기, 국장의 비방) 전조의 목적으로 국기 또는 국장을 비방한 자는 1년 이하의 징역이나 금고, 5년 이하의 자격정지 또는 200만 원 이하의 벌금에 처한다.

대한민국을 모욕할 목적으로 국기·국장을 비방함으로써 성립하는 범죄이다. 비방이란 언어나 거동, 문장이나 그림 등의 상징에 의해 모욕의 의사를 표현하는 것을 말한다. 교리에 따라 국기에 절을 하지 않는 행위는 국기비방에 해당할 수 없다(대판 74도2183).

국교에 관한 죄

Ⅰ. 서 론

국교에 관한 죄는 국가 간의 평화로운 법적 관계와 대한민국의 안전 및 외교적 이익을 보호법익으로 한다.

외국의 권위 훼손	국제평화의 침해	외환의 죄
● 외국원수에 대한 폭행등죄(제107조) ● 외국사절에 대한 폭행등죄(제108조) ● 외국국기·국장모독죄(제109조) ● 반의사불벌죄(제110조)	● 외국에 대한 사전죄(제111조) ● 중립명령위반죄(제112조)	● 외교상 비밀누설죄 (제113조)

Ⅱ. 외국의 권위를 훼손하는 죄

제107조(외국원수에 대한 폭행 등) ① 대한민국에 체재하는 외국의 원수에 대하여 폭행 또는 협박을 가한 자는 7년 이하의 징역이나 금고에 처한다. ② 전항의 외국원수에 대하여 모욕을 가하거나 명예를 훼손한 자는 5년 이하의 징역이나 금고에 처한다.

제108조(외국사절에 대한 폭행 등) ① 대한민국에 파견된 외국사절에 대하여 폭행 또는 협박을 가한 자는 5년 이하의 징역이나 금고에 처한다. ② 전항의 외국사절에 대하여 모욕을 가하거나 명예를 훼손한 자는 3년 이하의 징역이나 금고에 처한다.

제109조(외국의 국기, 국장의 모독) 외국을 모욕할 목적으로 그 나라의 공용에 공하는 국기 또는 국장을 손상, 제거 또는 오욕한 자는 2년 이하의 징역이나 금고 또는 300만 원 이하의 벌금에 처한다.

(1) **외국원수에 대한 폭행 등의 죄** 대한민국에 체재하는 외국원수에 대하여 폭행, 협박, 모욕 또는 명예를 훼손하면, 폭행죄, 협박죄, 모욕죄 및 명예훼손죄가 아니라 외국원수에 대한 폭행 등의 죄가 성립한다. 외국원수 그가 대표하는 국가의 권위에 대한 존중 때문에 무겁게 처벌된다. **외국**이란 국가의 요건을 갖추고 있는 대한민국 이외의 국가로서 외교관계의 체결여부를 불문한다. **원수**(元首)는 대통령, 군주, 수상과 같이 외국의 헌법이나 정치적 시스템상 국가의 최고지위에서 국가를 대표할 권한이 있는 자이다. 폭행, 협박은 폭행죄와 협박죄와 같다. 모욕이나 명예훼손은 **공연성을 요건으로 하지 않고** 제310조도 적용되지 않으며 **반**

의사불법죄(제110조)이다.

(2) **외국사절에 대한 폭행 등의 죄** 외교사절폭행등의 죄는 대한민국에 파견된 외국사절에 대하여 폭행, 협박, 모욕 또는 명예훼손을 함으로써 성립한다. 외국사절이란 국제법상 외교업무를 담당하는 대사나 공사 등을 말한다. 외국의 경제사절이나 문화사절, 외국사절의 가족이나 수행원, 제3국에 파견되어 부임 또는 귀국 중에 대한민국에 일시 체재하는 자는 외국사절이 아니다.

(3) **외국국기·국장모독죄** 외국을 모욕할 목적으로 공용에 공하는 외국의 국기 또는 국장을 손상, 제거 또는 오욕하면 외국국기·국장모독죄가 성립한다. 대한민국의 국기·국장모독죄(제105조)와 달리 '**공용에 공하는**' 즉, 외국의 공적 기관이나 공무소에 사용되는 외국의 국기와 국장만이 객체가 된다. 개인이 휴대·게양한 외국국기는 객체가 아니다. **외국**은 대한민국 이외의 국가를 말하며, UN은 해당하지 않는다.

Ⅲ. 국제평화를 해하는 죄

제111조(외국에 대한 사전) ① 외국에 대하여 사전한 자는 1년 이상의 유기금고에 처한다. ② 전항의 미수범은 처벌한다. ③ 제1항의 죄를 범할 목적으로 예비 또는 음모한 자는 3년 이하의 금고 또는 500만 원 이하의 벌금에 처한다. 단 그 목적한 죄의 실행에 이르기 전에 자수한 때에는 감경 또는 면제한다.

제112조(중립명령위반) 외국간의 교전에 있어서 중립에 관한 명령에 위반한 자는 3년 이하의 금고 또는 500만 원 이하의 벌금에 처한다.

(1) **외국에 대한 사전죄** 외국사전죄는 외국에 대하여 사전(私戰)하거나 사전할 목적으로 예비 또는 음모함으로써 성립한다. 실행에 이르기 전에 자수하면 형을 감경 또는 면제한다. **사전**이란 국가의 의사와 관계 없이 개인 및 집단이 외국에 대하여 전투행위를 하는 것을 말한다. 전투행위는 단순한 폭력행위나 사살을 넘어 외국의 주권을 해하는 조직적인 공격을 가리킨다. 전쟁 중에 지휘관의 명령 없이 임의로 전투행위를 수행하는 것은 외국사전죄가 아니라 「군형법」의 **불법진퇴죄**(제20조)에 해당한다.

(2) **중립명령위반죄** 외국 간의 교전에서 국가의 중립명령에 위배하는 행위(예: 교전국의 일방에 가담)는 중립선언을 무력화시키고, 중립을 선언한 국가들의 평화질서를 해친다. 중립명령위반죄는 그 내용이 구체적인 중립명령에 의해서 비로소 결정된다는 점에서 백지형법이며, 중립명령이 폐지되면 중립명령위반죄는 성립하지 않는다. 이 점에서 한시법의 성격을 띤다. **외국과의 교전**이란 대한민국이 전쟁의 당사국이 아닌 외국 간의 전쟁을 말한다. **교전**(交戰)은 반드시 국제법상 전쟁으로 승인된 전투일 필요는 없다. **중립명령**은 교전국의 어느 한 편에 가담하지 말라는 국외중립선언을 따르도록 하는 명령을 말한다.

Ⅳ. 외교상 기밀누설죄

제113조(외교상 기밀의 누설) ① 외교상의 기밀을 누설한 자는 5년 이하의 징역 또는 1천만 원 이하의 벌금에 처한다. ② 누설할 목적으로 외교상의 기밀을 탐지 또는 수집한 자도 전항의 형과 같다.

외교상 기밀누설죄는 외교상의 기밀 누설로써 **대한민국의 대외적인 안전과 존립**을 위협하는 범죄이며, 추상적 위험이다. 누설할 목적의 외교상 기밀누설 예비는 처벌한다. 외교상 기밀누설죄는 공무상 비밀누설죄와 달리 누구나 범할 수 있다. 외교상 기밀은 "외교정책상 외국에 대하여 비밀로 하거나 확인되지 아니함[1]이 대한민국의 이익이 되는 모든 정보자료를 말한다"(예: 외국과 비밀조약체결). 이에 비해 외국 상호간의 외교상 기밀은 해당하지 않는다. **국내의 공지 사실**도 외국에 알려지지 않았으면 외교상 기밀이 될 수 있다. 외국 언론에 보도된 경우는 외교상 기밀이 될 수 없다. **누설**이란 외교상 기밀을 외국에 알리는 것이다. 적국이 아닌 외국의 경우에는 주로 간첩죄가 성립한다.

---

1 [외교상 기밀] 문화공보부가 외국언론에 이미 보도된 보도지침을 H일보에서 입수한 민주언론운동협의회 甲은 이를 M지에 보도하였다. ① (대판 94도2379) **외국에 이미 널리 알려져 있는 사항은 외교상의 기밀에 해당하지 아니한다.**

§78. 공무원의 직무에 관한 죄

Ⅰ. 서　론

공무원의 직무범죄는 공무원이 직무상 의무를 위반하거나 직권을 남용하여 **국가기능의 공정성**을 해하는 범죄이다. 공무방해죄가 국가기능을 '외부'에서 해하는 범죄라면, 이 죄는 국가기능을 **내부에서 해하는** 범죄이다. 공무원의 직무범죄는 **공직윤리**를 해치는 행위이기도 하며, 그 한에서 공직윤리도 부차적인 보호법익이 된다. 제135조도 공무원이 직권을 이용하여 공무원직무범죄 이외의 죄를 범한 때에는 그 죄에 정한 형의 2분의 1까지 가중하도록 하고 있다. 공무원의 직무범죄는 **추상적 위험범**이다.

[구성요건의 체계와 특성]　① 공무원의 직무에 관한 죄는 직권남용죄와 직무위배죄 및 뇌물죄로 분류된다.

국민에 대한 공무원 범죄	국가에 대한 공무원 범죄		
직무위배의 죄(아래 Ⅱ)	**직권남용의 죄**(아래 Ⅲ)		**뇌물죄**(아래 Ⅳ)
● 직무유기죄(제122조)	● 직권남용죄(제123조)		● 단순수뢰죄(제129조 제1항)
● 피의사실공표죄(제126조)	특수직무범죄	● 불법체포감금죄(제124조)	● 사전수뢰죄(제129조 제2항)
● 공무상비밀누설죄(제127조)		● 폭행가혹행위죄(제125조)	● 제3자뇌물공여죄(제130조)
		● 선거방해죄(제128조)	● 사후수뢰죄(제131조)
			● 수뢰후부정처사죄 (제131조)
			● 부정처사후수뢰죄(제131조)
			● 알선수뢰죄(제132조)
			● 증뢰죄(제133조 제1항)
			● 제3자증뢰물전달죄 (제133조 제2항)

② 공무원의 직무범죄는 공무원 신분을 필요로 하는 **신분범**이다. "형법상 공무원이라 함은 **법령의 근거에 기하여 국가 또는 지방자치단체 및 이에 준하는 공법인의 사무에 종사하는 자**로서 그 노무의 내용이 단순한 기계적 육체적인 것에 한정되어 있지 않은 자를 지칭한다"(대판 77도3709). 私見으로 첫째, 공무원은 **조직법**(「국가공무원법」, 「지방공무원법」, 공기업·공법인 관련법률)**상의 공무원 신분**을 갖는 자이다. 공무 개념을 중심으로 한 공무원 개념('공무원은 공무를 수행하는 자이다')은 공무원의 범위를 너무 확장할 수 있기 때문이다. 예컨대 「한국산업은행법」(제17조)에 의해 그

임원은 공무원이 된다. 둘째, **공무를 수행한다고 보기 어려운 신분상 공무원**, 예컨대 환경미화원과 같이 단순한 기계적 업무에 종사하는 공무원은 공무원직무범죄의 주체가 되지 않는다.

Ⅱ. 직무위배의 죄

1. 직무유기죄

제122조(직무유기) 공무원이 정당한 이유 없이 그 직무수행을 거부하거나 그 직무를 유기한 때에는 1년 이하의 징역이나 금고 또는 3년 이하의 자격정지에 처한다.

직무유기죄는 공무원이 정당한 이유 없이 직무수행을 거부하거나 직무를 유기함으로써 국가기능을 위태화시키는 범죄이다. 직무유기죄는 일반적인 **충근의무**(예: 국가공무원법상 성실의무, 복종의무 및 직장이탈금지의무)의 위반(예: 태만, 분망, 착각)[1]으로 부족하고 "직장의 **무단이탈, 직무의 의식적인 포기** 등과 같이 그것이 국가의 기능을 저해하며 국민에게 피해를 야기시킬 가능성이 있"어야 (대판 82도3065) 성립한다(**구체적 위험범**).

● 직무유기죄는 "**부진정부작위범**으로서 구체적으로 그 직무를 수행하여야 할 작위의무가 있는데도 불구하고 이러한 직무를 버린다는 인식 하에 그 작위의무를 수행하지 아니한 사실이 있어야" 한다(대판 75도306).

● 직무유기죄는 "작위의무를 수행하지 아니함으로써 구성요건에 해당하는 사실이 있었고 그 후에도 계속하여 그 작위의무를 수행하지 아니하는 위법한 부작위상태가 계속되는 한 가벌적 위법상태는 계속 존재"하는 **계속범**이다.[2]

1 [유기와 태만] 경찰서장 甲은 4.26. 22:50 자택에서 순경 乙의 총기난동을 보고받고 10분 후 자택을 출발하여 4.27. 00:20 경찰서에 도착하고 사태를 파악하고 피해자대책을 지시하고 사건현장으로 출발 01:30에 도착하였다. 甲은 乙이 자폭한 05:30경까지 지서에 머물렀지만 乙의 예상도주로를 경계하라는 지시만 내리고, 乙을 체포하는 매복 경찰병력을 직접 지휘하거나 특수범 진압조직을 동원하지 않았다. 甲은 미증유의 사태에 망연 자실하여 거의 정상적인 사고력을 잃은 정도였다. ① (대판 82도2624) 甲의 "**조치가 다만 적절하지 못하였다는 사정**", 즉 "직무집행에 관하여 **태만, 분망, 착각등 일신상 또는 객관적 사정으로 어떤 부당한 결과를 초래한 경우**"에는 직무유기죄가 성립할 수 없다. ② (評釋) 임기종료일이 11.17.인 공립중학교 기간제교원 甲이 11. 14. 담당사회과목 시험답안지를 교부받고 11. 15.경 연가신청이 승인되지 않자 무단조기퇴근하고, 16.에 출근하지 않았다. 그로써 학생들의 답안지와 채점결과를 인계하지 못했고 11.29.까지 고등학교 입학전형을 위한 석차연명부 작성을 불가능해진 사건에서도 판례(대판 2021도8361)는 직무유기를 인정하지 않았다.

2 [계속범 직무유기죄] 교통경찰관 甲은 교통사고를 낸 乙로부터 '피해자 丙과 보험처리만 하고 사고처리는 하지 아니하기로 합의'하였으니 사고처리를 하지 말아달라는 부탁을 받고, 乙을 입건하지 않았다. 甲은 다음 날 현장조사로 乙의 신호위반을 밝혀냈지만 입건하지 않았다. 며칠 뒤 甲은 보험회사 직원 丁으로부터 乙과 丙이 서로 신호위반을 주장하여 보험금 지급여부를 결정할 수 없으

(1) **주 체** 모든 공무원이 주체이고 "병가중인 자"[3]는 제외된다,

(2) **직무유기** ① 직무란 법령 또는 법령에 근거한 명령에 따른 **본래의 고유한 직무**[4]를 뜻하고, 부수적·파생적으로 발생하는 직무(예: 고발권한 없는 세무공무원의 고발의무)는 포함하지 않는다.[5] 고유한 직무와 부수적 직무는 법령상 권한의 유무라는 기준만이 아니라 **직무관행과 직무수행의 공정성을 함께 고려**하여 판단하여야 한다. ② 직무의 **수행거부**란 직무수행의무를 능동적으로 다하지 않는 것이고, 직무의 **유기**는 "직무에 관한 **의식적인 방임 내지는 포기** 등 정당한 이유 없이 그 직무를 수행하지 않"[6]는 것을 말한다. ③ 직무집행의 절차위반(대판 4294형상223), 불성실, 형식적 처리 등 "**직무집행의 내용이 위법**한 것으로 평가된다는 점만으로 직무유기죄의 성립을 인정할 것은 아니"지만, 다만 위법한 직무수행이

니 정식 입건해서 수사하여 달라는 요청을 받았지만 응하지 않았다. 甲은 몇 달 뒤 丙이 신고하였을 때 乙을 교통사고처리특례법위반죄로 입건하였다. ① (대판 97도675) 甲의 행위는 "**직무에 관한 의식적인 방임 내지 포기** 등 정당한 사유 없이 교통사고 수사직무를 수행하지 아니한 경우에 해당"하고 丁의 요청에도 수사하지 않은 "**위법한 부작위상태가 계속되어 그 가벌적 위법상태는 계속 존재한 것이므로**" 전체적으로 1죄의 직무유기죄만 성립한다.

3 [병가 공무원의 직무유기] 병가 중이던 공무원 甲은 정상 근무하던 공무원 乙 등과 함께 불법파업을 함으로써 고의적으로 자신이 맡은 공무를 유기하였다. ① (대판 95도748) "병가 중인 자는 구체적인 작위의무 내지 국가기능의 저해에 대한 구체적인 위험성이 있다고 할 수 없어 직무유기죄의 주체가 될 수 없다." ② (評釋) 甲과 乙 등 사이에 직무유기의 공범관계가 인정된다면 甲은 제33조 본문에 의해 직무유기죄의 공동정범이 된다.

4 [고유한 직무] 대대장 甲은 병사 乙이 부대 내에서 소란을 피운 사실을 상급부대에 보고하지 않았고, 한 달 뒤 丙의 탈영사실을 보고 받았지만, 역시 보고하지 않았다. ① (대판 75도1895) 군형법 제24조에 규정된 직무유기죄는 "직무의 내용이 성문된 법령상의 근거가 있거나 적어도 군대내의 특단의 지시 또는 명령이 있어 그것이 **고유의 직무 내용을 이루고 있어야" 한다.** 부대지휘관은 소속부대원이 부대 내에서 소란을 일으킨 경우에 이를 **상급부대에 보고할 고유의 직무**가 있다고 할 수 없다. 甲은 직무유기죄가 성립하지 않는다.

5 [고유한 직무와 부수적 직무] 세무공무원 甲은 乙이 아무 거래 없이 丙으로부터 허위세금계산서를 교부받았음을 확인하고 부가가치세과에 관련 자료를 보내 담당자로 하여금 丙을 고발하게 하고 부가가치세액과 불성실신고가산세를 추징조치하였으나 乙에 대해서는 통고처분이나 고발조치를 건의하지도 않았다. ① (대판 96도2753) "통고처분이나 고발을 할 권한이 없는 세무공무원이 그 권한자에게 **범칙사건 조사 결과에 따른 통고처분이나 고발조치를 건의하는 등의 조치**를 취하지 않았다고 하더라도 그 직무를 의식적으로 방임 내지 포기하였다고 볼 수 없다." ② (評釋) 甲이 유기한 직무 내용은 **통고처분이나 고발 그 자체가 아니라 그것을 '건의'할 작위의무**이다. 이 건의의무는 乙의 탈세가 **중대하고 명백한 조세포탈인 경우**에는 甲의 고유한 직무라고 볼 수 있다.

6 [직무유기] 상급부대로부터 차량부속품을 수령하여 소속부대의 차량들에게 불출(拂出)하는 병기물자 담당관 甲은 하급부대에 병기물자를 불출하는 직무를 하는 乙로부터 베아링을 받지 않았음에도 받은 것처럼 임의로 공제해주었다. ① (대판 77도2952) 甲은 "**권한 없는 행위를 한 위법이 있다고 할 수 있을 뿐 그 직무를 수행하지 아니한 경우에 해당한다고는 할 수 없다.**" ② (評釋) 甲이 위법하게 공제해준 불출물자가 취급물자 중 상당부분을 차지한다면 그 위법한 직무수행은 전체적으로 직무유기로 평가할 수 있다.

직무에 관한 의식적인 방임이나 포기에 해당한다고 볼 수 있는 경우에는 직무유기죄가 성립한다.[7] 이는 직무유기죄가 부진정부작위범이고 **위법한 직무수행의 작위는 전체적으로 보아 직무수행의무의 부작위로 평가**되는 경우가 있기 때문이다.

(3) **정당한 이유 없이** 직무유기는 구성요건표지인 "정당한 이유 없이" 이루어져야 한다. 즉 법령, 업무규칙·예규·관행에 따르거나 사회적 상당성이 있는 직무유기는 직무유기죄에 해당하지 않는다.[8]

(4) **고 의** 공무원은 의식적으로 직무수행을 거부하거나 포기하거나 방임한다는 사실에 대한 인식과 의욕이 있어야 한다.

(5) **타죄와의 관계** 직무유기죄와 타죄의 관계는 다음과 같다.

● "공무원이 어떠한 위법사실을 발견하고도 직무상 의무에 따른 적절한 조치를 취하지 아니하고 위법사실을 적극적으로 은폐할 목적으로 허위공문서를 작성, 행사한 경우에는" 작위범인 **허위공문서작성 및 그 행사죄만이 성립하고 부작위범인 직무유기죄는 따로 성립하지 아니한다.**[9] 이에 비해 위법사실 **은폐 목적과는 별개의 목적**으로 허위공문서를 작성, 행사한 경우에는 "허위공문서작성·동행사죄와 직무유기죄는 실체적 경합범의 관계에 있다".[10] 私見으로 두 경우 모두 **직무유기는 허위공문서작성 및**

7 "교육기관 등의 장이 징계의결을 집행하지 못할 법률상·사실상의 장애가 없는데도 징계의결서를 통보받은 날로부터 법정 시한이 지나도록 그 집행을 유보하는 모든 경우에 직무유기죄가 성립하는 것은 아니고, 그러한 유보가 직무에 관한 의식적인 방임이나 포기에 해당한다고 볼 수 있는 경우에 한하여 직무유기죄가 성립한다"(대판 2013도229).

8 [정당한 이유의 직무유기] 교육부 징계위원회는 시국선언 참여 교사들의 징계를 의결하고 교육감 甲에게 통보하였다. 甲은 당시 교사들에 대한 형사재판의 진행과, 시국선언참여의 정당성논란 등을 고려하여 집행기간이 상당한 정도로 경과하여도 징계를 하지 않았으나 형사재판의 대법원판결이 있던 당일에 징계를 하였다. ① (대판 2013도229) "징계의결서를 통보받은 날로부터 법정 시한이 지나도록 그 집행을 유보하는 모든 경우에 직무유기죄가 성립하는 것은 아니고, 그러한 유보가 직무에 관한 의식적인 방임이나 포기에 해당한다고 볼 수 있는 경우에 한하여 직무유기죄가 성립한다." 甲은 그런 경우에 해당하지 않는다. ② (評釋) 甲의 위법한 징계조치유보는 '직무를 유기한' 것이지만 甲의 위 고려는 "정당한 이유 없이" 표지를 충족하지 못한다.

9 [위법은폐목적의 허위공문서작성과 직무유기] 폐수배출시설의 지도·단속 담당공무원 甲은 I㈜가 폐수배출시설 폐쇄명령을 이행하지 않은 사실을 은폐하려고 자신이 작성권한이 있는 출장복명서의 폐쇄명령 이행사항 확인란을 허위로 작성하였다. ① (대판 2002도5004) 甲의 "**직무 위배의 위법상태는 그 출장복명서를 허위로 작성할 당시부터 그 속에 포함**되어 허위공문서작성죄만 성립하고, 직무유기죄는 따로 성립하지 아니한다." ② (評釋) 甲은 허위공문서작성죄 및 행사죄(제229조)가 성립하고, 직무유기죄는 불가벌적 수반행위가 된다.

10 [위법은폐목적 외의 허위공문서작성과 직무유기] 공무원 甲은 乙의 농지 일시전용허가 신청서를 접수한 후 그 농지의 불법전용사실을 확인하였지만, 乙의 불법농지전용사실을 기재하지 않고 출장복명서에 현지 확인조사결과를 기재하고 乙의 농지일시전용 허가가 타당하다는 의견을 표시한 후 군수에게 제출하였다. ① (대판 92도3334) 甲이 "복명서 및 심사의견서를 허위작성한 것이 농지일

행사죄의 불가벌적 수반행위이다.

● 직무유기를 하기 위해 위계에 의한 공무집행방해죄를 범한 경우에 **직무유기죄는 위계공무집행방해죄에 포함**된다(대판 96도2825). 즉 직무유기는 위계공무집행방해죄의 불가벌적 수반행위이다.

● "직무위배의 위법상태가 범인도피행위 속에 포함되어 있는"[11] 것이므로 작위범인 **범인도피죄만이 성립하고 부작위범인 직무유기죄는 따로 성립하지 아니한다.** 또한 경찰관이 압수물을 범죄 혐의의 입증에 사용하도록 하는 등의 조치를 취하지 아니하고 피압수자에게 돌려주어 **증거인멸죄를 범한 경우[12]에 부작위범인 직무유기죄는 성립하지 않는다.** 私見으로 직무유기는 범인도피죄나 증거인멸죄에 수반되는 행위가 아닌, 별개의 범죄이지만 범인도피죄에 대해 보충적으로 적용된다.

● 공무원이 직무를 유기함으로써 그로 인해 혜택을 받은 자로부터 그에 대한 대가를 지급받은 경우[13]에는 **직무유기죄와 수뢰죄의 경합범**이 된다. 공무원이 뇌물을 받은 후 그 대가로 직무를 유기한 경우에는 수뢰후부정처사죄와 직무유기죄가 (부분적 행위단일성으로) 상상적 경합관계에 놓인다.

시전용허가를 신청하자 이를 허가하여 주기 위하여 한 것이라면 **직접적으로 농지불법전용 사실을 은폐하기 위하여 한 것은 아니므로** 위 허위공문서작성, 동행사죄와 직무유기죄는 실체적 경합범의 관계에 있다." ③ (評釋) 甲의 직무유기죄는 허위공문서작성과 행사에 수반되는 죄이고 법정형도 매우 낮다는 점에서 그 죄의 불가벌적 수반행위이다.

11 [범인도피죄와 직무유기죄] 경찰관 甲은 검사로부터 특수폭행혐의의 피의자 乙을 검거하라는 지시를 받았지만 乙에게 전화하여 "형사들이 나갔으니 무조건 튀라"고 알려주었고 乙은 도피하였다. ① (대판 96도51) "**직무위배의 위법상태가 범인도피행위 속에 포함되어 있는 것**"이므로 작위범인 범인도피죄만이 성립하고 부작위범인 직무유기죄는 따로 성립하지 아니한다. ② (評釋) 甲는 범인도피죄만 성립하고, 직무유기죄는 보충관계에 놓인다.

12 [증거인멸죄와 직무유기죄] 경찰서 방범과장 甲은 부하 乙이 오락실을 단속·압수하여 사무실에 보관하던 오락기의 변조기판을 경찰서 수사계에 인계하지 않고, 乙을 시켜 그 변조기판을 오락실 업주에게 돌려주었다. ① (대판 2005도3909) "**직무위배의 위법상태가 증거인멸행위 속에 포함되어 있는 것**"이므로 작위범인 증거인멸죄만이 성립하고 부작위범인 직무유기죄는 따로 성립하지 아니한다. ② (評釋) '포함' 개념은 거꾸로 보면 '흡수'됨을 뜻하지만 직무유기죄는 증거인멸죄에 대해 보충적으로 적용되는 구성요건이다.

13 [수뢰죄와 직무유기죄] 경찰관 甲은 방치된 오토바이를 치워달라는 신고를 받고 습득물처리지침에 따르지 않고 소속경찰서의 관행대로 오토바이센터 乙에게 오토바이를 가져가 보관하고 엔진번호를 확인하여 주인을 찾아 돌려주라고 하고, 乙의 처리내용은 확인하지 않았다. 乙은 보관을 맡은 오토바이의 소유자를 찾아 돌려주었으나 일부는 임의로 처분하고 폐차하고, 그 처분대가로 甲에게 20만 원을 주었다. ① (대판 2001도6170) 甲의 행위는 습득물의 보관, 반환 "협조를 구한 정도를 벗어나 乙에게 그 습득물에 대한 임의처분까지 용인한 것으로서 **습득물처리지침에 따른 직무를 의식적으로 방임 내지 포기**하고 정당한 사유 없이 직무를 수행하지 아니한 경우에 해당한다." 甲은 직무유기죄와 뇌물수수죄의 경합범이다. ② (評釋) 乙이 오토바이의 소유자를 모두 찾아주었고, 단지 정비 수익을 올린 점에 대한 답례로 甲에게 20만원을 준 것이라면 뇌물수수죄가 성립하지만 직무유기죄는 성립하지 않는다. **직무유기고의**가 없기 때문이다.

2. 피의사실공표죄

제126조(피의사실공표) 검찰, 경찰 그 밖에 범죄수사에 관한 직무를 수행하는 자 또는 이를 감독하거나 보조하는 자가 그 직무를 수행하면서 알게 된 피의사실을 공소제기 전에 공표(公表)한 경우에는 3년 이하의 징역 또는 5년 이하의 자격정지에 처한다.

피의사실공표죄의 보호법익은 **무죄추정원칙의 실현과 수사기밀의 보호**라고 이해된다. 私見으로 무죄추정원칙은 수사기관뿐만 아니라 법원도 구속 받는 원칙이고, 수사기밀은 피의사실공표금지보다는 수사의 계획이나 실행방법 등의 비밀유지를 통해 달성된다는 점에서 피의사실공표죄의 보호법익은 피의자의 인권(예: 명예, 직업, 사생활)을 보호하는 **수사절차의 법치국가성**(적법절차성)이다. 피의사실공표죄는 추상적 위험범이다.

(1) **구성요건** 이 죄의 **주체**는 검찰, 경찰 그 밖에 범죄수사에 관한 직무를 행하는 자 또는 이를 감독하거나 보조하는 자이다. 이 죄는 진정직무범죄이다. **객체**는 직무를 수행하면서 알게 된 피의사실이다. 여기서 피의사실은 진실한 것임을 요하지 않으며 직무와 관련 없이 알게 된 사실은 제외된다. **행위**는 공소제기 **전에 피의사실을 공표**(公表)하는 것이다. 공판청구 후에는 피의사실은 공소사실이 되고, 피의사실공표죄가 성립하지 않는다. 공판절차는 공개를 원칙으로 하기 때문이다. 공표는 불특정 또는 다수인에게 그 내용을 알리는 것으로서 공연성을 필요로 한다.

(2) **알권리와 피의사실공표** 시민들의 **공적 관심**을 받는 사건이나 **공인**(public person)**의 피의사실**에 대한 시민의 알권리와 피의사실공표죄의 법익 보호는 조화로운 실현이 요구된다. 이 조화여부에 대한 판단에는 "공표 목적의 공익성과 공표 내용의 공공성, 공표의 필요성, 공표된 피의사실의 객관성 및 정확성, 공표의 절차와 형식, 그 표현 방법, 피의사실의 공표로 인하여 생기는 피침해이익의 성질, 내용 등을 종합적으로 참작하여야" 하고, 피의사실공표죄의 보호법익과 조화를 이루는 언론공표는 위법성조각사유(판례)[14]보다는 구성요건해당성조각사유(私見)에 해당한

14 [피의사실 언론공표] 검사 甲은 조폭 乙이 丙에게 도박자금을 갚으라고 협박한 피의사실을 언론에

다. 언론공표는 국민의 알권리가 끝나는 곳에서 비로소 피의사실공표죄(의 구성요건해당성)가 시작하기 때문이다. 또한 **TV 공개수배**는 피의사실공표만이 아니라 무죄추정원칙의 실질적인 위반, 인격권에 대한 중대한 침해 등 더 많은 인권침해가 이루어지기 때문에 엄격한 요건과 절차를 정하는 입법이 요구된다.

3. 공무상 비밀누설죄

제127조(공무상 비밀의 누설) 공무원 또는 공무원이었던 자가 법령에 의한 직무상 비밀을 누설한 때에는 2년 이하의 징역이나 금고 또는 5년 이하의 자격정지에 처한다.

공무원은 직무상 비밀을 엄수할 의무(「국가공무원법」 제60조, 「지방공무원법」 제52조)가 있으며, 공무원 또는 공무원이었던 자가 법령에 의한 직무상 비밀을 누설한 때에는 공무상비밀누설죄가 성립한다. 공무상비밀누설죄의 보호법익은 "기밀 그 자체"가 아니라 공무원의 비밀엄수의무의 침해에 의하여 위험하게 되는 이익, 즉 "**비밀의 누설에 의하여 위협받는 국가의 기능**"(대판 2001도1343)이다.[15] 공무상비밀누설죄는 비밀누설로 기수가 성립하며 국가기능의 구체적 위태화가 필요하지 않다(추상적 위험범).

예를 들어 대통령 당선인의 비서실 소속 공무원이 중국에 파견할 특사단 추천 의원을 정리한 문건이 '기밀 그 자체'라면, 그런 문건을 민간인에게 이메일로 전달하여 장애를 초래하게 될 "**대통령 당선인의 인사 기능**"(대판 2018도2624)이 공무상비밀누설죄의 보호법익이다.

확정적인 범죄사실인 듯한 표현으로 공표하였다. 당시 수사증거로는 乙의 승용차에서 압수된 서바이벌 총, 다용도 칼과 丙의 진술증거만 있었다. 乙은 범행을 부인하고 있었고, 乙이 丁과 공범으로 기소된 체포감금과 공갈미수는 무죄판결이 확정된 상태였다. ① (대판 2000다68474) 피의사실의 진실성을 담보할 만한 객관적이고도 충분한 증거를 확보한 상태가 아니었던 점과 乙과 그 가족 인물에 대한 정신적·물질적 피해가 클 수 있다는 점, 검찰청 내부절차를 밟지 않은 점, 국민에게 급박히 알릴 필요성이 있지 않았던 점 등에서 甲의 행위는 정당행위에 해당하지 않는다. ② (評釋) 이 판례는 민사판례이고, 불법행위책임에서 형법상 구성요건에 상응하는 손해배상의 요건은 "고의 또는 과실로 인한 위법행위로 타인에게 손해를 가한 자"(민법 제750조)라고 하여, 그 (실질적) 위법성 평가가 손해배상의 법적 요건(Tatbestand)의 한 요소이다. 이 위법성 판단이 형법상 피의사실공표죄의 구성요건을 이룬다. 형법상 구성요건이란 독일민법학적 개념 Tatbestand과 같고, 이 요건은 좁은 의미의 구성요건과 위법성으로 분화되어 있다. 즉 甲의 행위는 피의사실공표죄의 구성요건에 해당한다.

15 공무원의 비밀준수라는 직업윤리(Berufsethik)는 공무상비밀누설죄의 부차적 보호법익이다.

(1) **주 체** 모든 공무원 또는 공무원이었던 자이다. 공무상비밀누설죄는 2인 이상의 서로 대향된 행위의 존재를 필요로 하는 **대향범**이다(대판 2007도6712). 공범에 관한 **형법총칙규정이 적용되지 않으므로** 공무원으로부터 비밀을 누설 받은 비공무원은 공무상비밀누설죄의 교사범이 될 수 없다.[16] 私見으로 공무상비밀누설죄는 공무원이 공무상 비밀을 누구나 알 수 있는 상태로 놓음으로써 성립하므로 대향범이 아니며, 비공무원도 이 죄의 교사범이 될 수 있다.

(2) **직무상 비밀** "**법령에 의한 직무상 비밀**이란 반드시 법령에 의하여 비밀로 규정되었거나 비밀로 분류 명시된 사항에 한하지 아니하고 정치, 군사, 외교, 경제, 사회적 필요에 따라 비밀로 된 사항은 물론 정부나 공무소 또는 국민이 객관적, 일반적인 입장에서 외부에 알려지지 않는 것에 상당한 이익이 있는 사항도 포함하는 것이나, **실질적으로 그것을 비밀로서 보호할 가치**가 있다고 인정할 수 있는 것"(대판 95도780)[17]을 말한다. 기밀(機密: 군사상기밀누설, 외교상기밀누설)은 비밀 가운데 매우 중요한 경우를 뜻한다.

공무상 비밀에 해당하는 경우	공무상 비밀에 해당하지 않는 경우
• 수사기관이 확보한 자료, 해당 사안이나 피의자의 죄책, 신병처리에 대한 수사책임자의 의견에 관한 정보(대판 2004도5561) • 지방자치단체의 장 또는 계약담당공무원이 수의계약에 부칠 사항에 관해 결정한 예정가격(대판 2006도7171) • 미국과의 FTA 협상전략과 분야별 쟁점에 대한 대응방향 등을 담고 있는 FTA관련 문건(대판 2009도2669)	• 피의사실, 피의자 및 피해자의 각 인적사항, 피해자의 상해정도 또는 피의자의 신병처리 지휘내용 등에 관한 수사서류(대판 2001도1343) • 범죄 현장 부근에서 경찰의 잠복근무에 이용되고 있던 경찰청 소속 차량의 소유관계에 관한 정보(대판 2010도14734)

16 [공무상 비밀누설죄의 대향범] 변호사사무실 직원 甲은 법원공무원 乙에게 부탁하여 체포영장 발부자 53명의 명단을 빼내었다. ① (대판 2009도3642) 甲은 공무상비밀누설죄의 교사범이 될 수 없다. ② (評釋) 甲은 乙의 교사범이 된다.

17 [공무상 비밀] D그룹회장 丙은 검찰총장 甲에게 자신의 외화밀반출사건에 대한 수사보류를 부탁하였고, 甲은 1998. 6.경 관할 지청에 수사보류를 지시하였지만 그 지청의 건의에 따라 12.23. 丙사건의 엄정처리를 언론에 공표하였다. 1998. 12. 중순경부터 甲의 처 乙이 丙의 처에게 자신의 의류구입대금 대납을 요청하였다는 소문이 나자 대통령 법무비서관 丁은 1999.1.14. 경찰청에 내사를 지시하여 사실무근이라는 보고를 받았다. 2. 11. 丙은 甲의 구속영장 청구 지시에 따라 구속수감되었다. 甲은 D그룹이 乙의 옷값대납 요구사실을 언론에 공개한다는 말을 전해 듣고 丁으로부터 내사결과보고서를 전달받아 '건의' 부분을 가린 채 복사하여 D의 부회장 己에게 읽어보게 하였다. ① (대판 2002도7339) 乙에 관한 소문은 "비공지의 사실이기는 하나 실질적으로 **비밀로서 보호할 가치**가 있는 것이라고 인정할 수 없고, 그 내용이 알려진다고 하더라도 **국가의 기능을**

(3) 누 설 누설이란 비밀을 제3자에게 알리는 것뿐만 아니라, 누구든 알 수 있는 상태에 놓는 것(예: 비밀공문서의 공공장소 비치)을 말한다. 그러나 공무원이 직무상 비밀을 해당 직무의 집행과 관련이 있는 다른 공무원에게 직무집행의 일환으로 전달한 경우는 비밀의 누설에 해당하지 않는다(대판 2021도2486).

[공무원비밀누설죄와 타죄의 관계] ① 공무원이 직무상 지득한 군사상 기밀을 적국에 누설한 경우에는 **간첩죄만 성립**하고 공무상비밀누설죄는 성립하지 않는다(특별관계). ② 외교상 기밀을 누설한 때에는 **외교상기밀누설죄만 성립**하고 공무상비밀누설죄는 성립하지 않는다(특별관계). ③ 공무원이 직무상 지득한 비밀을 누설하여 재물 또는 재산상의 이익을 취득하거나 제3자로 하여금 취득하게 한 경우에는 「부패방지권익위법」상 **공직자의 업무상 비밀이용죄**(제7조의2, 제86조)가 성립하고 공무상비밀누설죄는 적용되지 않는다(불가벌적 수반행위]). ④ **수뢰후부정처사죄**와 공무상비밀누설죄는 법익이 다르므로 그 실행행위가 단일하면 상상적 경합관계[18]에 놓인다.

Ⅲ. 직권남용의 죄

1. 직권남용죄

제123조(직권남용) 공무원이 직권을 남용하여 사람으로 하여금 의무 없는 일을 하게 하거나 사람의 권리행사를 방해한 때에는 5년 이하의 징역, 10년 이하의 자격정지 또는 1천만 원 이하의 벌금에 처한다.

공무원이 직권을 남용하여 의무 없는 일을 하게 하거나 권리행사를 방해하는 직권남용죄는 "공무원이 그 일반적 직무권한에 속하는 사항에 관하여 직권의 행사에 가탁하여 실질적, 구체적으로 위법·부당한 행위를 하는"(대판 2004도2899) 범죄이다. 보호법익은 **국가기능의 공정한 행사**이다. 직권남용죄는 피해자가 의무 없는 일을 현실적으로 행하거나 권리행

위협하는 결과를 초래하게 된다고 인정되지도 아니한다." 甲은 공무상비밀누설죄가 성립하지 않는다. ② 내사결과보고서의 '건의' 부분을 가린 채 복사한 것은 "기존 공문서에 새로운 증명력을 작출하는 행위"가 아니므로 공문서변조죄도 성립하지 않는다.

18 [수뢰후부정처사] 공무원 甲은 乙로부터 300만 원을 받고 공무원시험의 구술시험문제은행을 알려주었다. 乙은 시험에 합격하였지만 甲으로부터 받은 문제는 출제되지 않았다. ① (대판 70도562) 甲이 乙에게 알려준 내용이 시험의 당락에 중요한 영향을 미칠 문제에 속하였던 사실이면 충분하고 출제되었는지는 공무상비밀누설죄의 성립에 중요하지 않다. ② 수뢰후부정처사죄와 공무상비밀누설죄는 상상적 경합범이다.

사를 현실적으로 방해하는 구성요건적 결과가 발생하면 국가기능이 현실적으로 위태화되지 않아도 기수가 성립하는 **추상적 위험범**[19]이다. 이는 구체적 위험범인 업무방해죄(대판 2003도7927)와 구별된다.

● 직권남용죄는 강요죄와 같은 구성요건적 결과를 갖고 있으나, 보호법익이 다르고, 폭행·협박이 행위수단이 아니라 직권남용이 행위수단이며, 주체도 공무원에 한정된다. 공무원이 직권을 남용해 폭행·협박을 사용함으로써 강요죄를 범한 경우 **직권남용죄와 강요죄의 상상적 경합**이 된다.

● 공무원이 직권을 남용해 공무집행 중의 다른 공무원에게 폭행·협박을 가한 경우에는 **직권남용죄와 공무집행방해죄의 상상적 경합관계**가 성립한다. 직권남용죄는 국가의 '내부로부터', 공무집행방해죄는 '외부로부터' 각각 국가기능을 훼손하는 점에서 다른 불법유형을 갖고 있기 때문이다.

(1) **주 체** 직권남용죄의 주체는 법령 또는 "법령과 제도를 종합적, 실질적으로 살펴보아"(대판 2019도5186) 그 남용행위에 관한 직무를 수행하는 **일반적 직무권한**이 있는 공무원이다. "일반적 직무권한은 반드시 **법률상의 강제력을 수반하는 것임을 요하지 아니**하며, 그것이 남용될 경우 직권행사의 상대방으로 하여금 법률상 의무 없는 일을 하게 하거나 정당한 권리행사를 방해하기에 충분한 것이면 된다".[20]

일반적 직무권한에 속하는 행위	일반적 직무권한에 속하지 않음
● 민정수석이 농수산물도매시장관리공사 대표에게 주유소를 수의계약으로 대통령 근친에게 임대하게 함(대판 92도116) ● 재정경제원장관이 채권은행으로 하여금 기업에 대한 대출을 권고하는 경우(대판 2002도6251) ● 검사가 실제로는 개인적인 목적을 위하여 수용자를 소환하면서도 수사목적이라는 명분을 내세워 교도관리에게 위 수용자에 대한 소환, 출석요구를 한 경우(대판 2005도6966) ● 해군본부 법무실장이 국방부 검찰수사관에게 군내 납품비리 관련 수사기밀을 보고하게 한 경우(대판 2011도1739) ● 대통령비서실장이 전국경제인연합회 부회장에게 특정 정치성향 시민단체 지원을 요구한 경우(대판 2019도5186)	● 당직대 조장이 내무반에 들어와 하급자에게 자신의 직권과 관계없는 이유로 기합을 준 행위(대판 84도1045) ● 치안본부장이 국립과학수사연구소 법의학과장에게 고문치사에 관한 기자간담회에 참고할 메모 작성을 요구하고 수정 작성케 함(대판 90도2800) ● 대검 공안부장이 한국조폐공사 사장에게 쟁의행위 및 구조조정에 관하여 전화를 한 행위(대판 2002도3453)

19 [직권남용죄와 업무방해죄] 대검 부장검사 甲은 J공사 사장 乙에게 J공사 쟁의행위에 관하여 "직장폐쇄를 풀고 구조조정을 단행하라"고 말했다. 乙은 D지방노동청의 권유에 따라 직장폐쇄를 철회하고 지방사무소 두 곳을 통합하기로 결정하였다. ① (대판 2002도3453) 甲의 전화로 인하여 乙의 "경영업무가 방해될 **위험이 발생하였다고 볼 수 없**"고, 업무방해미수는 불가벌이다. ② (評釋) 구체적 위험발생이 없어도 직권남용죄는 성립할 수 있지만 **공기업 경영은 검사의 직무에 속하지 않아서** 甲은 직권남용죄가 성립할 수 없다.

(2) **직권남용** "직권남용이란 공무원이 그의 일반적 권한에 속하는 사항에 관하여 그것을 불법하게 행사하는 것, 즉 **형식적, 외형적으로는 직무집행으로 보이나 그 실질은 정당한 권한 이외의 행위**를 하는 경우"[21]를 의미하며, 공무원이 그의 일반적 권한에 속하지 않는 행위를 하는 경우인 **지위를 이용한 불법행위**와는 구별된다. "직권남용에 해당하는가의 판단 기준은 구체적인 공무원의 직무행위가 그 목적, 그것이 행하여진 상황에서 볼 때의 필요성·상당성 여부, 직권행사가 허용되는 법령상의 요건을 충족했는지 등 제반 요소를 고려하여 결정하여야 한다"(대판 2020도12583). 가령 대통령비서실 비서관이 세월호참사 특별조사위원회 설립준비팀장인 해수부 공무원에게 설립준비 추진경위 및 대응방안 문건을 작성하게 한 행위는 동위원회의 정치적 중립성, 업무의 독립성, 비밀준수의무 등을 고려하면 직권남용에 해당한다(대판 2020도18296).

(3) **구성요건적 결과** 직권남용과는 **독자적인 요건**으로 ① 사람으로 하여금 법령상 '의무 없는 일을 하게 하'는 것인지는 상대방이 그러한 일을 할 **법령상 의무가 있는지**[22]**를 살펴 개별적으로 판단**하여야 한다(대판

20 [직권남용주체] 재경원 장관 甲은 J그룹의 자금사정이 어려워지자 금융정책실장 乙에게 J에 대한 은행들의 대출에 관하여 "어쩌겠느냐, 챙겨봐 달라"라고 말했다. 乙은 주거래은행인 S 은행장 丙에게 J의 대출건을 '챙겨 달라'고 전화하였고, 丙은 이전과 달리 J의 다른 채권은행장들과 회의를 개최하여 J에 대한 1,060억 원의 협조융자를 합의하였고, S는 J에게 189억 원을 대출하였다. ① (대판 2002도6251) 금융사무에 관하여 **포괄적인 권한**을 행사하는 재정경제원장관이 국민경제에 미치는 영향력이 큰 기업으로서 회생 가능성이 있는 기업에 대하여는 자구계획의 수립과 실천을 전제로 융자를 해 주도록 **금융기관에 권고하거나 이를 요청하는 것은 그의 일반적 직무권한에 속하는 사항**이다. '챙겨봐 달라'는 말은 적법하고 가능한 범위 내에서 은행의 융자가 이루어지도록 부탁하는 것보다는 안 되는 것을 되게끔 해 달라는 의미가 강하므로 甲의 행위는 직권남용행위이며 丙의 대출 실행과의 인과관계도 인정된다.

21 [직권남용] 치안본부장 甲은 고문으로 사망한 丙을 부검한 국과수 의사 乙에게 자신의 기자간담회에 쓸 메모에 乙의 부검소견에 어긋나는 내용을 기재할 것을 요구하였다. 乙은 하지 않으면 안 될 것 같아서 甲의 요구를 따랐다. 乙은 정식 감정서에는 본래의 부검소견대로 작성하였다. ① (대판 90도2800) 乙의 메모작성행위는 국과수의 행정업무에 관한 **법률상 보고의무라고 할 수 없고,** 乙에게 메모를 작성토록 한 행위는 **甲의 일반적 권한에 속하지도 않으며,** 그런 메모의 작성은 **심리적 의무감 또는 스스로의 의사에** 기한 것이므로 甲은 직권남용죄가 성립하지 않는다.

22 [직무보조행위] 교육감 甲은 중등인사담당장학관 乙에게 승진후보자 명부상 3배수에 들지 않는 丙을 승진시키도록 지시하였다. 乙은 인사실무위원회에 참석하여 丙을 승진후보자로 추천하고 이어 승진·전직사전심사위원회에 참석하여 丙을 추천하였다. 이후 서울특별시교육청 공무원인사위원회를 거쳐 甲의 명의로 丙에 대한 승진인사가 발령되었다. 이 발령은 교육공무원법령을 위반한 것이었다. ① (대판 2010도13766) 乙은 甲의 "인사권을 보조하는 사실행위를 한 것에 지나지 않는다고 볼 수 없"고, 甲은 乙이 법령상 의무 없는 일을 하게 한 직권남용죄가 성립한다.

2018도2236). 직권남용 행위의 상대방이 **일반 사인**(예: 전경련[23])인 경우 특별한 사정이 없는 한 직권에 대응하여 따라야 할 의무가 없으므로 그에게 어떠한 행위를 하게 하였다면 '의무 없는 일을 하게 한 때'에 해당할 수 있다. 의무 없는 일이란 법률상 의무가 전혀 없는 경우와 의무는 있지만 그 의무의 태양을 변경시키는 경우를 포함하고, "**심리적 의무감 또는 도덕적 의무**"[24]는 제외된다.[25] ② **권리행사 방해는** 법령상 정당하게 행사할 수 있는 "**구체화된 권리의 현실적인 행사가 방해**된 경우"(대판 2003도4599)이어야 한다. 권리에는 "법령상 **보호되어야 할 이익**"도 포함된다(대판 2008도7312).[26] 사법상 권리인지 공법상 권리인지는 묻지 않는다. 예컨대 검찰고위간부가 부하검사에게 내사를 중단시킨 행위(대판 2004도5561)는 권리행사방해에 해당한다. ③ "공무원의 직권남용행위가 있었다 할지라도 **현실**

---

23 [직권남용죄의 의무요건] 대통령비서실장 甲은 문체부 공무원 乙에 지시하여 한국문화예술위원회 위원장 丙에게 정부지원을 신청한 좌파 단체의 지원을 배제하게 하였고, 수시로 공모심의 진행상황을 보고하게 하였다. 甲은 3년간 매년 전국경제인연합회 부회장 丁에게 특정 정치성향의 시민단체들에 대한 자금지원을 요구하고, 丁은 이를 하였다. ① (대판 2018도2236) 乙의 지시는 직권남용행위이고, 지원배제하게 한 것은 의무 없는 일을 하게 한 것이고 보고를 하게 한 것은 민주행정의 일환으로서 문체부에 업무협조나 의견교환 등의 요청에 응하는 행위로서 특별한 사정이 없는 한 법령상 의무 없는 일이라고 단정할 수 없다. ② (대판 2019도5186) 丁은 일반 사인이므로 甲의 직권남용행위는 의무 없는 일을 하게 한 때에 해당한다.

24 "공무원이 자신의 직무권한에 속하는 사항에 관하여 실무 담당자로 하여금 그 직무집행을 보조하는 사실행위를 하도록 하더라도 이는 공무원 자신의 직무집행으로 귀결될 뿐이므로 '의무 없는 일을 하게 한 때'에 해당한다고 할 수 없으나, 직무집행의 기준과 절차가 법령에 구체적으로 명시되어 있고 실무 담당자에게도 직무집행의 기준을 적용하고 절차에 관여할 고유한 권한과 역할이 부여되어 있다면 실무 담당자로 하여금 그러한 기준과 절차에 위반하여 직무집행을 보조하게 한 경우에는 '의무 없는 일을 하게 한 때'에 해당한다"(대판 2010도13766).

25 [의무강요직권남용] 대통령 비서실장 甲은 애인 乙이 기업 메세나 활동의 일환으로 여는 미술전시회를 기획하고 주관하자 평소 개인적 친분이 있던 S㈜ 대표 丙에게 그 전시회 후원을 요청하였고, 丙은 응하였다. ① (대판 2008도6950) "공무원이 **직무와는 상관없이** 단순히 개인적인 친분에 근거하여 문화예술 활동에 대한 지원을 권유하거나 협조를 의뢰한 것에 불과한 경우"는 직권남용에 해당하지 않는다. 직권남용죄에서 '의무'란 법률상 의무를 가리키고, **심리적 의무감 또는 도덕적 의무**는 이에 해당하지 아니한다. ② (評釋) 甲의 요청이 비서실장의 일반적 직무권한에 속하지도 않는 점도 직권남용죄를 배제시킨다. 제3자 뇌물공여죄도 성립하지 않는다.

26 [수사방해직권남용] 경찰관 甲은 경찰관이 아닌 乙과 공모하여 N경찰서 소속 경찰관의 수사를 중단하게 하였다. ① (대판 2008도7312) 「경찰관 직무집행법」의 관련 규정을 근거로 경찰관은 범죄를 수사할 권한을 가지므로 甲의 방해행위는 직권남용죄에 해당한다. 甲이 수사를 다른 경찰관서로 이첩시켰다면 수사 방해이면서 의무 없는 일을 하게 하는 것이지만 이는 "하나의 사실을 각기 다른 측면에서 해석한 것에 불과한 것으로서" 권리행사방해 직권남용죄와 의무 없는 일을 하게 하는 직권남용죄방해죄가 별개로 성립하는 것이 아니다. 검사는 "재량에 따라 의무 없는 일을 하게 함으로 인한 직권남용권리행사방해죄로 공소를 제기할 수도 있는 것이므로, 그 경우 법원이 그 공소범위 내에서 직권남용권리행사방해죄로 인정하여 처벌하는 것은 가능하다." ② (대판 2008도6950) 乙의 공모에 기능적 행위지배가 인정되면 乙은 甲의 공모공동정범이 된다.

적으로 권리행사의 방해라는 결과가 발생하지 아니하였다면[27] 본죄의 기수를 인정할 수 없다"(대판 2003도4599).

(4) **직권남용고의** 직권남용행위를 하는 공무원은 직권남용사실과 권리행사방해사실(타인으로 하여금 의무 없는 일을 하게 하거나 타인의 권리행사를 실제로 방해한다는 사실)을 인식하고 의욕하여야 한다. 미필적 고의[28]도 가능하다.[29]

"공무원이 동일한 사안에 관한 일련의 직무집행 과정에서 단일하고 계속된 범의로 일정 기간 계속하여 저지른 직권남용행위에 대하여는 그 상대방이 여러 명이더라도 포괄일죄가 성립한다"(대판 2021도2030).

2. 불법체포·감금죄

제124조(불법체포, 불법감금) ① 재판, 검찰, 경찰 기타 인신구속에 관한 직무를 행하는 자 또는 이를 보조하는 자가 그 직권을 남용하여 사람을 체포 또는 감금한 때에는 7년 이하의 징역과 10년 이하의 자격정지에 처한다. ② 전항의 미수범은 처벌한다.

인신구속에 관한 직무를 행하거나 보조하는 특별공무원이 직권을 남용해 사람을 체포 또는 감금한 때에 성립하는 불법체포·감금죄의 보호법익은 **인신구속에 관한 국가기능의 공정한 행사**이다. 불법체포·감금죄는 일반인의 체포·감금죄(제276조 제1항)의 가중구성요건이 아니라 위험범인 **진정신분범**이다. 불법체포·감금죄는 직권남용에 의한 체포·감금의 시도만으로 미수가 성립하며, 국가의 공정한 인신구속기능을 실질적으

27 [무혐의결정과 직권남용] 검사 甲은 경찰관 乙의 직권남용, 감금, 주거수색, 허위공문서작성 및 동행사에 대하여 사건을 수사한 후, 무혐의의 불기소결정을 하였다. 고발인 丙은 재정신청을 하였으나 기각되었다. ① (대결 86모12) "검사가 고발사건을 불기소결정하여 피고발인으로 하여금 처벌받게 하려는 고발인의 의도가 이루어질 수 없게 되었다하여 고발인의 권리행사를 방해하였다고는 말할 수 없"다. ② (評釋) 이는 피의자의 혐의에 대한 검사의 심증형성은 검사의 직무상 재량영역에 있는 것이므로 부당한 직무수행일 수는 있어도 직권남용행위에 해당할 수는 없다.

28 [직권남용착오] 교도관 甲은 乙에 대한 丙의 접견신청이 행형법상 "필요한 용무가 있는 때"에 해당하지 아니한다고 보고 그 신청을 거부하였다. 丙의 신청은 필요한 용무가 있는 경우였다. ① (대결 92모29) 甲은 "접견신청거부행위의 위법성에 대한 인식이 없었던 것에 불과한 것이 아니라 애초부터 **직권남용에 대한 고의 자체가 없**"었다. ② (評釋) 甲이 **일반인의 관점에서 볼 때 직권남용임을 몰랐다면 규범적 구성요건사실의 불인식으로 고의가 탈락**하지만 직권남용에 법적으로 해당함을 몰랐다면 포섭착오가 인정된다.

29 [직권남용 고의] 사법경찰관이 "체포 당시 상황을 고려하여 경험칙에 비추어 현저하게 합리성을 잃지 않은 채 판단하면 체포 요건이 충족되지 아니함을 충분히 알 수 있었는데도, 자신의 재량범위를 벗어난다는 사실을 **인식하고 그와 같은 결과를 용인한 채** 사람을 체포하여 권리행사를 방해하였다면, 직권남용체포죄와 직권남용권리행사방해죄가 성립한다"(대판 2013도16162).

로 위태화하는 **구체적 위험범**이다.[30]

(1) **주 체** 재판, 검찰, 경찰[31]의 직무를 행하는 자와 기타 인신구속에 관한 직무를 행하는 자이다. "기타 인신구속관련 직무를 행하는 자"란 교도소장, 구치소장, 소년분류심사원장, 소년원장, 산림보호공무원, 마약감시원, 선장 등 사법경찰관리의 직무를 행할 자와 그 직무범위에 관한 법률에 규정된 자를 가리킨다. 이들을 보조하는 자는 법원 또는 법원검찰의 서기, 사법경찰리, 헌병하사와 같이 그 직무상 보조자의 지위에 있는 자를 가리킨다. **집행관**은 수색이나 잠근 문을 여는 강제력을 사용할 수 있으나(「민사집행법」 제5조 제1항), 저항을 받는 경우엔 경찰이나 국군의 원조를 요청(「민사집행법」 제5조 제2항)해야 하므로 인신구속직무를 행하는 자가 아니다.

(2) **행 위** 직권을 남용하여 사람을 체포 또는 감금하여야 한다. **직권을 남용**한다는 것은 체포·감금행위가 **직무상의 권능에 속하는** 경우이어야 하고, 경찰관이더라도 업무시간 외의 사생활에서 사람을 체포·감금하면 직무상의 권능을 행사하다 남용한 것이 아니므로 체포·감금죄가 성립한다. 직무상 권능행사의 남용은 법정조건을 구비하지 아니하거나(대판 70도2406), 법정절차를 위반하는 경우 또는 체포·감금의 비례성에 대한 하자 있는 재량판단이 있는 경우를 포함한다. 체포 또는 감금은 물리적 장애 외에 **심리적 장애**[32]에 의한 경우를 포함한다.

법정조건 미구비	● 긴급체포의 요건이 충족되지 않았는데도, 수사목적 달성을 위해 적절하다고 믿고 피의자를 경찰서 보호실에 감금함(대판 70도2406)

30 私見으로 보편적 법익의 구성요건도 미수규정이 있다면 구체적 위험범으로 봄이 적절하다.

31 [불법체포감금죄의 간접정범] 경찰관 甲은 피의자 乙에 대하여 허위의 진술조서를 작성하고, 乙의 무혐의 증거(丙 참고인진술조서)를 누락시키고, 乙에게 사문서위조 및 행사, 사기 등 허위내용의 범죄인지보고서를 작성하고 구속영장을 신청하였다. 이를 모르는 담당 검사는 구속영장을 청구하였고, 영장전담판사도 영장을 발부하였다. 乙은 3개월간 구속되었다. ① (대판 2003도3945) 甲은 **불법체포·감금죄의 간접정범**이 된다. ② (評釋) 판사의 자유심증에 의해 영장이 발부된 경우에는 甲의 불법체포·감금죄의 간접정범은 미수범이 될 뿐이다. 허위 범죄인지보고서 작성 제출은 **허위공문서작성 및 행사죄**에 해당하고, 丙에 대한 참고인진술조서 누락은 **은닉에 의한 공용서류무효죄**(제141조 제1항)가 성립하며 이들은 실체적 경합범이 된다.

32 [심리적 장애의 불법체포·감금] 甲은 乙을 임의동행하여 조사하면서 구속영장이 발부·집행될 때까

법정절차 위반	● 피의자에 대하여 범죄사실의 요지, 체포 또는 구속의 이유와 변호인을 선임할 수 있음을 말하고 변명할 기회를 주지 않고 체포 또는 구속함(대판 93도958)
비례성의 재량판단 하자	● 수사의 필요상 피의자를 임의동행하여 조사를 한 후 귀가시키지 아니하고 그의 의사에 반하여 경찰서 조사실 또는 보호실 등에 계속 유치함(대결 85모16) ● 즉결심판 피의자의 정당한 귀가요청을 묵살하고 경찰서에 20분 있게 함(대판 97도877)

(3) **피해자 승낙의 적용제외** 피의자가 진정하고 자발적인 의사로(예: 법적 청문권을 행사하려고) 경찰서에 임의동행한 경우에는 불법체포·감금죄의 구성요건해당성이 조각된다. 경찰의 연행에 대해 승낙만 한 경우라면 구성요건에 해당하며, 피해자 승낙(제24조)으로 위법성이 조각되지도 않는다. 국가의 인신구속기능은 승낙의 대상이 아니기 때문이다.

(4) **불법체포·감금치사상죄** 불법체포·감금의 죄를 범하여 사람을 상해에 이르게 한 경우에는 1년 이상의 유기징역(특정범죄가중법 제4조의2 제1항), 사망에 이르게 한 경우에는 무기 또는 3년 이상의 징역에 처한다(특정범죄가중법 제4조의2 제2항).

3. 폭행·가혹행위죄

제125조(폭행, 가혹행위) 재판, 검찰, 경찰 그 밖에 인신구속에 관한 직무를 수행하는 자 또는 이를 보조하는 자가 그 직무를 수행하면서 형사피의자나 그 밖의 사람에 대하여 폭행 또는 가혹행위를 한 경우에는 5년 이하의 징역과 10년 이하의 자격정지에 처한다

인신구속에 관한 직무를 행하거나 보조하는 특별공무원이 폭행 또는 가혹행위를 한 때에 성립하는 폭행·가혹행위죄의 보호법익은 **인권을 존중하는 인신구속의 국가기능**이다. 헌법 제12조 제2항("모든 국민은 고문을 받지 아니하며")을 실현하는 하위법규이기도 하다. 인신구속직무자가 폭행 또는 가혹행위를 하면 기수가 성립하는 **추상적 위험범**이다.

(1) **주 체** 재판, 검찰, 경찰 그 밖에 인신구속에 관한 직무 수행하는 자 또는 이를 보조하는 자이다. 그 밖에 인신구속에 관한 직무를 행

지 82시간 동안 경찰서 조사계사무실에 있게 하였다. 그 시간 중 乙은 다른 피의자들과 식사도 하고 사무실 내외를 자유로이 통행하였으며 며칠이 걸려서 조사를 받아도 좋으니 철저히 조사하여 억울한 일이 없도록 해 달라고 甲에게 요청도 하였다. ① (대결 91모5) 감금의 방법은 "물리적, 유형적 장애를 사용하는 경우뿐만 아니라 **심리적, 무형적 장애에 의하는 경우**도 포함"하므로 甲은 불법체포·감금죄가 성립한다.

하는 자란 「사법경찰관리의 직무를 수행할 자와 그 직무범위에 관한 법률」에 따라 사법경찰관의 직무를 행하는 자이다.[33]

(2) **객 체** 객체는 형사피의자 또는 그 밖의 사람이다. 그 밖의 사람은 피고인, 증인, 기타 소송관계인, 행정경찰상의 감독, 보호를 받는 자(예: 복지원 피수용자) 등을 포함한다.

(3) **행 위** 직무를 수행하면서 폭행 또는 가혹한 행위를 함으로써 성립한다. "직무를 수행하면서"는 직무상 권능을 행사하는 경우뿐만 아니라 '**직무와 연관이 있는 일**을 하는 기회'도 포함한다. 직무수행 그 자체는 아니더라도 **직무와 사항적·시간적 관련성**을 갖고 있는 상황을 필요로 한다. **폭행**이란 신체에 대한 유형력의 행사이고, **가혹한 행위**란 폭행 이외의 방법으로 정신적 또는 육체적 고통을 주는 일체의 행위를 말한다. 가혹은 가치충전이 필요한 개념이다. 음식을 주지 않거나 방한복을 제공하지 않거나 잠을 재우지 않거나 나체로 만드는 행위 등이 그 예이다. 예컨대 긴급체포한 부녀를 추행하는 경찰관은 가혹행위죄(제125조)와 업무상위력추행죄(성폭력처벌법 제10조 제2항)의 상상적 경합범이 된다.

(4) **가혹행위치사상죄** 가혹행위죄를 범하여 사람을 상해에 이르게 하면 1년 이상의 유기징역에(특정범죄가중법 제4조의2 제1항), 사망에 이르게 하면 무기 또는 3년 이상의 징역에 처한다(제4조의2 제2항).

4. 선거방해죄

제128조(선거방해) 검찰, 경찰 또는 군의 직에 있는 공무원이 법령에 의한 선거에 관하여 선거인, 입후보자 또는 입후보자되려는 자에게 협박을 가하거나 기타 방법으로 선거의 자유를 방해한 때에는 10년 이하의 징역과 5년 이상의 자격정지에 처한다.

선거방해죄의 보호법익은 선거의 자유, 즉 정치적 의사결정과 의사

33 [교도관의 가혹행위] 죄수들의 말다툼을 말리던 乙이 순찰 중이던 교도관 甲을 큰소리로 부르자, 甲은 乙을 보안과 사무실에서 머물게 하고 저녁도 주지 않았다. 乙이 저녁시간이 지난 후 배식을 요구하자 甲은 乙에게 수갑을 채우고 포승으로 묶어 교도소 잔디밭으로 끌고 가 오리걸음을 걷게 하였다. ① **일반교도관은** 교도소장의 제청과 지방검찰청 검사장의 지명이 없는 한 **사법경찰관리의 직무를 행하는 자가 아니므로** 가혹행위죄의 주체가 되지 못한다. 甲은 강요나 체포감금(폭력행위처벌법 제2조 제1항 2호)으로 처벌될 뿐이다.

표현의 자유이다. 선거방해죄는 주체가 검찰, 경찰, 군에 한정된 특별공무원이고, 선거권의 행사라는 특별한 권리행사를 방해하는 점에서 일반 직권남용죄(제123조)와 특별관계의 법조경합을 이룬다.[34] 선거방해죄는 방해행위를 하면 기수가 성립하는 **추상적 위험범**이다.

(1) **선거자유방해죄와 관계** **공직선거법**은 **선거자유방해죄**(제237조)를 두고, 검사, 경찰공무원(제237조 제2항), 군인(제238조)의 선거자유방해죄를 더 무겁게(징역 1년 이상) 처벌한다. 선거방해죄와 공직선거법상 선거자유방해죄의 보호법익은 동일하다. 선거자유방해죄가 적용될 수 없는 경우에는 선거방해죄가 적용된다.

(2) **구성요건** **주체**는 검찰, 경찰 또는 군의 직에 있는 공무원이다. 군의 직에 있는 공무원은 군인 이외의 군속을 포함한다. **객체**는 법령에 의한 선거에 관하여, 선거인, 입후보자 또는 입후보자가 되려는 자이다. **법령에 의한 선거**란 선거의 근거가 법령에 규정되어 있는 선거를 말한다. 따라서 공공단체와 사적 단체의 선거는 여기에 해당되지 않는다. **입후보자가 되려는 자**란 정당의 공천을 받으려는 자 또는 입후보등록절차를 밟고 있는 자 등을 말한다. **협박을 하거나 기타 방법**으로 선거의 자유를 방해하는 행위의 내용은 「공직선거법」상 선거자유방해죄에서 그 대표적인 유형이 예시적으로 규정되어 있다. 하지만 「공직선거법」상 선거자유방해죄의 "기타 부정한 방법"이 아닌 "기타 방법"(예: 인터넷상 댓글달기)으로도 선거방해죄가 실현될 수 있다.

Ⅳ. 뇌 물 죄

1. 의 의

뇌물죄란 공무원 또는 중재인이 직무행위에 대한 대가로 법이 인정하지 않는 이익을 취득함으로써 성립하는 범죄이다.

---

34 선거방해죄는 직권남용죄의 특별규정(또는 가중구성요건)은 아님을 주의할 필요가 있다.

(1) **보호법익** 뇌물죄의 보호법익은 "**직무집행의 공정과 이에 대한 사회의 신뢰**(대판 64도723) 및 직무행위의 **불가매수성**"(대판 2001도3579)이다.[35] 현행 형법상 뇌물죄의 체계는 다음 도표와 같다.

수 뢰 죄		증 뢰 죄
● 단순수뢰죄(제129조 제1항)	● 수뢰후부정처사죄(제131조 제1항)	● 뇌물공여죄(제133조 제1항)
● 사전수뢰죄(제129조 제2항)		● 제3자증뢰물전달죄(제133조 제2항)
● 제3자뇌물제공죄(제130조)		
● 알선수뢰죄(제132조)		
	● 사후수뢰죄(제131조 제1, 2항)	

특정범죄가중법 제2조 제1항은 수뢰액에 따라 가중 처벌[36]하고, 수뢰액의 2배 이상 5배 이하의 벌금을 병과한다.

[수뢰죄와 증뢰죄의 필요적 공범] ① "뇌물공여죄와 뇌물수수죄는 필요적 공범관계에 있다고 할 것이나, 필요적 공범이라는 것은 법률상 범죄의 실행이 다수인의 협력을 필요로 하는 것을 가리키는 것으로서 이러한 범죄의 성립에는 **행위의 공동**을 필요로 하는 것에 불과하고 반드시 협력자 전부가 책임이 있음을 필요로 하는 것은 아니므로, 오로지 공무원을 함정에 빠뜨릴 의사로 직무와 관련되었다는 형식을 빌려 그 공무원에게 금품을 공여한 경우에도 공무원이 그 금품을 직무와 관련하여 수수한다는 의사를 가지고 받아들이면 뇌물수수죄가 성립한다."[37] ② 주는 사람 없이 받을 수 없다는 점에서 증뢰죄는 '수수'와 '약속'을 실행행위로 하는 수뢰죄와 필요적 공범관계에 놓인다.[38] 다만 수뢰죄의 **요구**와 증뢰죄의 **공여의사표시**는 상대방이 각각 증

	수뢰죄(제129조 제1항)	증뢰죄(제133조 제1항)
부차법익	공직윤리	공무 그 자체
주체	신분범	비신분범
행위	수수, **요구**, 약속	약속, 공여, **공여의사표시**
법정형	5년 이하의 징역 또는 10년 이하의 자격정지	5년 이하의 징역 또는 2천만 원 이하의 벌금

35 과거 판례는 직무행위의 불가매수성(Unkäuf lichkeit der Diensthandlungen)만 보호법익으로 삼았는데, 현재 판례는 직무행위의 불가매수성뿐만 아니라 직무집행의 순수성(Reinheit der Amtsausübung)도 보호법익으로 삼고 있는 독일 형법(제331조 내지 제334조)의 입장을 따른 해석으로 볼 수 있다.

36 수뢰액이 1억 원 이상이면 무기 또는 10년 이상의 징역, 5천만 원 이상 1억 원 미만이면 7년 이상의 유기징역, 3천만 원 이상 5천만 원 미만이면 5년 이상의 유기징역에 처한다.

37 [수뢰죄의 필요적 공범] 丙은 자신이 도와준 甲이 당선되고 Y군수에 취임하자 乙과 함께 공사수주를 부탁하였지만 효과가 없었다. 乙은 뇌물공여의 의사 없이 甲을 함정에 빠뜨리고자 甲에게 돈을 주면서 공사를 달라고 하였고, 甲은 그 돈을 받고 공사는 2달 내에 주겠다고 했다. 乙은 甲이 공사를 주기 전, 돈을 다시 돌려받으려는 어떠한 요구도 하지 아니한 채 甲의 뇌물수수사실을 검찰에 알렸다. ① (대판 2007도10804) 수뢰죄와 증뢰죄는 **필요적 공범**이지만 책임의 공동이 아니라 **행위의 공동**만으로 성립한다. 乙이 증뢰죄의 책임이 없어도 甲은 수뢰죄가 성립한다.

38 필요적 공범관계인 뇌물죄는 판례와 같이 행위의 공동만으로 충분하고, 필요적 공범관계가 되더라도 비공무원은 증뢰죄에 의해 처벌받을 뿐, 제33조 제1항에 의해 공무원의 수뢰죄에 대한 공범

뢰와 수뢰를 하지 않아도 성립할 수 있으므로 필요적 공범이 아니라 별개의 범죄이다(이원설).

(2) 뇌물의 개념 뇌물은 ① 공무원 또는 중재인의 ② 직무에 관한 ③ 부당한 이익을 말한다.

1) 법령상의 공무원 또는 중재인 공무원은 "법령의 근거에 기하여 국가 또는 지방자치단체[39] 및 이에 준하는 공법인의 사무에 종사하는 자로서 그 노무의 내용이 단순한 기계적·육체적인 것에 한정(예: 시청구내식당 시간제 종사원[40])되어 있지 않은 자"를 말한다(대판 96도1703). 특정범죄가중법상 뇌물죄가 적용될 때에는 **대통령령으로 정하는 정부관리기업체의 간부직원**도 공무원으로 본다(제4조). **중재인**이란 「노동조합 및 노동관계조정법」상의 중재위원, 중재계약(arbitration agreement)에 따라 민사분쟁을 중재하는 「중재법」상의 중재인과 같이 공무원이 아니면서, 법령에 의하여 중재의 직무를 담당하는 자를 말한다.

2) 직무관련성 공무원의 직무에 관하여 라고 할 때 **직무**란 공무원이 **법령뿐 아니라 지령이나 훈령 또는 행정처분에 의한 직무**, 상사를 보조할 부하공무원으로서 **관례상 또는 상사의 명령에 의해 일시적으로 대리하는 직무**, 해당 직무에 관한 **결정권자를 보좌하여 영향을 줄 수 있는 직무**를 말한다. 직무는 현재의 직무뿐만 아니라 과거에 담당하였거나 미래에 담당할 직무까지 포함한다. 또한 직무행위가 작위이든 부작위이든

이 되는 것은 아니다.

39 [임용무효인 공무원의 수뢰] 甲은 폭력범죄로 징역 1년, 집행유예 3년을 선고받고 집행유예기간이 도과하기 이전에 지방행정서기보로 임용되어 아파트 시설개선사업 건축공사의 감독업무를 총괄하였다. 甲은 이 건축공사를 수주한 乙로부터 공사비 증액 등 편의를 제공해달라는 청탁을 받고 5백만 원을 받았다. ① (대판 2013도11357) "임용행위가 무효라고 하더라도, 그가 **임용행위라는 외관을 갖추어 실제로 공무를 수행한 이상** 공무 수행의 공정과 그에 대한 사회의 신뢰 및 직무행위의 불가매수성은 여전히 보호되어야 한다. 甲은 수뢰죄가 성립한다." ② (評釋) 판례입장을 유추로 본다면 甲은 배임수재죄가 성립한다.

40 [판례: 시청 구내식당 소속 시간제 종사원의 뇌물죄 불성립] "甲은 서울특별시 후생복지심의위원회가 정한 서울특별시 후생복지시설 운영규정 제6조에 따라 이 후생복지심의위원회 위원장 乙에 의해 서울시청 구내식당 소속 시간제 종사원으로 고용되었다. 후생복지시설 운영규정이 서울특별시의 내부규정에 불과하다고 볼 때, 甲의 위 운영규정은 법령에 해당하지 아니하고, 甲의 채용, 징계, 신분보장, 보수, 업무 등의 내용이 지방공무원법상 계약직 공무원의 그것과 명백히 다르므로, 甲을 뇌물수수죄 및 허위공문서작성·행사죄의 주체인 공무원에 해당한다고 할 수 없"다(대판 2011도12639).

불문하며, 직무행위의 정당성이나 적법성도 불문한다. 또한 **"직무와 밀접한 관련이 있는 사항"**[41]도 뇌물죄의 직무 개념에 포함된다. 이런 해석은 (민간영역의) 배임수재죄의 "임무"에 밀접관련사무도 포함시키는 판례(대판 2003도7970)에 상응한다. 금품의 수수가 수회에 걸쳐 이루어진 경우에 직무관련성은 각 수수행위마다 가려야 책임주의에 부합한다(대판 2023도17394).

부정청탁금지법은 공무원의 직무관련성을 불문하고 금품의 수수를 금지하고 처벌하지만 형법상 뇌물은 직무관련성이 있어야 한다. 하지만 판례는 "직무에 관하여"를 확장해석한다. 즉 "**뇌물은 직무에 관하여 수수된 것으로 족하고 개개의 직무행위와 대가적 관계에 있거나 그 직무행위가 특정된 것일 필요도 없으며,** 공무원이 그 직무의 대상이 되는 사람으로부터 금품 기타 이익을 받은 때에는 그것이 그 사람이 종전에 공무원으로부터 접대 받거나 수수한 것을 갚는 것으로서 사회상규에 비추어 볼 때에 의례상의 대가에 불과한 것이라고 여겨지거나, 개인적인 친분관계가 있어서 교분상의 필요에 의한 것이라고 명백하게 인정할 수 있는 경우 등 **특별한 사정이 없는 한 직무와의 관련성이 없는 것으로 볼 수 없**"다(대판 2001도6721). 이로써 포괄적 뇌물[42] 개념이 형성되고, **일반적 직무관련성**이 없는 직무[43]와 관련하여 받는 금품만이 뇌물이 될 수 없다.

3) 부당한 이익 뇌물은 공무원이 직무에 관하여 받은 부당한 이익이다. ① 부당함은 이익이 공무원의 **직무와 전체적으로 대가관계**가 있

41 **[직무에 밀접한 수뢰]** 국립대학교 교수 甲은 농림부로부터 소 부루세라병 연구용역을 받아 乙이 대표인 H㈜의 부설연구소를 협동연구기관으로 삼아 연구를 하던 중 乙에게 연구비 지원을 해달라는 취지로 금품을 요구하였다. 乙은 甲이 장차 개발할 백신 기술을 H㈜ 부설연구소에 우선적으로 전수하여 달라는 청탁을 하고 1천만 원을 甲에게 송금하였다. ① (대판 2003도1154) 연구용역 수행활동은 교육공무원 甲의 직무이고, 그 결과물의 (미래의) 사용은 **직무와 "밀접한 관련이 있는 사항"이며** 甲은 수뢰죄가 성립한다.

42 **[포괄적 뇌물]** 경찰청장 甲은 K지방경찰청장으로 부임한 때부터 친분관계를 형성한 乙과 1년에 3차례 정도 전화 안부를 나누었는데, 乙로부터 아무런 청탁도 받지 않고 2만 달러를 받았다. ① (대판 2010도1082) 甲이 "모든 범죄수사에 관하여 직무상 또는 사실상의 영향력을 행사할 수 있는 지위에 있었고", 1년에 3차례 전화안부를 나누는 관계였던 점을 고려할 때 甲의 금품수수는 의례상 대가거나 개인적인 교분상의 필요에 의한 것이 아니다. 甲은 수뢰죄가 성립한다.

43 **[일반적 직무관련성 없음]** 양형을 낮게 해달라는 청탁에 법원의 참여주사가 받은 금품(대판 80도1373), 경찰공무원 승진을 청탁으로 보안부대소속 치안본부 연락관이 받은 금품(대판 83도425), 국립대 의대 교수가 구치소로 왕진을 나가 받은 금품(대판 2005도1420), 국립대 교수가 교회의 연구소에 연구원으로 소속하여 용역을 수행하며 받은 금품(대판 2001도670)은 뇌물이 아니다.

음을 말한다. 예컨대 정치자금, 선거자금 명목으로 받는 금품도 뇌물이 될 수 있다. 알선수뢰죄에서 대가관계는 수뢰공무원의 직무가 아니라, 다른 공무원의 직무에 속한 사항의 알선에 대하여 요구된다. **직무대가성 여부**는 "공무원의 직무내용·직무와 이익제공자와의 관계·쌍방간에 특수한 사적친분관계가 존재하는지 여부·이익의 다과·이익을 수수한 경위와 시기 등 모든 사정을 참작하여 결정되어야 하고, 뇌물죄가 직무집행의 공정과 이에 대한 사회의 신뢰를 그 보호법익으로 하고 있음에 비추어 공무원이 그 이익을 수수하는 것으로 인하여 사회일반으로부터 직무집행의 공정성을 의심받게 되는지 여부도" 그 기준이 된다(대판 98도3697). 예컨대 구청 주택과장이 재건축조합위원장에게 조합의 설립인가와 관련하여 점심을 두 차례 제공받은 행위도 수뢰죄가 성립한다(대판 2006도8779). ② 이익은 **사람의 욕망을 충족시켜주는 유·무형의** (현재 또는 장래의) **재화**를 가리킨다. 재산적 이익이나 비재산적 이익을 불문하지만(대판 2000도2251),[44] 재화가 아닌 것(예: 명예심 충족)은 뇌물에서 제외된다. 이익에는 장기간 처분하지 못하던 재산(예: 개발사업)의 매각기회를 제공받는 것(대판 2023도1985)도 포함된다. ③ 뇌물로 받은 이익의 **사후 사용처**는 뇌물의 성격을 제거하지 못하고,[45] 뇌물로 받은 재화가 **경제적 가치를 상실**한 경우에도 일단 성립한 뇌물의 성격은 사라지지 않는다.[46] 뇌물의 일환으로 재화를 받더라도 그 뇌물수수의 거래형식이 그 재화의 소유권을 타인(예: 국가)에 귀속시키는 경우에는 그 재화는 뇌물이 아니라 공무원이 보관하는 타인(예: 국가)의 재물(횡령의 객체)이 된다.[47]

---

44 **[대가적인 이익의 예]** 연대보증을 서주거나(대판 2000도4714), 투기적 사업에 참여할 기회를 제공받는 것(대판 2000도2251), 프리미엄이 예상되는 조합아파트를 분양받는 것(대판 2002도3539), 장래 시가앙등이 예상되는 체비지의 지분을 낙찰원가에 매수하는 것(대판 94도129), 도급을 받는 것(대판 97도3113), 유사성교행위 및 성교행위와 같이 성적 욕구를 충족시켜주는 것(대판 2013도13937)도 뇌물의 구성요소인 이익이 된다.

45 **[수뢰 후 사용처 불문]** 예컨대 공사현장에서 금품을 수수한 공무원이 그 금품을 공사현장 인부들의 식대 또는 그 공사의 홍보비 등으로 소비한 경우(대판 83도2050), 군인이 수뢰한 금품을 그 부대의 행정비용에 충당한 경우(대판 83도3218)도 수뢰죄는 영향을 받지 않는다.

46 **[뇌물의 사후 가치상실]** 예컨대 뇌물로 받은 "당좌수표가 그 후 부도가 되었다고 하더라도 뇌물죄의 성립에 아무" 영향이 없다(대판 82도2964).

47 **[뇌물과 횡령금]** 공무원 甲은 자신이 맡은 공사계약체결을 乙과 수의계약으로 하면서 계약금액 9

(3) 뇌물의 몰수 또는 추징 형법상 몰수 또는 추징은 임의적인 것(제48조)이지만, 뇌물의 몰수 또는 추징은 **필요적인 것**이다. 즉, "범인 또는 사정을 아는 제3자가 받은 뇌물 또는 뇌물로 제공하려고 한 금품은 몰수**한다**. 이를 몰수할 수 없을 경우에는 그 가액을 추징**한다**"(제134조). 몰수할 수 없게 된 이유도 불문한다. 그러나 부정한 대가로 제공된 성관계와 같이 가액을 금전적으로 환산할 수 없을 때에는 추징할 수 없다. ② 몰수할 뇌물은 **실제로 수수한 뇌물뿐만 아니라** 요구 또는 약속한 뇌물, 즉 "**뇌물에 공할 금품**"까지 포함한다. 다만 몰수는 특정된 물건에 대한 것이고 추징은 본래 몰수할 수 있었음을 전제로 하는 것이므로 "**뇌물에 공할 금품이 특정되지 않았던 것**[48]은 몰수할 수 없고 그 가액을 추징할 수도 없다". 「공무원범죄몰수법」은 뇌물이 변모(morphosis)한 재산, 즉 불법재산(불법수익과 불법수익에서 유래한 재산)까지 몰수 또는 추징의 대상으로 삼는다. ③ 몰수는 뇌물 **보유자**(증뢰자 또는 수뢰자)**로부터** 한다.

수뢰자로부터 몰수	증뢰자로부터 몰수
● 은행에 예치한 후 예치금 상당의 돈을 반환(대판 85도1350) ● 뇌물을 소비하고 같은 금액을 증뢰자에게 반환(대판 86도1189) ● 금전뇌물을 다른 사람에게 다시 뇌물로 공여(대판 86도1951) ● 자기앞수표뇌물을 소비하고 수표 상당액을 증뢰자에게 반환(대판 98도3584)	● 수뢰자가 뇌물을 그대로 보관하였다가 증뢰자에게 반환한 경우(대판 83도2783)[49]

④ "수인이 공동하여 수수한 뇌물을 분배한 경우에는 각자로부터 **실제로 분배받은 금품**만을 개별적으로 몰수하거나 그 가액을 추징하여야

천만 원을 1억 원으로 부풀리고 그 차액을 乙로부터 사례금으로 되받았다. ① (대판 2005도7112) 甲이 받은 돈이 **뇌물인지 아니면** 국고손실을 가져온 횡령금인지 여부는 '당사자들의 의사, 계약 자체의 내용 및 성격, 계약금액과 수수된 금액 사이의 비율, 수수된 돈 자체의 액수, 공사업자 등이 취득할 수 있는 적정한 이익, 공사대금 등을 지급받은 시기와 돈을 공무원에게 교부한 시간적 간격, 공사업자 등이 공무원에게 교부한 돈이 공무원으로부터 지급받은 바로 그 돈인지 여부, 수수한 장소 및 방법 등을 종합적으로 고려하여 객관적으로 평가하여' 판단한다. 甲은 수뢰죄가 아니라 업무상 횡령죄가 성립한다.

48 [뇌물에 공할 금품] 甲은 乙과 함께 공무원 丙에게 승용차구입비 2천만 원을 뇌물로 제공하기로 약속하였다. ① (대판 96도221) "뇌물로 약속된 위 승용차대금 명목의 금품은 **특정되지 않아 이를 몰수할 수 없었으므로 그 가액을 추징할 수 없**"다.

49 "공공단체등 위탁선거에 관한 법률 제60조에 의한 필요적 몰수 또는 추징은 선거인이나 그 가족이 선거운동을 목적으로 제공된 금전 등을 그대로 가지고 있다가 제공자에게 반환한 때에는 제공자로부터 이를 몰수하거나 그 가액을 추징하여야 한다"(대판 2016도11941).

한다"(대판 93도2056). 수인이 개별적으로 수수한 금품을 "개별적으로 알 수 없을 때에는 **평등하게 추징**하여야 한다"(대판 73도1963).[50] "범죄행위로 인하여 물건을 취득하면서 그 **대가를 지급**하였다고 하더라도 범죄행위로 취득한 것은 물건 자체이고 이는 몰수되어야 할 것이나, 이미 처분되어 없다면 그 가액 상당을 추징할 것이고, 그 가액에서 이를 취득하기 위한 대가로 지급한 금원을 뺀 나머지를 추징해야 하는 것은 아니다"(대판 2003도4293). 또한 "공무원의 직무에 속한 사항의 알선에 관하여 금품을 받고 그 금품 중의 일부를 받은 취지에 따라 청탁과 관련하여 관계 공무원에게 뇌물로 공여하거나 **다른 알선행위자에게 청탁의 명목으로 교부**한 경우에는 그 부분의 이익은 실질적으로 범인에게 귀속된 것이 아니어서 이를 제외한 나머지 금품만을 몰수하거나 그 가액을 추징하여야 할 것이다."[51] 추징할 가액의 산정은 "범인이 그 물건을 보유하고 있다가 몰수의 선고를 받았더라면 잃었을 이득상당액을 의미한다고 보아야 할 것이므로 그 **가액산정은 재판선고시의 가격**을 기준으로" 한다(대판 91도352). 뇌물이 주식인 경우 그 "주식이, 판결 선고 전에 그 발행회사가 다른 회사에 합병됨으로써 판결 선고시의 주가를 알 수 없을 뿐만 아니라, 무상증자받은 주식과 다시 매입한 주식까지 섞어서 처분되어 그 처분가액을 정확히 알 수 없는 경우, **주식의 시가가 가장 낮을 때**를 기준으로 산정한 가액을 추징하여야 한다"(대판 2003도4293).

---

50 [판례: 공무원의 향응수뢰액] 수뢰자가 증뢰자와 함께 향응을 하고 증뢰자가 이에 소요되는 금원을 지출한 경우에는 "먼저 수뢰자의 접대에 요한 비용과 증뢰자가 소비한 비용을 가려내어 전자의 수액을 가지고 수뢰자의 수뢰액으로 하여야 하고 만일 각자에 요한 비용액이 불명일 때에는 이를 평등하게 분할한 액을 가지고 수뢰자의 수뢰액으로 인정하여야 할 것이고, 수뢰자가 향응을 제공받는 자리에 수뢰자 스스로 제3자를 초대하여 함께 접대를 받은 경우에는, 그 제3자가 수뢰자와는 별도의 지위에서 접대를 받는 공무원이라는 등의 특별한 사정이 없는 한 그 제3자의 접대에 요한 비용도 수뢰자의 접대에 요한 비용에 포함시켜 수뢰자의 수뢰액으로 보아야 한다"(대판 99도5294).

51 [추징범위] 甲은 군면제 판정을 받아 달라는 청탁을 乙로부터 받고 乙에게 받은 뇌물 3억 원 가운데 2억 원을 군의관과 알선행위자들에게 전달하였다. ① (대판 2002도1283) 甲에게서 1억 원을 추징할 수 있을 뿐이다.

2. 단순수뢰죄

제129조(수뢰) ① 공무원 또는 중재인이 그 직무에 관하여 뇌물을 수수, 요구 또는 약속한 때에는 5년 이하의 징역 또는 10년 이하의 자격정지에 처한다.

(1) **공무원 또는 중재인의 지위** 단순수뢰죄의 주체는 **현재의** 공무원 또는 중재인이다. 직무와 관련하여[52] 뇌물수수를 약속하고 퇴직 후 이를 수수하는 경우에는 뇌물약속죄나 사후수뢰죄(제131조 제3항)를 구성할 뿐이고, 장차 공무원이 될 자의 수뢰는 사전수뢰죄(제129조 제2항)를 구성한다.[53]

(2) **행 위** 수뢰행위는 공무원·중재인이 뇌물을 수수, 요구, 약속하는 것이다. 구체적인 청탁의 유무와 공무원이 직무행위를 했는지 여부는 수뢰죄의 성립에 영향이 없다. ① **수수**(收受)는 "영득의 의사로 받는 것을 말하고 후일 기회를 보아서 반환할 의사로서 일단 받아둔 데 불과하다면 뇌물의 수수라고 할 수 없다"(대판 89도126). 그러나 수수한 후에 뇌물액수가 적어 반환하여도 뇌물죄는 성립한다(대판 2006도9182). 받는 장소, 뇌물의 사용처, 상관 공무원의 동의여부는 불문한다. 직접 받건 제3자를 통해 받건 상관없다.[54] 공무원에게 동의를 받아 제3자에게 그 공무원의 이름으로 뇌물을 배달하는 행위도 뇌물죄가 성립한다(대판 2017도12389). 뇌물이 공동정범인 비공무원이 사용하거나 비공무원에게 귀속되더라도 뇌물수수죄의 성립에 영향이 없고, 내부관계에서 물건에 대한 실질적인 사용·처분권한을 취득하였다면 뇌물수수 사실을 은닉하거나 뇌물공여자

52 [수뢰죄 주체] 乙은 퇴임을 며칠 앞둔 산업은행 총재 甲의 인맥, 경륜을 자신의 사업에 활용하려는 의도에서 퇴임하면 甲에게 사무실을 제공하겠다는 제의를 하였다. 甲은 이를 승낙하고 사무실을 제공받았다. ① (대판 2007도5190) 甲은 직무에 관하여 대가관계로 사무실을 제공받은 것이 아니므로 뇌물수수죄는 물론 뇌물약속죄도 성립하지 않는다.

53 "국가공무원이 지방자치단체의 공무원이 그 고유의 직무와 관련이 없는 일에 관하여 별도의 위촉절차 등을 거쳐 다른 직무를 수행하게 된 경우에는 그 위촉이 종료되면 그 위원 등으로서 새로 보유하였던 공무원 지위는 소멸"하므로 그 이후에 종전에 위촉받아 수행한 직무에 관하여 금품을 수수하더라도" 사후수뢰죄는 별론으로 하고 수뢰죄로 처벌할 수 없다(대판 2013도10011).

54 제3자 뇌물공여죄와 관계에서 "공무원이 직접 뇌물을 받지 않고 증뢰자로 하여금 다른 사람에게 뇌물을 공여하도록 한 경우에는 다른 사람이 공무원의 사자(使者) 또는 대리인으로서 뇌물을 받은 경우 등과 같이 **사회통념상 다른 사람이 뇌물을 받은 것을 공무원이 직접 받은 것과 같이 평가할 수 있는 관계가 있는 경우**에 한하여 뇌물수수죄가 성립한다"(대판 2016도3540).

가 계속 그 물건에 대한 비용 등을 부담하기 위하여 소유권 이전의 형식적 요건을 유보하여도 뇌물수수가 인정된다(대판 2018도2738). ② **요구**란 뇌물을 취득할 의사로 상대방에게 그 공여를 청구하는 것을 말한다. 청구만으로 뇌물요구죄는 성립하고, 상대방이 응했는지는 불문한다. ③ **약속**은 "뇌물의 수수를 장래에 기약하는 것"이고, 뇌물의 목적물인 재산상 이익은 약속 당시에는 현존하지 않고 단지 예기할 수 있는 것이라도 무방하며, 그 가액이 확정되어 있지 않아도 뇌물약속죄가 성립한다.[55] ④ 수뢰죄는 **즉시범**이다. 수수(취득시점), 요구(의사표시를 상대방이 인지한 시점), 약속(합의가 성립한 시점)의 실행행위[56]가 있으면 곧바로 기수가 된다.

(3) 수뢰고의 자신이 공무원 또는 중재인으로서 뇌물을 수수, 요구 또는 약속한다는 사실에 대한 인식과 의사가 있어야 한다.[57] 뇌물을 의례적 선물로서 관행상 허용되는 범위 내에 있다고 오신한 경우에는 법률의 착오가 성립한다.

[수뢰죄의 죄수와 타죄와의 관계] ① 동일인에게 뇌물을 요구, 약속, 수수하면 **포괄**하여 한 개의 수뢰죄가 성립한다(대판 2001도970). 뇌물을 여러 차례 수수하였더라도 단일하고도 계속된 고의 하에 받은 일자가 상당한 기간에 걸쳐있는 경우라면, 각각

---

55 [약속뇌물가액] 구청 건축허가담당 공무원 甲은 건설업자 乙로부터 乙이 분양하는 빌라를 실비 2억 원에 분양받을 것을 제공받고 이를 수락하였다. 그 빌라의 시가는 (재판당시) 3억 원에 이르렀다. ① (대판 81도698) 甲은 저가분양으로 시가와 공사비의 차액에 해당하는 장래의 **이익을 얻을 것을 기약하는 뇌물약속죄**를 범한 것이다. ② 재판당시 차익이 1억 원이고, 행위당시 합리적 예측의 범위를 크게 벗어나지 않는 것이면, 甲은 특정범죄가중법상 수뢰죄가 성립한다.

56 [즉시범인 수뢰죄] 공무원 甲은 자신의 직무관할 내에서 사업을 하는 乙로부터 2억 원 이상의 개발이익이 예상되는 임야에 대한 설명과 함께 그 임야를 매입할 기회를 제공받고 매수하였다. 甲이 매입한 임야는 매입가보다 전혀 오르지 못했다. ① (대판 2000도2251) "**투기적 사업에 참여할 기회를 얻는 것**"도 뇌물에 해당하며, "**기수는 투기적 사업에 참여하는 행위가 종료된 때**"에 도달한다. 그 행위가 종료된 후 사업 참여로 인한 이득여부는 뇌물수수죄에 영향이 없다. 특정범죄가중법상 뇌물죄(제2조)가 성립한다.

57 [수·증뢰고의] 제주특별자치도 민자유치위원 乙은 甲으로부터 아파트 한 채를 무상으로 제공받아 사용하였다. 이후 乙이 H공사 사장이 되자, 甲에게 재산등록을 위해 형식적인 전세계약서를 작성해 달라고 하여 甲이 乙에게 전세계약서를 작성해 주었다. 甲은 乙의 신분변동을 인식하면서 그 직무에 관하여 아파트의 무상 사용 및 제공의 상태를 지속하기로 하는 의사를 표현하였고, 乙도 이를 알고 그 아파트를 계속 사용하였다. ① (대판 2015도6232) 乙이 공무원이 된 후 아파트 무상대여를 계속하였어도 사용기간의 추가 연장 등과 같은 새로운 이익을 제공한 것이 아니므로 **뇌물로 제공되는 이익이 없어** 뇌물공여죄가 성립하지 않으며, 乙도 수뢰죄가 성립하지 않는다. ② (評釋) 甲과 乙에게는 증뢰고의와 수뢰고의가 있고, 뇌물수수의 의사합치가 있지만 뇌물에 해당하지 않으므로 증뢰죄와 수뢰죄의 불능미수가 성립한다. 그러나 미수의 처벌규정이 없다. 甲은 배임증재죄, 乙은 배임수재죄만 성립한다.

의 수수기간 사이의 간격이 상당하여도 **포괄일죄**가 된다(대판 99도4940). ② 공무원이 직무에 관하여 상대방을 공갈하여 뇌물을 수수한 때에는 **수뢰죄와 공갈죄의 상상적 경합**이 된다.[58] 다만 "공무원이 직무집행의 의사 없이 또는 직무처리와 대가적 관계없이 타인을 공갈하여 재물을 교부하게 한 경우에는 공갈죄만이 성립하고, 이러한 경우 재물의 교부자가 공무원의 해악의 고지로 인하여 외포의 결과 금품을 제공한 것이라면 그는 공갈죄의 피해자가 될 것이고 뇌물공여죄는 성립될 수 없다"(대판 94도2528). ③ 뇌물을 수수함에 있어서 수뢰자가 공여자를 기망한 경우에는 **수뢰죄와 사기죄의 상상적 경합**이 인정된다.[59] 뇌물가액이 커서 특정범죄가중법이 적용되는 경우에도 **수뢰죄와 사기죄**의 법익은 완전히 다르다는 점에서 양자는 여전히 상상적 경합관계에 놓인다.

3. 사전수뢰죄

제129조(사전수뢰) ② 공무원 또는 중재인이 될 자가 그 담당할 직무에 관하여 청탁을 받고 뇌물을 수수, 요구 또는 약속한 후 공무원 또는 중재인이 된 때에는 3년 이하의 징역 또는 7년 이하의 자격정지에 처한다.

공무원이나 중재인이 될 자의 수뢰행위는 단순수뢰죄보다 법정형이 낮지만, 그 보호법익(직무집행의 공정과 이에 대한 사회의 신뢰, 직무행위의 불가매수성)을 동등한 수준으로 해할 수 있는 범죄이다. 구성요건요소가 다르므로 사전수뢰죄는 수뢰죄의 감경구성요건이 아니라 독립된 구성요건이다.

(1) **주 체** "**공무원 또는 중재인이 될 자**란 공무원채용시험에 합격하여 발령을 대기하고 있는 자 또는 선거에 의해 당선이 확정된 자 등 공무원 또는 중재인이 될 것이 예정되어 있는 자 뿐만 아니라 공직취임의 가능성이 확실하지는 않더라도 어느 정도의 **개연성**을 갖춘 자를 포함한다."[60] 그러나 私見으로 이는 지나친 확장해석이며, 사전수뢰고의는 수

58 [수뢰죄와 공갈죄] 乙이 대표인 L㈜를 세무조사한 국세청 공무원 甲은 손금계산서가 가공계상된 것을 발견하고 50억 가량의 추징세금을 부담하지 말고 자신이 손금항목의 세부조사를 하지 않을 테니까 3억 원을 달라고 하였고, 乙은 이를 주었다. ① 甲은 뇌물죄와 공갈죄의 상상적 경합범이 된다. 乙은 공갈죄의 피해자이면서 뇌물공여죄가 성립한다.

59 [수뢰죄와 사기죄] 甲은 상사로부터 乙이 분실했다고 생각하는 총기가 행정착오로 같은 중대에 있다는 것을 알게 되었다. 乙이 甲에게 분실된 총기 문제를 해결해주면 돈을 주겠다고 하자 甲은 다른 곳에서 같은 총기 1정을 구입 보충해서 해결해주는 것인 척하면서 6만 원을 달라고 했고, 乙은 이에 응하였다. ① (대판 77도1069) 甲의 행위는 "뇌물죄와 사기죄의 각 구성요건에 해당될 수 있는 바이므로 이런 경우에는 형법 40조에 의하여 상상적 경합"이 성립한다.

60 [사전수뢰주체] 甲이 (구) 「도시개발법」의 벌칙적용에서 공무원으로 의제되는 조합의 장으로 선

뢰행위 당시에 자신이 공무원이나 중재인이 될 것이 **확실하다는 인식**(즉, '직접고의')을 갖고 있어야 한다.

(2) **행 위** 행위는 장차 공무원 또는 중재인이 되었을 때 담당할 것으로 예정되어 있는 (장래) 직무와 관련하여 일정한 직무행위를 할 것을 **의뢰**받고, 그 의뢰에 응하면서 **뇌물을 수수, 요구, 약속**하는 것이다.

(3) **객관적 처벌조건** 사전수뢰행위를 한 후 수뢰자는 실제로 공무원 또는 중재인이 되었어야 하고, 이는 **객관적 처벌조건**에 해당한다.

4. 제3자 뇌물공여죄

제130조(제삼자뇌물제공) 공무원 또는 중재인이 그 직무에 관하여 부정한 청탁을 받고 제3자에게 뇌물을 공여하게 하거나 공여를 요구 또는 약속한 때에는 5년 이하의 징역 또는 10년 이하의 자격정지에 처한다.

제삼자뇌물공여죄는 수뢰행위의 주체와 수뢰의 주체(제3자)가 분리되고, 부정한 청탁의 요건이 추가된 범죄이다. 공무원이 뇌물을 수수하지 않았는데도 제3자뇌물공여죄에 대해 수뢰죄와 같은 법정형의 불법을 인정하는 것은 부정한 청탁이라는 불법요소가 추가되어 있기 때문이다.

(1) **제3자의 범위** 제3자 뇌물공여죄에서 제3자는 공무원이나 중재인과 공동정범이 아닌[61] 모든 사람을 말한다. 교사범, 종범도 제3자가 될 수 있고, 제3자는 자연인, 법인 또는 법인격 없는 단체도 될 수 있다. 다만 제3자가 "평소 공무원이 그 사람의 생활비 등을 부담하고 있었다거나 혹은 그 사람에 대하여 채무를 부담하고 있었다는 등의 사정이 있어서 그 사람이 뇌물을 받음으로써 공무원은 그만큼 지출을 면하게 되는 경우

출될 개연성이 있는 상태에서 L㈜의 지사장 乙은 甲의 조합과 도급계약을 체결하고 시공사 지위를 유지하도록 조합을 이끌어달라고 하며 甲에게 T토지의 소유권이전등기를 마치게 해줬다. 甲은 선거에서 1표차로 신승하였다. ① (대판 2009도7040) 甲은 조합장이 될 **상당한 개연성이 있었다는 점에서 사전수뢰죄의 주체**가 될 수 있고, "소유권이전등기를 마칠 수 있는 기회를 제공한 것은 甲의 욕망을 충족시키기에 족한 이익에 해당한다." 甲은 사전수뢰죄가 성립한다. ② (評釋) 甲은 수뢰 당시에 당선될 **확실성**은 없었으므로 사전수뢰고의가 인정되기 어렵다.

61 "공무원이 뇌물공여자로 하여금 공무원과 뇌물수수죄의 공동정범 관계에 있는 비공무원에게 뇌물을 공여하게 한 경우에는 공동정범의 성질상 공무원 자신에게 뇌물을 공여하게 한 것으로 볼 수 있다. 공무원과 공동정범 관계에 있는 비공무원은 제3자뇌물수수죄에서 말하는 제3자가 될 수 없고, 공무원과 공동정범 관계에 있는 비공무원이 뇌물을 받은 경우에는 공무원과 함께 뇌물수수죄의 공동정범이 성립하고 제3자뇌물수수죄는 성립하지 않는다"(대판 2018도2738).

등 **사회통념상 그 사람이 뇌물을 받은 것을 공무원이 직접 받은 것과 같이 평가**할 수 있는 관계가 있는 경우에는 형법 제129조 제1항의 단순수뢰죄가 성립"한다.[62]

(2) **부정한 청탁** 제3자에게 뇌물을 공여하였어도 "부정한 청탁을 받은 일이 없다면 이를 처벌하지 아니한다"(대판 98도1234).[63] **부정한 청탁**이란 청탁의 내용이 위법한 직무집행이거나 부당한 직무집행인 경우이다. "청탁의 대상이 된 직무집행 그 자체는 위법·부당한 것이 아니라 하더라도 당해 직무집행을 어떤 대가관계와 연결시켜 그 **직무집행에 관한 대가의 교부를 내용으로 하는 청탁**이라면 이는 '부정한 청탁'에 해당한다".[64] 하지만 제3자 뇌물제공죄는 실제로 부정한 처사를 하였을 것을 요하지 않는다(대판 2004도1632).

부정한 청탁은 "**묵시적인 의사표시**에 의한 것도 가능하"고 이를 위해서는 "당사자 사이에 청탁의 대상이 되는 직무집행의 내용과 제3자에게 제공되는 금품이 그 **직무집행에 대한 대가라는 점에 대하여 공통의 인식이나 양해**가 존재하여야" 하고, "**막연히 선처하여 줄 것이라는 기대**에 의하거나 직무집행과는 무관한 다른 동기에 의하여 제3자에게 금품을 공여한 경우에는 묵시적인 의사표시에 의한 부정한 청탁이 있다고 보기 어렵고, 공무원이 먼저 제3자에게 금품을 공여할 것을 요구하였다고 하여

62 [제3자 뇌물공여죄] Y 구청장 甲은 乙로부터 Y구 A천의 정비사업을 낙찰 받게 도와달라는 청탁을 받자, 乙에게 Y구 여성연합회 회장 丙에게 2천만 원을 공여하라고 요구하였다. 甲과 丙이 연인관계라는 소문이 있었지만 확인된 바는 없었다. ① (대판 98도1234) 연인관계라는 소문만으로는 甲이 직접 받은 것과 같이 평가할 수 없다. 甲은 **제3자 뇌물공여죄**가 성립한다.

63 공무원이 직무관련자에게 제3자와 계약을 체결하도록 요구하여 계약 체결을 하게 한 행위가 제3자뇌물수수죄의 구성요건과 직권남용권리행사방해죄의 구성요건에 모두 해당하는 경우에는, 제3자뇌물수수죄와 직권남용권리행사방해죄의 상상적 경합관계에 있다(대판 2016도19659).

64 [대가관계] K㈜의 주식을 대량 취득한 S㈜는 공정거래위원회의 기업결합심사 결과가 어떤 것(예: 교환사채 처분, 최대주주의 지위 상실케 하는 처분, 모든 매입주식의 처분)이 될지 예측할 수가 없었다. S의 구조조정본부장 乙은 공정위 위원장 甲에게 교환사채매각으로 결정이 나도록 부탁하였고, 甲은 그렇게 해주되 B사찰의 불사건립에 S㈜가 10억 원의 시주금을 지원하여 달라고 요청하였다. 회장 丙은 다른 종교단체와의 형평을 고려 이를 거절하고 甲에게 직접 10억 원을 제공하겠다고 하였다. ① (대판 2004도3424) 교환사채 매각 결정처럼 甲이 받은 "청탁의 내용이 된 직무 자체가 위법·부당하지 않고 **적법하다고 하더라도 '재물을 대가로' 그 업무처리를 부탁하는 경우**에는 특별한 사정이 없는 한 이를 **부정한 청탁**이"고, 甲은 제3자뇌물공여죄가 성립한다.

달리 볼 것은 아니다".[65]

(3) **공여 · 요구 · 약속** 제3자 뇌물공여죄는 "제3자에게 뇌물을 공여하게 하거나 공여를 요구 또는 약속한 때" 성립하므로 제3자에게 뇌물을 제공하였지만 제3자가 거절하는 것은 제3자뇌물공여죄의 성립에 영향이 없다.

(4) **고 의** 공무원이 제3자에 대한 금품공여가 직무집행에 대한 대가로서 이루어진 사실과 "부정한 청탁을 받고"의 표지를 충족하는 사실을 인식하지 못한 경우에는 제3자 뇌물공여죄의 고의가 탈락한다.

5. 수뢰후부정처사죄

제131조(수뢰후부정처사) ① 공무원 또는 중재인이 전2조의 죄를 범하여 부정한 행위를 한 때에는 1년 이상의 유기징역에 처한다.

공무원 또는 중재인이 단순수뢰죄나 사전수뢰죄 및 제3자 뇌물공여죄 등을 범하여 수뢰행위를 하고, 부정한 행위까지 하면 국가기능의 공정성이 **구체적으로 위험**에 처하게 된다(구체적 위험범).[66] 따라서 단순수뢰죄 등에 비해 형을 가중하여 처벌한다. **주체**는 단순수뢰죄, 사전수뢰죄 및 제3자 뇌물공여죄를 범한 공무원 또는 중재인이다. **부정한 행위**는 공무원 또는 중재인이 하는 모든 **직무위배행위** 또는 "그것과 객관적으로 관련 있는 행위"(대판 2003도1060)를 말한다. 이에는 위법, 부당한 행위(예: 위법한 건축허가)[67]뿐만 아니라 직권남용행위도 포함된다. 수뢰자의 부정한

---

65 [묵시적 부정청탁] 대통령비서실장 甲은 미대 교수 乙과 서로 아끼고 사랑하는 연인관계가 되었다. 乙은 S미술관의 대형 전시회를 기획하면서 기업의 후원금을 받고자 하였다. 甲은 기업인 丙에게 기업 메세나(Mecenat) 활동의 일환으로 S에서 乙이 기획하는 전시회 후원을 요청하였다. 丙은 자신 기업과 관련된 문제에 대해 甲이 선처해줄 것이라는 막연한 기대를 갖고 후원에 응하였다. ① (대판 2008도6950) 甲의 선처부탁은 묵시적인 부정한 청탁에도 해당하지 않는다.

66 [수뢰후부정처사죄] 국가시험에서 시험장을 정리하고 수험자를 안내하며 시험장에서 수험자를 감시하는 공무원 甲은 수험생 乙로부터 3만 원을 받고, 그의 청탁대로 직무상 지득한 구술시험문제의 일부를 알려주었다. 그 문제는 출제되지 않았다. ① (대판 70도562) 甲은 공무상 비밀누설죄(제127조)와 수뢰후부정처사죄(제130조 제1항)가 성립한다. 누설 문제는 시험의 당락에 중요한 영향을 미치면 충분하고 실제 출제여부는 중요하지 않다.

67 예컨대 "필지당 2동 이상의 주택을 건축하지 못하도록 되어 있음에도 1필지당 2동의 주택을 지을 수 있도록 건축허가를 해" 준 경우(대판 81도698)를 들 수 있다.

행위가 공문서죄[68]나 횡령죄 또는 배임죄를 구성하는 때에는 그 두 죄의 상상적 경합범이 된다(대판 82도2095).

6. 사후수뢰죄

제131조(사후수뢰) ② 공무원 또는 중재인이 그 직무상 부정한 행위를 한 후 뇌물을 수수, 요구 또는 약속하거나 제삼자에게 이를 공여하게 하거나 공여를 요구 또는 약속한 때에도 전항의 형과 같다. ③ 공무원 또는 중재인이었던 자가 그 재직 중에 청탁을 받고 직무상 부정한 행위를 한 후 뇌물을 수수, 요구 또는 약속한 때에는 5년 이하의 징역 또는 10년 이하의 자격정지에 처한다.

(1) **부정처사후수뢰죄** 공무원 또는 중재인이 그 직무상 부정한 행위를 한 후 뇌물을 수수, 요구 또는 약속하거나 제삼자에게 이를 공여하게 하거나 공여를 요구 또는 약속하는 경우에는 부정처사후수뢰죄(제131조 제2항)가 성립한다. 이 죄는 수뢰후부정처사죄(제131조 제1항)의 시간적 순서가 뒤바뀐 경우이다. 단순수뢰죄의 "가중수뢰죄"[69]가 아니라 독자변형구성요건이다. 부정한 직무행위를 하고 **일정 시간이 경과**한 후에 다른 명목(예: 전별금)으로 금품을 수수한 경우에도 "직무상의 부정행위와 관련된 금품의 수수"[70]였다면 부정처사후수뢰죄가 성립한다.

(2) **부정처사·퇴직후수뢰죄** 공무원 또는 중재인**이었던 자**가 그 재직 중에 청탁을 받고 직무상 부정행위를 한 후 뇌물을 수수, 요구 또는 약속하면 부정처사·퇴직후수뢰죄가 성립한다(제131조 제3항). 부정처사·퇴

68 [수뢰후부정처사와 허위공문서작성] 예비군 중대장 甲은 乙이 1982년 1년간 예비군훈련을 받지 않게 해주는 대가로 乙로부터 18만 원을 받고 실제로 1982년 1년간 乙이 예비군훈련에 참석한 것처럼 乙명의의 예비군 중대학급편성부에 "참"이라는 도장을 찍어 예비군중대 사무실에 비치하였다. ① (대판 83도1378) 甲은 수뢰후 부정처사죄 외에 별도로 허위공문서작성 및 동행사죄가 성립하고 이들 죄와 수뢰후 부정처사죄는 각각 상상적 경합관계에 있다. 허위공문서작성죄와 동행사죄는 수뢰후 부정처사죄와 각각 상상적 경합범관계에 있어서 허위공문서작성죄와 동행사죄가 실체적 경합범관계에 있다고 할지라도 상상적 경합범관계에 있는 수뢰후 부정처사죄와 대비하여 가장 무거운 죄에 정한 형으로 처단한다. ② (評釋) 甲의 허위공문서행사는 허위공문서작성죄의 불가벌적 사후행위이고, 허위공문서작성죄와 수뢰후부정처사죄는 상상적 경합범이 된다.

69 [부정처사후수뢰죄] 경찰관 甲은 乙로부터 그의 간첩사건을 잘 봐 달라는 청탁을 받고 乙에게 불리하게 되어있는 조서를 파기소각한 후 乙이 제공하는 금원을 수수하였다. ① (대판 4291형상271) 甲은 "가중수뢰죄"인 부정처사후수뢰죄가 성립한다.

70 [부정처사와의 대가성] H공사의 입찰업무를 담당하던 甲은 응찰예정자 乙에게 입찰예정가격을 미리 알려주었다. 입찰이 끝난 후 20여 일이 지나 甲이 다른 부처로 이동할 때 乙은 甲에게 전별금 명목으로 500만 원을 주었다. ① (대판 82도2095) 甲은 부정직무행위 후 수뢰까지 20일이 지났고 명목상 대가관계도 없는 **전별금임에도 불구하고 실질적으로는 "직무상의 부정행위와 관련된 금품의 수수"**이므로, 부정처사후수뢰죄가 성립한다.

직후수뢰죄는 공무원 **재직 중 부정행위를 한 후 퇴직하여 수뢰**(예: 자문료) 한 경우로서 공무원 임명 전의 **사전수뢰죄와 대립되는 구조**를 갖는다. 법정형은 사전수뢰죄에 비해 더 무겁다. 퇴직이 아니라 다른 직책으로 옮긴 후의 수뢰는 부정처사후수뢰죄(제131조 제2항)에 해당한다.

7. 알선수뢰죄

제132조(알선수뢰) 공무원이 그 지위를 이용하여 다른 공무원의 직무에 속한 사항의 알선에 관하여 뇌물을 수수, 요구 또는 약속한 때에는 3년 이하의 징역 또는 7년 이하의 자격정지에 처한다.

알선수뢰죄는 공무원이 그 지위를 이용하여 다른 공무원의 직무에 속한 사항을 알선함으로써 수뢰행위를 하는 범죄이다. 보호법익은 **직무행위의 불가매수성**과 **직무행위의 공정성**이다. 특정범죄가중법 제2조 제1항에 의해 뇌물가액에 따라 가중처벌된다. 특정범죄가중법상 알선수재죄(제3조[71])와 특정경제범죄법상 알선수재죄(제7조[72])는 형법상 알선수뢰죄와는 독립되어 있지만, 이웃해 있는 구성요건이다.

(1) **주 체** 알선수뢰죄의 주체가 되려면 "**당해 직무를 처리하는 공무원**과 **직무상** 직접, 간접의 연관관계를 가지고 법률상이거나 사실상이거나를 막론하고 어떠한 **영향력을 미칠 수 있는 지위에 있는 공무원**이라야 한다".[73] 알선수뢰죄와 이웃해 있는 특정범죄가중법 제3조의 알선수재죄는 공무원에 한정되지 않고 **누구나** 주체가 될 수 있다.

(2) **행 위** ① 공무원이 "**그 지위를 이용**"한다는 것은 공무원이 자신의 지위에 의하여 다른 공무원의 직무에 일반적 또는 구체적 영향을 미치는 것을 말한다. 공무원의 지위를 이용하지 않고 "친구, 친족관계 등 사적인 관계를 이용하는 경우에는 이에 해당한다고 할 수 없"다(대판 99도

71 "공무원의 직무에 속한 사항의 알선에 관하여 금품이나 이익을 수수·요구 또는 약속한 사람은 5년 이하의 징역 또는 1천만 원 이하의 벌금에 처한다."

72 "금융회사등의 임직원의 직무에 속하는 사항의 알선에 관하여 금품이나 그 밖의 이익을 수수, 요구 또는 약속한 사람 또는 제3자에게 이를 공여하게 하거나 공여하게 할 것을 요구 또는 약속한 사람은 5년 이하의 징역 또는 5천만 원 이하의 벌금에 처한다."

73 [검찰주사의 알선수뢰] 乙은 검찰계장 甲에게 그 청 검사 丙이 맡은 그의 사건을 잘 처리되도록 주선하여 달라고 청탁하고 3천만 원을 주었다. ① (대판 82도403) 甲은 丙에게 "직무상 어떠한 연관관계를 가지고 **법률상 또는 사실상 어떤 영향력**을 미칠 수 있는 지위에 있었다고도 보기 어렵다." ② (評釋) 검찰주사가 검사에게 사실상의 영향력이 있는 경우는 알선수뢰죄가 성립한다.

5294). 다만 **사적 관계를 이용한 경우에는 특정범죄가중법상 알선수재죄**(제3조)가 성립할 수 있다. "지위를 이용하면 족하고 다른 공무원에 대한 임면권이나 압력을 가할 수 있는 법적 근거가 있을 것을 요하지 않고, 또 상하관계나 감독관계 또는 협동관계가 존재할 것도 요하지 않는다"(대판 99도5294).

지위이용 인정	지위이용 불인정
● 군 교육청 서무계장이 관내 국민학교 고용원 임용에 관한 알선으로 금품을 수수(대판 86도1138) ● 노동부 직업안정국 고용대책과장이 관계공무원에게 청탁해 연예인 국외공급 사업허가를 받아달라는 부탁과 함께 금원을 교부받은 경우(대판 89도1297) ● 서울시 부시장 비서관이 시청 관재과 소속 공무원에게 부탁해 체비지를 불하받도록 해주겠다고 약속하고 그 교제비로 금원을 교부받음(대판 89도1700) ● 시 지역경제국장이 시 지하철공사사장에게 지하철내 자판기영업계약을 알선하고 뇌물수수(대판 99도5294)	● 군청건설과 공무원은 도지사의 직무인 골재채취예정지 고시사무와 직간접의 연관이 없다(대판 83도3015). ● 순천지청 검찰주사는 관세법 위반이 수사사무를 담당했던 검사와 직무상 연관이 없다(대판 82도403). ● 육군본부 정보작전지원참모부 3급군무원은 인사참모부 선발관리실장에게 장성진급심사에 영향을 주는 관계가 없다(대판 2010도11460).

② **알선**이란 공무원이 **다른 공무원의 직무에 속한 사항을 중개**하는 것을 말한다. 특정범죄가중법상 알선수재죄의 알선도 같은 개념이다. **중개는 알선의뢰인과 알선상대방 사이를 스스로 중개**하는 것을 의미하고, 단순히 알선행위를 할 사람을 소개[74]하거나 알선의뢰인과 같은 입장에서 알선행위자에게 알선행위를 부탁하는 것만으로는 알선행위를 한 것이라고 할 수 없다. 알선과 금품수수 사이에는 "해당 알선의 내용, 알선자와 이익 제공자 사이의 친분관계 여부, 이익의 다과, 이익을 수수한 경위와 시기 등 제반 사정을 종합하여" 알선과 수수한 금품 사이에 (전체적·포괄적으로) **대가관계**가 있어야 한다(대판 2014도9903).[75] 따라서 **알선할 사항**은 다

74 [알선과 소개의 구분] 백화점 회장 乙은 재경원 장관 丙에게 은행대출을 부탁하자, 丙은 금융정책실장 丁에게 지시를 하여 두었다고 말하였다. 乙은 甲에게 丁의 소개를 부탁하였고, 甲은 乙을 丁의 사무실로 데리고 가서 소개를 시켜주었으며, 乙은 J은행으로부터 대출을 받았다. 乙은 대가로 甲에게 2천만 원을 주었다. ① 甲은 공무원이 아니므로 특정경제범죄법상 알선수재죄의 주체가 될 뿐이다. ② (대판 99도3115) "**알선의뢰인과 알선상대방 사이의 중개를 스스로 하지 아니하고 단순히 알선행위자를 소개한 것 자체만으로는** 특경법 제7조가 정하는 **알선수재죄의 구성요건에 해당한다고 할 수 없다.**"

75 [알선수재죄의 대가관계] 장성출신 퇴역자 甲은 방위산업체 H(주)와 경영자문위원 위촉계약을 체결하고 거래관행상 일반적인 수준의 보수액을 받았고, 회사 현안과 관련한 군 관계자에게 H(주)의 입장과 의사를 객관적으로 전달하고 정보·설명을 제공했다. ① (대판 2017도21248) 甲이 받은 보수는 공무원에 대한 알선을 통한 현안의 해결에 대한 대가로 보기 어렵다.

른 공무원의 직무에 속하는 사항으로서 뇌물요구의 명목이 그 사항의 알선에 관련된 것임이 **어느 정도 구체적으로** 나타나야 한다. 수뢰행위(특정범죄가중법, 특정경제범죄법상 수재행위)는 알선되는 직무사항이 과거, 현재, 미래 중 어떤 사항이든 불문한다. 즉 "**알선행위는 장래의 것**이라도 무방하므로, 알선뇌물요구죄가 성립하기 위하여는 뇌물을 요구할 당시 반드시 상대방에게 알선에 의하여 해결을 도모하여야 할 현안이 존재하여야 할 필요가 없다."[76] "다른 공무원의 직무에 속한 사항의 알선행위"는 반드시 부정행위라거나 그 직무에 관하여 결재권한이나 최종결정권한을 갖고 있어야 하는 것이 아니다"(대판 92도532). 알선은 증뢰자 외에 제3자를 위한 것일 수도 있다.

(3) 기수시기 알선수뢰죄는 공무원이 그 지위를 이용하여 알선에 관하여 뇌물을 수수, 요구 또는 약속한 때에 기수가 되며, 현실적으로 알선이 있어야 할 필요는 없다.

8. 뇌물공여죄 · 증뢰물전달죄

제133조(뇌물공여등) ① 제129조부터 제132조까지에 기재한 뇌물을 약속, 공여 또는 공여의 의사를 표시한 자는 5년 이하의 징역 또는 2천만원 이하의 벌금에 처한다. ② 제1항의 행위에 제공할 목적으로 제3자에게 금품을 교부한 자 또는 그 사정을 알면서 금품을 교부받은 제3자도 제1항의 형에 처한다.

(1) 증 뢰 죄 증뢰죄(제133조 제1항)는 공무원의 뇌물죄(수뢰죄, 사전수뢰죄, 제3자뇌물제공죄, 수뢰후부정처사죄, 사후수뢰죄, 알선수뢰죄)에 규정하는 뇌물을 약속, 공여 또는 공여의 의사를 표시하면 성립하는 범죄이다. 증뢰죄는 **수뢰죄와 필요적 공범관계**에 놓이며, 이때 공범관계는 행위의 공동만으로도 성립하고(대판 2007도10804) 비공무원은 증뢰죄에 의해 처벌받을 뿐,

---

76 [알선과 직무사항의 구체적 관련성] 구청 공무원 甲은 乙에게 '유흥주점 영업과 관련하여 세금이나 영업허가의 문제가 생기면 다른 담당공무원에게 부탁하여 도움을 줄 테니 1천만 원을 달라'고 하였고, 乙은 이에 응하였다. ① (대판 2009도3924) "甲이 알선할 사항이 다른 공무원의 직무에 속하는 사항임이 명백하며, 뇌물요구의 명목도 그 사항의 알선에 관련된 것임이 구체적으로 나타났다고 보기에 충분하다." 甲의 행위는 알선뇌물요구죄에 해당한다. "뇌물요구 당시 甲이 **알선할 사항이 구체적으로 특정**되었다거나 甲의 알선에 의하여 해결을 도모하여야 할 현안이 **존재하였는지 여부**는 알선뇌물요구죄의 성립에 영향이 없다."

제33조에 의해 수뢰죄의 공범으로 처벌되지 않는다. 다만 수뢰죄의 요구와 증뢰죄의 공여의사표시는 상대방이 각각 증뢰와 수뢰를 하지 않아도 성립할 수 있으므로 필요적 공범이 아니라 별개의 범죄이다.

1) 주체와 상대방 **증뢰의 주체**는 모든 사람이다. 공무원도 그 직무와 상관없이 다른 공무원에 대해 증뢰죄를 범할 수 있다. **증뢰의 상대방**은 공무원 또는 중재인이다. 특정범죄가중법 제4조 제1항의 정부관리기업체(법시행령 제2조) 간부직원 등도 직무와 관련해 공여의 상대방이 된다(대판 90도1092). 국제상거래에서 외국공무원에 대한 증뢰는 국제뇌물방지법이 적용된다.

2) 행 위 **뇌물의 약속**이란 공무원의 요구에 응하거나 먼저 제안하거나를 불문하고, 증뢰자와 수뢰자 간에 뇌물의 수수에 관한 합의를 이룬 것을 말한다. **뇌물의 공여**란 뇌물을 공무원에게 제공해 취득하게 하거나 취득할 수 있는 상태에 두는 것을 말한다. **공여의 의사표시**는 상대방에게 뇌물을 공여하려는 (명시적 또는 묵시적) 의사를 표시하는 것을 말한다. 공여금액의 표시는 필요하지 않고, 상대방이 인지할 수 있는 상태에 있으면 충분하다. 의사표시의 상대방은 공무원 또는 중재인이거나 그 처나 자녀도 될 수 있다(대판 68도1066). 공여의 의사표시를 하고 뇌물을 공여한 때에는 뇌물공여죄가 성립한다. 여기서 공여하는 뇌물의 개념요소인 "'**직무에 관하여**'라 함은 공무원이 그 지위에 수반하여 공무로서 취급하는 일체의 사무를 말하는 것으로서, 그 권한에 속하는 직무행위 뿐만 아니라 이에 밀접한 관계가 있는 경우와 그 직무에 관련하여 사실상 처리하고 있는 행위"[77]도 포함한다.

(2) 증뢰물전달죄 증뢰물전달죄(제133조 제2항)는 뇌물공여행위에 제공할 목적으로 제3자(행위자와 공동정범 이외의 자)에게 금품을 교부하거나(**제**

77 [증뢰죄의 직무관련성] 甲은 교도관 업무를 보좌하는 경비교도 乙에게 서신과 담배의 반입에 편의를 봐달라고 부탁하면서 100만 원을 줬다. ① (대판 87도1463) 乙은 경비임무와 무장공비의 침투방지 작전임무 뿐만 아니라 "**사실상** 교도관을 보조하여 교도소 내외에서의 재소자에 대한 **간접계호업무**를 담당하고 있음을 인정할 수 있고 그 계호업무 중에는 허가받지 아니한 서신이나 물건의 반입이 되지 않도록 감시하는 직무도 포함한다." 甲은 뇌물공여죄가 성립한다.

3자뇌물교부죄) 그 사정을 알면서 교부받은(취득한) 경우(**제3자뇌물취득죄**)에 성립한다. 이 죄는 비공무원 또는 비중재인의 수뢰 방조 또는 교사를 독자적인 범죄로 만든 것이다. **누구나 주체**가 될 수 있고, 공무원도 직무와 관계하지 않는 범위 내에서는 주체가 된다.[78] 제3자가 교부받은 금품을 수뢰할 사람에게 전달하지 아니한 경우(대판 84도1033), 제3자로부터 전달된 금품을 곧바로 증뢰자에게 반환한 경우(대판 82도3129)에도 제3자 뇌물교부죄는 성립한다.

78 [수뢰공무원의 제3자뇌물취득죄] 병역청 공무원 甲은 乙로부터 군복무를 면제하게 해달라는 부탁과 함께 4억 원을 받았다. 甲은 이 중 2억 원을 군의관 4명에게 청탁의 대가로 지급하였다. ① (대판 2002도1283) 甲은 2억 원의 수뢰죄가 성립하고 증뢰물전달죄는 "제3자가 증뢰자로부터 교부받은 금품을 수뢰할 사람에게 전달하였는지의 여부에 관계없이 제3자가 그 정을 알면서 금품을 교부받음으로써 성립하"고, "**공무원일지라도 직무와 관계되지 않는 범위 내에서는 본죄의 주체**에 해당될 수 있다." 甲이 자기의 **직무와 무관한 군의관의 직무에 관하여** 뇌물에 제공할 목적의 금품임을 알고 이를 전달해준다는 명목으로 취득하였으므로 **제3자뇌물취득죄**(제133조 제2항)가 성립한다. ③ 甲이 범한 수뢰죄와 제3자뇌물취득죄는 실체적 경합관계에 놓이며, 추징할 가액은 군의관에게 지급한 2억 원을 제외한 금품인 2억 원이 된다(대판 93도1569).

§79. 공무방해에 관한 죄

Ⅰ. 서　론

공무방해에 관한 죄(제8장[제136조부터 제144조])의 보호법익은 **공무원이 행하는 국가기능**, 즉 공무이다. 공무란 국가공무원과 지방공무원이 국가법규범에 근거를 두고 행하는 업무를 말한다. 공무방해죄는 공무를 방해할 위험이 발생하면 성립하며(추상적 위험범), 실제로 공무가 방해되었을 것이 필요하지는 않다.

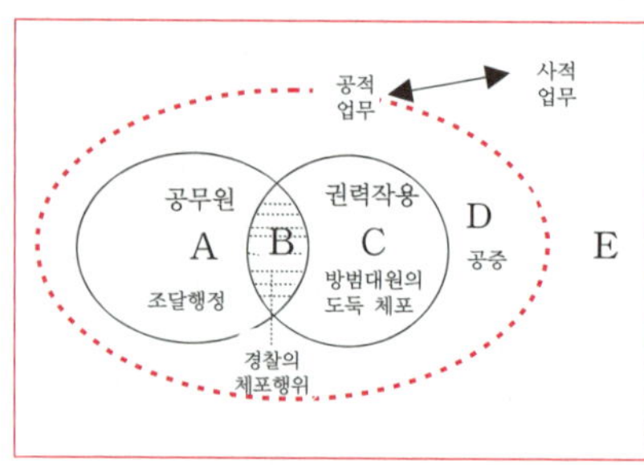

좁은 의미의 공무는 공무원의 직무 가운데 강제력(Gewalt)을 사용하는 권력작용(도표의 B)[1], 즉 고권적(hoheitlich) 행정(관헌적 행정과 단순고권적 행정 포함)으로 불린다.[2] **넓은 의미의 공무**는 권력작용이든 비권력작용이든 공무원 또는 준공무원의 공공성 있는 업무(도표의 A+B)를 가리킨다. 위계공무집행방해죄(제137조)는 이런 넓은 의미의 공무 개념을 전제로 한다.

A	● 교육부관리가 업무에 필요한 물자를 구입하는 행위(공무원의 비권력작용) ● 대한주택공사직원의 업무용물품구입행위(준공무원의 비권력작용)
B	● 사법경찰관이 피의자를 긴급체포하는 행위(공무원의 권력작용) ● 한국도로공사임직원의 토지수용업무(준공무원의 권력작용)
C	● 집행관이 압류할 때 창고문의 자물쇠를 열어주는 보조인(비공무원의 권력작용) ● 주민 자치방범의 대행자가 소매치기를 체포하는 행위(비공무원의 권력작용)
D	● 합동법률사무소의 공증업무(비공무원의 비권력작용적 공무) ● 국립대학교 법과대학 강사의 강의(비공무원의 비권력작용)
E	● 개인슈퍼마켓에서 장사하는 일

1 [청원경찰의 공무방해] 국민권익위의 민원처리에 불만을 품은 甲은 청사 로비에서 청원경찰 乙에게 욕설을 퍼붓고 소리를 지르며 위원장을 만나겠다며 엘리베이터를 타려고 하였다. 乙이 제지하자 甲은 乙의 가슴을 밀어 바닥에 넘어뜨리는 등 폭행을 하였다. 乙은 국민권익위원회법에 근거해 임용된 것이 아니라 위원장과의 계약에 의해 기간제근로자로 채용되어 청사의 안전관리 및 민원안내를 담당하였고, 연금도 국민연금에 가입했다. ① (대판 2015도3430) 乙은 "법령의 근거에 기하여 국가 등의 사무에 종사하는 형법상 공무원이라고 보기 어렵다." ② (評釋) 乙의 업무는 권력작용의 공무와 유사하지만 乙은 공무원이 아니므로 공무집행방해죄의 객체가 될 수 없다. 甲은 폭행죄가 성립한다.

2 예컨대 뇌물죄 적용에서 정부관리기업체의 간부직원은 공무원으로 본다는 「특정범죄가중법」 제4조를 들 수 있다.

구성요건의 형태는 공무원의 직무상 안전이익을 보호함으로써 그가 수행하는 공무를 보호하는 **공무원 보호형**(예: 공무집행방해죄)과 직접 특정한 공무를 보호하거나 공무수행의 인프라를 보호하는 **공무 보호형**(예: 인권옹호직무방해죄, 법정모욕죄, 부동산강제집행효용침해죄 등)으로 구별된다.

공무원 보호형 ● 공무집행방해죄 (제136조 제1항)		공무보호형		
가중	독자변형	검찰	법원과 국회	일반공무수행의 인프라
● 특수공무집행방해죄 (제144조, 제136조)	● 공무원강요죄 (제136조 제2항)	● 인권옹호직무방해죄 (제139조)	● 법정등모욕죄 (제138조)	● 공무상비밀표시무효죄 (제140조 제1항)
			● 특수법정등모욕죄 (제144조, 제138조)	● 특수공무상비밀표시무효죄 (제144조, 제140조 제1항)
	● 위계공무집행방해죄 (제137조)		● 부동산강제집행효용침해죄(제140조의2)	● 공무상비밀침해죄 (제140조 제2, 3항)
			● 특수부동산강제집행효용침해죄(제144조)	● 특수공무상비밀침해죄 (제144조, 제140조 제2,3항)
				● 공용서류등무효죄 (제141조 제1항)
				● 특수공용서류등무효죄 (제144조, 제141조 제1항)
				● 공용물파괴죄 (제141조 제2항)
				● 특수공용물파괴죄 (제144조, 제141조 제2항)
				● 공무상보관물무효죄 (제142조)
				● 특수공무상보관물무효죄 (제144조, 제142조)

★ 미수범(제143조) 제140조 내지 제142조의 미수범은 처벌함

Ⅱ. 공무집행방해죄

제136조(공무집행방해) ① 직무를 집행하는 공무원에 대하여 폭행 또는 협박한 자는 5년 이하의 징역 또는 1천만 원 이하의 벌금에 처한다.

1. 구성요건

공무집행방해죄의 보호법익은 **적법하게 직무를 집행하는 공무원의 안전이익**이다. 공무원을 보호하면 그가 집행하는 공무도 간접적으로 보호된다. 위법한 공무집행에 대하여 시민은 복종의무가 없다. 구체적인 사안에 대하여 직무를 집행하는 공무원을 폭행, 협박하는 행위[3]는 공무 또

3 **[공무집행방해죄의 죄수판단]** 甲은 동네주민 丁의 신고로 출동하여 수사를 하던 경찰관 乙과 丙에게 욕설을 하면서 먼저 乙을 폭행하고 이를 제지하는 丙을 폭행하였다. ① (대판 2009도3505) "동일한 공무를 집행하는 여럿의 공무원에 대하여 폭행·협박 행위가 이루어진 경우에는 공무를 집행하는 공무원의 수에 따라 여럿의 공무집행방해죄가 성립하고, 위와 같은 폭행·협박 행위가 동일한 장소에서 동일한 기회에 이루어진 것으로서 사회관념상 1개의 행위로 평가되는 경우에는 여럿의 공무집행방해죄는 **상상적 경합**의 관계에 있다." 甲의 乙과 丙에 대한 공무집행방해죄는 상상적 경합범

는 국가기능에 대한 **구체적 위험**을 발생시킨다.

2. 보호법익

(1) **주 체** 공무집행방해죄는 직무를 집행하는 공무원의 안전이익과 집행을 받는 시민의 자유이익 사이의 갈등상황을 규율하는 구성요건이므로 공무집행방해행위의 주체는 '**공무집행을 받는 관계시민**'에 국한된다(진정신분범).

(2) **직 무** "직무를 집행하는"에서 직무란 공무이며, 이는 공무원이 권력적 방식으로 수행하는 업무를 말한다. 제136조 제1항에는 독일형법(제113조)과 같이 공무원의 직무집행이 적법(rechtsmäßigkeit)해야 한다는 문언이 없지만, 판례는 **공무의 적법성**[4]을 공무집행방해죄의 구성요건요소(대판 2006도2732)로 인정한다.[5] 위법한 직무집행[6]에 대해서 시민은 **정당**

이 된다. ② (評釋) 법익이 공무를 집행하는 **공무원의 안전이익**이므로, 하나의 공무를 집행하는 여러 공무원들을 동시에 폭행하면 **행위단일성이 인정되어 수 개의 공무집행방해죄의 상상적 경합범**이 되고, 여러 공무원을 **순차로 폭행하면 경합범**이 되지만 동일한 기회에 이루어진 경우에는 **포괄일죄**가 성립한다.

4 [공무집행의 적법성] 중국인 甲은 자신이 가볍게 들이받은 택시의 기사 丙이 경찰에 신고하자 丙과 말다툼을 벌이고 뺨도 때렸다. 현장에 출동한 경찰관 乙이 丙의 진술을 듣고 목격자의 연락처도 확보하자, 甲은 '한국 사람들은 거짓말쟁이다'라고 외쳤고, 경찰관 丙의 음주측정요구를 거부했고, 목격자들과 패싸움을 하려던 甲의 여자친구 丁을 제지하는 乙의 정강이를 발로 걷어찼다. ① (대판 2012도9937) 乙의 제지는 「경찰관 직무집행법」 제6조 제1항의 **범죄예방에 관한 적법한 공무**에 해당하며, 甲은 공무집행방해죄가 성립하고 음주측정거부죄도 성립한다.

5 [공무집행의 적법성의 범죄체계론적 의미] 공무집행의 적법성은 공무집행방해죄의 구성요건요소이다(대판 2006도2732). ① 공무집행의 적법성을 위법성조각사유나 객관적 처벌조건으로 보는 견해는 위법한 공무집행에 대해 시민의 복종의무를 인정하는 관헌국가적 전통에 갇혀있는 견해이다. 시민이 아니라 신민(臣民)에게만 위법한 공무집행에 대한 복종의무가 인정될 수 있을 뿐이다. 시민권이란 법적으로 정당화되지 않은 국가의 침해에 대하여 자신을 방어할 권리를 포함한다. 따라서 직무집행의 적법성은 공무집행방해죄의 금지의 실질(Verbotsmaterie)을 이룬다고 보아야 한다. ② 직무를 집행하는 공무원이 직무가 적법할 수 있는 사실적 상황이 없음을 인식하지 못한 착오가 있는 경우에도 공무집행방해죄는 성립하지 않는다고 보아야 한다. 즉, 공무원에게 착오특권을 인정해서는 안 된다. ③ 공무원의 직무집행이 위법한 이상, 설령 그 직무집행을 적법한 것으로 판단하고 공무원을 폭행한 시민에 대해서도 공무집행방해죄의 불능미수를 인정해서는 안 된다. 현행 공무집행방해죄는 미수범을 처벌하지 않고 있다(제143조).

6 [부적법한 공무집행방해] 출입국관리소 공무원 乙은 丙의 공장에서 불법체류자들이 일한다는 제보를 받고 丙의 동의 없이 그 공장에 들어갔다. 乙이 불법체류자 甲에게 질문을 시작하자, 甲은 대답 없이 도망쳤고, 乙이 따라가려고 하자 甲은 칼을 빼내어 乙의 오른쪽 허벅지를 찔렀다. ① (대판 2008도7156) 출입국관리법은 "영장주의 원칙의 예외로서 출입국관리공무원 등에게 외국인 등을 방문하여 외국인동향조사 권한을 부여하고" 있지만, "제3자의 주거 또는 일반인의 자유로운 출입이 허용되지 아니한 사업장 등에 들어가 외국인을 상대로 조사하기 위해서는 그 **주거권자 또는 관리자의 사전 동의**가 있어야 한다." 乙의 단속행위는 丙의 **동의 없이 공장에 들어간 점**, 출입국관리공무원 **증표를** 甲에게 **제시하지 않은 점**(제82조 3호)에서 적법한 공무집행행위가 아니며, 甲은 특

방위[7]를 할 수 있고, 공무원이 직권을 남용하여 개인의 자유를 부당히 침해하면 직권남용죄(제123조)가 성립할 수 있다.

1) 적법성의 의미 공무집행이 적법하려면 "그 행위가 당해 공무원의 **추상적 직무 권한**[8]에 속할 뿐아니라 **구체적으로도 그 권한 내에** 있어야 하며 또한 직무행위로서의 **중요한 방식**을 갖추어야 한다"(대판 91도453). 私見으로 직무집행행위는 공무원의 **일반적 직무권한**에 속하고(흠결례: 경찰관의 조세징수), 법률이 부여한 공무원의 **구체적 권한**에 속하며(흠결례: 학자의 서적 압류), 법령이 정한 본질적인 **방식과 절차**를 지켜야[9] 할 뿐만 아니라, 이에 더하여 **구속력 있는 지시**를 따른 집행이어야 한다.

2) 적법성의 사전적 판단과 사후적 판단 "공무원의 어떠한 공무집행이 적법한지 여부는 **행위 당시의 구체적 상황에 기하여 객관적·합리적으로 판단**하여야 하고 사후적으로 순수한 객관적 기준에서 판단할 것은 아니다"(대판 91도453). 즉 판례는 공무집행의 적법성을 **사전적**(ex ante) 및 객관적으로 판단한다. 이 점은 경찰의 진압작전개시[10]이나 현행범 체포[11]

수공무집행방해죄가 성립하지 않는다. ② (評釋) 甲은 乙의 위법한 조사에 대한 거부·방어에 필요한 범위를 벗어난 점에서는 특수상해죄(제258조의2 제1항)가 성립한다.

7 [공무집행정당방위] 술취한 甲은 경찰관 乙에게 불심검문을 받고 운전면허증을 제시했다. 乙이 신분조회를 위하여 순찰차로 걸어간 새에 甲은 주민들이 보는 가운데 乙에게 큰소리로 욕설을 하였고, 乙이 甲에게 모욕죄 현행범으로 체포한다는 고지를 한 후 甲의 오른쪽 어깨를 붙잡자, 甲은 강하게 반항하면서 乙에게 상해를 가하였다. ① (대판 2011도3682) 甲은 구속사유가 없고, 모욕 범행은 경미하며 즉시 범인을 체포할 급박한 사정도 없다는 점에서 乙의 甲 체포는 **현행범인 체포의 요건을 갖추지 못하여 적법한 공무집행이라고 볼 수 없으므로 공무집행방해죄의 구성요건을 충족하지 아니하고**, 체포를 면하려고 반항하는 과정에서 乙에게 상해를 가한 것은 정당방위에 해당하여 위법성이 조각된다.

8 [공무집행의 적법성과 추상적 권한의 포괄적 해석] 시청 공무원 甲은 시청 내에 술에 취해 소란을 피움으로써 정상적인 민원 상담이 이루어지지 않는 상황에서 乙을 제지하며 밖으로 데리고 나가려 하자, 乙이 甲의 멱살을 잡아 흔들고 휴대전화를 휘둘러 甲의 뺨을 때렸다. ① (대판 2021도13883) 甲의 행위는 (법령에 명시된 추상적 권한은 아니더라도) **민원 안내 업무와 관련된 일련의 직무수행으로 포괄하여 파악**해보면 **담당 공무원의 직무범위 내의 행위**이고, 다소의 물리력 행사는 사회적 상당성이 있으므로 甲은 적법한 공무집행을 한 것으로 인정된다.

9 [직무집행방식] 경찰관 乙은 벌금미납으로 노역장유치의 형집행장이 발부된 지명수배자 甲과 우연히 마주치자, 甲에게 형집행사유와 지명수배 사실을 고지하고 형집행장이 발부된 사실은 고지하지 않은 채 甲을 구인하려 했다. 甲은 이를 거부하고 구타를 하였다. ① (대판 2017도9458) 급속을 요할 때에도 준수해야 하는 형집행장 발부사실고지의무(제85조 제3항) 위반으로 乙의 직무집행은 위법하고, 甲은 정당방위가 된다.

10 [적법성의 사전적 판단] 甲은 철거에 반대하며 수십 명과 망루에서 농성하며 화염병도 준비했다. 경찰특공대장 乙은 더 큰 위험의 발생을 막기 위해 대원들과 함께 망루에 진입하는 때에 甲은 화염병을 던졌고, 이로 인한 화재로 일부 농성자와 일부 경찰관이 사망하였다. 경찰들은 진압장비

에서 잘 나타난다. 그러나 私見으로 판례의 사전적 판단은 공무집행의 적법성을 형식적 적법성(formelle Gesetzesmäßigkeit)으로 이해하는 것이고 사실상 공무원에게 (사실과 법규범에 대한) **착오특권**[12]을 인정하는 결과를 가져온다. 공무집행의 적법성은 **실질적 적법성**(materielle Rechtmäßigkeit)까지 갖춘 경우에만 인정하여야 한다. 직무집행에 대한 시민의 복종의무는 공무원에 대한 것이 아니라 구체적인 상황에서 국가의 구체적인 (시민의 기본권 영역에 대한) 침해권을 정당화하는 공법규범에 대한 것이기 때문이다.

공무집행의 구체성(독일연방법원 대표판례)	
인 정	불 인 정
• 현행범체포 • 압수, 수색 • 집달관의 압류행위 • 일반적인 교통통제 • 불심검문	• 경찰관의 순찰 • 시위대의 시위행진을 뒤따르는 경찰관의 행위 • 수사정보수집질문 • 부대영내 군인의 순찰

(3) **집 행** 공무집행방해죄는 공무방해죄가 아니라 공무**집행**[13]방해죄이다. 따라서 첫째, 직

를 갖췄었고, 상황이 급박하여 乙은 경찰지휘부와 소통하지 못했다. ① (대판 2010도7621) 죄의 예방·진압 및 수사 등 경찰관의 직무행위(경찰관 직무집행법 제2조)의 "구체적 내용이나 방법 등은 경찰관의 전문적 판단에 기한 합리적인 재량에 위임되어 있다." 乙의 진압결정은 "당시 공공의 안녕과 질서에 대한 심각한 침해의 가능성이 고려"하고, "당시 현장 상황을 고려한 결정으로서 **현저히 합리성을 갖추지 못하여 객관적 정당성을 상실한 것이라고 할 수는 없고**, 경찰지휘부와의 의사소통 없이 이루어진 것이라고 하여 달리 볼 것은 아"니다. 甲은 특수공무집행방해치사죄가 성립한다. ② (評釋) 甲은 특수공무집행방해죄와 살인죄의 상상적 경합범이 된다.

11 [형식적 적법성] 甲은 형 乙의 식당에서 식당운영권문제로 소란을 피웠다. 매형 丙의 신고로 경찰관 丁이 출동하였을 때 甲은 이미 소동을 중단하고 앉아 있었다. 丁은 甲이 사장이 아니라고 판단하고 나가서 얘기하자고 하였지만 甲은 丁에게 소리지르고 욕설을 하는 등 소란을 피웠다. 丁이 甲에게 현행범체포를 고지하고 수갑을 채워 바깥으로 데리고 나가려 하자 甲은 순찰차량 밑에 자신의 하반신을 밀어 넣고 연행에 저항하였고, 丁이 甲을 끌어내려고 하자 甲은 丁의 코 부분을 머리로 들이받고 어깨를 물어 상해를 가했다. ① (대판 2011도4763) **"당시 상황에서는 객관적으로 보아 甲이 업무방해죄의 현행범이라고 인정할 만한 충분한 이유가 있으므로**, 경찰이 甲을 체포하려고 한 행위는 적법한 공무집행"이고 甲은 공무집행방해죄와 상해죄의 상상적 경합범이다. ② (評釋) 甲은 업무방해죄의 현행범이 아니므로 공무집행방해행위는 정당방위이다.

12 [형법적 적법성과 법률착오특권] 한미FTA 비준동의안을 처리를 위해 국회 외교통상 상임위원회 위원장 乙은 같은 당 소속 위원들이 회의실에 입실하자, 국회경위 丙를 동원하여 회의장 출입을 막게 하였다. M정당 당직자 甲은 같은 당 외통위 위원들과 함께 丙을 밀어내려고 옷을 잡아당기고 밀쳤고 甲은 이를 버티고 문을 지키려고 애를 썼다. ① (대판 2010도13609) "외통위 위원들의 회의장 출입을 막은 행위는 질서유지권 행사의 한계를 벗어난 위법한 조치이고 회의장 출입을 막은 행위는 외통위 위원장의 **위법한 조치를 보조한 행위에 지나지 아니하여 역시 위법한 직무집행**"이므로 甲은 (특수)공무집행방해죄는 성립하지 않는다. ② (評釋) 丙이 적법한 공무수행이라고 법률적 착오를 한 점이나 형법적 위법성은 없다는 점을 근거로 甲에게 특수공무집행방해죄를 인정하는 것은 관헌국가적 해석이다.

13 [공무집행] 甲은 자신의 주거지 앞 불법주차의 단속을 구청 당직 청원경찰 乙에게 하였다. 乙은 甲과 함께 그 불법주차 현장을 확인한 다음 甲에게 주간 근무자에게 단속을 하도록 하겠다고 말하자 화가 난 甲은 乙의 뺨을 1회 때렸다. ① (대판 2008도9919) 甲이 폭행을 할 때 乙은 불법주차 여부를 확인하고 주간근무자에게 전달하기 **위한 근무 중인 상태**에 있었으므로 甲은 공무집행방해죄(제136조 제1항)가 성립한다. ② (評釋) 판례는 직무집행은 "공무원이 직무수행에 직접 필

무집행은 **구체적인 것**, 즉 특정 사안에 대해 공무집행이 이루어지고 있어야 한다(개별사안집행 Einzelfallvollstreckung). 예컨대 구체성·개별성이 없는 순찰활동 또는 일반적인 수사활동은 제136조 제1항에서 말하는 직무를 집행하는 활동에 해당하지 않는다. 그러나 교통경찰이 일반적인 교통통제의 일환으로 특정한 운전자를 멈추게 하는 경우에는 제136조 제1항의 직무집행이 있게 된다. 둘째, 직무 "집행"이란 공무집행이 지금 **진행 중에 있거나 막 시작하려는 상태**임을 뜻한다. 정당방위에서 위법한 공격의 **현재성** 요건에 상응한다.

공무집행의 구체성과 현재성의 실질적인 판단기준으로 접촉이론, 즉 행위자가 공무집행 **공무원과 접촉할 수 있는 영역**(Kontaktbereich)[14]에 들어가 있는지를 들 수 있다. 판례의 "**공무집행중이라고 볼 만한 근접한 행위**"[15]라는 개념도 같은 이론이다. 가령 단순히 직무집행을 위하여 출근하는 공무원에 대한 폭행은 공무집행방해행위가 되지 못한다. 이 경우 직무집행의 상황에서 접촉가능상태에 있었던 것은 아니기 때문이다. 전체적으로 하나의 공무집행을 구성하는 개별 행위들이 끝났어도 그 집행의 대상이 되는 개인과 공무를 집행하는 공무원이 접촉할 수 있는 상태에 있으

요한 행위를 현실적으로 행하고 있는 때만을 가리키는 것이 아니라 **공무원이 직무수행을 위하여 근무 중인 상태**에 있는 때를 포괄한다"(대판 2017도21537)고 본다. 당직실 근무는 권력작용으로서의 공무는 아니지만, 불법주차 현장확인은 **불법주차 단속의 전체 과정의 한 부분**이므로 乙의 행위는 "직무를 집행하는" 행위에 해당하고 甲은 공무집행방해죄가 성립한다.

14 [공무원의 접촉가능상태] 구청 불법주차단속원 乙은 장애인 甲의 불법주차 차량 유리에 불법주차 과태료 스티커를 붙인 후 甲이 휠체어를 탄 장애인이고, 차가 있는 곳으로 되돌아오는 것을 보고 스티커를 다시 떼어냈다. 甲은 도착 하자마자 乙의 치마를 양손으로 잡아당겨 찢고, 자신의 휠체어를 乙의 다리에 부딪쳤고 乙은 양측하퇴부좌상을 입었다. ① (대판 99도383) 乙의 스티커를 붙인 행위나 과태료 부과고지서를 떼어 낸 행위 등 "**여러 종류의 행위를 포괄하여 일련의 직무수행**으로 파악함이 상당하다. 甲의 乙에 대한 폭행 당시 乙은 일련의 직무수행을 위하여 근무 중인 상태에 있었다." 甲은 공무집행방해죄와 상해죄의 상상적 경합범이 된다. ② (評釋) 스티커를 붙인 직후나 떼낸 직후 다시 불법주차단속을 위한 순찰상태로 돌아갔다면 공무집행의 구체성이 사라지고 직무집행은 인정되지 않는다. 그러나 甲은 주차단속 공무원 乙과 **접촉할 수 있는 영역**에 있었고 휠체어 사용으로 甲은 특수공무집행방해치상죄(제144조 제2항)가 성립한다.

15 [공무집행근접행위] 시의 수도검침원 乙은 평상복 차림으로 검침하려고 甲의 집으로 가다가 甲의 집에서 30m 떨어진 공터에서 甲과 마주쳤다. 검침에 대해 불만을 가졌던 甲은 乙을 보자마자 그의 얼굴을 1차례 가격했다. ① (대판 79도1201) 乙은 "**공무집행중이라고 볼만한 근접한 행위**가 있었다고 볼 수 없"으므로 甲은 공무집행방해죄가 성립하지 않는다. ② (評釋) 乙의 공무집행은 甲의 집에서 비로소 개별적으로 수행되는 것이므로, 甲은 "직무를 집행하는 공무원"과 마주친 것이 아니며, 따라서 甲은 폭행죄만 성립할 뿐이다.

면 공무집행상태가 인정된다. 직무집행은 공무원의 **적극적인 물리적 활동**을 전제하지 않는다. 집무시간 중에 자리에 앉아 하는 **감독사무**[16]나 직무집행 중의 휴식은 직무집행에 포함된다.

(4) **폭행 또는 협박** 공무집행 방해행위는 폭행 또는 협박이다. 폭행 또는 협박은 강요죄의 경우와 같다. "협박이라 함은 사람을 공포케 할 수 있는 해악을 고지함을 말하는 것이나 그 방법도 언어, 문서, 직접, 간접 또는 명시, 암시를 가리지 아니한다"(대판 81도326). 공무원 직무집행을 방해하는 것이라면 제3자에 대한 협박도 가능하다(대판 70도561). 공무집행방해죄의 폭행은 "공무원에 대하여 직접적인 유형력의 행사뿐만 아니라 **간접적으로 유형력**을 행사하는 행위도 포함"한다(대판 98도662). 예컨대 음향으로 공무집행 공무원의 청각기관을 직접 자극하여 육체적·정신적 고통을 주는 것도 폭행에 해당한다(대판 2000도5716). 판례는 **물건에 대한 폭력**까지 폭행에 포함시킨다. 예컨대 파출소 사무실바닥에 똥이 든 물통을 던지고 책상 위에 있던 재떨이에 똥을 퍼 담아 사무실바닥에 던지는 것[17]도 공무원에 대한 폭행이 된다. 그러나 私見으로 공무집행 공무원의 신변안전의 이익을 위태롭게 하지 않는 폭행은 공무집행방해죄에 해당할 수 없다. **물건폭력은 위력에 의한 업무방해죄**(제314조 제1항)에 해당할 수 있을 뿐이다.

또한 "폭행·협박은 성질상 공무원의 **직무집행을 방해할 만한 정도**의

16 [소극적 공무집행] 집행관 甲은 집무 중인 법원서기과장 乙에게 '서기과장 너 무슨 사무감독을 그 따위로 하느냐. 왜 丙에겐 관대하고 내겐 가혹하냐. 너의 목아지는 내가 띠어버릴수가 있다'고 하면서 乙 책상 위의 결재상자를 손으로 깨부쉈다. 당시 서기과에는 乙이 지휘·감독하는 서기과 직원들이 근무하고 있었다. ① (대판 4290형상48) 과장이 어떠한 구체적 사무를 현실적으로 집행 중에 있지 않다할지라도 과장이 그의 정석에 착석하고 있는 이상 "감독사무집행 중에 있다고 해석"되므로 甲은 공무집행방해죄가 성립한다. ② (評釋) 공무집행은 적극적인 물리적 활동 없이도 가능하지만 乙이 집행하는 **감독사무는 권력적인 공무가 아니며,** 설령 권력적인 공무로 보더라도 감독사무가 어떤 사항에 대해 **구체화된 것이 아니므로** 공무집행상태가 인정되지 않는다. 甲은 공무집행방해죄가 성립할 수 없고, 위력에 의한 업무방해죄가 성립할 수 있다. 甲은 공용물건손상죄(제141조 제1항)도 성립하며, 양자는 상상적 경합관계에 놓인다.

17 [물건폭력] 甲은 순경 乙로부터 조사를 받던 중 인분이 들어 있는 물통을 사무실 바닥에 던지고 책상 위에 있던 재떨이에 인분을 퍼 담아 사무실 바닥에 던지면서 乙에게 "씹할 놈들 너희가 나를 잡아 넣어, 소장 데리고 와라"라고 말했다. ① (대판 81도326) 인분을 바닥에 던지는 행위는 공무집행방해죄의 폭행에 해당하고, 乙에게 한 폭언은 협박에 해당한다. ② (評釋) 인분을 던진 것은 **물건폭력**이고 공무집행방해의 폭행에 해당하지 않으며 위력업무방해죄가 성립한다.

것이어야 하므로, 경미하여[18] 공무원이 개의치 않을 정도의 것이라면 여기의 폭행·협박에는 해당하지 아니한다"(대판 72도1783). 협박도 "상대방에게 공포심을 일으킬 목적으로 해악을 고지하는 행위를 의미하는 것으로서 그 협박이 경미하여(예: 폭언[19]) 상대방이 전혀 개의치 않을 정도인 경우에는 협박에 해당하지 않는다"(대판 2010도15986). 공무집행방해죄의 폭행 또는 협박의 정도는 **적극적 강요행위**이어야 한다. 강요죄의 폭행 또는 협박은 견해에 따라 소극적 행위(예: 차량을 멈추게 하려고 길을 가로막고 섬)에 의해서도 성립하는 점과 다르다. 적극적인(aktive) 행위가 없다면[20] 공무집행에 대한 단순 불복종 또는 협조거부가 될 뿐이다.

공무집행방해죄의 폭행 또는 협박	단순 불복종 또는 협조거부
● 공무원을 차에 태워 옮기는 행위 ● 공무원이 차 디딤판에 서 있는 상태에서 차를 몰아 공무원을 아래로 떨어뜨린 행위 ● 집달관이 들어오지 못하도록 출입문에 바리케이트를 치는 행위	● 차도 위에 앉아 있음으로써 차들의 운행을 못하게 한 데모대의 행위 ● 집달관에게 문을 열어주지 않는 행위 ● 경찰관의 멈춤신호를 무시하고 경찰관을 피해 그대로 차를 계속 몬 행위

(5) **기수시기** 공무집행방해죄는 구체적 위험범이므로 공무원에 대한 폭행·협박만으로 기수가 되지 않고, 폭행 또는 협박으로 인하여 공무원이 의도한 활동을 제대로 하지 못하게 되어(예: 경찰관이 폭행을 당해 긴급체포를 못함) 직무집행이 실패(예: 피의자 긴급체포 실패)하거나 적어도 실패될 구

18 [신체접촉 공무집행방해] 경찰관 乙은 S게임장 경영자를 설득하여 그곳 오락기계의 기판을 임의제출하도록 하여 이를 수거하였다. 甲은 밖에서 기판이 든 박스를 옮기고 있던 의경 丙에게 '이 박스는 압수된 것이 아니다'라고 말하고 丙의 손에 있던 박스를 들고 갔다. 丙은 즉각적으로 대응하거나 저항하지 않았다. ① (대판 2006도4449) 丙은 乙의 지휘 아래 압수를 수행하고 있는 공무원이고, 甲의 행위는 "공무집행을 방해할 만한 폭행 또는 협박에 해당하지 아니한다."

19 [단순폭언과 공무집행방해] 구청 정보통신과장 乙이 노조원들을 향해 부적절한 언사를 이어가자 노조원 甲은 乙에게 폭언을 하였고, 동석한 15명 가량의 구청 실·과장들과 10여 명의 노조원들이 서로 언쟁을 하였다. 甲과 乙은 언쟁을 한 뒤 노조원들과 실·과장들이 같이 식사를 하러 갔다. ① (대판 2005도4799) 甲의 **욕설**이 乙로 하여금 공포심을 느끼게 하는 정도의 것이라고 보기 어렵다. 甲은 공무집행방해죄가 성립하지 않는다. ② (評釋) 폭언은 일반적으로 협박죄에 해당하기 어렵지만(대판 86도1140), 집단적 폭언은 업무방해죄의 위력(대판 90도2501) 또는 공무집행방해죄의 협박이 될 여지가 있다.

20 [소극적 공무집행방해] 서울역 역장 乙은 술 취한 甲이 역내에서 소란을 피우고, 매표실 문을 발로 차 경찰에 신고하였다. 경찰관 丙은 甲에게 사건경과를 물어볼 때 甲이 乙에게 다가가자 행패 부리려는 줄로 알고 甲을 폭행죄 현행범으로 체포하여 순찰차에 태우려 했지만 甲은 발버둥을 치다가 丙의 안경을 파손시키고, 丙의 얼굴을 할퀴었다. ① (대판 2005도6461) 甲은 乙에 대한 업무방해죄의 현행범이지만 **"체포 사유로 삼은 범죄사실 중의 다른 일부(폭행죄)가 범죄로 인정되지 않는다 하여도** 그 이유만으로 이를 **불법체포라고 할 수는 없"으므로** 丙의 체포는 위법한 공무집행이 아니며 甲은 공무집행방해죄가 성립한다. ② (評釋) **소극적 체포면탈행위**는 공무집행방해죄의 폭행·협박에 해당하지 않으며, 안경의 과실손괴는 불가벌이고 상해죄만 성립한다.

체적 위험이 발생하였을 때(예: 폭행으로 어려움이 있었지만 피의자를 긴급체포함)에 기수가 성립한다.

(6) **고 의** 직무를 집행하는 공무원에게 폭행·협박을 한다는 사실에 대한 인식과 의욕, 즉 고의가 있어야 한다. 공무집행방해죄의 주체를 권력작용의 공무집행을 받는 당사자에게 국한시킨다면 공무집행방해고의는 행위자가 자신이 적법한 공무집행을 받는 관계시민이라는 점(신분요소)을 인식해야 한다. 공무원의 직무집행이 적법하기 위해 충족해야 하는 사실적 요건에 대한 인식도 고의의 내용이 된다. 의욕적 요소로서 '**공무집행을 방해할 의사**'는 필요하지 않다. 공무집행방해죄의 보호법익은 공무원의 안전이익이지 공무가 아니기 때문이다.

3. 직무·사직강요죄

제136조(공무집행방해) ② 공무원에 대하여 그 직무상의 행위를 강요[21] 또는 저지하거나 그 직을 사퇴하게 할 목적으로 폭행 또는 협박한 자도 전항의 형과 같다.

공무원 직무·사직강요죄(제136조 제2항)는 (제136조 제1항과는 달리) 현재 집행중인 직무와 관련 없이 — 즉 정당방위 유사상황이 없이 — **공무원의 직무상 또는 신분상의 일반적 안전이익**을 보호하고, 그로써 간접적으로 공무를 보호한다. 미수범은 처벌하지 않는다(제143조). 공무원의 안전이익을 침해하여 공무에 **구체적인 위험**이 발생한 때(예:, 직무상의 강요된 행위의 실행, 공직사퇴의 달성) 기수가 성립한다. 강요행위만으로 기수가 성립한다(추상적 위험범)고 보는 것은 관헌국가적 전통이다.

공무원에 대한 직무·사직강요죄는 강요죄와 구조적으로 동일하고, 강요의 의미도 동일하다. 또한 이 죄는 정당방위 유사상황을 전제로 하지 않기 때문에 행위자의 범위도 국한되지 않는다. 즉 모든 사람이 행위주체가 될 수 있다(비신분범). 폭행, 협박으로 강요한 "그 직무상의 행위"는 최소한 그 공무원의 **관할권**(추상적 권한) **안에 있는 직무행위**이어야 한

21 제136조 제2항의 법문언이 "강요 또는 저지 … 폭행 … "이라고 되어 있는 것은 일종의 입법실수(Redaktionsfehler)로 보인다. 강요는 폭행으로써 의무 없는 일을 하게 하거나 하려고 하는 일을 하지 못하도록 하는 것이므로 조문의 표현은 부분적으로 동어반복이다.

다. 그러나 제136조 제1항과 달리 정당방위 유사상황을 전제하지 않기 때문에 직무강요죄에서는 그 **직무의 적법성은 불필요하다.** 공무원을 폭행, 협박한다는 점에 대한 인식과 의욕이 있어야 하고, 직무수행이나 사직에 대한 목표의식(목적)이 있어야 한다.

Ⅲ. 위계공무집행방해죄

제137조(위계에 의한 공무집행방해) 위계로써 공무원의 직무집행을 방해한 자는 5년 이하의 징역 또는 1천만 원 이하의 벌금에 처한다.

위계공무집행방해죄는 **위계로부터 공무원을 보호함으로써 간접적으로 불특정한 공무**(국가기능)를 보호한다. 판례(대판 77도284)는 위계공무집행방해죄를 침해범으로 보지만 보편적 법익의 범죄이고, 구성요건의 불명확성[22]을 고려할 때 구체적 위험범으로 운영해야 한다. 예컨대 채무자가 집행관에게 압류목적물을 타인의 것이라고 속여 압류를 모면하려 하였으나 집달관이 그 목적물을 채무자의 것으로 확인하고 압류한 경우에도 이 죄의 기수가 성립한다.

(1) **위 계** "위계라 함은, 행위자의 행위목적을 이루기 위하여 상대방에게 오인, 착각, 부지를 일으키게 하여 그 오인, 착각, 부지를 이용하는 것을 말하는 것으로 상대방이 이에 따라 **그릇된 행위나 처분을 하여야만** 이 죄가 성립한다"(대판 2007도7724). 위계에 해당하려면 공무원의 단속에 대한 소극적 회피로는 불충분하고 **적극적인 방해행위**[23]가 있어야

22 [제137조의 중간적 성격과 불명확성] 위계는 폭행·협박처럼 직무를 집행하는 공무원의 안전이익과 관계시민의 자유이익의 극적인 충돌상황을 초래하지 않는다. 위계는 현재 직무를 집행하거나 막 직무를 집행하려는 공무원뿐만 아니라 미래에 직무를 집행하는 공무원에 대해서도 행해질 수 있다. 위계행위자와 직무를 집행하는 공무원이 정당방위와 유사한 상황에 직접 맞닥뜨리지 않는다. 위계행위자는 제136조 제1항의 폭행 또는 협박 행위자와는 달리 직무집행의 적법성을 판단하기 어려운 급박한 상황에 놓이지도 않는다. 위계공무집행방해죄는 보호하는 공무가 불특정하다는 점에서 공무집행방해죄(제136조 제1항)에 가깝고, 공무 보호 형태의 조문(예: "위계로써 공무원의 직무집행을 방해")을 취한 점에서 '특정한 공무를 보호하는 구성요건들'(제138조 내지 제142조)에 가깝다. 이런 중간적 성격으로 위계공무집행방해죄는 상당히 불명확하다.

23 [적극적 공무방해] 乙은 차량번호판에 뿌리면 과속단속카메라 촬영으로 차량번호판이 식별되지 않게 만드는 제품을 제조하여 甲에게 판매하였다. 甲은 이를 자신의 차량 번호판에 뿌리고 주행하였다. ① (대판 2007도8024) "공무원이 관계 법령이 정한 바에 따라 금지규정 위반행위의 유무를

한다. 적극적인 방해행위는 담당공무원에게 **오인, 착각, 부지를 유발**하여야 하고,[24] **위법한 수단**[25]에 의한 것이어야 한다.

적극적 방해행위	소극적 회피
• 산업기능요원으로 근무할 의사가 없음에도 지정업체의 장과 공모하여 허위내용의 편입신청서를 제출, 관할관청으로부터 승인을 받음(대판 2008도1321). • 강제출국당한 전력이 있는 사람이 외국주재 한국영사관 담당직원에게 허위의 호구부 및 외국인등록신청서 등을 제출하여 비자를 발급받음(대판 2008도11862). • 변호사가 접견을 핑계로 수용자에게 휴대전화와 증권거래용 단말기를 몰래 반입하여 이용케 함(대판 2005도1731). • 교통사고를 야기하고 타인의 혈액을 자신의 혈액인 것처럼 조사경찰관에게 제출하여 감정하게 함(대판 2003도1609).	• 수용자가 아닌 자가 교도관의 검사 또는 감시를 피하여 금지 물품을 교도소 내로 반입함(대판 2004도272). • 교도관과 재소자가 상호 공모하여 재소자가 교도관으로부터 담배를 교부받아 이를 흡연한 행위 및 휴대폰을 교부받아 외부와 통화한 행위(대판 2001도7045). • (집사)변호인접견을 통해 사건변호와 무관한 회사운영사항을 보고받고 지시사항을 전달하게 함(대판 2021도244).

(2) **직무집행** 위계로써 공무원의 직무집행을 방해해야 하는데, "직무집행"은 공무집행방해죄의 직무집행보다 넓다. 정당방위유사상황에서

충분히 감시하여 확인하고 단속하더라도 이를 발견하지 못할 정도에 이른 것이라면 이는 위계에 의하여 공무원의 감시·단속업무를 **적극적으로 방해**한 것으로서 위계에 의한 공무집행방해죄가 성립"하는 반면 "단순히 **공무원의 감시·단속을 피하여 금지규정에 위반하는 행위를 한 것에 불과하다면 이는 공무원의 불충분한 감시·단속에 기인한 것**이지, 행위자 등의 위계에 의하여 공무원의 감시·단속에 관한 직무가 방해되었다고 할 수 없"다(대판 2005도1731). 甲은 위계공무집행방해죄가 성립하지 않는다.

24 [공무방해위계의 정도] S국립대 사회교육과 교수초빙공고 직후 乙은 학과장 甲에게 부탁하여 논문접수를 마감한 학회지에 자신의 논문M을 투고하고, 심사를 거쳐 게재하였고, 논문실적이 150%가 되었다. 그 후 甲은 학과회의에서 논문을 150% 이상으로 하자는 심사기준을 제안하였고, 학과는 100% 이상으로 수정·의결하였고 대학본부에서 확정되었다. 乙은 위 초빙절차에 지원하고, 논문 M도 심사용으로 제출하고 어학시험, 교수능력심사 및 면접을 거쳐 최고 점수를 받아 교수로 선발되었다. 그 과 교수 丁은 논문M의 표절을 주장하였고, 학교는 검증하여 의혹이 없다고 결론지었다. ① (대판 2007도1554) 甲의 심사기준 강화 제안은 "전임교원을 새로 임용하려는 목적에 부합하는 것으로서 전문성을 가진 모든 사람에게 가점을 주는 공정한 경우에 해당하고, 또한 그 제안이 학과회의를 거쳐 적정한 수준으로 변경되었으며, 甲이 乙이 논문을 추가게재할 수 있도록 도운 행위가 다소 부적절한 행위이지만 乙로서는 자신의 노력에 의한 연구결과물로써 그러한 심사기준을 충족한 것이고 이후 전형 절차를 거쳐 최종 선발된 것이므로, 甲과 乙의 행위가 위계로써 공채관리위원회 위원들로 하여금 乙의 자격에 관하여 **오인이나 착각, 부지를 일으키게 하였다거나** 그로 인하여 그릇된 행위나 처분을 하게 한 경우에는 해당하지 않는다."

25 [공무방해위계의 위법성] 초등학교를 졸업했지만 문맹인 甲은 「도로교통법 시행령」이 허용하는 운전면허 필기시험 대체 구술시험을 보려고 동법시행규칙이 요구하는 초등학교 '중퇴 이하의 학력자'라는 내용의 인우보증서를 乙한테 받아 제출하여 구술시험을 치렀다. ① (대판 2006도8189) 「도로교통법시행규칙」의 초등학교 중퇴 이하의 학력자 요구는 "초등학교 졸업 이상의 학력을 가진 문맹자가 구술시험을 통하여 운전면허를 취득할 수 있는 기회를 합리적인 근거 없이 제한한 것으로서 **모법의 위임범위를 벗어나 무효**"라는 점에서 甲의 행위는 위계에 해당하지 않는다. ② (評釋) 이런 판례는 위계는 **위법한 수단이어야 한다는 법적 한계**를 설정한다. **집사변호사**를 통해 회사 경영사항을 보고받고 지시사항을 전달하게 한 행위(**옥중경영**)도 변호인접견상 서류나 물건의 수수(형사소송법 제34조), 교도관의 시각적 관찰 외 참여나 청취 등의 금지, 접견 시간과 횟수 제한금지(구 형집행법 제84조 제1항) 등에 비추어 위법한 수단이 아니어서 위계에 해당하지 않으며, 접견으로 주고받는 서류의 내용이 교도관의 감시 단속 대상도 아니므로 직무집행이 방해된 것도 아니라는 판례(대판 2021도244)도 같은 취지이다.

공무원의 안전이익이 위협받을 가능성이 있는 직무에 국한되어야 할 이유가 없기 때문이다. 따라서 **권력작용이 아닌 공무원의 직무, 특히 각종 시험업무**(운전면허시험업무[대판 86도1245], 간호보조원자격시험[대판 82도1301], 국공립 학교입학전형업무[대판 83도1864])나 **인·허가**에 관한 공무들, 그리고 **미래의 공무**도 위계공무집행방해죄가 적용될 수 있다.

(3) 방해의 결과 위계공무집행방해죄는 위계로써 공무집행을 방해할 **구체적인 위험**[26]을 발생하여야 한다. 시민이 위계를 사용하였어도 공무(예: 법원의 재판업무)의 성질상 그로 인하여 공무가 방해될 구체적 위험이 발생하지 않는 경우에는 위계공무집행방해죄는 성립하지 않는다.[27] 공무를 방해할 구체적 위험이 없는 위계행위는 불능범이 된다. 그렇지 않다면 위계공무집행방해죄는 추상적 위험범이 되어버리기 때문이다.

1) 재판의 방해와 적정성 침해 법원은 당사자의 허위 주장 및 증거 제출에도 불구하고 진실을 밝혀야 하는 것이 그 직무이므로, 가처분신청 시 당사자가 허위의 주장을 하거나 허위의 증거를 제출하였다 하더라도 그것은 가처분결정 **업무의 적정성을 침해**[28]할 뿐, "그것만으로 법원

26 [공무집행방해의 위험미발생] 법원 집행관실 사무원 甲은 乙에게 법원의 K부동산 입찰 참가를 권하고 乙은 경매법정에 갔으나 재력가 丙이 입찰에 참가한다는 사실을 알고 甲과 숙의하였다. 甲은 丙의 경매브로커인 丁으로부터 丙의 입찰가액을 알아내어 乙에게 알려주고, 乙은 그 가격보다 높게 써내어 K부동산을 낙찰 받았다. ① (대판 2000도102) 甲과 乙의 행위는 "법원경매업무를 담당하는 집행관의 **구체적인 직무집행을 저지하거나 현실적으로 곤란하게 하는 데까지는 이르지 않고** 입찰의 공정을 해하는 정도의 것임이 명백한 바, 이러한 행위라면 **경매·입찰방해죄**에만 해당될 뿐 위계에 의한 공무집행방해죄에는 해당되지 않는다." ② (評釋) 이 결론은 입찰참가자가 많은 경우에만 타당하고, 만일 입찰참가자가 乙, 丙뿐이었다면 甲과 乙의 위계행위로 집행관의 직무집행이 방해된 것이며, 乙, 丙 이외에 소수의 참가자가 있었다면, 직무집행이 방해될 구체적 위험이 발생하였다고 볼 수 있어서, 위계공무집행방해죄가 성립한다.

27 [의회의장선거방해] M정당 H지방의회 의원 甲은 '乙을 의장으로 추대'하기로 다른 의원들과 서면합의하고 투표용지에 가상의 구획을 설정하고 각 의원별로 기표할 위치를 미리 정하기로 구두합의하였다. 이를 모르는 임시의장 丙은 선거를 진행했고, 단독 출마한 乙이 의장에 당선되었다. ① (대판 2018도18582) 합의에 반하는 투표 여부를 확인할 감표 위원을 누구로 정할 것인지, 투표용지 확인은 언제, 어떤 방법으로 하고, 합의에 반하는 투표를 한 의원에 대해 어떠한 제재를 가할 것인지에 관하여 논의가 이루어졌음을 증명할 증거가 없는 점 등 제반 사정을 종합하면 甲은 '지방의회 임시의장의 무기명투표 관리에 관한 직무집행을 방해'하였다고 볼 수 없다.

28 [위계에 의한 가처분결정] 甲은 乙에 대해 유체동산에 대한 가처분신청을 하였다. 甲은 자신과 乙명의의 매매계약서 및 영수증을 허위로 만들어 법원에 소명자료로 제출하여 유체동산에 대한 가처분결정을 받았다. ① (대판 2011도17125) 甲은 사문서위조 및 동 행사죄가 성립하지만, 그런 위계로써 "법원의 가처분결정 **업무의 적정성이 침해**되었다고 볼 여지는 있으나 법원의 구체적이고 현실적인 어떤 **직무집행이 방해되었다고 할 수는 없으므로** 위계에 의한 공무집행방해죄가 성립하

의 구체적이고 현실적인 어떤 **직무집행이 방해**되었다고 볼 수 없"어 위계에 의한 공무집행방해죄가 성립한다고 볼 수 없다"(대판 96도312).

2) 충분한 수사의 방해 피의자는 "수사기관에 대하여 진실만을 진술하여야 할 의무가 있는 것은 아니다. 따라서 피의자 등이 수사기관에 대하여 허위사실을 진술하거나 피의사실 인정에 필요한 증거를 감추고 허위의 증거를 제출하였다고 하더라도, 수사기관이 충분한 수사를 하지 아니한 채 이와 같은 허위의 진술과 증거만으로 증거의 수집·조사를 마쳤다면, 이는 수사기관의 **불충분한 수사**에 의한 것으로서 피의자 등의 위계에 의하여 수사가 방해되었다고 볼 수 없"지만 "피의자 등이 적극적으로 허위의 증거를 조작하여 제출하고 그 증거 조작의 결과 수사기관이 그 진위에 관하여 나름대로 **충실한 수사를 하더라도 제출된 증거가 허위임을 발견하지 못할 정도**[29]에 이르렀다면" 위계에 의한 공무집행방해죄가 성립된다(대판 2018도18646).

3) 행정청 위계와 공무집행방해 "행정청이 상대방으로부터 신청을 받아 일정한 자격요건 등을 갖춘 경우에 한하여 그에 대한 수용 여부를 결정하는 업무에 있어서는 신청서에 기재된 사유가 사실과 부합하지 않을 수 있음을 전제로 하여 그 자격요건 등을 심사·판단하는 것이므로, 그 **업무담당자가 사실을 충분히 확인하지 아니한 채** 신청인이 제출한 허위의 신청사유나 허위의 소명자료를 가볍게 믿고 이를 수용하였다면, 이는 업무담당자의 **불충분한 심사에 기인**[30]한 것으로서 위계에 의한 공

지는 않는다."

29 [수사기관 위계] 丙으로부터 그림 1점을 수뢰한 혐의를 받던 수협직원 甲은 검찰조사를 받으면서 '丙으로부터 그림 1점을 기증받아 기증물관리대장에 기재하게 한 후 이를 대회의실에 걸어두었다'고 진술하고 기증물관리대장을 제출하였다. 甲은 수사 직전 총무계장 乙에게 작성일자를 소급하여 허위 기재한 기증물관리대장을 만들고, 허위진술을 하라고 지시하였고, 乙은 그렇게 하였으며 甲은 무혐의처분을 받았다. ① (대판 2010도15986) 甲의 행위는 "허위사실을 진술하거나 자신에게 불리한 증거를 은닉하는 데 그친 것이 아니라 **적극적으로 피의사실에 관한 증거를 조작**한 것으로" 위계공무집행방해죄에 해당한다.

30 [허위신고와 위계공무집행방해] 「화물자동차 운수사업법」이 요구하는 자본금과 자산평가액 등 허가기준에 관한 사항을 건설교통부장관에게 신고하면서 운송주선사업자 甲은 위조된 예금잔액증명서를 첨부하여 담당공무원에게 제출하였다. ① (대판 2010도7033) 甲의 행위로써 "구체적이고 현실적인 직무집행이 방해받았다고 볼 수 없을 뿐 아니라, 행정청이 신고내용의 진실성이나 첨부자료의 진위 여부를 **조사하지 아니하여** 위 허위신고에 대한 적정한 행정권의 행사에 나아가지 못하

무집행방해죄를 구성하지 않는다"(대판 2008도11862).[31] 이에 비해 심사담당 공무원이 **충분히 심사하였으나** 신청사유 및 소명자료가 허위임을 발견하지 못하여 **신청을 수리하게 된 경우**[32]에는 위계공무집행방해죄가 성립한다. 심사담당 공무원이 출원사유가 허위임을 알면서도 위계를 써서 결재권자의 결재를 받아낸 경우에도 위계공무집행방해죄가 성립한다.[33]

(4) **고 의** 위계로써 공무원의 직무집행을 방해한다는 인식뿐만 아니라 공무집행을 방해하려는 의사[34]가 있어야 한다.

Ⅳ. 특정한 공무를 보호하는 공무방해죄

1. 변사체검시방해죄

제163조(변사체검시방해) 변사자의 시체 또는 변사로 의심되는 시체를 은닉하거나 변경하거나 그 밖의 방법으로 검시를 방해한 자는 700만원 이하의 벌금에 처한다.

변사자의 시체 또는 변사(變死)의 의심 있는 시체를 은닉하거나 변경하거나 그 밖의 방법으로 검시(檢視)를 방해한 때 성립하는 변사체검시방

였다고 하더라도 그러한 결과가 위 허위신고로 인한 것이라고 보기도 어렵다." ② 甲은 사문서위조 및 위조사문서행사죄가 성립할 뿐이다.

31 이는 "행정관청이 출원에 의한 인·허가처분을 함에 있어서는 그 출원사유가 사실과 부합하지 아니하는 경우가 있음을 전제로 하여 인·허가할 것인지 여부를 심사결정하는"(대판 96도2825) 경우, 예컨대 국립식물검역소 출장소에 허위의 소독작업결과서가 첨부된 수출식물검사신청서를 제출하여 수출검사합격증명서를 발급받은 경우(대판 2008도9590)에도 마찬가지이다.

32 [수의계약방해] 甲은 허위 물량배정계획서와 견적서들을 조달청에 제출하여 조달청장과 수의계약을 체결하였다. 담당공무원 乙은 甲이 제출한 계획서와 견적서를 꼼꼼히 살폈지만 허위내용을 밝혀내지 못했다. ① (대판 2011도1484) "행정청이 요건의 존부에 관하여 충분히 심사하였으나 신청사유 및 소명자료가 허위임을 발견하지 못하여 신청을 수리하게 된 경우"이므로 위계공무집행방해죄가 성립한다.

33 [출원자 외의 위계공무집행방해] 도청 수산과 계장 甲은 乙이 어선이 없는데도 선박증서만으로 어업허가신청을 한 점을 알고도 어업허가담당자인 丙에게 어업허가 처리기안문을 작성하게 하고 자신이 중간결재를 한 다음 사정을 모르는 농수산국장 丁으로부터 최종결재를 받아 도지사 명의의 허가장이 발급되었다. ① (대판 96도2825) 甲은 "출원사유가 허위라는 사실을 알면서도 결재권자로 하여금 오인, 착각, 부지를 일으키게 하고 그 **오인, 착각, 부지를 이용하여 인·허가처분에 대한 결재를 받아낸 경우**라면, 출원자가 허위의 출원사유나 허위의 소명자료를 제출한 경우와는 달리 더 이상 출원에 대한 적정한 심사업무를 기대할 수 없게 되었다고 할 것이어서" 위계공무집행방해죄가 성립한다.

34 [위계공무집행방해고의] 甲은 승용차를 운전하다가 乙의 차와 부딪혀 교통사고를 일으켰다. 甲은 합의를 쉽게 하기 위하여 택시를 운전하다가 사고를 내었다고 허위신고를 하였다. ① 교통사고조사와 수사는 경찰의 책무이고, 甲과 같은 정도의 허위신고로 인해 그 공무가 방해받을 위험은 없다. ② (대판 74도2841) "甲에게 공무원의 직무집행을 방해할 의사가 있었다고 단정하기 어려우"므로 甲은 위계공무집행방해죄가 성립하지 않는다.

해죄는 제12장 신앙에 관한 죄에 속해 있지만 변사체검시가 수사의 단서가 된다는 점에서 그 보호법익은 **수사기관의 수사기능**이다.

(1) **변사자 검시** 변사자는 "부자연한 사망으로서 그 사인이 분명하지 않은 자를 의미하고 그 사인이 명백한 경우는 변사자라 할 수 없"다.[35] 따라서 "범죄로 인하여 사망한 것이 명백한 자의 시체는 변사체검시방해죄의 객체가 될 수 없다"(대판 2003도1331). **검시**는 사람의 사망이 범죄로 인한 것인지를 알기 위해 수사기관이 변사자를 조사하는 것이므로 범죄혐의가 인정된 뒤에 행하는 검증(Augenschein)과 다르다.

(2) **은닉, 변경, 그 밖의 방법** 시체의 은닉이란 발견이 곤란한 장소로 시체를 옮기는 것을, 변경은 시체에 대하여 외적 또는 내적 변화를 일으키는 것(예: 밀장密葬)이다. 그 밖의 방법으로는 시체를 실력적으로 지배하고 검사의 검시를 거부하는 행위[36]를 들 수 있다.

2. 인권옹호직무방해죄

제139조(인권옹호직무방해) 경찰의 직무를 행하는 자 또는 이를 보조하는 자가 인권옹호에 관한 검사의 직무집행을 방해하거나 그 명령을 준수하지 아니한 때에는 5년 이하의 징역 또는 10년 이하의 자격정지에 처한다.

인권옹호직무방해죄는 경찰의 직무를 행하는 자 또는 이를 보조하는 자가 인권옹호에 관한 검사의 직무집행을 방해하거나 그 명령을 준수하지 않는 경우 성립하고, 그 보호법익은 **검사의 인권옹호직무**이다.

35 [변사체] 乙은 甲에게 자궁 외 임신으로 수술을 받고 입원치료를 받던 중 폐동맥천색증으로 사망하였다. 검시 이전 乙의 남편이 乙의 시체를 인도하라고 하자 甲은 응하였다. ① (대판 69도2272) 乙이 "폐동맥천색증으로 인하여 사망한 사인이 명백한 것이므로 그 시체를 검시 받기 전에 그 가족에게 인도한" 행위는 변사체검시방해죄가 되지 않는다.

36 [변사체검시방해] 시위 도중 학생 丙이 갑자기 쓰러졌고, 대학부속병원에 옮겨졌으나 곧 사망하였고, 시체는 영안실에 안치되었다. 총학생회장 甲은 丙의 시체를 학생들의 실력적 지배하에 둔 채 경찰에게 丙이 시위 도중 사망하였음을 인정하고 공식 사과한다면 부검을 제외한 다른 사인규명(예: 현장검증 등)에 협조하겠다고 말했다. 경찰은 丙의 시체에 대한 검시, 부검 없이는 甲의 요구를 받아들일 수 없다고 하였다. 학생총연합회 의장 乙은 甲으로부터 상황을 인계받고 장례식을 주도하면서 검사 丁의 검시요구를 거부했다. ① (대판 98도1395) 乙이 甲에게 검사의 변사체검시 요구에 대한 보고를 하지 않았어도 甲도 乙과 변사체검시방해죄의 공동정범이 된다. ② (評釋) 甲이 乙에게 인계하기 전에 학생들의 실력적 지배 아래 丙의 시체를 놓아두는 행위는 "그 밖의 방법으로 검시를 방해한" 경우에 해당하므로 甲과 乙은 단독정범으로서도 각자 변사체검시방해죄를 범한 것이다.

인권옹호직무방해죄는 검사와 사법경찰관리 사이에 벌어지는 수사상 권력적 긴장관계에서 검사에게 그 권한과 역할의 우위를 준다는 점에서 위헌성을 말하기도 한다. 그러나 검사에게 우위를 주는 것은 오로지 인권옹호직무에 한정된 것인데 이는 검사의 (준)사법기관성에 근거한 것으로서 위헌이 아니다.

(1) **주 체** 주체는 일반 또는 특별 사법경찰관리이다. 인권옹호직무방해죄는 진정신분범이다. 사법경찰관리를 보조하는 자에는 개인(私人)은 포함되지 않는다.

(2) **검사의 인권옹호직무** 인권옹호에 관한 검사의 명령은 주로 강제수사를 둘러싼 피의자, 참고인, 기타 관계인의 "신체적 인권에 대한 침해를 방지하고 이를 위해 필요하고도 밀접 불가분의 관련성 있는 검사의 명령 중 그에 위반할 경우 **사법경찰관리를 형사처벌까지 함으로써 준수되도록 해야 할 정도로 인권옹호를 위해 꼭 필요한 검사의 명령**[37]으로서 법적 근거를 가진 적법한 명령이다"(헌재결 2006헌바69). 私見으로 경찰의 직무는 사법경찰 외에도 **위험예방의 모든 경찰**을 포함하고, **인권옹호**란 수사절차상의 강제처분 집행지휘, 구속장소 감찰 뿐만이 아니라 「출입국관리법」상 외국인보호소의 감찰 등 근거법령을 불문하고 **보편적 인권을 보호하기 위한 검사의 모든 직무**를 가리킨다.

(3) **방해행위** 방해행위는 폭행 또는 협박 그리고 위계 등과 같은 공무집행방해죄의 방해 행위뿐만 아니라 불법구속된 시민을 **은닉**하는 행위 등을 가리킨다.

3. 법정·국회회의장모욕죄

제138조(법정 또는 국회회의장모욕) 법원의 재판 또는 국회의 심의를 방해 또는 위협할 목적으로 법정이나 국회회의장 또는 그 부근에서 모욕 또는 소동한 자는 3년 이하의 징역 또는 700만 원 이하의

37 [피의자인치명령 불복종] 검사 乙은 사법경찰관 甲의 丙에 대한 긴급체포를 심사한 결과 적법성에 의문을 갖게 되었고, 피의자를 대면조사할 필요가 충분하다고 판단하였다. 乙은 甲에게 구속영장 청구 전 대면조사를 위해 丙을 검찰청으로 인치하라는 명령을 하였지만 甲은 이를 2차례 거부하였다. ① (대판 2008도11999) "검사의 이 사건 **명령은 적법**하고", "사법경찰관리의 체포 등 강제수사 과정에서 야기될 수 있는 **피의자의 신체적 인권에 대한 침해를 방지하기 위하여 사법경찰관리를 형사처벌까지 함으로써 준수되도록 해야 할 정도로 인권옹호를 위해 꼭 필요한 검사의 명령**"이다. 甲은 인권옹호직무방해죄와 직무유기죄(제122조)의 상상적 경합범이다.

벌금에 처한다.

법정이나 국회회의장 또는 그 부근에서 모욕이나 소동[38]을 하면 법원의 재판(헌법재판[39] 포함) 또는 국회의 심의가 방해받을 수 있다. 법정·국회회의장모욕죄는 이런 방해행위를 범죄로 삼고 있다.

[국회회의방해죄와 법정질서유지명령] ① 국회의 회의에 대한 방해행위는 **국회회의방해죄**(국회법 제166조)에 의해 더 무겁게 처벌된다. 다만 **소동**의 개념이 "폭행, 체포·감금, 협박, 주거침입·퇴거불응, 재물손괴의 폭력행위를 하거나 이러한 행위로 의원의 회의장 출입 또는 공무의 집행을 방해"의 개념으로 더 구체적이면서 더 많이 세분화되어 있는 반면 실행행위로 **모욕의 표지는 없다.** ② 법정에서 모욕 또는 소동을 벌이는 행위는 **재판장의 질서유지명령**(「법원조직법」 제58조)에 의해 통제되고, 20일 이내의 감치나 과태료의 제재(제61조)를 받을 수 있다. 그러나 이 제재들은 형사처벌은 아니므로 법정모욕죄는 필요하고 정당하다.

법정모욕이나 국회회의장모욕이 재판이나 국회심의의 민주성과 공정성을 촉구하는 행위일 가능성을 고려한다면 이 구성요건은 다음과 같이 제한적으로 해석하여야 한다.

- 객체를 **법관이나 국회의원에 한정**하고 증인이나 검사에 대한 모욕은 제외한다.
- 소동은 「국회법」상 **국회회의방해죄의 실행행위들**에 해당하고, 모욕의 내용은 **명백히 경멸**의 의사표시이어야 하며, 증인의 선서거부나 증언거부 같은 것은 포함될 수 없다.
- 법정모욕죄를 심리 중 뿐만 아니라 "재판장이 휴정을 선언하고 법관대기실로 퇴정 한 뒤"나 "재판이 개시될 상황"에서도 성립할 수 있다고 보기도 한다.[40] 그러나 법정모욕죄는 **심리중의 행위에 국한**되어야 한다.
- 고의와 "법원의 재판 또는 국회의 심의를 **방해 또는 위협할 목적**"이 있어야 한다.

---

38 [국회회의장소동죄] A당 甲은 한미FTA 비준동의안 심의가 준비 중이던 국회본회의장의 출입이 통제되자 이를 방해할 목적으로 국회방호원을 폭행하고 국회본회의장 방청석으로 통하는 출입문을 손괴한 후 방청석 안으로 들어갔다. ① (대판 2013도9138) 甲의 행위는 "위법한 본회의장 출입통제행위로 촉발되었다 하더라도 그 방법이나 수단, 목적에 있어서 상당성을 벗어났다고 할 것이므로 국회 방호원의 적법한 국회시설 관리보호 업무에 관한 공무집행방해죄, 공용물건손상죄 및 국회회의장소동죄"가 성립한다.

39 [헌법재판소 심판정소동] 甲은 T정당해산심판에서 헌법재판소장이 심판선고를 최종적으로 마치기 직전 고성으로 "오늘로써 헌법이 정치 자유와 민주주의를 파괴하였습니다. 민주주의를 살해한 날입니다. 역사적 심판을 받을 것입니다. 역사적 심판을 면치 못할 것입니다"라고 외쳤다. ① (대판 2020도12017) 형법 제138조의 적용대상으로 규정한 법원의 '재판기능'에 '헌법재판기능'이 포함된다고 보는 것이 입법취지나 문언의 통상적인 의미에 보다 충실한 해석이다.

40 이와 같은 하급심 판례로 서울고법 1989. 6. 12. 선고 89노974 제4형사부판결 참조.

● 법정·국회회의장모욕죄의 **기수는** 그 목적의 달성이 있거나 적어도 법원의 재판과 국회의 심의가 방해받을 **구체적 위험**(예: 법관의 심리위축)이 발생하여야 한 때에 도달한다(제한해석).

4. 부동산강제집행효용침해죄

제140조의2(부동산강제집행효용침해) 강제집행으로 명도 또는 인도된 부동산에 침입하거나 기타 방법으로 강제집행의 효용을 해한 자는 5년 이하의 징역 또는 700만 원 이하의 벌금에 처한다.

강제집행으로 명도 또는 인도된 부동산에 침입하거나 기타 방법(예: 부동산 훼손)으로 강제집행의 효용을 해한 경우 성립하는 범죄이다. 행위주체는 법문언에는 제한이 없지만 **강제집행을 받은 자**로 **국한하여 진정신분범**으로 운영할 필요가 있다. **명도**(明渡)란 채무자 기타의 사람이 거주하거나 점유하는 부동산에 대해 채무자의 거주·점유를 배제하고 채권자 등 권리자에게 완전한 점유를 이전시키는 것을 말하고, **인도**(引渡)란 부동산의 점유만 이전하는 것을 말한다. "퇴거집행이 된 지상주차장에 침입"하는 행위도 부동산강제집행효용침해죄가 성립한다(대판 2001도3212). **침입**이란 강제집행 후 계속 살아오던 가옥으로 들어가는 행위를 말한다. 침해행위는 시간적으로 명도 또는 인도 직후에 이루어진 경우이어야 한다는 제한해석이 바람직하다.

Ⅴ. 공무의 물적 조건을 보호하는 공무방해죄

1. 공무상비밀표시무효죄

제140조(공무상비밀표시무효) ① 공무원이 그 직무에 관하여 실시한 봉인 또는 압류 기타 강제처분의 표시를 손상 또는 은닉하거나 기타 방법으로 그 효용을 해한 자는 5년 이하의 징역 또는 700만 원 이하의 벌금에 처한다.

공무상비밀표시무효죄는 공무원이 그 직무에 관하여 실시한 봉인 또는 압류 기타 강제처분의 표시를 손상 또는 은닉하거나 기타 방법으로 그 효용을 해한 때 성립하는 범죄이다. 보호법익은 공무상의 비밀이 아니라 **강제처분 등의 표시가 수행하는 국가기능**이다(대판 4294형상41).

(1) **주 체** 주체는 제한이 없다. 예컨대 압류시설에 부착된 봉인은 압류채무자 및 소유자뿐만 아니라 일반인 모두가 무효화해서는 안 된다. 다만 판례는 "가처분의 채무자가 아닌 **제3자가 가처분상의 부작위 명령을 위반**한 것이 가처분집행 표시의 효용을 해한 행위에 해당하지 않는다"[41]고 본다. 하지만 私見으로 가처분의 경우도 주체가 제한되어야 할 이유가 없다. 다만 제3자가 정당한 이해관계를 갖고 있는 경우에는 사회상규에 의해 그 위법성이 조각될 수 있다.

(2) **봉인 또는 압류 기타 강제처분** 봉인, 압류, 강제처분의 의미는 다음과 같다.

봉 인	압 류	기타 강제 처분
공무원이 유체동산에 대하여 현상의 변경을 금지하는 처분으로서 그의 직인을 압날한 표식을 하는 것	국가권력으로 특정한 유체물 또는 권리에 관하여 사인의 사실상, 법률상 처분을 금하는 행위	압류에 속하지 않는 것으로서 타인에 대하여 일정한 작위 또는 부작위를 명하는 처분
● 압류동산의 채무자보관을 위한 민소법상의 봉인(제527조 제1항) ● 파산재단에 속하는 재산의 점유와 관리를 위해 법원서기관, 공증인 등이 하는 봉인(파산법 제176조)	● 민소법상 유체동산 압류 ● 부동산압류 ● 금전채권의 압류 ● 국세징수법상 압류 ● 각종 가압류	● 민소법상의 가처분 ● 형사소송법상의 압수 (제106조 제1항)

(3) **표 시** "표시"란 봉인, 압류 기타 강제처분의 권한 있는 공무원이 그러한 처분의 사실을 공적으로 널리 증명하는 데 사용한 기호를 말한다. 표시는 **유효하고, 적법하고, 현존**하는 것이어야 한다. ① 표시는 유효해야 한다. 가령 채무자가 변제하였어도 **압류가 해제되지 않은 압류표시**(대판 80도1441), 부당한 가처분결정이지만 적법한 절차에 의해 **취소되지 않은 가처분표시**(대판 85도1165)는 여전히 **유효한 표시**이다. 이에 반해 강제집행 완결 후에[42] 또는 봉인은 되지 않고 단지 가처분명령이 고시된

41 [제3자의 가처분표시무효] 甲은 C호텔로부터 온천이용허가권을 양수받았으나 乙도 C호텔로부터 온천수이용권을 양수받고 C호텔을 상대로 '온천수양수시설 사용권이 乙에게 있고 C호텔은 온천수를 사용하여서는 안 된다'는 가처분결정을 받았고, 이 결정을 알리는 고시판을 현장에 설치하였다. 甲은 이후에도 온천수 양수시설을 계속 사용하였다. ① (대판 2007도5539) "**가처분의 채무자로 되지 아니한 甲이 그 가처분에서 명한 부작위 의무를 위반하였다고 하더라도 그 가처분집행 표시의 효용을 해한 것으로 볼 수 없다.**" ② (評釋) 甲이 가처분표시 등을 인식하고도 온천수를 인양하고 사용했다면 공무상비밀표시무효죄가 성립하지만 甲의 정당한 이해관계를 고려할 때 위법성이 조각된다.

42 [집행 완료후의 공무상비밀표시무효] 집행관 乙이 채무자 甲의 건물에 대한 점유를 해제하고 채권자

경우에[43] 부작위명령위반만으로는 공무상비밀표시무효죄가 성립하지 않는다. 또한 봉인 등의 표시가 법률상 효력이 없다고 착오[44]하고 그 착오에 정당한 이유가 없는 이상, 공무상표시무효죄의 죄책을 면할 수 없다. 또한 압류표시의 **목적물이 특정**[45]되지 않으면[46] 무효이므로 공무상비밀표시무효죄가 성립할 수 없다. ② **표시는 적법한 것**이어야 한다. 공무원이 그 직권을 남용하여 **위법**하게 실시한 봉인 또는 압류 기타 강제처분의 표시임이 **명백한 경우**는 표시는 법률상 당연무효 또는 부존재가 되지만, 그 "표시에 절차상 또는 실체상의 **하자가 있다고 하더라도** 객관적·일반적으로 그것이 공무원이 그 직무에 관하여 실시한 봉인 등으로 인정할 수 있는 상태에 있다면 **적법한 절차에 의하여 취소되지 아니하는 한** 공무상표시무효죄의 객체로 된다."[47] 私見으로 이는 집행관에게 착오 특

丙에게 인도하여 강제집행을 완료한 후 甲이 그 건물에 무단진입했다. ① (대판 85도1092) "강제집행이 완결된 후의 행위로서 공무상표시무효죄에 해당하지는 않는다." ② 甲은 부동산강제집행효용침해죄(제140조의2)가 성립한다.

43 [가처분공시위반] 집행관 乙은 채권자 丙의 위임으로 영업방해금지가처분 결정정본에 의하여 丙의 영업장인 컨벤션센터를 점거하거나 丙의 영업을 방해하는 일체의 행위를 하여서는 안 된다는 **공시서**를 이 센터에 게시하였다. 甲은 용역직원 30명과 함께 센터에 침입하여 점유를 개시한 후 직접 운영하였다. ① (대판 2010도3364) "집행관이 법원으로부터 피신청인에 대하여 부작위를 명하는 **가처분이 발령되었음을 고시**하는 데 그치고 **봉인 또는 물건을 자기의 점유로 옮기는 등의 구체적인 집행행위**를 하지 아니하였다면, 단순히 피신청인이 위 가처분의 부작위명령을 위반하였다는 것만으로는 공무상 표시의 효용을 해하는 행위에 해당하지 않는다"(대판 2006도1819). ② 甲은 다중의 위력을 보이며 건조물에 침입함으로써 특수주거침입죄(제320조)와 업무방해죄(제314조 제1항)가 성립한다.

44 [가압류집행표시 유효성 착오] 甲은 집행관이 가압류집행을 실시하고 그 뜻을 기재한 기계이지만 乙에게 그 집행 이전에 양도하였기 때문에 乙에게 그 기계를 가져가도록 하였다. ① (대판 99도5563) 가압류집행과 표시는 유효하고, 甲은 이를 정당한 이유 없이 착오를 한 것이므로 공무상비밀표시무효죄가 성립한다.

45 [압류공시 목적물의 특정성] 甲농장의 비육돈 3천마리에 대해 집행관 乙이 가압류를 하면서 비육돈을 ~40kg, 40kg~60kg, 60kg~으로 구분하고 각 1천 마리를 가압류목적물로 한다는 취지로 기재한 공시서를 축사에 붙여 놓았고, 나머지 100마리는 병 들어서 담보가치가 없다고 보아 가압류에서 제외하되, 따로 구분하여 보관하게 하지는 않았다. 甲은 여러 차례 비육돈을 농장 밖으로 반출하고 30kg 이하의 새 자돈을 축사에 입사시켜 전체적으로 3,000마리는 항상 유지하였다. ① (대판 2000도1757) 100마리를 분리 보관하지 않음으로써 가압류공시서상 목적물이 다소 불분명해졌음에도 불구하고 "가압류집행의 상황, 비육돈 전체의 수와 가압류공시서상 목적물의 전체적인 기재 내역, 그 후 피고인들의 행동 등을 종합하면, 가압류는 **비육돈 전부를 그 목적물로 특정하여 집행**이 된 것으로 유효하다." 甲은 공무상비밀표시무효죄가 성립한다.

46 유체동산 가압류공시서의 기재에 다소의 흠이 있어도 그 기재 내용을 전체적으로 보면 그 가압류 목적물이 특정되었다고 인정할 수 있으면 가압류는 유효하다(대판 2000도1757).

47 [강제처분표시의 적법성] 乙은 甲이 침해한 자신의 특허권에 대한 가처분결정을 받아내었고 그 가처분은 집행되었다. 甲은 乙의 특허권을 침해하는 영업활동을 계속하였고, 이후 본안소송에서 乙의 특허는 무효라는 판결이 확정되었다. ① (대판 2007도312) 가처분집행 후 乙의 특허가 무효라

권을 주는 관헌국가적 태도이다. 집행관에 대한 특혜는 민·형사책임의 면제로 충분하며, 공무상비밀표시는 실질적으로도 적법한 경우에만 이 죄의 객체가 된다. ③ 공무상비밀표시무효죄가 성립하려면 **"행위 당시에 강제처분의 표시가 현존**할 것을 요"한다(대판 96도2801).

"기타 방법으로"에 해당	"기타 방법으로"에 해당하지 않음
● 압류표시를 손괴하지 않고 채권자·집달관 몰래 원래의 보관장소로부터 상당한 거리의 **다른 장소로 압류물을 이동시킴**(대판 86도69) ● 압류물을 집달관의 승인 없이 **관할구역 밖으로 옮김**[48] ● 점유이전금지가처분결정이 집행된 후 그 피신청인인 직접점유자가 가처분 목적물의 **간접점유자에게 그 점유를 이전**(대판 80도1963) ● 사용금지가처분이 집행되고 표시된 물건을 **계속 사용**[49]	● "채무자가 **불가피한 사정으로 채권자의 승낙을 얻어 압류물을 이동**시켰으나 집행관의 승인은 얻지 못한 경우"[50] ● **압류의 효용을 손상하지 않으면서 그 용법에 따라 종전대로 사용**[51] ● "출입금지가처분이 명시되어 있지 않은 상태에서 **가처분 채권자의 승낙을 얻어 그 건조물 등에 출입**(대판 2006도4740)

는 판결이 확정되어 "그 **피보전권리의 부존재가 확정되었다 하더라도 甲에 대한 이 사건 판시 공무상표시무효죄가 성립함에는 아무런 영향이 없다.**" ② (評釋) 본안소송에서 특허가 무효라고 판단되었다면 형식적으로 유효한 강제처분표시도 실질적으로 무효이고 甲의 공무상비밀표시무효죄는 소급적으로 소멸한다.

48 [관할구역 밖으로 이전] 甲은 자신의 물건에 대해 집행관이 실시한 압류표시는 그대로 둔 채, 그 물건을 집행관의 관할구역 밖의 장소로 이전하였다. 이때 甲은 집행관과 채권자에게 압류물을 이전하겠다는 일방적 통고를 하였고 변호사 乙에게 그런 이전이 위법한지도 물었지만, 위법하지 않다는 답변을 들었다. ① (대판 91도894) 甲의 이전행위는 "집달관이 실시한 압류표시의 효용을 해하였다고 할 것이므로 甲에게 위 공무상비밀표시무효죄의 고의가 없다고 할 수 없"다. **변호사 등에게 문의하여 자문을 받았다는 사정만으로는** 甲의 판시 행위가 죄가 되지 않는다고 믿는 데에 **정당한 이유가 있다고 할 수 없다.** 甲은 공무상비밀표시무효죄가 성립한다. ② (評釋) 충분한 경험과 지식을 갖춘 변호사에게 상세하게 묻고 답을 얻었다면 甲의 법률의 착오는 정당한 이유가 있다.

49 [사용금지가처분 시설물의 계속사용] H아파트 입주자대표회의가 사용해온 시설물에 대하여 사용금지가처분이 집행 및 표시되었다. 입주자대표회의 회장 甲은 이 표시에 반하여 입주민을 위한다는 의사로 그 시설물을 사용하였다. ① (대판 2005도1085) 甲이 자신의 이익이 아니라 입주민들의 이익을 위하여 하였더라도 공무상표시무효죄가 성립한다.

50 [불가피한 압류물 이동] 甲은 압류표시가 된 자신의 자동차용품들을 보관하던 중, 시로부터 그 자동차용품점 부지 일대에 도로확장공사를 시행하니 위 가게를 이전하여 달라는 공문을 받았다. 甲은 압류채권자 乙에게 이 사정을 말하였고, 乙은 아무런 이의를 제기하지 않았다. 甲은 가게를 이전하면서 압류물도 같이 이동시켰으며, 그 뒤 乙을 만나 이전한 가게의 전화번호를 알려 주었다. ① (대판 2004도3029) 甲의 "압류물 이동이 객관적으로 강제집행을 곤란하게 하여 **압류의 효용을 해하는 정도에 이르렀다고 보기 어렵고** 피고인에게 강제집행을 곤란하게 하여 압류의 효용을 해할 고의가 있었다고 할 수도 없다."

51 [압류물 사용] 집행관 乙은 가집행선고부 지급명령정본에 기하여 압류표시를 甲의 기름틀 원동기의 중앙덮개 부분과 그 부속기계의 바퀴부분에만 부착하고 甲의 어머니 丙에게 보관시켰다. 甲은 이 압류표시를 그대로 둔 채 원동기를 가동하고, 부속기계는 동종의 기계를 구입하여 원동기와 연결시켜 기름짜는 일을 계속하였고 압류표시를 손상시키지 않았다. ① (대판 83도3291) "압류는 채무자로 하여금 그 **압류된 물건의 처분행위를 금지**할 뿐이므로 그 **압류의 효용을 손상시키지 않는 범위 내에서 압류 그대로의 상태에서 그 용법에 따라 종전과 같은 방법으로 사용하는 것**까지 금지하"지는 않는다. ② (評釋) 이러한 판례는 강제처분표시의 기능에 대한 구체적 위험이 발생하지

(4) **무효화행위** **손상**은 강제처분표시를 물질적으로 훼손(예: 봉인의 외표 파괴, 봉인 뜯어냄)하는 것을 말한다. 손상행위는 부작위[52]에 의해서도 가능하다. **은닉**이란 강제처분표시가 실시된 물건의 소재를 불분명하게 하는 것을 가리킨다. **기타 방법으로 그 효용을 해**하는 것은 "손상 또는 은닉 이외의 방법으로 그 표시 자체의 효력을 사실상으로[53] 감살 또는 멸각시키는 것을 의미하며, 그 표시의 근거인 처분의 법률상의 효력까지 상실케 한다는 의미는 아니다."[54]

(5) **고 의** 공무원이 실시한 봉인, 압류 기타 강제처분의 표시에 대한 인식과 손상, 은닉 기타 방법으로 그 효용을 해한다는 점[55]에 대한 인식과 의욕이 있어야 한다. 판례에 의하면 압류표시된 물건의 소유자

않고 단지 강제처분표시의 공적인 차단기능을 존중하지 않는 것만으로는 공무상비밀표시무효죄가 성립할 수 없다는 해석이다. 독일 형법 §136 Ⅱ의 Siegelbruch는 Unwirksammachen des Verschlusses를 규정하는데, 이를 근거로 공적 차단기능을 존중하지 않은 것만으로 처벌할 수 있다.

52 [부작위에 의한 압류표시무효] G 시청 세무과 乙은 시장의 위임을 받아 K 골프장의 경락 전 운영자이던 T㈜ 소유의 모노레일과 엘리베이터를 압류, 봉인하고 그 뜻을 기재한 표시를 하였다. 현재 K의 운영회사의 대표 甲은 이를 알고도 골프장을 개장하도록 하였고, 운영실무자들이 압류표시된 엘리베이터 시설을 사용하는 것도 알았지만, 별다른 조치를 취하지 않았고, 엘리베이터의 봉인은 훼손되었다. ① (대판 2005도3034) 甲에게 "위 압류, 봉인에 의하여 사용이 금지된 골프장 시설물에 대하여 … **압류시설 작동을 제한하거나 그 사용 및 훼손을 방지할 수 있는 적절한 조치를 취할 의무**는 존재한다." 甲이 그러한 조치 없이 위 개장 및 압류시설 작동을 의도적으로 묵인 내지 방치함으로써 **부작위에 의한 공무상표시무효죄**가 성립한다.

53 [가처분결정표시 효용의 사실상 상실] 甲은 자신을 Y교회의 유효한 당 회장으로 인정하는 교인들과 암묵적으로 상통하여 그 교회 본당의 출입문에 가처분결정표시가 고시·부착되었음에도 불구하고 담임목사 乙의 직무집행과 상대방 측 교인들의 예배활동 및 교회 재산 사용을 적극 방해하였다. ① (대판 2007도4378) 甲은 위 가처분결정 표시의 효용을 **사실상 감살, 멸각**시켰으므로 공무상비밀표시무효죄가 성립한다.

54 [고시문 효력의 사실상 멸각] 채무자 甲의 건물은 점유이전금지가처분이 집행되었고, 점유이전이나 점유명의 변경을 금지하는 고시문도 건물에 부착되었다. 甲은 이후 乙로 하여금 이 건물 3층에 카페 영업을 하도록 무상으로 제공하였다. ① (대판 2003도8238) 甲의 "**고시문의 효력을 사실상 멸각시키는 행위**"는 "가족 등 가처분 채무자에게 부수하는 사람을 거주시키는 것과 같이 **가처분 채무자가 그 목적물을 사용하는 하나의 태양에 지나지 아니하는 행위라고 보기는 어려우므로** 공무상표시무효죄에 해당한다. 점유이전금지가처분 채권자가 가처분이 가지는 당사자항정효로 인하여 가처분 채무자로부터 점유를 이전받은 제3자를 상대로 본안판결에 대한 승계집행문을 부여받아 가처분의 피보전권리를 실현할 수 있다 하더라도 달리 볼 것은 아니다."

55 [채무변제와 고의] 甲은 채권자 乙에 의해 압류된 자신의 스테탄 18매에 대하여 다른 채권자 丙에 의해 압류를 위한 조사절차가 시작되자 乙에게 채무를 변제하고 압류가 해제되지 아니한 상황에서 그 스테탄을 처분하였다. ① (대판 80도1441) "**丙에 대한 관계에 있어서도 압류의 효력이 미친다**고 할 것이니, 甲이 乙에 대한 채무를 변제하였다하여도 그 **압류가 해제되지 아니한 한 압류상태에 있다**고 할 것이니 乙에 대한 변제사실만 가지고는 압류의 효력이 없다고 할 수 없"다. 甲은 공무상 비밀표시 무효고의가 인정된다.

가 그의 채무를 변제한다고 하여 압류표시무효고의가 부정되는 것은 아니지만[56] 채권자가 채무자소유의 동산을 가압류한 후 서로 합의하여 그 가압류물건을 인수하기로 하고 담보를 취소하고 가압류목적물을 가져간 경우에는 가압류취소절차를 밟지 않았더라도 공무상비밀표시무효고의는 인정되지 않는다.[57]

2. 공무상비밀침해죄

제140조(공무상비밀표시무효) ② 공무원이 그 직무에 관하여 봉함 기타 비밀장치한 문서 또는 도화를 개봉한 자도 제1항의 형과 같다. ③ 공무원이 그 직무에 관하여 봉함 기타 비밀장치한 문서, 도화 또는 전자기록등 특수매체기록을 기술적 수단을 이용하여 그 내용을 알아낸 자도 제1항의 형과 같다.

공무상비밀침해죄는 공무원이 그 직무에 관하여 봉함 기타 비밀장치한 문서 또는 도화를 개봉하거나 그러한 문서나 도화 또는 전자기록 등 특수매체기록을 기술적 수단을 이용하여 그 내용을 알아낸 때 성립하는 범죄이다. 보호법익은 **공무수행의 비밀성 유지**이고 개인의 비밀을 보호하는 비밀침해죄(제316조)와는 별개의 구성요건이다. 문서 또는 도화를 개봉함으로써 공무수행의 비밀성이 곧 침해되는 것은 아니지만 그로 인해 구체적 위험이 발생하면 기수가 된다(**구체적 위험범**).

3. 공용서류등무효죄

제141조(공용서류등의 무효, 공용물의 파괴) ① 공무소에서 사용하는 서류 기타 물건 또는 전자기록등 특수매체기록을 손상 또는 은닉하거나 기타 방법으로 그 효용을 해한 자는 7년 이하의 징역 또는 1천만 원 이하의 벌금에 처한다.

56 [압류표시의 범위와 고의] 甲은 채권자 乙에 의해 압류된 자신의 스테탄 18매에 대하여 다른 채권자 丙에 의해 압류를 위한 조사절차가 시작되자 乙에게 채무를 변제하고 압류가 해제되지 아니한 상황에서 그 스테탄을 처분하였다. ① (대판 80도1441) "**丙에 대한 관계에 있어서도 압류의 효력이 미친다**고 할 것이니, 甲이 乙에 대한 채무를 변제하였다하여도 그 **압류가 해제되지 아니한 한 압류상태에 있다**고 할 것이니 乙에 대한 변제사실만 가지고는 압류의 효력이 없다고 할 수 없" 다. 甲은 공무상 비밀표시 무효고의가 인정된다.

57 [가압류물건의 합의취거] 甲은 乙에게 손해배상청구소송을 제기하고 乙 소유의 사진기, 확대기를 가압류하게 하였다. 甲과 乙은 배상합의를 하여 甲은 乙로부터 가압류된 물건을 인수하고 乙은 항고권 포기서 등을 甲에게 작성, 교부하였다. 甲은 가압류는 자연히 무효가 될 것이므로 그 취소절차를 거칠 필요가 없다고 생각하고 乙의 사진기, 확대기를 가져갔다. ① (대판 72도1248) 甲은 공무상비밀표시무효고의가 없다.

공용서류등무효죄는 공무수행의 물적 조건을 보호함으로써 공무를 보호하는 죄이다. 공용서류등무효죄는 구체적 위험범이다.

(1) **주 체** 공용서류무효죄의 주체는 제한이 없다. 그러나 "공용서류무효죄는 권한 있는 자의 정당한 처분에 의한 공용서류의 파기에는 적용의 여지가 없고, 또 공무원이 작성하는 공문서는 그것이 작성자의 지배를 떠나 작성자로서도 그 변경 삭제가 불가능한 단계에 이르렀다면 모르되", "**상사가 결재하는 단계**에 있어서는 작성자는 결재자인 상사와 상의하여 언제든지 그 내용을 변경 또는 일부 삭제할 수 있는 것이며 그 내용을 정당하게 변경하는 경우는 물론 내용을 허위로 변경하였다 하여도 그 행위가 허위공문서작성죄에 해당할지언정 공용서류의 효용을 해하는 행위에 해당한다고는 할 수 없"다(대판95도1395).

(2) **객 체** 공무소에서 사용하는 서류 기타 물건 또는 전자기록 등 특수매체기록이다. "**공무소에서 사용하는**"이란 **공용**(公用)을 말하고, 공무소에서 사용하는 서류는 **공용서류**, 물건은 **공용물건**, 특수매체기록은 **공용특수매체기록**이 된다. ① 이때 공무소란 공무원이 **권력작용의 성격을 갖는 직무를 수행하는 관공서** 기타의 조직체를 뜻한다. 예컨대 토지수용업무를 하는 한국도로공사 임직원이 직무상 작성하는 기록이나 서류는 공용서류무효죄의 객체가 되지만 국립대학교 교수가 작성한 성적기록부는 객체가 되지 않는다. ② 공무소에서 **사용**한다는 것은 공무소가 소유(직접점유 Amtsbesitz)함을 가리키는 것이 아니라 직무수행의 내용을 **기록**하거나 직무수행을 위하여 **보관**하는 것을 뜻한다.[58] ③ 공무소에서 사용하는 **서류**(공용서류)는 소모품인 종이(예: 운전면허증용지)를 뜻하는 것이 아니라, 공무의 내용을 기록한 서류이거나 공무수행을 위하여 보관중인 서류를 뜻한다. 그러나 보관을 종료·폐기한 서류[59]는 공용서류가 아니다.

---

58 이런 제한해석은 공용서류등무효죄를 독일 형법 제133조의 Verwahrungsbruch에 접근시키는 해석이며, 공용서류등무효죄를 추상적 위험범이 아닌 구체적 위험범으로 운영하는 것이다.

59 [공무소의 사용폐기] 교사 乙에 대한 교감 甲의 명예훼손고소로 교사 丙은 경찰관 丁에게 진술서를 제출하였고, 丁은 수사기록에 철하지 아니한 채 보관하였다. 甲은 丁에게 '학교에 소문이 나서 난처하게 되었고, 丙도 진술서를 반환받고 싶어 하니 그 진술서를 돌려달라'고 하였다. 丁은 丙의

공용서류는 사문서이든 공문서이든 구분하지 않으며(대판 4294형상262), "공무소에서 사용하고 있는 한 정식절차를 밟아 작성되지 않은 위조문서나 보존기간경과후의 문서"(대판 82도368)도 공용서류가 된다. 작성 중인 "피의자신문조서는 그것이 미완성이고 작성자와 피의자가 서명날인 또는 무인한 것이 아니어서 공문서로서의 효력은 없다 하더라도 공무소에서 사용하는 서류에는 해당한다"(대판 86도2799). '아직 수사기록에 편철되지 않았지만 진술자의 서명날인과 간인까지 받아 작성한 진술조서'(대판 82도368)도 공용서류이다. 「공직선거법」상의 선거관리 및 단속사무와 관련한 서류[60]를 손괴하는 행위는 공직선거법위반죄(제244조 제1항)에 해당하고 공용서류무효죄와 상상적 경합범이 된다. ④ **공무소에서 사용하는 물건**(공용물건)은 직무용 도구(예: 사무용 책상)[61]가 아니라 그 직무의 내용을 기록하는 물건(예: 직무기록컴퓨터)이나 직무상 보관하는 물건(예: 압수물)이어야 한다.[62] ⑤ 공무소에서 사용하는 **전자기록 기타 특수매체기록**(**공용특수매체**

진술서에 중요한 내용이 없어 '丙에게 가서 보여주고 찢어버리라'고 하며 甲에게 건네주었다. 甲은 丙에게 진술서를 보여주고 찢어버렸다. ① (대판 98도4350) "공용서류무효죄는 공문서나 사문서를 묻지 아니하고 공무소에서 사용 중이거나 사용할 목적으로 보관하는 서류 기타 물건을 그 객체로 한다." 丁은 장차 丙의 진술서를 "**공무소에서 사용하지 아니하고 폐기할 의도하에 처분한 것**"이므로, 그 "진술서는 더 이상 **공무소에서 사용하거나 보관하는 문서가 아닌 것**이 되어 공용서류로서의 성질을 상실"한다. ② 甲은 문서손괴죄도 성립하지 않는다.

60 **[공무기록서류]** 선관위 공무원 乙은 국회의원 선거에서 甲의 금품교부혐의를 조사하면서, 甲에게서 금품을 받은 사람들에게 질문할 항목이 인쇄되어 있는 A4 용지에 답변내용과 조사 대상자 등을 연필로 기재하였다. 甲은 乙이 모르게 그 용지를 찢어버렸다. ① (대판 2006도7242) 공직선거법이 "선거관리 및 단속사무와 관련한 서류의 은닉, 손괴, 훼손 등을 형법 제141조 제1항**보다 무겁게 처벌**하는 취지는 **선거관리와 단속사무 등을 일반적인 공무보다 엄중히 보호**하려는 데 있으므로 공직선거법상 서류의 개념은 형법과 같고, 서류의 명칭, 작성자 명의, 조사기록 편철 여부 등은 선거단속에 관한 서류의 인정 여부에 영향을 미치지 않는다." 甲은 공용서류무효죄와 공직선거법위반죄의 상상적 경합관계에 놓인다.

61 **[공용물건무효죄]** 甲은 면사무소에 찾아가 무상으로 소화기를 점검해 준다고 하면서 소화기 9대를 건네받고, 乙에게 소화기의 점검은 무료이나 소화액을 충전할 경우 1kg당 3,500원을 청구한다고 말했다. 甲은 그 소화기가 정상상태인데도 소화기에 분말액과 질소가스를 넣은 것처럼 하여 12만원을 청구하였다. 공무원 丙이 충약비용의 지급을 거절하면서 원상태로 돌려놓으라고 하자 甲은 위 소화기 내부에 들어 있는 분말액과 질소가스를 빼내었다. ① (대판 2010도14262) 甲은 **공용물건인 소화기**의 효용을 해한 점에서 공용물건손상죄가 성립하며, 사기미수죄와 경합범이다. ② (評釋) 소화기는 **화재진압용물건이지 공용물건이 아니므로** 재물손괴죄가 성립한다.

62 **[공용물건손상죄]** 甲과 乙은 국회 외교통상 위원회 회의장 앞 복도에서 봉쇄된 회의장 출입구를 뚫기 위해 해머로 출입문을 수회 쳐서 떼어내고 乙은 그 안쪽에 바리케이드로 쌓여있던 책상 등 집기를 밀치거나 잡아당겨 부쉈다. ① (대판 2010도13609) 甲은 공무집행방해죄, 공용물건손상죄(제141조 제1항) 및 국회회의장소동죄(「국회법」 제166조 제1항)가 성립하고, 정당행위나 긴급피난에 해당하지 않는다.

기록)이란 기록용 또는 보관용의 필름이나 컴퓨터디스켓 등을 가리킨다.

(3) **침해행위** 손상·은닉 기타 방법으로 그 효용을 해하는 것이다. 권한 있는 공무원이 정당한 권한 행사(처분)로 파기한 행위는 이에 해당되지 않는다(대판 66도567). **손상**은 공용서류 등을 물리적으로 훼손하는 것을 말한다. 예컨대 관할구청이 보관 중인 건축허가신청서에 첨부된 설계도면을 찢어버리거나, 문서에 첨부된 인지를 떼어 내거나 공문서의 작성권자가 그 내용을 변경·삭제할 수 없는 단계에서 이를 변경한 경우(대판 65도826)도 공용서류손상죄가 성립한다. 다만 작성권자가 언제든지 문서의 내용을 변경 또는 일부 삭제할 수 있는 경우는 손상에 해당하지 않는다(대판 95도1395). **은닉**은 공용서류 등을 쉽게 발견할 수 없는 장소로 옮겨놓는[63] 것이다. **기타 방법**으로 그 효용을 해한 경우로는 예컨대 설계도면을 떼어 내고 별개의 설계도면으로 바꿔 넣은 경우[64]를 들 수 있다.

(4) **고 의** 공용서류등무효고의는 "공무소에서 사용하는 서류라는 사실과 이를 손상 또는 은닉하거나 기타 방법으로 그 효용을 해한다는 사실의 인식이 있음으로서 족하"다.[65] 私見으로 인식만이 아니라 공용서류 등이 공무수행에서 갖는 **효용을 해하려는 의사**(의욕)가 있어야 한다.

---

63 [공용서류은닉죄] 사법경찰관 甲은 乙을 참고인으로 조사하고 진술조서를 작성한 후 乙의 서명날인도 받았지만, 수사기록에 편철하지 않고 숨겼다. ① (대판 2003도3945) 수사기록에 **편철하지 않아도 공용서류**가 되며, 수사기록에 편철하지 않음으로써 숨긴 것이라면 공용서류은닉에 해당한다. 공용서류은닉고의는 "공무소에서 사용하는 서류라는 사실과 이를 은닉하는 방법으로 그 효용을 해한다는 사실의 인식이 있음으로써 족하"므로 甲은 공용서류은닉죄가 성립한다.

64 [공용서류무효와 변조] 군 농림과 공무원 甲은 정당한 권한 없이 乙의 허가신청에 대해 군수 명의로 발부된 계사건축허가통지서를 보관하던 중, 乙이 허가신청서에 첨부했고, 허가통지서에도 첨부된 설계도면을 떼어 내고, 작성날짜를 소급 변조하여 작성한 방적연공장설계도면을 그 자리에 가철하였다. ① (대판 81도81) 甲에게 성립하는 **공용서류무효와 공문서변조는 경합범**이 된다. ② (評釋) 甲의 교체행위는 손상이 아니라 **기타 방법으로 공용서류를 무효화**한 것이고, 공용서류무효죄와 공문서변조죄는 상상적 경합관계에 놓인다.

65 [공용서류무효고의] 군인 甲은 중대원 乙의 교통사고사망에 관해 경찰관 丁에게 진술하였다. 진술조서는 '가해자에 대한 처벌여부 등을 공란으로 둔' 미완성이었다. 중령 戊는 甲에게 군인이 경찰관에게 진술한 것은 잘못된 것이니 진술서류를 찾아오라고 하였고, 甲이 丁에게 진술서류의 반환을 간청하자 丁은 서류를 되돌려달라고 함이 없이 甲에게 주었다. 甲은 서류를 갖고 나와서 분실하였다. ① (대판 86도2799) "문서를 빼돌려 그 효용을 해친 행위에 관하여 시인하고 있"는 한 甲은 공용서류무효고의가 인정된다. ② (評釋) 되돌려달라고 요구함이 없이 甲에게 준 것은 공용서류를 폐기한 것(대판 98도4350)이어서 위 조서는 공용서류가 아니고, 甲은 그 진술조서의 증거로서 효용을 해하는 의욕을 갖지 않았으므로 공용서류무효고의도 인정되지 않는다.

4. 공용물파괴죄

제141조(공용물의 파괴) ② 공무소에서 사용하는 건조물, 선박, 기차 또는 항공기를 파괴한 자는 1년 이상 10년 이하의 징역에 처한다.

공무소에서 사용하는 건조물, 기차, 선박 또는 항공기를 파괴한 경우에 성립하는 범죄이다. "공무소에서 사용하는", 즉 **공용**이란 공용서류등무효죄와 달리 '**직무수행의 편의적 도구**로 사용'하거나 '공무소가 소유 및 점유'하는 것을 뜻한다.

5. 공무상보관물무효죄

제142조(공무상보관물의 무효) 공무소로부터 보관명령을 받거나 공무소의 명령으로 타인이 관리하는 자기의 물건을 손상 또는 은닉하거나 기타 방법으로 그 효용을 해한 자는 5년 이하의 징역 또는 700만 원 이하의 벌금에 처한다.

(1) **주 체** 공무소로부터 보관명령 등으로 타인이 관리하는 물건의 소유권자가 본죄의 주체이다(신분범). 이 죄는 권리행사방해죄(제323조)의 특별규정이기도 하다.

(2) **객 체** 공무소로부터 **보관명령**을 받거나 공무소의 명령으로 타인이 보관하는 물건(**공무상 보관물**)이어야 한다. 예컨대 집행관이 채무자의 동산을 압류하고 그에게 보관을 명한 물건이 이에 해당하는 반면 제3채무자가 채무의 지급을 하여서는 아니 된다는 내용의 가압류결정 정본을 송달받은 경우[66]는 보관명령을 받은 경우가 아니므로 이에 해당하지 않는다. 공무상보관물은 **자기의 물건**이어야 한다. 예컨대 자동차회사의 명의로 등록한 지입차량은 지입차주의 공무상보관물무효화행위의 객체

66 [공무상 보관물] 채권가압류 신청사건의 제3채무자인 J은행은 그 채무의 지급을 하여서는 안 된다는 내용의 가압류결정정본을 송달받았지만 은행지배인 甲은 은행의 채권자 乙에 대하여 채무를 지급하였다. ① (대판 83도1405) 채무지급금지의 **가압류결정정본의 송달을 받은 것은 "보관명령을 받은" 경우에 해당하지 않으므로** 공무상보관물무효죄는 성립하지 않는다. 제3채무자의 지배인 甲은 "채권자의 사무를 처리하는 자라고 볼 수 없고 그 지급을 금지당하였다가 추심명령이나 전부명령을 받은 채권자에게 지급하는 것은 甲의 사무이지 타인의 사무라고도 볼 수 없"으므로 배임죄도 성립하지 않는다. ② (대판 73도2555) 채권가압류명령의 송달을 받은 것은 "강제처분의 표시"에도 해당하지 않으므로 甲은 공무상비밀표시무효죄도 성립하지 않는다.

가 될 수 없다.[67]

(3) **행 위** 공무상보관물무효죄의 실행행위는 손상, 은닉 기타 방법으로 그 효용을 해하는 것이며, 이는 공무상비밀표시무효죄(제140조)의 경우와 같다.

Ⅵ. 특수공무방해죄

제144조(특수공무방해) ① 단체 또는 다중의 위력을 보이거나 위험한 물건을 휴대하여 제136조, 제138조와 제140조 내지 전조의 죄를 범한 때에는 각조에 정한 형의 2분의 1까지 가중한다. ② 제1항의 죄를 범하여 공무원을 상해에 이르게 한 때에는 3년 이상의 유기징역에 처한다. 사망에 이르게 한 때에는 무기 또는 5년 이상의 징역에 처한다.

(1) **가중구성요건** 단체 또는 다중의 위력[68]을 보이거나 위험한 물건을 휴대하여 공무집행방해죄, 법정·국회회의장모욕죄, 공무상비밀표시무효죄, 부동산강제집행효용침해죄, 공무상비밀침해죄, 공용서류등무효죄, 공용물파괴죄, 공무상보관물무효죄 및 미수죄를 범하면 행위방법의 위험성으로 인하여 각 형의 2분의 1까지 가중한다(제144조 제1항).

(2) **결과적 가중범** 특수공무방해죄를 범하여 공무원을 상해에 이르게 한 때에는 3년 이상의 유기징역, 사망에 이르게 한 때에는 무기 또는 5년 이상의 징역에 처한다(제144조 제2항). **특수공무방해치상죄**는 특수상해죄(제258조의2)의 법정형보다 무거우므로 상해의 (미필적) 고의를 갖고 특수공무 방해행위를 한 경우에도 적용되는 **부진정결과적 가중범**이다.

---

67 [압류된 지입차량 무효] 甲은 乙㈜와 지입계약을 맺고 甲의 화물차는 회사명의로 등록되었다. 이후 乙이 지입한 차량은 압류되었고 甲은 화물자동차 회사가 보관하고 있던 그 화물차를 무단으로 가져가 버렸다. ① (대판 70도1328) 차량의 소유권은 회사에 속하므로, 甲은 공무상보관물무효죄나 권리행사방해죄가 성립할 수 없다. ② 甲은 절도죄가 성립한다.

68 [특수공무집행방해] 전국공무원노동조합 B지역본부가 조합설립신고를 하지 않고 점유해오던 사무실에 대해 B시 시장은 그 사무실 사용중단과 자진 이전을 요구하고, 「행정대집행법」에 의거하여 계고처분과 대집행영장의 발부 및 통지 및 대집행을 하였다. B지역본부 소속 甲은 다른 조합원들과 함께 행정대집행을 행하는 공무원 乙을 폭행했고, 乙은 가벼운 상처를 입었다. ① (대판 2010도10305) 乙이 행하는 행정대집행은 적법한 공무집행이고, 이에 대항한 甲의 폭행은 특수공무집행방해죄(제144조 제1항)에 해당한다. 乙의 상처는 "치료할 필요가 없는 것이어서 그로 인하여 건강상태를 침해하였다고 보기 어려"우므로 특수공무집행방해치상죄는 성립하지 않는다.

§80. 도주와 범인은닉의 죄

Ⅰ. 서 론

도주죄(제145조, 제146조)의 보호법익은 **국가의 구금권**이며, 범인은닉죄(제151조)의 보호법익은 **국가의 형사사법기능**이다. 범인은닉·도피죄는 "위험범으로서 현실적으로 형사사법의 작용을 방해하는 결과가 초래될 것이 요구되지는 아니"한다(대판 93도3080). 즉 **추상적 위험범**이다.

	도 주 죄		집합명령위반죄	범인은닉·도피죄
기본	● 단순도주죄(제145조 제1항)		● 단순집합명령위반죄 (제145조 제2항)	● 범인은닉 · 도피죄 (제151조 제1항)
가중	● 특수도주죄(제146조)		● 특수집합명령위반죄 (제146조)	
독자변형	● 도주원조죄 (제147조)	● 예비 음모 (제150조)		
독자변형	● 간수자도주원조죄(제148조)			
	● 미수범(제149조)			● 친족간특례 (제151조 제2항)

도주죄나 도주원조죄는 미수범을 처벌하며(제149조), 도주원조죄(제147조)와 간수자도주원조죄(제148조)는 예비·음모도 처벌한다(제150조). 범인은닉·도피죄는 친족 간의 특례(제151조 제2항)가 인정된다.

Ⅱ. 도주의 죄

1. 도 주 죄

제145조(도주, 집합명령위반) ① 법률에 따라 체포되거나 구금된 자가 도주한 경우에는 1년 이하의 징역에 처한다.

제146조(특수도주) 수용설비 또는 기구를 손괴하거나 사람에게 폭행 또는 협박을 가하거나 2인 이상이 합동하여 전조 제1항의 죄를 범한 자는 7년 이하의 징역에 처한다.

법률에 따라 체포·구금된 자가 도주하면 성립한다(진정신분범).

(1) **주 체** 법률에 따라 체포된 자와 구금된 자이다. ① **체포된 자**는 형사소송법상 **체포, 긴급체포, 현행범체포제도**에 의해 체포된 자이다.

개인이 현행범으로 체포한 자는 수사기관에 인도하기 전까지는 도주죄의 주체가 되지 않는다. **구인된 피의자나 피고인**(형사소송법 제69조 내지 71조, 제201조, 제202조)은 소송법상 체포와 구분되는 개념이므로 도주죄의 주체가 될 수 없다. 따라서 증인소환에 응하지 않아 **구인된 증인**(형사소송법 제152조, 민사소송법 제312조)이 도주해도 도주죄는 성립하지 않는다. ② **구금된 자는 수형자,** (유죄는 물론 무죄판결을 받은 경우를 포함한) **미결구금자,** 법원이 실형을 선고하고 발부한 구속영장을 검사가 전달받음에 따라 피고인 대기실로 인치된 피고인(대판 2020도12586), **감정유치된 자**(형사소송법 제172조 제3항, 제221조의3), **보호처분으로 소년원에 수용되어 있는 자**(「소년법」 제32조 제1항)를 말한다. 반면 가석방 중인 자, 보석 중에 있는 자, 형의 집행정지나 구속 집행정지 중에 있는 자는 구금이 현재 진행 중이지 않으므로 도주죄의 주체가 될 수 없다. ③ 보호관찰(「보호관찰 등에 관한 법률」 제39조 이하)이나 치료감호(「치료감호법」 제6조), 「아동복지법」에 의하여 아동복지시설에 의하여 수용된 자(제10조), 「경찰관 직무집행법」상의 보호조치 중에 있는 자(제4조), 「감염병의 예방 및 관리에 관한 법률」에 따라 격리된 자(제47조 2호) 등은 구금된 자에 해당하지 않는다.

(2) 도 주 　도주는 체포나 구금상태로부터 이탈하는 것을 의미한다. 도주죄는 구금작용을 침해하기 시작한 때 미수범이 성립하고, 체포 구금상태로부터 벗어난 때 기수범이 성립한다. "도주죄는 **즉시범**으로서 범인이 간수자의 실력적 지배를 이탈한 상태에 이르렀을 때에 기수가 되어 도주행위가 종료"하므로 "도주죄의 범인이 도주행위를 하여 기수에 이른 이후에 범인의 도피를 도와주는 행위는 범인도피죄에 해당할 수 있을 뿐 도주원조죄에는 해당하지 아니한다".[1]

---

1 [즉시범인 도주죄] 용인시 S병원에 수감된 乙은 간수자를 폭행하고 병원에서 탈주하였다. 乙의 형 甲은 乙이 서울로 도피할 수 있도록 자신 소유의 승용차를 인도하였다. ① (대판 91도1656) 甲은 乙의 **도주범행이 기수에 이른 이후**에 乙의 도피를 도와주는 행위를 하였으므로 **범인도피죄**가 성립하나 친족 간 특례에 의해 처벌되지 않는다. ② (評釋) 도주죄를 **계속범**이라고 본다면 乙이 병원을 탈주한 후에도 도주상태에 있으므로 甲은 (친족 간 특례조항이 없는) 도주원조죄가 성립한다. 그러나 이런 해석은 유추금지원칙에 위배된다.

(3) **특수도주** 도주죄를 "수용설비 또는 기구를 손괴하거나 사람에게 폭행 또는 협박을 가하거나 2인 이상이 합동하여" 범한 경우에는 행위방법의 위험성 때문에 불법이 가중되어 가중처벌된다. **수용설비**는 사람의 신체자유를 구속하는 물적 시설(예: 구금장소 등에 설치된 자물쇠·비상벨 등)을 말한다. **기구**는 직접 사람의 신체의 자유를 구속하는 장비(예: 포승, 수갑 등)를 말한다. **손괴**란 물리적 손괴를 뜻한다. 따라서 구금장소의 자물쇠나 수갑을 여는 것은 손괴가 아니다. **사람에게 폭행 또는 협박**을 가함이란 간수자 등에 대한 유형력의 행사를 말하고, 상대방의 항거가 불가능하거나 현저히 곤란할 것이 요구되지 않는다. **합동**이란 2인 이상이 시간적·장소적으로 협동하여 도주하는 것을 말한다. 그 2인 이상의 자는 모두 구금된 자이어야 한다. 손괴, 폭행 또는 협박, 2인 이상 합동 등은 **실제로 도주의 수단**으로 기능했어야 한다. 따라서 수갑을 찬 채 도주하고 나중에 수갑을 손괴한 경우는 특수도주죄가 아니라 단순도주죄(제145조 제1항)가 적용된다.

2. 집합명령위반죄

제145조(도주, 집합명령위반) ② 제1항의 구금된 자가 천재지변이나 사변 그 밖에 법령에 따라 잠시 석방된 상황에서 정당한 이유없이 집합명령에 위반한 경우에도 제1항의 형에 처한다.

법률에 따라 구금된 자가 천재·사변 그 밖에 법령에 따라 잠시 석방된 상황에서 정당한 이유 없이 집합명령을 위반함으로써 성립하는 범죄이다. 진정신분범이고 진정부작위범이며, 위반상태가 일정시간 경과되어야 성립하는 계속범이다.

Ⅲ. 도주원조죄

1. 단순도주원조죄

제147조(도주원조) 법률에 의하여 구금된 자를 탈취하거나 도주하게 한 자는 10년 이하의 징역에 처한다.

도주원조죄는 "도주죄와 공범관계에 있는 행위를 독립한 구성요건으로 하는 범죄"(대판 91도1656)이다. 도주원조죄가 성립하는 한 도주죄의 교사·방조범은 성립하지 않는다. **주체**는 제한이 없다. 가족·친척도 주체가 되지만 친족 간 특례(제151조 제2항)는 적용되지 않는다. **객체**는 법률에 의하여 적법하게 '구금된 자'이다. '체포되어 연행 중인 자'를 도주하게 하면 도주원조죄가 아니라 도주죄의 방조범이 된다. **탈취하는** 행위는 구금된 자를 간수자의 실력적 지배로부터 이탈시켜 자기 또는 제3자의 실력지배에 두는 것을 뜻하고, **도주하게 하는** 행위는 피구금자의 도주를 야기하거나 용이하게 돕는 것을 뜻한다. 수단과 방법에는 제한이 없고, 피구금자의 동의나 도주의사 여부도 불문한다. 도주원조죄의 실행의 착수는 도주를 야기 및 용이하게 한 때이며, 기수시기는 피구금자를 간수자 등의 실력지배에서 이탈하게 한 때이다.

2. 간수자도주원조죄

제148조(간수자의 도주원조) 법률에 의하여 구금된 자를 간수 또는 호송하는 자가 이를 도주하게 한 때에는 1년 이상 10년 이하의 징역에 처한다.

법률에 의하여 구금된 자를 간수 또는 호송하는 자가 도주하게 함으로써 성립하는 범죄이다. 간수자의 직무위반이라는 불법이 더해진 도주원조죄이다. 간수 또는 호송하는 자는 공무원일 필요는 없고, 그 임무에 종사하는 자이면 된다. 도주하게 하는 행위는 부작위로도 범할 수 있다. 구금된 자가 도주에 성공하였을 때 기수가 성립하며, 도주하게 했으나 도주에 성공하지 못한 경우에는 미수범이 된다(제149조).

Ⅳ. 범인은닉·도피죄

제151조(범인은닉과 친족간의 특례) ① 벌금 이상의 형에 해당하는 죄를 범한 자를 은닉 또는 도피하게 한 자는 3년 이하의 징역 또는 500만 원 이하의 벌금에 처한다. ② 친족 또는 동거의 가족이 본인을 위하여 전항의 죄를 범한 때에는 처벌하지 아니한다.

범인은닉죄의 보호법익은 **국가의 형사사법기능**이다. 범인은닉죄는 **위험범**으로서 "형사사법의 작용을 방해하는 결과가 초래되어야만 하는 것은 아니다"(대판 2005도7528).

(1) **주 체** 범인 이외의 자이면 누구나 범인은닉을 할 수 있다.

1) 공동정범 **공동정범중의 1인이 다른 공동정범을 도피시킨** 경우에는 범인도피죄가 성립한다(대판 4290형상393). 가령 사기범이 다른 공범에게 중국으로 갈 비행기 표와 중국 내 거소를 마련해주고 매달 생활비를 송금한 경우에는 범인도피죄가 성립한다.

2) 자기도피 교사·방조 범인이 스스로 **자신을 은닉·도피**하는 것은 범죄가 되지 않는다. ① 다른 사람의 행위를 이용하여 자신을 도피시키는 행위(예: 다른 사람에게 자동차를 태워달라고 하는 행위)도 **"통상적인 도피"** 또는 "도피행위의 범주에 속하는 한"(대판 2013도12079) 범인도피교사죄가 성립하지 않는다. ② 그러나 가령 범인이 타인으로 하여금 허위진술을 하게 하거나(대판 2013도152), 음주단속 적발보고서를 제지하게 하는[2] 행위는 **방어권의 남용**으로 **범인**(자기)**도피교사죄**에 해당한다. 이런 행위는 **자기비호의 범위를 넘어서 사법의 기능을 왜곡**하기 때문이다. ③ 이때 통상적인 도피인지여부, 방어권의 남용인지 여부는 평가의 문제이며 "범인을 도피하게 하는 것이라고 지목된 행위의 태양과 내용, 범인과 행위자의 관계, 행위 당시의 구체적인 상황, 형사사법의 작용에 영향을 미칠 수 있는 위험성의 정도 등을 종합하여 판단"한다(대판 2013도12079). ④ "범인도피죄를 범인 스스로 방조하는 경우"[3]에도 **범인**(자기)**도피방조죄**가 성립한다. "이 경우 그 타인이 형법 제151조 제2항에 의하여 처벌을 받지 아니하는 친족, 동거 가족에 해당한다 하여 달리 볼 것은 아니다"(대판 2005도

2 [자기도피교사] 음주운전 중 단속된 甲은 乙을 전화로 급히 불러내어 "어떻게 좀 해 보라"고 재촉하자 乙은 경찰관인 丙이 주취운전자 적발보고서를 작성하거나 재차 음주측정을 하지 못하도록 제지하였다. ① (대판 2005도7528) 乙은 범인도피죄, 甲은 범인도피교사죄가 성립한다.

3 [자기도피방조] 甲은 처 乙이 자신의 도피를 돕게 하기 위하여 乙에게 사고발생과 도주에 관해 자세히 설명하여 乙을 심리적으로 안정시켰다. 乙은 甲이 말한 대로 수사기관에 허위진술하여 甲의 체포를 어렵게 만들었다. ① (대판 2008도7647) 乙은 범인도피죄가 성립하나 친족 간 특례로 처벌되지 않고, 甲은 **"방어권의 남용으로" 범인도피방조죄**가 성립한다.

3707).

(2) **객 체** 벌금 이상의 형에 해당하는 죄를 범한 자가 은닉 또는 도피의 객체이다. ① **벌금 이상의 형**이란 사형, 징역, 금고, 자격상실, 자격정지와 벌금(제41조 1호 내지 6호)이지만, 구류나 과료(제41조 7, 8호)가 규정된 죄도 선택형으로 벌금 이상의 형이 포함되어 있으면 이에 해당한다. ② **죄를 범한 자**는 공소제기가 되거나 유죄의 판결을 받은 자, "범죄혐의를 받아 **수사 중인 자**"(대판 83도1486). **기소중지자**[4]를 포함한다.

(3) **행 위** 실행행위는 범인을 은닉 또는 도피하게 하는 것이다. 동일 범인을 은닉시키고 도피하게 한 경우에는 범인은닉죄의 포괄일죄가 된다. ① **은닉**은 범인을 감추어 주는 행위이다. 범인은닉죄는 가령 "죄를 범한 자임을 인식하면서 장소(숙소)를 제공하여 체포를 면하게 하는 것만으로 성립한다"(대판 83도1486). 이때 장소를 제공받은 범인에게 "경찰에 출두하지 말라고 권유하는 언동"이나 "그 권유에 따르지 않을 경우 강제력을 행사"하는 것은 범인은닉죄 성립에 요구되지 않는다(대판 2002도3332). ② "**도피**하게 하는 행위는 은닉 이외의 방법으로 범인에 대한 수사, 재판 및 형의 집행 등 형사사법 작용을 곤란 또는 불가능하게 하는 일체의 행위"(대판 2009도3642)이다. 그 수단과 방법에는 제한이 없지만 묵비[5]를 넘어 수사기관을 **적극적**[6] 방법으로 기만하여야 하고, "범인을 도주하게 하는 행위 또는 도주하는 것을 **직접적으로** 용이하게 하는

---

4 [기소중지자도피] 마약류관리법위반죄로 기소중지 된 甲은 집에 들어갈 수 없어서 乙에게 싼 방을 찾아 대신 계약을 해달라는 부탁을 하였고, 乙은 그 처의 이름으로 계약을 대신 체결하였다. ① (대판 2003도8226) 기소중지된 자도 범인은닉죄의 객체가 되며 乙의 대리계약행위는 "수사기관이 탐문수사나 신고를 받아 **범인을 발견하고 체포하는 것을 곤란하게 하여 범인도피죄**에 해당한다." 甲은 자기범죄에 대한 범인도피죄의 교사범이 된다.

5 [범인묵비] 甲은 위법하게 게임장을 운영하는 乙로부터 단속이 되면 乙을 대신하여 처벌받는 바지사장역할을 맡고, 수사기관에서 자신이 업주라는 허위진술을 하였다. ① (대판 2009도12164) 甲이 乙을 숨긴 것은 "**다른 공범의 존재에 관하여 묵비한 것에 불과**"하므로 범인도피죄가 성립하지 않는다. ② (評釋) 甲이 게임장 등의 운영 경위, 자금 출처, 게임기 구입 경위, 임대차계약 체결 경위 등에 관해서 수사기관에 적극적으로 허위진술을 하였다면 甲은 범인도피죄가 성립한다.

6 [허위진술공범도피] 乙은 강도상해를 한 후 공범 甲에게 "만약 경찰에 잡히면 나를 '丙'이라고 말해 달라"고 부탁하였다. 甲은 乙의 사건을 조사하던 경찰관 丁에게 乙의 이름을 허무인 丙이라고 진술하였다. ① (대판 2009도14065) "乙에 관한 구체적인 허위 정보나 허위 자료를 제출하는 등의 방법으로 **적극적으로 수사기관을 기만하여 착오에 빠지게 함으로써** 乙의 발견·체포를 곤란하게 할 정도에 이르"지 못하여 甲의 범인도피죄와 乙의 범인도피교사죄가 성립하지 않는다.

행위"[7]이어야 한다. **간접적으로**[8] 범인이 안심하여 도피할 수 있게 하는 행위는 이에 해당하지 않는다. 범인도피죄는 범인을 체포의무가 있는 자의 **부작위**에[9] 의해서도 실현된다.

범인도피를 인정한 판례	범인도피를 인정하지 않은 판례
● 도피비용 및 은신처 제공(대판 2002도3332) ● 자기를 범인으로 허위신고(대판 2000도4078) ● 범인이 기소중지자임을 알면서도 다른 사람 명의로 대신 임대차계약을 체결해 줌(대판 2003도8226) ● 업주로부터 단속이 되면 자신이 대신하여 처벌받기로 하는 사장역할을 맡아 수사기관에 게임장 운영경위, 자금출처, 게임기 구입경위, 임대차계약체결 등을 적극적으로 허위 진술함(대판 2009도10709)	● 수사기관에게 공범의 존재를 묵비하거나 허위 진술(대판 2009도12164) ● 범인에게 "항상 몸조심하고 주의하고 다녀라"라고 말한 경우(대판 92도736) ● 범인과 술을 마시다가 검문을 받아 도주한 사실을 알면서도 범인을 알지 못하며 함께 술을 마신 사람 가운데 범인은 없었다는 허위진술(대판 91도1441)

(4) **친족 간의 특례** 민법상[10] 친족 또는 동거의 가족이 본인(범인)을 위하여[11] 한 친족·동거가족의 범인은닉죄는 벌하지 않는다(제151조 제2항). 기대가능성이 없기 때문이 아니라 친족간의 의리나 인륜 등을 고려하여 형을 면제한 것이다. 이 특례는 친족의 범인은닉행위만이 아니라 **범인은닉교사행위**[12]에도 적용된다. **인적처벌조각사유**이므로 친족의 범인은닉을 교사한 비친족에게는 친족간 특례가 적용되지 않는다.

---

7 직접적 도피행위의 여부는 "피고인이 범인의 처지나 의도에 대하여 인식하고 있었는지, 그에게 범인을 은닉 내지 도피시키려는 의사가 있었는지를 함께 고려하여" 판단한다(대판 2003도8226).

8 [간접적 범인도피] 乙은 사기죄를 범하고 미국으로 도주하였다. 甲은 丙으로부터 乙에게 송금해주라는 부탁으로 자기앞수표를 받아 가명으로 예금하여 둔 후 그 가명으로 입금과 출금을 되풀이하면서 乙가족의 생활비 및 乙의 변호사선임비로 사용하였다. 乙은 안심하여 미국에서 도피생활을 계속할 수 있었다. ① (대판 93도3080) 甲은 乙의 "도주를 **직접적으로 용이하게 하였다고는 말할 수 없으므로** 범인도피죄에 해당하지 아니한다."

9 [부작위 범인도피] 甲은 「부정수표단속법」 피의자 乙의 丙에 대한 노임채무를 인수키로 하는 지불각서를 작성하여 주고 丙은 乙을 수사당국에 인계하는 것을 포기하기로 합의하였다. ① (대판 83도2209) "피의자의 채무를 인수하여 채권자가 피의자를 수사당국에 인계치 않게 한 자"인 丙은 범인도피죄가 성립하지 않는다. 丙의 공동정범인 甲도 범인도피죄가 성립하지 않는다. ② (評釋) 甲은 乙을 수사기관에 인계할 작위의무가 있지 않으므로 **부작위 범인도피죄**는 성립하지 않으며, 채무인수 등의 작위행위는 **적극적** 도피행위가 아니므로 범인도피죄는 성립하지 않는다.

10 **사실혼관계에 있는 자**는 민법 소정의 친족이 아니다(대판 2003도4533).

11 친족이 **자신의 재산상 이익을 위해** 범인은닉을 하면 친족간 특례는 적용되지 않는다.

12 예컨대 범인의 아들이 그의 친구를 교사하여 범인인 자신의 아버지를 은닉하게 하면 그 친구는 범인은닉죄가 성립하고, 아들은 범인은닉교사범이 되지만 친족간 특례가 적용되어 불가벌이다.

§81. 위증과 증거인멸의 죄

Ⅰ. 위증의 죄

위증죄의 보호법익은 **국가의 재판권·징계권의 적정행사**이다(대판 86도1724). "위증죄는 법률에 의하여 선서한 증인이 허위의 공술을 한 때에 성립하는 것으로서, 그 공술의 내용이 당해 사건의 요증사실에 관한 것인지의 여부나 판결에 영향을 미친 것인지의 여부는 위증죄의 성립과 아무런 관계가 없다"(대판 89도1212). 즉, 위증죄는 **추상적 위험범**이다. 위증죄는 법률에 의해 선서한 증인, 감정인 등만이 범할 수 있는 **진정신분범**이며, 직접 위증을 해야만 성립하는 **자수범**이다. 따라서 증인선서를 하지 않은 자(비신분자)는 위증죄의 정범이 될 수 없고, 선서한 증인을 교사·방조하여 **위증교사·방조범**이 될 수 있을 뿐이다. **자기사건**에 대하여 위증을 교사한 피고인도 "방어권을 남용"한 경우에는 위증교사죄가 성립한다(대판 2003도5114).[1]

기본	● 단순위증죄(제152조 제1항)
가중	● 모해목적위증죄(제152조 제2항)
독자	● 허위감정통역번역죄(제154조)
	● 자백, 자수의 형감면(제153조)

구성요건체계는 도표와 같다. 단순위증죄, 모해목적위증죄의 경우 위증에 의한 오판을 방지하기 위해 위증죄의 정범이나 공범(교사·방조범)이 "그 공술한 사건의 재판 또는 징계처분이 확정되기 전에 **자백 또는 자수**를 한 때에는 그 형을 감경 또는 면제한다"(제153조). 자백은 스스로 하든 신문 중에 하든 상관없다. 정범이든 공범이든 특례가 인정될 수 있으며, 당연히 자백·자수를 한 자에게 국한된다.

---

1 **[판례: 자기사건 위증교사죄]** "피고인이 자기의 형사사건에 관하여 허위의 진술을 하는 행위는 피고인의 방어권을 인정하는 취지에서 처벌의 대상이 되지 않으나, 법률에 의하여 선서한 증인이 타인의 형사사건에 관하여 위증을 하면 형법 제152조 제1항의 위증죄가 성립되므로 자기의 형사사건에 관하여 타인을 교사하여 위증죄를 범하게 하는 것은 이러한 **방어권을 남용**하는 것이라고 할 것이어서 교사범의 죄책을 부담케 함이 상당하다"(대판 2003도5114).

1. 단순위증죄

제152조(위증) ① 법률에 의하여 선서한 증인이 허위의 진술을 한 때에는 5년 이하의 징역 또는 1천만 원 이하의 벌금에 처한다.

(1) **주 체** 법률에 의하여 선서한 증인이다(진정신분범). "법률에 의하여 선서한 증인"이란 "법률에 근거하여 법률이 정한 절차에 따라 유효한 선서를 한 증인이라는 의미이고, 그 증인신문은 법률이 정한 절차조항을 준수하여 적법하게 이루어진 경우여야 한다"(대판 2008도942).

1) 법률에 의한 선서 법률에 의한 선서란 「형사소송법」(제156조), 「민사소송법」(제319조), 「비송사건절차법」(제10조), 「법관징계법」(제22조), 「검사징계법」(제26조) 및 「특허법」(제227조) 등에서 정한 증인선서, 형사소송에서 공판기일 전의 증거보전절차(「형사소송법」 제184조)와 수사절차에서의 증인신문 청구(제221조의2)에 의한 증인선서를 말한다. 그러나 소송비용확정신청사건(대판 95도186)이나 가처분신청사건(대판 2003도180)에서 위증은 그 법률상 근거가 없으므로 무효이고, 위증죄도 성립하지 않는다.

2) 유효한 증인선서 **선서는 법률의 절차와 방식**에 **따라 이루어진 유효한 선서**이어야 한다. 선서무능력자(「형사소송법」 제159조)의 선서나 수사기관 앞의 선서 등은 무효이므로 위증죄가 성립하지 않는다. ① **증언거부권을 고지하지 아니하고 진술**하게 한 경우에 민사소송법은 증언거부권고지규정을 두지 않으므로 유효한 증언이 되어 위증죄가 성립가능하다. 그러나 형사소송에서는 증언거부권고지를 하지 않아 "증언거부권을 행사하는 데 사실상 장애가 초래되었다고 볼 수 있는 경우"[2]에는 위증죄가 성립하지 않는다. 하지만 당해 사건에서 증언 당시 증인이 처한 구체적인 상황을 "전체적·종합적으로 고려하여 증인이 침묵하지 아니하고

---

2 [증언거부권고지와 위증] 甲은 사촌형 乙의 카지노 도박사건에 증인으로 출석하였는데, 재판장은 甲에게 증언거부권을 고지하지 않았고, 甲은 乙이 도박하지 않았다는 거짓증언을 하였다. ① (대판 2009도13257) "**증언거부권을 고지받지 못함으로 인하여 甲이 그 증언거부권을 행사하는 데 사실상 장애**가 초래되었"으므로 甲은 위증죄가 성립하지 않는다.

진술한 것이 자신의 진정한 의사에 의한 것"[3]이라면 위증죄가 성립할 수 있다. ② 재판장이 선서할 증인에 대하여 선서 전에 **위증의 벌을 경고하지 않았다는 등의 사유**는 그 증인신문절차에서 증인 자신이 위증의 벌을 경고하는 내용의 선서서를 낭독하고 기명날인 또는 서명한 이상 위증의 벌을 몰랐다고 할 수 없을 것이므로 증인 보호에 사실상 장애가 초래되었다고 볼 수 없고, 따라서 위증죄가 성립한다(대판 2013도3284).

3) 증 인 　**증인적격**이 없는 자는 위증죄의 주체가 될 수 없다. ① "**민사소송의 당사자**는 증인능력이 없으므로 증인으로 선서하고 증언하였다고 하더라도 위증죄의 주체가 될 수 없고, 이러한 법리는 민사소송에서의 당사자인 법인의 대표자의 경우에도 마찬가지로 적용된다"(대판 97도1168). 형사소송의 당사자인 피고인도 위증죄의 주체가 될 수 없다. ② 하지만 "**소송절차가 분리된[4] 공범인 공동피고인**에 대하여 증인적격을 인정하고 그 자신의 범죄사실에 대하여 신문한다 하더라도 피고인으로서의 진술거부권 내지 자기부죄거부특권을 침해한다고 할 수 없다. 따라서 증언거부권이 고지되었음에도 불구하고 피고인이 자기의 범죄사실에 대하여 증언거부권을 행사하지 아니한 채 허위로 진술하였다면 위증죄가 성립된다"(대판 2012도6848). ③ 증언거부권으로 위증죄로부터의 탈출구가 있는 증인이 "증언거부권을 포기하고 허위의 진술을 한 이상 위증죄의 처벌을 면할 수 없다"(대판 86도1724).

(2) **행 위** 　위증죄는 선서를 한 증인이 "허위의 진술을 한" 때 성립한다. 위증이 "당해 사건의 요증사항인 여부 및 재판의 결과에 영향을

---

3 [증언거부권불고지와 위증] 甲은 남편 乙의 음주운전 사건에 증인으로 출석하여 증언거부권을 고지받지 않은 채 자신이 만취한 乙을 태우고 운전하였다는 거짓증언을 했다. 제8회 공판기일 '증언거부권이 있음을 알았다면 증언하지 않았을 것이냐'는 재판장의 신문에 甲은 '그래도 하였을 것'이라고 말했다. ① (대판 2007도6273) 甲의 "증언거부권이 사실상 침해당한 것으로 평가할 수는 없다"고 보아 甲의 증언은 유효하고, 위증죄가 성립한다.

4 [소송절차미분리 공동피고인 위증] 무허가 게임장 영업을 한 운영자 乙과 종업원 甲은 「게임산업진흥에 관한 법률」 위반의 공소사실로 함께 기소되었다. 甲은 乙 피고사건과 변론이 분리되지 아니한 상태에서 乙 피고사건에 대한 증인으로 선서하고 범행을 부인하는 거짓 증언을 하였다. ① (대판 2008도3300) "**소송절차가 분리되지 않은 이상 위 종업원은 증인적격이 없어 위증죄가 성립하지 않는다.**" ② (評釋) 공범인 공동피고인들 간에는 책임이 연관되어 있어 자기부죄금지원칙은 유효하고 그 효력으로 甲의 거짓증언은 위증죄에 해당하지 않는다.

미친 여부는 위증죄의 성립에 아무 관계가 없다"(대판 66도863). ① 허위의 진술이란 "증인이 **자기의 기억에 반하는 사실을 진술**하는 것을 말하는 것으로서 그 내용이 객관적 사실과 부합한다고 하여도 위증죄의 성립에 장애가 되지 않는다."[5] 기억에 반하는 사실을 진술하면 위증죄는 성립하고, 그 사실이 법적 효력의 유무에 관한 사항이어도 위증죄의 성립에 영향을 미치지 않는다. ② "증인의 진술이 경험한 사실에 대한 **법률적 평가이거나 단순한 의견**[6]에 지나지 아니하는 경우에는 위증죄에서 말하는 허위의 공술이라고 할 수 없다"(대판 2005도9590). 그런 "법률적·주관적 평가나 의견을 부연한 부분에 다소의 오류나 모순이 있더라도 위증죄가 성립하는 것은 아니"다(대판 2001도213).

"증인의 증언은 그 전부를 일체로 관찰 판단하는 것이므로 선서한 증인이 일단 기억에 반한 허위의 진술을 하였더라도 그 신문이 끝나기 전에 그 진술을 취소 시정한 경우에는 위증이 되지 아니한다." 따라서 위증죄의 **기수시기는 신문 진술이 종료한 때**다(대판 74도1231). 증인신문절차 안에서 허위진술을 번복하면 위증죄가 성립하지 않지만,[7] 종료된 뒤 (새 증인신문절차에서) 번복하면 위증죄는 성립한다.[8]

5 [위증의 의미] 甲은 원고 乙이 민사소송의 계쟁물(임야)을 관리하기 전에 丙이 그 임야의 소유자로서 임야를 관리하였는지를 알지 못하면서도 피고 측의 신문에 대하여 '자신이 관리하기 전에도 丙이 그 임야에 대하여 소유자로서 관리하여 온 것이 틀림없다'고 자기의 기억에 반하는 답변을 하였다. 丙은 실제 그 임야의 소유자로 관리한 바 있었다. ① (대판 88도580) 위증죄에서 허위의 진술이란 "증인이 자기의 **기억에 반하는 사실을 진술**하는 것을 말하는 것으로서 **그 내용이 객관적 사실과 부합한다고 하여도 위증죄**"는 성립한다.

6 [위증과 의견개진] 원장 乙은 병원 소속 피부관리사 甲과 근무시간 외에 자주 통화를 하고 심야 시간에 만나기도 했다. 乙의 처 丙는 이들의 관계를 의심하고 甲에게 乙을 만나지 않겠다는 각서를 쓰도록 강요하여 기소되었다. 甲은 丙의 강요사건에 증언하면서 재판장이 '증인은 乙과 무슨 관계에 있나요. 아파트를 사 준 것은 과도하게 잘해 준 것이 아닌가요'라고 묻자, '단순히 원장과 직원과의 관계입니다. 모든 직원들한테 했듯이 똑같이 대하였습니다'라고 증언하였다. ① (대판 2008도11007) 甲의 증언은 "사실 그대로이거나 **주관적 평가 내지 의견**을 말한 것"이므로 甲은 위증죄가 성립하지 않는다.

7 [허위증언번복] "증언의 전체취지에 비추어 원고대리인 신문시에 한 증언을 피고대리인과 재판장 신문시에 취소 시정한 것으로 보인다면 앞의 증언부분만을 따로 떼어 위증이라고 보는 것은 위법하다"(대판 83도2853).

8 [새로운 증인신문절차에서 위증번복] "증인이 1회 또는 수회의 기일에 걸쳐 이루어진 1개의 증인신문절차에서 허위의 진술을 하고 그 진술이 철회·시정된 바 없이 그대로 증인신문절차가 종료된 경우 그로써 위증죄는 기수에 달하고, 그 후 별도의 증인 신청 및 채택 절차를 거쳐 그 증인이 다시 신문을 받는 과정에서 종전 신문절차에서의 진술을 철회·시정한다 하더라도 그러한 사정은 형법 제153조가 정한 형의 감면사유에 해당할 수 있을 뿐, 이미 종결된 종전 증인신문절차에서 행한 위증죄의 성립에 어떤 영향을 주는 것은 아니다. 위와 같은 법리는 증인이 별도의 증인신문절차에서 새로이 선서를 한 경우뿐만 아니라 종전 증인신문절차에서 한 선서의 효력이 유지됨을 고지 받고 진술한 경우에도 마찬가지로 적용된다"(대판 2010도7525).

(3) **죄 수** "하나의 사건에 관하여 한 번 선서한 증인이 같은 기일에 여러 가지 사실에 관하여 기억에 반하는 허위의 진술을 한 경우 이는 하나의 범죄의사에 의하여 계속하여 허위의 진술을 한 것으로서 **포괄하여 1개의 위증죄**"가 된다(대판 2006도9463). "변론기일을 달리하여 수차 증인으로 나가 수 개의 허위진술을 하더라도 최초 한 선서의 효력을 유지시킨 후 증언한 이상 1개의 위증죄를 구성"한다(대판 2005도60).

2. 모해위증죄

제152조(위증, 모해위증) ② 형사사건 또는 징계사건에 관하여 피고인, 피의자 또는 징계혐의자를 모해할 목적으로 전항의 죄를 범한 때에는 10년 이하의 징역에 처한다.

모해위증죄는 위증죄를 "형사사건 또는 징계사건에 관하여 피고인 등을 모해할 목적으로" 범한 경우에 성립하는 가중구성요건이다. 「국가보안법」상 모해목적위증죄(제12조)가 성립하면 우선 적용된다. "모해할 목적이란 피고인·피의자 또는 징계혐의자를 **불리하게 할 목적**을 말하고, 허위진술의 대상이 사실로 받아들여진다면 피고인이 불리한 상황에 처하게 되는 사실도 포함된다. 모해의 목적은 허위의 진술을 함으로써 피고인에게 불리하게 될 것이라는 **인식이 있으면 충분하고 그 결과의 발생까지 희망할 필요는 없다**"(대판 2006도3575).

[모해목적위증교사와 단순위증] 모해목적이 없는 자에게 모해목적을 갖고 위증을 교사한 경우에 판례는 "형법 제152조 제1항과 제2항은 제33조 단서 소정의 "**신분관계**로 인하여 형의 경중이 있는 경우에 해당하므로 증인이 모해의 목적이 없었다고 하더라도, 제33조 단서의 규정에 의하여 피고인을 **모해위증교사죄**로 처단"[9]하고 정범인 피교사자는 단순위증죄로 처벌한다. 私見으로 모해할 목적은 신분이 아니고 **주관적 구성요건**이고, 정범에게 목적이 없으면 교사범은 공범종속성에 따라 정범의 불법을 차용한 위증죄의 교사범이 될 뿐이다.

9 [모해목적의 교사] 甲은 丙을 모해할 목적으로 乙에게 위증을 교사하였다. 乙은 丙을 모해할 목적은 없었고, 甲이 교사한 바대로 위증을 하였다. ① (대판 93도1002) **목적은 신분의 하나**이고, 乙은 위증죄의 정범이고, 甲은 제33조 단서가 적용되어 모해위증교사죄(제152조 제2항)가 성립한다. ② (評釋) 목적은 신분이 아니므로 제33조는 적용할 수 없다. 乙은 위증죄의 정범이고, 甲은 위증죄의 교사범이 될 뿐이다.

3. 허위감정·통역·번역죄

제154조(허위의 감정, 통역, 번역) 법률에 의하여 선서한 감정인, 통역인 또는 번역인이 허위의 감정, 통역 또는 번역을 한 때에는 전2조(위증죄, 모해위증죄, 자백·자수 특례)의 예에 의한다.

허위감정·통역·번역죄는 법률에 의하여 선서한 증인뿐만 아니라 법률에 의하여 선서한 감정인, 통역인 또는 번역인이 허위의 감정, 통역 또는 번역을 한 때에 위증죄(모해위증죄)와 같이 처벌한다. 보호법익은 국가의 **재판권·징계권의 적정한 행사**이다. 허위감정죄 등은 그 허위감정내용이 실제로 법관에 의해 판결의 자료로 활용되었거나 재판에 영향을 미쳤을 것을 요구하지 않는 **추상적 위험범**이다. **법률에 의한 선서** 등은 위증죄의 경우와 같다. 수사기관이 위촉한 감정수탁자(「형사소송법」 제221조)나 무선서감정인(「민사소송법」 제341조), 공무소, 병원 등의 무선서감정수탁인(「형사소송법」 제179조의2)은 주체가 되지 않는다. **허위감정**이란 감정인이 **주관적인 판단에 반하는 내용**을 법원에 보고하는 것이다. "감정내용이 객관적 사실에 반한다고 하더라도 감정인의 주관적 판단에 반하지 않는 이상"[10] 고의가 없어 허위감정죄가 성립하지 않는다.

Ⅱ. 증거인멸의 죄

증거인멸죄는 국가의 **재판권·징계권의 적정한 행사**를 보호한다. 증거인멸행위가 있으면 재판이나 징계에 영향을 주지 않았어도 기수가 성립하는 **추상적 위험범**이다. 친족·동거의 가족이 본인을 위하여 본죄를 범한 때에는 처벌하지 아니한다(제155조 제4항). 이 특례는 친족 간의 인정과

10 [허위감정고의] 甲은 丙이 제기한 소송에서 감정명령을 받고 丙에게 이익이 되도록 욕실 천장의 섹스티아관이 설치되지 않았다는 허위의 감정보고서를 제출하였다. 그러나 상대방의 이의제기로 섹스티아관이 설치되었음이 밝혀졌다. 甲은 2차 감정보고를 하면서 乙에게 배관부분조사를 의뢰하고 乙은 통기관이 오배수관에 연결되지 않았다는 허위의 조사결과를 甲에게 보고하였으며 甲은 이를 2차 감정보고서에 포함시켜 법원에 제출하였다. ① (대판 2000도1089) "甲의 감정의견은 甲 자신의 의견과 판단을 나타내는 것이므로 그 감정결과의 적정성을 당연히 확인하였다고 볼 것인데 제반 사정에 비추어 보면 감정인에게 허위성의 인식이 있었다." 甲의 2회 허위감정은 허위감정의 포괄일죄가 된다.

의리, 기대불가능성을 고려한다.

기본	● 증거인멸죄(제155조 제1항)	● 모해목적증거인멸 · 증인은닉도피죄(제155조 제3항)	가중
	● 증인은닉도피죄(제155조 제2항)		
	● 친족간의 특례(제155조 제4항)		

1. 증거인멸죄

제155조(증거인멸등) ① 타인의 형사사건 또는 징계사건에 관한 증거를 인멸, 은닉, 위조 또는 변조하거나 위조 또는 변조한 증거를 사용한 자는 5년 이하의 징역 또는 700만 원 이하의 벌금에 처한다.

증거인멸죄는 타인의 형사사건 또는 징계사건에 관한 증거를 인멸, 은닉, 위조 또는 변조하거나 위조 또는 변조한 증거를 사용함으로써 성립한다. 타인 범죄의 사후종범을 독립된 범죄로 만든 셈이다. 증거인멸이 피고인, 피의자 또는 징계혐의자를 모해할 목적이면 모해목적 증거인멸죄(제153조 제3항)로 가중처벌된다.

(1) **타인의 형사사건 또는 징계사건에 관한 증거** 타인의 사건이어야 하고, 자신의 사건에 관한 증거인멸은 방어권의 행사로서(대판 65도826) 증거인멸죄에 해당하지 않는다. **자기비호를 위한 증거인멸**행위가 동시에 "**다른 공범자의**"(대판 75도1446) 또는 "**공범자가 아닌 자의**"[11] 형사사건이나 징계사건에 관한 증거를 인멸한 결과가 된다고 하더라도 증거인멸(교사)죄는 성립하지 않는다. 다만 "자기의 형사사건에 관한 증거를 위조하기 위하여 타인을 교사하여 죄를 범하게 한 자에 대하여는 증거위조교사죄가 성립한다"(대판 99도5275). **자기형사사건에 대한 타인의 증거인멸을 교사하는 것은** 방어권의 남용으로 보는 셈이다.

형사사건 또는 징계사건에 관한 증거이어야 하고, 민사사건이나 행정사건 또는 선거사건에 대한 증거는 여기에 해당하지 않는다. **형사사**

11 [자기비호 증거인멸] 항만청 공무원 甲은 S선박 침몰사건에 대한 징계를 두려워하여 부하 공무원 乙에게 정원초과운항을 적발하여 선장 丙으로부터 작성 받아 보관 중인 정원초과운항확인서를 소각하게 하였다. ① (대판 94도2608) 甲은 "형사처분이나 징계처분을 받게 될 것을 두려워한 나머지 스스로의 이익을 위하여 그 증거가 될 자료를 인멸하였"으므로, "甲의 행위가 동시에 丙의 **별개 범행(선박안전법위반사건)**의 증거를 인멸한 결과가 된다고 하더라도" 증거인멸죄는 성립하지 않고 ② 공용서류손상죄(제141조)가 성립한다.

건은 재심이나 비상상고를 포함하고, "증거위조 행위시에 **아직 수사절차가 개시되기 전**이라도 장차 형사사건이 될 수 있는 것까지 포함"[12]한다. 기소되지 아니하거나 무죄가 선고되더라도 증거위조죄의 성립에 영향이 없다. 또한 **징계사건**은 "**국가의 징계사건에 한정**되고 사인 간의 징계사건은 포함되지 않는다"(대판 2007도4191). **증거**는 범죄의 유무나 양형에 사용되는 모든 정보를 말하는데, 증인의 은닉·도피는 증거인멸죄가 아니라 증인은닉·도피죄(제155조 제2항)가 적용된다.

(2) **인멸, 은닉, 위조, 변조, 위·변조 증거 사용** **증거의 인멸**은 증거에 대한 물질적 손괴나 멸실뿐만 아니라 그 가치의 효력을 멸실 또는 감소시키는 것도 포함한다. **증거의 위조**는 "문서의 위조 개념과는 달리 새로운 증거의 창조를 의미하는 것이므로 존재하지 아니한 증거를 이전부터 존재하고 있는 것처럼 작출하는 행위도 증거위조에 해당하며, 증거가 문서의 형식을 갖는 경우 증거위조죄에 있어서의 증거에 해당하는지 여부가 그 작성권한의 유무나 내용의 진실성에 좌우되는 것은 아니다"(대판 2002도3600).

● 증거의 위조는 "**증거 자체를 위조**함을 말하는 것이고, 참고인이 수사기관에서 허위의 진술을 하는 것은 이에 포함되지 아니한다."[13]

● "참고인이 타인의 형사사건 등에 관하여 제3자와 대화를 하면서 허위로 진술하고 위와 같은 **허위 진술이 담긴 대화 내용을 녹음한 녹음파일** 또는 이를 녹취한 녹취록은 그 진술내용만이 증거자료로 되는 것이 아니고 녹음 당시의 현장음향 및 제3자의 진술 등이 포함되어 있어 그 일체가 증거자료가 된다고 할 것이므로, 이는 증거위조죄

---

12 [수사개시전 자기사건증거인멸교사] 甲은 풍어제 기부금 횡령 의혹을 제기하는 뉴스가 방송된 이후 조합 직원 乙에게 1천만 원 상당의 기부금을 풍어제 식비로 사용하였다는 증거를 만들어 검찰에 제출하라고 지시하였다. 乙은 '풍어제 행사지원비 집행(안)'이란 공문을 허위로 작성하여 검찰청에 제출하였다. 甲은 불기소 처분되었다. ① (대판 82도274) **수사절차 개시 전이라도 "장차 형사사건이 될 수 있는 것까지 포함"**하므로 乙은 타인의 형사절차에 관한 증거를 위조하고 사용한 증거인멸죄(증거위조 및 위조증거사용)를 범한 것이다. ② (대판 2010도15986) 甲은 乙의 증거인멸을 교사한 것이므로 증거위조교사 및 위조증거사용교사죄를 범한 것이다.

13 [허위참고인진술] 乙은 丙을 강간죄로 고소를 하였고 수사가 시작되자, 乙은 그 사건을 전혀 모르는 甲에게 丙의 강간을 목격하였다는 진술을 부탁하였다. 甲은 부탁대로 참고인진술을 하였다. ① (대판 94도3412) 증거위조란 "**증거 자체를 위조함**을 말하는 것이고, **참고인이 수사기관에서 허위의 진술을 하는 것은 포함되지 아니한다.**" 甲은 증거위조죄가 성립하지 않는다. ② (評釋) 허위의 참고인진술은 무고죄의 "신고"에 해당하지 않는다.

에서 말하는 '증거'에 해당한다"(대판 2013도8085).

은닉은 증거를 숨기거나 그 발견 및 현출을 곤란하게 하는 것이다. **변조**는 진정한 증거에 변경을 가하여 증거가치를 변경시키는 것이다. **사용**은 위조 또는 변조된 증거를 법원, 수사기관 또는 징계사건의 감독기관에게 진정한 증거인 것처럼 제출하는 것이다.

[죄수] 증거인멸을 위하여 장물을 은닉하는 경우에는 **증거인멸죄와 장물보관죄의 상상적 경합**이, 그리고 타인의 형사사건에 관한 문서를 위조한 경우에는 **증거인멸죄와 문서위조죄의 상상적 경합**이 성립한다. "직무위배의 위법상태가 증거인멸행위 속에 포함되어 있는 것으로 보아야 할 것이므로 작위범인 증거인멸죄만이 성립하고 부작위범인 직무유기(거부)죄는 따로 성립하지 아니한다".[14]

2. 증인은닉·도피죄

제155조(증거은닉도피) ② 타인의 형사사건 또는 징계사건에 관한 증인을 은닉 또는 도피하게 한 자도 제1항의 형과 같다.

증인을 은닉하거나 도피시키는 행위는 증거인멸행위의 특별한 경우이다. 형사재판이나 징계절차에서 증인의 중요성(또는 결정력)을 고려하여 독립된 구성요건으로 만들어졌다. "타인의 형사사건 또는 징계사건에 관한"은 증거인멸죄의 표지와 동일한 의미이다. 증인은 위증죄의 '증인'과 같은 개념이며, 자기비호를 위한 증거인멸의 경우와 마찬가지로 자기비호를 위한 증인은닉·도피는 "그 행위가 동시에 다른 공범자의 형사사건이나 징계사건에 관한 증인을 도피하게 한 결과가 된다고 하더라도 이를 증인도피죄로 처벌할 수 없다"(대판 2002도6134). 모해할 목적이면 모해목적 증인은닉·도피죄로 가중처벌된다(제155조 제3항). 친족간의 특례(제155조 제4항)도 적용된다.

---

14 [증거인멸죄와 직무유기죄] 방범과장 甲은 부하직원 乙이 오락실을 단속·압수하여 방범과 사무실에 보관 중인 증거물인 오락기의 변조기판을 경찰서 수사계에 인계하지 않고, 乙을 시켜 그 변조기판을 오락실 업주에게 돌려주었다. ① (대판 2005도3909) "**직무위배의 위법상태가 증거인멸행위 속에 포함되어 있는 것**"이므로, 작위범인 증거인멸죄만 성립하고 부작위범인 직무유기죄는 성립하지 아니한다. ② (評釋) 직무유기죄는 증거인멸죄와 보충관계에 놓인다.

무고의 죄

제156조(무고) 타인으로 하여금 형사처분 또는 징계처분을 받게 할 목적으로 공무소 또는 공무원에 대하여 허위의 사실을 신고한 자는 10년 이하의 징역 또는 1천500만 원 이하의 벌금에 처한다.

무고(誣告)의 죄는 **국가의 재판권·징계권의 적정한 행사**를 보호한다. 따라서 무고 당한 개인이 승낙하여도 무고죄의 성립에 영향이 없다. 무고죄는 **추상적 위험범**이다. 따라서 "허위내용의 고소장을 경찰관에게 제출하였을 때 이미 허위사실의 신고가 수사기관에 도달되어 무고죄의 기수에 이른 것이므로 그 후에 그 고소장을 되돌려 받았다 하더라도"[1] 무고죄는 성립한다. 또한 "허위로 신고한 사실이 무고행위 당시 형사처분의 대상이 될 수 있었던 경우에는" 무고죄는 이미 기수에 이르고 "이후 그러한 사실이 형사범죄가 되지 않는 것으로 판례가 변경되었다고 하더라도 특별한 사정이 없는 한 이미 성립한 무고죄에는 영향을 미치지 않는다."[2]

① 무고죄는 단일한 구성요건(제156조)을 갖고 있으며, 모해목적의 무고만을 처벌한다. 허위사실의 신고만으로 처벌할 경우 형사사법기관이나 징계권자에게 재판이나 징계에 필요한 증거의 수집이 위축되기 쉽고, 모해목적에 의해 가벌성의 문턱을 높임으로써 그러한 위축이 방지될 수 있기 때문이다. 「국가보안법」은 모해목적 무고죄(제12조)를 두고 있으며, 형법상 자수, 자백 특례규정이 적용되지 않는다. ② 무고자가 그가 공술한 사건의 재판 또는 징계처분이 확정되기 전에 **자백 또는 자수**한 때에는 그 형을 감경 또는 면제한다(제157조, 위증죄의 자수·자백특례규정인 제153조의

1 [무고죄의 기수] 甲은 "乙은 5백만 원의 유가증권을 甲의 허락 없이 가져가서 임의 교환하여 착복하였다"는 허위의 고소장을 경찰관 丙에게 제출하였다. 丙은 乙에게 이에 관해 물었고 乙은 그런 사실이 없다고 대답하였다. 丙이 甲에게 고소 유지여부를 묻자 甲은 丙에게서 고소장을 반환받았다. ① (대판 84도2215) 甲이 "최초에 작성한 허위내용의 **고소장을 경찰관에게 제출하였을 때** 이미 허위사실의 신고가 수사기관에 도달되어 **무고죄의 기수**에 이른 것이고 그 후 그 고소장을 되돌려 받았다는 점은 이미 기수에 이른 무고죄의 성립에 영향"이 없다.

2 [무고죄 기수 후 판례변경] 甲은 '甲은 2009. 1. 乙로부터 공사대금의 대물변제로 빌라 두 채를 받기로 하였으나 乙이 이를 丙에게 분양하였으므로 처벌해 달라'는 고소장을 2014. 1. 검찰에 제출하였다. 공사대금의 채권·채무관계는 이미 정산된 상태였다. '채권담보로 부동산에 관한 대물변제예약을 체결한 채무자가 대물로 변제하기로 한 부동산을 처분한 경우 배임죄가 성립한다'는 판례(대판 2000도4293)는 2014. 8. 배임죄가 성립하지 않는다는 입장(대판 2014도3363)으로 변경되었다. ① (대판 2015도15398) 甲의 무고죄는 2014. 1. 기수가 되었고, 이후의 판례변경은 이에 영향을 미치지 않는다.

준용). 무고죄의 자백·자수는 필요적 감면사유이다. "**자백**이란 자신의 범죄사실, 즉 타인으로 하여금 형사처분 또는 징계처분을 받게 할 목적으로 공무소 또는 공무원에 대하여 허위의 사실을 신고하였음을 **자인**하는 것을 말하고, 단순히 그 신고한 내용이 객관적 사실에 반한다고 인정함에 지나지 아니하는 것은 이에 해당하지 아니한다"(대판 94도755). "자인"은 피고인이 자신에게 불리한 사실을 인정하는 자인(admission)이 아니라 범죄사실에 대한 자기의 형사책임(무고행위를 한 점)을 인정하는 자백(confession)을 말한다.

(1) **주 체** 누구나 무고죄의 주체가 된다. **공무원이나 직무상 고발을 담당하는 자**도 무고죄의 주체가 될 수 있다. 이 경우 형법 제135조 본문에 의해 형은 2분의1까지 가중한다. "외관상으로는 타인 명의의 고소장을 대리하여 작성하고 제출하는 형식으로 고소가 이루어진 경우"라도 "명의자를 대리한 자가 **실제 고소의 의사를 가지고 고소행위를 주도**한 경우라면 그 명의자를 대리한 자를 신고자로 보아 무고죄의 주체로 인정"한다(실질적 무고인).[3]

(2) **타 인** 무고는 **타인에 대한 것**이므로 자기 자신에 대한 무고는 무고죄에 해당하지 않는다. 타인을 자신의 공범이라고 신고하면 그 타인에 대한 부분에 한해서 무고죄가 된다. "피무고자의 교사·방조 하에 제3자가 피무고자에 대한 허위의 사실을 신고한 경우에는 제3자의 행위는 무고죄의 구성요건에 해당하여 무고죄를 구성하므로, 제3자를 교사·방조한 피무고자도 교사·방조범으로서의 죄책을 부담한다"(대판 2008도4852). 무고죄는 국가적 법익에 대한 범죄이기 때문에 제3자에게 자신을 무고하게 교사해도 무고교사죄가 성립하는 것이다.

(3) **공무소 또는 공무원에 대하여** 무고는 허위의 사실을 형사처분이나 징계처분을 관할하는 "공무소 또는 공무원에 대하여" 신고하는 것이다. ① **형사처분**은 형법과 특별형법에 의한 형벌과 보안처분(예: 「치

3 **[실질적 무고인]** 甲은 丙이 교회의 재산을 횡령하였다는 허위사실로 고소를 하려고 하였으나 그 교회 신도가 고소하여야 한다는 말을 듣고 친구를 통해 그 교회 신도인 乙을 주선 받아 乙의 명의로 고소장을 작성하고 그의 확인을 받은 후 고소장을 지방검찰청에 접수하였다. 乙은 무고혐의를 받자 고소를 취소하였다. ① (대판 2005도7588) **실제의 고소자**는 甲이므로 甲은 무고죄가 성립하며, 고소장의 명의인 乙은 무고방조범이 된다.

료감호법」상의 보안처분, 「소년법」상의 보호처분)을 포함한다. 형사처분을 받게 하는 무고는 **검사, 사법경찰관과 그 보조자 기타 범죄수사에 종사하거나 이를 감독하는 공무원**에 대하여 하는 것이다. **도지사도** "그 산하에 수사기관인 경찰국을 두고 그 직원을 지휘 감독하고 또 관내경찰서장을 지휘 감독하는 지위에 있"고(대판 81도2380), **국세청장**도 "조세범칙행위에 대하여 벌금 상당액의 통고처분을 하거나 검찰에 이를 고발할 수 있는 권한이 있으므로"(대판 91도2127) 신고할 공무원에 해당한다. 판례는 **대통령에게 하는 진정 형식의 무고**도 인정한다(대판 77도1445). 그러나 대통령이 지휘하는 법무부장관은 구체적 사건에 관해 검찰총장을 지휘·감독할 수 없고, 일반적 감독을 할 뿐이므로 형사처분을 관할하는 공무원이라고 볼 수 없다. ② "**징계처분**이란 **공법상의 특별권력관계에 기인하여 질서유지를 위하여 과하여지는 제재**를 의미하고, 또한 '공무소 또는 공무원'이란 징계처분에 있어서는 **징계권자 또는 징계권의 발동을 촉구하는 직권을 가진 자**와 그 감독기관 또는 그 소속 구성원을 말한다." 예컨대 변호사가 징계처분을 받게 할 목적으로 서울지방변호사회에 허위내용의 진정서를 제출하는 행위도 무고죄에 해당한다(대판 2010도10202). 이에 반해 "사립대학교 교수들로 하여금 징계처분을 받게 할 목적으로 범정부 국민포털인 국민신문고에 민원을 제기한" 행위는 무고죄에 해당하지 않는다(대판 2014도6377).

(4) 행 위 무고행위는 허위의 사실을 신고하는 것이다.

1) 허위의 사실 허위의 사실은 "**객관적 사실에 반**"**하는 사실**(대판 2003도7178)이다. "신고사실의 일부에 허위의 사실이 포함되어 있다고 하더라도 그 허위 부분이 범죄의 성부에 영향을 미치는 중요한 부분[4]이 아

4 [일부 허위사실의 신고] 甲은 乙(女)에게 자신을 때려주면 돈을 주겠다고 하여, 乙은 甲을 때리고 甲으로부터 지갑을 교부받아 그 안에 있던 현금을 가지고 갔다. 乙이 자신을 성추행범으로 신고하자 甲은 '乙이 자신을 폭행한 다음 현금을 빼앗아갔다'고 경찰에 신고하였다. ① (대판 2010도2745) 甲의 신고사실은 乙이 "갈취 내지 강취의 범죄를 범하였다는 것이어서 그 **신고사실의 일부가 허위**라는 점은 어느 모로 보나 명백하다. 甲이 자신의 의사에 따라 폭행을 당한 것인지 여부는 갈취 내지 강취 범죄의 성부에 영향을 미치는 **중요한 부분**으로서" 甲은 무고죄가 성립한다.

니고, 단지 신고한 사실을 **과장한 것**에 불과한 경우에는 무고죄에 해당하지 아니하지만, 그 일부 허위인 사실이 국가의 심판작용을 그르치거나 부당하게 처벌을 받지 아니할 개인의 법적 안정성을 침해할 우려가 있을 정도로 고소사실 전체의 성질을 변경시키는 때에는 무고죄가 성립될 수 있다"(대판 2010도2745). **허위사실은 형사처분이나 징계처분의 원인사실**이어야 한다. 따라서 허위의 사실을 신고하였다 하더라도 그 사실 자체가 형사범죄로 구성되지 않거나,[5] 벌칙규정이 없거나(대판 75도1657), 사면(대판 69도2330) 또는 공소시효 완성으로 공소권이 소멸되었음이 명백한 때(대판 93도3445), 친고죄의 고소기간이 경과하여 공소제기 할 수 없음이 신고내용 자체에 의하여 분명한 때(대판 98도150)에는 무고죄가 성립하지 않는다. 다만 무고죄는 추상적 위험범이므로 "고소사실에 대한 공소시효가 완성되었더라도 고소를 제기하면서 마치 공소시효가 완성되지 아니한 것처럼 고소한 경우에는 국가기관의 직무를 그르칠 염려가 있으므로 무고죄를 구성한다"(대판 95도1908).

2) 신 고 　신고는 '자발적으로' 허위의 사실을 '고지'하는 것이다(대결 85모14). "신고는 자발적인 것이어야 하고 수사기관 등의 **추문에 대하여 허위의 진술**을 하는 것은 무고죄를 구성하지 않는"다(대판 2005도3203). "수사기관 등의 추문에 의한 것인지 여부는 수사가 개시된 경위, 수사의 혐의사실과 참고인의 진술의 관련성 등을 종합하여 판단하여야 한다." 이에 반해 고소보충조사를 받으면서 자진하여 고소장에 기재하지 않은 허위사실을 진술하는 것은 신고에 해당된다(대판 95도2652). 신고의 방법에는 제한이 없다. 서면(예: 고소장, 진정서 등)이나 구두 모두 가능하다. 타인 명의나 익명의 신고도 무방하다.

---

5 [범죄미구성 허위사실 신고] 甲은 乙로부터 파커볼심 4천개를 인수한 후 백지에 숫자 '4천'을 기재하고 영문으로 서명을 하였다. 乙이 판매하고 남은 수량을 甲에게 두고 갔다는 점을 표시하는 것이었다. 乙은 문구를 추가하여 "파커볼심 4천개 정히 인수함 2003. 3. 30. 인수자"라고 만들었다. 甲은 인수증 위조의 고소장을 경찰에 제출하였다. ① (대판 2007도9057) 乙은 甲의 고소 내용 자체만으로는 문서위·변조죄가 성립할 여지가 없다. 범죄가 되지 않는 허위사실의 신고는 무고가 아니다. 같은 취지로 대판 2013도6862 참조.

(5) **주관적 요건** 무고죄는 공무소 또는 공무원에게 허위사실을 신고한다는 사실에 대한 인식과 의사(**무고고의**) 그리고 '타인으로 하여금 형사처분 또는 징계처분을 받게 할 목적'(**모해목적**)이 있어야 한다.

[판례: 무고고의] 무고죄의 고의는 확정적 고의일 필요가 없고 **미필적 고의**로도 충분하므로, 신고자가 허위라고 확신한 사실을 신고한 경우뿐만 아니라 **진실하다는 확신 없는 사실을 신고하는 경우에도** 인정할 수 있다. 또한 **형사처분을 받게 할 목적**은 허위신고를 하면서 다른 사람이 그로 인하여 형사처분을 받게 될 것이라는 **인식이 있으면 충분하고 그 결과의 발생을 희망할 필요까지는 없으므로**, 신고자가 허위 내용임을 알면서도 신고한 이상 그 목적이 필요한 조사를 해 달라는 데에 있다는 등의 이유로 무고의 고의가 없다고 할 수 없다.[6] 또한 신고자가 알고 있는 객관적인 사실관계에 의하더라도 신고사실이 허위라거나 또는 **허위일 가능성이 있다는 인식**을 하지 못하였다면 무고의 고의를 부정할 수 있으나, 이는 알고 있는 객관적 사실관계에 의하여 신고사실이 허위라거나 허위일 가능성이 있다는 인식을 하면서도 그 인식을 무시한 채 무조건 자신의 주장이 옳다고 생각하는 경우까지 포함하는 것은 아니다(대판 2022도3413).

私見으로 **모해목적**은 무고고의와 구분되고, 모해목적요건으로 인해 무고고의는 허위사실 또는 허위가능성에 대한 '인식'(knowledge)만으로 충분하지만 결과발생에 대해서는 **강한 의욕**(will)이 필요하다.

6 [무고고의] 甲은 약사 乙이 무자격자인 종업원 丙으로 하여금 불특정 다수의 환자들에게 의약품을 판매하도록 지시하거나 실제로 자신에게 의약품을 판매하였다는 등의 내용으로 민원을 제기하였다. 甲은 그 내용이 허위의 가능성을 인식하였지만, 고의가 있었음을 인정하면서 수사기관이 필요한 조사를 다하여 허위여부가 밝혀지기를 기대하였고, 수사 결과 허위임이 밝혀졌다. ① (대판 2022도3413) 甲은 무고고의가 인정된다.

사항색인

저자 약력

■ 이 상 돈
서울고등학교 졸업
고려대학교 법과대학 졸업
고려대학교 일반대학원 법학과 졸업(법학석사)
독일 프랑크푸르트 대학교 대학원 졸업(Dr.jur.)
고려대학교 법학전문대학원 정교수(現)

한국법철학회 회장(역임)
국가생명윤리심의위원회 위원(역임)
대법원 국선변호위원회 위원(역임)
대법원 법원행정처 소송규칙 자문특별위원회 위원(역임)
검찰제도개혁위원회 위원(역임)
법무부 인권옹호자문단 위원장(역임)
고려대학교 법학연구원 원장(역임)

≪ 저서목록 ≫

■ 형사법 분야

1. 『Wortlautgrenze, Intersubjektivität und Kontexteinbettung』, Frankfurter Kriminalwissenschaftliche Studien, Bd.35, Ffm., 1992
2. 『형법의 근대성과 대화이론』, 홍문사, 1994
3. 『형사소송법 사안풀이와 법치국가』, 태진사, 1995
4. 『형사소송법』(2인 공저), 홍문사, 1996
5. 『사례연습 형사소송법』, 법문사, 2001
6. 『형사소송원론』, 법문사, 1998
7. 『형법정책』(2인 편역), 세창출판사, 1998
8. 『형사소송법연습』, 법문사, 1999
9. 『형법학』, 법문사, 1999
10. 『정치와 형법』(2인 공역), 세창출판사, 2005
11. 『신형사소송법』(4인 공저), 홍문사, 2011
12. 『형법강의』, 법문사, 2010
13. 『예술형법』, 박영사, 2014
14. 『형법강론』, 박영사, 2015

■ 의료법 분야

15. 『의료형법』, 법문사, 1998
16. 『의료체계와 법』, 고대출판부, 2000
17. 『치료중단과 형사책임』, 법문사, 2002
18. 『수가계약제의 이론과 현실』, 세창출판사, 2009
19. 『의료법강의』(2인 공저), 법문사, 2009
20. 『의약품공급계약과 사적 자치』, 세창출판사, 2014
21. 『원내조제분업의 법리』, 세창출판사, 2015

■ 경영법 분야

22. 『윤리경영과 형법』, 신영사, 2005
23. 『부실감사판례연구』, 법문사, 2006
24. 『부실감사법』, 법문사, 2007
25. 『기업윤리와 법』(3인 공저), 법문사, 2008
26. 『조세형법론』, 법문사, 2009
27. 『공정거래형법』, 법문사, 2010
28. 『증권형법』, 법문사, 2011
29. 『경영과 형법』, 법문사, 2011
30. 『경영판단원칙과 형법』, 박영사, 2015
31. 『기업경영형법』, 박영사, 2022

■ 기초법 분야

32. 『법이론』, 박영사, 1996
33. 『법학입문』, 박영사, 1997
34. 『법률해석의 한계』(5인 공저), 법문사, 2000
35. 『법사회학』(2인 공저), 박영사, 2000
36. 『대화이론과 법』(편역), 법문사, 2002
37. 『법철학』, 법문사, 2003
38. 『생명공학과 법』, 아카넷, 2003
39. 『욕망은 행복을 낯설게 한다』, 연극과 인간, 2003
40. 『헌법재판과 형법정책』, 고려대출판부, 2005
41. 『새로 쓴 법이론』, 세창출판사, 2005
42. 『법학입문』, 박영사, 1997
43. 『법문학』(2인 공저), 신영사, 2005
44. 『인권법』, 세창출판사, 2005
45. 『문헌연구 포스트모더니즘과 법』(4인 공저), 세창출판사, 2006
46. 『공익소송론』, 세창출판사, 2006
47. 『시민운동론』, 세창출판사, 2007
48. 『기초법학』, 법문사, 2008
49. 『법미학』, 법문사, 2008
50. 『법정신분석학입문』(2인 공저), 법문사, 2010
51. 『법의 춤』, 법문사, 2012
52. 『미술비평과 법』, 법문사, 2013
53. 『법의 깊이』, 법문사, 2018
54. 『법의 예술』, 법문사, 2020

제 5 판
형법강론

초판발행 2015년 7월 15일
제 5 판발행 2024년 9월 15일

지은이 이상돈
펴낸이 안종만 · 안상준

편 집 이승현 · 김선민
기획/마케팅 조성호
표지디자인 이수빈
제 작 고철민 · 조영환

펴낸곳 (주) 박영사
서울특별시 금천구 가산디지털2로 53, 210호
(가산동, 한라시그마밸리)
등록 1959. 3. 11. 제300-1959-1호(倫)
전 화 02)733-6771
f a x 02)736-4818
e-mail pys@pybook.co.kr
homepage www.pybook.co.kr
ISBN 979-11-303-4804-9 93360

정 가 43,000원